O CONCURSO DE RESPONSABILIDADE CIVIL

ENSAIO SOBRE O CONCURSO DAS MODALIDADES DELITUAL E OBRIGACIONAL DE RESPONSABILIDADE CIVIL

O CONCURSO DE RESPONSABILIDADE CIVIL

ENSAIO SOBRE O CONCURSO DAS MODALIDADES DELITUAL E OBRIGACIONAL DE RESPONSABILIDADE CIVIL

2023

António Barroso Rodrigues
Assistente convidado da Faculdade de Direito da Universidade de Lisboa

ALMEDINA

O CONCURSO DE RESPONSABILIDADE CIVIL
ENSAIO SOBRE O CONCURSO DAS MODALIDADES DELITUAL E OBRIGACIONAL DE RESPONSABILIDADE CIVIL

AUTOR
António Barroso Rodrigues

EDITOR
EDIÇÕES ALMEDINA, S.A.
Avenida Emídio Navarro, 81, 3D
3000-151 Coimbra
Tel.: 239 851 904 · Fax: 239 851 901
www.almedina.net · editora@almedina.net

DESIGN DE CAPA
EDIÇÕES ALMEDINA, S.A.

PRÉ-IMPRESSÃO
Patrícia Boleto

IMPRESSÃO E ACABAMENTO
AAAAAAAAA

Janeiro, 2023
DEPÓSITO LEGAL
000000/23

ALMEDINA | GRUPOALMEDINA

BIBLIOTECA NACIONAL DE PORTUGAL – CATALOGAÇÃO NA PUBLICAÇÃO
O CONCURSO DE RESPONSABILIDADE CIVIL : ENSAIO SOBRE O CONCURSO DAS MODALIDADES DELITUAL E OBRIGACIONAL DE RESPONSABILIDADE CIVIL .
– 1ª ed. – (Monografias jurídicas)
RODRIGUES, António Barroso
ISBN 978-989-40-0861-3
CDU 347

À minha Mãe,

Agradecimentos:

- Ao Prof. Doutor Rui Mascarenhas de Ataíde, pela orientação efetiva deste trabalho e pela amizade;
- A todos os meus Mestres, na licenciatura e no mestrado;
- Aos Drs. Miguel Brito Bastos e João Serras de Sousa, pelo companheirismo e tudo em volta;
- Aos Drs. Nuno Trigo dos Reis, Paulo Marques, Inês Sítima Craveiro e Gonçalo de Andrade Fabião, também agradeço a discussão académica de vários assuntos integrantes e a partilha de vários elementos;
- À Faculdade de Direito da Universidade de Lisboa e ao seu Centro de Investigação de Direito Privado;
- À Procuradoria-Geral da República e à Universidade Ludwig Maximilian de Munique;
- À minha Família, por todo o apoio e, em especial, à Maria Beatriz.

Lisboa, 19 de janeiro de 2022

ÍNDICE

ABREVIATURAS E SIGLAS

Todos os artigos mencionados ao longo do texto pertencem ao Código Civil, salvo indicação em contrário. São elencadas, de seguida, as principais abreviaturas e siglas utilizadas ao longo do texto.

A./AA. – Autor/Autores;
a.C. – antes de Cristo;
AAFDL – Associação Académica da Faculdade de Direito de Lisboa;
Ac./ac. – Acórdão;
ACC – Anteprojeto de Código do Consumidor;
AcP – *Archiv für die civilistische Praxis*;
act. – atualizado;
ADC – *Anuario de Derecho Civil*;
al. – alínea/alíneas;
anot. – anotação;
ARSP – *Archiv für Rechts-und Sozialphilosophie*;
art./arts. – artigo/artigos;
AT – *Allegemeiner Teil* (parte geral);
BeckOGK – *beck-online GrossKommentar zum Zivilrecht*;
BeckOK – *Beck'sche Online-Kommentare*;
BFD – Boletim da Faculdade de Direito da Universidade de Coimbra;
BFDUL – Boletim da Faculdade de Direito da Universidade de Lisboa;
BGB – *Bürgerliches Gesetzbuch* (Código Civil alemão);
BGE – *Bundesgerichtsentscheiden*;

BGer – *Schweizerisches Bundesgericht*;
BGH – *Bundesgerichtshof* (Tribunal de Justiça Federal da Alemanha);
BGH – *Bundesgerichtshof*;
BGHZ – *Entscheidungen des Bundesgerichtshofes in Zivilsachen*;
BMJ – Boletim do Ministério da Justiça;
BT – *Besonderer Teil* (parte especial);
C. – Código de Justiniano;
c.l.c.d. – *compensatio lucri cum damno*;
c.s.q.n. – *conditio sine qua non*;
Cap./cap. – capítulo/capítulos;
CEJ – Centro de Estudos Judiciários;
Cass. – *Cassation*;
CC – Código Civil;
CCbr – Código Civil brasileiro;
CCe – Código Civil espanhol;
CCfr – Código Civil francês;
CCG – Cláusulas Contratuais Gerais;
CCit – Código Civil italiano;
CCom – Código Comercial;
CCse – Código Civil de Seabra;
CCT – Convenção Coletiva de Trabalho;
CCTF – Cadernos de Ciência e Técnica Fiscal;
CDAE – Código de Deontologia dos Advogados Europeus;
CDP – Cadernos de Direito Privado;
CE – Código das Exportações;
CEF – Centro de Estudos Fiscais da Direcção-Geral das Contribuições e Impostos (Ministério das Finanças);
Cf./cfr. – conferir, confrontar;
Chap. – *chapter*;
cic – *culpa in contrahendo*;
CIMI – Código do Imposto Municipal Sobre Imóveis;
CIRE – Código da Insolvência e da Recuperação de Empresas;
CISG – Convenção das Nações Unidas para a Venda Internacional de Mercadorias, *United Nation Convention on Contracts for the International Sale of Goods*;
Cit./cit. – citado;
Civ. – civil;

CJ – Coletânea de Jurisprudência;
CJA – Cadernos de Justiça Administrativa;
Coord. – coordenação;
CP – Código Penal;
CPA – Código do Procedimento Administrativo;
CPC – Código de Processo Civil;
CPI – Código da Propriedade Industrial;
CPP – Código de Processo Penal;
cppf – *culpa post pactum finitum*;
CPPfr – *Code de Procédure Pénale* (Código de Processo Penal francês);
CRP – Constituição da República Portuguesa;
CRPre – Código de Registo Predial;
CSC – Código das Sociedades Comerciais;
CT – Código do Trabalho;
CVM – Código dos Valores Mobiliários;
D – Digesto;
d.C – depois de Cristo;
DCFR – *Draft Common Frame of Reference*;
DL/Dec.-Lei – Decreto-Lei;
DR – Diário da República;
ed. – edição;
EDC – Estudos de Direito do Consumidor;
et al. – e outros;
f. – fascículo;
FDL, FDUL – Faculdade de Direito da Universidade de Lisboa;
FDUC – Faculdade de Direito da Universidade de Coimbra;
FDUNL – Faculdade de Direito da Universidade Nova de Lisboa;
FG – *Festgabe für*;
FS – *Festschrift für* (escritos comemorativos/em homenagem a);
HGB – *Handelsgesetzbuch* (Código Comercial Alemão);
Hk-BGB – *Bürgerliches Gesetzbuch Handkommentar*;
HKK – *Historisch-kritischer Kommentar*;
I. – Instituições;
i.e. – isto é;
ibidem – na mesma obra e no mesmo lugar;
ICJP – Instituto de Ciências Jurídico-Políticas;
idem – na mesma obra;

JhJb – *Jahrbücher für die Dogmatik des heutigen römischen und deutschen Privatrechts*;
JOCE – Jornal Oficial da União Europeia;
JURA – *Juristiche Ausbildung*;
JuS – *Juristiche Schulung*;
JZ – *Juristenzeitung*;
LAT – Lei de Acidentes de Trabalho;
LCCG – Lei das Cláusulas Contratuais Gerais;
LDC – Lei de Defesa do Consumidor;
LGT – Lei Geral Tributária;
loc. cit. – no lugar citado (*loco citato*);
LOSJ – Lei da Organização do Sistema Judiciário;
LULL – Lei Uniforme de Letras e Livranças;
LVBC – Lei sobre certos Aspectos da Venda de Bens de Consumo;
M.F. – Ordenações Filipinas;
MDR – *Monatsschrift für Deutsches Recht*;
MüKoBGB – *Münchener Kommentar zum Bürgerlichen Gesetzbuch*;
n. – nota;
n.º – número;
NJW – *Neue Juristische Wochenschrift*;
NRAU – Novo Regime Jurídico do Arrendamento Urbano;
O.A. – Ordenações Afonsinas;
O.M. – Ordenações Manuelinas;
ob. cit. – obra citada; idêntico a *op. cit.* (*opere citato*);
OHADA – Organização para a Harmonização do Direito dos negócios em África;
OLD – *Oberlandesgericht*;
OTM – Organização Tutelar de Menores;
p. – parte;
p./pp./pág./págs. – página/páginas;
p. ex. – por exemplo;
PCCI – Princípios relativos aos Contratos Comerciais Internacionais
PECL – *Principles of European Contract Law*
PETL – *Principles of European Tort Law*
PGR – Procuradoria-Geral da República;
pr. – proémio;

PWW Kommentar – Prütting, Wegen, Weinreich, BGB Kommentar;
RabelsZ – *Rabels Zeitschrift für ausländisches und internationales Privatrecht*;
RAU – Regime jurídico do Arrendamento Urbano;
RDC – *Rivisti di Diritto Civile*;
RDE – Revista de Direito e Economia;
RDR – Revista de Direito da Responsabilidade;
reimp. – reimpressão;
Resp. – responsabilidade;
Rev. – revista;
RFDUL – Revista da Faculdade de Direito da Universidade de Lisboa;
RG – *Reichsgericht*;
RJPTC – Regime Jurídico do Processo Tutelar Cível;
RGRK-BGB – *Das Bürgerliche Gesetzbuch: mit besonderer Berücksichtigung der Rechtsprechung des Reichsgerichts und des Bundesgerichtshofes Kommentar*;
RGZ – *Reichsgericht in Zivilsachen*
RJAAFDL – Revista Jurídica da Associação Académica da Faculdade de Direito da Universidade de Lisboa;
RJCCG – Regime Jurídico das Cláusulas Contratuais Gerais;
RJCS – Regime Jurídico do Contrato de Seguro;
RJLB – Revista Jurídica Luso-Brasileira;
RLJ – Revista de Legislação e Jurisprudência;
ROA – Revista da Ordem dos Advogados;
RTD – *Revue Trimestrielle de droit civil*;
S. – sentença;
s./d. – sem data;
s.q.n. – *sine qua non*;
s/p – sem página;
s/ss. – seguinte/seguintes;
SAP – *Audiencia Provincial (Sentencia)*;
SBR – *Schriften zum Bürgerlichen Recht*;
sep. – separata;
SNS – Serviço Nacional de Saúde;
stGB – *Strafgesetzbuch* (Código Penal Alemão);
STJ – Supremo Tribunal de Justiça;
SzR – *Schriften zur Rechtstheorie*;

t. – tomo;
tb. – também;
TCA – Tribunal Central Administrativo;
TJUE – Tribunal de Justiça da União Europeia;
trad. – tradução/traduzido por;
TRC – Tribunal da Relação de Coimbra;
TRE – Tribunal da Relação de Évora;
TRG – Tribunal da Relação de Guimarães;
TRL – Tribunal da Relação de Lisboa;
TRP – Tribunal da Relação do Porto;
TS – *Tribunal Supremo* (Supremo Tribunal espanhol);
UC/UC's – unidade de conta, unidades de conta;
ún. – único;
V./vol. – volume;
v.g. – *verbi gratia*;
VersR – *Versicherungsrecht*;
WR – *Schriften zum Wirtschaftsrecht*;
ZGB – *Zivilgesetzbuch*;
ZPO – *Zivilprozessordnung*; e
ZStW – *Zeitschrift für die gesamte Strafrechtswissenschaft*.

CONSIDERAÇÕES INTRODUTÓRIAS

§ 1. ENUNCIADO DO PROBLEMA; DELIMITAÇÃO DO OBJETO DA INVESTIGAÇÃO

I. A responsabilidade civil constitui uma matéria dogmaticamente incontornável do plano juscivilístico. Em todo o caso, o respetivo quadro geral regulativo não se caracteriza pela perfeição. Considerando o seu extenso regime, através do qual se categorizam as suas múltiplas facetas usualmente em *modalidades* de responsabilidade, rapidamente se constata existirem zonas de involuntária *sobreposição* no que respeita ao âmbito aplicativo de regras distintas, as quais, portanto, podem *concorrer*. Este fenómeno não é novo, nem estranho à metodologia jurídica. Cria, no entanto, dificuldades de maior neste campo fértil da responsabilidade civil.

A presente investigação centra-se na configuração desta última hipótese, de convergência de aplicação de várias regras de responsabilidade, denominada de *concurso*. Pergunta-se, pragmaticamente: qual a *tutela* concretamente oferecida pelo ordenamento jurídico ao lesado numa situação deste tipo? A solução deve ser considerada entre os polos da admissibilidade de uma *concorrência* das várias vias de tutela e o da sua negação[1]. Neste plano, flutuam numerosas vantagens práticas, expandindo ou regredindo o leque de vias de ressarcimento disponíveis ao lesado. A investigação da matéria conta com incontornáveis avanços além-fronteiras, os quais também devem ser considerados. Entre eles destacamos, de momento, a defesa de um sistema de *concurso de pretensões* (*Anspruchskonkurrenz*), o qual vinga há muito na Alemanha,

[1] O processo metodológico inerente à figura não é desconhecido do intérprete. Karl Engisch deixo-nos um emblemático alerta, do qual damos conta: «[q]ualquer leigo sabe que podemos ter razão ou não ter razão por fundamentos vários. Por isso lhe não parecerá estranha a ideia de que várias hipóteses legais, das quais, cada uma de *per si*, arrasta consigo *in abstrato* a mesma consequência jurídica, funcionem como vários fundamentos jurídicos para uma e a mesma consequência jurídica, quando *in concreto* para ela ao mesmo tempo convirjam» (*Introdução ao Pensamento Jurídico*, 11.ª ed., trad. J. Baptista Machado, Fundação Calouste Gulbenkian: Lisboa, 2014, 64-65).

por oposição ao modelo francês, adepto da teoria do não cúmulo (*non-cumul*). Todos estes contributos são importantes. Sem prejuízo, o quadro legal português detém, além de uma riqueza dogmática equiparável, uma *individualidade* que importa considerar. E é com base nos quadros dogmáticos do regime da responsabilidade civil no sistema português que se aprecia a mais-valia daqueles contributos, em especial no aprofundamento da *relação normativa* gerada entre as várias normas de responsabilidade, as quais *concorrem* à sua aplicação numa mesma ocasião.

Ora, o *concurso de responsabilidade* não é sequer um fenómeno raro, contrariamente àquilo que se pode suspeitar: este surge tipicamente, quando uma *mesma situação de responsabilidade* é simultaneamente reconduzida a várias normas destinadas à imputação dos prejuízos gerados e isto, simplesmente, ocorre com frequência. Mais: sabemos que a situação se gera, uma vez que o sistema de responsabilidade civil não subsume de forma *dicotómica* a situação de facto em causa às várias normas de responsabilidade do qual dispõe. Na verdade, como indicámos, existem *espaços de convergência*, de *sobreposição* em sede do âmbito de aplicação daquelas normas. Neste ponto, saltam à vista as relações ditas de *interferência*, ou seja, quando, sendo possível a aplicação independente de cada norma, existe uma zona parcial de aplicação coincidente[2]. Por outro lado, em casos não raros – os quais recolhem talvez maior interesse –, essa mesma situação pode ser subsumível (mais do que a *várias* normas) a distintas *modalidades* de responsabilidade civil (nas vias vulgarmente designadas por responsabilidade *extracontratual*, *contratual*, pelo *risco* ou *sacrifício*); tudo isto, frisa-se, como o custo inultrapassável de uma insuficiência terminológica que impede a compartimentação *absoluta* das situações de facto por entre as várias previsões de responsabilidade. É, pois, tarefa do intérprete articular os regimes de responsabilidade potencialmente aplicáveis; tarefa essa que corresponde precisamente à missão da presente investigação.

Pois bem, recuperando aquela situação de concurso mais complexa (quando as normas em causa pertencem a modalidades *distintas* de responsabilidade civil), surgem dificuldades de maior: essa diversidade *heterogénea* de qualificação traduz-se na potencial aplicação de um regime também diferenciado de responsabilidade, principalmente ao nível dos efeitos (p. ex., o prazo de prescrição da obrigação de indemnização difere entre as modalidades tipicamente consideradas), sem prejuízo de outras vertentes, tal como

[2] Sobre o conceito, v. Manuel Cavaleiro de Ferreira, *Direito Penal Português*, I, 2.ª ed., Verbo: Viseu (1982), 56, 164-165.

a processual (p. ex., diverge também nos mesmos termos a competência territorial do tribunal para apreciação da ação de condenação à satisfação do pedido indemnizatório). Este fenómeno é particularmente sensível no âmbito das modalidades de responsabilidade civil ditas *extracontratual* (ou *delitual*) e *contratual* (ou, preferimos, *obrigacional*), genericamente reconduzíveis às normas-padrão de responsabilidade existentes no nosso Código Civil (483.º/1 e 798.º, respetivamente).

> São exemplos prototípicos deste concurso a responsabilidade do transportador, locatário, depositário, comodatário e do empreiteiro pelos danos causados na coisa transportada, locada, depositada, emprestada e confiada, respetivamente, bem como a responsabilidade do *médico* pelos danos provocados no seu paciente em violação das *legis artis* ou, genericamente, a do devedor pelo *cumprimento defeituoso*, quando este inadimplemento cause prejuízos na pessoa do credor ou nos seus bens.

O fenómeno do *concurso de responsabilidade civil* não é, de todo, ignorado pela nossa jurisprudência e doutrina, embora tenha beneficiado noutros ramos de Direito – de que é bom exemplo o ramo do Direito Penal e Contraordenacional – de um tratamento especializado, em moldes singularmente cobiçados pelo plano juscivilístico. Para tal, contribui certamente a existência histórica de previsões legais expressas nestas outras áreas que o contemplam, como veremos. Sem prejuízo, o concurso considerado, em particular no âmbito das modalidades indicadas (as quais designaremos de responsabilidade civil *delitual* e *obrigacional*), também beneficiou, entre nós, de alguns estudos especializados e, em grande medida, de alusões em obras de nível manualístico ou em periódicos de referência[3]. Quanto aos ensaios

[3] Cf., *inter alia*, na vigência do Código de 1867, J. DIAS FERREIRA, em *Código Civil Português Commentado*, V, Imprensa da Universidade Coimbra: Coimbra (1876), 108-111; GUILHERME MOREIRA, *Instituições de Direito Civil Português*, I – Parte Geral, Imprensa da Universidade de Coimbra: Coimbra (1907); JOSÉ TAVARES, *Os princípios fundamentais de Direito Civil*, I, Coimbra Editora: Coimbra (1922), 516-517, 590; PAULO CUNHA, *Apontamentos*, Tomo II, Cap. II: O objecto, 1938-1939, 361-362; PINTO COELHO, Direito Civil – Obrigações, Lisboa (1939), 228; JAIME GOUVEIA, *Da responsabilidade contratual*, Edição do autor: Coimbra (1932), 216, *Da responsabilidade civil*, lições ao curso complementar de Direito civil (col. Ramos de Sousa e Silva Pinto), 1933/1934, *maxime* 159 e ss.; CUNHA GONÇALVES, *Tratado de direito civil: em comentário ao Código Civil Português*, XII, Coimbra Editora: Coimbra (1937), 720-734. V., ainda, GOMES DA SILVA, *O dever de prestar e o dever de indemnizar*, I, Lisboa (1944), 60, 190; MANUEL DE ANDRADE, *Teoria Geral das Obrigações*, com a colaboração de RUI DE ALARCÃO, 3.ª ed., Livraria Almedina: Coimbra (1966), 337, *Sobre a recente evolução do direito*

privado português, BFD, XII (1946), 284-343 (305); GALVÃO TELLES, *Manual de Direito das Obrigações*, Tomo I, Coimbra Editora: Coimbra (1957), 7.ª ed. (2014, reimp.), *Lições proferidas no ano lectivo de 1948-1949*, Associação Académica: Lisboa, 351-352, *Direito das Obrigações*, 2.ª ed., Livraria Petrony, 1979; PIRES DE LIMA, com ANTUNES VARELA, em *Noções fundamentais de Direito civil*, I, 4.ª ed., Coimbra Editora: Coimbra (1957), 4; e PEREIRA COELHO, *Obrigações – aditamentos à Teoria Geral das Obrigações de Manuel de Andrade*, 3.ª ed., Livraria Almedina: Coimbra (1964), 390-393 (390), *O nexo de causalidade na responsabilidade civil*, separata do BFD, Suplemento XI (1950), 62-242 (99-110). Na vigência do Código de 1966, também sem propósito exaustivo, v., ÁLVARO GOMES RODRIGUES, *Reflexões em torno da responsabilidade civil dos médicos*, Direito e justiça, Lisboa, V. XIV, T. 3, (2000), 161–252 (*maxime* 197); ÂNGELA DIAS CERDEIRA, *Da responsabilidade civil dos cônjuges*, Coimbra Editora: Coimbra (2000), 114; ANTUNES VARELA, *Das Obrigações* I, 522, 636-637, 939-941, em anot. ao ac. 25-Mai-1985, RLJ Ano 123, n.º 3796 a 3799, 251-256 e 278-281; BAIÃO DO NASCIMENTO, *Do concurso de normas*, Cadernos de ciência e de técnica fiscal, n.os 136 e 137 (Abril e Maio de 1970), Lisboa (1970), *maxime* 75-77; CARLOS MOTA PINTO, *Cessão da Posição Contratual*, reimp., Almedina: Coimbra (1982), 411-412 (nota 2 da p. 411); CARNEIRO DA FRADA, *Contrato e deveres de protecção*, Separata BFD, Vol. 39, (1994), 161-435 (113-114, e respetiva nota 223), *Teoria da Confiança e responsabilidade civil*, Almedina: Coimbra (2001) 285 (e nota 265); CLÁUDIA MADALENO, *A responsabilidade obrigacional objetiva por fato de* outrem, (2015), disponível em *repositório.ul.pt* (consultado a 31-Jan-2021), 883-886 (*maxime* 885 e respetiva nota 3725); DÁRIO MOURA VICENTE, *Da responsabilidade pré-contratual em Direito Internacional Privado*, Almedina: Coimbra (2001), 221 e ss., *Direito Comparado, II, Direito das Obrigações*, Almedina: Coimbra (2019), 513-538; EDUARDO SANTOS JÚNIOR, *Da Responsabilidade civil de terceiro por lesão do direito de crédito*, Almedina: Coimbra (2013), 212-213 (nota 724) e em *Direito das Obrigações*, 3.ª ed., AAFDL Editora: Lisboa (2014), 281-282; J.O. CARDONA FERREIRA, *Acidentes de Viação em Auto-estradas. Casos de responsabilidade civil contratual?*, Coimbra Editora: Coimbra, 2004; JOÃO CURA MARIANO, *Responsabilidade contratual do empreiteiro pelos defeitos da obra*, 7.ª ed., Almedina: Lisboa, 2020, 81-84 (*maxime* 83); MAFALDA MIRANDA BARBOSA, *Lições de Responsabilidade*, Princípia: Lisboa (2017), 19 e ss., *A reforma francesa da responsabilidade civil – breves considerações em sede extracontratual*, Revista da Faculdade de Direito e Ciência Política da Universidade Lusófona do Porto, Vol. I, n.º 11 (2018), 2-29 (13-14); MARIA GRAÇA TRIGO, *Responsabilidade Civil por Facto de Terceiro*, Coimbra Editora: Coimbra (2009), 23-27, 238, 257-259; MENEZES CORDEIRO, *Direito das Obrigações*, II, AAFDL: Lisboa (1980), 411-412, *Da Boa Fé no Direito Civil*, Almedina: Coimbra (7.ª reimp, 2017), 639, *Da responsabilidade civil dos administradores das sociedades comerciais*, Lex: Lisboa (1997), 491-492, *Tratado de Direito Civil Português*, VI, Almedina: Coimbra (2019), 532, 535-536, VIII, Almedina: Coimbra (2014), 398-400, 735-774, *Código Civil Comentado*, II – Das Obrigações em Geral, Almedina: Coimbra (2021), 572; MENEZES LEITÃO, *Acidentes de Trabalho e responsabilidade civil*, ROA, Ano 48, III (Dez-1988), 791-792; NUNO PINTO DE OLIVEIRA, *Estudos sobre o não cumprimento das obrigações*, 2.ª ed., Almedina: Coimbra (2009), 37 (nota 60), *Prescrição na responsabilidade médica*, Responsabilidade civil em saúde, Instituto Jurídica da FDUC, Simões & Linhares, Lda.: Coimbra (2021), 237-256 (244-246), *Ilicitude e culpa na responsabilidade médica*, Materiais para o Direito da Saúde n.º 1, Instituto Jurídico da FDUC/Centro de Direito Biomédico, Coimbra, 2019, 19 e ss. (23); PEDRO MÚRIAS, *A responsabilidade por actos de auxiliares e o entendimento dualista da responsabilidade civil*, RFDUL, Vol. 37, n.º 1(1996), 171-217 (179, notas 46 e 47); PEDRO ROMANO MARTINEZ, *Cumprimento Defeituoso*, Almedina: Coimbra (2001) 223-235, *Direito das Obrigações*, 140 (e respetiva nota 3), *Direito das Obrigações-Apontamentos*, 5.ª ed., AAFDL Editora: Lisboa (2017), 81-85; PESSOA JORGE, *Direito das Obrigações*, AAFDL: Lisboa (1968) 66, 205, 365, *Ensaio sobre os pressupostos da responsabilidade civil*,

especializados, podemos destacar, em primeiro lugar, o estudo inicial de VAZ SERRA (1959), ao qual se seguiu o relatório de FERREIRA PINTO (1986), recentemente (re)publicado, e, posteriormente, o de ALMEIDA COSTA (1998)[4]. A obra de referência, entre nós, permanece a dissertação de doutoramento de MIGUEL TEIXEIRA DE SOUSA, dedicada ao tema «[o] Concurso de Títulos

Centro de Estudos Fiscais da Direcção-Geral das Contribuições e Impostos, Ministério das Finanças: Lisboa (1968), 41, 149, 365; PINTO MONTEIRO, *Cláusulas limitativas e de exclusão de responsabilidade civil*, Almedina: Coimbra (2020), 82, 392 e ss. e 425 e ss., *Cláusula Penal e Indemnização*, Almedina: Coimbra (1990), 713-716, *Exclusões de responsabilidade na actividade médica*, Responsabilidade civil em saúde, Instituto Jurídica da FDUC, Simões & Linhares, Lda.: Coimbra (2021) 33-59 (50 e ss.); RUI ATAÍDE, *Responsabilidade Civil por Violação dos Deveres no Tráfego*, Almedina: Coimbra (2015), 1003-1004 *Poder paternal, direitos de personalidade e responsabilidade civil. A vigência dos direitos fundamentais na ordem jurídica privada, em Estudos de Direito Privado*, AAFDL: Lisboa (2020), 406-408, artigo também publicado nos Estudos dedicados ao Professor Doutor Luís Alberto Carvalho Fernandes, Universidade Católica Editora, Lisboa, 2011, Vol. III, 337-409; RUI DE ALARCÃO, *Direito das Obrigações* (J. Sousa Ribeiro, J. Sinde Monteiro, Almeno de Sá, J. C. Proença), Universidade de Coimbra: Coimbra (1983) 209 e ss.; SINDE MONTEIRO, *Anotação ao acórdão do Supremo Tribunal de Justiça de 12 de Novembro de 1996*, RLJ, ano 132 (1999-2000) 90-96, *Rudimentos da responsabilidade civil*, RDUP, ano II (2005), 349-390 (352-353), *Relatório sobre o programa, conteúdo e métodos de uma disciplina de responsabilidade civil*, Coimbra (1995), 8; FERNANDO OLIVEIRA E SÁ, *Contrato e liquidação de dano de terceiro*, Novas tendências da responsabilidade civil, Almedina: Coimbra (2007), 207-251 (220-221); TIAGO HENRIQUE SOUSA, *Da responsabilidade civil dos gerentes e administradores das sociedades comerciais, perante os credores sociais, por violação de normas de proteção, no direito português*, RFDUL/LLR, LXIV (2018.2), 137-168 (*maxime* 147-148); SOFIA GALVÃO, *Reflexões acerca da responsabilidade do comitente no direito civil português*, AAFDL, Lisboa (1990), 130-131.
Identificando o problema, mas sem nele tomar partido, v., ainda, CARLOS FERREIRA DE ALMEIDA, *Texto e Enunciado na Teoria do Negócio Jurídico*, Almedina: Coimbra (1992), Vol. II, § 138, II, 1091-1092 (e respetiva nota 297); J. CARLOS BRANDÃO PROENÇA, *Estudos de Direito das Obrigações*, Universidade Católica: Porto (2018), 68, 95-96 (pese embora uma ligeira inclinação pela prevalência da via obrigacional), *Lições de cumprimento e não cumprimento das obrigações*, 3.ª ed., Católica Editora: Porto (2019), 310, 320-321, *A Responsabilidade Civil Extracontratual nos 50 anos de vigência do código civil: um olhar à luz do direito contemporâneo*, RDR, ano 1 (2019), 245-311 (259, 282-283); e NUNO TRIGO DOS REIS, *Responsabilidade civil por contágio pelo novo coronavírus*, RFDUL/LLR, LXI, 1 (2020), 533-569 (568, nota 111).

[4] Cf. VAZ SERRA, *responsabilidade contratual e responsabilidade extracontratual*, BMJ 85 (Abril), 1959, 115-239 – v. este Autor também em anotação ao Ac. do STJ de 26-Jul-1968, RLJ n.º 3400 (298-304), e n.º 3401 (309-319), Ano 102 (1969-1970); FERNANDO A. FERREIRA PINTO, *O concurso entre a responsabilidade contratual e a responsabilidade extracontratual*, RDC, edição *liber amicorum*, publicada em 20-Nov-2020, 1945-2018 – o artigo corresponde ao relatório apresentado pelo Autor em 1986, atualizado quanto à doutrina e jurisprudência portuguesas (*idem*, nota 1); e, por fim, ALMEIDA COSTA, *O concurso da responsabilidade contratual e da extracontratual*, AB VNO AD OMNES – 75 anos da Coimbra Editora, 555-566. As conclusões daquele estudo seriam posteriormente integradas nas lições do ilustre Professor, em *Direito das Obrigações*, 12.ª ed., (7.ª reimp.), Almedina: Coimbra (2019), 546-553.

de Aquisição da Prestação» (1988)[5]. Todos estes contributos são determinantes no avanço científico desta matéria e sedimentam o valor do *concurso* como uma figura incontornável no plano juscivilístico. Por acréscimo, a maturação metodológica almejada noutros países, com soluções próximas das nossas, deve ser novamente considerada. Em particular, importa (*i*) (re)avaliar o entendimento que se encontra, hoje, generalizado nos nossos tribunais, através do qual a via contratual (*rectius*, obrigacional) consome a delitual, e, por outro lado, (*ii*) reponderar as situações jurídicas base implicadas nesta figura complexa do concurso (em particular, os conceitos de crédito indemnizatório e de pretensão).

À semelhança do que se processa além-fronteiras, pese embora a vastidão monográfica e de decisões contenciosas que abordaram o tema, não se alcançou qualquer consenso doutrinário: a *relação normativa* gerada entre as normas de responsabilidade aplicáveis permanece com contornos pouco claros, requisito este imprescindível à sua boa compreensão e aplicação. Aliás, esse dissenso é histórico, a começar pelos quadros conceptuais em causa. Já em 1841, na análise do concurso de responsabilidades, ainda que de um prisma processual (ou seja, de *competição de ações*, designado, à data, de *Concurrenz der Klagen*), com base nas fontes romanas (prisma esse, entretanto, superado em benefício de um de normas, como veremos[6]), Savigny deixava o seguinte alerta:

> «Na doutrina do concurso de ações, os escritores recentes divergem frequentemente a um nível tão elevado que se torna difícil acreditar de que tratam do mesmo assunto. A divergência aqui não se reporta apenas, tal como em muitas doutrinas, aos resultados da investigação, *i.e.*, a solução da tarefa, mas ao sentido e escopo da tarefa em si.»[7].

As críticas apontadas por Savigny, essencialmente metodológicas, não foram ainda vencidas. O seu aprofundamento continua a justificar-se, embora

[5] Encontramos as raízes desta obra num estudo prévio do ilustre Professor, nomeadamente em *Sobre a teoria do processo declarativo*, Coimbra Editora: Coimbra (1980), *maxime* 163-168.

[6] Cfr., *infra*, § 5; 2.1.

[7] Tradução livre de «In der Lehre von der Concurrenz der Klagen weichen neuere Schriftsteller von einander oft so sehr ab, daß man kaum glauben sollte, es werde ein und derselbe Gegenstand von ihnen behandelt. Die Verschiedenheit betrifft hier nicht blos, wie in den meisten anderen Lehren, die Resultate der Untersuchung, also die Lösung der Aufgabe, sondern den Sinn und Umfang der Aufgabe selbst»; em *System des heutigen römischen Rechts*, Vol. 5, Veit und comp.: Berlim (1841), 205.

existam, sem surpresa, opiniões contrárias à relevância deste tema[8]. No nosso país são, aliás, várias e recentes as decisões judiciais das instâncias superiores que se debruçam sobre o concurso, justificando, pela sua mera existência, a atualidade da presente investigação. No fundo, a necessidade de um novo olhar sobre a matéria impõe-se, *rectius*, continua a fazer-se sentir.

> Em 1980, no seu manual de Direito das Obrigações, MENEZES CORDEIRO lançava o repto, o qual se transcreve: «[...] também na responsabilidade civil podem ocorrer fenómenos de concurso de normas que deveriam merecer alguma atenção por parte dos estudiosos, em termos de confecionar a respetiva teoria»[9].

É esse desafio que se nos impõe. Sem prejuízo, devemos reiterar que o valor de uma investigação deste tipo é condicionado à avaliação dos quadros dogmáticos próprios do plano civil português, sem esquecer, claro, os avanços almejados, quer noutros ramos do nosso Direito, quer noutros ordenamentos.

II. Para cumprir esta tarefa, somos forçados a delimitar o objeto do presente estudo[10], respeitando a economia (necessariamente limitada) desta investigação.

Em primeiro lugar, constatamos a inexistência de uma regra que regule o concurso de responsabilidade civil. Não podemos, portanto, balizar a presente investigação por referência a determinada proposição jurídica ou complexo restrito de normas. Todavia, a omissão desta *metanorma*[11] não tem

[8] Especialmente, ESSER/EIKE SCHMIDT, *Schuldrecht*, AT, I, C.F. Müller: Heidelberg (1984), § 7, II, 98.

[9] *Direito das Obrigações*, II, 412. Esta obra teve por base as lições policopiadas do ilustre Professor de 1979. O desafio consta ainda na versão mais recente daquelas lições (*Tratado*, VIII, 736).

[10] Partilhamos das reservas (proféticas) de PETER SCHLECHTRIEM, *The Borderland of Tort and Contract*, Cornell International Law Journal, Vol. 21, n.º 3, 467-476, 471, o qual afirma que são os fatores *competência*, *tempo* e *espaço* que obstaculizam uma tarefa não reduzida a aspetos pontuais.

[11] Cfr., MIGUEL TEIXEIRA DE SOUSA, *O concurso*, 13, 17. Noutros países, foi avançada uma proposta, em sentido positivo ao cúmulo de responsabilidades. É disto exemplo, ainda que raro, as soluções gizadas no leste europeu, designadamente na Polónia (art. 443.º do respetivo Código Civil) ou, em sentido negativo à admissibilidade do concurso efetivo, na Hungria (6:125 do Código Civil húngaro de 2013); para maiores desenvolvimentos, cfr., *infra*, § 17. Entre nós, conhecemos apenas previsões pontuais que visam resolver um conflito específico de imputações, tal como sucede face ao risco no contexto dos acidentes de viação (506.º) perante aquela que seria uma concorrência não resolvida de responsabilidade de vários *detentores* e/ou *condutores* ao abrigo de uma norma anterior (503.º; neste sentido, MENEZES LEITÃO, *Direito das Obrigações*, I – *Introdução. Da Constituição das Obrigações*, 9.ª ed., 2010, 399).

obstado ao seu aprofundamento, direta e indiretamente, a nível nacional e internacional, inclusive por outros vários ramos do Direito[12].

A investigação do *concurso* de responsabilidade nos moldes considerados concede, em primeiro lugar, primazia ao prisma metodológico[13]. Neste plano, importa determinar se o concurso de responsabilidades se situa a nível *substantivo* (enquanto um *concurso de normas*) ou ao nível *processual* (se *de ações*), sem prejuízo da existência de soluções alternativas, de natureza eclética. Por outro lado, e adentro daquele primeiro prisma (substantivo), a investigação concentra-se no plano *jusprivatístico* de responsabilidade, não sendo possível considerar, de momento, outras *formas* de responsabilidade, tal como a *penal*, *contraordenacional*, *administrativa*, *disciplinar* ou *fiscal*, em contraste com a civil ou isoladamente[14]. Num novo grau, a presente investigação centra-se na vertente *subjetiva* de responsabilidade, dependente de culpa, consideradas dualmente nas modalidades *delitual* e *obrigacional* de responsabilidade. Estas vias de responsabilidade beneficiam de acolhimento sistemático na nossa legislação e de um lugar de destaque no sistema de responsabilidade, como veremos. As demais vertentes, nomeadamente aquela vulgarmente considerada como independentemente de culpa (*responsabilidade pelo risco*) e, ainda, de ilicitude (pelo *sacrifício*), não serão diretamente consideradas, sem prejuízo das devidas referências no contexto da exposição.

Cumpre ainda considerar que, adentro deste plano (civil), ao nível do *concurso formal de normas*, pressupomos uma paridade dos critérios fornecidos pela *teoria das fontes*, especialmente a nível *espacial*, *temporal* e de *competência*. Ao abrigo destes critérios nenhuma norma de responsabilidade prevalece sobre as demais. Veremos se existem outros critérios, por referência à previsão das normas (p. ex., uma relação de especialidade ou consumpção) ou aos respetivos efeitos, que impõem a aplicação isolada de uma das normas, em detrimento das demais. Pois bem, a *decomposição* das normas de

[12] Rui Ataíde, *Causalidade e Imputação Objetiva na Teoria da Responsabilidade Civil. A sobreposição das concepções normativas*, Separata de Estudos em Homenagem ao Prof. Doutor Sérvulo Correia, BFDUL, Coimbra Editora: Coimbra (2010), 181-237 (185).

[13] Sem prejuízo da sua (imerecida) desvalorização. Acompanhamos, de resto, a preocupação de José António Veloso (*Concurso e conflito de normas*, Direito e justiça: revista da Faculdade de Direito da Universidade Católica Portuguesa, 17, 2003, 205-272 (233)): «[a] indeterminação da metodologia jurídica obsta, porém, a que seja atribuída aos seus resultados a mesma autoridade que se reconhece aos textos da lei e às suas implicações lógicas».

[14] Avultam, no entanto, estudos nestes domínios. Recentemente, v., a título exemplificativo, o de Miguel Assis Raimundo, *Concurso de imputações por actos de diferentes funções do Estado*, *Novos temas da responsabilidade civil extracontratual das entidades públicas*, ICJP, AAFDL: Lisboa (2013), 23-48.

responsabilidade é o segundo passo de uma investigação deste tipo: a análise da estrutura das regras é elemento imprescindível à compreensão da relação jurídica entre as normas. Ao nível das situações jurídicas geradas pelos títulos de imputação de danos, os conceitos de *direito subjetivo, dever, pretensão* são operantes e devem ser concretizados, tal como são, num outro patamar, os conceitos de *responsabilidade, modalidade* de responsabilidade e *título de imputação* (de danos).

A dificuldade dogmática de tratamento unitário do concurso reside também (e principalmente, talvez) na falta de homogeneidade dos conceitos utilizados, gerando uma confusão terminológica, verdadeiramente babélica. O apuramento terminológico dos conceitos utilizados é, portanto, um passo indispensável nesta investigação. Em todo o caso, cumpre ressalvar que o nosso esforço conceptual pretende ser funcionalmente dirigido à solução de problemas concretos, tal como, a nível substantivo, a identificação do número de obrigações de indemnizar geradas, ou, ao nível processual, a conformação da pretensão gerada em juízo, sob pena de recairmos no puro conceptualismo, próprio da jurisprudência dos conceitos, na qual não nos revemos.

§ 2. A SEQUÊNCIA DA INVESTIGAÇÃO

I. A análise do concurso de responsabilidade civil será realizada a dois momentos.

Em primeiro lugar, aprofundaremos o *objeto* que concorre e o qual se reporta às vias delitual e obrigacional de tutela civil. Para tal, importa compreender o método de regulação da responsabilidade civil no sistema português, atendendo em particular aos conceitos de *responsabilidade*, de *título de imputação*, de *modalidade* e, claro está, o de *concurso*. Cumpre, ainda, densificar, ao nível do concurso dos títulos de imputação, o caminho metodológico a seguir, atendendo aos avanços alcançados pela teoria do conflito de normas e noutras áreas do Direito, com destaque para o concurso de crimes no Direito penal. Recentrando o concurso das modalidades consideradas, cumpre determinar o seu *objeto*: a nível *processual* (se este se conforma um concurso de ações) ou, alternativamente, a nível *substantivo* (se de normas). Neste último caso, cumpre ainda determinar a posição jurídica ativa em causa, designadamente se estaremos perante um concurso de créditos (indemnizatórios) ou de outra figura, eventualmente por acréscimo, tal como um de *pretensões*. Para encerrar a análise dos títulos de imputação, importa densificar e confrontar os pressupostos de ambas as modalidades de responsabilidade consideradas[15].

[15] Este caminho é indispensável. Em linha, CARNEIRO DA FRADA deixa o seguinte apelo quanto ao objeto desta investigação: «deve começar por se abordar tendo por pano de fundo o confronto entre a responsabilidade aquiliana e contratual», em *Direito Civil, Responsabilidade Civil. O método do caso*, Almedina: Coimbra (2010), 64.
No mesmo sentido, FERREIRA PINTO menciona que «a solução do problema [do concurso] deverá ser precipuamente encarada na perspetiva de cada sistema jurídico concreto», *concurso*, 2012; cf., em linha, DÁRIO MOURA VICENTE, *Direito Comparado*, II, 529, SINDE MONTEIRO, *Rudimentos da responsabilidade civil*, Revista da FDUP, Ano 2 (2005), 353.

Em segundo lugar, em sede de uma situação típica de concurso previamente delimitada, importa, considerando a estrutura das proposições jurídicas em confronto, aprofundar as relações normativas geradas ao nível da previsão (*i.e.*, um concurso de requisitos do título de imputação de danos), bem como ao nível da estatuição (ou seja, pelo prisma da obrigação de indemnização gerada).

Analisa-se, por outro lado, duas principais dificuldades do concurso, de um ponto de vista constitutivo: em primeiro lugar, é necessário qualificar um conjunto de *situações de responsabilidade*. Nestas, a tarefa inicial do intérprete é a de subsumir a respetiva situação de facto a uma ou várias modalidades de responsabilidade, ou seja, e no âmbito da nossa investigação, a de saber se estamos perante uma responsabilidade de tipo delitual ou obrigacional, sem prejuízo da emergência de uma hipótese de concurso efetivo. A segunda dificuldade radica nas principais críticas que são dirigidas a um modelo tipicamente dualista de responsabilidade, nomeadamente, pela negação, a compartimentação da responsabilidade civil em modalidades, apelando a um sistema *unitário* de responsabilidade (o modelo monista) ou, por fim, pela defesa de uma divisão de responsabilidade num grau superior, mediante o apelo a uma terceira via de responsabilidade (ou afins).

Por fim, serão exploradas as soluções normativas apresentadas a uma situação típica de concurso de responsabilidade, incluindo a vertente histórica, dualmente consideradas na *tese do cúmulo* e *do não-cúmulo*. Neste ponto, procura-se determinar se prevalece uma determinada norma em detrimento das demais (tese do não-cúmulo) ou se, ao invés, as normas se aplicam em simultâneo com autonomia (tese do cúmulo), havendo que concretizar, neste caso, para além da relação normativa ao nível dos efeitos, a posição jurídica reconhecida ao lesado. O contributo da doutrina e da jurisprudência, nacional e estrangeira, é determinante.

O tratamento unitário do tema permite desmistificar a complexidade do regime associado e superar as tentativas de aprofundamento do instituto geralmente circunscritas a hipóteses concretas. Em todo o caso, admitimos, com Georgiades, que é o pragmatismo das soluções alcançadas pelo aprofundamento dogmático da matéria aquilo que traduz verdadeiramente o valor de uma investigação como a presente[16].

[16] Seguimos, em linha, a reservas de Georgiades, quando o Autor afirma «o valor de uma doutrina pode ser medido se esta vence o julgamento e teste a que se sujeita no tratamento jurídico de questões individuais (*Die Anspruchskonkurrenz im Zivilrecht und Zivilprozessrecht*, C.H.Beck: Munique, 1968, 81; «der Wert einer Lehre läßt sich daran messen, ob sie bei der rechtlichen Behandlung der Einzelfragen Probe und Bewährung besteht»).

PARTE I

O TÍTULO DE IMPUTAÇÃO DE DANOS NA RESPONSABILIDADE CIVIL DELITUAL E OBRIGACIONAL

SECÇÃO I
OS CONCEITOS BASE

Sumário: § 3. O método de regulação da responsabilidade civil; 1. A responsabilidade; 2. O título de imputação de danos e a modalidade de responsabilidade; 3. As modalidades de responsabilidade. § 4. A primazia das modalidades de responsabilidade civil consideradas; § Em particular, a regulação remissiva da responsabilidade civil para as modalidades consideradas. § 5. O conceito de concurso; 1. Noção; sequência; 2. No plano da responsabilidade civil: do concurso de normas ao de pretensões. 2.1. Objeto do concurso: o concurso de ações e o de normas; 2.2. A posição jurídica em causa: o concurso de pretensões.

§ 3. O MÉTODO DE REGULAÇÃO DA RESPONSABILIDADE CIVIL

I. A criação e regulação de uma obrigação de indemnizar traduz-se numa das válvulas de escape de um sistema que historicamente adere ao princípio de que o dano é suportado por quem o sofre (*casum sentit dominus*)[17]. Esta solução não surge, no entanto, sem compromissos. Na verdade, cumpre ao sistema identificar os requisitos que fundamentam dogmaticamente o limite da transferência jurídica dos danos sofridos por um sujeito para outro, ou seja, e concretizando, cumpre determinar os *requisitos da obrigação de indemnizar*. Para esse efeito, a abstração das normas que regem as fontes de responsabilidade condenam o intérprete a uma permanente tentativa de delimitação do seu objeto e escopo, com base no sentido e alcance da lei, mas não só[18]. Além daquela dificuldade de enquadramento do direito objetivo, as regras criadas não esgotam diretamente a realidade à qual se reportam, restando integrar os casos que a lei não preveja.

Embora seja discutível a legitimidade de uma técnica legislativa que prescinda daquela abstração, isto é, de legislar sem recurso a conceitos indeterminados ou a métodos sistemáticos que priorizam uma regulação de regressiva abrangência (partindo da natureza geral para a especial), a legística moderna tem a vantagem de evitar a prolixidade numa fase anterior, de regulação, embora se encontre por demonstrar se apenas a protela para uma subsequente, de aplicação, com manifestos riscos de iniquidade.

[17] Sobre o princípio, com referências bibliográficas completas, v. BRANDÃO PROENÇA, *A conduta do lesado como Pressuposto e Critério de Imputação do Dano Extracontratual*, Reimp. da ed. de 1997, Almedina: Coimbra (2007), 90-92 (e respetiva nota 226). Recentemente, com críticas, NUNO TRIGO DOS REIS, *Responsabilidade civil por contágio pelo novo coronavírus*, 538-539.

[18] KARL LARENZ, *Lehrbuch des Schuldrechts*, Vol. I, *Allgemeiner Teil*, 14.ª ed., C.H.Beck: Munique (1987), § 27, I, 422; e em *Entwicklungstendenzen der heutigen Zivilrechtsdogmatik*, JZ, Ano 17, n.º 4 (16-Fev-1962), pp. 105-110 (com tradução nossa, *inédito*).

II. Atendendo, assim, àquela finalidade principal de *transferência de prejuízos*[19], o sistema criou *títulos de imputação de danos*. Todavia, dada a variedade e complexidade das realidades que considerou merecedoras de fundar a responsabilidade do agente, e em obediência ao seu método, julgou-se necessário *sistematizar* os títulos de imputação criados, associando-os a um determinado regime. Por apelo, novamente, à ordem de maior grandeza, os títulos de imputação (de danos) foram sendo historicamente organizados a respeito de um determinado *critério*, formando *modalidades de responsabilidade civil*. Não surpreende constatar que o processo de classificação do título de imputação nem sempre foi o mesmo, embora existam certas modalidades com um peso histórico de destaque.

A conclusão daquele processo de categorização transparece na atual arrumação sistemática desta matéria no nosso Código Civil de 1966: a responsabilidade civil por factos ilícitos (483.º e ss.) surge no capítulo II (fonte das obrigações), do livro II, já a responsabilidade dita *obrigacional* (798.º e ss.) insere-se no capítulo VII (cumprimento e não cumprimento das obrigações). Por outro lado, distingue-se, ainda, a responsabilidade pelo risco[20] – cfr. subsecção II da secção V (responsabilidade civil) das fontes das obrigações (capítulo II) – e a criação de um regime unitário (embora não idêntico) para a consequência normativa das várias formas de responsabilidade esta obrigação é, pelo menos na sua aparência, regulada unitariamente (562.º e ss.)

[19] A finalidade encontrava-se expressamente enunciada no número 17 do artigo 8.º da Constituição de 1933, mediante a referência ao «direito de reparação de toda a lesão efetiva conforme dispuser a lei, podendo esta, quanto a lesões de ordem moral, prescrever que a reparação seja pecuniária». Na Constituição da República Portuguesa de 1976 encontram-se referências dispersas a este princípio, nomeadamente em sede de condenações injustas (29.º/6 CRP), pelas infrações cometidas no exercício do direito de liberdade de expressão e informação (37.º/4 CRP), bem como em sede dos direitos dos consumidores (60.º/1 CRP).

[20] A responsabilidade pelo risco não se reconduz apenas aos quadros dogmáticos da responsabilidade delitual, à qual é normalmente contraposta, pese embora exista, a seu favor, uma importante remissão no nosso Código Civil (499.º). Neste sentido, apelando à existência de uma responsabilidade civil objetiva no âmbito obrigacional, de fonte convencional, mediante cláusulas sobre o risco, ou por força da lei (*v.g.*, 909.º e 921.º), v. Pessoa Jorge, *Ensaio*, 37 (nota 13). Menezes Cordeiro alerta para a falta de apuramento terminológico da imputação por culpa, risco ou sacrífico em sede obrigacional, em *Tratado*, VIII, 289. Em concreto, veja-se o exemplo do risco do devedor pela perda ou deterioração do objeto que deveria entregar, estando em mora (807.º), o qual conforma um caso de responsabilidade objetiva no âmbito obrigacional (v. Menezes Leitão, *Direito das Obrigações*, I, 240-241). Contra, Galvão Telles, integra o risco e o ato lícito como meras categorias de responsabilidade de tipo extraobrigacional, em *Direito das Obrigações*, 216. Sobre o enquadramento da responsabilidade pelo risco no contexto da *summo divisio*, v., *infra*, § 4.

em sede das modalidades das obrigações (capítulo III); ambos do livro II do Código Civil.

III. A categorização das modalidades de responsabilidade mencionadas (delitual e obrigacional), suportadas no plano histórico, permite abranger realidades *distintas* sob a égide do critério unificador subjacente à categoria em causa. Não se pode, contudo, pretender que a classificação *prévia* de cada modalidade de responsabilidade civil, respeite, a final, a individualidade dos títulos de imputação gerados. Trata-se de processos distintos – de *qualificação* e de *individualização* – os quais tendem a culminar num resultado único: a obrigação de indemnizar, desligada daquela categorização inicial.

Por outro lado, e ainda no que respeita às modalidades de responsabilidade em causa, como uma consequência inerente ao pensamento categorial, a sistemática existente agregou na *mesma modalidade* de responsabilidade *realidades distintas*, remetendo para a ciência jurídica a investigação sobre o fundamento que presidiu a esta sua unidade. Mais grave: o método categorial permite, por outro lado – e este é o aspeto a destacar – reportar a *mesma realidade* a (note-se) *modalidades distintas*, manifestando a natureza relativa do critério que as distingue, e revelando, novamente, o *custo* do método erigido[21]. A insuficiência do método utilizado tem como consequência prática propor a aplicação de regimes distintos para a mesma realidade, ou seja, formar títulos de imputação sujeitos a regras diferentes partindo do *mesmo evento*.

O nosso estudo obriga-nos, numa fase inicial, a compreender qual a solução do sistema a este enquadramento normativo, considerando o mesmo evento determinante de responsabilidade, ou seja, se (*i*) coexistem vários *fundamentos de responsabilidade*, no âmbito das modalidades de responsabilidade consideradas, ou se (*ii*) se forma apenas um único título de imputação de danos reconduzível a uma ou a ambas as modalidades de responsabilidade. O conceito de *fundamento de responsabilidade*, relativo aos pressupostos, e a *obrigação de indemnizar*, sua consequência, são elementos metodológicos indispensáveis, com consequências práticas importantíssimas. Existe também outra terminologia que importa conhecer, nomeadamente a noção de modalidade de responsabilidade e de título

[21] Com críticas a essa área de sobreposição no plano jurídico do direito da responsabilidade civil, v. ANDREW BURROWS, *Solving the problem of concurrent liability*, Current Legal Problems, Vol. 48 (II), Oxford University Press: Oxford (1995), 104.

de imputação de danos, retratando uma situação de responsabilidade devidamente qualificada.

Importa, por outro lado, compreender num prisma constitutivo as diferenças entre as modalidades consideradas, desmistificando o entendimento que as *une* pelo apelo a um regime *unitário* de responsabilidade[22] (o entendimento *monista*), invocando-se existir (*a*) uma modalidade *global* de responsabilidade civil[23], (*b*) a natureza geral de uma das modalidades consideradas, perante as demais, ou, ainda, (*c*) soluções normativas, ainda que não expressas, que previnem esta eventualidade.

Iremos, em primeiro lugar, clarificar a terminologia correntemente utilizada, nomeadamente os conceitos de *responsabilidade, título de imputação* e de *modalidade de responsabilidade*, em ligação com as situações jurídicas comuns (direito subjetivo, pretensão) e com a estrutura das normas de responsabilidade em causa (em particular, a previsão e estatuição).

1. A responsabilidade

I. O conceito de *responsabilidade* é polissémico[24]. Este conceito indeterminado reporta-se, por vezes, no âmbito de uma obrigação constituída, ao *cumprimento* pretendido, enquanto responsabilidade *do devedor* pela realização da prestação a que se encontra adstrito: estamos, neste caso, em sede do *dever de prestar*[25].

> Como exemplos desta primeira vertente do conceito, veja-se a menção à *responsabilidade* pelas obrigações sociais (997.º), pela realização das obras

[22] Retomaremos este aspeto adiante, cfr., *infra*, § 14; 2.

[23] As modalidades de *responsabilidade* mais abrangentes, e com expressa previsão legal no nosso código, reportam-se à responsabilidade *civil* e à responsabilidade *criminal*. Veja-se, neste ponto, a previsão do artigo 284.º, em sede da usura criminosa, embora a distinção conste indiretamente noutros preceitos do código (*v.g.*, 498.º/2). Não nos cumpre distinguir, como visto, a respeito da ordem de grandezas da matéria, a responsabilidade civil da de tipo criminal, ou de outras, tal como a disciplinar, tributária, *etc.*, interessando-nos apenas as modalidades referentes àquele primeiro tipo. Sobre a distinção, v. Galvão Telles, *Direito das Obrigações*, 209–210.

[24] Sobre o peso etimológico do conceito, v. Pedro de Albuquerque, *A aplicação do prazo prescricional do n.1 do artigo 498 do código civil à responsabilidade civil contratual*, ROA, Ano 49, n.º 3 (Dez. 1989), 793-837 (800–804) e Santos Júnior, *Da responsabilidade civil*, 179.

[25] Fundamental, a obra de Gomes da Silva, *Dever de prestar, passim*. Sobre o sentido geral do conceito e a respetiva natureza, v. Pessoa Jorge, *Ensaio*, 34–36 e 42-44.

de conservação ordinária ou extraordinária (1111.º/1)[26], pelas dívidas dos cônjuges (1690.º e ss.) ou pelos alimentos (2009.º/3).

Esta primeira vertente não esgota, todavia, o significado juscivilístico do conceito.

Em particular, destaca-se uma outra dimensão, conexa com a anteriormente mencionada, relativa, por sua vez, à responsabilidade enquanto (*i*) o *efeito* ou a *consequência normativa* derivada genericamente da *falta de cumprimento* da obrigação ou decorrente da *verificação do delito, i.e.*, a responsabilidade pelo incumprimento, em sede do *dever de indemnizar*, ou, ainda, enquanto (*ii*) *causa* ou *fonte* desta obrigação de indemnizar[27]. Noutros casos, num sentido de que presentemente não nos ocupamos, a responsabilidade é utilizada em sentido *patrimonial*, por referência ao património do devedor enquanto garantia geral do cumprimento das suas obrigações (601.º)[28] ou por referência à aptidão de *garantia* pelo cumprimento concreto de determinada obrigação, nomeadamente em termos *reais*, sendo disso exemplo o caso da responsabilidade *por dívidas* (iniciada pelo fundo comum, 198.º), *dos bens adquiridos pelo mandatário* (1184.º) ou da *herança* (2068.º, incluindo os bens da herança indivisa, cfr. 2097.º) ou, em termos *pessoais*, a dos fiadores para com o credor (649.º) ou entre os mesmos (650.º).

Tratamos do conceito de responsabilidade por apelo à segunda vertente mencionada, ou seja, responsabilidade como o *efeito* de uma situação de geradora de um crédito indemnizatório ou enquanto *fonte* deste dever[29].

[26] E, ainda, embora com especialidades, veja-se a responsabilidade pelo cumprimento dos deveres conjugais (1672.º) ou parentais (1877.º e ss.).

[27] Pedro de Albuquerque, *A aplicação do prazo prescricional*, 800–804.

[28] Menezes Cordeiro, *Tratado*, VIII, 408. Isto não prejudica, como se sabe, a possibilidade de se restringir o património a alguns bens em caso de incumprimento (602.º), nem o devedor se obriga a manter o património necessário a satisfazer o interesse do credor (de cumprimento), cf., sobre este ponto, L. Miguel Pestana de Vasconcelos, *Direito das Garantias*, 2.ª ed., Almedina: Coimbra (2015), 46-47 (e respetiva nota 106), em linha com Januário Gomes, *Assunção Fidejussória de Dívida – Sobre o sentido e o âmbito da vinculação do devedor*, Almedina: Coimbra (2000), 23 (*idem*, p. 47, nota 107).

[29] Menezes Cordeiro, *Direito das Obrigações*, II, 258, apela a uma «responsabilidade-situação». Sobre a origem etimológica do conceito, aplicada ao plano da responsabilidade civil, v. o A. mencionado em *Da responsabilidade civil dos administradores*, 400 e ss.

2. O título de imputação de danos e a modalidade de responsabilidade

I. O conceptualismo de distinguir entre títulos de imputação de danos e, em segundo lugar, entre modalidades de responsabilidade civil (ou *tipos* de responsabilidade civil) justifica-se na medida da sua utilidade. Cumpre demonstrá-la.

À partida, a sua utilidade deriva de se entender o título de imputação dos danos sofridos pelo lesado para outrem (lesante ou não) como o *resultado normativo da construção tipológica de uma norma de responsabilidade*, reportado aos respetivos pressupostos e à sua consequência jurídica. Ou seja, na medida da variação da respetiva estrutura, em abstrato, ou do preenchimento dos respetivos pressupostos, em concreto, surgem diferentes títulos de imputação. Um segundo entendimento – do qual nos afastamos – afirma que o título de imputação (de danos) corresponde à maior modalidade de responsabilidade, em termos de abrangência[30]. Segundo este entendimento, as modalidades de responsabilidade são o resultado da classificação daqueles títulos de imputação, por referência a um qualquer critério extraído da sua estrutura (previsão e estatuição).

II. O título de imputação de danos, como *conceito*, traduz apenas a qualidade, finalisticamente orientada, da norma (ou *título*) em análise: visa *imputar* os danos sofridos na esfera jurídica do lesado a um terceiro[31]. Esta qualidade não se confunde com o primeiro entendimento mencionado, da formação dos títulos, em abstrato, pela estrutura das normas de responsabilidade. Ao invés, por título de imputação (de danos) entende-se o *resultado*, em concreto, do processo interpretativo realizado pelo crivo da responsabilidade, sendo tão variável quanto a realidade a que se reporta. Assim, se o *evento da vida* fundamentar a responsabilidade do agente, gera-se, em regra, apenas um título de imputação de danos. Mas a sua pluralidade não é de afastar.

O título de imputação não é, portanto, uma realidade *única*, já que na sua formação são considerados aspetos em concreto que determinam (e obrigam a reconhecer) a sua *individualidade*.

[30] Existem outros entendimentos de que não demos conta *supra*, naturalmente. Menezes Leitão, numa posição própria, classifica as modalidades gerais de responsabilidade civil por culpa, pelo risco ou sacrífico, coincidentes com o respetivo titulo de imputação a que se recorra, em *Direito das Obrigações*, I, 291.

[31] Em linha, Carneiro da Frada, *Contrato e deveres de protecção*, 187 e ss.

A conceptualização do título de imputação (de danos) como conceito autónomo apresenta várias vantagens, designadamente (*i*) é um *conceito operacional* que permite considerar o resultado do apuramento de responsabilidade civil, sem quebra de individualidade, a respeito da diversidade de fundamentos ou de sujeitos, (*ii*) a sua categorização permite agregá-los numa *modalidade de responsabilidade*, a respeito de um critério, determinante ou exclusivo, englobante da classificação em causa[32], e, em consequência, facilitar a identificação do regime concretamente aplicável. Por outro lado, (*iii*) ao deter natureza substantiva, distancia-se do enquadramento processual da posição previamente reconhecida ao lesado (o qual pode, aliás, ser tutelado por outras vias além da indemnizatória[33]). É, nesta medida, enquadrável enquanto o *fundamento* da *pretensão* gerada, na vertente normativa, legitimador da transferência patrimonial do dano sofrido na esfera jurídica do lesado para a do lesante[34]. O título considerado também conforma o *objeto da pretensão* indemnizatória, limitada que seja pelos fundamentos dos quais depende. Por último, o título de imputação de danos (*iv*) respeita a finalidade primordial da responsabilidade, ressarcitória, representando o processo dogmaticamente visado, de transferência patrimonial dos prejuízos.

III. Ressalva-se que o conceito de *título de imputação*[35] não se reporta exclusivamente à responsabilidade civil. Por *imputação*, derivada do conceito de *imputatio* de Pufendorf[36], entende-se, em regra, todo o processo finalisticamente

[32] Larenz descreve que o processo de sistematização da responsabilidade delitual no BGB, baseado no princípio da culpa (*Verschuldensprinzip*), embora com misturas de outras formas de responsabilidade (pelo risco, § 833 BGB), não revelou maturidade para autonomizar outros planos; em *Lehrbuch*, II, BT, 2, § 84, I, 600. Nesta medida, com manifesta recondução à modalidade de responsabilidade respetiva, Menezes Cordeiro descreve a tipologia do título de imputação de danos como *delitual*, *objetiva*, *pelo risco*, e, por fim, *obrigacional*, em *Tratado*, VIII, 432.

[33] Atente-se à tutela do cumprimento, por via da execução específica ou por equivalente, cumulável ou alternativa à do incumprimento; cf., desenvolvidamente, § 12; 5.2.

[34] Nas palavras de P. G. Monateri, «Essenzialmente la r.c. è, infatti, un meccanismo sociale per la traslazione dei costi.», *Danno e Resarcimento*, (com Davide Gianti e Luca Cinelli), Copertina Flessibile: Torim (2013), 12. Retomaremos este conceito adiante; cfr., *infra*, § 5; 1.

[35] Sobre o conceito de imputação, v. Menezes Cordeiro, *Direito das Obrigações*, II, 301 (nota 97). Este conceito fora utilizado pelo Autor para, juntamente com o dano, sintetizar os pressupostos da responsabilidade civil, nas suas lições de *Direito das Obrigações*, II, 301. No mesmo sentido, embora desconsiderando as diferenças entre as modalidades de responsabilidade em confronto, v. Gomes da Silva, *O dever de prestar*, 189-211.

[36] *Le Droit de la Nature et des Gens*, t. 1, III, § 1, 292 e ss. V., com a análise da obra deste A., v. Santos Júnior, *Da responsabilidade*, 188 e respetivas notas 637 a 640. Reconhecendo a importância

orientado para a atribuição *normativa* de um determinado efeito jurídico, o qual não se esgota nos danos, naturalmente. Identificam-se, portanto, outros títulos de *imputação* que não de danos, tal como (*i*) a imputação *do valor* de determinado bem na prestação devida (442.º/1), da própria prestação (783.º e ss.), da doação ou das despesas na quota hereditária (2108.º/1), (*ii*) a imputação de *despesas* (1424.º/4), (*iii*) do *conhecimento* e da *vontade* das pessoas singulares, derivado de fenómenos como a *representação*, ou, em geral, às pessoas coletivas[37]. Note-se, ainda, que existem outros *títulos* que não de imputação, podendo ser, por exemplo, *de restituição*[38], tal como o dos bens ao ausente (113.º), dos frutos (214.º), da prestação na sequência da declaração de nulidade ou da anulação do negócio (289.º e 290.º)[39], do *enriquecimento* (473.º/1) ou da *coisa reivindicada* (1311.º).

do conceito, v., ainda, MENEZES CORDEIRO, *Tratado*, VIII, 313. Num primeiro nível de aplicação, KANT, em linha com este Autor e WOLFF, defende que a «imputação é o juízo mediante o qual alguém é visto como o autor de um evento, o qual é depois tratado como facto e sujeito à lei» (em *Metaphysische Anfangsgründe der Rechtslehre*, Königsberg, 1797); seguimos aqui a tradução, com especialidades devidamente justificadas, de JOACHIM HRUSCHKA, *Imputation*, Brigham Young University Law Review, n.º 669 (1986), 669-710 (673 e respetiva nota 21).

[37] Cf., entre nós, JOSÉ FERREIRA GOMES e DIOGO COSTA GONÇALVES, *A imputação do conhecimento às sociedades comerciais*, Almedina: Coimbra (2017), *passim*.

[38] Sobre as diferenças terminológicas entre enriquecimento sem causa e restituição, concluindo pela inexistência de um «significado técnico preciso de *restituição*» v., por todos, JÚLIO GOMES, *Conceito de enriquecimento, o enriquecimento forçado e os vários paradigmas do enriquecimento sem causa*, Universidade Católica Portuguesa Porto: Porto (1998), 78-105.

[39] Aderimos ao entendimento de PIRES DE LIMA e ANTUNES VARELA, os quais entendem tratar-se de uma obrigação distinta da de restituição do enriquecimento sem causa, em *Código Civil Anotado*, I, 469. No mesmo sentido, v. MENEZES LEITÃO, *O Enriquecimento sem causa no Direito Civil*, Almedina: Coimbra (2005), 442–54, ANTUNES VARELA, em anotação ao ac. 21-Jun-1968, em RLJ Ano 102 (1969-1970), n.º 3398, 245-255, GALVÃO TELLES, *Direito das Obrigações*, 204, CARLOS MOTA PINTO, *Notas sobre alguns temas da doutrina geral do negócio jurídico segundo o novo Código Civil*, CEF: Lisboa (1967), 241. Contra, VAZ SERRA, que entende que a obrigação de restituir prevista no artigo 289.º se reconduz ao enriquecimento sem causa, em anot. ao acórdão do STJ de 23-Jan-1976, RLJ, Ano 110, 1977-1978, n.º 3588 e 3589, 43-48, 51-53, e, numa terceira posição, JÚLIO GOMES enquadra o regime do artigo 289.º, como especial relativamente ao previsto nos arts. 479.º e ss., em *O Conceito de Enriquecimento*, 454.

3. As modalidades de responsabilidade[40]

I. As modalidades de responsabilidade *delitual* e *obrigacional* resultam de um processo conceptual[41] de classificação dos títulos de imputação em obediência a um determinado critério, cujo valor se autolimita pela sua incontornável insuficiência. O critério subjacente a qualquer modalidade considerada é, portanto, a medida da respetiva utilidade e rigor.

Os títulos de imputação que comunguem daquela finalidade de imputação de danos são classificados por referência, em regra, a um critério reportado à sua *estrutura* (previsão e estatuição). Formam-se assim, *modalidades* de responsabilidade – as quais podem ser analisadas numa lógica de progressiva abrangência, atendendo-se à estrutura das regras em causa de um ponto de vista atomístico, *i.e.*, desde o *facto* até à *obrigação de indemnizar* – e que permitem a criação de regimes legais distintos para as realidades que englobam.

II. As modalidades de responsabilidade civil paradigmáticas, há muito estabilizadas na prática jurídica, são comummente designadas de tipo *contratual* e *extracontratual*. Estas modalidades têm por referência, condicionadas pelo peso etimológico do conceito, a ligação existente entre os sujeitos aquando do apuramento da responsabilidade, apelando, em concreto, à fonte da vinculação – ou seja, ao *contrato* ou à sua ausência– desaguando, a final, no desvalor objetivo da conduta (*ilicitude*). No primeiro caso, está em causa uma violação do *contrato*, por oposição à segunda, cuja violação escapa ao vínculo negocial. Nesta medida, e com maior rigor, identifica-se no escopo da ilicitude, na primeira modalidade, a violação de um dever específico (*contratual*) de fonte voluntária e, na segunda e por oposição, um dever genérico de respeito (*extracontratual*) – por vezes mencionado como um dever geral de abstenção, omissão ou não ingerência[42].

Sobre os conceitos concretamente utilizados recaem, no entanto, várias críticas, em particular no que respeita à sua insuficiência para englobar todas as realidades enquadráveis nos artigos 483.º e 798.º e seguintes, enquanto os *regimes-padrão* de cada uma das modalidades.

[40] O papel de destaque de ambas as fontes de obrigação de indemnizar consideradas é histórico, e demarca-se de outras modalidades de responsabilidade, designadamente a pelo risco (566.º) e a denominada pelo sacrífico ou por factos lícitos.

[41] Menezes Cordeiro qualifica-as de «tipo lógico-conceitual, avançando por género próximo e por diferença específica», em *Tratado*, VIII, 385.

[42] Antunes Varela, *Das Obrigações*, I, 521.

Veja-se, a este propósito e sem pretensões de exaustividade, o facto de (*i*) a responsabilidade *contratual* abranger toda a responsabilidade decorrente do incumprimento de uma obrigação. Todavia, o conceito de *contrato* não esgota a fonte voluntária do dever específico que liga os sujeitos: deve-se incluir todas as obrigações decorrentes de um *negócio jurídico* (bilateral, como o contrato, ou unilateral, tal como o testamento) ou de outras figuras[43]. Com particular importância, a definição *contratual* da responsabilidade não contempla a própria a *lei* enquanto fonte involuntária da obrigação (em sentido *imediato*), desconsiderando a multiplicidade de obrigações legais acopladas a um negócio (a título injuntivo ou supletivo) ou, em particular, autónomas deste[44]. Em suma, a fonte da obrigação não contamina o regime do respetivo incumprimento[45].

Em segundo lugar (*ii*), a menção à modalidade de responsabilidade *contratual*, por apelo exclusivo a uma *pretensa relação de proximidade* entre os sujeitos, ditos contraentes, desconsidera o dinamismo do vínculo obrigacional. Por um lado, a complexidade do vínculo sobrevive sem a existência do dever principal em sede *pré-contratual*, dita de formação do negócio, e *pós-contratual*, ou seja, após a sua extinção, na *relação corrente de negócios* e em caso de *invalidade do negócio*, sob a égide da tutela concedida pelos deveres acessórios de conduta. Por outro lado, corroborando a *maleabilidade* do vínculo, dito *relativo* em termos estruturais e de eficácia (*i.e.*, vinculando apenas os contraentes, 406.º/2), permite-se a interferência de terceiros ao nível do cumprimento

[43] Carlos Mota Pinto, *Teoria*, 137. Por este motivo, Pessoa Jorge distingue no âmbito da responsabilidade obrigacional a de tipo contratual da extracontratual, consoante a fonte da obrigação, a qual não se confunde, em todo o caso, com a modalidade *extra-obrigacional*, de tipo delitual; *Ensaio*, 38. Indica como exemplo de responsabilidade obrigacional extra-contratual a resultante de o dono do negócio não reembolsar o gestor das despesas com a gestão (*ibidem*). Por nós, quanto à qualificação desta responsabilidade, v., *infra*, § 14; 1.2.

[44] Cumpre apenas verificar a existência de um vínculo obrigacional específico, cujo fundamento pode, aliás, derivar do risco ou do sacrifíco. V., *supra*, § 3; 1. Em crítica, à distinção entre as modalidades com base exclusivamente na fonte da obrigação, v. Menezes Leitão, *Acidentes de Trabalho e responsabilidade civil*, ROA 48 (1998), 773-843 (779-783). Note-se, ainda, a especialidade de o incumprimento da obrigação de indemnizar, derivada de responsabilidade delitual, gerar, sucessivamente, responsabilidade obrigacional pelo respetivo inadimplemento (tal como, por sinal, a de restituir o enriquecimento sem causa, 473.º/1). No fundo, a obrigação de indemnização de fonte *extraobrigacional* é tutelada em sede obrigacional. Neste sentido, Antunes Varela, *Das Obrigações*, I, 522. Contra, Pessoa Jorge, *Ensaio*, 37-38 (nota 14). E o mesmo sucede perante o incumprimento da obrigação de restituição do enriquecimento sem causa ou dos deveres do gestor de negócio, cuja fonte da obrigação base não é, em qualquer dos casos mencionados, o *contrato*.

[45] Cfr., *infra*, § 12; 1.

(767.º, 770.º, 800.º/1 e 828.º), tutela-se o incumprimento que estes provoquem (483.º/1[46]) e estes podem ser considerados apenas puros beneficiários da prestação (*v.g.*, no contrato *com proteção* a favor de terceiro); inexistindo nos casos mencionados uma tal relação de *proximidade*, estrutural ou funcional, nos termos pretendidos entre os sujeitos em causa.

III. O recurso à natureza *contratual* e, por oposição, *extracontratual* da responsabilidade torna-se, assim, desadequado e induz facilmente o intérprete em erro. Por este motivo vários autores preferem o recurso à modalidade *aquiliana* de responsabilidade, por apelo à fonte histórica deste instituto, derivada da *Lex Aquilia (de damno iniuria dato)*[47]. No entanto, a presente classificação opõe as modalidades com base em critérios dissonantes, designamente a fonte histórica da modalidade (para a responsabilidade aquiliana) e o objeto do incumprimento (se *contratual*), ainda que esta também seja a fonte (embora concreta) da obrigação (e não da modalidade, claro) em causa. Nesta medida, é preferível mitigar esta insuficiência terminológica recorrendo às modalidades *obrigacional* e *delitual* de responsabilidade[48]. Partindo do pressuposto da ilicitude, de importância sedimentada nesta sede, estaremos no primeiro caso perante a responsabilidade emergente do incumprimento de obrigações em sentido técnico e, no segundo, de delitos, como fontes específicas de ilicitude, decorrente do inadimplemento do dever geral de respeito[49].

Naturalmente que a presente construção não é, por seu turno, isenta de críticas[50], designadamente (*i*) existem deveres específicos, mormente de fonte legal, cujo incumprimento funda a responsabilidade delitual, de que são exemplo os *deveres no tráfego*[51], bem como, em determinados caso,

[46] Cfr., *infra*, § 6; 2.2. e § 8; 2.1.

[47] Assim, Menezes Cordeiro, *Tratado*, VIII, 387-388. Nas suas lições iniciais de Direito das Obrigações o Autor preferia o recurso à terminologia *obrigacional* e *não obrigacional*; cfr. *Direito das Obrigações*, II, 273 (nota 47). No mesmo sentido, v. Eduardo Santos Júnior, *Da responsabilidade*, 202 (nota 694).

[48] No mesmo sentido, Manuel de Andrade, *Teoria Geral das Obrigações*, 3.ª ed. (com a colaboração de Rui de Alarcão), Almedina: Coimbra (1966), 337, Almeida Costa, *Direito das Obrigações*, 539 (nota 1), Galvão Telles, *Direito das Obrigações*, 212, Pessoa Jorge, *Ensaio*, 37 e ss. e Carlos Mota Pinto, *Teoria Geral do Direito Civil*, 4.ª ed., Coimbra Editora: Coimbra (2005), 137.

[49] Para mais desenvolvimentos, v. *infra*, § 6; 2.2.

[50] É possível confrontar outras críticas em PEDRO MÚRIAS, *A responsabilidade por actos de auxiliares e o entendimento dualista da responsabilidade civil*, RFDUL, Vol. 37, n.º 1(1996), 171-217 (172-174).

[51] Também designados por deveres no tráfico ou de segurança e prevenção de perigos; desenvolvidamente, § 6; 2. V., ainda, por todos, Rui Ataíde, *Responsabilidade Civil, passim*. Contra, vários AA. apelam, hoje, a uma terceira via de responsabilidade civil para estes casos, tal como Carneiro da Frada,

o incumprimento do dever de prestar imputável a terceiro ou com eficácia de proteção a favor de terceiro[52]; este aspeto conforma a primeira vulnerabilidade da definição avançada, ou seja – socorrendo-nos da expressão de MENEZES CORDEIRO – a «tutela *relativa* dos direitos *absolutos*» (*i.e.*, nos deveres do tráfego, porquanto dirigidos a determinada conduta), bem como a «tutela *absoluta* dos direitos *relativos*» (admitindo-se a eficácia externa das obrigações, entre outros aspetos)[53] coloca em causa o fundamento da divisão categorial das modalidades em causa, referente ao incumprimento de obrigações em sentido técnico, ou seja, do escopo (pretensamente) exclusivo na modalidade obrigacional e bem assim da exclusiva violação do dever de respeito na via extraobrigacional.

Em segundo lugar (*ii*), nem todos os delitos integram a ilicitude *delitual*. O *delito*, conceptualmente[54], é geralmente reconduzido aos ilícitos criminais (ou contraordenacionais), cuja correspondência, em sede de ilicitude, não é líquida. Defender que todo o ilícito criminal corresponde a um ilícito civil, mas não o inverso (por aquele ser mais abrangente do que este), próprio da *Zeitgeist* oitocentista[55], radica numa conceção, hoje, manifestamente ultrapassada. Na verdade, se visualizarmos a ilicitude civil e penal quanto ao seu âmbito de aplicação por *zonas* ou por *campos* existem áreas isoladas e de sobreposição, ou seja, existem ilícitos civis que não são delitos criminais, tal como o contrário, e, por outro lado, existem qualificações sobreponíveis (possibilidade essa expressamente reconhecida pelo nosso

Uma "Terceira Via" no Direito da Responsabilidade Civil?, Almedina: Coimbra (1997), 79 e ss., bem como MENEZES CORDEIRO, *Tratado IX*, 403, 437 e 589. Este último Autor reviu a posição que defendeu em *Da Boa fé*, 835-836, na qual qualificava a responsabilidade emergente como obrigacional, por violação de vínculos específicos.

[52] Cfr., *infra*, § 8; 2.1 e 2.2.2.

[53] *Tratado*, VI, 415. Quanto à distinção entre os ilícitos, a responsabilidade obrigacional carece, para além da mencionada natureza específica do dever, de uma *qualidade* particular dos sujeitos: o responsável e o lesado devem revestir, em simultâneo, a qualidade de devedor e credor, respetivamente (798.º); requisito que não verifica nos casos mencionados. V. *infra*, § 8; 2.

[54] O qual pode ser definido com um *facto ilícito danoso específico*. Neste sentido, v. MENEZES CORDEIRO, *Tratado*, VIII, 287. Deve-se à escola História (do Direito) a recuperação da terminologia romana, v. ADELAIDE MENEZES LEITÃO, *Normas de protecção e danos puramente patrimoniais*, Almedina: Coimbra (2009), 59 (nota de rodapé 219).

[55] Este entendimento foi, aliás, acolhido no artigo 2365.º do nosso Código de 1867, no qual se dispunha «*A responsabilidade criminal é sempre acompanhada da responsabilidade civil; mas a civil nem sempre é acompanhada da criminal. Os casos em que esta ultima é acompanhada da responsabilidade civil estão especificados na lei*». Sobre o confronto entre a ilicitude delitual e a criminal, v. ADELAIDE MENEZES LEITÃO, *Normas de proteção*, 373-385.

Código Civil, *v.g.*, 498.º/3). Neste sentido, veja-se os exemplos de MANUEL DE ANDRADE da ilicitude *exclusivamente penal* existente na tentativa do crime (ou, acrescentamos, do crime de mera atividade sem resultado danoso) ou *exclusivamente civil*, de quem se investiu na posse de um bem de terceiro, sem furto[56]. Por fim, cumpre fazer uma breve nota histórica, do ponto de vista terminológico: à luz da doutrina vigente no Código de Seabra, denominavam-se *delitos* os factos ilícitos *extracontratuais* cometidos por dolo e *quase-delitos* quando praticados por negligência ou quando sem culpa[57]. Esta tradição conceptual também foi abandonada.

Em terceiro lugar (*iii*), o *delito*, em sentido estrito – ou seja, enquanto a violação do direito subjetivo –, não esgota a ilicitude delitual, existindo uma segunda categoria de ilicitude nesta modalidade de responsabilidade reconduzida à violação das normas de proteção (483.º/1, «disposição legal destinada a proteger interesses alheios»), na esteira de WINDSCHEID[58].

Em quarto lugar (*iv*), a responsabilidade *delitual* acarreta um significado histórico que impõe a sua natureza de *subjetiva*; no entanto, a presente modalidade *extraobrigacional* (vulgo, extracontratual) contende com uma natureza objetiva, sem *culpa*, também dita de responsabilidade civil pelo *risco* ou *objetiva* (499.º a 510.º), a qual não se confunde com a vertente objetiva da responsabilidade obrigacional (p. ex., a constante no 800.º [59]). Por este motivo a natureza *delitual* da responsabilidade é *redutora* quanto às realidades não abrangidas pela responsabilidade subjetiva.

Por fim (*v*), a adoção do conceito de *responsabilidade obrigacional* promove uma nova dificuldade terminológica, materializada na indistinção entre o *dever de indemnizar* e o de *prestar*[60], *i.e.* entre o dever de realizar a prestação (responsabilidade pelo *cumprimento*) e o dever de indemnizar (responsabilidade

[56] MANUEL DE ANDRADE, *Teoria Geral da Relação Jurídica*, I, Almedina: Coimbra (1983), 128 (nota de rodapé 1). A este elenco pode-se acrescentar os exemplos de SANTOS JÚNIOR, *Da responsabilidade*, 227 (nota de rodapé 756), designadamente a possibilidade de existência de um crime sem dano (p. ex., condução perigosa) e impossibilidade de se identificar um crime sem culpa (*i.e.*, ao nível paralelo da responsabilidade civil objetiva).

[57] MANUEL DE ANDRADE, *Teoria Geral da Relação Jurídica*, I, 126 (nota de rodapé 1).

[58] WINDSCHEID, *Lehrbuch des pandektenrechts*, 9.ª ed., editado por THEODOR KIPP, Vol. I, Aalen: Frankfurt (1984), § 101, 519 528. Entre nós, v., por todos, ADELAIDE MENEZES LEITÃO, *Normas de protecção*, 62 e ss.

[59] Cfr., *infra*, § 4.

[60] Neste sentido, ANTUNES VARELA, *Das Obrigações*, I, 519 (nota de rodapé 1). Sobre os conceitos em causa, com reflexo nas modalidades, v., por todos, ainda que à luz do Código de Seabra, GOMES DA SILVA, *O dever de prestar*, 189-211.

na sua falta). Mais: promove a indevida *concentração* das consequências da falta de cumprimento, as quais não se esgotam na vertente em análise (da indemnização), existindo, em regra, a possibilidade de recurso à realização coativa da prestação em momento prévio ao da tutela *indemnizatória* (817.º e ss.), bem como a de manutenção do vínculo obrigacional (lateralizado nos deveres acessórios) em determinados casos de extinção do dever primário de prestar.

Ainda assim, as modalidades *obrigacional* e *extraobrigacional* de responsabilidade são aquelas que auferem maior rigor conceptual na tentativa – hoje, terminologicamente impossível – de categorização *absoluta* e *unitária* de todas as realidades que consideram com base nos quadros dogmáticos atuais. A classificação desconsidera, em todo o caso, a fonte da obrigação, consoante decorra da autonomia da vontade ou não – embora se possa distinguir, com alcance prático, uma responsabilidade obrigacional *negocial* ou *não negocial* [61] (*v.g.*, o confronto entre a responsabilidade do comprador pelo não pagamento do preço e a do dono do negócio perante o seu gestor). Por outro lado, esta classificação tem a vantagem de aglutinar o tipo de situação jurídica violada (direitos relativos) com a ligação especial entre os sujeitos (credor e devedor); o que se revela determinante no enquadramento de um conjunto vasto de situações (p. ex., a qualificação da violação do direito de crédito por terceiro e a derivada do incumprimento do contrato com eficácia de proteção a favor de terceiro). Todavia, centrando-se a presente investigação no confronto das responsabilidades *subjetivas* (dependentes de culpa) iremos referir, por referência à *summo divisio* e restringindo a segunda vertente ao campo delitual, as modalidades *delitual* e *obrigacional* de responsabilidade.

IV. Cumpre precisar que os termos caracterizadores da responsabilidade *delitual* ou *extraobrigacional* não derivam da lei, tal como as modalidades *contratual* ou *obrigacional* de responsabilidade. São, pelo contrário, verdadeiras criações doutrinárias, as quais visam enquadrar um universo vastíssimo de títulos de imputação. Podemos, enfim, nomear outras classificações sem previsão legal, as quais, por sinal, rompem com a diferenciação de responsabilidade a título *delitual* e *obrigacional*, por exemplo:

i) por referência ao *evento*, responsabilidade por *ação* e por *omissão* (486.º), *singular* ou *plural* (490.º e 800.º) e, ainda, em certa medida,

[61] Em sentido próximo, recordamos que Pessoa Jorge distinguia entre responsabilidade *obrigacional contratual* e a responsabilidade *obrigacional extra-contratual*, em *Ensaio*, 38.

atendendo às características materiais subjacentes ao facto (e sem prejuízo da conexão com os juízos da culpa e da ilicitude) pelo *risco* ou pelo *sacrifício*[62];

ii) por referência à *culpa*, responsabilidade por *culpa* ou *subjetiva* e a *objetiva*, independente daquele pressuposto[63]; com *culpa presumida* (490.º a 493.º, 503.º/3 e 799.º) da demais; e, ainda, a *dolosa* ou *negligente*;

iii) quanto ao *dano*, distingue-se a responsabilidade *patrimonial* da *não patrimonial*, por *danos diretos* ou *indiretos*, *danos emergentes* ou *lucros cessantes*, *danos presentes* ou *futuros* e *indemnizáveis* ou *compensáveis*[64]; e, por fim,

iv) por referência à *obrigação de indemnizar*, distingue-se responsabilidade civil *ilimitada* da *limitada*, de fonte legal (p. ex., 508.º e 510.º) ou convencional (*v.g.*, 602.º e 603.º).

Considere-se, no entanto, as modalidades *expressamente* previstas na nossa lei, por referência à estrutura do respetivo título de imputação, a saber:

i) por referência ao *facto*, e, em especial no que respeita à autoria, a nossa lei distingue expressamente a responsabilidade civil do *devedor* (798.º) – a qual consubstancia a norma-padrão de responsabilidade civil da modalidade obrigacional – embora também seja mencionada no artigo 814.º e surja a par da menção (imprópria[65]) à responsabilidade civil do *credor* (621.º e 816.º). Também se identifica a responsabilidade *das pessoas coletivas* (33.º/2, 165.º), dos *titulares dos órgãos da pessoa coletiva* (164.º), dos *organizadores e administradores* (200.º), do *gestor de negócios* (466.º), dos *autores, instigadores e auxiliares* (490.º), *das pessoas obrigadas à vigilância de outrem* (491.º), do *comitente* (500.º), *do Estado e de outras pessoas coletivas públicas* (501.º), do *doador* (956.º/2 e 3), dos *sócios após a liquidação da sociedade* (1020.º), do *locador* (1033.º e 1050.º), do *locatário*

[62] Menezes Leitão, *Direito das Obrigações*, I, 291. No âmbito da responsabilidade objetiva, Menezes Cordeiro apela à existência de *prescrições indiretas de conduta*, as quais relevam no âmbito de uma *ilicitude imperfeita*, conquanto a conduta em causa é somente aquela que pudesse prevenir o evento lesivo (*Da responsabilidade civil dos administradores*, 484).

[63] V., por todos, Júlio Gomes, *Responsabilidade subjetiva e responsabilidade objetiva*, Revista de Direito e Economia, ano XIII (1987) 97-123 (98).

[64] Menezes Cordeiro, *Tratado*, VIII, 407.

[65] V. *infra*, § 9; 1.

(1033.º,c), do *sublocador* (1089.º), do *comodante* (1134.º), do *mutuante* (1151.º), do *mandatário* (1183.º), do *empreiteiro* (1219.º), do *subempreiteiro* (1226.º), do *possuidor* (1274.º), do *tutor* (1945.º), do *herdeiro* (2071.º), do *usufrutuário* (2072.º), e, por fim, a responsabilidade do *testamenteiro* (2332.º);

ii) pela *ilicitude*, distingue-se a responsabilidade por *factos ilícitos* – cfr. subsecção I, da secção V (responsabilidade civil), do capítulo II (Fontes das obrigações), arts. 499.º, 806.º/3, epígrafe do art. 998.º e art. 71.º/2 CPC – da responsabilidade fundada em *conduta lícita* (45.º/1). É de notar que a única menção à responsabilidade *extracontratual* no Código Civil consta do artigo 45.º, para efeitos de determinação da lei reguladora das obrigações, no Livro I[66];

iii) quanto à *culpa*, diferencia-se a responsabilidade pelo *risco*, na qual se responde independentemente desta, por oposição à regra geral (483.º/2), cfr. art. 45.º/1, subsecção II, da secção V (responsabilidade civil), do capítulo II (Fontes das obrigações) – cfr. arts. 499.º, 507.º e 806.º/3;

iv) pelo *dano* e/ou pelo nexo de causalidade, nomeadamente por referência à *causa do dano*, distingue-se a responsabilidade decorrente de *danos causados por pessoas não imputáveis* (489.º), por danos causados *por edifícios ou obras* (492.º), por *coisas, animais ou atividade* (493.º), ou por *animais* (502.º).

Note-se, ainda, que o critério inerente à modalidade da responsabilidade não deriva sempre da respetiva estrutura, podendo, ao invés, referir-se à relação estabelecida entre os vários títulos de imputação gerados.

Considere-se a natureza *solidária* – da *responsabilidade* e não da obrigação – a nível externo[67] (perante o lesado) em caso de pluralidade de responsáveis (497.º e 507.º).

[66] Sem prejuízo da sua proliferação noutros diplomas, de que é exemplo paradigmático o regime da responsabilidade civil *extracontratual* do Estado e demais entidades públicas; cfr. art. 1.º/1 (aprovado em anexo à Lei n.º 67/2007, de 31 de dezembro, na sua redação atual).

[67] Sobre as várias classificações de relação normativa entre os títulos de imputação, v., *infra*, § 15; 2.

V. As modalidades de responsabilidade consideradas, delitual e obrigacional, não esgotam, nesta medida e numa bifurcação categorial absoluta, *todas* as variáveis da responsabilidade civil como um todo.

Por este motivo, ANTUNES VARELA deixava o seguinte alerta: «[a]pesar de nítida distinção conceitual entre as duas variantes da responsabilidade civil [...] a verdade é que elas não constituem, sobretudo na prática da vida, *compartimentos estanques*. Pode mesmo dizer-se que, sob vários aspetos, responsabilidade contratual e responsabilidade extracontratual funcionam como verdadeiros *vasos comunicantes*»[68]. Do mesmo A., talvez a frase mais emblemática, retratando esta mesma ideia, seja a seguinte: «[n]ão há entre a responsabilidade contratual e a extracontratual, sem embargo da sua distinta origem, nenhuma cortina de ferro ou nenhum muro de Berlim a separar o regime jurídico de uma e outra.»[69].

As exceções comprometem a natureza *absoluta* do nosso modelo dualista de responsabilidade[70]. A limitação é, em primeira linha, terminológica, sem prejuízo da dificuldade dogmática de enquadramento de novas figuras. Ademais, são manifestas as compenetrações das demais modalidades legais e doutrinárias – tal como na responsabilidade pelo risco (483.º/2 e 499.º) ou pelo *sacrífico*[71] – e a (pretensa) confluência na regulação *unitária* da obrigação de indemnizar (562.º a 572.º), enquanto sua consequência jurídica; por outro lado, nas modalidades consideradas, a culpa é apreciada nos termos da responsabilidade delitual, para o qual se remete no âmbito obrigacional (799.º/2), embora a responsabilidade delitual se sujeite ao prazo máximo prescricional daquela (498.º/1). Veja-se, por outro lado, que as principais diferenças de regime também não são absolutas, já que pontualmente se importa a solução da modalidade concorrente. Exemplificando este último ponto, contrariamente ao que caracteriza as respetivas normas-padrão de responsabilidade,

[68] *Das Obrigações*, I, 522-523.

[69] Em anot. ao ac. 25-Mai-1985, RLJ Ano 123, n.º 3796 a 3799, 251-256 e 278-281 (254).

[70] V., *infra*, § 14; 1.

[71] ALMEIDA COSTA, *Direito das Obrigações*, 1039 (nota 1) caracteriza esta responsabilidade de «*objetiva pré-contratual obrigacional*». Contra, MENEZES CORDEIRO, *Tratado* VIII, 406. Este último Autor autonomiza, por um lado, a responsabilidade por *factos lícitos*, mencionando um subsistema diferenciado de pressupostos e consequências, embora, por outro, reconduza as modalidades (por factos ilícitos, pelo risco e sacrifício) a meros subtipos da responsabilidade aquiliana, ainda que *desfocados* (*ibidem*).

a via delitual conta pontualmente com culpa presumida do lesante (*v.g.*, 493.º/1), tal como a modalidade obrigacional sem culpa (p. ex., 899.º [72]).

Em suma, o processo dogmático de apuramento final das modalidades de responsabilidade não se encontra hoje concluído, o que decorre, *prima facie*, daquela limitação conceptual mencionada.

[72] Cfr., *infra*, § 4.

§ 4. A PRIMAZIA DAS MODALIDADES DE RESPONSABILIDADE CIVIL CONSIDERADAS

I. Tendo sido identificada a mais-valia da classificação adotada, a qual distingue as modalidades *delitual* e *obrigacional de responsabilidade* por oposição às demais, também de fonte legal e doutrinal – embora com o expresso reconhecimento da sua imperfeição –, cumpre, ainda, aprofundar o seu valor *intrínseco*[73].

Em primeiro lugar, as modalidades consideradas destacam-se pelo critério erigido: sedimentam-se naquele que se assume determinante para a distinção entre os títulos de imputação que são passíveis de gerar. Vejamos. A distinção em causa toma como ponto de referência o *desvalor objetivo* do facto determinante de responsabilidade, *i.e.*, a *ilicitude* na verificação de um delito ou violação uma norma de proteção (responsabilidade delitual), bem como aquela que deriva do incumprimento de uma obrigação em sentido técnico (responsabilidade obrigacional) – ao qual deve ser aditado um critério subjetivo, quanto à qualidade das partes, restrita neste último caso às relações entre *credor-devedor.*

As modalidades consideradas encontram-se, por outro lado, finalisticamente orientadas, *em regra*, para a mesma *função primária ressarcitória*[74] dos danos sofridos pelo lesado ou pelo credor, gerando um *crédito indemnizatório.* Assim se explica que esta obrigação (de indemnizar) se encontre sujeita, por exemplo, às demais vicissitudes de *extinção*, além do cumprimento (*v.g.*, por remissão, 863.º, vulgo *perdão*), bem como transmissão em geral (p. ex., transmitindo-se aos herdeiros do obrigado, 2024.º). Desta forma, não surpreende que o *prejuízo* seja um pressuposto *estrutural* dos títulos de imputação gerados. Esta comunhão *primária* de fins, embora com exceções – reportadas a uma função (*i*) *preventiva*, (*ii*) *compulsória* ou *coerciva* (*iii*) *compensatória* ou, ainda,

[73] Almeida Costa, *Direito das Obrigações*, 539.

[74] Pessoa Jorge, *Ensaio*, 52.

(*iv*) a uma função *sancionatória* ou *punitiva*[75] – não compromete uma divergência *axiológica global* das modalidades consideradas: enquanto a vertente delitual, respeita exclusivamente ao ressarcimento de danos, a de tipo obrigacional, pretende, por acréscimo àquela finalidade e num momento anterior, a satisfação do interesse (de cumprimento) do credor, contando, em primeira linha, com outras vias de satisfação, em sede do dever de prestar, tal como a *execução específica* (827.º a 830.º)[76]. Nestes termos, se, no âmbito delitual, a responsabilidade é a via prioritária de tutela, na de tipo obrigacional, é um mero sucedâneo do dever de prestar[77], sem quebra da sua autonomia[78].

II. Em segundo lugar, para além das diferenças doutrinárias, são estas as modalidades que brotam da sistemática do Código Civil de 1966, a qual não se marca pelo mérito inovador. Esta *summa divisio* (ou divisão de maior importância[79]) de ordenação dos conteúdos acompanha o passado histórico do instituto, bem como, de resto, o enquadramento atual de outros ordenamentos jurídicos congéneres.

a. Embora a origem da presente bifurcação criteriológica não seja consensual, encontramos a primeira referência expressa a ambas modalidades no século II a.C., nas *Institutas* do jurisconsulto Gaio (G.3, 88), na qual são consideradas como fontes primordiais da obrigação o contrato (*contractus*) e o delito (*delictum*, no singular[80]). Esta divisão sobreviveria ao posterior aditamento de fontes, do quase-contrato e do quase-delito[81],

[75] Desenvolvidamente, v., *infra*, § 14; 3.

[76] Assim, Mafalda Miranda Barbosa aponta divergências ao nível fundacional/axiológico, mas também no plano estrutural e funcional, em *Lições*, ob. cit., 15-19. No mesmo sentido, v. Carneiro da Grada, *Teoria da Confiança*, 281-287 e Menezes Cordeiro, *Da responsabilidade civil dos administradores*, 400 e ss. (*maxime* 482-483).

[77] Menezes Cordeiro, *Tratado*, VIII, 420 e em *Eficácia externa dos créditos e abuso do direito*, O direito, ano 141 (n.º 1, 2009), 29-108.

[78] V., *infra*, § 12; 1.

[79] Atribuímos a expressão emblemática a Gaio, tal como consta das respetivas *Institutas* (Gaio, 3, 88). Embora o termo classicamente se reporte à divisão entre o Direito Público e o Privado, pode ser importada (e é isso precisamente que é feito pela generalidade da doutrina), para distinguir entre as modalidades de responsabilidade civil consideradas (delitual e obrigacional).

[80] Sobre o peso etimológico do conceito, v. Menezes Cordeiro, *Tratado*, VIII, 302. Com referência ao texto, v. Dário Moura Vicente, *Direito Comparado*, II, 477 (notas 1766 e 1767).

[81] Menezes Cordeiro, *Tratado*, VIII, 285. Sobre a evolução história das fontes das obrigações, v. Antunes Varela, *Das Obrigações*, I, 204 e ss; desenvolvidamente, *infra*, § 16; 1. É pertinente a distinção constante hoje do artigo 1100.º CCfr, o qual indica, como fontes das obrigações, o ato

no *Corpus Iuris Civilis* (século VI d.C.), designadamente nas *Institutiones* de Justiniano (I. 3, 13, 2)[82].

A origem de cada modalidade surge, no entanto, temporalmente desfasada: a responsabilidade delitual deriva da *Lex Aquilia de damno* (século III a.C.), na qual se sindica a vertente civil da responsabilidade, por oposição à penal, com referência a delitos tipificados[83]. Por sua vez, a responsabilidade obrigacional antecede a regulação da vertente delitual, sendo reconduzida aos seis parágrafos da tábua III[84] da conhecida Lei das XII Tábuas (*Lex Duodecim Tabularum* do século V a.C.)[85].

jurídico, o facto jurídico e, por fim, a autoridade isolada da lei; por sua vez o artigo 1173.º CCit indica que as fontes das obrigações são, também tripartidamente, o contrato, o facto ilícito ou outro facto idóneo a produzi-lo em conformidade com o ordenamento jurídico.

82 Na segunda parte do título 13 (*De obligationibus*) do terceiro Livro das *Institutiones*, consta como a segunda divisão principal, para além daquela que distingue as obrigações civis das pretorianas (3,13,1), «[p]or outra divisão são separadas em quatro espécies, contratual [*contractu*], quase-contratual [*quasi ex contractu*], delitual [*maleficio*] e quase-delitual [*quasi ex maleficio*]. E em primeiro lugar, devemos analisar aquelas que são contratuais, as quais se dividem novamente em quatro espécies, porquanto o contrato é formado pela coisa [*re*], por palavras [*verbis*], por escrito [*litteris*] ou por consentimento [*consensu*], as quais trataremos em detalhe.»; cf. A. Santos Justo, *Direito Privado Romano*, II, 7.ª ed., Coimbra Editora: Coimbra (2019), 22-23.

83 Contendo três capítulos, apenas o primeiro e o último foram conservados *in verbatim*, por terem sido citados por Gaio e por Ulpiano, cujos comentários, por sua vez, foram incorporados no *Corpus Iuris Civilis*. Todavia, o segundo capítulo viria a ser encontrado num papiro, numa biblioteca Veneziana, em 1816 por Barthold Georg Niebuhr, proeminente historiador das fontes romanas, subposto em escritos de S. Jerónimo, com base no comentário de Gaio, v. Reinhard Zimmermann, *The Law of Obligations: Roman Foundations of the Civil Tradition*, Oxford University Press: Oxford (1996), 953 e ss. A natureza extraobrigacional da responsabilidade decorre da previsão inovadora, no primeiro e terceiro capítulos, de uma tutela pecuniária pelas ofensas praticadas contra o escravo ou animal quadrúpede do lesado. V., ainda, com tradução dos textos, Menezes Cordeiro, *Tratado*, VIII, 295-297 e em *Da responsabilidade civil dos administradores*, 100 e ss.

84 Menezes Cordeiro, *Tratado*, VIII, 297-298 e *Da responsabilidade civil dos administradores*, 404, invocando a amenização pela *Lex Poetelia Papira de nexis*. Note-se que a terceira Tábua III dispunha, a final, em caso de não pagamento da dívida, a possibilidade de escravidão ou, perante a pluralidade de credores, a pena de morte (dividindo-se o corpo do devedor entre estes – *secare partis*). V. M. Radin, *Secare Partis: The Early Roman Law of Execution against a Debtor*, The American Journal of Philology, Vol. 43, No. 1 (1922), 32-48 e Menezes Cordeiro, *Embargos de terceiro, reintegração de trabalhador e sanções pecuniárias compulsórias* – anotação ao acórdão do STJ de 4 de novembro de 1998, ROA, ano 58, Vol. III, Dez. 1998, 1209-1232 (1223).

85 Com análise e tradução do texto, v. Sebastião Cruz, *Direito Romano*, I, *Introdução. Fontes*, 4.ª ed., Coimbra (1984), 185-198 e, ainda, Menezes Cordeiro, *Tratado*, VIII, 293-295.

Perante a escassez da produção legislativa portuguesa na pré-codificação[86], remonta às Ordenações[87] a aceitação tácita da *summa diviso* como mera consequência da receção do Direito Romano, em particular da respetiva quadripartição justinianeia das fontes da obrigação. Posteriormente, no advento codificador oitocentista, o Código Civil de Seabra (1867) mantém a divisão inspirada do estudo que lhe serviu de base, o *Digesto Portuguez* de CORRÊA TELLES[88]. No Código de Seabra, as modalidades de responsabilidade são sindicáveis pela regulação da modalidade delitual no artigo 2361.º[89], por oposição à obrigacional, constante do artigo 2393.º[90], no Título III, do mesmo livro (Livro I – *Da responsabilidade civil*), também na Parte IV (*Da offensa dos direitos, e da sua reparação*).

b. Atualmente, na Família Romano-Germânica, a distinção entre as modalidades consideradas encontra-se legislativamente sedimentada: no direito espanhol, o regime obrigacional do *artículo* 1101.º CCe contrapõe-se ao delitual do 1902.º CCe; no direito francês, a modalidade obrigacional reconduz-se ao artigo 1217.º do *Code* (na aceção interpretativa do artigo 10.º/1 da Lei 2018-287, de 20 de abril de 2018), por oposição ao novo artigo 1240.º CCfr (introduzido pela reforma de 2016)[91]; no direito italiano, o regime obrigacional do artigo 1218.º do *Codice* (*Responsabilità del debitore*) opõe-se ao do artigo 2043.º CCit (*Risarcimento per fatto illecito*);

86 MENEZES CORDEIRO, *Tratado*, VIII, 353-357.

87 Cfr., *infra*, § 16.

88 Nesta obra, cujo título alternativo é «*Tratado dos direito e obrigações civis, accommodado ás leis e costumes da nação portuguesa para servir de subsídio ao novo código civil*», distinguia, no Livro I (*Dos direitos e obrigações em geral*), a responsabilidade delitual, agregando o delitos e os quase-delitos, no Título XII (*Dos direitos e obrigações, que derivão de delictos ou quasi delictos*) – § 456 «Qualquer pessoa, que sofreo dano na sua pessoa, ou bens, ainda que possa querelar, e accusar criminalmente o réo, se querelar não quizer, póde demandar civilmente a sua indemnizar.» –, da responsabilidade obrigacional, prevista no Título IX (*Das obrigações de dar, fazer ou não fazer*), tutelando-se o incumprimento por *resolução em perdas e interesses* (§ 191 e 193). Esta resolução corresponde à indemnização devida por aquilo que o credor perdeu e deixou de ganhar, em consequência imediata da inexecução da obrigação (§ 195 e 196).

89 «Todo aquelle, que viola ou offende os direitos de outrem, constitue-se na obrigação de indemnisar o lesado, por todos os prejuizos que lhe causa».

90 «A responsabilidade, proveniente da não execução dos contratos, regular-se-ha pelas disposições dos artigos 702.º e seguintes: a responsabilidade, que derivar de quaesquer outras obrigações, reger-se-ha pelos mesmos principios, em tudo aquilo a que este forem applicaveis».

91 Embora a redação atual do preceito corresponda à redação antiga do revogado artigo 1382.º. Determina-se: «Tout fait quelconque de l'homme, qui cause à autrui un dommage, oblige celui par la faute duquel il est arrivé à le réparer».

no direito alemão, as cláusulas gerais delituais dos §§ 823/I e II BGB (*Schadensersatzpflicht*) e 826 BGB (*Sittenwidrige vorsätzliche Schädigung*), no tít. XXV (*Unerlaubte Handlungen*) do cap. VII do livro II, contrastam com o regime obrigacional dos §§ 276, 280 (*Verantwortlichkeit des Schuldners*), no tít. I (*Verpflichtung zur Leistung*) do cap. I do livro II. Na família de *Common Law*, avultam diferenças entre o incumprimento contratual (*breach of contract*) e o *tort*, determinado, nesta medida, como o *delito civil* por exclusão de partes face ao primeiro[92].

No espaço da lusofonia, o Código Civil brasileiro de 2002 regula a responsabilidade delitual na norma-padrão de responsabilidade do artigo 186.º CCbr por oposição ao artigo 398.º CCbr, relativo à responsabilidade obrigacional. De forma idêntica, veja-se a contraposição das modalidades reconduzíveis aos artigos 477.º e 787.º do Código Civil aplicável na região administrativa especial de Macau (Decreto-Lei n.º 39/99/M, de 3 de agosto)[93].

A divisão considerada acompanha, ainda, a evolução do Direito das Obrigações no âmbito supranacional, sendo ambas as realidades sindicáveis no *Draft Common Frame of Reference* (DCFR) de 2009[94], bem como na contraposição dos *Principles of European Tort Law* (PETL) de 2004[95] aos *Principles Of European Contract Law* de 2002 (PECL) e ao UNIDROIT *Principles of Internacional Commercial Contracts*, cuja quarta edição é de 2016.

No Código Civil de 1966, a responsabilidade *delitual* situa-se no âmbito das fontes das obrigações (capítulo II do livro II) – a par dos contratos, dos negócios unilaterais, da gestão de negócios e do enriquecimento sem causa –, denominada de responsabilidade por *factos ilícitos*, não se distinguindo, por este critério, da responsabilidade pelo risco. Por sua vez, a responsabilidade *obrigacional* é regulada, embora sem a presente denominação[96], em sede dos

[92] A distinção não é, no entanto, clara, nem transponível eficazmente para o contraposto considerado de responsabilidade obrigacional e extraobrigacional. Neste sentido, DÁRIO MOURA VICENTE, *Direito Comparado*, II, 478, 483-485. Sobre a distinção, v., também, SANTOS JÚNIOR, *Da Responsabilidade*, 194 e ss.

[93] Reservamos as demais considerações para momento oportuno, em particular no que respeita ao espaço da lusofonia no continente africano e asiático.

[94] Sobre a importância do documento, v. MENEZES CORDEIRO, *Tratado*, VIII, 350-352 e MAFALDA MIRANDA BARBOSA, *Lições*, 102-126.

[95] DÁRIO MOURA VICENTE, *Direito Comparado*, II, 665 e ss.

[96] Neste sentido, note-se que, no âmbito da regulação da responsabilidade contratual, o legislador menciona, por duas vezes e por oposição a esta, a responsabilidade por *facto ilícito ou pelo risco*, (805.º/3 e 806.º/3).

efeitos do não cumprimento das obrigações (capítulo VII do mesmo Livro). Entre ambos os regimes considerados, medeia a regulação da obrigação de indemnizar, como uma modalidade autónoma das obrigações (capítulo III).

Ressalva-se que a sistemática legislativa *acolhe* as modalidades de responsabilidade pré-existentes, consolidando-as, mas não o inverso (ou seja, o Código Civil não é a respetiva *fonte*). Esta prevalência das modalidades consideradas sobre a sistemática permite, aliás, ultrapassar as insuficiências desta. O exemplo paradigmático – na qualificação de MENEZES CORDEIRO – é a previsão «delitos específicos» na secção aquiliana, *i.e.*, a previsão de *obrigações legais no âmbito delitual*, cujo incumprimento é tutelado necessariamente em sede própria, obrigacional (485.º/2, 486.º)[97].

III. Em terceiro lugar, e em consequência do ponto anterior, referente à sistemática adotada, surge um regime legal diferenciado para cada modalidade de responsabilidade e para o respetivo título de imputação de danos. Sem pretensões de exaustividade – porquanto um qualquer elenco de diferenças de realidades tão vastas surge sempre em obediência a um critério *abstrato* de essencialidade[98], rebatível no concreto – veja-se:

i) No que respeita à *formação* do título de imputação,
   (1) Na responsabilidade delitual, qualquer sujeito responde pelo *ato* da sua autoria perante qualquer lesado (490.º), contrariamente à responsabilidade obrigacional, cuja qualidade de lesante e lesado é restrita a quem figure respetivamente como devedor e credor no vínculo;
   (2) As categorias dicotómicas de ilicitude delitual, por violação *de direito de outrem* ou da *norma de proteção* (483.º/1), de tipo germânico, opõem-se à unitária, *de falta de cumprimento*, na de tipo

[97] MENEZES CORDEIRO, *Tratado*, VIII, 395. O Autor menciona ainda os artigos 491.º, 492.º/1 e 493.º/1. Todavia, posteriormente, em sede da análise dos deveres do tráfego, determina a sua natureza *delitual*, ainda que relativa (ob. cit., 587-589). Nada se opõe, como veremos, à emergência de uma responsabilidade de tipo delitual, nomeadamente da responsabilidade por omissão (486.º). Simplesmente, a localização sistemática do preceito não condiciona a natureza do título de imputação emergente.

[98] MENEZES LEITÃO assume, por aquele critério, que as diferenças radicam no diferente regime de ónus da prova e na tutela de danos puramente patrimoniais (em *Direito das Obrigações*, I, 367, *Acidentes de Trabalho e Responsabilidade Civil*, 792), pese embora reconheça, em momento anterior, diferenças de regime *menores* (*idem*, 292-293).

obrigacional (798.º), própria do modelo francês – embora não enquadrável no conceito aglutinador de *faute*[99];

(3) Aos deveres genéricos inerentes aos delitos, acrescem os deveres do tráfego, de natureza específica, equiparáveis, *mutatis mutandis*, aos deveres acessórios na responsabilidade obrigacional[100];

(4) Quanto à prova da ilicitude da conduta, incumbe ao devedor demonstrar o cumprimento, enquanto facto extintivo da pretensão do credor (342.º/2)[101]; por outro lado, no âmbito delitual, incumbe ao lesado demonstrar a verificação do delito;

(5) a culpa do lesado não se presume na responsabilidade delitual (487.º/1), em regra (as exceções constam dos arts. 491.º. 492.º/1, 493.º e 503.º/3), contrariamente à responsabilidade obrigacional (799.º/1);

(6) A equiparação da culpa dos representantes legais e das pessoas de quem *o lesado* se tenha utilizado à sua opera somente na modalidade obrigacional (571.º)[102];

(7) a capacidade de exercício do agente, para efeitos obrigacionais (764.º) – afastada, em regra, nos menores, quanto a atos de disposição (123.º e 127.º) – acresce ao critério de imputabilidade (capacidade de culpa) aplicável a ambos os títulos de responsabilidade, a qual se presume nos menores de sete anos (488.º/2 e 799.º/2); e

(8) a tutela de todos os danos não patrimoniais opera de forma plena – num entendimento que recolhe, ainda hoje, um expressivo apoio doutrinário, ainda que não maioritário[103] – na via delitual (493.º-A e 496.º), por oposição à de tipo obrigacional, onde se fazem sentir (legítimas, ainda que minoritárias) hesitações.

ii) No que respeita à obrigação de indemnização emergente,

(9) A prestação indemnizatória corresponde à via de tutela *prioritária*[104] para o lesado em resultado da verificação do delito, contrariamente

[99] V., *infra*, § 17; 1.1. Neste sentido, Menezes Cordeiro, *Da responsabilidade civil dos administradores*, 673, e em *Tratado*, VI, 379 e ss..

[100] Menezes Cordeiro, *Da responsabilidade civil dos administradores*, 400 e ss. e em *Tratado*, VIII, 394.

[101] Cfr., por todos, Menezes Cordeiro, *Tratado*, VIII, 392.

[102] Menezes Cordeiro, ob. cit., 395.

[103] V., *infra*, § 6; 5.2.3., b).

[104] Não recorremos ao termo *exclusivo*, dada a existência de meios de tutela alternativos à via indemnizatória, dependendo da ilicitude delitual em causa, tal como o recurso aos meios de autotutela

à responsabilidade obrigacional, na qual o credor conta também, e em primeira linha, com outros meios, designadamente a *ação de cumprimento*, solicitando judicialmente a condenação do devedor inadimplente ao cumprimento (817.º/1). Esta última forma de tutela pode convolar-se no cumprimento *voluntário* (em sede declarativa ou numa fase posterior, executiva) ou *forçado*, mediante execução *específica* (827.º e ss.) da obrigação primitiva, de prestar; a eventual indemnização que concorra (ou, quando a primeira inexista, tenha carácter exclusivo) é um mero sucedâneo da obrigação de prestar, facultando ao credor a possibilidade de execução por equivalente[105];

(10) Se, pelo cumprimento da obrigação (de indemnização), responde o património do devedor, no que respeita ao *dever de prestar* (*i.e.*, na modalidade obrigacional), prevenindo essa eventualidade, são usualmente criadas *garantias especiais* (*pessoais* e *reais*; tal como a fiança e a hipoteca), as quais visam a satisfação prioritária do crédito indemnizatório resultante daquele incumprimento; semelhante prerrogativa não é expansível, por regra, ao plano delitual;

(11) A pluralidade de responsáveis pela obrigação de indemnizar conduz, em regra, ao regime de solidariedade na responsabilidade delitual (490.º e 497.º), contrariamente ao de parciariedade na via obrigacional (513.º);

(12) Diverge a regulação da responsabilidade por ato de terceiro, na modalidade delitual (*v.g.*, a responsabilidade do comitente, 500.º) da obrigacional (800.º/1)[106];

(13) O montante indemnizatório pode ser *legalmente* limitado em caso de *mera culpa* (vulgo, negligência) na responsabilidade delitual (494.º), prerrogativa não extensível à responsabilidade obrigacional[107];

privada – p. ex., a ação direta (336.º); existem, por outro lado, outras vias de amparo tal como o recurso às ações reais, perante a violação de direitos desta natureza (tal como a ação de reivindicação, confessória e negatória); sobre este ponto, V. José Alberto Vieira, *Direitos Reais*, 3.ª ed., Almedina: Coimbra (2021), 424-439. Há ainda que destacar a tutela prevista em *legislação extravagante*, de âmbito cível (p. ex., em caso de incumprimento de determinados deveres paternofiliais, as medidas de promoção e proteção, reguladas pela Lei n.º 147/99, de 01 de Setembro, na sua redação atual), bem como a tutela *conservatória* e *antecipatória* conferida pelo regime cautelar, cfr. arts. 362.º e ss. CPC.

105 Pinto Monteiro, *Cláusulas limitativas*, 194, e Antunes Varela, *Das Obrigações*, II, 149-152.

106 V., *infra*, § 4.

107 Cfr., *infra*, § 9; 1.

(14) Quanto ao momento em que que surge a obrigação de indemnização e em que se considera esta obrigação temporariamente incumprida, destaca-se, entre as várias diferenças, o facto de o lesante se constituir em mora, em regra, desde a data da interpelação na via obrigacional (805.º/1) ou do fim do prazo (nas obrigações a prazo, 777.º, 805.º/2, a)), contrariamente ao momento da verificação do dano na via delitual (805.º/2, b)). Todavia, consagra-se um regime próprio para a via delitual, no caso de iliquidez do crédito (805.º/3, segunda parte[108]), o qual permite antecipar o momento de constituição em mora para o da citação do devedor;

(15) A mora no cumprimento da *obrigação pecuniária* (550.º e ss.) tem um regime distinto nas modalidades consideradas, atendendo ao respetivo facto determinante de responsabilidade. Por um lado, pelo incumprimento temporário de uma obrigação em sentido técnico, se pecuniária (p. ex., derivada de um contrato), a indemnização corresponde apenas aos juros de mora (806.º/1 e 2 e 559.º/1); todavia, perante a mora no pagamento da obrigação pecuniária derivada de um delito (por *factos ilícitos* e, ainda, pelo risco), ou seja, perante o incumprimento temporário da «obrigação pecuniária de *indemnizar*», o credor (lesado) pode provar que a mora no pagamento da indemnização lhe causou dano superior aos juros moratórios e exigir a indemnização suplementar correspondente (806.º/3)[109];

(16) A regulação *convencional* da responsabilidade obedece a parâmetros distintos nas modalidades de responsabilidade consideradas[110]: (*i*) a proibição de renúncia dos direitos reconhecidos ao credor na de tipo obrigacional, designadamente a invalidade de cláusulas limitativas ou excludentes de responsabilidade

[108] Almeida Costa, *Direito das Obrigações*, 545.

[109] Desta forma, por responsabilidade por *factos ilícitos* (806.º/3) entende-se apenas aquela referente à modalidade *delitual*, também dita *extracontratual* (em idêntico sentido, veja-se a distinção constante no art. 71.º/1 e 2 CPC). Caso contrário, defendendo-se que o conceito abrange a responsabilidade obrigacional, ao primeiro número do preceito não resta espaço de aplicação, sendo sempre excecionado pelo número 3, porquanto a mora é, em si, um facto ilícito. Por outras palavras, haveria sempre possibilidade de requerer uma indemnização superior aos juros moratórios (contra o n.º 1), alegando que a mora é um *facto ilícito* (n.º 3).

[110] Os efeitos da cláusula de exclusão de responsabilidade obrigacional ou da convenção de regulação da responsabilidade delitual serão adiante analisados; cfr. *infra*, § 12; 2.1. e 2.2.

contratual (809.º)[111], opõe-se à liberdade, em regra[112], das *convenções de irresponsabilidade delitual*[113]; (*ii*) no que respeita à fixação do montante indemnizatório, destaca-se a permissibilidade, no âmbito obrigacional, de fixação antecipada e convencional do *quantum* indemnizatório, para a falta de cumprimento ou para a simples mora, mediante a estipulação de uma cláusula penal (810.º a 812.º), compensatória ou moratória[114]; e

[111] Neste sentido, PESSOA JORGE, *A limitação convencional da responsabilidade civil*, BMJ 281 (1978), 5-32 (17-18). Fundamental, por todos, a obra de PINTO MONTEIRO, *Cláusulas limitativas*, 183; o ilustre Professor interpreta restritivamente o disposto no artigo 809.º de forma a ficar abrangida pela proibição, em regra, apenas a cláusula de irresponsabilidade por dolo (*idem*, p. 217), acompanhando de perto a solução alemã (§ 276, (3) BGB).

[112] Note-se a previsão de regimes especiais, nomeadamente o de nulidade de uma cláusula deste tipo perante a pessoa transportada em caso de acidente (504.º/4), bem como a proliferação de previsões semelhantes em legislação avulsa. Sobre estas previsões, v. ALMEIDA COSTA, *Direito das Obrigações*, 792 (nota 2).

[113] LARENZ apelava a puras *convenções de exclusão de responsabilidade* (*reine Haftungsausschlußvereinbarungen*); *Lehrbuch*, I, AT, § 31, III, 554. Acompanhamos de perto o ensinamento de PINTO MONTEIRO, o qual ultrapassa as dificuldades da regulação prévia da responsabilidade emergente de factos praticados por *terceiros*, demonstrando ser possível regular a responsabilidade delitual sem se constituir previamente uma obrigação em sentido técnico, cujo incumprimento condene a responsabilidade emergente à via em competição, de tipo obrigacional (em *Cláusulas limitativas*, 391 e ss.). O Autor admite a existência de limitações, designadamente a responsabilidade derivada de dolo ou culpa grave, bem como, independentemente do grau de culpa, quando a convenção ofenda princípios de ordem pública ou dos bons costumes, (*idem*, 405-410). No mesmo sentido, contra a admissibilidade genérica da cláusula de exclusão de responsabilidade obrigacional e delitual, v. ANTUNES VARELA, *Das Obrigações*, I, 914-915; VAZ SERRA, *Responsabilidade civil*, 140, *Pena convencional*, separata do BMJ 67 (1957), *passim*. A limitação da liberdade contratual, corolário principal da autonomia privada, é manifesta na proteção do interesse de uma das partes: o lesado; em geral, v. JORGE MORAIS CARVALHO, *Os Limites à Liberdade Contratual*, Almedina: Coimbra, 2017, 186 e ss.; JOAQUIM SOUSA RIBEIRO, *O problema do contrato – As cláusulas gerais e o princípio da liberdade contratual*, Almedina: Coimbra (1999), *maxime* 21-108; ANA PRATA, *A tutela constitucional da autonomia privada*, Almedina: Coimbra (2017), 140; SÉRVULO CORREIA, *Legalidade e autonomia contratual nos contratos administrativos*, Almedina: Coimbra (1987) 423-464; PAULO MOTA PINTO, *Autonomia Privada e Discriminação. Algumas notas*, Estudos em homenagem ao Conselheiro José Manuel Cardoso da Costa, II, Coimbra Editora: Coimbra (2005), 313-363; CANARIS, *A liberdade e a justiça contratual na «Sociedade de Direito Privado»*, Contratos: Atualidade e Evolução, Faculdade de Direito da Universidade católica Portuguesa, Porto (1997), 49-66; MATTHIAS WENDLAND, *Vertragfreiheit und Vertragsgerechtigkeit*, Jus Privatum, 232, Mohr Siebeck: Tubinga (2019), *maxime* 467 e ss. Para maiores desenvolvimentos, v. *infra*, § 12; 2.1 e 2.2.

[114] PINTO MONTEIRO distingue, com habitual mestria, a cláusula penal da figura anteriormente mencionada da cláusula limitativa de responsabilidade. Para este efeito, apela, por um lado, aos diferentes objetos das estipulações, recorrendo ao exemplo sugestivo da existência na cláusula limitativa de um *plafond* dos danos a demonstrar, fixando-se apenas um teto máximo do montante

(17) Quanto ao prazo de prescrição da responsabilidade *in toto*, a de tipo delitual sujeita-se ao prazo de três anos, por oposição à obrigacional, sujeita ao prazo ordinário de vinte anos (cfr. 498.º e 309.º, respetivamente)[115], pese embora este prazo constitua o limite máximo daquele (ou seja, vinte anos a contar desde o *facto danoso* 498.º/1, *in fine*). Por outro lado, o *momento* em que se inicia a contagem do prazo-regra é distinto (embora possa cronologicamente coincidir): na responsabilidade delitual, inicia-se a partir do momento em que «*o lesado teve conhecimento do direito que lhe compete, embora com desconhecimento da pessoa do responsável e da extensão integral dos danos*» (498.º/1); já na via obrigacional, a contagem inicia-se no momento em que o direito possa ser exercido (306.º/1).

iii) Outros aspetos conexos,

(18) A competência judicial *relativa* em razão do território é disjunta para as modalidades consideradas (71.º CPC): a ação destinada a exigir a indemnização pelo não cumprimento de obrigações é, em regra, proposta no domicílio do réu (71.º/1 CPC); por outro lado, quando a ação se funde em *responsabilidade civil baseada em facto ilícito* (ou no risco), o tribunal competente é o correspondente ao lugar onde o facto ocorreu (71.º/2 CPC; *Loci comissi delicti*);

(19) O pedido de indemnização civil enxertado em ação penal (71.º e ss. CPP) é restrito ao fundamento *extraobrigacional*: assim o entende a nossa jurisprudência[116]. Para tal contribui o facto de o delito

indemnizatório, por oposição ao *forfait* da cláusula penal, que fixa previamente um montante certo, o qual pode inclusive exceder os danos sofridos (ob. cit., p. 145, nota 308). O ilustre Professor apela, por outro lado, à teleologia das figuras, indicando que a cláusula penal ainda se vocaciona para a *coerção* ao cumprimento (ob. cit., 146). As figuras acabam por coincidir *parcialmente* (porquanto se ressalva a diferença quanto à prova dos danos) quando o dano seja inferior ao montante fixado na cláusula penal (*ibidem*).

115 Contra, Pedro de Albuquerque, *A aplicação do prazo prescricional*, 793-837. Para maiores desenvolvimentos, v., *infra*, § 12; 2.3.

116 Neste sentido, v. o ac. do STJ, de 14-Maio-2019 (Henrique Araújo), mediante o qual se decidiu que «[a] causa de pedir no pedido de indemnização civil enxertado em ação penal assenta nos factos que sustentam a responsabilidade criminal e o pedido aí formulado restringe-se necessariamente à responsabilidade extracontratual.». Este ac. seguiu a linha do segmento uniformizador do Assento n.º 7/1993, de 17-Jun-1999, no qual se afirmou «na medida em que o artigo 129.º do Código Penal remete a regulação da indemnização de perdas e danos emergentes do crime para a lei civil, esta só pode ser o artigo 483.º do Código Civil, que apenas contempla a responsabilidade por factos ilícitos, mas com total exclusão da responsabilidade contratual e da responsabilidade por factos

criminal e o civil conviverem em planos de autonomia – recorde-se os exemplos de Manuel de Andrade da ilicitude exclusivamente penal existente na tentativa do crime ou da ilicitude exclusivamente civil de quem se investiu na posse de um bem de terceiro, sem furto –, mas serem, em todo o caso, perfeitamente sobreponíveis, particularmente quando derivem de um mesmo evento. Esta possibilidade é expressamente reconhecida pelo Código Civil no plano extraobrigacional – sujeitando o ilícito civil ao prazo de prescrição penal quando este consubstancie a prática de um crime e este prazo seja superior (498.º/3) – ou nos termos do Código Penal, pela remissão existente para a regulação da lei civil relativa à «indemnização de perdas e danos emergentes de crime» (129.º CP)[117];

lícitos, nos casos contemplados na lei.». Os pedidos são, em todo o caso, conhecidos com autonomia, *i.e.*, a improcedência da ação civil não implica a absolvição do arguido, nem a sua condenação a procedência do pedido cível (v. arts. 84.º e 377.º CPP; cf. Germano Marques da Silva, *Curso de Processo Penal*, III, Católica Editora: Lisboa (2000), 77).

[117] O preconceito quanto à responsabilidade obrigacional, fundamento da decisão constante no Assento n.º 7/99, mencionado *supra*, é manifesto e indevido. Afirmou-se que «o facto ilícito criminal, fundamento do pedido cível enxertado no processo penal, não é por si fonte geradora, nem pode ser, de responsabilidade contratual»; o que não é, de todo, correto, e ainda mais gravoso se o conceito de *responsabilidade contratual* foi utilizado para englobar *toda* a responsabilidade obrigacional (cf., *supra*, § 3; 3). No sentido exposto, presentemente criticado e ao abrigo do Código Civil anterior, v. Cunha Gonçalves, *Tratado*, XII, 732 e Jaime de Gouveia, *Responsabilidade contratual*, 231; este último A. recorre ao argumento sistemático de a responsabilidade contratual (prevista no art. 2393.º CCse) ser meramente civil, não se integrando na previsão do art. 2373.º CCse; fundamental, por todos, apresenta-se, neste contexto, Manuel Dias da Silva, nos dois volumes dedicados ao *Estudo sobre a responsabilidade civil connexa com a criminal*, Imprensa da Universidade: Coimbra (1886 e 1887). Este entendimento continua a prevalecer (cf., por todos, Germano Marques da Silva, *Responsabilidade penal das sociedades e dos seus administradores e representantes*, Verbo: Lisboa, 2009, 426).
Sabemos que o incumprimento de uma obrigação não gera, em regra, e *por si*, um ilícito criminal, mas não se deve tomar a parte (maior) pelo todo, restringindo a tutela do *accipiens*: a conduta que subjaz ao incumprimento de uma obrigação pode consubstanciar, em concreto, um crime, tal como sucede perante o incumprimento da *obrigação alimentar* (2003.º e ss. CC, 250.º CP), embora com elementos adicionais do tipo criminal, nomeadamente o facto de *solvens* ter «condições de o fazer» e, cumulativamente, de o inadimplemento ter uma duração igual ou superior a dois meses (n.º 1). Outros exemplos podem ser carreados, em particular todos aqueles resultantes do incumprimento do dever de *prestar* (*v.g.*, as intervenções e tratamentos médico-cirúrgicos arbitrários, 156.º CP) e dos acessórios de conduta (informação, lealdade e segurança; p. ex., o crime de violação de segredo, 195.º CP) – os quais apelam a uma confluência entre o interesse de cumprimento e o de integridade. É, nesta medida, fundamental compreender as conexões entre o tipo criminal e o vínculo obrigacional. Preocupação essa expressa na tutela dos crimes contra direitos patrimoniais (cap. IV do tít. II do Código Penal referente aos crimes contra o património), onde avultam sólidos exemplos, mormente o crime de *frustração de créditos* (227.º-A CP), mediante o qual

(20) As normas de conflitos presentes do Código distinguem a lei reguladora da responsabilidade obrigacional (41.º e 42.º) – *obrigações provenientes de negócios jurídicos* – da lei reguladora da responsabilidade civil extracontratual fundada em ato ilícito (45.º);

consubstancia um crime a conduta do devedor que diminua o seu património para intencionalmente frustrar o crédito de outrem, incluindo, p. ex., a destruição do objeto prometido (801.º/2), verificados os demais elementos do tipo, tal como a não satisfação dos direitos do credor por via executiva. Nada obsta, portanto, a que a indemnização *de perdas e danos* (129.º CP; numa redação extraída da qualificação decorrente da responsabilidade contratual – note-se – do Código de 1867, cf. o art. 706.º CCse) abranja a responsabilidade obrigacional cuja conduta consubstancie, em simultâneo, um crime. Nem este entendimento ofende a *subsidiariedade* máxima do sistema penal. Em sentido idêntico, interrogaram-se vários autores estrangeiros – cf., com referências, E. Byron Hilley, *The Interrelationship of Tort and Contract in French Law*, Journal of Public Law, 4, n.º 1 (1956), 116-147 (135, nota 117 e 118) e, entre nós, à luz do código de 1867, Gomes da Silva, *O dever*, 197, 203; este último A., recorrendo ao exemplo do crime de abuso de confiança (hoje, previsto no art. 205.º CP, afirmava, «[a] opinião que vimos apreciando funda-se na ideia errónea de que a responsabilidade contratual não pode ser conexa com a penal, quando, pelo contrário, há crimes que, por natureza, constituem formas de violar certos contratos, e por isso a responsabilidade civil que dêles emerge é necessàriamente responsabilidade por falta de cumprimento dos contratos [...]». Da nossa parte, nada obsta a que, no processo penal, o pedido indemnizatório seja apreciado com fundamento obrigacional (é isso precisamente que sucede perante o já referido exemplo do incumprimento da obrigação de alimentos). Cumpre, no entanto, vencer a resistência jurisprudencial ainda hoje existente, restringindo os fundamentos à modalidade delitual e, por vezes, pelo risco; neste último caso, v. o ac. TRE, de 17-Jan-2006 (Ribeiro Cardoso). Traduzindo a orientação jurisprudencial presentemente criticada, v., recentemente, o ac. TRP de 13-Jan-2016 (Maria Luísa Arantes), no qual se afirmou expressamente: «[a] causa de pedir [do pedido de indemnização civil] baseia-se indubitavelmente na responsabilidade civil extracontratual, aliás, a única que podia ser invocada no âmbito do processo penal.», com base no princípio da adesão (71.º CPP); vimos, no entanto, que este preceito em si não afasta os casos em que o incumprimento é, em si, um crime.

Noutro prisma, a relação entre o *processo* criminal e o civil tem sido historicamente atribulada. Em primeiro lugar, sobre a concorrência da responsabilidade civil com a criminal no domínio dos acidentes de viação é de destacar a importância história do assento de 28 de janeiro de 1976, mediante o qual se determinou que o «tribunal cível é incompetente em razão da matéria para a ação de indemnização civil proposta contra o condutor, e simultaneamente proprietário do veículo, por danos resultantes de acidente de viação, quando na ação penal contra ele movida tenha sido proferida condenação a indemnizar»; cf. Antunes Varela, *Das Obrigações*, I, 705 e ss., 919 e ss; questão solucionada com a consagração do princípio da adesão (71.º CP). Em especial, no que respeita à (im)possibilidade de apreciação da culpa em sede de recurso da decisão cível, perante a absolvição penal, v. o entendimento do STJ no assento de 9 de novembro de 1977, também citado por aquele Autor (*idem*, 705). Em segundo lugar e por fim, a própria apreciação da responsabilidade *delitual* no processo penal tem um escopo mais limitado do que no plano civil, nomeadamente quanto à tutela dos danos reflexos, os quais não são indemnizáveis se a pessoa que os sofreu não for considerada "lesada" pelo crime; cf. ac. TRP, de 01-Jul-2015 (José Carreto).

(21) No regime jurídico das cláusulas contratuais gerais[118] (Decreto-Lei n.º 446/85, de 25 de outubro, na sua redação atual), proíbe-se *absolutamente* (18.º) as cláusulas que excluam ou limitem, de modo direito ou indireto, a responsabilidade por danos não patrimoniais (al. *a*)), por *danos patrimoniais extracontratuais* (al. *b*)), bem como, por outro lado, a responsabilidade por não cumprimento definitivo, mora ou cumprimento defeituoso, em caso de dolo ou culpa grave (al. *c*)), sem prejuízo das demais proibições no âmbito obrigacional constantes das alíneas seguintes);

(22) São distintas as regras de conflitos reguladoras de um litígio que apresente conexões jurídicas com vários ordenamentos, nos termos do Regulamento (CE) n.º 593/2008, do Parlamento Europeu e do Conselho, de 17 de julho de 2008, sobre a lei aplicável às obrigações contratuais (*Roma I*) e do Regulamento (CE) n.º 864/2007, do Parlamento Europeu e do Conselho, de 11 de julho de 2007, relativo à lei aplicável às obrigações extracontratuais (*Roma II*); e

(23) Em sede de competência judiciária, reconhecimento e execução de decisões em matéria civil e contratual – Regulamento (CE) n.º 44/2001, do Conselho, de 22 de dezembro de 2000 – distingue-se o âmbito delitual do obrigacional: a pessoa com domicílio no território de um Estado-Membro pode ser demandada no Estado-Membro onde se situe o tribunal onde ocorreu ou poderá ocorrer o facto danoso no âmbito delitual (5.º/3), contrariamente ao obrigacional (n.º 4).

IV. Em quarto lugar, destaca-se a estrutura das regras em causa, a qual permite desvendar a existência de *normas-padrão* de responsabilidade, oferecendo em ambos os casos um grau suficiente de completude para efeitos de formação dos respetivos títulos de imputação de danos.

No número 1 do artigo 483.º, referente à modalidade delitual, determina-se, sob a epígrafe de «[p]rincípio geral», que «[a]quele que, com dolo ou mera culpa, violar ilicitamente o direito de outrem ou qualquer disposição legal destinada a proteger interesses alheios fica obrigado a indemnizar o lesado pelos danos resultantes da violação»; no artigo 798.º, sob

[118] Almeida Costa, *O concurso*, 559.

a epígrafe «[r]esponsabilidade do devedor», determina-se, por sua vez, que «[o] devedor que falta culposamente ao cumprimento da obrigação torna-se responsável pelo prejuízo que causa ao credor».

É, nesta medida, manifesta a similitude de regulação dos *Tatbestände* dos títulos de imputação de danos que geram, sem prejuízo de, em concreto, integrarem realidades distintas. Não se trata, como vimos, de mera coincidência legística. A construção jurídica – reconduzida à *regra* – pode ser análoga, mas gerar, em concreto, resultados distintos; a mesma diferença é manifesta na estatuição normativa dos institutos, da obrigação de indemnizar (*regra*), a qual, sendo condicionada *materialmente* aos respetivos pressupostos diferentes (em particular, o *dano*, *v.g.*, o artigo 496.º), é *una*, mas não idêntica[119].

A natureza *padrão* das normas consideradas decorre da sua índole *englobante*, excecionada circunstancialmente por aspetos pontuais, mas de aplicação subsidiária a todo o título de imputação que considerem.

> Nas previsões relativas à ofensa ao crédito ou ao bom nome (484.º) e por conselhos, recomendações e informações (485.º) encontra-se regulado, com especialidade, o desvalor objetivo da conduta do lesante, enquanto verdadeiro *Tatbestände* específico de ilicitude delitual, sendo o respetivo título de imputação de danos completado pela norma-padrão de responsabilidade. No âmbito obrigacional, a regulação com especialidade é mais vasta, considerando-se prototipicamente toda a especificidade dos contratos em particular[120].

O mesmo não sucede, todavia, *entre* as normas-padrão de responsabilidade consideradas – ainda que se invoque uma relação (pretensa, como veremos) de *especialidade*, *excecionalidade*, *consumpção* ou *subsidiariedade* – dada a natureza dualista da responsabilidade civil no nosso ordenamento. Retomaremos posteriormente este aspeto em maior detalhe[121].

[119] Cfr, *infra*, § 12; 5.

[120] Veja-se o regime do contrato de compra e venda (876.º/2, 894.º/2, 896.º/1, 898.º a 900.º, 908.º a 911.º, 915.º, 936.º/2), doação (956.º/2, 979.º), sociedade (998.º/1), locação (1041.º, 1044.º, 1045.º, 1086.º/2, 1107.º, 1110.º-A), comodato (1134.º), mandato (1172.º, b) a d), depósito (1199.º, c) e empreitada (1215.º/2, 1217.º/2, 1223.º a 1225.º, 1227.º).

[121] V., *infra*, § 14; 1.

V. Em quinto lugar, decorrente da completude anteriormente mencionada e beneficiando do positivismo inerente a uma interpretação baseada na *unidade* do sistema jurídico (9.º/1), as modalidades de responsabilidade civil contratual e extracontratual em causa, consideradas nos termos globais, são o destino de múltiplas remissões, para efeito de apuramento de responsabilidade. Vejamos este aspeto de seguida em maior profundidade.

§ Em particular, a regulação remissiva da responsabilidade civil para as modalidades consideradas

I. A sistemática adotada no Código Civil permite regular por remissão o regime de imputação de danos, atendendo a várias especialidades circunstanciais. Esta técnica legislativa não é, todavia, *clara*, obrigando o intérprete no seu processo hermenêutico a identificar previamente a norma-padrão de responsabilidade em causa.

Podemos exemplificar o processo anteriormente descrito: em primeiro lugar, para a determinação do prazo prescricional da responsabilidade de quem *deu* o simples conselho, recomendação ou informação (485.º/2), qualificamos esta responsabilidade a título *extracontratual* (enquanto verdadeiro *Tatbestand* específico daquela modalidade[122]) e, portanto, rapidamente concluímos que o prazo prescricional aplicável é de três anos (498.º), por ser este o prazo associado globalmente àquele regime; por outro lado, estando em causa a responsabilidade do comodante (1134.º), esta consubstancia uma responsabilidade de tipo *obrigacional*. Como tal, aplica-se, ao invés, o prazo prescricional ordinário de vinte anos associado a esta via (309.º). Note-se que, em nenhuma das situações anteriormente descritas, as previsões específicas aplicáveis (485.º/2 e 1134.º) solucionam *per si* este (e outros) aspeto do regime.

Existem, por acréscimo, remissões genéricas para termos gerais (inexistentes), as quais dificultam a tarefa interpretativa de apuramento do regime aplicável: pergunta-se, a título exemplificativo: qual o prazo de

[122] Em linha, v. Sinde Monteiro, Autor que defende que o art. 485.º se exclui do campo de aplicação da responsabilidade pré-contratual por informações (a qual deve ser enquadrada nos termos do artigo 227.º) e não interfere na aplicação das regras da responsabilidade obrigacional, quando aquela tenha lugar por incumprimento da obrigação de prestar informação, em *Responsabilidade por conselhos*, 383-384, 427-429, 627-33.

prescrição da responsabilidade do *possuidor* (1269.º)? Ou, ainda: o cônjuge administrador responde com culpa presumida (1681.º/1)?

Independentemente do enquadramento do regime devido para os casos mencionados, transparece a prevalência das modalidades de responsabilidade civil consideradas. Prevalência essa que permite (*i*) *secundarizar* as normas remissivas pela sua incompletude, restritas, desta forma, a uma regulação especial ou excecional de determinado aspeto tipológico das *normas-padrão* consideradas e, por outro lado, (*ii*) reconhecer uma importância *integradora* das modalidades, preenchendo remissivamente as lacunas dos tipos de imputação especiais existentes[123].

II. A importância do argumento sistemático baseia-se também num critério puramente *quantitativo*, com base nas excessivas remissões de tipo *indireto*, em graus variados, para as modalidades consideradas: remete-se, a título exemplificativo, para a «obrigação de indemnizar», sem se apurar os demais pressupostos da fonte de responsabilidade, ou, por outro lado, por vezes o legislador apela ao apuramento de uma responsabilidade «nos termos gerais»[124], a qual, como veremos, inexiste. Por fim, compreendida a incompletude inerente às normas remissivas (pelo método e respetivo destino), detetam-se, ainda, remissões em mais de um grau, as quais agravam a tarefa de sindicância do regime aplicável.

Veja-se o caso da remissão da responsabilidade do cônjuge administrador, no âmbito da administração conjugal de facto[125], havendo oposição, para os termos em que responde o possuidor de má fé (1269.º *ex vi* 1681.º/3) o qual, por sua vez, responde sem culpa[126], novamente, *nos termos gerais*; ou,

[123] De facto, as previsões não fornecem uma "visão completa" do instituto; LARENZ, *Lehrbuch* I, AT, § 27, I, 422.

[124] Note-se que a presente técnica legislativa de recondução para os *termos gerais* de um determinado instituto não é exclusiva da responsabilidade civil: também sucede, *mutatis mutandis*, no âmbito do negócio jurídico – p. ex., na remissão para o «regime geral» da (*i*) resolução (546.º, 1083.º/1); (*ii*) anulabilidade e nulidade (359.º, 1035.º, 1245.º); (*iii*) da prescrição (299.º e 315.º); (*iv*) da usucapião, (1362.º/1); (*v*) patrimonial do casamento (1068.º); ou, por fim, (*vi*) para o regime geral da inoficiosidade (1759.º)

[125] RUI ATAÍDE, *Regime e natureza jurídica da administração conjugal "de facto"*, Estudos em homenagem ao Prof. Doutor Martim de Albuquerque, Vol. II, Coimbra Editora: Coimbra (2011), 673-740 (691-696).

[126] PIRES DE LIMA e ANTUNES VARELA, *Código Civil Anotado*, III, 36.

noutro exemplo, a responsabilidade civil das pessoas coletivas, apurada pela forma que os comitentes respondem pelos atos ou omissões dos seus comissários (165.º), aos quais se aplica novamente, *mutatis mutandis*, as disposições que regulam a responsabilidade por factos ilícitos (499.º).

III. Compreendida a técnica remissiva existente, anteriormente enunciada, o apuramento da responsabilidade civil do agente é dificultado neste primeiro momento de *qualificação* da responsabilidade emergente. Para este efeito, a localização sistemática da norma, base da remissão, concede um indício forte para o enquadramento do título de imputação (de danos) entre as modalidades consideradas e, consequentemente, para se desvendar o regime aplicável. Todavia, este critério, de tipo *sistemático* não é, naturalmente, *único* ou *exclusivo*.

Atente-se às remissões existentes no Código Civil com relevância nesta sede[127], num elenco não exaustivo:

i) a responsabilidade, indemnização ou obrigação de reparar os danos «*nos termos gerais*»:
1. na cessão de créditos – 580.º/1;
2. na execução específica de prestação de facto negativo – 829.º/2;
3. pela venda de coisa ou direito litigioso – 876.º/2;
4. nos contratos com finalidade equivalente à venda a prestações – 936.º/2;
5. pelos defeitos da obra – 1223.º; e
6. do cônjuge pelos danos causados – 1792.º12.

ii) a remissão para a «*obrigação de indemnizar*»[128] ou para a «*indemnização*» a que haja lugar:

[127] São vastíssimas as referências existentes fora do Código. Veja-se, a título exemplificativo, ainda no plano civil, o regime da responsabilidade civil pela constituição, administração e fiscalização da sociedade (71.º a 84.º CSC; cf. Menezes Cordeiro e A. Barreto Menezes Cordeiro, *Código das Sociedades Comerciais Anotado*, 3.ª ed., Almedina: Coimbra (2020), 345-373) e o artigo 22.º do CIRE.
[128] O conceito é verdadeiramente polissémico; qualidade essa manifestamente aproveitada pelo legislador, embora com a consequência direta de dificultar a tarefa interpretativa. Veja-se, aliás, os casos de utilização *imprópria* do conceito, tal como a menção à obrigação de indemnização correspondente ao enriquecimento sem causa, ao invés da *obrigação de restituir* (473.º/1), estando em causa apenas este instituto (*v.g.*, 1214.º/2). Noutros casos, estaremos perante somente a regulação do *quantum* indemnizatório da obrigação de indemnização, sujeita aos limites do enriquecimento sem causa – p. ex., a menção à «*indemnização, calculada segundo as regras do enriquecimento sem causa*» (1538.º/2 e 1539.º/2). V., *infra*, § 12; 2.1.

7. no regresso do ausente, perante a mé fé dos sucessores – 119.º/2;
8. pela restituição dos frutos percebidos – 215.º;
9. pelas declarações não sérias – 245.º/2;
10. pela falta de consciência culposa da declaração – 246.º;
11. pelo erro indesculpável acerca dos pressupostos da ação direta ou da legítima defesa – 338.º;
12. enquanto direito dos herdeiros do promissário, no contrato a favor de terceiro, perante a prestação que se torne impossível por causa imputável ao promitente – 446.º/2;
13. pelos conselhos, recomendações ou informações – 485.º/2;
14. por pessoa não imputável – 489.º;
15. em caso de lesão ou morte de animal – 493.º A/1;
16. indemnização a terceiros, em caso de morte ou lesão corporal – 495.º;
17. pela impossibilidade da prestação solidária entre credores, por facto imputável a um destes – 529.º/2;
18. pela impossibilidade imputável ao devedor da obrigação alternativa, quando a escolha pertencer ao credor – 546.º;
19. pela impossibilidade da obrigação alternativa imputável ao credor quando a escolha pertencer ao devedor – 547.º;
20. em caso de impossibilidade culposa da obrigação que tenha por fonte um contrato bilateral – 801.º/2;
21. em caso de impossibilidade parcial – 802.º/1;
22. pelas despesas com oferecimento infrutífero da prestação e a guarda e conservação do respetivo objeto – 816.º;
23. pela fixação da sanção pecuniária compulsória – 829.º-A/2 e 4;
24. pela restituição do preço na compra e venda de bens alheios – 894.º/2;
25. enquanto impedimento à convalidação da compra e venda de bens alheios – 896.º/1, b);
26. na venda de bens alheios – 898.º a 900.º;
27. na venda de bens onerados – 908.º a 911.º;
28. na venda de coisas defeituosas – 915.º;
29. na manutenção dos direitos reais de terceiros sobre os bens doados em caso de ingratidão do donatário – 979.º;
30. pela mora do locatário – 1041.º;
31. pelo atraso na restituição da coisa locada, após a extinção do contrato, no montante equivalente ao aluguer que as partes tenham estipulado – 1045.º;

32. pela não comunicação da transmissão do arrendamento ou concentração no cônjuge sobrevivo – 1107.º/2;
33. pela denúncia dos contratos de arrendamento não habitacional pelo senhorio, relativamente ao arrendatário e ao trabalhador do estabelecimento, pelos prejuízos resultantes – 1110.º-A;
34. Pela revogação do mandato – 1172.º, b) a d);
35. pelo prejuízo sofrido em consequência do depósito – 1199.º, c);
36. pelas alterações necessárias ao plano convencionada em sede do contrato de empreitada – 1215.º/2;
37. pelas alterações posteriores à entrega e às obras novas, não autorizadas pelo dono de obra, e não possíveis de eliminar – 1217.º/2;
38. no regime do contrato de empreitada – 1224.º e 1225.º;
39. pela impossibilidade por causa não imputável a qualquer das partes – 1227.º;
40. pelos frutos pendentes no momento de cessação da boa fé do possuidor – 1270.º/2;
41. dos prejuízos e encargos com a restituição – 1284.º;
42. pela expropriação por utilidade pública ou particular ou requisição de bens – 1310.º;
43. do prejuízo e das despesas realizadas pelo achador após a restituição do animal ou da coisa perdida – 1323.º/5;
44. pela união ou confusão, bem como pela especificação, tanto de boa fé como de má fé – 1333.º, 1334.º, 1336.º e 1337.º;
45. pela acessão industrial imobiliária –1339.º e 1340.º/3;
46. pelas instalações prejudiciais – 1347.º/3;
47. pelos danos decorrentes das obras feitas com escavações – 1348.º/2;
48. em consequência da passagem forçada momentânea – 1349.º/3;
49. pela requisição de águas – 1388.º/2;
50. pela restrição ao uso das águas – 1392.º/2;
51. do usufrutuário – 1447.º, 1448.º, 1468.º, b), 1471.º/2;
52. do usufruto que incide sobre a indemnização – 1480.º e 1482.º;
53. pelo rompimento da promessa de casamento – 1594.º;
54. pela partilha de bens não pertencentes à herança – 2123.º/2; e
55. entre o alienante de herança ou quinhão hereditário e o respetivo adquirente – 2129.º.

iii) quando se determina que o agente «responde pelos danos causados» ou «é responsável»:

56. pela não comunicação da rejeição da promessa ao promissário – 447.º/2;
57. pela ofensa do crédito ou do bom nome – 484.º;
58. pelos danos causados por edifícios ou outras obras – 492.º;
59. pelos danos causados por coisas, animais ou atividades – 493.º;
60. perante a impossibilidade da prestação – 520.º;
61. na responsabilidade do devedor – 814.º;
62. na responsabilidade do doador na doação de bens alheios – 956.º/2;
63. na responsabilidade por factos ilícitos da sociedade – 998.º/1;
64. na responsabilidade do locatário pela perda ou deterioração da coisa – 1044.º;
65. na responsabilidade do comodante – 1134.º;
66. na responsabilidade do possuidor pela perda ou deterioração da coisa – 1269.º;
67. na responsabilidade do usufrutuário no trespasse a terceiro – 1444.º/2;
68. na responsabilidade pelo usufruto de coisas deterioráveis – 1452.º/2;
69. na responsabilidade do usufrutuário pelos atos lesivos da parte de terceiros – 1475.º;
70. na responsabilidade do superficiário – 1538.º/3;
71. na responsabilidade do cônjuge administrador – 1681.º/1 e 3;
72. pela exploração, sem autorização, do estabelecimento comercial ou industrial do pupilo – 1940.º/4;
73. responsabilidade do tutor – 1945.º;
74. donatário sujeito a colação – 2116.º;
75. pela alienação de coisa alheia – 2127.º; e
76. do testamenteiro – 2332.º/2.

iv) Para a «responsabilidade civil»[129]:

77. em sede de tutela geral de personalidade – 70.º/2;
78. das pessoas coletivas – 165.º;
79. pela culpa do gestor na violação do direito alheio – 472.º/2;
80. sobre o crédito indemnizatório resultante – 741.º;

[129] Cfr., ainda, a epígrafe do capítulo relativo à responsabilidade civil extracontratual. Neste sentido, v. Almeida Costa, *Direito das Obrigações*, 540 (nota 1).

81. do crédito da vítima pelo facto que lhe dê lugar, na graduação dos privilégios mobiliários – 747.º/1, d);
82. na presunção de culpa – 799.º/2; e
83. cumulável com a resolução do contrato de arrendamento – 1086.º/2.

Deste elenco foram subtraídas, por um lado, as referências às modalidades de responsabilidade pelo *risco* ou *objetiva* e pelo *sacrifício* ou por *factos lícitos*, tal como, por outro, a referência à responsabilidade no âmbito da *gestão de negócios* (468.º/1 e 469.º) e da *posse* (1270.º e 1273.º) por implicarem, à primeira vista, uma quebra daquela sistemática. Analisaremos posteriormente, com maior profundidade, este último conjunto de casos[130]. Focar-nos-emos por agora, brevemente, no primeiro.

a. No primeiro caso, de responsabilidade objetiva, prescinde-se, em regra[131], da existência da culpa do agente (e da ilicitude, em termos imediatos, em certos casos[132]) sob a égide de um critério de justiça distributiva (*ubi commoda ibi incommoda*)[133].

Como casos típicos e *excecionais* (483.º/2) de previsões legais de risco, conta-se a responsabilidade do comitente (500.º), do Estado e das demais pessoas coletivas públicas (501.º), por danos causados por animais (502.º), de danos causados por veículos (503.º a 508.º), por danos causados por instalações de energia elétrica ou de gás (509.º). Fora do âmbito do Código Civil[134] destaca-se a responsabilidade civil do empregador por acidentes de trabalho (Lei n.º 98/2009, de 4 de setembro, na sua redação atual), do produtor[135] (Decreto-Lei n.º 383/89, de 6 de novembro, na sua redação atual) e por danos ambientais (Decreto-Lei n.º 147/2008, de 29 de

[130] Cfr., *infra*, § 14; 1.1.

[131] Veja-se o apelo de Menezes Cordeiro, ao qual se adere, quanto à impossibilidade de construção de um tipo unitário de responsabilidade nas hipóteses de risco, em *Tratado*, VIII, 597-598.

[132] O ponto é controverso, reconhece-se. No sentido do texto, v. Antunes Varela, *Direito das Obrigações*, I, 636, Almeida Costa, *Direito das Obrigações*, I, 612 (nota 1); é também a solução seguida além-Reno, cfr. Larenz/Canaris, *Lehrbuch*, BT, II, § 84, I, 3, 610.

[133] Neste sentido, Antunes Varela, *Das Obrigações*, I, 634-5, Santos Júnior, *Direito das Obrigações* I, 353. Com várias conceções de risco (*risco-criado, risco-proveito* e *risco-autoridade*) v. Menezes Leitão, *Direito das Obrigações*, I, 381.

[134] São vastas as previsões de responsabilidade civil objetiva em legislação extravagante. V., por todos, o elenco de Almeida Costa em *Direito das Obrigações*, 614-616 (nota 3) e 656 (nota 1). No Direito Europeu, v. Menezes Cordeiro, *Tratado*, VIII, 599 e ss.

[135] V., por todos, Calvão da Silva, *A responsabilidade civil do produtor, passim*.

julho, na sua redação atual). Encontram-se ainda várias previsões de responsabilidade objetiva no âmbito obrigacional, tal como a responsabilidade do devedor pelos atos dos seus representantes legais ou auxiliares (800.º), pelo risco em caso de mora (807.º), do vendedor de coisa alheia, perante o comprador de boa fé (899.º), pela garantia de bom funcionamento (921.º) e, ainda, a responsabilidade do mandante pelos prejuízos que o mandatário haja sofrido em consequência do contrato (1167.º, d).

b. Na responsabilidade pelo sacrifício, prescinde-se da ilicitude do facto, baseado num critério de justiça comutativa, e, por arrastamento, de culpa[136]. Nesta medida, inclinamo-nos para enquadrar esta responsabilidade como um subtipo da responsabilidade objetiva (por factos lícitos). É o caso da revogação da limitação voluntária dos direitos de personalidade (81.º/2), pela atuação em estado de necessidade (339.º), pela mudança do domicílio do credor (775.º), para a realização de obras, quando o senhorio não garanta o realojamento do arrendatário por período não inferior a três anos (1103.º/6, a), 1103.º/9), pela revogação do mandato (1172.º [137]), pela expropriação (1310.º CC e 62.º/2 CRP[138]), pela desistência do dono de obra (1229.º), pela ingerência em propriedade alheia – incluindo os casos de captura de exame de abelhas (1322.º), instalações prejudiciais (1347.º), escavações (1348.º), pela passagem forçada momentânea (1349.º) e na apanha de frutos (1367.º) – e nas servidões legais (1552.º, 1554.º; 1557.º/1, 1559.º, 1560/3, 1561.º, 1562.º e 1563.º)[139].

[136] Entre nós, Vaz Serra, *Fundamento da responsabilidade civil: em especial, responsabilidade por acidentes de viação terrestre e por intervenções lícitas*, Separata do BMJ 90 (1989), 288. Com referências no plano do direito comparado, v. Dário Moura Vicente, *Direito Comparado*, II, 464-467. Neste sentido, Menezes Cordeiro entende a responsabilidade em causa suprime tanto a ilicitude, como a culpa, em *Tratado*, VIII, 719.

[137] Segundo Pires de Lima e Antunes Varela, *Código Civil anotado*, II, 81, o direito à revogação do mandato, independentemente de convenção em contrário ou renúncia a esse direito (1170.º/1), impede a responsabilidade por factos *ilícitos*. Noutro sentido, Januário da Costa Gomes distingue as áreas de interferência (1) na relação gestória, a qual impõe a *licitude* desta revogação, e (2) o pacto de irrevogabilidade ou a expectativa criada pela renúncia ao direito de revogação, as quais constituem um afloramento da responsabilidade por factos *ilícitos* (1172.º, b), em *Contrato de Mandato*, AAFDL: Lisboa (1990), 98, e *Em tema de revogação do mandato civil*, Almedina: Coimbra (1989), 208-209.

[138] Esta expropriação privada não se confunde com a de Direito Público, a qual se encontra na sua génese, paradigmaticamente ao abrigo do código das expropriações (Lei n.º 168.º/99, de 18 de setembro, na sua redação atual). Assim, Menezes Leitão, *Direito das Obrigações*, I. cit., 416 (nota 885).

[139] Santos Júnior, *Da responsabilidade*, 231 (nota 766) prefere o recurso à expressão responsabilidade pelo *sacrifício* de bens alheios, seguindo o exemplo alemão (*Aufopferungshaftung*), embora as previsões em sede do nosso direito objetivo ultrapassem o escopo inerente à terminologia proposta.

É, contudo, manifesta a aglutinação destas modalidades na *summa divisio*[140]: a sua autonomia é superficial ao implicarem substancialmente apenas a supressão de um ou vários pressupostos das normas-padrão de responsabilidade delitual e obrigacional, paradigmaticamente a ilicitude e a culpa. Nesta medida, não surpreende a absorção *estrutural* existente na responsabilidade pelo *risco*[141], traduzida na remissão genérica para o regime delitual (499.º), nem a não inclusão no Código Civil da proposta constante no anteprojeto de Vaz Serra de uma norma-padrão de responsabilidade por intervenções lícitas (cfr. 784.º do anteprojecto)[142]. Por outro lado, o evento de onde derivam mantém a conexão com um dos elementos individualizadores daquelas modalidades: na responsabilidade pelo sacrifício (*i*) conexa com o âmbito obrigacional, emerge uma atuação ao abrigo de um vínculo negocial, incluindo a *cessação do contrato*[143] ou pela *confiança*[144] ou (*ii*), no âmbito delitual, mediante a *prática de um delito*, em particular na lesão lícita de bens alheios. O mesmo entendimento é carreado para a responsabilidade pelo risco, sem agregação àqueles dois blocos nas modalidades consideradas, embora no que respeita à vertente obrigacional proliferem manifestações do seu *pendor objetivista*[145]. Resta uma análise

[140] Neste sentido, expressamente, v., quanto à responsabilidade objetiva, Almeida Costa, *Direito das Obrigações*, 611 (nota 2), 658, 1039 (nota 1), no qual enquadra (na modalidade obrigacional) as cláusulas sobre o risco e as obrigações de garantia. Menezes Cordeiro agrupa a responsabilidade em três blocos – estado de necessidade, lesão do direito de propriedade e o incumprimento de contratos – em *Tratado*, VIII, 716; entendimento que não contraria o presente. Contra, Antunes Varela, *Das Obrigações*, I, 717, apela a um regime *ad hoc* para todas as hipóteses de responsabilidade por factos lícitos; tendo o Autor, aliás, sido responsável pela supressão do preceito de ordem geral que previa esta modalidade de responsabilidade, aquando da segunda revisão ministrial do Código. V., ainda, Galvão Telles, *Direito das Obrigações*, 216 e Menezes Leitão, *A responsabilidade do gestor*, 236 (nota 1). Sobre o problema, v., por fim, a sugestão de Pessoa Jorge em *Ensaio*, 34-35.

[141] Menezes Cordeiro, *Direito das Obrigações*, II, 254.

[142] Tendo sido afastada na 1.ª revisão ministerial; cf., Antunes Varela, *Das Obrigações*, I, 717.

[143] Santos Júnior, *Direito das Obrigações*, I, 380 e Almeida Costa, *Direito das Obrigações*, 658. Menezes Leitão enquadra o confronto do direito geral de personalidade (81.º/2) com um simples direito de crédito, justificando a existência da indemnização «sob pena de se pôr em causa a eficácia vinculativa desses negócios», em *Direito das Obrigações*, I, 417. Menezes Cordeiro, por sua vez, entende que as previsões de natureza obrigacional derivam da manutenção de deveres acessórios, designadamente a tutela da confiança, a qual é fundamento do dever de indemnizar, em *Tratado*, VIII, 718-719.

[144] Carneiro da Frada apela ao facto da responsabilidade pela confiança se enquadrar como responsabilidade pelo sacrifício; em *Direito Civil*, 86 e em *Teoria da Confiança*, 402, 428 e 873.

[145] A expressão é de Antunes Varela, o qual invoca, a seu favor, os exemplos da responsabilidade do devedor pelos atos dos seus representantes legais ou dos seus auxiliares (800.º/1), a garantia da possibilidade originária em relação à pessoa do devedor (401.º/3), bem como o critério legal de apreciação da negligência em abstrato (487.º/2 e 799.º/2), o qual, em sede de negligência, se assume o critério da culpa *em abstrato*; em *Direito das Obrigações*, I, 631 (nota 1).

casuística. Neste sentido, PESSOA JORGE apelava à existência de uma responsabilidade civil objetiva no âmbito obrigacional, de fonte convencional, mediante cláusulas sobre o risco ou por força da lei (*v.g.*, 909.º e 921.º)[146].

É exemplo da responsabilidade *extraobrigacional pelo sacrifício*, a responsabilidade de atuação em estado de necessidade (339.º), mas *obrigacional pelo sacrifício* a revogação do mandato (1172.º, a) ou a desistência da empreitada pelo dono de obra (1229.º)[147]; por sua vez, é exemplo de responsabilidade pelo *risco extracontratual* a do comitente perante a atuação do comissário (500.º) e pelo *risco obrigacional* a do devedor pelos atos dos seus representantes legais ou auxiliares (800.º)[148].

[146] *Ensaio*, 37 (nota 13). Como vimos, *supra*, também MENEZES CORDEIRO alerta para a falta de apuramento terminológico da imputação por culpa, risco ou sacrifício em sede obrigacional, em *Tratado*, VIII, 289, abandonando a sua recondução em bloco para «uma responsabilidade delitual, mas sem os requisitos da culpa e da ilictude» (ob. cit., 597). Em concreto, veja-se o exemplo do risco do devedor pela perda ou deterioração do objeto que deveria entregar, estando em mora (807.º), o qual conforma um caso de responsabilidade objetiva no âmbito obrigacional (cfr., em linha, RUI DE ALARCÃO, *Direito das Obrigações*, 276, MENEZES LEITÃO, *Direito das Obrigações*, I, 240-241). ANTUNES VARELA, *Das Obrigações*, II, 97, aparenta não obstar à aglutinação das realidades, assumindo que por vezes o devedor responde sem culpa, nos termos da responsabilidade objetiva. Contra, GALVÃO TELLES reconduz o risco e o ato lícito a integrar meras categorias de responsabilidade de tipo extraobrigacional, em *Direito das Obrigações*, 216.

[147] CARNEIRO DA FRADA, MARIA JOÃO VASCONCELOS, *Danos económicos puros*, Estudos em Homenagem ao Professor Doutor Marcello Caetano, II, Coimbra Editora: Coimbra (2006), 151-176 (154).

[148] Neste sentido, defendendo ser *objetiva* a responsabilidade do devedor pelos atos dos seus representantes legais ou auxiliares, GOMES DA SILVA, *O Dever de Prestar*, 274 e ss.; MOTA PINTO, *Cessão*, 352, 411; PESSOA JORGE, *Ensaio*, 139-140, 146; PINTO MONTEIRO, *Cláusulas limitativas*, 428; ANTUNES VARELA, *Das Obrigações*, I, 631 (nota 1), II, 97 e 104; ALMEIDA COSTA, *Direito das Obrigações*, 545, 1039 (e respetiva nota 1) e em *concurso*, 558; MENEZES CORDEIRO, *Tratado*, VI, 536, MENEZES LEITÃO, *Direito das Obrigações*, II – *Transmissão e Extinção das Obrigações. Não cumprimento e Garantias do Crédito*, 12.ª ed., 2019, 259; ROMANO MARTINEZ, *Cumprimento Defeituoso*, 273; SANTOS JÚNIOR, *Da responsabilidade civil*, 220 (nota 743); CARNEIRO DA FRADA, *A responsabilidade objectiva por facto de outrem face à distinção entre responsabilidade obrigacional e aquiliana*, in Direito e Justiça, vol. XII, tomo 1, 297 e ss., *Teoria da Confiança*, 307 (nota 307); MARIA GRAÇA TRIGO, *Responsabilidade civil*, 232 e ss., BRANDÃO PROENÇA, *Lições*, 322 e ss.; CLÁUDIA MADALENO, *A responsabilidade objetiva por fato de outrem*, 1007 e MARIA VICTÓRIA ROCHA, *A imputação objectiva na responsabilidade contratual/Algumas considerações*, RDE 15 (1989), 31-103, *passim*. Contra a qualificação da responsabilidade do comitente ao abrigo de uma conceção dualista em confronto com o disposto no artigo 500.º, v. PEDRO MÚRIAS em *A responsabilidade por atos*, 191-193. Não se adere, contudo, à ideia do Autor de que a responsabilidade do comitente (500.º) pode ser obrigacional, porquanto se baseia na responsabilidade do comissário, a qual poderá revestir esta natureza. Contra este entendimento, podem ser, desde logo, aduzidos dois argumentos: o primeiro, metodológico, de que a responsabilidade do comitente depende da responsabilidade do comissário, mas não se confunde com esta (500.º/2) – veja-se que a primeira

Em suma, a separação conceptual da responsabilidade civil pelo critério erigido (o *sacrifício* e o *risco*) não agrega indistintamente e em si a realidade delitual e obrigacional, antes estas podem ser consideradas um mero subtipo das modalidades principais consideradas, facilitando a identificação do regime jurídico aplicável a aspetos conexos, mas não reconduzíveis às particularidades das previsões jurídicas de onde constam (*v.g.*, o prazo prescricional da respetiva responsabilidade).

é sempre, para este efeito (enquanto comitente, por *ato de terceiro*), *objetiva*, contrariamente à última (do comissário, subjetiva ou não); por outro lado, não é pela ausência de uma *relação* (entre o lesado e o comitente, note-se) que se qualifica a responsabilidade como delitual, mas pela inexistência de um vínculo obrigacional específico entre as partes. Perante este vínculo, aliás, importaria a tutela do artigo 800.º, como o próprio Autor reconhece, por estar em causa um incumprimento de um dever (*idem*, 215). Para mais, quanto à qualificação do título de imputação de danos emergente do artigo 800.º, o Autor encara a possibilidade de se qualificar a responsabilidade do devedor como delitual pela prática de delitos do auxiliar, ainda que (note-se) *não conexos* com o cumprimento da obrigação (800.º/1). O que surpreende, por ofensa manifesta à *ratio* da norma de responsabilidade, e impede a nossa concordância (v., neste sentido, entre outros, Pires de Lima e Antunes Varela, *Código Civil Anotado*, II, 56; Brandão Proença, *Lições*, 326; Antunes Varela, *Direito das Obrigações*, II, 103; além-Reno, v. a anot. ao § 278 BGB por Grundmann, *MüKoBGB*, 8.ª ed. de 2019, n. 47). Com a devida vénia, não convence a posição do Autor, autoproclamada de *monista radical*, almejando reconduzir os artigos 500.º e 800.º a ambas as formas de responsabilidade. Contra, Ribeiro de Faria, *Direito das Obrigações*, II, Almedina: Coimbra (1990, reimp.), 411; Mafalda Miranda Barbosa, *Lições*, 429–440. Integrando as previsões mencionadas na *summa divisio*, v. ; Sónia Moreira, *Responsabilidade extracontratual pelo risco versus responsabilidade contratual; responsabilidade contratual pelo risco* – anotação ao acórdão do STJ de 3/10/2013, Cadernos de Direito Privado, n.º 45, (Jan/Mar, 2014), 60-78 e Teixeira de Sousa, *O concurso*, 316.

§ 5. O CONCEITO DE CONCURSO

1. Noção; sequência

I. Não existe uma definição legal de *concurso*. O termo alcançou, no entanto, um significado juscivilístico próprio enquanto operador metodológico sedimentado na prática jurídica[149]. Apresenta-se como uma figura jurídica de *préstimo geral*, tanto no ramo de Direito privado, como no de Direito público. Beneficia, aliás, terminologicamente de um profícuo desenvolvimento noutras áreas, com especial destaque para o campo da teoria geral do Direito e para os ramos do Direito penal e contraordenacional.

A figura do concurso foi (e é) discutivelmente alvo do maior desenvolvimento dogmático em sede do concurso *de crimes*[150]. Para tal, contribui o facto de historicamente usufruir de uma regulação direta na legislação penal: nos sucessivos códigos penais portugueses, encontramo-lo previsto, direta ou indiretamente, ora enquanto «accumulação» de crimes (art. 87.º do Código Penal de 1852 e art. 38.º do Código Penal de 1886), ora como o já conhecido concurso de crimes (art. 30.º do Código Penal de 1982[151], revisto em 1995). Por seu turno, só encontramos no Código *Civil*

[149] Seguiu a mesma via o caso italiano; cfr. DANIELA M. FRENDA, *Il concorso di risponsabilità contrattuale e aquiliana*, 2.ª ed., Studi nelle Scienze Giuridiche e Sociali, Vol. 153, CEDAM: Milão (2013), 1-8.

[150] Existem outras zonas operante do concurso em Direito Penal, p. ex., entre normas incriminadoras e aquelas que preveem circunstâncias acidentais, cf. CAVALEIRO DE FERREIRA, *Direito Penal Português*, I, 160. Vence-se, em todo o caso, a doutrina antiga, a qual entendia que um mesmo facto, ainda que ofenda várias disposições, consubstanciava apenas um crime (cf. ROBIN DE ANDRADE, *Direito Penal*, II, Faculdade de Direito: Lisboa (1972), 386-387, com base no artigo 38.º do Código Penal de 1886).

[151] Inspirado, por sua vez, no art. 33.º do projeto de Parte Geral de Código Penal de 1963 e discutido na 13.ª sessão da Comissão Revisora, no dia 8 de fevereiro de 1964, como dá nota em anot. ao art.

de 1867 alguma preocupação em regular o concurso do ilícito civil com o criminal (cf. arts. 2363.º a 2365.º e arts. 2367.º a 2392.º CCse) e não o concurso de responsabilidades civis em si. É, contudo, de notar que os vários códigos penais não regulam expressamente o *concurso de normas*, ou seja, o processo metodológico de subsunção da situação de facto aos tipos de crime previstos[152]. Este processo é prévio àquele que se debruça sobre a relação normativa gerada entre os *vários crimes* que se determinaram posteriormente *cometidos*. Sobre este último processo (e apenas sobre este) existe regulação legal expressa. Mas, por seu turno, determinar a existência de um concurso *aparente* ou, ao invés, *efetivo* de crimes é um problema prévio, constitutivo e necessariamente anterior ao regime associado a um dos possíveis resultados (o *concurso de crimes*), com regime próprio de punição (77.º e 78.º CP). É matéria que se recuperará. No que respeita à terminologia geralmente associada à figura do concurso, esta pauta-se por uma vastíssima heterogeneidade. Essa heterogeneidade acompanha também as espécies comummente identificadas de relação entre normas criminais. Na verdade, cada Autor avança o seu próprio esquema, terminologia e definições, dificilmente compatíveis a um nível global[153]. Sem prejuízo, quanto aos tipos de concurso em si, podemos distinguir (1) o concurso *aparente* de crimes (de *normas, legal* de crimes, *impuro*[154] ou *impróprio*), caso em que prevalece um tipo de crime entre os vários potencialmente aplicáveis, do (2) concurso *efetivo* (de *crimes, puro* ou *próprio*), quando a situação de facto se subsume a vários tipos de crimes. Este último concurso (efetivo) pode ser, ainda, (2.1) *homogéneo*, quando o

30.º CP, Manuel Maia Gonçalves, *Código Penal Português*, 18.ª ed., Almedina: Coimbra (2007), 154. Aliás, na revisão de 1995 foi intencionalmente mantida intacta a sua redação (cf. ata n.º 1 de 9 de janeiro de 1989 da Comissão de Revisão do Código Penal, cf. *Código Penal – Actas e Projecto da Comissão de Revisão*, Rei dos Livros: Lisboa (1993), 9-10). O número 3 do preceito seria incluído pela vigésima terceira alteração ao Código Penal (Lei n.º 59/2007, de 4 de setembro).

[152] V. a anot. de Paulo Pinto de Albuquerque ao artigo 30.º CP, em *Comentário do Código Penal*, 3.ª ed., Universidade Católica Portuguesa Editora: Lisboa (2015), 215.

[153] Expressa esta preocupação Luís Duarte D'Almeida, *O "Concurso de Normas" em Direito Penal*, Almedina: Coimbra (2004), 12-15. Não é objetivo da presente investigação, nem sua condição necessária, a exposição completa do panorama dogmático concurso penalista, algo que se revela, como alerta Inês Ferreira Leite, uma investigação em si mesma (*Ne (idem) bis in idem*, Vol. I, AAFDL Editora: Lisboa (2016), 813).

[154] Com esta expressão, v. José Faria Costa, *Formas de crime*, Jornadas de Direito Criminal, CEJ, Livraria Petrony: Lisboa (Abril 1983), 153-184 (171) e Manuel Simas Santos, Manuel Leal-Henriques, *Noções Elementares de Direito Penal*, VISLIS Editores: Viseu (1999), 115.

número de crimes se reporta a um mesmo tipo de crime[155], ou (2.2) *heterogéneo*, se o número de crimes se reporta a vários tipos criminais. Cumpre, ainda, distinguir o concurso *efetivo* (2.3) *ideal*, quando um mesmo facto se reporta a vários tipos criminais do (2.4) *real*, quando vários factos se reportam a várias incriminações. O regime legal existente é idêntico para todas estas modalidades de concurso efetivo[156]. Recuperando o concurso aparente (1, *supra*), é comum distinguir o tipo de relação que fundamenta a prevalência de uma regra sobre as demais. Podemos destacar, sem desmérito dos demais, uma triplicidade de relações expressas no entendimento de EDUARDO CORREIA, condensadas nas tradicionais de *especialidade*, *consumpção* e *consumpção impura*[157]. Este entendimento seria seguido, ainda que com adaptações, por CAVALEIRO DE FERREIRA[158]. FIGUEIREDO DIAS aponta as relações de *especialidade*, *subsidiariedade* (*expressa* e *implícita*) e da *consumpção* (indicando, ainda, o *facto posterior não punido*)[159].

155 Num sentido aproximado, ROXIN distingue entre concurso diferente (*ungleichartige*) ou semelhante (*gleichartige*), ainda que com base no concurso *ideal* (*Idealkonkurrez*, cf. § 52 stGB, *Strafrecht*, AT, II, C.H.Beck: Munique (2003), § 33, 2, p. 797). Entre nós, apelando a uma multiplicação de subsunções no (mesmo) tipo, v. NUNO VINAGRE, *Da reforma dogmática do concurso de crimes*, Coimbra Editora: Coimbra, 2006, 18-19.

156 V. a anot. de PAULO PINTO DE ALBUQUERQUE ao art. 30.º CP, em *Comentário*, 220.

157 Nega, aliás, expressamente a relevância dos processos de *subsidiariedade* e de *alternatividade*; *A Teoria do Concurso em Direito Criminal*, Almedina: Coimbra (1996), 129-130, *Direito Criminal*, II, Almedina: Coimbra (1971), 204-208. Em linha, CRISTINA LÍBANO MONTEIRO, *Do concurso de crimes ao «concurso de ilícitos» em direito penal*, Almedina: Coimbra (2015), 305 e ss. V., ainda, entre nós, TEREZA BELEZA, *Direito Penal*, Vol. II, AAFDL: Lisboa (1980), 992 e ss.; JOÃO DA COSTA ANDRADE, *Da unidade e pluralidade de crimes – doutrina geral e crimes tributários*, Coimbra Editora: Coimbra (2010), 171-225; MANUEL SIMAS SANTOS, MANUEL LEAL-HENRIQUES, *Noções Elementares*, 115-118; GERMANO MARQUES DA SILVA, *Responsabilidade pela conduta negligente com pluralidade de eventos-unidade ou pluralidade de crimes*, em Problemas fundamentais de Direito Penal – Homenagem a Claus Roxin, Universidade Lusíada Editora: Lisboa (2002), *passim*, e JOSÉ LOBO MOUTINHO, *Da unidade à pluralidade dos crimes do direito penal português*, Universidade Católica Editora: Lisboa (2005), 897-1079. Também assim, além-Reno; v., por todos, ROXIN, *Strafrecht*, AT, II, § 33, 846-863. Resta saber se o processo inerente é puramente lógico ou teleológico. Apologista da natureza valorativa inerente aos processos, v. LOBO MOUTINHO, *Da unidade*, 869 e ss.; seguido por INÊS FERREIRA LEITE, *Ne (idem) bis in idem*, I, 817-819, II, 330 e ss., embora a A. assevere a utilidade acessória dos critérios lógicos.

158 *Direito Penal*, I, 56, 160 e ss.

159 *Direito Penal*, I, 3.ª ed., Gestlegal: Lisboa (2019), 1154 e ss. Deixa-se o alerta de que o A. enquadra a *consumpção* no plano do *concurso efetivo de normas* (ou de *crimes*), ao abrigo de critérios axiológicos e teleológicos, contrariamente às demais relações apontadas (sob o jugo da lógica); *idem*, 1164, 1176 e ss. Este modelo, radicado num concurso *aparente* de *crimes* (e não de normas), sujeita-se a pesadas críticas, cf. a anotação ao art. 30.º CP de *Paulo Pinto de Albuquerque*, *Comentário*, 217-218 (§ 11).

> A importação da dogmática penalista para o domínio civil esbarra em pontos concretos do nosso modelo de responsabilidade civil, em particular com (*i*) a construção de normas que formam *grandes cláusulas* de responsabilidade, por oposição à tipicidade penalista[160], (*ii*) a concretização diferenciada ao nível dos pressupostos, (*iii*) uma axiologia e teleologia díspar, em particular no que respeita à consequência normativa de tutela de danos, independentemente, em regra (no âmbito civil, leia-se) de limitações *qualitativas* (tal como referentes à *culpa* do agente, 40.º/2 CP) ou *quantitativas* (p. ex., o limite máximo *da pena de prisão*, de vinte cinco anos, ou o de *multa*, 41.º/2, 47.º CP). De qualquer modo, existem pontos de contacto entre a teoria do concurso de infrações penalista e o de imputações no plano civil[161]. Este é um aspeto a aprofundar.

A nível analítico, e quando tenha por objeto normas de sanção ou sancionatórias[162], a figura do *concurso* representa o confronto *positivo*[163] de soluções normativas distintas aplicáveis a um mesmo evento. Apela-se, ainda, à existência de *antinomias* ou, recorrendo a uma outra terminologia com menor propriedade (porquanto se confunde a espécie com o género), à noção de *conflito de normas*[164].

O que caracteriza este *concurso*, incluindo o de responsabilidades civis, é o facto de não ter sido resolvido num momento prévio: as normas que regem as *situações típicas* de concurso de normas não o contemplam.

Na verdade, na hipótese configurada, esse momento prévio foi ultrapassado sem a colheita de qualquer solução normativa. E esse resultado foi intencional no âmbito do concurso de responsabilidades civis, como veremos: Vaz Serra chegou a propor uma norma destinada a regular este tipo de concurso no anteprojeto do novo Código Civil, proposta essa abandonada

[160] Menezes Cordeiro, *Tratado*, VIII, 736.

[161] Expressamente, Menezes Cordeiro, *Tratado*, VIII, 736-740.

[162] A própria distinção entre normas de comportamento (que impõem deveres) e normas de sanção (que sancionam o incumprimento daqueles deveres) é relativa: há normas, tal como a que estabelece o dever de indemnizar, que reúnem ambas as qualidades. Afinal, como aponta José António Veloso, todas as normas são de *comportamento*; cf. *Concurso e conflito de normas*, 206.

[163] Baião do Nascimento, *Do Concurso*, 66; Almeida Costa, *Direito das Obrigações*, 550; e Santos Júnior, *Direito das Obrigações*, I, 281.

[164] José António Veloso distingue com propriedade as situações de *concurso-relação* para designar a relação normativa entre normas, o *concurso-problema* para solucionar essa relação e, por fim, o *concurso-regime* para designar o conjunto de regras utilizado para aquele efeito, *Concurso*, 209 (nota 5). V., ainda, David Martinez Zorrilla, *Conflictos Normativos*, em Enciclopedia de Filosofía y Teoría del Derecho, Vol. II, Universidade Nacional Autónoma de México: México (2015), 1315-1317.

em sede das revisões ministeriais; aliás, já o Código Civil de 1867 contava com normas *gerais* sobre o conflito de normas (ainda que plurisubjetivo, 14.º e 15.º CCse), as quais infelizmente também não transitaram para o Código em vigor.

Caracterizemos, então, os passos metodológicos inerentes ao concurso.

Em sede de hermenêutica jurídica e num primeiro passo – a que José António Veloso se reporta como as *operações preliminares de decodificação semânticas dos textos* e de *individualização de normas*[165] –, as normas (potencialmente aplicáveis à mesma situação de facto) permanecem em confronto. Importa resolvê-lo.

Não existe, neste ponto, unanimidade quanto aos critérios a utilizar. Mediante o recurso, como primeira ferramenta e na terminologia deste último A., à *teoria das fontes do Direito* procura-se um critério que elimine este concurso: investiga-se as relações normativas ao abrigo de critérios *espaciais* (no Direito Internacional Privado, cfr. arts. 14.º a 65.º), de *hierarquia* (*lex superior derogat legi inferiori*, p. ex., 3.º/3, 8.º/4, 227.º/1 CRP), *cronológicos* (*lex posterior derogat legi priori* ou em conflito, 12.º e 13.º), de *competência*, e também ao abrigo da metodologia, relativamente às respetivas *previsões* (*especialidade – lex specialis derogat legi generali – excecionalidade, consumpção, etc.*)[166]. Resta saber o que acontece quando estes critérios falham. Pois bem, fora destes casos – ou melhor, perante normas que se encontrem numa posição de paridade perante aqueles critérios (tal como sucede perante as normas de responsabilidade previstas no Código Civil) –, cumpre gizar a solução adequada: estamos manifestamente perante um *concurso interno de normas*[167], ao qual se reconduz o nosso *concurso de responsabilidades civis*. Ora, a teoria do *concurso de normas*, ainda que por nós circunscrita ao de *responsabilidades civis*, é uma construção que serve precisamente esse fim: o de resolver a potencial

[165] José António Veloso, *Concurso*, 207.

[166] Com uma tipologia dos critérios de solução dos conflitos de normas intrassistemáticos, v. Joaquim Freitas da Rocha, *Constituição, ordenamento e conflitos normativos*, Coimbra Editora: Coimbra (2008), 295 e ss. Em linha, negando a relevância destes critérios para resolver os conflitos entre princípios, os quais não implicam, a final, a invalidade de qualquer um, v. David Martinez Zorrilla, *The structure of conflicts of fundamental legal rights*, Law and Philosophy, Vol. 30, n.º 6 (Novembro 2011), 729-749 (730-731). O A. aplica um método circunstancial de *peso e balanço* (*ibidem*).

[167] A expressão é de João Baptista Machado, *Introdução ao Direito e ao discurso legitimador*, Almedina: Coimbra (1993), 171. Esta, quanto ao vocábulo *interna*, recentra o plano de análise das proposições jurídicas em confronto para o seu conteúdo, por oposição aos demais critérios, externos, previamente elencados.

aplicabilidade de várias normas[168]. Esta evita que, por outro lado e a respeito da *unidade da ordem jurídica*, perante um eventual *conflito ao nível das soluções*, inultrapassável, se convole numa *lacuna de colisão*, anulando a aplicação das proposições em competição[169].

O certo é que a matéria *formal* e *lógica*, e o apuramento metodológico que lhe subjaz, não pode ser dispensada na avaliação do concurso de responsabilidades civis. Todavia, para cumprir este desidrato, não basta importar de forma *acrítica* os avanços dogmáticos almejados por outros ramos do Direito. Esse processo corre o risco, aliás, de se tornar verdadeiramente *contraproducente*. A avaliação (necessária que seja) daqueles avanços envolve cautelas, atendendo às particularidades do plano juscivilístico, nomeadamente e em primeiro lugar a configuração do *objeto do concurso em si*.

II. Importa fazer uma importante ressalva, ainda que breve. Cumpre evitar a todo o custo uma perniciosa confusão terminológica que se encontra não raramente subjacente ao estudo da matéria do concurso de responsabilidade civil: em suma, não se devem confundir dois planos, manifestamente distintos, e reportados disjuntamente, num primeiro momento, ao (*i*) *concurso formal de normas* e, num segundo, admitindo aquele primeiro sem prevalência de nenhuma das normas, (*ii*) ao *concurso efetivo de normas*. Socorremo-nos para tal, e como ferramenta auxiliar, do contributo do Direito Penal.

i. [*concurso formal de normas*] O primeiro plano (do concurso de normas meramente *formal*) é um problema puramente *hermenêutico*, de interpretação do regime legal e de subsunção de matéria de facto aos quadros do direito objetivos: pergunta-se, para efeito de aplicação das normas do Direito Civil, se o agente é *responsável* a título civil delitual e obrigacional, *i.e.*, sinteticamente, se estão preenchidas ambas as *previsões* das normas-padrão de responsabilidade (483.º/1 e 798.º). Pois bem, este primeiro momento é comumente designado de *concurso formal de normas* porquanto investigamos de um *prisma constitutivo*

[168] Destaca-se o lugar paralelo ocupado por outras teorias, tal como a da adaptação, no Direito Internacional Privado e, no âmbito do concurso de normas, a do concurso de normas penais, cfr. José António Veloso, *Concurso*, 208.

[169] João Baptista Machado, *Introdução*, 171. Hans Kelsen apela à unidade lógica da ordem jurídica avessa ao conflito de normas, o qual é resolvido por via interpretativa; *Teoria Pura do Direito* (trad. de João Baptista Machado), 6.ª ed., Martins Fontes: São Paulo (1999), 143-144. Também Canaris apela à inexistência da figura, se, a final, é possível fundamentar a primazia de uma delas, em *Pensamento Sistemático e conceito de sistema na ciência do Direito*, 3.ª ed. (trad. de Menezes Cordeiro), Fundação Calouste Gulbenkian: Lisboa (2002), 222 (nota 45).

se existe uma pluralidade de *fundamentos* de responsabilidade civil (delitual, risco, sacrifício, obrigacional), ou, não abstratamente aplicáveis a um mesmo evento, claro. No Direito Penal, fazendo o paralelismo, apuramos se existe uma pluralidade *de crimes*. Pois bem, cumpre-nos frisar: este primeiro plano corresponde apenas ao da indagação da existência, ou não, de um *concurso de normas*.

A doutrina penalista, no seu já conhecido pragmatismo, avançou uma terminologia que se sedimentou nesta sede, pela *ótica do resultado* deste primeiro passo metodológico e tendo por base critérios que não estão expressos na lei: se no final do processo interpretativo desta pluralidade de normas aplicáveis (*i.e.*, no âmbito do concurso *formal* de normas) se considerar que o agente praticou vários crimes, preenchendo várias normas incriminadoras, apela-se a um concurso *efetivo* de crimes (ou *concurso de crimes*); por outro lado, se aquela potencial aplicação de várias normas incriminadoras é resolvida a favor de uma, apenas (em regra, em virtude dos critérios tradicionais *subsidiariedade, especialidade, consumpção*), excluindo as demais, apela-se a um concurso *aparente* ou *legal* de crimes (ou, num sentido que rejeitamos, a um *concurso de normas*)[170]. O Código Penal não regula, todavia, o *concurso aparente de crimes*[171].

[170] Por vezes designa-se o concurso *aparente* de crimes como concurso (geral) de normas, por oposição ao concurso *efetivo* de crimes o qual seria o próprio *concurso de crimes*. Assim, v. a anot. de PAULO PINTO DE ALBUQUERQUE ao art. 33.º CP, em *Comentário*, 215. Esta terminologia é similar além-Reno, cfr., por todos, ROXIN, *Strafrecht*, AT, II, § 33, 846, embora o A. critique o conceito de *concurso*, quando, a final, se aplica apenas uma norma (*idem*, 847). Discordamos dessa opção terminológica. Embora no concurso aparente o agente pratique apenas um crime (e, portanto, o concurso é apenas *entre as normas*), no concurso efetivo, também está pressuposto um concurso de normas, as quais se encontram (todas) verificadas. Simplesmente, o concurso de crimes é um concurso de normas não resolvido a favor de uma daquelas que considera, verificando-se, portanto, *todas* as normas de responsabilidade. Com um alerta semelhante, v. CAVALEIRO DE FERREIRA, *Direito Penal Português*, I, 160. Também é exemplar a expressão de LUÍS DUARTE D'ALMEIDA, *O "Concurso de Normas"*, 18, quando o A. afirma: «[e]m Direito Penal, por vezes, toma-se (mesmo discursivamente) a *aplicação* de uma "norma" – o *processo aplicativo* – pela sua *aplicabilidade*», método o qual sujeita a pesadas críticas (*maxime* 35 e ss.). Transportando esta ideia para o campo do Direito Civil rapidamente se constata que o concurso de normas não resolvido a favor de nenhuma das modalidades (por especialidade, consumpção, subsidiariedade, *etc.*) ainda é, passe-se o pleonasmo, um *concurso de normas*, cumprindo avaliar ao nível da posição jurídica existente nas várias normas as soluções normativas aplicáveis a esta figura. É precisamente assim que o problema do concurso de pretensões derivado das normas de responsabilidade é encarado, pressupondo, frisa-se, um *concurso de normas não resolvido*; cfr. DIETZ, *Anspruchskonkurrenz bei Vertragsverletzung und Delikt*, Röhrscheid: Bonna (1934), 17-18, GEORGIADES, *Die Anspruchskonkurrenz*, 70. Também com o alerta metodológico, ainda que radicado nas diferenças de um método lógico para um teleológico nos passos apontados, v. FIGUEIREDO DIAS, *Direito Penal*, I, 1168-1169.

[171] A expressão «efetivamente» (30.º/1 CP) visa esse fim. Existiu, aliás, uma proposta (sem sucesso) da Comissão Revisora para incluir pelo menos as regras da especialidade e da consumpção na redação

Em suma, pela ótica do resultado no direito Penal, deteta-se o *problema hermenêutico*, prévio: saber se o concurso de normas (penais) se traduz (ou não) na responsabilidade do agente por vários fundamentos legais (concurso *efetivo* ou *aparente* de crimes, respetivamente). Transportando estas ilações para o plano juscivilístico, no âmbito em concreto do concurso de responsabilidades civis, se o *concurso de normas* (formal) de responsabilidades não é resolvido a favor de alguma delas – por critérios relativos à (*i*) *vigência*, (*ii*) *validade* ou (*iii*) *âmbito de aplicação*[172] – gera-se uma situação de *concurso efetivo de normas* (como nos parece). Neste caso, as normas de responsabilidade permanecem em confronto. Caso contrário, prevalecendo uma modalidade em detrimento das demais, o concurso de normas é meramente *aparente* (*i.e.*, um concurso *aparente* de normas). Invoca-se, a título exemplificativo, que a responsabilidade obrigacional prevalece sempre sobre a delitual por *especialidade*, ou seja, apenas *aparentemente* concorrem as responsabilidades reconduzidas àquelas modalidades. É, aliás, este o entendimento de um setor importante da nossa doutrina e jurisprudência, como veremos (os quais, antecipa-se, apelam, ainda que para o mesmo efeito, à *consumpção* da modalidade delitual pela via obrigacional)[173].

> É, portanto, possível considerar o *concurso de normas num sentido amplo* ou em sentido *formal*[174] como a representação daquele primeiro passo metodológico, perante a subsunção da situação de facto a mais do que

da norma; cf. a anot. ao art. 30.º CP de Manuel Maia Gonçalves, *Código Penal Português*, 154-155.

[172] Miguel Teixeira de Sousa, *Introdução ao Direito*, Almedina: Coimbra (2012), 262, fazendo referência ao conflito normativo (*idem*, nota 49). Em sentido próximo, mas não inteiramente coincidente, v. Monateri, *Cumulo di responsabilità contrattuale ed extracontrattuale. Analisi comparata di un problema*, CEDAM: Padova (1989), 31 e Daniela M. Frenda, *Il concorso*, 60 (nota 1).

[173] Cfr., *infra*, § 17; 1.2.

[174] De forma suscita, Baião do Nascimento esclarece que «[q]uando se exige, para que haja concurso, uma pluralidade de normas aplicáveis, importa esclarecer o sentido desta «aplicabilidade». Pressuposto comum dos casos de concurso aparente e de concurso real, esta aplicabilidade não pode deixar de ser uma aplicabilidade meramente formal [...]», *Do Concurso*, 31. Num sentido próximo, Larenz situa este problema em sede da confluência ou concurso de proposições jurídicas (*Metodologia da ciência do Direito*, 6.ª ed., 1991, trad. de José Lamego, Fundação Calouste Gulbenkian: Lisboa, 2012, 372, mantido na nova edição do *Methodenlehre der Rechtswissenschaft*, 3.ª ed., Springer: Berlim, 1995, 88, nota 28) e afasta o entendimento penal, afirmando «[n]a doutrina juscivilista, a expressão «concurso de normas» é também empregue para designar *todos* os casos em que as previsões das várias proposições jurídicas dizem respeito à mesma situação de facto.» (*idem*, 373, nota 25). No plano penal, a doutrina diverge no sentido de reconhecer se o *concurso aparente ainda é concurso*. A doutrina maioritariamente defende que sim, entendendo que este concurso pressupõe a violação, pelo menos formal, de mais do que uma norma (cf. Cristina Líbano Monteiro, *Do concurso*, 259-262).

uma norma de responsabilidade[175]. Passo esse, insiste-se, prévio à análise da respetiva saída, compreendida no binómio (*i*) aplicação de uma das normas em detrimento das demais (concurso *aparente*) ou (*ii*) verificação de todas (concurso *efetivo* ou *conflito de normas*). Este passo metodológico pressupõe *sempre* um *concurso de normas*. Concretizando no concurso de responsabilidade civil obrigacional e delitual, estamos perante a segunda situação descrita, porquanto admitimos, como posteriormente se demonstrará, a inexistência de um critério (em virtude de especialidade, consumpção ou outro) que determine a prevalência de uma ordem de responsabilidade sobre as demais. As normas de responsabilidade, disjuntamente reportadas às modalidades consideradas, *concorrem* à sua aplicação[176].

ii. [*concurso efetivo de normas*] O segundo plano depende da inexistência de uma norma que prevaleça sobre as demais e resolva de forma satisfatória o concurso, aniquilando-o (resultando no já conhecido concurso *aparente* de normas). Por outras palavras, este segundo momento pressupõe o *concurso efetivo de normas*. Neste momento indaga-se, ao nível da *estatuição normativa*, a relação entre as várias normas verificadas ou, no plano penal, entre os vários crimes cuja existência foi admitida (pressupondo, insiste-se novamente, o concurso *efetivo* de crimes). Aqui, a especialidade do plano criminal e a respetiva finalidade gerou a necessidade de criação de normas que regulem diretamente estoutra matéria, ou seja, a da medida da *pena aplicável* ao concurso (efetivo) de normas, *concurso de crimes* (77.º e 79.º CP) ou ao também designado *concurso de penas*[177], porquanto se visa a aplicação de apenas *uma pena* ao condenado[178]. Ora, este segundo plano, tem, como veremos, um peso maior no plano da responsabilidade civil, pelo menos na generalidade dos casos.

[175] É precisamente isso que defende Baião do Nascimento, *Do Concurso de normas*, 15, afastando-se da importação acrítica da terminologia penal do *concurso de normas* (ou, como preferimos, concurso *aparente* de crimes). Na perspetiva do A., cumpre, aliás, distinguir três momentos de aplicação, em sede do concurso de normas, nomeadamente a aplicação *aparente*, quando a previsão de uma norma é preenchida, a aplicação *real*, se este pode ser atendida e, por fim, a aplicação *material*, se a sua estatuição é realizada (*idem*, 39).

[176] Neste sentido, Ferreira Pinto, *O concurso*, 1953.

[177] Cavaleiro de Ferreira, *Direito Penal Português*, II, 456 e ss., Eduardo Correia, *Direito Criminal*, II, 211-216.

[178] Assim, Germano Marques da Silva, *Direito Penal Português*, III, 3.ª ed., Verbo: Lisboa (2009), 163. Em sentido próprio, trata-se, propriamente, de um regime de *pena conjunta* (*Gesamtstrafe*), cfr. a anot. de Paulo Pinto de Albuquerque ao art. 77.º CP, em *Comentário*, 376.

Em concreto, investiga-se a relação ao nível dos *efeitos* das normas de responsabilidade em confronto[179]. Sabemos que ambas preveem a obrigação de indemnização e esta visa em si a satisfação de todos os prejuízos sofridos pelo lesado. Todavia, a regulação da obrigação de indemnização (562.º e ss.) encerra na sua aparente unidade uma profunda desigualdade entre as modalidades consideradas. E isso decorre, naturalmente, do facto da obrigação de indemnização se *moldar* pelos respetivos pressupostos (em particular o dano) e estes serem *assimétricos* nas modalidades delitual e obrigacional. Pragmaticamente, importa saber o que sucede perante a concorrência efetiva das modalidades (ou, melhor, dos títulos de imputação de danos reportados a cada modalidade). Essa análise, frisa-se, é feita ao nível da *estatuição normativa*. Alguns critérios são intuitivos, tal como aquele que indica que, em virtude do concurso, a posição jurídica do lesado *não pode* sair prejudicada. É matéria a aprofundar.

Em todo o caso, retratemos num esquema os passos anteriormente descritos.

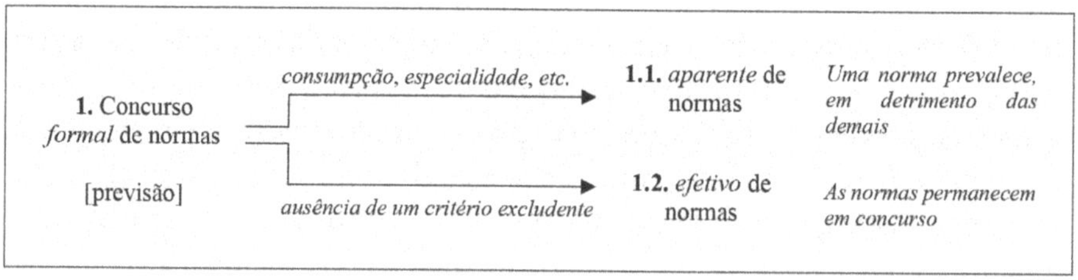

III. Quanto à relação gerada entre as normas que permanecem em concurso, nesta segunda fase (de tipo *efetivo*; cfr., no esquema *supra*, 1.2), detetam-se três grandes grupos de soluções, socorrendo-nos da tripartição clássica de ENNECCERUS/NIPPERDEY[180]: a (*i*) *cumulação,* (*ii*) a *alternatividade* e (*iii*) o *conflito* dos respetivos efeitos. Retomaremos este aspeto no ponto seguinte.

[179] A transição do plano de análise deve, portanto, ser feita a dois momentos, retratados *supra* ao nível da previsão para o dos efeitos; no mesmo sentido, DAVID DUARTE menciona, ao abrigo de um entendimento ao qual aderimos, que «[a] pluralidade normativa inerente à concorrência começa por ser, por consequência, uma pluralidade de previsões afectadas pelos factos, pelo que apenas após a contraposição entre previsões é que as normas, na sua totalidade, podem ser contrapostas.», em *A norma de legalidade procedimental administrativa*, Faculdade de Direito da Universidade de Lisboa (2004), 194 (nota 1).

[180] *Allgemeiner Teil des Bürgerlicher Rechts*, I, 15.ª ed., Mohr Siebeck: Tubinga (1959), § 60, 349-351. Em linha, v., entre nós, NUNO PINTO DE OLIVEIRA, *Ilicitude e culpa na responsabilidade médica*, 25 (e respetiva nota 78).

Assim se compreende que Miguel Teixeira de Sousa defina o *concurso de normas*, na aceção penalista do concurso *aparente* (de crimes), como a situação de inaplicabilidade de uma outra previsão normativa perante a potencial aplicabilidade de várias face a um *fundamento plurisubsumível*[181]. Na sua exposição, o ilustre Professor enquadra o *concurso de normas* pelo *resultado* daquele primeiro passo de apreciação da aplicabilidade de várias normas. Apela, neste sentido, à exclusão das demais previsões perante o funcionamento de um determinado critério, o qual está contido noutra norma (derrogatória), designada de *metanorma*[182]. Esta *metanorma*, prossegue o A., pode ter fundamento legal (p. ex., 7.º/1); pode, por outro lado, reportar-se à previsão normativa ou regular os respetivos efeitos. Para os demais casos, o A. é forçado a ressalvar a possibilidade de aquele concurso de normas ser apenas *alternativo* ou *cumulativo*, distinto em todo o caso do *concurso de normas* em sentido próprio, no qual os *efeitos* distintos das normas em concurso se *incompatibilizam*[183]. Assim, num esquema próprio, o A. considera, por um lado, e admitindo uma situação de facto reconduzível (note-se) a consequências jurídicas *distintas*, três hipóteses, a saber: (*i*) o *concurso de normas* (em conflito), (*ii*) a *cumulação* e, ainda, (*iii*) a *alternatividade* de normas.

Assim enquadrado, este entendimento levanta a forte suspeita de considerar o *concurso de normas* na pura aceção penalista do *concurso aparente* (resolvido sempre a favor de uma estipulação legal) e não autonomiza metodologicamente o chamado concurso *efetivo*, pelo menos aquele que não desemboque no âmbito da *cumulação* ou *alternatividade* de efeitos distintos, *i.e.*, o verdadeiro *conflito de normas* (não resolvido ao nível das previsões). Embora se almeje um semelhante resultado, a transição entre a análise do concurso ao nível das previsões (*i.e.*, no âmbito do concurso *formal* de normas) para o nível da estatuição (pressupondo um concurso efetivo) não resulta suficientemente claro. E daí o motivo da nossa

[181] *O Concurso*, 13.

[182] Ob. cit., 13, 17. Em sentido próximo, Cavaleiro de Ferreira apelava a *disposições metanormativas*; *Direito Penal Português*, I, 56. No plano hermenêutico, podemos ainda distinguir as *normas interpretativas de segundo grau*, também *metanormas*, as quais designam a solução do conflito normativo de regras primárias interpretativas (superiores, claro está, às demais, interpretadas); assim, Jorge Silva Sampaio, *An Almost Pure Theory of Legal Interpretation within Legal Science*, Legal Interpretation and Scientific Knowledge (David Duarte, Pedro Moniz Lopes, Jorge Silva Sampaio, org.), Springer (2019), 81-139 (113).

[183] Ob. cit., 15-16.

> discordância, com a devida vénia: por vezes, o concurso é resolvido apenas ao nível da *previsão* das normas (é o caso concurso *aparente*, por consumpção ou especialidade, por exemplo); naquele que indicámos como o primeiro passo metodológico. Quando assim não seja e o concurso se mantenha (porquanto *efetivo*), resta, num segundo momento, recentrar o prisma da análise para a *estatuições* das normas que permanecem em confronto. A construção do ilustre Professor (embora meritória ao recentrar a análise do conflito, cumulação e alternatividade ao nível das previsões e das estatuições) parece não admitir esta bifurcação de forma clara e secundariza um primeiro passo de análise da compatibilidade apenas ao nível das *previsões* das normas potencialmente aplicáveis[184].

A triplicidade das soluções apresentadas enquadra, de um ponto de vista prático, a aplicação de vários aspetos do regime dos títulos de imputação os quais se determinaram *em confronto* (ou das respetivas *pretensões*, como veremos). Pois bem, os critérios a que obedece este segundo passo, e em concreto na escolha do tipo de relação gerada, são sempre relativos a uma *ponderação de interesses*[185] – a qual, no escopo da responsabilidade civil, se reporta, em geral, ao ressarcimento dos danos.

Concretizando, no plano português, a análise do *concurso de responsabilidade civil delitual e obrigacional* assume a sua feição paradigmática naquele primeiro passo metodológico, o qual contamina, manifestamente, o segundo, particularmente para quem o negue (p. ex., afirmando que não há *concorrência* efetiva *de normas*, ou que o concurso é *aparente*, invocando-se que um título de imputação de danos *consome* os demais, por regra o de tipo *contratual*, ou é *especial*, por sinal). Admitindo um concurso *efetivo* de responsabilidade – claro está, por se negar a prevalência de uma ordem de responsabilidade civil sobre a outra (sendo essa a nossa opinião), tal como sucede há mais de um século

[184] Sobre este ponto, o ilustre Professor refere: «[a]inda que uma mesma factualidade seja subsumível a várias estipulações legais e destas resultem consequências jurídicas distintas, as relações entre esses preceitos não são enquadráveis no concurso de normas se esses efeitos jurídicos são alternativos ou cumulativos.» (*O Concurso*, 15), prossegue, afirmando «[n]as eventualidades anteriormente analisadas, as várias estipulações normativas definem consequências distintas.» (*idem*, 16). Um outro aspeto demonstra a concentração do plano de discussão ao nível das previsões pelo A.: o *concurso de pretensões* é apresentado, por oposição ao *concurso de normas* em si, como aquele que se gera perante *o mesmo efeito* (*idem*, 16-17).

[185] Miguel Teixeira de Sousa, *Introdução*, 264, criticando o processo que resulta da admissão de uma lacuna de colisão, preenchida com o recurso a uma das regras conflituantes inicialmente afastada. Também, Baião do Nascimento, *Do concurso*, 67.

no sistema alemão –, cumpre determinar a relação gerada entre as normas que permanecem em confronto.

Aproveitamos a oportunidade para clarificar a exposição, invocando (*a*) um entendimento próximo do nosso e (*b*) um exemplo, aplicando as ideias expressas ao concurso de responsabilidades.

[*a*] Em primeiro lugar, a posição de BAIÃO DO NASCIMENTO retrata exemplarmente estes passos metodológicos. O A. adota um esquema idêntico ao exposto, embora se socorra de uma terminologia diferente, a qual não seguimos, embora esta também se afaste da penalista. Pois bem, o A. distingue entre o concurso *aparente* e o *real*, enquanto os resultados da potencial aplicabilidade de várias normas (genericamente no âmbito do *concurso formal*), prevalecendo uma norma ou não, respetivamente (o paralelismo pode ser efeito aquilo que designámos de concurso *aparente* e *efetivo*, *supra*). Neste último caso, quanto ao concurso que designa de *real*, distingue, num segundo momento, a cumulação dos efeitos (*concurso real cumulativo*) dos demais casos (*concurso real não cumulativo*)[186]; os quais acima expusemos como os casos da *alternatividade* e do *conflito*, divergindo, neste ponto, apenas na medida de concretização, do entendimento deste A..

[*b*] Aproveitando os avanços metodológicos, o concurso de responsabilidades civis pode ser encarado tendo por referência, facilitando o exemplo, as respetivas normas-padrão de responsabilidade delitual e obrigacional (483.º/1 e 798.º). Pois bem, saber se ambas são aplicáveis à mesma situação de facto – p. ex., perante a responsabilidade do médico que realizar defeituosamente a cirurgia, a do transportador ou do depositário que destroem a coisa ao seu cuidado – é um problema que convoca num *primeiro momento* um concurso *formal* das normas. No início do processo metodológico, ambas as normas são abstratamente aplicáveis, porque se verificam ambas as previsões normativas (*i.e.*, os respetivos pressupostos). Neste momento, um setor importante da nossa doutrina defende que prevalece apenas a via obrigacional (798.º), *consumindo* a delitual (483.º/1) (mas admite-se, por hipótese, apelar também à *especialidade* ou a outro critério). Neste caso, o concurso de normas seria meramente

[186] *Do concurso*, 39, 43, 61. Expressamente, afirma: «[a] cumulação de efeitos será assim meramente uma das formas possíveis de solução do concurso real» (*idem*, 61); posteriormente adita «[e]m sede do concurso real a crise só surge quando repugna aplicar todas normas formalmente aplicáveis [...]. Mas surge flagrantemente quando as normas em presença estatuem efeitos contrários, quando se verificam os chamados "conflitos de leis".» (*idem*, 64).

> *aparente*: a prevalência (no exemplo referido, da via obrigacional) de uma norma *afasta* a aplicação da modalidade delitual (483.º/1) e, em consequência, impede a concretização literal de um *concurso de normas*, porque só permanece uma aplicável (no exemplo, o art. 798.º). Por outro lado, se inexiste a prevalência de qualquer uma daquelas normas (em detrimento da concorrente, como nos parece), ambas permanecem potencialmente aplicáveis (*i.e.*, gera-se um concurso *efetivo* de normas, no plano dos arts. 483.º/1 e 798.º). Ora, nesta última hipótese (e apenas nesta), resta saber o que sucede às normas que permanecem em concurso (*efetivo*). Neste *segundo momento*, pergunta-se: os seus efeitos *cumulam-se*, são *alternativos* ou, ainda, estarão em *conflito*? É matéria que iremos aprofundar ao longo da exposição.

III. Mais – e este aspeto acrescenta algum grau de complexidade ao já explanado – o próprio plano onde esta matéria se coloca suscita dúvidas: estaremos no plano *adjetivo* (do concurso de normas de ação ou concurso de ações) ou, ao invés, no plano *substantivo* (do concurso de normas em sentido próprio)?

Em segundo lugar – e este aspeto encerra a complexidade que presentemente nos afigura útil apresentar – a própria *posição jurídica ativa* (do prisma do lesado) subjacente às normas em concurso (naquele segundo plano), *i.e.*, no âmbito do *concurso efetivo de normas* (ou de títulos de imputação de danos) pode ser posta em causa. Nesta medida pergunta-se: o concurso efetivo de normas reporta-se materialmente a que *situação jurídica* (direito, dever, poder, faculdade, *etc.*)? Gera-se um concurso de *direitos* subjetivos (à indemnização), enquanto dois ou mais direitos de crédito à indemnização, ou de outra figura, por sinal referente ao mesmo crédito indemnizatório, tal como várias *pretensões*?

Adiantemos a nossa solução, a qual será devidamente aprofundada posteriormente: à partida, quando verificadas em simultâneo, as normas de responsabilidade ao reconhecerem um direito (relativo) ao crédito indemnizatório *não multiplicam esse direito*. A consequência normativa é sempre a *mesmíssima* obrigação de indemnização, regulada unitariamente (562.º e ss.). Para representar a complexidade inerente a cada modalidade, apela-se metodologicamente à decomposição do direito subjetivo (ao crédito indemnizatório), numa situação jurídica que a integra e permite enquadrar aquelas diferenças: o conceito de pretensão (*Anspruch*) é avançado. Pois bem, como o sistema alemão nos ensina, no plano das modalidades delitual e obrigacional de responsabilidade civil, o concurso efetivo daquelas normas deve ser enquadrado como um *concurso de pretensões em termos latos*; entendimento este, frisa-se, perfeitamente compatível com a *unidade* (e não identidade) do *direito de crédito indemnizatório* previsto em ambas as modalidades de responsabilidade e com a pluralidade de fundamentos legais. As consequências práticas deste entendimento, do ponto de vista substantivo e processual, são vastíssimas.

2. No plano da responsabilidade civil: do concurso normativo ao de pretensões

I. Tal como vimos no ponto anterior, em sede do objeto do *concurso de responsabilidade civil*, podemos considerar diferentes elementos operativos quanto ao seu *objeto*, numa visão mais substancialista ou processualista, as quais retratam a respetiva evolução, a saber: o concurso (*a*) *de ações* ou (*b*) *de normas*.

2.1. Objeto do concurso: o concurso de ações e o de normas

a. [*Concurso de ações*] Remonta à época romana o tratamento conceptual da figura do concurso: o *concursus causarum* (embora etimologicamente semelhante) não enquadra devidamente o concurso de responsabilidades. Importa frisar que este (*concursus causarum*) reportava-se apenas a um concurso de causas de extinção *obligatio*, discutindo-se o seu alcance em relação à gratuitidade e onerosidade da causa[187]. É, pois, apenas uma outra vertente, designada pelos romanos de *competição de ações*, que nos interessa de momento.

Importando o entendimento romanista aos tempos modernos e, numa perspetiva processualista, fala-se da existência de um *concurso de ações* (*Klagenkonkurrenz*), quando estas (*ações*) visem o *mesmo efeito*[188]. Sublinha-se: o concurso de ações, enquanto um concurso de vias *distintas* para a prossecução de um *mesmo efeito*, pressupõe uma *pluralidade* de fundamentos legais (p. ex., concorrem nesta aceção a ação de reivindicação pelo proprietário e a de restituição da coisa emprestada, 1311.º, 1135.º, h). A unificação ocorre ao nível do *efeito pretendido*, sob pena de, divergindo

[187] D. 44,7,17 e I. 2,20,6. Sobre o alcance da figura, v. A. Santos Justo, *Direito Privado Romano*, II, 198. Retomaremos a análise da figura, *infra*, § 16; 1.

[188] Caso contrário, a cumulação é garantida; neste sentido, Daniela M. Frenda, *Il concorso*, 64.

também neste ponto (para além do fundamento), existir uma *pluralidade de ações* fora do âmbito do concurso. E aquela unificação teleológica implica que a satisfação de um dos pedidos extingue as demais ações por inutilidade superveniente. Simplificando, quando diferentes posições jurídicas ativas (p. ex., vários direitos) fundam o mesmo efeito, o qual pode ser perseguido por (note-se) *vias distintas*, estaremos perante um *concurso de ações*[189].

Num sentido próximo, a doutrina alemã, fundada nos contributos da Pandectística[190], teve um papel de destaque neste enquadramento. Consideraram o concurso de ações em três vertentes, a saber: (*i*) o *sucessivo*, ou *subsequente*, no sentido de que uma ação mantém em juízo uma relação normativa de dependência pela apreciação de uma anterior (no sentido de verificação ou de não verificação), (*ii*) em sentido *cumulativo*, manifestada na autonomia das ações, as quais podem ser exercidas a todo o tempo, em simultâneo ou sucessivamente, sem obstáculos ou interferências mútuas[191], e, por fim, (*iii*) em sentido *eletivo* (*elektive Konkurrenz*), mediante a qual a escolha da ação pretendida prejudica as demais, correntes, operando um efeito excludente naquelas que foram preteridas.

Sem prejuízo do mérito inerente à presente conceção, esta não é adequada a enquadrar a figura do concurso de responsabilidades civis: esta pressuporia uma diversidade de ações, naturalmente[192]. E essa diversidade não se encontra subjacente ao exercício do direito à indemnização, pelo menos diretamente: no que respeita à *tutela indemnizatória*, a via reconhecida é apenas a da ação declarativa de condenação ao cumprimento da obrigação de indemnização (10.º/3, b) CPC) e a prioridade do enquadramento substantivo reduz o enquadramento adjetivo ao seu papel *instrumental*. O concurso recentra-se no escopo substantivo, do *concurso de normas*[193].

[189] Cavanillhas Múgica e Isabel Fernandez, *La concurrencia de responsabilidad* contractual y extracontractual, Centro de Estudios Ramon Areces, S.A.: Madrid (1992), 182, apelando à doutrina italiana, a qual distingue ainda este concurso de ações, o qual designa como de *próprio*, do *impróprio*; este último radica-se na existência de vários fundamentos que visam efeitos distintos, reconhecidos necessariamente por uma única via (*idem*, 186, 192), potencialmente alternativa.

[190] V. Windscheid, *Lehrbuch des Pandektenrechts*, I, 3.ª ed., Düsseldorf (1870), 4 e ss., 330.

[191] Daniela M. Frenda, *Il concorso*, 68.

[192] É este também o entendimento das nossas instâncias, cfr., por todos, o ac. TRL, de 27-Set-2012 (Teresa Albuquerque), no plano da dicotomia entre o concurso de normas e o de ações, tendo-se afirmado: «[p]ara quem seja adepto do concurso das duas responsabilidades, será ainda possível configurar esse concurso como de ações, ou de normas (ou pretensões).».

[193] Foi precisamente isso que sucedeu no espaço italiano, pelo menos desde Carnelutti, *Teoria giuridica della circolazione*, Cedam: Pádova (1933), 353. Retomaremos, em todo o caso, este enquadramento em sede das manifestações processuais da nossa posição; cfr., *infra*, § 18; 3.2.

b. [*Concurso de normas*] Numa segunda aceção, o concurso é, pura e simplesmente, de *normas* ou de *leis* (*Gesetzeskonkurrenz*)[194]: aqui o concurso é considerado como a aplicabilidade abstrata de várias soluções legais à *mesma* situação de facto, prevendo-se, em certas hipóteses, um resultado ou efeito conflituante. Em suma, afasta-se a relevância do concurso de ações, dada a *unidade da via* (da ação) reconhecida ao lesado. Por sua vez, o *concurso de normas em termos latos* define-se por dois elementos, os quais retratam a sua simplicidade: nas palavras de BAIÃO DO NASCIMENTO, «a unidade do facto» alia-se à «pluralidade de normas que lhe são aplicáveis»[195]. Não é necessário, neste momento, apelar às estatuições normativas das normas em concurso.

A importação deste entendimento para o campo do concurso da responsabilidade civil delitual e obrigacional não se encontra isento de dificuldades: à partida, por apelo à fonte das regras em causa, o confronto situa-se, por regra, entre *autonomia privada* (e as regras voluntariamente acordadas ou imperativas) na via obrigacional e a *regulação legal* na modalidade delitual, atendendo às fontes prototípicas de cada pretensão indemnizatória. Só se pode, nesta medida, afirmar a existência de um concurso de *normas* em sentido *estrito* ou *puro* em termos *mediatos* ou em sentido *indireto*[196]. Por outro lado, muitos apelam, tal como KARL LARENZ, tratar-se de mais do que um simples concurso de normas, recentrando este concurso num patamar

[194] Cfr., por todos, FRIEDRICH LENT, *Die Gesetzeskonkurrenz im bürgerlichen Recht und Zivilprozeß*, A. Deichertsche: Leipzig (1912); ULRICH KLUG, *Zum Begriff der Gesetzeskonkurrenz*, Zeitschrift für die Gesamte Strafrechtswissenschaft, 68 (1956) 399-416, e RUDOLF SCHMIDT, *Die Gesetzeskonkurrenz im bürgerlichen Recht* (1915). O termo é também por vezes utilizado por forma a indicar apenas um *concurso aparente de normas* naquela outra aceção já por nós descrita. Num sentido oposto, não seguido no texto, OLIVEIRA ASCENSÃO distingue entre o *concurso e conflito de leis* (ou de *fontes*) e o concurso e conflito de *regras* (ou, no sentido do texto, *de normas*). Quanto a esta segunda vertente, considera apenas a relação de (*i*) *consumpção*, (*ii*) *cumulação* e (*iii*) *incompatibilidade*; *O Direito – Introdução e teoria geral*, 11.ª ed., Almedina: Coimbra (2001), 523-527.
Uma segunda dificuldade – adiante retomada – decorre da circunstância de o entendimento germânico maioritário reconduzir o concurso aparente de normas ao de leis (*Gesetzeskonkurrenz*) e o concurso efetivo ao de pretensões (*Anspruchskonkurrenz*). Tecnicamente, o concurso de pretensões envolve sempre o primeiro, mas ultrapassa-o; daí que com grande mérito também se distinga o concurso de leis (*Gesetzeskonkurrenz*) *aparente* (*scheinbare*) do *efetivo* ou *verdadeiro* (*wirkliche*).

[195] *Do concurso de normas*, 15. Segue este entendimento, no âmbito do concurso de responsabilidade civil, MENEZES CORDEIRO, *Tratado*, VIII, 736

[196] Por este motivo, HERMANN EICHLER afirma que só se pode falar em colisão de normas num sentido figurado, em *Die Konkurrenz der vertraglichen und deliktischen Haftung im deutschen Rech*, AcP, 162, 1963, 416.

superior à norma, nomeadamente ao nível de «*complexos de regulação globais*»[197]. No entanto, não se deteta qualquer vantagem em apelar a um concurso deste tipo, distante do de normas, se são estas as variáveis que encerram nuclearmente as soluções em confronto.

Feita esta pequena ressalva, e resumindo a noção conceptual, o *concurso de normas* (formal) pressupõe *em sentido estrito* a verificação simultânea, total ou parcial, da estatuição normativa de duas ou mais estipulações legais (p. ex., 483.º e 798.º), *apenas*.

Se, aliada àquela verificação simultânea de várias previsões normativas, existe uma incompatibilidade (total ou parcial) em sede das respetivas estatuições, gera-se uma situação de *conflito*, ao nível dos seus efeitos[198]: nessa eventualidade o *concurso de normas* concretiza-se numa situação de (*i*) *conflito de normas*, o qual importa resolver.

> No que respeita em concreto à relação de conflito – admitida que seja aquela incompatibilidade ao nível da estatuição – cumpre-nos distinguir, por outro lado, esse grau de incompatibilidade que se reflete no respetivo âmbito de aplicação[199] (ou seja, recentrado ao nível das previsões). Aqui, cumpre-nos conhecer as espécies de *contradição* indicadas por ALF ROSS, com largo acolhimento: o A. apela a incompatibilidades a nível *total-total*, *total-parcial* ou *parcial-parcial*, consoante a interferência seja absoluta,

[197] *Metodologia*, 377, 378. O A. refere-se, em concreto, ao concurso de responsabilidade civil contratual e delitual. Ora, pragmaticamente, o concurso é sempre ao nível das regras resultantes das normas, pelo que a sugestão do A. acarreta a vantagem de demonstrar que o concurso será de complexidade particular, entre mais do que a pluralidade mínima, de duas normas. Aliás, na explicação subsequente, o A. recentra o debate ao nível do confronto das proposições jurídicas individuais de cada modalidade. Num sentido próximo, DIAS MARQUES distingue entre as relações entre sistemas gerais de direito subsidiário ou especial, restrito a certos setores (*Introdução*, 171-173). Quanto à necessária restrição do *objeto* do conflito normativo, enquanto *normas*, v. PEDRO MONIZ LOPES, *Derrotabilidade normativa e normas administrativas*, Universidade de Lisboa, Faculdade de Direito (2016), 230 e ss.

[198] CAVANILLHAS MÚGICA e ISABEL FERNANDEZ, *La concurrencia de responsabilidad*, 187. No mesmo sentido, v. DIAS MARQUES, *Introdução*, 194-195 e DAVID DUARTE, *Drawing up the boundaries of normative conflicts that lead to balances*, em *Legal Reasoning: The Methods of Balancing*, ARSP, n.º 124 (2010), 51-62 (51); este último A. apela sumariamente a dois requisitos *cumulativos* para emergir um conflito normativo, nomeadamente (1) a incompatibilidade de consequências legais e (2) condições similares de aplicabilidade.

[199] Este entendimento é seguido pela generalidade da doutrina. Destacamos, neste sentido, JOSÉ ANTÓNIO VELOSO, *Concurso*, 237, e MIGUEL TEIXEIRA DE SOUSA, *Introdução*, 263.

> aniquile apenas o campo de aplicação de uma norma e parte de outra ou somente parte de cada uma delas, respetivamente.
>
> Naturalmente que esse conflito abrange as *normas de responsabilidade*, mas a este não se limita. É exemplo deste último caso o exemplo paradigmático de Baião do Nascimento, no qual *conflituam* normas relativas à validade de uma venda de bens alheios celebrada por um comprador doloso, menor: a norma referente à inoponibilidade da venda de bens alheios ao vendedor de boa fé, pelo comprador doloso (892.º) conflitua com a norma que determina a anulabilidade do negócio celebrado com o menor (125º)[200], já que a primeira se destina a salvaguardar o contrato.

Todavia, o *concurso de normas* em sentido lato (*i.e.*, que não de *conflito*) pode também resultar numa situação de mera (*ii*) *alternatividade* ou (*iii*) *cumulação*[201], à margem daquele conflito.

Aliás, historicamente, considerava-se que o concurso efetivo de normas radicava numa situação necessária de cumulação de efeitos, ou de *soma de efeitos*, olvidando as demais possibilidades (*i.e.*, a via *alternativa* e o *conflito* ao nível dos efeitos)[202]. Incorre no mesmo erro quem entende que o concurso efetivo de normas conduz sempre a uma situação de (*i*) *conflito de normas*, esquecendo as demais possibilidades (de *alternatividade* ou de *cumulação* dos efeitos).

Concretizemos de momento aquelas outras duas alternativas ao conflito. Quando falamos de aplicação (*ii*) *alternativa*, o sistema dispõe de uma opção pela norma aplicável (genericamente por *opção* do agente, mas não só), pelo que o conflito é sempre prevenido de um ponto de vista *constitutivo* (p. ex., o promitente fiel que constitui o sinal e tenha obtido a tradição da coisa pode optar por exigir o dobro do que prestou ou, em alternativa, o aumento do valor da coisa ou do direito à data do não cumprimento, 442.º/2 e 4). Numa situação de (*iii*) *cumulação*, os efeitos jurídicos previstos pelas normas em

[200] *Do concurso*, 62-63, 67.

[201] Miguel Teixeira de Sousa, *O concurso*, 15.

[202] É precisamente esta a crítica de Baião do Nascimento, ao referir que, evitado o concurso aparente de normas (e a prevalência de uma delas), a doutrina inclina-se para indicar a possibilidade de soma quase aritmética dos efeitos, olvidando as situações em que se nega, por outros critérios, a aplicação de uma dessas normas (*Do concurso*, 40 e ss.). É o caso de Larenz (*Metodologia*, 377, 379), embora o A. venha posteriormente a afirmar que nas hipóteses de *cumulação* pode resultar a aplicação exclusiva de outra forma de responsabilidade.

confronto são compatíveis, podendo produzir-se em simultâneo[203], ou *somar--se* (*v.g.*, a resolução e a pretensão indemnizatória, 801.º/2, ou, a um nível geral, o apuramento de responsabilidade civil e criminal em simultâneo, p. ex., num caso de furto, na qual a indemnização e *pena* respetiva são perfeitamente cumuláveis[204]).

> Importa reter – e este é um dos aspetos determinantes, por vezes esquecido – que as normas em *concurso efetivo* não se esgotam em relações ***absolutas*** de (*i*) ***conflito***, (*ii*) ***alternatividade*** e (*iii*) ***cumulação***: ao invés, o dinamismo que caracteriza os seus efeitos pode implicar ***relatividade*** nestas relações, por exemplo, que o efeito 1 da norma *x* seja incompatível com o efeito 2 da norma *y*, embora o efeito 3 da primeira seja perfeitamente cumulável com o efeito 4 da segunda, e por aí sucessivamente. Veremos, adiante, o peso destas ilações[205].

Concretizamos, então, o esquema anteriormente apresentado,

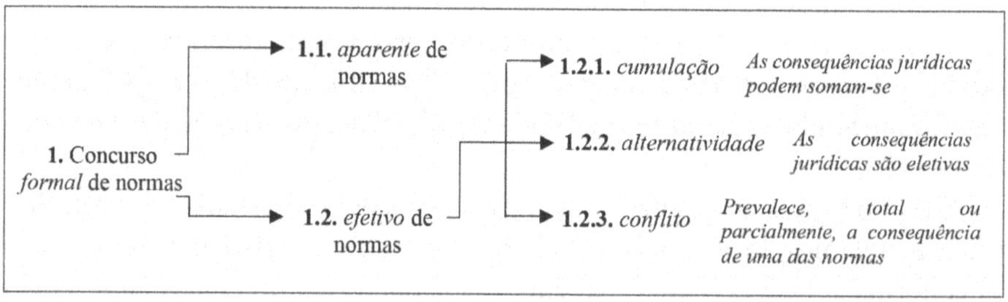

2.2. A posição jurídica em causa: o concurso de pretensões

II. Resta concretizar a ***posição jurídica ativa*** que resulta das *normas* que previamente determinámos encontrarem-se em confronto, findo aquele primeiro passo metodológico, ou seja, no âmbito do concurso *efetivo* (cf. 1.2.,

[203] Com esta definição (em linha com Miguel Teixeira de Sousa, *O Concurso*, 15-16), afastamos o entendimento daqueles que reconduzem o concurso de pretensões e o concurso de normas de pretensão (os quais irão enquadrar o concurso de responsabilidades civis) a uma hipótese de *cumulação*.

[204] Assim, Dias Marques, *Introdução ao estudo do Direito*, 2.ª ed., Pedro Ferreira: Lisboa (1994), 193-194.

[205] V., *infra*, § 18. O mesmo sucede no ponto prévio, quanto ao concurso aparente, o qual pode, por exemplo, no que respeita à consumpção de uma norma, provocar uma *consumpção total unilateral* ou apenas uma de *tipo parcial recíproca* (Baião do Nascimento, *Do concurso*, 46 e ss.).

no esquema apresentado)[206]. Ressalva-se que não existe necessariamente uma correspondência unitária entre a norma em causa e a posição jurídica dela decorrente, atendendo em especial à complexidade das normas em confronto. Neste campo, cumpre ainda distinguir, como vimos, entre o concurso (*c*) *de direitos* e o (*d*) *de pretensões*.

c. [*Concurso de direitos*] Em primeiro lugar, importa qualificar a posição jurídica ativa que resulta de ambas as modalidades de responsabilidade. Focar-nos-emos, apenas, nas normas de responsabilidade civil e no que concerne à tutela *indemnizatória*, embora se saiba que esta tutela não esgota as consequências normativas associadas a uma situação de responsabilidade[207]. Não nos cumpre, de momento, investigar a qualificação, em termos globais, da posição jurídica resultante da estatuição de qualquer norma, incluindo de outros ramos do Direito[208]: essa tarefa extravasa manifestamente o objeto da presente investigação.

A questão pode ser agora recentrada nos seguintes moldes: quanto à posição jurídica *relacional*[209] resultante, a verificação simultânea de duas normas de responsabilidade civil pela mesma situação de responsabilidade (p. ex., no caso já conhecido do barbeiro, médico, transportador, depositário, comodatário, locatário) gera, por hipótese, *duas obrigações* de indemnizar?

Sabemos que a verificação isolada de qualquer uma daquelas normas, fora do escopo do concurso, gera um direito de crédito a essa indemnização, naturalmente. E também não oferece dúvidas (novamente fora do plano do concurso de responsabilidade, definido pela unidade da conduta), o facto de um mesmo agente poder praticar um delito e posteriormente incumprir um contrato (ou o inverso), em ocasiões distintas, sem que se negue a presença de duas obrigações de indemnização, para o mesmo lesado ou lesados distintos.

[206] Constatamos, no entanto, que muitos opõem o *concurso de normas* ao de *pretensões*, contrapondo incongruentemente um possível *objeto* do concurso (tal como o de ações) com uma das possíveis *situações jurídicas emergentes* (além do direito subjetivo); cf. Pedro Romano Martinez, *Direito das Obrigações-Apontamentos*, 5.ª ed., AAFDL: Lisboa (2017), 84. Consideramos, ao invés, que o concurso de pretensões pressupõe necessariamente um concurso (efetivo) de normas.

[207] Cfr., *infra*, § 12; 2.5.

[208] No Direito Penal há curiosamente quem apele à existência de *pretensões punitivas* (*Strafberechtigungen*).

[209] Porquanto conexiona duas esferas jurídicas pessoais, cfr., noutra definição próxima, Pedro Pais de Vasconcelos e Pedro Leitão Pais de Vasconcelos, *Teoria Geral do Direito Civil*, 9.ª ed., Almedina: Coimbra (2019), 254.

A questão concentra-se na análise da estatuição das normas de responsabilidade verificadas *numa mesma situação de responsabilidade*, nomeadamente perante a posição jurídica que delas decorre (o direito de crédito à indemnização ou outra figura).

Ora, tal como o plano sistemático revela, por mais do que mera facilidade expositiva, a obrigação de indemnização, sendo a consequência *idêntica* das várias normas de responsabilidade, encontra-se regulada unitariamente no nosso Código (562.º e ss.). E isto *indicia* que a obrigação de indemnização prevista é a *mesma* numa situação de concurso. Intuitivamente, a mesma conduta (ilícita, culposa e danosa) gera uma obrigação de indemnização (e não várias), evitando-se o puro conceptualismo e uma visão linear de aplicação predicativa das normas em causa[210].

Este não é, aliás, um processo desconhecido do intérprete. No âmbito da mesma modalidade de responsabilidade civil, regula-se em particular a relação estabelecida entre os vários agentes responsáveis pelo mesmo título, ainda que sempre (note-se) no âmbito da mesma obrigação de indemnização (*v.g.*, a responsabilidade solidária dos autores, instigadores e auxiliares pela mesma obrigação de indemnização, 490.º, 497.º). Todavia – e este aspeto é nuclear –, o conceito de *direito subjetivo*, unitariamente considerado, não nos permite enquadrar toda a riqueza associada a um concurso de responsabilidades ou, melhor, de *títulos de imputação* unanimemente dirigidos à obrigação de indemnização (sem prejuízo de outras diferentes) com regimes totalmente distintos. Por outras palavras, o conceito de direito subjetivo não esgota atomisticamente a posição jurídica em causa[211]

[210] Representa elegantemente este processo DÁRIO MOURA VICENTE, quanto o ilustre Professor, perante uma hipótese de concurso, defende: «constitui-se, assim, na esfera jurídica do lesado um direito ao ressarcimento do dano sofrido e na do lesante um dever de indemnizar, que encontram o seu fundamento em qualquer das normas concorrentes. Há um concurso de normas, na medida em que se verifica uma definição plúrima do mesmo efeito jurídico – o dever de indemnizar – por várias normas.» (*Direito Comparado*, II, 523).
Em linha, ENGISCH, apoiado na lição de KIPP relativa aos duplos efeitos no Direito, defendia nada haver a opor a uma situação típica de dupla fundamentação da *mesma consequência jurídica* (*Introdução*, 65; no mesmo sentido, v. KELSEN, *Teoria*, 138). Esta conceção pressupõe um devido distanciamento de uma conceção naturalística de causalidade entre a previsão normativa e a sua estatuição, oposta, por esse motivo, à compreensão de *duplos fundamentos*, bem como à produção *de duplos efeitos*. Em sentido contrário, v. ERNST ZITELMANN, *Irrtum und Rechtsgeschäft. Eine psychologisch-juristische Untersuchung*, Duncker & Humblot: Leipzig (1879), 221 e ss.

[211] Sobre o problema, com críticas, v. MIGUEL NOGUEIRA DE BRITO, *Introdução ao Estudo do Direito*, 2.ª ed., AAFDL Editora: Lisboa (2018), 443-451.

e a sua duplicação parece forçada, para enquadrar a situação de concurso de responsabilidade.

Por este motivo, e no que respeita às normas de responsabilidade, a doutrina alemã rapidamente alterou o seu objeto de estudo, evitando o conceito de *direito subjetivo* (*i.e.*, *de crédito* à indemnização) e socorreu-se do de *pretensão* (*Anspruch*). Para tal, o ponto de análise recentra-se, com maior profundidade, num elemento que *compõe* e *integra* o direito subjetivo, sem ser necessário comprometer a sua unidade. Cumpre investigar e concretizar a mais-valia deste novo elemento, com cada vez mais adesão no plano nacional.

> Recentemente, o STJ no seu acórdão de 07-Fev-2017 (Hélder Roque), considerou que se gera um «concurso de títulos de imputação ou *concurso de pretensões*» [itálico nosso] entre o «regime contratual ou o regime extracontratual, não sendo de aceitar a existência de duas ações, pois que existe uma única conduta ilícita, uma unidade de pedido indemnizatório e de indemnização».

Neste momento importa fazer duas ressalvas: em primeiro lugar, (*i*) não existe qualquer utilidade deste «novo» conceito, de *pretensão*, se este se identificar funcionalmente com o de *direito subjetivo*[212]; em segundo lugar, (*ii*) importa não tropeçar no conceptualismo, enquanto o método (im)próprio de uma jurisprudência dos conceitos, para justificar as soluções almejadas de enquadramento do concurso de responsabilidades. O processo metodológico devido, supomos, é o inverso[213]. Em todo o caso, aprofundamos estes conceitos, de direito subjetivo e de pretensão, como operadores metodológicos necessariamente prévios ao aprofundamento da presente exposição.

d. [*Concurso de pretensões*] É sabido que o direito subjetivo não é a *situação jurídica* última que esgota atomisticamente a posição jurídica de um sujeito.

[212] Baião do Nascimento, *Do concurso*, 72. Este A. definiu-a pelo seu conteúdo unitário: «abrange precisamente todos aqueles casos em que uma determinada abrangência em relação a uma pessoa determinada é legitimada e pode, portanto, ser efetivada processualmente» (*idem*, 73). Partilhando da preocupação do empobrecimento do conceito, quando apenas reconduzido ao de direito subjetivo, v. Miguel Teixeira de Sousa, *O Concurso*, 39. Por este motivo, apresentamos reservas às conclusões de Nuno Andrade Pissarra, *Das acções reais*, Vol. II, AAFDL: Lisboa, 2021, 1466 e ss., o qual reconduz tanto a pretensão real, como o direito real à categoria de *direito* (relativo e absoluto, respetivamente).

[213] Com pesadas críticas ao sistema lógico-formal da jurisprudência dos conceitos, v. Canaris, *Pensamento sistemático*, 28 e ss.

Este direito, na maior parte das definições que lhe são apontadas, pode ser decomposto ao nível dos poderes e das faculdades que o integram. Entre os seus vários poderes, destaca-se, do ponto de vista funcional, o de exigir uma (*i*) *conduta* a terceiro (ativa ou omissiva), ou, genericamente, (*ii*) uma *transferência patrimonial* ou o *aproveitamento de um bem*. E, no contexto dos direitos de crédito (subjetivos), concretiza-se aquela função mediante o apelo à noção de *poder de crédito*[214] ou *de pretender*[215]. Resumidamente, este poder conforma a possibilidade de se exigir uma *conduta* de terceiro (o objeto), com vista à satisfação do *interesse* do seu titular (o fim). Designa-se comumente por *pretensão (Anspruch)*[216] e juntamente com os demais poderes (p. ex., na classificação

[214] Oliveira Ascensão, *O direito*, 61, sendo para este A., o «poder» o elemento mais simples que integra o conteúdo do direito; v., também neste sentido, Menezes Cordeiro, *Tratado*, I, 904. Criticamente, Miguel Galvão Telles interroga-se quanto ao conteúdo da pretensão (ou à falta dele), no sentido de provocar o vencimento da obrigação, de exigibilidade judicial ou de possibilitar a execução do devedor (*Direitos Absolutos e Relativos*, Estudos em homenagem ao Prof. Doutor Joaquim Moreira da Silva Cinha, Vol. I, Almedina: Coimbra (2005), 469-500 (478-479, 493)).

[215] Cfr. Carlos Mota Pinto, *Teoria*, 183, seguindo o conceito funcional de direito subjetivo de Manuel de Andrade, *Teoria Geral da Relação Jurídica*, II, 3. Existem outros adeptos deste entendimento, nomeadamente Orlando de Carvalho, *Teoria Geral do Direito Civil*, 4.ª ed., Gestlegal: Coimbra, 2021, 19; Capelo de Sousa, *Teoria Geral do Direito Civil*, 120 e ss.; e, recentemente, Mafalda Miranda Barbosa, *Lições de Teoria Geral do Direito Civil*, Gestlegal: Coimbra, 2021, 195-197. Este entendimento aparenta integrar e esgotar o *conteúdo* do direito na sua *definição*: o direito sujeito corresponderia (apenas) ao poder de pretender. A fragilidade desta construção resulta da posterior necessidade em se distinguir (ao nível do direito subjetivo em si!) o *poder de exigir* e o *poder de pretender* (quando não seja judicialmente exigível; *v.g.*, o crédito prescrito); cf., também neste sentido, presentemente criticado, Manuel das Neves Pereira, *Introdução ao Direito e às Obrigações*, 6.ª ed., Almedina: Coimbra (2019), 280 e 281.

[216] Assim, expressamente, Oliveira Ascensão, *O direito*, 61 e Menezes Cordeiro, *Tratado*, I, 904, Castro Mendes, *Direito Civil – Teoria Geral*, II, 27-28. O conceito encontra-se desenvolvido além-Reno; cfr., por todos, Wolf/Neuner, *Allgemeiner Teil des Burgerlichen Rechts*, § 20, 219-220, § 21, 241-242 (a última ed., a 12.ª, de 2020, é apenas de Neuner), contrariamente ao plano português (dá nota disto mesmo Pedro Múrias, *Por uma distribuição fundamentada do ónus da prova*, Lisboa (1998), 54, nota 207). O estudo mais recente é de Thomas Winkelmann, *Der Anspruch*, Mohr Siebeck, Studien zum Privatrecht 96 (2021); v., ainda, Christoph Wendelstein, *Pflicht und Anspruch*, Jus Privatum, 247, Mohr Siebeck: Tübinga (2021), 39-142.

Não existe, no entanto, um significado unitário atribuível ao conceito de pretensão (*Anspruch*), tal como, em certa medida, sucede com o conceito de ação (*Klage*). Podemos afirmar, seguindo Daniela M. Frenda, *Il concorso*, 69, 70, que o conceito estabelece a «ponte» entre o plano substantivo e o adjetivo, sendo de apreensão fácil, mas de definição exigente. Apelando à doutrina do concurso de fundamentos da pretensão para consolidar a natureza substantiva e processual do conceito de pretensão, v. Medicus/Lorenz, *Schuldrecht* I, AT, 21.ª ed., C.H.Beck: Munique (2015) § 35, I, II 193 (na 22.ª ed., de 2021, a matéria consta em § 1, 3 e § 33, 172); cfr., *infra*, § 17; 2.1. Sobre este ponto, v., ainda, K. Mayer, *Anspruch und Rechtskraft im Deutschen Zivilprozessrecht*, Kohlhammer:

de Menezes Cordeiro, os de *gozo*, de *garantia* ou *potestativos*[217]) forma o direito subjetivo de crédito[218].

De notar que na generalidade dos direitos subjaz, por regra, um conjunto de *poderes*, além do de crédito ou *pretensão*; veremos que nada obsta também à multiplicidade de *pretensões* (ou de poderes de crédito).

Em todo o caso, o conceito de pretensão não recolhe, do ponto de vista substantivo, a adesão que merece, atendendo, além do mais, à sedutora simplicidade do direito subjetivo como *building block* de toda e qualquer posição jurídica. Mas não devemos incorrer nesse erro. De facto, geralmente o direito subjetivo, quando de crédito, tem como objeto uma única *prestação*, à qual vem associada um regime unitário, funcionalmente dirigida à conduta exclusiva de um sujeito determinado (ou determinável). A distinção entre direito de crédito e pretensão – quando se encontre associada *uma* pretensão a *um* direito – não merece a mesma importância perante aquela que quebre a correspondência quantitativa entre direito-pretensão ou entre os fundamentos múltiplos de uma mesma pretensão. De facto, podem existir, como veremos, várias pretensões associadas a um mesmo direito de crédito. O processo é, aliás, intuitivo de um ponto de vista cronológico: cumpre diferenciar

Estugarda (1930), Thomas Bachmann, *Die elektive konkurrenz. Eine systematische Untersuchung der Gläubigerrecht bei Leistungsstörungen im BGB, CISG, in den PECL und in DCFR*, Ducker & Humblot: Berlim, (2010). Com uma descrição completa do processo de receção do conceito no direito tedesco, v. Georgiades, *Die Anspruchskonkurrenz*, 23-34.

[217] Menezes Cordeiro, *Tratado*, I, 904. Os quadros de decomposição funcional do direito subjetivo não são incontroversos e a matéria está devidamente aprofundada nos manuais de referência. Destacamos apenas, pela facilidade expositiva, a pentapartição de Paulo Cunha relativa à facultas *(i) exigendi, (ii) agendi, (iii) dominandi, (iv) constituendi* e, por fim, *(v) essendi*; *Direito das Obrigações*, FDL: Lisboa (1939), II, 28 e ss. Notando, em particular, a necessidade de distinção com os quadros potestativos (p. ex., de compensação do crédito), v. A. Von Tuhr, *Tratado de las Obligaciones* (trad. de W. Roces), I, Reus: Madrid (1934), 8-9.

[218] Sobre a distinção entre pretensão e faculdade, v. Luís Carvalho Fernandes, *Teoria Geral do Direito Civil*, II, 3.ª ed., Universidade Católica Editora: Lisboa (2001), 557 (nota 1). Cabral Moncada retrata exemplarmente nas suas Lições a possibilidade de os direitos subjetivos conterem, num sentido lato, «numerosas pretensões a favor do seu sujeito» e, prossegue, «alguns desses poderes e faculdades estão sujeitos a regimes diferentes e nem todos existem ao mesmo tempo da mesma maneira.» (*Lições de Direito Civil, Parte Geral*, 4.ª ed., Almedina: Coimbra, 1995, 59, nota 1). É discutível se o direito absoluto forma pretensões genéricas de abstenção de condutas (cfr. Miguel Teixeira de Sousa, *O concurso, passim*) ou se a pretensão apenas surge na dependência do crédito indemnizatório emergente da violação daquele direito absoluto, *i.e.*, se não existe de um ponto de vista constitutivo. Numa tripartição própria dos poderes, Pedro Pais de Vasconcelos e Pedro Leitão Pais de Vasconcelos consideram-nos enquanto de gozo, potestativos e de créditos. Nestes últimos, tendo por objeto uma conduta de terceiro, qualificam-nos de *pretensão*, *Teoria*, 259, 268.

a pretensão destinada ao cumprimento (geralmente designada de *pretensão* primária; *Primäranspruch*[219]) daquela resultante da sua falta, tipicamente a de ressarcimento de dano (verdadeira pretensão secundária; *Sekundäranspruch*). Neste caso, com vista à prossecução do interesse juridicamente protegido, admite-se até a coexistência no seio do mesmo direito de crédito de um conjunto múltiplo de condutas exigíveis a (note-se) a um mesmo devedor singular (ou, como veremos, a devedores distintos).

Retomando a noção de pretensão, esta representa, numa formulação inicial, o *lado forte* da exigibilidade do conteúdo do direito perante terceiros (*jus exigendi*), com a devida autonomia perante este.

> Este entendimento clássico reporta-se a WINDSCHEID, autor material do conceito de pretensão. O A. entendia a figura numa perspetiva *material*, como a projeção do direito subjetivo na esfera de terceiros, detendo, em todo o caso, elementos processuais. Resume bem este enquadramento CHRISTOPH WENDELSTEIN da posição daquele A.: «WINDSCHEID recorreu ao conceito de pretensão como uma expressão independente para o direito subjetivo no seu propósito de submissão de uma vontade alheia»[220]. Nesta aceção, o conceito de pretensão em geral representava a *competência jurídica* (*rechtlche Zuständigkeit*) que resulta do direito subjetivo e encontra-se, hoje, retratada no § 194 (1) BGB, quando se prevê: «[o] direito *de exigir de outrem uma ação ou omissão* (pretensão) está sujeito a prescrição» (Das Recht, *von einem anderen ein Tun oder Unterlassen zu verlangen* (Anspruch), unterliegt der Verjährung.) [itálico nosso].

Por este motivo aponta-se, por vezes, o exercício *em juízo* como característica necessária da pretensão[221]. Todavia, esta faceta não é condição suficiente, nem necessária para se compreender o conceito.

[219] Cf., com referências, THOMAS BACHMANN, *Die elektive Konkurrenz*, 83 (e respetiva nota 18).

[220] *Pflicht und Anspruch*, Jus Privatum, 247, Mohr Siebeck: Tubingen (2021), 59. Deve-se a este A. um estudo recente centrado no conceito de pretensão e nas tentativas de superação da conceção de WINDSCHEID, entre as quais se conta a *teoria da imperatividade* (*Imperativentheorien*; esgotando-se o conceito no potencial recurso ao Estado para forçar a conduta de um terceiro; idem, 69-79.

[221] Assim, CASTRO MENDES, *Direito Civil – Teoria Geral*, II, AAFDL: Lisboa (1995), 27-28. Num sentido próximo, cumpre distinguir o conceito de pretensão num sentido não tratado ao longo da exposição: o da *pretensão à atividade jurisdicional* (*Justizianaspruch*) e a *pretensão à tutela do direito* (*Rechtschutzanspruch*), cf. ANTUNES VARELA, MIGUEL BEZERRA e SAMPAIO E NORA, *Manual de Processo Civil*, 2.ª ed., Coimbra Editora: Coimbra (1985), 5 (nota 1).

Ao abrigo do seu elemento reportado à *exigibilidade*, o conceito de pretensão permite, claro está, enquadrar o exercício *processual* do direito a que se reporta, enquanto exigibilidade *em juízo* (próximo do conceito romano da *actio* ou da *Klage* de SAVIGNY[222]). Esta característica não é, como afirmámos, *necessária*, já que a pretensão pode ser exercida extrajudicialmente. O conceito de pretensão (no masculino além-Reno, *der Anspruch*) avançado acompanha, portanto, a separação do direito substantivo e adjetivo[223]. Em suma, neste campo, o primado pertence – e não restam dúvidas quanto a este aspeto – ao plano *substantivo*: o recurso à via judicial é, portanto, somente uma entre as várias vias de satisfação da pretensão; é, portanto, possível a sua composição *extrajudicial*, bem como ser extinta ou transmitida por outras formas prévias ao reconhecimento judicial, maioritariamente reguladas pelo espectro substantivo (*v.g.*, a prescrição)[224].

Mencionámos, aquando da noção inicial de pretensão, a respetiva *autonomia* perante o direito subjetivo, já que aquela pode ser *dissociada* deste, não sendo, nesta medida, um poder *necessário* do direito considerado. Isto é facilmente demonstrável perante o exemplo clássico do *crédito prescrito*: neste caso, estamos perante um direito destituído daquele poder de exigibilidade (402.º) o qual, ainda assim, permite a retenção da mesma pelo credor (*soluti retentio*); veja-se, ainda, na via obrigacional, o caso do crédito não vencido, no qual a faculdade de exigibilidade inerente à pretensão se encontra *latente* até ao momento do vencimento (sem que se negue a própria existência do direito de crédito)[225].

III. Numa marcante evolução daquela noção inicial, rapidamente se considerou que esta definição, quando restrita à *vertente potestativa* de (*i*) exigibilidade, coartava as potencialidades da pretensão. Assim, em sede da doutrina pós-clássica da pretensão, acrescenta-se um novo elemento à figura[226],

[222] Cf., *infra*, § 16; 1.2 e § 17; 2.1.1

[223] PETER ARENS, *Zur Anspruchskonkurrenz bei mehreren Haftungsgründens*, AcP 170, 392-425 (421).

[224] Neste prisma, recordando o contributo de WINDSCHEID, v. LARENZ/WOLF, *Allgemeiner Teil des Bürgerlichen Rechts*, § 21, I, 262.

[225] Neste sentido, expressamente CABRAL MONCADA, *Lições*, 59, nota 1. No campo dos direitos reais e quanto ao primeiro caso, é ainda exemplificativo o que sucede perante a limitação da reivindicação da coisa (1311.º/2), a qual não obsta ao reconhecimento do direito de propriedade (NUNO ANDRADE PISSARRA, *Das acções reais*, II, 1422).

[226] Uma análise completa da evolução histórica da figura encontra-se feita, entre nós, por MIGUEL TEIXEIRA DE SOUSA, *O Concurso*, 37 e ss., para a qual se remete.

nomeadamente a (*ii*) *causa de aquisição do objeto da exigibilidade*, tendo por referência o *fundamento* da mesma.

Deve-se a Miguel Teixeira de Sousa a introdução e divulgação da maior complexidade do conceito de pretensão, embora o ilustre Professor a concretize em termos próprios. O A. aufere dualmente a pretensão, em linha com Rimmelspache, como uma decorrência do próprio direito subjetivo (distanciada de outros poderes), condensando dois dos seus elementos, em termos relativos: (*i*) a faculdade tradicional e *instrumental* (ou acessória) de exigir o cumprimento de uma prestação (*faculdade de exigibilidade*) e (*ii*) no elemento *essencial* (por sinal, indispensável) de aquisição dessa prestação (*competência* ou *título de aquisição*)[227]. A pretensão (em espelho com o direito subjetivo) sobrevive sem o primeiro elemento, mas nunca sem o segundo[228]. Aliás, o primeiro elemento (a faculdade de exigibilidade) pode estar suprimida *definitivamente* ou *temporariamente* (*v.g.*, a exceção de não cumprimento, 428.º, o direito de retenção, 754.º)[229]. Estes elementos (*i* e *ii*) são, por outro lado, perfeitamente dissociáveis: no exemplo *supra*, no cumprimento de uma obrigação prescrita, a pretensão subjacente ao crédito encontra-se restrita àquele segundo elemento, da aquisição da prestação (não sendo, portanto, *exigível*, 402.º). O inverso também é possível, ou seja e exemplificando, no caso do contrato a favor de terceiro, o promissário (*i.e.*, o contraente a quem é feita a promessa) tem a faculdade de *exigir a prestação* (ou seja, a faculdade de exigibilidade), mas não a competência para a adquirir, sendo esta realizada *a favor de terceiro* (444.º/1): pois bem (insiste-se) essa *competência de aquisição* pertence apenas ao terceiro (a favor de quem a prestação é realizada). A dissociação da titularidade das vertentes, ou seja, a sua repartição por várias pessoas, é perfeitamente admissível, desde que (note-se) a competência

[227] Miguel Teixeira de Sousa, *Concurso*, 59-60, 77-78. Podemos encontrar um entendimento similar em Baião do Nascimento, o qual, na sua obra de 1971, distinguia no âmbito do conceito de pretensão, (*i*) a *faculdade de exigir alguma coisa de alguém* e (*ii*) a *de conservar o recebido* (*Do Concurso*, 73). O entendimento permanece em voga, com adesão de vários AA. da escola de Lisboa, entre os quais Miguel Brito Bastos, em *A recusa lícita da prestação pelo garante na garantia autónoma "on first demand"*, Estudos em Homenagem ao Prof. Doutor Sérvulo Correira, Vol. III, Coimbra Editora: Coimbra (2010), 525-555 (530-531, nota 16).

[228] Ob. cit., 63-69.

[229] Ob. cit., 72-73.

de aquisição exista. A relevância desta construção é inigualável no plano nacional, como veremos.

Consideremos de momento a relevância deste primeiro elemento, por nós indicado enquanto (*ii*) *causa de aquisição* ou *competência de aquisição*, juntamente com a vertente tradicional de *exigibilidade* (*i*); os quais compõem estruturalmente a pretensão.

Ora, esta *competência* pode ser configurada como a causa da pretensão, permitindo ao seu titular conservá-la. Em termos metodológicos – e este é o aspeto que nos importa aprofundar –, esta concede o *fundamento* da segunda vertente que integra a estrutura da pretensão (a da *exigibilidade*). O ponto é claro: este segundo elemento ajuda-nos a esclarecer a possibilidade de coexistir mais do que uma *pretensão* no âmbito do mesmo direito (de crédito). Aliás, as *situações jurídicas complexas* caracterizam-se por conterem na sua essencialidade várias pretensões[230]. Cumpre, então, distingui-las. E para tal, é necessário encontrar um critério.

Este último processo (de *distinção* entre pretensões, particularmente em sede do mesmo direito de crédito) não é isento de dificuldades, mas claramente podemos elencar a componente tradicional da *exigibilidade* como o elemento decisivo, por apelo, por um lado, aos *sujeitos*, titular e vinculado, e, por outro, ao *conteúdo*, perante os contornos da conduta exigível e regime associado[231]. Erigindo a faculdade tradicional de exigibilidade como o elemento determinante, importa conhecer a sua relação com a competência de aquisição, no contexto da individualização das prestações. Cumpre, assim, distinguir e considerar todas as variáveis possíveis, nomeadamente (1) *uma única pretensão* porquanto (1.1) existe um único fundamento e uma única faculdade de exigibilidade ou (1.2) vários fundamentos reportados à mesma faculdade de exigibilidade; bem como, por outro lado, (2) *várias pretensões* decorrentes (2.1) de um único fundamento associado a várias faculdades de exigibilidade ou, por fim, (2.2) de vários fundamentos associados isoladamente a várias faculdades de exigibilidade. Vejamos.

[*a. pretensão unitária*]. A *mesma pretensão* admite ser fundamentada *uma única vez* ou, por outro lado, por *múltiplas causas*. Neste último caso (e apenas neste), gera-se um *concurso de fundamentos à mesma pretensão*

[230] Ob. cit., 78.

[231] DIETZ admitia, por acréscimo, que é a qualificação jurídica da pretensão que justifica a sua pluralidade (*Anspruchskonkurrenz*, 153), embora detenha o mesmo conteúdo e número de sujeitos.

(*Anspruchgrundlagenkonkurrenz*) ou de normas da mesma pretensão (*Anspruchsnormenkonkurrenz*). É exemplo do primeiro caso (relativo à causa única da também única prestação) o apuramento de responsabilidade *fora* das hipóteses de concurso (*v.g.*, de tipo exclusivamente obrigacional, quando o empreiteiro simplesmente não concluiu a obra no prazo devido, 1208.º) ou (como exemplo de um concurso de fundamentos à mesma pretensão) quando, no âmbito da mesma modalidade de responsabilidade, concorram *vários fundamentos* para a mesma consequência normativa – p. ex., ao nível da ilicitude delitual, se o agente furta um carro e circula acima do limite legal de velocidade, originando um acidente: com a sua conduta, viola o *direito de propriedade* do titular do veículo, bem como a *norma de proteção* decorrente do Código da Estrada que proíbe a circulação em excesso de velocidade (*i.e.*, viola simultaneamente o *direito de outrem* e uma *disposição legal destinada a proteger interesses alheios*, 483.º/1[232]).

[*b. pretensões distintas*] Se o *mesmo fundamento* se reporta a *várias faculdades de exigibilidade* – incluindo uma variação apenas ao nível do *conteúdo da exigência*[233] (p. ex., perante o incumprimento definitivo do seu devedor, o credor pode resolver o contrato e exigir simultaneamente o ressarcimento dos danos, 801.º/2) ou apenas ao nível do sujeito vinculado, com identidade da *conduta* (p. ex., a obrigação solidária passiva gera pretensões de conteúdo idêntico, mas distintas em termos subjetivos, porque são vários os sujeitos vinculados, 512.º/1) – ou se *vários fundamentos* fundam disjuntamente *várias faculdades de exigibilidade*, gera-se, em ambos os casos, *várias pretensões*, as quais concorrem à sua aplicação. Neste último caso – o qual se reconduz (como veremos) a situação típica de concurso de responsabilidades civis –, além da diversidade de fundamentos, existe a diversidade de efeitos (em termos de conteúdo e, eventualmente, de sujeitos) inerentes ao poder de crédito. O concurso, a existir, é um de *pretensões* (*Anspruchskonkurrenz*). Por outras palavras, se existe um regime diferentemente associado, no âmbito do mesmo direito, à vertente de *exigibilidade* – *i.e.*, quando varia o *conteúdo da pretensão em causa*, em termos objetivos ou subjetivos – quer o seu fundamento seja idêntico, quer não o seja, a *pluralidade* de pretensões impõe-se.

Em suma, não se pode pretender a unidade da pretensão se, ao nível da exigência, os efeitos perseguidos são *distintos*, embora a posição jurídica

[232] Veremos, *infra*, § 18; 3.

[233] Cf. admitindo que o concurso abranja pretensões com objetos distintos, v. MIGUEL TEIXEIRA DE SOUSA, ob. cit., 216.

ativa reconhecida num primeiro grau seja a mesma (*i.e.*, ao nível do direito subjetivo, *unitário*).

Assim, o conceito de direito subjetivo (ao crédito indemnizatório) pode integrar várias *pretensões* com base nas várias normas preenchidas (as quais formam os títulos de imputação de danos em concurso) ou não. É um aspeto a aprofundar.

> Radica aqui uma grande querela adentro do conceito unitário do direito subjetivo: saber se existem *vários fundamentos que concorrem a uma mesma pretensão* ou se essa prestação, pela sua diferença conflituante, gera ainda *diferentes pretensões* (como nos parece), decorrente de uma situação de *concurso de normas*[234]. Veremos a seu tempo, apelando ao espectro processual, se é possível, com base nestes elementos, as modalidades de responsabilidade concorrerem como fundamentos de uma *mesma ação* (*Klaggründen*) ou não, respetivamente.

Pois bem, interessa-nos em particular os casos em que o mesmo direito de crédito (por sinal, *indemnizatório*) contenha *várias pretensões* – não quando se perseguem *efeitos distintos* unificados pelo *mesmo fundamento*, como visto no parágrafo anterior –, mas em decorrência da existência de *vários fundamentos* reportados a *efeitos distintos*. Este aspeto é central.

Inicia-se, neste ponto, cumpre frisar, uma das mais complexas discussões em sede do concurso de pretensões, em sentido lato: a determinação dos

[234] Cumpre sublinhar um aspeto: uma vez que a pretensão se reporta à posição jurídica emergente, esta pode decorrer da conformação de uma *norma apenas* ou de várias. Neste ponto, v. José António Veloso, *Concurso*, 211. É, aliás, possível considerar uma variedade de pretensões resultantes de uma *única norma* (*concurso uninormativo de pretensões*) ou de várias (*concurso plurinormativo de pretensões*). Nas situações típicas de concurso de responsabilidade civil delitual e obrigacional, uma vez que estas se fundam em normas distintas (prototipicamente, 483.º/1 e 798.º), estaremos perante o segundo caso, embora isso dependa do reconhecimento (como é nossa opinião) de que se gera um *concurso de pretensões*. Os problemas emergentes do concurso *uninormativo* de pretensões extravasam, de momento, o nosso enquadramento do concurso de normas, mas este deve ser abordado. Uma norma pode-se verificar várias vezes. É, por sinal, o que sucede, quando seja preenchida várias vezes qualquer uma daquelas previsões normativas. Nestes casos, apela-se a um concurso *homogéneo* (na acção penalista) de responsabilidade, particularmente ao nível da *mesma modalidade* de responsabilidade. Resta saber, nestes casos, se ainda estaremos perante a mesma norma (p. ex., a violação de vários direitos subjetivos, 483.º/1) ou uma repartição daquela norma em várias regras (p. ex., a responsabilidade emergente da violação do direito de outrem e simultaneamente por violação de uma norma de proteção, 483.º/1).

critérios que *individualizam* uma pretensão[235]. Pela nossa parte, reconduzimos esses critérios pragmaticamente aos *sujeitos* e aos *efeitos* perseguidos pela pretensão, e não à respetiva causa, uma vez que a mesma pretensão sobrevive com uma pluralidade de fundamentos. Estas vertentes (de concurso de fundamentos da mesma pretensão e de pretensões) serão retomadas adiante.

IV. Cumpre ainda esclarecer que a pretensão difere também, por outros motivos, do direito subjetivo, sendo sua *parte integrante*. Segundo a lição de MIGUEL TEIXEIRA DE SOUSA, a qual acolhemos, no escopo subjetivo a pretensão (*i*) é um conceito sempre *relativo* a um determinado sujeito[236], (*ii*) em termos *objetivos* delimita-se por reunir aqueles dois elementos (eventualmente, a faculdade de exigibilidade e, necessariamente, a causa ou título de aquisição) e (*iii*) acompanha necessariamente o direito a que se reporta (p. ex., não é possível ceder a pretensão reivindicativa do bem transmitido sem transmitir o direito da qual depende)[237].

Resumindo, por pretensão, entendemos o *poder de crédito* geralmente existente no direito subjetivo, o qual integra dois elementos estruturais, nomeadamente a *competência* de *exigibilidade* e a de *aquisição*, reportados disjuntamente ao seu *objeto* (sujeitos e conteúdo) e à *causa* da pretensão (*i.e.*, o seu fundamento).

V. De momento, estamos aptos a carrear as linhas metodológicas que devem enquadrar a análise do concurso de responsabilidades civis.

Ora, o direito de crédito indemnizatório tem como conteúdo a *conduta* do lesante à prestação indemnizatória, natural (p. ex., reparar o veículo que danificou) ou pecuniária (p. ex., a que se pague determinada quantia correspondente ao valor do veículo destruído). Essa conduta vincula-o a agir e concede, do lado ativo, um *poder de crédito*, ou uma *pretensão*, ao lesado relativamente a essa conduta. Determinados os titulares (sujeitos) e em sede dos efeitos, o conteúdo daquele poder, concretizado na conduta exigível, tem sempre um regime associado. Sem surpresas, cada pretensão é interligada a um universo regulativo, composto pelas normas *de origem legal em termos imediatos* (p. ex., o prazo prescricional, o regime do incumprimento e de consequências a par da tutela indemnizatória) ou *convencional* (p. ex., em caso

[235] Cfr. a profunda análise de MIGUEL TEIXEIRA DE SOUSA, O *concurso, passim*.

[236] Ob. cit., 74-75.

[237] Ob. cit., 77.

de regulação prévia do *quantum* indemnizatório ou de estipulação de cláusulas de limitação de responsabilidade). Esse conjunto regulativo depende diretamente do *fundamento* da respetiva pretensão, o qual pode ser dicotomicamente reportado às modalidades delitual e obrigacional de responsabilidade: para cada um dos títulos de imputação gerados existe um regime *diferente*.

A questão nuclear pode ser colocada nos seguintes termos: o que se processa quando, perante um mesmo evento (por sinal, uma mesma *conduta* de um *único agente*), são preenchidas as duas modalidades de responsabilidade? Ora, é manifesta a formação de *uma* obrigação de indemnização, a qual se destina finalisticamente a ressarcir *todos* os prejuízos sofridos pelo lesado. É isso que resulta das normas de responsabilidade civil delitual e obrigacional, nas respetivas estatuições normativas. Resta saber se neste caso se formam *várias* obrigações de indemnização. Ora, é essencial decompor a posição jurídica ativa do lesado e considerar, além do direito subjetivo emergente, o poder de crédito ou a *pretensão*, e determinar se esta proposta dogmática satisfaz as legítimas pretensões de enquadramento de um regime dissonante das modalidades consideradas. Individualizada que seja a *pretensão*, também esta não pode à partida ser considerada *unitariamente*, enquadrando em si todas às diferenças *materiais* e *axiológica* de regime referentes à conduta exigida: a *conduta* devida difere no âmbito das modalidades consideradas, gerando-se um concurso de pretensões, embora seja possível, de um prisma finalístico, englobá-las no conceito geral de *direito de crédito unitário* (com consequências elevadas de regime). Em todo o caso, a obrigação de indemnização visa o ressarcimento de todos os danos. Os poderes do credor/lesado subordinam-se a este limite máximo e ao conceito unitário de *prestação indemnizatória* e não (note-se) de *pretensão*.

Pense-se no seguinte exemplo: o aprendiz de barbeiro inicia com grande atraso o seu serviço e provoca, além de vários cortes na face do seu cliente, um sério atraso na retoma do trabalho deste, com prejuízo no seu vencimento. À partida, como veremos, nada obsta a que o aprendiz de barbeiro seja responsabilizado pelos danos na face do seu cliente a título delitual *ou* obrigacional. Mas, pela demora na prestação do serviço (e o dano daí decorrente), a via delitual não tem manifesta aptidão para tutelar o lesado: resta a via obrigacional. Neste contexto, finalisticamente orientado para a tutela dos danos, e admitindo-se que a conduta do aprendiz de barbeiro preenche *ambas* as modalidades de responsabilidade, cumpre concretizar a *posição jurídica ativa* reconhecida do lesado,

> nomeadamente saber se este dispõe de *dois* créditos indemnizatórios ou, em alternativa, de apenas *um*. No último caso cumpre ainda esclarecer se ambos os fundamentos de responsabilidade conformam duas pretensões distintas e autónomas ou apenas uma, ainda que multiplamente fundamentada.

A construção do conceito de prestação salvaguarda, nesta medida, o resultado de ambas as normas verificadas: o direito de crédito indemnizatório é o mesmo, embora sejam vários os fundamentos materiais dessa *prestação*, a qual, porque é determinada (note-se) pelo seu *pressuposto*, pode ser moldada de forma distinta por cada modalidade de responsabilidade. Sabemos, enfim, que regras iguais conduzem a resultados diferentes, se considerarem variáveis distintas com influência na sua consequência.

Assim definida, a pretensão permite, nos quadros da responsabilidade civil, procurar o mesmo *efeito jurídico*, embora fundado em normas distintas e tendo por base o mesmo *direito*. É, nesta medida, um conceito englobante e possivelmente operante no concurso.

> O entendimento que qualifica o concurso de responsabilidades civis como um de pretensões (*Anspruchskonkurrenz*), atribuível a LENT, ganhou tração na obra fundamental de DIETZ, em 1934, embora a ideia anteceda esta obra com inclusive acolhimento jurisprudencial. Retomaremos este aspeto posteriormente[238]. Entre nós, num claro avanço a este entendimento, destaca-se o estudo de MIGUEL TEIXEIRA DE SOUSA[239], defensor de um *concurso de títulos de aquisição da prestação indemnizatória*. Em suma, para o ilustre Autor, na concorrência de responsabilidades *subjetivas*[240] existe apenas uma pretensão, concorrendo as modalidades enquanto *títulos de aquisição de uma única prestação*, indemnizatória: este entendimento tem manifestamente por base a teoria do *concurso de fundamentos da pretensão* (*Anspruchsgrundlagenkonkurrez*), com particularidades. Note-se que a importação da discussão germânica antecede aquela

[238] Cfr., *infra*, § 17; 2.

[239] Ob. cit., 150-151, 159.

[240] Ob. cit., 216. O A. não esgota, neste enquadramento (do concurso de fundamentos da mesma pretensão), a matéria do concurso de responsabilidade civil: ao invés, enquadra outros tipos de concurso de responsabilidade como de pretensões (ob. cit., 330).

obra, destacando-se, entre nós e entre outros, os estudos de VAZ SERRA e ANTÓNIO BAIÃO DO NASCIMENTO[241].

Da nossa parte, apresentamos reservas ao enquadramento do concurso de responsabilidades que não um de pretensões, tal como um de *fundamentos à mesma pretensão*. Como veremos, o sistema português admite a consideração unitária do crédito indemnizatório nas modalidades consideradas, unificado quanto à finalidade global primária de ressarcimento de danos. Em todo o caso, prevalecem *diferenças* profundas quanto à respetiva *fonte*, *objeto* e, em particular, ao *regime*, numa situação de coexistência aplicativa das modalidades consideradas. O crédito inevitavelmente decompõe-se em várias pretensões. O concurso de responsabilidade civil delitual e obrigacional emergente tem, portanto, esta natureza: é um concurso *de pretensões*. Iremos aprofundar este aspeto nuclear.

VI. Retomemos as conclusões almejadas quanto aos tipos de concurso de normas.

Ora, ao considerarmos a obrigação de indemnizar (562.º e ss.) como a consequência normativa *idêntica* das normas em concurso, as *estatuições* normativas não se *incompatibilizam*.

Cumpre, portanto, distinguir, os casos em que o concurso efetivo de normas se destina a produzir *efeitos distintos*, potencialmente cumulativos, alternativos ou conflituantes, *ou não*. O concurso de normas de responsabilidade encontra o seu espaço nesta última hipótese (perante *efeitos idênticos*).

Deve-se a MIGUEL TEIXEIRA DE SOUSA esta importantíssima ressalva, que acompanhamos: o *concurso fundamentos da pretensão* (ou *de pretensões*, por sinal) encontra o seu espaço, quando o *efeito* pretendido é o *mesmo*, sendo o exemplo prototípico, para o ilustre Professor, o concurso de responsabilidades civis obrigacional e delitual (483.º/1 e 798.º CC)[242]. O *concurso de normas* (já que o A. se socorre da aceção penalista), nos moldes

[241] *Responsabilidade contratual e responsabilidade extracontratual*, BMJ 85 (Abril, 1959), 115-239, *Do concurso*, 80-81, respetivamente.

[242] Explicitamente, o A. afirma que «[a] inconsistência dos argumentos favoráveis à especialidade da responsabilidade obrigacional perante a ilicitude aquiliana, e, consequentemente, a impossibilidade de solucionar a dupla realização das previsões da responsabilidade contratual e delitual por um mesmo facto ilícito, através da especialidade de uma dessas qualificações legais, desloca a resolução deste problema [do concurso de normas] para o âmbito do concurso de pretensões (ob. cit., 150; o acrescento em parênteses recto é nosso).

que considera, pressupõe efeitos *distintos*. Com a devida vénia, importa, neste momento, ressalvar dois pontos – embora se concorde, como adiante se demonstrará, na mais-valia da caracterização da situação de concurso de responsabilidades como um de concurso de *pretensões* e não *apenas* de normas: em primeiro lugar, importa não confundir o objeto do concurso (as ações ou as normas) com a posição jurídica derivada (da norma ou enquanto fundamento da ação). Em suma, o conceito de pretensão importa para a definição da posição jurídica ativa em causa, algo que extravasa o objeto imediato do concurso (*i.e.*, a norma de onde provém). Por isso, o *concurso de pretensões* pressupõe um *concurso* (efetivo) *de normas* não resolvido a favor de uma delas e em detrimento das demais – o qual se define na terminologia alternativa penalista, por um concurso *efetivo* de crimes (e sedimenta a nossa aversão à tradicional aceção do *concurso de normas* em sinonímia com o *aparente*). E daí que não estranhemos que o exemplo do concurso de pretensões indicado (das responsabilidades civis) pressuponha o *concurso de normas* (em sentido lato), porquanto depende da verificação de ambas as previsões legais (483.º/1 e 798.º). Este passo metodológico (relativo às previsões; no qual o A. apela às *metanormas*) deve ser individualizado. Apenas posteriormente se podem analisar as consequências normativas em causa.

Por fim, neste segundo campo (dos efeitos), cumpre ainda esclarecer que não se pode indicar que ao concurso de *pretensões* está subjacente o *mesmo efeito*, contrariamente ao *concurso de normas* (leia-se, *conflito de normas*) e terminar aqui o esforço de investigação. Nesse caso, recaímos no erro que fundamentou a distinção quanto ao concurso de normas, ou seja, se o *efeito é o mesmo*, não há uma pluralidade de pretensões (ou de fundamentos de pretensão) com relevância prática. E é por isso que o ilustre Professor distingue posteriormente *o regime* associado a cada uma das qualificações do dever de reparação[243], ao mesmo tempo que afasta o problema do *escopo* do concurso de normas (naquele sentido terminológico de exclusão das demais regras), quando confrontado com o entendimento maioritário apologista da especialidade do regime *contratual*[244]. Pois bem, considerar *o mesmo efeito*, com regime diferente, é uma substituição do elemento teleológico com os quadros objetivos. Tem, no entanto, vantagens práticas, como veremos. Da nossa parte, com base na lição do Professor,

[243] Ob. cit., 137 e ss.
[244] Ob. cit., 142.

o concurso de pretensões pressupõe o concurso de normas não resolvido a favor de nenhuma das disposições, tendo por base um efeito igual (a obrigação de indemnizar). Todavia, cumpre densificar em novo patamar as possíveis *diferenças* reportadas à pretensão emergente, em particular o seu conteúdo distinto, as quais quebram a sua unidade: o concurso de pretensões impõe-se, portanto[245]. Já o concurso de fundamentos da mesma pretensão depende da unidade prática do efeito (ao nível do regime): afinal, neste entendimento (do qual nos afastamos), a pretensão é a *mesma*.

A importância da delimitação do concurso de pretensões ou de fundamentos da mesma pretensão em sede *do mesmo efeito jurídico*, *i.e.*, da mesma obrigação de indemnização, é, além do mais, prática, mas em todo o caso não é exclusiva. Autores clássicos da teoria do concurso de pretensões, tal como DIETZ, defendem que a pluralidade de pretensões pode emergir de *créditos diferentes* (e por sinal, de efeitos distintos)[246]. É, no entanto, possível não o fazer[247]; e é, a propósito, o que pode suceder no concurso

[245] BAIÃO DO NASCIMENTO, *Do concurso*, 83. Se o *concurso de pretensões* visasse a prossecução material do m*esmo efeito*, quando muito, revelaria enquanto um caso típico do concurso de *ações*, desde que, novamente, lhe sejam associadas várias *actiones*.

[246] *Anspruchskonkurrenz*, 160 e ss. São, aliás, conhecidos outros casos que retratam um concurso de pretensões destinado à satisfação do mesmo interesse. Assim, p. ex., algumas vozes progressistas apelam à possibilidade de o devedor solidário, a par da via de regresso (524.º), ficar *sub-rogado legalmente* (592.º/1) na posição do credor, reforçando os mecanismos de ressarcimento. Neste caso, indicam existir um concurso de pretensões, ainda que resultantes de dois créditos (o sub-rogado, no qual sucede, e o de regresso, *ex novo*), destinadas à satisfação do mesmo interesse: gera-se, assim, «duas pretensões independentes e alternativas, sujeitas cada uma às suas próprias regras», numa hipótese qualificada (frisa-se) de *concurso de pretensões*; cf., expressamente, v. JANUÁRIO GOMES, *Assunção Fidejussória*, 901, com maestra explanação do problema (*idem*, 884-903, a qual mereceu a adesão de HUGO RAMOS ALVES, *Dação em cumprimento*, Almedina: Coimbra, 2020, 826), e, na vanguarda deste novo entendimento, juntamente com GALVÃO TELLES, *Direito das Obrigações*, 288 (nota 2) e VAZ SERRA, anot. ao ac. STJ, de 14-Out-1976, RLJ, Ano 110 (1977-78), 330-336, 338-340 (339), entre outros. Esta traduz, aliás, o entendimento mais recente ao nível comunitário, cf. 10:106 (2) PECL e III-4:107, 2 DCFR, tal como dá nota (embora aderindo ao entendimento clássico, BRANDÃO PROENÇA, *Lições*, 143, nota 374).

[247] Ilustra bem esta ideia uma noção dinâmica de direito subjetivo retratado por CABRAL MONCADA, *Lições*, 59 (nota 1), tendo afirmado «[h]á muitos direitos subjetivos não acompanhados, desde logo, de todas as *pretensões* que aliás potencialmente contêm. A pretensão é uma concretização mais particularizada e exigente do direito subjetivo em movimento.» (*idem*).
Em concreto, CALVÃO DA SILVA entende que a responsabilidade do produtor gera uma *concorrência cumulativa de pretensões* (*i.e.*, a três níveis, a responsabilidade *objetiva*, emergente do regime especial consagrado pelo Decreto-Lei n.º 383/89, de 6 de novembro, e delitual e obrigacional decorrente do regime geral, cf. art. 13.º daquele diploma), reportada – note-se – a um «direito único»

de responsabilidades civis. Pergunta-se: qual a vantagem de reconduzir o concurso de pretensões a *um* direito de crédito indemnizatório ao invés de *vários*? Como teremos a oportunidade de explorar, a matéria é decisiva para se determinar a pertinência das críticas à autonomia das pretensões: no modelo clássico de independência (*i.e.*, gerando-se *vários créditos*), as pretensões distintas poderiam ser, por exemplo, *cedidas*, *remidas* e *penhoradas* autonomamente (577.º, 863.º CC e 773.º CPC), conservando o lesado o direito pleno relativamente às pretensões concorrentes.

Por outro lado – e com idêntica importância – a conceção influencia a invocação das exceções de litispendência e de caso julgado, quando seja instaurada uma ação, concomitante ou posterior a uma outra fundada numa pretensão concorrente, tal como veremos no fim da exposição (cfr., *infra*, § 18; 3.2). Mais: derivando do *mesmo crédito* indemnizatório, as pretensões não têm a autonomia *total*: evita-se, assim, a iniquidade provocada por uma plena independência das várias pretensões – embora detenham regimes associados diferentes e (principalmente) sejam unificadas pela teleologia do ressarcimento dos prejuízos: ao ser satisfeita uma das pretensões, extingue-se as demais concorrentes, pelo menos no que respeita ao *dano comum*.

Resta, por fim, conhecer em concreto neste último caso (de concurso de pretensões) o *tipo* da relação normativa gerada entre as pretensões concorrentes. Antecipa-se que, tendo em vista aquela bitola axiológica, essa relação será de tipo comum (ou de vários) às já conhecidas relações de *cumulação*, *alternatividade* ou *conflito*: por sinal, quanto ao dano comum, resta saber se cumpre ao lesado optar pela pretensão que lhe convir (*alternatividade*) ou não, porque existirá uma que prevalece (*conflito*); por fim, quanto aos prejuízos *diferentes*, resta saber se o lesado pode somar a tutela emergente de todas as pretensões, que nesta medida não se sobrepõem quanto aos danos que consideram (*cumulação*).

Se configurarmos o concurso de responsabilidade civil como um *concurso de fundamentos de pretensão*, este depende, por regra, da vontade da parte na invocação do *fundamento* (isolado ou cumulado) da sua pretensão, sem que o sistema ofereça uma solução normativa prévia (tal como sucede no concurso

de responsabilidade do produtor (*A responsabilidade civil do produtor*, Almedina: Coimbra, 1990, 463-465). Em Itália, o concurso de normas é configurado desta forma, acoplado a um processo de alternatividade entre os títulos de imputação, *i.e.*, no âmbito de *um mesmo* direito subjetivo e ação correspondente («un unico diritto soggettivo al risarcimento, presidiato da un'unica azione», cf. Gaetano Anzani, *Concorso di responsabilità contrattuale ed extracontrattuale*, Responsabilità civile e previdenza, n.º1 (2018), Giuffrè Editore (2018), 278-296 (278).

aparente de normas)[248]. É matéria a examinar. Em todo o caso, ambas as figuras – o concurso de fundamentos da pretensão e de pretensões – têm por base o *concurso de normas*, sublinhe-se, mas ultrapassam-no, com particularidades que obrigam a reconhecer a sua autonomia.

Note-se que o critério que distingue estas duas submodalidades do *concurso de pretensões em sentido lato* não está definido: sabemos que o conceito de pretensão não é, do ponto de vista analítico, o elemento mínimo da decomposição do comando normativo. Ela pode ser, por sua vez, decomposta nos elementos que a integram. Por outro lado, nem a toda a norma corresponde necessariamente uma pretensão, não sendo verdade que por concorrerem várias normas (efetivamente) existam necessariamente várias pretensões.

Assim, recuperando e completando o esquema anterior:

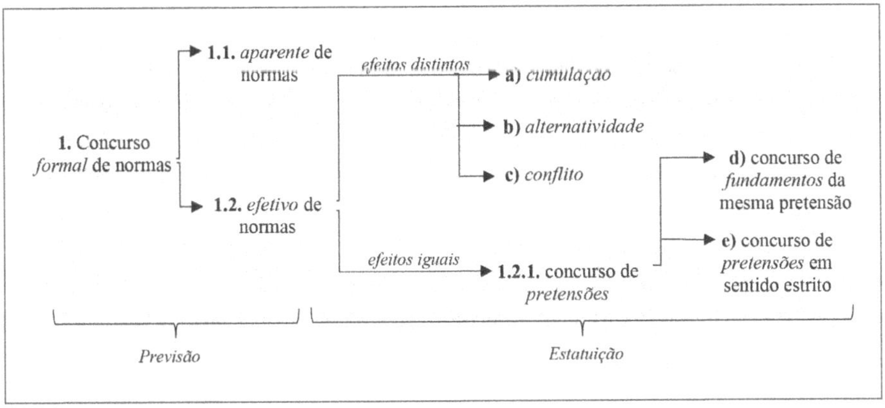

VII. Ao longo desta brevíssima exposição metodológica, procurámos recentrar o debate relativo à determinação da posição jurídica reconhecida ao titular do direito de indemnização numa situação de concurso, com grande enfoque no contributo do Direito alemão, sem dúvida: este reside maioritariamente na discussão quanto à existência de um *concurso de pretensões* ou, ao invés, de um *concurso de fundamentos à mesma pretensão*, no âmbito de um concurso efetivo de normas e por base na análise dos efeitos associados a cada modalidade (cfr. 1.2 no esquema *supra*). O conceito de pretensão

[248] DANIELA M. FRENDA, *Il concorso*, 71. Por este motivo DIETZ denominava o concurso (aparente) de normas um *concurso resolvido* (*gelöste Konkurrenz*), por oposição ao de pretensões, *não resolvido* (*ungelöste Konkurrenz*) na medida em que depende da vontade da parte; *Anspruchskonkurrenz*, 17. No mesmo sentido, v. LENT, *Die Gesetzeskonkurrenz*, 4. Retomaremos este aspeto adiante, cf., *infra*, § 17; 2.1.

é determinante para este efeito. Existem, no entanto, outros entendimentos, minoritários, os quais procuram recentrar a discussão para um plano prévio, nomeadamente o do concurso (aparente) *de normas* e na análise apenas das previsões *normativas* – de que é exemplo o entendimento tradicional francês do *non-cumul* – ou, por outro lado, de um prisma processual, o mero *concurso de ações*. Todos estes aspetos serão aprofundados adiante.

A aplicação deste entendimento ao sistema português de responsabilidade civil carece da decomposição normativa de todos estes elementos, agregados, quando suficientes para responsabilizar um sujeito, no *título de imputação de danos* de ambas as modalidades consideradas. Teremos que compreender, à luz dos quadros enunciados, as previsões normativas das regras em confronto. Por outro lado, importa atentar à consequência normativa gerada, em particular às eventuais pretensões geradas e respetivos efeitos. Ressalvamos que qualquer investigação dedicada à matéria do concurso fica inicialmente condicionada à identificação das proposições jurídicas reconduzidas às modalidades delitual e obrigacional de responsabilidade, enquanto elemento necessário à sua distinção[249]. O conhecimento das modalidades (e respetivas normas em concurso) revela-se a fundação metodológica indispensável ao apuramento (*i*) da existência de um *concurso de normas* em si, bem como (*ii*) para a *qualificação da posição jurídica ativa reconhecida ao lesado*. Atendamos, então, com maior profundidade à estrutura do título de imputação das modalidades delitual e obrigacional de responsabilidade civil.

[249] Como vimos, é manifesto que o estabelecimento de uma *relação normativa* entre normas em concurso depende, num prisma inicial, da identificação de duas ou mais regras jurídicas *distintas* (note-se que não tratámos nesta fase da exposição do *concurso da mesma norma*, em caso de verificação múltipla); neste sentido, MüKoBGB/Wagner (8.ª ed. de 2020), em comentário prévio ao § 823 BGB, n.º 83. Ora, a distinção entre as regras tem como ponto de partida sempre o seu conteúdo, em termos de previsão e estatuição. Regras iguais, ao apresentar uma estrutura idêntica, não estabelecem qualquer relação entre si, sendo uma mera repetição de conteúdo. Por isso mesmo, Cavaleiro de Ferreira, *Direito Penal Português*, I, 161, afirmava «uma norma não concorre consigo mesma. Por isso, não há, quando tenham lugar várias violações pelo mesmo facto de uma só norma, uma pluralidade de qualificações e um concurso real de normas [...].». Todavia, noutro sentido, avança-se o conceito de concurso *ideal homogéneo*, quando uma só ação viola várias vezes a mesma norma jurídica, Eduardo Correia, *Direito Criminal*, II, 198, pelo que o concurso também ocorre neste caso (*i.e.*, no Direito Penal, quando se verifique multiplamente o mesmo *tipo de crime*; Figueiredo Dias, *Direito Penal*, I, 1168-1170). Isto corresponde, aliás, ao disposto no art. 30.º/1, segunda parte, mediante a menção ao «número de vezes que o mesmo tipo de crime for preenchido pela conduta do agente.», acompanhando o disposto no § 52 (1) stGB.

SECÇÃO II
A ESTRUTURA DO TÍTULO DE IMPUTAÇÃO DE DANOS DAS MODALIDADES EM CONFRONTO

I. O concurso de responsabilidade de ambas as modalidades consideradas (delitual e obrigacional) pressupõe a coexistência de uma pluralidade de títulos de imputação (*quantidade*). Todavia, a diversidade dos títulos de imputação relevante nesta sede abrange também a pluralidade de *qualificações* jurídicas dessa mesma responsabilidade (*qualidade*). Importa, assim e em primeiro lugar, explorar o fundamento da diversidade das qualificações. Com o propósito comparatístico da realidade que compõe as modalidades de responsabilidade consideradas, analisar-se-á a *estrutura* das suas normas-padrão, decompondo--as, quanto à sua previsão, nos pressupostos de responsabilidade e, quanto à sua estatuição, na obrigação de indemnizar.

Insiste-se: a análise metodológica de uma situação de concurso obriga à decomposição prévia das modalidades de responsabilidade em causa. Ora, essa decomposição inicia-se pela análise da previsão das respetivas normas, *i.e.*, os seus pressupostos.

II. Confirmando-se uma diversidade de títulos de imputação em concurso, a própria *coexistência* de normas qualificadoras do facto determinante de responsabilidade não é, de igual forma, um dado adquirido. Não se pode excluir a existência de uma solução normativa *prévia*, *genética*, *abstrata* e *definitiva* para o problema em análise, *i.e.*, cumpre explorar, após a formação dos títulos de imputação de danos, se o ordenamento dispõe de um critério para solucionar as hipóteses de concurso, ou seja, uma verdadeira *regra de concurso*, tal como constava da proposta de VAZ SERRA no anteprojeto do nosso Código Civil[250]. Pois bem, o cumprimento deste segundo propósito também se almeja na análise da própria formação dos títulos de imputação de danos gerados,

[250] Cfr., *infra*, § 16; 4.2.

generalizados nas respetivas normas-padrão de responsabilidade, embora com particular incidência em sede da respetiva *consequência normativa* (da obrigação de indemnização), onde também devem ser exploradas as soluções apresentadas pelo ordenamento. Teremos em conta esta preocupação na análise subsequente.

§ 6. OS PRESSUPOSTOS DO TÍTULO DE IMPUTAÇÃO DE DANOS NAS MODALIDADES CONSIDERADAS; A IMPUTAÇÃO E O DANO

I. A estrutura normativa das normas-padrão de responsabilidade consideradas permite identificar, na respetiva previsão, os elementos necessários à subsunção normativa, designados por *pressupostos* da responsabilidade.

No âmbito do concurso, como vimos[251], a análise dos pressupostos da responsabilidade de tipo delitual e obrigacional revela-se determinante para a compreensão e qualificação das modalidades em confronto. Em particular, são os pressupostos que delimitam as modalidades de responsabilidade consideradas, uma vez que os títulos de imputação de danos visam a *mesma* consequência normativa – *i.e.*, a obrigação de indemnizar – não se distinguindo, em abstrato, por este último critério.

II. O processo hermenêutico de identificação dos pressupostos da responsabilidade civil em cada modalidade tem sido alvo de grandes querelas. Manifesta-se uma acentuada divergência doutrinária quanto ao fundamento da obrigação de indemnização com base nas normas-padrão das modalidades consideradas, embora estas sejam, em grande medida, *equivalentes*. O plano da divergência pode ser sintetizado em dois grandes conjuntos na doutrina nacional[252], transversal às Escolas, a saber: o setor maioritário, o qual decompõe a previsão normativa daquelas normas na *pentapartição* de (*i*) facto, (*ii*) ilicitude, (*iii*) culpa, (*iv*) dano e (*v*) nexo de causalidade (ou outras variações

[251] Neste sentido, cfr. CARNEIRO DA FRADA, *Direito Civil*, 64; FERREIRA PINTO, *Concurso*, 2012. Por este motivo, MARIA GRAÇA TRIGO, *Responsabilidade civil delitual por facto de terceiro*, 24, alerta para o perigo da importação acrítica das teses defendidas noutros ordenamentos.

[252] Atendemos ao apelo de MENEZES CORDEIRO, o qual se reproduz: «[p]ena é que as flutuações linguísticas e um permanente descurar da produção interna, a favor de escritos estrangeiros nem sempre de grande nível, dificultem a estabilização de uma verdadeira doutrina nacional", em *Tratado*, VIII, 426.

analíticas ou *descritivas*) e, por outro lado, um minoritário, iniciado por Pessoa Jorge e, hoje, encabeçado por Menezes Cordeiro, o qual, por sua vez, combate veemente aquela delimitação conceptual, invocando a «artificialidade dos recortes efetuados» e dá origem a teses designadas de *sincréticas* ou *englobantes*[253].

a. No que respeita às teses *analíticas*, quanto à Escola de Coimbra, Manuel Dias da Silva distingue o (*i*) facto, (*ii*) dano, (*iii*) ilicitude e (*iv*) a imputabilidade[254]; Guilherme Moreira aponta (*i*) o facto, (*ii*) o dano e (*iii*) a culpa[255]; Cunha Gonçalves sindica (*i*) o facto ilícito, (*ii*) o prejuízo, (*iii*) o nexo de causalidade entre o facto ilícito e o prejuízo, apenas, e, eventualmente, (*iv*) a culpa[256]; Manuel de andrade distingue (*i*) o facto, (*ii*) o nexo de imputação, (*iii*) o dano e (*iv*) o nexo de causalidade[257]; entendimento perfilhado por Pereira Coelho[258] e Capelo de Sousa[259]; Carlos Mota Pinto, por sua vez, apela à (*i*) ilicitude, (*ii*) culpa, (*iii*) dano e (*iv*) ligação causal[260]. Antunes Varela distingue o (*i*) facto (controlável pela vontade do homem), o qual corresponde ao facto objetivo do não cumprimento na responsabilidade obrigacional, (*ii*) a ilicitude, (*iii*) a imputação do facto ao lesante, que denomina de *culpa* no âmbito obrigacional, (*iv*) o dano e (*v*) o nexo de causalidade entre o facto e o dano[261]; Vaz Serra aponta (*i*) a acção ou acto humano, (*ii*) a antijuridicidade, (*iii*) a culpa, (*iv*) o dano e (*v*) o nexo causal[262]; Almeida Costa distingue (*i*) o facto, (*ii*) a ilicitude, a (*iii*) imputação do facto ao lesante, (*iv*) o dano e (*v*) o nexo de causalidade entre o facto e o dano[263]; em sentido equivalente, Rui de Alarcão refere (*i*) o facto ou acto humano, (*ii*) o ilícito, (*iii*) a culpa, (*iv*) o dano e (*v*) o nexo causal entre o facto

[253] Sobre a reforma da pentapartição tradicional mediante a reordenação de pressupostos v. Menezes Leitão, *A responsabilidade do gestor*, 237 e ss.

[254] *Estudo sobre a responsabilidade civil*, I, 110.

[255] *Instituições*, I, 590.

[256] *Tratado*, XII, 399.

[257] *Teoria Geral das Obrigações*, 338.

[258] *Nexo de causalidade*, 124, *Obrigações*, 145.

[259] *Teoria Geral do Direito Civil*, I, Coimbra Editora: Coimbra (2003), 74 e ss.

[260] *Teoria Geral do Direito Civil*, 129-130.

[261] *Das obrigações*, I, 526 (nota 1)e *II*, 94 e ss.

[262] *Requisitos da responsabilidade civil*, BMJ 92, Janeiro 1980, 39, 64 e ss.

[263] *Direito das Obrigações*, 557 e 1037 e ss., *Noções fundamentais de Direito civil*, 7.ª ed., Almedina: Coimbra (2018), 91.

e o dano[264]. SINDE MONTEIRO distingue entre o (*i*) facto humano (*ii*) qualificável como ilícito, (*iii*) o nexo de imputação do facto ao agente, (*iv*) de causalidade e (*v*) o dano[265]; MAFALDA MIRANDA BARBOSA, aderindo à tese clássica, não autonomiza o facto da ilicitude e na responsabilidade obrigacional adere ao conceito agregador de *faute*[266]. Em sentido próximo, na Escola do Porto, RIBEIRO DE FARIA distingue (*i*) o facto voluntário, (*ii*) a ilicitude, (*iii*) a culpa, (*iv*) o dano e (*v*) o nexo de ilicitude entre o facto e o dano[267]; CARNEIRO DA FRADA distingue entre (*i*) situação de responsabilidade, (*ii*) forma de imputação, (*iii*) dano e (*iv*) nexo causal[268]; por sua vez, JOSÉ CARLOS BRANDÃO PROENÇA segue a pentapartição tradicional[269].

Quanto à Escola de Lisboa, GOMES DA SILVA aponta (*i*) o dano, (*ii*) violação de um direito, da qual resulte o dano, (*iii*) o facto ou omissão que dê origem à mesma violação, (*iv*) nexo de causalidade e (*v*) nexo de imputação dos restantes elementos a determinadas pessoas[270]; SIDÓNIO PEREIRA RITO indica na modalidade delitual, (*i*) o prejuízo, (*ii*) o acto ilícito e culposo e (*iii*) a relação de causalidade[271]; JAIME GOUVEIA distingue (*i*) o facto ilícito, (*ii*) a culpa e (*iii*) o prejuízo[272]; PINTO COELHO distingue (*i*) a violação de um direito ou a transgressão de um dever, (*ii*) a culpa e (*iii*) o prejuízo[273]; GALVÃO TELLES distingue (*i*) o acto ilícito (por inexecução da obrigação na responsabilidade obrigacional), (*ii*) a culpa, (*iii*) o prejuízo e (*iv*) a causalidade[274]; aderem, por sua vez, à pentapartição clássica, RUI ATAÍDE[275], OLIVEIRA ASCENSÃO[276], PEDRO ROMANO MARTINEZ[277],

[264] *Direito das Obrigações*, 201-202.

[265] *Rudimentos da responsabilidade civil*, 359.

[266] *Lições*, 27 e 416 e ss.

[267] *Direito das Obrigações*, I, 406.

[268] *Contrato e deveres de protecção*, 191; *Teoria da Confiança*, 301 e *Direito Civil*, 63 e 64.

[269] *Lições*, 287-321.

[270] *O Dever de Prestar e o Dever de Indemnizar*, 64.

[271] *Elementos da responsabilidade civil delitual*, Separada do Jornal do Fôro, Ano 10, Tipografia Freitas Brito, Lda.: Lisboa (1946).

[272] *Da responsabilidade contratual*, 39.

[273] *Responsabilidade civil baseada num conceito de culpa*, Imprensa da Universidade de Coimbra: Coimbra (1906), 220.

[274] *Direito das Obrigações*, 333.

[275] *Responsabilidade civil*, *maxime* 1168.

[276] *A teoria finalista e o ilícito civil*, Separata da Revista da Faculdade de Direito (1987), 10-11.

[277] *Cumprimento defeituoso*, 231, *Apontamentos*, 85, 92-103; embora com adesão ao entendimento sincrético (do dano e imputação), não prescinde da pentapartição (*ibidem*, 86).

Dário moura vicente[278], Menezes Leitão[279], José Alberto González[280], Nuno Manuel Pinto de oliveira[281], Maria da Graça Trigo[282], Ana Prata[283] e Rui Soares Pereira[284]. Por sua vez, Adelaide Menezes Leitão, num esquema próprio, com base no entendimento de Cortes Rosa, distingue os pressupostos de responsabilidade (facto e dano) dos sistemas de imputação (por nexo de causalidade, culpa e ilicitude)[285]; numa linha não muito distante dos entendimentos anteriores.

b. Quanto às teses *englobantes*, exclusivas da Escola de Lisboa, Pessoa Jorge aponta três requisitos: os primeiros positivos, designadamente (*i*) o ato ilícito e (*ii*) os prejuízos reparáveis, e um terceiro requisito, de ordem negativa, o qual designa por (*iii*) *ausência de causas de isenção da responsabilidade civil*[286]; Menezes Cordeiro aponta o (*i*) dano e (*ii*) a imputação[287]. A este entendimento veio aderir Eduardo Santos Júnior[288].

III. Na ordenação analítica dos pressupostos transparece o recurso a conceitos englobantes: tendo por referência a *pentapartição* dominante, ao nível *ontológico*, manifesta-se a dicotomia fundamental entre o *facto*, *ato* ou *situação* determinante da responsabilidade, normativamente enquadrado, e aquele que revela o *prejuízo* ou *dano* a tutelar. Sob a égide destas duas realidades, para

[278] *Da responsabilidade pré-contratual*, 300, *Direito Comparado*, II, 282-307 e 412-52.

[279] Menezes Leitão, *Direito das Obrigações*, I, 295 e II, 251 e ss, revendo a posição defendida em *A responsabilidade do gestor*, 235-242. Veio aderir a esta posição Jorge Duarte Pinheiro, *O Núcleo intangível da comunhão conjugal. Os deveres conjugais sexuais*, Almedina: Coimbra (2004), 692.

[280] *Responsabilidade civil*, Lisboa, Quid Juris (2007), 61.

[281] *Estudos*, 144.

[282] *Responsabilidade civil delitual por facto de terceiro*, 22.

[283] Anot. ao art. 483.º em *Código Civil anotado*, I, (Coord. Ana Prata) Almedina: Coimbra (2017), 630.

[284] *A responsabilidade por danos não patrimoniais – do Incumprimento das Obrigações no Direito Civil Português*, Coimbra Editora: Coimbra (2009), 288, *O Nexo de Causalidade na Responsabilidade Delitual – Fundamento e limites do juízo de condicionalidade*, Almedina: Coimbra (2019), 177, e *Problemas atuais da responsabilidade civil obrigacional/contratual*, Católica Talks, I, Universidade Católica Editora: Lisboa (2020), 185-225 (187).

[285] *Normas de protecção*, 642-644; cfr. Manuel Cortes Rosa, *A delimitação do prejuízo indemnizável em direito comparado inglês e francês*, E.N.P.: Lisboa (1962), 377.

[286] Pessoa Jorge, *Ensaio*, 55-56. Veja-se aquela tripartição inicial também em *Direito das Obrigações, Apontamentos*, Edição da AAFDL: Lisboa (1963), 218.

[287] Destacamos o Autor, *colorandi causa*, em *Direito das Obrigações*, II, 280-282, *Tratado*, VIII, 432, e IX, 388; com uma evolução esplanada adiante, sem prejuízo do demais.

[288] *Da responsabilidade*, 224 (nota 750), 266; embora mencione a pentapartição tradicional nas suas lições, em *Direito das Obrigações I*, 290.

o apuramento da responsabilidade de um determinado agente[289], incidem ainda uma miríade de juízos normativos: segundo a conceção tradicional, por um lado, o *evento* revelante deve ser a *causa* da verificação do *ilícito* (ilicitude e nexo fundamentador) e simultaneamente *culposo* (culpa); por outro, devem existir *danos* em decorrência daquele facto (dano e nexo delimitador). Sem prejuízo do exposto, o evento determinante de responsabilidade pode deter características essencialmente *normativas*, tal como sucede no caso das omissões, na responsabilidade das pessoas coletivas, ou quando não decorra da conduta do responsável, por derivar de ato terceiro ou de um evento estranho totalmente à conduta humana (paradigmaticamente, na responsabilidade pelo *risco*). Por outro lado, as modalidades de responsabilidade admitem modelações específicas daqueles elementos, com quebra sistemática da sua exigência *cumulativa*, tal como sucede na responsabilidade pelo risco ou por factos lícitos, momento em que se prescinde dos pressupostos da culpa e/ou da ilicitude. Tal como sucede nas omissões, a natureza *material* do segundo elemento pretensamente ontológico (o dano) não é característica necessária (p. ex., no cômputo do dano de *perda de chance*, o lesado não sofre uma *diminuição patrimonial* em sentido estrito). A complexidade dos juízos normativos necessários para o apuramento da obrigação de indemnizar não se esgota, portanto, no enunciado tradicional daqueles pressupostos, os quais não limitam os fundamentos normativos da responsabilidade – destaca-se, por não contemplados, a *tipicidade* (quando a norma o admita[290]) e o *nexo fundamentador de responsabilidade*. Reconhece-se, no entanto, o mérito inerente àquela divisão, representando sistematicamente o mais fiel processo de apuramento do título prototípico de imputação das responsabilidades civil, com base, portanto, nas normas-padrões de responsabilidade. Este caracteriza-se por uma ordenação *sequencial* dos requisitos previamente determinados, cujo

[289] Historicamente, os pressupostos romanos da responsabilidade delitual tripartiam-se em três elementos, atomisticamente considerados: o facto, a ilicitude e a culpa. O dano e a causalidade surgiam como problemas conexos com a obrigação de indemnizar. V., neste sentido, Menezes Cordeiro, conclusão não exclusiva, para cuja investigação se remete; em *Tratado*, VIII, 301 e ss.

[290] Contra, Rui Ataíde, *Responsabilidade Civil*, 1138, seguindo a distinção entre o modelo de cláusula geral (configurado no artigo 483.º/1) ao da tipicidade penal, tal como preconizado por Menezes Cordeiro, *Da Boa fé*, 1183-1184. V., *infra*, § 6; 2.2. Aliás, sem prejuízo de um maior aprofundamento, existem grandes confluências entre os ramos de direito considerados (penal e civil, paradigmaticamente): como zonas de proximidade, veja-se a *tipicidade* penal, comparativamente ao primeiro momento do nexo de causalidade, *fundamentador* de responsabilidade (entre o facto e a ilicitude). V. *infra*, § 6; 4.2.1.

conceptualismo, em prol de uma segurança jurídica, se opõe à flexibilidade de um *sistema móvel (bewegliches System)*[291]; embora este último tenha manifestações pontuais no nosso regime.

IV. Desta forma, é inegável a vantagem dogmática do apuramento almejado pelas teses sincréticas, às quais se adere, nomeadamente a de Menezes Cordeiro. Como vimos, o ilustre Professor enuncia de forma sumária os pressupostos da responsabilidade civil reconduzidos ao (*i*) *dano*, com primazia metodológica[292], e à (*ii*) *imputação*. Normativamente, tratamos da *imputação* a um determinado agente de um *dano* sofrido por terceiro. A redução nuclear dos pressupostos àqueles elementos, condensados num (*i*) *título de imputação de* (*ii*) *dano*(s) é, portanto, suficiente. O ponto de referência permanece, note-se, o apuramento dos pressupostos e não a sua *consequência normativa*[293].

V. Trata-se, em seguida, os pressupostos de responsabilidade civil com respeito da *pentaparticipação* tradicional[294]: por um lado, as realidades encontram-se contidas nos pressupostos considerados (*imputação* e *dano*), por outro, a facilidade expositiva concedida suplanta a utilidade do rigor conceptual. Em todo o caso, não abdicaremos de realizar os reparos necessários e expor, em concreto, os motivos de discordância. Note-se, ainda – e este aspeto é fundamental – que uma unificação do tratamento ao nível dos pressupostos (*estrutural* em abstrato) não obriga a reconhecer um modelo monista de

[291] Sobre o conceito, v., *infra*, § 6; 5.2.3, a), nota de rodapé 658.

[292] Menezes Cordeiro, *Direito das Obrigações*, II, 282. Cumpre notar que, embora o ilustre Professor prossiga na explanação da matéria com base na pentapartição tradicional, ressalva expressamente a sua adesão ao modelo sincrético enunciado (*Tratado*, VIII, 433-434; «[a] construção da responsabilidade civil a partir do dano e na base da técnica da sua imputação (delitual, pelo risco ou pelo sacrifício), com a consequente redução dos seus pressupostos aos referidos dano e imputação afigura-se-nos, ainda hoje, irrefutável.»).
Encontramos um lugar de destaque do dano nas lições de Pessoa Jorge (*Ensaio*, 101 e Direito das Obrigações, 485 e ss.), embora a adesão do A. à pentapartição tradicional não confira a mesma importância em relação às teses sincréticas. Em sentido contrário, v. Menezes Leitão, *A responsabilidade do gestor perante o dono do negócio no Direito civil português*, Almedina: Coimbra (2005), 240 e respetiva nota 1.

[293] A natureza unitária da responsabilidade não é necessária para se reconhecer determinado aspeto como *pressuposto geral* do título de imputação, atendendo à sua maleabilidade e individualidade no contexto de cada modalidade. Aliás, qualquer formulação analítica, incluindo a clássica pentapartição tradicional, atravessa essa mesma dificuldade. Não colhe, portanto e com a devida vénia, a crítica de Menezes Leitão, *A responsabilidade do gestor*, 240 e respetiva nota 1.

[294] Neste sentido, Menezes Cordeiro, *Tratado*, VIII, 433-34.

responsabilidade, porquanto o conteúdo (*estrutural* em concreto) ou funcional (*axiológico*) díspar das modalidades consideradas impede essa mesma conclusão[295].

1. O evento determinante de responsabilidade

1.1. O ato voluntário e o facto; sequência

I. O primeiro pressuposto do título de imputação de danos (o qual pode potencialmente gerar a obrigação de indemnização) reconduz-se ao *evento determinante de responsabilidade*, comummente designado de *facto*.

No âmbito das modalidades consideradas, de tipo *subjetivo*, o evento em causa traduz-se necessariamente num *comportamento humano*, e, como tal, num *ato do lesante*[296], ainda que de forma indireta, tal como sucede no comportamento omissivo, conquanto *voluntário* (483.º/1).

Em contraste, na responsabilidade pelo *risco* (sobre a qual não nos debruçamos), aquele *evento* pode ser reconduzido a um *facto jurídico* na ótica do lesante: é o que ocorre, quando a situação de responsabilidade se funda num ato de terceiro (incluindo o lesado, p. ex., um acidente de trabalho) ou num evento de todo alheio à vontade humana – noutro exemplo, por proceder de *caso fortuito* (clima de guerra, estado de sítio, *etc.*) ou de *força maior* (paradigmaticamente os *Acts of God*, *v.g.*, um terramoto, furacão, marmoto, queda de um raio)[297]. Assim, no âmbito das *normas de distribuição do risco*, quando o facto lesivo deriva de causa não imputável ao devedor[298], não cumpre apelar

[295] Assim, Pedro Múrias, *A responsabilidade por actos*, 176; Adelaide Menezes Leitão, *Normas de Protecção*, 7 (nota 21); e Santos Júnior, *Da responsabilidade civil*, 206-207. Também Rui Soares Pereira admite que o dualismo do sistema português não se opõe à consideração unitária dos pressupostos da imputação delitual e obrigacional, em *Responsabilidade civil*, 288. V. *infra*, § 14; 1.

[296] Antunes Varela, *Das Obrigações*, I, 527. Preferimos o recurso ao conceito englobante de *evento* determinante de responsabilidade de forma a incluir todas as variantes associadas às modalidades de responsabilidade civil consideradas. Neste sentido, note-se que o legislador recorre ao conceito *evento* em sede da obrigação de indemnizar (562.º).

[297] Sobre os conceitos, nas vertentes de *imprevisibilidade* e *inevitabilidade*, respetivamente, v. Almeida Costa, *Direito das Obrigações*, 558-559, 1073-1074, Pessoa Jorge, *Ensaio*, 118-22 e Antunes Varela, *Das Obrigações*, I, 681-682, II, 100.

[298] Utilizamos o conceito no sentido de *responsabilidade objetiva*, o qual se contrapõe à noção de *risco*, em sentido estrito, reportado, ao invés, às normas de distribuição de risco, inclusive na responsabilidade (subjetiva) obrigacional. Neste sentido, apelando à distinção das primeiras figuras com

à existência de um *ato lesivo* pelo potencial responsável, já que (pelo menos neste caso) o risco começa onde a culpa acaba.

Nota-se, contudo, uma imprecisão terminológica neste aspeto, manifestada na menção no número 1 do artigo 45.º à responsabilidade fundada «em *ato* ilícito» por oposição à redação do n.º 3 do artigo 806.º, referente a responsabilidade por «*facto* ilícito».

Manifesta-se, assim, e no imediato, a vantagem dogmática em se considerar isoladamente este pressuposto nas responsabilidades subjetivas: o *ato voluntário* revela a autoria, ainda que plural, permitindo identificar sobre *quem* recairá a eventual sujeição ao dever de indemnizar[299].

II. O segundo aspeto qualificador do evento determinante de responsabilidade, reduzido ao ato do lesante nas modalidades consideradas, radica-se na sua *voluntariedade*. A voluntariedade traduz a *potencialidade de domínio* pela vontade humana daquele ato, abrangendo todos aqueles praticados por imprevidência ou distração, mas não os fenómenos que não são de todo domináveis pelo Homem, tal como, no exemplo de Menezes Leitão, os danos provocados pela queda de uma pessoa numa montra de uma loja em virtude de uma síncope cardíaca ou em coação física (*vis absoluta*)[300].

Não obstante, a voluntariedade do ato deve ser sindicada da vertente da *imputabilidade do agente*. A inimputabilidade reporta-se à ausência de desvalor subjetivo do ato, sendo carreada para a sua sede própria enquanto *incapacidade de culpa*[301]. Neste âmbito, relativo ao facto, apura-se apenas

base no regime dissonante (embora confluindo nas obrigações de garantia), v. Nuno Aureliano, *O Risco nos contratos de alienação*, Almedina: Coimbra (2009), 56-59 e 59-61.

[299] Antunes Varela, *ibidem*. Restringimos a ilação à responsabilidade subjetiva, porquanto nem sempre a autoria do facto determinante de responsabilidade é referente ao civilmente responsável, tal como sucede, a título exemplificativo, no caso da responsabilidade pelo risco (*v.g.*, 500.º e 800.º).

[300] Menezes Leitão, *Direito das Obrigações*, I, 296. No mesmo sentido, Almeida Costa, *Direito das Obrigações*, 558.

[301] Contra, Santos Júnior, *Direito das Obrigações*, I, 292-293 e 321. Também, Menezes Cordeiro, nas suas lições de 1980, mencionava que a inimputabilidade impedia o «comportamento voluntário»; em *Direito das Obrigações*, II, 312. Os alemães apelam à capacidade para ser culpado (*Verschuldensfähigkeit*) apreciada de igual forma em ambas as modalidades de responsabilidade (§§ 276, I, 827, 828 BGB). Veja-se a discussão paralela no Direito Penal com base nos artigos 19.º e 20.º CP, cfr. Carlota Pizarro de Almeida, *Modelos de Inimputabilidade*, Almedina: Coimbra (2000), 72.

se o evento em causa pode ser reportado à *vontade humana*, tratando-se, segundo Antunes Varela, geralmente, de «*puras ações de facto (faktische Handlungen), praticadas sem nenhum intuito declarativo*»[302]. A confusão terminológica do conceito *imputabilidade*, entre a relevância para o apuramento da voluntariedade do ato e para a culpa, agrava-se quanto este se reporta tanto à *pessoa* do responsável (488.º e 498.º), em termos delituais, como, na vertente obrigacional, à *causa* da falta de cumprimento (790.º e ss.), entre outras vertentes – *i.e.*, a falta de cumprimento «*por causa não imputável*» ao sujeito (*v.g.*, 790.º/1, 795.º/2, 796.º/1, 801.º/1, 804.º/2). Aliás, a *imputabilidade do agente*, no sentido de autodeterminação da vontade (de entender e querer) – menos abrangente do que a incapacidade *natural*[303] – não é requisito absoluto para o apuramento da respetiva responsabilidade civil, tal como demonstra a responsabilidade das pessoas não imputáveis, as quais culposa e transitoriamente se colocaram neste estado (488.º/1) ou não (489.º).

Nesta medida de maior abstração, o estado subjetivo do agente, com falta ou vícios da vontade no contexto obrigacional (de que é exemplo quem atua em erro sobre a pessoa ou o objeto do negócio, 251.º) e no âmbito delitual (quem, p. ex., presume erradamente que atua ao abrigo de uma causa de exclusão de ilicitude, 338.º [304]), não afeta a qualidade *voluntária* do seu ato, o qual pode ainda ser atribuído à sua vontade, ainda que viciada.

III. No que respeita à voluntariedade do ato, quanto à *qualidade* dos sujeitos, cumpre precisar a possibilidade de as *pessoas coletivas* serem civilmente responsáveis, embora estas não pratiquem *materialmente* atos voluntários. Sendo, hoje, incontestável a responsabilidade *obrigacional* das pessoas coletivas, como uma decorrência do reconhecimento da respetiva capacidade

302 Antunes Varela, *Das Obrigações*, I, 529. É esclarecedor do equívoco identificado no texto tanto a localização sistemática dos preceitos referentes ao inimputáveis (488.º e 489.º), após a referência à culpa (487.º), como o paralelismo com o Direito Penal, na qual a inimputabilidade é causa de exclusão da culpa do agente, v. Figueiredo Dias, *Direito Penal*, I, 560-601. No sentido do texto, Almeida Costa, *Direito das Obrigações*, 579 e ss., e Menezes Leitão, *Direito das Obrigações*, I, 323 e ss.; contra, Menezes Cordeiro, *Tratado*, VIII, 139-140, e Antunes Varela, *ibidem*.

303 V. o artigo 491.º. Sobre o tema, v. Henrique Sousa Antunes, *Responsabilidade civil dos obrigados à vigilância de pessoa naturalmente incapaz*, Católica Editora: Lisboa (2000), 100 e Maria Clara Sottomayor, *A responsabilidade civil dos pais pelos factos ilícitos praticados pelos filhos menores*, Separata do Boletim da Faculdade de Direito (LXXI), Universidade de Coimbra: Coimbra (1995) 408.

304 Antunes Varela, *Das Obrigações*, I, 555.

jurídica (160.º)[305], é, ainda assim, questionável a existência de uma responsabilidade a título *delitual*. Por outro lado, existe um conjunto de previsões onde se consagra expressamente a responsabilidade *objetiva* de pessoas coletivas, de que é exemplo a responsabilidade do Estado e das demais pessoas coletivas públicas (501.º).

O principal argumento aduzido contra a possibilidade de as pessoas coletivas serem responsabilizadas *subjetivamente* (*i.e.*, a título *culposo*) assentava na insuscetibilidade *ontológica* de *culpa* de uma entidade coletiva[306], a qual atua sempre através dos seus agentes, pessoas singulares. A esta vertente vários AA. aditam a existência de uma impossibilidade *normativa*, já que os poderes conferidos aos seus representantes e intermediários se encontram (aparentemente) limitados aos atos *lícitos* – conceção necessariamente vencida pela necessidade de reflexo destes atos na sociedade, para efeito do apuramento da respetiva responsabilidade *social*. Embora se adira ao entendimento de Manuel de Andrade, o qual, ao abrigo da legislação oitocentista, defendia (*i*) uma adaptação do critério da culpa, dada a ausência de uma personalidade natural, bem como invocava (*ii*) um argumento literal com base na redação do artigo 2361.º do Código de Seabra (equivalente ao atual 483.º) –, quando se mencionava «todo *aquele*, que viola ou ofende os direitos de outrem» – para responsabilizar subjetivamente a pessoa coletiva[307], não foi esse o entendimento

[305] Manuel de Andrade entendia traduzir-se num «privilégio injustificável» uma solução diversa, em *Teoria Geral Da Relação Jurídica*, I, 131. Numa linha inicial, essa possibilidade foi, no entanto, negada (cf., explanação de Menezes Cordeiro, em anot. ao art. 165.º, *Código civil comentado*, 469, e em *Tratado*, VIII, 620). Veremos adiante como se concretiza esta responsabilidade obrigacional.

[306] Superada, entretanto, por uma conceção normativa de culpa. Conceitos próximos, como o da culpa pela organização (*organizationsverschulden*), não ultrapassam a dificuldade base de imputação da vontade e conhecimento da pessoa coletiva à luz do presente juízo normativo. Neste caso, o conceito de *culpa* na organização aproxima-se terminologicamente do conceito de *responsabilidade* pela organização (*organisationshaftung*) – conceito preferível –, destinando-se em todo o caso a suprir as insuficiências dos §§ 31 e 831 BGB (cf. a anotação de Leuschner no *MüKoBGB* ao § 31 BGB, Rn. 33, 34). Entre nós, v., ainda, Maria Graça Trigo, *Responsabilidade civil*, 197-201. Atravessa semelhante dificuldade, pelo menos ao nível de enquadramento do fundamento que lhe subjaz, a expansão da responsabilidade *vicária* (*vicarious liability*) das pessoas coletivas (a título delitual e penal) nos sistemas de *Common Law*, como nos dá nota Ferdinand F. Stone, *Touchstones of Tort Liability*, Stanford Law Review, Vol. 2, n.º 2 (Fev., 1950), 259-284 (282-283). De notar, por fim, que a admissibilidade da responsabilidade obrigacional neste campo não supera, de *per si*, a questão enunciada, pela simples presunção culpa (799.º/1). A culpa, presumida ou não, deve ser avaliada. Já nos pronunciamos sobre esta matéria em *Sobre a responsabilidade civil profissional do advogado e das sociedades de advogados*, Revista da Ordem dos Advogados, Ano 82, Vol. I/II – Jan./Jun. 2022, 63-137 (128-129).

[307] *Idem*, 134-135. Em linha, o artigo 998.º/1 replica o disposto no preceito mencionado, aplicado às sociedades civis puras. Cf., ainda, o disposto no art. 6.º/5 CSC, o qual dispõe: «[a] sociedade

do Código de 1966. Transparece claramente uma linha de responsabilização por *atos de terceiro* e este aspeto dificulta o enquadramento dogmático da responsabilidade das pessoas coletivas. Esclarece o artigo 165.º (sob a epígrafe «Responsabilidade civil das pessoas colectivas») que as pessoas coletivas respondem civilmente pelos atos ou omissões dos seus representantes, agentes ou mandatário nos mesmos termos em que os comitentes respondem pelos atos ou omissões dos seus comissários. A remissão expressa para a responsabilidade do comitente perante o comissário (500.º), de tipo objetivo, proíbe, à primeira vista, a qualificação de uma responsabilidade a título *subjetivo*, por *culpa* da pessoa coletiva[308] e de forma *direta*; contrariamente, por sinal, ao que sucede classicamente além-Reno (§§ 31 e 831 BGB)[309].

Sem prejuízo, a aceitação *de iuri conditio* da responsabilidade objetiva da pessoa coletiva não afasta, *per si*, que o evento determinante de responsabilidade seja qualificado *também* como delitual (483.º/1) e/ou obrigacional (798.º e ss.)[310].

Cumpre, neste momento, fazer dois reparos.

Em primeiro lugar, notar que a responsabilidade objetiva pode ser configurada como apenas um subtipo de responsabilidade, no modelo dualista[311]. Nestes termos, a responsabilidade prevista no artigo 500.º é uma de tipo *extraobrigacional*, salvaguardando o lesado dos prejuízos em resultado dos *atos* praticados pelo comissário, ainda que restrita àqueles conexos com o âmbito da função que lhe foi confiada (500.º/2).

responde civilmente pelos atos ou omissões de quem legalmente a represente, nos termos em que os comitentes respondem pelos atos ou omissões dos comissários», ao qual a generalidade da doutrina tem apontado a circunstância de não abranger os atos ou omissões no âmbito dos poderes de representação e nessa qualidade (de representantes, claro), os quais se repercutem diretamente na sociedade. Pelo demais, a responsabilidade obrigacional está incluída no art. 2.º CSC, o qual remete, por sua vez, para o disposto no art. 800.º CC (cfr. Pinto Furtado, *Comentário ao Código das Sociedades Comerciais*, Artigos 1.º a 19.º, Almedina: Coimbra, 2009, 258-259).

308 Pires de Lima e Antunes Varela, *Código Civil Anotado*, I, 168; Carvalho Fernandes, *Teoria*, I, 593.

309 Wolf/Neuner, AT, § 16, n. 11; Reinhard Bork, *Allgemeiner Teil des Bürgerlichen Gesetzbuchs*, 4.ª ed., Mohr Siebeck: Hamburgo (2015), § 5, n. 211. Explora esta possibilidade, entre nós, Menezes Cordeiro, em anot. ao art. 165.º, *Código civil comentado*, 469, e em *Tratado*, VIII, 621.

310 Aliás, em idêntica medida, pode-se configurar a responsabilidade das pessoas coletivas públicas (501.º); fora do campo da responsabilidade objetiva, posiciona-se Menezes Cordeiro, *Tratado*, VIII, 623, em linha com a Marcello Caetano, *As pessoas coletivas no novo código civil*, O direito, Ano 99 (1967), 85-110 (104), e Oliveira Ascensão, *Teoria*, 276. Cf., ainda, a anot. completa ao art. 501.º de Martinho Pires, em *Comentário ao Código Civil – Direito das Obrigações*, Universidade Católica Editora: Lisboa (2018), 389-392.

311 Cfr., *supra*, § 4.

Em segundo lugar, deve-se interpretar habilmente o disposto no artigo 165.º: este não afasta a (*i*) tutela obrigacional, numa atuação dentro do âmbito da representação conferida[312], a título objetivo, nos termos do artigo 800.º, nem (*ii*) a título subjetivo (por ato próprio), em particular quando exista *culpa* pelas ordens e instruções fornecidas (culpa *in instruendo*), na escolha do representante (*in eligendo*) ou, ainda, na vigilância ou fiscalização dos seus atos (*in vigilando*)[313]. Cumpre, no entanto, aprofundar a possibilidade de a pessoa coletiva ser *direta* e *genericamente* responsabilizada delitualmente pelos atos dos seus representantes (483.º/1), atendendo, em especial, ao nexo de ligação funcional que se estabelece, entre os polos da *representação* legal ou voluntária (desresponsabilizando a pessoa coletiva, 268.º/1) e o da conformação *orgânica* (responsabilizando-a, por sua vez, diretamente, como se o fosse

[312] V., sem propósito exaustivo, Menezes Cordeiro, em anot. ao art. 165.º, *Código civil comentado*, 469, e em *Tratado*, VIII, 620; C. Mota Pinto, *Teoria*, 321-322 (e respetiva nota 371); Carvalho Fernandes, *Teoria*, I, 591; Heinrich Hörster, *A Parte Geral do Código Civil Português – Teoria Geral do Direito Civil*, Almedina: Coimbra (2003), 293-293; Brito Correia, *Direito Comercial*, Vol. II, Sociedades Comerciais, AAFDL: Lisboa (1989), 260-277 e ss.; e Pinto Furtado, *Comentário ao Código das Sociedades Comerciais*, 258-259. Neste sentido, na nossa jurisprudência, v., também, o Ac. STJ 13-Abr-2011 (Alves Velho).

[313] Neste sentido, recentemente, v. Mafalda Miranda Barbosa, *Lições de Teoria*, 515 (e respetiva nota 601), qualificando o ato como um de simples incumprimento ou cumprimento defeituoso. Cumpre determinar que a culpa (por ato próprio) releva no plano interno de repartição de responsabilidades, *i.e.*, tal como sucede perante a responsabilidade do comitente, o qual haja respondido objetivamente, em sede de regresso (500.º/3). A propósito, afastando as preocupações de índole psicológica suscitadas pelo pressuposto da *culpa*, cfr. Menezes Cordeiro, *Tratado*, VIII, 622. Noutro plano, cumpre explorar as *diferentes culpas* que importa considerar na perspetiva da relação *lesante(s)-lesado* e, no plano interno (de regresso), entre os vários *lesantes* (cf. C. Mota Pinto, *Teoria*, 325 e respetiva nota 378). Este é, de resto, o entendimento que acompanha a existência de responsabilidade *penal* das pessoas coletivas (11.º CP, cf., com referências completas, a anot. a este art., e respetiva nota prévia, de Paulo Pinto de Albuquerque, *Comentário do Código Penal*, 124-145), a qual não exclui a responsabilidade individual dos respetivos agentes nem depende da responsabilização destes (11.º/7 CP). Este tipo de responsabilidade (penal das pessoas coletivas) é, aliás, desconhecido do direito alemão; a omissão no Código Penal alemão (stGB) da responsabilidade das pessoas coletivas é manifesta e propositada; cf., por todos, Roxin/Greco, *Strafrecht*, Allgemeiner Teil, I, 5.ª ed, C.H.Beck: Munique (2020), § 8, 360. Impera além-Reno a máxima «a sociedade não pode delinquir» (*Societas delinquere non potest*), ainda derivado da teoria da ficção de Savigny, sem prejuízo das legítimas críticas apresentadas a este modelo, designadamente pela teoria da personalidade real da associação de Otto Von Gierke, com base nos efeitos legalmente reconhecidos às pessoas coletivas, beneficiando posteriormente dos avanços de Franz von Liszt e Hafter, entre outros. Cfr., com retrato da respetiva evolução histórica, Gonçalo Melo Bandeira, *"Responsabilidade" penal económica e fiscal dos entes colectivos*, Almedina: Coimbra (2004), 187-237.

por si praticado) entre os pressupostos da *culpa* e do *nexo causal*[314]. Mantêm hoje, por isso e sem surpresa, total pertinência as considerações de MANUEL DE ANDRADE.

Em suma, o evento determinante de responsabilidade pode reunir os pressupostos de ambos os títulos e, desta forma, fundar a responsabilidade da pessoa coletiva em ambas as modalidades consideradas.

> Assim, se o trabalhador de uma barbearia, no âmbito das funções conferidas, fere a face do cliente, o estabelecimento pode ser responsabilizado obrigacionalmente pelo incumprimento contratual (800.º), como a título extraobrigacional pelo delito praticado pelo seu trabalhador conexo com as suas funções, enquanto *comitente* (500.º *ex vi* 165.º).

1.2. Ação e omissão: entre o ato real e o alternativo devido

IV. O *ato voluntário* do agente pode ser considerado ontologicamente numa perspetiva *positiva* ou *negativa*. Neste sentido, o evento determinante de responsabilidade decorre tanto da atuação do agente (*v.g.*, destruição de coisa alheia), como da sua falta, por omissão (p. ex., a não vigilância de um menor pelo obrigado). Com base na presente qualificação, e conexo com elementos de causalidade, afirma-se que o evento danoso *não* se produziria caso o agente se *houvesse* (*i*) *abstido* de atuar daquela forma (censurando-se o ato voluntário *positivo*) ou *(ii) agido* de forma a evitar a sua produção (censurando-se o ato voluntário *negativo*), respetivamente. Em ambos os casos, a sua conduta é a *causa* do dano[315]. Apela-se, assim, a uma responsabilidade por *ação* ou por *omissão*, respetivamente.

[314] Seguimos de perto a lição de CARVALHO FERNANDES, *Teoria*, I, 593-564. No sentido positivo (de responsabilizar a pessoa coletiva diretamente), ainda que *restrita* aos atos dos «titulares dos órgãos das pessoas coletivas», contrariamente à responsabilidade puramente objetiva da pessoa coletiva pelos atos dos representantes, agentes e mandatários; v. OLIVEIRA ASCENSÃO, *Teoria Geral*, 275-277, entendimento seguido por MENEZES CORDEIRO, *Tratado*, VIII, 622 e PINTO FURTADO, *Comentário ao Código das Sociedades Comerciais*, 260. É ilustrativa a ilação de FREDERICO ISASCA: «[a] capacidade gera pois a responsabilidade o que pressupõe um nexo de organicidade.» (*Responsabilidade civil e criminal das pessoas colectivas*, AAFDL, Lisboa, 1988, 34). Contra, incluindo a responsabilidade dos *órgãos* (*rectius*, dos seus titulares) naquele preceito, v. CARVALHO FERNANDES, *Teoria*, I, 602.

[315] ANTUNES VARELA, *Das Obrigações*, I, 528.

A distinção entre as figuras justifica, aliás, a divergência de regime de responsabilidade civil em sede das modalidades consideradas: a omissão funda-se paradigmaticamente no *dever de prestar* a título obrigacional, conquanto *entre os sujeitos do vínculo obrigacional* (798.º) – sendo até a regra neste plano (embora com efeitos comunicantes, perante terceiros, com o *dever de agir* a título de delitual, 486.º) – a *ação*, por sua vez, é a norma no campo delitual[316]. É manifesta – e este ponto não suscita dúvidas – a aptidão de ambas as formas de atuação para fundar a responsabilidade civil: o agente pode responder a título delitual ou obrigacional por ação ou omissão, pese embora a inexistência de uma norma que expressamente o determine (*v.g.*, 10.º/1 CP). Todavia, as diferenças de *regime* entre cada forma de atuação, em particular no que respeita à *fonte* do respetivo dever de atuação, contaminam a apreciação dos requisitos normativos subsequentes (em particular, o nexo de causalidade) e sedimentam a distinção entre a responsabilidade civil por ação e por omissão[317].

A fiabilidade da distinção entre a *ação* e a *omissão*, desconsiderando juízos normativos, é, todavia, dúbia, porquanto nas figuras consideradas o *evento relevante* se reporta sempre à conduta *real* do agente[318]. A existência de uma alternativa comportamental, a qual cumpre, em regra, o *dever genérico de respeito*, na vertente delitual, ou o *dever específico*, no vínculo obrigacional, é uma ilação própria do juízo *normativo* da (i)licitude. Ora, sem adiantar o devido aprofundamento da questão, a relevância normativa da conduta do devedor para efeitos de responsabilidade, sob o prisma da ilicitude, deriva da *lesão* ou *perigo de lesão* do bem jurídico, violando-se, em princípio por *ação*, o dever genérico de não ingerência no âmbito delitual ou, também em regra por omissão, o dever específico de conduta na vertente obrigacional. Assim, e em termos ontológicos, na responsabilidade por ação, o ato do

[316] Cf., *infra*, § 8; 2.1.

[317] Outros efeitos são cogitáveis. A título exemplificativo, v., segundo CARNEIRO DA FRADA, a insusceptibilidade da conduta puramente omissiva fundar a responsabilidade pela confiança; em *Teoria da Confiança*, 614 e ss.

[318] Por este motivo, vários autores não sindicam o facto da ilicitude, em especial na modalidade obrigacional, v. PESSOA JORGE, *Ensaio*, 55 e ss.; GALVÃO TELLES, *Direito das Obrigações*, 331-33; e MAFALDA MIRANDA BARBOSA, *Lições*, 128 e ss. Neste sentido, supomos também se alinha MENEZES LEITÃO: pese embora o Autor distinga os requisitos, quando enuncia os pressupostos na responsabilidade obrigacional, essa distinção não tem acolhimento na exposição subsequente, em *Direito das Obrigações*, II, 251-53. Apelando também à artificialidade da distinção, MENEZES CORDEIRO, *Tratado*, VIII, 440-441. Por todos, desenvolvidamente, PEDRO PITTA E CUNHA, *Omissão e Dever de Agir em Direito Civil*, Almedina: Coimbra (1999), 85 e ss.

agente manifesta-se *positivamente*, alterando o estado de coisas. Por sua vez, na responsabilidade por omissão, ocorre uma consolidação *indevida* daquele estado de coisas, por violação do dever específico, tanto no campo delitual (*v.g.*, por violação dos *deveres no tráfego*[319]), como no obrigacional (p. ex., por prestação de *coisa* ou de facto *positivo*). A ausência de modificação da realidade associada ao evento danoso consubstancia, nessa medida, um *ato negativo*. Sob a ótica normativa da ilicitude, designadamente mediante a identificação de um *dever de conduta*, deteta-se, em concreto, o comportamento que foi omitido.

A omissão reporta-se, assim, à falta do comportamento *alternativo* (juízo ontológico) *devido* (juízo normativo).

Esta segunda vertente, de omissão, ocorre paradigmaticamente na responsabilidade obrigacional[320]. Note-se a menção à «falta [...] de cumprimento da obrigação» nos termos do artigo 798.º, por oposição à regulação especial, no âmbito delitual, da responsabilidade por omissão (486.º).

A omissão é, nestes termos, indissociável do juízo normativo da ilicitude[321], devendo ser, nessa medida, qualificada a responsabilidade no contexto das modalidades consideradas[322].

Considerar a omissão na perspetiva do sujeito como um *nada fazer* é ontologicamente inconcebível. A conduta de um determinado sujeito (ou conjunto deles) depende naturalisticamente da sua *existência*, a qual, por sua vez, pode ser finitamente considerada numa dada linha

[319] Carneiro da Frada, *Uma «Terceira via»*, 80.

[320] Almeida Costa, *Direito das Obrigações*, 558-559, Antunes Varela, *Das Obrigações*, I, 528 (nota 1).

[321] Pessoa Jorge referia que «[c]omo facto só pode verificar-se a conduta positiva ou negativa que o agente teve; decidir se essa conduta representa ou envolve omissão de outra que devia ter tido, é juízo de apreciação legal.», em *Ensaio*, 324. Neste sentido, entendemos a referência de Menezes Cordeiro, quando o Autor indica que «[p]odemos, pois, considerar que a omissão só é "facto" quando exista, num momento prévio, o dever de praticar o acto omitido", em *Tratado*, VIII, 436. Contra, Elsa Vaz de Sequeira apela à sindicância dos pressupostos do facto e da ilicitude, mediante a identificação de omissões *lícitas*, quando a conduta se encontre justificada (em anotação ao artigo 486.º, *Comentário ao Código Civil*, 187). Não é, todavia, um argumento que abone em favor da separação dos requisitos: a aplicação da causa de justificação (da ilicitude) depende, naturalmente, a ilicitude do facto. Num plano constitutivo, é o próprio *dever de agir* que acarreta um juízo normativo, seletivo da conduta devida. Este elemento normativo, inerente à ilicitude, é pressuposto para a identificação da conduta omitida, mesmo perante aquela que se considere, a final, lícita.

[322] Cfr., § 8: 2.1.

espácio-temporal. E esta existência, bem como a respetiva conduta por arrastamento, nunca é um vazio, um *nada*. A pessoa, enquanto é, sempre age. Assim, a omissão surge sempre materialmente acoplada à conduta *real* do agente, ainda que por comparação a outra (realizou *x*, em vez de *y*). Este plano de alternatividade potencial da conduta devida não tem expressão material e só é concebível à luz de um determinado critério que detete a falta de realização de *determinada* conduta, no âmbito do infinito de alternativas equacionáveis. Este filtro das realidades potenciais tem manifesta natureza normativa porquanto nunca obtiveram manifestação material. Por regras de experiência, o intérprete cogita possíveis comportamentos alternativos, os quais a realidade não chegou a conhecer.

Omitir é, portanto, um juízo normativo sobre um processo natural, *relativo* à falta de realização de uma determinada conduta, alternativa àquela efetivamente realizada, a qual se considera *devida*. Manifesta-se, assim, a dificuldade de enquadramento da figura, atendendo também ao facto de o legislador por vezes se demitir de concretizar a conduta devida (*omissão pura*), pressupondo aquela que se considere *circunstancialmente* adequada a evitar o resultado não pretendido (*omissão impura*)[323]. Contudo, antecipando conclusões relativas ao desvalor objetivo da conduta (vulgo, *ilicitude*), é possível sintetizar os deveres em causa no confronto entre a ação e a omissão: na responsabilidade por omissão, a conduta do agente viola o *dever jurídico específico de agir*, omitindo o comportamento alternativo devido; por sua vez, na responsabilidade por ação, o comportamento real do agente viola o *dever genérico de respeito* (*neminem laedere*) ou o *dever específico de não agir em sentido amplo*.

V. A responsabilidade por omissão obriga à concretização do *dever jurídico de agir* de forma a evitar a produção de danos[324], seu pressuposto. O presente *dever de agir*, em termos latos, reconduz-se ao *de prestar*, na vertente obrigacional, pressupondo, como visto, um juízo normativo de (des)valor objetivo da conduta. Mais: o esforço dogmático exigido pela responsabilidade por omissão vai ao encontro da doutrina penalista do princípio da inversão (*Umkehrschluss*)[325], recentrando o ponto de referência da avaliação normativa

[323] Sobre a distinção, com particular interesse no escopo penal, confira-se, no âmbito do Direito Civil, ANTUNES VARELA, *Direito das Obrigações*, I, 551-552; entendimento seguido por ELSA VAZ DE SEQUEIRA em anotação ao artigo 486.º (*Comentário ao Código Civil*, 295).

[324] MENEZES LEITÃO, *Direito das Obrigações*, I, 296.

[325] FIGUEIREDO DIAS, *Direito Penal – Parte Geral*, 906 e ss.

do ato do agente (culpa, ilicitude, causalidade), no *comportamento alternativamente devido* e não no seu comportamento real, como sucede na responsabilidade por ação. Neste sentido, veja-se que a dificuldade de concretização da responsabilidade por omissão se agrava (*i*) em sede de culpa, no confronto com os comportamentos negligentes (e o respetivo *dever de cuidado*)[326], (*ii*) em sede de causalidade, implicando um juízo hipotético do comportamento omissivo, admitindo-se que este teria evitado ou, com grande probabilidade, evitaria o dano verificado (563.º)[327], e na distinção dos *comportamentos ambivalentes*, *i.e.*, aqueles comportamentos que obrigam a recorrer a critérios *normativos* (em especial, de *causalidade fundamentadora*) para qualificar a conduta do agente como uma ação ou uma omissão[328].

[326] MAFALDA MIRANDA BARBOSA, *Lições*, 136-137 (nota 306).

[327] ALMEIDA COSTA, *Direito das Obrigações*, 559. Sobre a dificuldade da distinção perante as teorias explicativas do nexo delimitador de responsabilidade, v. RUI ATAÍDE, *Causalidade e Imputação Objetiva*, 191.

[328] Veja-se o exemplo de FIGUEIREDO DIAS, do automobilista que atropela um peão por ter interrompido demasiado cedo o processo de travagem. Pergunta-se, neste caso, se o acidente foi produzido «por acção (porque embate o peão com o automóvel) ou por omissão (por não ter continuado ou acentuado a travagem)?», em *Direito Penal*, 909. O Autor vem posteriormente recorrer ao critério de STRATENWERTH, reportado ao risco, em sede da imputação objetiva (correspondente ao plano da causalidade *fundamentadora* no plano civil) para a distinção entre as figuras: se o agente aumentou ou criou o perigo, trata-se de uma ação (tal como no exemplo mencionado), se não o diminuiu, agiu por omissão (*idem*, 910-911). É, por outro lado, discutível a necessidade de se caracterizar, tal como ROXIN, a *omissão por ação*, em termos perante os quais a conduta ativa seria punida como uma omissão. Aliás, os exemplos enunciados por FIGUEIREDO DIAS relativos (*i*) à *comparticipação ativa em delito omissivo*, (*ii*) à *omissio libera in causa*, (*iii*) à *tentativa interrompida de cumprimento de uma imposição legal* e à (*iv*) da *interrupção técnica do tratamento* merecem um enquadramento ajustado disjuntamente à realidade delitual e obrigacional; v., por exemplo, no primeiro caso (de comparticipação ativa em delito omissivo), a divergência de enquadramento a nível obrigacional da lesão *do crédito* por um terceiro em contraste com a responsabilidade, puramente delitual e a título próprio, de todos os autores, instigadores e auxiliares (490.º); no segundo, a relevância delitual do disposto no artigo 488.º/1, mediante a inimputabilidade provocada, em confronto com a impossibilidade (nos parâmetros civis, em particular a fungibilidade da prestação, 767.º/1) da prestação por *causa imputável ao devedor*, cf. 801.º/1 (não se distinguindo a forma do facto danoso, contrariamente ao disposto no art. 20.º/4 CP, inerente à «prática do facto», *i.e.*, por *ação*). Os últimos exemplos mencionados (*iii* e *iv*) são os mais complexos, embora se acompanhe aqui a fundamentação seguida por FIGUEIREDO DIAS, atribuída a ROXIN: a relevância da ação do agente no processo causal não deve justificar que este seja tratado de forma pior (por ação) por comparação a quem não interveio de todo (omissão simples). Em todo o caso, adivinha-se a natureza relativa da asserção: basta pensar num domínio não exclusivo dos factos, mediante a atuação do agente que *afastou* a conduta de terceiros (p. ex., numa tentativa de salvamento, a desistência do agente ocorre num momento em que a respetiva atuação já interrompera de forma irrecuperável aquela que se iniciaria por outro agente). Cumpre, portanto, averiguar se a atuação danosa do agente deve ser equiparada à pura omissão, quando

2. Ilicitude delitual e obrigacional em confronto

2.1. Considerações gerais; o delito e o incumprimento

I. A ilicitude corresponde ao segundo pressuposto da formação do título de imputação de danos e consubstancia o desvalor *objetivo* do facto considerado. Reporta-se, num sentido lato, à *lesão ou perigo de lesão de um interesse juridicamente protegido*[329]. É, neste sentido, o resultado de uma avaliação jurídica do facto (potencialmente) determinante de responsabilidade. Trata-se, manifestamente, de um juízo *normativo*.

Deve-se, contudo, fazer dois reparos iniciais.

Em primeiro lugar, importa não confundir dois processos inerentes à avaliação da ilicitude, relativamente próximos um do outro. Um primeiro passo reporta-se à *determinação da ilicitude* em si. Neste momento, parte-se para a análise da situação fática com base em critérios abstratos oriundos do direito objetivo. O propósito é manifesto: procura-se determinar se a conduta é, ou não, ilícita. Um segundo momento, toma como ponto de partida o resultado positivo daquela primeira situação, quando se conclui pela *ilicitude*[330] da conduta, e *avalia os seus efeitos*, apenas. Pois bem, a ilicitude, enquanto juízo normativo, não existe, portanto, em termos *absolutos*[331]: é o resultado de uma avaliação normativa de cada situação em concreto. Importa, assim, diferenciar os dois momentos: no primeiro, delimita-se *o que é* a ilicitude (p. ex., se a conduta viola o direito subjetivo do lesado); no segundo, avaliam-se as *consequências associadas* a este juízo (p. ex., a obrigação de indemnizar os eventuais prejuízos gerados), incluindo – note-se – o seu confronto com outros

esta última teria permitido, em alternativa virtual à interrupção do processo causal, a verdadeira diminuição da lesão ou a sua exclusão (recuperando o exemplo, se o agente não houvesse desistido da tentativa de salvamento, mas apenas se tivesse abstido de atuar, o segundo agente teria sido bem-sucedido e a vítima sobreviveria). Sobre a distinção penalista entre as formas de atuação do agente, v., além-Reno, também Bauman, *Strafrecht*, 5.ª ed., Ernst und Werner Gieseking: Bielefeld (1968), § 16, *maxime* 183-188; Günther Jakobs, *Strafrecht, Allgemeiner Teil*, 2.ª ed., De Gruyter: Berlim (1993); §§ 28-30, 860 e ss.; e Baumann/Weber/Mitsch, *Strafrecht, Allgemeiner Teil*, 11.ª ed., Ernst und Werner Gieseking: Bielefeld (2003), § 15, 263-299.

[329] V., em moldes próximos, o entendimento de Pessoa Jorge, *Ensaio*, 269, reportado à *interferência em bens jurídicos alheios*.

[330] Neste sentido, Menezes Cordeiro, *Direito das Obrigações*, II, 303, Autor que afirma que «ilicitude é a violação no caso concreto».

[331] Sobre a divergência entre a licitude enquanto não contrariedade a uma norma jurídica e a ilicitude própria da responsabilidade civil, v. Menezes Cordeiro, *Tratado*, VI, 552.

juízos de ilicitude concorrentes. Em qualquer caso, os processos acima descritos são manifestamente autónomos.

Em segundo lugar, apresentam-se várias críticas à possibilidade de se considerar *isoladamente* este requisito (da ilicitude) em confronto com os demais. Por vezes, não se divisa onde termina o facto e onde começa o juízo da ilicitude, situação particularmente premente, quando o facto considerado é também *normativo* (tal como sucede nas omissões *injustificadas*)[332] ou este inexiste, de todo, não havendo substrato fático para este onde este processo se alicerce (tal como sucede em determinadas hipóteses de responsabilidade pelo risco). Nenhuma dúvida nos resta de que, aquando da construção do título de imputação, a necessidade de verificação sucessiva e cumulativa dos pressupostos (por oposição genética a um sistema móvel[333]) não prescinde da construção metodológica que os considera *singularmente*, apenas e só, por existirem desvios pontuais. De outra forma, não existiria verdadeiramente um *facto ilícito*, havendo que ser necessariamente *culposo*, *danoso* e com *nexo de causalidade* relativamente a este, quando se apurava a existência de obrigação de indemnização. É, ao invés, possível considerar factos potencialmente determinantes de responsabilidade (causadores de danos), mas que não são ilícitos (p. ex., intervenções médicas consentidas), porquanto justificados. Noutra vertente, combate-se também a própria distinção entre os desvalores da conduta, objetivo e subjetivo (culpa e ilicitude): avança-se, em particular, o conceito de *faute*[334], aglutinador e unitário, por importação francesa (artigo 1240.º do *Code*). O reparo não convence, como veremos[335].

II. O desvalor objetivo da conduta (vulgo ilicitude) traduz-se, num sentido ainda mais amplo, na contrariedade do facto jurídico ao Direito. Todavia, nem toda essa contrariedade se revela suficiente para formar um título de imputação de danos.

[332] Assim, Mafalda Miranda Barbosa, *Lições*, 127 e ss.

[333] Pelo menos em princípio, sem prejuízo de previsões especiais que permitam uma mobilidade reduzida (p. ex., 494.º); cf., neste sentido, no sistema alemão, com ilações perfeitamente importáveis para o direito positivo português, Canaris, *Pensamento sistemático*, 135-138.

[334] Neste sentido, Menezes Cordeiro, *Da responsabilidade civil dos administradores, maxime* 469. Este entendimento seria seguido por Mafalda Miranda Barbosa, *Lições*, 418-420.

[335] V., *infra*, § 17; 1.1.

Num exemplo, a falta de forma do negócio, contrária ao direito objetivo é, por regra, apenas causa da sua invalidade (219.º)[336].

A natureza heterogénea dos variadíssimos comandos juscivilísticos[337] pode ser condensada no que respeita às *formas de ilicitude*[338] relevantes em dois elementos: na *lesão* por *violação de um direito subjetivo* (reportada à primeira categoria de ilicitude delitual e à ilicitude obrigacional) e/ou no *perigo de lesão* de um interesse protegido por uma *norma de proteção* (referente à segunda categoria de ilicitude delitual[339]), a qual não confere um direito subjetivo ao titular do interesse visado. Nestes termos, a violação do crédito pelo devedor (798.º) partilha a *forma* de lesão da primeira categoria de ilicitude delitual (*i.e.*, violação de um «direito de outrem»), mas com esta não se confunde,

[336] São particularmente interessantes as exceções introduzidas a este princípio, teleologicamente destinadas a servir outros interesses: v., para este efeito e a título exemplificativo, que a falta da redução a escrito do contrato de trabalho a termo se converte sem termo (141.º, 147.º/1, c) CT); por outro lado, recentemente, também não é cominada com nulidade a falta de celebração por escrito do contrato de arrendamento urbano por causa não imputável ao arrendatário (1069.º; na redação introduzida pela Lei n.º 13/2019, de 12 de fevereiro).

[337] Esta construção metodológica é, aliás, diametralmente oposta a outras, tal como aquela que vence no Direito Penal e de ordenação social. De finalidade marcadamente *preventiva*, geram, em regra, comandos normativos de *pura tutela* de lesões ou perigos de lesão aos bens jurídicos que erigem dignos da sua proteção, homogeneizando, por outro lado, todas as estatuições como *punitivas* daquela antijuridicidade. Para este efeito, consideram a conduta *ilícita* com base numa primeira vertente, no mero preenchimento da sua estatuição, *i.e.* dos ditos elementos do tipo (*tipicidade objetiva*), com a faculdade de referência a elementos subjetivos. Posteriormente, exige-se cumulativamente um desvalor também *subjetivo* da conduta (*tipicidade subjetiva*) para completar o padrão de *facto-tipicidade-ilicitude*, somente excecionado por interrupções àquele nexo de imputação (*objetiva*, *v.g.*, a produção de resultados não cobertos pelo fim e pelo âmbito de proteção da norma, ou *subjetiva* – *v.g.*, o erro sobre as circunstâncias do facto, 16.º CP) ou do nexo de ilicitude, com base em causas de exclusão da mesma (*v.g.*, legítima defesa, 32.º CP).

[338] Sobre a distinção, v., ainda, PESSOA JORGE, *Ensaio*, 292 e ss. Para o Autor, a opção legislativa afasta a responsabilidade civil emergente da «lesão de situação vantajosa de facto e de situações que, decorrente de um acto ou negócio jurídico, não atribuem ao interessado um direito subjetivo», invocando os exemplos da perturbação da obrigação de alimentos ou dos atos de mera tolerância (1253.º, b); *idem*, 297-298.

[339] Trata-se de uma inovação do Código Civil de 1966, o qual assumiu uma posição na velha discussão doutrinária acerca do objeto da ilicitude, *i.e.*, se esta se devia restringir à lesão de direitos subjetivos. Beneficiando da inovação da responsabilidade médica regulada pelo Decreto n.º 32 171, de 29 de julho de 1942 – reportava a um *dano injusto* (tal como previsto no art. 2043.º do CCit) –, admitiu-se uma nova forma de ilicitude, para além da lesão de direitos subjetivos; cf. PESSOA JORGE, *Ensaio*, 295-296.

já que aquela implica a violação de um dever *específico apenas pelo devedor*[340], como será posteriormente aprofundado.

Cumpre precisar que o *perigo de lesão* de direitos subjetivos *não* corresponde a uma forma de ilicitude delitual, pelo menos na ausência de uma *norma de proteção* que tutele o bem jurídico em causa. Aliás, existem normas de proteção que não se reportam sequer a um perigo de lesão de *direitos subjetivos*, convocando a tutela de *danos puramente patrimoniais*[341]. Recuperando estes casos de *mero perigo*, não se devem deixar de retirar consequências jurídicas desta situação: é permitido ao potencial lesado o recurso a um conjunto vasto de providências, em momento anterior ao da tutela indemnizatória predisposta à lesão efetiva (e que desta depende), designadamente – e num elenco não exaustivo – (1) as providências antecipatórias tidas por adequadas perante a *ameaça de ofensa* à personalidade física ou moral de um sujeito (70.º/1); (2) a anulabilidade da declaração negocial determinada por este perigo de lesão, vulgo por coação moral (255.º); (3) o recurso aos meios de autotutela, atendendo à *ameaça da lesão* (336.º a 339.º); (4) o apelo à responsabilidade independente de ilicitude ou de culpa, determinada pelo *perigo especial* dos animais (502.º); (5) o recurso à *ação de prevenção* em caso de *turbação* (1276.º); (6) a proibição de manutenção de instalações prejudiciais (1347.º); (7) o recurso às providências necessárias a evitar a ruína de construção (1350.º); (8) a inibição das responsabilidades parentais quando o perigo se reporte ao menor (1915.º); (9) o recurso às providências necessárias à proteção de um menor, em alternativa à inibição (1918.º) ou para proteção dos bens do filho (1920.º). Por outro lado, o perigo de lesão da *atividade perigosa* é (10) fundamento da presunção de culpa na responsabilidade que dependa da lesão efetiva de direitos subjetivos (493.º/2). Já o perigo de lesão do *direito de crédito* fundamenta no espetro obrigacional (11) o arresto dos bens do devedor (619.º/1), (12) o reforço da fiança (633.º/2), (13) a perda do benefício do prazo (780.º/1); por outro lado, (14) é fundamento de resolução do contrato pelo arrendatário (1050.º, b), bem como, por fim, (15) da simples separação judicial de bens (1767.º).

[340] V., *infra*, § 8; 2.1.

[341] ADELAIDE MENEZES LEITÃO, *Normas*, 545.

III. Aquela construção dogmática da ilicitude, *genérica* e *indeterminada*, não é exclusiva do nosso ordenamento: baseia-se num *sistema de cláusula geral limitada*[342], aproximada (senão mesmo derivada) da ilicitude no Direito alemão (*Rechtswidrigkeit*), triplicemente considerada, a nível delitual, em também pequenas cláusulas gerais (§§ 823 I e II, 826 BGB).

Para o legislador, são fontes da ilicitude, por *delimitação positiva*[343]:

1) *delitual*, o facto que «violar ilicitamente o *direito de outrem* ou qualquer *disposição legal destinada a proteger interesses alheios*», cfr. n.º 1 do artigo 483.º; e
2) *obrigacional*, o facto de «*faltar* culposamente *ao cumprimento da obrigação*», cfr. artigo 798.º.

O legislador não logrou em concretizar, no entanto, o universo das disposições que se possam considerar englobadas pelos conceitos indeterminados de (1) «*direito de outrem*», (2) «*qualquer disposição legal destinada a proteger interesses alheios*», fundamentalmente o que se entenda por (3) «*violar ilicitamente*», ou, por fim, por (4) «*faltar*» ao «cumprimento da obrigação» para efeitos da responsabilidade obrigacional.

O apuramento do *desvalor objetivo* do facto é feito casuisticamente, tendo em conta a concreta lesão ou perigo de lesão de uma determinada posição jurídica: a norma é, assim, *primária*, remetendo o intérprete a investigar a norma que secundariamente se enquadra nos moldes erigidos pela primeira (p. ex., a determinação de qual *o direito de outrem* que foi em concreto lesado, se o de propriedade ou de personalidade). Assim, a tarefa hermenêutica de apuramento da ilicitude depende do preenchimento daqueles conceitos indeterminados, por apelo a um novo plano ou *grau normativo*, de acordo, claro está, com a modalidade de responsabilidade considerada[344]:

342 Contrariamente aos sistemas de *cláusula geral* do ordenamento jurídico francês (art. 1240.º do *Code Civil* – « *Tout fait quelconque de l'homme, qui cause à autrui un dommage, oblige celui par la faute duquel il est arrivé à le réparer*») e do italiano (2043.º CCfr – «*Qualunque fatto doloso o colposo, che cagiona ad altri un danno ingiusto, obbliga colui che ha commesso il fatto a risarcire il danno*»); v. MENEZES LEITÃO, *Direito das Obrigações*, I, 298-299. Contra, SANTOS JÚNIOR entende que o Código Civil se aproxima, no artigo 483.º, do sistema francês, mediante a consagração de uma grande cláusula geral, distanciando-se, claro está, do modelo alemão (*Da responsabilidade* civil, 260, 264). No confronto do sistema de cláusula com a rigidez da descrição típica das condutas com relevância penal, v. RUI ATAÍDE, *Responsabilidade Civil*, 1138 e ss.

343 ELSA VAZ DE SEQUEIRA em anot. ao art. 483.º, *Comentário Ao Código Civil*, 275.

344 Desenvolvidamente, *infra*, § 6; 2.2. Note-se que o Código Civil de 1857 apenas conhecia aquela primeira modalidade, no artigo 2361.º: «*Todo aquelle, que viola ou affende os direitos de outrem, constitue-se na obrigação de indeminsar o lesado, por todos os prejuízos que lhe causa.*».

a. se delitual, por delimitação *positiva,* o desvalor objetivo abrange a (*i*) violação de *direitos subjetivos*, tendencialmente *absolutos*, tal como direitos personalidade, reais, familiares ou relativos a bens intelectuais, embora se possam incluir, porquanto não excecionados, os direitos relativos não previstos *especialmente* na modalidade obrigacional; e (*ii*) a *violação de normas destinadas a proteger interesses alheios.* Enquadram-se no presente elenco os *Tätbestande* específicos delituais previstos no código (*v.g.*, a ofensa do crédito e do bom nome, 484.º, e responsabilidade por conselhos, recomendações e informações, 485.º);

b. se obrigacional, por delimitação *negativa,* abrange-se a conduta do devedor que *não* consubstancie o cumprimento da obrigação, ou que *falte* a este. Cumpre precisar, portanto, a *conduta em concreto* do devedor que violou o *direito relativo* (de crédito) do credor, *i.e.*, a falta de cumprimento que se considere um *incumprimento* do devedor e, segundo lugar, o regime concretamente associado, atendendo à variedade de regimes existente que concretizam a conduta exigível.

2.2. O objeto da ilicitude delitual e obrigacional

III. No que respeita ao objeto da ilicitude, as normas-padrão das vias delitual e obrigacional podem ser enquadradas e distinguidas pelas situações ativas que preveem, *i.e.*, a violação de *um dever genérico de respeito,* na responsabilidade delitual, ou de um *dever específico* resultante de uma relação preexistente entre os sujeitos, na via obrigacional[345]. A violação do dever ocorre, por sua vez e por referência a ambas modalidades, por *desconformidade da conduta* do lesante com aquela *devida*[346], em termos genéricos ou específicos. Este processo compreende uma fase de determinação da *antijuridicidade*[347] da conduta do sujeito, *ex ante,* por (falta de) correspondência àquela pré-determinada (*i*) legalmente nos tipos delituais específicos[348] ou (*ii*) no objeto da prestação de uma obrigação voluntária ou involuntariamente assumida, dependendo

[345] Assim, Menezes Cordeiro, *Da responsabilidade civil dos administradores*, 400 e ss., *Tratado*, VIII, 390; e, em anot. ao art. 483.º, Elsa Vaz de Sequeira, *Comentário Ao Código Civil*, 276.

[346] Maria da Graça Trigo e Rodrigo Moreira, em anot. ao art. 798.º, *Comentário Ao Código Civil*, 1104.

[347] Sobre a polissemia do conceito, v. Antunes Varela, *Das Obrigações*, I, 532 (nota 4).

[348] Assim, Carneiro da Frada, *Direito Civil*, 73.

da respetiva fonte (*v.g.*, contrato, negócios unilaterais, gestão de negócios, enriquecimento sem causa e a responsabilidade civil[349]).

A *lesão* ou *perigo de lesão* do interesse inerente à prestação, patrimonial ou não (398.º/2), bem como o bem jurídico protegido pela norma delitual, pode ser, num esforço dogmático, categorizada com apoio nas normas-padrão de responsabilidade, designadamente naquilo que se entenda, e ainda que com espaços de convergência, por (*i*) *violação de um direito subjetivo*, (*ii*) *ofensa de um interesse protegido por uma norma de proteção*, ou, por outro lado, por (*iii*) *falta de cumprimento da obrigação*[350], agregando-se todas estas realidades.

Em suma, são fontes da ilicitude *delitual*, radicadas em *duas cláusulas gerais*[351], o facto que comporte:

1.1) violação do *direito de outrem*; e/ou
1.2) violação de *disposição legal destinada a proteger interesses alheios*[352] ou de *norma de proteção.*

1.1) [*direito de outrem*] No que respeita à primeira vertente da ilicitude delitual, devemos compreender o conceito indeterminado que nele consta («direito de outrem»). Este refere-se, em regra, à violação de *deveres negativos e universais*, denominados de *deveres gerais de abstenção*[353], com uma clara correspondência aos *direitos absolutos.*

Pois bem, no *preenchimento* deste conceito, relativo ao *direito subjetivo*, podem ser considerados dois entendimentos díspares.

349 Recorda-se a distinção entre o *incumprimento* da obrigação de indemnizar derivada de qualquer modalidade de responsabilidade civil, do *incumprimento* da obrigação de prestar, no âmbito obrigacional, o qual também gera aquela obrigação de indemnização.

350 Deve-se ainda considerar, no âmbito das restantes modalidades de responsabilidade civil, o desvalor normativo inerente, o qual ainda se reconduz a esta realidade no caso da responsabilidade civil *pelo risco* – *i.e.* quando a esfera de risco cobre a lesão ou perigo de lesão provocada por pessoa diferente da do lesante (*v.g.*, 500.º e ss.), ou não, tal como na responsabilidade *pelo sacrifício*, a qual prescinde deste requisito, fundando-se no prejuízo causado por certos factos *lícitos*, que a lei considera justo que seja reparado por quem beneficia com a prática do ato ou porque tomou a iniciativa de o praticar (v. 339.º/2, 1310.º, 1322.º/1, 1347.º/3, 1348.º/2, 1349.º/3, 1552.º, 1554.º. 1559.º, 1560.º/3, 1561.º/1).

351 A técnica de regulação acarreta nas palavras de Carneiro da Frada a *atipicidade das situações de responsabilidade; Teoria da Confiança*, 247.

352 V., por todos, Adelaide Menezes Leitão, *Normas de protecção, passim.*

353 Manuel de Andrade, *Teoria Geral da Relação Jurídica*, I, 127.

Um primeiro entendimento, apoiado no elenco constante do § 823 I BGB[354], defende que a referência a *direito de outrem* se circunscreve aos *direitos absolutos*, tal como os direitos *pessoais* (o direito à vida, corpo, saúde e liberdade, com proteção constitucional; cfr. 24.º e ss. CRP) e de *personalidade*[355] (o direito ao nome, à imagem, à intimidade da vida privada; cfr. 72.º e ss.), os direitos *reais* (tal como o de propriedade), de *propriedade intelectual* (abrangendo-se os direitos de autor e de propriedade industrial) e, ainda, os *familiares* (*v.g.*, os conjugais e paternofiliais[356]).

Um segundo entendimento, aceitante do englobamento dos direitos absolutos, rejeita uma restrição do conceito de «*direito de outrem*» a este universo: apela à inclusão de certos direitos *relativos*, nomeadamente os de crédito, quando incumpridos, não pelo devedor[357] – caso expressamente tutelado pela via obrigacional (798.º) –, mas por *terceiro*[358]. Por esta via, não resta, assim, espaço para o apelo a uma relação de *especialidade* de âmbitos: os direitos de crédito são tuteláveis tanto pelo plano obrigacional, como pelo delitual, embora em âmbitos distintos[359].

Note-se: para o primeiro entendimento, a *violação* do direito de crédito *por terceiro* é enquadrada de vários prismas: (*i*) considerada irrelevante, por falta de eficácia externa do vínculo obrigacional, dada a sua relatividade neste prisma ou (*ii*) admite-se essa eficácia externa, mas a responsabilidade

354 O § 823 I BGB reporta-se a ofensas à vida, integridade física/corpo, saúde, liberdade e propriedade ou qualquer outro direito (absoluto) – «Wer vorsätzlich oder fahrlässig *das Leben, den Körper, die Gesundheit, die Freiheit, das Eigentum oder ein sonstiges Recht* eines anderen widerrechtlich verletzt (...)». Neste sentido, v. LARENZ/CANARIS, *Lehrbuch*, II, BT, 2, § 76, II, 394. Em Portugal, v., por todos, MENEZES LEITÃO, *Direito das Obrigações*, I, 302.

355 É curioso o aditamento no sistema alemão do direito geral de personalidade (*allgemeines Persönlichkeitsrecht*), v. DÁRIO MOURA VICENTE, *Direito Comparado*, II, 418. V., sobre o conceito, TIAGO SOARES DA FONSECA, *Da tutela judicial civil dos direitos de personalidade*, ROA 66, I (Jan, 2006), 231-293.

356 Com exclusão de alguns direitos familiares eminentemente pessoais, v. ANTUNES VARELA, *Das Obrigações*, I, 535.

357 Para MENEZES CORDEIRO, basta uma interpretação estrita do art. 483.º/1, sistematicamente integrada, para se excluir a violação do direito de crédito pelo devedor do âmbito desta primeira categoria delitual, em *Tratado*, VIII, 398.

358 Este entendimento supera o clássico que nega de forma absoluta a responsabilidade do terceiro pela violação do crédito – *res inter alios acta aliis neque nocere neque prodesse potest*. No sentido do texto, admitindo a extensão do artigo 483.º aos direitos relativos, v. SANTOS JÚNIOR, *Direito das Obrigações*, I, 296. A literatura é infindável sobre este ponto. V., por todos, o estudo aprofundado deste último autor em *Da Responsabilidade Civil*, *passim*, com a explanação dos vários entendimentos. Aderimos ao entendimento deste Autor, v. *infra*, § 8; 2.1.

359 Contra, PEDRO MÚRIAS, *A responsabilidade*, 183.

emergente ainda é reportada ao título obrigacional (798.º). Por fim, aquele primeiro entendimento pode ainda admitir a tutela do crédito no escopo delitual, conquanto se trate de *(iii)* um *abuso* de uma permissão *genérica*, tal como a autonomia privada deste terceiro; a qual não se confunde com a permissão *específica* de aproveitamento dos bens, *i.e.*, o direito *relativo* do credor. Por outras palavras e para este primeiro entendimento, numa terceira vertente, *(iii)* o foco de ilicitude deste tipo, quando existente no espectro delitual, não decorre da violação do *direito de outrem*, mas antes do exercício abusivo da autonomia privada (334.º)[360].

> Se A celebra um contrato com C, desrespeitando o direito de preferência convencional de B, conhecido por C, pergunta-se se C é responsável perante B[361]. Uma resposta afirmativa funda-se na violação desta

[360] Neste sentido, entre nós, atualmente Dário Moura Vicente, *Direito Comparado*, II, 434, Menezes Leitão, *Direito das Obrigações*, I, 100, 302 e 308-309, admitindo, nestes casos, que a cláusula se destine ao ressarcimento de *danos patrimonais puros*. Quanto, em concreto, à violação de direitos relativos – inexistindo uma tutela obrigacional direta – Antunes Varela referia a possibilidade de violação, nesta sede, da *(i)* *titularidade* do direito de crédito por terceiro, apoiando-se na lição de Larenz, mas admitindo a sua extensão aos *(ii)* dos deveres acessórios de conduta, por «gravitarem no espaço da relação contratual», em *Das obrigações*, I, 533 (nota 1). Contudo, o Autor não hesita em reconhecer posteriormente a responsabilidade do terceiro perante o devedor, quando haja ilicitamente «dificultado o cumprimento da obrigação ou agravado o seu custo», *Das obrigações*, II, 70. Cumpre realizar duas breves notas quanto ao entendimento além-Reno: em primeiro lugar, o entendimento de Larenz (*Lehrbuch*, I, AT, § 2, II, 18) na ofensa da titularidade do crédito (*Rechtszuständigkeit des Gläubigers*; frisa-se que a tradução não é linear): esta é enquadrada como a única ofensa admissível, não almejando o *objeto* da prestação (restrição à qual não aderem os tradicionais apologistas da eficácia externa do crédito; cfr, *infra*, § 8; 2.1). Por outro lado, para Larenz, a ofensa deve ser enquadrada no escopo *delitual*, enquadrado como um «outro direito» para efeitos do § 823, I, (*ibidem*), mas esta qualificação não é de todo consensual (no mesmo sentido, v., ainda, Georgiades, *Die Anspruchskonkurrenz*, 82, nota 2): a doutrina alemã diverge quanto ao significado daquela referência a *direitos absolutos*; cf. a anotação de Wagner em MüKoBGB ao § 823 BGB, n. 303 e, expressamente, Fikentscher/Heinemann, *Schuldrecht*, 11.ª ed, De Gruyter: Berlim (2017), § 107, II, 766; v., ainda, as referências constantes em Ribeiro de Faria, *Direito das Obrigações*, I, 50 (nota 85), bem como a obra recente de Adrian Schopf, *Die Beteiligung an fremdem Vertragsbruch im BGB*, Herbert Utz Verlag: Munique (2013); um setor da doutrina alemã apela, em alternativa, ao disposto no § 826 BGB, invocando a ofensa aos bons costumes. A importação deste entendimento determina, entre nós, que se enquadre a eficácia externa dos direitos mediante o apelo ao abuso do direito (334.º), como veremos adiante.

[361] O exemplo é extraído do conhecido ac. do STJ, de 16-Jun-1964 (José Meneses), muito comentado entre nós, ao qual se seguiu o ac. de 17-Jun-1969, (Rui Guimarães); cf. BMJ 138 (1964), 342-351, e BMJ 188 (1969), 146-150, respetivamente.

obrigação (segundo entendimento) ou invoca o abuso do direito da autonomia privada (primeiro entendimento, última vertente).

Abertas as comportas da (potencial) compreensão dos direitos relativos no plano delitual, apela-se concomitantemente à inclusão de outros direitos deste tipo em caso de violação *por terceiro*, nomeadamente de *direitos familiares* (de natureza patrimonial e pessoal), mas também dos *direitos pessoais de gozo* (do locatário, parceiro pensador, comodatário e depositário, 1037.º/2, 1125.º/2, 1133.º/2, 1188.º/2)[362], da simples *posse* (1284.º)[363] e bem assim de novas figuras, de inspiração germânica, tal como o *direito geral de personalidade*[364] e sobre a *empresa*[365].

1.2) [*normas de proteção*] Por sua vez, a segunda vertente considerada corresponde à *violação de disposições legais destinadas a proteger interesses alheios*, também denominada, por interpretação extensiva, de (violação das) *normas de proteção*, em clara correção da pluralidade de fontes de onde podem emergir, para além das disposições legais[366].

A sua relevância civilista restringe-se à proteção *indireta*[367] que carreiam. O desvalor objetivo associado às condutas que preveem não confere uma posição jurídica ativa (*i.e.* um direito subjetivo) ao sujeito abrangido pelo círculo do interesse *público* e *geral* da sua tutela. O ponto é claro: a natureza *indireta* da proteção decorre da existência de um dever de terceiro, ao qual não corresponde uma posição jurídica ativa do titular do interesse, prototipicamente um direito subjetivo; todavia, em caso de incumprimento daquele dever concede-se tutela indemnizatória ao titular lesado.

362 Sobre o fundamento da tutela aquiliana dos direitos pessoais de gozo, afastado da eficácia externa do crédito, v. José Andrade Mesquita, *Direitos Pessoais de Gozo*, Almedina: Coimbra (1999), 171 e ss.

363 Neste sentido, Menezes Leitão, *Direito das Obrigações*, I, 302.

364 V., defendendo a importação desta figura para o espaço nacional, Capelo de Sousa, *O direito geral de personalidade*, Coimbra Editora: Coimbra (1995), 605-627, Adelaide Menezes Leitão, *Normas de Protecção*, 471-478.

365 No sistema alemão, denominada de «direito à empresa estabelecida e em funcionamento», v. Dário Moura Vicente, *Direito Comparado*, II, 418. A importação do conceito germânico foi bem recebida pela doutrina nacional. Sobre a evolução, v. Menezes Cordeiro, *Tratado*, VIII, 447 e ss. Contra, v., p. ex., Adelaide Menezes Leitão, *Normas de Protecção*, 478-487 e 539-540.

366 Neste sentido, Menezes Leitão, *Direito das Obrigações*, I, 305 (nota 636).

367 Elsa Vaz de Sequeira, em anot. ao art. 483.º, *Comentário Ao Código Civil*, 276.

As presentes normas encontram-se espalhadas pelos vários ramos de direito, p. ex., no Direito Penal, de mera ordenação social ou ainda no Direito da Concorrência, bem como em legislação extravagante (p. ex., a obrigação de uso de máscaras ou viseiras no contexto pandémico, tal como decorre, entre outros diplomas, do artigo 6.º do Decreto-Lei n.º 3-A/2021, de 14 de janeiro). É, neste âmbito, inegável a influência germânica, tal como visto para a vertente anterior[368], em clara correspondência com o disposto no § 823 II BGB.

A violação das normas de proteção consideradas depende do preenchimento de um conjunto de requisitos, maioritariamente tripartido entre (*i*) a *proteção de interesses particulares* pela norma (impedindo-se a valoração de uma proteção meramente reflexa), bem como que a *conduta* em causa (*ii*) *incumpra o dever* estabelecido pela norma e (*iii*) lese os *interesses protegidos* por esta[369]. Assim, o desvalor objetivo pela violação de uma norma de proteção não requer a lesão concreta de um bem jurídico (bastando-se com o *perigo abstrato* de lesão[370], no âmbito do círculo de interesses protegidos pela norma), convocando, quando não tenha por referência bens jurídicos reportados a um direito absoluto, a tutela de *danos puramente patrimoniais*[371].

IV. Não se autonomizam numa pretensa terceira categoria de ilicitude delitual[372] as *situações aquilianas em especial*. Estas, embora sejam reguladas em previsões específicas ao longo do Código, reconduzem-se ainda, no que respeita à ilicitude e em termos globais, à violação de um *direito de outrem* ou de uma *norma de proteção*.

O primeiro conjunto de situações conserva ainda o enquadramento sistemático da modalidade considerada, por se situarem na mesma subsecção daquelas categorias englobantes («responsabilidade por factos ilícitos»): referimo-nos à responsabilidade por ofensa ao crédito ou ao bom nome (484.º) e por conselhos, recomendações e informações (485.º). Na verdade, ainda que reportadas àquelas formas gerais de ilicitude, as presentes normas regulam,

368 «(2) Die gleiche Verpflichtung trifft denjenigen, *welcher gegen ein den Schutz eines anderen bezweckendes Gesetz verstößt.* (...)».

369 V., por todos, Adelaide Menezes Leitão, *Normas de Protecção*, 529 e ss.

370 Menezes Cordeiro, *Tratado*, VIII, 451.

371 Neste sentido, v. Mafalda Miranda Barbosa, *Lições*, 158, Menezes Leitão, *Direito das Obrigações*, I, 307 e Dário Moura Vicente, *Direito Comparado*, II, 421. Adelaide Menezes Leitão distingue entre normas de protecção *que tutelam bens jurídicos protegidos por direitos subjetivos* – bastando-se com o perigo de lesão delitual de direitos subjetivos – das demais, as quais podem gerar, nestes termos, danos puramente patrimoniais; em *Normas de protecção*, 545.

372 Contra, Menezes Leitão, *Direito das Obrigações*, I, 307.

com especialidade, o desvalor objetivo da conduta do lesante, ou seja, enformam verdadeiros *Tatbestände* específicos de ilicitude delitual. Nesta medida, facilitam a tarefa imputacional de apuramento da *lesão* a considerar, pela maior concretização que oferecem, por contraposição às normas-padrão de responsabilidade[373]. Não se esgotam, contudo, na regulação especial deste pressuposto (da ilicitude), podendo abranger os demais requisitos[374]. Por este motivo, estas figuras não se confundem com as nossas já conhecidas *normas meramente remissivas* (direta ou indiretamente) para esta modalidade de responsabilidade (e reflexamente para as categorias delituais consideradas). Curiosamente, é também exemplo deste processo metodológico – de autonomia de determinada figura reportada aos clássicos juízos de ilicitude – a previsão de *deveres no tráfego*, por apelo a uma cláusula geral: estes deveres assumem-se o enquadramento dogmático do dever de cuidado *externo*[375], o qual conforma tipicamente o dever de agir (486.º), obrigando determinado sujeito *a evitar perigos ou afastar perigos*[376]. Em qualquer caso, os deveres no tráfego reconduzem-se ainda às duas variantes de ilicitude previstas no artigo 483.º/1[377].

Resumindo, todas estas figuras comungam, portanto, da falta de uma pura autonomia quanto ao desvalor objetivo que consideram: a ilicitude ainda se reconduz genericamente às categorias gerais mencionadas (violação de um direito de outrem e/ou de uma norma de proteção).

Por fim, cumpre-nos afastar a pretensa inclusão do *abuso do direito*, como categoria geral autónoma de ilicitude.

[373] Ainda que se considerem verdadeiras fontes de *tipicidade delitual*, não se confunde o desvalor objetivo que discriminam – ainda que reportado indiretamente às categorias delituais consideradas – com o resultado que podem provocar. Sobre a polissemia do conceito de resultado na teoria geral do crime (o qual se pode aproximar nos delitos de resultado ao conceito de dano), v. Rui Ataíde, *Responsabilidade Civil*, 1101 e ss.

[374] Menezes Cordeiro aponta ainda a respetiva influência para efeitos do apuramento do facto, da culpa e do nexo de causalidade, em *Tratado*, VIII, 454.

[375] Sobre a relevância do dever de cuidado interno, em sede de culpa v., *infra*, § 6; 3.3.

[376] Carneiro da Frada, *Direito Civil*, 74.

[377] Rui Ataíde, *Os deveres no tráfego*, RDR, Ano 1 (2019), disponível *online*, 985-1003 (991 e ss.) e em *Responsabilidade Civil*, 1017-1088 (1088). Também, Menezes Cordeiro, *Da responsabilidade civil dos administradores*, 400 e ss. e em *Tratado*, VIII, 437 (embora o A. integre os casos previsto nos artigos 491.º a 493.º enquanto *delitos tipificados*, sujeitos a responsabilidade obrigacional; *idem*, 436).

O abuso do direito pode ser definido como o «*exercício abusivo de posições jurídicas*»[378] e não se confunde com outro conceito, do qual é próximo, reportado ao § 826 BGB, enquanto cláusula residual de responsabilidade decorrente da «*ofensa intolerável de padrões de conduta ético-jurídicos elementares*»[379]. O abuso do direito, destinado à proibição de *determinada forma* de exercício das posições jurídicas – condenando aquele que seja *ilegítimo* (e não ilegal) –, não se esgota neste pressuposto da responsabilidade civil e, por outro lado, funda outras consequências para além do dever de indemnizar[380]. Não se alcança, em primeiro lugar, a necessidade de enquadramento exclusivo nesta modalidade de responsabilidade de tipo delitual, dada a coexistência de uma previsão especial no âmbito obrigacional, *mutatis mutantis* (762.º/2). Em todo o caso, seria sempre uma categoria de ilicitude de *segundo grau*: afinal, para se qualificar a responsabilidade emergente, é necessário determinar a modalidade de responsabilidade onde se enquadra a *prerrogativa individual* cujos *limites axiológicos-materiais* são excedidos ou desrespeitados[381]. Por outro lado, não se reconhece a respetiva autonomia dogmática face à lesão de direito ou perigo de lesão de bens jurídicos, numa pretensa distinção de ilicitude *material* e, no caso de abuso do direito, *ilicitude formal*[382], já que aquele *resultado normativo* contende com esta *forma* de lesão. Em terceiro lugar, a falta de previsão de dolo, no paralelo ao § 826 BGB, não determina a autossuficiência do instituto para fundar a obrigação de indemnizar: o instituto ainda se reconduz (apenas) a determinar, no âmbito da responsabilidade civil, a *antijuridicidade*[383] do facto. Não permite, desta forma, dispensar a exigência dos demais requisitos da responsabilidade: assim, cumpre apurar cumulativamente, no plano da responsabilidade subjetiva,

[378] V., neste sentido, por todos, VAZ SERRA, *Abuso do Direito (em matéria de responsabilidade civil)* BMJ 85 (1959), 335; ANTUNES VARELA, *Das obrigações*, I, 544 e ss.; DÁRIO MOURA VICENTE, *Direito Comparado*, II, 421; MENEZES LEITÃO, *Direito Das Obrigações*, I, 307 e ss. Ao presente elenco, MENEZES LEITÃO adita a não cedência em caso de colisão de direito; *ibidem*. Contra o enquadramento dogmático do abuso do direito como uma forma específica de ilicitude, v. MENEZES CORDEIRO, *Tratado*, VIII, 455.

[379] CARNEIRO DA FRADA, *Direito Civil*, 73.

[380] Neste sentido, FERNANDO CUNHA DE SÁ, *Abuso Do Direito*, Almedina: Coimbra (2005), 637 e ss.

[381] A expressão é de FERNANDO CUNHA DE SÁ, ob. cit., 634.

[382] Contra, FERNANDO CUNHA DE SÁ, ob. cit., 634-35, bem como JORGE COUTINHO DE ABREU, *Do Abuso de Direito*, Almedina: Coimbra (1999), 77, e ANTUNES VARELA, *Das Obrigações*, I, 544.

[383] FERNANDO CUNHA DE SÁ, ob. cit., 637. Sobre o conceito, v., ainda, PESSOA JORGE, 61 e ss.

a culpa – *i.e.*, se houve o incumprimento do *dever de não abusar*[384] –, bem como o nexo causal e o pressuposto do dano.

V. Em segundo lugar, são por sua vez fontes da ilicitude obrigacional decorrentes da norma-padrão de responsabilidade respetiva (798.º) a *lesão do direito de crédito* pelo *devedor*[385], mediante o:

2.1) não cumprimento *definitivo* da obrigação;
2.2) não cumprimento *temporário*; e o
2.3) *cumprimento defeituoso*[386].

2.1) [*incumprimento definitivo*] O desvalor objetivo da conduta constante da norma-padrão de responsabilidade obrigacional reconduz-se à *falta de cumprimento* da obrigação em sentido técnico, mediante a não realização da prestação a que o *debitor* encontra adstrito, tal como configurada pelos deveres *específicos* e *relativos* de conduta, primários, secundários ou acessórios[387].

Releva, contudo, apenas a falta de cumprimento imputável *ao devedor*; o que aliás explica o enquadramento sistemático da regulação da matéria, no qual se autonomiza em subsecção própria os casos de *falta de cumprimento e mora imputáveis ao devedor* (798.º a 812.º) da subsecção anterior, relativa à *impossibilidade cumprimento e mora não imputáveis ao devedor* (arts. 790.º a 797.º)[388].

Segundo a lição de Antunes Varela[389], a falta de cumprimento, enquanto desvalor objetivo da conduta do devedor, pode, quanto ao *efeito*, traduzir-se

[384] Fernando Cunha de Sá, ob. cit., 640. Nota-se, no entanto, a especialidade da responsabilidade sobre a dedução do pedido infundado de declaração de insolvência ou a indevida apresentação por parte do devedor, o qual apenas opera em caso de dolo (22.º CIRE); num sentido, que se se aproxima do disposto no § 826 BGB, segundo Carneiro da Frada, *Direito Civil*, 67. V. o ac. TRC, de 20-Mar-2018 (Arlindo Oliveira).

[385] Serão adiante analisadas as consequências deste juízo normativo, atendendo à potencial pluralidade de responsáveis (800.º), facto que não isenta o devedor de responsabilidade; v. *infra*, § 7; 1.

[386] São várias as previsões de tutela do cumprimento defeituoso que justificam a sua autonomia, v., por todos, Romano Martinez, *Cumprimento defeituoso, passim*. Mafalda Miranda Barbosa distingue, ainda, o cumprimento inexato, correspondente ao incumprimento dos deveres de prestação, da violação positiva do contrato, reportada à violação de deveres de conduta, em *Lições*, 416 e ss. Autonomizamos esta segunda vertente, pelos motivos expostos de seguida.

[387] O juízo é necessariamente comparativo entre a conduta devida e a observada, v. Antunes Varela, ob. cit., 94. Sobre o conceito de obrigação secundária, v. Menezes Cordeiro, *Tratado*, VI, 514-15.

[388] Antunes Varela, *Das Obrigações*, II, 62-63.

[389] Antunes Varela, *Das Obrigações*, II, 63 e ss.

tripartidamente num não cumprimento definitivo e irreversível, temporário ou mesmo num cumprimento defeituoso da obrigação, desde que não se verifique outra causa de extinção da mesma[390]. A tripartição pode, enquadrada pelo escopo da *relação entre a prestação e indemnização* derivada da sua falta de realização, ser resumida ao binómio das categorias de ilicitude que (*i*) geram uma indemnização em lugar da prestação, *substitutiva*[391] – em caso de incumprimento definitivo – ou (*ii*) uma indemnização a *par da prestação*, a título de prestação secundária, nos casos mora e de cumprimento defeituoso.

Diferente é o enquadramento da *causa* daqueles efeitos que consubstanciam, a final, *falta de cumprimento*. Assim, contribui para a existência de incumprimento definitivo tanto a impossibilidade imputável ao devedor, como a *ausência* de cumprimento, a qual normativamente ultrapasse o crivo do mero retardamento (808.º) – distinção assumida pelo legislador nos termos do n.º 1 do artigo 801.º, com a equiparação da impossibilidade, quando imputável ao devedor, à falta do cumprimento da obrigação[392].

> O promitente-vendedor incumpre definitivamente a obrigação de celebração do contrato prometido de compra e venda quando, entre outros casos, (1) aliena o bem, objeto do contrato, a terceiro, *i.e.*, quando impossibilita definitivamente o cumprimento do contrato preliminar mediante a perda provocada de legitimidade para a celebração do contrato prometido, bem como quando (2) se recusa a celebrá-lo, findo o prazo razoável fixado pelo promitente comprador, tendo esta *ausência de cumprimento* os efeitos do não cumprimento (definitivo) da obrigação (808.º).

[390] *Ibidem*; no mesmo sentido, MENEZES LEITÃO, *Direito das Obrigações*, I, 231; MAFALDA MIRANDA BARBOSA, *Lições*, 405, embora com terminologia distinta.

[391] Ainda que a título transitório nos casos de incumprimento do novo prazo fixado pelo credor. V., sobre este aspeto, por todos, PAULO MOTA PINTO, *Interesse* II, 1477 e ss. (nota 4197).

[392] Sobre a equiparação da impossibilidade culposa ao incumprimento definitivo, nomeadamente quanto ao efeito extintivo da obrigação inicial, v. CATARINA MONTEIRO PIRES, *Impossibilidade da Prestação*, Almedina: Coimbra (2020), 638 e ss. MENEZES LEITÃO entende que a obrigação inicial se extingue e não se processa uma mera modificação da obrigação primitiva, acompanhando, aliás, a reforma do Direito das Obrigações de 2001, § 275 BGB; *Direito das Obrigações*, II, 273.
Existem outras hipóteses, gerais ou específicas, que denunciam o incumprimento definitivo da obrigação, nomeadamente (de recorte geral) a *declaração antecipada de incumprimento* por parte do devedor (sobre esta figura, v., num estudo inicial, VAZ SERRA, *Mora do Devedor*, BMJ 58, 5-317 (*maxime* 59 e ss.) e, ainda, com referências, BRANDÃO PROENÇA, *A hipótese da declaração (lato sensu) antecipada de incumprimento por parte do devedor*, Estudos em homenagem ao Professor Doutor Jorge Ribeiro de Faria, n.º especial, Coimbra Editora: Coimbra, 2003, 359-402), bem como, desta vez de índole especial, o *abandono de obra* no contrato de empreitada ou *do posto de trabalho* no contrato de trabalho.

Note-se que a impossibilidade imputável ao *credor*, a *terceiro* ou devida a *caso fortuito ou de força maior* extingue o correspondente dever e, nessa medida, isenta o devedor de responsabilidade: por outras palavras, deixa de existir o substrato *ontológico* e *normativo* necessário à formação do título de imputação de danos[393].

2.2) [*mora*] Por outro lado, o incumprimento *temporário* da prestação imputável ao devedor (vulgo, *mora*, 804.º) também pode ser imputável ao credor – *mora do credor* (813.º) – ou, por outro lado, a terceiro ou ser devido a caso fortuito – nestas hipóteses, emergindo uma *impossibilidade temporária* (792.º). Nestes casos, também não se gera um título de imputação obrigacional com base no disposto no artigo 798.º, o qual depende, *factualmente*, da conduta (ativa ou omissiva) do devedor.

2.3) [*cumprimento defeituoso*] Por fim, o *cumprimento defeituoso*[394], merecedor de referência expressa no artigo 799.º/1, deve ser autonomizado da falta de cumprimento (definitiva e temporária) da obrigação, pela falta de correspondência da conduta *realizada* à prestação *devida*. A sua autonomização deriva da sua génese formativa, tratando-se de uma violação *positiva*[395] do contrato, sendo, por tal, merecedor de uma regulação autónoma em vários tipos contratuais (*v.g.*, compra e venda, doação, locação, empreitada, *etc.*[396]). No entanto, o cumprimento defeituoso aproxima-se das modalidades de ilicitude

[393] Resta, portanto, apreciar as consequências relativas à impossibilidade imputável ao *solvens*, denominada de impossibilidade culposa (801.º/2), bem como ao caso não previsto de impossibilidade imputável a *ambos* os sujeitos do vínculo obrigacional. Neste último caso, importa determinar se é aplicável o regime da culpa do lesado (570.º) na repartição dos contributos para a lesão do crédito, e, consequentemente, para o apuramento da medida da manutenção da prestação e, se for o caso, da respetiva contraprestação (cf. CATARINA MONTEIRO PIRES, *A impossibilidade da prestação*, 733 e ss.). Cfr. a nossa posição, *infra*, § 10; 2. A delimitação entre a responsabilidade contratual e a impossibilidade é de contornos historicamente ténues, porquanto a primeira já foi considerada num prisma *objetivo*, incluindo a segunda. Dá nota da evolução histórica, também neste sentido, em Itália, GUIDO SANTORO, *La Responsabilità Contrattuale*, CEDAM: Milão (1992), 5-9.

[394] V., por todos, PEDRO ROMANO MARTINEZ, *O cumprimento defeituoso*, *passim*.

[395] V. *infra*, § 8; 2.2.3.

[396] Cfr. arts. 905.º e ss. (venda de bens onerados), 913.º e ss. (venda de coisas defeituosas), 957.º, (Ónus ou vícios do direito ou da coisa doada), 1032.º (vícios da coisa locada) e 1218.º e ss. (defeitos de obra); cf. ANTUNES VARELA, *Das Obrigações*, II, 127 e ss. A aplicação deste regime, por especialidade face ao regime geral do incumprimento (798.º e ss.), não levanta dúvidas (ROMANO MARTINEZ, *Cumprimento Defeituoso*, 271).

obrigacional mencionadas quando se reconduza a um retardamento da realização da prestação devida ou ao incumprimento definitivo da obrigação[397].

VI. Em relação ao *dever de prestar*, a falta de cumprimento não decorre apenas de uma *omissão* pura e simples do comportamento devido (pelo devedor), abrangendo uma nova vertente que engloba a violação dos deveres *acessórios* de conduta, bem como determinados casos de impossibilidade (que lhe sejam imputáveis), em sede da violação *positiva* do contrato, *por ação*[398].

Partindo de uma conceção ampla de relação obrigacional, de génese germânica[399], estes deveres acessórios permitem o enquadramento de outros (*Nebenpflichten*) para além dos deveres de prestar. Fundam, por outro lado, de forma isolada, a emergência de novos institutos, tal como a responsabilidade pré-contratual (*culpa in contrahendo*)[400], a pós-eficácia dos negócios inválidos, a relação corrente de negócios e a *culpa post pactum finitum*[401].

VII. A categoria exclusiva da ilicitude considerada, ainda que subdividida nas modalidades indicadas, encontra-se limitada, como vimos, pela autoria material do facto que considera, restrita à pessoa do *devedor*, contrariamente ao que sucede nas categorias *delituais*. Esta particularidade tem sido acentuada pela doutrina, com diversos pontos de partida. Em primeiro lugar, considerando-se o *conteúdo* da conduta devida opõe-se, em regra, o de tipo *negativo*, de abstenção, nos direitos absolutos, ao *positivo*, de atuação, nos direitos relativos. Todavia, este entendimento não enquadra o dever de agir nos delitos omissivos, em violação de direitos absolutos, nem as obrigações *específicas* de *non facere* ou de *pati* (sujeição): no primeiro caso, existe um dever de agir, cujo incumprimento é fonte de ilicitude *delitual*, e, no segundo, a obrigação assumida vincula o *devedor* a uma conduta de não fazer ou a uma mera sujeição. Perante estas críticas, partiu-se para uma nova tónica, desta vez focada

[397] Neste sentido, v. MENEZES LEITÃO, *Direito das Obrigações*, II, 232.

[398] Assim, MENEZES CORDEIRO, *Tratado*, VI, 524 e em *Violação positiva do contrato – anotação ao acórdão do Supremo Tribunal de Justiça de 31 de janeiro de 1980*, Separata ROA (1982), 123-152 (143).

[399] Sobre a evolução da teoria da autoria HUGO KRESS, v. MENEZES CORDEIRO, *Tratado*, VI, 520 e ss. Veja-se ainda a importante distinção entre os deveres acessórios de conduta e os deveres do tráfego, *idem*. 532-533.

[400] V. *infra*, § 13; 1.1. E ainda, DÁRIO MOURA VICENTE, *Direito Comparado*, II, *Obrigações*, 112.

[401] V. CARNEIRO DA FRADA, *Direito Civil*, 67, 88; MENEZES LEITÃO, *Direito das Obrigações*, I, 377-378; DÁRIO MOURA VICENTE, *Direito Comparado*, II, 264; MENEZES CORDEIRO, *Da pós-eficácia das obrigações*, Separata dos Estudos em honra do Prof. Doutor Cavaleiro de Ferreira, Lisboa (1984), 58, *Da Boa Fé*, 625-31, *Tratado*, VII, 657-659 e IX, 167–213. Cfr., ainda, LARENZ, *Lehrbuch*, I, AT, § 10, II, 141-142.

na *especificidade da ligação* estabelecida entre os sujeitos visados na responsabilidade obrigacional. Todavia, a força do argumento desvanece-se com a emergência de fenómenos como os contratos de adesão, à distância e desmaterializados, nos quais a liberdade contratual do contraente (*v.g.*, na qualidade de consumidor), por circunstâncias várias[402], se limita à possibilidade de aderir ao conteúdo contratual padronizado, sem o estabelecimento deste suposto vínculo pessoal.

O ponto de delimitação é, supomos, o *legal*, nos seus precisos contornos: a ilicitude obrigacional decorre da *falta de cumprimento da obrigação* pelo *devedor*. Se um segundo elemento, relativo à autoria é normativamente expansível (cfr., p. ex., referindo-se à atuação de terceiros, 800.º), o primeiro, relativo ao *incumprimento*, também o é, desde que reportado ao vínculo obrigacional que ligue os sujeitos: para além do incumprimento definitivo da obrigação, considera-se a obrigação não cumprida perante a mora do devedor e o cumprimento defeituoso. Por outro lado, abarcam-se ainda as realidades autónomas ao incumprimento em sentido estrito, relativas à impossibilidade (imputável ao devedor) e ao incumprimento dos deveres acessórios de conduta.

2.3. A conduta enquanto ponto focal da ilicitude

VIII. A identificação e análise das categorias de ilicitude delitual e obrigacional não esgotam a relevância do pressuposto da ilicitude.

Cumpre, por outro lado, determinar qual a matéria de facto que será confrontada com aqueles critérios normativos, inerentes às categorias de ilicitude já sumariamente analisadas. Por outras palavras, importa apurar a *qualidade* do facto, previamente determinado como relevante para este efeito, sobre a qual recairá o (ainda que eventual) juízo normativo de *desvalor objetivo*. Realizamos, nesta sede, figurativamente, um *recorte fino do comportamento relevante* (do agente), na linha espácio-temporal reportada ao *evento* na sua globalidade, de forma a apurar o *facto em concreto* sobre o qual pode recair aquele juízo normativo.

402 V. Antunes Varela, *Das Obrigações*, I, 251 e ss. Em particular, destacam-se os autores que negam a natureza contratual dos contratos de adesão; *idem*, 254 (nota 1).

Num exemplo, se A agride B, o comportamento relevante para o apuramento da sua responsabilidade pode ser visto como *apenas* o ato físico de agressão e o posterior abandono do lesado no local (conduta), a lesão física ou sofrimento resultante ou, ainda, aquele que abranja as despesas em que este incorreu (resultado).

IX. Para aquele efeito, é importante conhecer o ponto de referência normativo, o qual se assume a base de toda esta análise, bem como as duas teorias em causa.

Em primeiro lugar, no que respeita à modalidade delitual, escrutina-se o sentido da referência «*violar* ilicitamente» (483.º/1) e interroga-se qual o ponto de referência do *desvalor objetivo do facto*: se o seu *resultado* (teoria do desvalor *do resultado, Erfolgsunrechtlehre*), ou antes, o do facto dominável em si ou o do comportamento (teoria do desvalor *da conduta* ou *do comportamento – Verhalensunrechtlehre*)[403].

Para a primeira teoria, basta que o agente *lese o direito ou viole a norma de conduta* para se afirmar a antijuridicidade (i. e., a *ilicitude*) do seu comportamento, ou seja, *o facto que provoque aquele resultado* é, por si, ilícito, ressalvada a existência de uma causa de justificação.

[403] A presente divergência não se confunde com aquela que preside ao confronto entre a corrente *objetivista* e *subjetivista* da ilicitude, consoante esta se reporte ao plano objetivo ou dependa, ao invés, de condutas voluntárias; cf. Pessoa Jorge, *Ensaio*, 63 e ss.
Por outro lado, alguns AA. invocam, em alternativa à exposição subsequente (centrada na contraposição entre o desvalor da conduta e do resultado como o foco da ilicitude), que o advérbio *ilicitamente* pode (e deve) desempenhar um outro papel. Este (arguem) não se reduz ao enquadramento das causas de justificação da conduta violadora do direito ou da norma de proteção; no fundo, à exclusão da ilicitude. Ao invés, invocam que a decomposição normativa da conduta ou do seu resultado é forçada: assim, p. ex., um atropelamento provocado exclusivamente pelo peão corresponderia a uma lesão do seu direito de personalidade ("violar [...] o direito"; 483.º/1), sempre. A decomposição normativa da conduta (o ato de condução) ou do seu resultado (atropelamento) seria forçada e, mais, desnecessária: se o peão é atropelado, o seu direito de personalidade foi violado, não sendo – arguem – uma matéria relegada para o pressuposto do dano – solução, por sinal, dos apologistas do desvalor da conduta. A pedra de toque deste entendimento residiria em enquadrar que aquela violação (com o atropelamento, recorde-se) não era, ainda assim, *ilícita*. O problema está – e esta é a chave do insucesso deste entendimento – em desvendar, neste segundo passo lógico, o motivo que preside à distinção entre a violação *lícita* e *ilícita*, segundo este mais recente entendimento. Nesta fase, aparenta ser incontornável perguntar qual o ponto de referência para essa avaliação (se a conduta do agente ou o seu resultado?) e, por acréscimo, se as causas de justificação podem ser consideradas. Pelos resultados, *mirabile visu*, o entendimento não evita a *discussão supra* e incute uma complexidade adicional ao apuramento da ilicitude, sem vantagem dogmática aparente.

Pela segunda variante, o desvalor do *resultado* da conduta distingue-se do desvalor da *conduta* em si, num momento prévio: existem casos em que o facto jurídico, finalisticamente considerado, lesa posições jurídicas protegidas em várias disposições, mas cuja considerada conduta não é, ainda assim, *ilícita*. No entanto, como reverso, para este entendimento, a conduta pode ser censurável ainda que não produza um resultado desvalioso.

> Pense-se no exemplo do atropelamento de um peão por um condutor embriagado. A par da violação da norma de proteção do Código da Estrada que previne a condução sob influência do álcool (desvalor da conduta), resultaram danos físicos à integridade física do peão, numa violação do direito absoluto do lesado (desvalor do resultado). Todavia, se no momento do atropelamento o condutor (desta vez não embriagado) cumpria todas as cominações reguladoras de circulação rodoviária, existe o *desvalor do resultado* (com o atropelamento), embora a sua *conduta* não seja, em si, ilícita (*i.e.*, não existe *desvalor da conduta*); por outro lado, a condução em estado de embriaguez em si é ilícita (desvalor da conduta), mas pode não provocar um acidente, no fundo, não provocar qualquer prejuízo, não havendo lugar, neste caso, a responsabilidade *civil* do agente (falta o desvalor do resultado).

A dificuldade da presente distinção (entre o desvalor da conduta e do resultado) é agravada pela constatação da existência de normas que proíbem apenas a *conduta* (normas de proteção) e aquelas que proíbem, ao invés, um *resultado*, derivado da conduta ou não (violação de direitos subjetivos)[404], ou seja, quando se desvaloriza objetivamente apenas um comportamento, ontologicamente considerado, ou quando este juízo recai sobre o seu *efeito*, de lesão ou perigo de lesão de um bem jurídico.

Sabemos, no entanto, que a distinção entre desvalor da conduta e do resultado é de importância basilar para o presente estudo, uma vez que previne a homogeneização do pressuposto do dano e da ilicitude, em sede da análise da *antijuridicidade* objetiva do facto, ou seja, evita a inversão metodológica de se determinar o *desvalor da conduta* pela simples verificação de *prejuízos*, *danos* para o lesado (em obediência indevida ao brocardo *neminem laedere*). É, também, uma contraposição terminológica presente de forma expressa na sede comum das modalidades consideradas (na obrigação de indemnização, 562.º e ss.), p. ex., na

[404] A conclusão é de MENEZES CORDEIRO, *Tratado*, VIII, 438.

distinção, a um outro nível, entre os *danos* e *lesão* no nexo de causalidade, determinando-se que «*a* obrigação de indemnização só existe em relação aos *danos* que o lesado provavelmente não teria sofrido se não fosse a *lesão*» (563.º). As realidades (ilicitude e dano) são manifestamente distintas[405], e é a *conduta*, para nós, o ponto de referência para a análise da ilicitude, conformando o seu objeto.

Num primeiro exemplo, se A agride fisicamente B, a lesão do direito da integridade física de B (desvalor objetivo da conduta) distingue-se da existência, causal e eventual, dos danos que sofra (*v.g.*, patrimoniais, tal como as despesas hospitalares, e não patrimoniais, de que é exemplo o respetivo sofrimento, a dor física).

Num segundo exemplo, não existe desvalor objetivo da *conduta* de C, cumpridor de todas as regras de circulação, que atropela mortalmente D, que se suicidou. A existência de dano (morte de D) não obriga ao reconhecimento da ilicitude da *conduta* de C, pela condução (lícita) nem pelo seu «*resultado*» de lesão do direito à vida.

X. Clarificámos, sumariamente e no campo delitual, a diferença entre *desvalor objetivo* (ilicitude) e *dano*[406]. Cumpre, no campo da ilicitude, aprofundar a primeira teoria ainda quanto ao *objeto do desvalor objetivo*, nomeadamente aquela que afirma – e por nós afastada – que é pelo *resultado* da conduta que se mede a ilicitude do facto.

Ora, uma variante interessante da *teoria do desvalor do resultado* – a qual presentemente se analisa, sem adesão – propõe quebrar a homogeneidade

[405] Fazemos uma brevíssima nota. Esta distinção entre o *dano* e *resultado* não se confunde com a existência de danos puramente patrimoniais (*reiner Vermögensschaden*). Estes danos são aqueles que, por definição, «uma pessoa sofre sem que tenha existido prévia violação de um direito ou bem absolutamente protegido» – a expressão é de Sinde Monteiro, *Responsabilidade por conselhos*, 187. Cfr., *infra*, § 14; 2.2. Estes danos não são tuteláveis, à partida, na primeira modalidade de ilicitude delitual, mas apenas com base (*i*) na violação do crédito em sede delitual (de que é exemplo paradigmático a lesão do crédito por terceiro), (*ii*) na segunda modalidade de ilicitude delitual (violação de normas de protecção), (*iii*) quando enquadrável em previsões delituais específicas ou, por fim, (*iv*) quando se reporte a uma situação abusiva. Dependem, portanto, nestes casos, da existência de ilicitude.

[406] Antunes Varela distingue estas três vertentes, de desvalor da conduta, do resultado e dano: «[...] a ilicitude reporta-se ao *facto* do agente, à sua *atuação*, não ao *efeito* (danoso) que dele promana, embora a *ilicitude* do facto possa provir (e provenha até as mais das vezes) do resultado (*lesão* ou *ameaça de lesão* de certos valores tutelados pelo direito) que ele produz»; em *Das Obrigações*, I, 532. No sentido do texto, v. Menezes Leitão, *A responsabilidade do gestor*, 240 e respetiva nota 1, Rui Ataíde, *Responsabilidade Civil*, 1101 e Mafalda Miranda Barbosa, *Lições*, 253.

objetiva do juízo inerente ao pressuposto de forma a salvaguardar os casos de aproveitamento abusivo da distinção entre conduta e resultado. Com o propósito de moderar os resultados de uma adesão cega ao desvalor da conduta, por apelo a elementos da *culpa*[407] (ou antes, dir-se-ia a uma verdadeira *tipicidade subjetiva*[408]), atribui relevância quer aos conhecimentos especiais do agente, quer à vontade de praticar a lesão, perante a *conduta* objetivamente *lícita*. Por outras palavras, e em primeiro lugar, considera que o desvalor *do resultado* em caso de *dolo* do agente basta para a verificação da ilicitude do facto[409]. As consequências normativas que se refletem no processo metodológico de apuramento de responsabilidade são algo surpreendentes, confessa-se.

Num exemplo, à luz do entendimento exposto (teoria do desvalor do resultado): se A bate palmas ao pé de B, conhecendo a fragilidade deste, provocando-lhe, como pretendido, um choque de epilepsia, não existe *a priori* um desvalor objetivo da conduta (por bater palmas), mas aquela, pela vontade *dolosa* de obtenção do resultado, será avaliada por este resultado ilícito (choque de epilepsia).

É, note-se, a doutrina conforme à inclusão dos *conhecimentos especiais do lesante* no estabelecimento do *nexo de causalidade* (delimitador), perante a conduta que se determinou anteriormente como *ilícita*[410].

Recordando o exemplo de Escola[411], é *ilícita* a conduta de A que com uma mera bofetada provoca a morte de B. Contudo, A será irresponsável, estabelecendo-se a falta do nexo de causalidade adequada entre o facto (a bofetada) e o dano (morte) – e não pela ausência de ilicitude da conduta (a qual existe, tratando-se de uma agressão). Todavia, já será devido entendimento diverso, estabelecendo-se o respetivo nexo de causalidade,

[407] Ao qual Menezes Cordeiro adita o problema dos danos meramente indiretos, em *Tratado*, VIII, 438.

[408] A qual não tem lugar na responsabilidade civil. V., neste sentido, Rui Ataíde que afirma: «a tipicidade constitui uma categoria alheia ao ilícito civil, cuja formação legal obedece à técnica previsiva da cláusula geral que lhe é contrária», *Responsabilidade Civil*, 1137.

[409] Menezes Leitão, *Direito das Obrigações – Vol. I*, p. 300.

[410] V. *infra*, § 6; 4.2.2.

[411] Antunes Varela, *Das Obrigações*, I, 892. Segundo Pereira Coelho, «a disposição da vítima que teria produzido igualmente, por exemplo, a morte, é uma circunstância de facto a ter em conta no juízo de adequação se for *cognoscível*.», em *O Problema Da Causalidade Virtual na Responsabilidade Civil*, Coimbra Editora: Coimbra (1955), 226 (nota 2).

> se A estava ciente da debilidade de B e pretendeu aquele resultado, ou seja, se A atuou *dolosamente* em vista à morte de B.

Para mais, aquela variante esclarece ainda que a *ausência de dolo* do agente não permite, sem mais, reverter para o critério unitário da apreciação *objetiva* do *desvalor da conduta*. Ao invés, defendem que se devem distinguir os delitos meramente *negligentes* daqueles primeiros, dolosos. Para os delitos negligentes, consideram que o critério de apreciação da mera culpa radica no incumprimento do *dever geral de cuidado* exigido às pessoas no tráfego. Ou seja, o resultado de uma *conduta* negligentemente lesiva, mas *socialmente adequada* (*i.e.*, em cumprimento do dever de cuidado), não permite a sua qualificação como ilícita[412]; *a contrario*, a atuação negligente funda a ilicitude da conduta do agente.

[412] Concluem, em termos aproximados, os apologistas da *doutrina da ação final*, apelados de *finalistas* – na esteira de WELZEL e da sua teoria da ação lícita (*Lehre von Handlungsunrecht*; cfr. *Derecho Penal. Parte Geral*, Buenos Aires, 1956, 38 e ss.), importada para o âmbito da responsabilidade civil por NIPPERDEY – como veremos *infra*, § 6; 3.3. – segundo a qual o desvalor objetivo da conduta implica a apreciação de que o agente prosseguiu um fim permitido pelo direito, ou fê-lo não intencionalmente, mas em violação de um dever objetivo de cuidado; v. SANTOS JÚNIOR, *Direito das Obrigações*, I, 294, *Responsabilidade civil*, 257-260; OLIVEIRA ASCENSÃO, *A teoria finalista e o ilícito civil*, RFDUL 27 (1986), 9-28 e RIBEIRO DE FARIA, *Algumas notas sobre o finalismo no Direito Civil*, BFD 69 (1993), 71-160 e em BFD 70 (1994), 133-219. Contra o enquadramento do devedor objetivo de cuidado em sede da ilicitude, v. ANTUNES VARELA, *Das Obrigações*, I, 585. O finalismo promove a homogeneização (indevida) dos requisitos da ilicitude e da culpa, e é, sem prejuízo do demais, debilmente coadunável com (*i*) os quadros dogmáticos da responsabilidade civil perante a penal, esta com uma estrutura típica, (*ii*) com a existência de uma responsabilidade objetiva, (*iii*) com a relevância de figuras referentes autonomamente à ilicitude ou à culpa (p. ex., causas de exclusão da ilicitude, de desculpa, a inimputabilidade, presunções de culpa, *etc.*) – a dificuldade paradigmática é, aliás, a de saber se para os finalistas é possível atuar-se em legítima defesa em relação a um inimputável; a resposta positiva (devida) é concedida por alguns finalistas, mas não sem a cisão do conceito complexivo avançado de ilicitude-culpa, bem como com (*iii*) a não agregação a um conceito unitário, como a *faute*, próprio do sistema jurídico francês. SANTOS JÚNIOR invoca ainda as críticas apontadas pela doutrina alemã, relativamente à irrelevância das diferenças entre as duas teorias: no fundo, se ambos os requisitos são exigidos (positivamente) para o apuramento da responsabilidade do agente, a sua localização metodológica neste processo reveste pouca relevância prática (*Da responsabilidade*, 259 e respetivas notas 879 e 880).
Também a doutrina penalista evoluiu, com o entendimento reportado às doutrinas *pós-finalistas* (dificilmente reconduzíveis a um entendimento unitário; cf., por todos, ROXIN/GRECO, *Strafrecht*, AT, § 12, 536 e ss.), as quais aprofundam o tipo subjetivo (desvalor da ação) – imposto pelos finalistas ao lado do tipo objetivo (desvalor do resultado), pressuposto – e distinguem entre a conduta dolosa e negligente *do tipo*, previamente à avaliação da culpa do agente.

Este entendimento não foi, todavia, isento de críticas, apelando-se, novamente, a uma *solução de meio termo*[413]: recorrendo aos limites de um conceito pretensamente unitário de ilicitude, concluiu-se pela avaliação da *ilicitude pelo resultado* nas violações imediatas de bens jurídicos e *pela conduta* nas violações mediatas do dever de cuidado[414].

XI. A construção encetada pelos vários entendimentos explanados, pela multiplicidade de premissas, convola-se num autêntico castelo de cartas dogmático, inerentemente frágil enquanto tal.

Pela nossa parte, consideramos que a ilicitude incide somente sobre *a conduta do agente* (quanto ao objeto), sendo esta ilícita perante a *lesão ou perigo de lesão do bem* jurídico[415], objeto mediato do direito subjetivo ou tutelado indiretamente pelo interesse subjacente à norma de proteção.

Ora, se o *dano* não se confunde com a ilicitude, a conduta também não se confunde com o seu resultado *normativo*, de lesão ou perigo de lesão (que não o dano)[416]. Assume-se, no entanto, que existem particularidades inerentes à distinção da conduta e daquilo que é o seu resultado, ainda que de um prisma ontológico.

> No exemplo acima mencionado, no *facto* juridicamente relevante do atropelamento do suicida, como um todo, distingue-se a condução (conduta), do atropelamento enquanto facto (resultado ontológico da conduta), da lesão do direito absoluto à vida do peão (resultado normativo) e, por fim, da morte (dano).

Não se adivinha, todavia, um critério *fixo*, fora do escopo casuístico, que permita o recorte fino entre aquelas primeiras modalidades, da *conduta* e do seu *resultado ontológico* – *i.e.*, desconhece-se o critério fixo para, num caso de

[413] Menezes Cordeiro, *Tratado*, VIII, 438.

[414] Assim, Sinde Monteiro, apelando à quebra de unidade funcional do conceito de ilicitude no âmbito «da legítima defesa e de *actio quasi-negatória*». O autor recorre ao exemplo de Larenz, da justificação da atuação, em legítima defesa, de quem retira das mãos de uma enfermeira a seringa com um líquido mortal, que se presta a injetar num paciente, embora a conduta desta tenha cumprido com o dever de cuidado exigível, e não possa, pelo escopo da conduta, ser considerada ilícita; em *Responsabilidade por conselhos*, 304-305.

[415] Assim, Rui Ataíde, *Responsabilidade Civil*, 1101 e 1111.

[416] Neste sentido, Pessoa Jorge apelava a não confundir o prejuízo «com a lesão do direito ou, em geral, da situação vantajosa», em *Ensaio*, 384. Desenvolvidamente, Paulo Mota Pinto, *Interesse*, II, nota 1451

atropelamento, se considerar o ato de condução do veículo como *conduta* e, por outro lado, o *facto* do atropelamento em si o *resultado* daquela, e noutras hipóteses não, mas ele manifestamente existe. Na verdade, ontologicamente a conduta é a mesma e uma continuidade[417].

Pois bem, a realidade juridicamente relevante sobre a qual incide o presente juízo é a do *facto* considerado, e, nesta medida, a da *conduta* ou a do facto dominável por aquela, como um todo. Transparece, porém, uma distinção mínima entre três momentos: entre a *conduta* (objeto da ilicitude) e, por um lado, o resultado *normativo* de lesão ou perigo de lesão do bem jurídico (critério de apuramento ilicitude), bem como o *resultado danoso* (o dano). Esta primeira vertente é particularmente relevante para isentar de responsabilidade o agente das lesões ou perigos de lesão acidentais à *conduta* do agente. Basta, portanto, esta triplicidade.

XII. Entre as duas primeiras realidades – conduta e resultado *normativo* (vulgo, entre o facto e ilicitude) –, deve existir, uma relação de causalidade, dita *fundamentadora* de responsabilidade[418]. Isto é, o *facto* reconduzido à conduta ou dominável por esta, o qual provoca uma lesão ou perigo de lesão do bem jurídico, é sempre ilícito, se não existir uma causa que o justifique. Mas a conduta só se considera ilícita na medida em que *fundamente* a lesão ou o perigo de lesão.

> No exemplo acima descrito, o bater de palmas que provoca a morte do lesado não é adequado a lesar seu o direito absoluto (à vida). Tal como não será o facto de alguém abandonar um copo de água o qual, consumido indevidamente, resulte numa indigestão e morte de terceiro. Falha, neste caso, o nexo *fundamentador* do resultado *normativo* de lesão na conduta. Por outro lado, a conduta do agente é apta a lesar o direito de personalidade do lesado, quando este é agredido por uma bofetada, embora este desvalor objetivo da conduta não funde isoladamente a responsabilidade do agente.

[417] Menezes Cordeiro afirma que «[e]m termos ontológicos, não é possível separar o resultado da conduta: constituem uma evidente unidade», em *Tratado*, VIII, 438.

[418] Neste sentido, v. Rui Ataíde, autor que defende a existência de «um nexo de causalidade entre a conduta desvaliosa e o resultado proibido, não podendo a eclosão deste último dever-se a um mero acaso "infeliz"», em *Causalidade e Imputação Objetiva*, cit., 1111. V., *infra*, § 6; 4.2.1.

Note-se, ainda, que a ilicitude, objetivamente considerada, na vertente de lesão ou perigo de lesão, carece, para se formar o título de imputação, da junção de outros requisitos, entre os quais se destaca o nexo *delimitador* e a própria *culpa*.

No caso supramencionado, a bofetada não é causa adequada a provocar o dano (morte), falhando o estabelecimento do nexo *delimitador* de responsabilidade se o lesante desconhecia a debilidade do lesado.

XIII. Cumpre ainda mencionar a possível relevância da interferência dos elementos subjetivos do agente nesta sede. A ilicitude é um juízo normativo *objetivo*. Nesta medida, repristinar juízos relativos ao desvalor subjetivo da conduta, próprios da culpa, ou os *elementos subjetivos*[419] que caracterizam o *facto* (enquanto comportamento dominável pela vontade humana) para esta sede é uma inversão metodológica, a qual contamina o valor intrínseco da valorização *objetiva* do facto. Por outras palavras, para se salvaguardar, caso existam prejuízos a tutelar, a *licitude das condutas* socialmente adequadas e a *ilicitude do resultado* das condutas dolosas (embora lícitas), antecipa-se indevidamente juízos de culpa nesta sede, de apuramento do *desvalor objetivo da conduta*[420].

Assim, no exemplo de LARENZ, a conduta da enfermeira que se presta injetar num paciente um líquido mortal, embora desconheça que o faz, cumprindo o dever de cuidado exigível, pode ainda, pelo escopo da conduta, ser considerada ilícita, porquanto *esta ação objetivamente considerada o é*. Injetar doses de veneno é um facto ilícito por lesar (ou com perigo imediato de lesar) a integridade física do paciente, escapando ao âmbito do consentimento eventualmente prestado, e não se confunde com o dano (morte) que potencialmente *resulte* daquela *lesão*[421], nem com a *culpa* do agente.

[419] Contra, MENEZES CORDEIRO, *Tratado*, VIII, 368 e 456-457.

[420] Neste sentido, DÁRIO MOURA VICENTE afirma que «tal como no Direito alemão, parece, todavia, que aquele juízo pode ter lugar no Direito português em sede de aferição da culpa, pelo menos nos casos em que esta seja exigível com pressuposto da responsabilidade civil»; em *Direito Comparado*, II, 420.

[421] Parece-nos que a infelicidade do exemplo decorre de considerações subjetivas neste âmbito, pretensamente objetivo, no sentido de que (1) não há dolo do *resultado*, nem negligência no incumprimento do dever de cuidado da conduta, logo (2) não há ilicitude, e (3), assim, a conduta (lícita) não permite o recurso à legítima defesa. A análise do problema, distanciada daqueles elementos subjetivos, permite, num primeiro grau, concluir que a conduta é objetivamente ilícita, pela lesão ou perigo de lesão do direito absoluto do paciente.

Reprovar o comportamento do agente que pratica uma conduta objetivamente não censurável, porquanto este a comete com *dolo* e provoca danos, aproxima-se de um juízo de imputação de danos a título (primordialmente) *punitivo*, próprio de uma responsabilidade civil *do agente* e não *do facto* (como pretendido)[422]. Agir bem, procurando o mal, embora moralmente reprovável, não o é juridicamente.

Note-se, quanto a este aspeto, que não existe, à semelhança do Código Civil alemão (§ 826 BGB) uma cláusula que permita censurar diretamente estas condutas, como fonte delitual própria, referente às lesões praticadas *contra os bons costumes*.

Por outro lado, se a inversão metodológica dos pressupostos – *i.e.*, de se considerar a culpa em sede da ilicitude da conduta – não é apta a solucionar a presente questão, gera outros dilemas, de importância equiparável. Destacamos dois aspetos. Em primeiro lugar, o facto de o juízo de censurabilidade da conduta do agente pressupor a deficiência objetiva desta. Em segundo, essa inversão homogeneíza os requisitos e compromete a individualização necessária às várias formas de responsabilidade – afastado do conceito agregador

Outro exemplo, porventura mais feliz nesta sede, será o da enfermeira que injeta uma dose *normal* de medicamento, mas que, ainda assim, provoca a morte do paciente. Neste caso, não existe objetivamente desvalor da conduta, ainda que exista um resultado danoso.
A eliminação dos requisitos subjetivos do pressuposto da ilicitude isenta de responsabilidade o agente cuja conduta *objetivamente* não seja ilícita, pese embora o dolo ou a negligência do agente (no comportamento omissivo).
Resta a consideração das situações limite, *contrária aos bons costumes*. Pergunta-se: a enfermeira que, com uma dose *normal* de medicamento pretende e provoca a morte do paciente, deve ser responsabilizada? Das duas uma, ou se determina que a dose *normal* de medicamento para aquele paciente resultará (com um grau de adequado de causalidade) naquele resultado pretendido (e proibido), caso em que o medicamento não se revela adequado – por incumprimento das *legis artis* médicas –, sendo, enquanto tal, ilícito, ou, considera-se, pelo mesmo critério (de *legis artis*, e não de causalidade), que a vontade imoral da enfermeira de verificação do efeito *secundário* do medicamento é irrelevante para efeitos objetivos da ilicitude da sua conduta.
É uma conclusão paralela à irrelevância da vontade acima descrita, embora em sentido inverso, ou seja, perante a *ilicitude* da conduta da enfermeira que desconhecia, sem culpa, que injetava veneno no paciente. Neste caso, deve-se negar a responsabilidade por falta do desvalor subjetivo da conduta – v. Rui Ataíde, *Responsabilidade Civil*, 1022 (nota 2152) – embora seja possível atuar em legítima defesa perante atos não culposos, mantendo total pertinência a crítica inicial de Larenz à teoria do desvalor da conduta. Sobre este ponto, v., por todos, Antunes Varela, *Das Obrigações*, I, 588-589 (nota 1).

[422] Enquadra-se, aliás, nos quadros da tipicidade objetiva penalista dos crimes de resultado, a qual se basta, nesta medida, com o desvalor objetivo e subjetivo do resultado danoso, não autonomizando a lesão ou perigo de lesão do bem jurídico.

de *faute* do direito francês ou de *danno ingiusto* no Direito italiano – tal como, a título meramente exemplificativo, a que desconsidera a culpa, mas não a ilicitude (em algumas formas de responsabilidade pelo risco), ou aquela que apenas a presume (na obrigacional e em determinados casos da responsabilidade delitual; 491.º a 493.º).

XIV. Não se considera, como visto, qualquer desvalor objetivo do facto, vulgo ilicitude, como (*i*) *adequado* a causar o *resultado danoso* – pense-se no exemplo mencionado da bofetada que provoca a morte do lesado – nem (*ii*) *apto* a enquadrar todos os danos resultantes (ainda que adequadamente causados) no âmbito dos interesses que protege, atendendo ao *escopo da norma*[423] – de que é exemplo a *irresponsabilidade* do agente que furta um carro e que, cumprindo todas as regras rodoviárias, atropela fatalmente um peão que se suicida, porquanto a lesão do direito absoluto da propriedade do titular do veículo (com o furto) não se destina a prevenir eventuais atropelamentos, nem, enfim, existe culpa naquela lesão.

Todavia, naquela primeira linha de estabelecimento do nexo de causalidade *fundamentador* da responsabilidade[424], podem interferir os *conhecimentos especiais do agente* que permitam estabelecer a ligação entre o resultado normativo da conduta e esta.

> No exemplo mencionado, o bater de palmas que provoca a morte é adequado a lesar o direito absoluto (à vida), se o agente conhecia o grau de fragilidade do lesado e aptidão da sua conduta para aquele efeito. Estabelece-se, pelos conhecimentos especiais do agente, o nexo *fundamentador* de responsabilidade.

[423] V., *infra*, § 6; 4.5. Segundo Rui Ataíde, importa conhecer se «a concreta fisionomia dos bens lesados está ou não abrangida pelo escopo material da norma chamada a dirimir o litígio, ou seja, há que indagar se a lesão se verificou no próprio interesse cuja tutela a lei visou, valendo também como instrumento corretivo da *versari in re illicita*, ao impedir que se responda por todos os danos consequentes à ofensa», v. em *Responsabilidade Civil*, 747. Contra, Antunes Varela, *Das Obrigações*, I, 902-903.

[424] Sobre a distinção entre causalidade fundamentadora e delimitadora de responsabilidade, v. por todos, Rui Ataíde, *Responsabilidade* Civil, 757-61, bem como em *Causalidade e Imputação Objetiva*, 181-189. Aprofundaremos a matéria, *infra*, § 6; 4.2.

O estabelecimento do nexo *fundamentador* de responsabilidade não esgota a relevância daqueles conhecimentos especiais do agente. Têm relevância, por outro lado, em sede do nexo *delimitador* de responsabilidade[425].

> No último exemplo, o bater de palmas que provoca a morte do lesado pode ser *adequado* a lesar o direito absoluto do lesado – e ser, enquanto tal, ilícito, se o agente conhecia o grau de fragilidade do lesado –, mas inadequado a título de causa do dano morte, porquanto o agente desconhecia a aptidão do facto a provocar aquele resultado danoso em concreto (julgado, p. ex., provocar apenas um grande susto). Nega-se, assim, o nexo *delimitador* da responsabilidade, o qual liga o facto (ilícito e culposo) ao dano. Solução diferente, de estabelecimento do nexo delimitador, deve ser erigida se o lesante estava ciente da fragilidade deste, quer da *aptidão da sua conduta para lhe provocar a morte em concreto.*

O apuramento dos conhecimentos especiais dos agentes não se confunde, todavia, com a determinação da culpa, embora se afirme o reduto da *imputação subjetiva* na responsabilidade civil[426]. A responsabilidade do agente, nas modalidades consideradas, depende da existência de dolo, ou, de negligência, derivada do incumprimento do dever de cuidado.

> Num exemplo, em caso de atropelamento de um peão, não se indaga a *vontade* do condutor (em atropelar) para o apuramento da *ilicitude* da respetiva conduta. Esta vontade é relevante em sede de culpa, qualificada enquanto *dolo*. Neste sentido, se a falta de vontade não exclui a ilicitude da conduta, o dolo também não a fundamenta. Mas, existindo a *ilicitude* da conduta, deve existir culpa (por dolo ou negligência) do lesante para se fundar a sua responsabilidade *subjetiva*, não sendo necessário apelar no caso do atropelamento do peão suicida à culpa do lesado para a exclusão da sua responsabilidade subjetiva (570.º), se a conduta do condutor não é, *ab initio*, ilícita.

[425] Apelando a esta bivalência dos conhecimentos especiais do agente para qualificar a conduta como ilícita, v. MENEZES CORDEIRO, *Direito das Obrigações*, II, 339, «quando o Direito desvalorize uma conduta, desvaloriza, automaticamente, o fim e meios necessários para o prosseguir». V., *infra*, § 6; 4.1.

[426] V., *infra*, a relevância dos conhecimentos especiais do agente em sede no nexo de causalidade, § 6; 4.2. Não é, contudo, caso único. Veja-se a relevância dos conhecimentos do agente na justificação da conduta em legítima defesa, ainda que em excesso, quando seja devida a perturbação ou medo não culposo do agente (337.º/2). Sobre as dificuldades de enquadramento desta possibilidade v. PESSOA JORGE, *Ensaio*, 248.

Ora, o presente entendimento mantém a autonomia e independência da verificação simultânea dos pressupostos do título de imputação de danos das modalidades consideradas, em especial do desvalor objetivo da *conduta* relativamente *à culpa* e aos *danos* – sem necessidade de contorcionismo do pressuposto da ilicitude, ora pelos elementos objetivos, ora pelos subjetivos[427].

O mesmo vale para o circuito da lesão ou perigo de lesão por *omissão*: se existe um *dever de agir* (designadamente dever no tráfego) de evitar o resultado lesivo (produzido por terceiro, pelo próprio ou por força maior) a conduta omissiva (por definição uma que *não* lese ou perigue lesar *por ação* o bem jurídico) é, ainda assim, ilícita.

Cumpre ainda referir que o mesmo critério – do desvalor do *facto* – se aplica à segunda modalidade de ilicitude delitual, nomeadamente às normas de proteção (483.º/1). O perigo de lesão do bem jurídico, com a realização da conduta proibida pela norma de proteção[428], pode resultar tanto da conduta, como do «resultado desta». Nos mesmos moldes, pode ser enquadrada a falta de cumprimento da obrigação, imputável ao devedor (798.º). Vejamos.

O problema *supra* exposto, do desvalor da conduta ou do resultado, carreia-se, *mutatis mutandis*, na modalidade obrigacional, para o enquadramento da conduta devida pelo devedor, designadamente a *conduta em si* ou o *resultado dessa prestação*[429], com particular interesse prático na distinção entre as obrigações ditas *de meios*, por oposição às de mero *resultado*. Focar-nos-emos neste último aspeto.

Sumariamente, o ponto nevrálgico daquela distinção não abdica da *conduta* do devedor como objeto do desvalor objetivo do facto determinante de responsabilidade.

[427] É esta a crítica atinente à tese de LARENZ, moderadora da tese causal e finalista da ilicitude, a qual considera que, para as ofensas *imediatas*, a ilicitude reporta-se ao *desvalor do resultado* e, para as condutas *mediatas*, esta reporta-se ao *desvalor da conduta*. Ou seja, e como bem aponta RUI ATAÍDE, pese embora se resolva o problema inicial da uniformidade do juízo com as causas de exclusão de ilicitude, o apelo ao dever de cuidado reside na ilicitude das ofensa mediatas e regressa à culpa nas de tipo imediato, gerando um «*duplo conceito de ilicitude delitual*», em *Responsabilidade Civil*, 1119-1120. Sobre esta e outras críticas à distinção entre ofensas mediatas e imediatas; v. o A., *idem*, 1119-1136.

[428] Neste sentido, RUI ATAÍDE, *Responsabilidade Civil*, II, 1100 e ss.

[429] V. MARIA DE LURDES PEREIRA, *Conceito de prestação e destino da contraprestação*, Almedina: Coimbra (2001), 11-35.

A obrigação qualifica-se como *de meios* quando o devedor se encontra vinculado a tentar alcançar o *resultado definidor da prestação*[430], contrariamente às obrigações de resultado, nas quais é a bitola da obtenção do resultado (numa variante não binominal, que abrange o cumprimento defeituoso) que qualifica *ex post* a conduta do devedor como de cumprimento ou não[431].

Segundo Maria de Lurdes Pereira e Pedro Múrias, numa perspetiva *ex ante*, tanto nas obrigações de meios (ou prestações de conduta, *Leistungshandlung*), como nas de resultado (*Leistungserfolg*), a conduta devida é «*rigorosamente*» idêntica[432]. Todavia, nas obrigações de meios, a não realização do interesse final do credor, mediante a não obtenção do resultado pretendido, situa-se na sua «esfera de risco» exclusiva do credor, contrariamente às de resultado, caso em que a falta de obtenção do resultado não permite qualificar aquela conduta como de *cumprimento*[433]. Nisto se traduz a relevância da distinção para efeito do apuramento do desvalor objetivo *da conduta* do devedor, na formação do título de imputação de danos, dada a variação do juízo normativo existente[434]: a *lesão* do direito de crédito pelo devedor ocorre (*i*) nas obrigações de meios, pela não realização dos atos de cumprimento, designadamente todos aqueles necessários e adequados à obtenção do resultado[435] e, (*ii*) nas obrigações *de resultado*, pela não verificação do resultado convencionado, independentemente da suficiência dos atos realizados para o cumprimento da obrigação caso esta fosse de meios.

[430] Daí que as obrigações de meios se extingam, por impossibilidade, quando a conduta ainda seja possível, mas o resultado, correspondente ao interesse do credor, já não o seja ou tenha sido satisfeito por outra via. É exemplo do primeiro caso a não realização da operação agendada pelo cirurgião perante a morte do paciente ou, no segundo caso, dada respetiva cura. Sobre estes casos, qualificados de *impossibilidade por frustração do fim da prestação* e por *realização do fim da prestação por outra via*, respetivamente, v. Antunes Varela, *Das Obrigações*, II, 74 e ss.

[431] Sobre a distinção entre obrigações de meios e resultados, seguida no *supra*, bem como entre o resultado definidor, subalternos e exteriores da prestação, v., entre outros, Maria de Lurdes Pereira e Pedro Múrias, *Obrigações de meios, obrigações de resultado e custos da prestação*, in Centenário do Nascimento do Professor Doutor Paulo Cunha: estudos em homenagem (Coord. António Menezes Cordeiro), 2012, 999-1018 e ainda Ricardo Lucas Ribeiro, *Obrigações de Meios e Obrigações de Resultado*, Coimbra Editora: Coimbra (2010), *passim*. Também, Gomes da Silva, *O dever*, 233-248 e Menezes Cordeiro, *Tratado*, VI, 497.

[432] Maria de Lurdes Pereira e Pedro Múrias, *Obrigações de Meios*, 1005.

[433] *Idem*, 1008.

[434] Os autores citados concluem pela inexistência de «grande vantagem substantiva em distinguir obrigações de meios e de resultado» em sede de responsabilidade civil; *idem*, 1011.

[435] Os quais são indefinidos, ou mesmo mutáveis, uma vez que em regra a se prestação encontra referenciada para uma certa finalidade; cf. Pessoa Jorge, *Ensaio*, 75.

3. A culpa nas modalidades consideradas

3.1. O conceito de *desvalor subjetivo*; considerações gerais

I. A culpa, enquanto conceito polissémico[436], corresponde ao segundo *juízo axiológico-normativo*[437] de reprovabilidade do evento determinante de responsabilidade, após a ilicitude, para efeitos da formação do título de imputação de danos[438].

A sua descoberta, com relevância dogmática aproximada à atual, deve-se a Rudolf von Jhering, com base no estudo das fontes romanas[439], tendo, aliás, este Autor demonstrado a razão pela qual o juízo da culpa (*Verchulden*) se segue metodologicamente ao da ilicitude. Segundo este Autor, no momento de apreciação da culpa (*Schuldmoment*), embora possa pré-existir o desvalor objetivo da conduta, o agente pode não ser responsabilizado se forem identificadas causas que afastem o *desvalor subjetivo*, nomeadamente, e nos dias de hoje, a inimputabilidade de determinados menores ou maiores acompanhados. Em Portugal, coube a Guilherme Moreira a tarefa de importação do modelo analítico de Jhering, contrariando o espírito monista do Código Civil de 1867 de inspiração francesa[440].

[436] Menezes Cordeiro, *Tratado*, VIII, 305 e 465; em particular, quando se reporta apenas a má fé em sentido subjetivo (ético, cf., *Da Boa fé*, 425 e ss.); Galvão Telles, *Direito das Obrigações*, 345.

[437] Menezes Cordeiro, *Tratado*, VIII, 457; Santos Júnior, *Direito das Obrigações*, I, 321; Almeida Costa, *Direito das Obrigações*, 1038 (nota 1); Mafalda Miranda Barbosa, *Lições*, 229. A culpa não é, portanto, sindicável da realidade psicológica a que se reporta. Nem existe na doutrina nacional quem distinga entre culpa enquanto realidade psicológica, com tratamento normativo, ou como apenas realidade normativa (Menezes Cordeiro, *Tratado*, VIII, 467 e, no mesmo sentido, Menezes Leitão, *Direito das Obrigações*, I, cit., 323). Aliás, não se conhece, hoje, defensores do primeiro entendimento (atribuível a Gomes da Silva, *Dever*, 115 e a Pessoa Jorge, *Ensaio*, 326-331): afinal, alguns dos mais destacados AA., tal como Galvão Telles, *Direito das Obrigações*, 347 (na 7.ª ed.), bem como Antunes Varela, *Das Obrigações*, I, 566 (10.ª ed.) e Vol. II (96-100), não a mantiveram nas suas últimas edições dos respetivos manuais. Sobre a culpa, num sentido não psicológico, nem estritamente normativo, próprio do finalismo, v., por todos, Rui Ataíde, *Responsabilidade Civil*, 1139 e ss.

[438] Num modelo englobante, v. Pinto Coelho, *A responsabilidade civil*, 2 e ss.

[439] Por todos, a obra magnífica de Rudolf Von Jhering, *Das Schuldmoment im römischen Privatrecht*, FS Birnabaum (1867). Sobre a importância da descoberta do autor, entre nós, v. Menezes Cordeiro, *Da responsabilidade civil dos administradores*, 400 e ss. e em *Tratado*, VIII, 328-334.

[440] Assim, Menezes Cordeiro, *Tratado*, VIII, 361 e ss. Confronte-se as indicações de Menezes Cordeiro quanto à extensa obra do autor mencionado (*idem*, 362, nota 1285), bem como à inspiração italiana que lhe serviu de base, designadamente em Giorgi e Chironi (*idem*, 364, nota 1293).

II. O presente juízo tem como objeto a conduta do agente, apreciando a sua *censurabilidade em concreto*. Por oposição ao desvalor objetivo da conduta, inerente à ilicitude, ajuíza-se em sede da culpa o seu desvalor *subjetivo* da atuação do potencial responsável.

A exigência de culpa na formação de um título de imputação de danos assume especial relevância no plano de justiça social e de política legislativa[441], qualificando uma responsabilidade na sua ausência, de tipo *objetivo*, como excecional (483.º/2, enquanto princípio geral): o agente não é *subjetivamente* responsável pelo *facto-ilícito-danoso* que cometa se este não lhe for subjetivamente censurável, atendendo-se às circunstâncias internas e externas ao agente que caracterizam o evento.

3.2. Objeto, critério geral e modalidades

III. A culpa não se reporta à *pessoa do agente*. Não se trata, portanto, de um juízo sobre a *personalidade* do eventual responsável (qualidades, defeitos, código moral, *etc.*), antes sobre a sua *conduta*, exteriorizada, por ação ou omissão. Este aspeto é sensível. A existência do presente juízo normativo de desvalor *subjetivo* não converte a responsabilidade civil num instituto normativo de censura do agente. A imputação de danos baseia-se no evento determinante de responsabilidade (o *facto*, grosso modo), embora para o apuramento de responsabilidade não se prescinda de elementos subjetivos, particularmente relevantes neste requisito e no nexo de causalidade[442].

[441] ANTUNES VARELA, *Das Obrigações*, I, 630-631. MENEZES CORDEIRO apontava o critério decisivo da culpa, mencionando «Os danos não são imputados por serem prejudiciais – *casum sentit dominus*! – mas, antes, por serem ilícitos e culposos», em *Da responsabilidade civil dos administradores*, 400 e ss. CARLOS MOTA PINTO apelava a três ordens de razões para a primazia do requisito da culpa, nomeadamente (*i*) a não paralisação da iniciativa do homem prudente, (*ii*) a não aplicação de um critério arbitrário na escolha do responsável não culposo e (*iii*) o respeito da liberdade moral do homem, apresentando os danos como consequências evitáveis, em *Teoria*, 132-133.

[442] Desta forma, justifica-se que a culpa na violação da obrigação abranja, em regra, o sucessor (*intra vires hereditatis*). Neste sentido, v. JOÃO DE CASTRO MENDES, *Desconhecimento da Obrigação e indemnização pelo não cumprimento*, Revista de Direito e Estuados Sociais (Separata), Ano XIX, janeiro-dezembro, n.os 1-2-3-4 (1974), 3-4. O A. apela, no entanto, à violação do dever acessório de dar conhecimento aos sucessores na existência de obrigação, o que permite, em situações limite, apelar à inexistência de culpa (*ibidem*).

IV. A culpa é apreciada em ambas as modalidades consideradas, *na falta de outro critério legal*, segundo a «diligência de um bom pai de família, em face das circunstâncias de cada caso» (487.º/2 e 799.º/2), de forma próxima à locução romana do *bonus pater familias*. A culpa é, nestes termos, apreciada *em abstrato* ou de forma *objetiva*[443]. Contudo, não se baseia apenas num puro critério estatístico, sensível a todos os sujeitos que integrem a amostra (de *média*), antes por um *qualitativo*, relativo ao homem médio diligente, representativo das boas práticas no meio[444] (próximo do conceito de *mediana*), tendo em conta os circunstancialismos do evento (entre os quais se contam os elementos de facto relativos ao agente, tal como a respetiva idade, profissão, *etc.*[445]).

Neste sentido, e como o reverso do critério erigido que previne a grande desvantagem da culpa *em concreto* (*i.e.*, a degradação do juízo baseado na falta de qualidades de um determinado agente), é necessariamente prejudicado por este critério *objetivo* o agente por atos que suplantem as suas *capacidades, aptidões, qualidades* e *faculdades* (p. ex., os danos provocados em virtude da *surdez* do indivíduo[446]). Por outro lado, o agente *especialmente capaz* não deve ser censurado pela falta de empenho, se cumpre com o padrão médio (como sucedia ao abrigo da classificação histórica, por *culpa levíssima*[447]). Em suma, este critério de apuramento (*objetivo*, ainda que relativizado numa bitola superior pelos elementos de facto reportados ao agente) não se torna *subjetivo* pelas capacidades de um agente acima da normalidade, tal como não se isenta o agente de responsabilidade pela sua capacidade que se situe *aquém* daquela mediana.

443 Não se trata de um plano de pura abstração. Veja-se o apelo de PESSOA JORGE, mitigando a abstração do juízo, pelo facto de este depender de uma apreciação *no plano concreto e real*, bem como pelo facto de a respetiva apreciação poder ser delegada nos tribunais e não se encontrar prevista *ex ante* na lei; *Ensaio*, 8.

444 ANTUNES VARELA, *Das Obrigações*, I, 575-76 (nota 3). Criticamente, com análise do critério do bom pai de família, seguido por vários países nossos congéneres, v. HELMUT KOZIOL, *Objektivierung des Fahrlässigkeitsmaßstabes im Schadenersatzrecht*, AcP, 196 (1996), 593-610.

445 SANTOS JÚNIOR, *Direito das Obrigações*, I, 327, ANTUNES VARELA, *Das Obrigações*, I, 580. A propósito dos critérios que podem justificar a apreciação deste critério, em conformidade tão-só com a «teologia da objetivação da bitola de culpa e com os vetores de fundo do sistema de responsabilidade civil», v., criticamente, MIGUEL BRITO BASTOS, *Deveres acessórios de informação. Em especial, os deveres de informação do credor perante o fiador*, Revista de Direito das Sociedades V (2013), Almedina: Coimbra, 181-281 (275 e respetiva nota 227 e 228).

446 Embora com relevância delitual na atenuação da responsabilidade (494.º). Neste sentido, GALVÃO TELLES, *Direito das Obrigações*, 354 (nota 1).

447 *In lege aquilea et levíssima culpa venit*. V. GALVÃO TELLES, *Direito das Obrigações*, 356; SANTOS JÚNIOR, *Direito das Obrigações*, I, 327. Para PESSOA JORGE, um sistema contrário produziria resultados injustos, enunciando o exemplo do agente que ficasse vinculado a uma exigência acrescida por uma única atitude de extraordinária capacidade, contrariamente aos menos diligentes, *quase como um prémio a uma personalidade mal formada*; *Ensaio*, 75-76.

Este assume-se um custo inultrapassável do juízo *objetivo* da culpa, com vista à imputação de danos gerados por um *evento*, recusando-se a censura pessoal de um qualquer agente: por referência a este critério objetivo de censurabilidade, o agente não se deve vincular acima das suas capacidades, mas também não será censurado se cumpriu com aquela bitola numa atuação *aquém* das suas aptidões, previamente situadas acima do padrão médio[448].

Entende-se, aliás, de *iure condendo*, que outra solução devia ser consagrada, mantendo o entendimento constante no Código de Seabra, de apreciação da culpa em *concreto* ou de forma *subjetiva* (cfr. artigo 717.º, § 3 CCse[449]), em particular no que respeita à violação de *deveres específicos* (primordialmente obrigacionais, mas também delituais, como vimos, no âmbito dos deveres do tráfego), no qual as qualidades especiais do obrigado são, em parte substancial dos casos, o motivo que subjaz à sua contratação, para mais, possivelmente qualificadoras da sua natureza *infungível* da obrigação que o vincula (767.º/2). Estas aptidões acima da normalidade deveriam ser atendidas na bitola da censura subjetiva da conduta que ficou aquém daquilo que o devedor é efetivamente capaz (ainda que cumpridora do padrão médio). Todavia, a remissão expressa presente no número 2 do artigo 799.º para o critério objetivo no âmbito delitual impede, hoje, esta solução. A ponderação feita conduziu a outro resultado: entendeu-se não aderir a um critério subjetivo de apuramento da culpa com base no crescente distanciamento entre as partes, nos vínculos obrigacionais ou no puro desconhecimento, em regra, das capacidades pessoais do outro contraente, sobre as quais não se poderá, deste modo, alicerçar uma exigência particular de culpa[450]. A única exceção adivinha-se a *convenção expressa sobre a apreciação da culpa no incumprimento*[451]

[448] Embora adiram à doutrina objetivista, Rui Ataíde e Inês Sítima Craveiro admitem, em sentido contrário, um grupo de casos em que prevalece o critério subjetivo de apreciação da culpa, designadamente «se o dano for causado pela incapacidade intelectual do lesante para prever o perigo ou evitar a verificação do evento ilícito», dita *culpa na assunção*, bem como a *imputabilidade*, em *Critérios de averiguação da culpa negligente*, em Estudos de Direito Privado, AAFDL: Lisboa (2020), 107-121 (117 e ss.).

[449] «A qualificação da culpa ou da negligência depende do prudente arbítrio do julgador, conforme as circunstâncias do facto, do contracto e das pessoas». Sobre o confronto das normas do Código de Seabra com o atual presente, v. Pessoa Jorge, *Ensaio*, 97.

[450] Menezes Cordeiro, *Tratado*, VI, 503, Antunes Varela, *Das Obrigações*, II, 575; Vaz Serra, em anot. ao Ac. do STJ de 26-Julh-1968, RLJ n.º 3401 (309-319), Ano 102 (1969-1970), 313 (e respetiva nota 2). Contra, Rui Ataíde defende que as capacidades especiais do agente se integram no âmbito objetivo da avaliação da culpa, admitindo que se destinam a garantiar a melhor defesa de bens jurídicos (*Responsabilidade Civil*, 1151-1152).

[451] Menezes Cordeiro apela, em idêntico sentido, à possibilidade de existência da fixação contratual de «bitolas de diligência abaixo ou acima do normal», em *Tratado*, VI, 497. O risco é,

– concedendo, a final, uma tutela superior, em caso de incumprimento, à da cláusula penal por *negligência* (810.º). Neste caso, qualifica-se determinada conduta como culposa, ainda que segundo as regras normais de apreciação não o fosse, independentemente da penalização associada à forma mais moderada (de mera culpa). Esta cláusula assenta *mediatamente* na ressalva final existente na lei, quando se dispõe «na falta de *outro critério legal*» (487.º/2).

V. Pela sua complexidade, a *culpa* existe num espectro de censurabilidade em *abstrato*, contrariamente ao binómio que caracteriza a ilicitude[452]. Por este motivo, historicamente, qualifica-se a culpa com recurso a determinadas categorias, mais ou menos abrangentes da extensa realidade a que se reporta.

Nessa medida, e com base na referência delitual a «aquele que com *dolo ou mera culpa*» (483.º/1)[453], aplicável à vertente obrigacional por remissão expressa (799.º/2)[454], distingue-se entre:

1) culpa de forma *dolosa* ou de *má fé*[455];
2) culpa de forma *negligente* ou *com mera culpa*; e
3) ausência de culpa.

no entanto, o de o grau de cuidado exigido ser tão elevado que a responsabilidade aproxima de uma de tipo objetivo (independentemente de culpa do devedor) – esta possibilidade foi, aliás, detetada pelos alemães, cfr. Medicus, *Schuldrecht*, I, AT, § 31, 169.

452 Contra, Pessoa Jorge, *Ensaio*, 62, apela à existência de «uma vasta gama de comportamentos que a lei não proíbe, mas também não aprova». Por outro lado, o binómio que caracteriza a ilicitude não implica que não se possa *graduar*, num espectro, a censurabilidade objetiva é causa: é isso que faz Canaris, *Schutzgesetze-Verkehrspflichten-Schutzpflichten*, 40-41, o que, aliás, tem relevância fora da sede *constitutiva* da obrigação de indemnizar, adentro, p. ex., do cômputo da obrigação de indemnizar (494.º).

453 Aplicáveis à vertente delitual, por remissão (799.º/2), porquanto a respetiva norma-padrão de responsabilidade não distingue as modalidades consideradas («O devedor que falta *culposamente* ao cumprimento[...]», cfr. 798.º).

454 Antunes Varela, *Das Obrigações*, II, 97.

455 Menezes Cordeiro, *Da Boa fé*, *maxime* 499-500. Em particular, o dolo não se confunde com aquela vertente negocial representativa da sugestão ou artifício que alguém empregue com a intenção ou consciência de induzir ou manter em erro o autor da declaração, bem como a dissimulação, pelo declaratório ou terceiro, do erro do declarante (253.º). Os seus efeitos destinam-se principalmente à anulabilidade da declaração (254.º/1), embora nesta não se esgotem: é ainda, p. ex., fundamento da limitação da faculdade de resolução do contrato (892.º) e causa da inoponibilidade da compra e venda de bens alheios (893.º). Por outro lado, o declarante tem direito a ser ressarcido dos danos que haja sofrido: o campo de aplicação é, por excelência, o da responsabilidade pré-contratual (227.º); cfr., neste sentido, a anotação ao art. 254.º por Menezes Cordeiro, em *Código Civil comentado*, II, 747.

No primeiro caso (*dolo*), o agente pretende o comportamento que exterioriza, contrariamente ao segundo (*negligência*), embora neste último caso essa ausência de vontade ainda seja *censurável* (p. ex., a responsabilidade do proprietário do prédio devoluto, pelos danos causados pela sua ruína por falta de obras de conservação, cfr. 492.º/1).

Cumpre precisar, todavia, atendendo à intenção do comportamento exteriorizado, que o dolo (e não a negligência) é apreciado em dois momentos[456]: o *volitivo*, referente à relação entre a vontade do agente e o comportamento exteriorizado, e o *intelectual*, referente à própria formação da vontade, com base nas assunções do agente. No primeiro momento, investiga-se se o agente pretendeu realizar o ato ilícito, e com que intensidade; no segundo, a conformação do agente com a valorização normativa inerente ao seu comportamento, *i.e.*, se conhecia que o ato praticado era ilícito, ou não (porquanto se encontrava em *erro*).

Por fim, se o agente atuou *objetivamente* de forma censurável (*i.e.*, *ilícita*), mas não *subjetivamente*, porquanto a divergência entre a vontade e o ato exteriorizável não viola o dever de cuidado *interno*, diz-se que o agente atuou *sem culpa*, e nessa medida, não responde civilmente, de forma *subjetiva*[457].

> O pintor famoso não cumpriu o prazo acordado de conclusão de uma obra com uma galeria de arte porquanto adoeceu subitamente, ficando impossibilitado de concluir os seus trabalhos.

Da mesma forma, como vimos, se o agente atua subjetivamente de forma censurável, mas não de forma objetiva (porquanto não *ilícita*), não existe substrato material para se aferir a culpa do agente, ainda que resultem danos da sua conduta. Nesta medida, não se tutelam danos reais *puramente* intencionais. O dano pretendido não basta para fundar a responsabilidade, tal como não existe responsabilidade na ausência de prejuízos[458].

[456] Contra, GALVÃO TELLES entendia ser uma faceta exclusiva da vertente do dolo, em *Direito das Obrigações*, 349. No mesmo sentido, ANTUNES VARELA, *Das Obrigações*, II, 572.

[457] As exceções reconduzem-se, naturalmente, às formas de responsabilidade que não dependem de culpa, tal como a vertente pelo risco ou a responsabilidade por pessoa não imputável (489.º), operacionalizada por motivos de equidade (n.º 1).

[458] A regra enunciada desvanece-se em sede das finalidades secundárias da obrigação de indemnizar, tal como a finalidade punitiva; com maiores desenvolvimentos, v., *infra*, § 12; 3.

No exemplo anterior, a galeria de arte concorrente que *pretendeu* e, no final, beneficiou com o insucesso daquela prestação de serviço, não é responsável pelos danos patrimoniais sofridos pela primeira, não tendo contribuído para a impossibilidade de o pintor trabalhar.

Por fim, recorde-se que, sendo a *conduta* do agente o ponto de referência do presente juízo (e não o resultado lesivo), o facto de o agente *não pretender provocar* o prejuízo ao lesado, atuando de forma livre e consienciosa no que respeita à sua conduta, não evita que se qualifique a sua conduta como *culposa*, nem a formação do título de imputação dos danos que cause[459]. A culpa reporta-se à *conduta* do agente, e não ao seu resultado (o dano). A extensão dos danos a tutelar é remetida para o nexo *delimitador* de responsabilidade, sede que a culpa não alcança[460]. Aliás, não existe qualquer correlação direta relevante entre a gravidade da culpa e a dos danos[461].

É delitualmente responsável o agente que agrediu o seu companheiro, acreditando que não lhe produzirá danos, porquanto este era conhecido pela sua força e resistência. Ou, no exemplo de Pessoa Jorge, o devedor que não realiza a sua prestação por estar confiante que o credor não será prejudicado[462]. Em ambos os casos, a ausência de *vontade* em causar danos não desqualifica a conduta como *dolosa*, devidamente centrada que

[459] Em idêntica medida, a previsibilidade dos danos não releva para o estabelecimento do nexo delimitador de responsabilidade, porquanto é apenas o evento lesivo que deve ser previsível, designadamente a título de negligência. Neste sentido, v. Manuel de Andrade, *Teoria Geral das Obrigações*, 363; Antunes Varela, *Das Obrigações*, I, 895. V. *infra*, § 6; 4.2.2.

[460] Neste sentido, Larenz/Canaris, *Lehrbuch*, II, BT, 2, § 75, I, 353. Entre nós, Manuel de Andrade, *Teoria Geral das Obrigações*, 465; Ribeiro de Faria, *Direito das Obrigações*, I, 467-468; Galvão Telles, *Direito das Obrigações*, 401; Antunes Varela, *Das Obrigações*, I, 885-886 (nota 3); Rui Ataíde, *Responsabilidade Civil*, 758-759 e respetiva nota 1484. Diferente é a visão penalista dos *crimes preterintencionais*, quando existe, numa definição ampla, uma combinação entre o dolo e negligência num crime da mesma *natureza*. Ao abrigo do Código Penal de 1886, o agente que comete um crime distinto do pretendido seria julgado por dolo se houvesse negligência quanto ao excesso (p. ex., se num crime de ofensas à integridade física em que resulte inadvertidamente a morte do lesado, o agente será julgado a título doloso se foi negligente no emprego excessivo de força). Sobre a evolução do conceito, v. Cavaleiro de Ferreira, *Lições*, 199 e ss.

[461] Assim, o dolo do agente pode reportar-se a uma conduta ligeiramente danosa e a mera culpa conduzir a prejuízos sérios do lesado; neste sentido, v. Almeida Costa, *Direito das Obrigações*, 591, 783 e o ac. TRL, de 18-Fev-2020 (Luís Filipe Pires Sousa).

[462] Pessoa Jorge, *Ensaio*, 326.

seja a *conduta* (e não o seu resultado, danoso) como o objeto da culpa, exigindo-se apenas o nexo causal entre a atuação e o prejuízo verificado.

De igual forma, a *extensão* dos danos provocados não interfere na graduação da culpa[463]. O presente descodifica a razão de a conduta do agente ser o ponto de referência de avaliação da culpa, e não o seu resultado, pese embora na primeira categoria de ilicitude delitual, particularmente nos delitos de resultado, se tende a homogeneizar os pontos de referência quando aqueles ocorram em simultâneo, *i.e.*, a conduta e o resultado danoso[464].

3.3. Em particular, o dever de cuidado interno e externo; a negligência entre a ilicitude e a culpa nas modalidades consideradas

VI. A avaliação normativa principal em sede de culpa centra-se no *dever de cuidado*, próprio da negligência, dada a facilidade com que se apura o dolo do agente[465]. Na nossa lei, encontramos um apoio literal para identificar e delimitar a negligência, com base no conceito «*diligência*» (487.º/2), aplicável a ambas as formas de responsabilidade (799.º/2). Esta diligência exigível forma, então, o denominado *dever de cuidado*[466].

Neste âmbito, importa distinguir o *dever de cuidado* de outras figuras com as quais poderia ser confundido, nomeadamente (*i*) o *dever geral de respeito*, imposto paradigmaticamente pelos direitos absolutos[467], (*ii*) o *dever de agir*, fonte de responsabilidade nas omissões, e (*iii*) o *dever de cuidado externo*, enquanto uma das fontes do dever de agir na responsabilidade por omissão (a par do negócio e da lei, esta última em termos *expressos* e *imediatos*).

Em primeiro lugar, o *dever geral de respeito* reporta-se à situação jurídica em que se encontra qualquer sujeito perante os direitos absolutos, cuja violação é enquadrada na primeira categoria da ilicitude delitual. Como vimos,

463 Almeida Costa, *Direito das Obrigações*, 591.

464 Razão que preside ao entendimento de Mafalda Miranda Barbosa de que na primeira categoria de ilicitude delitual a culpa se refere ao resultado, embora apenas o imediatamente verificado e não os danos subsequentes, em *Lições*, 248.

465 Menezes Cordeiro, *Tratado*, VIII, 473.

466 Assim, Ana Prata, em anot. ao art. 487.º, *Código Civil anotado*, 633. Sobre o conceito de diligência, numa perspetiva positiva, em sede de cumprimento da obrigação, v. Menezes Cordeiro, *Tratado*, VI, 500 e ss.

467 Para Pessoa Jorge, a denominação preferível é a do dever geral de diligência, por aproximação ao que incumbe ao devedor em sede da responsabilidade obrigacional; cf. *Ensaio*, 82.

naquela categoria de ilicitude, também se integra a violação de direitos relativos, fora das relações *credor-devedor*, mormente o de crédito, admitindo-se a sua eficácia externa perante terceiros. Este dever proíbe, de forma genérica, a conduta (ativa) que cause danos, embora não imponha o dever de os evitar[468]. Por outro lado, também não confere um *direito subjetivo* geral de respeito aos potenciais lesados.

Por sua vez, o *dever de agir* condiciona a atuação *lícita* do agente à prestação que contém, descrevendo a conduta objetivamente devida no âmbito das omissões (em sede de ilicitude); em sentido complementar, mas não coincidente, o dever de cuidado destina-se à avaliação *subjetiva* (em sede de culpa) da omissão do comportamento devido, na responsabilidade por omissão, bem como da conduta real, na responsabilidade por ação[469].

A dificuldade de distinção intensifica-se no confronto com o *dever de cuidado externo* (enquanto uma concretização pontual do dever geral de cuidado), enquanto a *fonte* do dever de agir das omissões, e, em particular, dos *deveres no tráfego*[470]. Esta dificuldade contesta a inserção sistemática do dever de cuidado exclusivamente em sede de culpa e justifica a delimitação conceptual de Karl Engisch entre o *cuidado interno* (referente à culpa[471], designadamente ao critério de apuramento da negligência) e o *dever de cuidado externo* (enquanto elemento da ilicitude)[472].

[468] Vaz Serra, *Obrigação de indemnização*, 109, Pessoa Jorge, *Ensaio*, 178.

[469] Contra, Rui Ataíde, aderindo à doutrina do duplo escalão, distingue, em sede da negligência, entre (*i*) a violação do dever objetivo de cuidado ou do cuidado externo, o qual cria um perigo de lesão para um bem juridicamente protegido e se integra na ilicitude, e (*ii*) a violação do dever subjetivo de cuidado ou de cuidado interno, a qual traduz a censurabilidade subjetiva na infração do cuidado objetivamente devido, em *Responsabilidade Civil*, 1140. Também Menezes Leitão reconhece na negligência um requisito suplementar de ilicitude em *Direito das Obrigações*, I, 324.

[470] Rui Ataíde, *Responsabilidade Civil*, 1136 e 1144. Os deveres no tráfego admitem uma responsabilidade por omissão, bem como por ação. Neste último caso, encontram-se, segundo Rui Ataíde, a realização de uma ação numa situação de perigo criada de forma permitida, ou ainda no cumprimento de uma norma de comportamento (*idem*, 1149). Sobre a localização sistemática dos deveres no tráfego no cuidado externo, com referências bibliográficas atualizadas (*idem*, 1150-1155 e respetiva nota 2193). Contra, Menezes Cordeiro trata o dever de cuidado exterior e interior, em sede de culpa, com base na conduta exteriorizada ou com a consciência e vontade do agente, respetivamente, em *Tratado*, VIII, 473. Sobre o dever de cuidado externo, v. *supra*, § 6; 2.1.

[471] No sentido exposto da doutrina do duplo escalão. Sobre o problema, v. Rui Ataíde, *Causalidade e Imputação Objetiva*, 186, com indicação da doutrina germânica a favor da inserção deste dever no tipo ou na ilicitude (*idem*, nota 13).

[472] *Untersuchungen über Vorsatz und Fahrlässigkeit im Strafrecht*, Aalen, (1964), 268 e ss. Entre nós, v. Rui Ataíde, *O cuidado entre a ilicitude e a culpa*, 839-848.

Veja-se o argumento literal baseado nas presunções de culpa existentes na vertente delitual: as expressões «salvo se provar que não houve *culpa* da sua parte» (492.º/1) e «salvo se provar que nenhuma *culpa* houve da sua parte» (493.º/1) são equivalentes ao cumprimento do dever de cuidado das pessoas obrigadas à vigilância de outrem, perante a menção a «salvo se mostrarem que *cumpriram o seu dever de vigilância*» (491.º).

VII. Aspeto também determinante no momento volitivo é considerar, contrariamente às *teorias finalistas da ação*, que a culpa pressupõe a vontade materializada nas *circunstâncias de facto* e *nos elementos normativos*, designadamente na *ilicitude* da conduta[473].

Para os defensores da teoria finalista da ação, devida a WELZEL no âmbito penal, o apuramento do dolo depende apenas de critérios materiais, ontológicos, vulgo, a *matéria de facto*, reportados à vontade do agente e ao controlo do seu comportamento[474]. Segundo este entendimento, o erro sobre a ilicitude do agente não afasta o dolo da conduta pretendida e realizada. Veremos adiante as fragilidades deste entendimento.

VIII. A atuação pela forma de negligência ou de dolo é geralmente categorizada em nova medida, por apelo às variações existentes no âmbito daquele binómio dolo/negligência e à relevância que assumem *(i)* enquanto critério orientador da culpa exigível para a formação do título de imputação de danos, bem como *(ii)* na graduação da responsabilidade do agente.

Em primeiro lugar, por vezes, o juízo normativo concentra-se na vertente dolosa, exigindo uma culpa acrescida para fundamentar a obrigação de indemnizar: na vertente obrigacional exige-se o *dolo*[475] na responsabilidade do devedor pelo risco da impossibilidade superveniente da prestação em caso de mora do credor (814.º e 815.º), do doador perante a doação de bens alheios (956.º/2, b)) ou pelos ónus ou limitações do direito transmitido ou pelos vícios da coisa doada (957.º), do comodante (1134.º), pelo rompimento da promessa

[473] ANTUNES VARELA, *Das Obrigações – Vol. I*, p. 583.

[474] WELZEL (*Derecho Penal. Parte Geral*, Buenos Aires, 1956, 38 e ss.). No âmbito civil, entre nós, v. SANTOS JÚNIOR, *Direito das Obrigações*, I, 294; OLIVEIRA ASCENSÃO, *A teoria finalista e o ilícito civil*, RFDUL 27 (1986), 9-28; e RIBEIRO DE FARIA, *Algumas notas sobre o finalismo no Direito Civil*, BFD 69 (1993), 71-160 e em BFD 70 (1994), 133-219. MENEZES CORDEIRO, *Tratado*, VIII, 437, com restrições no âmbito das omissões.

[475] ALMEIDA COSTA, *Direito das Obrigações*, 1038 (nota 1) e ANTUNES VARELA, *Das Obrigações*, I, 569.

de casamento (1594.º/2) e do cônjuge administrador (1681.º); por sua vez, na responsabilidade *delitual*, o achador só responde pela perda ou deterioração do animal ou da coisa, em caso de dolo ou de culpa grave (1323.º/6) ou o herdeiro na sonegação de bens da herança (2096.º). Note-se, ainda, que para alguns Autores a exigência de dolo pode decorrer de forma *indireta* da lei, tal como sucede, segundo SANTOS JÚNIOR, no exemplo paradigmático da *responsabilidade civil de terceiro por lesão do direito de crédito*, a qual depende da censurabilidade subjetiva agravada da conduta deste agente[476].

Quanto à segunda vertente, de graduação de culpa, na responsabilidade *delitual*, a *mera culpa* (ou negligência) do agente permite regular o *quantum* indemnizatório em montante inferior ao dos danos causados (494.º)[477], patrimoniais ou não patrimoniais (496.º/4) – embora, por reverso, o *dolo* obrigue à correspondência entre o valor da indemnização e o dos danos[478]. Na responsabilidade obrigacional, a título exemplificativo, o vendedor na compra e venda de bens alheios é obrigado a indemnizar o comprador de boa fé, ainda que tenha agido sem dolo nem culpa, embora somente pelos danos emergentes que não resultem de despesas voluptuárias (899.º). Note-se, ainda, a relevância indireta na satisfação do crédito indemnizatório, a final, quando a responsabilidade civil *dolosa* é impeditiva da compensação (853.º/1, a)).

Fora destes casos, *i.e.*, em caso de dolo do agente, a culpa não assume qualquer relevância para além daquele plano constitutivo da responsabilidade, abarcando todos os danos que provoque, contrariamente ao Direito Penal, onde esta permanece a medida lata da responsabilidade do agente e influencia a punição associada[479].

IX. Na ausência de uma qualificação legal, tal como a constante nos artigos 14.º e 15.º CP, distingue-se doutrinariamente, em ambas as modalidades[480], quanto ao *grau de culpabilidade*, entre[481]:

476 SANTOS JÚNIOR, *Direito das Obrigações* I, 322 e *Da Responsabilidade civil*, 551-552. Em concordância com um entendimento da oponibilidade externa mitigada, exigindo o dolo. V., *supra*, § 6; 2.2 e, *infra*, § 8; 2.1.

477 Neste sentido, como visto, ALMEIDA COSTA, *Direito das Obrigações*, 544 e MENEZES CORDEIRO, *Tratado*, VIII, 394, ANTUNES VARELA, *Das Obrigações*, II, 99 e 106.

478 ANTUNES VARELA, *Das Obrigações*, I, 568 e 583 (nota 2), MENEZES CORDEIRO, *Direito das Obrigações*, II, 320 e em *Tratado*, VIII, 475.

479 ANTUNES VARELA, *Das Obrigações*, I, 886.

480 Sobre a aplicação da presente classificação à vertente obrigacional, v. ANTUNES VARELA, *Das Obrigações*, II, 98 (nota 1), seguida por MENEZES LEITÃO, *Direito das Obrigações*, II, 254.

481 A maior repartição deve-se a BÁRTOLO, a qual contava com as vertentes: *latíssima*, *latior*, *lata*, *levis*, *levior* e *levissma*; cfr. MENEZES CORDEIRO, *Tratado*, VIII, 310 e ss. Subsistem, contudo, na nossa

lei, manifestações de outras classificações, tal como a que opõe entre culpa lata (ou grave), leve e levíssima (*v.g.*, 1323.º/6); v. ANTUNES VARELA, *Das Obrigações*, I, 577 (nota 2), GALVÃO TELLES, *Direito das Obrigações*, 354 e ss. De acordo com esta última classificação, a culpa lata (ou grave) inclui a situação de dolo, mas também – e este aspeto é importante – a negligência *grosseira*. Só neste caso é possível reconhecer relevância a uma graduação da negligência para efeitos de apuramento da responsabilidade civil. Nos demais casos – certamente a esmagadora maioria –, *existindo* negligência do agente, não existem consequências práticas na graduação desta categoria de culpa: *existe* culpa, categorizada como tal (negligência ou mera culpa) e isso é suficiente para se responsabilizar o agente, verificados, claro está, os demais pressupostos do título de imputação de danos. Todavia, a título meramente excecional – porventura, um mero resquício histórico, perpetuado no regime das cláusulas contratuais gerais – o legislador exige culpa *grave* e isso não se esgota no dolo, embora o inclua, como vimos. No fundo, as referências existentes ao «dolo ou culpa grave» neste campo da responsabilidade civil (p. ex., no já mencionado art. 1326.º/6 e, ainda, no art. 18.º, *c*) do Decreto-Lei n.º 446/85, de 25 de outubro) devem ser entendidas como referentes *apenas* à forma de negligência mais gravosa. Ora, em lado algum o legislador oferece os critérios necessários ao apuramento dessa negligência *grosseira*. Existem, é certo, definições fora do Código Civil, tal como a de negligência grosseira do *sinistrado*, suficiente para isentar o empregador da responsabilidade pelo acidente de trabalho (de acordo com o art. 14.º/3 da Lei n.º 98/2009, de 04 de setembro, «[e]ntende-se por negligência grosseira o comportamento temerário em alto e relevante grau, que não se consubstancie em acto ou omissão resultante da habitualidade ao perigo do trabalho executado, da confiança na experiência profissional ou dos usos da profissão»), bem como a *culpa grave* (ou dolo) do *devedor*, ou dos seus administradores, na insolvência do primeiro, cuja concretização beneficia, por sua vez, do elenco constante do n.º 2 do art.º 186.º CIRE, estabelecendo-se uma presunção inilidível (*iuris et de iure*). Estas ilações não são transponíveis, sem mais, para o campo da responsabilidade civil. De notar também a responsabilidade civil por danos decorrentes do exercício da função administrativa (art. 8.º/1 da Lei n.º 67/2007, de 31 de dezembro, na sua redação atual). Quanto à tarefa de concretização do que é a negligência grosseira, para efeitos de responsabilidade civil, nada nos obriga a abandonar o juízo *abstrato* de apreciação da culpa. Por outro lado, acompanhando a lição de ANTUNES VARELA, é importante distinguir o tipo dever de cuidado incumprido, numa graduação proporcionalmente inversa: a violação do cuidado *mínimo*, respeitado pela generalidade da comunidade, gera negligência *grosseira* e forma *culpa grave*; já o desrespeito do cuidado geral qualifica a conduta do agente como negligente, de tipo *corrente* ou leve (de acordo, recorde-se, com a classificação que opõe a culpa lata, leve e levíssima). A culpa levíssima fica reservada para o cuidado excecionalmente exigível, o qual, ainda assim, haja sido desrespeitado (assim, ANTUNES VARELA, *Das Obrigações*, I, 577, nota 2). Neste sentido, o STJ afirmou, no contexto do apuramento da exoneração da responsabilidade do empregador pelo acidente de trabalho, para o qual a «exclusiva negligência grosseira do sinistrado» é relevante (cf. o atual art. 14.º, 1, b) da Lei n.º 98/2009, de 04 de setembro, na sua redação atual; à data do ac. vigorava o art. 7.º/2, b) da Lei n.º 1000/97, de 13 de setembro, e o art. 8.º/2 do Dec.-Lei n.º 143/99, de 30 de abril), que: [a] negligência grosseira corresponde à falta grave e indesculpável, ou seja, à chamada culpa grave que consiste na omissão dos deveres de cuidado que só uma pessoa especialmente negligente, descuidada e incauta deixaria de observar» (ac. de 13-Dez-2007, SOUSA PEIXOTO). É também aquilo que sucede para uma forte corrente doutrinária quanto ao cuidado exigido para efeitos do afastamento da responsabilidade pela especial perigosidade de determinada atividade (ou pela natureza dos meios empregues): neste caso (493.º/2), e para essa corrente, basta uma culpa levíssima para se responsabilizar o agente. Para terminar, cumpre recordar a natureza excecional desta equiparação: quando o legislador não equipara o dolo à culpa grave, esse paralelismo não

1.1) dolo *direto*;
1.2) dolo *eventual*; e
1.3) dolo *necessário*.
2.1) negligência *consciente*; e
2.2) negligência *inconsciente*.

Na presente distinção, para o qual contribui em grande medida o entendimento penalista[482], afirma-se que age com *dolo direto* quem atua com intenção, a finalidade, o propósito ou o objetivo de praticar o *ato-ilícito-danoso*[483] (*i.e.*, em regra, de realizar o delito ou faltar ao cumprimento, tal como perante agredir diretamente o devedor); com *dolo necessário*, se o agente representa aquele ato como uma consequência necessária da sua conduta (p. ex., o devedor que se ausenta para o estrangeiro na fase final de execução dos trabalhos presenciais); e com *dolo eventual* como uma consequência possível da sua conduta, conformando-se com a sua concretização (p. ex., o caçador testa a sua arma numa zona residencial, ciente do risco, disparando para o ar, vindo a provocar estragos numa habitação distante).

Por sua vez, age com *negligência consciente* quem não procede com o cuidado a que está obrigado e de que é capaz, e representa o evento determinante de responsabilidade como uma possibilidade sem se conformar com essa realização, por desleixo ou incúria[484]; e com *negligência inconsciente* o agente que não representa de todo essa possibilidade, consequentemente não se conformando com ela. O juízo de censurabilidade inerente a ambos os casos de negligência, de forma menos intensa do que perante o dolo, pressupõe a *censurabilidade* da conduta do agente que confiou na não concretização do evento danoso, mas também daquele que nem sequer o concebeu como possível; ou seja, nas palavras de GALVÃO TELLES, quando *não há previsão ou aceitação do resultado antijurídico*[485].

tem cabimento; fora daquelas previsões, o brocardo *culpa lata dolo aequiparatur* não é, hoje, aplicável (assim, expressamente, o ac. STJ, de 18-Set-2018, ANTÓNIO PIÇARRA; a propósito da não equiparação dos sinistros dolosamente causados pelo tomador do seguro ou pelo segurado aos causados por negligência, cf. o art. 46.º RJCS).

482 ANTUNES VARELA, *Das Obrigações*, I, 569-572.

483 Como vimos (*supra*, § 6; 2.2) não basta a intenção de provocar danos (*animus nocendi*). Na responsabilidade subjetiva por factos ilícitos, o comportamento pretendido pela vontade do agente deve ser sempre objetivamente censurável (ilícito).

484 Entendimento que corresponde à *fórmula positiva* de FRANK. Neste sentido, SANTOS JÚNIOR, *Direito das Obrigações*, I, 324; MENEZES CORDEIRO, *Tratado*, VIII, 471 e respetiva nota 1607; e MENEZES LEITÃO, *Direito das Obrigações*, I, 328.

485 GALVÃO TELLES, *Direito das Obrigações*, 349.

Antunes Varela aponta, neste âmbito, os critérios da (im)*possibilidade de atuação* e da *intensidade do dever*[486]. O primeiro critério, referente à possibilidade, encontra-se extensamente regulado na responsabilidade obrigacional (sendo dedicada uma subsecção própria, referente à «Impossibilidade do cumprimento e mora não imputáveis ao devedor», cfr. arts. 790.º a 797.º), especialmente conexo com as ofensas omissivas, sua regra, porquanto cumpre investigar a possibilidade de cumprir o dever específico devido, alternativo à conduta real, ressalvadas as regras do risco contratual (796.º). A mesma relevância não é conferida pelo legislador à impossibilidade no âmbito delitual, isto é, no cumprimento do dever genérico de respeito (na responsabilidade por ação) ou específico (do dever de agir, nas omissões, nesta sede)[487]. Contudo, a *impossibilidade* assume manifestamente uma relevância equivalente no âmbito da omissão no plano delitual, uma vez que a responsabilidade é excluída quando o cumprimento do *dever de agir* não seja de todo possível ou, ainda, quando não evite os danos produzidos (491.º a 493.º)[488]. Note-se que esta *possibilidade* também é pressuposta, ainda que sem o mesmo enfoque, na responsabilidade por *ação*: pressupõe-se, no âmbito delitual ou obrigacional (de prestação de facto negativo ou de sujeição), que o agente *pode* abster-se de atuar no sentido ofensivo, porquanto deve, ao invés, adotar uma miríade de condutas alternativas (possibilidade esta que se restringe à conduta *devida*, como vimos, no âmbito das omissões). Ora, também esta *possibilidade* de abstenção pode não ocorrer (*v.g.*, o caso de perda súbita de travões que antecede o acidente), termos em que entendemos a possibilidade *normativa* de cumprimento do dever *genérico de respeito* ou *específico* como um elemento da ilicitude[489], enquanto aquele não se extinguir e não for provocado *culposamente*

[486] Antunes Varela, *Das Obrigações*, I, 574.

[487] Contra, afirmando que a impossibilidade apenas importa na vertente contratual, Baptista Machado, *Risco contratual e mora do credor*, Obra Dispersa, I, Scientia Ivridica: Braga (1991), 321. Neste sentido, Pessoa Jorge apelava ao *juízo de reprovação* em resultado do que «não se fez, podendo fazer-se, aquilo que se devia ser feito.», *Ensaio*, 68; o A. apela, ainda, no espetro da possibilidade, à previsibilidade da lesão delitual, no sentido de ser impossível evitar a lesão imprevisível (*idem*, 86), tratando-se de um dever de conteúdo indeterminado (*idem*, 102).

[488] Admitindo expressamente esta possibilidade, v. Pessoa Jorge, *Ensaio*, 138.

[489] Não se considera adequado extinguir a obrigação, por impossibilidade originária ou superveniente, derivada de causa não imputável ao devedor e, em simultâneo, considerar que o devedor só não é responsável por ausência de culpa. Ao invés, ocorre uma pura e simples *ausência* do dever e, nessa medida, falta a censurabilidade objetiva da conduta (vulgo, ilicitude), sem a qual também inexiste o substrato necessário para se aferir a culpa do agente num momento posterior (e a título subjetivo, claro); sobre a subsistência de outros vínculos no complexo obrigacional, v. Catarina Monteiro Pires, *Impossibilidade*, 236-239. V., *infra*, § 10; 2.2.

pelo agente (no âmbito obrigacional, v. 801.º/1), ressalvadas, novamente, as regras referentes ao risco.

Por exemplo, tal como o devedor não responde pelo incumprimento da obrigação de entrega da coisa destruída pelo terceiro (790.º), também o proprietário não responde pelos danos provocados pela ruína do edifício, cujas obras de conservação foram legalmente vedadas (492.º/1). No que respeita à responsabilidade por ação, não responde subjetivamente (ou seja, por *culpa*), o condutor que provocou o atropelamento ou pelos danos provocados no veículo comodatado se o agente ficou sem travões, sendo incapaz de interromper a marcha do veículo (ainda que haja lugar a responsabilidade *objetiva* extraobrigacional, 503.º).

Por outro lado, a culpa afere-se um elemento determinante no apuramento da responsabilidade do agente nos casos limite de onerosidade excessiva da prestação, também denominados de *difficultas praestandi*. O critério de determinação desta onerosidade ou dificuldade excessiva não é puramente económico, abrangendo tudo aquilo que se possa considerar como um sacrifício ilegítimo do devedor.

Nestes casos, embora a prestação ainda se possa realizar, porquanto aquela maior dificuldade na sua execução não importa à extinção da obrigação[490] (*i.e.*, não existe uma impossibilidade absoluta), a responsabilidade do devedor pela falta do cumprimento (temporária, definitiva ou em caso de cumprimento defeituoso), pode ser excluída dada a falta de reprovabilidade subjetiva do comportamento que se considera ilícito. Pode faltar, assim, o pressuposto da *culpa* na formação do título de imputação[491]. Este entendimento é extensível a ambas as modalidades consideradas: quanto à vertente delitual, admitindo-se que o dever genérico de *respeito* do direito absoluto ou a *conduta* prevista na norma de proteção se impossibilita, por maioria de razão, admite-se que o seu cumprimento também se torne excessivamente oneroso.

[490] É este o entendimento maioritário, v., com referências atualizadas, MENEZES LEITÃO, *Direito das Obrigações*, II, 121 e respetiva nota 256. Por este motivo, PESSOA JORGE designa o fenómeno de *agravamento* ou de *maior onerosidade* da prestação; cfr, *Ensaio*, 110 e ss. Aliás, a sindicância das figuras é feita pelo legislador, v., p. ex., em sede da restituição da coisa mutuada, a distinção entre os casos impossibilidade ou de *extrema dificuldade* na previsão do art. 1149.º.

[491] GALVÃO TELLES, *Direito das Obrigações*, 369.

O devedor não responde pela mora na reparação do telhado enquanto durar um furacão, como também não responde o proprietário pelos danos provocados pela pessoa que se encontra sob sua vigilância, num contexto de rixa, enquanto temer pela sua integridade física (491.º). No que respeita à responsabilidade por ação, não se considera ser normativamente responsável o devedor inadimplente do dever genérico de respeito que tenha sido moralmente *coagido* a ofender o lesado ou específico (de não prestar ou de sujeição).

X. O segundo momento de apuramento do dolo do agente, após o *volitivo* (ou *emocional*[492]), ainda que com menor enfoque a nível civilístico, corresponde à aferição do elemento *intelectual*, próprio da *Vorsatztheorie* alemã[493].

Neste momento, não estamos perante uma divergência entre a *vontade* e o *ato exteriorizado*. Ao invés, admitindo a pré-existência do elemento volitivo, investiga-se se existe uma correspondência direta entre a vontade e o ato exteriorizado. Uma atuação *conscienciosa*, atendendo aos pressupostos de facto e de direito assumidos pelo agente (tal como sucede no elemento volitivo)[494], os quais permitem verificar os elementos objetivos que integram o juízo de ilicitude. Não se exige, neste ponto, um conhecimento concreto e aprofundado da ilicitude do comportamento, mas apenas um *dolo genérico*, em conformidade com a irrelevância do desconhecimento psicológico *puro* do direito objetivo (6.º; *ignorantia legis non excusat*)[495].

Por exemplo, o agente agride o lesado, supondo que este assaltava um transeunte. Todavia, contrariamente ao suposto pelo agente, tratava-se de uma mera encenação teatral de uma cena de assalto entre o suposto agressor e agredido, não se verificando *objetivamente* os pressupostos da legítima defesa. A agressão física do agente (ato voluntário) correspondeu à sua intenção (*vontade*), embora tenha partido de pressupostos

[492] Antunes Varela, *Das Obrigações*, I, 572.

[493] H. Brox, *Allgemeines Schuldrecht*, 18.ª ed., § 19, 129.

[494] Neste sentido, verdadeiro defensor ávido, v. Larenz, *Lehrbuch*, I, AT, § 20, II, 280-281. No mesmo sentido, Antunes Varela, *Das Obrigações*, I, 583 e Mafalda Miranda Barbosa, *Lições*, 237.

[495] O qual entendemos reportado ao elemento da culpa, tal como traduzia a redação inicial do preceito no anteprojeto de Manuel de Andrade – «A ignorância ou má interpretação da lei não *desculpa* o seu cumprimento nem isenta das sanções correlativas» [itálico nosso]. Sobre os antecedentes desta redação, v. a anotação ao art. 6.º de Menezes Cordeiro, em *Código Civil Comentado – I*, 92-93.

fácticos errados (ou seja, da falta de verificação dos supostos pressupostos da legítima defesa). Neste caso, o erro acerca dos pressupostos da causa de exclusão da ilicitude, quando *desculpável*, isenta o agente de responsabilidade (338.º).

O elemento intelectual também deve ser avaliado pelas circunstâncias do caso e, em particular, *quando* ocorre. Este elemento caracteriza-se por *relativa* estabilidade temporal, proibindo a existência de um *pós-dolo*[496].

Não age com dolo quem desconhece que leva o telemóvel do seu colega de casa, idêntico ao seu. Embora exista uma lesão objetiva do direito de absoluto de propriedade do seu colega, causador de danos (p. ex., privação do uso), baseada num ato voluntário devidamente representado pelo agente (elemento volitivo) – quando pretendeu (vontade) e conseguiu, por efeito da sua conduta (ato), levar aquele telemóvel –, não existe a censurabilidade, a nível intelectual. O agente estava em erro quanto à verificação dos pressupostos da ilicitude (lesão da propriedade alheia), pelo que não se verifica o elemento *intelectual* do dolo. O mesmo sucede quando à caracterização da sua posse, de boa fé (1260.º/1), reportada ao *momento* da sua aquisição.

Tal como visto em sede do momento volitivo, para efeitos da distinção entre a atuação por negligência e sem culpa, o desconhecimento dos elementos integradoras da *ilicitude* do facto deve ser *desculpável* para excluir o dolo (e não necessariamente a culpa).

Nota-se, por fim, que, para determinados Autores, em sentido contrário ao que vem sido exposto, (*i*) a conexão do elemento intelectual é estabelecida com o dano, sendo necessária uma consciência genérica da natureza

[496] Tal como se entendeu inexistir uma relevância retroativa da ilicitude, não pode existir uma censurabilidade subjetiva do facto, a título de dolo, posteriormente ao momento em que este ocorre. Resta saber se a proibição do *pós-dolo* contamina com semelhante proibição a censurabilidade objetiva a título posterior, particularmente perante os prejuízos que se protelem. No exemplo enunciado de seguida no texto, a partir do momento em que o agente toma conhecimento de que está em posse de um bem alheio, parece poder ser responsabilizado por *culpa*. A relevância do erro é afastada e o título de imputação forma-se por completar todos os pressupostos necessário, embora sem eficácia retroativa, claro. Note-se que, mesmo para quem defenda a falta censurabilidade da conduta do agente naquele caso (posteriormente a tomar conhecimento de que o bem não lhe pertence), o legislador considerou relevante a alteração deste estado de conhecimento, pelo menos para efeito do agravamento da obrigação de restituição por enriquecimento sem causa (480.º, b)).

danosa do ato praticado[497]; para outros, (*ii*) esta consciência da ilicitude não é elemento da culpa, particularmente do dolo[498].

3.4. A ausência de culpa: inimputabilidade e causas de desculpa nas modalidades consideradas

XI. Como vimos a propósito do ato voluntário subjacente ao evento determinante de responsabilidade, a *voluntariedade*, reportada a uma conduta humana, não se confunde com censurabilidade inerente ao juízo da culpa, em particular à *intencionalidade* no momento volitivo.

O ato voluntário ilícito pode não ser, em concreto, *subjetivamente* censurável. Mas também pode suceder que o agente seja, em si, *incapaz de culpa*, independentemente da duração desta incapacidade, de cariz permanente ou temporário, também dita, neste último caso, de *acidental*.

No primeiro caso, apelamos à existência de *causas de desculpa*, no segundo de *inimputabilidade* do agente. Ambas correspondem aos requisitos negativos no apuramento da culpa do agente[499].

XII. As causas de desculpa do agente, que não se confundem com as causas de exclusão da ilicitude[500], podem, *em abstrato*, ser agrupadas em categorias reportadas a ambas as modalidades de responsabilidade[501]. Note-se que, por

[497] Antunes Varela, *Das Obrigações*, I, 572.

[498] Santos Júnior, *Direito das Obrigações*, I, 326; veja-se que este Autor apela ao regime do erro para a exclusão da culpa *latu sensu* (dolo e negligência). A esta conclusão – própria da importação da teoria finalista penalista para o âmbito civil, por Hans Carl Nipperdey (*Allgemeiner Teil des Bürgenlichen Rechts*, 210, 1302; *Rechtswidrigkeit und Schuld im Zivilrecht*, 3-8, e *Rechtswidrigkeit, Sozialadäquanz, Fahrlässigkeit, Schuld im Zivilrecht*, 1777-1782) – chegaram outros AA. portugueses, tal como Menezes Cordeiro, *Direito das Obrigações*, II, 328, o qual indica que a diferença entre as modalidades reside no facto de, em caso dolo, a conduta do agente se dirigir contra a norma jurídica, e, na negligência, contra deveres de cuidado (ob. cit., 331 e ss.); em termos que não podemos acompanhar. Em sentido semelhante, admitindo que a falta de consciência de ilicitude não distingue entre as modalidades de dolo e negligência, v. Menezes Leitão, *Direito das Obrigações*, I, 339, e também Ribeiro de Faria, *Algumas notas sobre o finalismo no Direito Civil*, BFD 70 (1994), 134 e ss.

[499] Pessoa Jorge, *Ensaio*, 319, embora em termos mediatos no que respeita à imputabilidade. Note-se que a permanência diz respeito à atuação geral do agente, cuja conduta se analisa. Neste sentido, é *permanente* a inimputabilidade de um menor *enquanto tal*, sem prejuízo de este atingir plena capacidade posteriormente, pela maioridade ou pela emancipação.

[500] V., *supra*, § 6; 2.1.

[501] Pessoa Jorge, *Ensaio*, 365 e Menezes Cordeiro, *Tratado*, VIII, 508.

não se reportarem a um *binómio* de culpa/não-culpa (tal como sucede em sede da licitude), podem (*i*) excluir a culpa ou (*ii*) apenas atenuá-la[502], designadamente desagravando a forma de dolo para a de negligência.

Como causas de desculpa, em linha com Pessoa Jorge, admitindo-se uma base psicológica da imputação[503], aponta-se:

a) o *erro*;
b) a *perturbação* ou *medo não culposo*; e
c) a *desculpabilidade*.

[*a. erro*] Age em *erro*, como visto a propósito do elemento intelectual do dolo, o agente que exterioriza um comportamento, por vontade própria, embora com falta de representação da realidade (*v.g.*, o erro acerca dos pressupostos da ação direta ou da legítima defesa, 338.º). Para consubstanciar um erro para este efeito, a falta de perceção da realidade tem de se basear numa outra *suposta* realidade que excluiria a responsabilidade do agente. Caso contrário, isentar-se-ia o agente de responsabilidade com uma censurabilidade agravada apenas com base numa falsa perceção da realidade[504]; por outras palavras, o erro relevante obriga a que a realidade hipotética, suposta pelo agente, excluísse a sua responsabilidade.

Quanto aos efeitos, este erro exclui o dolo da sua conduta, não sendo legítimo afirmar-se que o agente pretendeu o ato-ilícito em *consciência*, podendo ser responsável a título de *mera culpa*[505]. Todavia, se o erro ocorreu sem incumprimento do seu dever de cuidado interno, a sua conduta também não é censurável por negligência. Neste caso, determina-se que o *erro é desculpável* e, como tal, o agente agiu *sem culpa*. A falta de adesão à teoria finalista

[502] Antunes Varela, *Das Obrigações*, I, 588.

[503] Pessoa Jorge, *Ensaio*, 341-354. Nesta medida surpreende que os defensores da *ação final* no âmbito civil e, portanto, da irrelevância dos estados subjetivos no apuramento da culpa (dita *exclusivamente normativa*), reconheçam este elenco de causas de desculpa, tal como Menezes Cordeiro, *Tratado*, VIII, 508-509 e Menezes Leitão, *Direito das Obrigações*, I, 339.

[504] No exemplo *supra*, se o agente agride o lesado, supondo que este pedia indicações, o facto de se tratar de uma mera encenação entre o suposto terceiro e agredido, não releva para efeitos de erro. Tanto o evento suposto pelo agente (base factual do erro), como a realidade que desconhecia, não permitem a verificação dos pressupostos da legítima defesa. O erro não releva, neste caso, enquanto *causa de desculpa*; v., a propósito, Maria Fernanda Palma, *Direito Penal – Parte Geral*, AAFDL: Lisboa (2013), 160-166.

[505] Contra, Menezes Leitão, *Direito das Obrigações*, I, 329, defendendo que a falta de consciência da ilicitude constitui apenas uma causa de exclusão da culpa em geral.

da ação não obriga à distinção entre o conhecimento dos elementos de facto e da ilicitude para efeitos do erro, tal como sucede no Direito Penal (16.º e 17.º CP)[506].

[*b. perturbação* ou *medo não culposo*] Em segundo lugar, entende-se que o agente atua em *perturbação* ou com *medo não culposo*, se o ato voluntário se deve a fraqueza de carácter do agente, embora não censurável porquanto existem circunstâncias excecionais impeditivas, tal como sucede em sede da atuação em excesso de legítima defesa (337.º/2)[507].

[*c. desculpabilidade*] Por fim, apela-se à *desculpabilidade* – *verdadeira* válvula de escape da falta de reprovabilidade da conduta do agente[508] –, quando não é expectável que este adote outro comportamento dadas as circunstâncias excecionais em que se produz[509], segundo os ditames da boa fé[510]. O elenco tripartido das causas de desculpa permite agregar, nesta última vertente da *desculpabilidade* as demais causas comuns a ambas as formas de responsabilidade, de que é bom exemplo a (*i*) *coação moral* (255.º), tanto para o incumprimento da obrigação genérica, como para a prática do delito – p. ex., não é culposo o incumprimento do direito de conservação da coisa pelo depositário sob ameaça de morte no contexto de um assalto[511] – e (*ii*) o *estado de necessidade subjetivo* quando alguém atua fora dos casos anteriores com receio de um mal maior[512] e, ainda, (*iii*) a *difficultas praestandi,* ainda que com uma relevância restrita aos casos mais clamorosos, como vimos.

XIII. Às causas *comuns* de exclusão ou atenuação da culpa, aplicáveis a ambas as modalidades de responsabilidade, opõem-se as previsões específicas, exclusivas de cada uma das modalidades consideradas. Estas previsões específicas estão relacionadas com os elementos de facto ou de direito objetivo que caracterizam e qualificam o evento determinante de responsabilidade

[506] Contra, PESSOA JORGE, *Ensaio*, 344; MENEZES CORDEIRO, *Tratado*,VIII, 508 e respetiva nota 1708.

[507] No âmbito obrigacional, v. SANTOS JÚNIOR, *Da Responsabilidade*, 554 (nota 1857).

[508] Sobre a natureza genérica desta causa de exclusão da culpa, PESSOA JORGE, *Ensaio*, 352; MENEZES LEITÃO, *Direito das Obrigações*, I, 341.

[509] SANTOS JÚNIOR, *Direito das Obrigações*, I, 337-338 e, num modelo que não afasta a responsabilidade do agente por motivos de equidade; PEDRO CORREIA HENRIQUES, *O papel da desculpabilidade no sistema de responsabilidade civil*, FDUL (2008), 19-30.

[510] MENEZES CORDEIRO, *Direito das Obrigações*, II, 320.

[511] Contra, PESSOA JORGE, *Ensaio*, 232 apela à ausência de ilicitude da conduta, em sede da delimitação do comportamento devido em termos de diligência.

[512] Sobre a distinção entre este estado de necessidade subjetiva e as suas variantes objetivas (339.º) e putativas (338.º), v. PESSOA JORGE, *Ensaio*, 251-253.

que consideram. Embora o apuramento destas causas específicas seja casuístico (p. ex., quando expressamente ressalvado pelo legislador mediante o recurso à expressão «salvo se provar que não houve culpa da sua parte», ou equivalente; 491.º, 492.º/1, 493.º/1, 503.º/3), também beneficia de «cláusulas gerais», tal como, na vertente obrigacional, a relevância *geral* da mora do credor, enquanto *causa de exclusão da negligência* do devedor (813.º), porquanto este último não responde neste caso por *mera culpa* quanto ao objeto da prestação.

XIV. A inimputabilidade, enquanto *incapacidade de culpa*[513], reporta-se ao agente, enquanto durar. Nesta medida, pode ser enquadrada como uma causa de desculpa *tendencialmente absoluta*[514], por oposição às causas de desculpa *relativas* já tratadas (erro, a perturbação ou medo não culposo e a desculpabilidade), marcadamente *circunstanciais*, como vimos. A natureza pretensamente absoluta da causa de *desculpa*, sendo relativa ao agente, não conhece lugar paralelo em sede de ilicitude, e das respetivas causas de exclusão. O que não surpreende.

A inimputabilidade, na esteira de MENEZES CORDEIRO, é tradicionalmente repartida de forma alternativa entre a incapacidade:

i. de *entender*; e/ou
ii. de *querer*.

Enquadramos na primeira vertente a *menoridade*, o acompanhamento de maior decretado com fundamentos conexos (138.º) ou o *sono* e o *sonambulismo*[515]. Na segunda vertente, de incapacidade de *querer*, abrangem-se todos os casos em que, pese embora não falta consciência ao agente, este atua sem

[513] Contra, SANTOS JÚNIOR, *Direito das Obrigações*, I, 292-293 e 321. Também MENEZES CORDEIRO mencionava, nas suas lições de 1980, que a imputabilidade impedia o «comportamento voluntário», *Direito das Obrigações*, II, 312. Veja-se a discussão paralela no Direito Penal com base nos artigos 19.º e 20.º CP, v. CARLOTA PIZARRO DE ALMEIDA, *Modelos de Inimputabilidade*, 72. Além-Reno, fala-se de capacidade delitual (*Deliktsfähigkeit*), embora com soluções divergentes: veja-se, p. ex., que os menores de sete anos são *sempre* incapazes de responder pelos prejuízos delituais que causem; § 828 (1) BGB. Sobre a distinção entre os conceitos de *imputabilidade*, *incapacidade natural* e de *exercício*, a qual já foi sumariamente enunciada, v. RUI ATAÍDE, *Responsabilidade Civil*, 533-572.

[514] A relatividade da inimputabilidade não acidental deriva da possibilidade de se extinguir, quando o agente recupere as capacidades do qual aquela depende.

[515] As causas indicadas são próprias no regime civil, tendo em conta que a idade ou a anomalia psíquica são os únicos fundamentos de inimputabilidade no ramo Penal, cfr. 19.º e 20.º CP, respetivamente.

vontade ou domínio. É exemplo, embora não exclusivo (porquanto podem também incapacitar o agente de entender), a conduta associada ao consumo de certos estupefacientes e substâncias psicotrópicas (*v.g.*, álcool e outras drogas sedativas, estimulantes ou alucinógenos)[516] ou, assim o entendemos, a períodos associados à respetiva abstinência, ainda que circunscrita a situações de inelutável dependência.

A inimputabilidade pode ter carácter *temporário, transitório*, coincidente com o momento em que decorre o evento determinante de responsabilidade[517], ou ser, ao invés, *permanente, definitiva*. Neste primeiro caso, existe um regime punitivo associado para o agente que se coloque culposamente nesse estado, dito *acidental* no plano negocial (257.º): este responde *objetivamente, i.e.*, sem culpa (488.º/1, solução que acompanha a constante no artigo 20.º/4 CP). Não existe, contudo, semelhante previsão para o agente que se coloque *definitivamente* neste estado. Todavia, determinando-se que o agente pretendeu isentar-se de responsabilidade, cumpre também responsabilizá-lo sem culpa (488.º/2), por *maioria de razão*[518].

516 Menezes Cordeiro, *Tratado*, VIII, 439. Note-se que não se entende que a *coação física* possa influenciar, neste âmbito, a capacidade de querer, mas apenas a voluntariedade do ato. V. *supra*, § 6; 1.1.

517 Como visto, não releva uma culpa posterior, de que é exemplo o *pós-dolo*, tal como não isenta de responsabilidade uma inimputabilidade posterior. V., *supra*, § 6; 3.3. Sobre este aspeto, nota-se o caso mediático do alegado homicídio no Taguspark, na qual o suspeito, após ser constituído arguido, tentou o suicídio, sem sucesso, tendo ficado com lesões cerebrais permanentes, num estado o qual pode consubstanciar inimputabilidade em virtude de anomalia psíquica (20.º CP). Admitindo esta hipótese, *para efeitos civis*, a referida inimputabilidade posterior, ainda que permanente, não isenta o agente de responsabilidade subjetiva se, quando atuou, o fez com plena capacidade de entender e querer.

518 Contra, Pessoa Jorge defende que neste caso cumpre apenas responsabilizar o agente nos termos do artigo 489.º. Segundo o A., não há lugar à aplicação do artigo 488.º/1, segunda parte, tendo em conta a respetiva função preventiva, destinada a evitar que o agente se coloque novamente nesse estado, a qual se encontra impossibilitada perante uma inimputabilidade culposa de tipo *permanente*; em *Ensaio*, 35-36. Com a devida vénia, não se encontra no preceito semelhante função preventiva, mas apenas uma de tipo *punitivo*, a qual visa não permitir que o agente se isente de responsabilidade *subjetiva*, se a falta de culpa foi *culposamente* provocada. Naturalmente, não se coloca a hipótese de o agente culposamente se colocar naquele estado de forma *permanente*, mas tal pode suceder (p. ex., em virtude de lesões permanentes em resultado de um acidente de viação culposo ou de um consumo excessivo de substâncias psicotrópicas). Neste caso, se o agente se colocou culposamente nesse estado, ainda que não com a finalidade de causar prejuízos (tal como pode suceder no âmbito da incapacidade transitória), não se compreende como não satisfazer a finalidade punitiva incita no preceito, por maioria de razão. Resta apenas estabelecer uma casualidade mínima entre o evento determinante da incapacidade e o determinante de responsabilidade, sob pena de consagração de uma eterna responsabilidade objetiva deste agente acoplada a uma incapacidade de tipo permanente, culposamente causada. Em boa verdade, este problema

Por fim, a inimputabilidade encontra-se relativamente *presumida* (350.º/2) no que respeita aos menores de sete anos (488.º/2) – critério extravagante nesta sede[519] – a qual pode ser ilidida (350.º/2), devendo, em todo o caso, ser *demonstrada* nos menores com idade igual ou superior a sete anos, e nos adultos[520].

A *inimputabilidade*, enquanto requisito negativo do juízo da culpa, não é, desta forma, exclusiva da responsabilidade delitual, ao qual acresce o facto de se situar no âmbito da remissão existente do n.º 2 do artigo 799.º[521].

também se coloca na incapacidade *transitória* de carácter duradouro (*v.g.*, episódios psicóticos do agente que culposamente desrespeitou a terapêutica, com duração de dias, semanas, meses, enfim), na qual o agente não é isento de responsabilidade. Aliás, a diferenciação entre uma incapacidade transitória/temporária ou permanente/definitiva é de difícil recorte, senão mesmo, em certos casos, artificial (*v.g.*, o doente terminal que se alcooliza e provoca prejuízos a terceiros, vindo a falecer desse episódio de abuso de substâncias). Por outro lado, é a solução que acompanha aquela tida no plano obrigacional perante a impossibilidade *definitiva* culposa (801.º/1) – *v.g.*, a responsabilidade do devedor de prestação infungível que culposamente se impossibilita definitivamente de a realizar.

519 Vimos que a solução na Alemanha afasta semelhante presunção, embora contemple uma outra curiosa regra relativa à capacidade dos menores entre sete e dez anos, respeitante a veículos (§ 828 (1) e (2) BGB). Veja-se, entre nós e a título exemplificativo, que a idade relevante é de (*i*) 12 anos para efeito de sujeição a medidas tutelares educativas (até aos 16 anos, cfr. 1.º da Lei Tutelar Educativa); (*ii*) de 16 anos, para a imputabilidade em razão da idade no Direito Penal (19.º CP), ou para prestar o consentimento sexual (173.º CP, sem prejuízo do disposto nos dois artigos anteriores); no plano juscivilístico, esta é também a idade relevante para deter capacidade para contrair casamento (1601.º, a), para perfilhar (1850.º/1), decidir sobre matérias religiosas (1886.º), convocar o conselho de família (1957.º), para a celebração de um contrato de trabalho (3.º da Lei n.º 7/2009, de 12 de Fevereiro, na sua redação atual, e do artigo 70.º do Código do Trabalho, aprovado em anexo à referida lei) ou para alterar o género (7.º/2 da Lei n.º 38/2018, de 7 de agosto); (*iii*) de 18 anos para a cessação da menoridade (sem prejuízo da possibilidade emancipação a partir dos 16 anos; 130.º, 132.º) ou para deter capacidade eleitoral ativa (art. 1.º/1 da Lei n.º 14/79, de 16 de maio, na sua redação atual). É também devida uma breve referência ao dia em que o menor celebra o seu sétimo aniversário: nesse dia (leia-se, até ao dia seguinte) ainda é presumidamente inimputável, porquanto só perfaz os sete anos no dia seguinte. Este entendimento é conforme com as regras de contagem dos prazos (278.º e 279.º) e acompanha a solução presente noutros lugares no Código – p. ex., o menor não se pode casar no dia em completa dezasseis anos de idade, mesmo reunindo a autorização dos pais ou a do conservador; cf., assim, a nossa anot. ao art. 1601.º, em *Código Civil. Livro IV – Direito da Família* (Coord. Clara Sottomayor), 2.ª ed., Almedina: Coimbra (2022), p. 82 (n. 10). Esta é também a solução presente no Código Penal: veja-se que se considera inimputável em razão da idade, para efeitos criminais, o agente que pratique um crime no dia do seu décimo sexto aniversário (19.º CP).

520 ANTUNES VARELA, *Das Obrigações*, II, 563-564 e respetiva nota 3.

521 ANTUNES VARELA, *Das Obrigações*, II, 100; MAFALDA MIRANDA BARBOSA, *O papel da imputabilidade no quadro da responsabilidade delitual. Breves apontamentos*, BFD, Vol. 82, n.º 1 (2006), 485-534. Contra, MENEZES CORDEIRO, *Tratado*, VIII, 394.

4. O nexo de causalidade

4.1. Considerações gerais

I. O nexo de causalidade corresponde ao último requisito do título de imputação, permitindo estabelecer a conexão necessária entre o evento ilícito e culposo e o dano sofrido pelo lesado. O presente requisito apura se a conduta censurável do agente é *causa* jurídica do prejuízo sofrido pelo lesado, devendo, por este motivo suportá-lo, e ultrapassando-se, nesta medida, a máxima *casum sentit dominus.*

Com base nas normas-padrão de responsabilidade, o nexo de causalidade apura os «danos *resultantes* da violação» (483.º/1), e, no âmbito obrigacional, o prejuízo que o devedor «*causa* ao credor» (798.º)[522]. Na aceção tradicional[523], o presente requisito estabelece somente a conexão *normativa* entre o *facto-ilícito-culposo* (no âmbito da responsabilidade subjetiva) e o dano. Esta conexão é de tipo normativo porquanto, como veremos, ultrapassa a mera coincidência ou sucessão cronológica entre estes elementos, naturalisticamente considerada[524].

II. Note-se, nesta sede, as várias figuras próximas do conceito de causa do dano, sem aptidão (positiva) para a formação do título de imputação de danos, embora com relevância *negativa* para impedir a sua formação.

> Como visto, existem fatores negativos não coincidentes nas modalidades consideradas, de exclusão da responsabilidade, conquanto afastam a ilicitude ou a culpa da atuação do potencial responsável (gerais ou

[522] Encontramos outras referências legais ao presente requisito ao longo do Código, nomeadamente nos artigos 45.º/1, 81.º/2, 227.º/1, 337.º/1, 338.º, 466.º, 484.º, 489.º/1, 490.º a 493.º, 501.º a 504.º, 506.º, 507.º, 509.º, 804.º/1, 876.º/2, 956.º/2, 990.º. São fundamentais as obras de especialidade sobre o tema, designadamente, entre nós, Pereira Coelho, *O Problema Da Causalidade Virtual*, e Mafalda Miranda Barbosa, *Do Nexo de Causalidade ao Nexo de Imputação: contributo para a compreensão da natureza binária e personalística do requisito causal ao nível da responsabilidade extracontratual*, Vol. I e II, Princípia: Cascais (2012). V., ainda, em particular e além das obras manualísticas, os estudos de Vaz Serra, *Obrigação de indemnização*, 21-101 e de Paulo Mota Pinto, *Sobre condição e causa na responsabilidade civil*, Direito Civil – Estudos, Gestlegal: Coimbra (2018), 717-762. Distinta é a vertente de *causa*, enquanto fonte da obrigação, abrangendo outras realidades para além da responsabilidade civil. Sobre o conceito de causa, v. Vicente Sanz, *La Frustacion del fin del contrato*, Tecnos (1968), 95-111.

[523] Com levantamento da doutrina que se debruça sobre a questão, v. Rui Ataíde, *Causalidade e Imputação Objetiva*, 181-189.

[524] Antunes Varela, *Das Obrigações*, I, cit., 878 e Almeida Costa, *Direito das Obrigações*, 760.

específicas), bem como de (potencial) mera atenuação, tal como a *negligência* do responsável (494.º) ou a culpa do lesado (570.º) ou dos respetivos representantes ou auxiliares (571.º). Para além da lei, em sentido imediato, o negócio jurídico também se afere um fator negativo de apuramento de responsabilidade, no âmbito das *convenções* ou *cláusulas limitativas e de exclusão de responsabilidade*, de que é exemplo a exclusão, no âmbito obrigacional, da responsabilidade dos representantes legais ou auxiliares do devedor (800.º/2).

Em sede do nexo de causalidade, a *causa do dano* importa geralmente no sentido inverso, de índole *positiva*[525], enquanto fundamento da responsabilidade do agente.

III. O processo de apuramento da *causa* relevante, fundamento de responsabilidade civil, respeita a sequência lógica de tratamento dos requisitos da responsabilidade civil nas modalidades consideradas.

O nexo de causalidade corresponde, assim, ao último requisito determinante para se qualificar o evento ilícito e culposo como título suficiente para a «*imputação*» dos prejuízos sofridos (o qual enforma o segundo pressuposto, juntamente com o dano, como vimos). Em todo o caso, ainda estamos em sede da formação do *título de imputação*. Por outro lado, a consideração dos danos neste prisma não inverte o apuramento dos pressupostos (título de imputação e dano)[526], considerada a primazia metodológica do prejuízo, como ponto de partida para o apuramento da formação do título de imputação.

4.2. Bivalência funcional do nexo de causalidade; nexo fundamentador e delimitador da responsabilidade.

IV. Atualmente, por influência direta germânica, o nexo de causalidade não se reduz ao entendimento tradicional que o restringe à vertente mencionada de conexão entre o título de imputação e os danos sofridos. Correntemente,

[525] Contra, ANTUNES VARELA, *Das Obrigações*, I, 881, enquadra a vertente positiva do requisito reportada aos ónus de alegação e demonstração do lesado do nexo de causalidade. Já o aspeto negativo tem como ponto de referência o responsável, nomeadamente os fundamentos que dispõe para afastar aquela relação.

[526] Aderimos à tese sincrética de MENEZES CORDEIRO, no apuramento dos pressupostos, como visto. V., *supra*, § 6.

o nexo de causalidade é enquadrado numa bivalência de sentido[527], nomeadamente:

i. causalidade em sentido positivo, enquanto *fundamento de responsabilidade* (*haftungsbegründende Kausalität*); e, *quando exista*[528];
ii. causalidade em sentido negativo, enquanto *medida da indemnização* (*haftungsausfüllende Kausalität*), determinando os danos imputáveis à atuação do responsável.

Vejamos, sumariamente, ambas as vertentes.

4.2.1. Nexo fundamentador de responsabilidade

V. O nexo *fundamentador* de responsabilidade indaga se o *evento lesivo* é *imputável* à conduta do agente, independente dos prejuízos que tenha, em caso positivo, causado. Este último problema corresponde ao nexo *delimitador* de responsabilidade; o qual será analisado posteriormente.

> O exemplo clássico do ciclista que circula à noite sem a iluminação devida ilustra a bivalência do nexo causal. Recorde-se que, em resultado da sua fraca visibilidade, o ciclista provoca um acidente, provocando o atropelamento de um outro ciclista, com quem seguia viagem. Saber se a violação da norma de proteção que obriga à iluminação rodoviária devida (integrando a segunda categoria de ilicitude delitual) se destina a proibir o atropelamento de terceiros (*i.e.* a ligação entre a violação da norma e a conduta) é um problema distinto de enquadrar quais os danos que são imputáveis ao ciclista sobrevivente responsável (perante a resposta

[527] V., além-Reno, por todos, Larenz, *Lehrbuch*, I, AT, § 27, III, 432. Entre nós, aderindo a este entendimento, destaca-se Rui Soares Pereira, *Nexo de causalidade*, 182 e ss.; Almeida Costa, *Direito das Obrigações*, 605; Santos Júnior, *Direito das Obrigações* I, 381–382; Rui Ataíde, *Causalidade e Imputação Objetiva*, 181 e *Responsabilidade Civil*, 757–844; Adelaide Menezes Leitão, *Normas de Protecção*, 700 e ss.; Sinde Monteiro, *Responsabilidade por conselhos*, 240 e ss.; Paulo Mota Pinto, *Interesse*, II, 925 e ss. e Mafalda Miranda Barbosa, *Lições*, 249. Veja-se as referência completas da última A. na obra citada (250-253, nota 567 e 568) e em *Responsabilidade civil extracontratual: novas perspetivas em matéria de nexo de causalidade*, Princípia: Cascais (2014), 9-21. Em sentido próximo, mas não coincidente, Menezes Cordeiro, *Tratado*, VIII, 549. O A. distingue entre causalidade enquanto pressuposto de responsabilidade civil e causalidade como bitola de indemnização, embora ambas as vertentes sejam, para o A., referentes ao dano (*idem*, 550); em idêntico sentido, v., também, o Autor previamente mencionado, Santos Júnior, *Da responsabilidade civil*, 253 (nota 857).

[528] Neste sentido, Rui Ataíde, *Causalidade e Imputação Objetiva*, 184.

afirmativa à primeira questão), *i.e.*, se o dano não patrimonial da morte do seu companheiro ciclista (496.º/1) ou apenas os danos na viatura acidentada, *etc.*

Nesta medida, o nexo fundamentador de responsabilidade reporta-se ao juízo *normativo* que incide isoladamente sobre o evento determinante de responsabilidade, *i.e.*, a ilicitude, determinando se a lesão ou perigo de lesão (ilicitude) é (frisa-se) *objetivamente* imputável à conduta do agente[529].

O segundo juízo normativo, relativo à culpa, embora também incida sobre a conduta do agente, tem por referência elementos reportados à sua pessoa (vontade e conhecimento), pelo que não deve ser chamado à colação neste âmbito[530]. A culpa interessa num momento distinto do presente, incidindo sobre a conduta que se determinou ser objetivamente censurável. No entanto, a relevância de estados subjetivos – em particular, dos conhecimentos especiais do agente – revelam nesta sede, e carreiam, independentemente do juízo autónomo da culpa, a importação do processo da imputação subjetiva para a responsabilidade civil, como vimos[531].

Note-se, por outro lado, que o nexo fundamentador de responsabilidade se situa metodologicamente num plano tanto prévio ao (*i*) da imputação do dano à conduta do agente (respeitante ao nexo *delimitador* de responsabilidade), como (*ii*) ao da possível interrupção da relação de predicação entre o tipo e a ilicitude, onde imperam as causas de exclusão da ilicitude[532], e, bem assim, (*iii*) ao da própria existência de *ilicitude*, determinada abstratamente por outro critério. No fundo, é o nexo fundamentador que censura a conduta do agente, na responsabilidade subjetiva, indicando-a como *causa* do resultado ilícito[533], o qual, aliás, também não se confunde com os prejuízos que eventualmente gere (*i.e.* o dano).

VI. Esta vertente é particularmente relevante na modalidade obrigacional, já que justifica (na sua ausência) que a falta de cumprimento seja *inimputável* ao devedor, porquanto o incumprimento deriva da atuação de terceiro, do próprio lesado, de factos fortuitos ou de força maior, gerando, como vimos,

[529] Por este motivo a presente vertente é denominada de *imputação objetiva* na responsabilidade civil, Rui Ataíde, *Causalidade e Imputação Objetiva*, 182.

[530] Rui Ataíde, *Causalidade e Imputação Objetiva*, 182.

[531] Cfr., *supra*, § 6; 2.2.

[532] Cfr., *infra*, § 8; 1.

[533] Rui Ataíde, *Causalidade e Imputação Objetiva*, 184.

a *impossibilidade* da prestação; desde que inexista uma conexão causal, claro está, entre a conduta do agente e estes fatores[534]. Neste caso, ressalvadas as regras do risco, não se pode considerar que a conduta do agente foi a *causa* (fundamento) do incumprimento da obrigação. Este juízo tem, nesta medida, menor valência no âmbito delitual, restando considerar se a conduta do agente lesou ou perigou lesar o interesse em causa, situação particularmente relevante no apuramento do cumprimento do dever de agir na conduta omissiva, bem como na verificação da segunda categoria de ilicitude delitual, correspondente às normas de proteção.

VII. No âmbito do nexo fundamentador, o qual *alicerça* o juízo de responsabilidade[535], são particularmente relevantes os casos de interrupção *normativa* da conexão entre a conduta do agente e o respetivo desvalor objetivo, principalmente quando (*i*) a *forma* de lesão ou de perigo de lesão não é apta a produzir o resultado proibido ou (*ii*) o sujeito não é titular do interesse protegido, atendendo, em ambos os casos, ao *fim da proteção da norma* ou ao seu *escopo*.

Invocam-se os exemplos de Rui Ataíde para a primeira vertente, designadamente o caso da violação da «proibição de caçar ou jogar futebol no domingo sagrado e produzir-se um acidente, bem como o de se conduzir um automóvel sem habilitação legal e ver-se envolvido, sem culpa, num acidente de viação ou de se dar causa à morte de alguém por um acaso infeliz, ao abater-se uma árvore, em contravenção de uma norma ambiental»; quanto à falta de titularidade do interesse protegido pela norma, vejam-se os exemplos do A. reportado à «pessoa que, transportando um artista a um concerto, provoca culposamente um acidente. A lesão sofrida pelo artista determinou o cancelamento do espetáculo, mas o empresário não era credor de qualquer indemnização delitual contra o condutor, tal como o alfaiate que perde o seu melhor cliente, morto num atropelamento, relativamente ao automobilista responsável»[536]. A presente teoria (do fim da proteção da norma), atribuída a Ernst Rabel, apresenta-se uma superação da causalidade adequada e é examinada nesta medida[537]. Em suma, apela-se ao fim da proteção (*Schutzzweck*)

[534] Cfr., *infra*, § 10; 2.3.

[535] Carneiro da Frada, *Teoria Da Confiança*, 311.

[536] Rui Ataíde, *Causalidade e Imputação Objetiva*, 195.

[537] *Das Recht des Warenkaufs*, I, 1936, 495 e ss. Assim, Menezes Leitão, *Direito das Obrigações*, I, cit., 358 e 362 e *A responsabilidade do gestor*, 281-284. Com referências bibliográficas germânicas

da norma ou do negócio para delimitar o comportamento censurável. Entre nós, vários Autores aplicam a «teoria do fim da norma» à luz dos interesses reais tutelados pelo fim do contrato, no caso da responsabilidade obrigacional, ou pelo fim da norma legal, no caso da responsabilidade delitual[538]; no espetro delitual, este entendimento fica circunscrito, nesta medida, à segunda modalidade de ilicitude constante do artigo 483.º (norma de proteção)[539]. Assim, a teoria (aparentemente) serviria para determinar se o lesado consta do elenco dos titulares dos interesses protegidos pela disposição infringida e se a conduta lesou os interesses tutelados pela norma (no âmbito exclusivo da ilicitude[540]), independentemente dos prejuízos que gere.

Apelando à função *delimitadora* do escopo do dever genérico ou específico, no plano do desvalor objetivo da conduta, sindica-se uma outra vertente de conexão ontológica e normativa com os danos que lesem os interesses abrangidos. Por outras palavras, tenta-se transportar a presente teoria para o *nexo delimitador* de responsabilidade. O que não se revela necessário, atendendo aos critérios normativos que delimitam esta outra vertente[541]. Como veremos[542], o interesse lesado não se confunde com o dano indemnizável, o qual pode, aliás, servir um interesse distinto (p. ex., a produção de danos morais em resultado da lesão de interesses patrimoniais, tal como sucede perante a destruição de objetos com elevado valor sentimental). Por outro lado, cumpre ressalvar que, salvo este plano de relevo do escopo da norma, a presente vertente *fundamentadora* do nexo

completas, v. MENEZES CORDEIRO, *Tratado*, VIII, 537-541; MENEZES CORDEIRO, *Da responsabilidade civil dos administradores*, 400 e ss.; e RUI ATAÍDE, *Causalidade e Imputação Objetiva*, 194-200 (nota 38) e *Responsabilidade Civil*, 768 e ss.

538 ANTUNES VARELA, *Das Obrigações*, I, 901, MENEZES LEITÃO, *Direito das Obrigações*, I, 362.

539 SANTOS JÚNIOR, *Direito das Obrigações*, I, 350. MENEZES CORDEIRO apela ao critério restritamente no domínio da responsabilidade obrigacional (abrangendo os deveres preliminares, acessórios e os vínculos pós-eficazes) e na responsabilidade delitual (designadamente às normas de proteção, omissões, e deveres no tráfego), em *Da responsabilidade civil dos administradores*, 400 e ss.. Contra, MENEZES LEITÃO, *Direito das Obrigações*, I, 362.

540 MENEZES CORDEIRO, *Tratado, VIII*, 536, ANTUNES VARELA, *Das Obrigações*, I, 902-903.

541 É em sede do nexo *fundamentador* de responsabilidade que a doutrina nacional enquadra a teoria do escopo da norma. Neste sentido, expressamente, SANTOS JÚNIOR, *Direito das Obrigações*, I, 350 e ALMEIDA COSTA em *Direito das Obrigações*, 765 e respetiva nota 1. V., por todos, RUI ATAÍDE, *Responsabilidade Civil*, 768 (nota 1523) e 773 (nota 1532). Embora o A. reconheça posteriormente a relevância menor deste critério em sede da causalidade delimitadora de responsabilidade (*idem*, 838 e 842).

542 V. *infra*, § 6; 5.1.

de causalidade reporta-se aos mesmos critérios atinentes ao nexo delimitador, analisados posteriormente: o da causalidade adequada e o do risco, para os quais se remete[543]. Nesta medida, aliada à dissonância entre ilicitude e dano, a teoria do fim da proteção da norma é exclusivamente enquadrável no âmbito do nexo fundamentador de responsabilidade, em sentido complementar[544], abrangendo as várias categorias de ilicitude delitual e obrigacional, indistintamente.

4.2.2. Nexo delimitador de responsabilidade

VIII. O nexo delimitador de responsabilidade estabelece a conexão entre o evento determinante de responsabilidade (ilícito e culposo no âmbito da responsabilidade subjetiva)[545] e os *danos* sofridos pelo lesado. Por outras palavras, determina-se *quais* os prejuízos que são imputáveis à *conduta censurável* (objetiva e subjetivamente, como visto) do agente[546]. A importância deste pressuposto é imensurável, já que cumpre a função necessária de sindicar o nível da tutela (patrimonial) do lesado, a qual não é *ilimitada* apenas por resultar de um evento lesivo, ilícito e culposo.

Note-se, como ponto prévio, que o presente pressuposto estabelece uma ligação estritamente *qualitativa* dos danos a tutelar, em abstrato. Identifica-os, apenas, e nunca interfere com a forma do respetivo cômputo, em concreto; problema esse de que se ocupa a obrigação de indemnizar, mormente em sede do cálculo do *quantum* indemnizatório[547].

Interessa neste segundo momento – o qual pressupõe o nexo fundamentador de responsabilidade –, a determinação do dano em causa por apelo, em particular, à *forma* como ocorreu (e, porventura, ainda ocorre) a respetiva

[543] Rui Ataíde, *Responsabilidade Civil*, 761 (nota 1494).

[544] Larenz, *Lehrbuch*, I, AT, § 27, III, 445. Entre nós, Dário Moura Vicente, *Direito Comparado*, II, 298 (nota 1100) e 449. Desenvolvidamente, Mafalda Miranda Barbosa, *Do nexo de causalidade*, I e II, 77 e ss., 1028 e ss. Mencionando a inaptidão para servir como um «critério *autónomo* e *global* de imputação», v. Rui Ataíde, *Causalidade e Imputação Objetiva*, 199 e o sentido complementar dos critérios, expressamente, *idem*, 221. É clarividente a expressão do A.: «[d]e resto, a relacionação consequente entre a ideia de adequação e o princípio do risco é antiga e inegável: em princípio, um facto só pode criar ou elevar o perigo de lesão de um determinado bem jurídico se for idóneo, isto é, adequado, segundo as regras da experiência, para o produzir.» (*idem*, 223).

[545] Por este motivo, é de aplaudir o entendimento visionário de Menezes Cordeiro nas suas primeiras lições de Obrigações, quando o A. apelava à relevância do nexo causal em sede qualificadora da ilicitude e não apenas não apenas entre o facto-prejuízo (em *Direito das Obrigações*, II, 336–339).

[546] Menezes Cordeiro, *Direito das Obrigações*, II, 339.

[547] V. *infra*, § 12; 4.

lesão. Nesta medida, o evento que interessa à determinação da *causa real* não é o evento danoso em *abstrato* (a morte do lesado, por exemplo), mas o prejuízo em *concreto*, tal como se produziu[548]. Aliás, é este o entendimento subjacente à posterior *quantificação* do montante da indemnização a que o lesado tem direito.

IX. O presente requisito encontra previsão legal no Código Civil, em sede da obrigação de indemnização (563.º): a regulação é comum a ambas as modalidades de responsabilidade, sob a epígrafe «Nexo de causalidade», determinando-se, numa formulação negativa fortemente contestada[549], que a «a obrigação de indemnização só existe em relação aos danos que o lesado provavelmente não teria sofrido se não fosse a lesão».

Aquela formulação cogita a realidade *alternativa* e *hipotética*[550] face à real em consequência da lesão, reportando-se, como tal, ao momento prévio à ocorrência do ato lesivo[551]. Identifica, por comparação àquela situação hipotética, os *danos provavelmente não sofridos* pelo lesado. São estes (e apenas estes) os danos exclusivamente imputáveis ao agente[552].

Acolhendo a proposta de Pereira Coelho[553], a formulação negativa – verdadeiro reverso da expressão paralela, em sentido positivo, referente aos "*danos cuja lesão é causa adequada a produzir*" – responsabiliza o agente pelos

[548] Reconhecendo expressamente este problema, Traeger, *Der Kausalbelgriff im Strafund Zivilrecht*, (1904), 37-48. Entre nós, Pereira Coelho, *O Problema Da Causalidade Virtual*, 9-10 (nota 6) e 231-239, e Antunes Varela, *Das Obrigações*, I, 884.

[549] V., Pereira Coelho, *O problema da causa virtual*, 247 e ss.; Pessoa Jorge, *Ensaio*, 411 (nota 373); e Galvão Telles, *Direito das Obrigações*, 409 e ss.

[550] Antunes Varela, *Das Obrigações*, I, 879.

[551] Pessoa Jorge, *Ensaio*, 410.

[552] Resta saber a natureza desta norma: injuntiva ou se admite estipulação em sentido contrário, bastando-se com uma formulação menos exigente ou agravando a dificuldade de verificação deste requisito do título de imputação de danos. Sabemos que a fórmula conhece exceções derivadas de (*i*) simples arrastamento metodológico, ao ficcionar-se a necessidade de ressarcimento de determinados danos ou liquidando-se previamente a indemnização a que tem direito (*v.g.*, a restituição do sinal em dobro perante o incumprimento da promessa por quem recebeu o sinal, 442.º/2), ou (*ii*) sem dependência deste requisito (prototipicamente no âmbito da responsabilidade *objetiva*).

[553] Pereira Coelho, *O problema da causa virtual*, 275-277.

danos frutos do *acaso*[554], consagrando a teoria da causalidade adequada[555], para ambas as modalidades de responsabilidade civil[556]. Vejamos este aspeto em maior pormenor.

4.3. Determinação do nexo causal entre o título de imputação e o dano; teorias em causa

X. O entendimento tradicional da conexão exigível, para a imputação do dano à conduta do agente, esgotava-se no plano empírico de mera correlação temporal entre os fatores (*post hoc ergo propter hoc*): admitia-se, nestes termos, uma relação de causa-efeito com base na mera sucessão cronológica dos eventos.

Superando a falácia lógica do estabelecimento da causalidade por uma mera sucessão temporal, exigiu-se uma seleção das condições relevantes no âmbito do processo causal. Para este efeito, isentou-se de responsabilidade o comportamento do agente que não interferiu na produção do dano, apesar

[554] A formulação positiva traduz o sentido literal do critério da adequação: a condição *s.q.n.* é causa do dano quando seja *adequada* a provocá-lo. Todavia, esta formulação beneficia a atuação do agente, isentando-o de responsabilidade, mais do que pelo extraordinário, pelo mero *imprevisível*. A favor da responsabilidade do agente pelo acaso, quando atue ilicitamente (*que versatur in re illicita etiam pro casu tenetur*), defendeu-se uma formulação negativa da teoria. A condição *s.q.n.* não seria causa do dano apenas quando fosse indiferente (*gleichgültig*) para a verificação do dano, porquanto este seria provocado «em virtude das circunstâncias excecionais, anormais, extraordinárias ou anómalas», segundo Enneccerus-Lehmann, *Lehrbuch des Bürgerlichen Rechts*, II, Recht des Schuldverhälnisse (Schuldrecht), Mohr Siebeck: Tubinga (1954), 63. A presente máxima pode, aliás, assumir uma outra vertente positiva, paralela à referida de cariz negativo, de responsabilidade *pelos danos fruto do acaso*, traduzindo-se na inadmissibilidade de conservação das vantagens decorrentes da ilicitude. Antunes Varela recorre ao exemplo dos casos de intromissão em bens ou direitos alheio quanto ao lucro dessa intervenção perante o titular da coisa ou do direito, em *Das Obrigações*, I, 894 (nota 1).

[555] Galvão Telles, *Direito das Obrigações*, 409; Pessoa Jorge, *Ensaio*, 413; ; Menezes Leitão, *Direito das Obrigações*, I, 361; Dário Moura Vicente, *Direito Comparado*, II, 297; Pinto de Oliveira, *Estudos*, 97. Contra, Menezes Cordeiro, *Tratado*, VIII, 542 e 549 e Rui Ataíde, *Responsabilidade Civil*, 781.

[556] Sendo nesta sede decisivo o elemento sistemático, reconduzida à previsão comum a ambas as modalidades do artigo 563.º: neste sentido, v. Pessoa Jorge, *Ensaio*, 404; Antunes Varela, *Das Obrigações*, II, 106; Menezes Leitão, *Direito das Obrigações*, II, 257. Note-se que o preceito se encontrava previsto na responsabilidade por factos ilícitos na primeira revisão ministerial, tendo retornado posteriormente à previsão comum, tal como inicialmente constava no anteprojecto de Vaz Serra. Não é, também por este argumento, insipiente a localização sistemática do preceito. Sobre este ponto, v. Pessoa Jorge, *Ensaio*, 403.

de ter ocorrido em momento anterior ou até de ser qualificado como ilícito e culposo (no caso denominado de *comportamento lícito alternativo*).

O comportamento lícito alternativo do agente[557] (*rechtsmäßiges Alternativverhalten*) reporta-se ao caso em que a conduta do agente interfere (apenas) no juízo de (des)valor objetivo e subjetivo da sua conduta (licitude e culpa), mas não na verificação do dano, o qual é causado por outro processo, o qual, por sua vez, não lhe é *imputável*. Por outras palavras, a liberdade do agente encontra-se condicionada à opção por um comportamento lícito, mas não ao seu resultado, ainda que este lhe seja (de forma potencial) normativamente imputável.

Pense-se nos seguintes exemplos: o empreiteiro recusa-se a reparar o telhado do dono de obra porquanto a obra seria destruída com as primeiras chuvas, independentemente da reparação solicitada, o que veio a suceder; noutro caso, o pai recusa-se a levar o seu filho doente ao hospital, vindo este a falecer, tendo-se demonstrado que não haveria cuidados médicos a prestar.

O comportamento *lícito alternativo* isenta o agente de responsabilidade pela sua atuação real (à partida ilícita), demonstrada a *impossibilidade* de o agente afetar o processo causal: este não é condição da produção do dano, nem do respetivo agravamento[558]. O comportamento lícito alternativo é particularmente relevante na responsabilidade por omissão, na qual o processo causal que conduz ao dano não é naturalisticamente imputável ao agente, embora sobre este recaia o *dever de agir*. Caso o cumprimento daquela obrigação se revele *inútil* para efeitos de evitar a lesão ou perigo de lesão em causa não se estabelece um nexo causal entre a atuação do agente e o respetivo prejuízo.

Note-se, todavia, que a mínima interferência do comportamento lícito alternativo na produção do evento danoso (incluindo o mero agravamento) permite responsabilizar o agente, sendo, neste caso, uma *condição* da produção do dano, da forma como este ocorreu. Nos exemplos anteriores, caso a reparação do telhado da forma solicitada adiasse a destruição da casa ou se os cuidados hospitalares pospusessem a morte ou minorassem o respetivo sofrimento da criança, ambos os agentes seriam responsáveis.

[557] Rui Ataíde, *Causalidade e Imputação Objetiva*, 227. No Direito Penal, v. a fundamental obra de João Curado Neves, *Comportamento lícito alternativo e concurso de riscos*, AAFDL: Lisboa (1989).
[558] Negando a imputação objetiva, v. Mafalda Miranda Barbosa, *Lições*, 272.

Nesta última hipótese, em ambos os casos, o comportamento lícito alternativo (de reparar o telhado ou de prestar auxílio) interferia negativamente (ainda que apenas em desagravamento) na verificação do evento danoso, perdendo a sua aptidão para isentar o agente de responsabilidade.

XI. A teoria da superação, atribuída a VON BURI, filtra aquela *condição sem a qual* os prejuízos não se verificariam (*sine qua non*, desconsiderando aquelas que contribuíram para a verificação do dano ou para o seu agravamento, mas cuja falta não obsta à sua verificação)[559]. Quando uma destas condições (*sine qua non*; *c.s.q.n.*) se reportar à conduta do agente estabelece-se o nexo necessário à imputação dos prejuízos na responsabilidade subjetiva. No entanto, quando concorram várias causas à verificação do dano por aquele critério, este entendimento não as permite considerar isoladamente. Provoca, desta forma, uma *equivalência* de todas as condições sem as quais o dano não se verificaria (*sine quibus non*).

A equivalência das condições pressupõe a igualdade no tratamento de todas as causas *necessárias* à produção do dano, independentemente do seu lugar no plano cronológico e da sua relevância individual. Não se poderá, assim, excluir a relevância jurídica da segunda dose de veneno administrada ao lesado, a qual provocou a sua morte por mera adição à dose inicial, tendo sido ingerida *posteriormente* à primeira ou numa dose que *individualmente que não provocaria a morte do lesado* (p. ex., em termos percentuais da letalidade, a primeira dose corresponde a 95% e a segunda apenas a 5%). A sua consideração no processo causal, como um todo, obriga a qualificá-la (tal como a primeira dose) como uma *c.s.q.n.* da morte do lesado.

Note-se que, fora do plano da presente teoria, é *naturalisticamente* relevante conhecer se foi a segunda dose que provocou a morte da vítima. A dissonância do critério ontológico na consideração isolada

[559] *Die Kausalität und ihre strafrechtliche Beziehung* (1885), 308. Pode estar na origem o penalista austríaco GLASER (*Abhandlungen aus dem österreischischen Strafrechte*, 1858), Entre nós, v. a análise da doutrina feita por ANTUNES VARELA, *Das Obrigações*, I, 882 e MAFALDA MIRANDA BARBOSA, *Lições*, 255-260 (*maxime* nota 577). Outros apelam, num sentido próximo, mas metodologicamente inverso, a uma relação alternativa de *dependência contrafactual*, mediante a qual se avalia se a omissão do resultado permite omitir a causa; em caso afirmativo, a causa qualifica-se de *s.n.q.n.* à produção do resultado danoso; sobre o ponto, v. PAULO MOTA PINTO, *Sobre condição e causa na responsabilidade civil*, 721 (nota 8).

das condições ocorre na atribuição de *relevância normativa à primeira dose*, porquanto o processo causal à data materializado na conduta não era adequado a produzir o evento danoso. Esta causa é apenas *normativamente* operante.

Por outro lado, a equivalência das condições é especialmente perigosa quando decorre de uma autoria múltipla descoordenada, cuja responsabilidade fica dependente de fatores externos ao agente. Veremos este ponto posteriormente em maior detalhe.

XII. Novamente, sobre a teoria da condição *s.q.n.* recai um conjunto de críticas[560], entre as quais se destaca (*i*) a manutenção da responsabilidade do agente derivada de processos causais anómalos à sua conduta, em resultado da equivalência das condições que provoca, o facto de (*ii*) atribuir relevância *negativa* à *causalidade alternativa* para a produção do resultado[561], isentando o agente de responsabilidade e, por fim, (*iii*) de provocar a assimetria de responsabilidade em caso de causalidade *cumulativa* inicial, ao respeitar o momento em que verificam no *iter* temporal que antecede o prejuízo considerado[562].

É exemplo clássico da primeira crítica, da autoria de Pothier[563], a aquisição da vaca doente pelo lavrador, a qual provoca a morte dos demais animais do comprador. O prejuízo estende-se às dificuldades em cultivar as terras e em saldar as dívidas, motivo pelo qual o lavrador perde em execução um conjunto de bens a favor dos credores, vendido, aliás, ao desbarato. A venda inicial do animal é *c.s.q.n* de todos os danos, sem que a teoria ofereça um limite objetivo à tutela indemnizatória.

[560] Outras críticas podem ser confrontadas nos A. citados. V., por todos, Rui Ataíde, *Responsabilidade Civil*, 762 e ss., em particular, a insuficiência da teoria para o enquadramento da responsabilidade por omissão.

[561] Antunes Varela, *Das Obrigações*, I, 884 (nota 1).

[562] Com expressivo enfoque nas últimas duas críticas mencionadas, v. o estudo de Paulo Mota Pinto, *Sobre condição e causa na responsabilidade civil*, 720 e ss.

[563] «[*s*]*i un marchand m'a vendu une vache qu'il savait être infectée d'une maladie contagieuse, et qu'il m'ait dissimulé ce vice, cette dissimulation est un dol de sa part, qui le rend responsable du dommage que j'ai souffert, non-seule-ment dans la vache même qu'il m'a vendue, et qui a fait l'objet de son obligation primitive, mais pareillement de ce que j'ai souffert dans tous mes autres bestiaux auxquels cette vache a communiqué la contagion*» (*Les Traités du Droit Français*, Œuvres de Pothier, Béchet Ainé: Paris, 1824, n.os 166 e 167, 86-87), exemplo recuperado por Manuel de Andrade, A. que adaptou a versão de Colmet de Santerre, o qual contemplava o suicídio do lavrador, em *Teoria Geral das Obrigações*, 338.

É exemplo da segunda, reportado às causas alternativas à produção do resultado, o caso em que dois agentes envenenam mortalmente o lesado em doses que individualmente seriam letais. Tendo ambas as doses contribuído para a produção do resultado, a teoria *s.q.n.* não permite afirmar que qualquer uma delas seja a *c.s.q.n.* do dano[564], porquanto omitindo a existência de qualquer uma das condições produzir-se-ia o resultado pela outra. Provoca, assim, uma inadmissível isenção de responsabilidade de um ou (mais grave) de ambos os agentes, dependendo do processo causal em causa.

É exemplo da terceira, quanto à causalidade cumulativa, o caso de vários agentes que administram doses de venenos isoladamente insuficientes para a produção da morte do lesado, a qual veio ocorrer apenas pela junção de todas aquelas que foram administradas. Neste caso, a teoria da condição *s.q.n.* não distingue as doses iniciais, não aptas para a produção do resultado (as quais podem resultar de caso fortuito), daquela que no fim atinge, por adição às anteriores, o valor letal[565]. Nesta medida, considera que *todas* as condições equivalem para a produção do resultado, ainda que tenha sido apenas a *última* dose a letal. Até este momento (o da administração da dose letal) qualquer uma das doses administradas é *c.s.q.n.* da verificação do dano. Todavia, já não considera, como vimos, as doses *subsequentes* que sejam virtualmente alternativas à produção do resultado (porquanto não contribuem para a produção do resultado em concreto, sem prejuízo da sua aptidão em *abstracto* para tal). No exemplo mencionado, são causas virtuais *alternativas* à produção da morte a doses administradas *posteriormente* àquela que tenha sido letal, centrando na cronologia do evento um critério decisivo – e, por vezes, totalmente desadequado – de apuramento da responsabilidade civil dos agentes.

[564] Em sentido aproximado, veja-se o apelo de Pereira Coelho, *O Problema Da Causalidade Virtual*, 9-13 (e respetivas notas 6,7 e 12): devemos distinguir os casos em que as condições suficientes para a produção do dano interferiram no processo causal daquelas que são meramente alternativas *virtualmente* à sua produção. É exemplo desta última figura, recuperando o exemplo de Antunes Varela (*Das obrigações*, I, 884, nota 1), o disparo mortal após um inicial que foi letal, o qual importa apenas como causa virtual à produção do resultado, mas não afasta a qualidade de condição *s.q.n.* do disparo inicial que provocou a morte do lesado, enquanto causa *operante*.

[565] Esta dose pode não ser cronologicamente a última, dependendo da interferência concreta no processo causal. Neste sentido, v. Pereira Coelho, *O Problema Da Causalidade Virtual*, 13 (nota 12).

4.4. A superação da condição *sine qua non*; a teoria da causalidade adequada

XIII. No espetro civilista, a superação da teoria da condição *sine qua non* sedimentou-se na teoria da *causalidade adequada*, atribuída a Von Kries[566]. Esta teoria é, hoje, seguida pela generalidade da doutrina e da jurisprudência portuguesa.

Esta última teoria apoia-se da condição *s.q.n.* do dano, exigindo um requisito adicional, designadamente que esta causa seja, também, em abstrato, *adequada* à produção do resultado danoso[567]. Ora, o critério da *adequação* exigível, pese embora as várias formulações positivas e negativas, traduz-se na exigência de o dano constituir uma consequência *normal, típica, natural* ou *provável* da causa em análise. Para este efeito, socorre-se a um juízo de *prognose* da adequação, retroagindo em termos cronológicos ao momento da atuação[568]. Apela-se, por outro lado, a um juízo *objetivo* de adequação atendendo (*i*) às circunstâncias cognoscíveis à data da atuação, segundo as regras de experiência, bem como (*ii*) aos *conhecimentos especiais do* agente[569].

[566] *Die Prinzipien der Wahrscheinlichkeitsrechnung* (1886), e em *Über die Begriff der objectiven Möglichkeit un einige Anwendunge desselben* (1888), 196. A autoria da teoria é discutível, em particular tendo em conta os trabalhos antecedentes de Von Bar. Tentaram-se inúmeras teorias (denominadas *doutrinas seletivas*; v. Almeida Costa, *Direito das Obrigações*, 762) entre as quais se destaca a da *causa próxima* (inspirada em Bacon), a *da última condição* – consagrada em França e em Itália; v. no âmbito obrigacional, o artigo 1231.º-4 do *Code* («Dans le cas même où l'inexécution du contrat résulte d'une faute lourde ou dolosive, les dommages et intérêts ne comprennent que ce qui est une suite immédiate et directe de l'inexécution») ou o *artículo* 1223.º do *Codice* («Il risarcimento del danno per l'inadempimento o per il ritardo deve comprendere così la perdita subita dal creditore come il mancato guadagno, in quanto ne siano conseguenza immediata e diretta.»), aplicável no âmbito delitual (2056.º do *Codice*) –, da condição *eficiente* (cfr. Von Birkmeyer, *Ursachenbegriff und Kausalzusammenhang im Strafrecht*, 1885) ou a teoria da *condição decisiva* (Binding). Estas teorias encontram-se analisadas nos manuais de referência, para os quais se remete, em particular, a doutrina penalista; no espectro juscivilista, v. Antunes Varela, *Das Obrigações*, I, 885–900; Galvão Telles, *Direito das Obrigações*, 399–408; Menezes Cordeiro, *Direito das Obrigações*, II, 333–340; Menezes Leitão, *Direito das Obrigações*, I, 358–362; e Santos Júnior, *Da Responsabilidade civil*, 242, 251 (nota 849).

[567] Almeida Costa, *Direito das Obrigações*, 763; Antunes Varela, *Das Obrigações*, I, 889 e 900 (nota 1). Invocando a *c.s.q.n.* como um requisito negativo da causalidade, v. Menezes Cordeiro, *Tratado*, VIII, 549.

[568] Pereira Coelho, *O Problema Da Causalidade Virtual*, 224 (nota 1); Galvão Telles, *Direito das Obrigações*, 405; Pessoa Jorge, *Ensaio*, 394; Rui Ataíde, *Causalidade e Imputação Objetiva*, 193; e Menezes Leitão, *Direito das Obrigações*, I, 361.

[569] Qualquer variante da teoria da causalidade adequada admite a inclusão dos conhecimentos especiais do agente para o estabelecimento do nexo, nomeadamente a proposta inicial de

O juízo de adequação, reportando-se ao momento em que ocorre a lesão ou perigo de lesão, tem em conta todas circunstâncias *de facto* existentes nessa altura, desde que *cognoscíveis*, ainda que subjetivamente desconhecidas pelo agente. O juízo é, nesta medida, *objetivo*. Cumpre, por outro lado, precisar que a natureza objetiva do juízo não desconsidera, como mencionado, os *conhecimentos especiais do agente* em causa, ainda que desconhecidos pelo homem médio naquele momento. Assim, o critério objetivo da cognoscibilidade afere-se o limite mínimo, que não afasta a relevância do conhecimento *especial* do agente, situado numa bitola superior, quanto à aptidão da sua conduta para a lesão ou perigo de lesão, ou para a verificação ou agravamento dos danos, *i.e.* aquilo que era *efetivamente conhecido*[570]. Estes conhecimentos especiais reportam-se, em concreto, a fatores respeitantes ao lesado, a terceiro (que possam, p. ex., atuar concertadamente com o agente) ou a outros fatores externos, com interferência no processo causal – neste âmbito, inclui-se o conhecimento da interrupção do nexo causal (*v.g.*, o homicida comete o crime de envenenamento num local onde é conhecida a extraordinária falta de fornecimento do antídoto), da concorrência causal, ainda que fortuita (*v.g.*, o devedor está a par da aproximação de um incêndio no local de entrega do bem e, ainda assim, entrega-o, permitindo que as chamas consumissem a coisa

Von Kries, a antítese de Rümelin e a solução intermédia, de síntese, de Traeger; cfr. Santos Júnior, *Da responsabilidade*, 253 (nota 856). Neste sentido, entre nós, Pereira Coelho, *O Problema Da Causalidade Virtual*, 224–226 (*maxime* nota 1), Pessoa Jorge, *Ensaio*, 400, Antunes Varela, *Das Obrigações*, I, 892, Almeida Costa, *Direito das Obrigações*, 764; Santos Júnior, *Direito das Obrigações*, I, 348; Galvão Telles, *Direito das Obrigações*, 406; Menezes Leitão, *Direito das Obrigações*, I, 361; e Rui Ataíde, *Causalidade e Imputação Objetiva*, 193. Quanto aos conhecimentos especiais do agente, note-se que estes vencem tanto o critério objetivo de prognose para o estabelecimento do nexo de adequação, como podem obrigar ao reconhecimento da ilicitude da conduta, por um comportamento que objetivamente não o é (p. ex., a morte causada por um assobio, conhecida a fragilidade da pessoa), *em sede do nexo fundamentador da causalidade*. V., *supra*, § 6; 2.2.

A combinação dos elementos enunciados a ter em conta no juízo de prognose obsta a que se eleja um único critério abstrato de adequação e, ainda, conduz a que se caracterize a teoria da causalidade adequada como uma *fórmula vazia* na aceção de Bernert (*apud* Menezes Cordeiro, *Direito das Obrigações*, II, 336, nota 155 e *Tratado*, VIII, 534). Por este motivo, também Rui Ataíde indica que a teoria do escopo da norma peca por não identificar o critério implícito no «modo de lesão previsto na disposição», remetendo para uma análise casuística da norma, com vista ao apuramento do respetivo critério, em *Causalidade e Imputação Objetiva*, 219 e *Responsabilidade Civil*, 770–773.

[570] Nesta medida, afasta-se do critério puramente objetivo de apreciação da culpa, a qual isenta de responsabilidade o agente especialmente capaz que cumpre com o padrão médio, ainda que tenha atuado com manifesta falta de empenho. Cfr., *supra*, § 6; 3.2.

devida) bem como, na aceção de PESSOA JORGE, a «frustração das utilidades anómalas» (no exemplo do A., a modista não é responsável pelos danos avultados sofridos pela compradora com o atraso na entrega do vestido, desconhecendo que aquela era atriz e provocava a suspensão das filmagens, *expeto* se estava a par destas circunstâncias particulares)[571].

Para este efeito, os conhecimentos especiais do agente encontram-se finalisticamente orientados para o conhecimento (*i*) da *verificação da lesão ou do perigo de lesão* (*v.g.*, o agente sabe que o seu grito provoca a lesão da integridade física do lesado, dada a sua sensibilidade extraordinária), quer (*ii*), finalisticamente, da *verificação do dano* (p. ex., o agente sabe que o grito pode provocar, em concreto, a morte daquele lesado), por referência ao processo causal. Esta bivalência reporta-se, sem surpresa, ao nexo *fundamentador* e *delimitador* de responsabilidade.

Em todo o caso, note-se que os conhecimentos especiais do agente não se confundem com a *previsibilidade* do dano. Na esteira de autores como MANUEL DE ANDRADE e ANTUNES VARELA[572], cumpre recordar que a *previsibilidade* é elemento da culpa, na modalidade de negligência, e reporta-se à conduta do agente (vulgo, facto) e não ao dano. Em sede de culpa, é o *evento determinante de responsabilidade* que deve ser previsível, mas não o prejuízo que *cause*, o qual pode não ser pretendido[573] ou inexistir, de todo, como é sabido. Ainda assim, a dificuldade de enquadramento dos conhecimentos especiais do agente em sede do nexo de causalidade, conduz a que Autores apelem à sua conexão com a culpa e à consequente relevância de uma imputação *subjetiva* na responsabilidade civil[574]. Pois bem,

[571] PESSOA JORGE, *Ensaio*, 402–403. Sobre a reparação do dano contratual imprevisível, v., ainda, PINTO DE OLIVEIRA, *Estudos*, 77–107.

[572] ANTUNES VARELA, *Das Obrigações*, I, 895; MANUEL DE ANDRADE, *Teoria Geral das Obrigações*, 363. No mesmo sentido, CARNEIRO DA FRADA, *Teoria Da Confiança e Responsabilidade Civil*, 311. Será, todavia, o critério a atender para se admitir a tutela dos danos futuros. Neste sentido, ANTUNES VARELA, *Das Obrigações*, I, 911.

[573] Cfr., *supra*, § 6; 3.2.

[574] MENEZES LEITÃO, *Direito das Obrigações*, I, 361 e RUI ATAÍDE, *Causalidade e Imputação Objetiva*, 182, bem como em *Responsabilidade Civil*, II, 758. Para vários AA., nesta sede dos conhecimentos especiais do agente, avalia-se o *dever* de conhecimento das circunstâncias extraordinárias à verificação do nexo causal, carreando elementos da culpa, numa verdadeira *imputação subjetiva*. É possível não o fazer; neste sentido, v. GALVÃO TELLES, *Direito das Obrigações*, 406, quando o A. afirma «o conhecimento ou cognoscibilidade do conjunto das circunstâncias relevantes que rodeiam a conduta do agente não significa necessariamente que este tenha culpa quanto a todos os prejuízos de que essa conduta seja condição. Bem pode acontecer que, não obstante aquele conhecimento, estes prejuízos se mostrem imprevisíveis.» (*idem*, 407). Neste sentido, cfr., ainda, MANUEL DE ANDRADE, *Teoria Geral das Obrigações*, 363; PESSOA JORGE, *Ensaio*, 398; e ALMEIDA COSTA, *Direito das Obrigações*, 766.

a existência de uma *imputação subjetiva* neste âmbito deve ser enquadrada atendendo à bivalência funcional do nexo de causalidade: quando o nexo causal se reporta ao *fundamento* da censurabilidade da conduta do agente – *i.e.*, quando se indaga se a lesão ou perigo de lesão (ilicitude) é objetivamente imputável à conduta do agente (em sede do nexo fundamentador de responsabilidade) –, a relevância dos conhecimentos especiais do agente *aproxima-se* daquela realidade[575], mas semelhante conclusão não é sustentável face ao nexo delimitador (o qual toma por referência a conduta qualificada e o dano), porquanto a culpa não se reporta aos prejuízos sofridos, os quais podem não ser pretendidos. Por outro lado, ainda no que respeita ao nexo fundamentador de responsabilidade, o seu distanciamento perante um puro processo de imputação subjetiva advém de se reconhecer que este é ainda requisito do título de imputação de danos reconduzido a modalidades da responsabilidade civil independentes de culpa (*i.e.* a por *factos lícitos* – sem culpa, por arrastamento metodológico, uma vez que não se reportam a comportamentos ilícitos – e a *objetiva*, também, em certos casos). Argumento que não colhe, naturalmente, nas de tipo subjetivo (dependentes de culpa). Reside aqui, portanto, o reduto da *imputação subjetiva* na responsabilidade civil.

XIV. Note-se que o presente juízo de adequação não pode ser aplicado de forma idêntica nas modalidades de responsabilidade consideradas: nas vertentes independentemente de culpa, tal como na responsabilidade por factos lícitos[576] para vários autores, destacando-se Antunes Varela, a adequação estabelece-se pela *probabilidade, tipicidade,* ou *normalidade* com que a conduta provoque aquele resultado, isentando o agente da responsabilidade por prejuízos imprevisíveis[577]. Por outro lado, no âmbito da responsabilidade subjetiva da *summa diviso*, o agente é responsável pelo *acaso* porquanto atuou ilicitamente (*que versatur in re illicita etiam pro casu tenetur*), ainda que não seja

[575] Restringindo o processo de *imputação subjetiva* à primeira vertente do nexo de causalidade, v. Rui Ataíde, *Causalidade e Imputação Objetiva*, 182.

[576] A qual não depende de culpa, por arrastamento. Cfr., *supra*, § 3; 3.

[577] Antunes Varela, *Das Obrigações*, I, 893. Sobre as dificuldades probatórias do nexo de causalidade, independentemente da formulação, apelando, em certos casos, à prova *prima facie*, ao estabelecimento de presunções de causalidade e o da inversão do ónus da prova, baseado na natureza do risco e no seu grau, v. Carneiro da Frada, *Contrato e Deveres de Protecção*, 102–103. Com uma tentativa de superação, v. João Marques Martins, *Presunções judiciais na responsabilidade civil extracontratual*, Principia: Cascais (2017).

responsável pelo prejuízo *extraordinariamente* causado[578] – note-se que esta responsabilidade pelo acaso acresce às *sanções diretas* que caibam em virtude do seu comportamento previsível (*v.g.*, inversão do risco, perda do benefício do prazo), bem como às *indiretas*[579], tal como a diminuição da tutela dos seus bens jurídicos, fundamentando, por exemplo, a sua lesão ao abrigo da legítima defesa por parte do lesado ou de terceiro.

4.5. A crítica à teoria da causalidade adequada

XV. A teoria da causalidade adequada limita-se a exigir adicionalmente o requisito da *adequação* à condição *s.q.n.* da verificação do dano. Por este motivo, a presente construção também é, por sua vez, alvo de críticas pertinentes.

Em primeiro lugar, a adequação da conduta, por se basear num *juízo de prognose* reportada ao momento da verificação do evento, tende a considerar a relevância *individual* da causa quando esta seja qualificada como *c.s.q.n.* do dano. Em particular, a *adequação* afasta, por este motivo, a relevância cumulativa das condições *s.q.n.*, quando estas sejam individualmente inadequadas à produção do dano, isentando, no fim, os agentes de responsabilidade.

> No exemplo mencionado, a administração de duas doses de veneno por pessoas distintas, que desconheciam a atuação do outro agente, provocando a morte do lesado, enforma duas *c.s.q.n.* do dano, ainda que em montantes individualmente não letais: suprindo-se a administração de qualquer uma das doses, a morte do lesado não se verificaria. Contudo, estas *c.s.q.n.* já não podem ser consideradas *causas adequadas* da produção do dano, individualmente consideradas, porquanto não se estabelece um juízo objetivo de adequação entre ambas, atendendo às circunstâncias cognoscíveis à data da atuação. Se, pelo contrário, os agentes agissem de forma coordenada, os conhecimentos especiais dos agentes fundamentariam o estabelecimento daquele nexo de adequação.

[578] Antunes Varela, *Das Obrigações, I*, 894.

[579] Cfr. Pessoa Jorge, *Ensaio*, 229.

Em segundo lugar, a causalidade adequada desconsidera também a *causa alternativa virtual* à produção do resultado. De um ponto de vista similar ao *contexto* do comportamento lícito alternativo[580], neste caso, o agente responsável pela causa *real* atua de forma censurável (ilícita e culposa). Se, com a sua conduta, o agente *provoca* o evento danoso (sendo, por isso, a causa *real* da lesão e do prejuízo), coexiste outro processo causal, não lhe imputável, que também o produziria (causa *virtual*), *(i)* em simultâneo, *(ii)* antecipadamente ou *(iii)* de forma diferida.

> Como exemplo de produção simultânea, pense-se nos casos dos danos causados pela ruína da obra. O desabamento do prédio derivou de ventos fortes e da utilização de cimento desadequado, por vício de construção (causa real). O proprietário demonstra que, por defeito do plano arquitetónico, a utilização do cimento adequado (causa virtual) provocaria também a ruína do prédio naquelas circunstâncias. Por seu turno, como o exemplo de antecipação do dano (também denominada de *causalidade ultrapassante*; *überholende Kausalität*), veja-se o caso do agente que provoca a morte do lesado, envenenando-o. O lesado encontrava-se acamado e assim permaneceria se não houvesse perdido a vida. Uma semana após a sua morte, o prédio onde a vítima permaneceria acamada desmoronara-se. Neste caso, o envenenamento é a causa real da morte que antecipou este resultado, o qual se produziria posteriormente em virtude do desmoronamento do prédio (causa virtual)[581]. Por último, como exemplo de diferimento do dano pense-se no agente que sequestra o lesado e *duas semanas* depois envenena-o, provocando-lhe a morte. Uma semana após o sequestro o prédio onde o lesado se encontraria, caso não fosse sequestrado, desmoronara-se. O comportamento

[580] Se bem que, no comportamento lícito alternativo, as consequências da situação de responsabilidade são *inevitáveis* ou, melhor, *indiferentes* à conduta do agente. A este resta a opção pela *licitude* ou *ilicitude* da sua conduta, a qual não detém qualquer interferência no resultado. Por isso, por vezes argui-se, ou arguia-se tradicionalmente, que a *inevitabilidade* é uma causa de exclusão da ilicitude (cf., João Curado Neves, *Comportamento lícito*, 10). Em todo o caso, o *conhecimento* da existência dessa inevitabilidade exclui aparentemente o seu valor enquanto causa de justificação.

[581] Por outras palavras, houve uma causa (real) que ultrapassou aquela em curso (virtual). A mesma situação pode ser encarada pelo prisma da causa *virtual* (no exemplo, o desmoronamento do prédio): fala-se, então, em *causalidade* (virtual) *interrompida* (*abgebrochene Kausalität*); cfr. Paulo Mota Pinto, *Interesse*, 562 (nota 1858) e em *Sobre condição e causa na responsabilidade civil*, 721 (nota 8). Podemos, no entanto, distinguir estes casos do diferimento do dano.

do agente (causa real) diferiu para futuro a produção do dano (uma semana em relação ao desmoronamento), o qual seria provocado em momento anterior (causa virtual).

Em regra, a existência de uma causa virtual apta a produzir os danos não isenta de responsabilidade o autor da causa real. Não restam dúvidas de que esta interferência no processo causal deve ser sempre censurada.

Outro entendimento com base na constatação de que o dano é de verificação certa, ainda que em momento incerto (*v.g.*, a morte do homem), isentaria de responsabilidade civil, por exemplo, o homicida, porquanto a morte da vítima é um facto natural *futuro* e *certo*. Por outro lado, quem houvesse salvo a vida do lesado poderia procurar isentar-se de responsabilidade pelo seu homicídio, entendendo-se esse homicídio como um mero diferimento do resultado evitado pelo salvamento. Ambas as soluções são, no seu conjunto, manifestamente inadmissíveis.

Por este motivo, a causalidade virtual negativa apresenta um escopo limitado no nosso ordenamento. Retomaremos este aspeto mais adiante[582].

XVI. No âmbito do nexo delimitador da responsabilidade cumpre ainda destacar a relevância de múltiplos fatores que interferem na adequação daquela conexão, superando as críticas à teoria da condição *s.q.n.* com especial relevância para o concurso de responsabilidade, nomeadamente[583] perante (*i*) sequências causais anómalas ou (*ii*) a policausalidade real e virtual na produção do dano.

Estes aspetos relacionam-se intimamente com o concurso normativo no âmbito do presente requisito e serão analisadas, em conformidade, em sede própria[584].

[582] Cfr., *infra*, § 10; 2.4.

[583] No sentido do texto, Menezes Cordeiro, *Tratado*, VIII, 550.

[584] V., *infra*, § 10; 2.

5. O dano enquanto prejuízo indemnizável

5.1. Considerações gerais

I. O dano corresponde à supressão de uma vantagem, reportada a um interesse juridicamente tutelado[585], podendo ser entendido numa perspetiva natural ou jurídica[586]. Deriva etimologicamente do conceito do *damnum iniuria datum*, regulado pela *Lex Aquilia*[587]. A noção avançada de dano, de natureza *real* ou *concreta*, opõe-se a uma conceção *abstrata*, reportada à diferença patrimonial em consequência do evento lesivo. Esta diferença patrimonial não é própria do dano, mas do seu cômputo, com relevância em sede do cálculo da indemnização por equivalente (566.º/2)[588].

Embora não exista uma *noção legal de dano*, são várias as referências ao dano no nosso Código Civil, na sua forma plural ou singular (*v.g.*, 483.º/1 e 806.º/3), mencionando-se em sinonímia o conceito de *prejuízo* (v., p. ex., 798.º)[589].

II. O *dano* ou *prejuízo* consubstancia o segundo pressuposto elementar da responsabilidade civil[590] (juntamente com a imputação, e os respetivos requisitos vistos anteriormente), sendo, relativamente ao primeiro, o *objeto da imputação.*

585 Pelo mesmo escopo da lesão ou do perigo de lesão desse interesse não se distingue o dano da ilicitude; cujo interesse subjacente pode, como vimos, ser dissonante (p. ex., a lesão de interesses patrimoniais pode provocar danos não patrimoniais, e o inverso também).

586 Menezes Cordeiro, *Direito das Obrigações*, II, 283, e em *Tratado*, VIII, 511 e 528. V., também, Castro Mendes, *Do conceito jurídico de prejuízo*, Jornal do Foro: Lisboa (1953), *passim*, Pessoa Jorge, *Ensaio*, 383. Combinando as noções, v. Menezes Leitão, *Direito das Obrigações, I*, 343 e A *Responsabilidade civil do gestor*, 274 (e respetiva nota 1). No espectro do direito comparado, v. as obras fundamentais de De Cupis, *Il danno, Teoria generale della responsabilità civile*, I e II, Milão (1979), Ulrich Magnus, *Schaden und Ersatz. Eine rechtsvergleichende Untersuchung zur Ersatzfähigkeit von Einbußen*, Tubinga (1987) e Hermann Lange, *Schadensersatz*, 2.ª ed., Tubinga, (1990).

587 Assim, Santos Júnior, *Da responsabilidade civil*, 183. Sobre o conceito, v., *infra*, § 16; 1.

588 Neste sentido, Gomes da Silva, *O Dever*, 126 e ss.; Pessoa Jorge, *Ensaio*, 382; Pereira Coelho, *O Problema Da Causalidade Virtual*, 1 e ss.; Menezes Cordeiro, *Direito das Obrigações*, II, 294, e em *Tratado*, VIII, 529. Contra, Antunes Varela, *Das Obrigações, I*, 600, porquanto o Autor contrapõe o dano real ao patrimonial.

589 Sobre a evolução do conceito de dano, v. Adelaide Menezes Leitão, *Normas de Protecção*, 16–19.

590 Em coerência com as teses sincréticas, como vimos (cfr., *supra*, § 6). Sobre este ponto, v. Pessoa Jorge, *Ensaio*, 371. Contra, Almeida Costa admite a existência de responsabilidade civil sem dano, em *Direito das Obrigações*, 532 e respetiva nota 3.

A sua autonomia manifesta-se perante a maleabilidade do título de imputação, do qual depende: pode ser imputado com base em culpa do responsável (na responsabilidade *subjetiva*) ou ainda sem ilicitude, nem culpa (na responsabilidade pelo *sacrifício*). Por outro lado, pode inexistir uma conduta do responsável, o que impede o estabelecimento do nexo fundamentar e delimitador de responsabilidade, designadamente na responsabilidade pelo risco. O *dano*, para ser *imputado* ao agente, depende de um qualquer critério normativo. Nesta medida, não há responsabilidade civil sem dano[591], embora possa existir, na falta de um qualquer requisito do título de imputação, dano sem responsabilidade[592]. Nesta ordem de ideias, o dano assume-se o elemento fundamental do instituto da responsabilidade civil[593].

Por outro lado, entre o título de imputação e o dano não existe uma relação de predicação, como vimos suceder em sede do nexo de causalidade: pode existir um ato ilícito-culposo que não forme o título de imputação de danos, pela ausência de *prejuízos*.

> Veja-se o exemplo de GALVÃO TELLES do promitente-comprador que não comparece à escritura de venda. Esse incumprimento gerou, no entanto, um enorme benefício para o promitente-vendedor, já que este, numa segunda venda, consegue alienar o imóvel por um preço muito superior[594]. Ou, ainda, o exemplo de PESSOA JORGE, do devedor que se socorre de um terceiro para o cumprimento da obrigação convencionalmente infungível, *satisfazendo o interesse do credor*, o qual, por este motivo, não sofre danos[595].

[591] SANTOS JÚNIOR, *Direito das Obrigações* I, 339.

[592] É, por outro lado, difícil de conceber a existência de uma obrigação de indemnizar os prejuízos sofridos, na ausência de uma *responsabilidade* prévia; o exemplo clássico é o da responsabilidade do gestor (466.º) pelos danos que a injustificada interrupção da gestão cause ao dono do negócio. Ora, a superação desta nova figura implica o enquadramento da fonte de responsabilidade, compatível com a ausência de um dever de continuar com a gestão: MENEZES LEITÃO defendeu a existência de uma obrigação restrita aos deveres de proteção, sem dever de prestar principal (cfr. *A Responsabilidade civil do gestor*, 211-214); cuja posição veio a ser subscrita por MENEZES CORDEIRO, *Tratado*, VIII, 104 (e nota 308).

[593] Neste sentido, PEREIRA COELHO afirmava expressivamente «O pressuposto essencial de toda responsabilidade civil é portanto a existência de um dano – que é a condição e a medida da reparação»; em *O nexo*, 108. Por apelo à função da responsabilidade civil, v. SANTOS JÚNIOR, *Da responsabilidade*, 227.

[594] GALVÃO TELLES, *Direito das Obrigações*, 373.

[595] PESSOA JORGE, *Ensaio*, 142.

Quanto exista, a ligação do dano ao evento determinante de responsabilidade – sob o qual recaem os juízos normativos de ilicitude e culpa – é feita mediante o nexo de causalidade *delimitador* de responsabilidade, como vimos[596].

III. É de notar que nem sempre cumpre ao lesado demonstrar a existência de prejuízos, por inversão do ónus da prova subjetivo (342.º/1 e 344.º). Existem *presunções legais de danos*. Mediante o estabelecimento de uma cláusula penal (810.º) ou de uma *convenção de responsabilidade delitual*[597], determina-se previamente a indemnização devida, independentemente dos danos *concretamente* sofridos. Por outro lado, fora do âmbito convencional, por vezes, o legislador fixa o montante indemnizatório devido, dispensando, quer a prova da *existência* dos danos, quer a da sua *extensão*, tal como sucede no pagamento dos *juros moratórios*, do sinal em dobro ou retenção do mesmo no âmbito do contrato promessa (442.º/2) ou na indemnização correspondente a um ou dois anos de renda para denúncia do contrato de arrendamento pelo senhorio (1102.º/1 e 1103.º/6, a)[598]. Em ambos os casos, a quantificação convencional ou legal do montante indemnizatório obriga à *presunção da existência do dano*, nas várias modalidades que pode assumir[599].

Esta *presunção legal de existência dano* é, todavia, ilidível (350.º/1), mediante mecanismos finalisticamente análogos, tal como a redução equitativa da cláusula penal, nos termos do artigo 812.º (*reductio ad aequitatem*) ou não, nos demais casos mencionados previstos expressamente na lei. Nestes últimos casos (e apenas nestes), a *ficção* legal de dano ou a presunção legal absoluta

[596] Cfr., *supra*, § 6; 4.2.2.

[597] Aplicável no âmbito da responsabilidade delitual. Sobre esta figura, v. Pinto Monteiro, *Cláusulas limitativas*, 389-404.

[598] Quanto aos primeiros, em linha com Antunes Varela (*Das Obrigações*, II, 121), v. Diogo Costa Gonçalves/Diogo Tapada dos Santos, *Juros moratórios, indemnização e anatocismo potestativo*, RFDUL, Ano LXI, N.º 2, 2020, 205-230 (210-211). Para Dário Moura Vicente é também o caso do disposto no artigo 338.º-L do Código de Propriedade Industrial e do artigo 211.º do Código de Direitos de Autor e dos Direitos Conexos, em *Direito Comparado*, II, 429 e respetiva nota 1570.

[599] Galvão Telles, *Direito das Obrigações*, 374. Destaca-se a eventual aplicabilidade de mecanismos que reforçam o carácter *indemnizatório* (e não punitivo dos preceitos), tal como a redução equitativa dos valores avançados na ausência de danos ou em montante manifestamente inferior (cf., com referências, Brandão Proença, *Do incumprimento do contrato-promessa bilateral – A dualidade execução específica-resolução*, Separata BFDC, Coimbra (1987), 132-133); cuja aplicabilidade não afasta a presunção de danos; aliás, pressupõe constitutivamente a aplicação daquelas regras.

(*iuris et iure*) existente[600] – tal como quando a *extensão* dos danos fixados supera os reais[601] – convoca a finalidade prioritariamente punitiva da responsabilidade[602] e a noção de danos estritamente *punitivos*. Discutivelmente, podemos estar num instituto à margem da responsabilidade civil, afastado do propósito global de imputação de *prejuízos*.

> A, promitente-comprador, não celebra o negócio prometido de venda de uma fração, pese embora as várias insistências de B, promitente-vendedor. B pode reter o sinal entregue por A (442.º/2), pese embora tenha, entretanto, vendido o imóvel a C por um preço muito superior, não tendo sofrido qualquer prejuízo com o incumprimento por parte do primeiro.

IV. Fora da exceção mencionada, reportada às presunções legais de dano, a necessidade da existência e demonstração (342.º/1) de um prejuízo a transferir da esfera jurídica do lesado, e da sua extensão, transforma a função inibitória da responsabilidade civil, numa de tipo *ressarcitório*.

Finalisticamente, a responsabilidade civil pretende *reparar* integralmente o dano sofrido, de forma a tornar o lesado *in-demne* (sem dano). Falamos, com plena propriedade, de um princípio de *reparação total dos danos*[603].

Por outro lado, é o presente pressuposto que impede a formação do título de imputação (de danos) perante (*i*) a mera violação culposa de um dever (genérico ou específico), próprio de um *ilícito formal*[604], em particular nos

[600] Será o caso dos juros moratórios devidos pela mora no cumprimento da obrigação pecuniária (806.º/1). Neste sentido, Antunes Varela, *Das Obrigações*, II, 121.

[601] Neste sentido, o STJ uniformizou a jurisprudência, permitindo o exercício do direito de regresso pelo valor da indemnização paga ao lesado pela seguradora, em caso de abandono do sinistrado pelo condutor, apelando à aplicação de sanções patrimoniais civis por «razões de prevenção geral e de acrescida censura ético jurídica a determinados comportamentos ilícitos» – v. o ac. de uniformização de jurisprudência n.º 11/2015, de 18 de setembro (Lopes do Rego), publicado no DR n.º 183/2015, de 18 de Setembro (*Série I*); a decisão em si data de 2 de julho de 2015.

[602] Cfr., *infra*, § 12; 2.5.

[603] Cfr., além-Reno, o princípio da reparação total (*Prinzip der Totalreparation*), cfr. § 249 BGB; v., neste sentido, Dirk Looschelders, *Schuldrecht*, BT, § 43, II, 337. Sobre a evolução história deste princípio, bem como a consagração internacional, v., para maiores desenvolvimentos, Jan Dirke Harke, *Allgemeines Schuldrecht*, § 11, 190-291.

[604] Cfr., a propósito, a explanação de Pessoa Jorge, *Direito das Direito das Obrigações*, 554-556.

ilícitos de mera conduta por violação de normas de proteção[605] ou (*ii*) perante a mera *tentativa* da prática de danos[606].

5.2. Modalidades de danos na responsabilidade delitual e obrigacional

V. Os prejuízos indemnizáveis em ambas as modalidades de responsabilidade podem ser categorizados com recurso às dicotomias clássicas[607], cumuláveis, as quais opõem (*i*) o dano *real* ao de *cálculo*, (*ii*) o dano *patrimonial* ao *não patrimonial* ou *moral*, (*iii*) o dano *emergente* ao lucro *cessante*, e, por fim, (*iv*) o dano *presente* ao dano *futuro*. Vejamos.

5.2.1. Dano real e de cálculo

VI. A natureza *real* do dano reporta-se à supressão, parcial ou completa, da utilidade do bem tutelado pelo direito ou pela norma de proteção, em sentido natural ou ontológico (*v.g.*, a amolgadela no automóvel do lesado em virtude de um acidente). Por sua vez, o dano de *cálculo* traduz a manifestação

[605] É o que sucede no Direito Penal com os *crimes formais*, os quais não surgem acoplados à ofensa material de bens jurídicos, mas somente à contrariedade ao Direito; cfr., a propósito, Inês Ferreira Leite, *Ne (idem)*, II, 701 e ss.

[606] A qual não se confunde, com o *perigo de lesão* inerente, por regra, à violação de normas de proteção; cfr. Almeida Costa, *Direito das Obrigações*, 759. Por outro lado, na primeira categoria delitual, a violação do direito conta por vezes com esta vertente, tal como ocorre na ameaça de perturbação do aproveitamento da coisa (*turbação*), cfr. 1276.º. Neste sentido, José Alberto Vieira, *Direitos Reais*, 421.

[607] As quais não esgotam o universo de classificações doutrinárias. V., p. ex., a referência a par dos lucros cessantes e dos danos emergentes, aos gastos extraordinários e ao desaproveitamento de despesas de Gomes da Silva, em *O Dever de Prestar e o Dever de Indemnizar*, 12 e ss. A própria tipologia permanece em permanente evolução. Nota-se, neste ponto, as discussões atuais quanto à tutela do dano de perda de chance (*perte de chance*), de vida (*wrongfull life*), de privação do uso, biológico, existencial e à vida de relação (*danno all vita di relazione*). As vertentes tipológicas mencionadas encontram-se extensamente tratadas na bibliografia. V., no geral, Menezes Leitão, *Direito das Obrigações*, I, 355–357, II, 257. Quanto aos demais, v. Júlio Gomes, *Sobre o dano da perda de chance*, Direito e Justiça, Vol. 19, tomo II (2005), 9–47, *O Dano da privação do uso*, Revista de Direito e Economia, ano XII (1986), 169-239; Maria de Graça Trigo, *Responsabilidade Civil – Temas especiais*, Universidade Católica Editora: Lisboa (2015); Carneiro da Frada, *Nos 40 anos do Código Civil português: tutela da personalidade e dano existencial*, Revista do Ministério Público do RS, Porto Alegre, n.º 82 (Jan. 2017– Abr. 2017), 175–196; Abrantes Geraldes, *Indemnização do dano da privação do uso*, Almedina: Coimbra (2001); Rui Cardona Ferreira, *A perda de chance : análise comparativa e perspetivas de ordenação sistemática*, O direito, Ano 144, n.º 1 (2012), 29-58; Menezes Cordeiro, *Tratado*, II, 287-289; Paulo Mota Pinto, *Interesse contratual positivo*, II, 1103-07 (nota 3103); e Mafalda Miranda Barbosa, *Lições*, 327-337; da Autora, v., ainda, a extensa nota bibliográfica em *idem*, 327-329 (nota 710).

patrimonial do dano real na esfera jurídica do lesado (p. ex., a desvalorização do automóvel em consequência daquele dano)[608]. Com base na oposição entre dano real e patrimonial (presentemente criticada), distingue-se por vezes o *dano patrimonial puro*, enquanto o dano de cálculo que não resulte da lesão de um direito absoluto[609], típico da responsabilidade obrigacional.

VII. O dano de cálculo pode assumir várias vertentes, nomeadamente implicando (*i*) a diminuição do ativo, (*ii*) o aumento do passivo, ou (*iii* e *iv*) a impossibilidade ou limitação em aumentar o ativo ou em se evitar um prejuízo. Esta categoria de dano surge em resultado da superação da perspetiva exclusivamente ontológica de análise dos requisitos do título de imputação e do dano, nomeadamente com o abandono da teoria da condição *sine qua non* em sede do nexo causal e com a identificação da finalidade de prevenção de danos *em abstrato* (*i.e.*, perigo de lesão[610]) na segunda categoria de ilicitude delitual.

Por outro lado, a avaliação da manifestação patrimonial do dano sofrido pode ser feita, segundo Antunes Varela, num modelo *concreto*, reportada exclusivamente ao património do lesado, ou numa de tipo *abstrato*, reportada ao seu valor comum[611].

Quanto ao ponto de referência temporal dos danos a considerar, a natureza continuada dos danos tuteláveis (567.º/1) impede o estabelecimento de um critério abstrato, remetendo para a solução casuisticamente apresentada pelo nexo causal, delimitador dos prejuízos[612], com referência ao *facto-ilícito-culposo* do qual decorre (na modalidade subjetiva de ambas as modalidades).

VIII. A importância da presente classificação manifesta-se no enquadramento do nexo de causalidade: este assume como ponto de referência o dano real[613]. Por outro lado, é este dano que está inerente à prioridade da restauração

608 Larenz, *Lehrbuch*, I, AT, § 27, II, 429. Entre nós, Galvão Telles, *Direito das Obrigações*, 376; Almeida Costa, *Direito das Obrigações*, 595; Santos Júnior, *Direito das Obrigações*, I, 340.

609 Sobre o conceito, v. Dário Moura Vicente, *Direito Comparado*, II, 431. Alguns exemplos podem ser confrontados em Sinde Monteiro, *Responsabilidade por conselhos*, 187-193; Carneiro da Frada, Maria João Vasconcelos, *Danos económicos puros*, 151-159; Carneiro da Frada, *Contrato e deveres*, 177, *Teoria da Confiança*, 238 e ss., e, ainda, com Maria João Pestana de Vasconcelos, *Danos Económicos Puros*, 155, (2016); e Rui Ataíde, *Responsabilidade Civil*, 1057–87. Veremos, em maior pormenor este conceito, *infra*, § 14; 2.2.

610 Antunes Varela, *Das Obrigações*, I, 536.

611 Antunes Varela, ob. cit., 600.

612 V. *supra*, § 6; 4.2.2.

613 Antunes Varela, *Das Obrigações*, I, 600.

natural ou *em espécie* (562.º). Quando a supressão *material* deste tipo de dano se revele (*i*) impossível, (*ii*) insuficiente ou (*iii*) excessivamente onerosa para o responsável (566.º/1), opta-se em alternativa pela reparação por *equivalente*, em termos pecuniários, com base no dano de cálculo[614].

5.2.2. Dano patrimonial e não patrimonial ou moral

IX. Por dano *patrimonial*, entende-se o prejuízo reportado a um bem avaliável em termos pecuniários. Por oposição, os danos *morais* reportam-se a bens insuscetíveis daquela avaliação (*v.g.*, a vida, saúde, integridade física, liberdade, honra)[615], ainda que por equiparação (tal como sucede, para quem a defenda, da tutela dos danos morais sofridos pelas pessoas coletivas[616]). A reparação deste tipo de danos (p. ex., o desgosto, dor, sofrimento, transtorno) não pode ocorrer *in natura*, pela infungibilidade do interesse a cuja lesão se reporta, nem ser realizada por *equivalente*, inexistindo uma correspondência entre aqueles bens e um valor qualquer abstrato, de tipo pecuniário ou outro[617]. Nesta medida, este prejuízo moral pode somente ser *compensado*[618] (*compensatio doloris*) ou *relativamente* ressarcido, mediante uma indemnização pecuniária (566.º/1[619]).

[614] Almeida Costa, *Direito das Obrigações*, p. 596 e Dário Moura Vicente, *Direito Comparado*, II, 469.

[615] Na doutrina francesa, deteta-se, aliás, uma tentativa de criação de um dano *intermédio*, entre os patrimoniais e os morais, por referência aos *corporais*, mas cuja importação não acarreta vantagens conceptuais claras perante o disposto nos artigos 495.º e 496.º.

[616] Reservamo-nos a admitir essa tutela, apoiando-se na distinção entre a lesão e o prejuízo sofrido pela pessoa coletiva, por referência respetivamente ao requisito da ilicitude e ao pressuposto do dano. Por este motivo, nada obsta à existência de danos patrimoniais por uma lesão não patrimonial, *v.g.*, na ofensa ao bom nome da pessoa coletiva (484.º). Por sua vez, a conformação de *danos não patrimoniais em si* revela uma complexidade própria, dependente da imputação de estados naturais incompatíveis, à partida, com a personalidade coletiva; cf., com reservas semelhantes, Paulo Mota Pinto, *Os direitos de personalidade no código civil português e no código civil brasileiro*, Direitos de Personalidade e Direitos Fundamentais – Estudos, Gestlegal: Coimbra (2018), 321-367 (364-365).

[617] Cfr. Larenz, *Lehrbuch*, I, AT, § 28, III, 474.

[618] Manuel de Andrade, *Teoria Geral da Relação Jurídica*, I, 126. Carlos Mota Pinto afirmou «não se trata, portanto, de atribuir ao lesado um "preço de dor" ou um "preço de sangue", mas de lhe proporcionar *uma satisfação*, em virtude da aptidão do dinheiro para propiciar a realização de uma ampla gama de interesses, na qual se podem incluir mesmo interesses de ordem refinadamente ideal», em *Teoria Geral*, 129-130. O próprio termo "compensação" também não é adequado, nem pode ser utilizado num sentido técnico, como bem nos lembra Larenz, já que falta o denominador comum (*gemeinsamen Nenner*) entre a quantia monetária a ser atribuída e o dano não patrimonial (*Lehrbuch*, I, AT, § 28, III, 475).

[619] Pires de Lima e Antunes Varela, *Código Civil Anotado*, I, 577.

A tutela compensatória dos danos não patrimoniais impõe-se por um conjunto de fatores, designadamente (*i*) por um argumento de maioria de razão, perante a tutela de bens *patrimoniais* de valor abstrato inferior, (*ii*) enquanto um critério de última justiça, para minorar a desvantagem associada ao dano, e, ainda, (*iii*) por apelo a uma finalidade sancionatória[620], ou (*iv*) preventiva geral[621], as quais a responsabilidade civil pode também assumir, a par da primária, de tipo ressarcitório[622].

X. A distinção entre danos *patrimoniais* e não *patrimoniais* atende à natureza da vantagem suprimida[623] e não ao tipo de lesão associado à ilicitude[624]. Por este motivo, a classificação pode ser conjugada com aquela que contrapõe o dano real ao de cálculo[625]: é exemplo de um *dano real não patrimonial*

620 Menezes Cordeiro, *Tratado*, VIII, 515. Para este Autor, a natureza punitiva advém tanto da falta de correspondência entre o *quantum* indemnizatório e o dano sofrido, como do sofrimento associado ao pagamento. No mesmo sentido, embora com enfâse na remissão para o artigo 494.º, v. Antunes Varela, *Das Obrigações*, I, 608; Galvão Telles, *Direito das Obrigações*, 387 e respetiva nota 1; bem como Menezes Leitão, *Direito das Obrigações*, I, 350.

621 Santos Júnior, *Direito das Obrigações*, I, 343.

622 Cfr., *infra*, § 12; 4.5.

623 Pessoa Jorge, *Ensaio*, 373; Menezes Cordeiro, *Direito das Obrigações*, II, 285 e em *Tratado*, VIII, 513; Galvão Telles, *Direito das Obrigações*, 374; Almeida Costa, *Direito das Obrigações*, 592; e Mafalda Miranda Barbosa, *Lições*, 301. Desenvolvidamente, Paulo Mota Pinto, *Interesse*, I (nota 1666). Sobre o conceito de dano patrimonial, preferível ao de moral, embora tratado no texto em sinonímia, v. Paula Lourenço, *A função punitiva*, 282 (nota 813).

624 Contra, Menezes Leitão, *Direito das Obrigações*, I, 347–348, reconduz a natureza patrimonial ou moral do dano às utilidades frustradas pelo bem afetado, consoante sejam suscetíveis de avaliação pecuniária. Todavia, este enquadramento homogeneíza a lesão ou perigo de lesão do bem jurídico (relevante em sede de ilicitude) com o resultado danoso. Ao invés, supomos que o dano se reporta a um bem jurídico potencialmente (ainda que não necessariamente) distinto daquele subjacente ao ilícito, desde que com este mantenha uma ligação *causal*. Suscitam maiores preocupações os casos em que aquelas realidades (ilicitude e dano) coincidem. Nestes casos, a distinção entre a lesão do bem e o prejuízo tutelável sobrepõem-se, mas não se homogeneízam. Num exemplo claro, a intervenção médica *não autorizada* (mas com propósito curativo) é um ato ilícito no que respeita à violação da integridade física do paciente, mas pode não ser causa de qualquer *dano* nessa vertente (e até favor o paciente indevidamente intervencionado). Neste sentido, apelando à não importação da distinção italiana entre *dano-evento* e *dano consequencial*, entendendo que a relevância serve para a distinção entre causalidade fundamentadora e delimitadora da responsabilidade, v. Mafalda Miranda Barbosa, *Lições*, 298–299 e respetiva nota 645. Num sentido próximo ao entendimento de Menezes Leitão, Almeida Costa distingue os danos pessoais dos não pessoais, cruzando esta classificação com a que opõe danos morais a danos patrimoniais, em *Direito das Obrigações*, 594.

625 Contra, Larenz, *Lehrbuch*, I, AT, cit.,§ 27, 429 afirma «[o] dano imaterial ou ideal enquanto tal é apenas um dano real; não pode ser avaliado em dinheiro e portanto não é um dano de cálculo». Entre nós, opondo o dano real ao patrimonial, v. Antunes Varela, *Das Obrigações*, I, 598 e ss., entendimento que é seguido por Menezes Leitão, *Direito das Obrigações*, I, 344–345.

a perda de vida ou a dor (*pretium doloris*) e de um *dano de cálculo patrimonial* as despesas médicas associadas ao evento base ou com o funeral em resultado da morte do lesado.

No encadeamento das classificações, resulta uma particular dificuldade de cômputo do dano não patrimonial, *i.e.*, do *quantum* indemnizatório a atribuir ao lesado. Note-se, no entanto, que a dificuldade de cálculo não é exclusiva dos danos não patrimoniais, podendo também alcançar aqueles com natureza patrimonial (566.º/3)[626].

Esta avaliação é geralmente realizada, em termos meramente indicativos e no que respeita aos danos corporais, com base na *tabela de avaliação de incapacidades permanentes em direito civil*, aprovada como anexo II ao Decreto-Lei n.º 352/2007, de 23 de outubro, na sua redação atual, bem como pela Portaria n.º 377/2008, de 26 de maio, na sua redação atual, a qual fixa os critérios e valores orientadores para efeitos de apresentação aos lesados por acidente automóvel de proposta razoável para indemnização do dano corporal[627]. Particularmente no escopo delitual, a análise da nossa jurisprudência revela-se parca na atribuição destas indemnizações compensatórias, num fenómeno que é designado por Menezes Cordeiro como uma «série negra»[628] e o qual se repercute em graves iniquidades, por simples comparação com as soluções tidas noutros ordenamentos congéneres.

XI. Nos termos do artigo 496.º, são tuteláveis *todos* os danos não patrimoniais[629] que pela sua gravidade mereçam a tutela do direito (n.º 1)[630], e não apenas o dano em caso de morte e lesão corporal, tal como previstos no artigo anterior. A delimitação dos danos não patrimoniais a tutelar respeita, todavia, um critério duplo: em primeiro lugar, obedece-se a um critério *objetivo*

[626] Pessoa Jorge, *Ensaio*, 375 e Galvão Telles, *Direito das Obrigações*, 381.

[627] Ana Prata em anot. ao art. 496.º, *Código Civil Anotado*, I, 647.

[628] *Tratado*, VIII, 748. O Autor repete o antigo apelo de Jaime Gouveia, em *Da responsabilidade contratual*, 11, ao qual não podemos deixar de aderir. Rejeitamos em absoluto a existência daquela portaria, na redação concedida pela n.º 279/2009, de 25 de junho, de conteúdo marcadamente inconstitucional, bem como o aproveitamento de que tem sido alvo pela nossa jurisprudência.

[629] Galvão Telles, *Direito das Obrigações*, 383-385 e Menezes Cordeiro, *Tratado*, VIII, 516.

[630] Distinguindo as realidades, v. Filipe Albuquerque Matos, *A compensação dos danos não patrimoniais no Código Civil de 1966*, em Mafalda Miranda Barbosa e Francisco Muniz (Coord.), *Responsabilidade Civil – Cinquenta anos em Portugal, quinze anos no Brasil*, Instituto Jurídico da Faculdade de Direito da Universidade de Coimbra, 2017, 34-35.

de avaliação do tipo de facto compensável[631], acompanhando as diretrizes da avaliação da culpa (487.º/2), bem como o interesse do credor na prestação (808.º/2). Em segundo lugar, para além deste limite – o qual desconsidera uma sensibilidade acima da normalidade[632], mas não tutela uma insensibilidade acerbada[633] – cumpre considerar um mínimo de *lesividade*[634], sob pena da tutela da bagatela moral do prejuízo, a evitar a todo o custo.

5.2.3. Em especial, a tutela dos danos não patrimoniais

XII. A tutela dos danos não patrimoniais apela a um enquadramento próprio em sede da responsabilidade civil, particularmente a dois níveis: em primeiro lugar, quanto à possibilidade de se tutelar o *dano morte,* em si e, em segundo lugar e com especial relevância para a nossa investigação, a de se tutelar este dano no âmbito da responsabilidade obrigacional, em conjunto com os demais *danos não patrimoniais.*

Focar-nos-emos, sumariamente, em ambas as vertentes mencionadas.

a) A tutela do dano morte

XIII. No que respeita ao dano morte, a respetiva *qualificação* enquanto *dano,* derivado da lesão do direito à vida (24.º CRP), e, em caso afirmativo, a determinação da respetiva *natureza* provocou uma longa querela doutrinária e jurisprudencial[635].

[631] Santos Júnior, *Direito das Obrigações* I, 343. Pires de Lima e Antunes Varela, *Código Civil Anotado,* I, 499. Contra, Galvão Telles, *Direito das Obrigações,* 389.

[632] Antunes Varela, *Das Obrigações,* I, 606.

[633] Neste caso, a pré-inexistência material de um dano, que apenas poderia ser ficcionado, impede a formação do título de imputação de danos. Pense-se no caso de o lesado, na sequência de um acidente de viação, não sofrer qualquer dano não patrimonial (dor), em virtude de padecer de síndrome de Riley Day, o qual provoca uma ausência de sensibilidade à dor, ou, ao invés, quando seja detentor de uma tolerância excecional à mesma; sem prejuízo dos demais danos a que haja lugar.

[634] Destaca-se a explanação de Pessoa Jorge sobre o *mínimo de gravidade,* com apelo ao interesse na prestação (398.º/2), em *Ensaio,* 387-388. No sentido mencionado no texto, v. Antunes Varela, *Das Obrigações,* I, 606. Sobre os requisitos cumulativos para a concessão de tutela destes danos, v., ainda, Mafalda Miranda Barbosa, *Lições,* 304 e respetiva nota 658.

[635] Vejam-se as decisões conflituantes do STJ (de 12-Fev.-1969, negando a tutela do dano morte, e de 17-Mar.-1971, em sentido positivo) Estas decisões, e outras, foram analisadas por Antunes Varela, *Das Obrigações,* I, p. 609–617. Acompanha, neste percurso, a discussão quanto à ressarcibilidade dos danos patrimoniais em geral, com base na legislação oitocentista, entretanto solucionada com a previsão do artigo 496.º. Quanto a este problema, v., por todos, Pessoa Jorge, *Ensaio,* 375–377.

Nos quadros do nosso direito objetivo, o dilema é, em primeira linha, hermenêutico, *i.e.*, de interpretação *objetiva* do disposto no artigo 496.º, designadamente na identificação das realidades que o integram. Neste ponto não se almejou, ainda, qualquer consenso. Em todo o caso, a interpretação integrada do preceito, conjuntamente com o disposto nos artigos 483.º/1 e 495.º, obriga a distinguir, em caso de morte do lesado:

a) o dano *patrimonial*:
   i. sofrido pela vítima (*v.g.*, danos do veículo automóvel da vítima, 483.º/1, ou despesas hospitalares e de funeral[636], 495.º/1), cujo crédito integra a massa hereditária (2024.º, 2068.º);
   ii. sofrido pela vítima, mas reconhecendo-se excecionalmente *legitimidade* aos seus credores para exigirem diretamente a indemnização ao responsável, restrito às despesas em que um terceiro, estabelecimento de saúde ou profissionais de saúde incorreram para o socorro, tratamento ou assistência da vítima (495.º/ 2[637]); e
   iii. sofrido *reflexamente* ou por *ricochete* por terceiro em consequência do evento lesivo por aqueles que podiam exigir alimentos ao lesado ou a quem os prestava voluntariamente, consoante o caso (495.º/3)[638].

[636] Cumpre, no entanto, investigar se esta despesa (de funeral), quando não suportada pelo lesado (o qual, p. ex., haja planeado as suas cerimónias fúnebres), mas por *terceiro*, é um *dano reflexo* ou por *ricochete*. Quando não haja uma situação de responsabilidade associada, sabemos que é uma dívida da *herança* (2068.º). Nestoutra hipótese (495.º/1), e quando seja assumida *diretamente* por terceiro (tal como os familiares do falecido, uma instituição ou o Estado), não há como escapar à natureza reflexa do prejuízo. Veremos que é o que igualmente sucede nas hipóteses previstas no art. 495.º/3. Neste sentido, v. a anot. ao artigo 495.º de Gabriela Páris Fernandes, em *Comentário ao Código Civil*, III, 346.

[637] Assim, Antunes Varela, *Das Obrigações*, I, 622 e respetiva nota 1. V., ainda, Pires de Lima e Antunes Varela, *Código Civil Anotado*, I, 498; Menezes Leitão, *Direito das Obrigações*, I, 422; Santos Júnior, *Direito das Obrigações* I, 384; Mafalda Miranda Barbosa, *Lições*, 306-307. Nestes termos, o número 2 do preceito tutela apenas a legitimidade quanto à exigência da indemnização (Pires de Lima e Antunes Varela, *ibidem*). Sobre o tema, v., ainda, Abrantes Geraldes, *Indemnização dos danos reflexos*, Almedina: Coimbra (2005) e *Ressarcibilidade dos danos não patrimoniais de terceiros em caso de lesão corporal*, em Estudos em homenagem ao Prof. Doutor Inocêncio Galvão Telles, IV – Novos Estudos de Direito privado, Almedina: Coimbra (2003), 263-269. Veja-se que o Tribunal Constitucional entendeu não julgar inconstitucional a interpretação do artigo 495.º/3 no sentido de que basta a mera qualidade referida na norma para a aquisição do direito de indemnização; cfr. o ac. TC n.º 427/2003, de 24-Set-2003 (Maria dos Prazeres Beleza).

[638] Também qualificado como dano *reflexo*. Neste sentido, Menezes Leitão, *Direito das Obrigações*, I, 422, e Santos Júnior, *Direito das Obrigações* I, 384. Cfr., ainda sobre este tipo de dano, Rute Teixeira Pedro, *Da ressarcibilidade dos danos não patrimoniais no direito português: a emergência de uma*

b) o dano *não patrimonial*:
iv. também[639] sofrido *reflexamente*[640] pelas pessoas próximas da vítima em *caso de morte* (496.º/4, segunda parte)[641]; e

nova expressão compensatória da pessoa?: reflexão por ocasião do quinquagésimo aniversário do Código Civil, Estudos comemorativos dos 20 anos da FDUP, Coimbra (2017), 681-712. Na jurisprudência recente, v. o ac. STJ, de 19-Out-2016 (Fernanda Isabel Pereira). A dificuldade de enquadramento metodológico deste dano leva a que por vezes se apele a que se trata de uma manifestação da eficácia externa de uma obrigação (por sinal, *alimentar*), cfr. Dário Moura Vicente, *Direito das Obrigações*, II, 435 e respetiva nota 1587. Não se adere a este entendimento. A obrigação alimentar (e a falta de cumprimento provocada ou a impossibilidade de estabelecimento inicial) não é o fundamento de ilicitude, mas o «resultado danoso». Estamos, ao invés, perante uma expansão dos danos tutelados pela lesão *delitual*, da qual depende, contrariamente ao incumprimento da obrigação alimentar (insuficiente para fundar a tutela deste credor). Por outras palavras, o preceito estabelece *praeter legem* um nexo causal entre o *dano* possivelmente sofrido por quem podia exigir alimentos ao lesado (a demonstrar) em resultado da *lesão delitual*. Neste sentido, Ribeiro de Faria, *Direito das Obrigações*, I, 54, apelava, seguindo o entendimento de Antunes Varela, ao «alargamento do círculo dos lesados por facto ilícito extracontratual».

639 A comunhão da natureza reflexiva deste dano com o previsto no artigo 495.º/3 justifica que ambos beneficiem em idêntica medida da providência cautelar nominada de arbitramento de reparação provisória – cfr. 388.º/1 CPC, o qual dispõe «[c]omo dependência da ação de indemnização fundada em morte ou lesão corporal, podem os lesados, bem como os titulares do direito a que se refere o n.º 3 do artigo 495.º do Código Civil, requerer o arbitramento de quantia certa, sob a forma de renda mensal, como reparação provisória do dano.».

640 A natureza não autónoma deste dano, sofrido pelas pessoas indicadas, obriga à verificação da existência de um título de imputação de danos sofridos pelo *lesado*. Quanto este inexista, não pode, por arrastamento, haver lugar à tutela de danos *reflexos*; neste sentido, v. o ac. de uniformização de jurisprudência do STJ, de 05-Jun-2014 (Sérgio Poças), o qual, perante a culpa exclusiva do lesado no evento que causou a respetiva morte, afastou a tutela de danos não patrimoniais reflexos suportados pela seguradora, nos seguintes termos: «[n]o caso de morte do condutor de veículo em acidente de viação causado por culpa exclusiva do mesmo, as pessoas referidas no n.º 2 do artigo 496.º do Código Civil não têm direito, no âmbito do seguro obrigatório de responsabilidade civil automóvel, a qualquer compensação por danos não patrimoniais decorrentes daquela morte.».

641 Deve notar-se a jurisprudência uniformizada pelo ac. STJ n.º 6/2014, de 09-Jan-2014 (Sebastião Póvoas), a qual concede a tutela dos danos não patrimoniais sofridos pelo cônjuge da vítima *sobrevivente*, com base numa interpretação *contra legem* do disposto no 496.º/4, segunda parte. Contra o sentido mencionado no texto, alguns AA. entendem ainda que o n.º 4 do preceito integra os danos não patrimoniais sofridos pela vítima, bem como os danos não patrimoniais sofridos pelas demais pessoas referidas nos números anteriores. Neste sentido, Santos Júnior, *Direito das Obrigações*, I, 345–346. Antunes Varela, *Das Obrigações*, I, 613, com base na redação anterior do preceito, entendia que o atual n.º 2 se referia aos danos não patrimoniais sofridos pela vítima e pelos respetivos familiares, indistintamente. A supressão da referência à *transmissão* do direito (cfr. 759.º/4 do anteprojeto de Vaz Serra) para a de «*caber*» (por direito próprio) é favorável a este entendimento, mas cede quando enquadrada a possibilidade de esta transmissão ocorrer por morte do lesado, destinando-se, portanto, apenas a afastar as regras sucessórias. Cumpre ainda referir, contra este entendimento, que a menção aos *danos patrimoniais sofridos pela vítima*, em caso de morte, nos termos

v. sofrido pela vítima (dor, angústia, sofrimento, *etc.*), que pela sua gravidade mereçam a tutela do direito (496.º/1; confirmado pelo n.º 4, segunda parte[642]), o qual inclui naturalmente a própria morte[643], sendo que neste último caso («*por morte*»)[644] a tutela dos danos sofridos pela vítima (*i.e.*, dos danos intercalares e a respetiva morte; todos os «danos não patrimoniais») «*cabe*» às pessoas indicadas nos números seguintes do preceito (n.os 2 e 3).

XIV. No que respeita à ressarcibilidade do dano morte, para um primeiro entendimento – de que são defensores Eduardo dos santos, Antunes Varela, Oliveira Ascensão, Pamplona Corte-Real, Ribeiro de Faria e Dário Moura Vicente[645] – existem essencialmente reservas metodológicas à aquisição de um direito (à indemnização) após a morte do lesado. Isto, porquanto a causa de atribuição do direito à indemnização por morte coincide temporalmente com causa de extinção da personalidade (68.º/1), impeditiva da aquisição do crédito sobre aquele dano. Existiria, assim, uma impossibilidade de ressarcir o dano morte, sem prejuízo da tutela dos danos não patrimoniais sofridos pela vítima que antecedem este momento, ditos *intercalares*.

da segunda parte do n.º 4 (anterior n.º 3), enquadra os danos não patrimoniais excecionalmente sofridos pelos terceiros referidos *por acréscimo* àqueles danos não patrimoniais sofridos pela *vítima* e que se transmitem a estas mesmas pessoas em caso de morte (n.os 2 e 3). Neste sentido, Menezes Cordeiro, *Tratado*, VIII, 520 e 521.

642 «[...] no caso de morte, podem ser atendidos *não só* os danos não patrimoniais sofridos pela vítima [constantes do n.º 1]; mas também os sofridos pelas pessoas com direito a indemnização [pelo dano morte da vítima o qual lhes *cabe*] nos termos dos números anteriores».

643 Neste sentido, quanto à interpretação do número 2, v. Pires de Lima e Antunes Varela, *Código Civil Anotado*, I, 500. Quanto à separação conceptual do dano morte dos demais não patrimoniais que a podem anteceder, v. Carlos Pamplona Corte-Real, *Curso de Direito das Sucessões*, Quid Juris: Lisboa (2012), 46–48. O dano não patrimonial *anterior* ao da morte foi denominado pelo STJ de *intercalar*, no sentido já mencionado *supra*; cf. ac. de 03-Nov-2016 (António Joaquim Piçarra).

644 Neste sentido, expressamente Antunes Varela, *Das Obrigações*, I, 607.

645 Pela ordem mencionada: Eduardo dos Santos, *Direito das Sucessões*, AAFDL: Lisboa (2002), 53; Antunes Varela, *Das obrigações*, I, 615 e II,106 – note-se que Antunes Varela defende (e o A. faz expressamente este apelo!) que o dano morte não se integra no património da vítima, nem, por conseguinte, se transmite por via sucessória; antes, entende que nasce por direito próprio na titularidade das pessoas designadas no n.º 4 (anterior n.º 3) do artigo 496.º (ob. cit., I, 615); Pamplona Corte-Real, *Curso de Direito das Sucessões*, 62; Oliveira Ascensão, *Direito Civil, Sucessões*, Coimbra Editora: Coimbra (1981), 47-50; Ribeiro de Faria, *Direito das Obrigações*, I, 469-470; Dário Moura Vicente, *Direito Comparado*, II, 442.

XV. Contra este entendimento, ou seja, admitindo a tutela do dano morte e num sentido claramente dominante[646], foram carreadas fundamentalmente duas teorias: a do último momento (*momentum mortis vitae tribuitur*) e a do dano *futuro* da morte. Para a primeira teoria, a qual reúne um largo apoio doutrinário[647], a tutela do dano vida é concedida ao entender-se a morte como o *último momento de vida, i.e.*, como o último momento prévio à extinção da personalidade jurídica. Por sua vez, a segunda teoria defende a tutela do dano morte por antecipação da formação do direito à indemnização ao momento em que ocorre o evento determinante de responsabilidade, ou seja, o dano reporta-se ao *facto* que o provocou (Vaz Serra[648]) ou ao momento do *início da lesão* que provocou a morte (Diogo Leite Campos). Segundo Diogo Leite Campos, o dano morte é de tipo futuro (564.º/2), decorrente de um outro dano que o inicia, causado pelo evento provocado ainda em vida do lesado e o qual pode ser considerado como uma condição suspensiva do direito à indemnização pela morte[649].

[646] Cfr. Menezes Cordeiro, *Direito das Obrigações*, II, 289, em *Tratado*, VIII, 516, e em *Código Civil Comentado I*, 288; Gabriela Páris Fernandes, em anot. ao art. 496.º, *Comentário Ao Código Civil – Direito das Obrigações*, 348-364 (360-362); Menezes Leitão, *Direito das Obrigações*, I, 353; Galvão Telles, *Direito das Sucessões, Noções Fundamentais*, 4.ª ed., Coimbra (1976) 73-76; Cristina Araújo Dias, *Lições de Direito das Sucessões*, 3.ª ed., Almedina: Coimbra (2014) 47-49; Carvalho Fernandes, *Lições de Direito das Sucessões*, 4.ª ed., Quid Juris: Lisboa (2012), 71-74; Maria Manuel Veloso, *Danos não patrimoniais*, Comemorações dos 35 anos do Código Civil e dos 25 anos da reforma de 1977, Faculdade de Direito da Universidade de Coimbra, 495-559; Almeida Costa, *Direito das Obrigações*, 602 (nota 1). Os demais AA. serão mencionados em sede das duas teorias expostas, que concretizam a admissibilidade da tutela do dano morte.

[647] Cfr., por todos, Vaz Serra, *Reparação do Dano Não Patrimonial*, BMJ 83 (1958), 66-111, *Obrigação de indemnização*, 8; Santos Júnior, *Direito das Obrigações I*, 345; Capelo de Sousa, *Lições de Direito das Sucessões*, I, 4.ª ed., Coimbra Editora: Coimbra (2000), 316-325.

[648] Anot. ao ac. STJ de 17-Jul-1966, RLJ, Ano 98, n.os 3290-3291, 70-80, 84-85 (80).

[649] *A vida, a morte e a sua indemnização*, BMJ 365 (1987), 18 e 291. Em sentido semelhante, v. a anot. de Vaz Serra ao ac. do STJ de 17-Mar-1971, RLJ, Ano 105 (1972-1973), 53-69, 83-85, 101-102(63) e, apelando à retroatividade do dano ao momento da lesão, Capelo de Sousa, *Lições*, I, 320 (e respetiva nota 822).

A este entendimento veio aderir Jorge Duarte Pinheiro, *O Direito das Sucessões Contemporâneo*, 7.ª ed., Gestlegal: Coimbra (2020), 21–22, revendo a sua posição inicial. O Autor invoca ainda as alterações introduzidas pelo artigo 3.º/2 do Decreto-Lei n.º 291/2007, de 21 de agosto, o qual, em sede de regulação do seguro de responsabilidade civil automóvel, bem como o artigo 2.º, a) da Portaria n.º 377/2008, de 26 de maio, que regulamenta aquele Decreto-Lei, os quais reconhecem a morte como dano (*idem*, p. 21 e respetiva nota 26). No mesmo sentido, Menezes Leitão, *Direito das Obrigações*, I, 353.

Novamente, contra ambas as vertentes da teoria do dano *futuro* da morte, aponta-se a dependência discutível da antecedência natural do facto perante o resultado (particularmente quando ocorrem em simultâneo), bem como a desvirtuação do conceito de dano futuro (564.º/2), cujo ponto de referência é o momento da fixação da indemnização (e respetiva determinação) e não o do evento determinante de responsabilidade. Naquela aceção (presentemente criticada), todos os danos são futuros e, nesta medida, a extinção da personalidade jurídica nunca será um elemento determinante para excluir a responsabilidade perante eventos praticados em vida do lesado, o que se revela inadmissível, tendo também em conta o conjunto de situações patrimoniais que se extinguem por morte do lesado (2025.º/1). Mais: o efeito retroativo pretendido, com a tutela do dano morte reportado ao evento que lhe deu causa, colide com a inexistência presente da esfera jurídica imputacional, ao qual pertenceria o direito à tutela indemnizatória. Não se pode, nesta ideia, retroagir ao momento do evento, quando inexiste o dano, formando nessa altura o direito à tutela indemnizatória. Este processo é metodologicamente desadequado ao admitir que (*i*) o evento antecede o dano, mas não para efeitos de formação, ao qual retroage (sendo simultâneo) e (*ii*) que existe a tutela do dano morte *após* a extinção da personalidade jurídica, com base naquele efeito retroativo (inexistente). A retroatividade não sobrevive sem um ponto de partida e não se consagra, assim, um *direito sem sujeito*[650], nem um crédito pertencente diretamente à massa hereditária.

XVI. Aderimos, ao invés, ao primeiro entendimento (adentro das teorias que admitem a tutela do dano morte) porquanto o momento da aquisição do direito à tutela indemnizatória corresponde ao da formação do título de imputação de danos, o qual é *simultâneo* ao da morte (ainda que instantâneo) quando este é o dano a considerar[651]. Nada obsta a que este dano se transmita nos termos especiais do artigo 496.º, em termos não coincidentes com as regras sucessórias (2024.º), por imposição legal expressa, contrariamente aos danos patrimoniais.

[650] Fora dos casos excecionalmente previstos, v. Maria Beatriz Sousa, *A Sucessão a Favor do Concepturo*, Dissertação de Mestrado, Universidade Católica Portuguesa, Faculdade de Direito (2017), 39-41, com referências.

[651] Cfr., relativamente à contagem do prazo prescricional, incluindo o respetivo ponto de referência, *infra*, § 12; 2.3.

A terminologia legal não impede esta tutela ao prever a transmissão dos danos não patrimoniais *por* morte da vítima, indistintamente (496.º/2)[652]. Por outro lado, a tutela dos demais danos não patrimoniais da vítima obriga, por maioria de razão, à tutela do dano vida[653]. Cumpre notar que a tutela do presente dano não se confunde com a tutela *reflexa* dos danos não patrimoniais sofridos pelas pessoas mencionadas nos n.os 2 e 3 do artigo 496.º, nos termos do n.º 4. Esta natureza reflexa, quanto à titularidade do direito lesado, atribui um crédito indemnizatório às pessoas referidas a *título próprio*, não havendo que apelar a um problema de sobreposição de tutela indemnizatória[654]. Este é, aliás, o enquadramento devido à tutela das ofensas a pessoas já falecidas, também de natureza reflexa (71.º)[655].

Assim, embora os *danos patrimoniais* integrem a massa hereditária (2024.º), o mesmo não sucede com os *danos não patrimoniais* sofridos pela vítima (n.os 2 e 3), incluindo a respetiva morte, bem como aqueles danos patrimoniais sofridos pelas pessoas mencionadas nos números 2 e 3 (cfr. n.º 4)[656], cujo direito ao ressarcimento é sempre por estas adquirido diretamente[657].

Em segundo lugar, no que respeita ao cálculo do dano não patrimonial de morte (496.º/1), bem como dos demais danos não patrimoniais sofridos pela vítima até àquele (intercalares) ou pelas pessoas com direito a indemnização nos termos dos números 2 e 3, cabe o recurso à equidade, atendendo às circunstâncias referidas no artigo 494.º (n.º 4), designadamente a negligência

[652] Contra, Santos Júnior, *Direito das Obrigações*, I, 345, Autor que entende que os danos compreendidos nos números 2 e 3 do artigo 496.º se limitam aos danos não patrimoniais sofridos pelas vítimas.

[653] Neste sentido, apelando a uma lógica inaceitável de compensar a morte do lesado ao invés da mera ofensa à integridade física, v. Menezes Cordeiro, *Tratado*, VIII, 523.

[654] Sobre este aspeto, v. Pamplona Corte-Real, *Curso de Direito Das Sucessões*, 48, Menezes Leitão, *Direito das Obrigações*, I, 355. V. *infra*, § 12; 5.2.

[655] Diogo Leite de Campos, *A vida, a morte e a sua indemnização*, 377. Também em *A indemnização do dano morto*, Nós. Estudos sobre o Direito das Pessoas, Almedina: Coimbra (2004), 311–358; *Os Danos causados pela morte e a sua indemnização*, Comemorações dos 35 anos do Código Civil e dos 25 anos da Reforma de 1977, Vol. III (Direito das Obrigações), Coimbra Editora: Coimbra (2004), 133–137. Neste sentido, v. Menezes Cordeiro, *Código Civil Comentado*, I, 295.

[656] Contra, Antunes Varela sustenta que o reconhecimento da tutela do dano morte na esfera jurídica da vítima obriga a sujeitá-la às regras próprias do regime sucessório – em *Das obrigações*, I, 616. Contudo, o regime constante do n.º 2 desobriga a semelhante conclusão.

[657] Neste sentido, Capelo de Sousa, *Lições*, I, 319-320. Contra, admitindo que a perda do bem vida integra a herança do falecido, pese embora as regras constantes dos n.os 2 e 3 do artigo 496.º, v., p. ex., Galvão Telles, *Direito das Sucessões*, 75–77. Cfr., ainda, o entendimento de Menezes Cordeiro, Tratado, VIII, 518; Dário Moura Vicente, *Direito Comparado, II, 442;* Menezes Leitão, *Direito das Obrigações*, I, 353; e Mafalda Miranda Barbosa, *Lições*, 311–312.

do agente e a situação económica deste e do lesado. Entre outras circunstâncias referidas no preceito cabe, segundo ANTUNES VARELA, as indemnizações adotadas pela jurisprudência[658].

Em terceiro lugar, quanto às pessoas referidas nos números 2 e 3 do preceito, MENEZES CORDEIRO interpreta extensivamente o número 2, admitindo a exclusão da prioridade consagrada perante os casos mais gravosos. O exemplo indicado pelo Autor – da proximidade da vítima com os avós, morta pelos seus pais, os quais integram o primeiro conjunto de titulares do direito à indemnização[659] – sugere carrear para esta sede as causas de indignidade e deserdação (2034.º e 2166.º), afastando-as da titularidade do direito à indemnização. Este processo de aproveitamento das matrizes sucessórias não é,

[658] ANTUNES VARELA, *Das Obrigações*, I, 607, sendo discutível, aliás, a inclusão de outras causas como a existência de um contrato de seguro. Trata-se de uma manifestação da *mobilidade* do sistema, não constrangido a um elenco taxativo e ordenado, em termos hierárquicos, dos elementos em ponderação. A atenuação da responsabilidade pode, portanto, bastar-se com apenas um dos elementos previstos (*v.g.*, a negligência do agente), mesmo na ausência de outros relevantes, também previstos ou equiparáveis no contexto da sua essencialidade e pela respetiva intensidade. A defesa de um sistema móvel foi apresentada em 1950 por WALTER WILBURG (*Entwicklung eines beweglichen Systems im bürgerlichen Recht*) e divulgada por CANARIS (*Die Vertrauenshaftung im deutschen Privatrecht*); recentemente, v. RUDOLF WESTERHOFF, *Die Elemente des Beweglichen Systems*, SzR, 144, Duncker & Humblot, 1991). De destacar, também, a trad. de MENEZES CORDEIRO da obra de CANARIS, *Pensamento sistemático e conceito de sistema na ciência do direito*, 3.ª ed., Fundação Calouste Gulbenkian: Lisboa (2002), 127-148. A descoberta é impressiva, com vantagens manifestas: vence-se o concetualismo tipológico, procurando-se, ao invés, a axiologia inerente às figuras, encontrando a solução normativa mediante critérios flexíveis sem se comprometer a unidade do sistema. Entre nós, defende-se a importação do modelo para efeitos da responsabilidade civil (cf. MENEZES CORDEIRO, *Da Boa fé*, 785 (nota 516), 1249, 1262, e respetiva nota 168, recorrendo ao exemplo do artigo 34.º/2 CPP de 1926; também em *Do abuso do direito: estado das questões e perspetivas*, em ROA, 2005, ano 65, vol. II, set. 2005), identificando que a mobilidade não é total. O apelo de CARNEIRO DA FRADA é, por sua vez, também determinante. No contexto dos pressupostos da responsabilidade pela confiança (*infra*, § 13): o sistema não pode abdicar de uma construção sistemática. A mobilidade, para o Autor, «não constitui de modo algum uma alternativa ao pensamento dogmático, mas um seu instrumento eficaz» (*Teoria da Confiança*, 586, nota 618). A receção protela-se para o seu acolhimento nos Princípios Europeus do Direito da Responsabilidade Civil, nomeadamente no artigo 3:201, relativo à extensão de responsabilidade; cf. RUI ATAÍDE, *Responsabilidade civil*, 523-532, com referências atuais da bibliografia além-Reno. Da nossa parte, o modelo português de responsabilidade não se coaduna, por regra, com estes quadros (é este também o entendimento de CANARIS, em *Pensamento sistemático*, 134, o qual apela a uma *imobilidade de princípio* do sistema de responsabilidade civil; *idem*, 137), embora existam manifestações pontuais, tal como sucede na responsabilidade delitual perante a mera culpa do lesante (494.º; e, indiretamente, atendendo à remissão existente, no 496.º/4, 1.ª parte), cuja indemnização poderá ser reduzida de acordo com um conjunto não taxativo de *circunstâncias*, não hierarquizáveis.

[659] MENEZES CORDEIRO, *Tratado*, VIII, 519.

contudo, necessário apenas por estar em causa a *morte* do lesado. Aliás, uma interpretação extensiva alargaria, por outro lado, a tutela de danos não patrimoniais a outras pessoas não mencionadas neste preceito (p. ex., os irmãos do falecido, sucessíveis legítimos, 2133.º/1, c)), o que atenta contra a natureza excecional da norma[660]. A axiologia do preceito proíbe *ab initio* um exercício abusivo (334.º), não sendo necessário chamar à colação vertentes sucessórias na aplicação de um regime com expresso antagonismo a essa natureza. Outros fatores demonstram que não estamos perante o campo sucessório. Veja-se (*a*) a irresponsabilidade deste crédito indemnizatório resultante por dívidas da herança[661], (*b*) a intransmissibilidade *mortis causa* em caso de inexistência das pessoas indicadas[662] e (*c*) a inaplicabilidade das regras que permitem a repartição do *quantum* indemnizatório de forma desigual, atendendo às exceções à sucessão por cabeça (2136.º; p. ex., quando o cônjuge não pode receber menos de uma quarta parte da *herança*, em concurso com os filhos, cfr. 2139.º/1). Sublinha-se: a natureza do preceito opõe-se à importação destas e outras vertentes sucessórias. Note-se, também, para o efeito de afastamento da respetiva matriz sucessória, que (*d*) o elenco das pessoas referidas nos n.os 2 e 3 não corresponde ao elenco dos herdeiros legitimários, nem dos legítimos (2157.º e 2133.º/1)[663], (*e*) a prioridade *ad hoc* e sem paralelo do direito reconhecido ao *unido de facto* (n.º 3[664]) e (*f*) a natureza *injuntiva* do preceito[665], quando se reconhece por *direito próprio* (e não uma mera expectativa jurídica) a tutela dos danos não patrimoniais em caso de morte às pessoas elencadas nos n.º 2 e 3, dos quais o lesado não pode, naturalmente, dispor em momento prévio (*res inter alios acta*), *i.e.*, em vida, afastando esta e outras regras por sua vontade.

660 Pires de Lima e Antunes Varela, *Código Civil Anotado*, I, 501.

661 Contra, Jorge Duarte Pinheiro, *O Direito das Sucessões Contemporâneo*, 22.

662 Pamplona Corte-Real, *Curso de Direito das Sucessões*, 58.

663 Contra, Menezes Cordeiro, *Tratado*, VIII, 521 (mantendo a orientação defendida nas suas lições, em *Direito das Obrigações*, II, 294), defende tratar-se da determinação dos beneficiários, aplicando-se, quanto ao demais, as regras sucessórias.

664 O qual ultrapassou uma velha querela na aplicação do preceito ao unido de facto, tendo sido objeto de várias decisões do Tribunal Constitucional. V. Menezes Cordeiro, *Tratado*, VIII, 519 e respetiva nota 1727. A querela foi encerrada com o adimento do n.º 3 ao preceito, pela Lei n.º 23/2010, de 30 de agosto, o qual prevê que o direito à indemnização previsto no número anterior cabe, em primeiro lugar, ao unido de facto e aos filhos ou outros descendentes; cf. José António França Pitão, *União de Facto no Direito Português*, Quid Juris: Lisboa (2017), 327–328.

665 Contra, Pamplona Corte-Real, *Curso de Direito das Sucessões*, 62 e Menezes Cordeiro, *Tratado*, VIII, 521.

b) A tutela dos danos morais na responsabilidade obrigacional

XVII. Em segundo lugar, não se encontra hoje estabilizada a velha querela quanto à possibilidade de tutela dos danos não patrimoniais, incluindo o de morte, no âmbito da responsabilidade obrigacional, atendendo, em particular, ao disposto no artigo 496.º. Em todo o caso, o entendimento dominante, tanto ao nível da jurisprudência[666] como da doutrina[667] nacional, vai no sentido da sua admissibilidade genérica, baseando-se essencialmente na indistinção dos danos tuteláveis ao abrigo da norma-padrão de responsabilidade obrigacional (798.º). Por esta norma, responsabiliza-se o devedor por todo o «*prejuízo*» cuja falta de cumprimento cause ao credor. Assim, incluir-se-iam, na responsabilidade obrigacional, indistintamente, os danos patrimoniais e morais.

Em todo o caso, contra a tutela dos danos não patrimoniais na responsabilidade obrigacional, afirmam-se, entre outros autores, MANUEL DE ANDRADE, ANTUNES VARELA[668], MIGUEL TEIXEIRA DE SOUSA[669] e DÁRIO MOURA VICENTE[670].

[666] Remete-se para a compilação de decisões constantes do estudo de RUI RANGEL, *A reparação judicial dos danos na responsabilidade civil*, 2.ª ed., Almedina: Coimbra (2004), 47-162. Destacamos, por outro lado, que semelhante ideia tem sido carreada para a admissibilidade da tutela dos danos morais na responsabilidade por factos *lícitos* (ou pelo sacrifício), cf. ac. TRE, de 20-Dez-2012 (MARIA ISABEL SILVA).

[667] Assim, VAZ SERRA, em *Reparação dos danos não patrimoniais*, BMJ 83, 69 e ss., anotação ao ac. STJ 24-Abr-1962, RLJ, Ano 95, n.º 3226 (1963) 361, ao ac. STJ 22-Dez-1964, na RLJ, Ano 98 (1966), 265 e ao ac. STJ de 4-Jul-1974, RLJ Ano 108, n.º 3551 (1976), 221 e ss., PINTO MONTEIRO, *Cláusulas limitativas*, 31 e *Sobre a reparação dos danos morais, Revista portuguesa do dano corporal*, Coimbra, Ano 1 (Set. 1992), 17-25; BRANDÃO PROENÇA, *Lições*, 310; GOMES DA SILVA, *O dever*, 200-201; RIBEIRO DE FARIA, *Direito das Obrigações*, I, 468 (e respetiva nota 1190), II, 422–424, GALVÃO TELLES, em *Direito das Obrigações*, 386; PESSOA JORGE, *Ensaio*, 374 e ss.; ALMEIDA COSTA, *Direito das Obrigações*, 603-604; PINTO OLIVEIRA, em *Princípios de Direito dos Contratos*, Coimbra Editora: Coimbra (2011), 638-639; MENEZES CORDEIRO, *Tratado*, VIII, 417 (e respetiva nota 1451); MENEZES LEITÃO, em *Direito das Obrigações*, I, 350 e II, 257; SANTOS JÚNIOR, *Direito das Obrigações* I, 343, *Responsabilidade civil*, notas 717 e 753; PAULO MOTA PINTO, *Interesse*, II, nota de rodapé 4436; MAFALDA MIRANDA BARBOSA, *Lições*, 428–29; RUI SOARES PEREIRA, *A Responsabilidade Por Danos Não Patrimoniais*, 312 e ss.; e ABRANTES GERALDES, *Ressarcibilidade dos danos não patrimoniais*, 263–290. Num entendimento, dito misto, inspirado na matriz francesa, v. JAIME DE GOUVEIA, *Responsabilidade*, 115. V., ainda, no direito comparado; GIUSEPPE CONTE, *Considerazioni critiche sull'applicazione del paradigma risarcitorio dall'art 2059. Cc. Anche al danno non patrimoniale contrattuale*, Il Contratti, ano XVIII (2010), n.º 7, 708 e ss.; ANTONIA NIETO ALONSO, *Danos morales derivados del incumprimento o defectuoso cumplimiento de una obrigacion contratual (a propósito de alguna jurisprudencia reciente)*, ADC, tomo LIX, 2006, 1115 e ss.

[668] ANTUNES VARELA, *Das Obrigações*, I, 605 e respetiva nota 3, II, 106, anot. ao ac. do STJ de 17 de Jun. de 1982, RLJ, Ano 119 (1986), n.ºs 3742-3753, 120-128 (127 e respetiva nota 1) e anot. ao ac. 25-Mai-1985, RLJ Ano 123 (1991), n.º 3796 a 3799, 251-256 e 278-281 (254) e. V., também, PIRES DE LIMA e ANTUNES VARELA, *Código Civil Anotado*, I, 501-502.

[669] *O concurso*, 272

[670] DÁRIO MOURA VICENTE, *Direito Comparado*, II, 292, embora com a ressalva da tutela dos danos

XVIII. Em nosso entender, partindo dos contributos enunciados pelos Autores mencionados, os danos não patrimoniais, embora sejam tuteláveis em sede de responsabilidade obrigacional, não o são de forma *absoluta*, *global*, tal como sucede no campo delitual. Para este efeito, podem ser carreadas dois grandes conjuntos de argumentos, de ordem hermenêutica e axiológica, respetivamente.

i. Primeiramente, a tutela dos danos não patrimoniais baseia-se na previsão do artigo 496.º, o qual foi sistematicamente inserido em sede da responsabilidade por *factos lícitos* ou delitual (483.º e ss.), à qual se reduz[671]. Não se trata de um acaso[672], nem tal assunção é um ponto de partida hermeneuticamente válido (12.º/3). Esta é, ao invés, de uma técnica legislativa adequada para o propósito de excluir a tutela dos danos morais da responsabilidade obrigacional. Aliás, a presente solução concorre com uma previsão legal que *expressamente* negue a sua tutela (inexistente) pela melhor adequação legística ao cumprimento deste propósito. A outra conclusão nos obrigava a respetiva inclusão na parte *comum* de ambas as responsabilidades[673], relativa à obrigação de indemnizar (562.º e ss.), ou uma *previsão expressa*, tal como sucede por efeito do divórcio (1792.º/2), para a denúncia do contrato de arrendamento para remodelação ou restauro profundo[674] e sede de defesa do consumidor[675].

não patrimoniais, quando «a prestação devida tenha por objeto a satisfação de interesses de índole não patrimonial» (*idem*, e respetiva nota 1070).

671 Ainda que abranja a vertente objetiva desta modalidade (cfr. 499.º).

672 Por este motivo, Ribeiro de Faria, *Direito das Obrigações*, I, 468, apresenta dúvidas quanto à tutela destes danos em sede obrigacional. Contra, Ana Prata, em anot. ao art. 496.º, *Código Civil Anotado*, I, 646, qualifica a inserção sistemática como um *erro legislativo*. Já Antunes Varela é claro em afastar esta última ordem de ideias (em anot. ao ac. 25-Mai-1985, RLJ Ano 123, n.º 3796 a 3799, 251-256 e 278-281 (254): «[a] ressarcibilidade dos *danos não patrimoniais* não aparece consagrada na área comunitária da obrigação de indemnização, não porque o legislador tenha omitido a questão, visto tratar dela no artigo 496.º do Código. Mas vem expressamente regulada na zona *privativa* da responsabilidade extracontratual, neste artigo 496.º, com a intenção manifesta de a restringir a esta área da responsabilidade».

673 Pires de Lima e Antunes Varela, *Código Civil Anotado*, I, 502.

674 Artigo 6.º/1, a) do Decreto-Lei n.º 157/2006, de 08 de agosto, na sua redação atual.

675 V. o artigo 12.º/1 da Lei de Defesa do Consumidor, aprovada pela Lei n.º 24/96, de 31 de julho, na sua redação atual. Neste sentido, Dário Moura Vicente, *Direito Comparado*, II, 292. Contam-se também outros casos de previsão expressa de tutela de danos não patrimoniais, entre os quais se destaca a responsabilidade civil (*i*) por produtos defeituosos (8.º do Decreto-Lei n.º 383/89, de 06 de novembro, na sua redação atual), (*ii*) pelo fornecimento de bens ou prestações de serviços defeituosos (art. 12.º/1 da Lei n.º 24/96, de 31 de julho, na sua redação atual – Lei de Defesa do Consumidor), (*iii*) no âmbito do contrato de transporte (*v.g.*, aéreo, cfr. 3.º, a) do Decreto-Lei n.º 321/89, de 25 de setembro, na sua redação atual), (*iv*) no âmbito dos contratos celebrados à distância e fora do estabelecimento comercial (12.º/6 e 19.º/3 do Decreto-Lei n.º 24/2014, de 14

Nesta medida, o presente entendimento acompanha a solução germânica *prévia* à Reforma de 2001/2002, *i.e.*, antes de a tutela dos danos morais respeitante à responsabilidade delitual (§ 847/1 BGB, entretanto revogado[676]) transitar para a *Parte Geral*, cfr. § 253 (2) BGB, sendo, hoje, aplicável a ambas as modalidades de responsabilidade[677].

Ainda no âmbito do plano interpretativo, veja-se que o artigo 496.º (*i*) surge imediatamente após a previsão da indemnização a terceiros em caso de morte ou lesão corporal (495.º), aplicável exclusivamente no âmbito delitual, porquanto referente à primeira categoria de ilicitude desta modalidade (483.º/1), (*ii*) concorre com o artigo 493.º-A, preceito introduzido pela Lei n.º 8/2017, de 03 de março, que tutela *delitualmente* os danos não patrimoniais («desgosto ou sofrimento moral») do proprietário «em caso de lesão de animal de companhia de que tenha provindo a morte, a sua privação de importante órgão ou membro ou a afetação grave e permanente da sua capacidade de locomoção» (n.º 3), e (*iii*) no seu número 4, remete para as circunstâncias referidas no artigo 494.º, preceito referente exclusivamente à tutela delitual[678]. Por este último motivo, vários defensores da tutela dos danos não patrimoniais no âmbito da responsabilidade obrigacional afastam a fixação do *quantum* indemnizatório por recurso à equidade[679]. É, no entanto, inadmissível o aproveitamento parcial ou «*meia aplicação*» do disposto no artigo

de fevereiro, na sua redação atual) e (*v*) no âmbito da atividade das agências de viagem e turismo (41.º do Decreto-Lei n.º 17/2018, de 08 de março).
O legislador não é alheio a esta preocupação, ao atender a esta eventualidade também no Código Civil em vários âmbitos, tal como perante o contrato gratuito (504.º/2) ou como fundamento de resolução do contrato pelo locatário (1050.º, b), embora sem previsão genérica da tutela destes danos no âmbito obrigacional. Surge, ainda, como conteúdo de cláusulas absolutamente proibidas no âmbito das cláusulas contratuais gerais (18.º/a RJCCG).

[676] Apelava-se, nos termos do preceito revogado pela segunda lei de alteração do regime da compensação de danos (2.º (7); cf. *Zweites Gesetz zur Änderung schadensersatzrechtlicher Vorschriften*, *Bundesgesetzblatt*, 2002, I, 50, de 19 de julho de 2002; a qual entrou em vigor no dia 1 de agosto desse ano), às ofensas ao corpo, saúde, ou à liberdade (*Körpers, Gesundheit, Freiheisentziehung*), apenas, o que levou a doutrina a tratar esta indemnização pecuniária expressivamente como o *dinheiro da dor* (*Schwerzensgeld*). Introduziu-se o § 253, (2) BGB.

[677] Sobre este ponto, v. Dário Moura Vicente, *Direito Comparado*, II, 290 e 441. Quanto à tutela dos danos morais em virtude do incumprimento contratual no plano comparatístico, v. Dário Moura Vicente, ob. cit., 288–292 e Rui Soares Pereira, *A Responsabilidade Por Danos Não Patrimoniais*, 110–167 e 312.

[678] Cfr., *infra*, § 9; 1.

[679] V., por todos, Rui Soares Pereira, *A Responsabilidade Por Danos Não Patrimoniais*, 322. O Autor vem admitir que, em caso de concurso, nada obsta à aplicação do preceito (*idem*, 323).

496.º, no âmbito, uma *interpretação seletiva* da tutela de danos morais na responsabilidade obrigacional.

Por outro lado, o argumento literal dos defensores da tutela dos danos morais em sede obrigacional, invocando a indistinção dos prejuízos tuteláveis com base no disposto no artigo 798.º, designadamente na referência singela a *prejuízo – ubi lex non distinguit nec nos distinguere debemus*[680] – não convence[681]: manifestamente a distinção foi feita com base na inclusão do preceito em sede da responsabilidade delitual. O mesmo entendimento, baseado também no argumento sistemático[682], é carreado para, p. ex., a não aplicação do prazo de prescrição delitual (498.º) à responsabilidade obrigacional, embora literalmente não se preveja que se trate do direito de indemnização com base em responsabilidade *por factos ilícitos*, nem exista um preceito que regule, em especial, o prazo prescricional da responsabilidade obrigacional, remetendo-se para os termos gerais da sua apreciação (309.º).

Outro entendimento não merece, nesta medida e pese embora a sua bondade, o nosso acolhimento.

ii. Em segundo lugar, quanto ao plano valorativo, a especialidade do vínculo obrigacional opõe-se a semelhante tutela ao implicar, segundo ANTUNES VARELA, a perturbação da certeza e segurança jurídica[683], e, bem assim, segundo LARENZ[684], um aumento da litigiosidade nos tribunais[685]. Aliás, por este motivo, deve ser desconsiderado o argumento do *paradoxo da tangência, i.e.*, o contrassenso de os atos lesivos *entre terceiros* serem objeto de uma tutela superior à dos atos que têm lugar entre quem mantém uma relação de proximidade, nomeadamente entre credor e devedor: em primeiro lugar, como vimos, a obrigação pode ser constituída entre contraentes sem essa alegada *ligação próxima* (*v.g.*, contrato a favor de terceiro, derivando da lei, em termos mediatos, ou mediante de negócios unilaterais, não carecidos de aceitação); por outro, a proximidade pode impor a restrição dessa mesma tutela, atendendo, por vezes, à assunção de esfera de risco pelo *inadimplemento* aquando

680 RUI SOARES PEREIRA, ob. cit., 269.

681 Sobre a inconsistência do argumento, v. ANTUNES VARELA, anot. ao ac. 25-Mai-1985, RLJ Ano 123 (1991), n.º 3796 a 3799, 251-256 e 278-281 (254).

682 Embora de forma não exclusiva; cfr. *infra*, § 12; 2.3.

683 ANTUNES VARELA, *Das Obrigações*, II, 106. Em sentido aproximado, apelando a uma mitigação da tutela dos danos não patrimoniais em sede obrigacional, atendendo à vertente económica, v. CARNEIRO DA FRADA, *Direito Civil*, 92.

684 LARENZ, *Lehrbuch*, I, AT,§ 25, I, 429.

685 PIRES DE LIMA E ANTUNES VARELA, *Código Civil Anotado*, II, 502.

da constituição do vínculo, sem prejuízo de convenção em contrário (809.º) – o que não sucede em idêntica medida entre os terceiros, tendo em conta os interesses lesados[686].

Por fim, e a favor da tutela dos danos morais, aponta-se o facto eventual de à prestação se encontrar inerente um interesse não patrimonial[687], o qual seria necessariamente ressarcido enquanto dano moral[688] em caso de incumprimento. No entanto, este último argumento cede por desnecessidade enquadrado devidamente o concurso de responsabilidades, sem a imprópria homogeneização do requisito da ilicitude e do pressuposto do dano.

Recorda-se que o dano, enquanto pressuposto elementar de ambas as formas de responsabilidade, sobrevive sem um título de imputação, tal como o delito ou o incumprimento de uma obrigação podem não gerar qualquer prejuízo indemnizável. O dano não patrimonial não se confunde, nesta medida, com a lesão ou perigo de lesão de interesses não patrimoniais do lesado, sua eventual causa. Em regra, este tipo de interesses encontra-se subjacente aos direitos absolutos, paradigmaticamente os de personalidade, embora não os esgotem, como vimos, devendo-se incluir naquele âmbito os direitos reais (tal como a propriedade), de propriedade intelectual (abrangendo-se os direitos de autor e de propriedade industrial) e os familiares (*v.g.*, os conjugais e paternofiliais), mas também o de crédito quando tenha essa aptidão (*v.g.*, prestação de cuidados médicos). A lesão ou perigo de lesão destes direitos, quando de vertente não patrimonial, pode não gerar prejuízos ou gerar apenas prejuízos de natureza patrimonial. Por outras palavras, embora a patrimonialidade não seja característica necessária da prestação (398.º/2) – a qual, deve corresponder a um interesse do credor (de tipo, aliás, potencialmente apenas moral) –, esta não se confunde com os prejuízos cuja falta de realização gere para o credor. Ora, a dissonância entre estes elementos (do interesse da prestação e do tipo de dano) permite descortinar qualquer combinação entre danos não patrimoniais e morais em resultado da lesão ou perigo de

[686] Motivo suficiente para a tutela diferenciada dos danos quando *o crédito* é lesado pelo devedor (responsável em termos obrigacionais), não se incluindo a totalidade dos danos não patrimoniais, ou, ao invés, por um terceiro (responsável em termos delituais).

[687] Com levantamento jurisprudencial dos contratos sobre o qual a reparação de danos morais é suscitada, v. o elenco de Rui Soares Pereira, *A Responsabilidade Por Danos Não Patrimoniais*, 294–296.

[688] Cfr. Rui Soares Pereira, *A Responsabilidade Por Danos Não Patrimoniais*, 294–312. Neste caso, na esteira de Rui Soares Pereira, cumpre estabelecer uma conexão entre o incumprimento contratual e o dano não patrimonial, a qual resultará, segundo o Autor, quando «o objeto imediato (o conteúdo) do negócio refere-se a bens de índole não patrimonial» (*idem*, 314).

lesão de interesses igualmente patrimoniais ou morais, sem proporcionar qualquer resposta quanto à tutela dos danos daquele primeiro tipo. A título exemplificativo, existem danos (patrimoniais e não patrimoniais) decorrentes da não realização de prestações com interesse patrimonial (p. ex., lesões provocadas no transportado em caso de acidente) ou de prestações com interesse não patrimonial (*v.g.*, em virtude da prestação médica defeituosa de cuidados de saúde).

Insiste-se: procuramos apenas a resposta quanto à *possibilidade de tutela* de danos morais decorrentes do incumprimento de uma obrigação. Admitamos, primeiramente, que não existe tutela absoluta – ou pelo menos equiparável à vertente delitual – dos danos não patrimoniais na responsabilidade obrigacional, como julgamos resultar do nosso direito objetivo. Pergunta-se: o devedor *não é* ressarcido pelos danos morais que sofra, além daqueles inerentes à prestação? A resposta é claramente positiva: enquanto *devedor* não é. No entanto, quando o evento determinante de responsabilidade consubstancie simultaneamente responsabilidade obrigacional e *delitual*, nada obsta à tutela dos demais tipo de danos, conexos com o delito.

Num exemplo, se o devedor não realiza a entrega da coisa a que se encontra adstrito, o credor dificilmente será tutelado pelo desgosto que a situação lhe provou, mas, se este for proprietário, já o pode fazer, porquanto o seu direito absoluto lhe confere uma tutela delitual absoluta deste tipo de danos. Para efeito deste título de imputação (delitual), a retenção (contratualmente ilícita) do devedor é equiparada à privação e apropriação ilegítima da coisa por terceiro. De igual forma, perante um interesse exclusivamente não patrimonial subjacente ao vínculo obrigacional, de que é exemplo a prestação de cuidados de saúde, o médico pode ser unicamente responsabilizado a título obrigacional (*v.g.*, não realizou as análises no prazo acordado), por ambas as modalidades (p. ex., em caso de erro médico que lese a integridade física do paciente) ou apenas delitualmente (*v.g.*, por atos que extravasam o âmbito negocial, tal como o furto da carteira do paciente)[689]. Todavia, os danos morais são próprios da responsabilidade que se verifica nos dois últimos casos, porquanto delitual, mas não no primeiro, em regra, quando o médico responde unicamente a título obrigacional pela não realização das análises.

[689] V., *infra*, § 8; 2.2.1.

Por clara opção legislativa, o interesse do credor na prestação, ainda que não patrimonial, não convola a prestação necessariamente na *causa* (em caso de incumprimento) de um dano deste tipo[690], o qual pode inclusive não ocorrer (*v.g.*, o caso de tolerância excecional à dor por parte do lesado que seja vítima de ofensas à sua integridade física) ou não ser causa adequada a provocá-lo (p. ex., no exemplo anterior, se o lesado vem a falecer em resultado de uma bactéria hospitalar), em sede do nexo delimitador de responsabilidade, como vimos[691].

Por outro lado, o interesse moral do credor na prestação não determina que, quando o respetivo incumprimento seja a causa de um dano moral, este seja tutelável nesta modalidade. O direito objetivo, filtrada a sua vertente valorativa, obriga a reconhecer que a tutela de prejuízos morais se realiza primariamente no âmbito delitual, independentemente do vínculo obrigacional que una os visados. Podemos criticar, de mérito, esta solução legal, mas não esqueçamos o papel do legislador.

Ora, a independência dos juízos normativos que incidem sobre o evento determinante de responsabilidade, em particular a ilicitude[692], não prejudicam o lesado (não enquanto *devedor*, como vimos), comparativamente a um terceiro. A individualidade do título de imputação de danos permite o ressarcimento dos danos morais que revistam os pressupostos daquele título de imputação. Insiste-se: o devedor tem acesso pleno à tutela absoluta dos danos não patrimoniais quando seja lesado para efeitos delituais[693]. Cumpre, neste caso, investigar a existência do delito, bem como os demais fundamentos de imputação deste prejuízo não patrimonial. É o que sucede, para além dos casos mencionados do erro médico, quando o transportador destrói a coisa transportada, o barbeiro que fere a cara do seu cliente, *etc.*

[690] Rui Soares Pereira ultrapassa este momento apontando a existência de uma lacuna, com base num «silêncio do legislador» que qualifica como *involuntário*, em *A Responsabilidade Por Danos Não Patrimoniais*, 282. Entendimento que, enquadrada a regulação expressa patente no direito objetivo, não podemos acompanhar.

[691] Cfr., *supra*, § 6; 4.2.2.

[692] V., *infra*, § 8; 2.1. Sem prejuízo, reveste particular sensibilidade a sobreposição dos interesses *lesados* (ou em perigo de lesão), inclusive para efeitos de extensão do efeito justificado das causas de exclusão da ilicitude.

[693] A propósito, v. Miguel Teixeira de Sousa, *O concurso*, 273. Este entendimento, enquadrando devidamente a autonomia dos títulos de imputação de danos, sobrevive às reservas de Rui Soares Pereira, *A Responsabilidade Por Danos Não Patrimoniais*, 293, quando o Autor apela a um efeito extintivo do título delitual, quando os requisitos não se encontrem verificados para o ressarcimento dos danos morais na responsabilidade obrigacional.

Assim se ultrapassa a legítima preocupação daqueles que assumem que o vínculo obrigacional *afasta* a tutela de danos morais[694]. A independência dos títulos de imputação das modalidades delitual e obrigacional impede semelhante conclusão: em caso de concurso de responsabilidade, a tutela destes danos não patrimoniais pode ser almejada (se o título obrigacional não a contemplar) ainda pelo título delitual.

Em segundo lugar, a par da situação do concurso, a tutela dos danos não patrimoniais pode resultar, na ausência de previsão legal, de fonte convencional, mediante o oposto às cláusulas de *exclusão* ou *limitação de responsabilidade* de danos morais, e, em medida idêntica, quanto à respetiva admissibilidade[695]: por uma *cláusula de fixação de responsabilidade obrigacional por danos morais.*

Esta cláusula *força* a tutela de danos morais pelo incumprimento contratual, possivelmente em concurso com a responsabilidade delitual se verificados os respetivos pressupostos, entre os quais a existência de um delito. Ora, este concurso de tutela dos danos morais soluciona-se pela extinção do pressuposto do título de imputação não satisfeito, ou seja, o dano moral tutelado por via delitual não poderá ser indemnizado pela via obrigacional e vice-versa, sob pena de dupla *indemnização* do mesmo prejuízo. Por outro lado, perante a regulação assimétrica da tutela dos danos não patrimoniais nas modalidades consideradas, e, numa situação de concurso, atender-se-á ao interesse inerente à regulação, para efeitos do eventual arrastamento da solução aos títulos concorrentes, vencendo, excecionalmente a sua autonomia[696].

[694] Veja-se que não se adere à conclusão, no exemplo de GALVÃO TELLES, de que «a não se apontar esta solução, teria nomeadamente de se entender que o médico, sempre que está vinculado no exercício da sua atividade por um contrato (de prestação de serviço) e dolosa ou culposamente deixa de cumprir ou cumpre mal as suas obrigações, causando por essas formas danos morais ao cliente, não seria responsável por tais danos», em *Direito das Obrigações*, 386.

[695] V., por todos, a investigação de PINTO MONTEIRO, *Cláusulas limitativas, passim*. Sobre a validade de cláusulas de exclusão ou limitação da reparação de danos não patrimoniais, v. também ANTUNES VARELA, *Das Obrigações*, I, 915, RUI SOARES PEREIRA, *A Responsabilidade Por Danos Não Patrimoniais*, 323–325. Em sentido inverso, o STJ entendeu, no ac. de 29-Abr-2010 (SEBASTIÃO PÓVOAS), que a admissibilidade genérica da ressarcibilidade dos danos não patrimoniais na responsabilidade contratutal pode ser travada, entre outras causas, por força de convenção entre as partes, mediante a qual estas acordam numa sanção autónoma para o incumprimento.

[696] Este argumento sedimenta a autonomia do pressuposto do dano face ao do título de imputação (compreensivo do evento que o determina e dos demais requisitos reportados à ilicitude, culpa e nexo de causalidade). Nesta medida, não se adere ao entendimento de RUI SOARES PEREIRA quanto à dissonância do regime aplicável ao concurso de responsabilidades na tutela dos danos morais. Para o Autor, quando a tutela dos danos patrimoniais é idêntica em ambas as modalidades, não existe uma situação de concurso, pressupondo-se necessariamente que o prejuízo só é ressarcido uma

única vez (sendo a pretensão *una*), ainda que fundamentada exclusivamente numa das modalidades de responsabilidade ou em ambas; cfr. *A Responsabilidade Por Danos Não Patrimoniais*, 292. Todavia, segundo o Autor, quando a tutela dos danos não patrimoniais seja divergente em ambas as modalidades em concurso, incluindo-se aqui qualquer diferença relativa aos requisitos de responsabilidade e não apenas a regulação diversa do dano, a solução será outra. A diferença, prossegue o Autor, entende resultar quer (*i*) de via legal, com base nos fundamentos constantes do n.º 1 do artigo 496.º ou do regime resultante da prova, quer (*ii*) de via convencional, por efeito de cláusulas limitativas ou de exclusão de responsabilidade – casos em que aponta a existência um efeito extintivo do concurso (quando menos favorável ao lesado) ou constitutivo do título obrigacional (se mais vantajoso para o lesado; *i.e.*, no sentido de aplicação exclusiva do título obrigacional), com clara prioridade, portanto, para a regulação obrigacional; v. *idem*, 293-294 e 324-325. Discorda-se, com a devida vénia. Aliás, o escopo do debate respeita aos danos não patrimoniais tuteláveis no âmbito obrigacional e estes não correspondem aos do título delitual, como procurámos demonstrar. Admita-se, então, o concurso no que respeita àqueles danos não patrimoniais *comuns*, num universo já em si restrito. Ora, enquadrado o pressuposto do dano como *comum* a ambos os títulos de imputação, a sua satisfação provoca sempre um extintivo no título de imputação concorrente. Este efeito resulta claramente da primeira hipótese enunciada, *i.e.*, quando a pretensão indemnizatória dos danos morais seja idêntica em ambas as modalidades. No segundo conjunto de casos, cumprirá, portanto, distinguir a diferente regulação dos danos não patrimoniais (p. ex., a exclusão dos danos resultantes do desgosto ou apenas, no exemplo do Autor, a tutela exclusiva dos danos *não patrimoniais muito graves*) da mera regulação do pressuposto da imputação (e dos seus conhecidos requisitos, do facto, ilicitude, culpa e nexo de causalidade). Neste último caso, o dano não patrimonial é o mesmo em ambas as modalidades, pelo que a solução apresentada para a primeira hipótese (quando os danos são comuns) deve ser mantida: a satisfação destes danos provoca um efeito extintivo na pretensão concorrente. A discussão recentra-se exclusivamente, portanto e retomando aquele primeiro caso (da regulação direta do dano), na modelação diferenciada dos danos não patrimoniais a ressarcir. Este é o campo verdadeiro da discussão. Embora esse âmbito seja menor do que à primeira vista possa resultar: como ponto prévio, nota-se – e este aspeto também é determinante – que as formas diferentes de liquidação do dano podem, ainda assim, reportar-se ao *mesmo* dano. O cálculo da obrigação de indemnização (*i.e.*, o respetivo cômputo) não se confunde com o dano (cfr. *infra*, § 12; 4 e 5). Ora, quando estejamos perante a regulação direta e em sentido próprio dos danos não patrimoniais de forma diferente, essa divergente regulação (legal ou convencional) implica que as modalidades se acompanhem, por arrastamento, em sentido bilateral (*i.e.*, no sentido obrigacional/delitual, em regra, mas também em sentido inverso) sob pena de inutilidade do convencionado ou do disposto na lei – v., no mesmo sentido, quanto às cláusulas limitativas e de exclusão de responsabilidade no geral, Pinto Monteiro, *Cláusulas limitativas*, 435–437, e o Autor mencionado, ob. cit., 323-324, quando permite o afastamento da responsabilidade concorrente perante a cláusula que exclua a responsabilidade por danos não patrimoniais. Esta é também a solução alemã; cfr. *infra*, § 17; 2.1. Não se trata, portanto, de uma prioridade (por inerente especialidade) do título obrigacional (cfr. ob. cit., 293 *maxime* nota 1091), mas, ao invés, daquele interesse especialmente previsto para a regulação adicional (favorável ou não ao lesado, a título delitual ou obrigacional), o qual pode ser inutilizado pela satisfação de um título de imputação de danos concorrente, nos moldes gerais. Pois bem, o interesse inerente à regulação especial dos danos pode prevalecer sobre aquele inerente à satisfação de todos os danos (diferentes). Cumpre decidir casuisticamente. Em caso afirmativo, vence-se a autonomia do regime autónomo das pretensões, unificando-o neste

Radica aqui (na convenção dirigida à tutela dos danos não patrimoniais) um dos principais redutos da livre admissibilidade de tutela dos danos não patrimoniais na responsabilidade obrigacional, a par da hipótese de concurso e principalmente do interesse inerente à prestação.

Como vimos, quando o interesse do credor subjacente à prestação seja *também* (ou é *apenas* não patrimonial), os prejuízos emergentes pelo respetivo inadimplemento podem ser tutelados, em moldes similares ao disposto no artigo 496.º/1. Neste caso, entende-se implicitamente que os contraentes pretenderam a tutela deste tipo de danos. O interesse (não patrimonial) de cumprimento tem, ainda que de forma *implícita*, inerente a tutela do mesmo interesse em caso de incumprimento, pelo que o dano desse tipo é, nesta medida, indemnizável.

Neste sentido, é exemplar a previsão no Código Civil do Louisiana (1998), de inspiração francesa, quanto à previsão da tutela de danos não patrimoniais: afirma-se que estes danos são tuteláveis contratualmente, quando o contrato, pela sua natureza, se destina a gratificar um interesse não patrimonial ou quando, pelas circunstâncias que rodeiam a sua formação ou falta de cumprimento, o devedor sabia, ou deveria saber, que o seu inadimplemento provocaria este tipo de dano (artigo 1998.º do respetivo Código).

5.2.4. Dano emergente e lucro cessante

XIX. Por dano emergente (*damnum emergens*) entende-se, na esteira de De Cupis, a supressão de uma vantagem presente[697], num estado de sujeição ao prejuízo. Por sua vez, os lucros cessantes (*lucrum cessans*) reconduzem-se à não obtenção de uma vantagem, no sentido de se impedir o aumento do ativo ou a diminuição do passivo, independentemente da gravidade (p. ex., considera-se *prejuízo* indemnizável não ganhar 10, de todo, mas também só ganhar 5, quando se poderia ter ganho o dobro, bem como permanecer devedor em 5, tendo devido 10, em vez de se extinguir a totalidade dívida)[698]. A presente classificação de origem histórica – prevista no código oitocentista (706.º e 2364.º CCse, para as modalidades consideradas) com a referência a «*perdas e dannos*» – reconduz-se, hoje, ao disposto no n.º 1 do artigo 564.º.

campo (e, bem assim, agravando ou favorecendo o lesado, em idêntica medida, tanto a título obrigacional, como delitual) – equiparando os danos regulados de forma diferente – pelo que, tal como sucede na primeira hipótese, mas agora a título constitutivo, as demais pretensões extinguem-se, concentrando-se nesta. Cfr., para maiores desenvolvimentos, *infra*, § 12; 5.

697 «annientamente o alterazione di una situazione favorevole», *Il Danno*, I, 7.

698 Galvão Telles, *Direito das Obrigações*, 377.

Em sede obrigacional, o depositário que destrói culposamente a coisa à sua guarda deve indemnizar o depositante pelo valor do bem (dano emergente), mas também pelo valor do aluguer da coisa ao qual se destinava (lucro cessante).

A tónica da classificação encontra-se na *forma* de supressão do aproveitamento da vantagem conferida, isto é, se se trata de um direito do qual o lesado é titular à data da lesão (dano emergente) ou não (lucro cessante)[699], não sendo relevante o momento em que sucede; para este efeito, contribui, por seu turno, a distinção entre dano presente e dano futuro. Emerge, no entanto, uma particular dificuldade em delimitar normativamente os lucros cessantes tutelados, como aqueles que surjam «em consequência da lesão»[700], socorrendo-nos da expressão legal do artigo 564.º/1. Para este efeito, cumpre remeter para os parâmetros do nexo causal *delimitador* dos prejuízos.

XX. A obrigação de indemnizar emergente de títulos de imputação reconduzidos a ambas as modalidades de responsabilidade tutela, de forma indistinta, os danos emergentes e os lucros cessantes (564.º/1)[701].

Identificam-se, contudo, exceções àquela regra, (*i*) de fonte *legal*, exclusivamente no âmbito obrigacional – no âmbito das perturbações da compra e venda, quando a obrigação de indemnizar abrange apenas os danos emergentes ou os lucros cessantes, como expressamente se reconhece no regime das perturbações da compra e venda (899.º, 900.º/2, 909.º e 910.º/2), ou apenas os danos emergentes na promessa de casamento (1594.º)[702] – bem como (*ii*) de fonte *convencional*, por cláusulas limitativas ou excludentes deste tipo de danos.

Aquela exclusividade (de restrição *legal* da obrigação de indemnização aos danos emergentes ou aos lucros cessantes no âmbito obrigacional) afasta a possibilidade de um concurso de responsabilidade com a modalidade delitual, impossibilitando a formação dos requisitos deste título de imputação com base no mesmo evento determinante que respeite o incumprimento

[699] Assim, Antunes Varela, *Das Obrigações*, I, 599; Menezes Leitão, *Direito das Obrigações*, I, 346. Contra, Pessoa Jorge, *Ensaio*, 599.

[700] V. Menezes Leitão, *Direito das Obrigações*, I, 346 e respetiva nota 730.

[701] Antunes Varela, *Das Obrigações*, II, 105; Menezes Leitão, *Direito das Obrigações*, II, 255. Motivo pelo qual vários AA., tal como Menezes Cordeiro, apontam um mero interesse *descritivo* à classificação, em *Tratado, VIII*, 527.

[702] Pires de Lima e Antunes Varela, *Código Civil Anotado*, I, 580.

daquelas obrigações. Por outro lado, no que concerne a restrições *convencionais*, manifesta-se a aptidão daquela cláusula para não permitir que o título delitual concorrente abranja os danos emergentes e os lucros cessantes, porquanto a finalidade da convenção entre as partes abrange também, por *arrastamento*, este título de imputação; como vimos, no âmbito obrigacional, esta *cláusula* (ou mera *convenção*, no âmbito delitual) pode, segundo Pinto Monteiro, contaminar todos os fundamentos da pretensão indemnizatória[703].

5.2.5. Dano presente e dano futuro

XXI. O dano presente corresponde àquele que *existe* quando a indemnização é fixada judicialmente, designadamente na data mais recente que puder ser atendida pelo tribunal (566.º/2)[704]. Os danos futuros, por oposição, inexistem no momento da fixação da tutela indemnizatória. Podem, no entanto, ser tidos em conta, desde que sejam *previsíveis* (564.º/2)[705]; se não forem determináveis, podem ser fixados posteriormente, embora o responsável seja condenado no que vier a ser determinado (609.º/2 CPC)[706]. A classificação radica no momento temporal de consideração dos danos, reportado à sua *existência*, embora previsíveis ou determináveis[707]; por este motivo, Pires de Lima e Antunes Varela consideram os danos de natureza *continuada* simultaneamente presentes e futuros[708].

Uma classificação próxima à referida anteriormente opõe o dano *direto* ao *indireto*, como o dano que seja provocado pelo evento danoso ou por

[703] Pinto Monteiro, *Cláusulas limitativas*, 437.

[704] Ana Prata em anot. ao art. 564.º, *Código Civil Anotado*, I, 724.

[705] Estes danos não têm de ser *determináveis*, mas apenas previsíveis (quanto à sua existência), porquanto nos termos do n.º 3 do art. 566.º, permite-se a condenação dentro dos limites provados de um dano cujo valor é (e/ou permanecerá) inexato. Sobre este ponto, com exposição da respetiva querela doutrinária, v. Ana Prata, em anot. ao art. 564.º, *Código Civil Anotado*, I, 724. Veja-se o exemplo da indemnização concedida aos que podiam exigir alimentos do lesado (495.º/5), a qual abrange prejuízos eventuais. Neste sentido, v. Antunes Varela, *Das Obrigações*, I, 624 e II, 106. O Autor chega a abandonar, neste caso, a necessidade de previsibilidade dos danos, cujo critério consta do n.º 2 do artigo 564.º, embora com o limite da prescrição nos termos gerais da parte final do n.º 1 do artigo 498.º (*ibidem*).

[706] Santos Júnior, *Da Responsabilidade Civil*, 342.

[707] Não se confunde, como vimos, a dificuldade de cálculo com a sua determinabilidade, em razão da existência. Quanto a este último aspeto, Pessoa Jorge, *Ensaio*, 381, distingue entre danos *certos* e *eventuais*. Este entendimento foi seguido por Almeida Costa, *Direito das Obrigações*, 597.

[708] Pires de Lima e Antunes Varela, *Código Civil Anotado*, I, 580.

outros danos em resultado deste, respetivamente[709]. Não se adere, todavia, à presente classificação com o significado enunciado. Importa recordar a dependência do critério de imputação para efeitos de apuramento do dano tutelável, *i.e.*, do nexo de causalidade *delimitador* da responsabilidade, o qual abrange todos os danos causados pelo evento, independentemente do seu afastamento cronológico deste momento, ou da interferência de outras causas que não rompam com aquele vínculo de adequação[710]. Por outro lado, a relevância da presente classificação em sede da tutela dos pós-delitos cede quando estes apelam à antijuridicidade posterior do mesmo comportamento. Não se geram, nesta medida, *danos sobre danos*, a título de danos *indiretos* ou *mediatos*, sem qualquer critério delimitador, sob pena de responsabilidade *ad infinitum*. O nexo de causalidade delimitador dos danos é chamado à colação, em ambos os casos, e inutiliza a classificação[711]. Sem prejuízo, a classificação pode ser reutilizada, com um significado análogo: fica limitada aos efeitos temporais da produção do dano ou da esfera jurídica a que se reporta. Assim, no que respeita à *conexão temporal* entre o dano e o evento lesivo, sua causa, podem-se considerar danos diretos ou indiretos consoante se produza imediata ou diferidamente o efeito danoso[712]. Em todo o caso, a distinção não alcança, note-se, relevância na determinação da tutela indemnizatória[713]. Por outro lado, pode ser enquadrado como dano indireto aquele se produz na esfera jurídica de um terceiro face à titularidade do bem jurídico lesado ou em perigo de lesão, o qual é apenas excecionalmente tutelável (*v.g.*, arts. 495.º/3 e 496.º/4) *i.e.*, enquanto conceito sinónimo ao de dano *reflexo*.

709 Com grande adesão além-Reno, v. Larenz, *Lehrbuch*, I, AT, § 27, II, 429-430.

710 A outro entendimento se obrigam os adeptos da teoria de causalidade próxima, na qual, segundo Galvão Telles, a presente classificação interfere na exclusão dos danos indiretos, em *Direito das Obrigações*, 401.

711 A propósito veja-se Antunes Varela, *Das Obrigações*, I, 895 (nota 1); cumpre notar que este A. apela à existência de *danos patrimoniais indiretos, i.e.* danos patrimoniais decorrentes de danos não patrimoniais (em *Das Obrigações*, I, 601 e respetiva nota 1), embora sem justificar a utilidade da classificação, abrangendo ambos os tipos de danos em sede da obrigação de indemnizar. No mesmo sentido, Almeida Costa, *Direito das Obrigações*, 594. Sobre a presente classificação, cfr., *supra*, § 6; 5.2.4.

712 Manuel de Andrade apelava a *causalidade indireta* (*Teoria Geral das Obrigações*, 357), embora a importância da distinção no contexto da caracterização do requisito da causalidade, uma vez que se tutelam todos os prejuízos causados pela lesão ou perigo de lesão. Sobre esta classificação, ou próxima de danos diretos e indiretos, v. Antunes Varela, *Das Obrigações*, I, 601, Almeida Costa, *Direito das Obrigações*, 597, Pires de Lima e Antunes Varela, *Código Civil Anotado*, I, 579.

713 Neste sentido, v., entre outros, Romano Martinez, *Direito das Obrigações*, 441.

XXII. Perante um dano futuro ou de natureza continuada, o lesado pode formular um pedido *genérico*, não indicando *ab initio* o *quantum* de indemnizatório a que o réu deve ser condenado, desde que ainda não seja possível determinar de modo definitivo as consequências do facto ilícito (cfr. 556.º/1,b) CPC). O mesmo sucede, enquanto faculdade alternativa geral fora daqueles casos (569.º, 2.ª parte), se o lesado pretende reclamar no decurso da ação uma quantia mais elevada do que aquela que indicou inicialmente, caso existam danos superiores aos previstos, mediante uma ampliação *anómala* do pedido. O pedido genérico de condenação (569.º, 1.ª parte), e sem prejuízo da liquidação extrajudicial[714], é concretizado através do incidente de liquidação (556.º/2 CPC)[715], dependente da causa principal do processo declarativo, por requerimento autónomo, sendo julgado conjuntamente com esta. Para a fixação da indemnização, a final, o tribunal pode (1) condenar o réu num montante determinado, dependente da procedência prévia do incidente de liquidação em caso de pedido genérico de condenação (569.º), (2) não determinar o valor total dos danos, embora decida definitivamente, julgando equitativamente nos limites que tiver por provados (566.º/3) ou, ainda, (3) atender aos danos futuros não determináveis, remetendo a fixação da indemnização para momento posterior (564.º/2) – mediante uma *sentença de condenação genérica* (609.º/2 CPC) – com ou sem a condenação no montante que considere provado, *i.e.*, numa indemnização provisória (565.º). Neste último caso, não se realizando a liquidação da responsabilidade na ação declarativa, o lesado pode também fazer cessar a iliquidez do montante indemnizatório não fixado, deduzindo o respetivo incidente de liquidação, renovando a instância (358.º/2 CPC). Note-se que a *liquidez* da sentença de condenação genérica, quando não seja de simples cálculo aritmético, é requisito para a constituição do título executivo (704.º/6 e 716.º CPC)[716].

XXIII. A articulação entre a presente classificação (dano presente e futuro) e a que opõe o dano emergente e o lucro cessante pode ser resumida da seguinte forma: para a primeira classificação considera-se o *momento* em que o dano se produz, nesta outra a *forma* de lesão do património[717]. Por outras palavras, o facto de a vantagem suprimida ser, ou não, da titularidade do

[714] Galvão Telles, *Direito das Obrigações*, 395.

[715] Salvador da Costa, *Os incidentes da instância*, 9.ª ed., Almedina: Coimbra (2017), 232-249.

[716] Cfr. Rui Pinto, *Manual da Execução e Despejo*, Coimbra Editora: Coimbra (2013), 237 e ss.; Galvão Telles, *Direito das Obrigações*, 395.

[717] Numa outra articulação e num sentido próximo, como vimos, apresenta-se a classificação germânica que distingue entre o dano direto e indireto (*Unmittelbarer und mittelbarer Schaden*), cfr. Larenz, *Lehrbuch*, I, AT, § 27, II, 429-430.

lesado ao tempo da lesão (danos emergentes e lucros cessantes) não se confunde com o momento em que esta se verifica[718], *i.e.*, até ao momento da fixação da indemnização ou posteriormente. Podem, assim, coexistir *danos emergentes presentes* (*v.g.*, a amolgadela no automóvel em consequência de um acidente), como *lucros cessantes futuros* (p. ex., em consequência do acidente, o lesado não conseguiu celebrar a escritura agendada para aquela hora), mas também *danos emergentes futuros* (*v.g.*, mazelas físicas manifestadas posteriormente ao acidente), ou *lucros cessantes futuros* (p. ex., a perda de confiança dos investidores em futuros negócios).

[718] Neste sentido, Pires de Lima e Antunes Varela, *Código Civil Anotado*, I, 580.

PARTE II

O CONCURSO DAS MODALIDADES DELITUAL E OBRIGACIONAL DE RESPONSABILIDADE

SECÇÃO I
A FORMAÇÃO DO CONCURSO DE RESPONSABILIDADE CIVIL

SUBSECÇÃO I
O CONCURSO DE REQUISITOS DO TÍTULO DE IMPUTAÇÃO DE DANOS

SUMÁRIO: § 7. O evento determinante no âmbito do concurso de responsabilidades civil delitual e obrigacional; conexão genética com os juízos normativos; 1. *Qualidade* e/ou *quantidade* de sujeitos visados, 2. Singularidade do evento e a sua relevância no âmbito do concurso de responsabilidade § 8. O concurso de ilicitude delitual e obrigacional; 1. Dinamismo da ilicitude; 2. Pluralidade de ilícitos; 2.1. A autonomia das categorias de ilicitude; a lesão do crédito por terceiro; 2.2. A autonomia da ilicitude perante a sobreposição do interesse tutelado; as lesões dentro e fora do perímetro obrigacional; 2.2.1. Responsabilidade civil profissional; 2.2.2. Contrato a favor de terceiro e com proteção a favor de terceiro; 2.2.3. Violação positiva do contrato; em particular, a violação dos deveres acessórios de conduta; 2. A pluralidade de ilícitos no confronto com os demais requisitos da imputação de danos; § 9. A culpa no concurso de responsabilidades; 1. Verosimilhanças e diferenças nas modalidades consideradas; conexão com os demais requisitos; § Em particular, o concurso de culpas entre o lesante e o lesado; a pretensa culpa do lesado e do credor; 2. Causas legais e convencionais de exclusão da culpa no concurso de responsabilidade; efeito comunicante; § 10. Nexo de causalidade; em particular, o concurso de causas; 1. A sequência causal anómala na produção do dano; 2. Concurso de causas na produção do dano; o fim da exclusividade da causa de imputação; relação com os demais pressupostos; 2.1. Concorrência de causas à lesão; policausalidade no nexo fundamentador de responsabilidade; 2.2. Concorrência de causas ao dano; policausalidade no nexo delimitador de responsabilidade; 2.3. Concorrência real; 2.4. Causalidade virtual na concorrência de causas; § 11. O dano no concurso de responsabilidades; concurso de danos e vertentes na conexão com o título de imputação; 1. Autonomia qualificadora; 2. Assimetria de imputação de prejuízos; os danos *circa rem* e *extra rem;* 3. Supressão do título concorrente pelo dano comum.

---

§ 7. O EVENTO DETERMINANTE NO ÂMBITO DO CONCURSO DE RESPONSABILIDADES CIVIL DELITUAL E OBRIGACIONAL; CONEXÃO GENÉTICA COM OS JUÍZOS NORMATIVOS

I. O evento determinante de responsabilidade corresponde ao substrato *ontológico* sobre o qual incidem os juízos normativos necessários à imputação do dano sofrido: no âmbito das responsabilidades consideradas, a título subjetivo, o *ato voluntário* deve ser qualificado como *ilícito-culposo* para presidir ao título de imputação dos respetivos prejuízos que *cause* ao lesado. A maleabilidade do evento determinante de responsabilidade contende com uma pluralidade de títulos de imputação, na qual pode emergir um *concurso normativo* de responsabilidade civil delitual e obrigacional. Algo que se apura exclusivamente de forma casuística. Vejamos este aspeto em maior detalhe.

1. *Qualidade* e/ou *quantidade* de sujeitos visados na prestação indemnizatória

II. Na sua forma elementar, o *ato voluntário* conexiona duas esferas jurídicas, designadamente a do lesante e a do lesado. A conclusão não surpreende: num sistema que enquadra a consequência normativa última da responsabilidade civil (*i.e.*, a obrigação de indemnização) como um *direito de crédito* e, simultaneamente, extingue por confusão a obrigação cujas qualidades de credor e devedor se encontrem reunidas na mesma pessoa (868.º), não se permite responsabilizar o lesante pelos atos que pratique contra si. No fundo, o *lesante* não pode, portanto, revestir a qualidade de *lesado* no âmbito do título de imputação de danos[719].

[719] Num momento anterior, no âmbito da formação do título de imputação de danos, Galvão Telles nega a possibilidade de o agente praticar um ato ilícito contra *si*; para tal, afirma que «não pode com propriedade falar-se da violação de direitos ou interesses *próprios*», em *Direito das Obrigações*, 357 (nota 2). Este motivo preside, no âmbito obrigacional, à negação da ilicitude da conduta *do credor* em virtude da sua mora (813.º e 816.º), e ao sentido (im)próprio da *culpa do lesado* (570.º); v. infra,

III. Fora do escopo atomístico daquelas duas esferas patrimoniais, na responsabilidade subjetiva, o ato voluntário pode ser caracterizado por uma nova complexidade de vínculos, além da diferente *qualidade* dos sujeitos, mencionada a propósito da responsabilidade das pessoas coletivas: trata-se da *quantidade* de sujeitos, abrangendo tanto, quanto à autoria, uma *pluralidade (a) de responsáveis*, como, quanto à titularidade do direito de indemnização, *(b) de lesados.*

a. [*pluralidade de lesantes*] No primeiro caso, o ato voluntário é formado por uma atuação plurisubjetiva, dependente da vontade *ontologicamente* manifestada de vários agentes: fala-se, em sentido *lato*, de *comparticipação* na autoria.

Nota-se, neste momento, que a comparticipação na autoria não apura necessariamente o responsável, já que o contributo pode decorrer de um mero *ato de terceiro, não responsável* [720] (p. ex., em caso de atuação danosa da pessoa sujeita a vigilância, em virtude da sua incapacidade natural, cfr. 491.º [721]), ou do *próprio lesado* (570.º). Por outro lado, esta comparticipação não se confunde com aquela que preside ao apuramento da vontade da pessoa coletiva para efeitos da respetiva responsabilidade[722].

§ 9; 1. Em sentido próximo, PESSOA JORGE apela à alienidade do prejuízo, na dupla vertente da titularidade do interesse lesado e da esfera onde o prejuízo recai, necessariamente *alheios* ao responsável; *Ensaio*, 386. Noutro prisma, apela-se ao «*dever ético da pessoa para consigo mesma de não atendar contra os seus próprios interesses*» (MARIA LURDES PEREIRA, *Conceito de Prestação*, 226, com reservas); no plano jurídico, cumpre determinar se as disposições que tutelam os interesses tipicamente perante lesões heterónomas são também autoprotetoras, visando a própria conduta do lesado, segundo BRANDÃO PROENÇA, *A conduta do lesado*, 515. O último A. conclui pela negativa, dada a ausência no sistema positivo de um «dever genérico, análogo ao *neminem laedere*, que obrigue a pessoa a evitar danos para si» (*idem*, 521), fora das restrições individuais à luz de outros valores» (*v.g.*, a utilização do cinto de segurança e do capacete protector). Emblematicamente, BRANDÃO PROENÇA recorda a indiferença da ordem jurídica nos comportamentos lesivos (consumo de álcool ou tabaco) por apelo à liberdade pessoal (*ibidem*). Retomaremos as consequências deste entendimento, ao qual aderimos, *infra*, § 9; 1.

[720] *Infra*, § 10; 2.1.

[721] Contra, ANTUNES VARELA considera que, neste caso, o agente responde por *facto próprio*, por omissão da vigilância devida (*culpa in vigilando*), *em Das Obrigações*, I, 590. Todavia, a atuação omissiva não permite ofuscar a caracterização material do evento subsumível à norma, *i.e.*, dos danos *causados* materialmente pelas pessoas vigiadas, em virtude da sua incapacidade natural. A ação de agente pode sucessivamente corresponder ao comportamento omissivo de outro (*v.g.*, o furto da coisa ao cuidado do segurança). No apuramento da responsabilidade do segundo agente, contribui a atuação do primeiro, que completa o evento, sendo, aliás, a *causa* da respetiva omissão, embora o primeiro não seja responsável em termos obrigacionais (798.º) pelo *furto*, nem o incapaz natural, em termos *delituais* (491.º; quando este seja inimputável, porquanto os conceitos de *incapacidade natural* e *inimputabilidade* não são coincidentes). V. *infra*, § 10; 2.3.

[722] *Supra*, § 7; 1.1.

Na autoria múltipla cumpre distinguir, quanto à qualidade dos agentes (além da distinção inicial entre a atuação das pessoas singulares e coletivas), a *autoria a título principal* (tal como a dos *coautores* no delito e dos *codevedores* na falta do cumprimento da obrigação), daquela que se processa *a título secundário*, também denominada de *mera comparticipação* ou *comparticipação em sentido estrito*. Nesta última figura, enquadra-se a atuação dos *instigadores* na vertente delitual (490.º), bem como dos *auxiliares* em ambas as modalidades[723] (490.º e 800.º; na vertente obrigacional, vejam-se as previsões expressas para a atuação do procurador, 264.º/4, do mandatário, 1165.º, do depositário, 1198.º, do empreiteiro, 1213.º/2, e do testamenteiro, 2334.º [724]). Note-se que esta qualidade é reportada individualmente a cada título de imputação: perante a pluralidade de títulos de imputação, o mesmo agente pode reunir qualidades diferentes, em sentido biunívoco e simultaneamente a título principal e secundário (p. ex., o depositário que auxilia um terceiro a furtar a coisa que se encontra à sua guarda é responsável *principal* pelo incumprimento contratual e um *mero cúmplice* no delito). Existem, claro está, outras qualidades de atuação material de terceiros, desqualificadas para efeitos da mencionada autoria principal ou secundária, porquanto são meramente circunstanciais, na descrição do evento, ou manifestam uma estrita dependência funcional da atuação de um outro agente (p. ex., a licitude do contributo material de terceiro para a atuação em legítima defesa, fornecendo o meio de defesa, depende da licitude desta atuação, 337.º).

A relevância da distinção (entre autoria principal e secundária), que toma como ponto de partida os critérios *materiais* de descrição do evento determinante de responsabilidade, é apurada normativamente em sede de *culpa*

[723] Sobre a dicotomia de regulação da responsabilidade por auxiliares, repartida entre o âmbito delitual e o obrigacional, v. MARIA GRAÇA TRIGO, *Responsabilidade civil*, 211-231 (*maxime* 227). Consideram-se os atos praticados pelo *representante legal* do obrigado como uma atuação *mediata* do devedor, em sede da responsabilidade obrigacional, e *principal*, em decorrência dos poderes de *representação* conferidos. Nesta medida, o ato praticado pelo representante legal do obrigado afasta-se da autoria secundária dos auxiliares, pese embora, para efeitos da responsabilidade do *representado*, os seus representantes sejam legalmente equiparados (800.º), tal como para efeitos da culpa do lesado, a cujo facto culposo é equiparado o dos seus representantes (571.º). Note-se que a comparticipação será apenas entre os *auxiliares*, porquanto o devedor não comete qualquer ato ilícito na hipótese prevista no artigo 800.º (embora a atuação daqueles lhe seja imputável; o devedor é, aliás, quem responde, por regra e em exclusivo, perante o lesado). O mesmo sucede quanto à atuação do comitente (também possivelmente lícita) na hipótese prevista no art. 500.º, cfr. PESSOA JORGE, *Ensaio*, 150.

[724] PIRES DE LIMA E ANTUNES VARELA, *Código Civil Anotado*, II, 56. Semelhante elenco consta em PESSOA JORGE, *Ensaio*, 139.

(497.º/2 e 571.º) e, principalmente, do nexo de *causalidade*[725]. A avaliação global da medida dos contributos dos agentes para o ato determinante de responsabilidade, ainda que necessariamente *culposa*[726], permite determinar, a final, o critério de distribuição de responsabilidade perante o lesado, nomeadamente entre uma responsabilidade *exclusiva*, *parciária* ou *solidária*.

Perante a agressão do lesado, é *solidária* a responsabilidade do autor (autoria principal) e do respetivo instigador (autoria secundária) – 490.º e 497.º. Por outro lado, perante o credor, a responsabilidade obrigacional dos codevedores é geralmente *parciária* (513.º) e, em caso de recurso a auxiliares (autoria secundária), por regra, *exclusiva* do devedor[727] (800.º/1).

Nota-se, portanto, uma propensão para a autoria *secundária* convocar o regime da solidariedade na via delitual (490.º, tal como ocorre a título principal) e, por oposição, na vertente obrigacional a concentrar-se exclusivamente na pessoa do devedor (800.º, sendo em regra parciária, quando a título principal, na presença de codevedores, cfr. 513.º).

b. [*pluralidade de lesados*] No segundo caso, o evento lesivo devidamente qualificado provocou prejuízos nas esferas jurídicas de uma pluralidade de agentes. Ora, a *pluralidade de lesados* avalia-se, a título primário, (*i*) pela titularidade do bem jurídico lesado pela conduta (*v.g.*, a lesão delitual do bem em compropriedade) ou (*ii*) pela pluralidade de esferas patrimoniais onde recaem os danos; ainda que exista uma refração na esfera individual daqueles interesses difusos, em particular perante a violação de normas de proteção, de que é exemplo o acidente de viação provocado por excesso de velocidade que provoca múltiplos danos em diferentes sujeitos[728]. São, aliás, estes os critérios

[725] Cfr. *infra*, § 10; 2.3.

[726] Não se exige, por regra, o dolo para o estabelecimento da forma de comparticipação, já que o autor isolado responde, em regra, por mera culpa (*ubi lex non distinguiti, neque interpres distinguere potest*). Contra, Carneiro da Frada, *Direito Civil*, 107. A exceção àquela regra reporta-se aos casos em que se exige a culpa agravada para responder, de que é exemplo prototípico para vários autores a responsabilidade civil do terceiro pela lesão do crédito; cfr., *infra*, § 8; 2.1.

[727] Sem prejuízo da responsabilidade *delitual* dos representantes legais e auxiliares (800.º) por lesão do direito de crédito; os quais, para efeitos do vínculo, devem ser considerados terceiros, v. Santos Júnior, *Direito das Obrigações* I, 280 e, *infra*, § 10; 2.1.

[728] À presente distinção preside a consideração da conduta como o objeto da ilicitude, distinta do dano, seu resultado; v., *supra*, § 6; 2.2.

que permitem diferenciar os interesses individuais em *sentido estrito*, daqueles que não o são, porquanto se apresentam *coletivos* ou *difusos*[729].

Importa, neste ponto, sublinhar que não existe uma equiparação absoluta quanto à posição dos lesados, em particular na tutela centrada nos prejuízos efetivamente sofridos (os quais não são por norma *ontologicamente* iguais). Efetivamente, a lei distingue a *qualidade dos lesados*, estabelecendo formas distintas quanto à respetiva tutela.

O exemplo paradigmático é o do *lesado culpado* para efeitos da limitação ou exclusão da indemnização (570.º). Por outro lado, no âmbito dos danos causados por veículos é distinta a tutela dos vários beneficiários da responsabilidade objetiva (504.º): para efeitos delituais, *i.e.*, fora da tutela obrigacional ao abrigo do eventual contrato de transporte[730], cumpre distinguir entre a pessoa *transportada* a *título gratuito* e o *terceiro* lesado. Neste último caso, o critério implícito de distinção entre as mencionadas categorias de lesados é o facto (note-se) de se encontrarem ou não dentro do veículo[731], respetivamente, reconhecendo-se àquele transportado apenas a tutela dos danos pessoais (n.º 3).

Noutros casos, o título de imputação tutela *reflexamente* terceiros, porquanto a estes não pertence o direito ou o interesse juridicamente protegido violado pela conduta[732]. Nestes casos, é suprida a necessidade de existência de um *nexo fundamentador* de responsabilidade, tutelando-se os prejuízos *reflexos* ou sofridos *por ricochete* pelas pessoas indicadas[733].

Em caso de morte do lesado, podem ser atendidos os danos não patrimoniais sofridos pelo cônjuge não separado de pessoas e bens (ou unido de facto), filhos ou outros descendentes e, na falta destes, dos pais ou outros ascendentes, ou, por fim, dos irmãos ou sobrinhos que os representem

[729] A propósito, cfr. Miguel Teixeira de Sousa, *A legitimidade popular na tutela dos interesses difusos*, Lex: Lisboa (2003), 13-58.

[730] Antunes Varela, *Das Obrigações*, I, 670.

[731] Contra, Antunes Varela exceciona o critério material por um normativo, abrangendo «as pessoas que se ocupam na actividade do veículo (o condutor, o guardador, o cobrador ou o fiscal dos transportes coletivos)», ob. cit., 670 (nota 1).

[732] O qual é o elemento nuclear da caracterização da posição de lesado, segundo Almeida Costa, *Direito das Obrigações*, 607.

[733] Abrantes Geraldes, *Ressarcibilidade dos danos não patrimoniais de terceiros em casos de lesão corporal*, 263 e ss. Sobre os conceitos, v. Santos Júnior, *Da responsabilidade*, 240 (nota 795).

(496.º/4). Por outro lado, em caso de morte e de lesão corporal, têm direito a indemnização aqueles que socorreram o lesado, os estabelecimentos hospitalares, médicos ou outras pessoas ou entidades que tenham contribuído para o tratamento ou assistência da vítima (495.º/2) e, ainda, aqueles que podiam exigir alimentos ao lesado ou aqueles a quem o lesado os prestava no cumprimento de uma obrigação natural (n.º 3). Por fim, nos termos do recente artigo 493.º-A, aditado pela Lei n.º 8/2017, de 03 de março, em caso de lesão de animal, o responsável é obrigado a indemnizar, para além do seu proprietário, os indivíduos ou entidades que tenham procedido ao seu socorro pelas despesas em que tenham incorrido para o seu tratamento.

A pluralidade subjetiva não se esgota, como se indiciou, naquele plano, de contraposição de eventuais vários *responsáveis* e *lesados*. Ainda a respeito da *qualidade* dos intervenientes – para além da contraposição entre a responsabilidade de pessoas singulares e coletivas –, a intervenção humana, enquanto ato voluntário, por vezes, consubstancia somente a *causa* de responsabilidade, sendo reportada ao ato de um terceiro, *não responsável*.

Será o caso da responsabilidade obrigacional do depositário pela destruição acidental da coisa que se encontrava à sua guarda provocada por terceiro ou (sem responsabilidade concomitante do terceiro, delitual e a título próprio) o incumprimento do contrato de prestação de serviço de limpeza, pela permanência de resíduos no local após um evento, deixados pelos visitantes. É também exemplo, em termos delituais, a responsabilidade do vigilante do incapaz natural (sendo este inimputável, cfr. 488.º), pelos danos que o incapaz cause a terceiro (491.º).

IV. A *qualidade* que o agente reveste no evento lesivo, partindo, quer da medida dos *contributos* para o evento danoso, quer da ligação material entre os agentes (especialmente importante nos casos de concorrência *involuntária* dos contributos dos agentes para a verificação do evento[734]), deriva de critérios materiais de descrição do evento, implicando aquela valoração normativa. Tudo isto radica numa situação de concurso, embora se sujeite a uma apreciação distinta[735]. Este aspeto será retomado na análise do nexo de causalidade.

[734] V. *infra*, § 10; 1.

[735] Assim se compreende que o TRP, no seu ac. de 09-Mai-2019 (Inês Moura), afirme que o concurso depende de se encontrar em causa «um mesmo facto voluntário», contrariamente a «diferentes factos voluntários ou comportamentos, imputáveis a diferentes sujeitos, que

2. Singularidade do evento e a sua relevância no âmbito do concurso de responsabilidade

I. No plano geral da ilicitude, as qualidades materiais do evento são determinantes para se apurar a sua natureza *singular*, ou seja, para se identificar «um único evento» ou apenas «um ato voluntário», mediante um qualquer critério que limite espácio-temporalmente a realidade que preside ao título de imputação de danos. Na doutrina penalista, apela-se, com propriedade, ao *comportamento global do agente*[736]. Pergunta-se: qual o critério que permite detetar a presença de mais do que *um evento* determinante de responsabilidade ou, ao nível analítico, de mais do que uma conduta, no âmbito da responsabilidade subjetiva? A questão assume particular pertinência na (*i*) consideração da natureza *permanente, duradoura* ou *persistente*[737] das lesões ou perigo de lesão do bem jurídico e (*ii*) na doutrina penalista dos *pós-delitos*, na qual se inclui a conduta que visa garantir ou aproveitar outros delitos anteriores, não devendo, à partida, ser autonomizada[738]. Estas ilações podem (e devem) ser carreadas para o âmbito civil nas modalidades de responsabilidade consideradas, atendendo aos vários pontos de contacto entre as responsabilidades (p. ex., 498.º/3).

determinaram a ocorrência de um dano cuja indemnização é requerida a todos». É que *concurso* em sentido lado existe em ambas as hipóteses. Contudo, as considerações tradicionais, condensadas na tese do *cúmulo* e do *não-cúmulo*, são, de facto, oferecidas apenas ao primeiro caso (do concurso *unisubjetivo*), porquanto existem regras que tutelam a segunda (490.º, 497.º, 513.º), pelo mesmo no âmbito da mesma modalidade (*i.e.*, de concurso *homogéneo*).

736 Figueiredo Dias, *Direito Penal*, I, 1168, 1170.

737 Com o presente, distanciamo-nos da qualidade *continuada* dos crimes (cfr. 30.º/2 CP), cuja terminologia, embora sugestiva, não pode ser importada para o domínio delitual, detendo um significado próprio; cfr., por todos, em anotação (20) àquele artigo, Paulo Pinto de Albuquerque, *Comentário do Código Penal*, 221-224. Em todo o caso, a qualidade destes delitos aufere particular interesse, como vimos, para efeitos do regime aplicável, atendendo à natureza lacunar deste aspeto em confronto com os avanços no Direito Penal e contraordenacional.

738 Sobre o confronto da (des)necessária correspondência entre as qualificações jurídicas e as pretensões punitivas, cf. Inês Ferreira Leite, *Ne(Idem)*, 74 e ss. Avança-se, aliás, uma relação de consumpção entre o facto típico inerente – posterior não punido (*strafloser Nachtat*) – de que é exemplo prototípico o dano da coisa furtada; cf. a anot. de Paulo Pinto de Albuquerque ao art. 33.º, em *Comentário*, 216. No âmbito penal, quanto à relevância do *crime de garantia* ou *de aproveitamento* perante o *crime de fim lucrativo* ou *de apropriação*, v. Manuel Simas Santos, Manuel Leal-Henriques, *Noções Elementares de Direito Penal*, 117.

O interesse da matéria é especialmente pragmático, influenciando, por exemplo, a contagem do prazo de prescrição ou determinando a ausência de responsabilidade individualizada no contexto global de atuação do agente[739].

Por fim, emerge uma outra dificuldade de enquadramento do evento determinante de responsabilidade na sua distinção perante o dano, em particular perante a sua sobreposição ontológica nos delitos de *resultado*, ou seja, entre o ato do lesante (conduta) e o prejuízo que gera (o seu resultado), como visto[740].

II. Sabemos que o concurso de responsabilidade emerge perante a pluralidade de qualificações legais do «*mesmo evento*» de responsabilidade[741]. Todavia, no plano juscivilístico, esta *unidade* factual não é um critério determinante, atendendo ao tipo complexivo exposto, pelo menos ao grau a que se vincula o Direito Penal (subordinado ao princípio *ne bis in idem*). A preocupação no campo da responsabilidade civil é outra, embora beneficie da unidade do facto: atribui-se manifesta prioridade à avaliação das consequências normativas, potencialmente conflituantes, das modalidades em concurso[742].

A maleabilidade deste «facto» indicia a possível complexidade do evento danoso subjacente ao título de imputação de danos das modalidades consideradas, nomeadamente por *facto* e *ato* voluntário, por *pessoas individuais* e

[739] Cfr., *infra*, § 10; 2.3.

[740] No que respeita aos juízos normativos, como veremos *infra*, é ainda possível distingui-los ao nível intelectual; neste sentido, por apelo ao confronto entre a lesão subjacente à ilicitude e ao dano real, v. P. Mota Pinto, *Interesse*, I, 461.

[741] Savigny apelava ao enquadramento do concurso no âmbito, entre outras ideias, de uma causa comum (*gemeinsamen Entstehungsgrund*), em *System des heutigen römischen Rechts*, V. 5, Veit und comp.: Berlim (1841), 231. Para Antunes Varela, o concurso de responsabilidades depende da unidade deste pressuposto – quando «um mesmo facto integra nesses casos várias fontes de responsabilidade, pela concorrência das normas legais qualificadoras do facto», em *Das Obrigações*, I, 699. Neste sentido, depõe a esmagadora maioria dos AA.; cfr., também, Vaz Serra, *Responsabilidade contratual*, 230; Ferreira Pinto, *O Concurso*, 1947; Almeida Costa, *O concurso*, 559-560. Na jurisprudência, apela-se a «o mesmo facto naturalístico», cf. ac. TRE, de 27-Jun-2019 (Albertina Pedroso). São, aliás, conhecidos outros campos que acompanham este caminho metodológico, nomeadamente de que a comunhão da fonte não implica a simplicidade do vínculo, o qual pode ser configurado em várias vertentes autónomas. É, porventura, o que sucede no campo na coligação de contratos, na qual a relação de *correspetividade* ou de *motivação* não destrói a respetiva individualidade; cfr. Antunes Varela, *Das Obrigações*, I, 284. O A. reconhece a similitude da situação com a «participação de sociedade na constituição de outras, mediante subscrição de parte do seu capital social» (*idem*, 284, nota 1).

[742] Assim, Georgiades, *Die Anspruchskonkurrenz*, 70, 78, em crítica ao seu método lógico-conceptual de Lent, marcadamente influenciado pela dogmática penalista (*Die Gesetzeskonkurrenz*, 103).

coletivas, por *ação* e *omissão*, com *pluralidade de autores* e de *lesados*, a *título principal* ou *secundário* e, ainda, com por ato de *terceiros* ou do *próprio lesado*. Sem prejuízo do exposto, e de forma possivelmente mais elucidativa, interessa compreender, na forma menos complexa que aquele evento pode assumir, se este pode gerar títulos de imputação de danos reportados a ambas as modalidades de responsabilidade para a mesma pessoa singular (ao qual se poderá posteriormente aditar uma pluralidade subjetiva na conformação do ato voluntário).

Por exemplo, em termos delituais, o menor, que seja imputável (488.º/1), responde pelos danos que cause (ato voluntário, por ação de uma pessoa singular a título principal), bem como, solidariamente (497.º/1), o respetivo vigilante (491.º), por omissão[743]. Noutro exemplo, na vertente obrigacional, o furto por terceiro da coisa depositada fundamenta a responsabilidade delitual do agente, por ação, e, em paralelo, a responsabilidade obrigacional do depositante, a quem a guarda da coisa havia sido confiada, por *omissão*. Por fim, o locatário que incumpra o seu dever de reparar as deteriorações do locado, não imputáveis à prudente utilização do locado (1044.º) e que causam danos a um *terceiro* (não locatário), incorre em responsabilidade obrigacional perante o locador, bem como, por via delitual perante este terceiro lesado, por violação do dever no tráfego (492.º)[744].

Em suma, cumpre, no sentido do texto, investigar, na forma mais elementar deste evento, se pode qualificar o evento determinante simultaneamente por ambas as modalidades de responsabilidade.

Em consequência, o evento determinante de responsabilidade não se assume o fator diferenciador das modalidades de responsabilidade consideradas, tal como não sucede, adiante-se, num plano constitutivo, com o *dano*.

[743] A repartição de responsabilidade em esquemas trilaterais imprime um conjunto de especificidades ao esquema tradicional de responsabilidade, no plano relacional lesante/lesado, bem como, por acréscimo, ao nível das relações entre os coresponsáveis (*inter se*), as quais importa considerar. No exemplo *supra*, assume particular complexidade o contributo ativo de um sujeito (ação) aliado à omissão de outro: a dificuldade transparece, aliás, pela dificuldade de se considerar o pai ora colesante, em prejuízo ou não da tutela do lesado; v., em particular, os casos radicados na *imputed contributory negligence*; cf. John Antony (Tony) Weir, *Complex liabilities, International Encyclopedia of Comparative Law: Torts*, Vol. 12, Mohr (1976), 1-141, (73).

[744] Neste sentido, v. Rui Ataíde, *Responsabilidade Civil*, 321. Veio a aderir a esta posição, recentemente, Joana Costa Lopes; em *A responsabilidade civil do locatário por violação de deveres no tráfego no ordenamento jurídico português*, O direito, Ano 152, n.º 4 (2020), 707-758, *passim*.

Essa qualificação depende, ao invés, da relação do evento com os juízos normativos que formam o título de imputação dos prejuízos sofridos pelo lesado (*i.e.*, a ilicitude, culpa e nexo de causalidade).

§ 8. O CONCURSO DE ILICITUDE DELITUAL E OBRIGACIONAL

I. O juízo de ilicitude é um de tipo conclusivo à formação do título de imputação de danos: à escala do tudo ou nada, esgota-se no binómio *licitude* ou *ilicitude* da conduta que considera[745]. A formação daquele juízo, no âmbito das modalidades de responsabilidade consideradas, é, como visto, uma questão *substantiva* de contexto, e depende, pela positiva, da existência de uma *lesão* ou de um *perigo de lesão do bem jurídico*, enquanto objeto mediato do direito subjetivo (absoluto ou relativo, na via delitual ou obrigacional) ou tutelado indiretamente pelo interesse subjacente à norma de proteção (na segunda modalidade de ilicitude delitual). Porém, este juízo de ilicitude pode ser visto pela negativa, adicionando-se àquele pressuposto da lesão ou perigo de lesão, a *inexistência* de uma causa de justificação (da ilicitude). Importa, então, distinguir entre *tipicidade* e *ilicitude civil*, pressupondo esta última uma conduta típica e *não justificada*.

II. A interrupção mencionada à relação *tipicidade-ilicitude* pela causa de justificação (da ilicitude) radica expressamente no âmbito delitual na referência a «*ilicitamente*» (483.º/1)[746] e *implicitamente* em sede da responsabilidade obrigacional[747].

[745] Adelaide Menezes Leitão afirma, neste sentido, que a «ilicitude comporta-se como um conceito que não admite graduação», em *Normas de Protecção*, 560.

[746] O advérbio foi incluído na 2.ª revisão ministerial. Não vingou o n.º 3 do art. 731.º do Anteprojeto Vaz Serra, o qual permitia a elisão do carácter antijurídico da lesão por «alguma causa justificativa do facto, nos termos legais».

[747] Menezes Cordeiro reconduz a utilidade daquele advérbio de modo a uma *delimitação negativa* do pressuposto de ilicitude, enquanto a ausência de uma *causa de justificação*; *Tratado*, VIII, 483. Em obediência ao ónus da prova subjetivo (342.º/2), cumpre ao lesante, réu na ação declarativa de condenação na obrigação de indemnização, demonstrar que cumpriu. Na verdade, a qualificação do facto, constitutivo, impeditivo, modificativo ou extintivo depende do direito invocado.

Exploremos este ponto.

Existem, primeiramente, causas de justificação de ordem *geral*, as quais podem ser reconduzidas descritivamente ao *exercício de um direito*[748] e ao *cumprimento de um dever* (*qui iure suo utitur nemini facit iniuriam*)[749].

Todavia, mantém-se, neste campo, de ordem negativa, a divergência entre as causas de justificação nas modalidades de responsabilidade consideradas[750], tal como se indicou a falta de correspondência entre as categorias de ilicitude: no âmbito delitual, de cariz *especial*, aponta-se a *colisão de direitos* (335.º), a *ação direta* (336.º), a *legítima defesa* (337.º), o *estado de necessidade* (339.º) e o *consentimento do lesado* (340.º)[751]; no domínio obrigacional, por sua vez, fora dos casos particulares[752], apela-se à ausência de uma causa de justificação correspondente ao exercício de um direito ou de uma faculdade, na vertente da *exceção de não cumprimento* (428.º e ss.), do *direito de retenção* (754.º e ss.)[753], *recusa de restituição do título e menção do cumprimento* (788.º/3), *recusa de quitação* (787.º), *a falta de segurança por motivo relacionado com a pessoa do credor* (841.º/1, a)[754], bem como o *cumprimento de um dever superior*[755].

Neste sentido, v. PIRES DE LIMA E ANTUNES VARELA, *Código Civil Anotado*, I, 306. Recentemente, v. a anot. ao artigo 342.º por ISABEL ALEXANDRE (MENEZES CORDEIRO (COORD.), *Código Civil Comentado I*, 991.

748 Embora excecionado em caso de abuso do direito (334.º), colisão de direitos (335.º) ou em caso de incumprimento de deveres do tráfego, v. SANTOS JÚNIOR, *Direito das Obrigações*, I, 309.

749 Assim, ANTUNES VARELA, *Das Obrigações*, I, 552 e ALMEIDA COSTA, *Direito das Obrigações*, 567, VAZ SERRA, *Causas justificativas do facto danoso*, BMJ 85 (1959), 13-114, (87-103) e PESSOA JORGE, *Ensaio*, 153 e ss. Outro entendimento, de natureza englobante, é o de MENEZES CORDEIRO que opõe a colisão de direitos (incluindo o cumprimento de um dever, a obediência hierárquica e o exercício de um direito) aos meios de autotutela, em *Tratado* VIII, 485. Sobre a segunda vertente, veja-se o artigo 13.º do Código Civil de 1867.

750 Neste sentido, PESSOA JORGE, *Ensaio*, 158. A divergência não é absoluta, admitindo-se variações. É curioso o exemplo do A., quando menciona o caso «do depositário de uma arma que, nos termos do contrato, não pode usá-la, efetivamente dela se utiliza para se defender de um ataque que lhe é dirigido pelo próprio depositante», o qual revela a aptidão daquele meio de autotutela para a ofensa de direitos relativos, incluindo o incumprimento de uma obrigação (*idem*, 230).

751 MENEZES CORDEIRO, *Tratado*, VIII, 444 e I, 379 e ss. Sobre as causas de justificação, v. ob. cit., VIII, 483-507. Note-se, ainda, na esteira de CARNEIRO DA FRADA, a relevância delitual da *assunção voluntária de um risco de dano* ou a *atuação a risco próprio*, em *Direito Civil*, 76 .

752 V. os arts. 638.º, 639.º, 642.º e 1168.º; cf. PESSOA JORGE, *Ensaio*, 266-267.

753 A *exeptio* e o direito de retenção confundem-se, todavia, nas prestações de *dare*, como bem assinala GALVÃO TELLES, entendimento seguido por PESSOA JORGE, *Ensaio*, 265.

754 ALMEIDA COSTA, *Direito das Obrigações*, 1072.

755 MARIA DA GRAÇA TRIGO e RODRIGO MOREIRA, *Comentário Ao Código Civil – Direito das Obrigações*, 1104. PESSOA JORGE agrega as figuras sob a égide do *direito de não cumprir um dever*; em *Ensaio*, 262 e ss. Discute-se a autonomia de algumas das figuras mencionadas (*v.g.*, 787.º/2 e 788.º/3), à luz de

Existem, ainda, grandes cláusulas de exclusão da *responsabilidade*, as quais não excluem necessariamente a ilicitude da conduta do agente, de que é exemplo a culpa do lesado com essa aptidão (570.º) e regulam, até, as vertentes de responsabilidade independentemente de culpa (de ilicitude, como visto), de que é exemplo a responsabilidade pelo risco[756]. Note-se, por fim, a diferença de validade entre as *cláusulas* limitativas e de exclusão de responsabilidade civil (obrigacional) e as *convenções* para aquele efeito (se delitual), quando reportadas a este pressuposto[757].

1. Dinamismo da ilicitude

I. A estanquidade do juízo normativo referente à ilicitude, de tipo conclusivo, resultando no binómio *ilicitude/licitude* da conduta que considera, não se confunde com o *dinamismo* que acompanha a sua formação.

Enunciou-se, sumariamente, quanto às modalidades de responsabilidade consideradas, as variações quanto ao objeto da ilicitude, designadamente as situações típicas que integram as respetivas categorias de ilicitude, bem como as causas de justificação. Cumpre, ainda, notar as variações quanto ao *momento* a que a ilicitude se reporta[758], reconhecida a influência da *norma jurídica* (a título injuntivo, tanto no espectro obrigacional, como no delitual, e, ainda, a título supletivo no primeiro) e da *declaração negocial* (por regra,

um *direito obrigacional de retenção*, além da *exceptio* e do direito de retenção; cf. MARIA DE LURDES PEREIRA, PEDRO MÚRIAS, *Os direitos de retenção e o sentido da excepção de não cumprimento*, Revista de Direito e de Estudos Sociais, A. 49, n.º 1-4 (Jan-Dez 2008), 187-239, *passim*.

[756] Cf., neste sentido, a anotação de RUI SOARES PEREIRA em *Código Civil comentado*, II, 451.

[757] V. PINTO MONTEIRO, *Cláusulas limitativas*, 389 e ss. O autor reconduz as cláusulas e convenções deste tipo ao pressuposto da culpa – «*Haftungsvoraussetzungen*» – uma vez que materialmente se acorda que o devedor só responde com dolo ou culpa grave, v. *idem*, 106-107. Concorda-se: não há motivos para se estender o valor destas cláusulas ao âmbito objetivo, enquanto *cláusula* ou *convenção* justificativa de *ilicitude*, se as demais faculdades do devedor – *v.g.*, em resolver o contrato ou em executar especificamente a obrigação – ainda permanecem à disposição do lesado. V., ainda, PESSOA JORGE, *Ensaio*, 277. No geral, sobre as várias modalidades destas cláusulas, v. ANA PRATA, *Cláusulas de exclusão e limitação da responsabilidade contratual*, Almedina: Coimbra (1985), 31-119. Cfr., para maiores desenvolvimentos, *infra*, § 9; 2.

[758] Assim, é determinante o facto constitutivo do negócio para a sua estabilidade aplicativa, a respeito do princípio da autonomia privada (fundamental, por todos, FERNANDO JOSÉ BRONZE, *Lições de Introdução ao Direito*, Coimbra Editora: Coimbra, 2002, 778 e ss. e respetiva nota 29). De notar que o problema congénere de aplicação da lei no espaço ficou implicitamente condicionado na apreciação *supra* sobre o objeto da ilicitude, reportada exclusivamente ao nosso ordenamento jurídico.

na vertente obrigacional[759]) para o apuramento da lesão ou perigo de lesão do bem jurídico subjacente. Este ponto decorre, como bem aponta Antunes Varela, da diferente regulação das normas jurídicas e das declarações negociais (9.º e 15.º e 236.º a 239.º, respetivamente)[760]. Note-se que esta análise não se confunde com aqueloutra respeitante à *conduta* do lesante – cronologicamente considerada –, enquanto substrato ontológico, sobre o qual recai o presente juízo; *i.e.*, não se confunde o *facto* potencialmente determinante de responsabilidade, e a sua concretização temporal, com o seu *desvalor objetivo*, o qual implica a confrontação daquela *realidade* com um conjunto de postulados normativos (agregados em categorias de ilicitude), os quais devem também ser temporalmente definidos; já que a estanquidade não é característica da nossa ordem jurídica, manifestamente. E quanto a este último aspeto, nota-se, novamente, diferenças materiais entre as modalidades de responsabilidade civil consideradas.

Em primeiro lugar, veja-se que os negócios devem ser interpretados e integrados conforme o direito vigente na *data da sua conclusão/realização*, fator que permite atribuir relevância integradora e interpretativa a modificações posteriores, de fonte convencional (*quod prius est libertatis postea fit necessitatis*, 406.º/1). O dogma da vontade possibilita, assim, a formação, modificação e extinção do negócio, dependente exclusivamente do consenso que as partes formem a todo o tempo. Atualiza-se, cronologicamente, o momento de referência para a interpretação e integração negocial, com observância das formalidades aplicáveis.

Pelo contrário, as alterações injuntivas processadas, por exemplo, por via legal ou por norma costumeira entretanto estabelecida, não alteram o ponto de referência interpretativo do negócio jurídico, mantendo a vontade das partes enquanto a *trave-mestra* referencial (inicial ou sucessiva, como visto) – ressalvada que seja a possibilidade de criação de normas interpretativas.

Em segundo lugar, e em consequência do ponto anterior, as *alterações* convencionais não têm, por regra, eficácia retroativa, devendo-se respeitar temporalmente a vontade atualizada no momento concreto de execução negocial[761]. O mesmo pode não suceder com alterações de natureza injuntiva (12.º/1), por exemplo, as que condenem a validade do negócio, embora não se possa *retroativamente* responsabilizar civilmente[762].

[759] Veja-se a importância das convenções limitativas de responsabilidade na vertente *extracontratual*; em Pinto Monteiro, *Cláusulas limitativas*, 389 e ss.

[760] *Ibidem*.

[761] Antunes Varela, *Das Obrigações*, I, 219.

[762] Rui Ataíde, *Responsabilidade Civil*, 1137.

II. O dinamismo da formação do juízo normativo obriga, por outro lado, a reconhecer a importância da conduta, como ponto de partida e limite das considerações normativas implicadas neste pressuposto. Embora a conduta seja sempre, numa perspetiva espácio-temporal, um *continuum*, é possível determinar *pontualmente* aquela sobre a qual possa recair o presente juízo normativo.

Por outro lado, não choca admitir que exista, ultrapassado o critério que presida àquela definição de pontualidade, um desvalor objetivo da conduta de tipo *contínuo* ou *persistente*, o qual se protele no tempo. Veja-se que, em relação às causas de justificação, a ilicitude pode ser subsequente ou anterior à conduta que esteja justificada ou, ainda, encontrar-se excluída quanto a certos agentes e não quanto a outros. A lesão do bem jurídico pode também, numa perspetiva de abrangência, ser de cariz *temporário* – *v.g.*, a privação do uso – ou *definitivo* – p. ex., a destruição do automóvel, *total* ou *parcial, etc.*

2. Pluralidade de ilícitos

I. Importa considerar que a autonomia dogmática das categorias de ilicitude consideradas não impede a sua *verificação múltipla*. E, no contexto da formação do título de imputação de danos, este juízo *reforçado* de ilicitude civil decorre tanto da verificação múltipla de várias categorias de ilicitude, como da subsunção múltipla do facto a várias realidades que compõem uma dada categoria.

Primeiramente, recorda-se que as categorias consideradas se reportam, como visto, à lesão do direito subjetivo ou perigo de lesão do interesse na modalidade delitual, e, na vertente obrigacional, de lesão do direito de crédito pelo devedor em concreto, considerando-se as várias formas que pode revestir em novo grau (prototipicamente de incumprimento definitivo, temporário ou de cumprimento defeituoso).

Pois bem, na via delitual, o mesmo facto pode violar *cumulativamente* o direito de outrem, bem como a norma de proteção; não sendo qualquer uma das categorias de ilicitude mencionadas aptas à exclusão da outra, nem à concentração das realidades que atomisticamente as compõem[763]. Por outras palavras, existem condutas que extravasam a conceptualização alcançada

[763] Sobre, em concreto, a relação normativa entre as duas modalidades de ilicitude, v. MAFALDA MIRANDA BARBOSA, *Lições*, 172 (nota 391). Resta saber se ainda estamos perante um concurso de normas (considerando, por sinal, que o artigo contempla várias regras) ou de fundamentos alternativos na previsão de uma mesma regra. Cfr., *supra*, § 5; 2.2 e, *infra*, § 17; 2.3.1, § 18; 2.2.1.

pela categorização unitária dos *delitos*, e podem violentar a posição jurídica conferida (ou reconhecida) ao titular por várias normas em simultâneo. Trata-se da violação, concomitante, de *direitos de outrem* e de *disposições legais destinadas a proteger interesses alheios*[764].

> O transportador circula em excesso de velocidade, danificando a carga que transporta, incumprindo a obrigação a que se encontra adstrito e violando a norma de proteção estradal.

A autonomia conceptual das categorias de ilicitude mencionadas sobrevive a uma eventual coincidência sucessiva em sede de tutela (imediata, pelo direito subjetivo, e mediata, pela norma de proteção) do mesmo bem jurídico. O presente juízo apoia-se, por outro lado, no argumento sistemático e valorativo inerente, na esteira de MAFALDA MIRANDA BARBOSA, à «*bifurcação criteriológica*» presente no n.º 1 do artigo 483.º[765]. Não se adivinha, portanto, qualquer relação de *consumpção* entre categorias de ilicitude consideradas ou de pretensa prioridade de uma sobre a outra, tendo em conta a divergência axiológica insanável resultante da tutela de bens jurídicos distintos, impeditiva, frisa-se, do estabelecimento de uma hierarquia entre ambas[766].

Por outro lado, como vimos, o mesmo argumento é erigido para a salvaguarda da violação atomística do conteúdo *da mesma categoria de ilicitude*, p. ex., no âmbito da primeira modalidade de ilicitude delitual, a mesma conduta pode lesar, autonomamente, o direito vida, à honra e à propriedade, tal como pode violar várias normas de proteção, no âmbito da segunda modalidade extracontratual[767]. Resta considerar a relação gerada entre as normas

764 MENEZES LEITÃO, *Direito das Obrigações*, I, 292.

765 MAFALDA MIRANDA BARBOSA, *Lições*, 171 e ss. A Autora sustenta a possibilidade de coincidência, pese embora a sua autonomia; *idem*, 172. Desenvolvidamente, v. a análise da relação entre ambas as cláusulas delituais na doutrina nacional, em ADELAIDE MENEZES LEITÃO, *Normas de Protecção*, 490–491, defendendo a cumulação normativa das ilicitudes, quando as normas de proteção protejam igualmente os bens tutelados por direito subjetivos, apelando à função consolidativa das normas de conduta, cuja aplicação não pode atenuar a proteção conferida pela violação daqueles direitos.

766 Não se transporta, portanto, a valorização inerente à colisão de direitos (335.º) quando uma destas categorias se reconduz a uma realidade distinta, de normas de proteção. Num outro sentido, os penalistas apelam, por referência ao bem jurídico em causa, a uma relação de subsidiariedade material ou implícita (*materielle oder stillschweigende Subsidiarität*) entre os crimes de dano e os de perigo, mas a ilação não se transporta para o domínio jusprivatístico; cf. anot. de PAULO PINTO DE ALBUQUERQUE ao art. 33.º CP, em *Comentário*, 216.

767 Essa violação múltipla é, aliás, pressuposta na generalidade dos casos de concurso plurisubjetivo de responsabilidade, ou seja, perante a atuação de vários lesantes, a título principal ou secundário;

que preveem esse direito ou a norma de proteção e conferem um sentido *global* de ilicitude, ainda que reforçado (*v.g.*, ainda se considera ilícita a lesão do direito de propriedade referente à roupa baleada da vítima de homicídio? A lesão do direito à vida *consome* a valoração da lesão da propriedade?)[768]. Em todo o caso, a conduta que se reporte a uma lesão múltipla *da mesma categoria de ilicitude* ocorre, por excelência, na responsabilidade *obrigacional*. No âmago da categoria de ilicitude obrigacional, reportada à falta *de cumprimento da obrigação*, é manifesta a possibilidade de cumulação de lesões do direito de crédito, nas suas várias vertentes: por regra, surge em termos *sucessivos*, inicialmente um incumprimento temporário, segue-se um cumprimento defeituoso, e, por fim, o incumprimento definitivo.

Pense-se no caso de A que contrata B para reparar a sua máquina de fogo de artifício com vista à celebração das festividades naquele ano. Estipularam que a reparação devia ser concluída duas semanas antes da passagem de ano. B incumpre o prazo estabelecido e, quando se propõe a reparar o equipamento, no dia 30 de dezembro, não o faz nos termos acordados. Sugere terminar o trabalho no dia 02 de janeiro do ano seguinte, embora o credor já haja perdido o interesse na prestação.

Se, na relação entre a mora do devedor e o cumprimento defeituoso, por um lado, e o incumprimento definitivo, por outro, se fundam indemnizações distintas – *a par da prestação* e *em lugar da prestação*, respetivamente[769] –, a indemnização fundada neste último, quando submetida ao *interesse contratual*

cf. Michael Fraenkel, *Tatbestand und Zurechnung bei § 823 Abs. 1 BGB*, BR, 51, Duncker Humblot: Berlim, (1979), 299-300. Também pode ocorrer, num outro contexto, perante a pluralidade de lesados, ao abrigo da lesão do mesmo direito (p. ex., à integridade física). Neste caso, a pluralidade de ilícitos impõe-se, embora não baste à verificação de um concurso normas; é diferente o regime penal, no qual a pluralidade de resultados típicos, referente a várias vítimas, permite a existência de um concurso efeito de crimes (cf. Figueiredo Dias, *Direito Penal*, I, 1171). Diferentemente, Eduardo Correia radica esta matéria no juízo de culpa, em particular na pluralidade processos resolutivos (cf. *Unidade e Pluralidade de Infrações*, II, 351 e ss.).

768 A preocupação penalista inerente a considerar que um tipo criminal esgota o valor do acontecimento relativo a factos concomitantes, os quais não serão punidos (*strafloser Begleitat*) não tem razão de ser no campo civil, destinado a fundamentar a transferência de todos os prejuízos sofridos pelo lesado e não ao desvalor do facto praticado. A autonomia das normas *mediatas* referentes à ilicitude, referentes ao direito de outrem, bem como as de proteção, impõe-se.

769 Paulo Mota Pinto, *Interesse*, II, 1473 e ss.

positivo do credor, agrega (e não absorve) os danos resultantes das primeiras realidades[770].

> Noutro exemplo, o devedor, em atraso quanto à entrega da coisa devida, destrói-a culposamente.

O mesmo processo ocorre no apuramento da responsabilidade do devedor em mora pelo risco de perda ou deterioração da coisa que deveria entregar (807.º), cuja responsabilidade *objetiva*, não olvida a necessidade de verificação de *culpa* na mora, num prisma constitutivo, porquanto esta é, segundo Menezes Leitão, a causa indireta dos danos sofridos pelo credor (*casus culpa determinatus*)[771].

Por outro lado, na relação contratual de tipo complexo, o mesmo facto poderá consubstanciar em simultâneo uma miríade de falta de cumprimentos contratuais, para além do dever principal: por violação de dever secundários ou *acessórios de conduta*[772]. Assim, num único momento de apuramento de responsabilidade, a conduta e as suas consequências são avaliadas por todas as realidades que atomisticamente a compõem, com respeito da sua individualidade, ainda que, a final, sejam *conjuntamente* consideradas na obrigação de indemnizar.

Conclui-se, assim, que a valoração axiológica inerente ao presente juízo normativo não se esgota, embora se baste, num dos focos singulares de ilicitude: podem coexistir, no âmbito da mesma responsabilidade, quer a lesão múltipla de realidades que integram cada uma das categorias de ilicitude[773], quer a verificação simultânea de ilicitudes de ambas as categorias que a mesma modalidade de responsabilidade considera. O mesmo se diga quanto à verificação concomitante da ilicitude delitual e obrigacional – incluindo neste último caso, claro está, as obrigações emergentes da lei em termos imediato (p. ex., deontológicas, ou constantes em diplomas avulsos, tal como os respeitantes ao direito do trabalho, do consumo ou à protecção de dados).

[770] Para a distinção entre o interesse contratual positivo e negativo, v., por todos, Paulo Mota Pinto, ob. cit., *passim*. V., ainda, a dificuldade de tratamento do tema pela ampla margem de conformação reconhecida ao credor; ob. cit., II, 1471 (nota 4180).

[771] Galvão Telles, *Direito das Obrigações*, 421; Menezes Leitão, *Direito das Obrigações*, II, 241. No mesmo sentido, Nuno Aureliano, *O Risco*, 462.

[772] V., *infra*, § 8; 2.2.3.

[773] Vaz Serra reportava-se à indiferença que o problema de concurso das ilicitudes delituais representa para efeitos de concurso de responsabilidade; em *Responsabilidade*, 210 (nota 200).

Num primeiro exemplo (quanto à pluralidade de ilícitos reportados à mesma categoria; no caso, a primeira categoria da modalidade delitual), A agride B e rouba-lhe a carteira. Em termos delituais, o comportamento de A consubstancia uma lesão múltipla dos bens jurídicos da primeira categoria de ilicitude delitual: lesa tanto o direito absoluto de propriedade de B, como o direito à sua integridade física; ou (na vertente obrigacional) C, vendedor, recusa a entrega ao comprador do eletrodoméstico vendido e o respetivo manual de instruções. A falta temporária de cumprimento do devedor, vulgo mora, decorre tanto da não realização da prestação principal, como da secundária, *i.e.*, da entrega do documento referente ao veículo (882.º/2)[774].

Num segundo exemplo (reportado à pluralidade de ilícitos relativos a categorias diferentes de ilicitude; no caso delituais), E conduz o seu automóvel em excesso de velocidade, pretendendo atropelar o seu vizinho, o que consegue fazer. A lesão da norma de proteção rodoviária que proíbe a circulação a uma velocidade superior a *x* km/h, qualificadora do excesso (norma de proteção) concorre com a lesão da integridade física (direito absoluto) na tutela dos danos sofridos pelo lesado em consequência do atropelamento.

Num terceiro exemplo – reportado à pluralidade de ilícitos pertencentes às categorias de ambas as modalidades de responsabilidade – o comodatário destrói negligentemente o computador emprestado pelo comodante. A conduta consubstancia tanto a lesão do crédito do comodante (al. a) do art. 1135.º), como do respetivo direito absoluto (de propriedade).

2.1. A autonomia das categorias de ilicitude; a lesão do crédito por terceiro

II. Pelo exposto, aponta-se, por vezes, a existência de uma *sobreposição parcial do conteúdo* da primeira categoria delitual sobre o da obrigacional: perante a referência a «*direito de outrem*», incluir-se-iam todos os direitos subjetivos, ou seja, os direitos absolutos e os relativos, particularmente a violação deste

[774] A propósito, cfr. PEDRO DE ALBUQUERQUE, *Direito das Obrigações*, Vol. I, Tomo I, Almedina: Coimbra (2017), 115. Se aquele documento integrasse a obrigação primária, a sua falta de cumprimento consubstanciaria, ao invés, uma hipótese de cumprimento defeituoso.

último, quando de crédito e pelo próprio devedor, havendo apenas uma especialidade da regulação deste pressuposto nos termos dos artigos 798.º e seguintes. Não se adere a este entendimento.

Em primeiro lugar, a ausência de uma relação normativa de *especialidade* entre as categorias de ilicitude consideradas – em particular do pressuposto de ilicitude presente no artigo 798.º perante o homólogo delitual[775] – é coerente com uma visão *verdadeiramente dualista* da regulação da responsabilidade civil[776].

Em segundo lugar, aquela especialidade pressupõe que a violação de *qualquer* direito subjetivo é tutelada pela primeira modalidade do artigo 483.º, enquanto *norma geral*, prevalecendo a regulação especial da via obrigacional (798.º) apenas em determinados casos de lesão de direitos de crédito. Essa relação normativa (de *género*, 483.º, e *espécie*, 798.º) não existe manifestamente, por ausência de comunhão de âmbitos[777], nem a responsabilidade delitual tem aptidão para se configurar como a matriz da responsabilidade civil[778]. Aliás, a principal confluência, em sede do concurso de responsabilidade, opera pelo confronto da violação de direitos absolutos ou de normas de proteção (do âmbito delitual) com o crédito previsto na via obrigacional. Pois bem, nessa hipótese apelar a uma relação de especialidade entre as responsabilidades (na regulação de créditos) não tem sequer cabimento.

Sem prejuízo, voltemos a analisar a regulação do crédito no plano delitual. Ora, tomando o exemplo da lesão do direito de crédito *por terceiro*, quando admissível[779], este não é enquadrável na ilicitude *obrigacional* dada a restrição,

[775] A propósito, sobre a inclusão dos direitos relativos no campo delitual, v., Fikentscher / Heinemann, *Schuldrecht*, § 107, II, 933-934. Não se conhece, sem surpresa, entendimento inverso, *i.e.*, de que a responsabilidade delitual seria especial, face obrigacional, de tipo geral.

[776] V., *infra*, § 14; 1.

[777] De forma emblemática Peter Arens, sufragando o entendimento clássico de Dietz, refere que não se pode qualificar como especial uma relação entre duas realidades quando diferem pela adição de outro, mais específico que o primeiro (*Zur Anspruchskonkurrenz bei mehreren Haftunggründen*, AcP 170, 1970, 402).

[778] Curiosamente, e por oposição, Galvão Telles distingue a modalidade obrigacional da extraobrigacional, uma vez que a primeira implica a falta de cumprimento de uma obrigação e a segunda revela-se «por exclusão de partes»; em *Direito das Obrigações*, 214 e 329. Contra, invocando a matriz conceptual da responsabilidade delitual, v. Menezes Cordeiro, *Da responsabilidade civil dos administradores*, 400 e ss. Também Santos Júnior caracteriza a responsabilidade delitual como a *matriz da responsabilidade civil*, em *Da Responsabilidade civil*, 213 (e respetiva nota 725), embora negue uma relação de especialidade (*Direito das Obrigações*, 281); sobre este último ponto, v., ainda, Miguel Teixeira de Sousa, *O Concurso de Títulos*, 323.

[779] Adere-se a um entendimento mitigado da eficácia externa das obrigações; cfr. as notas de rodapé seguintes.

quanto à autoria, da falta de cumprimento da obrigação: visa apenas o incumprimento da obrigação imputável à pessoa do *devedor*.

Não se apura – e este ponto é nevrálgico – se a conduta do terceiro pode ser desvalorizada em simultâneo por outra via (*v.g.*, penal ou delitual, por violação de uma posição absoluta, de que é exemplo o caso do terceiro que destrói a coisa comprada, impedindo a sua entrega); o que é claramente possível[780]. Trata-se, ao invés, de qualificar a *violação do crédito*, em si, por este terceiro. Ora, esta violação reconduz-se à primeira categoria delitual, de violação do direito de outrem (483.º/1), o qual:

i. não se restringe à violação de direito absolutos (a referência legal no artigo 483.º/1 é, sem restrições, a «*direitos de outrem*», de tipo subjetivo)[781];

[780] Admitindo a autonomia dos juízos de desvalor que recaem sobre o comportamento de terceiro na lesão do crédito, v. Ribeiro de Faria, *Direito das Obrigações*, I, 56.

[781] Fundamental, entre nós, Santos Júnior, *Da Responsabilidade Civil, maxime* 265 e ss., 412-424. V., ainda, em especial, Vaz Serra, *Responsabilidade de terceiros no cumprimento de obrigações*, BMJ 85 (1959), 345-360; Almeida Costa, *A eficácia externa das obrigações. Entendimento clássico da doutrina*, Estudos em Homenagem ao Prof. Doutor Manuel Henrique Mesquita, Vol. I, Universidade de Coimbra: Coimbra (2009), 521-530; Miguel Galvão Telles, *Direitos Absolutos e Relativos*, Estudos em homenagem ao Prof. Doutor Joaquim Moreira da Silva Cinha, Vol. I, Almedina: Coimbra (2005), 469-500; Rita Amaral Cabral, *A tutela delitual do direito de crédito*, em Estudos em homenagem ao Professor Doutor, Manuel Gomes da Silva, Coimbra, 2001, 1025-1053 e em *A eficácia externa da obrigação e o n.º 2 do art. 406.º do código civil*, Livraria Cruz Braga: Braga (1984), 47-48; Menezes Cordeiro, *Eficácia externa dos créditos e abuso do direito*, O direito, Volume I, Ano 141, 2009; Ferrer Correia, *Da responsabilidade do terceiro que coopera com o devedor na violação de um pacto de preferência*, RLJ, ano 98, (n.os 3308 e 3309), 355 e ss., 360 e ss., respetivamente. Recentemente, v. Maria de Lurdes Pereira, em *O que é a eficácia externa das obrigações e o que não é*, em *Código Civil*, II, 347-390. Sobre a violação do direito de crédito por terceiro no Direito Alemão, designadamente a sua inclusão do § 823, 1, BGB v. Rudolf Krasser, *Der Schutz vertraglicher rechte gegen eingriffe dritter*, Carl Heymanns Verlag KG (1971), 119-215 – com referências germânicas completas, v. Menezes Cordeiro, *Tratado*, VI, 417-423. A via prioritária tem sido, embora também duvidosa, a da inclusão desta violação pelo escopo da violação dos bons costumes (§ 826 BGB); v., sobre o ponto, ainda, Köhler, *Die „Beteiligung an fremden Vertragsbruch" – eine unerlaubte Handlung?*, FS Canaris, Vol. I (2007), 591; Koziol, *Die Beeinträchtigung fremder Forderungsrechte*, 1967, e no escopo da indução ao incumprimento contratual (*Verleitung zum Vertragsbruch*), v. MüKoBGB/Wagner (8.ª ed., de 2020) BGB § 826, n.os 75-81, bem como Fikentscher/Heinemann, *Schuldrecht*, § 109, III, 798.
Sem prejuízo das obras especializadas, algumas previamente indicadas, a questão é também objeto de tratamento manualístico, denunciando três posições distintas, reportada aos vários elementos da relação obrigacional (sujeitos e objeto), a saber: (1) a *clássica*, à luz do entendimento de Cunha Gonçalves, mediante a qual se nega a eficácia externa das obrigações (406.º/2), e, neste contexto, a tutela delitual do crédito, a qual se restringe a enquadrar a violação de direito absolutos (*Tratado*, XII, 742-743); neste sentido, v. o entendimento, à luz do Código de Seabra, de Guilherme Moreira (*Instituições*, II, 6); Manuel de Andrade (*Teoria Geral das Obrigações*, 51). Ao abrigo do

ii. não integra uma cláusula geral do *abuso do direito*, por aplicação da doutrina alemã, com base no § 826 BGB (sem paralelo no Direito Português)[782]; e

nosso Código, este corresponde ao entendimento de Vaz Serra (*responsabilidade de terceiros*, 345); Rui de Alarcão (*Direito das Obrigações*, 61 e ss.); Antunes Varela (*Direito das Obrigações*, I, 172-182); Almeida Costa (*Direito das Obrigações*, 91-101, com referências completas no plano nacional, 93-5, nota 2); Ribeiro de Faria (*Direito das Obrigações*, I, 48-57, embora com exceções). No polo oposto, surge (2) a doutrina apologista da eficácia externa *ilimitada* do crédito, sustentada no dever geral de respeito, o qual proíbe a lesão de qualquer direito (cf. Cabral Moncada, *Lições de Direito civil*, 71). É, atualmente, a orientação francesa, com base no art. 1200, I Code (*Les tiers doivent respecter la situation juridique créée par le contrat*; cf., com análise, Dário Moura Vicente, *Direito das Obrigações*, II, 43), embora não escape a pesadas críticas (v., a propósito, a análise de Ribeiro de Faria, 49 (nota 84)). A tese de síntese (3) é denominada de *intermédia* e mitiga a aceitação ilimitada da oponibilidade dos créditos perante terceiros, seja mediante (3.1) o apelo à figura do abuso do direito (334.º) conformado enquanto o abuso *de autonomia privada* ou de um exercício inadmissível da sua liberdade de ação (cf. Manuel de Andrade, *Direito das Obrigações*, 55, seguindo-se o apoio da Escola de Coimbra, entre os quais, Ferrer Correia, *Da responsabilidade de terceiro*, 50 e 51. Na Escola de Lisboa, Menezes Leitão, *Direito das Obrigações*, I, 95; Dário Moura Vicente, *Direito das Obrigações*, 211-213, 432-436) – seja (3.2) por se exigir uma culpa agravada, mediante a forma de dolo, para responsabilidade este terceiro (neste sentido, v., Santos Júnior, *Da responsabilidade*, *passim*, e em *Direito das Obrigações*, 70; Pessoa Jorge, *Direito das Obrigações*, 599; Romano Martinez, *Direito das Obrigações*, 31; Pinto de Oliveira, *Direito das Obrigações*, I, 251-276). Numa posição própria inicial, Menezes Cordeiro afirmava que a «*oponibilidade fraca do crédito é, pois, total*» (*Direito das Obrigações*, I, 259). O A. veio a retomar a adesão ao último entendimento em *Eficácia externa: novas reflexões*, 778, e em *Tratado*, VI, 431 (nota 1519). Pela nossa parte, aderimos ao último entendimento, na segunda vertente apontada (v., sobre as críticas a este entendimento, a nota de rodapé seguinte). Não é sustentável o reconhecimento de uma liberdade *total* de atuação dos terceiros em relação ao crédito. Por outro lado, também não é claramente suficiente (note-se este apelo de Larenz/Canaris, no contexto da aplicação do disposto no § 826 BGB) o mero *conhecimento* da existência de outro vínculo para se fundar esta responsabilidade, pela lesão do crédito alheio (*Lehrbuch des Schuldrechts*, II, BT, II, § 78, IV, 455 e ss.). Por fim, uma última questão impõe-se: qual a qualificação da responsabilidade emergente pela lesão do crédito, entre o binómio delitual/obrigacional? O enquadramento anterior é esclarecedor: a integração desta lesão no artigo 483.º/1 confirma a natureza *delitual* da responsabilidade emergente. Este entendimento é, aliás, maioritário, entre nós. Acompanha, de resto, o entendimento francês; cfr. Santos Júnior, *Responsabilidade Civil*, 345; Galvão Telles, *Direito das Obrigações*, 20; Menezes Cordeiro, *Tratado*, VI, 448; Rita Amaral Cabral, *A tutela delitual do direito de crédito*, 1051. Pedro Múrias admite expressamente esta possibilidade ao afirmar «[o]s arts. 798.º e s. só regulam as relações entre credor e devedor, tudo o resto poderia caber no art. 483.º», em *A responsabilidade*, 184 (nota 69). Contra, rejeitando a equiparação de um direito de crédito aos direitos absolutos, v. Carneiro da Frada, *Teoria da Confiança*, 239 (nota 199). Também em sentido contrário veja-se o entendimento de Demongue, com base na ficção de uma assunção de dívidas pela interferência realizada pelo terceiro, afastada por Santos Júnior, *Responsabilidade de Terceiro*, 329, mas não por Ribeiro de Faria, *Direito das Obrigações*, 49 (nota 84).

782 O apelo ao abuso do direito conforma-se na atribuição de relevância a um exercício abusivo da autonomia privada, segundo Menezes Leitão, *Direito das Obrigações*, I, 302 e 308. Neste sentido,

iii. é conforme à tutela de outros direitos (subjetivos) de tipo não absoluto (tal como a posse[783]).

A pretensa especialidade desvanece-se, quando se enquadra, na esteira de Santos Júnior, a *ilicitude no escopo do dever violado*, ou seja, uma combinação

embora sem a segunda precisão, já se havia pronunciado Ferrer Correia, em 1965 (*Da responsabilidade de terceiro*, 50 e 51), apoiando-se nas lições de Manuel de Andrade (*Direito das Obrigações*, 55). Foi também a proposta de Vaz Serra para o nosso Código (*Responsabilidade de terceiros, idem*). A fundamentação, embora sugestiva, não convence. O chamamento à colação desta figura limita (e isso é positivo) a (potencialmente) excessiva amplitude da responsabilidade por lesão do crédito, mas não é manifestamente adequada a restringir o exercício da liberdade geral de ação por uma visão conceptualista da situação jurídica em causa. Na expressão emblemática de Ribeiro de Faria (*Direito das Obrigações*, I, 55), «com a válvula de escape presentada pelo conceito de abuso do direito, correr-se-á o perigo de fazer entrar pela janela o que antes se tinha feito sair pela porta» (embora o A. venha admitir a aplicação da figura em moldes limitados; v., *idem*, 56, nota 98).
Em todo o caso, o problema da limitação da responsabilidade persiste: enquadrando-se a lesão do crédito como uma simples violação do *direito subjetivo* (de crédito), colocam-se grandes reservas ao *fundamento* que preside à restrição da responsabilidade emergente, nomeadamente ao abrigo da segunda vertente da tese limitada, previamente enunciada e à qual aderimos. Reconduzindo-se a responsabilidade emergente à qualidade *delitual*, a modalidade abrange, como é sabido, ambas as formas de culpa, incluindo a negligência (483.º/1). Ora, não é admissível a inclusão da lesão do crédito por terceiro nas ofensas delituais, para depois se negar parcialmente o regime da culpa, limitando-o ao dolo. Estaríamos, neste caso, a criar um *subtipo* de responsabilidade delitual baseada exclusivamente em culpa agravada. O que se revela também inadmissível – daí que o apelo à figura do abuso do direito ou do disposto no § 826 BGB, por violação dos bons costumes, exigindo-se (note-se) o dolo do agente, seja fortemente sugestivo. A fundamentação é outra, supomos. E esta não é uma falha dos apologistas da aptidão do escopo delitual (483.º/1) para fundamentar a responsabilidade civil de terceiro pela lesão do crédito de forma moderada e com base em culpa. Veja-se que, para Santos Júnior, mesmo quando se admitam os moldes tradicionais de culpa, é de difícil verificação uma situação de *negligência* de terceiro na lesão de crédito (*Da Responsabilidade*, 551-552). Por outro lado, o sistema delitual contende com a forma de culpa atenuada em certas hipóteses e noutras não, prossegue o ilustre Autor, ancorando-se no pensamento de autores italianos como F. Ziccardi e Patrizia di Martino (*ibidem*). Acrescentaríamos apenas o seguinte: a admissibilidade (manifesta) da culpa sob a forma *negligência* pela lesão do crédito não implica, naturalmente, a responsabilidade do agente. Para tal, é necessário apurar os demais requisitos do título de imputação de danos, entre os quais se conta o nexo de causalidade delimitador dos prejuízos ressarcíveis por esta lesão (a demonstrar), relevando, por outro lado, elementos legais atenuadores desta responsabilidade, quando a título delitual (p. ex., 494.º especialmente importante nesta sede). A assimetria entre as modalidades de responsabilidade permite, nestes termos, beneficiar o lesante a título delitual, embora outros aspetos do regime lhe sejam desfavoráveis, tal como a responsabilidade solidária (490.º e 497.º) ou a tutela (irrestrita) de danos não patrimoniais (496.º).

783 Menezes Leitão admite a tutela da simples posse pela responsabilidade civil (1284.º), bem como dos direitos familiares de natureza patrimonial e do «direito à empresa» – em *Direito das Obrigações*, I, 302-305 – pese embora defenda a natureza não absoluta daquele direito em *Direitos Reais*, 151–153.

entre (*i*) a relação prévia entre os sujeitos e (*ii*) o tipo de dever violado: no escopo delitual, a ilicitude reconduz-se à violação do dever *geral* de respeito do direito alheio (*neminem laedere*), independentemente do direito a que o dever se reporte (incluindo os de crédito, quando por terceiro); por sua vez, a ilicitude obrigacional, abrange a violação do dever *específico* (obrigação em sentido técnico) que vincula o *devedor*[784]. Para além de determinar a natureza delitual da responsabilidade *do terceiro*, por lesão do direito de crédito, este é também o critério esclarecedor da natureza da *responsabilidade por omissão* (486.º).

No âmbito da responsabilidade por omissão, como vimos[785], o dever jurídico de agir pode emergir de fonte *convencional* ou *legal*[786]. Neste ponto, para além da previsão genérica contratual (798.º), assume particular interesse a previsão no âmbito delitual (486.º), a qual contempla expressamente ambas as fontes do dever. Nas diferenças de regime resultante das normas mencionadas, sedimentam-se as diferenças entre as modalidades consideradas. Vejamos. Enquadra-se, na segunda figura (486.º), de fonte legal e com especialidade, a responsabilidade das pessoas obrigadas à vigilância de outrem (491.º), por danos causados por edifício ou outras obras (492.º) e por coisas, animais ou atividades (493.º)[787]. Ao elenco delitual, tem-se aditado um conjunto de novos deveres, denominados de

[784] Santos Júnior, *Da Responsabilidade Civil*, 211-213 (212). Neste sentido, também, Galvão Telles, *Direito das Obrigações*, 20; Rita Amaral cabral, *A tutela delitual do direito de credito*, 1030; Menezes Cordeiro, *Direito das Obrigações*, II, 344, *Tratado*, VIII, 448; Dário Moura Vicente, *Direito Comparado*, II, 434-435 (invocando a impossibilidade culposa da vítima em cumprir a obrigação alimentar); e, ainda, Miguel Teixeira de Sousa, *O Concurso*, 144. Este último A. invoca, que a exclusividade subjetiva inerente à violação obrigacional (restrita ao devedor) não se transporta para o escopo delitual, o qual visando terceiros, pode, naturalmente, incluir o devedor (*idem*, nota 19). Contra, Antunes Varela, *Direito das Obrigações* I, 533; Almeida Costa, *Direito das Obrigações*, 562; Menezes Leitão, *Direito das Obrigações*, I, 302; Carneiro da Frada, *A responsabilidade objetiva por facto de outrem face à distinção entre responsabilidade obrigacional e aquiliana*, em Direito e Justiça, XII, Tomo 1 (1998), 297-311 (307). Embora este Autor reconheça ao direito delitual «uma função genérica de protecção das ordens disciplinadoras de interação, nomeadamente a contratual», em *Contrato e Deveres de Protecção*, 107.

[785] V., *supra*, § 6; 1.2.

[786] Neste sentido, Almeida Costa, *Direito das Obrigações*, 559. O Autor considera ser devida uma «alusão genérica à ordem jurídica», carreando o dever de agir penal para o plano juscivilístico, com base numa interpretação lata do dever mencionado no art. 486.º (*idem*, 560 e 561 (nota 3). Ver, ainda, Pedro Pitta e Cunha, *Omissão e dever de agir*, 139 e ss., 213 e ss.

[787] Pires de Lima e Antunes Varela, *Código Civil*, I, 487. Sobre outras fontes do dever de agir, v. a anotação de Antunes Varela ao ac. do STJ, de 26-Mar-1980, RLJ, 114, 40 e ss.

segurança no tráfego[788]. Por outro lado, sistematicamente fora deste âmbito delitual (483.º e ss.), encontram-se várias previsões de um dever jurídico de agir de fonte legal, tal como o de auxílio entre pais e filhos (1874.º). A redação do preceito não foi, de facto, a mais feliz, e dificulta a tarefa de delimitação da fonte do dever que contempla: não existe consenso sobre o que se deva entender por «força da lei ou de negócio jurídico», embora a tarefa de importação dos deveres de garante penalistas (10.º/2 CP) seja um elemento fundamental, com base num entendimento não conceptualista ou restritivo da fonte da omissão delitual. A identificação das características essenciais destes elementos pertencentes a um tipo não taxativo é, portanto, essencial à sua boa aplicação a outras situações, não previstas[789].

Note-se que, no quadro da responsabilidade por omissão, não basta a natureza *específica* do dever para fundar a responsabilidade *delitual*: para um entendimento deste tipo – do qual nos afastamos, note-se –, qualquer incumprimento obrigacional típico (omissivo) acarretaria sempre responsabilidade (também omissiva) *delitual* do *mesmo agente*[790]. Não é esta,

[788] Menezes Leitão, *Direito das Obrigações*, I, 297; Santos Júnior, *Direito das Obrigações I*, 298. Ver ainda, por todos, Rui Ataíde, *A responsabilidade*, *passim*. A referência *formal* à segunda fonte do dever de agir (a lei) não se restringe às hipóteses mencionadas, em sentido estrito, antes abrange os princípios gerais de Direito. Neste sentido, Pedro Pitta e Cunha, *Omissão e Dever*, 144-147 e 216. Por outro lado, acompanha a relevância da *ingerência* na tradicional da doutrina penalista da omissão nos crimes por omissão impuros (comissivos por omissão ou de comissão por omissão). Com base no artigo 10.º CP, equipara-se o crime praticado por omissão aquele praticado por ação, contrariamente ao de tipo puro, que só conhece tipicamente aquela primeira forma (*v.g.*, paradigmático, o crime de omissão de auxílio, p. e p. pelo art. 200.º CP) – com base no dever jurídico de agir com base na lei (em termos mediatos), no negócio jurídico e na *ingerência*. Assim, Pedro Pitta e Cunha, ob. cit., 149 e Rui Ataíde, ob. cit., 34. Aderindo a uma interpretação extensiva do preceito, v., ainda, Vaz Serra, *Obrigação de indemnização*, 109 e ss., bem como Almeida Costa, *Direito das Obrigações*, 558-560.

[789] Sobre a importação das fontes do dever de garante penal, incluindo aquelas vistas na nota anterior, designadamente em resultado «da situação de proximidade do agente relativamente ao bem jurídico tutelado – característica das relações familiares ou análogas, da assunção de funções de guarda e assistência ou da comunidade de vida e de perigos – ou à fonte do perigo – em razão da ingerência, da adstrição ao dever de fiscalização da fonte de perigo ou de um domínio próprio ou ao dever de vigilância de outrem.», v. Elsa Vaz de Sequeira em anotação ao art. 486.º, *Comentário ao Código Civil*, 296.

[790] É particularmente complexa a admissibilidade de uma *dupla omissão* referente ao mesmo agente, a nível obrigacional e delitual. À partida, esta deve ser negada, como exposto *supra*, partindo da omissão do dever obrigacional (p. ex., o incumprimento do dever de reparação do veículo com uma falha no sistema elétrico, o qual se vem a incendiar), sob pena de hiperextensão da via delitual derivada do simples facto de *qualquer* vínculo negocial fundar um dever de agir neste campo (486.º). No exemplo, muito contestado, de Dietz (*Anspruchskonkurrenz*, 280), o A. nega (e bem)

manifestamente, a solução legal, a qual conduziria a resultados absurdos. Pois bem: ao abrigo de um critério dual, reportado, tanto (1) à *natureza* do dever, como (2) à *qualidade* dos sujeitos, é possível determinar a natureza da responsabilidade civil por omissão, se delitual ou obrigacional, independentemente da inserção sistemática das previsões. Assim, a responsabilidade por omissão, ao obrigar à existência de um dever específico de agir (independentemente da sua fonte[791]) qualifica a responsabilidade emergente como *obrigacional*, quando se situe no âmbito das relações entre credor e devedor, e *delitual*, nos demais casos, prototipicamente perante terceiros. São possíveis várias combinações a este nível, p. ex., pelo incumprimento do dever contratual de vigilância de um menor, o *vigilante* contratado responde delitualmente, tanto perante o terceiro (491.º),

a responsabilidade delitual do empreiteiro que não repara o prédio que veio a desabar sobre o dono de obra, invocando que não existe fundamento delitual que obrigue um terceiro a evitar danos na propriedade alheia, mas apenas contratual. Pese embora a adesão significativa a esta tese, vários AA. nacionais apontam-se reservas: em primeiro lugar, Miguel Teixeira de Sousa entende que o dever geral de ação (contratual) e o de dever genérico de omissão podem ser subsumíveis a uma mesma responsabilidade delitual, quando sejam subsumíveis ou recíprocos (*O Concurso*, 154), defendendo que, no exemplo de Dietz, existe um concurso de pretensões. Acrescenta, a seu favor, o exemplo da recusa injustificada de devolução da coisa comodatada, na qual coexistem omissões, de tipo delitual e obrigacional. Veio aderir a este entendimento Mafalda Miranda Barbosa, *Lições*, 21 (nota 21). Podemos, no entanto, distinguir as situações, partindo dos exemplos, claro. De facto, no primeiro exemplo, inexiste uma omissão delitual relevante, porque inexiste o *dever de agir* neste campo: o contrato não tem manifesta aptidão para fundar um dever de agir delitual *entre* (note-se) *as partes contraentes* (486.º) e não se depreende do caso a emergência de um dever de tráfego. A omissão do dever de agir *contratual* (cuja fonte obrigacional é o contrato de empreitada) é tutelada exclusivamente em termos obrigacionais. É diferente o exemplo do comodatário que se recusa a devolver a coisa emprestada: aqui não ocorre uma omissão delitual, por «falta de devolução». Ao invés, o estado, em si, de detenção da coisa alheia sem causa jurídica justificativa é ilícito a partir do momento em que o contrato não permite ao (anterior) comodatário essa mesma retenção: este não é sequer o campo da omissão, mas o da definição temporal do momento, a partir do qual se considera existir uma *ação delitualmente relevante* por violação do direito de propriedade do terceiro (também comodante). Afinal, este exemplo aproxima-se do caso em que alguém adquire em erro uma coisa alheia, desconhecendo *sem culpa* que a coisa não lhe pertencia. Neste último exemplo, a partir do momento em que o sujeito tem conhecimento de que a coisa é alheia pode ser responsabilizado: o erro, que afastava a culpa, desaparece e o título de imputação de danos subjetivo completa-se. Ora, também neste exemplo, não se pode apelar a uma omissão delitual por incumprimento do «dever de devolver a coisa alheia». Esse *dever* não existe, claramente. Ao invés, a ilicitude decorre da lesão *por ação* (privação) da propriedade de terceiro, embora o agente estivesse no momento da sua prática em erro (elemento que revela exclusivamente para o fator *culpa*). Sobre a relação entre as pretensões indemnizatórias e as reais, v., *infra*, § 12; 2.5.

[791] Neste sentido, Menezes Cordeiro, *Tratado*, VIII, 436; *supra*, § 4. Contra, Santos Júnior, *Direito das Obrigações*, I, 292-293.

como perante o menor (486.º)[792], bem como e por acréscimo, obrigacionalmente perante os pais (798.º e ss.).

Reveste particular interesse clarificar que o negócio (fonte do dever específico) pode ser *apenas* a causa indireta da violação, e, nesta medida, não obriga a qualificar a responsabilidade emergente enquanto obrigacional, designadamente no que respeita a terceiros. Por outras palavras, Rui Ataíde esclarece que, no caso particular dos deveres do tráfego, «o consenso negocial funciona aqui como mero facto jurídico *stricto sensu*, do qual promanam por via heterónoma deveres específicos de conduta». Por este motivo, as previsões mencionadas (486.º e 491.º a 493.º), situadas sistematicamente no âmbito delitual, geram – e este aspeto é fundamental – responsabilidade *obrigacional* quando o dever jurídico ligue *credor* e *devedor*, isto é, quando a omissão consubstancie a violação do *dever de prestar*[793]. Assim, regressando à responsabilidade delitual e exemplificando, a (*i*) violação do contrato com *proteção a favor de terceiro* (não sendo reconhecida a este terceiro a qualidade de credor, contrariamente à posição jurídica reconhecida no contrato com *a seu favor*[794]), (*ii*) os casos *tipificados* de responsabilidade por omissão, quando perante terceiros (491.º a 493.º)[795], bem como (*iii*) os demais casos de omissão, não tipificados[796] perante terceiros (486.º; *v.g.*, quando o responsável transfere

[792] Pires de Lima e Antunes Varela, *Código Civil*, I, 488.

[793] É totalmente esclarecedor o entendimento de Ruí Ataíde, quando o ilustre Professor afirma «A previsão genérica do artigo 486.º foi concretizada na delegação negocial dos deveres de vigilância de incapazes naturais (artigo 491º), coisas móveis ou imóveis (artigo 493º/1), conservação de edifícios e outras obras (artigo 492º/2), sem criar qualquer colisão com o regime obrigacional, pois estas normas visam a proteção não do credor/transmitente – a quem continua reservada a disciplina do incumprimento fixada nos artigos 798º e seguintes – mas dos interesses de integridade de terceiros, eventualmente lesados pelo inadimplemento dos cuidados devidos.», em *Responsabilidade Civil*, 947. No mesmo sentido, Miguel Teixeira de Sousa, *O Concurso de Títulos*, 323 e ss.; Menezes Cordeiro, *Tratado*, VIII, 588, Carneiro da Frada, *Contrato e deveres de protecção*, 172; Pedro Pitta e Cunha, *Omissão e Dever*, 153; e Elsa Vaz de Sequeira, *Comentário ao Código Civil*, 299.

[794] V., *infra*, § 8; 2.2.2.

[795] Rui Ataíde, *idem*, 948, e em *Os Deveres*, 1002. A identificação das normas emergentes dos artigos 491.º, 492.º e 493.º, enquanto deveres do tráfego nem sempre é feita (cf. Menezes Cordeiro, *Tratado*, VIII, 437 e 588-589).

[796] Menezes Cordeiro, Tratado, VIII, 571-589. Neste sentido, Rui Ataíde inclui aquelas previsões em sede dos deveres do tráfego, em obediência ao tratamento tripartido que distingue entre (1) responsabilidade por um "campo", (2) pelo controlo de perigos e (3) por assunção de uma tarefa. (*Responsabilidade civil*, 279 e ss.); o presente entendimento não prejudica, como visto, a distinção da natureza da responsabilidade gerada.

o seu dever para um terceiro, auxiliar[797]), qualificam a responsabilidade emergente como *delitual*, por falta daquela qualidade aos sujeitos, *i.e.*, a de *credor* e *devedor*.

Um segundo fundamento elucidativo da autonomia das categorias delituais, reporta-se à perturbação do direito de crédito, para efeitos da responsabilidade delitual. Em caso de invalidade da fonte da obrigação específica, não se poderá falar, em regra (com exceção da subsistência dos deveres acessórios de conduta), de *falta de cumprimento* da obrigação (*v.g.*, em caso de nulidade e anulabilidade, com eficácia retroativa, 289.º/1) e – e este é o aspeto principal – o juízo normativo sobre facto não *reverte* para uma ilicitude delitual[798]. Contudo, a outra conclusão (inadmissível, a nosso ver) obrigam-se os adeptos da especialidade entre ilicitudes, ao enquadrarem a responsabilidade obrigacional enquanto uma mera regulação *especial* dos direitos subjetivos contidos na norma-padrão da modalidade delitual (483.º/1).

Pelo contrário, é possível verificarem-se simultaneamente ambas as categorias de ilicitude das modalidades de responsabilidade em análise[799], sem quebra de autonomia; ou seja, o juízo de ilicitude nunca homogeneíza as ilicitudes das modalidades consideradas. Por outras palavras, o sistema não se esgota num único juízo normativo agregador de todas as categorias de ilicitude verificadas, que desvaloriza globalmente, e de forma objetiva, a conduta do lesante[800].

Esta cumulação genética de ilicitude na formação do título de imputação de danos opõe-se àquela de tipo *sucessivo*, do qual não nos ocupamos. O exemplo paradigmático desta última hipótese reconduz-se

[797] O exemplo é de Elsa Vaz de Sequeira em anotação ao art. 486.º, *Comentário ao Código Civil*, 487. A responsabilidade dos auxiliares do devedor é, também, exclusivamente delitual; v., *infra*, § 7; 1.

[798] Em sentido paralelo, v. Romano Martinez, A. que confronta as consequências (às quais não aderimos) da aceitação da prevalência do prazo prescricional obrigacional mais curto do que o delitual em caso de nulidade ou resolução do contrato, tal como sucede no âmbito do cumprimento defeituoso; *Cumprimento defeituoso*, 231.

[799] Neste sentido, Elsa Vaz de Sequeira, *Comentário Ao Código Civil – Direito das Obrigações*, 277. Sobre o tema, v., por todos, Mafalda Miranda Barbosa, *Lições*, 171 e ss. No Direito Alemão, admitindo o concurso das previsões delituais (§§ 823, I e II e 826 BGB), v. Larenz, *Lehrbuch*, II, BT, II, § 77, I, 2 b), 432.

[800] Confira-se, aliás, no plano germânico a inadmissível a demissão de censura delitual do comportamento que consubstancie em simultâneo um ilícito obrigacional; cf. a anotação de Förster em *BeckOK* BGB (56.ª ed., 1-Nov-2020), BGB § 823, n.os 62, 63.

à falta de cumprimento da *obrigação de indemnizar* (frisa-se) fundada em responsabilidade *extracontratual*, a qual gera, *ex novo*, responsabilidade (secundária) a título *obrigacional* do lesante (805.º/3)[801].

A não diluição do juízo normativo de ilicitude, aquando da verificação de ambas as categorias de ilicitude, (*a*) salvaguarda a posição do lesado (ao não permitir que se gere, p. ex., um terceiro tipo de ilicitude, homogeneizado[802]), (*b*) permite a formação de múltiplos títulos de imputação (cumprido os demais pressupostos), e, a final, em *sede de exercício*, (*c*) admite a opção pelo juízo normativo inerente a determinada ou a ambas as modalidades de responsabilidade, de acordo com as vertentes do regime associadas que melhor lhe convirem[803]. Todavia, aquela consideração simultânea de várias ilicitudes, ainda que autónomas, *não permite*, como adiante se demonstrará, a quebra de identidade das categorias de ilicitude, para efeito da verificação dos demais pressupostos de formação do respetivo título de imputação, nem o aproveitamento das consequências do regime de outra modalidade de ilicitude.

Num exemplo, o empreiteiro não realizou, como acordado, a reparação da parede do dono de obra ao domingo, na residência deste, aproveitando o facto, para, conjuntamente com um terceiro, lhe danificar o automóvel que se encontrava noutro local. No escopo da conduta ativa que lesa o direito de propriedade do dono de obra, relativo aos danos produzidos no seu automóvel, o lesante *não responde* a título obrigacional, p. ex., com culpa presumida (799.º/2) ou no prazo prescricional ordinário de vinte anos (309.º). No escopo da conduta omissiva que falta ao cumprimento da obrigação específica de realização de obra, o lesante *não responde* a título delitual, p. ex., pelo dano não patrimonial provocado pelo ligeiro atraso na reparação da parede (496.º), nem o terceiro solidariamente com este (497.º).

[801] É especialmente relevante o processo de valoração axiológica inerente à mesma conduta como uma (des)consideração da lesão múltipla do mesmo bem jurídico ou da confluência de tutela, tal como suscita a matéria dos pós-delitos. V., relativamente à consideração do facto como uma «união normativo-social de sentido», a investigação de Inês Ferreira Leite, *Ne (idem) bis in idem*, I, *maxime* 1025-1038.

[802] Cfr., *infra*, § 17; 2.3.2.

[803] Cfr., *infra*, § 18; 2.2.2.

Entre as modalidades consideradas, a autonomia do presente juízo normativo manifesta-se pela falta de conexão entre as categorias, reconduzidas ao *delito* e ao *incumprimento*, em termos genéricos. Note-se: *o incumprimento*, em si, *não gera um delito*[804], mas o *evento determinante* subjacente à falta de cumprimento pode gerar (*v.g.*, a recusa do comodatário em devolver a coisa emprestada, findo o prazo convencionado ou a destruição da coisa transportada, além de incumprimentos em sentido técnico, lesam delitualmente a posição jurídica do proprietário[805] – sendo esta hipótese a de maior relevância em sede de concurso de responsabilidade –, tal como, a título marcadamente excecional, perante aquele evento que consubstancie o *cumprimento* da obrigação[806]). Neste último caso, o *cumprimento* não se reconduz, à partida e em simultâneo, à prática de um delito[807], mas tal pode ocorrer em sede de *execução* (p. ex., o cumprimento da obrigação de entrega no âmbito de uma venda de bens alheios).

> Quando o interesse subjacente ao cumprimento corresponda ao interesse de integridade dos contraentes, tipicamente delitual, é particularmente difícil delimitar o espaço da modalidade concorrente. Este enquadramento leva a que ESSER/SCHMIDT excluam o regime da responsabilidade delitual e neguem a relevância, teórica ou prática, do concurso de responsabilidades: para os Autores, a exclusão da modalidade delitual impõe-se porquanto, nestes casos – recorrendo ao exemplo do depositário (§§ 688 e ss. BGB) –, (*i*) são comunicáveis os efeitos da limitação de

[804] Nem é, por sinal, o que sucede na esmagadora maioria dos casos; cfr. PETER ARENS, *Zur Anspruchskonkurrenz*, 402.

[805] Assim, MIGUEL TEIXEIRA DE SOUSA afirma expressamente: «a recusa injustificada de entrega da coisa comodatada pode envolver, independentemente da responsabilidade pelo incumprimento, ilicitude extracontratual relativamente aos danos decorrentes da falta da sua restituição atempada.», *O Concurso*, 154. É também altamente sugestiva a hipótese gizada por CATARINA MONTEIRO PIRES quanto à relevância do comportamento abusivo (334.º; eventualmente delitual), perante a alienação a terceiro do bem dado em garantia por parte do beneficiário na pendência da mesma (a par do incumprimento referente à violação da *convenção fiduciária*, 798.º e ss.); em *Alienação em Garantia*, Almedina: Coimbra (2010), 197-198.

[806] Expressivamente, apela-se, no direito suíço, a uma violação delitual concomitante ao incumprimento; cfr. MARKUS MÜLLER-CHEN, *Probleme des dualistischen Haftungskonzepts*, Der Haftpflichtprozess 2008, Schulthess: Zurique (2008), 15.

[807] No âmbito obrigacional, o delito é (*i*) causa de nulidade inicial do negócio (280.º e 294.º), por contrariedade à lei, causa de (*ii*) impossibilidade originária da prestação (401.º/1) ou, independentemente da fonte, de (*iii*) impossibilidade superveniente da obrigação (790.º); cfr., a propósito de uma «impossibilidade jurídico-normatica», CATARINA MONTEIRO PIRES, *A impossibilidade*, 117 e ss.

responsabilidade (cf. § 690 BGB), e (*ii*) o apuramento desta forma de responsabilidade depende da consideração de uma conduta *adicional*, a qual não seria exigível na ausência do vínculo obrigacional[808]. Embora sugestiva, não se adere à presente posição. Os efeitos *comunicantes* das cláusulas e das normas que limitam a responsabilidade sedimentam de um ponto de vista constitutivo as suas diferenças, aproximando-as apenas teleologicamente, em particular atendendo àquilo que foi convencionado pelas partes. Por outro lado, o enquadramento devido dos títulos da imputação, em plena autonomia, satisfaz a legítima preocupação de não se considerar delitualmente relevante uma conduta praticada no contexto obrigacional. À partida, a precedência da validade substancial do vínculo impõe restrições à qualificação da conduta realizada ao seu abrigo – impossibilitando-se, nestes termos, quando contrária à lei (*v.g.*, consubstanciando a prática de um delito, 280.º) e quando a invalidade assim o defina, a qualificação da respetiva conduta como de *cumprimento*. Reportando-se a conduta ao inadimplemento da obrigação, nada obsta a que consubstancie, em simultâneo, a prática de um delito. Mas esta segunda qualidade não decorre da primeira. O ponto é claro: um incumprimento pode acarretar autonomamente a prática de um delito (*v.g.*, o depositário *destrói* a coisa a seu cuidado), mas o *cumprimento* não gera, em regra, pela precedência das normas de validade substancial do vínculo obrigacional, um delito. Ponto distinto, levantado por Esser, vai mais longe: invoca-se, criticamente, que o incumprimento pode implicar, por si, um delito (*v.g.*, o facto de o depositário *não guardar* a coisa implica a prática de um delito); o qual não se adere: vimos a interpretação restritiva que impende sobre a fonte negocial da omissão delitual (486.º/1; o preceito restringe a sua eficácia contra *terceiros*, sob pena de *qualquer* incumprimento obrigacional gerar um delito) e, fora de casos excecionais (*v.g.*, o domínio do perigo relativamente à coisa, pese embora a invalidade do contrato que justificou a transmissão da posse, relevante para a fonte legal da omissão delitual), não cabe apelar a uma responsabilidade delitual. Ponto distinto é admitir a relevância delitual da conduta que se segue à extinção do vínculo obrigacional: nesse momento, ressalvada a sobrevivência de deveres acessórios de conduta, a ordenação de interesses reverte para a estágio delitual, onde eventualmente se formará o título de imputação dos danos gerados. Por outras palavras, a extinção do título que permite a ordenação individual

[808] *Schuldrecht*, I, AT, 102-103.

dos interesses (*obrigacional*) reverte a bitola de esforço para aquele genérico (*delitual*), que o precede. O aspeto é particularmente sensível quando o vínculo obrigacional implica a modelação dos interesses de integridade, e acarreta o risco para o lesante (p. ex., não é delitualmente lícito ao depositário manter a coisa em seu poder findo o contrato de depósito). Não ofende a justiça social considerar que comportamentos derivados de uma ambiência lícita se tornam ilícitos (delitualmente, note-se) pela atuação das partes. O delito não indaga o contexto do evento mais do que aquele que é necessário para a lesão ou perigo de lesão dos interesses que tutela e os contraentes (tanto o credor, como o próprio *devedor*, atente-se) não abdicaram, sem mais, da proteção delitual[809].

Em suma, as categorias de ilicitude das modalidades em análise comportam juízos normativos dissonantes, ainda que se possam verificar em simultâneo por referência ao mesmo evento.

2.2. A autonomia da ilicitude perante a sobreposição do interesse tutelado; as lesões dentro e fora do perímetro obrigacional

IV. Aspeto determinante no concurso de ilicitude delitual e obrigacional manifesta-se, por fim, a desmistificação da quebra de autonomia das categorias de ilicitude pela *sobreposição* dos interesses tutelados. Por outras palavras, as categorias *independentes* de ilicitude delitual e obrigacional convergem por vezes no interesse que tutelam *mediatamente* (pelo direito ou norma de proteção)[810]. A presente sobreposição não é mais do que uma consequência indireta da imperfeição do processo de categorização da ilicitude civilística. Conforma, no entanto, os casos, porventura, de maior interesse à presente investigação, porquanto a autonomia dos juízos normativos em causa tende a desvanecer-se dada a confluência do interesse subjacente.

[809] Este entendimento tem sido, aliás, confirmado pelas instâncias além-Reno; a título exemplificativo, em 1916, qualificou-se a responsabilidade do explorador de um parque de *bowling* simultaneamente delitual e obrigacional pelo facto de o lesado fraturar a sua perna por falta de condições do espaço (RGZ 88, 433; v., ainda, 06-Mai-1957, BGHZ 24, 188, 190).

[810] Este interesse, entendido por Paulo Mota Pinto, como reportado a uma «situação jurídica tutelada», (*Interesse*, I, 434), não se confunde com aquele subjacente ao dano; cfr., *infra*, § 12; 5.3.

Num exemplo, o depositário destrói dolosamente a coisa depositada pelo seu proprietário.

No exemplo referido, sobre a conduta do lesado recaem dois juízos normativos, desvalorizando objetivamente a sua conduta: a lesão do direito absoluto de propriedade e a do direito de crédito do depositante. A conduta é, em simultâneo, lesiva de direitos que tutelam o *interesse* do credor (de crédito) e do titular do bem (de propriedade) sobre as utilidades da coisa destruída. Assim, o dano de destruição do bem depositado (real) é reconduzível ao *facto-ilícito-culposo* dos títulos de imputação de *ambas* as modalidades. O mesmo ocorre, *mutatis mutandis*, quando o médico realiza uma intervenção cirúrgica não consentida pelo paciente ou o transportador provoca danos na mercadoria transportada. Deve-se, portanto, abandonar a velha ideia apologista da quebra da autonomia dos juízos normativos inerentes à ilicitude e, por algum critério (p. ex., a *especialidade* da regulação do modelo obrigacional face ao delitual), determina a prevalência de uma das modalidades.

Existem vários casos em que, além de possibilitarem uma verificação simultânea das categorias de ilicitude de ambas as modalidades de responsabilidade[811], convocam, em forte medida, uma sobreposição da tutela do mesmo *interesse*. Neste âmbito, e sem pretensões de exaustividade, destacamos[812]:

- *i.* a *responsabilidade civil profissional*, em particular, a responsabilidade médica;
- *ii.* o *contrato com eficácia de proteção a favor de terceiro*; e
- *iii.* a *violação positiva do contrato*, em particular o incumprimento dos deveres acessórios de conduta.

2.2.1. Responsabilidade civil profissional

i. Em primeiro lugar, a responsabilidade civil profissional é apta a convocar a sobreposição dos interesses de *cumprimento* e de *integridade* dos agentes, adentro dos quadros comuns de responsabilidade civil, dos quais não

[811] Analisadas, em situações pontuais, *infra*, § 13.

[812] Em sentido próximo, Peter Schlechtriem, *Vertragsordnung und außervertragliche Haftung – eine rechtsvergleichende Untersuchung zur Konkurrenz von Ansprüchen aus Vertrag und Delikt im französischen, amerikanischen und deutschen Recht*, Metzner: Frankfurt (1972), 32, apresenta como figuras que partilham o escopo de ambas as modalidades as últimas duas figuras apresentadas (*ii* e *iii*), bem como, acrescenta, *a culpa in contrahendo*. Veremos, quanto às dificuldades de qualificação que esta e outras figuras suscitam para efeitos do apuramento de uma situação de concurso de responsabilidade.

se distancia, e no âmbito das prestações a que os contraentes estão adstritos; apresenta-se, por outro lado, um campo de complexidade qualificativa dos títulos de imputação de danos que se geram. Vencida esta primeira dificuldade, e admitindo-se a formação de um concurso *heterónomo* de responsabilidade (*i.e.*, reportado a ambas as modalidades de responsabilidade), a responsabilidade civil profissional apresenta interessantes particularidades, cujo aprofundamento se encontra impossibilitado adentro da economia da presente investigação. Sem prejuízo, veremos, *infra*, com maior incidência o enquadramento jurisprudencial desta responsabilidade, particularmente a médica e a dos advogados.

2.2.2. Contrato a favor de terceiro e com eficácia de proteção a favor de terceiro

ii. Em segundo lugar, o contrato a favor de terceiro[813], vinculando geneticamente os contraentes, abrange, quanto aos seus efeitos, outro(s) sujeito(s), dito(s) *beneficiário*(s): a presente possibilidade conforma, aliás, uma exceção à relatividade dos contratos (406.º/2)[814].

Previsto nos artigos 443.º a 451.º do nosso Código, o contrato a favor de terceiro tem como característica determinante o reconhecimento de uma posição jurídica ativa ao terceiro beneficiário, o qual se encontra legitimado a exigir a prestação do contraente que se obrigou a prestar (*promitente*) – tanto o dever principal, como os secundários e acessórios – ainda que este tenha apenas contratado com um outro (o *promissário*)[815]. Nesta medida, o contrato a favor de terceiro distingue-se de outras figuras negociais próximas nas quais não se reconhece, ao invés, ao respetivo beneficiário uma posição jurídica ativa, de entre as quais se destaca o contrato *meramente autorizativo da prestação a terceiro* (*ermächtigenden Verträge zugunsten eines Dritten*), com *efeitos*

[813] Sobre esta figura, Tiago Azevedo Ramalho, *O princípio da relatividade contratual e o contrato a favor de terceiro*, Coimbra Editora: Coimbra (2013), 47-51; Diogo Leite de Campos, *Contrato a favor de terceiro*, 2.ª ed., Almedina: Coimbra (1991), distinguindo figuras afins (51-81); Konrad Hellwig, *Die Verträge auf Leistung an Dritte*, Aalen: Darmstadt (1899, reimp.1980); Vaz Serra, *Contratos a favor de terceiro. Contratos de prestação por terceiro*, Separata BMJ 51 (1955). Também, Marcelo Maggiolo, *Effetti contratualli a protezione del terzo*, RDC, Ano XLVII, n.º 1 (2001), 39-71 e Gerhard Hassold, *Zur Leistung im Dreipersonenverhältnis: Anweisung und Vertrag zugunsten Dritter als Modell*, C.H.Beck: Munique (1981). Num prisma processual, v., ainda, Paula Costa e Silva, *Contrato a favor de terceiro, conformação subjectiva da instância e legitimidade processual*, Estudos em homenagem ao Prof. Doutor Inocêncio Galvão Telles, 90 anos, Almedina: Coimbra (2007), 963-994.

[814] Cf. Menezes Cordeiro, *Tratado*, VIII, 531.

[815] Olvida-se as modalidades especiais que o contrato possa revestir (443.º/2).

reflexos a favor de terceiro[816] (*berechtigender Vertrag zugunsten eines Dritten* (p. ex., o contrato de locação, 1093.º) e, nesta última categoria, somente por extensão dos deveres acessórios de conduta (de proteção)[817], o contrato com *eficácia de proteção a favor de terceiro* (*Vertrag mit Schutzwirkung für Dritte*)[818].

Quanto ao contrato com *eficácia de proteção a favor de terceiro*, veja-se o exemplo, apontado por Miguel Teixeira de Sousa: o «contrato de assistência hospitalar que uma grávida conclui, nas vésperas do parto, com uma maternidade impõe a esse estabelecimento de assistência certos deveres

[816] Cf. a distinção entre estes contratos e os com efeitos reflexos sobre terceiros, em Antunes Varela, *ob.cit.*, 411 e ss.

[817] São, portanto, dois os elementos distintivos fundamentais do contrato com eficácia de proteção a favor de terceiro perante o contrato a favor de terceiro: em primeiro lugar, a ausência da qualidade de credor, e, por outro lado, a pretensão que lhe é associada, nomeadamente extensão de um *dever acessório de conduta* no contrato com eficácia de proteção a favor de terceiro. Neste sentido, v. Maria Graça Trigo, *Responsabilidade civil*, 184. Sobre o tema veja-se o plano paralelo germânico com base no § 328 BGB a anot. de Gottwald ao § 328 BGB, em *MüKoBGB*, 8.ª edição 2019, n.os 1-165, e, quanto ao contrato com eficácia de proteção a favor de terceiros, a bibliografia citada por aquele Autor, ob. cit., n.os 166-282. No geral, além-Reno, cf. Canaris, *Bankgeheimnis und Schutzwirkungen für Dritte im Konzern*, ZIP (2004), 1781-1790, e Pinger/Behme, *Der Vertrag mit Schutzwirkung für Dritte als Rechtsgrundlage der Gutachterhaftung gegenüber Dritten*, JuS (2008).

[818] Este contrato pode ser definido como aquele que tutela os interesses de um terceiro, o qual não pode, todavia, exigir a prestação, mas apenas ser ressarcido pelo respetivo incumprimento dada a existência de deveres laterais ao de prestar que o visam. Com esta sistemática, v. Antunes Varela, *Direito das Obrigações*, I, 411-412. No ac. do STJ de 14-Out-2004 (Oliveira Barros) considerou-se inexistir responsabilidade *contratual* da concessionária perante o utente lesado num acidente de viação. O acidente foi provocado pela presença de um canídeo na via, presença essa possível (presumidamente) dada a existência próxima do local do embate de uma abertura na vedação do troço. A concessionária foi responsabilizada *delitualmente* por violação do número 2 da Base XXXVI do anexo ao Decreto-Lei n.º 294/97, 24 de outubro – designadamente da obrigação de manutenção da auto-estrada – considerada uma *norma de proteção* (483.º/1). Concluiu ainda o ilustre Tribunal que «a figura dos contratos com eficácia de proteção de terceiros surgiu no Direito Alemão com a finalidade de ultrapassar limitações, nesse ordenamento, do regime da responsabilidade extracontratual que não se verificam no nosso sistema jurídico.» Sobre a evolução jurisprudencial neste contexto, v. Dário Moura Vicente, *Direito Comparado*, II, 200-203, bem como Menezes Cordeiro, *Igualdade rodoviária e acidentes de viação nas auto-estradas. Estudo de Direito Civil português*, Almedina: Coimbra (2004), 48-49, e em *Acidente de viação em auto-estrada; natureza da eventual responsabilidade da concessionária*, ROA, Ano 65, Vol. I (Jun, 2005), 135-151; Carneiro da Frada, *Sobre a responsabilidade das concessionárias por acidentes ocorridos em auto-estradas*, ROA, Ano 2005, Vol. II, (Set. 2005), 407-433. Aderindo ao entendimento expresso no ac. mencionado, v. Rui Ataíde, *acidentes em autoestradas: natureza e regime jurídico da responsabilidade dos concessionários*, in Estudos de Direito Privado, AAFDL: Lisboa (2020), 471-516 (*maxime* 515) também publicado nos Estudos em Homenagem ao Prof. Doutor Carlos Ferreira de Almeida, Almedina, 2011, Volume II, 157-199.

de proteção, não só perante a parturiente, mas também perante o nascituro, o qual, se, devido a um tratamento deficiente aplicado à mãe, vier a ser prejudicado na sua saúde, adquire, por subsunção dessa factualidade à previsão do artigo 486.º, uma pretensão indemnizatória delitual contra aquela maternidade»[819]. Segundo o ilustre Professor, perante o terceiro (o nascituro face ao contrato de assistência hospitalar), a responsabilidade emergente assume a particularidade de ser de tipo pretensamente *delitual*, embora resultante da infração de um dever contratualmente assumido. O Autor conclui gerar-se, perante o terceiro, mais do que uma pretensão delitual, um concurso de pretensões de aquisição[820]. Argumenta que a função do artigo 486.º não qualifica apenas a responsabilidade como delitual e que aquela pretensão delitual contém elementos obrigacionais, nomeadamente o facto de, em todos os enunciados legais de responsabilidade delitual baseada em violação *contratual* (491.º, 492.º/2 e 493.º), se presumir a culpa do agente (por negligência), sendo esta uma regra característica do espectro obrigacional (799.º/1). Não se adere, todavia, e com a devida vénia, a este entendimento. Ao invés, enquadra-se a responsabilidade resultante do exemplo mencionado enquanto *obrigacional* perante a mãe (credora) e puramente *delitual* perante o nascituro, entretanto nascido (terceiro, não titular de um direito de crédito e, portanto, não credor). Vejamos. Estamos perante a questão – e este é o ponto a salientar – da *qualificação* da responsabilidade emergente perante o terceiro beneficiário do contrato que o proteja enquanto terceiro (e não no âmbito de um contrato *favor* de terceiro, sublinha-se): resta saber, tal como o nome indica, se prevalece a fonte do vínculo – o *contrato* (gerando responsabilidade obrigacional) – ou a qualidade que nele reveste – de *terceiro* (se delitual). Para efeitos do disposto no artigo 486.º, a fonte do dever de agir não condiciona a natureza da responsabilidade emergente[821]. Naturalmente que a falta de cumprimento da obrigação resultante de contrato ou de lei gera a responsabilidade *obrigacional* do devedor perante o respetivo credor. A norma-padrão de responsabilidade obrigacional compreende esta realidade[822]. No entanto, como vimos,

[819] Miguel Teixeira de Sousa, *O Concurso*, 325.

[820] Ob. cit., 330.

[821] Contra, v. Larenz que defende a proteção obrigacional deste terceiro, em condições de igualdade com o verdadeiro credor; *Lehrbuch*, I, AT, § 17, II, 227.

[822] Neste sentido, apelando à polivalência das modalidades de responsabilidade contidas no preceito, juntamente com os artigos 485.º, 491.º, 492.º e 493.º/1, v. Almeida Costa, *Direito das Obrigações*, 541 (nota 2).

na ausência daquela *ligação funcional* entre os sujeitos (*i.e.*, entre devedor--credor), a norma de responsabilidade obrigacional demite-se de tutelar os danos processados entre estranhos (materialmente *terceiros*) à relação obrigacional: o dever de proteção estende-se excecionalmente ao terceiro, mas não arrasta consigo a tutela obrigacional; veja-se que este terceiro não pode exigir o cumprimento da obrigação. Resta, nesta hipótese, o recurso ao disposto no artigo 486.º, o qual previne casos como este (do contrato com eficácia de proteção favor de terceiro), de fonte negocial, e as decorrentes de violação de deveres do tráfego, de fonte legal. Em todos estes casos, o lesado não reveste a qualidade de *credor* e a lesão do crédito radica-se na primeira categoria de ilicitude delitual não restrita a direitos absolutos, como visto anteriormente[823].

O contrato com *eficácia de proteção a favor de terceiro* assume-se do prisma da qualidade dos sujeitos no título de imputação de danos o lugar *contraposto* da violação do direito de crédito por terceiro: no primeiro caso, o incumprimento da obrigação em sentido técnico gera danos perante uma pessoa diferente da do credor, ao passo que, na violação do direito de crédito por terceiro, o incumprimento é provocado por pessoa diferente da do devedor. Em suma, a norma-padrão de responsabilidade civil obrigacional (798.º) não contende com a ausência de ligação qualitativa do sujeito ao incumprimento da obrigação em sentido técnico, apelando à necessária qualidade de *devedor* do lesante (inexistente na violação do crédito por terceiro) e, cumulativamente, de *credor* enquanto lesado (qualidade que o terceiro não reveste no incumprimento do contrato com eficácia para o proteger). Assim, em ambos os casos apontados, a responsabilidade apurada é puramente *delitual*[824]: este terceiro não cumula uma pretensão delitual e obrigacional, ou seja, o terceiro ao vínculo negocial não pode responsabilizar o devedor *também* a título obrigacional. Se não choca, nesta medida, admitir que, em caso de violação de um contrato com eficácia de proteção para terceiros, se gere apenas responsabilidade *delitual* por violação do direito relativo[825]; por outro lado, nada obsta

[823] Cfr., *supra*, § 8; 2.1.

[824] O presente enquadramento dogmático da figura não é isento de críticas, particularmente quando distanciado do contrato a favor de terceiro e dos deveres acessórios de conduta. V. Menezes Cordeiro, *Da Boa Fé*, 622-625.

[825] Deve-se a Miguel Teixeira de Sousa a negação da natureza puramente delitual desta responsabilidade, apelando a uma «hibridez irredutível a qualquer daquelas responsabilidades» (*O Concurso de Títulos*, 330). Este entendimento promoveria que se aventasse a existência de uma

a que concorra concomitantemente *um outro delito*, fundado na violação de um direito absoluto ou na violação de uma norma de proteção, *i.e.*, p. ex., a tutela do menor perante as agressões da sua ama[826] (a violação do contrato com eficácia de proteção a seu favor e do direito à integridade física do menor gera concurso homogéneo de responsabilidade, porquanto sempre radicados no espectro delitual).

Todavia, coloca-se, com premência, a dificuldade de coexistência desta responsabilidade bifurcada, dada a eventual sobreposição de interesses inerente à tutela do credor e à do terceiro lesado. Ora, a sobreposição de interesses inerente ao desvalor objetivo da conduta do agente não capitula a autonomia dogmática do juízo de ilicitude. Ressalva-se, desde já, uma preocupação com a potencial duplicação de tutela indemnizatória, a evitar a todo o custo[827]. Neste caso, tal como não se aceita a duplicação de tutela do agente (no singular) que reúna ambos os títulos de imputação de danos, delitual e obrigacional, pelo mesmo facto determinante de responsabilidade e perante os mesmos danos, a pretensão indemnizatória dos títulos de imputação gerados pelo incumprimento do contrato com eficácia de proteção de terceiro não pode exceder o ressarcimento devido, contrariando o princípio ressarcitório[828].

terceira via de responsabilidade. V., por todos, Carneiro da Frada, *Sobre a Responsabilidade Das Concessionárias*, 413 e ss. (426), *Contrato e Deveres de Protecção*, 27, 109, *Vinhos novos em odres velhos?*, 673, *Uma «terceira via»*, *passim*, e, ainda, *Teoria da Confiança*, *maxime* 757 e ss. Neste sentido, Dário Moura Vicente, *Direito Comparado*, II, 203 e Menezes Leitão, *Direito das Obrigações*, I, 350. É diferente a solução germânica, «nos *limites* do quadro imputacional» (a expressão é de Tiago Azevedo Ramalho (dando nota da premência da fonte legal, por contraste à convencional, na criação do dever e ainda no contexto do negócio; *O princípio da relatividade contratual e o contrato a favo de terceiro*, Coimbra Editora: Coimbra, 2013, 50, com referências à doutrina germânica além-Reno) ou a mais recente de tipo obrigacional, com base no enquadramento desta figura jurisprudencial ao abrigo do § 311 (3) BGB.

[826] Enquadramos o exemplo mencionado como o de celebração de um contrato com eficácia de proteção a favor de terceiro. Pode não ser assim, nem será o caso na esmagadora maioria dos contratos reportados a incapazes. Se o incapaz é meramente *representado* nas relações negociais que estabelece com o estabelecimento educativo ainda se considera contraente, e nessa qualidade (de credor), tem a acesso à tutela obrigacional *tout court*. Andou, por isso, bem o Ac. TRL, de 05-Mai-2020 (Isabel Salgado), quando considerou que o educando, beneficiário dos deveres acessórios funcionais de proteção e segurança do estabelecimento educativo, pode ser ressarcido a título *obrigacional* pelo incumprimento daqueles deveres que vinculam a si (embora representado pelos seus pais) e a escola.

[827] V. *infra*, § 12; 5.2.

[828] V., *infra*, § 11; 3.

No contrato *a favor* de terceiro, o promissário mantém o direito de exigir ao promitente o cumprimento da promessa, pelo interesse *indireto* que conserva na prestação. Ocorre, portanto, uma *concorrência* de dois créditos: o do promissário e o do terceiro, os quais tutelam os respetivos interesses, ainda que em benefício exclusivo do último[829].

O contrato a *favor de terceiro* é apto a chamar à colação as ilicitudes delitual e obrigacional quando o respetivo incumprimento se reporte a um interesse protegido por via delitual, tal como sucede paradigmaticamente no *contrato com eficácia de proteção a favor de terceiro*[830]; por outras palavras, agrega-se ao *delito* um ilícito *obrigacional* quando o interesse subjacente àquele tipo delitual também se encontra casuisticamente protegido por um contrato. Para este caso, cumpre ainda verificar, na esteira de MIGUEL TEIXEIRA DE SOUSA, se a «prestação omitida (ou cumprida defeituosamente) visa a proteção de terceiros perante determinados riscos ou perigos»[831], no âmbito do nexo fundamentador de responsabilidade[832].

Considerando apenas o contrato *a favor* de terceiro (e não aquele com eficácia de proteção), encontramo-nos no espectro obrigacional. Tendo por base a mesma prestação: a duplicação da tutela *obrigacional* perante os dois visados

[829] Neste sentido v., DIOGO LEITE DE CAMPOS, *Contrato a favor de terceiro*, 2.ª ed., Almedina: Coimbra (1991), 141 e 151; SANTOS JÚNIOR, *Da Responsabilidade* Civil, 253. Contra, MIGUEL TEIXEIRA DE SOUSA, *O Concurso de Títulos*, 55–57. Analisando o carácter *objetivo* da posição jurídica como elemento da pretensão, o autor defende que o contrato a favor de terceiro retrata a individualidade da competência para a aquisição (do beneficiário), tal como ocorre, em termos de vinculação passiva, na faculdade de cumprimento por terceiro (767.º/1), com a manutenção de uma única competência de aquisição da prestação pelo credor. O autor nega, nestes termos, a existência de dois direitos de crédito. Veio a aderir a este entendimento MENEZES LEITÃO, *Direito das Obrigações*, I, 276–277.

[830] Neste sentido, RUI ATAÍDE defende que «(...) uma parcela significativa do casuísmo relativo aos contratos com eficácia de proteção para terceiros se pode subsumir ao âmbito de aplicação do artigo 486.º, assistindo aos lesados uma pretensão reparatória sujeita a um regime híbrido, composto por elementos obrigacionais e delituais, que representa uma consagração legal do concurso de títulos de aquisição (...)», em *Responsabilidade Civil*, 970.

[831] MIGUEL TEIXEIRA DE SOUSA, *O Concurso de Títulos*, 323 e ss. O autor reconduz a responsabilidade do devedor *a título delitual por omissão de deveres contratuais*, recorrendo ao disposto no artigo 486.º («a omissão de deveres contratuais apenas gera a responsabilidade delitual do devedor se a violação atingir interesses contratuais de terceiro»; *idem*, 322). Admitindo que o beneficiário do contrato a seu favor tem um direito de crédito próprio, a observação deve ser realinhada para fora deste caso, mantendo total pertinência para os terceiros (não titulares de um direito de crédito), no âmbito objetivo (de riscos e perigos) e subjetivo (sujeitos visados) de proteção – *i.e.* nos contratos com proteção a favor de terceiro, os quais se auferem fonte exclusiva da responsabilidade *delitual* do devedor.

[832] V., *supra*, § 6; 4.2.1.

(do promissário e do terceiro[833]) é inevitável, sem prejuízo da possível ofensa concomitantemente a título delitual.

A multiplicidade de vias ressarcitórias manifesta evidente perigo de duplicação de tutelas se reportadas ao mesmo *interesse*. Esta sobreposição de interesses é expressamente reconhecida pelo regime do contrato a favor de terceiro, dada a prerrogativa reconhecida ao promitente de oposição *ao terceiro* dos meios de defesa derivados do contrato celebrado com o *promissário* (449.º). A sobreposição pode ocorrer, aliás, pela positiva, *i.e.*, em sede de *cumprimento*, particularmente quando o *promitente* pode impedir a revogação do contrato pelo promissário, sendo necessário o seu consentimento quando a promessa foi feita no interesse de ambos (448.º/2).

2.2.3. Violação positiva do contrato; em particular, a violação dos deveres acessórios de conduta

iii. Por fim, conexa com o caso anterior[834], destaca-se a violação *positiva* do contrato (*positive Vertragsverletzung*)[835]. Neste caso, a falta de cumprimento não se reconduz ao já mencionado incumprimento de tipo definitivo ou temporário da prestação; ao invés, a prestação foi efetivamente realizada, embora com *defeitos* ou *irregularidades*[836]. A violação positiva do contrato ocorre, segundo a tripartição de MENEZES CORDEIRO, a três níveis: (*i*) pelo *cumprimento defeituoso da prestação principal*, (*ii*) pelo *incumprimento* ou *impossibilitação de prestações secundárias*, e (*iii*) pela *violação de deveres acessórios*[837].

O cumprimento defeituoso da prestação principal causa por vezes danos ao credor em resultado direto da má prestação (*Schlechtleistung*)[838]. Não se trata, neste caso, de danos *diretamente* provocados pelo mau cumprimento,

[833] DIOGO LEITE DE CAMPOS, *Contrato a favor de terceiro*, 141 e 151-152.

[834] Para MIGUEL TEIXEIRA DE SOUSA, a situação jurídica do terceiro prejudicado delitualmente pelo incumprimento contratual e a do «credor atingido na sua esfera pessoal ou patrimonial pelo cumprimento defeituoso e que adquire uma pretensão de reparação baseada na violação contratual positiva» são idênticas; em *O Concurso de Títulos*, 326.

[835] Fundamental a obra de HERMANN STAUB, *Die positiven Vertragsverletzungen*, 26, DJT (1902). Sobre a origem germânica da figura, v. DÁRIO MOURA VICENTE, *Direito* Comparado, II, Obrigações, 272–74, e ainda, ROMANO MARTINEZ, *Cumprimento defeituoso*, 150 e ss.

[836] ANTUNES VARELA, *Das obrigações*, II, 127.

[837] MENEZES CORDEIRO, *Da Boa Fé*, 602 e *Violação positiva do contrato*, 143. Sobre a evolução da figura, v., o ilustre Professor em *Tratado*, VI, 516 e ss. e, ainda, NUNO PINTO OLIVEIRA, *Os deveres acessórios 50 anos depois*, Revista de Direito Civil, Ano II, N.º 2, Almedina: Coimbra (2017), 239-256.

[838] ANTUNES VARELA, *Das obrigações*, I, 129. V, por todos, no geral, PEDRO ROMANO MARTINEZ, *o Cumprimento Defeituoso*, 237 e ss.

mas de outros que derivam deste, dos quais o cumprimento defeituoso é causa adequada.

> Recordando a lição de Antunes Varela, são exemplos de cumprimento defeituoso a telha colocada na cobertura do edifício que, pela sua má qualidade, às primeiras chuvas, provoca infiltrações, danificando várias assoalhadas; da toxidade da alimentação fornecida aos animais, produzindo a sua morte; ou da oficina que repara inadequadamente os travões da viatura, dando lugar a um acidente grave[839].

Todavia, o enquadramento do cumprimento defeituoso – tal como o *incumprimento* ou *impossibilitação de prestações secundárias* – aproximam-se das linhas condutoras que também já nos serviram para a compreensão do papel do eventual interesse delitual inerente de cumprimento *em sentido estrito*, não se distanciando, nesta medida, das conclusões já almejadas[840]: a autonomia dogmática das categorias de ilicitude consideradas permite a sua verificação simultânea[841].

Interessa-nos, de momento, aprofundar a última vertente mencionada, relativa à *violação dos deveres acessórios de conduta*[842].

Os deveres acessórios de conduta emanam de fonte *legal* e visam a realização da prestação segundo a *boa fé* (762.º/2)[843], em sentido objetivo, designadamente

[839] Os exemplos citados constam das lições do saudoso Professor; ob. cit., 129.

[840] V., *supra*, § 8; 2.1.

[841] Aliás, além-Reno, a querela quanto à possibilidade de o lesante ser concomitantemente responsável pela modalidade delitual quando exista uma relação contratual entre o produtor e o lesado, suscitou fortes reservas ao Supremo Tribunal Federal Alemão – na qual é famoso o caso de 1973 (*Nottestmentsmappen*; 14-Mar-1973, BGH, NJW 1973, 843); contudo, após a reforma do Direito das Obrigações de 2001/2002, nada obsta a uma competição de pretensões, segundo Brüggemeier, atendendo, entre outros motivos, à aproximação das modalidades em causa; *Haftungsrecht – Struktur, Prinzipien, Schutzbereich*, Springer: Berlim (2006), § 6, 451.

[842] No espaço alemão, beneficiam de consagração legal expressa (§ 241/II BGB), sendo também conhecidos por deveres de consideração (*Rücksichtspflichten*); cf., com referências, Menezes Cordeiro, *Tratado*, VI, 525 (e respetiva nota 1782).

[843] São incontornáveis várias obras germânicas, nomeadamente a de Hugo Kress, *Lehrbuch des Allgemeinen Schuldrechts* (1929); Heinrich Stoll, *Abschied von der Lehre von der positiven Vertragsverletzung. Berachtuungen zum dreissigjähringen Bestand der Lehre*, AcP 136 (1932), 257-320, *passim*; e Canaris, *Schutzgesetze*, 27-110. O entendimento de Canaris, pressupondo uma relação de proteção derivada da confiança, a qual sobrevive à eventual invalidade do contrato, fornece uma resposta adequada ao enquadramento da responsabilidade pré-contratual; o entendimento é vencido, entre nós, com exímia mestria por Menezes Cordeiro: é na boa fé, ao invés, que se radica a fonte destes deveres e o prisma obrigacional é, pelo menos de um prisma constitutivo, inegável. Com a análise da doutrina germânica, v. Menezes Cordeiro, *Da Boa Fé*, 592 e ss. e em *Tratado*, VI, 516-536. Pelo

sem a produção de danos para as partes[844]. A sua autonomia dogmática perante o dever principal manifesta-se paradigmaticamente na identificação de vínculos *obrigacionais* sem deveres de prestar (principal ou secundários), sustentados exclusivamente por estes deveres acessórios; assumem, naqueles casos, um papel principal, enquanto substrato fundacional de institutos reportados a todo o *iter negocial*, incluindo na fase prévia ao surgimento do dever primário, posterior à sua extinção, ou mesmo em caso de invalidade do vínculo[845], de que são exemplos típicos a *culpa in contrahendo*, a *culpa post pactum finitum* e a responsabilidade em caso de *ineficácia* (em sentido lato) do negócio, respetivamente. Existem, sem propósito de exaustividade, outras diferenças perante os deveres de prestar[846], tal como o facto de os deveres de prestar se fundarem (1) na *autonomia privada*, e não, diretamente, na boa fé, como visto. Outras diferenças promovem uma aproximação ao espaço delitual, nomeadamente o facto de serem (2) *circunstanciais*, *i.e.*, o respetivo conteúdo é definido a cada momento, e não se encontra predeterminado diretamente na sua *fonte* – com relevância exclusiva do plano constitutivo, e, como vimos, a qual não coincide com a fonte dos deveres de prestar[847]; são também (3) *indisponíveis*, porquanto o respetivo conteúdo não pode ser afastado por mera vontade das partes[848]. Em todo o caso, as diferenças manifestadas, maioritariamente de regime, não contrariam a sua inserção no complexo *obrigacional*, ao qual se reconduzem, sendo, aliás, mais intenso tudo quanto os aproxima dos deveres de prestar do que aquilo que os separa.

Ainda assim, cumpre-nos destacar a finalidade destes deveres acessórios: encontram-se finalisticamente orientados, pela positiva, para o cumprimento, como, pela negativa, e na esteira de Rui Ataíde, para o impedimento de lesões aos «*interesses de integridade pessoal e patrimonial das partes*»[849]. A esta bivalência de

demais, entre nós, v., ainda que com entendimento divergente, Carneiro da Frada, *Contrato e deveres de protecção*, 55 e ss; Antunes Varela, *Das Obrigações*, II, 130; Paulo Mota Pinto, *Interesse*, II, nota 3345; e Nuno Pinto Oliveira, *Os deveres acessórios 50 anos depois*, Revista de Direito Civil, Ano II, N.º 2, Almedina: Coimbra (2017), 239-256.

844 V., por todos, Menezes Cordeiro, *Da Boa Fé*, 586 e ss.

845 Carneiro da Frada, *Teoria da Confiança*, 433.

846 V. o elenco de Menezes Cordeiro, *Tratado*, VIII, 531.

847 Aproximando-se, em todo o caso, como bem aponta Gomes da Silva, dos deveres contratuais de diligência (do mandatário, depositário, *etc.*), cujo comportamento devido é apenas determinável em termos contextuais (*O dever*, 203).

848 *Ibidem.*

849 Rui Ataíde, *Responsabilidade Civil*, 986. No mesmo sentido, Menezes Cordeiro, *Tratado*, VI, 530.

fins agrega-se comummente outra classificação, tripartida[850], a qual distingue entre deveres acessórios (*i*) *de proteção* ou *de segurança*, (*ii*) *de informação* e (*iii*) *de lealdade*. No que respeita a esta segunda classificação, respeitante à natureza dos deveres, nota-se que são os deveres acessórios *de proteção ou de segurança* – derivados, argui um setor da nossa doutrina, da tutela da confiança entre as partes[851] – aqueles que apresentam uma conexão mais estreita com o delito[852].

> Aquela primeira função, que serve o *interesse de cumprimento*[853], garante que o comportamento exigível não se esgota rigidamente no consenso obtido. Integra as inevitáveis lacunas resultantes da decomposição atomística do comportamento formalmente devido, segundo os ditames de boa fé, determinando *materialmente* o dever de prestar. Por sua vez, a segunda finalidade reconduz-se, segundo Rui Ataíde, por oposição, ao *interesse de conservação*[854]. Naturalmente que este interesse pode estar ou não conexo com o negócio; isto é, pode existir uma sobreposição entre o delito e o vínculo obrigacional. Nesta medida, Rui Ataíde distingue, em novo grau, entre um círculo interno e externo de deveres acessórios que se destinam à conservação dos contraentes, consoante estejam, ou não, conexos com o dever de prestar[855]. Esta nova distinção, no âmbito

[850] Tripartição devida a Menezes Cordeiro, *Da Boa Fé*, 603 e ss. A este elenco opõe-se o germânico, mais completo, o qual distingue com base no § 242 BGB entre os deveres de esclarecimento (*Aufklärungspflichten*), de lealdade (*Leistungstreuepflichten*), colaboração (*Mitwirkungspflichten*) e de proteção (*Schutzpflichten*). Sobre este enquadramento, e a de outros ordenamentos jurídicos, v. Dário Moura Vicente, *Direito Comparado*, II, 262 e ss. De destacar a receção francesa da figura, via jurisprudencial pela consagração de uma obrigação de segurança (*obligation de secutrité*); cfr. o entendimento da *Cour de Cassation*, de 21 de novembro de 1911 (Sirey 1912.1.73), mediante a qual se entendeu que o transportador se obriga a zelar pela segurança dos seus passageiros, v. Santos Júnior, *Da responsabilidade civil*, 214 (nota 728).

[851] A propósito, ainda que num entendimento próprio, v. Carneiro da Frada, *Contrato e deveres*, 55 e ss.

[852] Neste sentido, expressamente, Rui Ataíde, *Responsabilidade Civil*, 990 (nota 1915). Em sentido não coincidente com o exposto, Romano Martinez, na esteira de Thiele, distingue entre interesse no cumprimento e o interesse na manutenção, consoante estejam em causa as vantagens decorrentes da realização do contrato ou a proteção dos contraentes, ao nível pessoal ou patrimonial (*Cumprimento defeituoso*, 266).

[853] Rui Ataíde, *Responsabilidade Civil*, 987. A dicotomia é recebida além-Reno, Martin Franzen, *Haftung für Produktionsschäden*, *JuristenZeitung*, 16-Jul.-1999, 54, n.º 14, 705.

[854] *Ibidem*.

[855] Embora próximo, não se confunde o presente entendimento com o de Menezes Cordeiro, *Tratado*, VI, 530 e 533 e ss.. Não se adere, todavia, à arrumação dogmática dos deveres em ambas as esferas classificativas.

> do interesse de conservação, transmite a ideia fundamental de que o *vínculo negocial* não tem aptidão para tutelar o interesse subjacente a *todos* os delitos. Por outras palavras, a relação obrigacional não cobre, naturalmente, todas as fontes de ilicitude extraobrigacional. Este entendimento aproveita o grande enquadramento de MENEZES CORDEIRO que relaciona os *deveres de segurança*, conjuntamente com o de *lealdade geral*, com interesses laterais ao do cumprimento, integrando um «círculo externo» de deveres, por oposição aos *de informação* e de *lealdade ao contratado*, pertencentes ao «círculo interno»[856]. É, todavia, devido o reparo, apontado por RUI ATAÍDE: é possível existirem *deveres de segurança internos*, quando «os próprios bens de integridade são objeto da regulação negocial visada, vigente ou extinta»[857].

O resultando da intercessão destas duas classificações – a primeira, quanto aos fins, e esta segunda, quanto à natureza dos deveres em concreto – permite considerar, por exemplo, que podem existir deveres acessórios de proteção *internos*, conexos com o cumprimento (*v.g.*, tutelando a inadequada conservação da obra, que pertence ao dono de obra, pelo empreiteiro) como *externos*, fora do escopo negocial (p. ex., tutelando os danos na pessoa do vendedor devido a desadequadas condições higiénicas nas instalações do comprador). Resta discernir o âmbito de aplicação da tutela delitual perante a obrigacional em caso de violação destes deveres, *i.e.*, a modalidade de responsabilidade que consubstancia o respetivo inadimplemento.

> No exemplo de ESMEIE[858], pergunta-se: se o inquilino e um terceiro escorregam numa escada do prédio, a responsabilidade do senhorio será obrigacional e delitual perante cada um destes sujeitos, respetivamente?

Para MENEZES CORDEIRO, os deveres acessórios de segurança são o único espaço onde existe um concurso real com a tutela aquiliana, uma vez que, no demais, o incumprimento do dever *principal* absorve, entende, em sede obrigacional e por especialidade, as ofensas delituais[859]. Argui, por outro lado, que os deveres de lealdade e informação não se adequam à proteção no quadro

[856] MENEZES CORDEIRO, *Tratado, VI*, 530.

[857] RUI ATAÍDE, *Responsabilidade Civil*, 1007 (nota 1946).

[858] *Apud* PEDRO ROMANO MARTINEZ, em *Cumprimento Defeituoso*, 272.

[859] MENEZES CORDEIRO, *Tratado*, VIII, 398. Não se adere, todavia, a este entendimento dada a possibilidade de o interesse inerente ao delito não corresponder àquele frustrado com o incumprimento.

delitual[860]. Noutro prisma, para PEDRO ROMANO MARTINEZ, a violação dos deveres acessórios (de proteção) integra-se na primeira categoria delitual, uma vez que escapam ao «perímetro contratual» e não se fundam no acordo das partes[861]. Aliás, um terceiro entendimento, derivado do de CANARIS, apela neste caso à existência de uma *terceira via* de responsabilidade[862], enquanto um caminho intermédio entre as responsabilidades consideradas.

Cumpre optar, remetendo o afastamento deste terceiro entendimento para considerações posteriores[863].

Quanto ao primeiro entendimento, e com a devida vénia, os deveres acessórios de conduta não têm aptidão para a conservação de *todas* as vertentes pessoais e patrimoniais do lesado. Rejeitamos o resultado daquele binómio, o qual, ao opor os interesses conexos e desconexos com o negócio, assume que os deveres em causa têm aptidão para tutelar *todo e qualquer delito*, por muito remoto que se apresente ao vínculo obrigacional.

[860] MENEZES CORDEIRO, *Tratado*, VI, 523.

[861] PEDRO ROMANO MARTINEZ, *Cumprimento Defeituoso*, 223. Este entendimento é seguido por vários AA. alemães, entre os quais STOLL, *Vertrauensschutz bei einseitigen Leistungsversprechen*, FS Flume, 741-773, seguido por CANARIS, em *Schutzgesetze*, 27-110 (85).

[862] *Schutzgesetze*, 85 e ss. Cf. CARNEIRO DA FRADA, *Contrato e Deveres de Protecção*, 109-111 (pendendo para a vertente extraobrigacional; *idem*, 111 e respetiva nota 229); MIGUEL TEIXEIRA DE SOUSA, *Concurso*, 139; e MENEZES LEITÃO, *Direito das Obrigações*, II, 262. Aproximado deste entendimento, v. também SANTOS JÚNIOR, em *Responsabilidade civil*, 214 (nota 728), mencionando que «os deveres acessórios tendem a aproximar, quando não a diluir, a distinção entre responsabilidade contratual e a aquiliana». Por sua vez, admitindo o concurso das vias delitual e obrigacional, MAFALDA MIRANDA BARBOSA, em *O problema da integração das lacunas contratuais à luz de considerações de caráter metodológico*, Comemorações dos 35 anos do Código Civil e dos 25 anos da reforma de 1977, Vol. II, Coimbra Editora: Coimbra (2006), 367-392 (387 e respetivas notas 44 e 45). Sem prejuízo, nada obsta a que esta «terceira via» concorra com a responsabilidade delitual, deslocando e alternando as variáveis do concurso inicial (das modalidades obrigacional e delitual). É isto que faz CARNEIO DA FRADA, se bem confiamos, quando, admitindo uma nova de responsabilidade para a violação do dever de proteção, tanto pelos danos laterais (*Begleitschaden*), como pelos danos subsequentes (*Mangelfolgeschäden*), defende: «[q]uem pugnar pela especificidade da responsabilidade por inobservância do interesse de integridade conexionada com a execução de um contrato em relação à responsabilidade aquiliana, encontrará na verdade um duplo fundamento para a pretensão indemnizatória, *mas sempre extracontratual*: o delito, por um lado, e a inobservância daquela ordem de condutas intercalar a que será suposto pertencerem os deveres de protecção, por outro» (*Contrato*, 113, nota 223).
Damos ainda nota um entendimento aliciante e progressista, destinado a reconhecer uma natureza unitária do dever de proteção (contratual e pré-contratual), inteiramente distanciado do campo delitual e compatível com pretensões contratuais, num modelo de concurso de pretensões; cfr., neste sentido, MARINA FROST, *"Vorvertragliche" und "vertragliche" Schutzpflichten*, BR, 63, Duncker&Humblot: Berlim (1981), 92, 182, 241.

[863] Cfr., § 14; 1.

> No exemplo caricato de R. SACCO, «[q]uem leva o bilhete do teatro não estipula que vai sem bombas, mas apenas estipula o desfrutar de um espetáculo»[864].

A complexidade do vínculo obrigacional, nem com a sua maior maleabilidade, contende com tamanha tarefa[865]. Este foi, aliás, o entendimento que preside à nova previsão do II no § 241 BGB, mediante a qual a tutela dos interesses do contraente no vínculo obrigacional depende do respetivo conteúdo, *não sendo*, em todo o caso, *ilimitada*[866]. Por outro lado, quando estes deveres acessórios visem *terceiros*, os quais não são enquadráveis *estruturalmente* no vínculo obrigacional (na qualidade de credor ou de devedor), nega-se a respetiva tutela *obrigacional*: resta, neste último caso, ao lesado socorrer-se da via *delitual*, por violação de deveres relativos (483.º/1); como vimos, aliás, suceder perante o incumprimento do contrato com eficácia de proteção a favor de terceiro (onde ao terceiro falta a qualidade de *credor*) ou na interferência de um terceiro diretamente no crédito (não sendo *devedor*).

Em segundo lugar, e perante aquela manifesta ausência de cobertura pelo manto negocial, não se *emenda a mão* necessariamente socorrendo-se da tutela delitual, quando esta escapa ao foro *negocial*. Sabemos, por um lado, que a responsabilidade obrigacional não se esgota no *negócio*, já que esta tem manifesta aptidão *a priori* para tutelar outros interesses dos contraentes (*v.g.*, não patrimoniais, tendo por referência, inclusive, uma prestação de natureza patrimonial[867]) e, por outro, as lesões *além* do interesse de *cumprimento* não

[864] Tradução livre de «Chi prende il biglietto di teatro non stipula di uscire senza bombe, ma stipula di godere uno spettacolo», em *Colpa contrattuale e aquiliana. Concorso o incompatibilità*, Mon. Trib. (1926), 803.

[865] PINTO MONTEIRO, *Cláusulas*, 432; ROMANO MARTINEZ, *Cumprimento*, 282. Este último Autor afirma que «fundar a responsabilidade por violação de direitos absolutos no negócio jurídico cria uma hipertrofia do direito contratual e falseia o sistema de responsabilidade civil (...). Até porque se o contrato fosse nulo, ou resolvido, não podia ser negada ao credor a tutela delitual.» (*ibidem*, 283).

[866] Não se adere à velha teoria da *transformação* (*Umschlagtheorie*) dos deveres de *proteção* legais pelo negócio, consubstanciando deveres contratuais, a qual conta com o apoio de AA. como LARENZ (*Lehrbuch*, I, AT, 120). No espectro oposto, também não se adere à teoria da unidade (*Einheitstheorie*), apelando à independência dos interesses inerentes aos deveres de proteção ao escopo contratual. Sobre este ponto, e respetivos defensores, v. PAULO MOTA PINTO, *Interesse Contratual Negativo*, II, 1193-1195 (nota 3345).

[867] De que é exemplo paradigmático a responsabilidade civil médica. A relevância do interesse não patrimonial na prestação no contexto do concurso de responsabilidade será retomada adiante, v. *infra* § 12; 5.3.

recaem necessariamente na lesão do interesse de *integridade*[868]. Cumpre, portanto, delimitar a esfera de tutela obrigacional antes de dela se escapar. Por fim, a fuga para a violação de *deveres no tráfego* não é solução condigna, embora facilite a qualificação da responsabilidade emergente (delitual). Como veremos, o objeto destes deveres também é, por sua vez, limitado.

O ponto de partida será, portanto, o de conhecer o objeto (e o limite) dos deveres acessórios de conduta, desmistificando a total sobreposição entre o incumprimento dos deveres acessórios e o delito: há espaço para a existência isolada do incumprimento do dever acessório, como para o da verificação exclusiva do delito; ou, ainda, note-se, para a ausência de responsabilidade, naturalmente. Posteriormente, e em particular, surge a *zona cinzenta* radicada naquele incumprimento de deveres acessórios em simultâneo com um ilícito delitual, podendo sobrepor-se ou não, na medida da identidade dos interesses que sirvam. Consagra-se, entre nós, uma absorção *relativa* dos interesses delituais pelos deveres acessórios de conduta no plano obrigacional, conquanto visem a promoção do fim negocial. É, neste campo, fundamental compreender a distinção entre o *interesse na integridade*, de manutenção do estado das coisas, ao nível pessoal e patrimonial, próprio do plano extraobrigacional, e aqueles subjacentes aos deveres acessórios de conduta, em particular na aceção negativa, ainda referentes ao *interesse no cumprimento*[869].

Nestes termos, cumpre averiguar, na falta de uma solução legal expressa[870], se o juízo de ilicitude sobrevive bipartido ou se, ao invés, a ilicitude delitual é absorvida pela tutela obrigacional inerente ao dever acessório de conduta.

Entendemos existir uma quarta alternativa ao entendimento tradicional repartido entre responsabilidade obrigacional, delitual ou intermédia, a qual não se esgota no absolutismo dos dois primeiros entendimentos enunciados, nem carece de ofensa ao sistema dual de responsabilidade, pelo terceiro: a responsabilidade é, por nós, obrigacional ou delitual consoante o interesse em causa, sem prejuízo da verificação de uma situação de concurso[871]. Vejamos.

[868] Cfr. em sentido contrário, MENEZES CORDEIRO, *Cumprimento Imperfeito do Contrato de Compra e Venda: a compreensão entre direitos líquidos e ilíquidos: parecer*, Separata da Coletânea de Jurisprudência, 38-48 (1987), 44 e em *Violação Positiva do Contrato*, 143-144.

[869] Cf. PAULO MOTA PINTO, *Interesse contratual negativo*, 775 e respetiva nota 2532.

[870] Tal como se encontra, hoje, carreada no § 241/2 e § 282 BGB, o qual contempla a denominada *conceção contratualista* sobre os deveres acessórios. V. RUI ATAÍDE, *Responsabilidade Civil*, 991 e PAULO MOTA PINTO, *Interesse*, II, 1477 (nota 4196).

[871] Em sentido aproximado ao preconizado, v. GIL VICENTE MAIA, *Boa fé e responsabilidade civil decorrente da violação de deveres acessórios de conduta: o critério do «perímetro contratual» na delimitação do regime de responsabilidade aplicável*, Revista Julgar *online* (Janeiro 2020; consultado a 31-Jan-2022), 42.

Para este efeito, enquadra-se o facto determinante de responsabilidade, o qual pode potencialmente violar os deveres acessórios de conduta e consubstanciar, em simultâneo ou não, um delito, a três níveis, a saber:

i. incumprimento isolado de deveres acessórios;
ii. incumprimento de deveres acessórios e verificação de um delito[872]; e
iii. verificação do delito não coberto por deveres acessórios de conduta.

i. No primeiro caso, o facto determinante de responsabilidade comporta *apenas* um inadimplemento do contratante conexo com o dever de *prestar*. Na ausência da verificação de um delito, resta ao lesado apelar à tutela *obrigacional*. É o que ocorre, por exemplo, perante o incumprimento do dever de esclarecimento no âmbito de um contrato de prestação de serviços médicos[873].

ii. No segundo conjunto, por sua vez, existe espaço para apelar, concomitantemente, à tutela delitual e obrigacional, já que o interesse atingido pelo incumprimento dos deveres acessórios de conduta concorre com aquele subjacente ao delito praticado pelo contraente (p. ex., aquando da entrega da coisa devida nas instalações do credor, o devedor danifica-a).

Note-se que vários AA. não reconduzem a violação do dever de acessório apenas a uma modalidade de responsabilidade, apelando a um critério modelador, conexo com o negócio, tal como Carlos Mota Pinto, *Cessão*, 409-410, e Mafalda Miranda Barbosa, *Arrendamento, Responsabilidade civil e terceiros*, Estudos de Direito do Consumidor, número 12, Centro de Direito do Consumo da Faculdade de Direito da Universidade de Coimbra, 2017, 133-184 (168-169). Autores como Carneiro da Frada admitem, em todo o caso, a possibilidade de emergência de uma relação de concurso de responsabilidade, em *Os deveres (ditos) "acessórios" e o arrendamento*, disponível, em OA.pt, 274, nota 13. Paulo Mota Pinto admite expressamente esta possibilidade, quando menciona «a aplicação destas figuras [da culpa *in contrahendo* e da violação contratual positiva] é possível tratar-se, no que diz respeito à relação com o direito delitual, de um mero problema de *concurso*: o "facto de uma factualidade ser abrangida por normas delituais não pode excluir a aplicação de normas jurídico-negociais, na medida em que estas sejam de todo aplicáveis (H, Dahm, ob. cit., 1170)», em *Interesse*, II, 1196 (nota 3348).

[872] Mesmo para os adeptos da terceira via de responsabilidade, na esteira de Canaris, é admissível esta concorrência. Aliás, Canaris, respondendo diretamente à crítica de Larenz, quando este apela à dificuldade de delimitação do dever contratual com o de proteção, enquadrado numa terceira via (pela confiança), invoca ser possível a coexistência destas qualificações em resultado da violação do dever de proteção, referindo-se expressamente à responsabilidade contratual e delitual; em *Schutzgesetze*, 104.

[873] V. Menezes Cordeiro, *Da Boa fé*, 605-606.

Para estes casos, Rui Ataíde apela, como visto, à quebra da dicotomia tradicional dos deveres reportados ao vínculo obrigacional (*de prestar* – principal e secundário – e *acessórios*), adicionando um terceiro, os *deveres específicos de cuidado*[874].

Nesta medida, embora cumpra decidir se existe primazia da tutela obrigacional[875] ou não, o juízo de desvalor da conduta reporta-se *ex ante* a ambas as modalidades de responsabilidade. Por outras palavras, o delito não fica consumido *a priori* pelo incumprimento contratual: a responsabilidade é simultaneamente obrigacional e extraobrigacional. A autonomia dogmática das categorias de ilicitude sobrevive, verificando-se em simultâneo. Um conjunto de argumentos pode ser carreado, nesta sede, para demonstrar esta *autonomia* do juízo de ilicitude, entre os quais se conta *(i)* a incongruência em se transformar o desvalor objetivo da conduta do lesante (de tipo delitual para a obrigacional) pela mera celebração de um negócio. Aliás, como afirmou Picker, os deveres inerentes aos delitos *precedem* a celebração do contrato e não devem ser afastados por este[876]. Considere-se, ainda, que *(ii)* a *ineficácia* do negócio não permite a consumpção da ilicitude delitual por *reversão*, e, por fim, *(iii)* permitir a substituição da tutela delitual pela via exclusivamente obrigacional confronta-se com a inaptidão da autonomia privada em regular de certos direitos indisponíveis (cfr. o escopo do consentimento do lesado, da limitação à existência de cláusulas limitativas ou excludentes de responsabilidade, *etc.*).

Neste segundo conjunto de casos, e atendendo à dificuldade de enquadramento dos deveres acessórios *externos*, a doutrina diverge na qualificação da responsabilidade emergente, se obrigacional, delitual ou uma terceira via, como havíamos indiciado.

[874] Os quais define «concretizações, no perímetro negocial, do dever geral de cuidado – que se propõem prevenir danos nos interesses circundantes dos contraentes.», em *Responsabilidade civil*, 1014.

[875] Assim, Menezes Cordeiro, *Da responsabilidade civil dos administradores*, 400 e ss., *Tratado* VI, 536 e em *Litigância de Má Fé, Abuso do Direito de Acção e Culpa*, 3.ª ed., Almedina: Coimbra (2014), 181 e ss., revendo a posição defendida até 1986 (*v.g.*, em *Da Boa Fé*, 637–638).

[876] *Positive Vertragverletzung und culpa in contrahendo*, Zur Haftung zwischen Vertrag und Delikt, AcP 183 (1983), 385 e ss. No mesmo sentido, veja-se Almeida Costa, o qual afirma de forma sumária que «a existência de um vínculo contratual entre duas pessoas não impede que uma delas demande a outra com base num facto de todo estranho a esse vínculo [...]. É que, nas mencionadas situações, como se torna óbvio, há dois fundamentos autónomos geradores de danos também independentes uns dos outros.»; cf. *Direito das Obrigações*, 547, nota 1.

Ora, os deveres acessórios que se reportem ao círculo *externo* de interesses do contraente sugerem com maior premência a verificação de um *delito, i.e.*, ofendendo aqueles *interesses de integridade pessoal e patrimonial* das partes *não conexos* com o dever de prestar. Pelo seu objeto, embora qualificados enquanto deveres acessórios, distanciam-se manifestamente da fonte de onde derivam: a tutela, a existir, é, sem dúvida delitual. Resta saber se ainda haverá *também* lugar à tutela obrigacional. Entendemos que sim, naturalmente[877]. Estamos perante a regulamentação de interesses fora do perímetro negocial, mas que são, em todo o caso, carreados diretamente para o foro obrigacional: a qualificação da situação jurídica (de deveres acessórios) não é determinante, mas indicia que o espectro regulativo ainda é o da autonomia privada e, nessa medida, podem conter a regulação especializada do regime-regra delitual, convertendo-o também em obrigacional. Claro está, com estes deveres acessórios fora do perímetro contratual, os contraentes podem fazer mais do que *replicar* apenas o regime delitual: há espaço para a modelação, e nessa medida, cumpre reconhecer-lhes natureza obrigacional, começando pela própria submissão da tutela daqueles interesses a este regime (obrigacional), sem prejuízo de outros aspetos (p. ex., a submissão ao regime prescricional mais favorável). O ponto é dúbio, concorda-se, e depende sempre, como ponto prévio, da tarefa árdua de delimitação (1) dos *interesses subjacentes ao vínculo obrigacional* e, cumulativamente, (2) daqueles *subjacentes a estas cláusulas* que se admitiram fora daquele primeiro círculo de interesses.

Nota-se, aliás, que vários Autores mitigam a remissão em bloco para o regime da responsabilidade obrigacional nesta hipótese. Para tal, afasta-se, numa fase posterior à de formação do título de imputação, a tutela obrigacional, quando o negócio seja alheio ao delito[878]: invocando a ausência de *nexo de causalidade delimitador* entre o facto ilícito

[877] Contra, Carneiro da Frada, numa posição própria e no contexto da qualificação da responsabilidade emergente pela inobservância dos *deveres de proteção*, rejeita geralmente o concurso entre os fundamentos contratual e extracontratual. A única exceção (admitindo, portanto, o concurso considerado) é encontrada nos casos em que a «a violação da integridade consubstancia realmente a violação de um dever *contratual*» (recorrendo ao exemplo do transportador que danifica a coisa a seu cuidado ou do médico que provoca a morte do seu paciente). Fora destes casos, e reconhecendo-se que «o dano estará já fora do *perímetro contratual*», o ilustre Professor nega a qualidade *obrigacional* da responsabilidade. Pode, aliás, operar um concurso de responsabilidades, mas este será, segundo o A., entre a responsabilidade delitual e aqueloutra que entende que se gera especificamente para a violação dos deveres acessórios; *Contrato e deveres de proteção*, 113-114 (nota 223).

[878] Carlos Mota Pinto, *Cessão*, 409-410.

contratual e o dano processado ou, ainda, num ponto prévio, a inexistência de *causalidade fundamentadora* de responsabilidade[879]. Remete-se, neste ponto, para a profunda investigação de RUI ATAÍDE. O Autor conclui que, quanto à fonte, estes deveres acessórios externos são de tipo contratual, mas, quanto à natureza, existe uma «*fratura inevitável na caracterização dogmática dos deveres acessórios, quebrando a sua recondução unitária à boa fé*», em sentido objetivo. Para o Autor, os deveres em causa fundam-se, ao invés, do dever geral de cuidado, pelo que consubstanciam, a final, *deveres específicos de cuidado.* Concluindo, para efeito de qualificação da responsabilidade decorrente do respetivo incumprimento apela a uma natureza mista[880].

iii. O último grupo de casos – da verificação isolada de delito – acompanha as reservas feitas em sede da fase pré e pós-contratual, nomeadamente perante responsabilidade *cujo escopo é de todo alheio ao vínculo obrigacional*[881]. Este entendimento parte da negação da hiperextensão do vínculo negocial e da sua suposta aptidão para cobrir toda e qualquer conduta delitual do contraente.

Quando a conduta do contraente é de todo alheia ao vínculo obrigacional – praticada *apenas por ocasião* (*nur gelegentlich derselben*) deste[882] – o qual até pode ser respeitado na íntegra, não cumpre em apelar à figura do *inadimplemento*[883]: o espaço, a existir, é o do delito. É determinante, portanto,

[879] RUI ATAÍDE, *Responsabilidade Civil*, 996–997. O ilustre Professor apela à exclusão da responsabilidade obrigacional, quando o *comportamento contratualmente lícito alternativo* não interfira na verificação do delito.

[880] *Idem*, 996, 1103, 1014, e 1016. Contra, expressamente, MENEZES CORDEIRO, *Tratado*, VI, 532.

[881] V., *infra*, § 13; 1.1.

[882] É esta a doutrina maioritária além-Reno; cf., com referências, GEORGIADES, *Die Anspruchskonkurrenz*, 82 (nota 2). Entre nós, também C. MOTA PINTO, *Cessão*, 410 (nota 1) e, ROMANO MARTINEZ, quando o A. afirma que «para haver responsabilidade contratual é necessário que o dano derive do incumprimento e não basta o facto de o prejuízo ter sido causado por um facto ilícito praticado na altura da realização da prestação»; em *Cumprimento Defeituoso*, 231 (neste sentido, v., ainda, o A. em *Direito das Obrigações*, 440-441, nota 4). Na jurisprudência, o presente critério fundamenta o afastamento de responsabilidade conexa com o vínculo obrigacional, nomeadamente a do devedor pelos atos dos seus auxiliares (800.º); assim, v. o ac. STJ de 04-Mar-2008 (ALVES VELHO).

[883] Metodologicamente, não se trata de apurar se o comportamento é causa do incumprimento (indagação reportada ao nexo fundamentador de responsabilidade; cfr., *supra*, 4.2.1.). Na verdade, este comportamento não consubstancia desde logo uma falta de cumprimento da obrigação, *i.e.*, não existe um ilícito obrigacional.

conhecer os limites do negócio, em termos de fim, objeto e regime, para se delimitar o círculo de interesses conexos com o dever de prestar[884].

Assim, a divulgação de elementos relevantes do outro contraente, sujeitos a confidencialidade, consubstancia uma violação do dever de lealdade apenas quando tenha por objeto informação relativa ao negócio, não abrangendo outros aspetos da vida privada do contraente, acidentais ao contexto contratual onde se processem. De igual forma, quando o arrendatário rouba o seu senhorio à porta do locado, a sua responsabilidade é *exclusivamente delitual*. Existem outros exemplos. Cavanillas Múgica e Tapias Fernandez[885] apontam os seguintes casos, também alheios à responsabilidade contratual: o empreiteiro atropela o comitente fora do recinto da obra, o trabalhador danifica a propriedade do seu empregador, o transportador agride e rouba o transportado, o canalizador subtrai bens da residência onde presta o serviço, o senhorio e arrendatário envolvem-se numa altercação em virtude de uma discussão quanto ao montante da renda, o mecânico furta coisas do veículo que lhe foi confiado e, por fim, o empreiteiro causa danos aos residentes na execução da obra.

Não se apela, na última hipótese enunciada, à tutela obrigacional pela inaptidão do vínculo obrigacional, na sua complexidade estrutural, em contemplar todos os interesses do lesado cobertos por via delitual. Termos perante os quais resta *exclusivamente* o recurso a esta outra tutela, *extraobrigacional*.

É também disto exemplo o vendedor que furta a carteira do comprador, quando este se presta a pagar o preço. A lesão do direito absoluto (de propriedade) não está compreendida no feixe complexo da estrutura obrigacional do contrato de compra e venda (a título de dever acessório de proteção), ou seja, não recai um juízo normativo de ilicitude *obrigacional* sobre o ato praticado, mas somente *extracontratual*.

[884] Sobre a «delimitação do âmbito de proteção contratual», v. Cláudia Madaleno, *Responsabilidade obrigacional*, 941-943. O vínculo é tratado entre a teleologia do dever de prestar e o interesse inerente à lesão. V., neste sentido, ainda que reportado ao espectro pré-contratual, Paulo Mota Pinto, *Interesse*, II, 1195 (nota 3346).

[885] *La concurrencia*, 11. Em linha, Romano Martinez, *Direito das Obrigações*, 440-441 (nota 4).

De sublinhar, ainda, a dificuldade de distinção entre os deveres *acessórios* dos principais, secundários ou mesmo dos pré-contratuais[886], como vimos – diferenciação essa cuja utilidade hoje cada vez mais se desvanece[887]. Note-se, neste sentido, que os deveres acessórios, podem com frequência integrar deveres principais de prestação nos negócios que visem aquele interesse de *integridade*[888] (*v.g.*, um negócio que vise garantir a segurança pessoal do credor), embora se encontrem, por regra, lateralizados no complexo obrigacional da contratação em geral.

V. Em suma, nega-se a hiperextensão da responsabilidade obrigacional, mediante o apelo ao incumprimento dos *deveres acessórios* para a cobertura das lesões de exclusivamente de tipo delitual[889].

Por outro lado, quando o juízo de ilicitude seja simultaneamente contratual e delitual, este não se homogeneíza no primeiro: estes mantêm-se independentes, autonomamente radicadas na norma-padrão de responsabilidade, fomentando a formação títulos de imputação individuais (uma vez cumpridos os demais pressupostos). Todos os casos destacados não se auferem, nesta medida, fundamento suficiente para afastar a autonomia das categorias de ilicitude das várias modalidades que convocam, compreendidos os limites do objeto dos deveres acessórios de conduta.

3. A pluralidade de ilícitos no confronto com os demais requisitos da imputação de danos

VI. A autonomia da ilicitude justifica-se, ainda, pela independência deste juízo perante o de culpa e o requisito do nexo causal (fundamentador de responsabilidade), bem como pela relevância (autónoma) das causas de justificação da ilicitude reportadas a cada modalidade de responsabilidade. Vejamos este último aspeto, remetendo a análise dos demais para considerações posteriores.

[886] Menezes Cordeiro, *Da Boa Fé*, 604. Justificam a sua recondução ao § 280/1 BGB, a par da responsabilidade por *culpa in contrahendo*; v., por todos, Dário Mora Vicente, *Da responsabilidade*, 306-311.
[887] V., neste sentido, Rui Ataíde, *Responsabilidade Civil*, 663. O autor adere ao enunciado da relação *legal* unitária de proteção proposta por Canaris, ditando a emergência daquela esfera de proteção nos preliminares do negócio, mantendo-se e adaptando-se na sua execução e sobrevivendo à eventual invalidade.
[888] Será o caso, segundo Rui Ataíde, «da assunção contratual de deveres no tráfego prevista nos artigos 491.º, 492.º/2 e 493.º/1», estando em causa «*deveres de prestar* que têm por objeto o controlo de focos de perigo ou certas organizações de meios», em *Responsabilidade Civil*, 978.
[889] Contra, Pinto Monteiro, *Cláusulas limitativas*, 426 e ss..

Os meios de autotutela, enquanto causas de exclusão da ilicitude, podem, pela sua inserção sistemática na parte geral do código (336.º a 340.º), aplicar-se em ambas as modalidades de responsabilidade civil. É esta a vertente clássica em sede de concurso. Sem prejuízo, numa segunda variante, o seu efeito útil pode também concorrer no âmbito da mesma modalidade de responsabilidade.

Naquela primeira hipótese, as *causas* de justificação extravasam uma dada modalidade: justificam, nestes termos, simultaneamente a ilicitude delitual e obrigacional da mesma *conduta* (ou, pelo menos, assumem esta relevância em sede de culpa).

> Num exemplo, o motorista provoca danos na viatura alugada, por se ter desviado de uma criança que atravessara a via, acabando por provocar um acidente. A sua atuação, em estado de necessidade (339.º), isenta-o de responder civilmente perante o titular da viatura pelos danos que lhe causou, justificando esta lesão do direito de propriedade e, por outro lado, também impede que responda contratualmente perante o locador pela falta de cumprimento do dever de manutenção da coisa (1043.º).

Não se almeja idêntica conclusão, recorrendo apenas ao mesmo argumento sistemático, no que respeita às causas de justificação *especiais* da vertente obrigacional, designadamente à exceção de não cumprimento (428.º e ss.) e ao direito de retenção (754.º e ss.), nem às demais prerrogativas que conformam um de *direito obrigacional de retenção*, enquanto formas de exercício de um direito, bem como o cumprimento de um dever superior: falta-lhes, pelo menos na aparência, a aptidão para justificar a ilicitude *delitual*. O percurso metodológico para alcançar uma solução uniforme deve, portanto, ser distanciado deste elemento sistemático[890].

> Pergunta-se: o mecânico que retém licitamente a viatura para efeitos contatuais (754.º), não respondendo, nestes termos, pelo incumprimento da obrigação de entrega da coisa, pode responder *delitualmente* pela lesão do direito de propriedade, nomeadamente pela privação do uso da mesma?

[890] A existência de uma norma paralela ao art. 31.º/1 CP facilitaria este passo metodológico, a qual dispõe: «[o] facto não é punível quando a sua ilicitude for excluída pela ordem jurídica considerada na sua totalidade.».

Quando se almeje a sobreposição do *interesse* tutelado pelo bem jurídico lesado, a coerência sistemática impõe a unidade da justificação da *ilicitude* para efeitos civilísticos, (*i*) a título imediato, como nos parece, ou (*ii*) a nível indireto, pela ficção do *consentimento* dos contraentes, justificativa da eventual ilicitude delitual que resulte do regime contratual aplicável (convencional ou legal, a título supletivo ou injuntivo) – *i.e.*, no exemplo mencionado, poder-se-ia discutir se o dono de obra consentiu, aquando da celebração do contrato de empreitada, na possibilidade de o empreiteiro reter a viatura (754.º), se este incumprir tanto aquilo a quanto se obrigou. Em qualquer caso, a *axiologia* da pretensão indemnizatória impede, por exemplo, que a exceção de não cumprimento ou o direito de retenção não justifique *globalmente* a atuação do credor no exercício destes direitos. Veja-se que, no exemplo *supra*, a pretensão real primária reivindicativa do bem é recusada em caso de exercício legítimo do direito de retenção (1311.º/2)[891] pelo que, por maioria de razão, o detentor não responde pela privação do seu uso[892].

A mesma solução é carreada para os efeitos das *cláusulas limitativas e de exclusão de responsabilidade civil*. Neste caso, na ponderação de interesses de autonomia privada e razões de ordem pública, Pinto Monteiro admite a extensão dos efeitos da cláusula de exclusão ou atenuação de responsabilidade *contratual* à responsabilidade *delitual*, quando a conduta do lesante se traduza simultaneamente numa «violação positiva do contrato (um cumprimento defeituoso) e um facto ilícito delitual (uma violação de direitos absolutos da contraparte)», ainda que, segundo o Autor, este efeito não ultrapasse o limite dos danos pessoais e dos danos dolosos ou com culpa grave[893]; salvaguarda-se, nesta solução, a reserva hermenêutica às especificidades do caso, tal como o ilustre Professor defende relativamente ao alcance da cláusula[894].

[891] Neste sentido, v. Pires de Lima e Antunes Varela, *Código Civil Anotado*, III, 115. A propósito, cfr. Ana Maria Taveira da Fonseca, *Da recusa de cumprimento da obrigação para tutela do direito de crédito*, Almedina: Coimbra (2019), 366-368.

[892] Sobre responsabilidade do detentor pela perda ou deterioração da coisa, v. o lugar paralelo correspondente ao n.º 6 do art. 1323.º (com a alteração introduzida pela Lei n.º 8/2017, de 3 de março). No contexto paralelo, da justificação da ilicitude obrigacional pelo exercício do direito de retenção, v. Francisco Rocha, *Da retenção sobre coisa de terceiro e sobre coisa própria*, Separata RFDUL, IL, n.os 1 e 2 (2000), 591-594.

[893] Em *Cláusulas limitativas*, 435–437. O A. admite que as *convenções* de exclusão ou atenuação da responsabilidade delitual estão sujeitas aos mesmos requisitos das *cláusulas* (*idem*, 409) e não geram um concurso de responsabilidade (*idem*, 398, nota 907).

[894] *Idem*, 437.

VII. A autonomia do juízo da ilicitude mantém-se aquando do aprofundamento da relação entre ilicitude e o *facto* considerado, seu ponto de partida. A *quantidade*, no sentido da pluralidade de responsáveis ou de lesados pelo evento determinante de responsabilidade, ou a *qualidade* do ato voluntário, pela cumulação de atos de tipo *omissivo* ou por *ação*, não homogeneízam o juízo normativo da ilicitude, reportado a ambas as modalidades de responsabilidade.

Num exemplo (quanto à pluralidade de lesantes), o depositário destrói dolosamente a coisa depositada com o auxílio de terceiro. O juízo de ilicitude que recai sobre a conduta do depositante preenche ambas categorias de ilicitude: por lesão do direito absoluto de propriedade (delitual) e do direito de crédito do depositante (obrigacional). Este segundo juízo normativo não recai sobre o terceiro, o qual não está vinculado a um dever específico: o desvalor normativo da sua conduta mantém-se exclusivamente a título delitual, pela primeira modalidade (lesão do direito de propriedade e, eventualmente, do crédito do depositante). Considere-se, ainda, o caso do terceiro que destrói dolosamente a coisa a cargo do depositário. Nesta hipótese, o depositário responde pela *omissão* negligente, exclusivamente a título obrigacional (na ausência de uma fonte *delitual* do dever de agir, a par daquela contratual, 486.º), e o terceiro, por ação, a título delitual.

Noutro exemplo (quanto à pluralidade de lesados), o comodatário de um vaso solicita que o bem seja entregue a um terceiro, o qual se comprometeu a guardar o bem na sua ausência. Num momento de distração, o comodante destrói o vaso e danifica o soalho da residência do destinatário da prestação[895]. Perante o terceiro, a responsabilidade do comodante é exclusivamente *delitual* (lesão do seu direito de propriedade); por seu turno, ao comodatário assiste uma tutela exclusivamente *obrigacional*.

O mesmo entendimento deve ser carreado perante a conduta com semelhante aptidão, *i.e.*, ilícita, pela ótica de ambas as modalidades de responsabilidade consideradas, embora referente ao mesmo *lesado*.

No que respeita à vertente *qualitativa*, de cumulação de responsabilidade por ação e por omissão em sede do juízo da ilicitude, cumpre destacar

[895] Estes contratos não se confundem com os do contrato a favor de terceiro (cfr. arts. 443.º e ss.); cfr., *supra*; § 8: 2.2.2.

a dificuldade em se apurar uma conduta do mesmo agente ilícita no âmbito delitual e obrigacional, *por omissão* em ambos os casos, porquanto o dever de agir obrigacional não corresponde, em regra, ao dever geral de respeito em sede delitual. Nesta hipótese, o devedor inadimplente, enquanto *terceiro*, não comete qualquer delito.

O vendedor entrega a viatura ao comprador num parque de estacionamento junto a uma praia. Com o enchimento da maré, o carro será danificado no local onde se encontra, pelo que o comprador tem conhecimento de que dispõe de uma janela temporal relativamente curta para retirar a viatura daquele sítio. O comprador não remove a viatura no tempo devido e esta é levada pela força da maré, acabando por se destruir. Após o cumprimento da obrigação, não há título de imputação dos danos sofridos pelo comprador na vertente *obrigacional* (perante o cumprimento do devedor da obrigação de entrega, *i.e.*, o vendedor), tão pouco *delitual*, dado que o comprador, enquanto proprietário, consentiu que a viatura fosse entregue naquele local, conhecendo (ou devendo conhecer) o risco inerente àquela entrega.

Noutro exemplo, se o depositário não retira a viatura do local onde foi estacionada pelo credor, nas circunstâncias acima descritas, sendo destruído pela maré, incumpre o contrato, por omissão, mas não pratica um delito, porquanto este devedor, enquanto terceiro, não está obrigado a remover a viatura em cumprimento do dever genérico de respeito (ou de um dever de tráfego equiparável).

As exceções reconduzem-se, em regra, à responsabilidade por ação delitual que consubstancie o incumprimento negocial (por omissão), tal como sucede paradigmaticamente na vertente obrigacional, no incumprimento de contratos com eficácia real (408.º/1[896]), no incumprimento das obrigações *propter rem*[897], bem como perante o cumprimento defeituoso que provoque danos *extra rem*[898].

[896] Embora a ilicitude não seja necessária para a violação do direito real, pode ocorrer em simultâneo. Sobre este ponto, v. José Alberto Vieira, *Direitos Reais*, 422. Na definição deste Autor, a violação do direito real ocorre «quando um terceiro impede ou diminui de alguma forma o aproveitamento da coisa contra a vontade do titular» (*idem*, p. 421); a propósito, Oliveira Ascensão, *Direitos Reais*, Almedina: Coimbra (1978), 417 (nota 1).

[897] José Alberto Vieira, *Direitos Reais*, p. 422.

[898] V., *infra*, § 11; 2.

VIII. Nos casos de verificação *simultânea* das ilicitudes delitual e obrigacional cumpre verificar se existe ainda ou não uma sobreposição do interesse subjacente, para efeitos consequentes da eventual proibição de duplicação de tutela ressarcitória, como veremos[899], verificados que estejam, claro, os demais pressupostos que importam à formação do título de imputação de danos.

Em suma, a ilicitude do facto considerado, quando se reporte *qualitativamente* a ambas as categorias de ilicitude das modalidades consideradas, independentemente da respetiva quantidade, não quebra a autonomia do juízo de desvalor objetivo inerente a cada modalidade de responsabilidade, destacando-se, ainda, pela sua função individualizadora da modalidade do título de imputação de danos (ou dos vários) que se gere.

[899] V., *infra*, § 12; 5.2.

§ 9. A CULPA NO CONCURSO DE RESPONSABILIDADES

1. Verossimilhanças e diferenças nas modalidades consideradas; conexão com os demais requisitos

I. Em sede de culpa, as semelhanças entre as modalidades delitual e obrigacional de responsabilidade civil podem ser sumariadas no seguinte elenco:

1. A culpa é apreciada, pela positiva, em termos abstratos ou de forma *objetiva* (487.º/2 e 799.º/2)[900];
2. Para o apuramento da culpa relevam, em termos negativos, *causas de desculpa* específicas (erro, perturbação ou medo não culposo e a desculpabilidade), bem como, em termos gerais, a inimputabilidade (488.º);
3. Categoriza-se o espectro culposo nas vertentes do dolo e da negligência (neste último caso perante a violação do dever de cuidado interno);
4. O seu objeto é a conduta do agente e não o resultado danoso; e
5. As modalidades consideradas contendem com uma forma de responsabilidade independentemente de culpa, dita *objetiva*[901].

Quanto às diferenças:

6. A culpa é presumida na responsabilidade obrigacional (799.º/2) e apenas pontualmente na responsabilidade delitual (491.º a 493.º), sem prejuízo de convenção em contrário (344.º/1); e

[900] Antunes Varela, *Das obrigações*, II, 100, Santos Júnior, *Direito das Obrigações* I, 327.

[901] V., *supra*, § 4.

7. Manifesta uma articulação diferenciada relativamente aos demais requisitos do título de imputação de danos.

Vejamos em maior detalhe as respetivas diferenças.

II. [*presunção de culpa*] Em primeiro lugar, a culpa corresponde ao segundo momento de avaliação da conformidade da conduta da conduta do agente.

Autonomiza-se, nesta medida, do pressuposto da ilicitude, tal como decorre expressamente da lei: no artigo 483.º/1, apela-se ao comportamento d'«[a]quele que, *com dolo ou mera culpa*, violar [...]» e, no artigo 798.º, da responsabilidade d'«[o] devedor que falta *culposamente* ao cumprimento [...]». A presunção de culpa não implica, portanto, uma presunção de ilicitude.

MENEZES CORDEIRO ocupa a vanguarda na defesa do dualismo – dito *sistema híbrido* – inerente ao regime português, com base nas modalidades de responsabilidade consideradas. Segundo o ilustre Professor, o modelo monista[902], de inspiração francesa, subsumível à *faute* de DOMAT, encontra-se consagrado na responsabilidade obrigacional, agregando os juízos de ilicitude e culpa; por sua vez, na vertente delitual, de tipo germânico, aqueles elementos encontram-se autonomizados[903].

Este entendimento baseia-se num argumento histórico, em particular no contributo de VAZ SERRA, autor do anteprojeto desta matéria para o nosso Código Civil, bem como na alegada indissociabilidade dos elementos subjetivos na avaliação objetiva da conduta e, enquanto tal, na impossibilidade de se presumir apenas a ilicitude na via obrigacional

[902] Por oposição ao germânico, analítico e dualista (*Verschulden* e *Rechtswidrigkeit*), MENEZES CORDEIRO, *Da responsabilidade civil dos administradores*, 400 e ss. e *Tratado*, VIII, 318 e 350. O Autor reviu a sua posição defendida nas suas lições de Direito das Obrigações. Este entendimento afasta-se daquele seguido por CARNEIRO DA FRADA, o qual adita a presunção de causalidade, em *Contrato e deveres de protecção*, 191, *Teoria da Confiança*, 301, e, posteriormente, em *O problema e os limites da responsabilidade dos auditores*, 159-169, *Vinho novo em odres velhos: a responsabilidade civil das operadoras de Internet e a doutrina comum da imputação de danos*, ROA, Ano 59, n.º 2 (2009), 665-692 (670-671) e por MAFALDA MIRANDA BARBOSA, *Lições*, 418–420.

[903] Pese embora identifique várias referências ao conceito de *faute* no domínio aquiliano, o qual exemplifica com o artigo 487.º (*Tratado*, VIII, 378). O entendimento pode, aliás, entrar em crise com um conjunto de outras ilações, entre as quais se destaca a aplicação em bloco dos contributos alemães em sede dos deveres acessórios, mesmo na ausência de um preceito como o § 421/II BGB (cf. MENEZES CORDEIRO, *Tratado*, VI, 528).

(799.º/1)[904]. Com a devida vénia, considera-se difícil apelar ao argumento histórico, quando a redação do atual artigo 799.º/2, da autoria de Vaz Serra, obriga à apreciação da culpa nos termos da responsabilidade civil (delitual), incompatibilizando uma divergência conceptual desse tipo. Por outro lado, estoutro entendimento pressupõe a indevida bifurcação da matriz do nosso modelo de responsabilidade[905], conquanto germânica em sede delitual (483.º e ss; onde a culpa se considera autonomamente), por contraposição à responsabilidade obrigacional (798.º; enquanto manifestação da *faute*), inspirada no modelo francês. Note-se, aliás, que o conceito *faute*, importado, é próprio da modalidade *delitual* (note-se) francesa e não se presume, por regra (art. 1240.º *Code*)[906]. No entanto, aceita-se o entendimento do ilustre Professor quanto obriga a reconhecer que o valor da presunção de culpa existe apenas perante a *ilicitude* do facto. Diferente é defender que presumir a culpa obriga o intérprete a também presumir a ilicitude, por arrastamento metodológico do apuramento deste requisito da responsabilidade subjetiva: afinal, as realidades são sindicáveis, como o próprio Autor reconhece[907]. Veja-se, em sentido inverso, que a presunção de inexistência de culpa não afasta a ilicitude da conduta (488.º/2), bem como os casos em que apenas se presume a ilicitude (*v.g.*, o artigo 12.º/1 da Lei n.º 24/2007, de 18 de julho)[908]. Aliás, o objeto de uma presunção

[904] Menezes Cordeiro, *Tratado*, VIII, 378-381 e 392 (nota 1385).

[905] Paulo Mota Pinto, *Interesse*, II, 1110 (nota 3118).

[906] Mais: ao atender-se à raiz histórica, Domat distinguia, pela fonte da *faute*, a *délictuelle*, *contractuelle* e *quasi délictuelle*, e, nesta medida, não se vê razão para, ao admitir-se a sua aplicação entre nós, se excecionar a responsabilidade delitual da sua aplicação. Sobre este e outros aspetos, v., ainda, Santos Júnior, *Da responsabilidade*, 189. Uma leitura superficial ao panorama legislativo, de um ponto de vista puramente sistemático, também aproxima a responsabilidade delitual portuguesa do sistema alemão, pelo menos considerando a respetiva extensão: o Código Civil conta com mais de trinta e cinco artigos, incluindo a responsabilidade a título objetivo (483.º a 510.º); próximo, nesta medida, do código civil alemão, o qual regula a matéria analiticamente em trinta e um parágrafos (§§ 823 a 853 BGB); já o sistema francês, *sincrético*, regula a responsabilidade delitual em cinco preceitos (*article* 1240 a 1244 do *Code*).

[907] Contra a posição enunciada, v. Menezes Leitão, *Direito das Obrigações*, I, 351–352.

[908] A qual dispõe que «[n]as auto-estradas, com ou sem obras em curso, e em caso de acidente rodoviário, com consequências danosas para pessoas ou bens, o ónus da prova do cumprimento das obrigações de segurança cabe à concessionária [...]». Neste sentido, v. a análise do TCA Norte, no ac. de 04-Dez-2015 (Frederico Branco) e Dário Moura Vicente, *Direito Comparado*, II, 202. Na jurisdição dos tribunais comuns, considerando que sobre a concessionária recai uma *presunção de incumprimento*, v. os acs, STJ, de 09-Set-2008 (Garcia Calejo) e TRP, de 16-Mar-2015 (Rita Romeira) e de 26-Mai-2015 (Anabela Dias da Silva). Noutro exemplo, para Rui Ataíde – num entendimento de louvar –, quando o legislador requer que seja o lesante a provar que cumpriu

de tal tipo (culpa e ilicitude) condena à análise de *toda e qualquer* conduta do devedor, contrariando a metodologia que enquadra como facto relevante nesta sede apenas aquela *ilícita*, no contexto do vínculo obrigacional. Por outro lado, existem outras presunções – comparáveis, *mutatis mutantis*, à da culpa no apuramento da responsabilidade civil – que dependem da antijuridicidade do facto, mas autonomizam-se desta (*v.g.*, a boa fé ou má fé da posse que lesa o direito de outrem, cfr. 1260.º): (*i*) no âmbito delitual, vejam-se os exemplos apontados por Antunes Varela, ainda hoje não vencidos, das ações possessórias, do regime da legítima defesa (337.º), da inimputabilidade (488.º), as presunções delituais de culpa (491.º, 492.º/1, 493.º/1 e 2) e a existência de causas de desculpa (por *coação, erro* e *medo*) as quais obrigam a sindicar aquelas realidades; no (*ii*) no âmbito obrigacional, também a prova do cumprimento defeituoso ou a do incumprimento da obrigação de meios, ambos da responsabilidade do credor, proíbem a homogeneização do juízo normativo, englobando ambas as realidades[909].

Por outro lado, a remissão genérica da apreciação da culpa para os termos em que é delitualmente «*apreciada*» (799.º/2) obriga à uniformização do seu *conteúdo* e também da *forma* do seu apuramento.

No âmbito delitual, é ao lesado que incumbe, em regra, provar a culpa do autor da lesão (487.º/1), em obediência ao ónus da prova *subjetivo* (342.º/1). Todavia, a lei reconhece, na parte final daquele preceito, a possibilidade de existir uma *presunção legal de culpa*, a qual inverta o ónus da prova. Esta presunção é sempre ilidível por qualquer meio de prova (350.º/2), sob pena do estabelecimento de uma responsabilidade *objetiva*. Reporta-se, por outro lado, a ambas as formas de culpa (dolo e negligência, *Vorsatz* e *Fahrlässigkeit*)[910], recaindo sobre o agente o *ónus* de provar que agiu *sem culpa* (344.º/1), para se isentar de responsabilidade; embora este possa reunir uma vantagem menor em ilidir apenas o dolo, como vimos. Por outro lado, a presunção só se operacionaliza se, tal como ensina Pessoa Jorge, se presumir a *imputabilidade*[911], bem como, aditamos, a ausência de uma causa específica de exclusão

com o seu dever de vigilância (v.g., daquela que deriva de uma atividade perigosa, 493.º/2), mais do que "culpa", o legislador está forçosamente a presumir a ilicitude da conduta em si, dispensando o lesado de a demonstrar (342.º/1; em *Responsabilidade civil*, 380).

[909] Antunes Varela, *Das Obrigações*, I, 587-588 e II, 101.

[910] Menezes Cordeiro, *Direito das Obrigações*, II, 320 e *Tratado*, VIII, 310. Contra, Teixeira de Sousa, *O concurso*, 273, entendendo existir somente uma presunção de negligência.

[911] Pessoa Jorge, *Ensaio*, 339.

da culpa (erro, a perturbação ou medo não culposo e a desculpabilidade). Cumpre ainda referir que, operacionalizando a responsabilidade do devedor, a presunção de culpa na falta de cumprimento é também extensível à presunção de culpa na impossibilidadc dc cumprimento (801.º/1)[912].

Note-se, ainda, a *excecionalidade* da presunção de culpa no âmbito delitual – prevista nas hipóteses dos artigos 491.º/1, 492.º/1 e 493.º/1 e 2 CC, bem como em legislação extravagante (p. ex., presumem-se culposos os atos de advocacia praticados por sujeitos não inscritos; artigo 11.º/1 da Lei n.º 49/2004, de 24 de agosto). É, todavia, a *regra* na vertente obrigacional, nos termos do artigo 799.º/1, sem prejuízo da admissibilidade de uma convenção em contrário (344.º/1)[913] ou da existência de previsões especiais em sentido oposto (p. ex., na responsabilidade por danos pessoais no âmbito do contrato de transporte por mar incumbe ao passageiro provar a culpa do transportador ou dos seus auxiliares; cfr. artigo 14.º/2 do Decreto-Lei n.º 349/86, de 17 de outubro).

Por fim, a presunção de culpa funciona dc forma idêntica[914] nas modalidades da *summa divisio*, embora com fundamento distinto: no âmbito obrigacional, é uma manifestação da liberdade de *meios* concedida ao devedor na realização da prestação[915], porquanto a forma de realização da prestação é livre, ainda que vinculada por diretrizes (legais ou convencionais). Assim, o reverso da liberdade na realização da prestação concretiza-se na oneração do devedor em demonstrar a inexistência de culpa em caso de falta de cumprimento da obrigação que o vincula. O presente entendimento é, aliás, conforme com a presunção de culpa existente na vertente delitual, designadamente quando decorre da existência dos vínculos específicos, tal como em sede dos *deveres específicos no tráfego*[916]. Não se compreende, por este motivo, a elevação deste regime como o traço fundamental da assimetria entre as modalidades de responsabilidade consideradas[917].

III. [*articulação com os demais requisitos*] Em segundo lugar, manifesta-se uma profunda autonomia do presente juízo normativo em confronto com os demais requisitos de responsabilidade.

[912] Galvão Telles, *Direito das Obrigações*, 362.

[913] Sem prejuízo do disposto no art. 345.º; v. Pinto Monteiro, *Cláusulas limitativas*, 111.

[914] Menezes Leitão, *Direito das Obrigações*, I, 365.

[915] Não convence o argumento aduzido por Antunes Varela, referente à *personalização* do devedor, por apelo ao um nexo de proximidade, cada vez menor no que respeita à contratação em massa. V., *supra*, § 3; 3.

[916] Rui Ataíde, *Responsabilidade Civil*, 1036 e ss. V., *supra*, § 6; 2.2.

[917] Pedro Múrias, *A responsabilidade*, 180 e Jorge Duarte Pinheiro, *O Núcleo*, 693.

Quanto ao evento determinante de responsabilidade, embora conexo com elementos de causalidade[918] (obrigando-nos, nessa medida, a uma apreciação conjunta), cumpre distinguir os casos de pluralidade de responsáveis ou lesados daquela forma mais atomística do título de imputação de danos (dependente de culpa, naturalmente), na caracterização *subjetiva* do evento determinante de responsabilidade, a qual opõe *um* lesante a *um* lesado, somente. No primeiro caso, a culpa releva no sentido de *pluralidade* ou *concurso de culpas.*

Em termos gerais e do ponto de vista do(s) *lesante(s)*, o concurso de culpas, provadas ou presumidas[919], simultâneo ou sucessivo[920], *agrava* a situação de responsabilidade perante (*i*) a pluralidade de responsáveis, fornecendo vias alternativas de ressarcimento de danos, e *atenua* ou *exclui* a de determinado agente perante a (*ii*) «culpa» do único ou (*iii*) dos vários *lesados*. Em qualquer uma das três hipóteses mencionadas, existe uma pluralidade de «culpas» relevante para efeito de apuramento de responsabilidade civil. Por outro lado, o *concurso de culpas* influencia (*i*) a medida de responsabilidade plurisubjetiva perante o lesado (a nível externo), bem como (*ii*) a repartição da responsabilidade entre os vários responsáveis (a nível interno).

Veja-se, no *plano delitual*:

(*i*) a *nível externo*, o concurso externo de responsabilidade tem subjacente um princípio de culpa (490.º, 497.º/1), fundamentando a solidariedade da responsabilidade dos vários agentes *culpados* perante o lesado (513.º)[921]; solução esta que se mantém em caso de concorrência de responsabilidade pelo risco (507.º/1), de forma a não limitar a tutela do lesado ao agente culposo, segundo Pires de Lima e Antunes Varela[922]; e

[918] Cfr., *supra*, § 7.

[919] A respeito da matéria probatória em torno da culpa do lesado, com especificidades, cf. Brandão Proença, *A conduta do lesado*, 791-768.

[920] Pires de Lima e Antunes Varela, *Código Civil Anotado*, I, 588.

[921] Previne-se, por outro lado, por via da solidariedade, segundo a generalidade da doutrina, o risco da insolvência de um dos corresponsáveis (cf., o ac. STJ, de 21-Jul-1967, Oliveira Carvalho, BMJ, 169, 1967,222-224). Este princípio resulta, aliás, da exclusão da responsabilidade objetiva de agentes concorrentes perante a culpa do lesado ou de terceiro (505.º). Note-se que a repartição da responsabilidade solidária pelo risco não opera perante a concorrência da responsabilidade subjetiva (507.º/1), ainda que meramente subjacente.

[922] *Código Civil Anotado*, I, 518.

(*ii*) a *nível interno*, a culpa permanece o ponto de referência de repartição da responsabilidade para efeitos do exercício do direito de regresso (497.º/2). O mesmo ocorre no âmbito da vertente *objetiva* desta modalidade de responsabilidade, onde a medida da culpa não exclui a tutela (externa) do lesado pelo regime da solidariedade (507.º/1). O regime do regresso, nas relações internas, tem como limite a medida da culpa (507.º/2 e 524.º), embora presumidamente iguais no primeiro caso (507.º/2, parte final). Concorrendo a responsabilidade subjetiva de um dos responsáveis com a objetiva (sem culpa) de outro (497.º, *ex vi* 499.º) nega-se, à partida, a possibilidade de repartição de responsabilidade[923].

[923] Em linha com o disposto noutros preceitos, entre os quais se destaca a responsabilidade do comitente e do comissário (500.º/3) e a dos vários condutores (506.º e 507.º/2). Nada obsta a que o mesmo sujeito (lesante, necessariamente) seja responsável por ambos os títulos de imputação de danos (*i.e.*, por culpa e risco). Neste sentido, atendendo ao plano da responsabilidade civil do produtor (cf. 6.º/2 do Decreto-Lei n.º 383/89, de 06 de novembro, na sua redação atual), v. Calvão da Silva, *Responsabilidade civil do produtor*, 589, 595-598, e Brandão Proença, *A conduta*, 787 (nota 2671). É, por sinal, o que ocorre também na responsabilidade culposa do *condutor* por conta própria, delitual e pelo risco (483.º/1 e 503.º/1), do vigilante do animal, o qual tenha interesse na sua utilização (493.º/1 e 502.º) ou, ainda, por acréscimo ao primeiro caso, assim o entendemos, a responsabilidade delitual também emergente perigosidade da atividade de condução (493.º/2, ou seja, respondendo delitualmente com culpa presumida; contra o Assento 1/80, de 29 de janeiro de 1980). Pese embora a determinação constante daquele Assento do STJ, cumpre saber se a atividade de condução pode ser considerada perigosa (p. ex., a de competição, recreativa ou industrial de alto risco – tal como, os *karts*, veículos operados à distância e a operação de maquinaria industrial perigosa; os exemplos constam na anot. de Raul Guichard ao art. 503.º, *Comentário ao Código Civil, Direito das Obrigações*, nota 13, 402, com menção dos acórdãos favoráveis a este entendimento, nomeadamente quanto ao *karting*, o ac. TRE, de 29-Nov-2001, CJ, 26, 2001, 5, 251 e ss., e, quanto à utilização de uma empilhadora, o ac. STJ de 17-Jun-2010, CJ/STJ, 18, 2010, 2, 109 e ss. – o transporte de matérias perigosas ou de veículos de tipo experimental), para efeitos da presunção de culpa estabelecida num preceito anterior (493.º/2 CC). A mais recente interpretação do preceito abona a favor desta solução para a condução em geral. Inicialmente, v. Joaquim de Sousa Ribeiro, *O ónus da prova da culpa na responsabilidade civil por acidentes de viação*, Coimbra, Separatas dos Estudos em homenagem ao Prof. Doutor José Joaquim Teixeira Ribeiro (1980). Com referências completas, Calvão da Silva, *Responsabilidade civil*, 368 (nota 2). Recentemente, destaca-se, ainda, Maria Graça Trigo, *Das presunções de culpa no regime da responsabilidade civil por acidentes de viação*, CDP, n.º 32 (Out-Dez 2010), 22-44 (43), e, ainda, Menezes Leitão, *Direito das Obrigações*, I, nota 1, I, 396 (o ilustre Professor admite, aliás, estender a presunção de culpa à condução sob influência de álcool; *ibidem*), bem como Nuno Pinto de Oliveira, *Responsabilidade objetiva*, Cadernos de Direito Privado, Número especial 02 (Dez. 2012), 107-121, (120; confrontando aquilo que designa como o concurso de regimes especiais, nomeadamente a «responsabilidade objetiva *impuríssima*» do art. 493.º/2 e a «responsabilidade objetiva *impura*» dos artigos 503.º a 508.º, todos do CC). É, aliás, com base num conceito geral de risco ou perigosidade que o Código Civil brasileiro de 2002 funda a responsabilidade pelo risco, incluindo a derivada de acidentes de viação (art. 927.º do respetivo código).

Estas regras, referentes à relevância da culpa no plano interno e externo de responsabilidade, são exclusivas do âmbito extraobrigacional pelo risco[924]. Por sinal, no campo oposto (obrigacional), o devedor não responde solidariamente com o seu *auxiliar* (o qual, a responder, fá-lo, em regra, a título subjetivo, concretamente por via delitual) perante o lesado, atendendo à inaptidão do regime de solidariedade em abranger esta modalidade de responsabilidade (por aplicação, p. ex., do disposto no art. 497.º/1).

Na vertente obrigacional, a regra da parciariedade perante o lesado desobriga sucessivamente a repartição de responsabilidade nas relações internas entre os *codevedores*. Uma vez que o codevedor só responde externamente na medida da sua responsabilidade, quando a solidariedade não tenha sido prevista (513.º), essa repartição *interna* de responsabilidade a título obrigacional, insiste-se, não é possível (*i.e.*, em sede de *direito de regresso*, 497.º/2[925]). Pode, por sinal, ocorrer uma repartição de responsabilidade *sucessiva*, em novo grau, entre os anteriormente *codevedores*, mas não nessa qualidade: essa repartição depende de um outro vínculo que ligue estes sujeitos, p. ex., enquanto representante legal ou no âmbito de um novo negócio que os una (e perante o qual o lesado é alheio).

Em segundo lugar, a *qualidade* do ato voluntário, reportada a comportamentos de tipo *omissivo* ou por *ação* (a regra nos âmbitos obrigacional e delitual, respetivamente), obriga, perante o mesmo evento, a não a homogeneizar o juízo normativo de culpa. A culpa em ambas as modalidades, ao partir de premissas distintas e embora se encontre sujeita às mesmas regras de apreciação, conduz necessariamente a resultados distintos.

> Se o empreiteiro não conclui a obra no prazo acordado, aproveitando para consumir todos os frutos pendentes no pomar do dono de obra, a culpa na falta de realização da obra não coincide com a culpa delitual no consumo dessas maçãs.

Por fim, cumpre desde já notar que apresentamos reservas a qualquer entendimento suportado na velha máxima de que «a culpa afasta o risco», como adiante se verá.

924 Cf., por apelo à finalidade da modalidade delitual, Galvão Telles, *Direito das Obrigações*, 357 e Carneiro da Frada, *Direito Civil*, 106-107.

925 Neste sentido, Ana Prata expressivamente menciona que o devedor «não dispõe de qualquer direito de regresso contra o terceiro», em anotação ao artigo 800.º, § 8, *Código Civil anotado*, 1001.

Em terceiro lugar, ainda no que respeita à relação entre a culpa e o facto, cumpre ainda referir as particularidades da culpa das pessoas coletivas. Como visto[926], atendendo ao disposto nos artigos 165.º e 800.º, a responsabilidade *subjetiva* da pessoa coletiva encontra-se prevista na vertente obrigacional apenas quando exista *culpa* pelas ordens e instruções fornecidas (*in instruendo*), na escolha do representante (*in eligendo*) ou na vigilância ou fiscalização dos seus atos (*in vigilando*)[927]. Pois bem, à partida, na vertente delitual, a responsabilidade é exclusivamente objetiva (500.º *ex vi* 165.º), não havendo que apelar a uma *culpa de organização*[928].

Em sede de ilicitude, dadas as diferenças estruturais da responsabilidade delitual perante a obrigacional, a apreciação da culpa de forma idêntica das modalidades consideradas conduz a *resultados diferentes*. O objeto do juízo normativo, sendo distinto, quebra a identidade da culpa na apreciação do mesmo evento de responsabilidade, salvo perante o efeito comunicativo subjacente ao interesse que serve. Este aspeto será retomado adiante[929].

Em relação ao dano, com influência delimitadora na vertente quantitativa no prejuízo indemnizável, a culpa assume-se, por regra, somente um requisito do respetivo título de imputação, não limitando a extensão dos danos a tutelar. Todavia, a culpa pode assumir uma função *modeladora* da obrigação de indemnizar a título excecional, designadamente *atenuadora*[930] do *quantum indemnizatório*, se pecuniário (566.º), com base na *mera culpa* ou *negligência* do responsável (494.º). Este regime *excecional*, por contrariar o princípio da reparação integral dos danos (562.º), é exclusivo da vertente *delitual*[931], tendo

[926] Cfr., *supra*, § 6; 1.1.

[927] É, de resto, o entendimento que acompanha a existência de responsabilidade *penal* das pessoas coletivas (11.º CP), a qual não exclui a responsabilidade individual dos respetivos agentes, nem depende da responsabilização destes (n.º 7).

[928] A propósito, MAFALDA MIRANDA BARBOSA apela à culpa de organização, enquanto uma questão de imputação objetiva, a qual pode ser remetida tanto para a responsabilidade delitual, como para a obrigacional, em *Lições*, 245-246 e respetiva nota 559.

[929] V., *infra*, § 9; 2.

[930] Socorremo-nos da letra do preceito, o qual não abrange as hipóteses de exclusão ou de agravamento da responsabilidade. Neste sentido, atendendo à finalidade punitiva incita no preceito, v. ANA PRATA em anot. ao art. 494.º, *Código Civil anotado*, 642.

[931] Neste sentido, depõem ALMEIDA COSTA, *Direito das Obrigações*, 544, e em *O concurso da responsabilidade*, 557; MENEZES CORDEIRO, *Da responsabilidade civil dos administradores*, 400 e ss. e *Tratado* VIII, 394; ANTUNES VARELA, *Das Obrigações*, II, 99 e 106; GALVÃO TELLES, *Direito das Obrigações*, 357; RIBEIRO DE FARIA, *Direito das Obrigações*, I, 467-468, II, 422; PINTO MONTEIRO, *Cláusulas limitativas*, 95; ANA PRATA em anot. ao art. 494.º, *Código Civil anotado*, 644; e CARNEIRO DA FRADA, *Contrato e Deveres de Protecção*, 105.

ainda em conta as legítimas expectativas do credor. A possibilidade constante do artigo 494.º não abrange, todavia, (*i*) a responsabilidade delitual com culpa presumida (quando não afastada, inclusive apenas o dolo; a presunção abrange o dolo, como vimos; v. as previsões dos artigos 491.º a 493.º e, ainda, o disposto no artigo 503.º/3) e (*ii*) os casos em que esta dependa de dolo (*v.g.*, 1323.º/6 e 2096.º). A atenuação não tem lugar perante a vertente *objetiva* das modalidades consideradas[932], porquanto esta não se funda ou se limita pela culpa.

Contra, Pessoa Jorge, *Ensaio*, 365; Menezes Leitão, *Direito das Obrigações*, II, 257; Brandão Proença, *A conduta do lesado*, 169-170; Paulo Mota Pinto, *Interesse*, notas de rodapé 2361 e 2630; Rui Soares Pereira, *A responsabilidade por danos não patrimoniais*, 26-27 (nota 43); Dário Moura Vicente, *Direito* Comparado, II, 284-285 (nota 1035). Também o STJ considerou o preceito excecionalmente aplicável ao domínio contratual (de 18-Out-1994, Ramiro Vidigal), entendimento recentemente seguido pelo TRL, no seu ac. de 20-Dez-2017 (Cristina Coelho).

[932] Neste sentido, Ana Prata, em anot. ao art. 494.º, *Código Civil anotado*, 642. Contra, Pires de Lima e Antunes Varela, *Código Civil Anotado*, I, 506, AA. que situam o regime no âmbito da remissão constante do artigo 499.º; e, ainda, Almeida Costa, *Direito das Obrigações*, 759. Antunes Varela entende que o artigo 494.º só se aplica à indemnização que exceda o limite fixado na lei para a responsabilidade objetiva, constante no artigo 508.º (*Das obrigações*, I, 694). No fundo, o A. limita a relevância da mera culpa do lesante ao que excede o limite máximo da responsabilidade objetiva porquanto, segundo o mesmo Autor, não se poderá tratar de forma mais favorável quem agiu com culpa (leia-se, mera culpa) do que aquele que agiu sem ela (o qual é responsável pela totalidade do dano resultante, até ao limite previsto no artigo 508.º). Com a devida vénia, não se pode acompanhar este entendimento, essencialmente por três motivos: em primeiro lugar, este entendimento pressupõe uma equiparação do título de imputação objetivo e subjetivo, fora a relevância da culpa, olvidando as diferenças genéticas respeitantes aos respetivos pressupostos. Por outro lado, ao carrear uma solução prevista para a responsabilidade objetiva, como limite mínimo da responsabilidade subjetiva, pressupõe a grandeza da última face à primeira, em termos de *quantum* indemnizatório, e afasta a relevância punitiva incita no artigo 494.º. Aliás, a limitação prevista no artigo 508.º, tem lugar, como o A. reconhece, dada a ausência de culpa do responsável, limite que não se pode carrear para a responsabilidade que se baseie nesta, ainda que a título de negligência (*ibidem*). O substrato teleológico obstaculiza essa aplicação. Por fim, aquele entendimento colide com a sistemática adotada, a qual sindica o regime objetivo da responsabilidade por culpa: no âmbito remissivo do artigo 499.º, nega-se a aplicação do regime do artigo 494.º à responsabilidade objectiva, porquanto esta orientação *depende da existência de um pressuposto inexistente na modalidade* de responsabilidade, de onde se parte (cfr. n.º 2 do art. 483.º; contra, Antunes Varela, *Direito das Obrigações*, I, 695); não se compreende, em igual medida e, por fim, uma remissão em sentido inverso, a qual aplicaria o regime do art. 508.º à responsabilidade subjetiva. Note-se, no entanto, que se admite a aplicação simultânea dos preceitos, desde que com base em títulos de imputação distintos, reunidos ou não pelo mesmo indivíduo, tal como sucede nas hipóteses de concurso de responsabilidade pela culpa e pelo risco.

§ Em particular, o concurso de culpas entre o lesante e o lesado; a pretensa culpa do lesado e do credor

IV. Encontramos, na obra fundamental de Brandão Proença, a precisão terminológica do conceito de *culpa do lesado*[933], aplicável a ambas as modalidades de responsabilidade[934].

Existe, como vimos[935], uma impossibilidade dogmática em se apurar responsabilidade contra si mesmo. Por este motivo, o lesado não pode ser *culpado* perante si, na aceção presentemente tratada, porquanto, a final, nunca será civilmente responsável. O conceito de *culpa do lesado*, enquanto requisito de imputação, é impróprio[936].

[933] Brandão Proença, *A conduta*, 113-141, e em *Culpa do lesado*, Comemorações dos 35 anos do Código Civil e dos 25 anos da reforma de 1977, Vol. III, Direito das Obrigações, Coimbra, Coimbra Editora (2004), 139-151 (149). *Idem*, Galvão Telles, *Direito das Obrigações*, 357-358 (nota 2). Quanto ao substrato teleológico inerente ao preceito, v., ainda, Rui Ataíde, *Causalidade e Imputação Objetiva*, 212.

[934] Brandão Proença, *A conduta*, 113-141. V., também, Galvão Telles, *Direito das Obrigações*, 357; Santos Júnior, *Direito das Obrigações*, I, 386; Vaz Serra, *O dever de indemnizar e o interesse de terceiro. Conculpabilidade do prejudicado*, Separata BMJ 96 (1959), 61-62; Sara Geraldes, *A culpa do lesado*, O direito, Ano 141, II (2009), Almedina: Coimbra, 339-375; Santos Júnior, "*Mitigation of damages*", redução de danos pela parte lesada e "culpa do lesado", Estudos em Homenagem ao Prof. Doutor Inocêncio Galvão Telles, 90 anos, Almedina: Coimbra (2007), 349-368; Almeida Costa, *Direito das Obrigações*, 781-784; e Pessoa Jorge, *Ensaio*, 318 e 360.

[935] Cfr., *supra*, § 7; 1. Neste sentido, os AA. apelam à existência de um *ónus jurídico* em evitar danos em si próprio; v. Menezes Leitão, *Direito das Obrigações*, I, 342 e Brandão Proença, *A conduta do lesado*, 524-525.

[936] No mesmo sentido, Antunes Varela, *Das Obrigações*, I, 917, Santos Júnior, *Direito das Obrigações*, I, 387. Segundo este último Autor, «[e]m Direito, não nos parece que possa haver culpa em relação a nós próprios, nem responsabilidade perante nós próprios.» (*ibidem*). Por este motivo não é de estranhar a especialidade do regime probatório, atendendo ao facto de a culpa do lesado ser de conhecimento oficioso (572.º). V., a propósito, as nossas ilações anteriores, *supra*, § 7; 1.
A inadmissibilidade da ilicitude dos atos praticados pelo próprio lesado é uma questão axiológica de fundo conexa com a disponibilidade de interesses fundamentais e independente da ponderaçao momentânea juspositivistamente alcançada pelo confronto das fontes de Direito. Não cumpre tomar, neste momento, partido na querela dos limites dessa disposição (incluindo o bem supremo, a vida), embora qualquer restrição deste tipo deva ser demonstrada por aqueles que pretendem restringir o exercício da liberdade fundamental do indívíduo em dispor de *todos* os *seus* interesses. Não nos prendemos nos contornos do direito objetivo, embora este seja, hoje, acidentalmente um elemento coadjuvante: no art. 483.º/1 fala-se de direito de *outrem* e de normas que protegem interesses *alheios*; por outro lado, o art. 798.º apela à violação do direito de crédito *do credor* (pelo devedor). Não supomos que a ilicitude seja apenas objetivamente aferida, considerando que o substrato teleológico da imputação de danos pressupõe a tutela de interesses *alheios*.
Note-se ainda – pese embora a impropriedade da terminologia (*culpa* do *lesado*) – que a *licitude* daquele ato não acarreta automaticamente (*i*) a admissibilidade de atos culposos ou ilicitos

Existem casos em que o lesado pratica um ato ilícito (contra o lesante ou terceiros), mas também neste caso não há que apelar a *culpa do lesado*: calibrando o ponto de referência, a respeito do título de imputação de danos que se forma (subjetivamente em sentido inverso ao inicial), determina-se que o anterior lesado se tornou lesante e a culpa é, desta vez, deste. Não existe, assim, *culpa do lesado*, mas sempre do *lesante*.

O artigo 570.º regula, de forma inovadora, a culpa do lesado no âmbito da responsabilidade civil *do lesante*[937]. No plano histórico, inicialmente apenas se conheceu uma relevância *absoluta* da culpa do lesante, *i.e.*, numa lógica de *tudo ou nada*, porquanto a existência de culpa do lesado (em qualquer grau) excluía a responsabilidade do lesante; posteriormente, apenas o grau de culpa *superior* do lesado excluía a responsabilidade do lesante (*v.g.*, dolo do lesado

praticados por terceiros com o consentimento deste, por maioria de razão, nem (*ii*) a inadmissibilidade da legítima defesa de terceiros pelos atos praticados pelo lesado contra si (p. ex., quem impede o seu amigo de tirar a própria vida). Quanto ao primeiro caso, afirmar-se que, se o próprio lesado não pratica um ato ilícito contra si, os terceiros que colaboram com o lesado nesse ato lesivo *também não*, não colhe, de todo, porquanto a disponibilidade dos interesses radica-se em campos de disposição, e perante os terceiros, a bitola dos limites do consentimento obstaculiza, sem mais, aquela admissibilidade, conquanto predicativa. Em todo o caso, esta possibilidade foi, hoje, expressamente afastada pelo nosso legislador no âmbito do *escopo* do consentimento do lesado a atos lesivos (340.º/2): este não exclui a ilicitude do ato quando este seja contrário a uma proibição legal ou aos bons costumes. Assim, por exemplo, o facto de o suicida não praticar um ato ilícito (como nos parece) ou culposo (na aceção penalista) não *justifica* a *licitude*, passe-se o pleonasmo, da atuação de terceiros enquanto coautores, instigadores ou auxiliares (490.º/1) naquele mesmo ato – essoutra conclusão (da licitude da atuação de terceiros) carece, portanto, da revisão do âmbito operacional do consentimento do lesado e dos respetivos quadros dogmáticos, em particular o da vontade *livre, atual* e *esclarecida*. Quanto ao segundo caso, (*ii*) a relevância da legítima defesa, neste caso, esbarra na (falta de) contrariedade à lei da agressão em causa, admitindo-se que a agressão pode ser própria, *i.e.*, não apenas *externa*. Isto, porquanto, ao aceitarmos a licitude daquela livre disposição rapidamente somos levados a concluir pela ausência de uma «agressão actual e contrária à lei», pressuposto necessário para a *licitude* (ou justificação) da atuação do terceiro, o qual, em todo o caso, se pode defender no regime do erro (338.º). Para encontrá-la adentro dos quadros gerais, recentra-se a discussão no espectro da vontade (livre e esclarecida) para efeitos daquela disposição final. Assim, e a título exemplificativo, juridicamente, a vontade de um doente terminal em decidir condignamente o seu destino não pode ser equiparada a uma reação imponderada, momentânea, de um outro sujeito, momentos após ter sido despedido; neste último exemplo, a própria existência daquela vontade, séria e esclarecida, é discutível, sendo este um pontos nevrálgicos da matéria, também a aprofundar.

[937] Resta, naturalmente, espaço para a relevância da culpa do lesado no apuramento da sua responsabilidade, tal como sucede ao abrigo da discutível ilicitude da sua conduta se atuar em «legítima defesa» perante uma agressão que *provocara*.

contraposto à negligência do lesante)[938]. Outra é a solução presente, hoje, no Código Civil (570.º), numa lógica proporcional ou *relativa*: o preceito abrange *apenas* a atuação (autónoma ou não[939]) do lesado que (*i*) *concorra* para a *produção* do evento lesivo/perigo de lesão ou (*ii*) agrave, não elimine ou não minore os danos *entretanto provocados* pela conduta do lesante, na sua esfera jurídica (*Mitverursachung des Schadens*)[940]. Não se abrange, assim, a conduta do lesado que *concorra* para a produção de danos sofridos por terceiros[941], nem o preceito regula o caso em que a atuação do lesado é (*a*) causa *exclusiva* do dano sofrido, tal como ocorre na responsabilidade pelo *risco* (505.º), ou (*b*) os casos reconduzidos à mora *do credor* (com o limite do dolo do devedor, 814.º/1). Estes casos escapam ao âmbito de aplicação do artigo 570.º e excluem totalmente a responsabilidade do lesante.

A velha ideia de que não pode existir um concurso de responsabilidades por culpa (do lesado) e pelo risco (do lesante) – *i.e.*, com base num (alegado) princípio de que «a culpa afasta o risco» – tem-se por ultrapassada. É usual fundar este entendimento num argumento de maioria de razão (a *minori, ad maius*)[942]. Diz-se: se a culpa do lesado afasta a responsabilidade fundada na mera presunção de culpa (*a minori* – *v.g.*, 491.º, 492.º, 493.º e 503.º/3 e 799.º/1), a responsabilidade determinada, em caso

[938] V. Rui Ataíde, *Responsabilidade civil*, 84-85. No mesmo sentido, cf. Benedetti, *Il concorso di colpa del danneggiato: tra causalità e autoresponsabilità*, inédito (2010), 2.

[939] Brandão Proença, *A conduta*, 390.

[940] V., por todos, com base no disposto no § 254 BGB (em legislação especial, designadamente §§ 9 e § 17 (2) StVG; Roth, *Anspruch auf Rechtfortsetzung und Mitverschulden*, AcP, 180, 263, Helmut Koziol, *Rechtsfolgen der Verletzung einer Schadensminderungspflicht – Rückkehr der archaischen Kulpakompensation?*, Zeitschrift für Europäisches Privatrecht 6 (1998), 593; Dirk Looschelders, *Die Mitverantwortlichkeit des Geschädigten im Privatrecht* (1999) e Berger, *Mitverursachung und Mitverschulden*, VersR (1987), 542. Entre nós, no sentido enunciado, Pires de Lima e Antunes Varela, *Código Civil Anotado*, I, 588, afirmam que «[a] culpa do lesado tanto pode reportar-se ao *facto ilícito* causador dos danos, como directamente aos *danos* provenientes desse facto. Falando no concurso do facto culposo par a *produção* dos danos ou para o *agravamento* deles, a lei pretende sem dúvida abranger os dois tipos de situações». Curiosamente, neste âmbito, Antunes Varela menciona a possibilidade de existir um dever do lesado (acessório de conduta) de não agravar os danos da responsabilidade do lesante; em *Das Obrigações*, I, 917-918 (nota 1). Sobre este dever, com referências à doutrina germânica completas (*Obliegenheit*), v. Mafalda Miranda Barbosa, *Lições*, 398-399 (nota 861).

[941] V., *infra*, § 10; 2.3.

[942] Menezes Leitão, *Direito das Obrigações*, I, 342; Pires de Lima e Antunes Varela, *Código Civil Anotado*, I, 587; e Antunes Varela, *Das obrigações*, I, 677.

ausência de culpa (*ad maius*), própria da responsabilidade objetiva, também deve ser afastada (570.º/2)[943]. Sabemos, porém, que os campos de aplicação são distintos: a *culpa* exclusiva do lesado (505.º) opõe-se ao contributo causal deste (570.º/1), já que a primeira exclui a *responsabilidade* do lesado e a segunda permite atenuar ou excluir a *indemnização* devida. É neste sentido que deve ser lida a ressalva existente no artigo 505.º, «[s]em prejuízo do disposto no artigo 570.º». Por outro lado, o segundo preceito (570.º/2) não visa evitar ou impedir o *concurso* da «culpa» *efetiva* (do lesado) com uma *presumida* (do lesante) – *i.e.*, uma situação típica de *concausalidade*[944] – muito menos o concurso de culpa do lesado com uma ausência de culpa (na responsabilidade pelo risco). Ao invés, em caso de *exclusividade* da culpa do lesado, afasta-se a responsabilidade presumida do lesante. Nos demais casos (de concausalidade), a culpa do lesado pode concorrer com a responsabilidade fundada na presunção de culpa. Cumpre, portanto, para vários Autores, coerentemente restringir o âmbito de aplicação da *exclusão* (e não da atenuação) de responsabilidade do lesante (570.º/2) aos casos em que o lesado tenha causado o dano de *forma exclusiva*[945], único caso em que se afasta a responsabilidade do lesante.

[943] Em sentido contrário, v. o ac. TRL, de 31-Mar-2009 (Afonso Henrique), e, invocando uma interpretação atualista com base no direito comunitário, o ac. TRP, de 08-Fev-2018 (Filipe Caroço).

[944] Cfr. a anot. de Brandão Proença ao art. 570.º, em *Cometário ao Código Civil*, 580. Numa outra leitura, o ac. TRE, de 15-Nov-2007 (Fernando Bento), considerou que, embora o n.º 2 do artigo 570.º não impeça a concorrência de culpa presumida (do lesante) e a efetiva (do lesado), o tribunal não pode condenar o lesante por culpa presumida em caso de concorrência da culpa efectiva do lesado. Para efeitos de condenação, o preceito exige *exclusividade*, em particular da culpa presumida do lesante.

[945] A *correção interpretativa* é de Américo Marcelino, *Acidentes de viação e responsabilidade civil*, 4.ª ed., Petrony: Lisboa (1998), 190, e de Brandão Proença, *A conduta*, 491, destinada a afastar a interpretação imediata que proibia a coexistência de presunção de culpa e "culpa do lesado" (*idem*, 489); entendimento seguido por Rui Ataíde, *Responsabilidade civil*, 506. Esta ideia não desliga os campos de aplicação dos números 1 e 2 do preceito, nomeadamente do caso em que o facto *culposo* do lesado pode ter *concorrido* para a produção ou *agravamento* dos danos. Trata-se apenas de considerar que o número 2 afasta a responsabilidade obrigacional (799.º/1) ou os casos excecionais de responsabilidade delitual onde a culpa se encontra presumida (491.º/1, 492.º/1, 493.º) com base na *culpa exclusiva* do lesado.
Para salvar a velha máxima de que «a culpa afasta o risco», restringe-se este princípio à culpa *de terceiros* (cf. Antunes Varela, *Direito das Obrigações*, I, 670), com vantagens por demonstrar.
Sem prejuízo, é possível alcançar semelhante propósito mediante a opinião de AA. como Pires de Lima e Antunes Varela para quem a culpa do lesado (concorrente ou exclusiva) afasta apenas a *presunção de culpa* (570.º/2), e não a responsabilidade subjetiva *in toto*, restando ao lesado demonstrar a culpa nos termos gerais (487.º/1). Aliás, o lesado pode demonstrar a culpa do lesante, não

Assim, a «culpa» do lesado deve ser concorrente e não exclusiva com a do lesante, sob pena de exclusão da responsabilidade deste. Nesta medida, afasta-se do campo de aplicação de outras normas (505.º): a culpa do lesado *pressupõe* a responsabilidade do lesante. Aliás, esta é apreciada em sede do regime da obrigação de indemnização do lesante (562.º e ss.), momento no qual já se apurou a sua responsabilidade. Por sua vez, e apelando aqui a dois importantíssimos regimes em confronto, o (i) regime da mora do credor (816.º) não esgota, em si, toda a relevância da "culpa" do credor. O regime da culpa do lesado (570.º) também é aplicável – e isto é, por vezes, esquecido – à modalidade obrigacional, em termos compatíveis com aqueloutro regime da mora do credor. Afinal, a culpa do lesado aplica-se a qualquer modalidade de responsabilidade civil. Claro está, neste caso de "culpa" do credor (570.º/1) o devedor ainda é responsável, pelo que a relevância da "culpa" do credor depende, neste contexto, de se fixar previamente a responsabilidade do obrigado. Por outro lado, o (ii) campo de aplicação da imputabilidade do acidente ao lesado (505.º) é avaliado num prisma *constitutivo* de responsabilidade pelo risco de quem tem a direção efetiva do veículo: o contributo casual *ex ante* e *exclusivo* do lesado afasta a responsabilidade pelo risco.

aproveitando a presunção de culpa, caso em que a sua culpa (do lesado) não afasta a responsabilidade inicialmente baseada na presunção de culpa daquele. Neste sentido, Ana Prata, *Código Civil Anotado*, I, 732.

A principal dificuldade do entendimento enunciado no texto reside no facto de que, se o evento é exclusivamente *imputável* ao lesado, não há que apelar a um *concurso de culpas* (ainda que em sentido impróprio, como vimos): salvo uma inflexão de princípios, parece que a responsabilidade subjetiva se encontra *constitutivamente* excluída (tal como, por sinal, a objetiva, 505.º); assim, v. Pires de Lima e Antunes Varela, *Código Civil Anotado*, I, 517. A matéria deve ser, portanto, aprofundada. Por fim, a lei admite expressamente exceções a este princípio, tal como sucede, p. ex., em matéria de acidentes de trabalho, caso em que a culpa do trabalhador não exclui a responsabilidade da entidade empregadora, verificados os demais pressupostos. Ao nível dos acidentes de viação, v. Calvão da Silva, *Concorrência entre risco do veículo e facto do lesado: o virar da página*, RLJ, Ano 137, Almedina: Coimbra (2007), 35-64; Brandão Proença, *Responsabilidade pelo risco do detentor do veículo e conduta do lesado: a lógica do tudo ou nada* (Ac. do STJ de 6.11.2003 – Proc. 565/03), Cadernos de Direito Privado, n.º 7 (Jan-Mar, 2004), 19-31; bem como Maria Graça Trigo, *Reflexões acerca da concorrência entre risco e culpa do lesado na responsabilidade civil por acidente de viação*, Estudos dedicados ao Prof. Doutor Bernardo Lobo Xavier, Vol. II, Universidade Católica Editora (2015), 467-497.

Em particular, no que respeita à *mora do credor* ou *mora accipiendi* (816.º)[946], o credor é obrigado a «*indemnizar*», mas não incorre em responsabilidade *subjectiva*[947], porquanto o fundamento do dever de reparar as despesas que o devedor tenha sido obrigado a fazer – com o oferecimento infrutífero da prestação e com a guarda e conservação do respetivo objeto – não se confunde com os pressupostos gerais constantes da norma-padrão da responsabilidade obrigacional do *devedor* (798.º), ao abrigo da pentapartição comummente considerada.

Em primeiro lugar, a mora do credor não é *ilícita*[948]. Em regra, não se considera que o devedor tenha um *direito* subjetivo ao *cumprimento*, nem o credor o *dever* de o permitir[949]. A estrutura atomística da obrigação não contende com esta bilateralidade de vínculos, porquanto o devedor se encontra *no essencial* isoladamente vinculado (397.º). A posição jurídica do credor, no que respeita ao cumprimento, é a de um *ónus*, tendo em vista a satisfação do seu interesse (398.º/2). Sem prejuízo, existem casos em que o credor é necessariamente *devedor* nessa colaboração do cumprimento, tal como ocorre prototipicamente nas prestações de coisa (*dare*)

[946] Baptista Machado, *Risco contratual*, 257-343; Rita Lynce de Faria, *A mora do credor*, Lex Editora: Lisboa (2000); Maria de Lurdes Pereira, *Conceito de prestação e destino da contraprestação*, Almedina: Coimbra (2001), 141 e ss.; Galvão Telles, *Direito das Obrigações*, 313-315; Antunes Varela, *Das Obrigações*, II, 160-168. Com um apanhado geral das obras na doutrina nacional, v. Menezes Cordeiro, *A mora do credor*, Livro Cinquentenário do Código Civil, Vol. I, Almedina: Coimbra (2020), 146. No Direito Alemão, incontornável nesta sede, v. Canaris, *Gläubigerverzug und Unmöglichkeit*, em Liber Amicorum Jürgen Pröls (2009), 21-46. Sobre a doutrina alemã mais recente sobre o tema, v. Menezes Cordeiro, *A mora do credor*, 122 (nota 2), 124 (nota 12), 132-139. A mora do credor não se reduz ao espetro da eventual responsabilidade, legitimando o não cumprimento da obrigação que a mesma tenha sinalagmaticamente por referência (*v.g.*, 787.º/2); cf. Pessoa Jorge, *Ensaio*, 116.

[947] Por este motivo, Pessoa Jorge indicava nas suas lições que a obrigação de indemnizar não decorre apenas de uma situação típica de responsabilidade; em *Direito das Obrigações*, 201.

[948] Contra, Menezes Cordeiro indica, nas suas lições de Direito das Obrigações, que a ilicitude da conduta do credor não implica o reconhecimento de um direito subjetivo do devedor ao cumprimento, estando em causa «tão só a violação de disposições legais que tutelam os seus interesses», a qual se supõe reconduzir à segunda categoria de ilicitude delitual; *Direito das Obrigações*, II; 456. A razão principal de discordância traduz-se na impossibilidade ausência de ilicitude civil por atos praticados contra si, v. *supra*, § 7; 1, nota 719 e § 9; 1, nota 936.

[949] Criticamente, Fernando Cunha de Sá, *Direito ao cumprimento e direito a cumprir*, Revista de Direito e Estudos Sociais, Coimbra (1973), *maxime* 187-190 e Pedro de Albuquerque, *O direito ao cumprimento de prestação de facto, o dever de a cumprir e o princípio «nemo ad factum cogi potes». Providência Cautelar, sanção Pecuniária Compulsória e caução*, Estudos em honra de Ruy de Albuquerque, Faculdade de Direito da Universidade de Direito, Lisboa (2006), 499-540.

e, em certas prestações de facto positivo[950], a título principal (*v.g.*, 1667.º, a) ou acessório (762.º/2)[951], por ação (p. ex., permitir o acesso físico ao local de entrega acordado) ou por omissão (*v.g.*, notificar o devedor de que mudou de domicílio, sendo este o novo local de entrega), caso em que a sua responsabilidade não levanta dúvidas, embora, note-se, na qualidade de *devedor*; mas não se tome a exceção pela regra.

Em segundo lugar, a mora do credor não exige *culpa*[952]; exige, ao invés, apenas a ausência de um *motivo justificativo* (813.º), o qual pode ser reconduzido às previsões legal de recusa legítima da prestação (p. ex., do oferecimento parcial da prestação parcial ou de um cumprimento de tipo defeituoso, 763.º/1, bem como o cumprimento por terceiro – 767.º/2 e 768.º/2[953] – ou, ainda, quando o credor for beneficiário do prazo de cumprimento e deste não abdicar, 779.º). Mais: como aponta Menezes Leitão, a *impossibilidade de prestar essa colaboração* não consubstancia um *motivo justificado*, sendo esta um risco exclusivo do credor. Esta impossibilidade não o isenta, portanto, das consequências associadas ao regime da sua mora[954], com exceção do caso em que é o próprio devedor o causador da impossibilidade, sob pena da consagração de uma responsabilidade baseada (na perspetiva do lesado) num *venire contra factum proprium*[955].

Em resultado, quando não esteja em causa a violação do dever de colaborar no cumprimento nos casos mencionados, a mora do credor consubstancia uma *responsabilidade por factos lícitos*, sujeita ao limite do dolo necessário. Quanto à qualificação da responsabilidade, esta (ainda

[950] Menezes Leitão, *Direito das Obrigações*, II, 243

[951] Menezes Leitão, *Direito das Obrigações*, II, 246 (nota 517) e Almeida Costa, *Direito das Obrigações*, 1081. Menezes Cordeiro, *A mora do credor*, 125, apelando à complexidade da relação obrigacional, recentra, nos deveres acessórios violados, a responsabilidade do credor na «tutela das vantagem legítimas que o sistema lhe reconhece [ao devedor]». O Autor dogmatiza a posição do credor como a existência de um «encargo da aceitação» (*idem*, 157 e ss., e em *Tratado*, VI, 550), no equivalente a *Obliegenheiten* (incumbência), na doutrina germânica (*idem*, 544, bem como, *Da Boa fé*, 766, nota 448). Criticamente, v. Maria Lurdes Pereira, *O Conceito de Prestação*, 230 (nota 616).

[952] Almeida Costa, *Direito das Obrigações*, 1080; Antunes Varela, *Das Obrigações*, II, 162; Ribeiro de Faria, *Direito das Obrigações*, II, 478; Menezes Leitão, *Direito das Obrigações*, II, 244; e Pessoa Jorge, *Ensaio*, 117.

[953] Menezes Leitão, *Direito das Obrigações*, II, 244

[954] Menezes Leitão, *Direito das Obrigações*, II, 244. Contra, Baptista Machado, *Risco contratual*, 302-303 («a prestação assim sacrificada deverá em regra considerar-se como feita – e desaproveitada pelo credor») e Antunes Varela, *Das Obrigações*, II, 162-163.

[955] Atente-se ao exemplo de Antunes Varela, do devedor que atropela o credor, impedindo-o de receber a prestação, em *Das Obrigações*, II, 162.

obrigacional) aproxima-se do campo delitual: note-se que o *credor* ocupa, quanto aos efeitos da sua conduta, uma posição equiparável, ou melhor, *simétrica*, à de um *terceiro* na lesão do direito de crédito, cuja responsabilidade é somente delitual, como vimos. Ora, a conexão com a modalidade obrigacional[956] manifesta não ocorre sem a desconsideração de vários elementos necessários. Na verdade, qualificar esta responsabilidade no contexto obrigacional implica, reconhecidamente, ultrapassar a ausência dos elementos essenciais que caracterizam esta via, nomeadamente a (*i*) *violação de um direito de crédito* (dada a ausência de ilicitude da conduta), (*ii*) *pelo devedor* (já que este, quanto ao vínculo obrigacional, é credor). Note-se, por outro lado, que, quando o *credor* impossibilite *definitivamente* o cumprimento da obrigação (de que é exemplo paradigmático a impossibilidade da prestação derivada de culpa do credor) no âmbito dos contratos bilaterais – porquanto a impossibilidade pode ser meramente *temporária*[957] –, este continua obrigado a realizar a sua contraprestação (795.º/2), embora não se preveja a obrigação de indemnizar o devedor. O destino da contraprestação ressarce os prejuízos emergentes desta conduta de forma satisfatória, penalizando-a, até, na ausência ou além daqueles danos. Idêntica solução é doutrinariamente carreada para o não aproveitamento da prestação por causa imputável ao credor[958]. Contudo, isentar o credor de responsabilidade civil nos casos previstos no artigo 795.º/2 revela-se paradoxal, dada a responsabilidade prevista para um atraso meramente temporário (816.º)[959], atendendo à gravidade das situações em confronto

[956] Cfr., *supra*, § 4.

[957] PESSOA JORGE, *Ensaio*, 115.

[958] Constante ainda dos artigos 815.º/2 e 1227.º. V. ANTUNES VARELA, *Das Obrigações*, II, 162. Cfr., num outro sentido, BAPTISTA MACHADO, *Risco* contratual, 302-303.

[959] Para MARIA LURDES PEREIRA, fora do espaço dos deveres de proteção, não existe um dever do credor de se abster impedir o cumprimento da prestação ou de praticar atos sem os quais esse cumprimento não é possível, em *Conceito da Prestação*, 222. Para a ilustre Professora, a solução gizada para os casos previstos no art. 795.º/2, radica-se na tutela do interesse do devedor na *contraprestação*, porquanto o devedor não tem, por regra, interesse no cumprimento da sua obrigação, nem esta impossibilidade afeta a contraprestação para a qual conserva esse interesse (em *Conceito de Prestação*, 229). Todavia, os prejuízos sofridos pela impossibilidade provocada pelo credor (795.º/2) rompem este entendimento, e não são satisfeitos pelo singelo recebimento da contraprestação (atribuível na ausência destes). O desconto dos proveitos auferidos com a exoneração da sua obrigação, no valor da contraprestação, demonstra a necessidade de reintegrar a realidade hipotética subjacente ao cumprimento, despejada dos efeitos da falta deste, nomeadamente os benefícios auferidos, sendo descontados (expressamente) e, naturalmente, os prejuízos sofridos, devidamente indemnizados. Sobre este plano, e respetivas

e ao prejuízo sofrido igualmente pelo devedor no primeiro caso. Nada impede, contudo, a aplicação sucessiva do regime do artigo 816.º aos casos de impossibilidade da prestação provocada pelo credor, pelo menos em relação às despesas que o devedor haja tido com o oferecimento infrutífero da prestação e com a guarda e a conservação do respetivo objeto em virtude da impossibilidade *temporária*; resta saber, como nos parece, se existem impedimentos à integração daquele regime nos casos previstos no art. 795.º/2, não precedidos de mora; o que sucede manifestamente quando a contraprestação não satisfaça integralmente aqueles prejuízos.

Em suma, a mora do credor gera uma verdadeira responsabilidade por sacrifício – no plano da violação do crédito por quem não é devedor –, abrangendo tanto a impossibilidade temporária como a definitiva no cumprimento. Por outro lado, a responsabilidade civil *subjetiva* (*ilícita*, naturalmente) daquele que figura como credor, a existir, carece de ser convencionada, na vertente obrigacional, ou da prática de um delito, na de tipo delitual[960]. Todavia, nestes casos, não há que falar de responsabilidade *do credor*: calibrado o ponto de referência, trata-se de responsabilidade do *devedor* pelo incumprimento do dever específico de praticar os atos necessários ao cumprimento (de fonte convencional ou legal), ou, no âmbito delitual, pelo incumprimento do dever geral de respeito.

A referência existente a *culpa* do lesado deve ser reportada à mera *causalidade* na produção do evento, no qual o seu contributo possa ter concorrido, quer para a *verificação*[961] do resultado ilícito (ilicitude), quer para o *agravamento*

preocupações ao abrigo na norma homóloga além-Reno (§ 324 I BGB), v. MARIA DE LURDES PEREIRA, ob. cit., 233 (nota 624).

960 Neste sentido, expressamente, PIRES DE LIMA E ANTUNES VARELA, *Código Civil Anotado*, II, 588.

961 No sentido do texto, PESSOA JORGE, *Ensaio*, 360, cuja solução aplicou, por analogia, aos casos de concorrência da culpa do agente com o caso fortuito ou de força maior (*ibidem*); e ainda em *Direito das Obrigações*, I, 555. Também VAZ SERRA, *O dever de indemnizar e o interesse de terceiro. Conculpabilidade do prejudicado*, 37-38; SANTOS JÚNIOR, *Direito das Obrigações*, I, 339 e 387; PIRES DE LIMA E ANTUNES VARELA, *Código Civil Anotado*, I, ob. cit., 587; e MAFALDA MIRANDA BARBOSA, *Lições*, 391. Ver, ainda, DÁRIO MOURA VICENTE, *Entre a autonomia e a responsabilidade: da imputação de danos às tabaqueiras*, ROA, 73 (2013), 213-265.
Admite-se a dificuldade de apuramento terminológico do preceito que implica uma dissonância no sentido de culpa, consoante se refira ao lesante (como elemento da culpabilidade, em ambas as formas – v. MENEZES LEITÃO, *Direito das Obrigações*, I, 343; contra RIBEIRO DE FARIA, *Direito das Obrigações*, I, 496) ou ao lesado (no âmbito da causalidade). Num sentido híbrido, apelando a um misto de causalidade com o cumprimento dos padrões ordinários de cuidado, v. RUI ATAÍDE, *Responsabilidade civil*, 800. Para BRANDÃO PROENÇA – se bem entendemos a posição do ilustre

ou *produção* dos danos[962], em incumprimento do respetivo *ónus* de evitar o agravamento dos prejuízos[963]. Não interferem juízos de culpa[964]. A conexão é, desta forma, bivalente entre o elemento da ilicitude e o seu resultado, o dano.

> Por exemplo, consubstancia *culpa do lesado*, em caso de acidente de viação, no âmbito obrigacional, o facto de o transportado circular sem cinto de segurança, ou, na vertente delitual, o facto de o transeunte, tal como o condutor, desrespeitar as regras do Código da Estada. Por outro lado, o condutor não responde pelo dano físico agravado ou causado

Professor –, deve ser quebrada aquela dicotomia de enquadramento e apelar à situação jurídica do *ónus*: «[c]omo já dissemos, a desvantagem, a sanção *latu sensu*, atinente à perda total ou parcial de tutela jurídica (ao nível da indemnização dos danos), equivale, no fundo, ao «olhar jurídico», ao «controlo» sobre a liberdade pessoal autodanosa, reflectindo a sequela negativa dessa opção livre, como uma espécie de valoração posterior (ao nível do resultado e da ponderação intersubjetiva) de uma conduta «culposa» ou portadora do *risco*, mas não objectivamente desvaliosa. [...] E cremos ser a figura dogmática de um *ónus jurídico* aquela que melhor se adapta ao recorte da «culpa» do lesado, tanto mais que a perda de tutela jurídica não pode ser vista como sanção *tout court*, mas como pura *desvantagem*.», em *A conduta*, 523-524.

962 Pires de Lima e Antunes Varela, *Código Civil Anotado*, II, 588.

963 Cujo incumprimento desvantajoso para o titular recai na limitação ou exclusão do *quantum* indemnizatório devido. Neste sentido, Santos Júnior, *Direito das Obrigações I*, 388. Contra, Antunes Varela qualifica a situação jurídica como um *dever acessório de conduta* do lesado, em em *Das obrigações*, I, 938.

964 Contra, Antunes Varela afirma que a referência a *culpa* do lesado pretende afastar a relevância nesta sede dos atos do lesado que não tenha atuado de forma culposa – em *Das Obrigações*, I, 917-918 (nota 1). Novamente, a falta de uma atuação ilícita remove o substrato necessário à avaliação do desvalor subjetivo da conduta do lesado, concentrando-o no dano (e não na conduta), o que promove uma adaptação indevida do requisito da culpa. Neste sentido, Ana Prata (Coord.), *Código Civil Anotado*, I, 731 (2). Também Galvão Telles, *Direito das Obrigações*, 343, apela à antecedência lógica da ilicitude perante a culpa. Contra, a ponderação feita em sede do § 254 BGB tem-se prestado por uma ponderação de causalidade e culpa, v. a anot. de Oetker a este preceito em *MüKoBGB*, n.os 1 e 2.

Para a doutrina maioritária, a culpa do lesado é apreciada nos moldes gerais (487.º/2), segundo a diligência de um bom pai de família. Neste sentido, com referências, v. Iolanda Bastos, *Notas breves sobre a "culpa do credor"*, Livro Cinquentenário do Código Civil, Vol. I, Almedia: Coimbra (2020), 686 e Almeida Costa, *Direito das Obrigações*, 782. Os AA. mencionados admitem, no entanto, que a culpa do lesado não corresponde a um ato ilícito. Preferimos o entendimento de culpa no sentido impróprio, num sentido que traduza, na esteira de Santos Júnior, apenas a *causalidade* dos danos, em *Direito das Obrigações* I, 387. Neste sentido, v. Pessoa Jorge, *Ensaio*, 318, e Menezes Cordeiro – assim entendemos este último Autor quando afirma que «a expressão "culpa" deve ser muito amplamente entendida: a indemnização é reduzida ou anulada sempre que os danos sejam provocados pelo lesado (e na medida que o sejam) ainda que não voluntariamente ou ainda que licitamente», em *Tratado*, VIII, 731.

ex novo pelo acidentado por este ter negligentemente desrespeitado a terapêutica, no âmbito dos cuidados médicos que lhe foram prestados posteriormente ao acidente.

Nesta medida, a culpa do lesado distancia-se de realidades próximas, tal como a do seu *consentimento* (340.º), anterior, o qual se afasta, em momento prévio, a *ilicitude* da atuação do lesante[965]. Deve-se sublinhar que existem outras disposições, destinadas a atenuar ou excluir a responsabilidade pela *conduta* do lesado, as quais não se coadunam com os quadros ensaiados (de causalidade), porquanto não dependem de um «facto culposo do lesado [que tenha] concorrido para a produção ou agravamento dos danos» (570.º/1)[966]. É o caso, a título exemplificativo, da *ausência* de responsabilidade civil do operador no âmbito do contrato de transporte ferroviário de passageiros e bagagens, volumes portáteis, animais de companhia, velocípedes e outros bens: a título *punitivo*, a mera falta de aquisição do título de transporte válido (pese embora o respeito dos demais deveres de segurança no transporte) excluem a responsabilidade do operador (25.º/2 do Decreto-Lei n.º 58/2008, de 26 de março, na sua redação atual)[967].

2. Causas legais e convencionais de exclusão da culpa no concurso de responsabilidade; o efeito dito comunicante.

I. As modalidades consideradas compartilham da relevância paritária que concedem às *causas de desculpa*, bem como à inimputabilidade, para afastar a culpa do agente ou, pelo menos, atenuá-la. Com natural exceção das particularidades daquelas figuras no âmbito de cada modalidade, cumpre precisar o alcance dessa *comunhão*: no âmbito do concurso de responsabilidades, serão estas figuras englobantes ou comunicantes a todos os títulos pelo qual se pretende apurar a responsabilidade do agente? Por outras palavras, indaga-se

[965] Sobre este apeto, v. PESSOA JORGE, *Ensaio*, 270.

[966] No sentido da solução preconizada, atente-se à responsabilidade decorrente de produtos defeituosos, na qual «quando um facto culposo do lesado *tiver concorrido para o dano*, pode o tribunal, tendo em conta todas as circunstâncias, reduzir ou excluir a indemnização.»; cfr. art. 8.º do Decreto-Lei n.º 383/89, de 06 de novembro.

[967] V., no mesmo sentido, o art. 18.º/1 do Decreto-Lei n.º 239/2003, de 04 de outubro, relativo ao contrato de transporte rodoviário nacional de mercadorias.

se as *causas gerais de exclusão da culpa* se propagam para todos os fundamentos da responsabilidade do agente (no caso, a título delitual e obrigacional).

Tendo em conta a diferente relevância da caracterização do evento determinante de responsabilidade (vulgo, facto), na perspetiva da conduta relevante para efeitos delituais e obrigacionais, cumpre referir os efeitos comunicantes das causas de desculpa não homogeneízam o objeto da culpa (*i.e.*, do *facto-ilícito* que considera), o qual, como vimos, é *independente* nas modalidades consideradas. Por outras palavras, cumpre acautelar que a existência de figuras comuns de exclusão da culpa comuns permite ainda considerar um *facto-ilícito* diferente em cada modalidade de responsabilidade.

> O menor de 8 anos que consome uma maçã, exposta numa banca, e se ausenta sem pagar, pode ser (e será, porventura em regra) responsável, a título obrigacional, pelo pagamento do preço do bem (admitindo-se a celebração válida de uma venda). Mas já não será delitualmente responsável, por falta de capacidade de culpa, pela queda de um outro cliente, o qual haja, entretanto, escorregado no caroço da maçã que fora indevidamente deixado à porta da loja pela mesma criança.

Sabemos que, em decorrência do juízo normativo de ilicitude, a falta de censurabilidade da conduta impõe-se axiologicamente no plano subjetivo (da culpa) por *arrastamento* do plano objetivo (da ilicitude), *i.e.*, excluída a ilicitude da conduta, não cumpre apelar à culpa do agente. Pois bem, a autonomia do objeto da culpa, sobre o qual incidem as causas de justificação, encontra-se secundarizada pela sobreposição do interesse subjacente à lesão ou ao perigo de lesão considerado.

Noutro prisma – e este é aquele que de momento nos interessa –, pode ocorrer uma *sobreposição do interesse tutelado pelo bem jurídico lesado*, conjuntamente com uma confluência dos juízos de culpa que possam incidir sobre a conduta que os lesem ou periguem lesar. Neste caso, tanto a causa de desculpa comum às modalidades de responsabilidade, como a específica (*v.g.*, a mora do credor), permitem *desculpar* a atuação do agente em ambas as vertentes de responsabilidade. Esta última hipótese, referente ao funcionamento da causa de desculpa específica, conhece o lugar paralelo, *mutatis mutandis*, em sede de ilicitude pela permeabilidade das causas de justificação específicas do âmbito delitual para o obrigacional (p. ex., o estado de necessidade), e em sentido inverso (*v.g.*, do direito de retenção).

O depositário destrói a coisa depositada, a qual julgava ser sua. Este erro, o qual afasta o dolo ou a mera culpa, demonstrando-se o cumprimento do dever de cuidado, tem idêntica relevância para efeitos do apuramento da respetiva responsabilidade delitual (quanto ao facto ilícito de lesão do direito de propriedade do depositante), como a título obrigacional (pelo incumprimento do dever de guarda e conservação do bem depositado), dada a sobreposição do interesse subjacente (referente à propriedade da coisa).

A possibilidade de a causa *legal* de desculpa (derivada diretamente da lei) afastar a culpa da conduta que seja reconduzida simultaneamente a ambas as modalidades de responsabilidade partilha o fundamento que preside ao afastamento do título concorrente de imputação do mesmo dano mediante a estipulação de uma *cláusula válida limitativa de responsabilidade* (por fonte convencional, portanto, 808.º)[968].

Para Pinto Monteiro, deve ser equiparado o caso (*i*) em que (por *força legal*) a *lei* exige uma culpa qualificada, como requisito da responsabilidade obrigacional, não se permitindo que o credor recorra à via *delitual* a título de culpa desagravada, ao caso (*ii*) em que (por *força convencional*) o credor não pode recorrer a este título delitual por mera culpa, perante uma *cláusula de exclusão* da responsabilidade obrigacional do devedor em casos de dolo ou de culpa grave[969]. O ilustre Professor apela, no entanto, à necessidade de *interpretação da cláusula*, com uma triplicidade de limites, reconduzidos à ordem pública, aos danos pessoais e ao dolo[970].

[968] Cfr., *infra*, § 12; 2.4.

[969] Pinto Monteiro, *Cláusulas limitativas*, 434. Embora se apurem grandes reservas para o afastamento da responsabilidade obrigacional, quando a lei prevê a necessidade de culpa agravada para a responsabilidade delitual do agente (*v.g.*, 1323.º/6 ou 2096.º); pelo menos, no que respeita ao confronto entre o dever geral de respeito, concretizado num direito de crédito. Resta a análise casuística.

[970] Ob. cit., 436. Cfr. as reflexões de Larenz, *Lehrbuch*, I, AT, § 31, III, 552-556. Remetemos para a fundamentação de Pinto Monteiro quanto à validade, na terminologia do Autor, das *convenções de exclusão da responsabilidade extracontratual*, não sujeitas ao regime do artigo 809.º, por oposição à das *cláusulas exoneratórias de responsabilidade contratual*, ambas submetidas ao limite do dolo ou culpa grave, ob. cit., 405 e ss. Em sentido próximo, relativo a este limite (do dolo), encontramos no Direito Espanhol o art. 1902.º CCe. Entre nós, Carneiro da Frada, *Contrato e deveres de protecção*, 112, também apela à necessidade de confrontar a «*ratio*» das normas; para se conhecer a exclusão legal de responsabilidade abrange «apenas a responsabilidade pela violação do interesse de cumprimento ou se, pelo contrário, atingem também a responsabilidade pelo interesse de integridade» (*idem*, e respetiva nota 221). O ilustre Professor apresenta, no entanto, grandes reservas em assumir que as *cláusulas* de exclusão ou de limitação

Cumpre, todavia, precisar os termos enunciados.

Admitindo que não seja possível oferecer, neste âmbito, um critério rígido, fora dos limites circunstanciais do apuramento do *interesse* em causa sobre o qual incidiu a ilicitude, pressuposta a culpa apreciada por diversas modalidades e para efeitos de exclusão do título de imputação de danos concorrente, sabemos não existir uma aptidão *prévia* e *total* da cláusula para o afastamento da vertente delitual concorrente, sem outras ressalvas. E o mesmo se diga quanto à aptidão da *convenção* delitual para aquele efeito.

Em primeiro lugar, o fundamento enunciado por Pinto Monteiro trata duas realidades distintas como iguais: *exigir* legalmente um grau de culpa qualificado (p. ex., determinar-se que o devedor só responde a título obrigacional por dolo quanto ao objeto da prestação em caso de mora do credor; 814.º/1) não se equipara a *excluir* convencionalmente a responsabilidade por *negligência* de um *outro* título, concorrente, mas apenas daquele diretamente coartado (no exemplo mencionado, o devedor permanece potencialmente responsável a título delitual por mera culpa). Deve distinguir-se, portanto, uma *exclusão total de determinada forma de responsabilidade civil* (extensível a qualquer modalidade) de uma exigência adicional e excecional no que respeita aos requisitos do título de imputação de uma modalidade específica. A convenção em causa radica-se na segunda, já que os seus os efeitos não são, *per si*, comunicantes à responsabilidade concorrente, nem o consenso das partes almeja aquele primeiro objeto, por regra, aliás, imprevisível até pelo contraente mais previdente. Por outro lado, ao atender à *culpa*, a cláusula reporta-se ao dever (específico e genérico) distinto nas modalidades consideradas, o que revela uma inaptidão normativa da comunicação do efeito de limitação ou exclusão da responsabilidade por diferença (normativa) entre os objetos: a equiparação do regime de apreciação (799.º/2) não obriga à identidade do objeto. A culpa também não se comunica.

da responsabilidade se possam referir aos deveres de proteção. Considera, ao invés e por oposição a Pinto Monteiro, que, se o dano em causa se situa por regra *fora do perímetro do contrato*, a responsabilidade emergente não tem natureza contratual (*idem*, 113, nota 223). O concurso de responsabilidades, tendo por base a violação do dever de proteção, evita-se por afastamento da natureza obrigacional.
A conceção exposta depende do reconhecimento de um grau de autonomia entre as responsabilidades em concurso. No Direito Espanhol, um setor importante da doutrina enquadra o problema das cláusulas limitativas ou excludentes de responsabilidades em sede do concurso de outra perspetiva: se a responsabilidade obrigacional prevalece sobre a delitual, por via de especialidade, afirmam, estas cláusulas não se estendem a um fundamento delitual concorrente por que este, claro está, não existe. É isto precisamente o que defende Natalia Lata, *Las cláusulas restrictivas de la responsabilidad civil*, Universidade da Corunha: Corunha (1997), 472.

O efeito extintivo é, no entanto, provocado por outra via: deve-se, entendemos, à exclusão dos danos em concreto, independentemente do respetivo título de imputação (delitual ou obrigacional). Se o dano for comum a ambas as modalidades, não há como negar que a cláusula de exclusão afastará a responsabilidade obrigacional (em sentido próprio), bem como a delitual (por *extensão*)[971]. Neste caso, tal como o Autor mencionado defende, a cláusula de exclusão «estender-se-á, parece-nos, a todos os possíveis fundamentos da pretensão (*Anspruchgrundlage*) indemnizatória». Cumpre, apoiando-nos na lição do Autor, sindicar o caso inverso, em que o dano visado pela cláusula é exclusivamente imputável por uma das modalidades: neste caso, a cláusula limitativa ou excludente de responsabilidade obrigacional não tem manifesta aptidão para a extinção do título delitual concorrente. Não sendo a pretensão contemplada no objeto de tal cláusula, sobrevive autonomamente o título de imputação delitual. Este regime de independência dos títulos de imputação, perante a disjunção dos danos a que se reportem, é apenas excecionado, como vimos anteriormente, demonstrando-se a identidade do *interesse* subjacente à lesão ou perigo de lesão (em sede da ilicitude, a qual antecedente normativamente a apreciação dos danos sofridos pelo lesado), caso em que partilha como outro título de imputação referente ao mesmo dano a aptidão extintiva do título de imputação concorrente.

> Se o transportador convenciona que não responde negligentemente pela perda da encomenda, sofrendo um acidente por mera culpa, o proprietário não pode requerer a imputação do dano de destruição da sua propriedade a título delitual (483.º/1), encontrando-se afastada a tutela daquele dano por todos os fundamentos possíveis de responsabilidade (obrigacional e delitual). Por outro lado, para além da comunhão do dano, se o aprendiz de barbeiro aceita a prestação do serviço, ressalvando que não responde pelos possíveis cortes na face (a título de negligência), não

[971] Pinto Monteiro, *Cláusulas limitativas*, 435, admite ser a finalidade que preside à interpretação da cláusula, seguindo Manfred Lowisch. Num sentido próximo, pronuncia-se Schlechtriem, o qual reconhece que, quando o interesse na conservação se reporte a bens jurídicos distintos, o efeito atenuante da responsabilidade de uma modalidade não se comunica às demais (*Vetragsordnung*, 333; em linha, citando e concordando com este último A., Larenz/Canaris, *Methodenlehre*, 90-91 e respetiva nota 33). Caradonna carreia um argumento determinante nesta sede: invoca o absurdo de outra solução assumir que as cláusulas contratuais para este feito detêm o exclusivo propósito agravar o regime delitual (*Concorso de colpa contratual ed extracontratual*, RDC, I, 1922, 278); a solução é também seguida por Gaetano Anzani, *Concorso*, 289 (nota 55).

> deve ser responsabilizado por aquela lesão delitualmente (p. ex., pelo dano não patrimonial inerente à dor e ao sofrimento provocado) ou obrigacionalmente (*v.g.*, pela demora na prestação do serviço), dado que a lesão do interesse subjacente foi validamente excluída enquanto pressuposto de qualquer título de imputação[972].

II. Pela relação do presente juízo normativo com os demais pressupostos, em especial com a ilicitude, transparece a autonomia dogmática da culpa: embora esta se encontre sujeita a uma apreciação substancialmente idêntica nas modalidades consideradas, existem variáveis quanto ao seu substrato, considerando o mesmo evento determinante de responsabilidade. Regras com consequências potencialmente idênticas conduzem a resultados distintos ao atenderem a diferentes variáveis: a potencial equiparação de resultados fica, assim, comprometida. Nesta medida, e sem prejuízo das diferenças exploradas, a culpa sedimenta a *ilicitude* como o juízo normativo diferenciador das modalidades consideradas no concurso de responsabilidades.

[972] As presentes conclusões aplicam-se a todas as modalidades de cláusulas (obrigacionais) ou convenções (delituais) limitativas ou excludentes de responsabilidade. Sobre este ponto, v., ainda, *infra*, § 12; 2.4.

§ 10. NEXO DE CAUSALIDADE; EM PARTICULAR, O CONCURSO DE CAUSAS

I. O requisito causal da imputação de danos pode ser enquadrado de uma forma elementar, considerando exclusivamente um processo causal de tipo linear, cujo efeito final, tanto em sede do fundamento de responsabilidade (a ilicitude), como em termos delimitadores (por referência ao dano), é reconduzido à conduta de um único agente. Contudo, numa hipótese de concurso aquele processo pode atingir uma maior complexidade, nomeadamente pela presença de fatores interruptivos daquela sequência causal, provocando anomalias no seu trajeto, bem como, e em especial, pela concorrência de outras causas. Vejamos estes aspetos em maior detalhe.

1. A sequência causal anómala na produção do dano

I. A causalidade *delimitadora* considera todo o processo casual que medeia o evento e o dano[973], atendendo aos elementos empíricos, como vimos. Nesta sede é particularmente relevante a *sequência causal anómala* que interrompe normativamente a relação de causalidade entre o dano e a conduta do agente. Em termos sumários, esta interrupção deve-se à interferência de fatores não imputáveis ao responsável, os quais fazem cessar em concreto a *adequação* da sua conduta enquanto *causa* do dano sofrido pelo lesado[974].

No exemplo de ANTUNES VARELA, «suponhamos que A agrediu B em termos de ter podido provocar a sua morte. Graças, porém, à sua excecional robustez física, B salva-se dos efeitos da agressão, mas vem a morrer

[973] PESSOA JORGE, *Ensaio*, 395 e ANTUNES VARELA, *Das Obrigações*, I, 896.

[974] O critério deve ser temperado pela teoria do risco, v., *supra*, § 6; 4.5.

quando, à saída do hospital, é atropelado por um veículo ou agredido a tiro por um enfermeiro»[975].

Note-se que a interrupção do nexo causal mantém total validade ainda que se detete uma aptidão em abstrato da conduta para produzir o dano, num juízo de *prognose* (*v.g.*, ainda com referência ao exemplo *supra* enunciado, da aptidão das agressões para provocar a morte do lesado). A relevância da sequência causal anómala é, nesta medida, o resultado de um juízo de prognose *póstuma*, de avaliação de todo *iter* do processo causal.

Como interrupções relevantes no processo causal, *i.e.*, com aptidão interruptiva do nexo, identificam-se todas aquelas que cumulativamente (*i*) não sejam imputáveis ao agente, nomeadamente atos de terceiro, do lesado ou devido a caso fortuito ou a força maior, e (*ii*) sejam *extraordinárias*[976]. Já tivemos oportunidade de explorar o motivo pelo qual o agente, ao atuar de forma *ilícita*, é responsável pelo *acaso*. Nesta medida, os fatores imprevisíveis que concorram ou agravem os prejuízos não afastam a sua responsabilidade[977]. Contudo, além deste acaso, situa-se a *pura imprevisibilidade*, com manifesta desconexão com a conduta do agente. Situando-se no risco geral de vida, o *imprevisível* isenta, ao invés, o agente de responsabilidade[978].

Quando estes fatores (externos) não afastem a responsabilidade do agente, podem, ainda assim, relevar enquanto causas de mera *atenuação* ou *exclusão* da indemnização (494.º), dependendo da modalidade considerada. A distinção é casuística, cabendo à doutrina a árdua tarefa de delimitação do campo das figuras de *causa* fundamento de responsabilidade e de *causa* de atenuação. A título exemplificativo, a conduta do lesado pode ser a causa do acidente, sendo-lhe *imputável* os danos verificados (505.º) ou assumir-se um mero fundamento de atenuação da responsabilidade

[975] Antunes Varela, *Das obrigações*, I, 897.

[976] De notar a dificuldade, nas palavras de Pessoa Jorge, de «definir, com perfeito rigor, a partir de quando a fortuitidade do desvio afasta a adequação da causa», em *Ensaio*, 396 (nota 360). V., também, a previsão alemã, no § 254 II BGB, mediante a qual existe coresponsabilidade do lesado, exoneratória ou desagravante da do lesante, quando este não alerta o lesante para o risco da ocorrência extraordinária de danos graves (apenas quando o lesante não os deva conhecer), bem como quando não os evita de todo ou reduz.

[977] Cf. o ac. TRL, de 08-Out-2019 (Diogo Ravara) e a jurisprudência aí citada.

[978] Kramer, *Schutzgesetze und adäquate Kausalität*, JZ, 31, 11/12 (11-Jun-1976), 338-346 (342). É a adesão ao brocardo *casum sentit dominus*, o qual deriva tanto de fatores naturais como de comportamentos humanos, segundo a lição de Rui Ataíde, *Responsabilidade Civil*, 32.

do responsável (570.º). É o caso do lesado que provoca o acidente de viação, lançando as mãos ao volante do automóvel, ou do lesado que sofre danos agravados por não circular com o cinto de segurança, respetivamente. Sendo o acidente o mesmo, os prismas de apuramento de responsabilidade pelos danos invertem-se (de responsável para lesado) consoante a medida (ontológica e normativa) do contributo para a verificação do evento.

II. Por outro lado, a imputabilidade, na aceção mencionada, não se resume à *autoria*: o agente pode ser responsável por fatores externos, desde que se situem dentro da *margem de risco* criada pela sua conduta[979]. Neste caso, a conduta do agente *concorre* com estes fatores externos para a lesão ou perigo de lesão (desvalor objetivo) ou para a verificação do dano.

O depositário é responsável pela perda da coisa que lhe fora confiada e este haja abandonado, ainda que a perda resulte de furto por terceiro ou em resultado de um incêndio que deflagrou onde a coisa se encontrava indevidamente.

III. Mencionámos as sequências causais anómalas em sentido negativo, de afastamento da responsabilidade do agente. Contudo, este processo causal pode também ser considerado numa perspetiva positiva, apelando à manutenção da responsabilidade do agente, independentemente da existência de fatores externos extraordinários que atenuem os prejuízos sofridos pelo lesado. A existência destes fatores, em regra posteriores à conduta do agente – e, novamente, desde que não sejam um efeito adequado do risco criado pela mesma – *beneficiando o lesado*, não isentam o agente de responsabilidade, ainda que a sua relevância seja remetida para o cômputo da indemnização[980].

Antunes Varela aponta o exemplo do passageiro que fora abandonado pelo táxi, mas que encontra um objeto de grande valor ou compra um bilhete de lotaria premiado, para afirmar que, em ambos os casos,

[979] Rui Ataíde, *Causalidade e Imputação Objetiva*, 225. Antunes Varela, *Das obrigações*, I, 898, apela ao critério de *adequação*, embora materialmente se reporte à teoria do risco. Veja-se que o A. defende a responsabilidade do agente por todos os «riscos criados pela agressão ilícita cometida pelo agente e a que a este podem ainda ser imputados como efeito adequado da sua conduta» (*ibidem*).

[980] Quando sejam tidas em conta, relevam na medida *compensatio lucri cum damno*. V., *infra*, § 12; 5.2.

as vantagens, ainda que naturalisticamente ocorram em sequência da conduta do lesante, não devem ser tidas em conta no *quantum* indemnizatório por este devido[981].

2. Concurso de causas na produção do dano: o fim da exclusividade da causa de imputação; relação com os demais pressupostos

I. Na sua forma mais elementar, o dano pode ser imputável a uma causa única, cumpridora dos demais requisitos subjacentes ao título de imputação. Todavia, a complexidade do processo causal que conduz ao prejuízo opõe-se à ideia padronizada do *fator exclusivo de imputação*. Para a produção do dano, em ambas as modalidades, concorrem, em regra, um conjunto de fatores[982], de forma mediata e imediata, internos ao lesado ou não, porquanto, neste último caso, são imputáveis a terceiros ou a outros fatores externos. A complexidade da vida assim o determina.

Perante este cenário, o título de imputação é finalisticamente seletivo dos fatores em concurso, permitindo a atribuição da responsabilidade pela eliminação do dano (*in-demne*) a um outro sujeito relativamente àquele que o sofreu. Em resultado, qualifica-se determinado fator, ou um conjunto deles, como a *causa* do dano. Por outras palavras, em sede do nexo de causalidade, nomeadamente no âmbito dos fatores que empiricamente concorrem para a produção do dano e na consideração global do processo causal em que se produzem, identifica-se, por regra, uma *causa* única, também denominada de causa *real* ou causa *operante* do dano. Pode, por outro lado, sobrevir a existência de causas *múltiplas* que concorrem para a verificação daquele dano, as quais, entre si, se podem *complementar, cumular,* ser *coincidentes* ou *alternativas* para a produção daquele resultado. Neste caso, fala-se de *policausalidade, concorrência* de causas na produção do dano[983],

[981] ANTUNES VARELA, *Das Obrigações*, I, 938. O A. prossegue com o exemplo, da conduta de terceiro ou do próprio lesado (*v.g.*, a celebração de um contrato de seguro) as quais não interferem no *quantum* indemnizatório (*ibidem*).

[982] ANTUNES VARELA, *Das Obrigações*, I, 881.

[983] Para efeitos de imputação dos danos ao agente, têm-se considerado quase exclusivamente os danos de natureza *real*, por serem mais fáceis de manusear nesta sede. Evitam-se, portanto, os danos de natureza patrimonial. O tratamento da matéria do concurso de causas, seguidamente tratada, por facilidade expositiva, terá por referência o nexo estabelecido entre a conduta do agente e um dano de natureza real.

causalidade múltipla[984], *concausalidade*[985], *sobredeterminação causal*[986] ou, ainda, de *concurso objetivo* de responsabilidade[987]. É matéria a aprofundar.

II. A policausalidade referida assume particular relevância em sede do concurso de responsabilidade nas modalidades consideradas. Cumpre precisar.

Na forma mais atomística de formação do título de imputação de danos, identifica-se um responsável (R1) pela causa exclusiva (C1) do dano único (D1) – naturalmente sofrido por um único lesado (L1). Não surpreende, dada a natureza normativa da *causa*, que o título de imputação de danos se reconduza apenas a uma modalidade de responsabilidade, delitual ou obrigacional. Somos obrigados à mesma conclusão se aquele título contar com uma pluralidade de responsáveis (R1, R2, ...), sob a forma de comparticipação, e pelo único dano (D1) perante o mesmo lesado (L1), ou mesmo perante vários danos (D1, D2, ...) que sejam reconduzidos (pelo nexo delimitador) àquela causa única de responsabilidade (C1).

> Um exemplo: o carteirista furta o telemóvel ao lesado. A qualificação da responsabilidade emergente, na modalidade delitual, não se altera perante a conduta do responsável, por sinal a causa *exclusiva* do dano patrimonial sofrido, ter contado com a colaboração de terceiros (comparticipantes, 490.º) ou de o lesado ter também sofrido outros danos, de tipo não patrimonial.

Contudo, inicia-se um potencial concurso entre as modalidades de responsabilidade civil perante a pluralidade *real* de causas. Neste caso, a forma atomística da responsabilidade, baseada em cada causa (ainda que com pluralidade de responsáveis ou de danos[988]) *pode* enquadrar-se nas modalidades distintas de responsabilidade, de tipo delitual e obrigacional.

[984] Mafalda Miranda Barbosa, *Lições*, 276–97. Em sinonímia, e próximo deste, v. o conceito de *multicausalidade* de Ana Perestrelo de Oliveira (com referência a outra terminologia além-Reno, *Causalidade e imputação na responsabilidade civil ambiental*, Almedina, Coimbra, 2007, 101 e respetiva nota 265).

[985] Almeida Costa, *Direito das Obrigações*, cit., 781.

[986] Paulo Mota Pinto, *Sobre condição e causa na responsabilidade civil*, 720.

[987] Menezes Cordeiro, *Direito das Obrigações*, II, 415, embora distanciado da vertente estrita de concurso de *causas*. V., ainda o A., em *Tratado*, VIII, 738.

[988] Distinguindo entre o dano que decorre de várias causas e várias causas que provocam respetivamente vários danos, v. Pereira Coelho, *O Problema Da Causalidade Virtual*, 8 e respetiva nota 4.

O depositário (R1) ao abandonar a coisa que lhe foi confiada incumpre a obrigação a que se encontra adstrito (C1), sendo esta conduta causa adequada do dano de perda da coisa (D1). O furto subsequente da coisa por terceiro (R2, C2) é causa *subsequente* à qual é imputável o mesmo dano (D1). O lesado é o mesmo (L1). O concurso de responsabilidades heterónomo, ao abranger as modalidades delitual e obrigacional, reporta-se respetivamente a cada responsável (não existe, assim, um concurso de responsabilidade em sentido estrito, unisubjetivo).

Contudo, se o depositário destrói culposamente a coisa que lhe foi confiada, este afigura-se o único responsável (R1) pela destruição da propriedade (C1) e pelo incumprimento contratual (C2), ambas causas adequadas ao dano moral (D1 de C1)[989] e patrimonial pelo atraso na restituição (D2 de C2), respetivamente, ou, em igual medida, ao dano patrimonial pelo perecimento da coisa (D3, comum a C1 e a C2). Verifica-se, tal como no exemplo anterior, um concurso de responsabilidade da modalidade delitual e obrigacional de responsabilidade.

É manifesta a importância do nexo causal, na identificação de um concurso de responsabilidade civil nas modalidades consideradas, nomeadamente na *qualificação* da *heterogeneidade* resultante. Contudo, a policausalidade não se restringe à ligação normativa entre a conduta do agente e o prejuízo sofrido pelo lesado, em sede do nexo de causalidade *delimitador*, como veremos. Este é, aliás, um fator que introduz um grau de complexidade adicional na análise deste problema, com especial relevância em sede do concurso de responsabilidade.

III. Neste momento, cumpre fazer três reparos iniciais no que respeita à policausalidade.

Em primeiro lugar, a sindicância dos âmbitos do nexo de causalidade permitiu distinguir a ligação entre a *conduta* (vulgo, facto) e a *ilicitude* (em sede do *nexo fundamentador*) e, por outro lado, a conexão paradigmática entre o *evento-ilícito-culposo* e o dano em concreto (para efeito do *nexo delimitador*). A presente distinção transpõe-se para a sede da policausalidade, ou seja, é necessário distinguir a policausalidade na produção do evento (ilícito e culposo) daquela referente, por sua vez, à produção dos danos, pese embora

[989] Supomos, por hipótese, a inadequação de o incumprimento obrigacional suportar a tutela deste tipo de danos não patrimoniais; para maiores desenvolvimentos, v., *supra*, § 6; 5.2.3., b).

o problema seja maioritariamente tratado apenas nesta última vertente. Como vimos, os critérios normativos diferem pouco entre as vertentes, salvo a relevância exclusiva da teoria do escopo da norma na primeira. Veremos este aspeto posteriormente em maior detalhe[990].

Em segundo lugar, decorrente da precisão inicial, a policausalidade sobrevive mesmo que as causas que contribuíram para o evento lesivo, isoladamente consideradas, não se destinem à produção do *mesmo dano*. A aptidão global da situação de responsabilidade (ilícita e culposa) para a produção do dano, ao abrigo do nexo delimitador, homogeneíza a relevância das causas isoladas que lhe serviram de base e que se poderiam reportar disjuntamente a cada um dos danos sofridos pelo lesado.

Em terceiro lugar, e por fim, a policausalidade no âmbito do nexo de causalidade opõe-se geneticamente à noção de *causa única*. Todavia, como exposto, mesmo nessa forma mais elementar do nexo de causalidade, podem concorrer um conjunto de *fatores*, os quais *não* consubstanciam *causas distintas* de produção dos danos. A diferença entre o *fator* e a *causa*, ainda que de difícil delimitação, acarreta a consequência metodológica de impedir a formação de um título de imputação com base no primeiro. A causa não detém, à partida, semelhante aptidão para excluir, ou, pelo menos, atenuar a responsabilidade do agente, ao invés, possivelmente reforçando-a. Cumpre, neste caso, distinguir as causas no âmbito da margem de risco criada pelo agente. Resumidamente, e tal como visto em sede de interrupção do nexo causal, os fatores externos (atribuíveis a terceiros, incluindo o lesado, ou a caso fortuito) que se situem dentro da *margem de risco proibido* criada pela conduta do agente são qualificados como causas *concorrentes* à produção do dano e não excluem a sua responsabilidade. Existe, aliás, um fenómeno de policausalidade se aqueles fatores reúnem isoladamente condições para formar um título de imputação de danos; *i.e.*, se forem também *causas*. Noutro prisma, se os fatores não são imputáveis ao agente e têm natureza *extraordinária*, atendendo à esfera de risco criada pela sua conduta, qualificam-se como *causa do dano* e podem excluir a responsabilidade do agente (cuja conduta se desqualifica de causa para um mero fator no processo causal recentrado nesta última causa). Para se determinar a natureza *ordinária* ou *extraordinária* da causa, atende-se, como visto anteriormente, também aos conhecimentos especiais do agente.

[990] V., *infra*, § 10; 2.

Tome-se o exemplo do *chef* que serve um peixe venenoso em dose comestível, mediante uma preparação adequada. Considerem-se, então, as seguintes hipóteses isoladas, nas quais resultou a morte do cliente: (1) o empregado de mesa adiciona, sem dar conhecimento ao *chef*, mais veneno ao prato (numa dose que isoladamente não seria letal, mas que se tornou em combinação com aquela inerente à preparação); (2) um terramoto destrói todas as doses de antídoto existentes no restaurante, tendo o cliente sofrido uma reação anormal ao prato; e (3) o cliente não informa o *chef* de que consumira um medicamento que potenciava, a níveis mortais, a atuação do veneno.

Em todas as hipóteses, a conduta do *chef* não é *causa* da lesão do direito à vida porquanto existiu uma causa atribuível (1) a terceiro, (2) a facto fortuito ou (3) ao próprio lesado, respetivamente, que exclui a responsabilidade do primeiro (embora reste o apuramento do título de imputação do empregado, na primeira hipótese enunciada). Aliás, em todas as hipóteses, a conduta do *chef* encontra-se consentida pelo lesado, formando uma margem de risco *permitida*. A diferente conclusão nos obrigaria, se o *chef* conhecesse a existência destes fatores externos, caso em que haveria substrato suficiente para se estabelecer o nexo de fundamentador de responsabilidade.

Por fim, e na sequência da vertente anterior, a policausalidade na formação do título de imputação é particularmente relevante no contributo empírico da conduta de vários agentes ao reforçar, a final, a tutela do lesado, sem prejuízo das suas diferenças congénitas por referência a cada uma das modalidades de responsabilidade civil consideradas. Em sede do concurso de títulos de imputação, note-se, em primeiro lugar, que aquelas causas, sendo da autoria de agentes diferentes, podem fundar situações de *concurso externo* de responsabilidade (por serem vários os agentes responsáveis perante o mesmo lesado), no âmbito da mesma modalidade de responsabilidade (concurso *homogéneo*) ou não (concurso *heterogéneo* de responsabilidade)[991]. Por outro lado, quando as várias causas sejam da autoria do mesmo agente, a sua relevância circunscreve-se à possibilidade de consubstanciarem o fundamento de títulos de imputação distintos perante o lesado, adentro das modalidades consideradas. Por outras palavras, a conduta do agente pode ser simultaneamente *causa*

[991] V. a classificação de Menezes Cordeiro em *Tratado*, VIII, 737. Retomaremos todas estas classificações, *infra*, § 15; 1 e 2.

de responsabilidade delitual e *causa* de responsabilidade obrigacional. Novamente, em ambos os casos (de policausalidade plurisubjetiva ou reportada ao mesmo agente), não interfere o facto de o dano se reportar, posteriormente (nexo delimitador), a uma modalidade de responsabilidade, a ambas ou a nenhuma.

IV. Tendo particularmente em mente o reparo inicial, a causalidade pode ser apreciada em ambas as vertentes do nexo causal, tanto *fundamentadora* como *delimitadora* da responsabilidade. Com base nesta distinção, e implicitamente naquela que distingue entre ilicitude e o dano, socorremo-nos da classificação que opõe *a (i) concorrência de causas à lesão ou perigo de lesão* e a *(ii) concorrência de causas ao prejuízo* (ou ao dano). Ilustremos estas ideias.

O depositário (A) não guarda devidamente a coisa que lhe foi confiada. Em consequência, B, incitado por C, furta a coisa depositada e destrói-a. Neste caso, em sede de *concorrência de causas à lesão*, identifica-se como *lesão*, em primeiro lugar, o incumprimento do contrato de depósito, de que é *causa única* o comportamento de A. A este incumprimento contratual soma-se, em paralelo, a atuação concertada de B e C na lesão do direito absoluto do depositante, consubstanciando um *delito*. Todavia, a ilicitude delitual também se reconduz a uma causa única (o furto), a qual advém de pluralidade subjetiva, qualificada enquanto *comparticipação* (490.º), por incitamento. Assim, nesta primeira etapa do processo causal, existe uma *concorrência de causas à lesão*, mas apenas a uma das lesões: se o *incumprimento* deriva da conduta de A, por sua vez, o *delito* decorre da atuação conjunta de B e C. Para o delito, apenas, em sede do nexo fundamentador de responsabilidade, ocorreu uma concorrência de causas à lesão (do direito de propriedade). Por outro lado, qualificados os comportamentos como ilícitos e culposos, o *incumprimento contratual* (por A) e o *delito* (por B e C) são *causas reais subsequentes*[992], as quais concorrem para a verificação do *prejuízo comum*, reconduzido à perda da coisa. Existe, assim, em sede no nexo delimitador de responsabilidade, uma *policausalidade na produção do dano.*

Transparece, assim, como a policausalidade opera em ambas as vertentes do nexo de causalidade.

No exemplo mencionado, ocorreria uma concorrência de causas ao incumprimento obrigacional, se fossem vários os depositários

[992] Veremos esta e outras classificações, *infra*, § 15; 1 e 2.

responsáveis pela guarda e conservação da coisa. Por outro lado, ainda quanto à hipótese inicialmente apresentada, note-se que o nexo delimitador pressupõe a existência de um *dano comum*. Ao invés, não existe no exemplo mencionado uma *concorrência de causas* ao dano do interesse contratual positivo, tutelável exclusivamente a título obrigacional (por A), ou ao dano não patrimonial de sofrimento exclusivamente suportado pelo título delitual (B e C, em solidariedade).

Antecipando juízos conclusivos, a presente ilação mantém-se perante o concurso de responsabilidade num modelo atomístico, quando um mesmo responsável reúna ambos os títulos de imputação: se o depositário houvesse destruído a coisa depositada, a sua conduta seria, *além* de causa única do incumprimento, causa única do delito. O incumprimento e o delito seriam por sua vez causas que concorrem para a produção do dano comum, a perda da coisa, embora não se permita gerar um título de imputação comum para danos que se reportem assimetricamente às modalidades consideras: p. ex., o dano de interesse contratual positivo não pode ser atenuado em caso de mera culpa do responsável (494.º).

O exemplo retrata a distinção pertinente que deve ser tida em conta na presença de uma pluralidade de fatores que interferem neste âmbito, nomeadamente (*i*) as *vertentes do nexo de causalidade* (fundamentador e delimitador), a pluralidade (*ii*) *subjetiva*, (*iii*) de *categorias de ilicitude* e (*iv*) de *danos*.

2.1. Concorrência de causas à lesão; policausalidade no nexo fundamentador de responsabilidade

V. Não obstante a importância paritária na formação do título de imputação de danos, enquanto requisitos cumulativos, existem metodologicamente diferenças entre a *causa da lesão* (ilicitude) e a *causa do prejuízo* (dano) em ambas as vertentes do nexo de causalidade, designadamente (*i*) a prioridade metodológica do nexo fundamentador (sem o qual não pode existir uma *causa* do dano eventual) e (*ii*) os critérios normativos de apreciação (p. ex., este tem em conta a teoria do escopo da norma, contrariamente ao segundo, como vimos). A divergência mantém-se em sede de policausalidade.

Para efeitos do apuramento da lesão ou perigo de lesão (requisito da ilicitude em ambas as modalidades), podem concorrer um conjunto de *causas*. Cumpre distinguir, por sua vez, duas vertentes.

Em primeiro lugar, as causas podem concorrer para a verificação da mesma categoria de ilicitude (ou seja, da mesma lesão ou perigo de lesão).

Em segundo lugar, podem coexistir várias causas (imputáveis a um agente ou a vários, incluindo o lesado) que se reportam respetivamente a diferentes categorias de ilicitude (obrigacional ou delitual). Este fenómeno extravasa o âmbito da policausalidade no nexo fundamentador, podendo gerar múltiplos títulos de imputação, cumpridos os demais requisitos e existindo o pressuposto do dano. A questão não é despicienda.

Se A agride B instigado por C, existe uma única lesão (delitual), fundada em várias causas, a título de comparticipação (490.º). Existe policausalidade no nexo fundamentador de responsabilidade. Pelo contrário, se A agride B e, posteriormente, C, aproveitando o estado de inconsciência do lesado, furta-lhe a carteira, existem duas lesões (delituais), fundadas em causas distintas. No primeiro caso, gera-se um único título de imputação perante o lesado; no segundo, podem existir vários, apurados os requisitos dos respetivos títulos de *forma autónoma* (p. ex., a atuação em legítima defesa de A – 337.º – pode não justificar a licitude da conduta de C, porquanto são responsabilidades distintas). Por seu turno, no âmbito obrigacional, os codevedores respondem pela falta de cumprimento (policausalidade no nexo fundamentador) na medida da sua responsabilidade, *i.e.*, parciariamente, salvo a previsão do regime da solidariedade (513.º).

Por fim, é exemplo paradigmático de confluência de ambas as modalidades de responsabilidade (delitual e obrigacional) no nexo fundamentador a responsabilidade do devedor cujo incumprimento fora dolosamente instigado por terceiro. Neste caso, tal como sugere Santos Júnior, a mesma lesão (do direito de crédito) deriva de causas distintas, fundando a responsabilidade civil *obrigacional* do devedor e a *delitual* do terceiro[993].

Nesta medida, a concorrência de causas no nexo fundamentador resume-se, como vimos na primeira vertente, à policausalidade *na mesma lesão ou perigo de lesão*, no âmbito do mesmo evento determinante de responsabilidade. Os critérios delimitadores da *identidade* da lesão ou perigo de lesão pressupõem

[993] Santos Júnior, *Da Responsabilidade*, 555. Sobre o enquadramento delitual da lesão do direito de crédito por terceiro, v., *supra*, § 8; 2.1.

o conhecimento *ad hoc* do processo de imputação objetiva[994], nas balizas ontológicas e normativas conhecidas em sede do evento determinante, ilicitude, nexo causal e do dano[995]. Quando esta concorrência de causas *à mesma lesão* se reporta à conduta de *vários agentes* (que não do lesado, atribuível a um facto natural ou da *própria lei*[996]), sendo plurisubjetiva do lado activo, denomina-se de *comparticipação*[997].

i. [*comparticipação delitual*] A comparticipação na modalidade delitual assume as formas de (*i*) *coautoria*, (*ii*) *instigação* e (*iii*) *cumplicidade* (490.º)[998]. Na modalidade obrigacional, uma vez que a ilicitude exige cumulativamente o (*i*) *incumprimento* por aquele que reúna (*ii*) a qualidade de *devedor*[999], a comparticipação restringe-se à lesão do crédito pelos *codevedores*.

Note-se que os instigadores, auxiliares e substitutos (não devedores) do inadimplente podem ser responsáveis *delitualmente*, enquanto *terceiros*, pela lesão do direito de crédito – de que é exemplo prototípico a hipótese prevista no artigo 800.º, no qual o único responsável *obrigacional*

[994] Utilizamos o conceito num sentido oposto ao corrente, que designa o processo de apuramento da responsabilidade objetiva ou pelo risco. Sobre este último sentido, não seguido na exposição, v. MENEZES CORDEIRO, *Da responsabilidade civil dos administradores*, 400 e ss.

[995] Remetemos para os critérios apresentados ao longo da exposição. Por este motivo, LARENZ/CANARIS, *Schuldrecht*, II, 1, § 82, II, 571, diferenciam a existência de várias causas que concorrem para a produção do dano – concorrência real cumulativa, ainda que desconhecida (*Alternativtäterschaft*), como veremos – daqueloutra situação em que, pelo facto de os agentes atuarem em conjunto, se pode atribuir o ato de um a outro, *i.e.*, no âmbito da mesma causa *comparticipada*.

[996] ANTUNES VARELA, *Das Obrigações*, II, 81.

[997] Neste sentido, distinguindo entre comparticipação na causa única e múltiplas causas, v. ANTUNES VARELA, *Das obrigações*, I, 922. Também por este motivo, MENEZES CORDEIRO sindica a aplicação do artigo 490.º às situações que designa de concurso *necessário* e *cumulativo*, porquanto neste último não existe, segundo o A., «unicidade do "acto ilícito" pressuposta pelo artigo 490.º», em MENEZES CORDEIRO, *Direito das Obrigações*, II, 416 e *Tratado*, VIII, 739. Vimos a influência da caracterização da complexidade subjetiva do evento determinante de responsabilidade, *supra*, § 7; 1.

[998] Sobre o conceito de auxiliares relevante para a cumplicidade apontada, v. PEDRO MÚRIAS, *A Responsabilidade*, 187 e ss. e CLÁUDIA MADALENO, *A responsabilidade objetiva por fato de outrem*, 643–671. Sobre o conceito de auxiliar, representante legal e substituto no contexto obrigacional, cfr., ainda, a posição de VAZ SERRA, em *Responsabilidade do devedor pelos factos dos auxiliares, dos representantes legais ou dos substitutos*, Separata do BMJ 72 (1958), 10 e ss., 28 e ss., 42 e ss.; e, distinguindo entre dois tipos de auxiliares (autónomos e independentes), PAULO MOTA PINTO, *Ónus da prova da culpa do devedor que beneficia da cláusula de exclusão*, Estudos em Homenagem ao Conselheiro Presidente Joaquim de Sousa Ribeiro, II, Almedina: Coimbra (2019), 959-989 (975-976).

[999] V., *supra*, § 8; 2.1.

(em termos objetivos) é o devedor[(1000)]. Por outro lado, a presente vertente de concurso de causas para a verificação do ilícito não se confunde com a responsabilidade civil *por atos de terceiro*, onde a *causa* da lesão deriva da conduta de um terceiro, embora esta fundamente simultaneamente a responsabilidade de outro sujeito pelo prejuízo[1001].

Quanto aos efeitos na modalidade delitual, sendo vários os autores, instigadores ou auxiliares do ato ilícito (*i.e.* do *delito*), respondem todos solidariamente pelos danos que hajam causado (490.º), independentemente de um *acordo prévio* entre os agentes, ou seja, abrange-se o caso em que os agentes atuam isoladamente[1002]. Quanto à causalidade delimitadora a demonstrar, *i.e.*, a respeito do contributo concreto da conduta de cada agente para a verificação do prejuízo, a comparticipação basta-se com uma imputação *provável* ou *possível*[1003], sendo esta a ilação a retirar da menção a «todos eles respondem pelos danos *que hajam causado.*».

1000 Neste sentido, MIGUEL TEIXEIRA DE SOUSA, *O concurso*, 315-316; PESSOA JORGE, *Ensaio*, 151; CLÁUDIA MADALENO, *A responsabilidade objetiva por fato de outrem*, 562; e a anotação ao art. 800.º por MARIA DA GRAÇA TRIGO/RODRIGO MOREIRA, em *Comentário ao Código Civil*, 1113. Sobre outras diferenças entre os regimes, v. OLIVEIRA ASCENSÃO e CARNEIRO DA FRADA, *Contrato celebrado por agente de pessoas coletiva. Representação, responsabilidade e enriquecimento sem causa*, Revista de Direito e Economia, Ano XVI a XIX, 1990-1993, 43-77, (69-71). Já nos debruçámos sobre o problema; cfr., *supra*, § 8; 2.1.

1001 É o que sucede, tal como veremos posteriormente, em sede do nexo delimitador de responsabilidade, perante a *causalidade coincidente*, de que é exemplo a responsabilidade delitual do comitente pelo ato praticado exclusivamente pelo comissário (500.º) ou a do devedor de tipo obrigacional pelo ato praticado unicamente pelo seu representante legal ou pela pessoa que utilize para o cumprimento da obrigação (800.º/1).
Por este motivo, não se adere ao entendimento de ANTUNES VARELA, quando este A. defende que o *facto de terceiro* não extingue a obrigação, se for praticado por uma pessoa numa relação de dependência, exemplificando o caso do comissário, auxiliar, filho menor e pupilo; cfr. *Das Obrigações, II*, 81. Ora, é manifesto que esta atuação de terceiro, no espectro obrigacional, tem aptidão para provocar a extinção da obrigação. Pode, no entanto, fundar a *responsabilidade por facto de terceiro*, de natureza objetiva (*v.g.*, 500.º e 800.º), porquanto a atuação deste terceiro consubstancia o evento determinante da responsabilidade objetiva do principal; não há, nesta medida, que apontar a manutenção da obrigação inicial. Neste sentido, veja-se o apelo expresso de ALMEIDA COSTA, *Direito das Obrigações*, 1077 (nota 1).

1002 PIRES DE LIMA E ANTUNES VARELA, *Código Civil Anotado*, I, 491. Os AA. recorrem ao exemplo da responsabilidade do agente que deixou de forma imprudente uma arma em certo local, arma essa que posteriormente vem ser utilizada por um terceiro para causar danos a outro, *ibidem*. No mesmo sentido, ALMEIDA COSTA, *Direito das Obrigações*, 590 e ANA PRATA, *Código Civil Anotado*, I, 636.

1003 CARNEIRO DA FRADA, *Contrato e Deveres de Protecção*, 106. A não identificação da causa concreta do danos, ainda que referente a agentes determinados, convoca o problema do desconhecimento da causa real (delimitadora), impeditiva da formação do título de imputação de danos contra qualquer um dos agentes. Para maiores desenvolvimentos, v. *infra*, § 10; 2.4, nota 1032.

ii. [*comparticipação no incumprimento*] A mesma solução não se carreia para a concorrência de causas no *incumprimento*: o devedor não responde, a final, pela conduta de terceiro que lhe seja *alheia*, incluindo o caso de atuação disjunta (p. ex., um terceiro destrói a coisa que o devedor devia entregar ou impede a realização da prestação de facto)[1004]. Neste caso, embora concorram várias *causas* a fundamentar a lesão (entre as quais a conduta do devedor), sobrevive apenas o *título de imputação* do segundo: o do devedor extingue-se porquanto existe uma impossibilidade de cumprimento (790.º e ss.) – a qual, como visto, acarreta a extinção do crédito e impede a relevância da conduta do devedor para efeitos de formação do título de imputação de danos[1005]; ou seja, em termos genéricos, a falta de cumprimento não lhe é *imputável*. A exceção ao exposto radica-se particularmente na assunção voluntária de responsabilidade, bem como na existência de *codevedores* em regime de solidariedade (513.º). Neste último caso, os devedores respondem pela falta de cumprimento da prestação na sua integralidade (note-se: da mesma lesão do direito de crédito), incluindo aquela que decorra de facto imputável a um dos codevedores (520.º), contrariamente ao regime-regra da parciariedade (caso em que cada um dos codevedores responde na medida da sua responsabilidade).

[1004] Cláudia Madaleno, *A Responsabilidade Objetiva*, 478 e ss., enquadra o problema na «fortuitidade» do evento e da qualificação do terceiro enquanto «estranho» ao devedor.

[1005] Ao acarretar a impossibilidade superveniente casual da prestação, constitui uma causa de extinção da mesma (cf., neste sentido, Menezes Leitão, *Direito das Obrigações*, II, 119 e ss.; Galvão Telles, *Direito das Obrigações*, 366; Almeida Costa, *Direito das Obrigações*, 1072; Antunes Varela, *Das obrigações*, II, 81), ressalvado o regime da impossibilidade parcial, do *commodum* de representação (794.º) e, ainda, o do risco (796.º; v. Nuno Aureliano, *O Risco*, 69–82). A extinção da obrigação exonera o devedor de responsabilidade pela falta de cumprimento, dada a inexistência do dever, requisito do título de imputação de danos obrigacional (*i.e.*, inexiste um *facto ilícito*). Note-se que Santos Júnior, *Da Responsabilidade Civil*, 554 (nota 1857), enquadra o problema (assim o entendemos) como de *culpa do devedor*, ou melhor, de ausência dela, dependendo da atuação do terceiro. Neste sentido, também, v. Dário Moura Vicente, *Direito Comparado*, II, 307. Com a devida vénia, a culpa não tem lugar na impossibilidade da prestação por facto de terceiro ou fortuito, embora possa relevar enquanto causa de exclusão da impossibilidade *provocada pelo devedor* (*v.g.*, a ausência de responsabilidade civil do comprador de boa fé de bens alheios pela destruição da coisa que deveria restituir, cfr. 894.º/1). Neste sentido, Antunes Varela, *Das obrigações*, II, 82. Sobre esta matéria, no sentido da eliminação do vínculo obrigacional (*i.e.*, quando «a obrigação extingue-se», 790.º) em sentido estrito, salvaguardando a «relação obrigacional em sentido amplo», mormente os deveres acessórios e prestações secundárias, v. Catarina Monteiro Pires, *Impossibilidade*, 238-239; por fim, relativamente aos efeitos da impossibilidade originária sobre o dever de indemnizar, v., ainda, Pinto de Oliveira, *Estudos*, 20 e ss.

VI. Concretizado, em sede da policausalidade no nexo fundamentador, o efeito (*i*) da comparticipação (na modalidade delitual) e da (*ii*) responsabilidade dos *codevedores* (na vertente obrigacional) reforçam a tutela do lesado.

Cumpre investigar o que sucede, numa terceira vertente, (*iii*) quando se gerem *várias modalidades de responsabilidade*. O fenómeno é raro, admite-se. A sua existência depende da identificação de várias causas referidas à mesma lesão ou perigo de lesão, fundando, ainda assim, títulos de imputação distintos. O exemplo paradigmático nesta sede reporta-se ao *incumprimento provocado por terceiro*, o qual lesa o direito de crédito, alheio ao vínculo, ou, como visto, enquanto auxiliar do devedor (800.º). Em ambos os casos, a mesma lesão (do direito de crédito) deriva de causas distintas, fundando a responsabilidade civil *obrigacional* do devedor e a *delitual* do terceiro[1006]. Foquemo-nos naquele primeiro exemplo. Segundo SANTOS JÚNIOR, o «terceiro que instigue, induza o devedor ou com este colabore no incumprimento» responde *diretamente* nos termos do artigo 490.º, a nível delitual, uma vez que o ato ilícito mencionado no preceito («[s]e forem vários os autores, instigadores ou auxiliares do ato ilícito»), inclui o *incumprimento* da obrigação[1007]; simultaneamente, o devedor responde a título obrigacional. Perante o lesado não existe, neste caso, fundamento legal para o regime da solidariedade, o qual depende de previsão legal *expressa* (*v.g.*, 499.º, 507.º/1, 649.º/1, 997.º/1, 1139.º ou 1695.º/1) ou de convenção entre as partes: não há, nesta medida, que apelar à *ratio decidendi*[1008] da responsabilidade delitual, enquanto *matriz* da responsabilidade civil, ou a preceitos aplicáveis exclusivamente no âmbito delitual, designadamente por aplicação direta do número 1 do artigo 497.º[1009]. Estamos no campo

[1006] SANTOS JÚNIOR, *Da Responsabilidade Civil*, 555. Segundo o A., «[h]á, pois, *dois responsáveis* perante o credor, a títulos diferentes, mas ambos responsáveis: responsáveis, um, é certo, por não realizar a prestação, o outro por instigar ou auxiliar o devedor a não cumprir, normalmente celebrando com ele um contrato incompatível com a satisfação do crédito anterior, mas, também assim, *partícipe no mesmo acto lesivo*; responsáveis, finalmente, *pela mesma lesão*, a lesão do direito de crédito.» (*ibidem*). Sobre o enquadramento delitual da lesão do direito de crédito por terceiro, v., *supra*, § 8; 2.1.

[1007] SANTOS JÚNIOR, ob. cit., 551.

[1008] SANTOS JÚNIOR, ob. cit., 557.

[1009] MENEZES CORDEIRO, *Direito das Obrigações*, II, 411. O A. afirma que, neste caso, «[n]enhuma dúvida encontramos, em semelhante eventualidade, na aplicação do artigo 497.º, n.º 1, com a consequência natural da solidariedade entre o devedor e terceiro.» (*ibidem*). No mesmo sentido, SANTOS JÚNIOR, *Da Responsabilidade* Civil, 557. Entendimento que decorre da assunção matricial da responsabilidade delitual – cfr. SANTOS JÚNIOR, *Da Responsabilidade Civil*, 557 (nota 1869), com a qual discordamos.

de responsabilidades *disjuntas*, tendo por base modalidades distintas, como veremos de seguida[1010]: a lacuna é manifesta, embora não ofenda a autonomia dos títulos de imputação de danos gerados. No exercício do direito reconhecido pelo respetivo título de imputação, o lesado pode encontrar uma tutela semelhante à do regime da solidariedade perante o dano que seja causado por ambas as responsabilidades, *i.e.*, perante o *dano comum*. A diferença protela-se em sede das relações internas, num concurso plurisubjetivo[1011], contrariamente à *solidariedade* no âmbito delitual e obrigacional (se convencionado, cfr. 497.º/2 e 524.º, respetivamente).

Em suma, a policausalidade em sede no nexo fundamentador de responsabilidade conduz (*i*) à *solidariedade*, na vertente delitual (490.º e 497.º/1), (*ii*) à *parciariedade* entre os codevedores, na vertente obrigacional (513.º), e, (*iii*) em caso de concurso de responsabilidade, a uma obrigação de indemnizar com pretensões *disjuntas*[1012], com particularidades a explorar; verificados que estejam, claro está, os demais requisitos necessários à formação do respetivo título de imputação de danos.

2.2. Concorrência de causas ao dano; policausalidade no nexo delimitador de responsabilidade

VII. Cumpre analisar, por sua vez, a concorrência de causas para a verificação do dano[1013], em sede do nexo delimitador. Na esteira de ANTUNES VARELA, podemos distinguir em sede de policausalidade para a produção do prejuízo, ou seja, em sede do nexo delimitador[1014]:

[1010] O presente entendimento evita, aliás, as dificuldades geradas pela assunção do regime da solidariedade, tal como o da eficácia da cláusula penal sobre este terceiro, identificada por SANTOS JÚNIOR, *Da Responsabilidade Civil*, 558-562. Desenvolvidamente, v., *infra*, § 15; 2.

[1011] Retomaremos este aspeto *infra*, § 15, b).

[1012] Ainda que ligadas pelo evento determinante de responsabilidade. Sobre o conceito, v. ANTUNES VARELA, *Das Obrigações*, I, 748 (o A. afastava os critérios da solidariedade e da parciariedade no concurso heterónomo; cf. *idem*, 940) e SANTOS JÚNIOR, *Da Responsabilidade Civil*, 555 (nota 1860). É esclarecedora a concretização de MANUEL DE ANDRADE que as definia como «obrigações de sujeito alternativo a concretizar mediante uma operação de escolha», em *Teoria Geral das Obrigações*, 110.

[1013] ANTUNES VARELA, *Das Obrigações*, I, 922.

[1014] ANTUNES VARELA, ob. cit., 920-924. Preferimos o entendimento do A., corretivo do germânico clássico que distingue triplamente a *concausalidade*, a *causalidade cumulativa* e a *causalidade alternativa* (cfr. PEREIRA COELHO, *O Problema Da Causalidade Virtual*, 8-9 (nota 5); v., ainda, GERT BRÜGGEMEIER, *Prinzipien des Haftungsrecths, Eine systematische Darstellung auf rechtsvergleichender Grundlage*, Nomos: Bade-Bade (1999), 155. Note-se que o A. não restringe as classificações erigidas

a) Concorrência *real*; em sede de causalidade,

i) complementar;

ii) subsequente;

iii) coincidente; ou

iv) cumulativa.

b) Concorrência *virtual*, nomeadamente em sede de causalidade *alternativa*[1015].

Vejamos cada um destes tipos de concorrência em maior detalhe.

2.3. Concorrência real

VIII. Em primeiro lugar, a concorrência real de causas resulta da qualificação de vários fatores no processo causal como *causas operantes* na produção do evento danoso, gerando-se um *concurso objetivo de causas*[1016]. A concorrência real assume, por sua vez, várias modalidades, a saber:

i. Na *concorrência complementar* (*Gesamtkausalität* ou *kumulative Kausalität*[1017]), o prejuízo depende em simultâneo de todas as causas para a sua verificação,

a esta segunda vertente, do nexo delimitador, atendendo naturalmente ao facto de não a ter considerado. Com um apanhado geral sobre as classificações além-Reno, v. Deutsch, *Allgemeines Haftungsrecht*, 155 e ss. Na sequência deste entendimento tríplice, não seguido no texto, note-se, entre nós, as classificações que opõem o concurso *necessário, cumulativo* e *alternativo* no âmbito do *concurso objetivo* (Menezes Cordeiro, *Direito das Obrigações*, II, 415–417, *Tratado*, VIII, 735–746 e em anot. ao art. 563.º, *Código Civil Comentado*, II, 572-573), a *causalidade cumulativa necessária* e *não necessária* e a causalidade *alternativa incerta* (Mafalda Miranda Barbosa, *Lições*, 276 e ss). V., ainda, Vaz Serra, *Obrigação de indemnização*, 95 e ss. e Paulo Mota Pinto, *Interesse*, 561-563 (nota 1858), *sobre condição e causa na responsabilidade civil*, 722-723 (nota 8). As categorias enunciadas não esgotam dicotomicamente todas as realidades neste campo complexivo. Destacam-se, aliás, os casos intermédios, que reúnem elementos de ambas as categorias enunciadas, tal como os casos que não é possível detetar, numa situação de excesso de contributo causal, qual das atividades *operantes* é causa complementar ou cumulativa, no exemplo do último A. mencionado, numa decisão colegial, os votos *paritários* de seis pessoas, o dobro daqueles necessários para formar a maioria. Retomaremos este aspeto adiante.

1015 Embora se trate de um problema do cômputo da indemnização, é tratado por facilidade expositiva nesta sede. Neste sentido, v. Antunes Varela, *Das Obrigações*, I, 927.

1016 Paulo Mota Pinto, *Interesse*, 562 (nota 1858).

1017 Larenz/Canaris, *Schuldrecht*, II, BT, 2, § 82, II, 580 e ss.

embora entre as causas operantes não exista uma conexão de adequação[1018] quanto à respetiva verificação[1019].

> O devedor não forneceu os bens devidos ao restaurante, nem o empregado se apresentou ao serviço. Em resultado, o proprietário acumulou dívidas avultadas que o obrigam a trespassar o estabelecimento com prejuízo. O resultado lesivo ocorreu, nesta medida, pela concorrência complementar daquelas causas.

ii. Na *concorrência subsequente*, as causas concorrem para a produção do resultado, embora com estreita conexão e dependência em termos de verificação. A conexão ocorre porquanto a causa inicial é permissiva da existência da causa posterior, operante do dano causado[1020]. Ocorre paradigmaticamente perante a responsabilidade concorrente de um primeiro agente a título omissivo, embora se possa verificar por condutas ativas de vários agentes[1021]. Ponto determinante é o estabelecimento da conexão de *adequação*[1022] entre a causa inicial e a subsequente, rompendo com a necessidade de uma causalidade direta[1023].

> O furto do automóvel por terceiro é causa subsequente da inicial atribuível alternativamente ao (*i*) incumprimento da obrigação de guarda que recaia sobre o depositário, (*ii*) à mora do devedor (807.º/1),

[1018] ANTUNES VARELA, *Das Obrigações*, I, 922.

[1019] Em sentido próximo, concede-se esta relevância a fatores no processo causal que não sejam *c.s.q.n.* do prejuízo, sob pena de arbitrariedade no critério erigido; a propósito, desenvolvidamente, cf. PAULO MOTA PINTO, *Interesse*, 1920. Este entendimento foi seguido pelo STJ no seu ac. de 19-Mai-2015 (JÚLIO GOMES).

[1020] ANTUNES VARELA reportava-se a estes casos como de causalidade adequada, em *Das obrigações*, I, 922–923. A maioria dos AA. não distingue entre a concorrência complementar e subsequente agregando-a – v., com a designação de concurso *necessário*, MENEZES CORDEIRO, *Direito das Obrigações*, II, 415–417, *Tratado*, VIII, 735–746 e em anot. ao art. 563.º, *Código Civil Comentado*, II, 572-573.

[1021] Veja-se, nesta sede, o exemplo de ANTUNES VARELA, que se reporta ao indivíduo que agride outro em plena via pública, deixando prostrado na estrada, onde veio a ser atropelado mortalmente, por culpa do condutor do veículo.

[1022] Por este motivo, ANTUNES VARELA, ob. cit., 922, referia-se a uma causalidade adequada na concorrência real de causas. Neste sentido, também ALMEIDA COSTA, *Direito das Obrigações*, 766. No ac. do STJ de 26-Set-2017 (LOPES DO REGO), considerou-se que a indemnização devida pelos danos não patrimoniais sofridos pelo excesso de ruído no interior do próprio estabelecimento, audível no interior da residência dos lesados, no período de repouso noturno, incluía, como *concausa*, o excesso de ruído proveniente do comportamentos de utentes no exterior do estabelecimento.

[1023] ANA PRATA (COORD.), *Código Civil Anotado*, I, 723.

ou (*iii*) à agressão física que deixou o lesado inconsciente numa altercação no trânsito. Caso a criança agrida o seu amigo na sua festa de aniversário, são causas complementares do dano tanto a conduta da criança (ainda que se possa presumir inimputável, 488.º/2), como a conduta omissiva dos pais que não evitaram a produção deste tipo de danos (491.º).

O critério de apreciação implica também um juízo de prognose *objetivo.*

Por exemplo, não é relevante a invocação do depositário de que desconhecia que a coisa confiada seria furtada no dia em que a abandonou, ou da enfermeira da existência de outras doses de veneno (administradas anteriormente, em simultâneo, ou posteriormente) que vieram a provocar a morte do lesado. As condutas do depositário e da enfermeira são *causa* do dano considerado, respetivamente.

Porém, tal como visto em sede do nexo fundamentador, o conhecimento especial do agente também interfere nesta vertente, de conexão da sua atuação como os atos de terceiro ou fatores externos, em sentido transformativo da eventual causa única excludente de responsabilidade, para uma policausalidade de tipo *subsequente.*

iii. Na *concorrência coincidente*, o dano produz-se, segundo ANTUNES VARELA, numa zona simultaneamente coberta pela sanção contra o facto ilícito de uma pessoa e pelo risco a cargo de uma outra. Neste caso, existem títulos omissivos puros associados à responsabilidade pelo risco, a qual assenta sobre um facto natural, de terceiro ou do próprio lesado[1024], e nunca sobre um do responsável, o qual não o provoca *culposamente.*

Em caso de acidente de viação por culpa de terceiro que lesione o trabalhador, é causa exclusiva do dano o comportamento do terceiro, embora fundamente concomitantemente a responsabilidade pelo risco da entidade empregadora. Noutro exemplo, o devedor é responsável obrigacionalmente perante o credor pelo ato pelo seu representante legal (800.º/1).

[1024] ANTUNES VARELA, ob. cit., 636, 923.

iv. A *concorrência cumulativa* ocorre perante a intervenção de várias causas na produção do resultado, tal como sucede na concorrência complementar, embora qualquer uma seja apta a produzir *isoladamente* o resultado danoso. Por este motivo, a concorrência cumulativa é por vezes designada de casualidade dupla (*Doppelkausalität*) ou *concorrência alternativa real.*

> São causas cumulativas o atropelamento e o disparo, num caso de atropelamento mortal do lesado que se encontrava mortalmente ferido por terceiro, bem como a administração de duas doses mortais de veneno à vítima.

IX. O concurso real não afasta, nas várias vertentes que contempla, a relevância individual de cada causa para o apuramento da responsabilidade, independentemente da modalidade em apreço.A causalidade complementar, subsequente, coincidente ou cumulativa de responsabilidade, quando reportada a vários agentes, obriga todos os envolvidos a reparar os danos causados, no âmbito das responsabilidades subjetivas[1025]. Por outro lado, esta concorrência real, derivada de plurisubjectividade (incluindo a conduta do lesado e de terceiro) ou de fatores externos à conduta de qualquer agente, pode também fundar a responsabilidade objetiva de um terceiro.

Perante o lesado, cumpre apenas determinar a regra de repartição de responsabilidade perante a *concorrência real de causas* atribuível a vários agentes.

[1025] ANTUNES VARELA, ob. cit., 923. A principal dificuldade radica na causalidade cumulativa, uma vez que qualquer causa é apta a produzir por si o resultado; deixa, nesta medida de ser *c.s.q.n.* do resultado danoso. Ainda assim, a generalidade da doutrina qualifica esta atividade como causa do dano, numa manifesta inflexão daquele entendimento, necessária em todo o caso; cf., com referências, PAULO MOTA PINTO, *Sobre condição e causa na responsabilidade civil*, 723 (nota 8).
A solução apontada no texto acompanha, de resto, o entendimento comunitário de não isenção das responsabilidades instituídas por factos de terceiros, de que é bom exemplo a do produtor (cfr. art. 7.º/2 do Decreto-Lei n.º 383/89, de 6 de novembro, na sua redação atual, bem como nos termos do art. 8.º da Diretiva que transpõe. Cf., CALVÃO DA SILVA, *A responsabilidade*, 734-736; MARIA GRAÇA TRIGO, *Responsabilidade civil*, 112).
Por outro lado, e no contexto atomístico da responsabilidade obrigacional do mesmo agente, é natural a coexistência de um conjunto de «causas de inexecução», às quais surge associado um regime distinto. Aqui, a tutela do dever de prestar justificou a criação de um conjunto de mecanismos alternativos ou por acréscimo ao dever de indemnizar (*v.g.*, a faculdade de resolução do contrato ou da recusa do seu cumprimento, 801.º/2, 428.º). Como nos dá nota CATARINA MONTEIRO PIRES, este concurso de «causas de inexecução» é usual nos contratos pluriprestacionais e prolongados, sem ser possível subtê-las a um único regime (*Direito das Obrigações em tempos de calamidade. Reflexões durante um ano de pandemia*, Almeida: Coimbra, 2021, 69).

a. [*âmbito delitual*] O regime é o de *solidariedade* na via delitual (497.º/1)[1026]. Este preceito não se restringe à causalidade no contexto da responsabilidade subjetiva, abrangendo os responsáveis pelo dano na vertente objetiva ou pelo risco a título extraobrigacional[1027]. A nível interno, na responsabilidade delitual, a repartição da responsabilidade entre os responsáveis é feita na medida da respetiva culpa (cfr. 497.º/2, 506.º, 507.º/2).

O artigo 497.º é o preceito modelar do nexo *delimitador* de responsabilidade no âmbito delitual. Determina a solidariedade de vários agentes por um único critério: a responsabilidade «pelos [mesmos] danos», ainda que esta derive de *vários atos ilícitos* (leia-se, de *várias causas*)[1028]. Em suma, o *dano comum* à atuação de vários agentes é a *ratio* da respetiva *solidariedade*. Por outro lado, a comunhão do dano advém, concretizando aquele fator de comunhão, de as atuações se situarem no âmbito do mesmo evento determinante de responsabilidade. Solucionam-se, por este critério, as dificuldades suscitadas em particular pela concorrência cumulativa, dado o afastamento do critério que preside à *c.s.q.n.*: qualquer causa é apta à produção do resultado, pelo que nenhuma se afigura determinante no processo causal. Aliás, os casos enunciados por Paulo Mota Pinto como de *complementaridade* e *sobre-determinação causal* (será o caso, no exemplo do A., das decisões colegiais que superem a maioria necessária, especificamente «se quatro pessoas apoiam determinada deliberação, quando teria sido suficiente o voto de três delas»[1029]) também se reconduzem à regra enunciada no art. 497.º, *i.e.*, se a concorrência causal *total* responsabiliza todos os agentes, o mesmo sucede a título a *parcial*, por maioria de razão. Note-se que estamos no âmbito de concorrência de causas objetivas, ou seja, causas que se manifestaram, ou foram operantes na verificação ou agravamento do dano manifestado; caso contrário, seriam meramente (alternativas) virtuais, como veremos.

[1026] Paulo Mota Pinto, *Interesse*, 562 (nota 1858). No mesmo sentido, apelando a um «concurso necessário de causas, com unicidade de acto ilícito», v. o ac. TRP, de 21-Fev-2018 (Vieira e Cunha). Por outro lado, num caso em que se apurava a responsabilidade pela publicação de uma mesma notícia lesiva, por vários jornalistas, considerou-se que, perante este *concurso real de causas*, qualquer um dos responsáveis é obrigado a reparar todo o dano, cf. TRL, de 17-Set-2009 (Ezagüy Martins).

[1027] Pires de Lima e Antunes Varela, *Código Civil Anotado*, I, 502.

[1028] Neste âmbito, diverge da hipótese prevista no art. 490.º, restrita à comparticipação no mesmo ato ilícito; Pessoa Jorge, *Ensaio*, 151.

[1029] Paulo Mota Pinto, *Interesse*, 562 (nota 1858) e *Sobre condição e causa na responsabilidade civil*, 723 (nota 8).

b. [*âmbito obrigacional e entre ambas as modalidades*] Não existe semelhante previsão legal no que respeita à concorrência de causas do prejuízo em sede obrigacional, nem perante o concurso destas modalidades (ou seja, de causas distintas reportadas simultaneamente à vertente delitual e obrigacional). Nega-se, assim, a faculdade de exercício do direito de regresso (tal como sucede nos termos do artigo 497.º/2). Sumariamente, a responsabilidade, neste último caso, é *disjunta*, tendo por base o respetivo título de imputação, sem prejuízo da impossibilidade de tutela do prejuízo comum, a qual consubstanciaria uma dupla indemnização inadmissível. Retomaremos este aspeto posteriormente em maior detalhe.[1030]

2.4. Causalidade virtual na concorrência de causas

X. A causalidade virtual reporta-se ao processo causal no qual existe uma causa *potencial* alternativa à produção do mesmo evento *lesivo*, tal como efetivamente foi produzido pela causa *operante* ou *real*[1031]. Aquela causa tem natureza *virtual*, porquanto não se manifestou, nem foi operante na verificação ou agravamento do dano manifestado[1032]. Esta figura integra-se no nexo delimitador de responsabilidade.

[1030] Cfr., *infra*, § 18; 2.2. Para LARENZ/CANARIS, *Schuldrecht*, II, BT,1, § 82, II, 583, o preceito paralelo (§ 840 BGB) que consagra a responsabilidade solidária das várias pessoas responsáveis pelos danos resultantes de um ato ilícito tem *mero valor declarativo* (*nur klarstellenden Charakter*) e não se reduz ao espetro delitual, abrangendo o concurso desta via com a obrigacional ou outras combinações, designadamente com fundamento em responsabilidade objetiva ou pelo sacrifício.

[1031] A causa virtual é especialmente relevante no âmbito do cálculo da indemnização, o qual toma por referência a situação hipotética do lesado. Por facilidade expositiva e de ordenação dos conteúdos, debruçamo-nos sobre o instituto no contexto do nexo causal. Sobre o instituto, como obras de referência, v. MARTIN GEBAUER, *Hpothetische Kauslatität und Haftungsgrund* (2007); ERNST VON CAEMMERER, *Das Problem der überholenden Kausalität* (1962); *Gesammelter Schriften I, Rechtsvergleichung und Schuldrecht* (1968); e HERMANN LANGE, *Zum problem der uberholenden Kausalitat*, AcP 152 (1952). Com referências atualizadas, v. MENEZES CORDEIRO, em *Tratado*, VIII, 740-746.

[1032] Nesta medida, a causalidade virtual pressupõe a *identificação* da causa operante. A dificuldade de determinação da qualidade da causa, neste âmbito, reduz-se a uma questão probatória, cujos critérios não permitem fundamentar, no âmbito civil, o título de imputação de danos (342.º/1). Em caso de desconhecimento *absoluto* do autor da causa *real* (*v.g.*, quando se desconhece quem administrou a dose letal do veneno, tendo sido ambas administradas), a matéria probatória impede a formação do título de imputação de danos, contrariamente ao que sucede ao abrigo do disposto no § 830 (1), segunda parte, BGB, e tal como tem sido entendido pela jurisprudência francesa. Neste sentido, à luz do entendimento oitocentista, com base no artigo 2372.º do Código de Seabra, veja-se o apelo de CUNHA GONÇALVES às *responsabilidades complexas*, em *Tratado*, XII, 496-503

> É o caso do agente B ao atropelar o cadáver de A, que havia falecido momentos antes pelo tiro disparado por C. O atropelamento é uma *causa virtual* à produção do dano morte, o qual foi produzido pelo disparo (*causal real* ou *operante*), porquanto não contribuiu para a produção deste resultado lesivo, embora tenha manifesta aptidão *alternativa* e *potencial* para o fazer.

Note-se também que a causalidade virtual é assumida numa vertente *alternativa*, uma vez que se reporta ao *mesmo* dano provocado pela causa real. A identidade subjacente à alternatividade mencionada abrange, para além do *tipo* de dano, a *forma* da lesão, bem como todos os demais fatores que contribuam materialmente para o apuramento da tutela indemnizatória do lesado. Nesta medida, afirma-se que aquela *identidade* de lesão importa a paridade do *dano em concreto*, tal como se verificou[1033], bem como do respetivo cômputo. A existência de uma causa virtual à produção de um dano *abstratamente* idêntico, mas não igual em concreto, não isenta ou atenua a responsabilidade do agente a quem for atribuída a causa real da sua produção[1034]. É que, perdendo-se a identidade do dano, a causa virtual *deixa de o ser*: reveste, ao invés, a natureza de *causa real* dos danos potenciais que se são exclusivamente reportados[1035]. A quebra de identidade implica, nesta medida, a inexistência

e Pereira Coelho, *O Problema Da Causalidade Virtual*, 9 (nota 5). Este entendimento foi seguido por Vaz Serra, *Responsabilidade contratual e extracontratual*, 130; Antunes Varela, *Direito das Obrigações*, I, 923 (nota 1); Menezes Cordeiro, *Direito das Obrigações*, II, 416–417 e 419 (nota 260) e *Tratado*,VIII, 740. Contra, responsabilizando os agentes envolvidos, v. Mafalda Miranda Barbosa, *Lições*, 277; Calvão da Silva, *Responsabilidade civil do produtor*, 579-587 – sufragado por Paulo Mota Pinto, *Interesse*, 564 (nota 1859) e *Sobre condição e causa na responsabilidade civil*, 725 (nota 8) –; e, inclinando-se para esta decisão, Carneiro da Frada, *Responsabilidade civil*, 107. Também é o entendimento, segundo nos parece, de Santos Júnior, em *Responsabilidade Civil*, 243 (nota 806), baseado na doutrina francesa (cf., ainda, Hassen Aberkane, *Du dommage causé par une personne indéterminée dans un group déterminé de personnes*, RTDC, tomo 56, 1958, 516 e ss.). Demonstra também o entendimento mais recente do Direito Europeu (art. 3:103 PETL; cf. a anot. de Gabriela Páris Fernandes ao art. 497.º, em *Comentário ao Código Civil*, 369). Cumpriria, no entanto, aos defensores deste entendimento, os quais admitem responsabilizar todos os agentes, explorar a relevância de uma causa de justificação, de ausência de culpa ou da culpa do *lesado*, ainda que reportada apenas a um dos agentes, desta vez para efeitos da *exclusão* da responsabilidade de todos; sob esta opinião, maioritária além-Reno, v., por todos, Larenz/Canaris, *Schuldrecht*, II, 1, § 82, II, 576-577.

1033 Galvão Telles, *Direito das Obrigações*, 419; Antunes Varela, *Das Obrigações*, I, 927.

1034 Antunes Varela, *Das obrigações*, I, 927.

1035 Almeida Costa, *Direito das Obrigações*, 768; Antunes Varela, *Das Obrigações*, I, 928; Galvão Telles, *Direito das Obrigações*, 415.

daquela necessária *alternatividade* previamente mencionada. O critério delimitador da identidade dos danos é de difícil recorte, dada a impossibilidade naturalística de paridade entre os fenómenos do dano causado virtualmente e aquele efetivamente produzido. Atendendo à possibilidade da causa virtual, além de produzir o dano em *simultâneo* face à causa real, *antecipar* ou *diferir* a verificação do evento danoso, a *identidade* deve-se procurar entre as esferas jurídicas em causa (*i.e.*, pelo menos visando o mesmo lesado), o mesmo tipo de dano (quando real) e a mesma forma de lesão, ou uma combinação destes critérios.

> A responsabilidade de A que agride B não é excluída por, momentos depois, C ter empurrado B (dano diferente, embora do mesmo tipo), D ter agredido de forma idêntica B (dano do mesmo tipo, mas não reportado ao mesmo evento) ou E ter atingido letalmente B (dano do mesmo tipo, embora de cômputo superior)[1036]. Para efeitos da identidade do dano, no exemplo de ANTUNES VARELA, no caso do animal envenenado por A e posteriormente abatido por B, A responde pela diminuição patrimonial do animal decorrente do envenenamento à data do abate, e B pelo valor remanescente do animal. Contribui, nesta medida, todo o circunstancialismo que influi na medida da obrigação de indemnizar e que obriga à quebra da identidade mencionada, tal como a existência de uma causa de exclusão da ilicitude ou de desculpa, a culpa do lesado e a cobertura de contrato de seguro[1037]; enquanto fatores referentes assimetricamente a cada uma das causas.

XI. A alternatividade da causalidade virtual abrange, por outro lado, uma necessária autonomia perante a causa real, considerado o respetivo processo causal. A consideração autónoma da causa virtual carece da demonstração da sua *potencialidade*. Nesta medida, a causa virtual pode decorrer de um facto *real*, ou de um facto meramente *hipotético* à provocação do mesmo resultado[1038]. Por outro lado, em termos empíricos, a causa virtual pode estar

[1036] O problema assume particular importância nas situações anteriormente explanadas, de consumpção do dano, na qual não releva o facto de a causa virtual derivar de conduta de terceiro ou de facto acidental, v. ANTUNES VARELA, *Das Obrigações*, I, 936 (nota 2).

[1037] V. MANUEL DE ANDRADE, *Teoria Geral das Obrigações*, 355-363; ANTUNES VARELA, *Das Obrigações*, I, 929 (nota 4).

[1038] ANTUNES VARELA, *Das obrigações*, I, 924. O A. exemplifica com a (ir)relevância da eventual deliberação do lesado em destruir a coisa que foi ilicitamente destruída pelo autor real.

associada a um processo causal que não se encontra em curso quando opera a causa real ou que não virá mesmo a ocorrer[1039] – este último caso corresponde às situações em que a causa virtual decorre de um facto meramente hipotético. A relevância da causalidade virtual neste último caso é, aliás, de difícil verificação: estamos no âmbito de um processo causal sedimentado em múltiplos graus de suposição, *i.e.*, numa conduta não praticada ou, pelo menos, por um dano naturalisticamente não produzido, no âmbito de um processo causal *inexistente* que se considera, assim, finalisticamente orientado à produção do mesmo prejuízo.

Próximo da figura da causa virtual decorrente de factos *virtuais* ou hipotéticos, assume-se a irrelevância da causa virtual *decorrente* da causa real[1040]. Se a causa virtual depende da existência da causa real, ela não sobrevive por si. Não é, desta forma, apta a isoladamente provocar o dano, pelo que não se pode qualificar como *virtualmente alternativa à causa real* para produzi-lo.

> B alega não ser responsável pelos danos culposamente produzidos na viatura de A (causa real), afirmando que o lesado enviou o carro para abate (causa virtual). Demonstra-se que o lesado apenas enviou o carro para abate dada a dificuldade da reparação dos danos que o veículo apresentava na sequência do acidente.

Não se deve, contudo, confundir a causa virtual *cuja existência decorre da causalidade real*, da sua aptidão para produzir danos *apenas quando somada com a causa real* ou que *simplesmente produzam o dano por soma de esforços*. Por fim, como aponta Galvão Telles, pode o processo causal iniciado pela causa real ser interrompido (em termos de adequação) por uma nova causa: promove-se uma *interrupção* do nexo causal, como vimos, termos pelos quais a causa inicial pode servir de causa virtual à produção do dano, se ainda manifestar essa aptidão[1041].

[1039] Antunes Varela, ob. cit., 925 (nota 1).

[1040] Por este motivo, Galvão Telles apelava a uma causa *conjetural* ou *hipotética*, em *Direito das Obrigações*, 411. No sentido do texto, v. Antunes Varela, *Das obrigações*, I, 928.

[1041] Galvão Telles, *Direito das Obrigações*, 413. O exemplo do A. é esclarecedor, «A é atingido por dois tiros, qualquer deles mortal, um disparado por B outro por C. Suponhamos que disparou primeiro B; mas que foi o subsequente tiro de C que matou. A agressão de B, como facto suscetível de conduzir à morte de A, perdeu essa sua efectiva força causal, volvendo-se em simples causa *hipotética*, mercê da *interrupção* operada pela agressão de C.» (*idem*, 414).

XII. A relevância da causa virtualmente *alternativa* à produção do dano, provocado *empirica* e normativamente por outra (causa real) ou outras, pode ser enquadrada em duas vertentes, quando decorra da atuação de terceiro (incluindo o lesado) ou de um fator que fundamente a respetiva responsabilidade (como ocorre na vertente *objetiva* ou pelo *risco* das modalidades consideradas, não baseada na conduta do responsável), a saber:

i. *vertente positiva*, perante a possibilidade de se responsabilizar o autor da causa virtual, pelo dano comum à causa *real*[1042]; e
ii. *vertente negativa*, pela possibilidade de se isentar ou atenuar a responsabilidade do autor da causa *real*, dada a existência de uma causa *virtual* apta a produzir o mesmo dano.

i. Em primeiro lugar, a relevância *positiva* da causa virtual aproxima-se[1043] da responsabilidade civil pela *tentativa*[1044], particularmente quando o processo causal está em curso, ainda que se admita, como vimos, inexistir qualquer dano processado individualmente pela sua conduta – e nos casos de causalidade virtual subsequente, de *tentativa impossível*. Este entendimento pressupõe, por outro lado, uma função maioritariamente punitiva à responsabilidade civil e rompe com o critério que preside ao apuramento do nexo de causalidade entre o facto e o dano (delimitador), o qual obedece a um critério normativo, é certo, mas baseado na demonstração empírica de uma causalidade *ontológica* mínima (*s.n.q.n*), a qual não ocorre[1045].

[1042] ANTUNES VARELA indica que a relevância positiva apenas ocorre, quando a causa virtual procede de facto de terceiro (ob. cit., 924). Todavia, é manifesta a possibilidade de um fator natural importar a responsabilidade pelo risco e de, desta forma, se questionar se aquela causa virtual sustenta, pela positiva, a responsabilidade objetiva do agente. Por outro lado, GALVÃO TELLES apela à possibilidade da existência de corresponsáveis quando a causa virtual procede de facto de terceiro, com relevância simultaneamente positiva (responsabilizando o coautor da causa virtual) e negativa (atenuando a responsabilidade do coautor pela causa real, repartindo a respetiva responsabilidade), em *Direito das Obrigações*, 416 (nota 1).

[1043] Tal como afirma ANTUNES VARELA, nem sempre se pode afirmar que este agente *violou bens juridicamente protegidos*. Por outro lado, prossegue o A., nem sempre o facto real constitui um facto ilícito ou a violação inexiste, quando se baseia numa causa virtual decorrente de um facto hipotético; ob. cit., 930 (nota 3).

[1044] Note-se que, à *conduta do próprio lesado*, não detém uma relevância positiva nesta sede, enquanto causa virtual ao dano que sofra, porquanto este não pode assumir simultaneamente o papel de responsável e de lesado, sob pena de *confusão*, como vimos anteriormente; *maxime*, § 9; 1.

[1045] Identifica ser um problema essencialmente de nexo de causalidade ANTUNES VARELA, *Das Obrigações*, I, 926. Note-se que a virtualidade da causa, mais do que a produção ou agravamento

Nesta medida, é maioritário, entre nós, o apelo à irrelevância *positiva* da causalidade virtual[1046].

ii. Em segundo lugar, a vertente *negativa* da causalidade virtual detém relevância manifestamente excecional no nosso ordenamento jurídico, mediante previsões específicas dessa natureza, atendendo principalmente à função reparadora da responsabilidade civil[1047], não sendo admitida a respetiva aplicação analógica (11.º).

> Na modalidade delitual, a causal virtual negativa importa enquanto forma de mitigação (*i*) do peso da *presunção de culpa*, nos casos previstos nos artigos 491.º, 492.º/1 e 493.º/1 e 2[1048] e (*ii*) do agravamento da respon-

do dano, pode reporta-se ao processo causal, também em si hipotético, razão que agrava a natureza conjetural da vertente positiva da causalidade virtual.

1046 Pereira Coelho, *O problema da causa virtual*, 41-47 (nota 41); Menezes Cordeiro, *Tratado*, VIII, 542; Almeida Costa, *Direito das Obrigações*, 768; Antunes Varela, *Das obrigações, I*, 926; Santos Júnior, *Direito das Obrigações*, I, 351; Galvão Telles, *Direito das Obrigações*, 413; Menezes Leitão, *Direito das Obrigações*, I, 363. O último A. menciona o caso em que não existe um responsável pela causa real (*v.g.*, causa de natureza fortuita), sendo esta relevância positiva o último reduto para a existência de um título de imputação de danos, embora conclua pela inexistência de responsabilidade civil (*ibidem*).

1047 Ribeiro de Faria, *Direito das Obrigações*, 455; Pires de Lima e Antunes Varela, *Código Civil Anotado*, I, 584; e Antunes Varela, *Das obrigações*, I, 926. O A. invoca as previsões também excecionais previstas no Código Civil de 1867, nomeadamente nos artigos 496.º e 1731.º, respeitantes à responsabilidade do possuidor de má fé pelos danos acidentais e à responsabilidade do gestor relativa aos danos também acidentais, contra a vontade declarada do *dominus*, respetivamente. Em ambos os casos o agente poderia isentar-se de responsabilidade caso demonstrasse que os danos se teriam igualmente verificado, removendo-se a ilicitude do seu comportamento, *i.e.*, caso a coisa estivesse na posse do titular ou que os danos tivessem ocorrido na ausência da gestão.
Em sentido idêntico, apelando a uma relevância excecional da causalidade virtual negativa, v. Galvão Telles, *Direito das Obrigações*, 392-393 (nota 1), 418 e 422 – A. que apela, em igual medida e para o mesmo efeito, à lógica de risco na vertente objetiva da responsabilidade (*ubi commoda ibi incommoda*); *idem*, 418. Naquele sentido global, Almeida Costa, *Direito das Obrigações*, 769; Menezes Cordeiro, *Direito das Obrigações*, II, 420; Santos Júnior, *Direito das Obrigações*, I, 352; Menezes Leitão, *Direito das Obrigações, I*, 364. Contra, Manuel de Andrade, *Teoria Geral das Obrigações*, 361-362. Também, Pessoa Jorge, *Ensaio*, 416 – o Autor apela, entre outros argumentos, à (*i*) à *ratio legis* da previsão excecional de presunção de culpa delitual e da correspondente relevância da causalidade virtual (491.º a 493.º), a qual se deveria estender pelo menos a toda a responsabilidade obrigacional, também com culpa presumida, e, por fim (*ii*), socorrendo-se de um argumento de maioria de razão, perante o disposto no artigo 807.º/2, pelo menos nos demais casos em que o devedor suporta o risco de não cumprimento (*idem*, 418).

1048 Para Menezes Cordeiro a faculdade sedimenta-se também nas dificuldades de prova para o afastamento da sua responsabilidade; *Tratado*, VIII, 588. Invocamos aquele que é o entendimento maioritário. Estamos em crer de que se trata, ao invés, da relevância do *comportamento lícito*

> sabilidade do adquirente de má fé, no caso previsto no n.º 2 do artigo 616.º. No âmbito obrigacional, a causalidade virtual é causa de exclusão da responsabilidade do devedor em mora, no cumprimento da obrigação de prestação de coisa (807.º/2) ou da responsabilidade do comodatário (1136.º/2), de forma a compensar o agravamento da responsabilidade inerente[1049]: em todos estes casos[1050], o Código Civil atual prevê que o agente se pode isentar de responsabilidade, invocando que os danos se teriam igualmente processado por uma causa virtual.

Por outro lado, são vários os Autores que restringem a aplicação deste instituto em caso de *dolo* do agente[1051].

A relevância da causalidade virtual, restrita à vertente negativa nos casos mencionados[1052], convoca a necessidade de determinar, quer o limite (*i*) temporal de relevância da causa virtual a considerar, quer (*ii*) o dos danos.

> *i.* Na causalidade virtual, perante a causa que produziria sucessivamente o mesmo resultado danoso, releva apenas aquela que surja até

alternativo; neste sentido; v., Rui Ataíde, *Responsabilidade civil*, 471 e, numa investigação de salutar, Dina Freitas Teixeira, *A relevância negativa do comportamento lícito alternativo na responsabilidade civil delitual – recorte do âmbito normativo dos artigos 491.º, 492.º e 493.º do Código Civil*, Revista de direito civil, Ano 6, n.º 1 (2021), 205-230.

[1049] Galvão Telles, *Direito das Obrigações*, 420; e Almeida Costa, *Direito das Obrigações*, 770.

[1050] Veja-se também a responsabilidade do comodatário que aplique a coisa a fim diverso daquele a que a coisa se destina ou haja consentido que terceiro a use sem para isso estar autorizado (1136.º/2).

[1051] Cf., por todos, Antunes Varela, *Das obrigações*, I, 935, o qual afirma que atribuir relevância à causa virtual negativa, em caso de dolo do agente, «colidiria francamente com o espírito da disciplina da responsabilidade civil» (*ibidem*).

[1052] Em sentido contrário, para Antunes Varela, a causalidade virtual não poderá isentar o lesante de responsabilidade, salvo previsão expressa, embora possa ser atendida em dois momentos, nomeadamente para o cálculo do lucro cessante, bem como na adaptação da indemnização fixada sob a forma de renda às circunstâncias que vão sendo conhecidas pelos interessados; ob. cit., 936. Cumpre aderir a este entendimento. Existem, aliás, previsões que convocam o apelo à relevância negativa da causa virtual no apuramento da responsabilidade do agente, tal como sucede na responsabilidade do autor da destruição ou do dano que atuou em estado de necessidade (339.º/1), na qual, no cômputo da indemnização devida, deve ser descontado o valor do dano que se pretendeu remover, *a priori* manifestamente superior, cfr. n.º 1, quer este, a final, o tenha sido, quer não. Neste último caso, em que o agente provoca um dano superior ao que pretendia remover, o dano hipotético de valor inferior, o qual ocorreria de forma virtualmente alternativa ao real, funciona como *atenuante* da responsabilidade do agente; Paulo Mota Pinto apela neste caso (*i.e.*, quando a vantagem é um *damnum cessans*), em alternativa, à aplicação da figura da *compensatio lucri cum damno* (*Interesse*, 605 e respetiva nota 2001). Contra, Mafalda Miranda Barbosa, *Lições*, 378-379.

ao momento da *sentença judicial* que condene o agente da causa real[1053]. Embora o problema não se coloque perante a causa virtualmente *coincidente* com a real, a solução alcança outros contornos, quando a causa virtual seja anterior ou posterior à *real*. Será, por exemplo, o caso de A que destrói culposamente a viatura de B, mas pretende isentar-se de responsabilidade, invocando que a viatura seria igualmente destruída, embora (*i*) em *momento anterior*, porquanto ocorreu um incêndio na garagem de B, entre a data do furto e em que o automóvel se destruiu ou (*ii*) invocando que seria destruída *posteriormente*, por um incêndio que ocorreu na garagem onde o A havia guardado o veículo, após cometer o crime. A relevância desta última hipótese é afastada nas causas hipotéticas, uma vez que o tribunal não pode conhecer os danos futuros derivados de uma causa não real (564.º/2).

Retomando a hipótese de antecipação dos danos, deve-se negar a sua relevância nesta sede, porquanto esta depende de se considerar como causa virtual aquela que produziria o mesmo prejuízo em momento *anterior* à causa real; num exemplo claro, sendo um sujeito raptado e agredido (causa real), invocar-se-ia que este sofreria lesões idênticas *em momento anterior* pelo desmoronamento do teto do quarto onde se encontrava, e permaneceria acamado; a título, portanto, de *causa virtual anterior*. Este entendimento não convence e os resultados a que conduziria são francamente absurdos.

Como visto, para além da determinação do *momento* relevante para a verificação da *causa virtual*, o próprio momento em que se aprecia a causa virtual apresenta uma pequena particularidade. Resumidamente, a referência reconduz-se ao momento em que se processa o dano para avaliar a situação hipotética no cômputo da obrigação de indemnização pecuniária[1054]. Este momento (em que o dano ocorre) serve (*i*) a causa virtual posterior, a qual consome o dano anterior provocado pela causa real (*v.g.*, no exemplo de Antunes Varela, o carro danificado por terceiro, o qual vem ser destruído no próprio dia por um incêndio provocado por uma trovoada), mas não (*ii*) quando a causa virtual ocorreria em simultâneo à causa real ou (*iii*) em momento anterior, antecipando-a. Se o caso (*ii*) não apresenta problemas de maior, pela manifesta alternatividade, a hipótese (*iii*) deve ser desconsiderada neste campo, sob pena de se isentar o agente

[1053] Antunes Varela, *Das obrigações*, I, 935.

[1054] Neste sentido, Antunes Varela, ob. cit., 935-936 (nota 2).

de responsabilidade por cenários ideais e hipotéticos. Note-se que os casos (*i*) e (*iii*) impõem uma antecipação do resultado danoso ou uma dilação, respetivamente, podendo interferir de forma ilegítima no processo casual, e ser, nessa eventualidade, censuráveis[1055]. No segundo caso, (*ii*) o critério dificulta-se dada a equiparação da situação hipotética à real, cujo dano se produziria em momento idêntico ao da causa real. Neste caso, por apelo a uma função punitiva da responsabilidade civil ou à inexistência de situações idênticas no plano empírico, responsabiliza-se também o agente que causou *realmente* o dano[1056]. Aliás, como aponta MENEZES CORDEIRO, o presente problema de causalidade virtual releva no cômputo da indemnização, e não no estabelecimento do nexo causal[1057].

ii. Por fim, cumpre determinar o tipo de danos enquadráveis em sede da causalidade virtual. É do maior interesse ressalvar a relevância da causalidade virtual, quer no lucro cessante (564.º/1)[1058], quer nos danos futuros (564.º/2). Em particular, alguns Autores apontam a *previsibilidade* como critério fundamentador dos lucros cessantes, no âmbito da responsabilidade obrigacional, contrariamente à vertente delitual, quando se tutelam os danos imprevisíveis, ainda que desconhecidos pelo agente ou objetivamente irreconhecíveis[1059].

XIII. A evolução da teoria da adequação, no modelo da responsabilidade civil, conta, a par da teoria do fim da norma, com a modelação da *teoria do risco*[1060]. Esta teoria, de origem penalista, atribuída a CLAUX ROXIN[1061], ultrapassa o critério da adequação da conduta, apelando, a dois tempos, à *criação*

[1055] No caso (*i*) a interferência no processo casual acarreta a responsabilidade do agente que a provoca.

[1056] PEREIRA COELHO, *O problema da causa virtual*, 297.

[1057] MENEZES CORDEIRO, *Direito das Obrigações*, II, 423 e e em *Tratado*, VIII, 746.

[1058] Apelando ao interesse do problema em causa, ANTUNES VARELA, *Das obrigações*, I, 928-929.

[1059] Por todos, ANTUNES VARELA, *Das obrigações*, I, 896. A. que já não aplica a restrição em sede dos danos emergentes, *ibidem*. Com discutivelmente a mesma finalidade, o A. apelou, ainda, à relevância da causalidade virtual nas situações qualificadas de *casus mixtus*, descrevendo-as como os casos em que o «dano procede *diretamente* de caso fortuito ou de facto de terceiro, e só *indirectamente* do facto do responsável», bem como, e com especial relevância, os casos de responsabilidade objetiva; *Das Obrigações*, I, 932.

[1060] GALVÃO TELLES, *Direito das Obrigações*, 405.

[1061] *Strafrecht*, I, AT, § 11, 442 e ss. e, ainda, *Problemas fundamentais de Direito Penal*, Vega: Lisboa (1986), 145 e ss.; LUÍS GRECO, *Um Panorama da Teoria da Imputação Objectiva*, AAFDL: Lisboa (2003), 17 e ss.

do perigo pela conduta (criação ou aumento)[1062] e à sua materialização no *resultado ilícito*. A teoria pode ser importada para ambas as vertentes do nexo causal civil, particularmente a primeira, do nexo *fundamentador* de responsabilidade, mais próximo do nexo de *imputação objetiva penalista*. A teoria é erigida como o fundamento da (ir)responsabilidade do agente perante um processo causal atípico ou no caso de concorrência real cumulativa à lesão ou perigo de lesão[1063] (*i.e.*, embora a conduta do agente seja inadequada para individualmente produzir o resultado lesivo, incrementa o risco proibido do resultado que se verifica em cumulação com outras causas). Fornece, por outro lado, o critério-chave para a qualificação dos comportamentos ambivalentes, se omissivos ou por ação (omissão por ação). Numa articulação necessária entre a teoria da causalidade adequada e o fim da proteção da norma[1064], adere-se à teoria do risco para a modelação do presente requisito[1065], atendendo ainda às particulares diferenças existentes entre as modalidades de responsabilidade[1066]; teoria cujas especificidades justificam uma investigação autónoma, a qual extravasa a economia da presente investigação.

XIV. Em suma, o nexo causal, na sua bivalência funcional fundamentadora e delimitadora de responsabilidade, forma com os demais requisitos (evento determinante, ilicitude e culpa) o título de imputação (de danos). Cumpre, finalmente, determinar o objeto do título de imputação, *i.e.*, o *prejuízo indemnizável*.

1062 Rui Ataíde, *Causalidade e Imputação Objetiva*, 200 e Mafalda Miranda Barbosa, *Lições*, 270.

1063 Rui Ataíde, *Causalidade e Imputação Objetiva*, 225.

1064 Rui Ataíde, *Causalidade e Imputação Objetiva*, 201 e ss.

1065 Sendo um requisito que conta com os contributos de todas as teorias enunciadas. V. Rui Ataíde, *Causalidade e Imputação Objetiva*, 200. Segundo o A., «[d]este modo, e em primeira linha, afigura-se que o processo de imputação se baseia, essencialmente, no princípio do risco, combinado com a ideia de adequação, devendo os seus resultados ser sindicados, sempre que possível, pela teoria do escopo da norma, embora em determinados "casos-limite", a valoração do evento ilícito como obra do agente/omitente possa dispensar um ou outro destes critérios» (*idem*, 201).

1066 Em particular, Rui Ataíde destaca, priorizando a teoria do risco, as formas de lesão: «[n]o domínio delimitado por agressões de direitos subjetivos [...] o resultado lesivo será imputado ao agente, caso a respetiva conduta tenha sido adequada a criar um risco de lesão do bem jurídico que veio a concretizar-se no evento proibido (em *Causalidade e Imputação Objetiva*, 218). Perante a responsabilidade por omissão, o A. estabelece o nexo causal, quando o cumprimento do dever de agir diminua o perigo de produção do resultado (*ibidem*).

§ 11. O DANO NO CONCURSO DE RESPONSABILIDADES; CONCURSO DE DANOS E VERTENTES NA CONEXÃO COM O TÍTULO DE IMPUTAÇÃO

I. A responsabilidade civil destina-se a eliminar todos os prejuízos (*in integrum*) sofridos pelo lesado no âmbito das modalidades consideradas. Nesta medida, a indemnização conferida pelo título de imputação *cumula* todos os prejuízos apurados: o ressarcimento é *total*[1067]. Por outras palavras, *todos* os danos em concurso que reúnam fundamento suficiente para ser imputáveis por uma qualquer combinação entre as modalidades consideradas serão ressarcíveis. Existem, em todo o caso, restrições legais e convencionais, quer à tutela de certo tipo de danos, quer ao respetivo cômputo, as quais podem implicar uma desarticulação entre aquela finalidade, apelando a outras, nomeadamente uma de tipo punitivo. Por outro lado – sendo esta a mais importante exceção à regra de cumulação da tutela indemnizatória dos danos em concurso –, existe a proibição de *dupla indemnização*, em particular perante a tutela do mesmo dano considerado por ambas as vias em concurso[1068].

O dano, pressuposto comum a ambas as modalidades consideradas, reveste uma importância fundamental no âmbito do concurso em análise pela sua *independência face* ao primeiro pressuposto, a *imputação*. Exploremos em maior detalhe este ponto que se manifesta em três vertentes, designadamente: (*i*) *autonomia* quanto à qualificação da responsabilidade, (*ii*) a *assimetria* da tutela reconhecida e, por fim, (*iii*) a *supressão* do título concorrente pela satisfação do mesmo dano.

[1067] Além-Reno fala-se do princípio da reparação total (*Prinzip der Totalreparation*), com base no disposto no § 249 BGB; cf., por todos, Dirk Looschelders, *Schuldrecht*, § 43, II, 337. A propósito, confira-se também a forma de cálculo da indemnização devida, *infra*, § 12; 4.

[1068] Desenvolvidamente, *infra*, § 12; 5.3.

1. Autonomia qualificadora

I. Em primeiro lugar, o dano não detém uma aptidão individualizadora da modalidade de responsabilidade. O *prejuízo* existe independentemente da suficiência do título de imputação de danos e pode, claro está, ser suportado pelo próprio lesado.

Pode, por outro lado, estar formado um qualquer mecanismo de *imputação* (delitual ou obrigacional) – ou seja, aquele primeiro pressuposto concorrente ao dano, o qual conta com os demais requisitos anteriormente analisados, nomeadamente o facto, a ilicitude, a culpa e o nexo de causalidade – e inexistirem *prejuízos, danos* para se imputar. Caso em que também se nega a formação (note-se) de um título de (*i*) imputação de (*ii*) danos.

> Num exemplo, o automóvel de A é destruído em consequência de um maremoto (sem responsabilidade), de um acidente de viação provocado por culposamente por terceiro (responsabilidade delitual) ou pelo depositário (responsabilidade obrigacional, ainda que em concurso). Em todas as hipóteses anteriores, o dano é o mesmo, mas difere quanto à existência de tutela, bem como quanto à modalidade de título de imputação reconhecido ao lesado.
>
> Considere-se, ainda, o acidente provocado negligentemente pelo transportador de uma mercadoria, no qual a mesma é danificada[1069]. Neste caso, não se consegue determinar, por exemplo, o regime de *prescrição* aplicável à obrigação de indemnizar, considerando *exclusivamente* o dano sofrido (na mercadoria), já que este é potencialmente tutelado por ambos os títulos de imputação.

A autonomia do dano, embora não permita identificar a modalidade de responsabilidade a considerar, manifesta conexões com os demais requisitos do título de imputação. A título exemplificativo, é manifesta a ligação estabelecida entre o *evento* determinante de responsabilidade e a esfera jurídica onde se repercute o dano, permitindo[1070] identificar o *lesado*. A conexão entre o dano (a título da respetiva produção ou agravamento) e a culpa do lesado[1071]

[1069] O exemplo é de Dário Moura Vicente em *Direito Comparado*, II, 513.

[1070] A exceção reconduz-se aos *prejuízos reflexos*. Já nos pronunciamos sobre este conceito; cf. *supra*, § 6; 5.2.3., b).

[1071] Superando, nesta medida, o contributo causal para a lesão ou perigo de lesão do bem (*i.e.* a conexão entre a ilicitude e o dano), que originou o resultado danoso. V., *supra*, § 9; 1.

limita excecionalmente o montante indemnizatório (570.º/1). Por outro lado, o nexo de causalidade, apelando ao critério normativo da ilicitude[1072], permite *delimitar* o dano tutelável, interrompendo um casualismo natural que permitiria ao título de imputação abarcar sem limite *todos* os prejuízos sofridos pelo lesado (*ad infinitum*, portanto).

2. Assimetria de imputação de prejuízos; os danos *circa rem* e *extra rem*

I. As modalidades de responsabilidade consideradas têm aptidões diferentes para a tutela de danos. Quer isto dizer que nem *todos* os prejuízos são ressarcíveis ao abrigo de ambas as modalidades consideradas, criando, nesse espaço de divergência, uma *assimetria* indemnizatória quanto à tutela reconhecida ao lesado. Neste momento, cumpre identificar dois níveis de *limitação* quanto aos danos a tutelar (não sendo admissível, note-se, uma *exclusão* prévia[1073] total *da responsabilidade civil* em qualquer uma das modalidades[1074]), nomeadamente uma de tipo (*i*) *absoluto*, decorrente *em geral* da modalidade considerada, bem como (*ii*) *relativa*, quando reportada às vertentes ontológicas e normativas *particulares* do título de imputação em causa. Vejamos.

i. [*limitação absoluta inerente a cada modalidade*] A limitação *absoluta* implica uma exclusão antecipada da tutela de certo tipo de danos ou limitação a danos em concretos, independentemente da singularidade do título de imputação de danos ou da sua potencial aptidão para outro efeito. Almeja a modalidade considerada no seu todo (delitual ou obrigacional), sem atender às particularidades do caso.

> Num exemplo, a responsabilidade obrigacional não tutela *todos* os danos morais (496.º), como visto, nem a vertente delitual tem aptidão para a tutela do dano reportado ao *interesse contratual positivo*[1075],

1072 Por este motivo, Menezes Cordeiro apela à aferição do dano no plano da licitude objetiva, em *Tratado*, VIII, 512.

1073 Não existem reservas à renúncia do direito após se constituir na esfera jurídica do lesado. Neste sentido, quanto à análise do artigo 809.º, v. Pires de Lima e Antunes Varela, *Código Civil* Anotado, II, 72.

1074 Pinto Monteiro, *Cláusulas limitativas*, 391–439. Cfr., *supra*, § 9; 2 e, *infra*, § 12; 2.

1075 Por vezes reportado ao conceito de dano, apela-se ao dano de cumprimento (interesse positivo) e ao dano de confiança (interesse negativo). Relevante exclusivamente no âmbito da responsabilidade

de *cumprimento*. Em caso de perda do sinal ou de pagamento do dobro deste, não há lugar a qualquer outra indemnização que impute outros danos tuteláveis em sede obrigacional ou delitual, na ausência de estipulação em contrário (442.º/4).

Esta forma de exclusão absoluta decorre de previsão legal expressa (ainda que se admita uma convenção em contrário, como vimos); não sendo admissível, sublinha-se novamente, uma *exclusão total* convencional da responsabilidade obrigacional (809.º) ou delitual[1076].

ii. As exclusões *relativas* respeitam ao título de imputação em si, tendo em atenção a relação estabelecida entre respetivos requisitos. Por outras palavras, a aptidão *em abstrato* da modalidade delitual e obrigacional para tutelar de forma diferenciada certo tipo de dano não se confunde com a conexão que *em concreto* deve existir entre o dano identificado, que se admita ser genericamente tutelável no âmbito da modalidade considerada, e o título de imputação existente. Para o estabelecimento desta conexão, intervêm todos os requisitos inerentes à formação do título, como vimos, entre os quais se destaca (*i*) o próprio círculo de interesses subjacentes à ilicitude considerada, bem como (*ii*) o nexo causal *delimitador* de responsabilidade, estabelecendo a ligação entre o evento determinante de responsabilidade em causa (vulgo, *facto*) e este dano em concreto.

> Quando B, médico, furta a carteira do seu paciente, o respetivo comportamento não consubstancia uma ilicitude obrigacional (798.º), afastada a hiperextensão dos deveres acessórios de conduta[1077]. A sua responsabilidade é somente delitual, pese embora a aptidão daquela modalidade para ressarcir, em abstrato, este tipo de danos. Não existe neste exemplo um título de imputação obrigacional, mas somente um delitual que permite imputar este dano a B. Falta a ilicitude obrigacional,

obrigacional, o dano de cumprimento (*Erfüllungsinteresse*) reporta-se ao prejuízo sofrido pelo incumprimento negocial e traduz o valor equivalente à restauração da situação patrimonial do lesado, caso a obrigação houvesse sido cumprida. Por sua vez, o dano de confiança (*Vertrauensinteresse*) corresponde à diferença entre a situação atual e a patrimonial hipotética em que o lesado estaria caso não houvesse celebrado o contrato inválido ou definitivamente incumprido, quando a respetiva resolução tenha eficácia retroativa (801.º/2 e 434.º). Nesta medida, a distinção não se reporta ao tipo de dano, mas à forma do seu cômputo. A matéria será recuperada aquando da análise da obrigação de indemnizar; cf., *infra*, § 12; 4.

[1076] Cfr., *supra*, § 9; 2.

[1077] Cfr., *supra*, § 8; 2.2.3.

ou seja, o médico, ao furtar a carteira do seu paciente, não está a *faltar ao cumprimento* da sua obrigação (798.º), mas, tão somente, a cometer um delito (483.º/1). Por outro lado, se A é atropelado em consequência de um acidente de viação provocado culposamente por B, pode requerer a tutela dos danos não patrimoniais sofridos pelas mazelas físicas sofridas, mas não por aquelas causadas em consequência de uma bactéria hospital que contraiu durante o respetivo internamento. Embora o dano seja tipologicamente o mesmo em ambas as hipóteses, neste segundo caso, a tutela das mazelas resultantes da bactéria hospitalar não é imputável a B: falta o estabelecimento do nexo *delimitador* de responsabilidade.

II. Os prejuízos a considerar resultam do respetivo título de imputação (em concreto) e da respetiva aptidão legal ou convencional da modalidade considerada (em abstrato). Não se provoca uma inversão metodológica de considerar que o dano justifica o seu título de imputação, embora aquele mantenha manifesta primazia[1078]. A presente restrição permite apelar a uma nova terminologia que considere, em geral ou casuisticamente, os *danos que se reportem em exclusivo à modalidade delitual ou à obrigacional*, por oposição àqueles que sejam comuns: os *danos circa rem* e *extra rem*.

Pedro Romano Martinez propôs a distinção mencionada, no plano nacional, entre danos *circa* e *extra rem*[1079]. Analisando os danos emergentes do *cumprimento defeituoso*, em particular no âmbito da diferença entre o interesse no cumprimento e na manutenção, o A. diferencia os (*i*) danos pessoais sofridos pelo credor, sem dependência contratual, daqueles sofridos (*ii*) no restante património do *accipens* (ambos danos *extra rem*) ou (*iii*) no objeto da prestação (*circa rem*).

Presidem duas ideias fundamentais ao entendimento do ilustre Professor, com particular relevância no concurso de responsabilidade.

[1078] Cfr., *supra*, § 6; 5.1.

[1079] A análise subsequente tem por base a exposição do Autor em Pedro Romano Martinez, *Cumprimento Defeituoso*, 212–35. A terminologia é importada dos romanos, que a propuseram, como vimos; cf. a glossa de Baldo (*Cui respondebant B. et M. quod illa dicit de interesse extra rem: hic circa rem; deberet excesdere duplum, quam illud quoad extra rem*; gl. *dupli*, ad C. 7. 47). Desenvolvidamente, v. Carmen Lázaro, *La concurrencia de responsabilidad civil contractual y extracontractual en el contrato de arrendamiento: del derecho romano al derecho civil histórico* valenciano, Dykinson: Espanha (2011), 106-107. Cfr., *infra*, § 16; 1.

Em primeiro lugar, os danos *pessoais* são, segundo o A., à partida, delituais, porquanto poderiam ser causados ao contraente enquanto *terceiro*[1080]. Por outro lado, os *danos patrimoniais conexos com a prestação* são obrigacionais, contrariamente aos *restantes de tipo patrimonial* (não conexos com a prestação, portanto), estes últimos tuteláveis de forma exclusiva na vertente delitual[1081].

Em segundo lugar, o A. defende a *primazia* da tutela *delitual* dos danos em bens «que constituam o património do credor sem dependência daquele contrato»[1082], secundarizando a tutela obrigacional. Esta ideia fundamenta a afirmação posterior de que se identificam os danos *circa rem* «por exclusão de partes», bem como justifica que o ilustre Professor aplique exclusivamente o regime da responsabilidade delitual aos danos *extra rem*, por oposição aos danos *circa rem*[1083], tutelados *somente* pela via obrigacional.

Aderimos à classificação erigida, com uma breve ressalva: cumpre-nos, com a devida vénia, precisar os termos enunciados. Ora, a primeira ideia promove a não homogeneização do requisito da ilicitude e do pressuposto do dano. O que se pretende[1084]. O interesse subjacente ao dano não se confunde com aquele subjacente à lesão ou perigo de lesão (ilicitude) que lhe é causa. Como vimos, existem *danos não patrimoniais* decorrentes da violação tanto de *prestações com interesse patrimonial* (p. ex., lesões provocadas no transportado em caso de acidente) como de *prestações com interesse não patrimonial* (*v.g.*, prestação defeituosa de cuidados de saúde médico). O mesmo sucede com os danos patrimoniais, os quais podem resultar de *delitos* que ofendam *interesses patrimoniais*

[1080] Pedro Romano Martinez, *Cumprimento Defeituoso*, 217: «[n]os danos *extra rem* são de incluir unicamente duas situações: danos pessoais sofridos pelo credor; danos ocasionados no restante património do *accipiens*.»; e, ainda, *idem*, 235.

[1081] «Nos danos *extra rem* são de incluir unicamente duas situações: danos pessoais sofridos pelo credor; danos ocasionados no restante património do *accipiens*. [...] Ao indicar as situações em que não se justifica o recurso à responsabilidade contratual fala-se em danos causados no restante património do credor. Esta locução abrange as indemnizações que o *accipiens* teve de suportar, mas, com o uso do adjetivo «restante», pretende-se que não sejam incluídos, em tais situações, os danos causados no objeto da própria prestação» (*idem*, 217-219). O mesmo entendimento é mantido em *Direito das Obrigações*, 474.

[1082] *Idem*, 219. Posteriormente o Autor admite que «os prejuízos que podiam ser causados ao comprador e ao dono da obra, como a qualquer terceiro, são danos *extra rem*. Todos os demais são danos *circa rem*; ou seja, estes determinam-se por exclusão de partes.» (*Cumprimento Defeituoso*, 220).

[1083] *Idem*, 217 (e respetiva nota 743) e 220.

[1084] Cfr., *supra*, § 6; 2.2.

(p. ex., desvalorização do veículo em resultado do acidente) como *não patrimoniais* (*v.g.*, a perda de clientela em virtude de ofensas ao bom nome)[1085]. No fundo, os danos não se confundem com a lesão que lhes deu causa, a qual importa para a qualificação do título. Novamente, a autonomia do pressuposto do dano (independentemente da respetiva modalidade, seja patrimonial ou não) face ao título de imputação rompe com a conexão qualificativa pretendida: assim, os danos *pessoais*[1086] podem emergir de uma ilicitude delitual e/ou obrigacional, formando o respetivo título de imputação na modalidade considerada, verificados os demais requisitos. Assim se ultrapassa a associação rígida de CARBONNIER na qual as ofensas pessoais se reportam exclusivamente à responsabilidade delitual, condensada na célebre máxima «*[l]es tragédies sont de la compétence de l'article 1382 et suivants*»[1087].

Noutro campo, também a autonomia do título de imputação (em particular do juízo de ilicitude)[1088] rompe com a ideia subsequente de *primazia* da tutela delitual: a identificação do interesse subjacente ao dano *não* determina a modalidade de tutela, se unicamente delitual, obrigacional

[1085] Cfr. ANTUNES VARELA, *Das Obrigações*, I, 601 (nota 1), citando WOLFGANG GRUNSKY, *Aktuelle Probleme zum Begriff des Vermögensschadens*, Gehlen: Bad Homburg vor der Höhe (1968), 9-10. Entre nós, apelando ao problema, v. FILIPE ALBUQUERQUE MATOS, *A compensação dos danos não patrimoniais no Código Civil de 1966*, em MAFALDA MIRANDA BARBOSA E FRANCISCO MUNIZ (Coord.), *Responsabilidade Civil – Cinquenta anos em Portugal, quinze anos no Brasil*, Instituto Jurídico da Faculdade de Direito da Universidade de Coimbra, 2017, 33; e MARIA MANUEL VELOSO, *Danos não patrimoniais*, Comemorações dos 35 anos do Código Civil e dos 25 anos da reforma de 1977, III, Direito das Obrigações, Coimbra Editora: Coimbra (2007), 495-559 (510-511).

[1086] Não se adere à contraposição entre a natureza *pessoal* do dano e a *patrimonial*. Como vimos, em sede de danos, distinguem-se apenas a modalidade *patrimonial* e *moral*, atendendo à natureza da vantagem suprimida e não ao tipo de lesão associado à ilicitude. Em sentido que entendemos mais próximo à finalidade pretendia, distingue-se, em sede da ilicitude, o dano em decorrência da lesão de *interesses morais* e *patrimoniais*, designadamente na primeira categoria de ilicitude delitual perante a obrigacional. Novamente, esta categorização não esgota o universo do requisito porquanto (*i*) o interesse *moral* não esgota aquela primeira categoria da ilicitude delitual – como vimos, em sede dos direitos absolutos, o interesse moral reparte-se entre o objeto do direito à vida, corpo, saúde e liberdade, com proteção constitucional (24.º e ss. CRP), bem como dos de *personalidade* (*v.g.*, o direito ao nome, à imagem, à intimidade da vida privada, 72.º e ss.), os *reais* (tal como o de propriedade), de *propriedade intelectual* (abrangendo-se os direitos de autor e de propriedade industrial) e os *familiares* (*v.g.*, os conjugais e paternofiliais). Por outro lado, (*ii*) a patrimonialidade não é característica necessária da prestação (398.º/2), podendo satisfazer outros interesses (nomeadamente morais), cujo incumprimento é tutelável exclusivamente em sede obrigacional (798.º).

[1087] *Droit civil*, II, Quadrige: Paris (2004), 420.

[1088] V. *supra*, § 8; 2.1.

ou em concurso. Este critério decisivo é *prévio* à qualificação do dano, ou seja, é um elemento constitutivo da classificação em análise. Para os casos em que o dano se reporte *exclusivamente* à vertente delitual ou obrigacional, a terminologia enunciada pelo ilustre Professor sedimenta a sua pertinência dogmática e a inovação, nesta medida, é de aplaudir. Esta exclusividade resulta, como vimos, de certo tipo de danos serem tuteláveis *em abstrato* unicamente por uma das modalidades – p. ex., o dano moral é, supomos, um dano *extra rem* (fora do contexto obrigacional e salvo convenção em contrário) e os danos reportados ao interesse contratual positivo de tipo *intra rem*[1089] – ou, em concreto, por um determinado título de imputação, atendendo ao circunstancialismo que rodeia o evento (pensemos num caso que ilustre esta ideia: a despesa com a reparação do automóvel é abstratamente tutelável por ambas as modalidades, mas pode, em concreto, ser imputável apenas pela via delitual – em resultado, p ex., de um acidente culposo causado por terceiro – ou apenas a título obrigacional – pense-se no caso da recusa do mecânico em cumprir a obrigação de reparação). Cumpre, portanto, recentrar o significado da classificação erigida para a qualificação do dano *em resultado* da modalidade a que o título de imputação esteja *exclusivamente* associado, *i.e.*, enquanto o dano seja exclusivamente delitual ou obrigacional. Pois bem, se a situação de responsabilidade gera, neste sentido, danos *circa rem* e (outros) danos *extra rem*, gera-se uma hipótese de concurso de responsabilidade, manifestamente[1090]. Mas haverá outro espaço para o concurso?

Ora, a presente classificação não esgota dicotomicamente todos os danos tuteláveis: a exceção reporta-se ao *dano comum* a ambas as modalidades, ou seja, aquele que seja *simultaneamente circa rem* e *extra rem*[1091]; estes danos comuns são aqueles que maior interesse revestem no âmbito da figura do concurso de responsabilidade. O que não surpreende, nem se deve estranhar. Quando o dano seja comum a ambas as modalidades,

[1089] Integrando-se nos exemplos enunciados por Pedro Romano Martinez, quando o Autor menciona «[a]ssim, incluem-se neste tipo de prejuízos [danos *circa rem*] os decorrentes da diminuição ou perda de valor da coisa, os custos contratuais, o valor da eliminação dos defeitos, quando excecionalmente feita pelo credor, o montante despendido em estudos, pareceres, *etc.*, a diferença de preço que o credor teve de suportar para adquirir um bem substitutivo, os lucros cessantes, bem como outras despesas derivadas do incumprimento.» (*idem*, 270).

[1090] Expressamente admitido pelo A. (cf. *Cumprimento defeituoso*, 284, Romano Martinez, *Direito das Obrigações*, 473-476).

[1091] Hipótese admitida pelo A., *idem*, 235, e em *Direito das Obrigações*, 474.

porquanto imputável em concreto a título delitual ou obrigacional[1092], a classificação perde o alcance (*v.g.*, o dano patrimonial na coisa transportada, propriedade do contraente, reconduzível a ambas as modalidades, em abstrato e em concreto).

Na verdade, o ponto nevrálgico reside em determinar se o dano *é*, ou não, *comum* a ambas as formas de responsabilidade: neste ponto, divergimos do entendimento do ilustre Professor, uma vez que essa sobreposição ocorre mesmo perante aos danos reportados (*i*) ao *cumprimento* (a título delitual, em nosso entender; mas qualificados pelo A. como *intra rem*, ou seja e em sua opinião, a título exclusivamente obrigacional[1093]), *v.g.*, a danificação da coisa transportada pelo transportador gera também responsabilidade delitual, e (*ii*) pelo danos reportados ao *interesse na integridade* (também a título obrigacional; mas qualificados pelo A. como *extra rem*, a título exclusivamente delitual[1094]), p. ex., o incumprimento do contrato de prestação de cuidados médicos gera também responsabilidade obrigacional. Veremos este aspeto em maior profundidade na próxima vertente.

3. Supressão do título concorrente pelo dano comum

I. Contrariamente à vertente anterior, quando o *mesmo* dano é tutelável por ambos os títulos de imputação de idêntica (ainda que de *forma* não igual[1095]), a satisfação da pretensão indemnizatória por um dos títulos provoca um efeito extintivo no outro: elimina-se o *dano comum*, o qual integrava os demais títulos de imputação não satisfeitos[1096]. Neste caso, o dano é *comum* porquanto se encontra *duplamente fundamentado* nos títulos de imputação delitual e obrigacional[1097].

1092 Admitindo expressamente esta hipótese radicada no mesmo dano, v. João Cura Mariano, *Responsabilidade contratual do empreiteiro pelos defeitos da obra*, 7.ª ed., Almedina: Lisboa (2020), 83.

1093 Romano Martinez, *Cumprimento Defeituoso*, 235.

1094 *Ibidem*.

1095 Cfr., ainda, *infra*, § 12; 5.3.

1096 A ideia foi aprofundada por Dietz, *Anspruchskonkurrenz*, *maxime* 163-165.

1097 Ideia que concretiza a existência, neste caso, de um concurso de fundamentos da mesma pretensão. Cfr., *infra*, § 17; 2.1.3. Sobre a importância do critério no plano da concorrência da responsabilidade delitual e obrigacional além-Reno, v. Fikentscher/Heinemann *Schuldrecht*, § 106 VI, 753.

Duas breves notas: em primeiro lugar, a solução normativa enunciada não é desconhecida pelo legislador, tendo sido prevista de forma especial em sede contratual, em obediência à finalidade ressarcitória primária do instituto da responsabilidade civil: encontramo-la no regime da compra e venda de bens alheios. Neste regime, as três indemnizações que se podem gerar, potencialmente cumuláveis – num sistema *concurso de pretensões* (898.º, 899.º e 900.º/1)[1098] – não são sobreponíveis na medida em que o *prejuízo seja comum* (900.º/1). Em segundo, a proibição de cumulação de indemnizações baseia-se na interdição do *ressarcimento duplo*, *rectius*, de tudo aquilo que exceda os prejuízos sofridos (duplicando aquele valor, ou não, claro). Permanece, contudo, não resolvida a determinação do fundamento à disposição do lesado para fundar esta sua pretensão. Recentrando a questão, vários Autores afirmam encontrarmo-nos perante um concurso normativo de *fundamentos à pretensão*, a qual visa a imputação do prejuízo comum e se encontra duplamente fundamentada. Entender que cumpre ao lesado optar pelo fundamento ou, em geral, pela pretensão que lhe seja mais conveniente – como nos parece – é uma opção dogmática perante omissão regulativa intencional. Existe, ainda assim, atente-se, espaço para considerar perfeitamente admissível no âmbito do mesmo evento um concurso de pretensões e um concurso de fundamentos à mesma pretensão, rompendo com conceções unitárias, quando as pretensões se sobreponham, em sede de esferas de influência, resultando, naturalmente, na segunda (concurso de fundamentos a essa pretensão): o dano tem, aqui, um papel determinante na destrinça das situações. Retomaremos este aspeto mais adiante[1099].

II. Nota-se, no imediato e para este efeito extintivo, a dificuldade de determinação da *identidade* do dano, no âmbito das modalidades consideradas. Aliás, esta dificuldade agrava-se, quando se identifica a dissonância entre os elementos associados a este pressuposto, nomeadamente a (1) *espécie de dano* e (2) a sua *forma de tutela*.

[1098] Menezes Leitão, *Direito das Obrigações*, III – *Contratos em Especial*, 11.ª ed. (2016), 106, seguido por Paulo Mota Pinto, *Interesse*, 866 (nota 2823).
[1099] Cfr., *infra*, § 18; 3.

1. [*espécie de dano*] Quanto ao primeiro elemento, a identidade tipológica dos danos, embora necessária, não permite qualificá-los como iguais, sem mais (*v.g.*, partir a mesma mão duas vezes em duas ocasiões diferentes corresponde *tipologicamente* ao mesmo dano, mas não para efeitos de concurso, não ocorrendo no âmbito do mesmo evento determinante de responsabilidade). Cumpre, nesta sede, apelar a uma combinação de elementos *normativos* (particularmente ao *interesse subjacente*, elemento para a construção dos tipos a que se submete), bem como *ontológicos*, relacionados com o evento determinante de responsabilidade em causa. Na combinação destes dois fatores, permite-se determinar a presença do *mesmo* dano. Veremos este aspeto em maior detalhe em sede da obrigação de indemnizar[1100].

2. [*forma de tutela*] Quanto ao segundo elemento mencionado, o cômputo diferente do mesmo dano resulta das diferenças *estruturais* associadas às modalidades consideradas (*v.g.*, 494.º, 508.º e 510.º), tal como vimos suceder aquando da limitação da tutela de certo tipo de danos em geral (*v.g.*, os morais, exclusivamente na vertente delitual).

Pergunta-se: pode o lesado *substantivamente* recorrer à forma de tutela mais favorável do dano, tendo sido ressarcido pelo título concorrente em termos quantitativamente inferiores?

> Num exemplo já mencionado, o barbeiro atrasa-se a iniciar o serviço agendado pelo cliente, em resultado do qual este vem a perder uma oportunidade de negócio. Pretendendo recuperar o tempo perdido, o barbeiro presta o seu serviço com excessiva rapidez, acabando por ferir gravemente o seu cliente. Quanto ao dano patrimonial associado às despesas hospitalares, tutelável por ambas as modalidades de responsabilidade, a respetiva indemnização pode ser atenuada em caso de mera culpa a título delitual (494.º), o que não sucede na vertente delitual. Tendo o lesado sido ressarcido das despesas atenuadas a título delitual, tem direito à tutela indemnizatória pela diferença quantitativa da vertente obrigacional, ou seja, naquele *quantum* não atenuado?
>
> Note-se que a questão em análise não se coloca perante danos que são assimetricamente imputáveis nas modalidades consideradas. Como vimos, neste caso, não concorrem títulos para a respetiva imputação e nada impede a respetiva cumulação. Será o caso, ainda no exemplo

[1100] V., *infra*, § 12; 5.3.

mencionado, do prejuízo patrimonial resultante do atraso inicial na realização da prestação, com a perda da oportunidade de negócio, imputável exclusivamente a título obrigacional (804.º/1).

Note-se que a forma distinta do cômputo não resulta das diferenças em concreto dos títulos de imputação em concurso, axiologicamente inultrapassáveis. Quanto ao título de imputação *em concreto*, o dano esgota-se no binómio da suficiência/insuficiência do mesmo. Por outras palavras, salvo quando a lei disponha em sentido contrário, qualquer um dos títulos de imputação (delitual e obrigacional) é apto a tutelar o dano a que se reporte, embora existam diferenças materiais (axiológicas e normativas) na sua génese. Numa lógica do tudo ou nada, pergunta-se: este dano é tutelável, em abstrato e no concreto, em sede delitual e/ou obrigacional? Em caso afirmativo, surge a necessidade de se determinar a *forma*, em termos *qualitativos* (reconstituição natural ou indemnização em dinheiro) ou *quantitativos* (apenas naquele segundo caso), bem como a relação nesta sede entre as modalidades consideradas.

Noutro exemplo, o transportador destrói a coisa transportada e, consequentemente, foi condenado a entregar outra de igual género ao proprietário lesado a título indemnizatório. Deve o transportador indemnizar novamente (de forma pecuniária) o proprietário, satisfazendo o título de imputação de danos concorrente?

Sem prejuízo das limitações *adjetivas* à apreciação de uma pretensão semelhante em juízo, particularmente em sede das exceções de litispendência e caso julgado[1101], a resposta à questão inicial, numa perspetiva substantiva, é claramente negativa. A tutela do dano basta-se com o seu ressarcimento por um dos títulos de imputação, independentemente das diferenças quanto à forma qualitativa (*in natura* ou em espécie) ou quantitativa (nas diferenças entre os valores da indemnização em espécie). Aliás, o concurso em concreto de várias indemnizações *in natura* em si, e desta com a indemnização *em dinheiro*, encontra-se vedada, uma vez que (*i*) a reconstituição natural é ontologicamente irrepetível (realizada que seja a restauração, a restituição ou a execução específica) e (*ii*) a indemnização pecuniária pressupõe

[1101] Sobre o problema, v., entre nós, Paula Costa e Silva e Nuno Trigo dos Reis, *Estabilidade e caso julgado no direito da obrigação de indemnizar*, Estudos em homenagem a Miguel Galvão Telles, Vol. II, Almedina, Coimbra, 2012, 287-325. A propósito, cfr., ainda, *infra*, § 18; 3.2.

a impossibilidade do recurso à primeira (566.º). O problema concentra-se, deste modo, na concorrência de formas de tutela *quantitativas* dos danos, em sede de indemnizações pecuniárias – note-se –, quando reportadas a ambos os títulos de imputação e cujo cômputo seja, claro está, diferente[1102].

Neste caso, tal como não se contesta a eliminação do dano pelo título de imputação subjacente à indemnização satisfeita, não se pode pretender tutelar *o mesmo dano* pela forma alternativa, porquanto aquela *identidade entre as pretensões* o impede[1103] ao esgotar a tutela: não existe *dano pela diferença*, ou uma *indemnização complementar*[1104], e o efeito extintivo abrange o título de imputação de danos concorrente.

Não se deve confundir a limitação da forma de tutela do dano com *outras condicionantes* não derivadas do título de imputação de danos, tal como sucede perante o limite do capital seguro[1105], no contrato de seguro (128.º RJCS), ou da falta de meios do devedor para cumprir a obrigação de indemnização. Neste caso, a liquidação do dano não foi plenamente atingida, conservando o lesado o direito à respetiva diferença.

Por este motivo, cumpre ao lesado ponderar as vantagens de apuramento de cada um dos títulos de imputações referentes às modalidades em concurso. Essa avaliação deve atender às respetivas diferenças, entre as quais se destaca a eventual assimetria *qualitativa* ou *quantitativa* da pretensão indemnizatória associada ao *dano comum* (sendo tutelável por ambas as modalidades).

Retomando o exemplo *supra*, no que respeita ao prejuízo comum, respeitante às despesas hospitalares, para além das diferenças mencionadas, se o lesado optar pela modalidade obrigacional beneficia da presunção de culpa do barbeiro (344.º/1, 799.º/1) e a sua indemnização correspondente não se encontra limitada nos termos do artigo 494.º. Se optar, em alternativa, pela via delitual beneficia da responsabilidade solidária

1102 Em idêntico sentido, não se nega a identidade dos direitos pela vertente quantitativa em situação de conflito. Segundo Menezes Cordeiro, «a igualdade [de direitos] é-o em termos qualitativos: não é perturbada por, nos direitos patrimoniais, poder ocorrer uma desigualdade quantitativa; p. ex., dois comproprietários com quotas de 1/3 e de 2/3, respetivamente», em anotação ao artigo 335.º (*Código Civil anotado*, II, 944).

1103 Veremos, adiante, os critérios que apelam à identidade do escopo ressarcitório. V, *infra*, § 12; 5.1.

1104 A expressão é de Vaz Serra, *Responsabilidade contratual*, 209.

1105 Cfr., em particular a coexistência de vários seguros; cfr., *infra*, § 12; 5.2.

do estabelecimento (500.º), embora suporte a desvantagem decorrente da eventual atenuação da responsabilidade do lesado (494.º *ex vi* 499.º[1106]).

Todavia, quanto aos prejuízos assimétricos, o barbeiro responde pelos danos não patrimoniais que provoca ao seu cliente no prazo delitual de três anos (498.º) e no prazo ordinário de vinte anos, quanto ao prejuízo resultante da mora (309.º), porquanto os títulos de imputação para os prejuízos considerados integram modalidades distintas. Neste caso, de danos disjuntos, o concurso é efetivo, seja apreciado em simultâneo ou sucessivamente[1107].

III. Das vertentes consideradas, resulta a primazia metodológica do pressuposto do dano, a par do respetivo título de imputação, agregador dos demais requisitos (do facto, ilicitude, dano e nexo de causalidade, segundo a pentapartição tradicional). A sua autonomia não permite atribuir-lhe uma natureza qualificadora da responsabilidade em causa (a qual se resguarda no título de imputação). Serve, no entanto, e em especial, como fundamento de exclusão do concurso de pretensões indemnizatórias na medida em que o prejuízo seja *comum*.

[1106] Pires de Lima e Antunes Varela, *Código Civil Anotado*, I, 506, Ana Prata, *Código Civil Anotado*, I, 665.

[1107] Esta possibilidade encontra-se admitida mesmo entre os mais fervorosos adeptos do não-cúmulo, ao qual pertence historicamente o entendimento francês. V., neste sentido, o apelo de Rodière à possibilidade de aplicação sucessiva de ambas as formas de responsabilidade, quando sejam destinadas à tutela de «danos distintos» (*apud* Vaz Serra, *Responsabilidade*, 213).

SUBSECÇÃO II
O CONCURSO NA ESTATUIÇÃO NORMATIVA DO TÍTULO DE IMPUTAÇÃO DE DANOS

§ 12. OBRIGAÇÃO DE INDEMNIZAÇÃO NAS MODALIDADES CONSIDERADAS

I. Ambas as modalidades de responsabilidade culminam na obrigação de indemnizar os prejuízos causados: esta é a estatuição normativa prevista nas normas-padrão de responsabilidade, mediante a referência a «fica obrigado a indemnizar o lesado» (483.º) e, implicitamente, a «torna-se responsável pelo prejuízo que causa» (798.º). Sistematicamente, a *obrigação de indemnizar* é prevista como uma das modalidades das obrigações (Cap. III) no primeiro Título (*Das obrigações em geral*) do Livro II (*Direito das Obrigações*) do Código Civil (562.º a 572.º), a par das de *sujeito ativo indeterminado, solidárias, divisíveis* e *indivisíveis, genéricas, alternativas, pecuniárias*, de *juros* e, por fim, de *informação e de apresentação de coisas ou documentos* (arts. 511.º a 576.º)[1108].

A fonte daquela obrigação, para além do título de imputação de danos, de origem legal, em termos mediatos, estende-se, tal como referem Pires de Lima e Antunes Varela, à própria convenção entre as partes, por factos lícitos, de que é exemplo a indemnização convencionada pela revogação do contrato de mandato (1172.º, a)[1109]. Nada obriga, portanto, a considerá-la, como apenas uma *sanção*.

II. Note-se, ainda, que a obrigação de indemnizar surge de outras situações além da prática de factos *ilícitos*[1110], atendendo em particular à responsabilidade pelo *sacrifício*. Por outro lado, à semelhança do código oitocentista,

[1108] Menezes Leitão, *Direito das Obrigações*, I, 417-418, atribui esta qualidade ao facto de «possuir uma fonte específica (a imputação de um dano a outrem), ter um conteúdo próprio (prestação equivalente ao dano sofrido) e um particular interesse do credor (a eliminação do dano que sofreu)».

[1109] Pires de Lima e Antunes Varela, *Código Civil Anotado*, II, 413. Detetam-se, aliás, outros casos em que a obrigação de indemnizar integra o objeto de um negócio jurídico (425.º/2, 485.º/2, 825.º/2, 956.º/2, a) e 957.º/1).

[1110] Vaz Serra, *Obrigação de indemnização*, 5-6; Antunes Varela, *Das Obrigações*, I, 877.

esta é uma consequência normativa do título de imputação de danos, mas neste não se esgota, abarcando uma miríade de efeitos[1111].

III. O enquadramento sistemático da obrigação de indemnizar indicia uma *pretensa* unidade da consequência normativa associada a cada modalidade de responsabilidade, ou seja, uma identidade dos títulos de imputação pela estatuição. Todavia, como indiciámos, existe um conjunto de previsões específicas para cada modalidade, respeitantes à obrigação de indemnização, as quais quebram a unidade sistemática daquele tratamento (*v.g.*, 494.º), bem como, por outro lado e principalmente, derivados da influência modeladora dos pressupostos do título em causa, os quais contaminam o regime legal aplicável, tanto na parte comum, em particular o pressuposto do *dano tutelável*, como em sede da imputação, especialmente quanto ao requisito da *causalidade delimitadora de responsabilidade*. Por outras palavras, não se pode afirmar que a obrigação de indemnizar é, em concreto, *idêntica* em ambas as modalidades de responsabilidade consideradas, admitindo que os requisitos do título de imputação, mais do que um mero fundamento (em sede da previsão), influem na estatuição normativa, designadamente ao nível da determinação dos danos a ressarcir e na medida do *quantum* indemnizatório; no fundo, na *pretensão* do lesado.

A *divergência* insanável da obrigação de indemnizar nas modalidades consideradas[1112], a qual compromete uma identidade apriorística do título de imputação, pode, ainda assim, ser sintetizada nos vários aspetos em que se desdobra, designadamente:

a) *fonte*;
b) *regime*;
c) *fim*; e
d) *objeto*.

Vejamos todos estes aspetos em maior detalhe, os quais reúnem manifesto interesse prático e teórico[1113].

[1111] V., *infra*, § 12; 2.5.

[1112] Apelando ao respeito pela sistemática das diferenças nas modalidades consideradas, Menezes Cordeiro qualifica os referidos artigos 562.º a 572.º enquanto «preceitos de ordem geral, os quais conhecerão, depois, concretizações distintas, consoante se trate de responsabilidade obrigacional ou responsabilidade aquiliana», em *Tratado*, VIII, 722.

[1113] A igualdade da obrigação de indemnizar nas modalidades consideradas, a existir, resultaria numa irrelevância do seu aprofundamento no plano do concurso de responsabilidade, porquanto,

1. Fonte da obrigação de indemnizar; localização sistemática e previsão comum

[*a.* fonte] I. A obrigação de indemnizar adapta-se às especialidades impostas pela modalidade que lhe serve de fundamento. Quer isto dizer que a obrigação de indemnização não se esgota em si e é modelada, em termos qualitativos e quantitativos, pela fonte de onde emerge, seja esta delitual ou obrigacional. Ora, aquelas especialidades impedem uma equivalência absoluta entre a obrigação de indemnização da via delitual e obrigacional. Vejamos. Enquadrando-se esta consequência normativa do título de imputação como um *direito* (relativo) do lesado, este direito de crédito, como qualquer outro, comporta geneticamente uma *atipicidade de objeto*[1114] decorrente da variabilidade da fonte de onde procede. Apela-se, neste momento, à *vexata quaestio* relativa à distinção entre o dever de indemnizar e o de prestar: em sentido afirmativo, situa-se a Escola de Lisboa[1115]; por outro lado, num entendimento clássico, entende-se que a indemnização enforma um mero dever *secundário* na via obrigacional, por oposição ao *primário*, de prestar[1116].

no geral, uma «pluralidade de qualificações sem regime diferente associado é irrelevante»; assim, Miguel Teixeira de Sousa, *O Concurso de Títulos*, 137, entendimento seguido por Rui Soares Pereira, *A Responsabilidade Por Danos Não Patrimoniais*, 289. Esta ideia é, aliás, global ao tratamento da figura noutros países, como nos dá conta Madeleine Van Rossum, *Concurrency*, 555.

[1114] Antunes Varela, *Das Obrigações*, I, 203.

[1115] A tradição foi iniciada por Gomes da Silva, *O dever de prestar*, 350 e ss., Autor que distingue as obrigações quanto ao objeto e fim. Neste sentido, também Pessoa Jorge, *Ensaio*, 38 e ss.; Menezes Leitão, *A responsabilidade do gestor*, 16– 17 (nota 3) e em *Direito das Obrigações*, I, 293 (nota 608); Pedro de Albuquerque, *A aplicação do prazo prescricional*, 800–804, apelando ainda às divergências no regime aplicável e à fonte do qual emergem. Cf., ainda, Maria de Lurdes Pereira/Pedro Múrias, *Obrigação primária e de indemnizar*, Estudos em homenagem ao Professor Doutor Carlos Ferreira de Almeida, Vol. II, Almedina: Coimbra (2011), 605-636.

[1116] As obras de referência do entendimento clássico radicam-se, quanto o conhecemos, no entendimento de Pinto Coelho, *A responsabilidade civil baseada no conceito de culpa*, Imprensa da Universidade de Coimbra: Coimbra (1906); entendimento esse seguido por Guilherme Moreira, *Instituições*, II, 149-153; Manuel de Andrade, *Teoria Geral da Relação Jurídica*, II, 21, enquanto exemplo de modificação objetiva qualitativa do direito de crédito; Mota Pinto, *Cessão*, 420 e ss.; Antunes Varela, *Das obrigações*, I, 520 (nota 1); Almeida Costa, *Direito das Obrigações*, 77; Jorge Sinde Monteiro, *Estudos sobre a responsabilidade civil*, I, Almedina: Coimbra (1983), 8; João Calvão da Silva, *Cumprimento e sanção pecuniária compulsória*, Dissertação para exame do curso de pós-graduação em ciências jurídico-civis na Faculdade de Direito da Universidade de Coimbra, Coimbra (1987), 147; Pinto Monteiro, *Cláusulas limitativas*, 193 (nota 420); Heinrisch Ewald Hörster, *A Parte Geral Do Código Civil Português*, 70 e ss.; e Mafalda Miranda Barbosa, *Lições*, 405–415. Nesta segunda aceção, v., ainda, suportada na distinção patente nos §§ 280 (1) e 281 (1),

Aderimos ao segundo entendimento, atendendo à influência inultrapassável da obrigação primária no objeto da obrigação *secundária* de indemnizar e na sua eventual concorrência com o dever de prestar, quando o cumprimento da obrigação ainda seja ainda possível (*v.g.*, em caso de mora do devedor). Aliás, a força transformativa da obrigação principal nesta modalidade, com base em incumprimento definitivo não compromete a possibilidade pontual de cumprimento da obrigação inicial (de que é exemplo emblemático a exceção de *cumprimento*, 1084.º/3), nem extingue forçosamente os deveres secundários ou acessórios de conduta[1117]. A obrigação inicial não se pode, portanto, considerar extinta.

Em suma, a *fonte* da obrigação de indemnizar, por oposição a outros direitos (veja-se, por exemplo, a *pretensa* identidade de conteúdo dos direitos reais, tendo em conta o princípio da tipicidade), produz naturalmente uma variação do respetivo conteúdo[1118], ao qual se encontra associado um regime legal também diferente[1119]. Importa conhecê-la, com base no título de imputação de onde decorre, como vimos[1120].

pela indemnização emergente da violação do dever da relação obrigacional e a indemnização (em lugar da prestação) pela não realização da prestação ou nos termos devidos, Larenz, *Lehrbuch*, I, AT, § 24, I, 369, e Picker, *Positive Forderungsverletzung*, 393 e ss.

[1117] Na Escola de Lisboa sente-se, aliás, uma inflexão para a adesão à tese clássica, iniciada por Galvão Telles, Autor que recusa a dualidade da obrigação, em *Direito das Obrigações*, 214, tendo afirmado: «[a] obrigação de indemnização neste caso não é uma obrigação nova, nascida da infração do vínculo preexistente. É a *obrigação antiga, modificada quanto ao seu objecto.* A relação obrigacional mantém-se a mesma». Recentemente, Menezes Cordeiro reviu a sua posição defendida desde *Direito das Obrigações* (II, 273-276), admitindo a manutenção da obrigação de natureza complexa eventualmente quanto às prestações secundárias ou deveres acessórios, em *Tratado* (VIII, 392-393). No sentido do texto, v., também, Dário Moura Vicente, *Direito Comparado*, II, 500.

[1118] Antunes Varela, *Das obrigações*, I, 203.

[1119] Menezes Cordeiro realiza uma construção tipológica da obrigação de indemnizar, relacionando-a com a imputação subjacente: *i*) Em sede dos sujeitos (indemnização plural ou singular, e a primeira pode ser solidária ou parciária), *ii*) do tipo de imputação (delitual, pelo risco, pelo sacrifício e pelo incumprimento das obrigações), *iii*) pela espécie do dano, morais, patrimoniais, por danos emergentes ou lucros cessantes, *iv*) quanto ao conteúdo (específica ou pecuniária) e, por fim, *v*) quanto ao escopo (reconstitutivo ou compensatória), em *Tratado*, VIII, 723-724.

[1120] Remetemos para as demais conclusões obtidas em sede dos pressupostos do título de imputação referente a ambas as modalidades; cfr., *supra*, § 6.

2. Assimetria do regime das modalidades consideradas; unidade não implica identidade

[*b.* regime] I. A previsão de um regime comum à obrigação de indemnizar não implica a paridade do respetivo resultado. Regras iguais conduzem a resultados distintos, atendendo às variáveis distintas que considerem. As divergências profundas de regime a que se encontra submetida superam, por aquele motivo, a paridade induzida pela previsão comum. Bem vistas as coisas, o regime da obrigação de indemnizar, embora acidentalmente possa produzir um resultado idêntico, é *principalmente* assimétrico nas modalidades consideradas.

Exploremos estas divergências de regime, sintetizadas no quadro seguinte:

b.1) regulação legal do *quantum* indemnizatório;
b.2) regulação convencional da indemnização devida;
b.3) regime da prescrição da obrigação de indemnizar;
b.4) regime do incumprimento da obrigação de indemnizar; e
b.5) consequências normativas a par da obrigação de indemnizar.

2.1. Regulação legal do *quantum* indemnizatório

II. Em primeiro lugar, proliferam regras reguladoras (em regra, limitativas ou excludentes, mas também agravantes ou remetendo para critérios de equidade) da obrigação de indemnização *pecuniária*, aproveitando a ressalva prevista no n.º 2 do artigo 566.º[1121] («[s]em prejuízo do preceituado noutras disposições»), com influência direta no apuramento do *quantum* indemnizatório.

A previsão *comum* deste tipo de regras (tal como o recurso à equidade, 566.º/3, a limitação ou exclusão da indemnização em caso de culpa do lesado, 570.º, ou dos seus representantes legais e auxiliares, 571.º), para ambas as modalidades de responsabilidade não é a regra: ao invés, prevalece uma divergência acentuada no regime legal de regulação do *quantum* indemnizatório entre as modalidades consideradas[1122].

[1121] Pires de Lima e Antunes Varela, *Código Civil Anotado*, I, 584.

[1122] Tenta-se, aliás, o recurso a normas de fonte constitucional, designadamente a aplicação dos direitos fundamentais e a proibição do excesso indemnizatório; cf. Claus-Wilhelm Canaris, *Direitos Fundamentais e Direito Privado*, 2.ª ed., trad. de Ingo Wolfgang Sarlet e Paulo Mota Pinto, Almedina: Coimbra (2009), 76-78.

i. No âmbito da responsabilidade *extraobrigacional*, identifica-se um conjunto de regras impeditivas do reconhecimento de um regime paritário, porquanto estas não são aplicáveis, pelo menos imediatamente, no espectro obrigacional, *rectius*, aos vários títulos de imputação que esta modalidade de responsabilidade possa gerar[1123]:

a) a redução equitativa da indemnização em caso de estado de necessidade (339.º/2);
b) a indemnização substitutiva devida por pessoa não imputável (489.º/1);
c) a indemnização em caso de lesão ou morte do animal (493.º-A/2);
d) a limitação da indemnização nos casos de mera culpa (494.º)[1124];
e) a fixação equitativa da indemnização em caso de danos não patrimoniais (496.º/4);
f) os danos abrangidos em caso de transporte (504.º/2 e 3);
g) exclusão da *responsabilidade* de quem tem a direção efetiva do veículo de circulação terrestre o utilizar no seu próprio interesse (505.º);
h) o limite máximo da indemnização fundada em acidente de viação (508.º);
i) limite da responsabilidade por danos causados por instalações de energia elétrica ou gás (510.º);
j) o valor devido pela impossibilidade de restituição dos animais bravios atraídos por fraude ou artificio do dono da guarida onde se hajam acolhido (1320.º/2);
k) o valor devido em caso de união ou confusão de má fé da coisa que não possa ser separada sem padecer detrimento (1334.º/2);
l) o valor devido em caso de especificação de má fé (1337.º);
m) o valor devido em caso de acessão imobiliária de má fé (1341.º); e
n) o agravamento da indemnização devida pela constituição de servidão de passagem, em caso de entrave voluntário do prédio (1552.º/2).

ii. Em sede da responsabilidade obrigacional, o funcionamento de regras a *par* da obrigação de indemnização, com influência direta no *quantum* indemnizatório atendível, elimina o dano ou previne o duplo enriquecimento. A indemnização é reduzida pela realização da contraprestação; por outro

[1123] Outros elencos podem ser consultados, tal como, por todos, o de Antunes Varela, *Das obrigações*, I, 913 (nota 1).
[1124] Cfr., *supra*, § 6; 5.2.3, b).

lado, tem-se em conta a possibilidade de devolução da prestação realizada. Assim, o lesado pode exigir os danos derivados do incumprimento definitivo, se não optar por resolver – podendo ter nisto interesse[1125] (positivo), ou resolver e não realizar a contraprestação ou exigir a sua devolução[1126]. As alternativas mencionadas, respeitando o pleno funcionamento das faculdades reconhecidas ao credor (289.º *ex vi* 433.º. 798.º, 801.º, 808.º), influem diretamente nos danos a tutelar e, nessa medida, no *quantum* indemnizatório.

Para além daquele enquadramento geral, deteta-se, ainda, a existência, em termos pontuais, de regras limitativas ou excludentes da tutela indemnizatória, designadamente:

o) em caso de impossibilidade imputável ao devedor de uma das prestações, no âmbito das obrigações alternativas, cuja escolha recaia sobre o credor, se este optar por uma das prestações possíveis não pode ser indemnizado pelos danos sofridos pela limitação ou exclusão inicial da sua escolha (546.º)[1127];

p) o funcionamento do *commodum* de representação (794.º e 803.º);

q) o devedor só responde pelos proventos da coisa percebidos em caso de mora do credor (814.º/2)[1128];

r) o desconto do benefício na contraprestação em virtude do risco nos contratos bilaterais perante a mora do credor (815.º/2);

s) a redução da indemnização devida pela venda de bens alheios (894.º/2);

t) a limitação da indemnização na venda de bens alheios em caso de dolo, não havendo dolo nem culpa, e pela não convalidação da venda (898.º a 900.º);

u) a limitação da indemnização na venda de bens onerados em caso de dolo, de simples erro, por não convalescer o contrato (908.º a 910.º);

[1125] Pedro Romano Martinez, *Da cessação do contrato*, 3.ª ed., Almedina: Coimbra (2015), 193 (nota 401).

[1126] Pedro Romano Martinez, ob. cit., 193 e ss. Cfr., desenvolvidamente, *infra*, § 12; 5.2.

[1127] O regime é extensível à limitação da escolha do devedor, quando a impossibilidade é provocada pelo credor (547.º), caso em que, se o primeiro optar por considerar a obrigação cumprida, não tem tutela dos prejuízos decorrentes daquela impossibilidade. Quanto à impossibilidade imputável a ambas as partes, não considerada expressamente pelo legislador, v., *supra*, § 6; 2.2., nota 393.

[1128] A limitação da responsabilidade do devedor aos casos de dolo insere-se noutra sede (de culpa), já analisado; cfr., *supra*, § 9; 2.

v) a limitação da indemnização na venda de coisas defeituosas em caso de simples erro (909.º *ex vi* 915.º);

w) a limitação da cláusula penal em caso de incumprimento da venda a prestações (935.º);

x) a limitação da indemnização devida pela doação de bens alheios ou pelos ónus ou vícios do direito ou da coisa doada (956.º/2, *d)* e n.º 3 e 957.º/1);

y) a regulação da indemnização devida em caso de denúncia pelo senhorio do arrendamento para fins não habitacionais (1110.º-A/3 e 4);

z) o valor devido pelo parceiro pensador de gado lanígero (1127.º);

aa) a limitação da responsabilidade do comodante (1134.º);

bb) limitação do montante da indemnização fixado em cláusula penal (1146.º/3);

cc) o cômputo especial da indemnização devida em caso de rompimento da promessa de casamento (1594.º/3)[1129]; e

dd) a indemnização calculada segundo as regras do enriquecimento sem causa (1279.º/2[1130], 1538.º/2, 1539.º e 1542.º).

[1129] Quanto à qualificação da responsabilidade emergente, v., *infra*, nota 1920.

[1130] Nos termos do n.º 2 do art. 1273.º, o cálculo da indemnização devida pelo titular do direito ao possuidor, quando não haja lugar ao levantamento das benfeitorias, é calculado «segunda as regras do enriquecimento sem causa». Ora, esta expressão indica apenas a forma de cálculo da obrigação de indemnizar (e não a de restituir, 473.º/1), não se convolando a tutela do possuidor para o enriquecimento sem causa (Cfr. Pires de Lima e Antunes Varela, *Código Civil* Anotado, III, 43 e jurisprudência aí citada). É possível regular o *quantum* indemnizatório por apelo ao montante (alternativo) de enriquecimento, sem comprometer a natureza da primeira, ainda indemnizatória, claro está. Já tivemos a oportunidade de indicar que o legislador se refere, por vezes, à obrigação de restituir o enriquecimento sem causa em termos que suscitam dificuldades hermenêuticas de apuramento do tipo de responsabilidade verdadeiramente em causa – *i.e.*, de desvendar se estamos perante uma verdadeira obrigação de indemnização ou apenas de restituição (cfr., *supra*, nota de rodapé 128). São exemplos da primeira os casos *supra* mencionados e da segunda (a de restituir o enriquecimento) a expressão «a *indemnização correspondente ao enriquecimento* deste» (1241.º/2; neste sentido, v. João Serras de Sousa em anotação ao art. 1214.º, em *Código Civil Anotado* (Coord. Ana Prata), I, 1505). Note-se, por fim, que o método de cálculo não permite determinar *ex ante* se a obrigação de restituir o enriquecimento se trata de um *minus*, relativamente à obrigação de indemnizar calculada nos termos gerais: estamos perante um *tertium generum* relativamente à obrigação de indemnizar. A coincidência da submissão ao limite do dano no enriquecimento por prestação não permite enquadrar as restantes modalidades de enriquecimento onde aquele inexiste; neste sentido, v. Menezes Leitão, *O Enriquecimento*, 867-902. Quanto a este ponto saliente-se, ainda, o entendimento de Júlio Gomes, quando o Autor afirma que «o enriquecimento sem causa corresponde a uma outra perspetiva, à partida mais objetiva e menos preocupada com juízos de censura pessoal, mas que não é, por isso, menos complexo – é, simplesmente, outra, que não se confunde, nem se deixa «consumir

III. Existem ainda regras, autonomizáveis dos casos enunciados, destinadas à liquidação antecipada da obrigação de indemnização[1131], prescindindo da determinação da *existência* de danos (conformando, como visto, verdadeiras *ficções legais de danos*[1132]) e, nessa medida, determinam de forma definitiva e absoluta o valor *quantum indemnizatório*, independentemente de este ser superior, igual ou inferior aos danos efetivamente sofridos pelo lesado.

Pela sua definitividade, distanciam-se das faculdades reconhecidas que permitem uma liquidação *provisória* e/ou *parcial* do quantitativo demonstrado (565.º) ou da reparação provisória arbitrada em procedimento cautelar, com dependência de uma outra acção, principal (388.º/2 e 390.º CPC).

Cumpre destacar em sede obrigacional várias previsões naquele sentido, designadamente:

ee) a possibilidade de retenção do sinal ou de pagamento do dobro, em caso de incumprimento pelo promitente que o constituiu ou por aquele a quem o sinal haja sido prestado, respetivamente (442.º/2 e 4)[1133];
ff) a indemnização devida pela mora do devedor no cumprimento da obrigação pecuniária, correspondente aos juros de mora (806.º/1, 559.º), sem prejuízo do disposto no (806.º/3);
gg) a indemnização devida ao locador, constituindo-se o devedor em mora no pagamento das rendas ou alugueres, fixada em 20 % do valor que for devido (1041.º/1), ou em caso de mora na restituição do locado, fixada no dobro da renda ou aluguer que as partes hajam estipulado (1045.º/2).
hh) em caso de denúncia pelo senhorio do contrato de arrendamento de duração indeterminada para demolição ou realização de obras de remodelação ou restauro profundo (1101.º, b)), a obrigação, alternativa a garantir o realojamento do inquilino, de pagamento de uma indemnização correspondente a dois anos de renda (1103.º/6, a)).

normativamente», pela perspetiva da responsabilidade civil», em *O Conceito de Enriquecimento*, 426. Em sentido contrário, v. Diogo Leite de Campos, *A subsidariedade da obrigação de restituir*, 359 e ss.

[1131] Neste sentido, Pessoa Jorge, *Ensaio*, 419.

[1132] Cfr., *supra*, § 6; 5.1., VI.

[1133] Assumindo uma função *confirmatória-penal*. Neste sentido, Menezes Leitão, *Direito das Obrigações*, II, 250-251. Sobre a função, em geral, v. Menezes Cordeiro, *Tratado*, IX, 481-486.

2.2. Regulação convencional da indemnização devida

IV. A par da regulação *legal* do *quantum* indemnizatório, os sujeitos detêm a liberdade de regulação *prévia* da indemnização eventualmente devida, onde avultam novamente marcadas diferenças em sede das modalidades consideradas[1134].

Em primeiro lugar, a indemnização devida não é *imperativa*, em termos de exercício[1135], não se permitindo, todavia, em sede obrigacional, uma renúncia prévia e total pelo credor aos direitos facultados em momento anterior (809.º)[1136]. Porém, como visto, nada obsta, numa fase posterior à formação daquela obrigação, à respetiva *renúncia*[1137]. A exceção, compreendida no preceito (809.º), reporta-se, portanto, à (im)possibilidade de exclusão ou limitação da responsabilidade do devedor pelos atos dos representantes legais ou auxiliares, desde que esses atos não representem a violação de deveres impostos por normas de ordem pública (neste sentido, 800.º/2).

A regulação do montante da indemnização exigível concretiza-se também ao abrigo da autonomia privada (405.º/1) mediante a fixação de uma *cláusula penal* (810.º)[1138], tanto para o incumprimento dos deveres principais,

[1134] Entre nós, v., no geral, Vaz Serra, *Pena convencional*, separata do BMJ 67 (1957), *Cláusulas modificadoras da responsabilidade. Obrigação de garantia contra responsabilidade por danos a terceiros*, BMJ 79 (1958); Pessoa Jorge, *A limitação convencional da responsabilidade civil*, BMJ 281 (1978), 5-32; Ana Prata, *Cláusulas de exclusão e limitação da responsabilidade contratual*, Almedina: Coimbra (2005), *passim*; Pinto Monteiro, *Cláusulas Limitativas e de exclusão de responsabilidade civil*, *passim*, *Cláusula penal e indemnização*, *passim*; Paulo Mota Pinto, *Ónus da prova da culpa do devedor que beneficia da cláusula de exclusão*, 959-989; Nuno Pinto de Oliveira, *Cláusulas acessórias ao contrato: cláusulas de exclusão e de limitação do dever de indemnizar. Cláusulas Penais*, Coimbra: Almedina (2005); e Inês Ferreira Leite, *Ne (idem) bis in idem*, II, 522-533, *Cláusula penal e sanção pecuniária compulsória: sanções coativas ou verdadeiras "penas privadas"*, Código Civil – Livro do Cinquentenário, Vol. I (em homenagem ao Prof. Doutor Fernando Pessoa Jorge), Almedina: Coimbra (2020), 635-677.

[1135] Pinto Monteiro, *Cláusulas limitativas*, 183. No mesmo sentido, Antunes Varela, *Das Obrigações*, II, 136. Daí que sejam admissíveis os negócios sobre este direito de crédito, incluindo o de transação (1248.º/2).

[1136] Não se equipara a esta exclusão, prévia e inicial, a mera limitação do montante da indemnização a um valor muito inferior ao que seria devido, nem a exclusão de certas categorias de danos, tais como os lucros cessantes, não patrimoniais, tão-pouco a exclusão dos atos dos respetivos representantes legais ou das pessoas que utilize para o cumprimento da obrigação (800.º/2), cfr. Antunes Varela, *Das Obrigações*, I, 915.

[1137] Os casos protótipos são os da remissão da obrigação de indemnizar (863.º) e o do consentimento da lesão delitual posterior ao seu surgimento, cf. Pessoa Jorge, *Ensaio*, 273.

[1138] Antunes Varela, *Das Obrigações*, I, 914. A. que distingue a cláusula penal do *resgate*, devido aquando da resolução do contrato, das *arrhas/sinal*, que implica a *datio rei*, e da *pena autonomamente estipulada*, não agregada a qualquer obrigação anterior, *ibidem*. Sobre a distinção entre a cláusula limitativa de responsabilidade e a cláusula penal, v., *supra*, nota de rodapé 114.

como, por maioria de razão, para os deveres secundários e acessórios de conduta[1139]. Existe, assim, no âmbito obrigacional, uma tripartição das cláusulas que regulam a indemnização devida[1140], a saber:

a) cláusulas *excludentes* de responsabilidade;
b) cláusulas *limitativas* de responsabilidade; e
c) cláusula *penal*.

Ainda relativamente à cláusula penal[1141], mediante uma alteração legislativa fortemente contestada na década de 80[1142], a indemnização fixada pelas partes não pode exceder o prejuízo resultante do cumprimento obrigação principal (811.º/3), servindo, nesta medida, exclusivamente um propósito probatório, de *liquidação antecipada do dano* (*Schadensersatzpauschalierung*)[1143]. Pois bem, em obediência àquela finalidade, esta cláusula (*i*) desonera o credor da demonstração dos prejuízos sofridos, liquidando *ex ante* o *quantum* indemnizatório em caso de inadimplemento temporário (cláusula penal *moratória*) ou definitivo (cláusula penal *compensatória*) e, por outro lado, (*ii*) inverte o ónus da prova quanto aos danos sofridos, cumprindo ao devedor demonstrar que a indemnização, assim calculada, excede o valor do prejuízo resultante do incumprimento da obrigação principal. Esta função particular é, aliás, confirmada pela faculdade de redução equitativa da cláusula penal que não cumpra aqueles limites (812.º). O funcionamento desta cláusula, nos moldes descritos, suscita uma clara dificuldade de aplicação, quando o evento que permita

1139 Antunes Varela, *Das Obrigações*, I, 916.

1140 Encontra-se semelhante elenco em Carlos Mota Pinto, *Teoria Geral do Direito Civil*, 4.ª ed., Coimbra Editora, 2005, 589-605; Galvão Telles, *Direito das Obrigações*, 423; Almeida Costa, *Direito das Obrigações*, 787; e Menezes Leitão, *Direito das Obrigações*, II, 287 e ss. Este elenco pode ser carreado para o âmbito delitual, mediante convenções que partilhem este propósito, como veremos. Sobre este tema, recentemente, v. Pinto Monteiro, *Dano e Acordo das Partes*, em Mafalda Miranda Barbosa e Francisco Muniz (Coord.), *Responsabilidade Civil – Cinquenta anos em Portugal, quinze anos no Brasil*, Instituto Jurídico da Faculdade de Direito da Universidade de Coimbra, 2017, 9-30.

1141 Menezes Leitão, *Direito das Obrigações*, II, 290-294.

1142 Mediante o Decreto-Lei n.º 200-C/80, de 24 de junho.

1143 Neste sentido, Galvão Telles, *Direito das Obrigações*, 439 e Dário Moura Vicente, *Direito Comparado*, II *Obrigações*, 313. Sobre a função concorrente, punitiva (*penalty clause*), sem consagração legal, v. Menezes Leitão, *Direito das Obrigações*, II, 291-292. Não se adere ao entendimento perfilhado por vários AA. de que a cláusula pode desempenhar uma função *compulsória*, dada a limitação da responsabilidade do obrigado ao prejuízos sofridos, a qual decorre do regime geral. Neste sentido, do qual nos afastamos, v. Carlos Mota Pinto, *Teoria*, 590.

exigir o seu cumprimento fundamente, em simultâneo, a responsabilidade *delitual* do inadimplente. A questão é típica do concurso de responsabilidade, particularmente quando sejam imputáveis danos delituais que excedem o valor da cláusula penal. Neste caso, para Pinto Monteiro, sendo o objeto da cláusula penal referente a um dano concreto, a convenção tem aptidão para excluir o fundamento delitual concorrente[1144]. Veremos, de seguida, a solução normativa existente para este caso, a qual é comum às demais *cláusulas* ou *convenções* (limitativas ou excludentes de responsabilidade).

Em segundo lugar, a responsabilidade *delitual* não se encontra limitada mediante uma disposição com um alcance semelhante ao disposto no artigo 809.º. Reconhece-se, no entanto, a dificuldade de regular previamente a responsabilidade *delitual* entre *terceiros*, embora dogmaticamente nada obste à aptidão de semelhante "acordo", denominado por Pinto Monteiro, por «*convenções limitativas ou de exclusão de responsabilidade extracontratual (delitual ou aquiliana)*»[1145] (*v.g.*, a regulação da responsabilidade da pessoa transportada sem contrato, 504.º), por oposição à noção de «cláusulas».

Pinto Monteiro indicou como principais modalidades de cláusulas limitativas e de exclusão de responsabilidade, referentes à violação de obrigações emergentes de contratos (negociados e de adesão), unilaterais e da própria lei[1146], aquelas que (*i*) limitam ou excluem a responsabilidade por atos próprios ou por atos dos auxiliares do devedor (800.º/2), (*ii*) limitam o montante de indemnização, em sede de extensão (*Haftungsumfang*; frequentemente excluindo determinados danos ou estabelecendo um limite máximo ao *quantum* indemnizatório[1147]), (*iii*) limitam os fundamentos de responsabilidade (*Haftungvoraussetzungen*), tradicionalmente reportando-se ao grau de culpa (*v.g.*, perante a mora do credor o devedor só responde, quando ao objeto da prestação, em caso de dolo, 814.º/1), (*iv*) estendem o efeito exoneratório da força maior a certos acontecimentos,

[1144] *Cláusula Penal e Limitação*, 714-715.

[1145] Pinto Monteiro, *Cláusulas limitativas*, 389. Sobre as reservas apontadas v. *idem*, 391-437. Não se confundem estas cláusulas daquelas que não se reportam à responsabilidade civil emergente da situação de incumprimento, tal como a cláusula *si debitor voluerit* (778.º/2), *pactum de non petendo intra tempus* ou, ainda, a estipulação de uma cláusula de *exeptio* nos contratos não sinalagmáticos; v. Pessoa Jorge, *Ensaio*, 267-268.

[1146] Pinto Monteiro, *Cláusulas limitativas*, 389 (maxime nota 888).

[1147] Pinto Monteiro, ob. cit., 105. Estas cláusulas também são conhecidas por cláusulas de dano máximo (*liability cap*); cf., com referências, Catarina Monteiro Pires, *Contratos. I. Perturbações na execução*, Almedina: Coimbra: 2020, 117.

e, por fim (*v*) regulam o ónus da prova, prescrição, caducidade e a garantia patrimonial, atendendo aos limites dispostos nos artigos (344.º/1, 345.º, 300.º, 330.º e 602.º)[1148]. O ilustre Professor distingue ainda estas cláusulas de outras próximas, tal como a cláusula penal[1149] e a sanção pecuniária compulsória[1150]. Como vimos, deve-se a este Autor a profunda análise, entre nós, da possibilidade (e do respetivo regime) de limitação ou exclusão da responsabilidade *delitual* mediante as *convenções* limitativas ou de exclusão de *responsabilidade extracontratual* (delitual ou aquiliana)[1151].

A doutrina diverge no entendimento da validade dessas cláusulas (de limitação e exclusão de responsabilidade), no âmbito obrigacional e delitual, com base no disposto no 809.º, entre o polo da validade limitada[1152] em confronto com o da pura e simples proibição[1153]. Os defensores do primeiro entendimento, claramente maioritário, tal como Pinto Monteiro, apontam

[1148] Pinto Monteiro, ob. cit., 103-114. Sobre as vertentes, positivas e negativas, da cláusula de limitação da garantia, v. Pinto Monteiro, *Cláusulas limitativas*, 113 (nota 228) e ainda, Pessoa Jorge, *A limitação convencional da responsabilidade civil*, 17-18.

[1149] Pinto Monteiro, ob. cit., 135-153 (*maxime* 145 e nota 308).

[1150] Pinto Monteiro, ob. cit., 139-140 (e respetiva nota 297).

[1151] *Idem*, 389.

[1152] Não se conhece a admissibilidade pura e simples de tais cláusulas, atendendo à reserva dos deveres impostos por normas de ordem pública (800.º/2). A possibilidade de regulação convencional encontrava-se expressa em Guilherme Moreira, *Instituições*, II, 118-119, 153-154; Manuel de Andrade, *Teoria Geral das Obrigações*, I, 341-342; e, ainda, Cunha Gonçalves, Tratado, XII, 732-733, apelando, ao limite dos atos dolosos. Seguindo o entendimento de Pinto Monteiro, v. Carlos Mota Pinto, *Teoria Geral do Direito Civil*, 599-604, Almeida Costa, *Direito das Obrigações*, 791, Calvão da Silva, *Responsabilidade civil do produtor*, 208-209 (nota 3), Pedro Romano Martinez, *Cumprimento defeituoso*, 502 e *Apontamentos*, 132, Nuno Pinto de Oliveira, *Cláusulas acessórias ao contrato*, 32-37, Mafalda Miranda Barbosa, *Lições*, 399 (nota 863) e em *Os contratos de adesão no cerne do direito do consumidor*, Estudos de Direito do Consumidor, n.º 3, Centro de Direito do Consumo da FDUC: Coimbra (2003), 389-424 (406-411), Rui Soares Pereira, *A Responsabilidade Por Danos Não Patrimoniais*, 323.

[1153] Contra a validade das cláusulas de exclusão e limitação de responsabilidade obrigacional, v. Antunes Varela, *Das obrigações*, II, 914– 916 (*maxime* nota 1 da página 915) e Vol. II, 135-139 (*maxime* nota 2 da página 137). Note-se que, para este Autor, nada obsta à exclusão ou limitação convencional dos danos delituais resultantes de mera negligência (ob. cit., I, 916). Num sentido mais permissivo, Ribeiro de Faria, *Direito das Obrigações*, II, 404 (nota 2), e, geralmente admitindo a estipulação de cláusulas de *limitação* (mas não de *exclusão*) de responsabilidade, Galvão Telles, *Direito das Obrigações*, 426-430; e Menezes Leitão, *Direito das Obrigações*, II, 287–294. Cfr., ainda, Ana Prata, *Cláusulas de exclusão e limitação da responsabilidade contratual*, 542 e ss.; Pessoa Jorge, *Limitação convencional da responsabilidade*, 13-14, *Direito das Obrigações*, 613 e ss. (622-627); Menezes Cordeiro, *Tratado*, IX, 437-441.

a existência de limitações, designadamente a responsabilidade derivada de dolo ou culpa grave[1154] bem como, independentemente do grau de culpa, a ofensa do princípio da ordem pública ou dos bons costumes[1155]. Nota-se, neste ponto com relevância para o concurso de responsabilidade, uma divergência quanto aos limites existentes para as cláusulas limitativas ou de exclusão da responsabilidade obrigacional perante os das *convenções de âmbito delitual*[1156]: as primeiras encontram-se, contrariamente às segundas, limitadas aos princípios da boa fé e da ordem pública, tal como os contratos celebrados ao abrigo de cláusulas contratuais gerais, os casos de expressa intervenção legislativa, nos casos de *«transporte de pessoas, de exercício da atividade médica e na venda de produtos perigosos e/ou defeituosos»*[1157], bem como no caso de consumo (v. os exemplos mencionados pelo Autor, do artigo 504.º/4 CC, 3.º/1 do Decreto-Lei n.º 449/85, de 25 de outubro, e o artigo 10.º do Decreto-Lei n.º 383/89, de 6 de novembro[1158]).

2.3. Regime da prescrição da obrigação de indemnização; diferenças e autonomia

V. A obrigação de indemnizar extingue-se pelo seu não exercício ao longo do tempo, *prescrevendo*. Neste caso, por se encontrar ultrapassado o respetivo prazo de exercício, torna-se uma obrigação *natural* (298.º/1 e 304.º/1). Cumpre apontar as diferenças inerentes ao prazo de prescrição da responsabilidade *in toto*, nas suas vertentes delitual e obrigacional, as quais contrariam, novamente, a pretensa unidade do regime. Atentemos, então, a estes aspetos.

[*prazo*] *i.* em termos *quantitativos*, a responsabilidade de tipo delitual sujeita-se, em regra, ao prazo prescricional curto de três anos *para efeitos do*

[1154] Embora o Autor, no âmbito do disposto na parte final do artigo 809.º, admita a exclusão ou limitação de responsabilidade em caso dolo ou culpa grave dos atos de auxiliares autónomos que o devedor utilize no cumprimento da obrigação, Pinto Monteiro, *Cláusulas limitativas, maxime* 297-298, 331-g e 332-h.

[1155] Pinto Monteiro, ob. cit., 405–10.

[1156] Pinto Monteiro, ob. cit., 237–58. Cuja admissibilidade revela-se além-Reno problemática, cf. Fikentscher/Heinemann *Schuldrecht*, § 106 VI, 756, recorrendo aos exemplos dos avisos de proibição de entrada no local de construção e o da responsabilidade dos pais pelos seus filhos.

[1157] Pinto Monteiro, ob. cit., 305.

[1158] Pinto Monteiro, ob. cit., 332-i e 332-j. A este elenco devem ser acrescentadas outras previsões avulsas identificadas por Almeida Costa, tal como o art. 74.º CSC, o art. 3.º/1 do Decreto-Lei n.º 299/83, de 8 de novembro, e o art. 18.º/a) e d) do Decreto-Lei n.º 446/85, de 25 de outubro, *Direito das Obrigações*, 793 (nota 2).

respetivo exercício[1159], incluindo a vertente objetiva (499.º)[1160], por oposição à via obrigacional sujeita, também em regra, ao prazo ordinário de vinte anos (309.º e 498.º, respetivamente)[1161], pese embora este prazo constitua o limite máximo daquele (498.º/1)[1162] e ambas comunguem de idêntico regime de interrupção do prazo por meio judicial (323.º/1)[1163].

1159 Não se confunde esta vertente de exercício, na esteira de MENEZES CORDEIRO, com aquela relativa ao prazo de prescrição da obrigação de indemnizar reconhecida (309.º), nem quanto à prescrição da «situação global de responsabilidade» (498.º/1), em *Tratado*, VIII, 756.

1160 É nesta sede emblemática a querela quando à possibilidade de aplicação de prazos prescricionais distintos à obrigação de indemnizar do comissário e do comitente. Entendemos aplicar-se o prazo mais longo a ambos os responsáveis, uma vez que a ilicitude em causa é comum e apresenta-se como o critério exclusivo para a dilação do prazo nos termos legais, não distinguindo entre os *tipos* de responsáveis (498.º/3); neste sentido, v. MARIA GRAÇA TRIGO, *Responsabilidade civil*, 373-378; contra, VAZ SERRA, *Prescrição do direito de indemnização*, BMJ 87 (1959), 61, e em *Fundamento da responsabilidade civil (Em especial responsabilidade por acidentes de viação terrestre e por intervenções lícitas)*, BMJ 90 (1959), 5-322 (259-265) e ANTUNES VARELA em anot. ao ac. STJ 30-Jan-1985, RLJ, Ano 123, n.os 3790-3791 (1990) 20-31, 42-49 (42, 43). Note-se, ainda, que o mesmo prazo se aplica à responsabilidade pré-contratual (227.º/2).

1161 Contra, PEDRO DE ALBUQUERQUE, *A aplicação do prazo prescricional*, 793-837, e MARGARIDA LIMA REGO, *Contrato de Seguro e Terceiros*, 679-680. Outros AA. favoráveis à tese enunciada no texto podem ser encontrados em PEDRO DE ALBUQUERQUE, ob. cit., 796 (nota 4).
No sentido do texto, maioritário entre nós, v. VAZ SERRA, *Prescrição do direito de indemnização*, 36-51; MENEZES LEITÃO, *Direito das Obrigações*, I, 424, embora em *A responsabilidade do gestor*, 291 (1) tenha manifestado dúvidas quanto ao ponto. V., também, SANTOS JÚNIOR, *Direito das Obrigações*, I, 388; MENEZES CORDEIRO, *Tratado*, VIII, 757; PEDRO ROMANO MARTINEZ, *Cumprimento Defeituoso*, 231; bem como ANTUNES VARELA, *Das obrigações*, I, 626 e ss.; e ALMEIDA COSTA, *O concurso da responsabilidade*, 556. Recentemente, neste sentido, v. PAULO LACÃO, *A prescrição da obrigação de indemnizar: Notas sobre o artigo 498.º, n.º 1, do Código Civil* (Dissertação de Mestrado), FDUNL (2017) 34-37.

1162 Ressalve-se que este prazo ordinário é idêntico em extensão, mas não no início da contagem: na de tipo delitual, esta inicia-se com o facto danoso (498.º/1, cfr. a menção a «*a contar do facto danoso*») e na de tipo obrigacional, quando o direito puder ser exercido (306.º/1); v., neste sentido, a recente anotação de MENEZES CORDEIRO ao artigo 498.º, em *Código Civil comentado*, II, § 5, 449. Iremos desenvolver este aspeto *infra*, na nota de rodapé 1192.

1163 As demais regras não são integralmente coincidentes. No plano da coincidência, veja-se, a título exemplificativo, (*i*) em caso de dolo do lesante, a aplicação da peculiar regra disposta no artigo 321.º/1, mediante a qual, o prazo prescricional de três anos (498.º/1) corre por dois anos e nove meses, suspendendo-se nos últimos três, se o desconhecimento do lesante deriva de facto doloso deste (*ex vi* o n.º 2 do mesmo preceito; atendendo ao conhecimento, por regra, da pessoa do devedor) – no fundo, na situação limite em que, pelo dolo do lesante, o lesado não tem conhecimento da identidade do primeiro durante um lapso considerável de tempo (*i. e.*, mais de dois anos e nove meses), a partir do momento em que tem, dispõe de noventa dias para propor a acção contra o lesante (citando-o, de forma a interromper a prescrição, 323.º/1); ou (*ii*) a aplicação do disposto no artigo 521.º, em caso de pluralidade de responsáveis, situação também típica do plano delitual (513.º).

Pedro de Albuquerque refutou a dualidade do regime prescricional das modalidades consideradas. O ilustre Professor invoca vários argumentos[1164], nomeadamente (1) carecer de fundamento essa diferenciação, por apelo à distinção entre o dever de prestar e o de indemnizar[1165]; invoca ainda (2) a inadmissibilidade de o prazo prescricional (ordinário) do cumprimento da obrigação correr em simultâneo ao prazo relativo à ação de indemnização (e não desde a ocorrência do dano)[1166], o facto de (3) não ser a obrigação de indemnização que prescreve nos termos do artigo 498.º, mas o direito potestativo inerente[1167], (4) existir um conjunto alargado de normas delituais aplicáveis à responsabilidade obrigacional, cuja lógica seria partilhada por este entendimento[1168], (5) a responsabilidade obrigacional comungar dos fundamentos que presidem à natureza excecional da norma na vertente delitual, *i.e.*, das preocupações probatórias enunciadas por Vaz Serra[1169], as quais justificaram a previsão de um prazo mais curto, (6) a incongruência gerada de um sujeito ser demandado em processo penal e não em processo civil (recorrendo ao exemplo da prescrição presuntiva que constitua crime, cfr. 316.º e 117.º/1, d) CP[1170]) e, por fim, (7) ser este o entendimento conforme à natureza monista do sistema de responsabilidade civil[1171]. Com a devida vénia, discorda-se do entendimento do ilustre Professor. A distinção entre o dever de prestar e de indemnizar – à qual não se aderiu – não obriga necessariamente à sujeição a um regime idêntico da obrigação de indemnizar, sendo este entendimento compatível com o reconhecimento de *várias* obrigações de indemnizar, *rectius*, vários regimes associados a esta obrigação. Aliás, estoutra ilação do Autor é apenas retirável perante a unificação do dever de indemnizar, identidade essa que inexiste nas modalidades consideradas, a título de *objeto*, *fim*, *regime* e de *fonte*, tal como sucede, aliás, na distinção *entre* aqueles deveres (de prestar e de indemnizar), tal como o ilustre Professor indica[1172]. Em segundo lugar, não se compreende a possibilidade de

1164 Em *A aplicação do prazo prescricional*, 793-837.

1165 Ob. cit., 800.

1166 Ob. cit., 804.

1167 Ob. cit., 804 e ss.

1168 Ob. cit., 817.

1169 *Prescrição do direito de indemnização*, 47-48.

1170 Ob. cit., 828.

1171 Ob. cit., 831.

1172 Cfr., *supra*, § 12; 1.

o prazo prescricional, em caso de incumprimento, coincidir totalmente com o de *cumprimento* da obrigação a que se reporta (304.º/1), já que o primeiro depende sempre de um grau mínimo inadimplemento; neste período temporal, *não* carece, aliás, de se verificar todo o dano tutelável, tal como o futuro (564.º/2). Por outro lado, a natureza potestativa do direito à indemnização (novamente, sem influência descortinável na pretensa divergência quanto ao regime da prescrição), nem a *ratio* relativa à dificuldade probatória do preceito delitual[1173], obriga à mesma conclusão, porquanto tal como a facilidade probatória delitual não dilata aquele prazo de três anos para o ordinário (de vinte anos), a inexistência pontual de meios de prova quanto ao inadimplemento não obriga a reduzir o prazo prescricional ordinário, aproximando-o do delitual. Mais: o acervo significativo de normas delituais depende de remissão expressa para serem aplicáveis à responsabilidade obrigacional (487.º/2, 488.º e 489.º *ex vi* 799.º) ou respeita o espaço obrigacional, em sede de âmbito de aplicação, não sendo, nesta medida, sobreponíveis (485.º/2[1174], 486.º, 491.º a 493.º [1175])[1176], pelo menos com o peso cotejado. As demais alegadas incongruências que imporiam a unidade do regime prescricional também devem ser afastadas: a autonomia da responsabilidade civil perante a criminal é uma conquista face ao entendimento oitocentista[1177], temperada é certo (*v.g.*, 71.º CPP), mas reconhecida expressamente pela lei (129.º CP[1178]). Consagra-se, hoje, um regime prescricional totalmente autónomo do da obrigação civil (118.º a 126.º CP). Termos em que não se pode acompanhar a submissão total do regime prescricional da responsabilidade civil ao do procedimento criminal, salvo a previsão expressa existente para

1173 Ao qual Menezes Cordeiro adita a satisfação das dimensões preventivas e retributivas da responsabilidade civil, em *Tratado*, VIII, 757.

1174 V., por todos, Sinde Monteiro, em *Responsabilidade por conselhos*, 383-384, 427-429 e 627-633.

1175 Rui Ataíde, *Responsabilidade Civil*, 947. No mesmo sentido, Teixeira de Sousa, *O Concurso*, 323 e ss. e Pedro Pitta e Cunha, *Omissão e Dever*, 153.

1176 Não têm manifestamente aplicação, no campo obrigacional, outros preceitos suscitados pelo A., nomeadamente os artigos 483.º, 490.º, 494.º, como visto anteriormente. Curiosamente, o Autor não elenca a tutela dos danos não patrimoniais (496.º); resta saber se pela força do argumento sistemático, cuja relevância foi afastada nesta sede.

1177 Nos termos do artigo 2365.º do Código Civil de 1867, determinava-se «[a] responsabilidade criminal é sempre acompanhada da responsabilidade civil; mas a civil nem sempre é acompanhada da criminal. Os casos em que esta última é acompanhada da responsabilidade civil estão especificados na lei».

1178 Segundo o artigo 129.º CP (Responsabilidade civil emergente de crime), «[a] indemnização de perdas e danos emergentes de crime é regulado pela lei civil».

a via delitual (498.º/3). Mais: a responsabilidade delitual pode, dependendo do crime em causa, ultrapassar a responsabilidade criminal, se submetida ao prazo ordinário mediante reconhecimento judicial ou por título executivo (311.º/1). Por outro lado, o apelo ao sistema monista assume-se uma petição de princípio nesta sede: determina-se a igualdade do prazo prescricional pela unidade do regime de responsabilidade (cuja unidade se determina também pela igualdade do prazo prescricional...), *i.e.*, quando a conclusão se convola na premissa, ambas as realidades ficam por demonstrar[1179].

Por fim, contam-se ainda vários argumentos que autonomamente superam a pretensa unidade do prazo prescricional delitual previsto no artigo 498.º, designadamente (1) o de tipo *sistemático*, tendo em conta a inserção do preceito em sede da regulação da responsabilidade delitual (483.º e ss.) e não no espetro comum da obrigação de indemnizar (562.º e ss.), (2) o enquadramento de outras regras contidas no preceito base (498.º), as quais têm em vista especialidades delituais, dificilmente compatíveis com o regime obrigacional, tal como (*i*) a menção ao *desconhecimento do responsável* para efeitos do início da contagem do prazo, a qual se incompatibiliza com o facto de este responsável ser o *devedor inadimplente*, dado que o regime obrigacional apenas permite a indeterminação do *credor* no momento da constituição da obrigação (498.º/1 e 511.º)[1180], (*ii*) a prescrição do direito de regresso, em confronto com o regime previsto para as obrigações solidárias reportado ao prazo prescricional da obrigação inicial, com particularidades (498.º/2 e 521.º), (*iii*) a dilação *pessoal*[1181]

1179 V., *infra*, § 14; 1.

1180 O desconhecimento do responsável permite suspender o prazo prescricional nos últimos três meses do prazo (321.º) e interrompê-lo a partir do momento do reconhecimento do direito do lesado (325.º). Neste sentido, Menezes Leitão, *Direito das Obrigações*, I, 424. V., também, a propósito da indeterminação da pessoa visada e a forma de superar esse desconhecimento, o disposto nos arts. 459.º e 2182.º/2, relativos à promessa pública e aos beneficiários do testamento; cf. Ribeiro de Faria, *Direito das Obrigações*, I, 41.

1181 Entende Antunes Varela que a presente dilação não se comunica aos co-obrigados que não (com)participaram no crime, em particular ao comitente (*Das obrigações*, I, 629). Essa é, no entanto, uma leitura contrária ao propósito do preceito e desligada de qualquer base legal. De facto, a lei não restringe o alargamento do prazo apenas ao *autor material do crime*. A presente discussão é recentrada, em termos latos, na responsabilidade das «pessoas com responsabilidade meramente civil» (73.º CPP). Ora, é entendimento sedimentado nas instâncias – contrário ao já enunciado e, por sinal, de Vaz Serra, *Prescrição do direito de indemnização*, 60-61 – de que o alargamento do prazo também se aplica a estes sujeitos (cf., por todos, os acs. STJ de 31-Jan-2007, Sebastião Póvoas, e de 22-Mai-2013, Tavares de Paiva). O critério chave – à margem de argumentos de ordem axiológica,

do prazo de três anos, se o facto ilícito constituir *crime* (498.º/3), o qual se reporta à prática de *delitos*, atendendo à (pretensa) exclusividade da tutela civil do incumprimento[1182]; e, por fim, a (3) cisão indevida da tutela obrigacional, já que esta unificação dos prazos prescricionais conduziria em caso de incumprimento, à existência de dois prazos de prescrição distintos, nomeadamente (*i*) enquanto se mantiver obrigação, submetido ao prazo ordinário, e (*ii*) em caso de incumprimento definitivo ou de impossibilidade culposa, a este equiparada (801.º/2), um prazo mais curto, favorecendo o incumprimento temporário[1183].

apelando à *certeza* e *segurança jurídicas* ou à *unidade do sistema jurídico* (cf. TRE, de 12-Jun-2019, Manuel Bargado) – reside na *conexão jurídica* estabelecida entre as várias pretensões geradas. Sabemos, aliás, que estas podem ter associados prazos prescricionais distintos, mesmo no modelo de solidariedade (521.º). Por este motivo, o argumento da *solidariedade* (tal como sucede entre os coautores, instigadores ou auxiliares no âmbito delitual, 490.º, ou em sede de responsáveis pelo risco, 507.º) não é argumento necessário, nem suficiente ao alargamento deste prazo. Diferente será, claro está, a natureza *subsidiária* da responsabilidade (no caso das seguradoras). Pois bem, aquela unificação depende de as responsabilidades em causa emergirem ao nível delitual e provirem «do mesmo facto ilícito» o qual constitua crime (498.º/3, *in fine*); existe, por cominação legal expressa, um *alargamento* do prazo prescricional dos sujeitos com intervenção *factual* (no modelo de comparticipação, 490.º) ou *jurídica* (tal como sucede na responsabilidade pelo risco, desligada de contributos causais, 497.º, 499.º) no contexto do evento que consubstancie a par da responsabilidade delitual a prática de um crime.
Rompido este modelo de responsabilidade (tal como sucede com a responsabilidade *parciária* dos codevedores a título obrigacional, 513.º), nada obriga à aplicação do mesmo prazo. Convém recordar que os quadros dogmáticos em causa são puramente juscivilísticos.

1182 A exceção manifesta reconduz-se, hoje, à violação da obrigação de alimentos (250.º CP), embora o tipo criminal careça de elementos adicionais ao puro e simples inadimplemento da obrigação alimentar. Outros exemplos devem ser considerados, como visto, embora discutivelmente seja essa o sentido (histórico e atual) desta previsão delitual; cfr. *supra*, § 4; nota de rodapé 116. Por outro lado, o *cumprimento* da obrigação não consubstancia a prática de um crime, porquanto a sua fonte convencional é nula (280.º) ou inexiste, caso a obrigação se impossibilite supervenientemente por contrária a uma lei posterior (790.º). Sobre a contraposição entre o âmbito de aplicação do artigo 280.º/1 em confronto com o do 294.º v. José Ferreira Gomes, *A nulidade do negócio jurídico por contrariedade à lei*, Livro do Cinquentenário do Código Civil, Vol. II, 182 e ss. A exceção à consequência da nulidade ou impossibilidade da obrigação reporta-se à usura criminosa (284.º), cujo negócio é meramente anulável (282.º/1), embora, neste caso, o prazo para o exercício do direito de anulação ou de modificação não se esgote enquanto o crime não prescrever, confirmando a natureza excecional do presente prazo prescricional.

1183 Neste sentido, para Antunes Varela o prazo prescricional especial fixado no artigo 498.º vale apenas para a responsabilidade extracontratual. O Autor afirma «não faria sentido que uma das obrigações simples emergentes da relação obrigacional prescrevesse no curto prazo de três anos e as restantes, derivadas da mesma relação, prescrevessem só ao cabo de vinte anos», em *Das obrigações*, I, 628. Também, Pires de Lima e Antunes Varela, *Código Civil Anotado*, I, 505,

Sedimentam-se, deste modo, as divergências de regime quanto ao prazo prescricional nas modalidades consideradas.

As exceções ao prazo geral enunciado para ambas as modalidades são múltiplas, nomeadamente no que respeita à via delitual e a título exemplificativo, (1) a *inexistência* de prazo no que respeita à reconstituição natural da personalidade violada[1184] ou, ainda, (2) o prazo de *cinco* anos pela infração ao direito da concorrência (artigo 6.º da Lei n.º 23/2018, de 5 de junho)[1185]. No que respeita à modalidade obrigacional, atente-se à previsão de prazos de prescrição mais curtos, nomeadamente (3) na responsabilidade pré-contratual, a remissão expressa para a prescrição nos termos delituais (227.º/2)[1186], (4) o prazo de prescrição de um ano a contar do rompimento da promessa ou da morte do promitente (1595.º)[1187], (5) as regras relativas ao *cumprimento defeituoso*[1188],

com menção da jurisprudência que se debruçou sobre o problema e o entendimento consonante de Vaz Serra (anot. ao ac. STJ 18-Fev-1972, em RLJ, Ano 106, n.º 3490, 1973-1974, 12-16 (14), e em anot. ao ac. STJ de 16-Mar-1976, Ano 110, n.º 3591, 1977, 83-88, (87)). No ac. STJ de 18-Abr--2001(Araújo de Barros), afirmou-se perentoriamente: «seguindo a tendência dos mais recentes códigos de reduzirem os prazos de prescrição do direito a indemnização por responsabilidade civil extracontratual (1), também o n.º 1 do art. 498.º do C. Civil veio, como excepção ao prazo prescricional ordinário (309.º) estabelecer para tais casos uma prescrição de mais curto prazo». Recentemente v., ainda, o ac. do STJ de 12-Set-2019 (Rosa Tching).

1184 Oliveira Ascensão, *Direito Civil Teoria* Geral, I, 99.

1185 Cujo regime é delitual por remissão expressa, nos termos do artigo 3.º/1 da Lei mencionada.

1186 A qual qualificamos como geradora de responsabilidade obrigacional, v., *infra*, § 13; 1.1.

1187 Entendido ainda no escopo pré-contratual. A previsão do prazo como de *caducidade* não afasta a sua relevância nesta sede. Aliás, a clássica distinção entre os institutos depende, neste campo, de qualificação expressa legal, sob pena de serem aplicáveis as regras da caducidade (298.º/2). Sobre este tema, v., entre outros, Vaz Serra, *Prescrição extintiva e caducidade*, BMJ, 105 (Abril de 1961), 5-248; 106 (Maio de 1961), 45-278; 107 (Junho de 1961), 159-302; Aníbal de Castro, *A caducidade na doutrina, na lei e na jurisprudência*, Lisboa, 1962; Romano Martinez, *Da cessação do contrato*, 45 e ss.; Fernando Cunha de Sá, *Modos de extinção das obrigações*, Estudos em homenagem ao Prof. Doutor Inocêncio Galvão Telles, I, Almedina: Coimbra (2002), 241-262; Menezes Cordeiro, *Da caducidade no Direito português*, Estudos em memória do Professor Doutor José Dias Marques, Almedina: Coimbra (2007), 7-29; e, com referências, Ana Filipa Morais Antunes, *Prescrição e caducidade*, 2.ª ed., Coimbra Editora: Coimbra (2014), 21-46 e em *Algumas questões sobre prescrição e caducidade*, separata de estudos em homenagem ao Prof. Doutor Sérvulo Correia, Coimbra Editora: Coimbra (2010), 35-72. Acompanhamos as reservas de Pinto Monteiro quanto ao fundamento da divergência do regime, em particular quanto importam a exclusão das convenções válidas sobre o prazo legal da prescrição (300.º), mas não os de caducidade (330.º), em *Cláusulas limitativas*, 110-114, *maxime* nota 227. Sobre o enquadramento da responsabilidade civil pré-contratual, v. *infra*, § 13; 1.1.

1188 Ressalvado o artigo 1225.º. Sobre este ponto, v. Pedro Romano Martinez, *Cumprimento Defeituoso*, 231 e 350.

(6) as previsões especiais em sede dos contratos (*v.g.*, no âmbito do contrato de empreitada, as previsões constantes dos artigos 1224.º e 1225.º/2[1189], incluindo o direito de regresso, 1226.º), ou, em legislação extravagante – p. ex., o prazo de seis meses para a prestação de serviços públicos, de um ano no âmbito do contrato de transporte rodoviário nacional de mercadorias e na indemnização de clientela no contrato de agência e, por fim, de dois anos no caso da responsabilidade emergente de contrato de transporte de passageiros por mar[1190] –, bem como, em particular, (7) a existência de *prescrições presuntivas* (*v.g.*, as dos artigos 316.º e 317.º)[1191].

[*contagem*] *ii.* o *momento em que se inicia a contagem do prazo* é também, por sua vez, distinto nas modalidades consideradas: inicia-se quando ocorre o evento determinante de responsabilidade (*i.e.*, quando o direito possa ser exercido, 306.º/1) na modalidade obrigacional, por oposição àquele momento em que «*o lesado teve conhecimento do direito que lhe compete, embora com desconhecimento da pessoa do responsável e da extensão integral dos danos*» (498.º/1), na de tipo delitual; embora ambos possam, claro está, coincidir cronologicamente[1192].

1189 Romano Martinez defende, embora de *iure condendo*, que a solução deveria ter sido outra: a disparidade dos prazos manifesta-se quanto ao tempo do exercício de direitos conexos com a indemnização, incompatibilizando-se com a aplicação daquele prazo ordinário, tal como o prazo de execução específica e de exercício de direitos especiais (917.º e 1224.º); *idem*, 213 e respetiva nota 728.

1190 V. o artigo 10.º da Lei n.º 23/96, de 26 de julho, na sua redação atual; o artigo 24.º/1 do Decreto-Lei n.º 239/2003, de 04 de outubro, na sua redação atual; o artigo 33.º/4 do Decreto-Lei n.º 178/86, de 3 de julho, na sua redação atual; e o artigo 16.º/2 do Decreto-Lei n.º 349/86, de 17 de outubro, respetivamente. Contam-se, ainda, importantes previsões em sede, como vimos, da responsabilidade civil do produtor (de 3 anos, cfr. o art. 11.º do Decreto-Lei n.º 383/89, de 06 de novembro, na sua redação atual), no regime jurídico do contrato de seguro (remissiva para os prazos regulados no Código Civil, cfr. o art. 145.º do Decreto-Lei n.º 78/2008, de 16 de abril, na sua redação atual) e no regime da responsabilidade por danos ambientais (no prazo de 30 anos, segundo o art. 33.º do Decreto-Lei n.º 147/2008, de 19 de setembro, na sua redação atual). Nos termos do artigo 9.º do Decreto-Lei n.º 321/89, de 25 de setembro, na sua redação atual, a responsabilidade do transportador aéreo prescreve no prazo de três anos contados da data de chegada ao destino ou do dia em que deveria ter chegado ou, ainda, da data em que se tenha verificado a interrupção do transporte (16.º).

1191 No que respeita às prescrições presuntivas, estas reportam-se ao dever de prestar (inicial), mas consomem a relevância do seu inadimplemento, conquanto se presume o respetivo cumprimento (312.º). São, por este motivo, relevantes nesta sede.

1192 As diferenças podem, portanto, alcançar o *ponto de referência* de início da contagem do prazo (embora estas partilhem regras, tal como a não consideração do próprio dia em que se reúnam as condições, 279.º, b) e 296.º): veja-se que prototipicamente no plano *delitual* (483.º), atendendo à regra particular de prescrição, a natureza *duradoura*, *permanente* ou *persistente* da lesão (*v.g.*, sequestro da vítima, ocupação de imóvel de terceiro), suspende a consumação da lesão ou do perigo de lesão (vulgo, ilicitude) e não permite, por este motivo, o início da contagem do prazo: o *direito que compete ao lesado* ainda está em formação, cujo conhecimento, como é sabido, é o fator que inicia a contagem do prazo (498.º/1). Por outras palavras, estamos numa fase em que se apura (ainda que para meros efeitos de *extensão*, porquanto a verificação já é, em si, certa) um dos requisitos do título de imputação, a *ilicitude*. Grave seria que o lesante se escudasse neste instituto destinado a prevenir uma apreciação temporalmente distante da sua responsabilidade por apelo ao momento de início de uma atuação que se revelou de natureza *duradoura* e, por sinal, *recente*. Aliás, o dano, distinto da ilicitude, produzido no último momento, ainda será tutelável, pese embora, quanto a este, o conhecimento da sua «extensão integral», tal como da pessoa responsável, não interfere no início da contagem do prazo (498.º/1). No Direito Penal a matéria, por referência aos crimes permanentes, continuados, habituais (numa lógica transponível, *mutatis mutantis*, para o prisma da ilicitude civil) foi manifestamente prevenida: o prazo só corre no dia em que *cessar a consumação* ou no dia da *prática do último ato*, respetivamente (art. 119.º/2, a) e b) CP; a discussão doutrinária na distinção das figuras é fértil e importantíssima, em particular atendendo ao conceito unitário de ação para a doutrina do crime, e na distinção de figuras próximas, tanto em sede de concurso, como no plano da reincidência; cf. FIGUEIREDO DIAS, *Direito Penal*, I, 313-314, 977 e ss.; GERMANO MARQUES DA SILVA, *Direito Penal Português*, III, 317; EDUARDO CORREIA, *Concurso*, 16 e ss; recentemente, v. ainda CRISTINA LÍBANO MONTEIRO, *Do concurso de crimes*, 29 e ss.). Efetivamente, esta doutrina tem aplicação *indireta*, quando o facto ilícito civil consubstancie a prática de um crime, sujeito a prazo mais longo (498.º/3) – e, para este efeito, não é necessário que o lesante tenha sido condenado pela prática do crime ou que corra procedimento criminal pelos factos contra o lesante, cf. jurisprudência sedimentada no STJ (v., por todos, o ac. 23-Out-2012, MOREIRA ALVES) e, assim, nas instâncias, p. ex., o TRE, de 08-Mar-2018 (MATA RIBEIRO) e TRL, de 02-Jun-2016 (MARIA JOSÉ MOURO). Resta saber o que sucede na hipótese inversa, perante a aplicação singela do disposto no número 1 do preceito, *i.e.*, quando o facto não constitua crime: como indiciado, neste tipo de lesão *duradoura*, *permanente* ou *persistentei*, a responsabilidade do agente não prescreve até ao momento da respetiva consumação; neste sentido, supomos, situa-se RIBEIRO DE FARIA, quando o ilustre Professor defende «enquanto se não reúnem os requisitos da responsabilidade e, entre eles, a determinação do dano, se não afigura dever correr a prescrição, pois o credor da indemnização não sabe ainda quanto há-de exigir nem o tribunal em quanto há-de fixar exactamente a indemnização» (*Direito das Obrigações*, 502); de forma mais expressa, situa-se VAZ SERRA, *Prescrição do direito de indemnização*, BMJ 87 (1959), 23-67, quando afirma que o início da contagem do prazo se pode referir ao momento em que o dano se produza: «[p]arece não haver motivo para que a prescrição comece a correr sempre da data do facto ilícito, mesmo que o dano só depois se produza. Enquanto se não reúnem os requisitos da responsabilidade e, entre eles, o dano, não se afigura dever correr a prescrição, pois o credor da indemnização não sabe ainda quanto há-de exigir nem o tribunal em quanto há-de fixar exactamente a indemnização.» (*idem*, 41).

Noutro ponto, também aqui podemos diferenciar as modalidades em causa, pelo menos naquilo que seja a regra quanto à *forma de consumação* das lesões: na via obrigacional, a falta de cumprimento tem, em regra, um momento fixo, ainda que se protele a não restauração do estado devido, quando possível (cfr., p. ex., o momento de constituição em mora, 805.º); mas, neste plano, também há exceções. A via delitual não se esgota tipicamente numa consumação instantânea, ou, pelo menos, não lhe podemos apontar essa característica. Resta, portanto – e este é o ponto nevrálgico –, determinar a (*i*) *unidade normativa* do evento no apuramento dos requisitos do título de imputação e, no plano delitual, (*ii*) o respetivo conhecimento para efeitos do início da contagem do prazo. Quanto a este

[*unificação*] *iii*. Por fim, cumpre mencionar que o direito à indemnização, reconhecido em sentença transitada em julgado ou outro título executivo fica sujeito ao prazo ordinário de vinte anos (311.º/1), em ambas as modalidades consideradas[1193], comungando nesta medida na sujeição àquele termo.

VI. Em sede de concurso, naturalmente que a prescrição não extingue o título concorrente, por regra o obrigacional, dada a superior extensão de que beneficia (309.º)[1194]. Por outras palavras, cada modalidade fica autonomamente sujeita ao respetivo limite prescricional, o qual não se comunica. É uma solução que não é desconhecida pelo nosso regime: atente-se à independência da prescrição entre o direito de *indemnização* perante a da ação de *reivindicação* ou de restituição do *enriquecimento sem causa* (498.º/4; embora a última não

último elemento, note-se que se trata do conhecimento dos elementos *constitutivos* do direito, *i.e.*, os elementos de facto: não se trata, e este ponto é determinante, de um conhecimento *normativo em abstrato*, de direito; neste sentido, v. ANTUNES VARELA, *Das Obrigações*, I, 518, e, em anotação ao art. 498.º, v. GABRIELA FERNANDES, *Comentário ao Código Civil*, 375. A mesma lógica – desconsiderando a relevância da ignorância da lei (6.º, segunda parte) – é aplicável ao prazo prescricional do enriquecimento (482.º); neste sentido, v. em anotação ao artigo 482.º, DIOGO COSTA GONÇALVES, em *Código civil comentado*, II, 403.
Nada impede, portanto, que se apliquem na via obrigacional, prazos de prescrição distintos a prestações também diferentes, vencidas em momentos temporalmente desfasados, por referência à situação atual, embora no contexto da mesma relação obrigacional (p. ex., é perfeitamente possível, no contexto de um contrato de fornecimento, considerar devida a fatura referente a 2018, mas já não a de 2010); ressalvadas, claro está, as regras suspensivas e interruptivas da contagem deste prazo. Este entendimento exporta-se para o plano delitual, o qual denominamos de *ressalva dos últimos três anos*, naturalmente: vários AA. defendem a possibilidade de tutela do dano de que o lesado tenha conhecimento nos últimos três anos, desde que não esteja ultrapassado o prazo ordinário de prescrição a contar da situação de responsabilidade; neste sentido v. ANTUNES VARELA, *Direito das Obrigações*, I, 627. Este entendimento foi seguido por PIRES DE LIMA e ANTUNES VARELA, *Código civil anotado*, I, 504, e MENEZES LEITÃO *Direito das Obrigações*, I, 424. Nas instâncias, veja-se, em linha, o ac. do STJ, de 18-Abr-2002 (ARAÚJO BARROS), mencionado na anotação completíssima de GABRIELA PÁRIS FERNANDES ao art. 498.º, em *Comentário ao Código Civil*, 370-382 (375), bem como o de 25-Jun-2013 (FERNANDES DO VALE). Em sentido contrário, veja-se, no entanto, o ac. do STJ, de 21-Jun-2018 (OLINDO GERALDES) e, recentemente, delimitando com mestria os ilícitos permanentes do ilícito instantâneo, mas com efeitos permanentes, o ac. TRG, de 21-Jan-2021 (JOSÉ AMARAL).

1193 Recordando a recontagem de um novo prazo para o direito a indemnizar, em confronto com o dever de prestar, v. MARIA DE LURDES PEREIRA, *Conceito de Prestação*, 233. MENEZES CORDEIRO distingue habilmente, como vimos, a presente figura em três planos, em *Tratado*, VIII, 756.

1194 MARIA GRAÇA TRIGO, *Responsabilidade civil*, 373 e ss., defende que, em resultado da conjugação do disposto nos números 1 e 3 do art. 498.º, «quando for aplicável um prazo mais longo de prescrição à obrigação de indemnizar do comissário, esse prazo abrangerá também a obrigação do comitente».

prescreva de todo, como se sabe, 1313.º). Também neste sentido, além-Reno, onde impera o princípio da livre competição entre as pretensões, afirma-se expressamente que, numa situação de concurso de responsabilidade, a prescrição do título delitual (a qual tende a ocorrer primeiro), não implica a prescrição do obrigacional[1195] – a solução é o *resultado*, e não um fundamento, da autonomia das modalidades de responsabilidade civil em confronto. Recentemente, mitiga-se este entendimento clássico, de forma a não inutilizar a prescrição de prazos mais curtos através do recurso a uma forma de responsabilidade concorrente, sujeita ao prazo geral, como veremos[1196].

2.4. Incumprimento do *dever de indemnizar* e o surgimento de uma obrigação de indemnização secundária

VII. Avulta ainda uma marcada diferença quanto ao *regime do incumprimento* da obrigação de indemnizar. Nesta sede, emergem numerosos problemas, entre os quais destacamos as dificuldades de determinação:

a. do *momento da constituição em mora*, atendendo à contradição entre o disposto na alínea b) do n.º 1 do artigo 805.º e o respetivo n.º 3 (aditado pelo Decreto-Lei n.º 262/83, de 16 de junho);
b. dos *danos a tutelar*, pela concorrência da tutela dos prejuízos emergentes do incumprimento do dever de prestar ou *neminem laedere* (dever de indemnização *primária*) e pelo incumprimento do próprio dever de indemnizar, subsequente (obrigação de indemnizar *secundária*), confrontando o disposto nos artigos 566.º/2 e 806.º[1197]; e

[1195] Peter Arens, *Zur Anspruchskonkurrenz*, 401-402, Hans Brox, *Allgemeines Schuldrecht*, § 1, II, 17. No mesmo sentido, em sede de um *System freier Anspruchskonkurrenz*, afirma-se que o cumprimento de uma pretensão não pode ser recusado porque colide com outra; MüKoBGB/Baldus (8.ª ed., 2020), BGB § 985 n. 151. Contra, Larenz, *Lehrbuch*, II, BT, 2, § 83, VI, 598. Veio aderir a este entendimento Antunes Varela, *Das obrigações*, I, 629, e Menezes Cordeiro, *Tratado*, VIII, 757. A admissibilidade de um sistema de não-cúmulo das pretensões, conquanto se reconheça apenas uma, *unitária*, conduz necessariamente a outro resultado. Contra, Romano Martinez vem admitir na hipótese de um prazo prescricional de responsabilidade obrigacional inferior ao delitual (o que sucede por regra em sede das normas que regem o cumprimento defeituoso) a aplicação deste último, mais extenso, à primeira, cf. *Cumprimento Defeituoso*, 235.

[1196] Cfr., *infra*, § 17; 2.1.

[1197] Antunes Varela, *Das Obrigações*, II, 119-120 (e respetiva nota 2).

c. do regime aplicável ao *incumprimento temporário da obrigação pecuniária*, incluindo a indemnização pecuniária.

a. Em primeiro lugar, a compatibilização de duas disposições antagónicas – por um lado, a mora *automática*, *i.e.*, independentemente de interpelação, quando provenha de facto ilícito (805.º/2,b), e, por outro lado, o facto de, em caso de responsabilidade por facto ilícito, o devedor constituir-se em mora *desde a citação* (805.º/3) – é feita segundo Pires de Lima e Antunes Varela, admitindo-se que a mora prevista no artigo 805.º/2, a) visa a obrigação primária de indemnizar na *ação declarativa*; já a nova previsão (805.º/3)[1198] almeja apenas a obrigação de indemnizar secundária, no atraso do cumprimento da obrigação inicial (uma *outra* mora), a partir da citação para *a ação executiva*[1199]. Interpretação meritória que se acompanha, por necessidade, e de forma a não inutilizar esta pobre reforma legislativa.

b. Reveste particular interesse a investigação de Pinto de Oliveira quanto ao concurso da indemnização primária com aquela devida em caso de incumprimento da obrigação de prestar, atendendo ao confronto do disposto nos arts. 562.º, 566.º e 805.º/3. No fundo, coloca-se o problema de saber se o lesado pode exigir, em simultâneo, a indemnização pecuniária devida pelos danos sofridos com a lesão delitual, na data mais recente que puder ser atendida pelo tribunal (566.º/2; obrigação de indemnizar *primária*), cumulada com a indemnização devida pelo atraso no cumprimento desta *obrigação de indemnizar*, desde a data da citação (805.º/3, 806.º/1 e 3: obrigação de indemnizar *secundária*)[1200]. Ou seja, questiona-se se a indemnização pela lesão (de primeiro grau) é cumulável com a indemnização pelo atraso no seu cumprimento (de segundo grau), uma vez que esta é devida desde o momento da citação, ainda que ilíquida (805.º/3).

Segundo Pinto de Oliveira, a incompatibilidade das proposições jurídicas decorre de o critério estabelecido no artigo 566.º/2 incluir todos os danos causados pelo evento (562.º), «incluindo a eliminação dos danos decorrentes do *atraso* na liquidação» (806.º)[1201]. Da nossa parte, a compatibilidade entre as indemnizações almeja-se com o reconhecimento de que os respetivos títulos

[1198] Aplicável somente à responsabilidade delitual, extracontratual ou aquiliana, tal como dispõe o preâmbulo do Decreto-Lei que introduziu a alteração, v. Pires de Lima e Antunes Varela, *Código Civil Anotado*, II, 65.

[1199] Pires de Lima e Antunes Varela, *Código Civil Anotado*, II, 66.

[1200] Pinto de Oliveira, *Estudos*, 33–50.

[1201] Ob. cit., 42.

de imputação visam a tutela de danos *distintos*, tal como PINTO DE OLIVEIRA súmula, ainda em entendimento contrário ao seu: «o n.º 2 do art. 566.º concederia ao credor o direito à reparação dos prejuízos provocados pelo preenchimento de uma previsão de responsabilidade por factos ilícitos ou de uma previsão de responsabilidade pelo risco (*i.e.* o direito à indemnização primária), o n.º 3 do art. 805.º, conceder-lhe-ia o direito à reparação dos prejuízos provocados pelo atraso em cumprir a obrigação de indemnizar, *i.e.*, o direito à indemnização secundária.»[1202].

No mesmo sentido, colocou-se o problema de determinar a possibilidade de se cumularem os juros de mora, desde a data da citação, com a atualização da indemnização em função da taxa de inflação[1203]. Neste caso, atendendo à diversidade dos interesses em causa, admite-se a cumulação das pretensões, contrariamente ao entendimento expresso, em 2002, no acórdão de uniformização de jurisprudência do STJ de 9 de maio (n.º 4/2002).

c. Em terceiro lugar e por fim, o artigo 806.º apresenta soluções distintas para (*i*) o incumprimento do *dever de prestar* (de uma obrigação pecuniária, na qual se inclui a de indemnizar (n.º 1)[1204]) e, por especialidade, uma outra solução para (*ii*) o incumprimento do *dever de indemnizar*, quando (exclusivamente, note-se) derivada de responsabilidade por facto ilícito ou pelo risco (n.º 3). Nesta medida, gera-se uma desigualdade na tutela do incumprimento temporário das obrigações pecuniárias no âmbito das modalidades consideradas: a indemnização devida por responsabilidade obrigacional, como de qualquer obrigação pecuniária, é regulada em geral pelo número 1 e corresponde (apenas) aos juros moratórias legais, em regra (806.º/2 e 559.º). Ao invés, perante a responsabilidade delitual ou pelo risco, recaímos, por especialidade, no número 3 e o credor tem a prerrogativa de demonstrar que os danos excedem aquele montante. A diferença é, assim, em primeira linha, *quantitativa*.

1202 Ob. cit., 42-43 e nota 74. O Autor segue o entendimento de VAZ SERRA que se opõe ao cúmulo do direito à indemnização primário e do direito à indemnização secundária, desde a data da citação, em *Obrigação de indemnização*, 247.

1203 O acórdão de uniformização de jurisprudência do STJ n.º 4/2002, de 9 de maio, defendeu a inadmissibilidade dessa cumulação.

1204 A obrigação de indemnizar em *espécie* segue os termos gerais (798.º), não sendo restrita ao limite presente no n.º 1 do art. 806.º.

Considere-se o seguinte exemplo: se A, na qualidade de comprador, não paga o preço devido, de 1.000 euros, ao vendedor, B, no prazo acordado, geram-se juros moratórios pelo incumprimento temporário desta obrigação pecuniária (806.º/1). Se A posteriormente não pagar o preço, nem os juros, sobre estes juros não se geram novos juros (cfr. o art. 806.º/1). Mas se B agride C e é condenado a pagar uma indemnização ao lesado, no valor de 1.000 euros, pelo não pagamento temporário desta indemnização, tem o lesado, C, sucessivamente (e, note-se, a título de responsabilidade *obrigacional* pelo não cumprimento da obrigação de indemnização dos danos delituais) direito a juros moratórios, podendo requerer uma *indemnização suplementar*, se sofrer danos superiores aos juros, porque deriva de *factos ilícitos* (806.º/3).

Importa, primeiramente e tal como indiciámos, apelar a uma classificação que distingue entre o dever de indemnizar em sentido lato e aquele dever de indemnizar derivado do incumprimento da obrigação de indemnizar: apela-se à responsabilidade *primária*, *inicial* ou de *primeiro grau* para o incumprimento do *dever de prestar* ou de *neminem laedere* (*i.e.*, o dever de indemnizar em sentido próprio) e, por outro lado, de responsabilidade *secundária*, *subsequente* ou de *segundo grau*, derivada do *incumprimento especial* do dever de indemnizar, porquanto necessariamente posterior ao primeiro[1205].

Com isto, clarifica-se que a obrigação pecuniária (550.º e ss.), quando *temporariamente* incumprida, gera uma obrigação de indemnizar (também pecuniária) correspondente aos juros *moratórios*. Em bom rigor, o artigo 806.º não tutela o atraso no pagamento desta indemnização correspondente aos juros, fixando sucessivamente novos juros moratórios, sob pena de anatocismo (560.º), ou seja, não se gera uma responsabilidade secundária pelo incumprimento da obrigação de *indemnizar primária*, fixada em regra no montante dos juros moratórios legais; aspeto que a lei não clarifica.

Por fim, a diferença de regime protela-se para além do confronto entre o incumprimento *temporário* do dever de prestar e o dever de indemnizar

[1205] PINTO DE OLIVEIRA, *Estudos*, 35 e MARIA GRAÇA TRIGO, *Incumprimento da obrigação de indemnizar, artigo 805.º/3 do Código Civil, com base na análise da jurisprudência*, Separata de Estudos Dedicados ao Prof. Doutor Mário Júlio de Almeida Costa, Universidade Católica Editora: Lisboa (2002), 961-1034. Esta distinção entre tipos de responsabilidade (reportadas ao mesmo sujeito) não se confunde com o plano de dependência funcional que porventura existe entre títulos de imputação de danos que onerem sujeitos diferentes, tal como sucede com a responsabilidade do comitente, dependente da do comissário (500.º/1), ou a do fiador perante a do principal devedor (627.º/2).

por factos ilícitos. Diferencia, também neste segundo caso, entre o incumprimento do dever *de indemnizar* derivado da responsabilidade delitual do da obrigacional. Isto, porquanto, como vimos, na responsabilidade delitual, o incumprimento temporário da obrigação de indemnizar (se pecuniária) gera juros moratórios (806.º/1, *in fine*), fundamentalmente com direito a *indemnização suplementar* (n.º 3), terminando aqui a tutela civil em sede de incumprimento. Resta ao lesado o recurso à realização coativa da prestação por via executiva para satisfação do seu crédito (817.º). Na fase correspondente em sede da responsabilidade obrigacional – *i.e.* perante a mora no cumprimento da *obrigação indemnizar devida em caso de incumprimento definitivo* (808.º), de natureza pecuniária ou não –, o lesado apenas tem direito aos juros moratórios (806.º/1), sem ter direito àquela indemnização suplementar.

> No exemplo *supra* mencionado, em caso de incumprimento definitivo, por parte de A, da obrigação de pagamento do preço (808.º), no âmbito do contrato de compra e venda, a mora no pagamento da indemnização que for judicialmente fixada, p. ex., em 1500 euros, gera apenas juros de mora (até ao integral e efetivo cumprimento). Não há lugar a indemnização suplementar, tal como pode suceder no âmbito da responsabilidade delitual.

Em suma, a distinção presente no artigo 806.º decorre do facto determinante de responsabilidade, entre (*i*) o incumprimento do dever de prestar ou de indemnizar derivado de responsabilidade obrigacional *subjetiva* (n.º 1) e (*ii*) o incumprimento do dever de indemnizar derivado de responsabilidade delitual (e pelo risco[1206], cfr. n.º 3).

§ Em particular, a comunicabilidade da regulação *legal* ou *convencional* da responsabilidade à pretensão concorrente no âmbito do concurso de responsabilidade

VIII. Em sede de concurso de responsabilidade, pretendendo-se determinar a comunicabilidade do efeito *extintivo* da responsabilidade ao título de imputação de danos *concorrente*, proveniente da cláusula ou convenção válida nesse sentido, total ou parcialmente (p. ex., neste último caso, referente apenas ao dano que exceda a cláusula penal), cumpre precisar, a três níveis: (*i*) a *vontade das partes*, (*ii*) a *comunhão do dano* dos títulos de imputação considerados, bem

[1206] Referente, sistematicamente, à vertente da responsabilidade obrigacional objetiva.

como (*iii*), quando o dano não seja comum, a *sobreposição do interesse* subjacente à lesão ou perigo de lesão considerado.

Devemos fazer, no entanto, uma breve nota prévia: o presente efeito limitativo de responsabilidade ao título de imputação concorrente implica respeitar a sua autonomia, pelo menos ao nível da sua formação. Por outras palavras, socorrendo-nos do exemplo da cláusula de *exclusão* de responsabilidade por mera culpa (exigindo, portanto, uma conduta dolosa), mesmo que esta – pelos motivos que veremos adiante – se aplique à responsabilidade delitual concorrente (exigindo, para este efeito, também o dolo do agente), este *efeito* não implica negar a ilicitude de qualquer uma das condutas: a *irresponsabilidade* não se confunde com a negação de um requisito (principalmente, ilicitude ou culpa), tal com a responsabilidade não implica necessariamente, p. ex., a *ilicitude* do comportamento (na responsabilidade por factos lícitos) ou a culpa do agente (na responsabilidade objetiva)[1207]. Em suma, a comunicabilidade dos efeitos não vence a sua autonomia, considerando-a de raiz como *necessária* para este efeito *comunicante*.

Assim, em primeiro lugar, a autonomia da vontade *expressa* dos contraentes pode afastar o *título de imputação* em si, com os limites considerados[1208]. Neste caso, existe um efeito extintivo fundado também na vontade do lesado e dirigido ao fundamento de qualquer pretensão. Não se trata de *estender* o escopo da convenção, mas, ao invés, de respeitar o seu sentido e propósito[1209]. É o que sucede, por certo, na hipótese apontada por FIKENTSCHER/HEINEMANN

[1207] Neste sentido, v. o apelo de PETER ARENS, *Zur Anspruchskonkurrenz*, 397, invocando a vantagem do entendimento permitir a atuação em legítima defesa por parte do agente.

[1208] PINTO MONTEIRO, *Cláusula Penal e Limitação*, 714-715.

[1209] DIRK LOOSCHELDERS, *Schuldrecht*, AT, 8. No mesmo sentido, apelando tratar-se de uma questão de interpretação da convenção, v. CAVANILLHAS MÚGICA e ISABEL FERNANDEZ, *La concurrencia*, 160. No plano internacional, em linha, é esse o entendimento suposto pelas normas que regulam a competição entre a responsabilidade não-contratual e a demais (DCFR VI 1:203 [c] e [d]); cf. CHRISTIAN VON BAR, ERIC CLIVE e HANS SCHULTE-NÖLKE, *Principles, definitions and model rules of European private law: draft common frame of reference* (DCFR), *rascunho*, disponível em https://www.ccbe.eu/ (consultado a 31-Jan-2021), 1301. Também, em Inglaterra a limitação do escopo de uma cláusula de limitação de responsabilidade (*exemption clause scope*) é matéria da interpretação das partes. Recentemente, interferem, de modo constitutivo, na validade de tal cláusula, sem colidir com a determinação do seu alcance, valores *supra* partes, nomeadamente a proteção do consumidor (por aplicação do *Unfair Contract Terms Act* 1977); cf. MADELEINE VAN ROSSUM, *Concorrency*, 544-545.

quando o *contraente acorda que não responderá delitualmente*[1210] – não se conhecendo, naturalmente, a hipótese inversa, da exclusão ou limitação da responsabilidade obrigacional por via delitual. Fora deste caso específico, pouco usual, e para o afastamento da responsabilidade concorrente, resta a aplicação dos restantes critérios supletivos enunciados (*ii* e *iii*); note-se que desdobrar este propósito não negocial a *nível tácito* é de difícil verificação, já que este efeito comunicante tende a escapar às partes mais previdentes[1211]. Ora, como vimos[1212], quando o dano é imputável por ambas as modalidades (ou por vários títulos de imputação pertencentes à mesma), sendo *comum* (cf. *supra*, *ii*), a cláusula ou a convenção afasta todos os fundamentos da pretensão (*Anspruchgrundlagen*) de ressarcimento do dano considerado[1213] ou, melhor, a sua relevância enquanto pressuposto de qualquer pretensão indemnizatória. No terceiro caso (*iii*), pese embora os títulos de imputação considerados (*i.e.*, o visado pela cláusula e os demais) não se reportem ao *mesmo dano*, existe uma identidade do *interesse* subjacente à lesão ou perigo de lesão (em sede da ilicitude), a qual justifica a manutenção da aptidão extintiva ou limitativa do título de imputação concorrente quanto a *todos* os danos *reportados* àquela lesão ou perigo de lesão (vulgo, ilicitude)[1214].

Por maioria de razão, o mesmo efeito ocorre quando a lei comina, em termos imediatos, restrições à responsabilidade obrigacional; p. ex., nos casos de regulação legal da responsabilidade obrigacional, dependente de uma culpa acrescida, como vimos[1215] – tal como ocorre na limitação da responsabilidade do doador ou do comodatário (956.º, 957.º, 1134.º) –, a exigência acrescida de culpa é extensível ao título *delitual* concorrente

[1210] *Schuldrecht*, I, § 106, VI, 756. Esta não será, porventura, a regra; como aponta PETER ARENS, *Zur Anspruchskonkurrenz*, 396: assumir que em regra as partes convencionam esses efeitos limitativos de responsabilidade é uma *mera ficção*.

[1211] Neste sentido, ANDREW BURROWS aponta que esse tipo de *ficção* de exclusão (*impliedly excluded liability*) contraria, até, o seu propósito inicial, de respeitar a vontade das partes (inexistente, neste sentido); *Solving the problem of concurrent liability*, 111.

[1212] V., *supra*, § 9; 2.

[1213] É este o princípio (não absoluto) enunciado por LARENZ, *Lehrbuch*, II, BT, 2, § 83, VI, 598.

[1214] Mas já não existirá essa *comunicação* por mero efeito legal (cf. 9.º/3, *v.g.*, o caso previsto no art. 494.º); contra, FIKENTSCHER/HEINEMANN, *Schuldrecht*, § 106, V, 753. Assumimos, neste momento, com limitações, o argumento do *interesse inerente à utilidade da restrição*, defendida por GEORGIADES, *Die Anspruchskonkurrenz*, 169, e por PETER ARENS, *Zur Anspruchskonkurrenz*, 396.

[1215] Cfr., *supra*, § 3; 3.3.

que o mesmo evento possa gerar[1216]. Resta saber, por fim, se as limitações referentes ao título delitual – pelo menos nas previsões delituais específicas – contaminam, nos mesmos moldes, a eventual responsabilidade obrigacional, embora a favor desta solução já não abone a relevância da autonomia privada, a qual, aliás, se pode determinar a um efeito inverso, *constitutivo* de responsabilidade.

Pelo demais, e porventura em regra, quando os títulos imputem danos diferentes, causados por lesões ou perigos de lesão de interesses também disjuntos, a presente *cláusula* ou a *convenção* não manifesta aptidão extintiva ou limitativa do título de imputação de danos concorrente, o qual não é, portanto, afastado (delitual ou obrigacional, respetivamente). Não vencem aqui as reservas sustentadas na vontade dos contraentes: a exclusão da responsabilidade tem em vista o não ressarcimento de *determinados danos*, em concreto, independentemente do fundamento legal que suporte a respetiva imputação[1217]. Nas palavras de PINTO MONTEIRO, não é legítimo o apelo a um efeito extintivo do título de imputação concorrente, se «o dano ocorrido não coincidir com o que as partes haviam prevenido, por atingir um interesse diferente do que fora acautelado»[1218]. Neste caso – e este é o aspeto a destacar – o título de imputação de danos concorrente sobrevive *autonomamente*: o concurso efetivo de responsabilidade é pleno.

[1216] Esta corresponde à doutrina dominante na Alemanha. Neste sentido, v. DIRK LOOSCHELDERS, *Schuldrecht*, AT, 8, exemplificando com os casos previstos nos §§ 521, 599, 690 e 708 BGB, e recomendando a análise prioritária da responsabilidade obrigacional (*idem*, 9). Também LARENZ apela à limitação da responsabilidade delitual em caso de limitação legal da de tipo obrigacional, sob pena de inutilidade prática daquela primeira previsão, invocando os preceitos já mencionados relativos à responsabilidade obrigacional do doador, comodatário, depositário e sócio; em *Lehrbuch*, II, BT, 2, § 83, VI, 598. O A. aplica o princípio à limitação convencional de responsabilidade. V, ainda, entre nós, RUI ALARCÃO, *Direito das Obrigações*, 180.
No que respeita ao prisma processual, é discutível se a exigência de culpa acrescida na litigância de má fé se aplica às demais pretensões indemnizatórias concorrentes, independentemente da respetiva modalidade (v., a propósito, PAULA COSTA E SILVA, *A litigância de má fé*, Coimbra Editora, Coimbra, 2008, 629). Num lugar paralelo, no sentido da admissão do concurso entre a responsabilidade emergente e a culpa *in agendo*, v., MENEZES CORDEIRO, *Litigância de má fé, abuso do direito de ação e culpa "in agendo"*, 204. Já tivemos a oportunidade de nos pronunciar sobre as figuras da litigância de má fé, abuso do direito de ação e *culpa in agendo* (ANTÓNIO BARROSO RODRIGUES, *Sobre a responsabilidade civil profissional do advogado*, 92-94).
[1217] Contra, LARENZ, *Lehrbuch*, II, BT, 2, § 83, VI, 598.
[1218] *Cláusula Penal e Limitação*, 715. Vencem-se, portanto, as dificuldades apontadas por LARENZ em fundamentar este efeito extintivo, admitindo-se um concurso de pretensões; *Lehrbuch*, II, BT, 2, § 83, VI, 597.

2.5. Consequências normativas a par da obrigação de indemnização

IX. A obrigação de indemnizar não esgota o leque de consequências normativas resultantes dos pressupostos subjacentes ao respetivo título de imputação.

Embora a formação de uma obrigação de indemnização, em sede de estatuição, seja um efeito *comum*[1219] das vias delitual e obrigacional, esta não esgota as saídas do sistema. Não se deve, portanto, confundir a espécie com o género. Estes elementos estão associados a outras consequências normativas, *a par* da obrigação de indemnização, embora com efeito modelador desta[1220]. Nesta sede, avultam também diferenças profundas nas modalidades consideradas.

Em primeiro lugar, no espectro obrigacional, o inadimplemento permite ao credor recorrer a um conjunto de faculdades incomensuráveis e beneficiar de outros efeitos automáticos, dependendo da respetiva fonte, entre as quais destacamos, a título meramente exemplificativo:

a) exigir o cumprimento (mediante ação de cumprimento, 817.º e ss.);
b) exigir antecipadamente a obrigação liquidável em várias prestações (781.º, 934.º)[1221];
c) executar especificamente a obrigação (827.º a 830.º);
d) resolver o contrato por incumprimento (801.º/2; incluindo a forma especial de dissolução do contrato de casamento com fundamento em incumprimento dos deveres conjugais – 1781.º, d);
e) revogar a doação por ingratidão do donatário (974.º);
f) exigir o reforço de garantias (*v.g.*, 625.º/1 e 701.º);
g) em caso de cumprimento defeituoso, exigir a reparação, substituição (*v.g.*, 914.º, 1221.º/1) ou nova *construção* (1221.º/1, 2.ª parte);
h) reduzir o preço adequadamente (*v.g.*, 884.º, 911.º, 1222.º/1, art. 4.º Decreto-Lei n.º 67/2003, de 08 de abril, na sua redação atual);

[1219] Antunes Varela, *Das obrigações*, I, 521. A solução acompanha, aliás, a previsão germânica.

[1220] Antunes Varela apelava aos direitos que nascem do *facto determinante da responsabilidade*, tal como a ação reivindicatória, tendente a eliminar, pelo menos em parte, o mesmo dano, em *Das Obrigações*, I, 939.

[1221] Tal como dispunha o artigo 742.º do Código de Seabra. Contra, referindo-se a *vencimento antecipado*, v. Galvão Telles, *Direito das Obrigações*, 270–72. No sentido exposto, pronuncia-se a maioria da doutrina, Antunes Varela, *Das Obrigações*, II, 53. Menezes Cordeiro, *Tratado*, IX, 98; Menezes Leitão, *Direito das Obrigações*, II, 166 (*maxime* nota 364); Almeida Costa, *Direito das Obrigações*, 1017–19; Ana Prata, *Código Civil Anotado*, I, 980; Pires de Lima e Antunes Varela, em anot. ao art. 781.º, *Código Civil Anotado*, II, 31-32; e Pessoa Jorge, *Direito das Obrigações*, 311, 315.

i) invocar os meios de defesa, tal como a exceção de não cumprimento (428.º e ss.) e o direito de retenção (754.º e ss.);

j) remover o titular do cargo, tal como o acompanhante (152.º), o sócio (1003.º, a), o administrador de condomínio (1435.º/3), o tutor (1948.º a 1950.º, a), os vogais do conselho de família (1960.º), o cabeça-de-casal (2086.º) e o testamenteiro (2231.º);

k) cessar a obrigação alimentar (2013.º/1, c) e 2019.º); e, ainda,

l) extinguem-se outras obrigações incompatíveis com o inadimplemento ou com o facto impossibilitante não imputável ao devedor (*v.g.*, a extinção da obrigação de guarda ou restituição pelo depositário em caso de privação da detenção da coisa por causa que lhe não seja imputável, 1188.º/1).

Em sede delitual, as prerrogativas do lesado e as consequências normativas a par da obrigação de indemnização são também múltiplas, designadamente:

m) ser fundamento de inexistência ou invalidade da declaração extorquida (246.º, 256.º);

n) *solicitar as providências adequadas* às circunstâncias do caso, pela pessoa ameaçada ou ofendida na sua personalidade física ou moral (70.º/2 CC e 878.º a 880.º CPC)[1222] ou por terceiros depois da morte do respetivo titular (71.º), bem como no caso de perigo para a segurança, saúde, formação moral e educação do filho (1918.º [1223]);

o) recorrer aos *meios de autotutela*, tal como a ação direta (336.º) e a legítima defesa (337.º);

p) recorrer aos *meios de defesa da posse* (1276.º a 1286.º, incluindo a ação de prevenção, manutenção e restituição da posse);

q) recorrer aos *meios de defesa dos direitos reais*, entre os quais se destacam as ações reais (581.º/4 CPC), nomeadamente a ação de reivindicação (1311.º e 1315.º), negatória, confessória, de demarcação[1224]

[1222] Oliveira Ascensão apela a uma tutela específica dos direitos de personalidade, em *Direito Civil Teoria Geral*, I, 95 e ss.

[1223] De destacar, nesta sede, as medidas de promoção e proteção, ao abrigo da Lei de protecção de crianças e jovens em perigo (aprovada pela Lei n.º 147/99, de 01 de setembro, na sua redação atual) e a ação tutelar comum, nos termos do artigo 67.º do Regime geral do processo tutelar cível (aprovado pela Lei n.º 141/2015, de 08 de setembro, na sua redação atual).

[1224] Oliveira Ascensão, *Direitos Reais*, 417 e ss.; Menezes Cordeiro, *Direitos Reais*, II, Cadernos de Ciência e Técnica Fiscal: Lisboa (1979), 842 e ss.; Carvalho Fernandes, *Lições de Direitos Reais*,

e, para tutela do direito *real* de aquisição, de que é exemplo a ação de preferência (1410.º CC e 1037.º CPC);

r) ser *fundamento de extinção do direito real* (*v.g.*, o direito de superfície, 1536.º/1, a) e b);

s) justificar a *inibição e limitação do exercício das responsabilidades parentais* (1913.º a 1920.º-A e 52.º a 59.º RGPTC);

t) fazer sua a coisa adjunta em caso de união ou confusão ou especificação de má fé, se a atuação for qualificada como um caso de *acessão industrial mobiliária e imobiliária*, (1334.º, 1337.º);

u) ser fundamento de *incapacidade matrimonial relativa do lesante* (1600.º, 1602.º, e) e 1604.º, f);

v) ser fundamento de *incapacidade sucessória*, por indignidade (2034.º), bem como por deserdação (2166.º);

w) *perda de direitos*, tal como relativo a bens a favor dos co-herdeiros, pelo herdeiro que sonegar bens da herança (2096.º);

x) *ser fundamento de indisponibilidade relativa*, tanto para as doações (953.º), como em sede testamentária (2196.º); e

y) permite o recurso a *expedientes especiais*, tal como a providência cautelar para a restituição provisória da posse (1279.º CC, 377.º e 378.º CPC).

Apreendida esta ideia – de que a obrigação de indemnização não esgota as faculdades reconhecidas ao lesado, especialmente no escopo delitual – cumpre, por outro lado, especificar o nível de influência destas faculdades na obrigação de indemnização, ainda que com manifesta autonomia em vários aspetos do regime (*v.g.*, do prazo de prescrição, quando a do direito de indemnização não importa a prescrição da ação de reivindicação, nem a da ação de restituição por enriquecimento sem causa, 498.º/4). Note-se que no âmbito obrigacional é paradigmaticamente conhecida a influência da resolução no *quantum* indemnizatório, apelando-se ao *interesse contratual negativo*[1225].

Em particular, perante uma hipótese de concurso de responsabilidade, cumpre determinar qual a *relação normativa* estabelecida entre as faculdades em relação ao título de imputação de danos, e entre elas, nomeadamente se se encontram em *conflito* (especialidade, excecionalidade, consumpção, subsidiariedade ou alternatividade) ou se são simplesmente *cumuláveis*.

6.ª ed., Quid Juris: Lisboa (2010), 273-278; Santos Justo, *Direitos Reais*, 5.ª ed., Coimbra Editora: Coimbra (2017), 214-228; José Alberto Vieira, *Direitos Reais*, 417-39; Menezes Leitão, *Direitos Reais*, 227-30.

1225 Cfr., *infra*, § 12; 5.2.

Nesta última hipótese, cumpre ainda determinar o grau de influência da obrigação de indemnizar[1226].

Se o comprador incumpre definitivamente a obrigação de pagamento do preço, o vendedor pode, em *alternativa* à indemnização devida, resolver o contrato (801.º/2, 886.º; mediante, por exemplo, simples convenção neste sentido) e exigir cumulativamente a indemnização devida (ainda que reduzida ao interesse contratual negativo, como veremos), bem como a restituição da coisa (433.º, 289.º/1), mediante, neste último caso, aliás, uma ação real, de reivindicação (1311.º), enquanto proprietário do bem[1227].

[1226] Tarefa que ultrapassa o âmbito da presente investigação. Sem prejuízo, aquela análise normativa apenas pode ser feita de um ponto de vista casuístico, atendendo à heterogeneidade axiológica inerente às soluções em confronto.

[1227] Neste sentido, PEDRO DE ALBUQUERQUE, *Direito das Obrigações*, Vol. I, 161, invocando, por acréscimo, os meios de defesa possessórios. A obrigação de restituição, em sentido inverso à de prestar (281.º/1), não esgota a natureza obrigacional da responsabilidade do devedor pela falta de restituição da coisa prestada. Tal como sucede com o incumprimento da obrigação inicial de prestar, esta obrigação de restituição também pode consubstanciar a prática de um delito. Novamente, a situação de concurso emergente quanto ao título de imputação de danos concorrente (delitual; o qual surge após a constituição da obrigação de restituição da coisa) impõe-se pela qualidade de proprietário, neste momento enquanto *lesado* na sua propriedade. Rejeitamos a qualificação da situação como consubstanciando uma *dupla omissão*, delitual e obrigacional; cf., *supra*, nota de rodapé 790. Os meios de defesa do seu direito (real) não são afastados pelo manto contratual. Contudo, por esta lesão gerar potencialmente o mesmo dano, pode a restituição da coisa, mediante a procedência da pretensão real (*dingliche Anspruch*; cf., a utilização deste conceito no § 198 BGB), provocar um efeito extintivo no título de imputação de danos concorrente, eliminado o prejuízo de que este título carece. Ponto assente é o de considerar que esta ação real serve precisamente para tutelar o direito *absoluto* do seu titular, particularmente quando cessa o direito de terceiro em deter a coisa (negocial ou não); v., no plano paralelo do § 995, v. MüKoBGB/BALDUS (8.ª ed., de 2020) § 985 BGB, n.os 138-145. Cfr., *infra*, § 12; 5.2. É perfeitamente enquadrável, portanto, um concurso de pretensões fundadas em reivindicação, conjuntamente com aquelas fundadas em contrato, enriquecimento e delito (*Vetrag, Bereicherung und Delikt*), tal como identificado por FIKENTSCHER/HEINEMANN *Schuldrecht*, § 106 VI, 754 e também EKKEHARD HOFMANN, *Grundrechtskonkurrenz oder Schutzbereichsverstärkung?*, AcP, 133, (Dez., 2008), 523-555 (536, n. 53). A propósito, distinguindo entre a pretensão indemnizatória da real (pelos visados, dos pressupostos, em particular a culpa e o dano), e admitindo várias combinações (cumulação, aparente alternatividade ou existência isolada), v. NUNO ANDRADE PISSARRA, *Das acções reais*, II. 1483-1484; também admite a coexistência das pretensões reais e *pessoais*, VÍTOR PEREIRA NEVES, *A protecção do proprietário desapossado de dinheiro*, *Transmissão da propriedade e contrato*, Almedina, Coimbra, 2001, 141-250 (165). Não existe, entre nós, uma limitação semelhante ao § 992 BGB, que consagra a responsabilidade delitual do possuidor perante o *proprietário* que haja adquirido a posse por uso de força pessoal proibida ou por ato criminoso. Essa limitação justifica que LUDWIG RAISER não admita o concurso entre a responsabilidade obrigacional e delitual do legítimo possuidor que perdeu o direito, em *Eigentumsanspruch und Recht zum Besitz*, Beiträge zum Zivilrecht und internationalen Privatrecht, Festschrift für Martin Wolff, Tubinga, Mohr, (1952), 123 e ss.

3. Comunhão primária de fim (*ressarcitório*) e disparidade de escopo axiológico; finalidades secundárias

I. [*c.* fim] Mencionámos que a comunhão primária de fim (ressarcitória) não compromete uma divergência axiológica global das modalidades consideradas. Cumpre precisar esta afirmação. A par daquela função primária ressarcitória[1228], identificam-se outras também desempenhadas pela responsabilidade civil e a obrigação gerada, designadamente[1229]:

i. *preventiva*;
ii. *compulsória* ou *coerciva*;
iii. *compensatória*; e
iv. *sancionatória* ou *punitiva*.

Vejamos de forma sumária cada uma destas funções.

Em primeiro lugar, a função *preventiva* manifesta-se no enquadramento da obrigação de indemnizar como um estímulo ao comportamento *conforme*: numa ótica de prevenção dos prejuízos de que a conduta do agente será causa, dissuade-se essa atuação, bem como o *agravamento* dos danos que gere ou a existência de *novos* prejuízos, não verificados, porquanto futuros; neste último caso, manifesta manifestas conexões com a vertente punitiva[1230]. Naturalmente, a função preventiva é limitada na responsabilidade objetiva, independente de culpa, ou pelo sacrifício[1231], ainda que se possa reconhecer uma função acessória na primeira[1232]. No âmbito desta função, incluiu-se,

[1228] Sobre a questão v., entre nós, MENEZES LEITÃO, *A responsabilidade do gestor*, 14-15 (nota 3), bem como em *Acidentes de Trabalho e responsabilidade civil*, 797-800; MENEZES CORDEIRO, *Tratado*, VIII, 419-22; ALMEIDA COSTA, *Direito das Obrigações*, 521-522 (nota 3) e 759; MAFALDA MIRANDA BARBOSA, *Lições*, 41-87, com referências bibliográficas completas (*idem*, *maxime* nota 64).

[1229] Outras funções podem ser apontadas, tal como a função *distributiva*, v. CARNEIRO DA FRADA, *Direito Civil*, 64. No geral, recentemente, MARIA DE LURDES PEREIRA, *Direito da Responsabilidade civil, A obrigação de indemnizar*, AAFDL: Lisboa (2021).

[1230] SANTOS JÚNIOR, *Da responsabilidade civil*, 229 (nota 759).

[1231] CARNEIRO DA FRADA, *Direito Civil*, 64.

[1232] Assim, MENEZES LEITÃO, *Direito das Obrigações*, I, 292. ANTUNES VARELA entende que a função "preventiva ou repressiva" da responsabilidade civil (subjetiva) está subjacente aos requisitos da ilicitude e da culpa, em *Das obrigações*, I, 543. Para o ilustre Professor a tutela dos danos imputáveis em sede de causalidade que excedam a vontade do lesante é uma manifestação da aptidão punitiva da responsabilidade (*idem*, 934-935, nota 1), conclusão com a qual se discorda: a existência do prejuízo imputável ao lesante não carreia qualquer função punitiva que agrave a responsabilidade

ainda, a estipulação de cláusulas de distribuição de risco, tal como as de *force majore* – típicas do âmbito comercial, prevenindo externalidades não imputáveis aos contraentes (tanto acontecimentos naturais, *acts of God*, tal como cheias, terramotos, incêndios, como os atos humanos, ditos *acts of Man*) – bem como, segundo CARNEIRO DA FRADA, as ações de inibição, intimação, de abstenção ou negatórias[1233].

Em segundo lugar, a função *compulsória* ou *coerciva* decorre da estipulação de uma cláusula penal (809.º; atendendo à limitação prevista no n.º 3)[1234], embora também seja exemplo a fixação de uma sanção pecuniária compulsória (829.º-A), possivelmente por acréscimo à primeira (n.º 2), ou, fora do âmbito convencional, mediante a existência de preceitos que perseguem aquele propósito, de que é exemplo o *momento* de constituição em mora desde a data da citação na responsabilidade por facto ilícito ou pelo risco (805.º/3)[1235]. Historicamente, o caso prototípico de medida compulsória foi a *prisão por dívidas*[1236], cujos resquícios ainda se manifestam na violação da obrigação de alimentos (250.º CP), cujo tipo criminal depende, note-se, adicional e tipicamente, de o obrigado se encontrar em *condições de prestar*, não tendo natureza compulsória[1237].

Em terceiro lugar, a função *compensatória* decorre da falta de correspondência patrimonial entre a indemnização devida e os prejuízos sofridos, tal como sucede prototipicamente na ressarcibilidade dos danos não patrimoniais (493.º-A e 496.º)[1238].

por aquilo que não se cometeu. A sede própria dos danos que excedem a vontade do seu autor é, ao invés, a função preventiva, na medida em que a falta de previsibilidade das consequências da conduta deve impedir ao agente atuar ilicitamente, uma vez que este responde por *todos* os danos que causar, independentemente de os ter ou não, em concreto, pretendido.

1233 CARNEIRO DA FRADA, *Direito Civil*, 65; o Autor qualifica estas acções como «pretensões destinadas a evitar o dano antes que ele ocorra, perante a simples ameaça de lesão de uma posição ou interesse juridicamente protegido» (*ibidem*).

1234 Neste sentido, PINTO MONTEIRO, *Cláusulas limitativas*, 146.

1235 PINTO DE OLIVEIRA, *Estudos*, 40.

1236 GALVÃO TELLES, *Direito das Obrigações*, 448. Existem, hoje, resquícios destas medidas noutros ordenamentos, em particular atendendo ao incumprimento da decisão judicial. V., neste ponto, as sanções pessoais que implicam no âmbito civil, a final, a pena de prisão civil no Direito Alemão (§ 888 e 890 ZPO) e austríaco (*Zwangshaft* e *Ordnungshaft*). V. CARLOS MOTA PINTO, *Teoria Geral*, 182 e ss.

1237 ALMEIDA COSTA, *Direito das Obrigações*, 1065.

1238 Cfr., *supra*, § 6; 5.2.3.

Por fim, a função *sancionatória* ou *punitiva*[1239] manifesta-se na desconexão entre a indemnização fixada e os prejuízos sofridos pelo lesado. Esta falta de correspondência pode (*i*) ser determinada *ex ante*, por referência aos prejuízos concretamente sofridos, limitando ou agravando diretamente os danos a tutelar no *quantum* indemnizatório (*v.g.*, em caso de encrave voluntário a indemnização agravada é fixada até ao dobro da que normalmente seria devida; 1552.º/2) ou (*ii*) surge casuisticamente em *resultado* da falta de correspondência acidental da regulação legal ou convencional do *quantum* indemnizatório (por excesso) face aos danos sofridos (p. ex., por aplicação do disposto no 1320.º/2, a indemnização igual a vinte por cento do que for devido em caso de mora do locatário pode ficar aquém ou exceder os prejuízos efetivamente sofridos; apenas neste último caso se deteta uma finalidade punitiva). Quanto aos casos demonstrativos da finalidade punitiva, veja-se, no âmbito delitual o elenco de Menezes Leitão, mediante o qual se aponta (*i*) a limitação da indemnização no caso de mera culpa, independentemente do *quantum* dos prejuízos existentes (494.º), (*ii*) a repartição da indemnização em função da culpa dos agentes (497.º/2), (*iii*) a redução ou exclusão da indemnização em caso de culpa do lesado (570.º) e (*iv*) a irrelevância, em regra, da causa virtual (negativa) na responsabilidade[1240]. A este elenco, deve-se acrescentar (*v*) a responsabilidade do agente que se colocou culposamente no estado de inimputabilidade (488.º/1), (*vi*) a existência de uma causalidade diminuída para a imputação dos danos em resultado de comparticipação (490.º)[1241], (*vii*) o alargamento do prazo prescricional do ilícito delitual que constitua crime (498.º/3), (*viii*) a existência, como visto, de previsões delituais e obrigacionais que fixam o *quantum* indemnizatório de forma desassociada dos

[1239] Sobre os danos punitivos, em especial, Paula Meira Lourenço, *Os danos punitivos*, Separata RFDUL, Vol. XLIII, n.º 2 (2002), 1021-1111 e *A função punitiva da responsabilidade civil*, Coimbra Editora: Coimbra (2006), 310 e ss.; Júlio Gomes, *Uma função punitiva para a responsabilidade civil e uma função reparatória para a responsabilidade penal?*, RDE, Ano XV,1989, 105-144. Contra o acolhimento deste conceito, v. Carneiro da Frada, *Direito Civil*, 67, afirmando que «uma função punitiva é, à partida, estranha ao direito positivo português (cfr. teor do art. 483 n.º 1 e do art. 798).». É também interessante a investigação de Stefan Thönissen a este respeito, num plano de permanente confronto com o Direito Penal, concluindo pela negação de uma tal função no contexto delitual, com exceção da tutela compensatória pela violação de direitos de personalidade; *Der Schuldgrundsatz im Zivilrecht*, AcP 219 (2019/6), 855-891 (890).

[1240] Menezes Leitão, *Direito das Obrigações*, I, 292. Em sentido aproximado, v. Antunes Varela, *Das obrigações*, I, 913.

[1241] Cfr., *supra*, § 10; 2.1.

prejuízos sofridos pelo lesado[1242]; e, por fim, a (*ix*) a constituição do devedor em mora de um crédito ilíquido, quando a falta de liquidez lhe for imputável, verdadeira exceção à regra *in liquidis non fit mora* (805.º/3)[1243].

II. A divergência axiológica profunda entre as modalidades de responsabilidade consideradas resulta, como vimos, não daquela função primária ou secundária que o título de imputação desempenha *per si*, mas do contexto normativo dos interesses que satisfazem, tendo em conta a posição jurídica em causa. Neste campo – sem prejuízo das melhores intenções do legislador para cada previsão específica de responsabilidade[1244] – a divergência é insuperável: por um lado, o interesse do credor na satisfação do seu *interesse* no cumprimento da obrigação, não necessariamente pecuniário (398.º/2), coloca à sua disposição um conjunto de faculdades (*i.e.*, a ação de cumprimento e de execução, cf. 817.º/1), entre as quais se destaca o título de imputação dos danos causados pelo inadimplemento (execução *por equivalente*, distinta da *específica*); por oposição, no âmbito delitual, o lesado tem em regra acesso apenas à tutela ressarcitória dos danos sofridos. Por este motivo, afirma-se que no âmbito delitual a responsabilidade é a via prioritária de tutela e, por sua vez, na modalidade obrigacional, é um mero sucedâneo do dever de prestar, sem quebra da sua autonomia[1245].

Noutro prisma, apela-se também a uma divergência de *fundamento* (e não de fim) entre as modalidades, *i.e.*, a descoberta do *porquê* (fundamento), mais do que de o *para quê* (finalidade)[1246]. Não se trata da mera *sanção* da *ilicitude* (próprio de um enquadramento arcaico do sistema penal[1247]), ou da *culpa* (embora contribua a existência de preceitos que a atendam, cfr. 494.º). Como vimos, a formação do título de imputação carece, em regra, da verificação destes elementos, mas não se gradua geralmente por eles; noutros casos, prescinde-se destes juízos normativos, de que é exemplo a responsabilidade por factos lícitos ou pelo risco. Ora, enquadrando a longa querela doutrinária que se debruça sobre este problema, caminhamos para entender que inexiste um fundamento unitário que enquadre de forma satisfatória todas as vertentes da responsabilidade civil: em todo o caso, a via delitual (subjetiva)

1242 Cfr., *supra*, § 12; 2.1 e 2.2.

1243 Sobre esta regra, v. Pires de Lima e Antunes Varela, *Código Civil Anotado*, II, 65

1244 O prisma implica confrontar todo o sistema, portanto; cf. Larenz, *Lehrbuch* I, AT, § 27, I, 422.

1245 Já tivemos oportunidade de nos pronunciar sobre este entendimento; cfr., *supra*, § 12; 1.

1246 Contra, expressivamente, Gomes da Silva, *O dever*, 191-192.

1247 Larenz, ob. cit., 423. O A. apela, embora com reconhecidas limitações, a uma ideia de *prevenção*.

aparenta residir na *censura do comportamento* do homem, estabelecido no meio social. Este prisma da coexistência social não satisfaz, no entanto, o fundamento da segunda (da via obrigacional), a qual se destina a garantir as situações privadas criadas e, em si, o respeito da autonomia privada dos envolvidos. Na primeira, o agente é considerado enquanto *cidadão*[1248], visão essa reduzida ao contexto do vínculo obrigacional; a dicotomia entre interesses gerais e particulares é manifesta, a qual transparece na precedência da primeira ordem de razões sobre a segunda. Expressivamente, e em clara decorrência daquela hierarquia de interesses, o vínculo obrigacional tem como limite o delito (280.º), mas não o inverso.

Pelas razões apontadas, manifesta-se, nesta medida, uma divergência *axiológica* insanável, em termos de *função* e *fundamento*, entre as modalidades de responsabilidade consideradas.

4. O objeto da indemnização; teorias em causa

I. [*d)* objeto] A obrigação de indemnizar, na satisfação do seu propósito ressarcitório primário de eliminação dos prejuízos, toma como ponto de referência a situação que existiria se o *evento* lesivo não se tivesse verificado (562.º), ao abrigo da *teoria da diferença*[1249]. Em ambas as modalidades de responsabilidade consideradas, a obrigação de indemnização cobre os prejuízos sofridos pelo lesado em confronto com o apuramento das respetivas vantagens.

[1248] Esta ideia, de CARADONNA, tem recebido grande adesão; v., por todos, PEREIRA COELHO, *O nexo de causalidade*, 90, o qual enquadra as diferenças entre as modalidades pela lógica das relações interpessoais estabelecidas: na modalidade delitual, considera-se o *homem que vive* e, no plano contratual, o *homem que convive*; *idem*, 102-103.

[1249] Cumpre precisar que está em causa o evento lesivo e não os danos de que seja causa. Neste sentido, expressamente, GALVÃO TELLES, *Direito das Obrigações*, 391; SANTOS JÚNIOR, *Direito das Obrigações*, I, 383; MENEZES LEITÃO, *Direito das Obrigações*, I, 420; MENEZES LEITÃO, *Direito das Obrigações*, II, 270 e ss.; ALMEIDA COSTA, *Direito das Obrigações*, 777. Deve também ser sindicada a vertente obrigacional do cumprimento da obrigação da execução específica da obrigação, mediante a sua realização coativa. Neste caso, não existe uma indemnização, no sentido de eliminação dos prejuízos; v. PIRES DE LIMA E ANTUNES VARELA, *Código Civil Anotado*, I, 576. No mesmo sentido, PESSOA JORGE, *Ensaio*, 420 e ANTUNES VARELA, *Das obrigações*, I, 878. Este último Autor afirma que indemnizar, em sentido estrito, compreende apenas as «medidas ou providências destinadas a reparar o prejuízo sofrido por outrem, com exclusão do que seja a mera realização específica (coativa) do direito» (*ibidem*), os quais são sempre um *plus* face ao cumprimento da obrigação. Na origem da teoria da diferença (*Differenztheorie*), de meados do século XIX, encontramos o prussiano FRIEDRICH MOMMSEN, na obra fundamental de *Zur Lehre von den Interesse* (1885).

Sindica-se, nestes termos, as vertentes que a obrigação de indemnização pode assumir[1250]:

a) *positiva* – referente ao ressarcimento dos prejuízos causados; e
b) *negativa* – de eliminação das vantagens auferidas em consequência do ilícito (*compensatio lucri cum damno*), de forma a não colocar o lesado numa posição mais favorável do que aquela que existiria na ausência da lesão ou perigo de lesão[1251].

Em ambas as vertentes mencionadas a obrigação de indemnização assume, por princípio, uma função *reconstitutiva*, mediante a qual se «deve reconstituir a *situação que existiria* se não se tivesse verificado o *evento* que obriga à reparação.» (562.º). Todavia, o legislador não determina expressamente, e em concreto, o momento a que se reporta a situação *hipotética alternativa*, se (*i*) à data *atual* ou (*ii*) ao momento *imediatamente anterior* ao da lesão[1252]. Trata-se claramente da primeira hipótese: o momento relevante para a reconstituição da situação do lesado não é o *real anterior ao do evento*, mas antes o correspondente à *situação atual hipotética*[1253], omitindo o delito ou, no âmbito obrigacional, equacionando o cumprimento ou não, dependendo do caso[1254]. Cumpre ressalvar que a presente fórmula de cálculo não é desconforme àqueloutra que subjaz ao cálculo da indemnização em dinheiro (566.º/2) – na qual se atende à situação patrimonial do lesado na *data mais recente que puder ser atendida pelo tribunal*, bastando-se

[1250] No mesmo sentido, ANTUNES VARELA, *Das obrigações*, I, 904 e GALVÃO TELLES, *Direito das Obrigações*, 392.

[1251] GALVÃO TELLES, *Direito das Obrigações*, 419 (nota 1), e MENEZES LEITÃO, *Direito das Obrigações*, I, 421. Retomaremos este ponto de seguida.

[1252] Por este motivo, PINTO DE OLIVEIRA, *Estudos*, 33 (nota 49), distingue entre «o dever de *reconstituir* a situação que existiria atualmente se não tivesse havido lesão (situação hipotética atual) e o dever de *repor* a situação que existia anteriormente (situação real passada)»; defendendo o acolhimento do primeiro critério (*idem*, 34). No sentido do segundo critério enunciado, v. SANTOS JÚNIOR, *Direito das Obrigações*, I, 382. Porém, o A. vem posteriormente aderir à teoria da diferença (*idem*, 383). GALVÃO TELLES, *Direito das Obrigações*, 389, afirma que seguir este processo, tomando como ponto de referência os elementos constitutivos do património na data da ocorrência do ato lesivo e na data em que se fixa a indemnização «seria desnecessariamente complicado como não conduziria a resultados seguros, visto que o património pode ter sofrido flutuações, no sentido de diminuição ou de acréscimo, independentes do facto causador de prejuízos» (*ibidem*).

[1253] MENEZES LEITÃO, *Direito das Obrigações*, I. cit., 420; ALMEIDA COSTA, *Direito das Obrigações*, 777; MENEZES CORDEIRO, *Tratado*, VIII, 728; PIRES DE LIMA E ANTUNES VARELA, *Código Civil Anotado*, I, 582.

[1254] GALVÃO TELLES, *Direito das Obrigações*, 389, e MENEZES LEITÃO, *Direito das Obrigações*, II, 270.

o apuramento da diferença aritmética entre a *situação patrimonial atual* (*i*) *real* (com prejuízos) e a (*ii*) *alternativa hipotética* (sem danos) – pese embora na primeira se tenha em conta (a ausência d)o evento lesivo (*i.e.*, o evento *imputacional*) e nesta os danos; desconformidade que deve ser corrigida com prevalência da primeira visão, atendendo à função *delimitadora* do nexo de causalidade[1255]. Veremos este aspeto posteriormente em maior detalhe[1256].

II. Em segundo lugar, a construção denota uma opção clara pela *reconstituição natural* da situação hipotética existente na falta do *evento*, e não a *anterior* ao dano (566.º/1)[1257]. No entanto, seguindo a tripartição existente no n.º 1 do artigo 566.º, a reconstituição natural falha, quando[1258] (*i*) *não seja possível*, tanto em termos *materiais*, como apenas *jurídicos*. Exemplo do primeiro caso é a morte do lesado, as demais ofensas irrecuperáveis aos direitos da personalidade, tal como a ofensa à honra da pessoa (sendo impossível, p. ex., *dar o dito por não dito*), e, em certas ofensas, aos direitos absolutos, de que é exemplo a destruição de uma coisa com valor sentimental (falando-se, neste caso, de *compensação* dos prejuízos sofridos[1259]) ou (em termos jurídicos), na via obrigacional, a impossibilidade de cumprimento por facto imputável ao devedor, p. ex., através da inexequibilidade específica do contrato promessa, com eficácia meramente obrigacional, dada a alienação do bem, objeto do contrato prometido, a terceiro pelo promitente vendedor. A reconstituição natural falha, ainda, quando (*ii*) *não repare integralmente os danos*, tal como sucede sempre que, do prisma empírico, o evento lesivo não foi causa de um único dano, eliminável pela sua reconstituição natural – o qual corresponde, adianta-se, à esmagadora maioria dos casos (p. ex., a reparação integral do automóvel imobilizado em sequência de um acidente não tutela o dano da privação do uso da coisa[1260]); ou, por fim, quando a reconstituição natural (*iii*) *seja*

1255 Neste sentido, o artigo 2364.º do Código de Seabra determinava: «[a] responsabilidade civil consiste na obrigação, em que se constitui o auctor do facto ou da omissão, de restituir o lesado ao estado anterior à lesão, e de satisfazer as perdas e damnos que lhe haja causado.». No entanto, tal como aponta Antunes Varela, o ponto de referência para a avaliação dos danos reais será o momento do ressarcimento (e não o momento da sua produção), em *Das Obrigações*, I, 905.

1256 Cfr., *infra*, § 12; 4.

1257 Antunes Varela, ob. cit., 904 (nota 1), A. que aponta a relevância da prioridade estabelecida em caso de escassez de materiais ou de mão de obra que permitam a reparação da coisa.

1258 Ob. cit., 905.

1259 Ob. cit., 906.

1260 Neste sentido, Pires de Lima e Antunes Varela, *Código Civil Anotado*, II, 582 e Antunes Varela, *Das obrigações*, I, 905 (nota 2)., AA. que concedem relevância, nesta sede, ao interesse (tutelável) do lesado.

excessivamente onerosa para o devedor, como situação-travão numa lógica de custo-benefício entre a reconstituição natural e a alternativa, em pecúnia (*v.g.*, em caso de colisão grave de veículos, a reparação integral do veículo acidentado pode ser excessivamente onerosa em comparação ao valor de um automóvel novo), bem como nos termos do n.º 2 do art. 829.º[1261]. Neste âmbito, MENEZES LEITÃO apela a uma *interpretação restritiva* do preceito, a qual se acompanha, de forma «a não pôr em causa o direito do lesado a dispor do seu próprio património»[1262], porquanto não é pelo simples facto de a indemnização pecuniária ser *inferior* ao custo real da reconstituição natural que aquela se pode considerar excessivamente onerosa. Em todo o caso, a lei nada afirma sobre a sindicância entre a reconstituição natural e a pecuniária em *simultâneo*, bastando a existência daqueles entraves para ser legítimo o recurso à indemnização em dinheiro (566.º/1), *parcialmente* ou na *totalidade*[1263], porquanto a opção por qualquer uma das vias não consubstancia um direito dos intervenientes (contrariamente ao disposto no art. 2058.º do CCit ou no § 249, II BGB)[1264].

§ A indemnização pelo equivalente pecuniário; dissonância nas modalidades consideradas

III. Quando não haja lugar à restituição natural (*Naturalherstellung*), surge a obrigação de restituição por equivalente (566.º/1), ou seja, o ressarcimento da manifestação patrimonial do dano real na esfera jurídica do lesado (indemnizar o dano *de cálculo*)[1265]. Esta obrigação, cuja forma de cômputo vem

[1261] ANTUNES VARELA, *Das Obrigações*, I, 906.

[1262] MENEZES LEITÃO, *Direito das Obrigações*, I, 419, com análise da jurisprudência sufragando o seu entendimento (*idem*, 419, nota 892). Em sentido semelhante, PESSOA JORGE, *Ensaio*, 422, apela aos interesses de ordem moral ou sentimental que possam impedir a reposição natural, dando o exemplo da entrega de um cão em substituição daquele que foi atropelado, e de quem o lesado guardava um valor estimativo (*ibidem*).

[1263] Não reconhecemos qualquer entrave em o credor conservar o direito à reconstituição natural e, em simultâneo, solicitar a tutela dos danos não ressarcidos. Neste sentido, SANTOS JÚNIOR, *Direito das Obrigações*, I, 383.

[1264] No sentido enunciado, v. ALMEIDA COSTA, *Direito das Obrigações*, 772; MENEZES CORDEIRO, *Tratado*, VIII, 725 e DÁRIO MOURA VICENTE, *Direito Comparado*, II, 284. Segundo PESSOA JORGE, à luz do disposto no n.º 2 do artigo 566.º, «parece que o credor pode exigir a indemnização específica, mesmo contra a vontade do devedor, e que este a pode prestar, mesmo contra a vontade daquele.» (*Ensaio*, 421).

[1265] PIRES DE LIMA E ANTUNES VARELA, *Código Civil Anotado*, I, 577, e DÁRIO MOURA VICENTE, *Direito Comparado*, II, 284.

densificada no n.º 2 do artigo 566.º, tem por objeto uma obrigação *pecuniária* (de quantidade, 550.º), a qual, quanto ao tempo de cumprimento, é, por regra, de execução instantânea[1266], em *sentido stricto*, e não fracionada. A exceção à regra enunciada assume a forma de indemnização *em renda* (567.º). Neste caso, atendendo à natureza continuada dos danos produzidos e a requerimento do lesado, pode ser fixada o pagamento da indemnização sob a forma de renda vitalícia ou temporária. Esta obrigação pode ser alterada supervenientemente, quando ocorra uma alteração sensível das circunstâncias em que assentou o estabelecimento da renda, o seu montante ou a sua duração (567.º/2), tal como sucede na obrigação de alimentos[1267] ou no contrato de renda (780.º *ex vi* 1235 e 1242.º).

IV. Na indemnização por equivalente, resta determinar qual o *montante* pecuniário a que o lesado tem direito, em concreto[1268]. A forma de cálculo disposta no artigo 566.º/2 tem como ponto de referência a situação patrimonial alternativa, sem inovar face ao princípio geral (562.º). Contudo, ao considerar apenas os danos na situação patrimonial alternativa hipotética, incorre num erro: a situação a considerar são todos os efeitos provocados pelo evento lesivo (562.º). A precisão técnica não é despicienda, naturalmente. Segundo Galvão Telles, «falar de consequências patrimoniais produzidas pelo facto lesivo não equivale a falar de danos», porquanto para além dos danos, cumpre descontar as vantagens auferidas[1269], mas apenas aquelas que sejam causadas pelo evento lesivo, tal como sucede perante o prejuízo (563.º)[1270]. Consagra-se a *compensação dos lucros* derivados do evento, vulgo *compensatio lucri cum damno*[1271].

> A não restitui o automóvel emprestado por B na data prevista, privando-o ilicitamente do uso do seu bem. Entretanto, se B, privado do seu veículo, aproveita para comprar um bilhete de lotaria premiado no café das redondezas do local combinado, o valor do prémio não deve ser

1266 Galvão Telles, *Direito das Obrigações*, 396, e Antunes Varela, *Das Obrigações*, I, 941.

1267 Antunes Varela, *Das obrigações*, I, 942.

1268 Ob. cit., 906.

1269 *Direito das Obrigações*, 392. Neste sentido, v. também Pessoa Jorge, *Ensaio*, 413.

1270 Neste sentido, Pires de Lima e Antunes Varela, *Código Civil Anotado*, I, 586. No mesmo sentido, Menezes Leitão, *Direito das Obrigações*, I, 421. Para Antunes Varela, cumpre ainda aditar os casos em que existe um ato de terceiro que se destina a beneficiar o lesado, em resultado da lesão, bem como um ato lucrativo praticado pelo próprio lesado, o qual excede o dever acessório de conduta, de não agravar os efeitos de lesão, previstos no art. 570.º (*Das Obrigações*, I, 938).

1271 Pessoa Jorge, *Ensaio*, 416 e Almeida Costa, *Direito das Obrigações*, 779.

descontado na indemnização devida pela mora (804.º/1). Noutra hipótese, C não responde delitualmente pela destruição do bilhete de lotaria não premiado de D, se, em consequência, este adquirir outro premiado num valor superior ao do bilhete inicial. No primeiro caso, a natureza fortuita do lucro não justifica a atenuação da responsabilidade, contrariamente ao segundo, a qual se pode considerar reportada ao evento lesivo.

A utilidade do artigo 566.º, ao não contrariar a regra geral constante do artigo 563.º, como visto, justifica-se conquanto este preceito concretiza o momento a considerar no confronto entre a situação real presente e a alternativa hipotética: por momento *atual*, entende-se «a data mais recente que puder ser atendida pelo tribunal» (566.º/2)[1272]. Esta data, mais recente, não equivale, todavia, ao da prolação da sentença, mas antes, tal como afirma ANTUNES VARELA[1273], a um momento anterior, o do *encerramento da discussão em primeira instância*, visto que se trata de matéria de facto (611.º/1 do CPC). Todavia, a redução da enunciação da regra à situação *patrimonial* cria dificuldades de maior, particularmente (*i*) no apuramento da indemnização devida pelos danos futuros[1274], (*ii*) no cômputo dos danos não patrimoniais[1275], e, como vimos, (*iii*) no enquadramento da regulação legal e (dos limites) da regulação convencional do quantum indemnizatório, à margem deste critério[1276].

V. Quanto ao cálculo da indemnização devida, atende-se a ambas as vertentes da obrigação de indemnização (positiva e negativa). Assumindo como ponto de referência o evento em concreto (e não o facto ilícito em

[1272] GALVÃO TELLES, *Direito das Obrigações*, 390.

[1273] ANTUNES VARELA, *Das Obrigações*, I, 908 (nota 1) e p. 942. Embora o A. afirme que «[d]as mesmas garantias já não pode gozar o responsável pela indemnização contra pretensões sem fundamento bastante contradeduzidas no tribunal da 2.ª instância», *ibidem*. No mesmo sentido, PIRES DE LIMA E ANTUNES VARELA, *Código Civil Anotado*, I, 584, e PINTO MONTEIRO, *Inflação e Direito Civil*, Separata do número especial do Boletim da Faculdade de Direito de Coimbra – «Estudos em Homenagem ao Prof. Doutor António de Arrude Ferrer Correia», Coimbra (1984), 24.

[1274] Incluindo os de natureza continuada (MENEZES LEITÃO, *Direito das Obrigações*, I, 421) que se protelam para esse período temporal, após a fixação singela do *quantum* indemnizatório, embora possam, em alterativa, ser fixados sob a forma de renda vitalícia ou temporária (567.º/1).

[1275] Neste sentido, PINTO DE OLIVEIRA, *Estudos*, 38 e respetiva nota 62 e MENEZES LEITÃO, *Direito das Obrigações*, I, 420.

[1276] Cfr., *supra*, § 12; 2.1. e 2.2. No sentido mencionado no texto, v. MENEZES LEITÃO, *Direito das Obrigações*, I, 420.

abstrato[1277]) tem-se em conta, no conceito de *património*, para efeitos de cálculo do montante da indemnização, tal como aponta ANTUNES VARELA[1278], não só a situação patrimonial correspondente ao ativo existente mas também os benefícios que o lesado deixou de obter em consequência da lesão (564.º/1). A fórmula deteta, assim, realidades complexas, pelo espectro de comparação, tal como *o dano pela simples manutenção do estado de coisas* ou pela *não poupança de despesas*. Presta-se, no entanto, a outras críticas, as quais veremos em momento oportuno. Em particular, quanto ao valor da coisa em conta – se o *objetivo*, comum, por oposição ao *subjetivo* (correspondente ao seu valor no âmbito do património do lesado) – para PEREIRA COELHO[1279] prevalece o critério *relativo*, atendendo à relação, por exemplo, entre o bem atingido e outros bens do lesado ou da utilização dada pelo lesado. Já o valor afetivo não tem acolhimento nesta sede, segundo o Autor mencionado; será tido em conta, quando muito, em sede de um novo dano, de tipo moral.

VI. A forma de cálculo enunciada não é, por sua vez – e este é um aspeto a destacar – idêntica nas modalidades consideradas. Na responsabilidade obrigacional, distingue-se entre o dano de cumprimento (interesse *positivo*) e o dano de confiança (interesse *negativo*). A presente classificação, exclusiva do

[1277] ANTUNES VARELA, *Das Obrigações*, I, 907. Embora com reconhecidas exceções, tal como o caso do dano da privação do uso, em caso de demonstração da não utilização da coisa pelo titular no período da privação, cfr. ANTUNES VARELA, ob. cit., 909 (nota 1). Sobre este dano, v., ainda, ABRANTES GERALDES, *Indemnização do dano da privação do uso*, *passim*; AMÉRICO MARCELINO, *Acidentes de viação e responsabilidade civil*, 10.ª ed., Petrony: Lisboa (2009), *passim*; JÚLIO GOMES, *O Dano da privação do uso*, Revista de Direito e Economia, ano XII (1986), *passim*, e em *Conceito de enriquecimento*, 78-105; LAURINDA GUERREIRO GEMAS, *A indemnização dos danos causados por acidentes de viação – algumas questões controversas*, Revista Julgar, n.º 08, Coimbra Editora, (Maio-Agosto de 2009), 41-60 (44 e ss.); e PEREIRA COELHO, *O Enriquecimento e o Dano*. 2.ª Reimp., Almedina: Coimbra (2003), 27-36. No sentido oposto, o TRE considerou, no seu ac. de 03-Dez-2020 (ALBERTINA PEDROSO), que «a simples privação de uso do imóvel consubstancia, em si, um dano concreto, estando o proprietário ofendido dispensado de alegar e provar o fim a que se propunha afetá-lo ou que virtualidade de uso pretendia extrair dele».

[1278] ANTUNES VARELA, *Das Obrigações*, I, 907 (nota 1).

[1279] PEREIRA COELHO, *O Problema Da Causalidade Virtual*, 162-162 (nota 18). ANTUNES VARELA, *Das Obrigações*, 910, notando que este critério, na esteira de LARENZ, não tem correspondência com o valor afetivo que a coisa tem para o lesado. O Autor recorre ao exemplo do valor corrente de um livro destruído de uma coleção: a incompletude da coleção representa um montante superior, em termos de desvalorização, do que o valor individual, leia-se objetivo, dos objetos destruídos que a compunham. Vários autores vieram aderir a este posição, nomeadamente ALMEIDA COSTA, *Direito das Obrigações*, 778.

âmbito contratual e pré-contratual[1280] – pese embora a verossimilhança entre o *interesse de integridade* no domínio extraobrigacional com o *interesse negativo*[1281] –, não se reporta ao tipo de dano, antes à sua forma de cômputo, como vimos[1282].

> Deve-se a Paulo Mota Pinto uma investigação profunda sobre a distinção entre o interesse contratual positivo e negativo[1283]. Em termos gerais e tomando por referência uma obrigação emergente de um contrato, o «dano» de cumprimento (ou interesse no cumprimento; *Erfüllungsinteresse*) apura-se por referência ao prejuízo sofrido pelo incumprimento negocial e traduz o valor equivalente à restauração da situação patrimonial do lesado, *caso o contrato tivesse sido cumprido* (abrangendo, assim, as três formas da ilicitude obrigacional, nomeadamente o não cumprimento *definitivo* da obrigação, o não cumprimento *temporário* da obrigação e o *cumprimento* defeituoso[1284]). O ponto de referência, em contraposição com a situação patrimonial atual e real, é a situação *alternativa hipotética*, em caso de cumprimento do contrato, e não o dano, pressuposto de responsabilidade. Por sua vez, o «dano» de confiança (interesse de confiança; *Vertrauensinteresse*) resulta da medida da situação patrimonial hipotética em que o lesado se situava, caso não houvesse celebrado o contrato inválido ou definitivamente incumprido, quando a respetiva resolução tenha eficácia retroativa (801.º/2 e 434.º)[1285]. Por sua vez, o ponto de referência, contraposto novamente à situação patrimonial real, é a alternativa hipotética prévia à celebração do negócio.

A lei não esclarece, no entanto, se a indemnização se encontra limitada ao interesse contratual negativo com base na resolução fundada em incumprimento definitivo (801.º/2)[1286]. Na responsabilidade extraobrigacional –

1280 Larenz, *Lehrbuch*, I, AT, § 27, II, 430-431. Entre nós, fundamental, Paulo Mota Pinto, *Interesse*, 780; e, ainda, Pessoa Jorge, *Ensaio*, 380; Antunes Varela, *Das Obrigações*, I, 602; Dário Moura Vicente, *Direito Comparado*, II, 287; Menezes Leitão, *Direito das Obrigações*, II, 255; Carneiro da Frada, *Teoria da Confiança*, 495 e ss., 597 e ss., *Responsabilidade civil*, 90. Contra, Almeida Costa, *Direito das Obrigações*, 598 e respetiva nota 2.

1281 Cfr. Paulo Mota Pinto, *Interesse*, 769-791.

1282 Cfr., *supra*, § 6; 5.2.3.

1283 *Interesse*, *idem*. Encontramos rudimentos do tema, em Vaz Serra, *Obrigação de indemnização*, 15-20.

1284 Almeida Costa, *Direito das Obrigações*, 598. Sobre o conceito, v., *supra*, § 6; 2.2.

1285 Pessoa Jorge, *Ensaio*, 380.

1286 V., por todos, Paulo Mota Pinto, *Interesse*, II, 1379 e ss.

com exceção da decorrente de vínculos específicos[1287] –, visa-se reconstituir o *status quo* anterior à lesão; já na obrigacional, é «objetivo precípuo» satisfazer a expectativa do lesado num bem que este obteria através do cumprimento do contrato projetado[1288], podendo, no entanto, ser configurada numa perspetiva negativa, de não cumprimento como nos demonstrou, de forma marcante, Rudolf von Jhering, na sua obra capital relativa à *culpa in contrahendo*[1289]. Pois bem, o mesmo não transparece para o domínio da responsabilidade extraobrigacional, como vimos, divergindo, neste ponto, novamente as modalidades consideradas.

5. Obrigação de indemnização em concurso

5.1. Unidade e pluralidade da obrigação de indemnização

I. Vimos que, perante uma situação de concurso de responsabilidade, a doutrina alemã tem analisado, numa linha de entendimento profundamente tratada entre nós por Miguel Teixeira de Sousa, se o lesado, à luz do direito civil e processual civil, tem, nestes casos, uma ou duas pretensões autónomas contra o responsável, ou se goza de apenas uma pretensão, embora multiplamente fundamentada[1290]. Por outras palavras, e num ponto prévio, mas aproveitando aquela lição, cumpre determinar, no âmbito particular do concurso de responsabilidade civil, se o lesado tem apenas um, ou pelo contrário, múltiplos *direitos de crédito indemnizatórios* contra o lesado, preenchidas que estejam ambas as normas de responsabilidade; neste último caso, cumpre ainda saber qual a relação estabelecida entre as eventuais obrigações de indemnização existentes.

Em primeiro lugar, e em regra, a concorrência de responsabilidades situa-se no âmbito da *mesma obrigação de indemnizar* (562.º e ss.), embora as

1287 Paulo Mota Pinto, *Interesse*, II, nota 2545.

1288 Dário Moura Vicente, *Direito Comparado*, II, 111.

1289 *Culpa in contrahendo oder Schadensersatz bei nichtigen oder nicht zur perfection gelangten vertägenm* em JhJb, Vol. IV (1861); a obra encontra-se traduzida, entre nós, em Rudolf von Jhering, *Culpa in contrahendo, ou indemnização em contratos nulos ou não chegados à perfeição*, trad. Paulo Mota Pinto, Almedina: Coimbra (2008).

1290 Já demos nota do entendimento do ilustre Professor, *supra*, acerca do conceito de pretensão, § 5; 2.2.

diferenças associadas a cada modalidade se manifestem posteriormente (em sede da posição jurídica ativa conferida a título das *pretensões* reconhecidas).

Antunes Varela, reportando-se à responsabilidade por risco em caso de pluralidade de responsáveis, referia que «resta saber em que termos se processa a responsabilidade, sendo certo que nestes casos não há direito, por parte do lesado, a duas ou mais indemnizações, mas apenas a uma indemnização, embora com diversos fundamentos»; acrescentou ainda o Autor, em nota[1291]. Posteriormente, contemplou expressamente a nossa hipótese de concurso de responsabilidade, ou seja, contra a mesma pessoa e no âmbito da responsabilidade subjetiva: «[n]o caso de concorrência de responsabilidade contratual e da delitual, a opção por uma delas pode ter especial interesse prático, para quem entenda que a última cobre, e a primeira não, os danos não patrimoniais causados ao lesado. A doutrina alemã tem analisado largamente a questão de saber, não só à luz do direito civil, mas também do direito processual civil, se o lesado goza nestes casos de duas pretensões autónomas contra o responsável ou goza apenas de uma pretensão, embora com múltiplo fundamento[1292].

II. Considerando a regra da unidade da obrigação de indemnizar, cumpre frisar que não existem limites substantivos à *quantidade* e *complexidade* dos títulos de imputação de danos gerados pelo mesmo evento; por outras palavras, não existe qualquer restrição ao *número de vinculados* à mesma obrigação de indemnizar ou outras formas de complexidade que o título de imputação de danos possa revestir ao abrigo dos seus requisitos (normativos, tal como a multiplicidade de ilicitude, culpa, causas do(s) dano(s); ou ontológicos, p. ex., de lesantes, lesados e danos de natureza real). Noutro plano, quebrando-se aquela unidade, também não existe qualquer limitação ao número, em si, de obrigações de indemnização que um mesmo evento tem aptidão para gerar. Cumpre apenas determinar quando estamos perante uma mesma obrigação de indemnização ou não.

1291 Antunes Varela, *Das Obrigações*, I, 697 (nota 2). Em nota, o ilustre Professor afirmava, ainda, «não há lugar sequer nestes casos a *duas* ou mais *pretensões* distintas, recaindo sobre o *mesmo* objeto, como sucede, por exemplo, com a obrigação constante do título cambiário (em que, ao lado da *pretensão* correspondente à *relação subjacente*, há a pretensão *cambiária*, distinta dela).» (*ibidem*).

1292 Antunes Varela, ob. cit., 698 (nota 1).

Ora, a obrigação de indemnização é a consequência normativa dos pressupostos do dano e da imputação. Esta relação de predicação não é interrompida pela falta de exclusividade do título de imputação de danos, nem pela sua particular complexidade: todavia, o efeito é *unitário* (ainda que não idêntico) no modelo português de responsabilidade civil. A determinação, em concreto, do critério que permita identificar a proliferação de várias obrigações de indemnização pelo mesmo evento, ou se este culmina em apenas uma, carece necessariamente do conhecimento da aptidão da formação do título de imputação para manter a sua *unidade*.

> Na sua forma mais atomística, o título de imputação no âmbito da responsabilidade subjetiva pode ser representado, ao abrigo da pentapartição tradicional, como aquele que ocorre no âmbito do mesmo evento (E1), por um responsável (R1), pelo único ilícito (I1), exclusivamente culpado (Cu1), pela causa única (C1), do dano singular (D1), naturalmente sofrido por um único lesado (L1).

Apenas pelo apuramento destes seus requisitos e da sua complexidade se determina a manutenção da sua unidade. Sem quebra da sua autonomia, em regra, como vimos[1293]. Sabemos, aliás, que a (mesma) obrigação de indemnização contende com uma plurisubjectividade *activa* e/ou *passiva* (*v.g.*, 490.º no campo delitual), ou seja, o concurso *de lesados* (L1, L2...) *ou de responsáveis* (R1, R2...) não compromete a *unidade* da obrigação de indemnizar.

Pois bem, nos casos prototípicos de concurso de responsabilidade, estaremos perante a formação do mesmo *crédito indemnizatório*, atendendo à pretensamente idêntica consequência normativa. Não existe, assim, *um crédito* à indemnização delitual e *outro* obrigacional. Todavia, as diferenças de *regime* e *axiológicas* associadas a modalidade impede que se unifique a *prestação* indemnizatória gerada como uma única *pretensão*.

Recuperando o conceito de *pretensão*, em particular a faculdade de exigibilidade da prestação no seio do direito subjetivo (pensemos no crédito indemnizatório), este direito à indemnização admite uma específica complexidade em virtude do concurso: a pretensão, genericamente também unitária, associada ao direito subjetivo, *multiplica-se*. Quer isto dizer que o concurso de responsabilidades se manifesta na pluralidade de pretensões a que associa aos títulos de imputação de danos gerados. Por outras palavras, por se verificarem

[1293] Remetemos para as conclusões dos pressupostos da responsabilidade civil; cf., *supra*, § 6.

ambas as modalidades de responsabilidade (delitual e obrigacional), ao crédito indemnizatório associam-se *múltiplas pretensões*, referentes aos respetivos múltiplos títulos de imputação de danos gerados.

Em consequência, não choca admitir que, no *âmbito da mesma modalidade de responsabilidade* (p. ex., concorrendo a lesão de um direito de personalidade com uma lesão do crédito indemnizatório no âmbito delitual) – e apenas aqui, note-se –, seja ela delitual ou obrigacional, apenas possam concorrer diversos fundamentos à *mesma pretensão* indemnizatória[1294]. Neste último caso, a estatuição normativa em causa é a precisamente idêntica, e aquilo que aparenta ser uma pluralidade de títulos de imputação de danos (e de pretensões) é apenas o de *fundamentos à mesma pretensão*. Deve-se, então, distinguir, entre o concurso *heterónomo* de responsabilidade (de várias modalidades), o qual conduz ao *concurso de pretensões* e o concurso *homogéneo* de responsabilidade (no âmbito da mesma modalidade), o qual gera um *concurso de fundamentos à mesma pretensão*.

ANTUNES VARELA mencionava, por oposição à unidade do direito à indemnização, «os casos em que o dano dá lugar a *duas obrigações distintas de indemnização*, não dispostas no mesmo plano (como sucede por exemplo nas obrigações solidárias), mas escalonadas em planos diferentes». O ilustre Professor prossegue: «podem citar-se, a título de exemplo, o furto da coisa colocada em depósito, por negligência do depositário; a destruição da coisa, segura contra esse risco, por facto imputável a terceiro; o atropelamento do operário no local de trabalho, por culpa do condutor e do proprietário do veículo; *etc.*»[1295]. Não nos afigura necessário o afastamento do plano, *i.e.*, da modalidade, para se comprometer a unidade da obrigação de indemnizar: a independência do título de imputação de danos gerado é critério suficiente para aquele efeito da autonomia dos títulos de imputação de danos e das respetivas pretensões indemnizatórias. Assim, nada obsta a que se gerem múltiplas pretensões de indemnizar no âmbito do mesmo evento, crédito indemnizatório e numa modalidade concreta de responsabilidade, de que é exemplo paradigmático, no plano

[1294] É precisamente isso que LARENZ faz por apelo à responsabilidade emergente pela infração de ambos os parágrafos do § 823 BGB (correspondente à nossa violação de direitos de outrem e normas de proteção, 483.º/1); em *Metodologia*, 377.

[1295] ANTUNES VARELA, *Das Obrigações*, I, 939-40. Sobre o escalonamento das obrigações de indemnizar, tratadas em sede da relação normativa entre os títulos de imputação de danos, v., *infra*, § 15; 2. e § 18; 2.

obrigacional, a *triplicidade* de pretensões indemnizatórias[1296] existentes na venda de bens alheios – (*i*) a indemnização em caso de dolo de um dos contraentes (898.º), (*ii*) a indemnização por responsabilidade objetiva limitada aos danos emergentes (899.º), e (*iii*) a indemnização pela não convalidação da venda (900.º). Note-se – e são disto bom exemplo as indemnizações emergentes pela venda de bens alheios – que a situação de concurso de responsabilidades obrigacionais apela, num plano posterior, a um outro enquadramento normativo por exemplo, negando-se a cumulação da tutela indemnizatória na parte em que o prejuízo seja comum (900.º/1); questão que não se confunde com a admissibilidade, a montante, da existência *plural* de obrigações de indemnizar por força do mesmo evento de responsabilidade[1297] e as demais consequências indesejáveis (p. ex., ao nível da transmissão, tal como a possibilidade de cessão autónoma dos créditos indemnizatórios).

IV. Problema distinto da identificação da unidade ou pluralidade de pretensões, no âmbito do mesmo crédito indemnizatório, afirma-se a identificação da *solução* do concurso de *vários* títulos de indemnização (ou, como nos parece, de *várias pretensões*). Ora, recuando aos casos do *concurso de fundamentos da mesma pretensão*, consagrou-se expressamente, em termos subjetivos, o regime da solidariedade, em regra (490.º e 497.º/1), para o concurso de *vários títulos de imputação de danos delitual*, por oposição a *vários títulos de imputação na modalidade obrigacional*, que beneficiam do regime da parcialidade (513.º). Todavia – e este aspeto é o mais importante –, não se logrou a consagrar qualquer solução expressa para o caso de concurso *heterogéneo* de responsabilidade, *i.e.*, entre responsabilidade delitual e obrigacional, o qual pressupõe uma *pluralidade de pretensões*, independentemente da complexidade de cada um dos títulos em confronto.

[1296] Menezes Leitão, *Direito das Obrigações*, III, 106 – extensível à venda de bens onerados ou de coisas defeituosas (*idem*, 117, 126) – entendimento seguido por Paulo Mota Pinto, *Interesse*, 866 (nota 2823) e 871 (e respetiva nota 2850).

[1297] Não se confunde a presente solução com o disposto nos arts. 900.º/2 e 909.º/2, destinados a obrigar o comprador a optar pela indemnização dos lucros cessantes pela celebração do contrato inválido (nulo e anulável) e pelos lucros cessantes pela falta ou retardamento na convalidação ou sanação da anulabilidade, respetivamente. Não se trata, neste caso, de tutelar apenas o prejuízo que seja comum, *mas* (e assim começam ambos os números) *também* quando não o sejam; neste sentido, Paulo Mota Pinto, *Interesse*, 871 (nota 2350); neste caso, em prejuízo do comprador que na ausência desta proibição poderia cumular as várias vias de tutela.

A solução, que presentemente se indicia, não permite, sem mais, o recurso ao regime da solidariedade, erigindo a solução delitual como a mais indicada, nem, por sinal, a solução obrigacional. Retomaremos este aspeto adiante[1298].

5.2. Proibição do ressarcimento múltiplo do mesmo dano pelos títulos de imputação em concurso

V. A obrigação de indemnizar resultante do mesmo evento determinante de responsabilidade conhece os limites *materiais* do ressarcimento a que se destina primariamente[1299]. Salvo a existência de normas excecionais, as quais perseguem finalidades secundárias, a indemnização tem como limite os prejuízos sofridos pelo lesado. Ora, uma manifestação desta natureza reporta-se à *proibição de duplicação da tutela do mesmo dano*, sob pena de locupletamento indevido por parte do lesado[1300]. A propósito, um reputado Autor francês afirmou emblematicamente: «[*u*]*n même préjudice ne se répare pas deux fois*»[1301].

> Entre nós, Antunes Varela[1302] mencionava «certo que as duas indemnizações não se podem *somar uma à outra*. Se os danos causados pelos acidentes atingiram o montante de 2 500 contos, o facto de o lesado poder exigir esses 2 500 contos, quer da entidade patronal, quer do responsável

1298 Cfr., *infra*, § 15; 2, b).

1299 No plano natural, não se revela possível duplicar a reconstituição *natural* do evento. O limite físico não surge no plano da indemnização por equivalente, como é sabido. Ora, metodologicamente, a relação entre a regra e a sua consequência legal não é – como bem nos indicou Ernst Zitelmann – uma relação *natural*, mas de *causalidade jurídica*, em analogia pelo processo natural (*Irrtum und Rechtsgeschäft*, 221). O fundamento para a interrupção da relação de predicação entre a previsão de várias normas e a respetiva consequência é normativo e deve ser procurado fora dos impedimentos ontológicos (aqui resumidos à impossibilidade da duplicação da indemnização *in natura*). Aliás, como afirma Teixeira de Sousa, «os fundamentos duplos de um mesmo efeito e os efeitos duplos são específicos das ordens normativas e, em especial, da ordem jurídica», em *Introdução ao Direito*, 215.

1300 Cfr. Jaime de Gouveia, *Da responsabilidade contratual*, 226. A ideia não é nova: já fora retirada do estudo do *ius commune* pelos glosadores, na ótica do interesse subjacente ao ressarcimento; cfr. Carmen Lázaro, *La concurrencia*, 106-107. No mesmo sentido, pronuncia-se a generalidade dos ordenamentos. Em concreto, v. no direito espanhol, Encarna Roca, *Resarcir o enriquecer. La concurrencia de indemnizaciones por un mismo daño*, Anuario de derecho civil, 57, n.º 3 (2004), 901-928 (919), com referências jurisprudenciais.

1301 Paul Charlier, *Du cumul «des indemnités»*, En Hommage a Léon Graulich, Faculté de Droit de Liège (1957), 203-228 (207).

1302 Antunes Varela, *Das Obrigações*, I, 700 (e ainda, p. 940). Esta preocupação acompanha, por certo, vários A., tal como Calvão da Silva, *Da responsabilidade do produtor*, 464 (nota 1).

> pelo risco do veículo ou culpado do acidente de viação, não significada de modo nenhum que ele possa reclamar tal importância de um dos responsáveis, depois de a ter obtido do outro.». Por sua vez, MENEZES LEITÃO, reportando-se ao concurso da ação de enriquecimento com aquela que visa a indemnização do dano causado ao lesado, propõe evitar «uma sobreposição económica das duas pretensões, uma vez que essa sobreposição destruiria a função de cada uma delas, restituindo mais do que o obtido e indemnizando acima do dano»; por sua vez, MENEZES CORDEIRO afirma que «[n]inguém pode ser indemnizado várias vezes pelo mesmo dano»[1303].

Assim, em *princípio*, a obrigação de indemnização impede o ressarcimento *duplo* do *mesmo dano*[1304], independentemente de este ser enquadrado em pretensões distintas, onerando múltiplos sujeitos, ou, ao invés, a sua imputação concentrar-se numa única pretensão, duplamente fundamentada[1305]. Nega-se, em ambas as construções metodológicas, a *duplicação*, ou melhor o *excesso* (em qualquer grau), de tutela indemnizatória. Veremos posteriormente qual destas construções deva prevalecer[1306]. A nossa jurisprudência é perentória na negação da «acumulação real de indemnizações pelos mesmos danos concretos»[1307]. Sem prejuízo, o apelo direto ao *substrato teleológico* do instituto (negando-se a tutela *além* dos prejuízos)[1308], ou, num momento prévio,

[1303] MENEZES LEITÃO, *O Enriquecimento Sem Causa*, 919; MENEZES CORDEIRO, *Litigância de má fé, abuso do direito de ação e culpa "in agendo"*, 208.

[1304] Cf. TERRÉ/SIMLER/LEQUETTE (*apud* ALMEIDA COSTA, *Direito das Obrigações*, 549, nota 1). Cumpre, em todo o caso, explorar a tese dos efeitos duplos, enquanto dogmática que se destina a tratar da replicação dos efeitos jurídicos. Entre nós, cfr. PAULO MOTA PINTO, *Interesse*, II, nota 3506. Neste sentido, também MEDICUS/LORENZ, *Schuldrecht* I, AT, § 35, I, II 193 e HERMANN EICHLER, *Die Konkurrenz*, 416.

[1305] EKKEHARD HOFMANN, *Grundrechtskonkurrenz*, 535.

[1306] Cfr., *infra*, § 18; 2.2.1.

[1307] Cfr, a qualificação feita pelo ac. STJ, de 11-Dez-2012 (LOPES DO REGO) no âmbito da indemnização decorrente de um acidente de viação simultaneamente laboral. O entendimento deste douto tribunal é anterior, aliás: cf. o ac. de 23-Mai-1995 (RAMIRO VIDIGAL; CJ STJ, Ano III, 1995), onde se afirma não pode haver cumulação de responsabilidades resultantes do mesmo facto jurídico, quando tal acarrete duplicação de indemnizações; esta decisão será analisada *infra*; § 17; 2.3.3.

[1308] Não se trata, portanto, de uma incompatibilidade formal de normas, em termos lógicos, porquanto a indemnização pode ser materialmente satisfeita em simultâneo: o problema esbarra em razões substantivas, materiais, axiológicas do sistema, fora do campo das regras da lógica, onde dominam os vetores, segundo JOSÉ ANTÓNIO VELOSO, dos fins, valores, interesses e pressuposições cognitivas (o A. designa estas antinomias de *jurisprudenciais*, por oposição às *lógicas*; *O concurso*, 214-215).

a satisfação do dano numa das pretensões em concurso retira o pressuposto necessário há efetivação das demais (o dano), *i.e.*, o prejuízo *comum* foi eliminado, elemento necessário à formação (e *consumação*) dos demais títulos concorrentes.

> Trata-se de uma decorrência de um princípio geral, presentemente não aprofundado, reconduzido à satisfação do *interesse* enquanto o limite à transferência patrimonial vinculada no espectro obrigacional, o qual, em sede do instituto da responsabilidade civil, tem acolhimento enquanto bitola do cálculo da obrigação de indemnizar. Este princípio detém manifestações na relação normativa gerada entre múltiplos créditos (ainda que não indemnizatórios) – veja-se, a título exemplificativo, o facto de o terceiro (mutuante) ficar sub-rogado nos direitos do credor, tendo o devedor (mutuário) cumprido a obrigação com dinheiro ou outra coisa fungível por si emprestada (591.º), não permite cumular os créditos existentes (derivado do mútuo e o sub-rogado em virtude do empréstimo)[1309], prevalecendo este último.

O fenómeno é claro: na ausência de uma causa jurídica para a atribuição patrimonial que exceda o valor do prejuízo sofrido, entretanto já satisfeito, o montante que excede o âmbito *ressarcitório* constitui um *enriquecimento sem causa* do lesado[1310]. Não logrou a constar, todavia, uma norma expressa no

[1309] Neste sentido, v. a anot. ao art. 591.º por PAULO OLAVO CUNHA, em *Comentário ao Código Civil*, 633-636 (634); SANTOS JÚNIOR, *Da sub-rogação como forma de transmissão de créditos: algumas questões e respostas*, RDC (2015), 61-87 (82, 83); e GALVÃO TELLES, *Direito das Obrigações*, 286. Este último Autor afirma expressivamente: «[o] direito adquirido por sub-rogação substitui-se no património do mutuante ao direito derivado do empréstimo» (*ibidem*). Resta saber, entre outros aspetos, o destino da obrigação de juros uma vez consumida a de reembolso do capital pelo crédito sub-rogado, a qual manifesta expressa autonomia perante aqueloutra, entretanto extinta. Ora, num entendimento que rompe com a corrente tradicional, defensora da dependência genética da obrigação de pagamento de juros perante obrigação de transferência do capital (do mutuante), bem como a subsequente, de reembolso (do mutuário), MIGUEL BRITO BASTOS nega a *acessoriedade* genética entre estas obrigações (de capital e juros), reconhecendo, ao invés e com mestria, a natureza sinalagmática das figuras (*O mútuo bancário – ensaio sobre a estrutura sinalagmática do contrato de mútuo*, Coimbra Editora: Coimbra, 2015, *passim*, *maxime* 196-204). Pois bem, o efeito extintivo acoplado àquela sub-rogação não priva o mutuante dos juros vencidos, em resultado da sua manifesta autonomia perante a obrigação de reembolso do capital; quantos aos demais, *vincendos*, a declaração expressa constante no documento do empréstimo (591.º/2) *equivale* a uma renúncia antecipada à sua satisfação (1147.º).

[1310] Expressamente, MENEZES LEITÃO, *Acidentes de trabalho e responsabilidade civil*, 831 e DÁRIO MOURA VICENTE, *Direito Comparado*, II, 523.

Código Civil que consagre esta proibição de duplo ressarcimento do mesmo dano, tal como sucede, por exemplo, no regime jurídico da responsabilidade civil por danos ambientais (10.º, sob a epígrafe «dupla reparação»)[1311]. Esta regra encontra-se subjacente à fórmula de cálculo do objeto da indemnização, nomeadamente em resultado da teoria da diferença, como visto. Insiste-se: o dano para além do prejuízo sofrido pelo lesado não pode ser considerado enquanto tal (ou seja, como *prejuízo*) e não é, em regra, indemnizável.

Por outro lado, não é admissível o apelo às finalidades secundárias da obrigação de indemnização, para se furtar ao regime da proibição do múltiplo ressarcimento. Tal propósito é cumprido perante o confronto primário de finalidades distintas, algo por demonstrar em sede *indemnizatória*. É, note-se, o que sucede perante o concurso entre a pretensão indemnizatória e outros institutos, de que é bom o exemplo a sanção pecuniária compulsória (829.º-A), a qual o legislador declarou ser livremente cumulável com a indemnização

[1311] O artigo 10.º do Decreto-Lei n.º 147/2008, de 29 de julho, na sua redação atual (regime jurídico da responsabilidade por danos ambientais, doravante RJRDA), determina, no seu número 1, «os lesados referidos nos artigos anteriores não podem exigir reparação nem indemnização pelos danos que invoquem na medida em que esses danos sejam reparados nos termos do capítulo seguinte.». Resulta, no imediato, uma preocupação de regulação das matérias do eventual concurso, dependente do critério da unidade de dano. Neste sentido, Tiago Antunes afirma «[...] se se tratar de danos completamente separados e autónomos, então a própria ideia de proibir a dupla reparação não parece fazer muito sentido.». Prossegue, ainda, o Autor, «[...] os dois tipos de danos (ecológicos e pessoais ou patrimoniais) podem aparecer isoladamente ou em conjunto. Se aparecerem isoladamente, não se colocam quaisquer problemas: cada um será tutelado através do respetivo mecanismo de responsabilidade. Se, todavia, os dois tipos de danos surgirem de forma conjugada, isto é, se ambos resultarem da mesma conduta – como muitas vezes sucederá – julgamos que o RJRDA manda aplicar primacialmente as medidas de prevenção e/ou reparação do Capítulo III.», em *Da natureza jurídica da responsabilidade ambiental*, Atas do colóquio – A responsabilidade civil por dano ambiental, ICJP (2010), 121-152 (150) e (igualmente) em Cadernos *O direito*, n.º 6, 2011, Temas de Direito do Ambiente, Almedina: Coimbra (2011). Ao presente entendimento – o qual consubstancia uma tentativa de compatibilização com o disposto no n.º 2 do art. 12.º e do n.º 2 do art. 13.º – veio aderir Maria Graça Trigo, em *Responsabilidade civil – temas especiais*, 131. Existem outros exemplos que expressam esta preocupação, tal como o art. 3.º/3 da Diretiva 2014/104/UE, do Parlamento Europeu e do Conselho, de 26 de novembro de 2014, relativa a certas regras que regem as ações de indemnização no âmbito do direito nacional por infração às disposições do direito da concorrência dos Estados-Membros e da União Europeia, o qual proíbe a «reparação excessiva, por meio de indemnizações punitivas, múltiplas ou de outro tipo».

a que haja lugar (n.º 2)[1312] ou, ainda, o cúmulo das sanções familiares com o funcionamento da responsabilidade civil[1313].

Enunciado o princípio (de proibição do múltiplo ressarcimento do mesmo dano), cumpre apenas detetar as situações que nele se enquadram, de forma a facilitar o processo metodológico que conduza à sua aplicação analógica para os casos não previstos.

Ora, esta vertente de proibição genérica do *duplo ressarcimento*[1314] em sede de responsabilidade civil é acolhida por várias figuras juscivilísticas, tal como, sem propósito exaustivo, a *(a) cessão dos direitos do lesado, (b) compensatio lucri*

[1312] Entre nós, destaca-se a monografia fundamental de João Calvão da Silva, *Cumprimento e sanção pecuniária compulsória*, Dissertação para exame do curso de pós-graduação em ciências jurídico-civis na Faculdade de Direito da Universidade de Coimbra, Coimbra (1987). Do mesmo Autor, v., ainda, *Sanção pecuniária compulsória (art.º 829.º-A do Código Civil)*, BMJ, 359, Outubro (1986), 39-126, e *Processo Executivo e sanção pecuniária compulsória*, O direito, Ano 127, 1995, I-II, (Janeiro-Junho), 243-253. Cumpre destacar ainda os estudos de António Pinto Monteiro, *A pena e o dano*, Estudos em homenagem a Miguel Galvão Telles, Vol. II, Almedina: Coimbra (2012), 659-679, *Cláusula penal e comportamento abusivo do credor*, Estudos em homenagem ao Prof. Doutor António Castanheira Neves, Vol. II, *Direito Privado*, Coimbra Editora: Coimbra (2008), 501-521, *Inflação e Direito Civil*, Separata do número especial do Boletim da Faculdade de Direito de Coimbra, Estudos em Homenagem ao Prof. Doutor António de Arrude Ferrer Correia, Coimbra (1984), *Cláusulas Limitativas e de Exclusão de Responsabilidade*, 3.ª reimp., Almedina: Coimbra (2020), 135-149 e 200-206, e *Sobre o controlo da cláusula penal*, in comemorações dos 35 anos do Código Civil e dos 25 anos da reforma de 1977, vol. III, Coimbra (2007), 189-208; Antunes Varela, *Das obrigações*, II, 149–55; Dário Moura Vicente, *Direito* Comparado, II – Obrigações, reimp., Almedina: Lisboa (2019), 313–17; Fernando Augusto Cunha de Sá, *Modo de Extinção das Obrigações*, Estudos em homenagem ao Prof. Doutor Inocêncio Galvão Telles, I volume, Direito privado e vária, Coimbra (2002), 171-263; Galvão Telles, *Direito das Obrigações*, 448–49; Almeida Costa, *Direito das Obrigações*, 1063–1070; Menezes Cordeiro, *Direito das Obrigações*, II, 462-464, *Embargos de terceiro, reintegração de trabalhador e sanções pecuniárias compulsórias* – anotação ao acórdão do Supremo Tribunal de Justiça de 4 de novembro de 1998, ROA, ano 58, Vol. III, Dez. 1998, 1209-1232 e *Tratado*, IX, 519-533; Menezes Leitão, *Direito das Obrigações*, II, 281-294; Pedro de Albuquerque, *O direito ao cumprimento de prestação de facto*, 499-540; Pedro Romano Martinez, *Direito das Obrigações – Apontamentos*, 250–51; Pereira Coelho, *Obrigações*, 226-240, Pires de Lima e Antunes Varela, *Código Civil Anotado*, II, (2011), 102–105; Vaz Serra, *Responsabilidade patrimonial*, Lisboa, separata do BMJ 75 (1958), 20-37; e, recentemente, Inês Ferreira Leite, *Ne (idem) bis in idem*, II, 522-533, e em *Cláusula Penal*, 635-676.

[1313] Jorge Duarte Pinheiro, *O Núcleo*, 681-691. O A. afirma que «a natureza das sanções familiares é distinta da sanção indemnizatória. Como se depreende da divergência relativa à inclusão do dano no tipo legal, apenas a última das sanções se caracteriza pelo carácter compensatório. As sanções familiares desempenham uma função punitiva. A duplicação de sanções diferentes em razão da sua natureza não colide, normalmente, com uma elementar exigência de justiça» (*idem*, 685).

[1314] Santos Júnior, *Da Responsabilidade Civil*, 555. Apelando expressamente à proibição da dupla indemnização em sede de concurso de responsabilidades, v. Almeida Costa, *Direito das Obrigações*, 549.

cum damno, (*c*) o *commodum* de representação, (*d*) a cumulação dos efeitos da resolução com a indemnização devida, (*e*) o desconto do valor da contraprestação em caso de incumprimento definitivo, (*f*) a finalidade ressarcitória coberta por outros institutos, e, por fim, (*g*) o princípio indemnizatório no ramo do contrato de seguro.

Vejamos brevemente, no contexto da proibição do duplo ressarcimento, cada uma destas figuras.

a) Cessão dos direitos do lesado

VI. Nos termos do artigo 568.º, quando a indemnização resulte da «perda de qualquer coisa ou direito», o responsável é titular do direito potestativo de exigir que o lesado lhe ceda os seus direitos, incluindo os direitos contra terceiros, no ato de pagamento ou posteriormente[1315].

> Pires de Lima e Antunes Varela qualificam a figura com uma *sub-rogação*[1316]. Todavia, apoiando-nos na letra da lei, ou seja, quer perante a menção a «o lesado lhe *ceda* os seus direitos», quer com base na epígrafe que se manteve inalterada (*cessão* dos direitos do lesado), estamos, ao invés, perante o direito potestativo de exigir a *cessão* do crédito[1317].

O preceito previne o duplo enriquecimento do lesado ao considerar que os direitos mantidos pelo lesado relativamente ao direito ou à coisa, ou que este haja adquirido contra terceiro, podem ser transmitidos a quem o ressarciu. Desta forma, o lesado obtém apenas uma tutela acrescida ao seu ressarcimento pela faculdade de exigir alternativamente (a final) a eliminação dos

[1315] V. o lugar paralelo do § 255.º BGB (*Abtretung der Ersatzansprüche*), embora o nosso preceito não distinga os direitos do lesado, nem aqueles que possam ser exercidos «contra terceiros». Na esteira de Menezes Cordeiro, não existe motivo legítimo para limitar o escopo da cessão de direitos àqueles referentes a terceiros (*Tratado*, VIII, 731). Em todo o caso, não se abrangem os créditos de seguro que o lesado obtenha na qualidade de *segurado*, naturalmente, porquanto estes prémios se destinam, exclusivamente ao lesado (cf. Vaz Serra, *Obrigação de indemnização*, 181-182) e o lesante não os pode exigir ao abrigo desta figura.

[1316] Pires de Lima e Antunes Varela, *Código Civil* Anotado, I, 586.

[1317] Neste sentido, não existe, segundo Menezes Leitão, uma compensação de danos, mas o direito de exigir a cessão do crédito, em *Direito das Obrigações*, I, 422. No mesmo sentido, apelando a «um direito legal à cessão», v. Almeida Costa, *Direito das Obrigações*, 779, e Menezes Cordeiro/Barreto Menezes Cordeiro na anot. ao art. 568.º em *Código Civil comentado*, II, 583. Também, supomos, é o entendimento de P. Mota Pinto, *Interesse*, I, 758.

prejuízos, tanto ao devedor principal, como ao *secundário*[1318], prevenindo-se, por esta cessão, o duplo ressarcimento do mesmo prejuízo derivado da satisfação cumulativa daqueles créditos.

***b) Compensatio lucri cum damno*[1319]**

VII. A presente figura de *compensação de vantagens*[1320] – ou, em rigor, de compensar o lucro com o dano – salvaguarda a finalidade primária de ressarcimento da obrigação de indemnização ao atender aos prejuízos resultantes com base no saldo apurado, tendo em conta as vantagens ou lucros obtidos pelo lesado (562.º, 566.º/2)[1321]. A figura não mereceu consagração expressa no nosso ordenamento[1322], embora se extraia, enquanto princípio, da *ratio* de vários preceitos (*v.g.*, na redução da indemnização devida na medida do *commodum*

[1318] ANTUNES VARELA, *Das obrigações*, I, 940-41; PAULO MOTA PINTO, *Interesse*, I, 759-760. Expressando este propósito além-Reno, v. a anot. de OETKER ao § 255 BGB, preceito onde nos inspirámos no *MüKoBGB* (8.ª ed., 2019), § 1. Sob o escalonamento das responsabilidades, v, *infra*, § 15; 2. PIRES DE LIMA E ANTUNES VARELA, *Código Civil* Anotado, I, 586, recorrem, ainda, ao seguinte exemplo «A, porque deixou furtar um objeto, que tinha à sua guarda, é obrigado a indemnizar o proprietário. No ato de pagamento da indemnização, ou posteriormente, A pode exigir que o lesado lhe transfira o seu direito de propriedade sobre a coisa furtada».

[1319] Veja-se a súmula desta figura feita por ANTUNES VARELA: «[q]uando o facto determinante da responsabilidade, ao mesmo tempo que causa um *dano*, proporciona ao lesado a aquisição de uma *vantagem*, haverá que abater, em princípio, o valor desta ao montante do *prejuízo*, para se determinar o valor exato da indemnização. Só assim se cumprirá o preceituado no art. 566.º, que manda confrontar a situação patrimonial real do lesado com a situação em que ele se encontraria se não fosse o facto danoso, para apuramento do montante da indemnização em dinheiro», em *Das Obrigações*, I, 937. A propósito, PAULO MOTA PINTO, *Interesse*, II, § 29, 611 e ss. No plano comparado, veja-se a profunda investigação italiana desta figura atribuída a FRANCESCO LEONE, *Compensatio lucri cum damno*, in Il Filangieri, Rivista giuridicca, dottrinal e pratica, anno XLI (1916), Societá Editrice Libraria, 2016, 380 e ss.); neste ordenamento, um significativo sector da doutrina erige a figura a *princípio*. Com referências bibliográficas neste ordenamento, v., ainda, SILVIA MONTI, La c.d. *"compensatio lucri cum damno" torna alle sezioni unite"*, La Nuova Giurisprudenza civile commentata, Ano XXXIII, 11/2017, 1486-1498 (1498).

[1320] ALMEIDA COSTA, *Direito das Obrigações*, 779 e MAFALDA MIRANDA BARBOSA, *Lições*, 372. Além-Reno, v. ESSER, *Zur Entwicklung der Lehre von der Vorteilsausgleichung, Monaschrift fur deutches Rechts*, 1957. A figura não deve ser confundida com o valor remanescente do direito ou da coisa no património do lesado: este valor não é considerado na indemnização devida, não por compensação, mas apenas, tal como afirma MENEZES LEITÃO, enquanto parte não considerada na «extensão de danos» a indemnizar; em *Direito das Obrigações*, I, 421.

[1321] ANTUNES VARELA, *Das obrigações*, I, 937. Nesta medida, segundo MAFALDA MIRANDA BARBOSA, a teoria de cálculo dos danos sofridos absorve a necessidade de autonomização deste princípio (em *Lições*, 372).

[1322] MARGARIDA FIGUEIREDO DA SILVA, *Compensatio Lucri Cum Damno: Uma apreciação da Jurisprudência Portuguesa*, Universidade Católica Portuguesa, 2019, 24.

de representação ou do proveito retirado pelo comprador na venda de bens alheios, cfr. 803.º/2 e 894.º/2, respetivamente).

Merece, nesta sede, total acolhimento a sistematização de PAULO MOTA PINTO quanto aos casos enquadráveis nesta figura, nomeadamente (*i*) *vantagens diretas*, (*ii*) *resultantes da conduta do lesado*, e, por fim, (*iii*) *decorrentes da atuação de terceiro*[1323].

São apontados vários limites a esta figura, designadamente a natureza *não fortuita* e, por outro lado, *não indemnizatória* da vantagem auferida. No primeiro caso, exige-se um *nexo de causal* entre o facto danoso e o lucro (o qual supere a mera sucessão temporal)[1324], sob pena de não se justificar a atenuação da responsabilidade, conservando o lesado a vantagem desconexa com o evento lesivo. No segundo caso, embora a vantagem seja conexa com o evento determinante de responsabilidade, se esta não tiver cariz indemnizatório, o lesado mantém o direito conservá-la e o lesante não vê a sua responsabilidade afastada ou sequer atenuada[1325].

c) *Commodum de representação*

VIII. A figura do *commodum de representação*[1326] impede que o efeito da impossibilidade, extintivo da obrigação – sendo imputável ao devedor (803.º/1) ou não (794.º) – seja cumulado com a prestação *indemnizatória*[1327] a que o devedor

[1323] PAULO MOTA PINTO, *Interesse*, I, 775 e ss. Este entendimento foi seguido por MAFALDA MIRANDA BARBOSA, *Lições*, 374-379.

[1324] Neste sentido, PIRES DE LIMA E ANTUNES VARELA, *Código Civil Anotado*, I, 586. No mesmo sentido, MENEZES LEITÃO, *Direito das Obrigações*, I, 421. PAULO MOTA PINTO apela a uma «unidade de contabilização do prejuízo», posição que mereceu a adesão de MAFALDA MIRANDA BARBOSA, *Lições*, 373 (nota 798). A última Autora problematiza o enquadramento da causalidade na c.l.c.d. (*idem*, 373-374, notas 799 e 800).

[1325] ANTUNES VARELA aponta os casos do ato de terceiro que se destine a beneficiar o lesado, em resultado da lesão, ou quando o ato lucrativo é praticado pelo próprio lesado, excedendo o dever acessório de conduta de não agravar os efeitos de lesão, previstos no art. 570.º; *Das Obrigações*, I, 938. Esta restrição resolve, por outro lado, as fundadas dúvidas em relação às expectativas indemnizatórias do herdeiro, tutelado reflexamente pela morte do lesado: pergunta-se, ao abrigo dos PETL (art. 10:103), se este herdeiro deve descontar o valor da herança no crédito indemnizatório de que é titular; cf. a anot. de MAGNUS ao art. 10:103 em *European Group on Tort Law, Principles of European Tort Law*, Springer: Viena (2005), 158 e nota 37.

[1326] VAZ SERRA, *Impossibilidade superveniente e cumprimento imperfeito imputáveis ao devedor*, BMJ 47 (1955), 5-97 (20); ALMEIDA COSTA, *Direito das Obrigações*, 1074 e ss.; MENEZES CORDEIRO, *Tratado*, IX, 366-69; ANTUNES VARELA, *Das Obrigações*, II, 82-89; e SANTOS JÚNIOR, *Da Responsabilidade Civil*, 525-30.

[1327] Com a qualificação enunciada, expressamente, v. ANA PRATA, *Código Civil Anotado*, I, 992.

tenha direito sobre certa coisa ou perante um terceiro em substituição da obrigação (*v.g.*, a prestação indemnizatória em virtude de seguro ou por expropriação). Ao referir-se apenas a obrigações *de coisa*, no nosso sistema português do título (408.º), o escopo do instituto é limitado: nos contratos com eficácia real *quoad effectum*, o terceiro que impossibilite o cumprimento da obrigação referente à coisa deve indemnizar diretamente o "credor" (na qualidade, note-se, de titular do direito real)[1328]. Por opção do credor[1329], o qual se mantém vinculado à contraprestação nos contratos bilaterais[1330], este pode ficar sub-rogado nos direitos adquiridos pelo devedor (*commodum repraesentationis*) ou exigir diretamente ao devedor a prestação indemnizatória[1331], incluindo a que recaia sobre a coisa adquirida (*commodum ex re*) ou sobre o direito sobre a coisa que era devida (*commodum ex negotiatione*)[1332].

> B deve a entrega da coisa a A, mas C impossibilita culposamente o seu cumprimento. A, credor, pode exigir a indemnização devida a B, por C, em substituição da prestação impossibilitada, ainda que coberta por um seguro que previna o sinistro.

Este instituto impede (*i*) o *avantajamento do devedor*, com a aquisição do direito sobre a coisa ou contra terceiro em substituição do objeto da prestação. Por outro lado, quanto à proibição do duplo ressarcimento, em particular (*ii*) nos termos do número 2 do artigo 803.º (tal sucede nos termos do § 285 (2) BGB[1333]), à indemnização devida ao credor pela impossibilidade imputável ao devedor, é descontado o valor que aquele haja recebido em virtude do *commodum* de representação. Note-se que o *commodum* de representação não pode exceder o valor dos prejuízos sofridos pelo credor[1334]. Por fim, (*iii*) se a impossibilidade for *imputável ao credor*, o valor do benefício da exoneração (do devedor) é apenas descontado na contraprestação a que o credor permanece vinculado.

1328 Santos Júnior, *Da Responsabilidade Civil*, 529-30.

1329 Pires de Lima e Antunes Varela, *Código Civil Anotado*, II, 60. Menezes Cordeiro qualifica-a como um *direito potestativo*, em Tratado, IX, 369.

1330 Pires de Lima e Antunes Varela, *Código Civil Anotado*, II, 47, e Antunes Varela, *Das obrigações*, II, 85. Contra, Ana Prata, *Código Civil Anotado*, I, 993.

1331 Defendendo a sindicância de postura do credor, v. Santos Júnior, *Da Responsabilidade Civil*, 526.

1332 Sobre as classificações, v. Antunes Varela, *Das obrigações*, II, 83.

1333 Por todos, Felix Hartmann, *Der Anspruch auf das stellvertretende commodum*, Mohr (2007), *passim*.

1334 Neste sentido, expressamente Pires de Lima e Antunes Varela, *Código Civil Anotado*, II, 60-61, embora indicando a doutrina dominante na Alemanha em sentido contrário, relativa ao *stellvertretende commodum*. Também, Ana Prata, *Código Civil Anotado*, I, 992.

d) Cumulação dos efeitos da resolução com a indemnização devida

IX. Em caso de incumprimento da obrigação que tenha por fonte um contrato bilateral, o credor pode, cumulativamente com o direito à indemnização nos termos gerais (798.º), resolver o contrato e, nestes termos, exigir a restituição da sua prestação por inteiro (801.º/2, e 289.º/1 *ex vi* 433.º).

Neste caso, segundo o entendimento clássico[1335], ao qual se adere, a prestação restituída deve ser descontada à indemnização devida, sob pena de duplo ressarcimento do prejuízo derivado do incumprimento contratual. Esta indemnização é reportada ao interesse contratual *negativo* ou *de confiança*, cujo evento alternativo hipotético considerado pela medida da indemnização é aquele que ficciona o *não cumprimento do contrato*, num momento prévio (*status ad quem*). Assim, respeitando os efeitos gerais da resolução operada, o devedor não responde pelo inadimplemento da prestação a que se encontrava adstrito, dada a perda do direito à contraprestação ou a existência da obrigação de a restituir. Ao invés, o devedor responde somente pelos danos que se reportam à *não* celebração do contrato (sejam estes *emergentes* ou *lucros cessantes*), sob pena, segundo Menezes Leitão, de o incumprimento, aquando do exercício da faculdade de resolução, tornar o «contrato de sinalagmático em unilateral», no paradoxo de se tutelar diretamente o incumprimento do devedor e simultaneamente desonerar o lesado da sua contraprestação[1336]. Esta indemnização opõe-se, por este motivo, àquela que seria devida nos termos gerais,

[1335] Larenz, *Lehrbuch*, I, AT, § 22, II, 339 e ss. Entre nós, Pereira coelho, *Obrigações*, 230; Almeida Costa, *Direito das Obrigações*, 1045-46; Galvão Telles, *Direito das Obrigações*, 79-80; Antunes Varela, *Das Obrigações*, II, 107-112; Carlos Mota Pinto, *Cessão*, 412-419; Pessoa Jorge, *Ensaio*, 380; Brandão Proença, *A resolução do contrato no direito civil*, 183 e ss.; Menezes Leitão, *Direito das Obrigações*, II, 269–70.
Contra este entendimento, note-se, todavia, Vaz Serra, *Impossibilidade superveniente*, 30-43, e em anot. ao ac. STJ 30-Jun-1970, RLJ, Ano 104, n.º 3454 (1971), 201-208 (207); também Baptista Machado, *Pressupostos da resolução por incumprimento*, Separata do BFB, Estudos em Homenagem ao Prof. Doutor José Joaquim Teixeira Ribeiro, Coimbra (1979), 53-61, Ana Prata, *Cláusulas de exclusão e limitação da responsabilidade contratual*, 469-495; Ribeiro de Faria, *Direito das Obrigações*, II, 434-445 e *A natureza do direito de indemnização cumulável com o direito de resolução dos arts. 801.º e 802.º do Código Civil*, Estudos de Direito das Obrigações e Discursos Académicos, UPorto: Porto (2009), 25-62; Pedro Romano Martinez, *Da cessação*, 203 e 214 (revendo a sua posição defendida em *Cumprimento Defeituoso*, 285); Menezes Cordeiro, *Tratado*, II, 289 e ss., IX, 271 e 944-49, e, recentemente, em *Da resolução do contrato*, ROA III/IV, 2020, 445-474 (467). Cfr., neste sentido, ainda, Paulo Mota Pinto, *Interesse*, II, 1639; Dário Moura Vicente, *Direito Comparado*, II, 286-89; Ana Perestrelo de Oliveira, *Desvinculação Programada do Contrato*, Almedina: Coimbra (2021), 128-129 (e respetiva nota 564); e, por fim, Carneiro da Frada, *Teoria Da Confiança*, 660 e ss.

[1336] Menezes Leitão, *Direito das Obrigações – Vol. II*, p. 269.

tendo em vista o *cumprimento* da obrigação; nesta última hipótese, cumpre frisar que o respetivo credor continuaria adstrito à realização da sua prestação, devendo, assim, oferecê-la. Esta solução acompanha, de resto, as hipóteses especiais de cumprimento defeituoso em sede do contrato de compra e venda (898.º e 908.º)[1337].

A nulidade atípica na venda de bens alheios (895.º) obriga o vendedor a convalidar o negócio, em caso de boa fé do comprador (897.º). Ora, nos termos do n.º 1 do artigo 900.º e do n.º 1 do artigo 910.º, à indemnização devida em caso de dolo do vendedor (898.º ou 908.º), ou não havendo dolo nem culpa, bem como fundada em simples erro (899.º ou 909.º), acresce uma nova indemnização devida também pelo não cumprimento daquela obrigação de sanar a nulidade ou anulabilidade contrato ou pela mora no seu cumprimento, *exceto na parte em que o prejuízo seja comum* (900.º/1 e 910.º/1). Por outro lado, e de forma densificada, limita-se a indemnização do comprador à escolha entre a indemnização relativa aos lucros cessantes pela celebração do contrato nulo e àquela referente aos lucros cessantes pela falta ou retardamento da convalidação (900.º/2 e 911.º/2).

Cumpre ainda fazer um brevíssimo apontamento quanto à cumulação de efeitos supramencionada (da resolução com a indemnização), em concreto à possibilidade de se *cumular* esta figura com a indemnização pelo interesse contratual *positivo* ou *negativo*. Ora, para além da contrariedade teleológica de se considerar a situação hipotética alternativa ao evento danoso atendendo a ambos os interesses, incompatíveis, nomeadamente (*i*) em não se ter celebrado o negócio (interesse negativo) e, em simultâneo, (*ii*) o da sua celebração, concretizada no respetivo cumprimento (interesse positivo), deve-se obediência ao princípio *de proibição do enriquecimento*, isto é, e nas palavras de Paulo Mota Pinto, o «princípio de que a prestação ressarcitória não deve deixar o lesado em melhor situação do que aquela em que teria estado se não tivesse verificado o evento que obriga à reparação»[1338], ainda passível de ser reconduzido, em especialidade, à figura da *compensatio lucri cum damno*[1339].

1337 Carneiro da Frada, *Perturbações típicas*, 69 e ss. Quanto aos demais mecanismos de defesa do comprador e vendedor, v. Pedro de Albuquerque, *Direito das Obrigações*, I, 161 e 177, respetivamente.

1338 Paulo Mota Pinto, *Interesse*, II, 1005.

1339 Paulo Mota Pinto, ob. cit., 1006 (nota 2806).

e) O desconto do valor da contraprestação em caso de incumprimento definitivo

X. Na sequência do ponto anterior e perante o incumprimento definitivo da obrigação, cumpre determinar se o credor continua adstrito a realizar a sua contraprestação, quando esta seja possível, ou se deve, ao invés, descontar o respetivo valor na indemnização devida em virtude do incumprimento da obrigação da qual era credor[1340]. Ora, a teoria da diferença permite ao credor desobrigar-se de realizar a sua prestação em caso de incumprimento definitivo daquela do qual era credor, tal como sucede em caso de impossibilidade culposa (795.º/1) e em caso de resolução do contrato bilateral – resolução essa, a qual, aliás, não depende de o credor ter realizado a sua contraprestação[1341]. Por fim, para o cálculo da indemnização em caso de incumprimento definitivo ou impossibilidade culposa a esta equiparada (798.º e 801.º/1) atende-se ao valor da prestação devida «deduzido do montante correspondente à poupança de despesas pela não realização da própria prestação»[1342], caso o credor *opte* pela sua não realização, como verdadeira manifestação da *compensatio lucri cum damno*. Todavia, o credor pode, em alternativa, manter interesse em realizar a contraprestação (tal como sucede em caso de impossibilidade parcial, 793.º/2) e cumprir, caso em que não opera aquele desconto. Consagra-se, assim (leia-se, admitindo aquela possibilidade), a *teoria da diferença atenuada*[1343].

[1340] Encontra-se subjacente à presente ideia o facto de o valor dos prejuízos superarem o valor de prestação incumprida. Neste sentido, advogando a dissociação entre o valor da prestação e o *quantum* indemnizatório, tabelado exclusivamente pelo valor dos danos verificados (sejam superiores ou inferiores), v. Pedro de Albuquerque, *A aplicação do prazo prescricional*, 801 (nota 15) e 802. O Autor adere ao entendimento de Gomes da Silva, concluindo pela qualificação da responsabilidade civil como um direito potestativo (*idem*, 813).

[1341] O ponto é dúbio, suscitando grandes reservas doutrinárias, particularmente pelos apologistas da *teoria da sub-rogação*, na qual o credor não se desobriga da contraprestação, e apenas pode exigir a indemnização devida pelo incumprimento da obrigação da qual é credor em caso de realização daquela que deve (desenvolvidamente, Menezes Leitão, *Direito das Obrigações*, II, 270-72). A favor deste entendimento, *i.e.*, de que o incumprimento ou a impossibilidade culposa a esta equiparada não opera um efeito extintivo na contraprestação e o credor só pode exigir a prestação ao devedor se realizar a sua; veja-se que a prestação impossível por causa imputável ao credor não o desobriga da contraprestação (795.º/2) e que a faculdade de exigir a restituição da prestação apenas está prevista em caso de resolução do contrato, mantendo o devedor inadimplente título para a conservar em caso de não exercício desta faculdade (801.º/2).

[1342] Menezes Leitão, *Direito das Obrigações*, II, 271.

[1343] Menezes Leitão, ob. cit., 273. Sobre esta *teoria da diferença atenuada* (*abgeschwächte Differenztheorie*), v. Larenz, *Lehrbuch*, I, AT, § 22, II, 341 e ss.

f) A finalidade ressarcitória coberta por outros institutos

XI. Por vezes, a finalidade ressarcitória primária inerente à responsabilidade civil encontra-se satisfeita pelo funcionamento de institutos alternativos a esta via, os quais eliminam ou desagravam os prejuízos sofridos pelo lesado, obstando à formação, mitigando a importância ou até suprimindo supervenientemente o título de imputação de danos gerado.

Nega-se, desta forma e a título exemplificativo, na via obrigacional, desde a década de 80[1344], que o credor exija cumulativamente o *cumprimento* da obrigação principal e o *pagamento* da cláusula penal (811.º/1).

Por outro lado, em caso de cumprimento defeituoso, reduzem-se os prejuízos sofridos a tutelar pela pretensão indemnizatória (pelo interesse contratual positivo) eventualmente cumulada com outro meio, entre os quais (alternativamente), o da *reparação, substituição, realização da prestação ex novo* (914.º, 1221.º/1 e art. 4.º/1 do Decreto-Lei n.º 67/2003, de 08 de abril, na sua redação atual) ou a *redução do preço* (911.º, 1040.º/1, 1222.º)[1345]. A satisfação da

[1344] O preceito foi introduzido pelo Decreto-Lei n.º 200.º-C/80, de 24 de junho.

[1345] O concurso entre as pretensões apontadas (não incluindo a indemnizatória) é alternativo, podendo ser sindicadas as referentes à redução e resolução do negócio e, num segundo conjunto de casos, as relativas à eliminação dos defeitos e substituição da coisa; cf., por todos, ROMANO MARTINEZ, *Cumprimento*, 357 e ss. O ilustre Professor dá nota da inexistência de uma verdadeira autonomia da pretensão indemnizatória, normalmente exercida em complemento com as demais (*idem*, 361 e respetiva nota 1276). Por outro lado, vimos que a conjugação da resolução do negócio com a pretensão indemnizatória limita a última à tutela do interesse contratual negativo (cfr., *supra*; em linha, ROMANO MARTINEZ, ob. cit., 362).
Noutro plano, e no que respeita em particular ao regime da venda de coisas defeituosas ou de bens onerados, CALVÃO DA SILVA (*Responsabilidade civil*, 198 e ss., 248) entende ser perfeitamente compatível a cumulação da pretensão indemnizatória emergente do regime do incumprimento (pelo interesse contratual positivo) e a do respetivo regime de cumprimento defeituoso (limitada ao interesse contratual negativo, 908.º, 909.º e 915.º). A matéria, no contexto do confronto das «regras gerais sobre a violação positiva do contrato» e as do cumprimento defeituoso na compra e venda, havia sido identificada, entre nós, por MENEZES CORDEIRO (*O cumprimento e o não cumprimento*, 134, Estudos de Direito Civil, I, Almedina: Coimbra (1994), 136-137; o estudo data de 1981), optando pela via da admissão geral do concurso, embora coartado pela aplicação das regras relativas às «relações lei geral/lei especial» (recentemente, *Tratado*, IX, 417, 423).
Contudo, como o regime do cumprimento defeituoso se radica no erro ou no dolo, não parece ser possível, acompanhando a lição de PAULO MOTA PINTO (*Interesse*, 1042-1044, nota 3394), ao lesado fundar-se num regime que invalida a relação negocial (o erro ou dolo) e simultaneamente noutro que pressupõe a sua validade (conformando o interesse contratual *positivo*): o concurso, a existir, é *eletivo* entre estas pretensões (cf., sobre o conceito de concurso eletivo, v., *infra*, § 15; 2.).
Cumpre notar que a maior dificuldade da matéria reside, num prisma inicial, no reconhecimento da *coexistência* destas duas figuras (do erro e do incumprimento), correspondentes a fases diferentes do *iter negocial* (estipulativa e executiva, respetivamente); novamente, PAULO MOTA PINTO, revendo

pretensão indemnizatória por um terceiro, numa situação que recaia sobre o devedor o risco da impossibilidade superveniente da prestação, atenua a responsabilidade deste último, por redução dos prejuízos sofridos[1346]. Em especial, note-se que não se pode responsabilizar o cônjuge incumpridor do *dever de contribuição para os encargos da vida familiar* após ter sido instaurada a ação prevista para o seu cumprimento (1676.º/4), mediante a qual o tribunal condena à entrega de parte dos rendimentos ou proventos. Ainda no ramo do Direito da Família, nota-se a existência de institutos como o dever de assistência e a obrigação de alimentos, os quais tornam inaplicável, na sua estrita medida, o recurso à obrigação de indemnizar[1347]. Por fim, em sede delitual, refira-se também a existência de meios de autotutela (336.º e ss.), os quais podem atenuar ou mesmo excluir os prejuízos sofridos pelo lesado.

g) O princípio indemnizatório no ramo do Direito dos seguros

XII. Destaca-se, em sede da proibição do duplo ressarcimento, a existência do contrato de *seguro*[1348], a dois níveis: (*a*) quanto à possibilidade de o lesado

o seu entendimento (expresso em *Declaração tácita e comportamento concludente no negócio jurídico*, Almedina: Coimbra, 1995, 388, nota 412), admite a coexistência, ainda que pontual, de «pretensões com base em *erro* e em *não cumprimento*», ainda que, prossegue o ilustre Professor, num modelo de concurso alternativo (*electa una via non datur recursus ad alteram*).

1346 A relação entre a figura do risco e a responsabilidade assume grande complexidade, atendendo em particular à inexistência de um «fundamento unitário de distribuição do risco contratual nos contratos de alienação» (Nuno Aureliano, *O Risco*, 501), mas as influências indiretas deste instituto no plano ressarcitório são inegáveis. Neste sentido, atenda-se ao disposto no art. 1221 (§ 2) CCit, o qual regula a manutenção do modelo de risco perante a responsabilidade de um terceiro, sua causa.

1347 Antunes Varela, *Das Obrigações*, I, 200 (nota 1), e, ainda, Pires Veríssimo, *Do problema de saber se são aplicáveis, em matéria de violação dos deveres recíprocos dos cônjuges os princípios gerais sobre responsabilidade civil*, ROA 8 (1948), 234-256 (252-253).

1348 A literatura sobre a concorrência de contratos de seguro é vasta. Já em 1939, Cunha Gonçalves questionava a possibilidade de *cumulabilidade das* indemnizações em matéria de seguros, admitindo--as num sentido genérico, em *Responsabilidade civil pelos acidentes de trabalho e doenças profissionais*, Coimbra editora: Coimbra (1939), 241-243. V., no período moderno, entre nós, Menezes Cordeiro, *Direito dos Seguros*, Almedina: Coimbra (2013); Carlos Bettencourt Faria, *O conceito e a natureza jurídica do contrato de seguro*, coletânea de jurisprudência, Ano III, 1978, tomo III; Engrácia Antunes, *o contrato de seguro na LCS de 2008*, ROA, n.º 69 (2009), 811-854; Francisco Rocha, *Do princípio indemnizatório no seguro de danos*, Almedina: Coimbra (2015), *passim*; Júlio Gomes, *Da sub-rogação legal do segurador à luz da nova lei do contrato de seguro (Decreto-Lei n.º 72/2008, de 16 de Abril)*, em Estudos em Memória do Prof. Doutor J. L. Saldanha Sanches, vol. II, Coimbra Editora, Coimbra, 2011, 447-484; João Paulo Vasconcelos Raposo, *Pluralidade de Seguros: conceito, extensão e valência*, Revista Julgar *online*, Abril de 2016, 27 ss.; Luís Poças, *Estudos de Direito dos Seguros*, Almeida & Leitão, Lda., 2008, e *Problemas e soluções de direito dos seguros*, Almedina, 2019; Margarida Lima Rego, (Coord.)

cumular o seguro com a indemnização devida por terceiro e, eventualmente por adição à primeira situação, (*b*) a existência de uma *pluralidade de seguros*[1349] que cobram o mesmo sinistro.

a. São exemplos paradigmáticos da eventual cumulação do seguro com a indemnização, (1) a cumulação do seguro de vida com a responsabilidade de terceiro a quem seja imputável a morte do falecido, ou (2) a do seguro de acidentes pessoais ou de saúde com as ofensas provocadas por terceiro, bem como, na vertente obrigacional, (3) a cumulação do seguro de transporte de coisas com o incumprimento da prestação de serviço pelo transportador.

b. São exemplos da existência de uma pluralidade de *seguros do mesmo tipo* que cobrem o mesmo sinistro o (4) seguro de responsabilidade civil automóvel celebrado *por pessoas distintas*, tal como o proprietário e o

Temas de Direito dos Seguros, Vol. I e II, Almedina, 2013; Maria Inês Martinez, *Regime Jurídico do Contrato de Seguro em Portugal*, Actualidad Jurídica Iberoamericana, IDIBE, n.º 5 ter, dic. (2016), 223 e *Contrato de seguro e conduta dos sujeitos ligados ao risco* (Dissertação de Doutoramento), Almedina: Coimbra (2018); Moitinho de Almeida, *O contrato de seguro no Direito português e comparado*, Livraria Sá da Costa: Lisboa (1971), e *em Contrato de seguro/Estudos*, Coimbra Editora: Coimbra (2009); Pedro Romano Martinez *et al.*, *Lei do Contrato dos Seguros – Anotada*, 4.ª ed., Almedina: Coimbra (2020), *Ensaio sobre os seguros de responsabilidade civil*, Católica Law Review – Direito Privado, Vol. II, n.º 2, maio 2018, 41-72, *Direito dos Seguros – Apontamentos*, Principia, 2006, *O contrato de seguro – âmbito do dever de indemnizar*, I Congresso Nacional de Direito dos Seguros, Almedina: Coimbra (2000), 153-168; Rui Ataíde, *Cláusulas abusivas no contrato de seguro*, Revista de Direito Civil (Instituto de Direito Privado – Faculdade de Direito de Lisboa), Ano V (2020), 1, 115-125; Ana Calmeiro, *A pluralidade de Seguros*, Almedina: Coimbra (2021); e Vaz serra, em anot. ao ac. STJ 25-Jan-1974, RLJ, Ano 108, n.º 3539, 29-31, n.º 3540, 36-40.

[1349] A presente figura supera a proibição anterior (434.º do Código Comercial), acompanha a solução de Direito comparado (favoráveis, v. o articulo 1910.º/1 do *Codice*, o art. L121-4/1 do *Code des Assurances* e o §§ 77 e 78 da Lei do Contrato de Seguro alemã – *Gesetz über den Versicherungsvertrag*) e não se confunde com outras próximas, nomeadamente (1) o *co-seguro* (62.º RJCS), nos termos do qual existe cobertura conjunta de um risco por vários seguradores, denominados co-seguradores, de entre os quais um é o líder, sem solidariedade entre eles, através de um contrato de seguro único, com as mesmas garantias e idêntico período de duração e com um prémio global; ou (2) o *sobresseguro*, nos termos do qual, segundo João Paulo Vasconcelos Raposo, «o valor do seguro ultrapassa o valor do interesse em segurar, *i.e.*, em que o valor do capital seguro ultrapassa o valor económico da coisa, direito ou património objeto do contrato.» (*Pluralidade de Seguros*, 24), ou, ainda, (3) o *resseguro* (72.º RJCS), mediante o qual uma das partes, o ressegurador, cobre riscos de um segurador ou de outro ressegurador. Sobre estas e outras figuras (seguro subsidiário e complementar), v. João Paulo Vasconcelos Raposo, *idem*, 24-27, e Maria Inês Martins, *Regime Jurídico do Contrato de Seguro em Portugal*, 221-225, e, ainda, a magistral lição de Francisco Rocha, *Do princípio* indemnizatório, 121-128.

automobilista, para efeitos de realização de uma prova desportiva. Por outro lado, são exemplos de uma pluralidade de *vários tipos de seguro* que cobrem o mesmo sinistro, o (5) seguro de responsabilidade automóvel e de acidentes de trabalho que cobra o acidente de trabalho; a sobreposição parcial no (6) o acionamento do seguro de incêndios e do seguro multirriscos, quando o último engloba o risco contido no primeiro; (7) o seguro de saúde genérico e um segundo, complementar ao primeiro, entretanto verificado; ou, por fim, (8) o seguro de acidentes de trabalho e o seguro de acidentes pessoais, quanto ao sinistro contemplado por ambos.

a. [*cumulação do seguro com a indemnização*] Em primeiro lugar, a indemnização devida por terceiro não pode ser cumulada com o contrato de seguro que atribua uma prestação indemnizatória[1350]. Para tal concorre, em geral, a existência de mecanismos legais como (*i*) o *commodum de representação* (794.º), no espetro obrigacional; (*ii*) a faculdade de cessão dos direitos do lesado (568.º)[1351]; bem como, em termos especiais, (*iii*) a faculdade de o segurador se *sub-rogar*, na medida do montante pago, nos direitos do segurado contra o terceiro responsável pelo sinistro, tanto no seguro *de danos* (136.º/1 do regime jurídico do contrato de seguro, aprovado em anexo ao Decreto-Lei n.º 72/2008, de 16 de abril, na sua redação atual, doravante RJCS), como no seguro *de pessoas* quanto às prestações de natureza indemnizatória (181.º/1 RJCS)[1352] ou em regimes pontuais, tal como sucede no artigo 17.º/2

[1350] Nesta medida, as reservas quer quanto à natureza do dever de prestar em causa ou quanto à inexistência de um injusto enriquecimento dado o pagamento do respetivo prémio, limitativas da validade do princípio indemnizatório (cfr. FRANCISCO ROCHA, *Do princípio* indemnizatório, 80 e 83), não colhem. Evita-se o enriquecimento do segurado (como o A. reconhece; *idem*, 115) com referência à indemnização devida (pelos danos sofridos). O princípio indemnizatório tem pleno acolhimento, em toda a sua extensão, no caso de pluralidade de seguros. Assim, entendeu o TRE no ac. de 23-Abr-2009 (BERNARDO DOMINGOS), quando determinou «[e]m caso de acidente simultaneamente de viação e de trabalho, se o lesado for ressarcido pela entidade patronal ou seguradora (da responsabilidade civil) dela, da indemnização que lhe era devida, não pode exigir do responsável pelo acidente de viação uma indemnização que represente uma duplicação daquela outra, pois na medida da indemnização satisfeita pela entidade patronal ou sua seguradora, a título de responsável pelo acidente de trabalho, o dano deixou do existir e, por isso, não tem já que ser reparado pelo responsável pelo acidente de viação.».

[1351] Para ANTUNES VARELA trata-se de uma questão de interpretação do contrato saber se o lesado pode cumular a indemnização com o benefício do seguro, ou se a companhia de seguros de se subrogar ao lesado na titularidade do direito à indemnização, em *Das obrigações*, I, 939. A propósito, cfr., também, VAZ SERRA, em anot. ao ac. STJ 25-Jan-1974, RLJ, Ano 108, n.º 3540, 36-40.

[1352] JOSÉ ALVES BRITO, *Lei do Contrato dos Seguros – Anotada*, 4.ª Ed., Almedina, 2020, 542.

do regime de reparação de acidentes de trabalho e de doenças profissionais (aprovado pela Lei n.º 98/2009, de 4 de setembro, na sua redação atual, doravante LAT)[1353].

b. [*pluralidade de seguros*] O RJCS regula de forma inovadora[1354] o caso de *pluralidade de seguros* de danos (133.º RJCS), bem como o de seguros de pessoas quanto ao mesmo risco (180.º/2 RJCS).

O regime regra dos seguros de danos (título I), sujeitos ao princípio indemnizatório, proíbe a cumulação de indemnizações pelo tomador de seguro (133.º/2 RJCS), já que o montante atribuído se encontra limitado «ao *dano decorrente do sinistro* até ao montante do capital seguro» (128.º RJCS), *i.e.*, a indemnização atribuída em caso de pluralidade de seguros não pode exceder os *prejuízos* sofridos (ainda que seja também limitada pelo valor do capital seguro). Nos termos do artigo 133.º/3 RJCS, a *pluralidade de seguros* ocorre, quando o sinistro se verifica no âmbito dos contratos que segurem (1) um *mesmo risco*, (2) relativo ao *mesmo interesse*[1355] (43.º RJCS) e (3) por *idêntico período*[1356]. Neste caso, os *vários seguradores* (133.º/1 RJCS)[1357] são obrigados a indemnizar o lesado, dentro dos limites da respetiva obrigação, à escolha deste[1358].

[1353] Nos termos do qual «[o] empregador ou a sua seguradora que houver pago a indemnização pelo acidente pode sub-rogar-se no direito do lesado contra os responsáveis referidos no n.º 1 se o sinistrado não lhes tiver exigido judicialmente a indemnização no prazo de um ano a contar da data do acidente». Apelando tratar-se expressamente de um caso de *sub-rogação legal* pelos montantes liquidados, v. o ac. STJ, de 11-Dez-2012 (Lopes do Rego).

[1354] João Paulo Vasconcelos Raposo, *Pluralidade de Seguros*, 15.

[1355] Nos termos do art. 43.º/2 RJCS, o interesse no seguro de danos respeita à conservação ou à integridade de coisa, direito ou património seguros.

[1356] Entendendo-se, tal como João Paulo Vasconcelos Raposo, a identidade temporal, quando «o sinistro ocorra na vigência dos dois ou mais contratos»; ob. cit., 15. O Autor apela ainda a «determinada identidade pessoal» (*ibidem*). Aliás, as situações a que o Autor reconduz aos casos de concurso de responsabilidades (*idem*, 28) fogem ao âmbito de aplicação do preceito.

[1357] Em caso da existência de vários contratos de seguro com a mesma seguradora, não se aplica a restrição prevista. João Paulo Vasconcelos Raposo qualifica esta situação, em que o novo contrato não substitui o anterior, como de *pluralidade de seguros imprópria* (ob. cit., 23). Todavia, não se advêm motivos para, neste caso, permitir a duplicação da indemnização do sinistro. Note-se que, no caso de a pluralidade de seguros estar aliada a uma pluralidade de segurados, essa opção encontra-se expressamente vedada (133.º/3). A salvaguarda do princípio indemnizatório impõe-se.

[1358] A escolha dificulta-se quando a pluralidade de seguradores se reporte a uma pluralidade de tomadores de seguros. Neste caso, a escolha não poderá recair sobre o terceiro lesado. Neste sentido, Romano Martinez, *Ensaio sobre os seguros de responsabilidade civil*, 64.

O segurado não pode, por este fundamento, cumular indemnizações, *i.e.*, a pluralidade de seguros é meramente *aparente*[1359].

Note-se que os vários seguradores respondem «entre si na proporção da quantia que cada um teria de pagar se existisse um único contrato de seguro» (133.º/4 RJCS)[1360], admitindo-se convenção em contrário, ou seja, nos termos de uma *proporcionalidade supletiva*[1361], tal como a estipulação de uma responsabilidade subsidiária na cobertura dos danos entre os vários seguradores.

Este regime é aplicável aos seguros de danos em especial, nomeadamente ao seguro de responsabilidade civil, cobrindo a obrigação do tomador de seguro indemnizar terceiros (137.º RJCS), ao seguro de incêndios (139.º RJCS), ao de colheitas e pecuário (152.º e 153.º RJCS), de transporte de coisas (155.º RJCS), financeiro (161.º RJCS), de proteção jurídica (167.º RJCS) e, por fim, ao seguro de assistência (173.º RJCS).

Assim, em caso de acidente de viação do trabalhador, o qual seja qualificado simultaneamente como acidente de trabalho, inexiste o requisito da identidade do *risco* para a verificação de uma pluralidade de seguros. Todavia, prevalece uma regulação especial nesta hipótese, pelo disposto no artigo 17.º da LAT[1362].

[1359] João Paulo Vasconcelos Raposo, *Pluralidade de* Seguros, 27 e ss. O Autor admite que, mesmo nos casos de classificação plural (recorrendo ao exemplo do acidente classificado simultaneamente como de viação e de trabalho, existindo ambos os seguros que cubram o sinistro), onde não existe uma pluralidade aparente de contrato de seguro, «vigorará também o princípio indemnizatório e portanto, certamente que as indemnizações não excederão o valor dos danos» (*idem*, 29). Ainda no sentido do texto, v. Arnaldo Costa Oliveira, *Lei do Contrato dos Seguros – Anotada*, 4.ª ed., Almedina, 2020, 462.

[1360] É diferente o funcionamento de uma multiplicidade de seguros reportados a vários tomadores de seguros, os quais são, por sua vez, responsáveis perante terceiro. O seguro é acionável na medida da responsabilidade daquele e, entre os seguros, dominam as regras de repartição de responsabilidade dos seus segurados. Assim, por exemplo, a responsabilidade pelos danos causados a terceiro por dois condutores de veículos terrestres, respetivamente segurados por duas companhias de seguros, é repartida na proposição do risco que cada um dos veículos houver contribuído para os danos (506.º/1), presumivelmente iguais (n.º 2). Não há lugar a aplicação do regime do artigo 133.º RJCS: tal como a responsabilidade dos segurados não suplanta a medida dos danos, as prestações indemnizatórias dos contratos de seguro não podem ultrapassar aquele limite (137.º RJCS).

[1361] Arnaldo Costa Oliveira, *Lei do Contrato dos Seguros*, 464.

[1362] O regime atual, presente no n.º 2 do art. 17.º LAT, determina «se o sinistrado em acidente receber de outro trabalhador ou de terceiro indemnização superior à devida pelo empregador, este considera-se desonerado da respetiva obrigação e tem direito a ser reembolsado pelo sinistrado das quantias que tiver pago ou despendido». Para os casos mencionados no exemplo *supra*, em que o acidente é simultaneamente de viação e de trabalho, a jurisprudência tem enquadrado um critério

Ao invés, já existirá a tríplice identidade qualificadora da pluralidade de seguros (risco, interesse e período temporal) no caso acidente de viação do veículo coberto por vários seguros de responsabilidade civil automóvel[1363]. Neste caso, determina o artigo 23.º do regime do sistema de seguro obrigatório de responsabilidade civil automóvel (Decreto-Lei n.º 291/2007, de 21 de agosto, na sua redação atual) que a responsabilidade compete apenas a um dos seguros, determinando-se no preceito a ordem de prioridade no seu acionamento.

Por outro lado, no que respeita ao segundo grande conjunto de seguros à luz da sistemática do RJCS, o seguro *de pessoas* (Título II), o regime é dual. Em primeiro lugar, e salvo convenção em contrário, as respetivas prestações de valor *predeterminado* (175.º/2) são *cumuláveis* com outras da mesma natureza ou com prestações de natureza indemnizatória, ainda que dependentes da verificação de um *mesmo evento* (180.º/1 RJCS[1364]). A cumulação não ofende, assim, o princípio indemnizatório, quando as prestações não revistam esta natureza, tendo apenas uma função de capitalização[1365].

de *complementaridade* até ao montante dos danos a liquidar, não cumulável, nos termos do qual a responsabilidade primária recai sobre os responsáveis pelos danos atinentes ao acidente de viação (a responsabilidade subsidiária das seguradoras acompanha esta solução; cf. ANTUNES VARELA, *Das Obrigações*, I, 702). V. o ac. STJ de 14-Dez-2016 (PINTO HESPANHOL), aplicando ao caso, dada a data do acidente, a solução do artigo 31.º da Lei n.º 100/97, de 13 de setembro (Regime Jurídico dos Acidentes de Trabalho e das Doenças Profissionais). Cfr., ainda, os acs. do STJ de 29-Abr-2010 (MARIA DOS PRAZERES BELEZA) e de 14-Abr-2011 (MARIA DOS PRAZERES BELEZA). No ac. STJ de 11-Dez-2012 (LOPES DO REGO), determinou-se que «as indemnizações assentes em critérios distintos e cada uma delas com a sua funcionalidade própria – não são cumuláveis, mas antes complementares até ao ressarcimento total do prejuízo causado, pelo que não deverá tal concurso de responsabilidades conduzir a que o lesado/sinistrado possa acumular no seu património um duplo ressarcimento pelo mesmo dano concreto», tendo qualificado as responsabilidades como de *solidariedade imprópria ou imperfeita*. No mesmo sentido, v. o já mencionado ac. TRP de 18-Abr-2017 (JORGE SEABRA) e o comentário de VAZ SERRA, em *Fundamento da responsabilidade civil (Em especial responsabilidade por acidentes de viação terrestre e por intervenções lícitas)*, BMJ 90 (1959), 5-322 (147-148).

1363 Contra, JOÃO PAULO VASCONCELOS RAPOSO, *Pluralidade de Seguros*, 27 e ss. O Autor entende inexistir identidade dos interesses a segurar.

1364 Também o n.º 5 do art. 51.º do Decreto-Lei n.º 291/2007, de 21 de agosto, na sua redação atual, regula a possibilidade de cumulação das indemnizações suportadas pelo Fundo de Garantia Automóvel a título de responsabilidade civil automóvel, com aquelas não indemnizatórias devidas às pessoas transportadas. Neste sentido, ARNALDO COSTA OLIVEIRA, *Lei do Contrato dos Seguros*, 465.

1365 JOÃO PAULO VASCONCELOS RAPOSO, *Pluralidade de Seguros*, 73.

Assim, é cumulável pelo mesmo sinistro (1) o seguro de acidentes de trabalho com o de acidentes pessoais[1366]; (2) o seguro de acidentes pessoais ou de vida com o seguro obrigatório automóvel[1367]; e (3) o seguro desportivo com o de acidentes pessoais, desde que as prestações inerentes aos seguros de pessoas mencionados (de acidentes pessoais e de vida) não revistam natureza indemnizatória.

No entanto, e em segundo lugar, na medida em que o seguro de pessoas garanta prestações *indemnizatórias* relativas ao *mesmo risco*[1368], aplicam-se as regras comuns do seguro de danos prescritas no artigo 133.º *ex vi* 180.º/2 RJCS. Assim, o montante das prestações não pode superar o valor dos danos sofridos.

A proibição de cumulação de seguros, pela triplicidade de requisitos do seguro de danos (*i.e.*, identidade de risco, interesse e período), basta-se com a dualidade de fundamentos nos seguros de pessoas, nomeadamente o (1) *mesmo risco* do (2) *mesmo tomador de seguro*[1369]. Este regime é aplicável, por sua vez, aos seguros de vida previstos em especial, nomeadamente o seguro de vida (183.º RJCS), seguro de acidentes pessoais (210.º RJCS) e seguros de saúde (213.º RJC).

XIII. Em conclusão, sem prejuízo da especificidade de cada contrato de seguro, as *prestações indemnizatórias* garantidas por uma pluralidade de seguros não podem exceder o valor dos danos sofrido pelo mesmo sinistro, quando reportados ao mesmo risco[1370]. Para este efeito, o princípio indemnizatório previne o injusto locupletamento lesado[1371].

[1366] Cf. o ac. do STJ de 09-Jul-2015 (João Bernardo) e de 22-Fev-2011 (Hélder Roque).

[1367] Cf. o ac. referido anteriormente, de 07-Jul-2015 (João Bernardo). Cfr., a propósito, a anot. ao art. 180.º RJCS por José Alves de Brito, em *Lei do Contrato de seguro. Anotada*, Romano Martinez (*et al.*), 4.ª ed., Almedina: Coimbra (2020), 180-181 e o ac. daquele douto tribunal, de 14-Out-1987 (BMJ 370, 1987, Aurélio Fernandes, 513-518 e o de 08-Fev-2018 (Salazar Casanova).

[1368] Neste sentido, v. José Alves Brito, *Lei do Contrato dos Seguros*, 541.

[1369] A omissão do requisito de interesse no seguro de pessoas, existindo apenas a necessidade de autorização da pessoa segura não beneficiária (43.º/3 RJCS), contorna a velha discussão quanto à existência de um puro interesse neste tipo de seguros. Neste sentido, João Paulo Vasconcelos Raposo, *Pluralidade de Seguros*, 1520.

[1370] Romano Martinez, *Ensaio sobre os seguros de responsabilidade civil*, 64.

[1371] Para Francisco Rocha, *Do princípio indemnizatório no seguro de danos*, 81, o «princípio indemnizatório não pode ser explicado com recurso às regras do cálculo da indemnização na responsabilidade civil, desde logo porque, ao contrário destas, não pressupõe o ressarcimento integral do dano, mas apenas que a prestação do segurador não exceda o dano real». Com a devida vénia, não

No mesmo sentido, o princípio indemnizatório serve para a delimitação da natureza das prestações pagas pelo Estado ou por outra instituição ao lesado (em virtude da sua inscrição em determinada instituição de previdência)[1372]: quando tenham natureza indemnizatória, não são cumuláveis com a responsabilidade do lesante, atenuando ou excluindo a responsabilidade deste, quanto ao prejuízo comum.

Até àquele limite, e dentro do referente ao capital seguro, os seguradores respondem em termos *solidários*[1373] (133.º/3 RJCS). Tendo em vista prevenir aquele duplo ressarcimento do mesmo sinistro, a nível indemnizatório, sobre o tomador do seguro recai o dever de informação dual (aquando do conhecimento da sua verificação da pluralidade de seguros, bem como aquando da participação do sinistro, cfr. 133.º/1 RJCS) – com exceção do seguro de saúde (215.º, *b*) RJCS) – cujo incumprimento acarreta a exoneração dos seguradores da obrigação de prestar (133.º/2 RJCS).

5.3. Identidade do dano na obrigação de indemnização; critérios ontológicos e normativos

XIV. No dano reside o critério que delimita a possibilidade de cumulação das várias formas de responsabilidade: a tutela de realidades diferentes não é excludente, salvo a existência de uma disposição em sentido contrário. O princípio ressarcitório é *pleno*. Ora, como vimos para a formação de um único título de imputação de danos, gerando uma única obrigação de indemnizar, os prejuízos a ressarcir são todos aqueles sofridos pelo lesado, desde que, naturalmente, não se repita a forma de tutela de um prejuízo qualquer,

se compreende, no entanto, como pode a estipulação deste limite máximo de responsabilidade, nas prestações de carácter indemnizatório (128.º e 180.º/1 RJCS), *não prevenir* o injusto enriquecimento do tomador do seguro. Aliás, a existência de um outro limite máximo, referente ao capital segurado, não impede a plena eficácia do princípio, quando este limite seja *superior* aos dos danos (*v.g.*, quando o valor dos danos seja 1.000 e o do capital seguro 2.000). Neste caso, o valor dos danos surge como travão ao excesso do ressarcimento (princípio indemnizatório), em plena eficácia, com base nas regras do cálculo da responsabilidade civil. O eventual defeito pelo capital seguro, quando *aquém* dos danos sofridos, não retira eficácia à proibição da prestação indemnizatória no montante que exceda o valor dos danos (naturalmente inferior ao do capital seguro).

[1372] Antunes Varela, *Das Obrigações*, I, 702-704.

[1373] Maria Inês Martins, *Regime Jurídico do Contrato de Seguro em Portugal*, 223.

sob pena de duplo ressarcimento, esse sim proibido[1374]. Este limite genético à aptidão do título de imputação de danos fazer que outra esfera jurídica suporte todos os danos, se diferentes e no âmbito da mesma fonte de responsabilidade, não se esgota num único *título de imputação*. Não surpreende que a proibição do duplo ressarcimento do mesmo dano no âmbito da obrigação de indemnizar se projete para uma nova eventualidade, nomeadamente a de existirem *várias* pretensões indemnizatórias, tal como sucede paradigmaticamente no âmbito do concurso de responsabilidades *onde competem vários títulos de imputação de danos no âmbito do mesmo crédito indemnizatório* (p. ex., a responsabilidade obrigacional do depositário e a delitual do autor do furto da coisa que se encontrava confiada gera, naturalmente, duas pretensões indemnizatórias que se reportam a sujeitos distintos). Por outro lado, a tutela enunciada nada obsta à cumulação da tutela (indemnizatória) do dano com outras realidades, de que é exemplo o *enriquecimento*.

Neste último caso, explorando o carácter subsidiário do instituto do enriquecimento sem causa, é bastante discutida a possibilidade de se tutelar cumulativamente o *enriquecimento* com o *dano*, conquanto, claro, se encontrem verificados os demais pressupostos necessário ao apuramento do enriquecimento e da responsabilidade civil do agente. O campo não é, portanto, o da cumulação de vários *prejuízos*, definidos enquanto pressuposto da obrigação de indemnizar. Ora, cumpre desde já destacar que o princípio da subsidiariedade (474.º) não obsta à satisfação da pretensão de restituição do enriquecimento, em simultâneo ou sucessivamente à indemnizatória, conquanto aquele se situe para *além* desta. A situação tem sido analisada com particular incidência na modalidade de enriquecimento por intervenção, à luz da doutrina alemã (a qual, por sinal, não consagra este princípio de subsidiariedade)[1375]: quando o dano se calcule num valor (indemnizatório) inferior ao do enriquecimento (independentemente de o prejuízo ser *ab initio* superior, p. ex., em resultado da redução da indemnização em virtude da mera culpa, cfr. 494.º), afirma-se que o empobrecido pode solicitar a restituição cumulativa do enriquecimento

[1374] Antunes Varela, *Das Obrigações*, I, 700 (nota 3), afirma que o concurso é real perante a hipótese de «concorrência da responsabilidade delitual com a responsabilidade contratual, visto só a primeira cobrir a reparação dos danos não patrimoniais.».

[1375] Fikentscher/Heiemann, *Schuldrecht*, § 105, 748, Larenz, *Lehrbuch*, II, BT, § 74, III, 347.

quanto ao *valor* em falta; no fundo, à *diferença*[1376]. Apresentamos as maiores reservas à presente solução. Vejamos. A subsidiariedade invocada (474.º) tem relevância apenas quando as vias *concorram* à mesmíssima tutela. Se não existe esse prisma de sobreposição, o instituto aplica-se em pleno (de forma isolada, leia-se); se, pelo contrário, esta pretensão *concorre* com outras, note-se, o regime demite-se de aplicação: é, neste último caso (e apenas neste), *subsidiário*[1377]. O confronto, para este efeito, entre as vias de tutela fornecidas pela responsabilidade civil e pelo enriquecimento sem causa deve, portanto, ser realizado com a necessária identificação da forma em que estas vias possam coincidir, e em que medida; tarefa dificultada pela ausência de correspondência entre os conceitos de *enriquecimento* e o de *dano*[1378]. A tarefa não foi, hoje, concluída. Em todo o caso, estima-se que essa correspondência conceptual deve ser despida de preconceitos *quantitativos* (exclusivamente por referência ao *quantum* indemnizatório ou de *restituição*; a qual ignora a possibilidade desta compatibilidade perante a indemnização *in natura*) e, portanto, pelo menos no que respeita

[1376] Sobre o problema em mãos, v. Luís Menezes Leitão, *O enriquecimento sem causa*, 911-921, Júlio Gomes, O *conceito de enriquecimento*, 415-467, bem como, Diogo Leite de Campos, *A subsidiariedade da obrigação de restituir o enriquecimento*, 359 e ss.; Brandão Proença, *À volta da natureza subsidiária da obrigação de restituir fundada em enriquecimento sem causa*, Cadernos de Direito Privado, n.º 50 (Abr-Jun, 2015), 3-21;A.S. Hart Kamp, *Unjust Enrichment alongside Contracts and Torts*, em Unjust Enrichment and the Law of Contract, Kluwer Law International: Países Baixos (2001), 25-32; v., ainda, Pereira Coelho, *O enriquecimento e o dano, passim.*
Neste sentido, apelando a critérios de flexibilização, v. Menezes Cordeiro, *Tratado*, VIII, 251; em linha, as anotações ao art. 474.º por Diogo Costa Gonçalves, em *Código Civil Comentado*, II, 475, e por Júlio Gomes em *Comentário ao Código Civil, Direito das Obrigações*, 257, admitindo a hipótese de concurso de pretensões. V., ainda, Antunes Varela, *Direito das Obrigações*, I, 504-505 – A. que menciona a possibilidade de existir um concurso de pretensões ou de fundamentos da (mesma) pretensão (*idem*, p. 503, nota 3) –; e Ribeiro de Faria, *Direito das Obrigações*, I, 387-393, apelando ao limite do dano abstrato (segundo a teoria do triplo limite). Noutro lugar, a matéria tem sido explorada ao abrigo do disposto no n.º 4 do art. 498.º, em matéria prescricional: também se procura permitir que o lesado recorra ao instituto do enriquecimento a *todo o tempo* (ou seja, ainda que a responsabilidade civil não esteja prescrita) quanto (apenas) ao valor do enriquecimento que supere o do dano (ao abrigo da responsabilidade ainda não prescrita; assim, Gabriela Páris Fernandes, com referências, em anot. ao art. 498.º, *Comentário ao Código Civil*, 382).

[1377] Neste sentido, analisando-o num prisma de concorrência de pretensões, v. Menezes Leitão, *O enriquecimento*, 911.

[1378] Sobre esta distinção, afirmando ser «quase impossível resistir às tendências "totalitárias" do conceito de dano da responsabilidade civil», v. Júlio Gomes, *O conceito de enriquecimento*, § 100, 394 e ss. (*maxime* 395). Fundamental, Pereira Coelho, *O enriquecimento e o dano*. Para este Autor, funcionalmente, não surpreende que «não lhe [à responsabilidade civil] importe o que esteja a mais no património do lesante, mas tão-só o que esteja a menos no património do lesado» (*idem*, 28).

à indemnização calculada em montante inferior ao dano (p. ex., por aplicação do disposto no art. 494.º [1379]) – e, claro, inferior ao enriquecimento –, esta não deve ser cumulada com a restituição do enriquecimento.

Recorde-se, todavia, a dependência funcional da identificação do *mesmo dano* para a materialização daquele princípio que impede a duplicação de tutela. Este processo metodológico é, portanto, a verdadeira trave-mestra do sistema de imputação de prejuízos inerente ao modelo de responsabilidade civil em concurso. Não é possível explorar as hipóteses de concurso de responsabilidade sem individualizar os danos em causa, sob pena de se formarem *superequações de danos*[1380].

Já tivemos a oportunidade de apontar manifestações pontuais deste princípio. Um desses casos é o da cumulação das indemnizações devidas em caso de acidente simultaneamente de viação e de trabalho, com a inerente usual competição de seguros. Com base no disposto no artigo 17.º LAT, a jurisprudência aponta um critério de *complementaridade* até ao montante dos danos a liquidar, evitando a todo o custo uma *duplicação* de indemnizações: aponta-se, para tal, a *natureza não cumulável* das indemnizações (cfr., o ac. STJ de 11-Dez-2012). Mais: como concretiza o Tribunal da Relação do Porto em duas decisões recentes, a bitola para se evitar a cumulação de indemnizações (não pretendida) é a identificação do «*mesmo*» dano: se os danos forem distintos, afirma-se, nada obsta à tutela conjunta destes prejuízos[1381].

Pois bem, esta regra – que nos determina que o dano igual não é duplamente tutelado à luz do princípio ressarcitório – é independente da conceção normativa de dano que se adote. E este é novamente um dos aspetos a destacar.

Em todo o caso, cumpre-nos avançar o critério ao qual recorremos para individualizar o dano.

[1379] Aliás, estas hipóteses (de uma indemnização calculada em montante inferior aos danos, mas superior ao enriquecimento) pode ser prevenida se se considerar – tal como Pereira Coelho – que o enriquecimento sem causa representa o limite máximo da redução devida nos casos reconduzíveis ao art. 494.º; em *O enriquecimento e o dano*, 34.

[1380] A expressão é de João Álvaro Dias, *Dano Corporal. Quadro Epistemológico e Aspectos Ressarcitórios*, Almedina: Coimbra (2001), 138, por referência à necessidade de concretização do conceito de *dano à saúde*.

[1381] De 26-Set-2016 (Ana Paula Amorim) e de 14-Mai-2020 (Joaquim Correia Gomes).

XV. Como vimos, a identidade do dano não é comprometida pelas diferenças de tutela indemnizatória em termos *qualitativos* (*in natura* ou em espécie) ou de cômputo *quantitativo* (*i.e.*, pela diferença entre os valores da indemnização em espécie), em sede de exclusão, limitação ou exclusão de responsabilidade[1382]. Em suma, a indemnização do *mesmo* dano basta-se com o seu ressarcimento por um dos títulos de imputação, independentemente das assimetrias do regime delitual e obrigacional impedirem a igualdade da respetiva *forma* de tutela. Um mesmo dano pode (e será, porventura, esta a regra) ser tutelado de *forma* diferente nas modalidades consideradas, dada a assimetria profunda valorativa e de regime (*v.g.*, as diferenças quanto à limitação legal ao *quantum* indemnizatório de que é exemplo o disposto no artigo 494.º). Este dano não deixa de ser, todavia, o *mesmo*.

Não sendo reportado, a final, à *forma* de tutela, a identidade do dano deve ser apurada num momento prévio, enquanto o objeto a considerar posteriormente na obrigação de indemnizar. Neste âmbito, cabe recurso aos elementos que individualizam este pressuposto no título de imputação. Apela-se, nesta medida, a elementos de dois tipos, os quais casuisticamente caracterizam o dano a considerar, nomeadamente:

a) critérios *ontológicos*; e
b) critério *normativos.*

a) [*critérios ontológicos*] Em primeiro lugar, a *realidade* enquanto linha espácio-temporal onde se processa o dano, ainda que se admita um forte dinamismo quanto ao seu surgimento e quanto à sua duração (*v.g.*, danos de futuros ou de natureza continuada), é um elemento basilar na identificação do mesmo dano. Por outro lado, importa determinar ontologicamente sobre *quem* recai inicialmente, em exclusivo: sumariamente, o dano sofrido por duas pessoas (singulares ou coletivas[1383]) é sempre diferente.

A incumpre o contrato de fornecimento com B, provocando perda de clientela, por duas ocasiões, em igual medida. C agride tanto D como E, na mesma ocasião. Em ambos os casos, os danos sofridos não se

[1382] Cfr., *supra*, § 11; 3.

[1383] Salvo a *desconsideração da personalidade jurídica coletiva*, o dano sofrido pela pessoa singular e pela pessoa coletiva da qual a primeira faça parte são, naturalmente, *distintos*, atendendo à esfera patrimonial diferente em que se produzem. Quer isto dizer que, p. ex., os danos sofridos pela sociedade não se confundem com aqueloutros sofridos pelos respetivos sócios.

confundem, por quebra da identidade do evento determinante de responsabilidade de onde o dano emerge (B), ou em virtude de se reportarem a pessoas distintas (D e E), podendo ser cumulativamente tuteláveis.

b) [*critérios normativos*] Em segundo lugar, necessariamente combinado com a realidade que lhe esteja subjacente, apuram-se os critérios *normativos* na identificação do mesmo dano[1384]. Ora, não existem critérios legais definitivos que identifiquem e individualizem os danos concretamente a indemnizar: as categorias de danos criadas são, na esmagadora maioria doutrinárias, e, por vezes, erradamente confundidas com a ilicitude, ou melhor com a *situação de responsabilidade* que lhes serve de causa. Assim, por exemplo, não decorre da lei a existência, terminologicamente considerada, do dano da perda de *chance* ou do dano *patrimonial* da despesa hospitalar em resultado de ofensas à integridade física[1385]. O intérprete vincula-se à tarefa hermenêutica de considerar *determinados* danos como imputáveis ao lesado, debruçando-se sobre determinada realidade. O ponto é claro: o critério subjacente à *individualização* dos danos é tratado como um dado pré-adquirido, mas não o é. Nem este se esgota nas modalidades correntes de danos, cumuláveis, embora esta categorização seja um elemento coadjuvante.

Fora daqueles quadros categoriais, procura-se um *novo* critério que permite individualizar o dano: transparece o do *bem jurídico* que, em concreto, esteja subjacente ao prejuízo, *i.e.*, à *vantagem* suprimida, considerando a esfera jurídica onde se repercute (a do lesado)[1386]. Este conceito (de *bem jurídico*) distancia-se daqueloutro critério subjacente ao *interesse* legalmente protegido ou subjacente ao direito subjetivo – o qual se reporta à lesão ou perigo de lesão, delimitando a *ilicitude* e tendo por referência o *objeto* protegido pela norma[1387] – ou, até, àqueloutro interesse inerente à obrigação de indemnização. Esta distinção não se encontra isenta de dificuldades.

[1384] Já Teixeira de Sousa reconhece, para estas hipóteses, uma unidade do critério *económico* da *pretensão*; O *Concurso*, 52 e ss.

[1385] O número 2 do artigo 495.º apenas menciona a existência de *lesão corporal*, a qual não se confunde com o dano mencionado.

[1386] Evita-se o apelo ao conceito de *interesse*, enquanto objeto do dano. Neste sentido, v. Castro Mendes, *Do Conceito jurídico de prejuízo*, 16-17, bem como Menezes Cordeiro, *Direito das Obrigações*, II, 284; Mafalda Miranda Barbosa, *Danos, Uma leitura personalista da responsabilidade civil*, Principia: Cascais (2018), 38-39. Contra, Pinto Monteiro, entendeu ser a «identidade de interesses» o critério adequado para aferir a proibição legal do cúmulo da indemnização pelo não cumprimento com a execução específica da obrigação (811.º/1), em *A pena e o dano*, 672.

[1387] Paulo Mota Pinto, *Interesse*, I, 422.

Seguimos de perto a lição de PAULO MOTA PINTO, rejeitando a utilidade no nosso sistema da distinção entre o *dano-evento*, reportando à lesão ou perigo de lesão do interesse, e o *dano-consequência*, relativo aos prejuízos subsequentes. Aquele primeiro dano serve o propósito da ilicitude, apenas, e o segundo é o dano em sentido próprio, enquanto pressuposto de responsabilidade. Para tal, o ilustre Professor rejeita a necessidade de se reportar o dano a um interesse, bastando-se com a «ofensa ou lesão de *bens*»; o *interesse* seria, ao invés e apenas, ponderado em sede da ilicitude. Sem desmérito, não nos aparenta líquido o fundamento que preside à distinção conceptual entre *interesse* e *dano* neste campo[1388]: note-se, aliás, que o referido Autor admite que a ilicitude (de interesses) pode reportar-se, por vezes, à lesão de bens juridicamente protegidos (*Rechtgutverletzung*)[1389]. Nessa medida, a ilicitude e o dano podem comungar do objeto (quando ambas se reportam a um bem jurídico). Neste último caso, cumpre ressalvar, por outro lado, a possível dissonância entre o bem jurídico violado, relevante em sede de ilicitude, e um outro onde se repercute o prejuízo[1390]. Em todo o caso, na exposição

[1388] Se considerarmos, como afirma PEDRO MÚRIAS, que «a aplicabilidade do conceito de bem é uma decorrência de haver um interesse, e não o contrário» (*O que é um Interesse, no Sentido que Geralmente Interessa aos Juristas*, Estudos em memória do Prof. J. L. Saldanha Sanches, Coimbra (2011), 829-858 (840), a distinção é, aliás, artificial, porque a todo o bem corresponderá um interesse.

[1389] P. MOTA PINTO, *Interesse*, I, 422, 425 (nota 1407), 433 e ss., 727, para cuja investigação remetemos. Em todo o caso, existe uma discussão a ser tida quanto à inclusão daquela noção, de bem, no conceito geral de interesse (cf. PEDRO MÚRIAS, *O que é um Interesse*, Estudos em memória do prof. J. L. Saldanha Sanches, 2011, 829-858, 840-841); termos em que consideramos não inteiramente incompatíveis. Mas, neste âmbito, facilmente cumpre evitar o erro de confundir o interesse subjacente à ilicitude com aquele (pretensamente) subjacente ao dano (CARNEIRO DA FRADA, *Responsabilidade civil*, 90, nota 106).

[1390] Expressando esta preocupação, v. MARIA DE LURDES PEREIRA, *A indemnização*, 173 (nota 364). Considere-se ainda a crítica da ilustre Professora, segundo a qual a distinção entre o interesse e o dano seguida por P. MOTA PINTO considera o interesse como a *vantagem simétrica do dano* (*idem*, 619, nota 1451). Nesta medida, justifica-se questionar se não resta ainda espaço para o interesse também ser objeto do dano. Ora, essa foi a questão também aprofundada por JOÃO DE CASTRO MENDES (*Do conceito jurídico de prejuízo*) onde o ilustre Professor explana as teorias relativas ao objeto do dano, *objetivas* (por referência ao bem jurídico) e *subjetivas* (por referência ao interesse) (*passim*). A dificuldade radica, tal como expresso pelo Autor, na proximidade dos conceitos de interesse e bem jurídico (ob. cit., 16). O seu entendimento, em linha com o de GOMES DA SILVA, com apelo ao substrato teleológico (da finalidade do bem), ainda tem por referência o bem jurídico, como objeto do dano. Note-se, todavia, que GOMES DA SILVA avançara uma noção concreta de dano que também não resolve de forma satisfatória a presente questão, uma vez que o Autor indica que o dano consiste «na perda ou deterioração dum bem, ou na lesão dum interesse» (*Dever de prestar*, 119).

subsequente, reportaremos o dano à manifestação negativa da lesão de um *bem* jurídico (patrimonial ou não), por oposição à lesão ou perigo de lesão de um *interesse* (subjacente ao direito subjetivo ou legalmente protegido), próprio do conceito da ilicitude que o antecede.

A distinção é decisiva: o interesse subjacente à ilicitude (o qual serve a aproximação das responsabilidades, particularmente no que respeita à comunicação dos efeitos das cláusulas de exclusão da ilicitude[1391]) não se confunde com o *bem jurídico*, objeto do dano, presentemente tratado.

O bem jurídico subjacente ao prejuízo assume-se um critério determinante para individualizar o dano. Este bem jurídico deve, ainda assim, ser enquadrado no contexto da obrigação de indemnização gerada, e do respetivo *interesse*. Ora, a importância do conceito de *interesse* (por oposição ao de bem jurídico) no plano formativo da obrigação é inegável (398.º/2, e em particular, no contrato a favor de terceiros, 443.º/1). E é a este *interesse* que se reporta o *cumprimento* (incluindo o da obrigação de indemnizar) e que se localiza fora no plano do dano: a sua sede é a da estatuição normativa, ou seja, nas normas de responsabilidade em sede do cálculo da obrigação de indemnização. Esta relação (entre interesse e cumprimento) deve ser aprofundada no plano geral. Existem exceções que quebram a relação de dependência entre aquelas duas figuras (cumprimento e interesse), tal como a satisfação do interesse por outras formas que não o cumprimento (dação em cumprimento, consignação, compensação, novação, remissão e confusão, 837.º e ss.) e, por outro lado, existem casos de "cumprimento" que não satisfazem o interesse do credor (p. ex., a realização do copo de água após o casamento ter sido desmarcado). O conceito de interesse não está, de todo, definido, mas a sua natureza estruturante do vínculo obrigacional é inegável. As tentativas de substituição pelo conceito anterior, de cumprimento, são de rejeitar, uma vez que tomam a exceção pela regra (apontando os casos de ausência de interesse no cumprimento legítimo, enquanto risco do credor)[1392].

[1391] Cfr., *supra*, § 9; 2 e § 12; 2.4.

[1392] Contra, Pedro Múrias, *Um conceito de atribuição para o direito do não cumprimento*, O direito, Ano 140, n.º 4 (2008), 797-856. Contra, também, Paulo Mota Pinto, *Interesse*, I, 424. É, aliás, possível respeitar a autonomia dos conceitos de cumprimento e interesse e ainda assim relacioná-los: o interesse, quando exista, é o limite da conduta (de cumprimento ou outras equiparadas), prevenindo o excesso de tutela.

Aliás, a própria definição do conceito de interesse *material*[1393] é, em si, dúbia: sabemos que se pode reportar apenas ao credor, incluir o devedor (*v.g.*, 1070.º/2) ou até um terceiro (767.º/1); pode também ser difuso, coletivo, e não individual em sentido estrito[1394]; reportar-se ao exercício do crédito ou apenas a uma faculdade associada (*v.g.*, invocação da nulidade ou da prescrição, 286.º, 305.º/1). Em todo o caso, o processo de apuramento do interesse subjacente à situação jurídica não é estranho ao intérprete: vejamos os exemplos previstos noutras sedes, designadamente perante os direitos em colisão (335.º/2), bem como aquando do exercício de um direito (*qui iure suo utitur nemini facit iniuriam*), prejudicando os *interesses* inerentes a este exercício; por fim, apela-se a este critério para se apurar a importância relativa dos *deveres incompatíveis*, atendendo, nas palavras de PESSOA JORGE, ao *valor do bem* ou *do interesse* que através deles se prossegue[1395]; por fim, no recurso aos meios de autotutela, impõe-se ao agente uma *ponderação de interesses*[1396], nomeadamente do interesse sacrificado na ação direta e na legítima defesa e, em especial, daquele inerente ao dano que se pretende evitar (336.º/3, 337.º/1 e 339.º/1, respetivamente). No que respeita ao domínio da responsabilidade, importa também distinguir o conceito de *interesse* do da *vontade* (465.º, a), não inteiramente coincidentes; no plano do cumprimento (pelo credor), ele é um elemento-chave do regime, avaliado maioritariamente pelo prisma objetivo (792.º/2, 793.º/3, 802.º/2, 808.º/2).

Retomemos aquele conceito de *bem jurídico*, recentrado que seja esta figura enquanto objeto do dano, por oposição ao conceito central do *interesse* próprio do plano da ilicitude e da obrigação de indemnização.

1393 Por oposição ao interesse processual, instrumental face àquele; assim, DIOGO CASTANHEIRA PEREIRA, *Interesse processual na acção declarativa*, Coimbra Editora: Coimbra (2011), 24-25. Sobre este conceito, é clássica a noção de JHERING, centrada na utilidade (e não na vontade), bem documentada pela doutrina, para a qual se remete.

1394 CARNEIRO DA FRADA, *Direito Civil*, 103 e PEDRO LEITÃO PAIS DE VASCONCELOS, *A procuração irrevogável*, Almedina: Coimbra (2002), 48-52. Cfr., *supra*, § 7; 1.

1395 PESSOA JORGE, *Ensaio*, 174. Sobre a colisão de direitos, v. a anotação ao art. 335.º por MENEZES CORDEIRO, em *Código Civil Anotado*, I, 942-951, *Da Colisão de direitos*, O direito, n.º 137, I (2005), 37-55 e ELSA VAZ DE SEQUEIRA, *Colisão de direitos*, em *Colisão de direitos*, em Cadernos de direito privado, Vol. 1, n.º 5 (Out-Dez. 2015), 20-34. Recentemente, v. também a anotação ao art. 335.º por DIOGO COSTA GONÇALVES, em *Novo Coronavírus e crise Contratual*, anotação ao Código Civil (Coord. Catarina Monteiro Pires) AAFDL Editora: Lisboa (2020).

1396 PESSOA JORGE, *Ensaio*, 215.

Em concreto, o bem jurídico que individualize o dano previne a duplicação da indemnização, *i.e.*, nos termos do *mesmo dano*, materialmente considerado (*in natura*) ou por ter sido contabilizado em sede do *quantum* indemnizatório para além do seu valor (em espécie). Mas, note-se, a partir do momento da satisfação daquele dano ao abrigo de um qualquer título de imputação de danos em concurso (e independentemente das variações quanto à fórmula de cálculo, como vimos), este pressuposto é removido dos títulos de imputação que se encontravam (até esse momento) em concurso. Aqui, o bem jurídico apenas individualiza o prejuízo. Pois bem, cumpre neste momento sindicar duas vertentes: por um lado, como vimos, (1) o *bem jurídico enquanto critério que individualiza o dano*, o qual, uma vez satisfeito, cessa nos demais títulos de imputação de danos em concurso; por outro, (2) o *interesse subjacente à obrigação de indemnização.*

Recordemos que, neste último caso, (2) estamos materialmente fora do campo dos pressupostos da responsabilidade (onde o conceito de ilicitude e o de dano são relevantes), e situamo-nos, ao invés, no plano posterior da *estatuição normativa* das regras de responsabilidade, onde é relevante um outro tipo de interesse, inerente ao *substrato teleológico da obrigação de indemnizar.* Nestoutro campo, da estatuição normativa, o interesse é de outro tipo, por oposição àquele subjacente à ilicitude (disjuntamente considerado no de *cumprimento* e de *integridade*). Em todo o caso, este momento considera (e depende d) os danos a eliminar, anteriormente individualizados.

Quanto à conexão entre os elementos em concurso anteriormente abordados e o interesse subjacente à obrigação de indemnização, cumpre dizer o seguinte: quando existam danos *diferentes* (ao abrigo do mesmo critério que os individualiza) pode ainda assim existir fundamento para uma recusa jurídica em se tutelar todos os prejuízos ressarcíveis, ao abrigo daquele interesse que serve o *ressarcimento total*[1397]. Neste caso, o interesse jurídico subjacente à obrigação de indemnizar é comprimido por outro,

[1397] Por sinal, o interesse pode dissociar-se da satisfação do dano, e servir outros, os quais podem implicar, a final, a satisfação restrita dos danos, em moldes inferiores ao ressarcimento total. Essoutros interesses (além do ressarcitório) são particularmente relevantes em sede de concurso de responsabilidade, sendo passíveis de comprimir totalmente finalidade ressarcitória total, primária. Já conhecemos, aliás, várias dessas normas (a par das convenções válidas nesse sentido, com base na autonomia privada), as quais restringem ou até excluem o *quantum* indemnizatório; no sentido diametralmente oposto também são conhecidas normas *agravantes* da responsabilidade.

prevalecente (p. ex., o funcionamento de uma causa de justificação da ilicitude, culpa, de uma cláusula de exclusão ou atenuação de responsabilidade com efeito *comunicante* e *extintivo* dos títulos de imputação em concurso). Em resultado, os títulos de imputação de danos e os respetivos créditos indemnizatórios (ainda que possíveis de cumprir) não podem ser juridicamente satisfeitos: neste caso, apelamos a uma *alteração do fim geral da obrigação de indemnizar*, uma vez que o interesse do credor se encontra satisfeito por outra via[1398].

Pese embora a tutela indemnizatória se destine ao ressarcimento de todos os prejuízos, a ordenação dos *bens jurídicos* inerentes a cada prejuízo é também *sobreponível*, em consequência da imperfeição do processo de categorização – e este ponto justifica a necessidade de autonomização desta figura perante o interesse que se reporte à ilicitude e à própria obrigação de indemnizar. Por outras palavras, a ordenação dos danos a considerar podem englobar-se noutros, consoante o bem jurídico coincidente que lhe esteja subjacente.

Com particular manifestação em sede delitual, o bem jurídico inerente ao dano permite operar o fenómeno de *consumpção* da tutela reconhecida, quando se almeje uma sobreposição com dano reportado ao mesmo bem, de dimensão inferior. Num exemplo: A contrata B como seu segurança privado, garantindo a sua proteção de ofensas à integridade física. C, aproveitando-se da incúria de B, agride mortalmente A. O dano de *sofrimento* de A decorre, em diferente medida, quer da lesão

[1398] Nos casos gerais de impossibilidade, o interesse do credor fica por satisfazer uma vez que a conduta materialmente destinada à sua satisfação não é possível. Existem, no entanto, outros casos, reportados genericamente ao *fim da prestação* (ou seja, à realização em si do interesse do credor), o qual já não é possível de atingir, embora nada obste (material ou juridicamente) ao *cumprimento, rectius*, à realização da *conduta* por parte do devedor: no exemplo de ANTUNES VARELA, se o paciente morre, a obrigação a que o médico se vinculou (de o tratar, mediante uma intervenção cirúrgica) ainda é *materialmente* possível (operar um cadáver), mas juridicamente não o é. Ocorreu, neste caso, a *frustração do fim da prestação (Das Obrigações*, II, 74-78.). Por outro lado, socorrendo-nos do mesmo exemplo, se o paciente se cura, a obrigação médica também deixa ser juridicamente possível, conquanto se realizou o *fim da prestação por outra via*, embora também seja possível operar um paciente tratado (*ibidem*).
No texto exposto, estamos perante um outro tipo, o da *alteração* casuística *do fim* da obrigação de indemnizar, permitindo a satisfação do interesse do credor mediante uma prestação distante daquela que visa ao ressarcimento total dos danos.

> à integridade física, quer, afinal, da própria vida. Assim, a tutela obrigacional inerente ao dano de *sofrimento* em resultado do incumprimento de dever de proteção (referente exclusivamente à lesão da integridade física), encontra-se consumido pelo mesmo tipo de dano derivado da lesão da vida, da responsabilidade delitual de C. Noutro exemplo, no âmbito do contrato de compra e venda de coisa defeituosa, o dano real sofrido pelo condutor derivado do mau funcionamento do motor, bem como da ausência do pneu de substituição, são tuteláveis *in toto* mediante a substituição do veículo.

Por outro lado, embora o prejuízo se repercuta numa *única* esfera jurídica, a do lesado, nada obsta a que este prejuízo se reflicta noutra, a de terceiro. Nestes casos, a comunhão do dano impede que o lesante seja responsável duplamente pelo mesmo prejuízo. Por outras palavras, a bifurcação da responsabilidade do lesante perante vários sujeitos eventualmente a vários títulos, não permite que este seja responsabilizado, em simultâneo, pelo *dano comum*.

> Carneiro da Frada aponta, como casos exemplares da dissociação entre a *titularidade do interesse* e da *posição jurídica*, (1) o contrato com eficácia de proteção para terceiros, bem como (2) a liquidação de dano de terceiro (*Drittschadensliquidation*). Neste último caso, o sujeito titular do meio não é o do interesse atingido (o que implica admitir que o credor possa ser indemnizado por danos sofridos por terceiros, escapando ao limite do interesse do credor na delimitação da indemnização, *Gläubigerinteresse*), nos quais o Autor inclui os casos de (*i*) celebração de contratos por conta de outrem (*v.g.*, o mandato sem representação), (*ii*) o incumprimento de contratos relativos a coisas celebrados por não proprietários com terceiro, e, por fim, (*iii*) a intervenção das regras de distribuição do risco dos contratos[1399]. Existem outros casos. Na liquidação de dano de terceiro,

[1399] Carneiro da Frada, *Contrato e Deveres de Protecção*, 97-100. A figura (*Drittschadensersatz bei Vertragsverletzung*) não tem sido tratada condignamente no nosso ordenamento jurídico, somente (julgamos) por desnecessidade, atendendo ao nosso sistema do título (408.º/1); aliás, os exemplos mencionados pela nossa doutrina, com base nos germânicos são, por vezes, desajustados, atendendo à dificuldade de enquadramento da figura, nos meandros do nosso modelo de risco (796.º). Veja-se o exemplo de Carneiro da Frada: «efetuada a compra de uma coisa determinada a entregar em certo destino como local de cumprimento, mas sendo o comprador a agenciar o transporte (ainda que por conta do vendedor), se a coisa vier a perecer durante a viagem por culpa do transportador, o vendedor já não é proprietário pelo que não pode pedir a indemnização da lesão da propriedade. Mas o comprador, apesar de o ser, não sofre aparentemente prejuízo porque fica exonerado da contraprestação.» (*Direito Civil*, 99). Com a devida vénia, não se adere às conclusões enunciadas naquele exemplo, porquanto (*i*) o risco do perecimento da coisa vendida (provocada pelo transportador, verdadeiro terceiro a este contrato) recai sobre o comprador, enquanto adquirente (796.º/1), pelo que este (assim entendemos o efeito do risco mencionado) não fica desobrigado da contraprestação (ou seja, o pagamento do preço); (*ii*) se, por outro motivo (não enunciado), fosse o vendedor (enquanto alienante) a suportar o risco, então, este perderia direito à contraprestação (o preço). Neste caso, o vendedor (não proprietário) pode, ainda, responsabilizar o terceiro (por sinal, o transportador): a título delitual (no exemplo enunciado), por lesão do crédito, ou a título obrigacional, se foi com este com quem o transportador se obrigou; em ambos os casos, o dano sofrido corresponde, pelo menos, à perda da contraprestação no contrato de compra e venda (*i.e.*, à perda do preço). Por isso, em ambos os casos (*i* e *ii*), há sempre prejuízos sofridos por quem requer a tutela: no primeiro caso, o comprador/proprietário é obrigado a realizar a contraprestação, pese embora a perda ou deterioração da coisa que pretendia adquirir; no segundo, o vendedor perde tanto a titularidade da coisa, como o direito à sua prestação (o preço) – já o comprador, neste caso, embora titular da coisa, não sofre potencialmente prejuízos ao ser desobrigado de realizar a contraprestação justificativa da sua aquisição. Admite-se, no entanto, outra conclusão adentro das exceções ao nosso sistema do título, tal como sucede em caso de venda de coisas futuras ou indeterminadas (408.º/2) ou na venda com reserva de propriedade (409.º/1). Nestes casos (e apenas nestes), poder-se-ia julgar que, quando o transportador destrói a coisa vendida que transportava, o vendedor, enquanto ainda *proprietário* (titular da esfera da lesão, mediante destruição da coisa), conservaria o preço (não sofrendo assim dano) e o comprador (não proprietário, nem credor do transportador) seria obrigado a realizar a sua contraprestação, a *fundo perdido* (*i.e.*, sendo o titular da esfera do dano, sem uma correspondente lesão delitual ou contratual perante o transportador). Mas não é isso que sucede no nosso sistema. Neste caso, a figura da impossibilidade e a do *commodum de representação* permitem ao comprador exonerar-se da sua prestação ou substituir-se ao vendedor na titularidade do direito (à indemnização) que este tiver adquirido contra terceiro, pela lesão da sua propriedade (794.º, parte final). Aquelaoutra construção tem, portanto, apenas cabimento no sistema germânico cuja via delitual se encontra fortemente limitada (§ 831 BGB). Mais: no direito tedesco a figura tem mais do que um alcance distinto, antes, dir-se-á, *único*, baseado no sistema do título e de modo, mediante o qual a transferência do direito real *depende* de um posterior ato de disposição (*Übereignung*). Na Alemanha, recorrendo ao exemplo paradigmático do risco na compra e venda, no intervalo temporal que medeia o cumprimento da obrigação de entrega por terceiro, o comprador não é proprietário da coisa, nem o transportador o seu devedor. Por outro lado, o vendedor não suporta o risco do perecimento da coisa, pelo que conserva direito à contraprestação, não sofrendo qualquer dano em caso da perda ou deterioração da coisa – o caso é, assim, o *inverso* quanto aos sujeitos no exemplo de Carneiro da Frada, no qual o *vendedor* não tem título delitual para responsabilizar o transportador (não sendo mais proprietário), nem obrigacional (se não contratou com o transportador), embora suporte o dano (perdendo o direito à contraprestação), já que no caso germânico é o *comprador* que não tem título delitual (não sendo proprietário), nem obrigacional (não celebrou qualquer contrato com o transportador), embora sofra o dano (sendo obrigado a realizar a sua contraprestação). Em suma, retomando a hipótese alemã, cumpre aprofundar a relevância desta figura no enquadramento da posição do comprador nestes últimos casos (não titular da coisa perdida ou deteriorada, o qual fora obrigado a realizar a sua prestação)

> o ilustre Professor impede a duplicação da indemnização, entendendo que, se o «destinatário final do produto indemnizatório é este último, há algo de semelhante a uma atuação fiduciária do titular formal da indemnização», pese embora, como nos dá nota FERNANDO SÁ, nada obsta à configuração de dois modelos de atuação, nomeadamente de o credor a favor do terceiro ou do terceiro a título próprio, socorrendo-se da legitimidade cedida pelo credor[1400].

Por outro lado, insiste-se, também não se confunde o *interesse lesado* ou *em perigo de lesão* que qualifica o ato como ilícito[1401] com o bem jurídico objeto do dano, que tratamos. Aliás, os interesses podem não ser coincidentes (p. ex., a lesão do interesse *não patrimonial*, a vida, pode provocar danos *não patrimoniais*, tal como despesas hospitalares, e o inverso também, com a destruição de um bem com valor afetivo, ou seja, uma lesão patrimonial que gera danos não patrimoniais) ou reportar-se a esferas jurídicas distintas, em caso da tutela de danos *reflexos*[1402]. Por outro lado, e da mesma forma, a *mesma* ilicitude pode gerar *vários* danos, necessariamente desiguais, sob pena de duplicação da tutela indemnizatória. Este elemento é, portanto, autónomo ao normativo que qualifica a *identidade* do dano. Por fim, constata-se que a complexidade dos requisitos da imputação (*i.e.*, dos requisitos do evento, ilicitude, culpa e nexo de responsabilidade, adentro do pressuposto geral da imputação) não implicam necessariamente a existência de vários danos no título de imputação que gerem.

e nos quadros específicos do sistema português. O propósito é claro: segundo DÁRIO MOURA VICENTE (*Direito* Comparado, II, 208), procura-se evitar que «o lesante fique, em virtude de uma relação contratual a que é alheio, exonerado da obrigação de indemnizar, o que seria injusto». A figura enquadra-se, juntamente com outras, entre as quais o contrato com eficácia de proteção a favor de terceiro, as relações contratuais de facto e a *culpa in contrahendo*, como as principais vias expansivas da responsabilidade obrigacional (GEORGIADES, *Die Anspruchskonkurrnez*, 83). Entre nós, v., também, JORGE MATTAMOUROS, *A liquidação do dano de terceiro no Direito civil Português*, RFDUP, Ano 3, 2006, 303-332, *passim*; FERNANDO OLIVEIRA E SÁ, *Contrato e liquidação de dano de terceiro*, 207-251; e MARIA GRAÇA TRIGO, *Responsabilidade civil*, 181-183.

1400 CARNEIRO DA FRADA, *Direito Civil*, 100; FERNANDO OLIVEIRA E SÁ, *Contrato e liquidação de dano de terceiro*, 221-222. Cumpre notar que este último Autor admite o concurso livre da pretensão indemnizatória delitual do terceiro perante o devedor (perante os danos provocados na coisa que lhe pertença) com aquela a título contratual, admitindo-se que este possa beneficiar da cedência da legitimidade (*gewillkürte Prozessführungsbefugnis*) do credor (*ibidem*).

1401 Cfr., *supra*, § 11; 2.

1402 Cfr., *supra*, § 7; 1, b).

O *mesmo* dano, de destruição do veículo de A, pode ser causado por B e C, atuando concertadamente (plurisubjetividade do lado ativo e policausalidade fundamentadora de responsabilidade), ainda que B incumpra os seus deveres enquanto depositário (ilicitude múltipla, delitual e obrigacional), por dolo de ambos (concurso de culpas), ou que atuem de forma desconcertada (concorrência real subsequente à delimitação da lesão). A complexidade do título de imputação não obriga à existência de uma pluralidade de danos.

Assim, os requisitos da responsabilidade não permitem individualizar o prejuízo comum a que se possa reportar o título de imputação que gerem. Este ponto é crítico. Os elementos individualizadores do dano (ontológicos e os normativos) reportam-se a este pressuposto, *em exclusivo*. Veja-se, aliás, que no âmbito dos elementos que caracterizam o dano, a *identidade tipológica* do dano não é indicadora fidedigna de estarmos perante o *mesmo* dano, porquanto, principalmente,

1) não é *exclusiva*; *i.e.*, as modalidades consideradas englobam, pela latitude do critério erigido, danos diferentes ao abrigo de um mesmo critério, conferindo-lhes o mesmo *tipo* (*v.g.*, o dano de dor e medo são ambos *não patrimoniais*, ou morais, embora diferentes); e
2) não é *suficiente*; já que algumas modalidades não são *dicotómicas*, abrangendo a mesma realidade em modalidades distintas (*v.g.*, o dano de destruição do veículo, pode ser classificado enquanto *real* e, em simultâneo, como *de cálculo*, caso se atenda ou não à manifestação patrimonial na esfera do lesado).

Sem prejuízo, as classificações tipológicas de dano podem ser carreadas enquanto elemento *coadjuvante* à identificação da identidade do dano, embora não exclusivo.

XVI. Pelo exposto, resulta superada a *pretensa identidade* da obrigação de indemnizar nas modalidades consideradas, atendendo apenas à sua localização sistemática, comum a ambas as vias, ou à finalidade primária ressarcitória. As marcadas diferenças nos requisitos da imputação nas modalidades delitual e obrigacional impõem-se em virtude da *fonte*, *regime*, *fim* e do *objeto* que consideram.

A confluência na obrigação de indemnização nos títulos de imputação de danos pertencentes a ambas as modalidades não supera estas divergências:

o resultado idêntico não determina a igualdade do título de imputação. Como visto, a mesma realidade, submetida a um regime diferenciado (embora aparentemente uno) gera consequências normativas distintas, ainda que, por vezes *semelhantes*. É o caso de indemnizações calculadas (acidentalmente) em parcelas idênticas ou montantes pecuniários iguais, destinadas ao ressarcimento de danos *distintos*. Neste caso, é manifesta a impropriedade de se afirmar a *identidade* das modalidades em virtude de uma mera coincidência final no *quantum* indemnizatório.

No concurso de responsabilidade, quando o dano seja comum, as diferenças do regime das modalidades consideradas condicionam assimetricamente a tutela oferecida ao lesado. Quanto aos demais danos, imputáveis exclusivamente numa determinada modalidade de responsabilidade em virtude (*i*) da condicionante prévia, de *imputação* (*i.e.* derivados dos requisitos da responsabilidade), bem como, posteriormente, (*ii*) em virtude da regulação direta da indemnização devida, a tutela do lesado esgota-se no título de imputação de danos respetivo (*v.g.*, o médico que furta o carteira do paciente, não realizando as análises acordadas, responde delitualmente pelo dano provocado pela lesão da propriedade do paciente e a título obrigacional por aqueles derivados do atraso da realização do procedimento clínico). Cumpre, todavia, explorar de forma mais aprofundada a relação normativa entre os títulos de imputação de danos nas modalidades consideradas.

SECÇÃO II
QUALIFICAÇÃO NORMATIVA DO TÍTULO DE IMPUTAÇÃO NO DUALISMO CONSIDERADO

Sumário: § 13. A qualificação individual do título de imputação de danos no contexto da *summa divisio*; as figuras de qualificação duvidosa; 1. As relações contratuais de facto; 1.1. O mero contacto social e a responsabilidade pela confiança. Breves notas; em especial, a responsabilidade pré-contratual; 1.2. *Ineficácia* do negócio jurídico; 1.3. As (ditas) puras relações contratuais de facto. § 14. Tentativa de superação do sistema dual; a concentração e a dispersão das modalidades de responsabilidade civil como um potencial enquadramento que afasta o concurso de responsabilidades; 1. Responsabilidades intermédias: a terceira via da responsabilidade civil?; 1.1. Ponto de ordem; compatibilidade com o modelo dualista e reservas terminológicas; 1.2. Fundamento e função; acerca da necessidade de entendimentos pluralistas de responsabilidade; 2. A natureza (pretensamente) unitária da responsabilidade civil; a tese monista; 2.1. Argumentos a favor de um modelo unitário; 2.2. A defesa de um modelo dualista de responsabilidade civil; 2.3. Posição preconizada; o concurso de responsabilidade à margem deste entendimento.

§ 13. A QUALIFICAÇÃO INDIVIDUAL DO TÍTULO DE IMPUTAÇÃO DE DANOS NO CONTEXTO DA *SUMMA DIVISIO*; AS FIGURAS DE QUALIFICAÇÃO DUVIDOSA

I. A qualificação da modalidade a que se reporta o título de imputação de danos, se delitual ou obrigacional, depende exclusivamente do apuramento dos respetivos pressupostos, os quais se reconduzem, como vimos, analiticamente às figuras da *imputação* e do *dano*. Assim, a mesma situação (de potencial) responsabilidade pode não resultar no apuramento de um responsável, devendo o lesado suportar os prejuízos sofridos. Ao invés, quando se apure um terceiro responsável, dito *lesante* (qualidade funcionalmente ajustada a ambas as modalidades de responsabilidade), o título de imputação dos prejuízos pode ser qualificado, para os efeitos que presentemente nos ocupam, como *apenas* obrigacional ou delitual, independentemente da sua complexidade ou multiplicidade. Noutros casos – e são estes os quais nos cumpre destacar – podem coexistir vários títulos de imputação reportados a ambas as modalidades consideradas. Neste caso, afirma-se que o lesante responde *simultaneamente* a título obrigacional e delitual. Ora, o apuramento da relação normativa estabelecida na última hipótese mencionada, ou seja, entre os títulos de imputação de danos reportados disjuntamente à responsabilidade obrigacional e extraobrigacional, depende, enquanto pressuposto prévio, da identificação da modalidade a que pertence um do(s) título(s) gerados, entre as modalidades referidas. Pois bem, este momento prévio, de *qualificação individual* do título de imputação de danos, pode atingir um grau de complexidade elevado. Por outras palavras, existem verdadeiras *zonas cinzentas* de qualificação dos títulos de imputação emergentes da responsabilidade civil, as quais dificultam a tarefa hermenêutica, tanto teórica como prática, de apuramento da modalidade a que se reconduz o título de imputação em causa. Todas as figuras mencionadas neste ponto comungam daquela *dificuldade* na determinação do regime aplicável à formação do respetivo título de imputação[1403], dificuldade essa que se apura a três níveis, potencialmente cumuláveis e sem ordem de prioridade, a saber:

a) pela *recondução* à modalidade obrigacional *ou* delitual da responsabilidade;
b) na determinação do regime *em concreto* aplicável, entre a modalidade obrigacional ou delitual previamente determinada; e/ou
c) por apelo a uma responsabilidade *intermédia*, na falha do enquadramento em sede daquelas modalidades, com quebra da dicotomia considerada.

a) [*qualificação individual do título de imputação*] Em primeiro lugar, a recondução do título de imputação a uma determinada modalidade de responsabilidade em concreto, ou, por sinal, a ambas, depende exclusivamente do preenchimento dos pressupostos do respetivo título de imputação como vimos, *i.e.*, a (1) *imputação*, classicamente desdobrável nos requisitos do evento, ilicitude, culpa, e nexo de causalidade, bem *como* (2) o dano. Esta tarefa hermenêutica pode ser concretizada num conjunto de figuras que merecem destaque, como veremos, circunscrita a algumas figuras, *infra*.

b) [*determinação do regime aplicável*] Em segundo lugar, o regime aplicável ao título de imputação reconduzido exclusivamente a uma modalidade de responsabilidade obriga a uma análise casuística. Em termos gerais, na responsabilidade obrigacional a obrigação de indemnizar gerada manifesta uma dependência funcional do *dever de prestar*, de onde decorre em caso de inadimplemento, sendo determinante para o apuramento do regime aplicável, como vimos. Esta tarefa é, em regra, facilitada pelo respeito da autonomia das partes, apelando-se a tudo aquilo que foi por estas convencionado, prototipicamente no âmbito obrigacional, embora sem dificuldades de admissibilidade de semelhantes «convenções» no âmbito delitual. Sem prejuízo, a autonomia não esgota, em termos de completude, o conjunto de normas aplicáveis: se o acordo de vontades não pode esbarrar nos limites legais *injuntivos*, por outro lado, a insuficiência daquele acordo permite atender a normas reguladoras, de tipo *supletivo*, no exato espaço criado pela omissão regulativa convencional. Fala-se, neste caso, dos efeitos que regulam o título de imputação

[1403] Neste sentido, v., por todos, o apelo de SANTOS JÚNIOR aos «casos de fronteira ou casos *duvidosos de qualificação*» e o respetivo elenco, em *Da Responsabilidade Civil*, 212 (nota 724). No mesmo sentido, DÁRIO MOURA VICENTE, *Direito Comparado*, II, 505-506.

de danos provindo diretamente do *direito objetivo*. Ora, para efeitos de determinação do regime legal aplicável (pelo direito objetivo) – tanto em termos *injuntivos*, ou por completude *supletiva* em virtude das lacunas de regulação – o complexo normativo não é *uno*. E este conjunto de regras, pela sistemática do Direito constituído, é crescentemente especializado, *i.e.*, o processo de determinação do regime aplicável afunila-se progressivamente no conjunto de regras concretamente aplicáveis *in casu*. Mais: depende da presença de elementos, ditos *essenciais*, pelos quais se determinam as regras concretamente aplicáveis. Trata-se, num último momento, de atribuir relevância aos *elementos* que qualificam a situação jurídica de onde emerge a obrigação ou que qualificam o evento onde se processa o delito. Veja-se que a responsabilidade dita *contratual* parte da responsabilidade *obrigacional*[1404]: a sistemática do nosso Código Civil revela uma progressiva especialidade do regime aplicável, pela forma como regula o negócio jurídico, a três níveis[1405]: no livro I, a regulação do *negócio jurídico em geral* (217.º a 294.º); no livro II, a (*i*) regulação dos contratos em geral, como fonte das obrigações (405.º a 456.º), (*ii*) os negócios jurídicos unilaterais (457.º a 463.º), e, por último, (*iii*) os contratos em especial (874.º a 1250.º). Sem prejuízo, rompe-se aquela sistemática, mediante a previsão de outras fontes *especiais* negociais[1406], ou omite-se a respetiva regulação, como sucede em determinados negócios atípicos e inominados – nos quais se incluem determinadas modalidades autónomas de contratos mistos[1407]. A realidade que se desenquadre deste afunilamento de regras, escapando aos tipos contratuais previstos, dificulta de forma manifesta a determinação do regime aplicável.

> Assim, se A vende o seu veículo a B por € 1, quando o bem vale € 100.000, de forma a avantajá-lo, pergunta-se: a que título se apura a eventual *responsabilidade obrigacional* do vendedor pelos vícios da coisa?

[1404] Cfr., *supra*, § 3; 3.

[1405] Desenvolvendo a relevância do tratamento sistemático para efeitos de enquadramento do contrato misto, v. ANTUNES VARELA, *Das Obrigações*, I, 272 e ss.

[1406] Tal como a regulação do contrato de casamento ou da doação para casamento e entre casados (arts. 1587.º e ss., 1753.º e ss., 1761.º e ss., constantes do livro IV, Direito da Família) ou do testamento, como negócio jurídico unilateral paradigmático (artigos 2179.º e ss., constante do título IV do livro V, *Direito das Sucessões*).

[1407] ANTUNES VARELA, *Das Obrigações*, I, 279 e ss., FRANCISCO PEREIRA COELHO, *O problema do regime dos contratos mistos: distinção entre as normas ou os problemas que tocam directamente a própria prestação e as normas ou os problemas que tocam o contrato na sua unidade*, BFD, Ano 2012, 88, 2, 679-708.

Nos termos do regime, mais favorável, da doação (957.º) ou, pelo contrário, nos termos do regime da compra e venda (913.º e ss.)?

[c. *enquadramentos além e aquém da summa divisio*] Em terceiro lugar, e por fim, enquanto problema distinto do anterior, para efeitos do apuramento da relação normativa entre títulos de imputação, relevam-se particularmente relevantes os casos em que o processo interpretativo nos leva a negar a recondução daquelas figuras a uma das modalidades consideradas: um setor importante da nossa doutrina apela à presença de uma *terceira via de responsabilidade* ou de *responsabilidades intermédias*, com quebra do dualismo de responsabilidade. Retomaremos este ponto adiante[1408].

II. Neste momento, cumpre explorar, à luz da primeira preocupação supramencionada, um primeiro conjunto paradigmático de eventos (potencialmente) determinantes de responsabilidade. Estaremos, face à situação típica de concurso, num passo inicial, correspondente ao momento de enquadramento da modalidade de responsabilidade em causa, dificuldade essa que resulta, de forma não surpreendente, de falta de compromisso por parte do legislador.

Destacamos, nestes termos e para aquele efeito, como *figuras intermédias de qualificação duvidosa*, as relações contratuais de facto.

1. As relações contratuais de facto

III. Deve-se a GÜNTHER HAUPT o apuramento dogmático da figura das *relações contratuais de facto* (*faktischen Vertragsverhältnisse*)[1409]. Estas definem-se como os vínculos obrigacionais que emergem de atos materiais reveladores

[1408] Cfr., *infra*, § 14; 2.

[1409] *Über faktische Vertragsverhältnisse* (1941), a obra seria incluída em *Festschrift für Siber*, vol. II, Leipzig (1942), 5 e ss. Entre nós, v. ALMEIDA COSTA, *Direito das Obrigações*, 224-227; MENEZES LEITÃO, *O Enriquecimento*, 41 (nota 14) e 738 e ss., *Direito das Obrigações*, I, 527-528, com um apanhado da evolução da doutrina portuguesa; ANTUNES VARELA, *Das Obrigações*, I, 221; MENEZES CORDEIRO, *Direito das Obrigações*, II, 29-41, *Da Boa Fé*, 555–563 e 641-648 e *Tratado*, VII, 629-671; VAZ SERRA, *Fontes das Obrigações – O contrato e o negócio jurídico unilateral como fontes de obrigações*, BMJ 77 (1958), 127-219 (136-139); PAULO MOTA PINTO, *Declaração tácita*, 112-114; RUI DE ALARCÃO, *A confirmação dos negócios anuláveis*, I, Atlântida Editora: Coimbra (1971), 88 (nota de rodapé 111).

da vontade de negociar, com valor equivalente[1410] às declarações negociais (expressas ou tácitas, de proposta e aceitação) que se encontram ausentes, *i.e.*, quando inexista um acordo de vontades entre os contraentes.

> O caso paradigmático foi decidido pelo BGH a 14 de julho de 1956 (caso *Parkplatz*), no qual um utente de um parque de estacionamento de Hamburgo se recusou a pagar o serviço, tendo declarado previamente e de forma expressa, não pretender celebrar qualquer contrato, embora (note-se) tenha utilizado as instalações. O Tribunal considerou o comportamento do agente como suficiente para se gerar um vínculo obrigacional: uma *relação contratual de facto* prevalecia sobre a vontade declarada, ainda que contrária. No entanto, esta vontade reportar-se-ia apenas à formação do contrato.

A doutrina debruça-se sobre os grupos de casos reconduzidos à figura, na esteira de Haupt, cuja tripartição tradicional abrange[1411]:

1) as relações emergentes do *contacto social* (*sozialer Kontakt*), tal como a *culpa in contrahendo* e o transporte de favor;
2) a participação em relações comunitárias, particularmente das relações obrigacionais duradouras (*Dauerschuldverhältnisse*), relativas à relação jurídica emergente de negócios ineficazes, tal como o de sociedade e o de trabalho; e
3) os *deveres de prestação de bens e serviços essenciais* no tráfego em massa (*Massenverkehr*).

Vejamos em maior detalhe estas situações.

[1410] Neste sentido, o STJ considerou expressamente, no seu ac. de 17-Fev-2000 (Miranda Gusmão), que «as relações contratuais de facto assentam sobre atos materiais reveladores da vontade de negociar mas que não se reconduzem aos moldes tradicionais do mútuo consenso (*v.g.*, caso da utilização dos meios de transporte, das máquinas automáticas, dos parques de estacionamento remunerado).». Por outro lado, a recondução da figura à existência de uma declaração negocial tácita não tem aptidão para resolver de forma satisfatória todos os casos; destaca-se, neste campo e segundo Menezes Leitão, as dificuldades suscitadas pela declaração contrária à celebração do contrato (*potestatio facta contraria*) ou pela ausência de capacidade para contratar (*Direito das Obrigações*, I, 526, notas 1192 e 1193)

[1411] Com sistematizações distintas, com base nas situações descritas pelo Autor alemão, v. Menezes Cordeiro, *Direito das Obrigações*, II, 32-33, *Da Boa Fé*, 555 e em *Tratado*, VII, 630; Antunes Varela, *Das obrigações*, I, 220-223; Rui Alarcão, *Direito das Obrigações*, 105-107; Almeida Costa, *Direito das Obrigações*, 226; e Menezes Leitão, *Direito das Obrigações*, I, 527-528.

1.1. O mero contacto social e a responsabilidade pela confiança. Breves notas; em especial, a responsabilidade pré-contratual

IV. Em primeiro lugar, as relações estabelecidas pelo mero contacto, ou seja, em virtude do simples *favor*, *gentileza*, *obsequiosidade*, incluindo aquelas derivadas do transporte gratuito, podem ser enquadradas latamente nos *acordos de cortesia*. Ora, estes acordos podem (e devem) ser subtraídos às relações contratuais de facto[1412]. Para tal, contribui tanto a existência de regras que dispõem sobre a situação em causa, evitando a construção ou a integração em novas figuras, como a remissão do problema de integração destes acordos para o local devido, de *qualificação* da fonte de onde emerge o vínculo, se convencional ou não[1413].

Assim, a juridicidade daquele acordo, ainda que excecional[1414], apela à tutela obrigacional, sem reservas; na ausência da constituição de um vínculo obrigacional, a responsabilidade delitual depende da prática de um *delito*[1415], bem como, com maior dificuldade, do apuramento excecional da violação de um dever no tráfego (*v.g.*, a responsabilidade dos atos praticados pelo incapaz

[1412] Menezes Cordeiro distingue, no entanto, entre as relações de *mera obsequiosidade* e as de *puro cavalheirismo*, as quais geram responsabilidade obrigacional ou, quando não comportem esta natureza, responsabilidade por *deferência* (em *Tratado*, VIII, 368-374). Sobre o tema, v., ainda, Manuel de Andrade, *Teoria Geral Da Relação Jurídica*, II, 32; Carneiro da Frada, *Teoria Da Confiança*, 787 e ss.; Rui Ataíde, *Responsabilidade Civil*, 415-520; e Júlio Vieira Gomes e António Frada de Sousa, *Uma análise de jurisprudência comparada sobre acordos de honra e prestações de cortesia*, Estudos em Homenagem à Professora Doutora Isabel Magalhães Collaço, Coimbra: Almedina (2002), Volume II, 145-189 (*maxime* 161).

[1413] Menezes Leitão, *Direito das Obrigações*, I, 533.

[1414] Acompanhamos de perto o entendimento de Rui Ataíde, quando afirma: «a esmagadora maioria dos compromissos contraídos sob o signo de uma cooperação desprendida de proveitos económicos ou outros, são cumpridos em conformidade com o sentido dos acordos, como decorre da própria raridade dos contenciosos conhecidos. Logo, a intervenção dos normais mecanismos coercitivos sobre os casos marginais em que se possa ter defraudado as expectativas criadas, representaria uma perversa dissuasão dessa malha axial de colaboração desinteressada entre os homens. A prevenção destas consequências deve, portanto, participar ativamente na decisão sobre a juridicidade deste tipo de vinculações, justificando que, em tese geral, se preconize a exclusão de responsabilidade.», em *Responsabilidade Civil*, 415.

[1415] Esta seria a solução exclusiva ao abrigo do Código Civil de 1867, segundo Cunha Gonçalves, *Tratado*, XII, 726-727. Admite expressamente esta ideia o ac. TRE, de 07-Out-2004 (Gaito das Neves), mediante o qual a relação contratual de facto, nascida de comportamentos sociais típicos, gera responsabilidade contratual pelo seu inadimplemento, sem prejuízo de outro tipo de responsabilidades (incluindo a por *factos lícitos*) dependente da violação de «de uma norma ou de um direito estanho aquela [relação contratual]».

cuja vigilância cabia, por gentileza, ao vizinho, ou seja, sem fundamento legal ou convencional, 491.º/1[1416]). Fora destas hipóteses, resta ainda a aplicabilidade limitada do regime residualmente existente[1417], sendo, ainda assim, discutível a admissibilidade de uma *imputação pela confiança* como nova fonte obrigacional ou delitual, pese embora se tenha negado previamente juridicidade a esta vinculação no crivo negocial ou delitual (incluindo para efeitos da identificação de um dever no tráfego, como vimos)[1418].

V. Em segundo lugar, também a *responsabilidade pré-contratual* ou *culpa in contrahendo* (*cic*, abreviadamente)[1419] – isto é, a responsabilidade emergente em

[1416] Rui Ataíde, *Responsabilidade Civil*, 570.

[1417] Será o caso do transporte gratuito, caso em que o lesante responde objetivamente somente pelos danos pessoais na pessoa transportada (504.º/3).

[1418] No sentido exposto, Rui Ataíde, *Responsabilidade Civil*, 418.

[1419] A literatura sobre a responsabilidade civil pré-contratual é vasta. V. a fundamental obra de Jhering, *Culpa in contrahendo oder Schadensersatz*, cit., *passim*. Entre nós, destaca-se a profunda investigação de Dário Moura Vicente, em *Da Responsabilidade Pré-Contratual em Direito Internacional Privado*, *passim*, bem como em *Culpa na formação dos contratos*, Separata de comemorações dos 35 anos do Código Civil e dos 25 anos da reforma de 1977, Coimbra Editora: Coimbra (2007), 265-284 e *Direito Comparado*, II, 93-132. V., também, Vaz serra, *Culpa do devedor ou do agente*, Separata do BMJ 68, Lisboa (1957), *maxime* 110-132; Carlos Mota Pinto, *A responsabilidade pré-negocial pela não conclusão dos contratos*, Separata BFD, Vol. XIV, Coimbra Editora (1965), *Cessão*, 351; Galvão Telles, *Manual dos Contratos em Geral*, 4.ª ed., Coimbra Editora: Coimbra (2002), 203-207 e em *Culpa na formação do contrato*, *O direito*, Ano 125, 1993, III-IV (julho-dezembro), 333-356 (346); Jorge Sinde Monteiro, *Culpa in contrahendo*, CJA, n.º 42 (Novembro/Dezembro), 2003, 5-14; Menezes cordeiro, *Dolo na conclusão do negócio – Culpa in contrahendo (Anot. ao Ac.STJ de 13/01/1993)*, O direito, Ano 125, 1993, I-II (janeiro-junho), 145-174 (165 e ss.), *Da Boa Fé*, 527-586, com menção da evolução doutrinária portuguesa (*idem*, 571-574; *maxime* notas 175 a 181), *Tratado*, VII, 645-648 e VIII, 401; Menezes Leitão, *Negociações e responsabilidade pré-contratual nos contratos comerciais internacionais*, in ROA, n.º 60, 2000, 65 e ss. e *Direito das Obrigações*, I, 370 e ss.; Marcelo Rebelo de Sousa, *Responsabilidade pré-contratual – vertentes privatística e publicística*, O direito, Ano 125, 1993, III-IV (julho-dezembro), 383-416; Antunes Varela, *Das obrigações*, I, 267–272, Pires de Lima e Antunes Varela, *Código Civil Anotado*, I, 215-216; Almeida Costa, *Responsabilidade civil pela rutura das negociações preparatórias de um contrato*, RLJ, Ano 116, 1984, 116-206 (86 e ss.) e *Direito das Obrigações*, 298-312 (com referências bibliográficas completas, *maxime* 305-310, nota 1); Ana prata, *Notas sobre a responsabilidade pré-contratual*, Revista A banca, 16 (Out/Dez, 1990), 174 e ss., e em *Código Civil Anotado*, I, 280–282; Calvão da Silva, *Negociações preparatórias de contrato--promessa e responsabilidade pré-contratual*, in Estudos de Direito Civil e Processo Civil (Pareceres), 1996; J. Baptista Machado, *Tutela da Confiança e Venire Contra Factum Proprium*, Obra Dispersa I, 345-423 (396-410), *Cláusula do razoável*, Obra Dispersa, I, 457-621 (540-546); Carneiro da Frada, *Teoria Da Confiança*, 480 e ss., e *Direito Civil*, 62-63; Sinde Monteiro, *Responsabilidade por conselhos*, 43-52; Mafalda Miranda Barbosa, *Lições*, 441-442; Paulo Soares do Nascimento, *A responsabilidade pré-contratual pela rutura de negociações e a recusa injustificada de formalização do*

momento anterior à celebração de qualquer negócio jurídico ou mesmo independentemente desta celebração[1420], fundando-se na boa fé (762.º/2) – deve ser subtraída à presente figura, das *relações contratuais de facto*[1421].

Nos termos do artigo 227.º CC – embora o preceito não seja exclusivo (v. art. 102.º CT) –, esta responsabilidade abrange duas realidades distintas, nomeadamente (1) os *preliminares* contratuais, correspondentes, *grosso modo*, à fase da negociação, como (2) a própria *formação* do negócio, com uma proximidade forte com o momento determinante da conclusão do negócio, que se determinou surgir com o assentimento das cláusulas. Ora, a fase pré-contratual não permite o reconhecimento de uma relação jurídica *negocial* entre os pretensos contratantes; o que não surpreende. Afinal, esta fase é *prévia* ao momento da celebração do negócio em si. Todavia, a lei impõe a obediência em todo o *iter* pré-negocial ao *magnus* princípio da boa fé, responsabilizando-se o agente que cause *culposamente* danos à contraparte. Estabelecem-se, assim, deveres de conduta nesta fase preparatória, ainda que inexistindo o principal, o qual integra o negócio visado e surge apenas no momento da sua completude. Estes deveres, radicados naquele princípio, são atendidos a título meramente *acessório*, por referência aos deveres de *lealdade*, *segurança* e *informação*[1422].

Feito este brevíssimo enquadramento, cumpre ressalvar que a responsabilidade pré-contratual apresenta em si um conjunto de dificuldades de enquadramento dogmático nos quadros gerais da responsabilidade civil, entre as quais se destaca quer a identificação da conduta proibida, contando-se variadíssimos elencos na doutrina[1423], quer o conhecimento do respetivo limite

contrato, Estudos em homenagem ao Prof. Doutor Inocêncio Galvão Telles, Vol. IV, Almedina: Coimbra (2002), 179-262; Sónia Moreira da Silva, *Da responsabilidade pré-contratual por violação dos deveres de informação*, Almedina: Coimbra (2003). V., também, Larenz, *Lehrbuch*, I, AT, § 9, 106 e ss., e em *Culpa in contrahendo, Verkerhrssicherungsplicht und sozialer Kontact*, MDR (1954), 515-518, bem como Claus-Wilhelm Canaris, *Dir Vertrauenshaftung in Deuteschen Privatescht*, Munique (1971) e em *Schutzgesetze-Verkehrplichten-Schutzplichten*, FS für Karl Larnez, Munique (1983).

1420 Antunes Varela, *Das Obrigações*, I, 221.

1421 Antunes Varela, *ibidem*.

1422 Menezes Cordeiro, *Da Boa Fé*, 547-55; Antunes Varela, *Das Obrigações*, I, 268 e 270.

1423 Dário Moura Vicente destaca, nesta sede, o *vício que impede a produção dos efeitos do* contrato, se imputável a facto culposo de uma das partes, no qual inclui os casos da «*incapacidade que uma das partes tenha ocultado à outra, a falta ou vícios da vontade, a falta ou abuso dos poderes de representação, a impossibilidade ou ilicitude do objeto, a usura, os vícios da coisa, a indisponibilidade do falido, insolvente ou executado* (...)», em *Direito Comparado*, II, 110. Segundo o ilustre Professor, este caso (bem como o de violação de deveres de conduta decorrente do princípio da boa fé) não deve ser confundido com o rompimento de negociações para a celebração de um contrato.

da indemnização, se abrangente do interesse contratual apenas *negativo*, do *positivo* ou ambos de forma variável[1424].

VI. Importa, sem prejuízo de outras preocupações legitimamente suscitadas pela figura, qualificar o título de imputação emergente dos danos provocados culposamente nesta fase pré-contratual. Ora, a dificuldade da qualificação do título de imputação decorre, por um lado, da sua abrangência factual, abarcando tanto a fase de *formação*, como de *conclusão* do contrato, embora se situe, por expressa menção legal, no âmbito das responsabilidades *subjetivas* (*i.e.*, «os danos que *culposamente* causar à outra parte»; 227.º/1).

> Defendendo a natureza delitual da responsabilidade, segundo a posição clássica, aquando da receção do instituto[1425], contam-se, entre os demais, os nomes de Manuel de Andrade[1426] e Almeida Costa[1427]. Por outro lado, aderindo à natureza obrigacional da responsabilidade, por apelo à emergência de deveres acessórios, não dependentes do principal, veja-se Galvão Telles[1428], Vaz Serra[1429], Antunes Varela[1430], Carlos Mota Pinto[1431], Menezes Cordeiro[1432] e Ribeiro de Faria[1433].

A dificuldade de qualificação da responsabilidade emergente, nestes casos, justifica, aliás, para vários autores o surgimento de uma responsabilidade *intermédia*, em rompimento da *summa divisio* das responsabilidades,

1424 Fundamental, por todos, Paulo Mota Pinto, *Interesse*, II, notas 1457-1458.

1425 Com referências completas, v. Menezes Cordeiro, *Da Boa Fé*, 571-579 (*maxime* notas 180 e 181).

1426 *Teoria Geral das Obrigações*, 402.

1427 *Responsabilidade civil pela ruptura das negociações preparatórias de um contrato*, *passim*, e *Direito das Obrigações*, 298-312 (*maxime* 301).

1428 *Culpa na formação dos contratos*, 346, e *Direito das Obrigações*, 77-78.

1429 *Culpa do devedor ou do agente*, 122 (e respetiva nota de rodapé 208).

1430 O Autor enquadra os casos de *culpa in contrahendo* como geradores de responsabilidade contratual, apelando ao nexo *teleológico* existente entre esta relação *ex lege* e a relação contratual visada; cf. *Das Obrigações*, I, 271. O autor invoca posteriormente a maior proximidade desta fase com a relação contratual do que com a violação de um direito *absoluto*; *idem*, 272.

1431 *Cessão*, 350-356, acompanhando as conclusões lançadas em *A responsabilidade pré-negocial pela não conclusão dos contratos*, 109-112.

1432 O Autor afirma «[e]sclarece-se, ainda, sempre pela *culpa in* contrahendo portuguesa, a natureza da responsabilidade em jogo. Trata-se de uma responsabilidade obrigacional, por violação de deveres específicos de comportamentos baseados na boa fé.», em *Da Boa Fé*, 585, entendimento confirmado em *Tratado*, VII, 646 e em *Código Civil Comentado*, I, 669.

1433 *Direito das Obrigações*, 165 (nota 335).

i.e., um terceiro género (*tertium genus, Dritte Spur*[1434]) de responsabilidade, também conhecida, entre nós, como a *terceira via da responsabilidade*. É esta, aliás, a posição em voga na nossa jurisprudência[1435].

Neste sentido, depõem na esteira de Claus-Wilhelm Canaris, entre nós, João Baptista Machado[1436], Carneiro da Frada[1437], Sinde Monteiro[1438], Menezes Leitão[1439], Rui Ataíde[1440] e Dário Moura Vicente[1441].

Veremos este aspeto, posteriormente, em maior detalhe[1442].

VII. Cumpre tomar posição quanto à qualificação da responsabilidade emergente.

Desde a génese da figura, da autoria de Rodulf Von Jhering, que a responsabilidade pré-contratual, segundo o mesmo Autor, é de tipo *obrigacional* (ainda que de natureza dolosa e limitada ao interesse contratual negativo)[1443]. Ao entendimento germânico, fundado no tipo fechado da respetiva responsabilidade delitual, opõe-se, por exemplo, o entendimento francês, o qual

[1434] Fundamental, a obra de Canaris, *Dir Vertrauenshaftung in Deuteschen Privatescht*, Munique (1971); v. *Täterschaft und Teilnahme bei culpa in contrahendo*, FS für Giger (1989), 91-122.

[1435] V., com adesão à nova corrente, os acs. do STJ de 27-Set-2012 (Bettencourt de Faria), de 25-Out-2012 (Bettencourt de Faria), de 04-Abr-2006 (Nuno Cameira) e de 16-Dez-2010 (Silva Salazar).

[1436] *Cláusula do razoável*, Obra Dispersa, I, 457-621.

[1437] *Colorandi causa*: *Contrato e deveres de protecção*, 27, 229; *Vinhos novos em odres velhos*, 673; *Uma «terceira via»*, 95 e ss.; *Direito Civil*, 62-63; e, ainda, *Teoria da Confiança*, *maxime* 757 e ss.

[1438] *Responsabilidade por conselhos*, 508 e ss., *Rudimentos*, 351.

[1439] O Autor afirma, no entanto, «em relação à *culpa in contrahendo*, o regime aplicável será preponderantemente o da responsabilidade obrigacional », em *Direito das Obrigações*, I, 377.

[1440] Rui Ataíde, *Responsabilidade Civil*, 1002-1017.

[1441] Para Dário Moura Vicente, *Direito Comparado*, II, 112, «o regime da responsabilidade pré-contratual tem assim, em Portugal, uma natureza *híbrida ou mista*, razão pela qual alguns a caraterizam, na esteira da doutrina alemã acima citada, como expressão de uma «*terceira via*» de responsabilidade civil», (*ibidem*).

[1442] Cfr., *infra*, § 14; 1.

[1443] *Culpa in contrahendo oder Schadensersatz*, cit. Sobre a evolução história do instituto na doutrina e na jurisprudência alemã, a quem se atribui a sua autoria, v. Dário Moura Vicente, *Direito Comparado*, II, 93-98. No direito italiano, em linha, v. Francesco Benatti, *A responsabilidade pré-contratual* (trad. Adriano Vera Jardim e Miguel Caeiro), Almedina: Coimbra (1979), 145 (com referências em nota de rodapé 28).

enquadra esta responsabilidade enquanto *delitual*, baseado no artigo 1382.º do *Code*[1444].

Adere-se à conceção germânica, consolidada, hoje, no § 311 (2), 1, fruto da reforma de 2001/2002 do BGB[1445], na qual se qualifica a responsabilidade pelo *início das negociações (Aufnahme von Vertragsverhandlungen)* a título obrigacional.

Tendo em vista o vínculo a constituir, admite-se a existência de deveres *acessórios* de conduta, com base na boa fé (227.º/1 e 762.º/2), os quais podem fundar a responsabilidade *obrigacional* do devedor, por violação positiva do contrato (798.º). A própria noção de obrigação, pela complexidade do respetivo vínculo (397.º), não se restringe à prestação principal, abrangendo deveres secundários e estoutros, *acessórios*, motivo pelo qual a responsabilidade emergente, com base na respetiva norma-padrão, também os engloba[1446]. Para além dos casos em que o contrato seja posteriormente celebrado, a adequação do critério *teleológico* mencionado revela a sua utilidade, quando permite enquadrar a responsabilidade emergente nos casos em que este negócio não se logre a concretizar ou seja *ineficaz, em sentido lato*, como vimos[1447]. É exemplo do último caso, a responsabilidade decorrente da invalidade contratual provocada, por exemplo, por promoção do incumprimento dos requisitos de forma *(ad substanciam)*[1448].

Num exemplo, A pretende habitar o locado de B e celebra com este, por sua insistência, um contrato de arrendamento verbal. Findo o período de ocupação pretendido, A invoca a nulidade do contrato, por falta de forma, exigindo a restituição de tudo, quando prestou a título de renda

[1444] Menezes Cordeiro, *Tratado*, VIII, 341.

[1445] Assim, Menezes Cordeiro, *Tratado*, VII, 647 (com referências bibliográficas germânicas atuais sobre o tema, v. nota 2325), e VIII, 401. A solução tem raízes jurisprudenciais, mediante a identificação de deveres de proteção (*Schutzpflichten*) neste interregno pré-negocial – é, neste ponto, emblemático o *caso do linóleo*, onde uma cliente e o respetivo filho foram colhidas por um tapete de linóleo que aquela pretendia adquirir por descuido do empregado. O tribunal fundou a responsabilidade emergente a título obrigacional pela emergência, neste período, daqueles deveres (RG 07-Dez-1911, RGZ 78, 239-241); este, e outros acs., nomeadamente o *caso da casca da banana* (BGH 26-Set-1961, NJW 1962, 31), do *iate a motor* (BGH 2-Dez-1976, NJW 1977, 376), da *folha da hortaliça* (BGH 28-Jan-1976, NJW 1976, 712) e um caso *de venda de um prédio pelos comproprietários* (BGH 7-Jul-1980, NJW 1980, 2703), encontram-se sobejamente trabalhados por Menezes Cordeiro, *Da Boa fé*, 546 e ss., para cuja análise se remete.

[1446] Contra, Carneiro da Frada, *Uma «Terceira via»*, 95.

[1447] Pires de Lima e Antunes Varela, *Código Civil Anotado*, I, 216.

[1448] Pires de Lima e Antunes Varela, ob. cit., *loc. cit.*.

(220.º, 289.º e 1069.º). A invocação da nulidade do contrato[1449] não isenta A de responsabilidade, por ter dolosamente induzido B a não observar a forma legal devida[1450].

A este entendimento, que reconduz a responsabilidade emergente ao título *obrigacional*, cumpre fazer com uma importante ressalva. Considera-se excessiva a recondução daquele título de imputação aos comportamentos danosos que não visam a celebração de qualquer negócio ou à vinculação a qualquer obrigação, e que, desta forma, se possam considerar totalmente independentes da modalidade obrigacional. Por outras palavras, quando o apelo à finalidade última da fase pré-contratual (*i.e.* a celebração do negócio) se considera meramente *acidental* no enquadramento da *situação determinante da responsabilidade*, não se reconhece natureza obrigacional ao título de imputação gerado[1451]. Cumpre, novamente, distinguir a natureza dos títulos que se geram.

[1449] Note-se que o novo regime do artigo 1069.º não impede a invocação da nulidade do contrato *pelo arrendatário* por falta de forma, escrita. Caso o arrendatário opte pela invocação da nulidade do contrato, o senhorio pode, naturalmente, reconvir, responsabilizando-o (ainda que não a título de compensação, 853.º/1, a), para além da possibilidade de invocação do enriquecimento sem causa (473.º), em sede de exceção do cumprimento da obrigação de restituição integral de tudo o que foi prestado (já que a nulidade tem eficácia retroativa, contrariamente à resolução nos negócios de execução continuada, 434.º/2). Reservamos outras considerações para um momento mais oportuno.

[1450] A presente hipótese, de o arrendatário que pretende invocar a invalidade do contrato de arrendamento, escapou ao espírito reformista do artigo 1069.º, o qual tutela (unilateralmente) a posição do arrendatário na existência do contrato, prescindindo do requisito de forma: «[n]a falta de redução a escrito do contrato de arrendamento que não seja imputável ao arrendatário, este pode provar a existência de título por qualquer forma admitida em direito (...)». A presente regra consubstancia um claro retorno ao *vinculismo* de outrora, contra o regime geral de nulidade (220.º); v., sobre este e outros aspetos, RUI ATAÍDE/ ANTÓNIO BARROSO RODRIGUES, *Denúncia e oposição à renovação do contrato de arrendamento urbano*, RDR, Ano 4, n.º 2 (2019), 297-311 (299 e ss.). Veja-se que esta preocupação, contra a invocação abusiva da invalidade do contrato pelo arrendatário seria acautelada com a simples consagração expressa de nova inalegabilidade formal, tal como a prevista para o comprador doloso, perante o vendedor de boa fé, na compra e venda de bens alheios (892.º, *parte final*). Uma inalegabilidade deste tipo impediria a invocação da nulidade do contrato pelo arrendatário doloso, evitando o *comodato* materialmente visado pelo mero aproveitamento dos efeitos da nulidade, *i.e.*, restituição de tudo aquilo que foi prestado, nomeadamente o preço pago, tendo o arrendatário tido o gozo do imóvel por um período considerável de tempo, tal como sucede na compra e venda, atendendo às vantagens que o comprador obteve com a utilização da coisa, entretanto restituída.

[1451] No geral, nega-se a existência prévia de um concurso de responsabilidade em sentido estrito nestes casos: resta a tutela delitual. Neste sentido, v. FERREIRA PINTO, *O concurso*, 1950, seguindo o entendimento de GARCIA VALDECASAS, *El problema de la acumulación de la responsabildiade contractual y delictual en el derecho espanhol*, Revista de Derecho Privado, LXVI (1962), 835.

> Atente-se aos seguintes exemplos, por referência aos deveres acessórios de conduta: A, menor, que acompanha o seu pai, escorrega no piso molhado da entrada de uma tabacaria, partindo o seu braço; B, respondendo ao anúncio de venda de um motociclo, solicita a realização de um teste prévio de condução ao proprietário. B aproveita a oportunidade para furtar o veículo, demonstrando-se que nunca teve pretensões de o comprar; e, por fim, C, empresário de restauração, realiza um conjunto de reservas anónimas ao seu concorrente D, num período de grande frequência, as quais nunca se propõe a respeitar, com o intuito exclusivo de causar um grave prejuízo económico ao seu concorrente.

No primeiro caso mencionado, o dever acessório de proteção visa, em termos abstratos, salvaguardar o contraente. Todavia, o apelo ao enquadramento abstrato do dever de proteção não permite ultrapassar o crivo da *possibilidade*: se este ainda tutela, por extensão legal, tanto o cliente que escorrega na entrada do piso da loja sem interesse em comprar os produtos à venda (*v.g.*, o dirigente de uma associação antitabágica em protesto numa tabacaria), como aquele que não tenha a possibilidade material de o fazer (*v.g.*, o consumidor insolvente numa loja de carros de luxo), porque estes são, em abstrato, *potenciais* clientes (seguindo os exemplos mencionados, o dirigente pode, por mera epifania, mudar radicalmente de opinião e prestar-se a adquirir tabaco, ou um terceiro pode assumir a dívida do insolvente na venda), já não é adequado, no primeiro exemplo, quando o lesado é *menor*. O *menor*, enquanto tal, não é, no crivo da *possibilidade* legal, potencial cliente dos produtos oferecidos de uma tabacaria, tal como não o é daqueles prestados por um casino ou por um estabelecimento de diversão noturna[1452]. A conclusão é idêntica no resultado da análise dos dois outros exemplos mencionados, desta vez por referência aos deveres acessórios de lealdade e informação[1453]. Em todos os mencionados casos, o apelo ao princípio da boa fé, determinado teleologicamente pela finalidade da fase pré-contratual, não permite enquadrar a natureza *acidental* do contexto em que os factos determinantes da responsabilidade se produzem.

[1452] Outros entendimentos, permissivos de atuação do menor neste contexto (p. ex., enquanto mero *núncio* na recolha do produto, a cuja venda se encontra proibida) carecem de ser demonstrados já que esbarram, à partida, na proibição legal instituída.

[1453] Para o último grupo de casos enunciado determina o § 311 (3) BGB que o vínculo obrigacional emerge perante pessoas que não têm intenção tornar parte do contrato. Preceito curioso, mas em todo o caso ausente no nosso ordenamento jurídico.

Reconhece-se, contudo, a natureza casuística do critério apontado, que será determinado indiciariamente por outros, nomeadamente a *vontade das partes*[1454] e, ainda, pelo *tipo de danos*, sem prejuízo dos demais. Sufraga-se, nesta medida, o entendimento de CHRISTIAN VON BAR, para quem a *culpa in contrahendo* seria qualificada como *extracontratual*, quando o facto determinante de responsabilidade se distancia do dever de prestar[1455]. Em suma, na medida em que o facto determinante de responsabilidade se relacione com a prestação prevista, não se verificando qualquer *delito*, o juízo de ilicitude existente é exclusivamente obrigacional.

> Será o caso, nos exemplos de VAZ SERRA, do vendedor que oculta dolosamente o vício da coisa vendida, do comodante do defeito perigoso da coisa comodada, ou da impossibilidade originária da prestação[1456]. Este caso abarca ainda a responsabilidade decorrente da invalidade obrigacional, «*à falta de melhor tratamento*»[1457].

Nega-se, nesta medida, a natureza aquiliana da responsabilidade fundada numa hiperextensão dos *deveres do tráfego* ou, ainda, numa interpretação criativa apoiada na qualificação indiciada pela remissão constante do n.º 2 do artigo 227.º, a qual remete para o apuramento da prescrição nos termos da modalidade extraobrigacional (498.º). Por outro lado, quando a responsabilidade emergente consubstancie simultaneamente um incumprimento, por regra de deveres acessórios de conduta (proteção, informação, lealdade) ditados pela boa fé, *i.e.*, um incumprimento de obrigações em sentido *técnico*[1458], o juízo normativo de desvalor da conduta será exclusivamente obrigacional ou delitual, consoante a conexão entre o ato praticado e o dever de prestar nos termos enunciados. Sublinha-se: se o apelo a uma fase pré-contratual

[1454] Sobre as dificuldades probatórias conexas com este elemento, v., entre nós e por todos, CLÁUDIA TRINDADE, *A prova de estados subjetivos no processo civil – Presunções e regras de experiência*, Almedina: Coimbra (2016), *passim*.

[1455] *Verkehrspflichten/Richterliche Gefahrsteuerungsgebote im deutschen Deliktsrecht*, Köln (1980), 310 e ss. Em sentido próximo, VAZ SERRA reservou a possibilidade de a responsabilidade pré-contratual suscitar a aplicação da via delitual, quando as regras obrigacionais não forem aplicáveis em «razão de ser delas» (art. 9.º/1 do anteprojeto). Sobre a conceção delitual de responsabilidade, v. RUI ATAÍDE, *Responsabilidade Civil*, 997 e ss.

[1456] VAZ SERRA, *Culpa do devedor ou do agente*, 117-118. No mesmo sentido, PIRES DE LIMA E ANTUNES VARELA, *Código Civil Anotado*, I, 216.

[1457] PIRES DE LIMA E ANTUNES VARELA, *Código Civil Anotado*, I, 216.

[1458] ANA PRATA, *Código Civil Anotado*, I, 282.

é meramente acidental ao contexto em que os factos determinantes da responsabilidade se produzem, nega-se a natureza obrigacional do título de imputação resultante pelos danos provocados, restando a tutela *aquiliana*.

Por fim – e este aspeto é de destacar –, nada obsta à existência de um *concurso heterónomo de responsabilidade*, perante a verificação de um *delito* em simultâneo com a responsabilidade pré-contratual, quando esta seja reconduzida à modalidade *obrigacional*, porquanto conexa com o negócio visado. Neste sentido, a jurisprudência recente apelou à possibilidade de existência de um «*concurso real de tutelas*» em sede da responsabilidade pré-contratual[1459].

Sem prejuízo, cumpre dar nota da existência de regimes *especiais* deste tipo de responsabilidade, em virtude de um idêntico (note-se) *campo de aplicação* das figuras (ou seja, numa relação de *género* e *espécie*), de que é exemplo a relação do regime da *cic* com o da compra e venda de bens onerados ou de coisas defeituosas (905.º e ss., 913.º e ss.), bem como o regime dos defeitos no contrato de empreitada (1218.º e ss.)[1460].

[1459] Ac. TRP, 19-Fev-2013 (Vieira e Cunha). O tribunal considerou ser, aliás, *redutor* o enquadramento exclusivamente obrigacional emergente desta responsabilidade. O cumprimento defeituoso é, por sinal, um campo fértil para o concurso de pretensões em matéria obrigacional e pré-contratual.

[1460] Dá nota deste entendimento, maioritário entre nós, Paulo Mota Pinto, *Interesse*, 1046 (nota 3397), com uma exposição aprofundada do plano alemão (cf. §§ 459 BGB e ss.) e italiano (*idem*, 1044-1046, notas 3395, 3396). V. Sinde Monteiro, *Responsabilidade por conselhos*, 382 (nota 138); Menezes Cordeiro, *Tratado*, XI, 279 (admitindo que a *cic* opera quanto aos prejuízos não tuteláveis pelo regime dos artigos 913 e ss.). Também Romano Martinez refere ser este o entendimento aplicável ao conflito da *cic* com o regime da empreitada além-Reno (§§ 633 BGB e ss; *ibidem*).
Veja-se, em especial, a dificuldade de enquadramento no campo comercial da *venda de empresa* (cf. o ac. STJ, de 26-Nov-2014, Tavares de Paiva, e, ainda, Paulo Mota Pinto e Pinto Monteiro, *Compra e Venda de empresa – A venda de participações sociais como venda de empresa «share deal»*, RLJ, Ano 137, n.º 3947 (Nov/Dez, 2007), 76-102, potencialmente uma exceção àquela relação de especialidade e Galvão Telles, *Parecer de Direito* em *A privatização da sociedade Financeira Portuguesa*, Lex: Lisboa (1995), 195-199; assim, por todos, Canaris, *Leistungsstörungen beim Unternehmenskauf*, ZGR, Vol. 11, n.º 3, 1982, 395-434). Em todo o caso, cumpre acompanhar a possibilidade, já enunciada entre nós por Romano Martinez (ob. cit., 51) e Sinde Monteiro (ob. cit., 383, nota 138), de que o concurso *efetivo* pode operar nos espaços de não convergência destas responsabilidades: quer isto dizer, a respeito dos elementos que formam figuras, que, se um determinado dano for tutelado *exclusivamente* pelo regime geral da *cic*, nada obsta à aplicação do concorrente regime (especial) disposto para o cumprimento defeituoso quanto ao prejuízo remanescente. No contexto de «venda de participações acionistas de controlo equiparável à venda da empresa», Catarina Monteiro Pires defende a concorrência de pretensões baseada na responsabilidade fundada em culpa *in contrahendo* e no erro sobre a base do negócio (*Aquisições de empresas e de participações acionistas*, Almedina: Coimbra, 2014, 104).
Sobre a relação entre o regime da falta de incumprimento e o do erro inerente ao cumprimento defeituoso, v., *supra*, nota de rodapé 1345.

1.2. *Ineficácia* do negócio jurídico

VIII. O segundo grupo de casos de igual complexidade na identificação da modalidade de responsabilidade civil em causa radica ao apuramento da responsabilidade no contexto da *ineficácia* do negócio jurídico[1461].

> Manuel de Andrade define a ineficácia do negócio como o evento em que o negócio não produz todos ou parte dos efeitos que destinava a produzir, no contexto das declarações que o integram. O ilustre Professor distingue, por outro lado, a ineficácia em sentido *estrito* da invalidade, ainda que restrita à causa da nulidade[1462].

Podemos sintetizar os casos de ineficácia, mediante o seguinte elenco:

i. Ineficácia em sentido estrito ou *invalidade*, típica ou atípica; e
ii. Ineficácia em sentido lato.

Em primeiro lugar, na ineficácia em *sentido estrito* incluem-se todos os casos gerais de invalidade, com exceção da *inexistência* (porquanto a entendemos como uma mera constatação de facto, *v.g.*, 1630.º/1), radicados tipicamente na *nulidade* ou na *anulabilidade* do negócio (289.º). A invalidade decorre da falta de elementos essenciais à perfeição do negócio, inclusive por referência à pessoa dos contraentes. Deriva, por outro lado, de situações particulares, de verificação menos frequente, tal como a *impossibilidade inicial* (401.º/1) ou *do incumprimento do dever legal de não contratar* (p. ex., a responsabilidade

[1461] Sobre o ponto, Carlos Mota Pinto, *Cessão*, 256-261 (nota 3); Rui de Alarcão, *A confirmação dos negócios anuláveis*, 76-77 (nota de rodapé 103) e *Direito das Obrigações*, I, 105-108; Antunes Varela, *Das Obrigações*, I, 222; Almeida Costa, *Direito das Obrigações*, 226–227; Menezes Cordeiro, *Da Boa* Fé, 616–619, *Tratado*, VII, 648–650; Ribeiro de Faria, *Direito das Obrigações*, I, 201-202; Canaris, *Ansprüche wegen „positiver Vertragsverletzung" und „Schutzwirkung für Dritte" bei nichtigen Verträgen: Zugleich ein Beitrag zur Vereinheitlichung der Regeln über die Schutzpflichtverletzungen*, JZ (1965), 475-482.

[1462] Manuel de Andrade, *Teoria Geral da Relação Jurídica*, II, 411 e ss. No mesmo sentido global, com adaptações, Carlos Mota Pinto, *Teoria*, 615 e ss.; Luís Carvalho Fernandes, *Teoria*, II, 453-515; Menezes Cordeiro, *Tratado*, I, 853-889. Por este motivo, Menezes Cordeiro apela à figura de *insubsistência* do contrato, integrando os casos de (*i*) contrato nulo, (*ii*) anulado, (*iii*) impossibilidade inicial da prestação, (*iv*) impossibilidade superveniente e, por fim, (*v*) os casos em que o contrato é resolvido, revogado ou denunciado; *Tratado*, VII, 648.

pela venda da coisa ou do direito litigioso, 876.º/2[1463]), embora sempre no âmbito da formação do negócio. Ao regime normal da invalidade devem ser aditados os casos de *invalidade mista*, os quais contrariam os efeitos (produção, invocação, *etc.*) decorrentes daquele regime geral, tal como a nulidade atípica da venda de bens alheios, sanável mediante convalidação do contrato (895.º).

Em segundo lugar, a *ineficácia em sentido lato* integra todos os casos de limitação ou exclusão de produção dos efeitos pretendidos pelas partes. Em termos gerais, esta pode ser novamente enquadrável na esteira de MANUEL DE ANDRADE[1464] enquanto uma ineficácia *relativa*[1465], quando o efeito em causa se circunscreve (*a*) a *pessoas determinadas* (também denominado por *inoponibilidade* relativa),

> Será, a título exemplificativo, o caso da *inoponibilidade* da invalidade do contrato a terceiro de boa fé, tal como (*i*) o negócio jurídico que respeite a bens imóveis, ou a móveis sujeitos a registo, declarado nulo ou anulado (291.º), (*ii*) a nulidade da venda de bens alheios (892.º), (*iii*) da cláusula de reserva de propriedade (409.º/2), e (*iv*) da cláusula da venda *a retro* (932.º)

e também (*b*) num determinado *período espácio-temporal*, tal como sucede perante a impossibilidade superveniente (790.º e ss.) ou, por fim, (*c*) pela criação de mecanismos que previnem a produção plena daqueles efeitos, designadamente a derivada de *inalegabilidades formais*, por exemplo do negócio simulado (243.º), da falta de forma do contrato-promessa (410.º/3) e a da *eficácia retroactiva* da resolução contratual, nos contratos de execução continuada ou periódica, podendo-se salvaguardar *apenas* as prestações já efetuadas (434.º/2), bem como a proibição do prejuízo dos direitos adquiridos por terceiro (434.º/1). Na ineficácia em sentido lato, enquadram-se, ainda, as demais formas de cessação dos efeitos do contrato, tal como a *revogação*, a qual provoca uma ineficácia *total para o futuro*[1466], a *caducidade* (incluindo a provocada nos contratos por tempo indeterminado, dita *denúncia*) e a *resolução*, incluindo em termos *parciais*, por *redução*, (292.º) ou em termos mistos, por modificação dos efeitos, derivada de *conversão* (293.º)[1467].

[1463] Veremos, oportunamente, as consequências normativas do incumprimento do dever legal de não contratar.

[1464] MANUEL DE ANDRADE, *Teoria*, II, 412 e ss.

[1465] O ilustre Professor ilustra o caso com a da condição suspensiva do negócio, *idem*, 412.

[1466] MANUEL DE ANDRADE, *Teoria Geral da Relação Jurídica, II*, 413.

[1467] CARLOS MOTA PINTO, *Teoria*, 632-644. Em sentido próximo, mas não inteiramente coincidente, v. PEDRO ROMANO MARTINEZ, *Da cessação do contrato, maxime* 29-30.

Pois bem, o quadro legal oferece uma solução clara, quando regula os efeitos produzidos pela ineficácia geral do negócio, em termos que não justificam o apelo à existência de relações contratuais de facto e, em simultâneo, permitem evitar a eventual dificuldade de qualificação da responsabilidade emergente[1468].

Este entendimento é maioritariamente confirmado pela nossa doutrina. Veja-se que, para ANTUNES VARELA, a solução deve também ser subtraída às puras relações contratuais de facto e ser procurada nos «conceitos *normativos (ou valorativos)* da nulidade, da anulabilidade ou da inoponibilidade, perfeitamente amoldáveis»[1469]. MENEZES LEITÃO, apela à desnecessidade de enquadramento da figura, atendendo à regulação de que as situações apontadas por HAUPT são alvo, nomeadamente sobre a ineficácia do contrato de trabalho (122.º CT) e do de sociedade (52.º CSC)[1470]. Para MENEZES CORDEIRO, a ineficácia do negócio corresponde a relações obrigacionais sem dever de prestar principal emergente de um facto jurídico *stricto sensu*, na base de deveres acessórios e com apoio na boa fé[1471]. Para o ilustre Professor, a responsabilidade emergente é de tipo *obrigacional*[1472].

Contudo – e este aspeto é de salientar –, a dificuldade de qualificar a modalidade de responsabilidade civil em causa decorre da falta de apuramento de uma *violação de um direito subjetivo* (o de *prestar*, inicial), abrangendo ambas as formas de lesão, porquanto (1) nunca se chegou a constituir ou (2) perdeu retroativamente a sua eficácia[1473]. Ora, a *ineficácia* do negócio funda a responsabilidade (i) *obrigacional*, quando haja sido constituído e lesado um vínculo específico (de natureza obrigacional) – tal como sucede com o incumprimento da obrigação de restituição de tudo aquilo que foi prestado, por efeito da nulidade, anulabilidade ou por resolução do contrato (289.º), bem como em virtude da revogação[1474] – ou (*ii*) perante violação dos deveres

[1468] V., ainda, a profunda investigação de PAULO MOTA PINTO, *Interesse*, II, 1197-1341.

[1469] ANTUNES VARELA, *Das Obrigações*, I, 222. No mesmo sentido, ALMEIDA COSTA, *Direito das Obrigações*, 227.

[1470] MENEZES LEITÃO, *Direito das Obrigações*, I, 533.

[1471] MENEZES CORDEIRO, *Direito das Obrigações*, II, 38; *Da Boa Fé*, 616-21; e em *Tratado*, VII, 649.

[1472] *Ibidem*, 649.

[1473] PESSOA JORGE, *Ensaio*, 312.

[1474] PEDRO ROMANO MARTINEZ, *Da cessação do contrato*, 110-113. Será também o caso, segundo MENEZES LEITÃO, das obrigações geradas por simples facto, tal como (*i*) a situação de poder informar (573.º) e, por outro lado, (*ii*) a situação do possuidor de coisas ou documentos controvertidos (574.º e 575.º), em *Direito das Obrigações*, I, 535.

acessórios de conduta, tal como sucede na responsabilidade pré-contratual (227.º), na qual, aliás, se pode integrar[1475] – e por sinal, é o que manifestamente sucede em caso da anulabilidade decorrente de *dolo* (253.º)[1476]; por fim, (*iii*) cumpre reservar a responsabilidade *delitual* à lesão ou perigo de lesão que se processe num contexto fundado na (pretensa) ambiência negocial (p. ex., é censurável a omissão do vigilante do incapaz, mesmo em caso da invalidade negocial da fonte, atendendo ao *domínio do perigo*[1477]) ou, por outro lado, quando se processe num contexto acidental à ineficácia do negócio (p. ex., a destruição do bem depositado pelo depositário, independentemente da validade daquele contrato), termos perante os quais resta ao lesado o recurso à via *delitual*, verificados que estejam os respetivos requisitos[1478]; o concurso de *heterónomo* de ambas as modalidades consideradas, a existir, é confinado por regra ao cruzamento deste delito com o incumprimento daqueloutras obrigações (de restituição, principais, ou acessórias de conduta).

1.3. As (ditas) puras relações contratuais de facto

IX. No elenco de HAUPT, conta-se um terceiro grupo de casos, distinto dos anteriores, no qual derivam vínculos entre as partes com base em atos materiais reveladores da vontade de negociar, não dependentes, em todo o caso, de mútuo consenso. LARENZ referia-se, posteriormente, numa denominação que recebeu um vasto acolhimento, às formas de *comportamento social típico* (*sozialtypische Verhalten*), antes de abandonar este seu entendimento[1479]. O Código Civil

[1475] Por todos, v. o enquadramento de PAULO MOTA PINTO, Autor que integra a responsabilidade por celebração de um negócio ineficaz, bem como, em caso de não conclusão do contrato, no âmbito da vertente pré-contratual, em *Interesse*, *II*, 1188-97. O enquadramento encontra-se gizado em PESSOA JORGE, *Ensaio*, 312. São cogitáveis alternativas, tal como a de ALMEIDA COSTA: o ilustre Professor qualifica a figura como equiparável ao negócio jurídico para efeitos do apuramento de uma responsabilidade a título *delitual* (486.º); *Direito das Obrigações*, 560.

[1476] Neste sentido, recentemente v. a anotação ao art. 254.º por MENEZES CORDEIRO, em *Código Civil comentado*, II, 747.

[1477] RUI ATAÍDE, *Responsabilidade civil*, 606. CARNEIRO DA FRADA nega que a conduta puramente omissiva produza um *Tabestand* de confiança, atendendo à pré-existente adstrição da conduta (ao qual se reconduzia domínio de perigo no exemplo supracitado); em *Teoria da Confiança*, 614-615.

[1478] Cfr., *supra*, § 13; 1.1. Contra, ALMEIDA COSTA admite que se gere uma relação de confiança, que crie um dever de praticar o ato omitido, a título de responsabilidade por omissão (486.º), em *Direito das Obrigações*, 560.

ANTUNES VARELA, *Das obrigações*, I, 223.

[1479] *Lehrbuch*, AT, I, na ed. de 1967, 515 e ss., e na 7.ª ed. de 1989, 534 e ss.

previu esta figura, em moldes aproximados, no artigo 234.º (Dispensa da declaração de aceitação), com base no disposto no § 151 BGB, dispensando-se a declaração negocial de aceitação, mas não a *vontade* ou a *intenção* de aceitação[1480].

> Pense-se, por exemplo, nos utentes do estacionamento privado ou do transporte público, os quais usufruem desse arrendamento de curta duração ou do serviço público, embora posteriormente se recusem a pagar por tais serviços, tal como foi analisado no famoso caso pelo BGH a 14 de julho de 1956 (*Parkplatz*), ao qual já fizemos referência. Qual a vontade preponderante? A declarada contra a celebração do negócio (*protestatio facta contraria*) ou a que o seu comportamento revela? A sua responsabilidade, por um ato de mera vontade, é assacada no âmbito da responsabilidade obrigacional?

A aplicação do disposto no artigo 234.º permite identificar comportamentos concludentes à aceitação da oferta contratual pré-existente, pelo que a ausência de declaração, ou mesmo uma em sentido contrário à atuação do agente, é irrelevante para a formação do vínculo obrigacional, o qual atende prioritariamente à *materialidade subjacente*, a qual prevalece[1481]. O vínculo a existir tem, assim, natureza obrigacional, embora por inflexão das regras gerais de formação, as quais apelam à existência de declarações negociais, expressas ou tácitas, adentro do binómio *proposta-aceitação.*

[1480] Antunes Varela, *Das Obrigações*, I, 223, e Pires de Lima e Antunes Varela, *Código Civil Anotado*, I, 221.

[1481] No mesmo sentido, Antunes Varela, *Das Obrigações*, I, 224. Dir-se-á que a relevância negocial do comportamento pré-acordado não afasta o regime da capacidade negocial e dos vícios da vontade. Antes, a declaração expressa, quando contrária ao comportamento concludente anteriormente manifestado poderá ser considerada abusiva, v. Antunes Varela, *ibidem*. Assim, se o utente de um *shopping* não pretende utilizar o espaço de estacionamento para parquear a sua viatura, não deve entrar no parque de estacionamento, e, posteriormente, manifestar a sua vontade contrária à celebração do contrato. Se o utente do estabelecimento não pretende consumir um café, não se deve dirigir ao empregado, em linguagem gestual, imitando o beber de uma chávena, para posteriormente recusar o café apresentado. Neste caso, a natureza da proposta, as circunstâncias do negócio e os usos, ao atribuírem plena relevância contratual a estes comportamentos, ditos concludentes (217.º/1) – mesmo ao silêncio (218.º) – tornam abusiva a posterior recusa de execução contratual. Contra, admitindo a existência de relações contratuais de facto no «meio de transporte público sem controlo prévio», v. Carlos Lacerda Barata, *Contratos de transporte terrestre: formação e conclusão*, ROA, n.º 73 (Abr-Set 2013), 636-637 (e respetiva nota 49)

Este entendimento é contrariado por aqueles (*i*) que radicam neste terceiro grupo de situações as verdadeiras situações contratuais de facto, tal como ALMEIDA COSTA[1482], ou (*ii*) por outros que apelam à aplicação de outras figuras: por exemplo, MENEZES LEITÃO e RIBEIRO DE FARIA qualificam este caso enquanto uma forma de *enriquecimento por intervenção*[1483].

X. Em conclusão, a suficiência dogmática dos institutos juscivilísticos mencionados provocaram o declínio do entendimento de HAUPT: o apelo às relações contratuais de facto desmaterializa-se no nosso direito objetivo – pelo enquadramento da verdadeira aptidão do negócio, tanto na sua formação, como ao nível dos respetivos efeitos –, o qual permite tutelar um conjunto vasto de situações, incluindo esta. O afastamento daquela doutrina é, ainda, imposto noutras figuras reportadas ao âmbito lato da dita *paracontratualidade*: casos como (*a*) o da *culpa post pactum finitum*[1484] e (*b*) o da responsabilidade pela *confiança*, verdadeiros campos férteis da ciência jurídica civil, não se esgotam nos meandros desta velha figura (das relações contratuais de facto), em decadência[1485].

(*a*) A culpa *post pactum finitum*[1486] permite responsabilizar os antigos contraentes após a cessação do contrato pelos danos que excedam os limites impostos pela boa fé. Este fundamento de responsabilidade encontra-se, portanto, temporalmente nos antípodas da dita *culpa in contrahendo*, a qual tem lugar no período de formação do negócio, dito pré-contratual. Ora, neste momento, *pós*-contratual, o dever principal encontra-se extinto, subsistindo, ainda assim e eventualmente, deveres acessórios, destinados à não perturbação das vantagens adquiridas pelos contraentes (não

[1482] ALMEIDA COSTA, *Direito das Obrigações*, 227, com hesitações.

[1483] Para MENEZES LEITÃO, «não há qualquer dificuldade em defender que quem se apropria de prestação que, embora dirigidas ao público, pressupõem a prévia celebração de um contrato com o oferente, obtém um enriquecimento mediante uma ingerência na esfera jurídica alheia, ocorrendo assim uma situação de enriquecimento por intervenção», em *Direito das Obrigações*, I, 534. No mesmo sentido, mencionado no texto, v. RIBEIRO DE FARIA, *Direito das Obrigações*, I, 195-202 (nota 417).

[1484] Sobre esta figura, v. MENEZES LEITÃO, *Direito das Obrigações*, I, 377-78, DÁRIO MOURA VICENTE, *Direito Comparado*, II, 261. MENEZES CORDEIRO, *Da pós-eficácia das obrigações*, *passim*, *Da Boa Fé*, 625-31, *Tratado*, VII, 657-59.

[1485] Sobre a gestão de negócios, v., em breve apontamento, *infra*, § 14; 1.

[1486] LARENZ, *Lehrbuch*, I, AT, § 10, II, 141-142. Entre nós, além dos AA. mencionados na nota anterior, v., ainda, CARNEIRO DA FRADA, *Direito Civil*, 67,88.

privação de vantagens ou não criação de desvantagens). Sem prejuízo da necessária concretização *ad hoc*, mantêm-se as linhas gerais de enquadramento da responsabilidade derivada, paralelas às da *culpa in contrahendo*: nega-se a natureza *obrigacional* desta responsabilidade quando (pretensamente) fundada numa hiperextensão dos deveres acessórios de conduta, não conexos com a obrigação, tal como se nega a natureza delitual, com base na hiperextensão dos deveres de tráfego. Assim, a responsabilidade será obrigacional, quando a violação do dever acessório de conduta se reporte ao antigo dever de prestar (*v.g.*, construção que ofende a vista do imóvel recentemente adquirido pelo comprador); nos demais casos, resta, ainda que duvidosamente reportada a este fundamento, a invocação da via delitual (*v.g.*, ofensas pelo senhorio à honra do antigo inquilino), sem prejuízo da possível concorrência heterónoma (obrigacional e delitual) de responsabilidades, gerando uma hipótese de concurso de responsabilidade.

(*b*) No que respeita à *responsabilidade pela confiança*, deve-se, entre nós, a Carneiro da Frada, uma investigação profunda neste âmbito, seguindo o contributo devido, na década de 70, a Canaris[1487]. A *responsabilidade pela confiança*, enquanto a verdadeira vertente negativa da tutela da confiança (considerando o dano de confiança), acolhe um conjunto alargado de figuras, as quais não se reconduzem à pura relação contratual, nem à tutela das *legítimas expetativas* – estas ensaiadas em termos pontuais no nosso Código (*v.g.*, na utilização da carta não confidencial, 78.º, e na revogação da limitação voluntária dos direitos de personalidade, 81.º/2)[1488]. Sem desmérito pelo esforço dogmático da investigação associada a esta figura, hesitamos em autonomizá-la, pelo menos enquanto nova modalidade de responsabilidade – note-se que para Carneiro da Frada,

[1487] A autoria do material desta nova forma de responsabilidade não se deve a este Autor, mas a sua projeção é inegável; cf. Claus-Wilhelm Canaris, *Dir Vertrauenshaftung in Deuteschen Privatescht*, Munique (1971), *passim*, e em *Schutzgesetz-Verkehrspflichten–Schutzpflichten*, 105. Entre nós, por todos, Carneiro da Frada, *Teoria da Confiança, passim.*

[1488] É notória a infeliz confusão entre os pressupostos da confiança e os da responsabilidade pela sua efetiva violação, com inegáveis efeitos jurígenos implicados (cf. a propósito, Miguel Brito Bastos, *Deveres acessórios de informação*, 198, e respetiva nota 34). Por outro lado, a tutela da confiança, autonomizada ou não dogmaticamente do *magnus* princípio da boa fé, não se esgota no plano indemnizatório; aliás, já nos dava conta deste aspeto Menezes Cordeiro, na sua dissertação de doutoramento (*Da Boa Fé*, 1249-1251), apelando exemplificativamente aos efeitos da mera (in)oponibilidade (particularmente relevante no regime negocial) ou da aquisição da situação jurídica real em causa (por efeito da aquisição tabular). São apontados outros exemplos.

esta consubstancia uma verdadeira *quarta via* da responsabilidade[1489]. A ausência, aliás, de um regime-quadro desta figura não contribui certamente para a sua estabilidade aplicativa, para mais num regime pretensamente excecional como é o da imputação de danos. Mais: as nossas reservas residem ainda, no plano constitutivo, quanto à *necessidade* da figura pelo simples apelo (*i*) a uma conceção *normativa* da confiança, fundada na boa fé, tal como defende Menezes Cordeiro, e nessa medida desamparada dos estados puramente psicológicos (p. ex., é irrelevante se o contraente não confia, em concreto, na sua contraparte, podendo fazê-lo), (*ii*) no espaço próprio que deve ser reconhecido ao *dever de cuidado geral*, latente, bem como (*iii*), no que respeita à modalidade (pretensamente) emergente, à dificuldade de consagração de uma nova responsabilidade com estes contornos – *i.e.*, *objetiva*[1490] –, atendendo à natureza excecional da responsabilidade *sem culpa* no nosso ordenamento (expressamente constante, de forma enunciativa, no artigo 483.º/2, mas aplicável, assim o entendemos, à via obrigacional[1491]). Veja-se que, para o ilustre Professor, são pressupostos da figura a (*i*) atitude de confiança alicerçada num facto apto a produzi-la, (*ii*) uma justificação objetiva para essa confiança, (*iii*) um investimento de confiança e, por fim, (*iv*) uma imputação de uma situação a outrem, ao abrigo daquilo que denomina um sistema móvel[1492]. Um núcleo fundamental das figuras carreadas para esta nova fonte de responsabilidade, designadamente a conexa com a violação deveres acessórios[1493], mesmo sem dependência do dever de prestar, qualifica

[1489] Carneiro da Frada, *Teoria*, 765-766. Segundo o ilustre Professor, as demais três correspondem ao contrato, ao delito e à responsabilidade por violação da regra da conduta de boa fé, em *A responsabilidade pela confiança nos 35 anos do Código Civil*, Comemorações dos 35 anos do Código Civil e dos 25 anos da reforma de 1977, III, Direito das Obrigações, Coimbra Editora: Coimbra (2007), 285-307 (296).

[1490] Carneiro da Frada, *Teoria*, 657, e em *A responsabilidade pela confiança*, 303.

[1491] Há espaço para a discussão quanto ao carácter excecional da responsabilidade civil objetiva, atendendo às novas áreas de expansão que o instituto elege. Sobre esta reserva, v. Santos Júnior, *Da responsabilidade*, 200, 219. Para este A., a natureza imaterial do crédito, enquanto construção, opõe-se à consagração de uma ideia de "risco físico" de terceiros, ou de outra construção qualquer que prescinda de um desvalor *subjetivo* da sua conduta (ob. cit., 223 e respetiva nota 749).

[1492] *Teoria da Confiança*, 585-586; também Menezes Cordeiro inicialmente apelava a esta vertente de *mobilidade* nos pressupostos das situações tuteladas neste contexto (*Da Boa fé*, 1249 e respetiva nota 154).

[1493] Vimos as reservas dogmáticas a este processo metodológico no que se refere aos pressupostos da responsabilidade civil. Para Carneiro da Frada, os institutos da boa fé (na imposição de deveres acessórios de conduta) e o da responsabilidade pela confiança são excludentes, em *Teoria da Confiança*, 464.

a responsabilidade emergente como *obrigacional* (*i.e.*, por incumprimento da obrigação em sentido técnico), dentro dos limites previamente mencionados (para além dos quais se pode, aliás, subsumir ao tipo *delitual*). A heterogeneidade das figuras integradas ao abrigo da confiança abona a favor desta solução[1494].

[1494] Para MENEZES CORDEIRO, esta responsabilidade, reconduzida à *respondência pela confiança*, agrega relações derivadas da procuração aparente, do prospecto, do *venire contra factum proprium*, da atuação do representante perante terceiros, da relação bancária complexa, da relação de negócios e das mensagens publicitárias, é de tipo contratual, porquanto os factos jurídicos *stricto senso* que a integram assumem uma configuração modelar contratual, em *Tratado*, VII, 660-61. No sentido favorável à sua inclusão, com uma análise aprofundada, destacamos o seguinte trecho constante na fundamentação do ac. TRP, de 07-Jun-2004 (SANTOS CARVALHO): «[a]liás, na base do direito da responsabilidade civil português, que se limita a distinguir entre a responsabilidade aquiliana e a responsabilidade que deriva do não cumprimento de obrigações, para além desta divisão, partilhada por outros direitos, não foi erguida pelo legislador, com carácter de generalidade, nenhuma responsabilidade intercalada entre o contrato e o delito por força do princípio da confiança: a admissibilidade desta hipótese carece portanto de preocupação exegética; e as objecções à doutrina da confiança incidem, preambulares, sobre a sua compatibilização com o sistema jurídico vigente: não afrontam directamente as soluções que através dela se alcançam nem a põem em causa do ponto de vista da sua racionalidade intrínseca».

§ 14. TENTATIVA DE SUPERAÇÃO DO SISTEMA DUAL; A CONCENTRAÇÃO E A DISPERSÃO DAS MODALIDADES DE RESPONSABILIDADE CIVIL COMO UM POTENCIAL ENQUADRAMENTO QUE AFASTA O CONCURSO DE RESPONSABILIDADES

I. Tem presidido à presente exposição um enquadramento dualista do sistema de responsabilidade civil com base na oposição entre as modalidades *obrigacional* e *extraobrigacional* de responsabilidade civil, ainda que recentrado, pelo escopo da exposição, ao nível delitual neste segundo caso. Cumpre justificá-lo.

A necessidade decorre, *primo*, das legítimas preocupações suscitadas por quem rejeita esta *summa divisio* milenar, (potencialmente) aniquilando – se os reparos forem procedentes – a qualificação dos títulos de imputação que temos vindo a considerar; qualificação essa necessária, por presidir às responsabilidades em concurso. Neste âmbito, detetam-se duas linhas críticas, nomeadamente:

a. Pela *expansão* de ambas as categorias, mediante a identificação de uma *terceira via de responsabilidade civil* (*tertium genus, Dritte Spur* ou, ainda, *responsabilidade intermédia* ou quase-contratual, *quasivertragliche Haftung*), ou outras para além desta; e
b. Mediante a rejeição de qualquer divisão categorial da responsabilidade civil (dual, tripartida, *etc.*), apelando à sua natureza *unitária*.

Vejamos, brevemente, cada uma destas críticas.

1. Responsabilidades intermédias: a *terceira via* da responsabilidade civil?

I. Governa a divisão considerada o confronto ao nível analítico entre o incumprimento da *obrigação em sentido técnico* e o demais. Vimos, todavia, que, na aceção romana das figuras, aquela divisão categorial, considerada em termos mais redutores por referência ao *contrato* e ao *delito*, não era absoluta: detetavam-se, à data, figuras próximas não reconduzíveis àquelas categorias sem uma inflexão indevida dos respetivos critérios. Estas figuras, consideradas no DIGESTO como *figuras de várias causas*[1495], ficaram conhecidas pelo *quase-delito* e pelo *quase--contrato* na codificação justinianeia[1496]. Debruçando-se sobre este problema, ainda que – e este ponto é determinante – condicionada aos contornos concretos do respetivo direito objetivo[1497], a doutrina apelou à pertinência desta última figura, designadamente do *quase-contrato*[1498], esbatendo a divisão entre as primeiras: seria, então, necessária uma *terceira* via da responsabilidade, pelo menos.

> Na doutrina germânica, deve-se a CLAUS-WILHELM CANARIS a profunda investigação quanto a um terceiro tipo de responsabilidade, baseada no dever de boa fé negocial e, em concreto, em vínculos específicos (*Sonderverbindung*; tuteláveis, hoje, em parte, pelo § 311 BGB)[1499].
>
> Entre nós, enquanto defensores da existência de uma responsabilidade intermédia, veja-se Autores como BAPTISTA MACHADO[1500], SINDE MONTEIRO[1501], CARNEIRO DA FRADA[1502] e MENEZES LEITÃO[1503].

[1495] D. 44.7.1 pr., *Obligationes aut ex contractu nascuntur aut ex maleficio aut proprio quodam iure ex variis causarum figuris.* O texto é atribuído a GAIO, cf. A. SANTOS JUSTO, *Direito Privado Romano*, II, 22.

[1496] I, 3,13,2, Sequens divisio in quattuor species deducitur: aut enim ex contractu sunt aut quasi ex contractu aut ex maleficio aut quasi ex maleficio. Cfr., para maiores desenvolvimentos, *infra*, § 16; 1.

[1497] V. o presente apelo também em ALMEIDA COSTA, *O concurso da responsabilidade*, 556.

[1498] O *quase-delito* na aceção tradicional – cf., entre nós, MANUEL DE ANDRADE, *Teoria*, I, 126 (nota 1) – reporta-se aos factos extracontratuais praticados por negligência ou quando sem culpa. Ora, a responsabilidade delitual abrange ambas as formas de culpa – «dolo ou mera culpa» (483.º/1) – termos em que a distinção entre delito e quase delito, constante no Código de 1867, perdeu razão de ser. No mesmo sentido, não recolhe adesão o conceito de *quase-contrato* como forma aglutinadora das soluções a que se destina, dada a sua marcada insuficiência perante a heterogeneidade das figuras a que se reconduz. Falta aqui, nas palavras de ANTUNES VARELA, um *conceito unitário* (*Das Obrigações*, I, 207). Perante o Direito Romano, o conceito de *quase-delito*, enquanto *quasi ex maleficio* (I. 3, 13, 2) tinha outro alcance; cf. *infra*, § 16; 1. Mais: esta noção (de quase-delito) não permitia, ao tempo dos romanos, fugir da tipicidade, sendo, aliás, uma criação pretoriana (SANTOS JÚNIOR, *Da responsabilidade civil*, 185).

[1499] *Dir Vertrauenshaftung*, *passim*, e em *Schutzgesetze – Verkehrspflichten – Schutzpflichten*, 27-110.

[1500] *Tutela da confiança*, 573 e ss.

[1501] *Responsabilidade por conselhos*, 508-514 e *Rudimentos*, 351 e ss.

[1502] *Colorandi causa*: *Contrato e deveres de protecção*, 27, 229, *Vinhos novos em odres velhos?*, 673; *Uma «terceira via»*, *passim*; e, ainda, *Teoria da Confiança*, *maxime* 757 e ss.

[1503] MENEZES LEITÃO, *Direito das Obrigações*, I, 367-381, bem como em *A responsabilidade do gestor*, 340 e ss. e em *Acidentes de trabalho*, 773 e ss. O A. acompanha a solução de PICKER, *Positive Vertragsverletzunf*, 369-520.

> Contra a existência de uma terceira via de responsabilidade, por sua vez, apresentam-se expressamente, entre nós, GALVÃO TELLES[1504], MENEZES CORDEIRO[1505] e ALMEIDA COSTA[1506].

Assim, pela proeza doutrinária de reputados Autores – entre os quais aqueles *supra* mencionados – apela-se à insuficiência da distinção categorial entre responsabilidade *obrigacional* e *extraobrigacional* para enquadrar a responsabilidade civil emergente de um conjunto variado de institutos – incluindo aqueles importados para o nosso ordenamento, particularmente no plano comunitário[1507]. Nestes, podemos destacar, no elenco mais amplo a considerar pelas vozes vanguardistas, embora não harmonizado, a (*i*) violação positiva do contrato, em particular dos deveres acessórios de conduta[1508], a (*ii*) *culpa in contrahendo*[1509], (*iii*) *culpa post pactum finitum*[1510], (*iv*) a violação dos deveres de tráfego[1511], o (*v*) contrato com eficácia de proteção perante terceiros[1512],

[1504] I. GALVÃO TELLES, *Direito das Obrigações*, 74-75.

[1505] Já em *Da Boa fé*, 636; *Concessão de crédito e responsabilidade bancária*, BMJ 257 (1987), 5-69 (48-49), (implicitamente em) *Responsabilidade civil dos administradores*, 469, *Tratado*, IX, 400 e ss. Recentemente, o Autor vem admitir a existência de uma terceira via de responsabilidade pela violação dos deveres no tráfego: reconhece que estes deveres não emergem da boa fé, sendo, antes, uma dependência da responsabilidade aquiliana (*idem*, 403). Em termos sucintos, o ilustre Professor, ao admitir a presunção de "culpa" nestes casos, afasta-se do regime delitual, justificando o desabafo: «A haver terceira via: hei-la.» (*idem*, 589).

[1506] ALMEIDA COSTA, *Direito das Obrigações*, 539-541 (*maxime* a nota 1 da p. 541).

[1507] ALMEIDA COSTA, *O concurso da responsabilidade*, 556.

[1508] Cfr. RUI ATAÍDE, *Responsabilidade civil*, 1005 e ss., e CARNEIRO DA FRADA, *Contrato e Deveres de Protecção*, 25 e ss.

[1509] Cfr., *supra*, § 13; 1.1.

[1510] Cfr., por todos, MENEZES LEITÃO, *Direito das Obrigações*, I, 377-378.

[1511] V. obra fundamental de RUI ATAÍDE, *Responsabilidade civil*, 985-1016 e, ainda, CARNEIRO DA FRADA, *Uma «Terceira Via»*, 79-84.

[1512] TEIXEIRA DE SOUSA *O Concurso*, 330, encenou a aplicação da figura, estendendo a presunção de culpa (799.º/1) à responsabilidade *delitual* do devedor perante este terceiro, o qual fora prejudicado com a omissão do dever contratual (486.º). O ilustre Professor afirma «sendo assim, essa responsabilidade do devedor perante terceiros, legalmente sistematizada e qualificada como delitual (art. 486.º e constituída através da presunção de culpa característica da responsabilidade obrigacional (art. 799.º, n.º 1, CC) contém, na sua hibridez irredutível a qualquer uma daquelas responsabilidades mas comparticipada por elementos de ambas, uma consagração legal do concurso de títulos de aquisição», *idem*, 330. Quanto à natureza da responsabilidade emergente do contrato com proteção a favor de terceiro, no mesmo sentido, v. ainda, CARNEIRO DA FRADA, *Sobre a Responsabilidade Das Concessionárias*, 413 e ss., e MENEZES LEITÃO, *Direito das Obrigações*, I, 377-378. Cfr., *supra*, § 8; 2.2.2.

(*vi*) a responsabilidade civil do gestor de negócios[1513], (*vii*) responsabilidade pela confiança[1514], a (*viii*) responsabilidade pela prestação de informações a terceiro[1515] e, ainda, (*ix*) a *relação corrente de negócios*[1516].

Cumpre-nos fazer uma brevíssima nota no que respeita à *responsabilidade civil do gestor de negócios* (466.º)[1517]. Ora, esta abrange tanto os atos culposos em decorrência da gestão, como os prejuízos resultantes da sua injustificada interrupção. Tradicionalmente, a responsabilidade do gestor é apurada no âmbito da primeira vertente – p. ex., o gestor acorda com um terceiro a realização de obras de conservação no imóvel do dono do negócio, não estando autorizado, embora saiba que essas obras não correspondem ao interesse nem à vontade do *dominus* –, mas claramente que o âmbito da gestão não se reduz aos *atos praticados*. Ficou, todavia, enunciado o princípio auxiliar à qualificação da responsabilidade emergente: esta é de tipo *obrigacional*. A gestão, validamente constituída (464.º), acarreta um conjunto de deveres, entre os quais o de o gestor se conformar com o interesse a vontade do *dominus* (465.º, c)) e o dever acessório de conduta de não causar danos com a interrupção da gestão (466.º, 1, *in fine*)[1518].

1513 V., por todos, MENEZES LEITÃO, *A responsabilidade do gestor*, 340 e ss. Para PESSOA JORGE, *Ensaio*, 34, este é um caso típico de responsabilidade extracontratual, mas note-se, segundo a terminologia do Autor de responsabilidade *obrigacional extracontratual*. Cfr., *supra*, nota de rodapé 43.

1514 Fundamental, CARNEIRO DA FRADA, *Teoria da Confiança*, 286 e 757 e ss; v. o Autor também em *Uma «Terceira Via»*, 79 e ss. e *Contrato e Deveres de Protecção*, 25 e ss. Já nos pronunciámos sobre esta responsabilidade; *supra*, § 13; 1.3.

1515 SINDE MONTEIRO, *Responsabilidade*, *passim*, e DÁRIO MOURA VICENTE, *Direito Comparado*, II, 203

1516 CARNEIRO DA FRADA, *Direito* Civil, 67, 88 e MENEZES CORDEIRO, *Tratado*, VII, 593, à qual o Autor adita a relação bancária geral (*idem*, 595).

1517 Na Alemanha, a figura é conhecida por *gestão de negócios sem incumbência* (*Geschäftsführung ohne Auftrag*) e beneficia um regime expresso e condignamente densificado (§§ 677 a 687 BGB). V., no geral, LARENZ, *Lehrbuch*, II, BT, 1, § 57, 435-453, e ao nível dos grandes comentários, v. em anotação aos §§ 677 a 687 BGB, SCHÄFER, no MüKoBGB (8.ª ed. 2020) e BERGMANN no *Staudingers Kommentar zum Bürgerlichen Gesetzbuch mit Einführungsgesetz und Nebengesetzen*, 2, 2015. Entre nós, v., em especial, ARMINDO RIBEIRO MENDES, A *gestão de negócios no direito civil português*, Lisboa, (1971); MENEZES LEITÃO, *A responsabilidade do gestor*; VAZ SERRA, *Gestão de negócios*, BMJ 66 (1957); CATARINA BRANDÃO PROENÇA, *Da apreciação da culpa do gestor de negócios*, Revista Ciências Empresariais e Jurídicas, N.º 19 (2011), 27-61; JÚLIO GOMES, *A gestão de negócios: um instituto jurídico numa encruzilhada*, separata ao BFDUC, vol. XXXIX, Coimbra (1993).

1518 A doutrina diverge quanto à existência de um verdadeiro *dever de gerir* (cfr. ANTUNES VARELA, *Das Obrigações*, I, 458) ou, ao invés, de apenas uma responsabilidade derivada dos danos causados com a injustificada interrupção. Não se está perante uma responsabilidade por factos lícitos, certamente. A posição conciliatória, à qual aderimos, identifica inexistir um dever de gerir (*i.e.*,

É fonte de obrigações, portanto. E o respetivo incumprimento, provoca, sem surpresa, a responsabilidade *obrigacional* do gestor[1519]. É diferente o plano da responsabilidade *do dono do negócio* pelo prejuízo que o gestor haja sofrido pela gestão regular (468.º/1): o dono do negócio não viola qualquer dever, geral ou específico, embora a lei comine a «indemnizá-*lo* [o gestor] do prejuízo que haja sofrido». Não basta invocar esta previsão legal para qualificar a responsabilidade como obrigacional, sob pena de uma grave redundância, nomeadamente a de se considerar qualquer cominação indemnizatória como fonte de responsabilidade obrigacional: resta, então, saber qual o dever prévio do *dono do negócio*, enquanto requisito para a constituição do crédito indemnizatório (por factos ilícitos); critério por regra determinante na qualificação da responsabilidade (já mencionámos, aliás, os deveres do gestor, cfr. 465.º, c) e 466.º/1). Este não existe, de um prisma constitutivo, como vimos. A natureza da responsabilidade reduz-se, ao invés, ao do *sacrifício* (do gestor)[1520]. Claro está, a violação desta obrigação de indemnizar (p. ex., a recusa do dono do negócio em ressarcir o gestor) gera, por sua vez, responsabilidade obrigacional, mas não é este o ponto que nos ocupa. Resta, por fim, referir que a atuação do gestor pode simultaneamente importar a prática de delitos

de *prestar*), executável, condensado, ao invés, aos deveres acessórios de conduta, mormente de proteção; cfr. a anotação ao artigo 466.º por PIRES DE LIMA e ANTUNES VARELA, em *Código Civil anotado*, I, 448, e de JÚLIO GOMES, em *Cometário ao Código Civil*, 236, bem como MENEZES LEITÃO, *A responsabilidade do gestor*, 217, seguido por MENEZES CORDEIRO, *Tratado*, VIII, 104 (nota 308).

1519 Com culpa presumida (799.º/1). Neste sentido, v. GALVÃO TELLES, *Direito das Obrigações*, 189; ROMANO MARTINEZ, *Apontamentos*, 46-48; SANTOS JÚNIOR, *Direito das Obrigações*, 399 – embora o A. venha posteriormente a aderir ao entendimento de MENEZES CORDEIRO. Pese embora a querela doutrinária, a doutrina dominante alemã entende que se trate de uma base suficiente para reivindicações, integrando-a na responsabilidade *obrigacional* (§ 280 BGB); cfr. v. SCHÄFER em anotação ao § 678 BGB, no MüKoBGB (8.ª ed. 2020), n.os 1 e 2. Contra a qualificação enunciada, v. MENEZES CORDEIRO, ob. cit., 104-105, invocando que a responsabilidade do gestor é, por princípio, *aquiliana*, embora possa incorrer em responsabilidade obrigacional pelo incumprimento de deveres específicos. Existem outros A. que pretendem o reconhecimento de uma via *intermédia* de responsabilidade para estes casos, de que é exemplo MENEZES LEITÃO, A. que a denomina de *quase obrigacional*; em *A responsabilidade do gestor*, 357. V., ainda, o disposto no artigo 472.º/2, analisado por JOANA VITORINO, em *A gestão imprópria e a gestão de negócio alheio julgado próprio nos direitos alemão, suíço, francês e português*, Estudo de Direito Comparado, RFDUL, vol. LV (2014), 245-293.

1520 Contra, MENEZES CORDEIRO, seguindo a doutrina germânica, entende que o dono é objetivamente responsável pelo risco; em *Tratado*, VIII, 111. Recentemente e no mesmo sentido, NUNO PISSARRA qualificou a responsabilidade como *obrigacional objetiva*; em anotação ao art. 468.º, Código civil anotado, II, 378. Neste sentido, v., ainda, a anotação de ANA PRATA ao art. 468.º, em *Código Civil anotado*, I, 605.

(*v.g.*, o gestor, mecânico de profissão, danifica culposamente o automóvel do seu vizinho, o qual consertava sem autorização deste), mas fora do campo da gestão. Este é o ponto fundamental. A gestão, finalisticamente orientada à satisfação do interesse e vontade do *dominus*, cria uma esfera de justificação da atuação, onde imperam os deveres específicos. Mas esta esfera, mutável porquanto circunstancial, não é total: resta a possibilidade de reconhecer o espaço do dever geral de respeito e, por tal, o da responsabilidade *delitual* emergente. Naturalmente, que a atuação globalmente considerada pode ofender tanto os deveres específicos do gestor, como e os direitos subjetivos do *dominus* (*v.g.*, a reparação do telhado do imóvel do dono do negócio é feita em manifesto desacordo com a sua vontade, conhecida do gestor, provocando, além do mais, danos no automóvel estacionado perto da moradia). Resta, nessa eventualidade, saber se a *mesma* conduta permite aferir um concurso heterónomo de responsabilidade (delitual e obrigacional), o que aparenta ser perfeitamente possível.

1.1. Ponto de ordem; compatibilidade com o modelo dualista e reservas terminológicas

III. Tivemos a oportunidade de nos pronunciar de forma sucinta sobre a qualificação da responsabilidade emergente dos institutos mencionados no ponto anterior, na ótica do concurso de responsabilidades[1521]. Mas não é esse o escopo da terceira via. Aqui, mais do que uma dificuldade de qualificação da realidade emergente adentro dos quadros enunciados, trata-se de resolver o problema posterior à conclusão de uma falta de correspondência com as modalidades da *summa divisio*. Cumpre, portanto, fazer apenas outros reparos de ordem geral a esta grande crítica à dualidade do sistema, em particular à sua natureza *absoluta* em termos categoriais. Todavia, e em momento prévio àquelas considerações, somos forçados a fazer, novamente, duas brevíssimas notas.

Em primeiro lugar, importa referir que a admissibilidade de uma terceira via de responsabilidade não colide com a existência de uma situação de *concurso* de responsabilidade. Isto é, o concurso de mais de dois tipos de responsabilidade não se apresenta inconcebível em termos dogmáticos, podendo, naturalmente, acarretar soluções distintas. Este entendimento conciliador depende

[1521] V., *supra*, *maxime* § 8.

do enquadramento das *responsabilidades intermédias* como uma qualificação prévia da responsabilidade emergente da situação jurídica: num prisma *constitutivo* do concurso, a terceira via (ou quarta, por sinal[1522]), a existir, é encarada como uma nova modalidade, uma outra *variável*, de responsabilidade com a qual a via delitual e obrigacional podem concorrer[1523]. Por outras palavras, esta nova modalidade de responsabilidade não deve ser confundida com um possível *resultado* do concurso das responsabilidades delitual e obrigacional: neste caso, aproximar-se-ia da variante híbrida da responsabilidade emergente, ao abrigo da tese do *cúmulo* de responsabilidades, em resultado da escolha atomística dos aspetos de vários regimes pelo lesado. Teremos oportunidade de explorar este aspeto posteriormente em maior detalhe[1524].

Em segundo lugar, e quanto à terminologia utilizada, o apelo a uma *terceira* via de responsabilidade é linguisticamente desadequado: trata-se, na esmagadora maioria dos casos, de uma responsabilidade *intermédia* (entre as modalidades delitual e obrigacional) porquanto as soluções que carreia não são inovadoras face ao regime do qual se pretende distanciar. A terceira via, no seu estado atual, não se situa *além* daquele existente quanto às modalidades delitual ou obrigacional. Ao invés, o espectro da sua inovação remete-se para uma *combinação ad hoc* de elementos do regime-padrão atual de ambas as responsabilidades (p. ex., uma responsabilidade com culpa presumida, a qual prescreve no prazo delitual)[1525]; característica esta que não se confunde

1522 Carneiro da Frada, *Teoria da Confiança*, 766.

1523 É isso, como vimos, o que supomos que Carneiro da Frada defende, no que respeita à violação dos deveres de proteção: o concurso opera entre a responsabilidade (*sui generis*) pela violação dos deveres de proteção e a via delitual, ou seja, em confronto estará entre «o delito, por um lado, e a inobservância daquela ordem de condutas intercalar a que será suposto pertencerem os deveres de proteção, por outro» (*Contrato e deveres de protecção*, 113, nota 223).

1524 Pese embora as tentativas recentes (ainda que pontuais) da doutrina de localizarem uma «terceira via» ao modelo do cúmulo e do não-cúmulo, de que é exemplo Helmut Koziol, *Basic Questions of Tort Law from a Germanic Perspective*, Jan Sramek Verlag: Viena (2012), 102-104. Em linha, Ulrich Bälz: *Die vertragliche Erfüllung im System der privatrechtlichen Haftung*, FS für Picker, Mohr Siebeck (3-Nov-2010) e, entre nós, recentemente, Nuno Pinto de Oliveira, *Prescrição na responsabilidade médica*, Responsabilidade civil em saúde, Instituto Jurídica da FDUC, Simões & Linhares, Lda.: Coimbra (2021), 237-256 (244-246). Cfr., *infra*, § 17; 2.1.4 e 2.3.2.

1525 Menezes Leitão, *A responsabilidade do gestor*, 340. A própria remissão da via intermédia a combinações *ad hoc* dos aspetos do regime com recurso a fórmulas vazias compromete a validade da superação da *jurisprudência dos conceitos*: esta é remetida para uma fase posterior, de aplicação, em contornos de constitucionalidade duvidosa. Certo é que as exceções ao regime-padrão de responsabilidade das modalidades consideradas decorrem da lei. Para tal, preside sempre uma ponderação concreta, uma ordenação de interesses específica feita pelo nosso legislador. O intérprete não pode

com soluções *novas* a nível analítico, ou seja, uma inovação em sentido próprio. Assim, por decomposição, as soluções da responsabilidade dita intermédia não comprometem o dualismo considerado.

> Por exemplo, Menezes Leitão defende em sede da terceira via e em sede da *culpa in contrahendo* a aplicação da presunção de culpa obrigacional (799.º/1) conjugada com o regime da prescrição delitual (227.º/2)[1526]; combinação essa que não é estranha ao nosso regime delitual (p. ex., as situações de responsabilizadas reconduzidas aos artigos 491.º a 493.º).

Curiosamente, a denominação da figura reforça a importância das duas categorias de responsabilidade apuradas: ao tratar-se de *terceira* via, pressupõe-se a existência de apenas duas, prévias (a obrigacional e extraobrigacional), nas quais se agregam todas as variações quanto aos requisitos do título de imputação que geram, em especial a vertente subjetiva (com culpa) e objetiva (sem culpa). No fundo, o termo sedimenta ainda subliminarmente a dicotomia considerada. Assim, nos moldes atuais e sem conceder, prefere-se o termo genérico de responsabilidade *intermédia*.

1.2. Fundamento e função; acerca da necessidade de entendimentos pluralistas de responsabilidade

IV. Ressalva-se que o *entendimento expansivo* do dualismo da responsabilidade desde cedo abandonou a relevância do *quase-delito* e *quase-contrato*, em particular esta segunda categoria, enquanto seu sustentáculo, recentrando

prescindir hermeneuticamente deste ponto de partida (10.º CC) e apelar à criação de exceções ao regime-regra gizado ou, melhor, de um regime regra puramente excecional: nas palavras de Galvão Telles, quanto à criação de exceções, «poderá o legislador fazê-lo; mas não o executor da lei.», em *Direito das Obrigações*, 75. Por sua vez, apelando à suficiência do quadro dogmático da responsabilidade delitual e obrigacional para acomodar novas figuras, v. Eduard Picker, *Vertragliche und deliktische Schadenshaftung — Überlegungen zu einer Neustrukturierung der Haftungssysteme*, JuristenZeitung, Ano 42, n.º 22 (20-Nov-1987), 1041-1058 (1057). Carneiro da Frada é explícito em afastar liminarmente a qualificação da responsabilidade do produtor como uma terceira via, tal como indica ser aparentemente sugerido por Romano Martinez: invoca, para tal – e este é, portanto, o critério-chave – a necessidade de confronto ao nível do plano valorativo e da unidade do critério na repartição da realidade, requisitos que entende não estarem verificados no que respeita à nova responsabilidade do produtor; em *Teoria da Confiança*, 184-185 (nota 135).

[1526] Menezes Leitão, *Direito das Obrigações*, I, 377.

a discussão na qualificação do vínculo que geram. Não se confundiu, e isso é meritório, a *fonte da obrigação* com o *tipo* de responsabilidade emergente, para o afastamento da distinção entre ambas as modalidades consideradas[1527]. Ao invés, caracterizando as situações jurídicas que se pretende reconduzir a esta terceira via os aspetos em comum, identifica-se, enquanto critério geral, o facto de se reportarem à violação de *deveres específicos*, salvo honrosas exceções. Estes deveres específicos não consubstanciam um dever de *prestar* principal (é, aliás, o que sucede na violação de deveres *acessórios* de conduta, na violação positiva do contrato, na *culpa in contrahendo* e *post pactum finitum*) ou sequer uma *obrigação em sentido técnico* (p. ex., a violação dos deveres no tráfego).

Quanto aos fundamentos concretamente aduzidos para a descaracterização dos vínculos gerados, situando aquelas figuras numa *zona cinzenta*, na terra de ninguém (*no man's land*) entre os polos delitual e obrigacional, apela-se, principalmente e sem prejuízo das características próprias de cada um dos institutos já enunciados, à inaptidão para uma tutela *extraobrigacional*, principalmente por falta de enquadramento nas categorias de ilicitude existentes, e também à falta de qualidade *obrigacional* do vínculo – neste último caso essencialmente por dois motivos:

[1527] Se fosse o caso, e assumindo a sistemática do nosso Código, confundir-se-ia a relevância da *fonte da obrigação* para a *modalidade* da responsabilidade. Resumimos, neste momento, as conclusões almejadas neste ponto, com relevância nesta sede. Ora, são fontes da obrigação tanto o *negócio*, em sentido lato, como a responsabilidade civil, a gestão de negócios e o enriquecimento sem causa. Para as *modalidades* de responsabilidade civil, o plano relevante não é o da fonte, mas o da situação jurídica em causa: na responsabilidade obrigacional, está em causa o *incumprimento de uma obrigação* (798.º), derivado de qualquer uma daquelas fontes. Não é, como tal, determinante a identificação da responsabilidade civil extraobrigacional como uma *fonte* do dever de indemnização, já que, por este aspeto, não se diferencia da responsabilidade *obrigacional*: note-se que o incumprimento da *obrigação de indemnização* – independentemente da fonte de onde provenha, incluindo, por sinal, de via delitual – gera responsabilidade *obrigacional*. Nestes termos e por este motivo, não se afere legítimo, sublinha-se, comparar as fontes da obrigação – onde se consideram as figuras do delito, contrato e quase-contrato – para identificar as modalidades da obrigação: é, ao invés, o plano da identificação da situação jurídica em causa, lesadas ou em perigo de lesão (embora outras diferenças também sejam relevantes) que se afere determinante. Assim, pela prática do delito ou a violação da norma de proteção, gera-se responsabilidade extraobrigacional, já a violação de qualquer obrigação – mesmo quando uma de indemnização derivada fonte extraobrigacional ou, em momento anterior, pelo inadimplemento do dever de *prestar*, por sua vez, com fonte num negócio, gestão de negócios ou de *restituir*, provindo do enriquecimento sem causa – gera responsabilidade obrigacional. Resumindo, a diferença entre as modalidades de responsabilidade carece de uma interpretação conforme, a qual não é contrária à sistemática do nosso Código, e não se reflete na distinção entre o delito, contrato e quase-contrato, enquanto meras fontes do vínculo.

1) pela *impossibilidade de tutela primária*, manifestada pelo facto de o credor se encontrar impedido de intentar uma ação de cumprimento[1528], enquanto pretensão essencial ao vínculo obrigacional; e
2) à incapacidade de os deveres acessórios de conduta fundarem, por si, e como muitos apelam[1529], a responsabilidade *obrigacional* do respetivo inadimplente.

Ora, o primeiro motivo ao descaracterizar a natureza obrigacional das situações motivado exclusivamente pela impossibilidade de recurso à ação de cumprimento (817.º) não se apresenta legítimo, de todo. De facto, existem vários vínculos obrigacionais cuja tutela primária é negada, reduzindo-se à via indemnizatória, de que são exemplos as *prestações de facto negativo*, as quais escapam ao âmbito do artigo 829.º (restrito ao plano do *non aedificandi*)[1530] e as *prestações de facto infungível*[1531]; avultam, ainda, outros exemplos, tal como a *promessa de doação* e, ainda, o terreno fértil das obrigações não autónomas, como vimos (p. ex., a inexequibilidade do dever de coabitação, enquanto dever conjugal, ou da promessa de casamento). Em todos os casos anteriormente enunciados, a ausência de uma tutela de *cumprimento típica* é evidente e sistematicamente inultrapassável, especialmente perante prestações infungíveis, quando a alternativa colidiria com o limite geral da *pessoalidade* na tutela do crédito, o qual proíbe a coação física do devedor ao cumprimento (*nemo ad factum cogi potest*)[1532]. Ainda assim, não se nega a sua natureza obrigacional. Nem outra solução é admissível. Mais: confirmando a não essencialidade da tutela *tout court* da prestação em si[1533], existem outros vínculos que negam – não por uma natureza axiomática contrária a esta possibilidade, mas por clara (e mera) opção legislativa – a faculdade de execução específica, de que é exemplo prototípico o contrato de trabalho, mediante o qual se rejeita

[1528] Menezes Leitão, *Direito das Obrigações*, I, 369 e 370 (nota 788).

[1529] Cfr., *infra*, os argumentos carreados pelos AA. que rejeitam a tese monista.

[1530] Assim, Pedro Múrias, *A responsabilidade*, 174.

[1531] A sanção pecuniária compulsória judicial a que o devedor inadimplente pode ser condenado não é uma forma de execução específica, antes uma forma de coerção ao cumprimento. Já tivemos oportunidade de nos pronunciar sobre este aspeto em António Barroso Rodrigues, *A sanção pecuniária compulsória no âmbito do anteprojeto do Código de Atividade Bancária*, Revista de Direito Financeiro e dos Mercados de Capitais, Vol. 3 (2021), N.º 10, 13-43 (18-19)

[1532] Nas palavras de Ribeiro de Faria, o crédito não confere um «direito de soberania sobre a pessoa do devedor»; *Direito das Obrigações*, 41.

[1533] Neste sentido, v. também Pedro Múrias, *A responsabilidade*, 174-175.

a faculdade de execução da respetiva promessa (103.º/3 CT), sem que, novamente, se rejeite a respetiva natureza obrigacional (1152.º CC e 11.º CT).

Em segundo lugar, vários autores expressam uma preocupação legítima em enquadrar os deveres *acessórios* de conduta – distantes, enquanto tal, dos de *prestar*, primários ou secundários – ao abrigo da norma-padrão da responsabilidade obrigacional do devedor (798.º). Já tivemos oportunidade de nos pronunciar sobre este entendimento[1534]. Resumimos, no entanto, as conclusões alcançadas: embora não se negue que esta modalidade de responsabilidade se molde para a tutela do incumprimento em *sentido estrito* da prestação principal, não se nega a aptidão para tutelar (em sede de *cumprimento*[1535] e incumprimento) os deveres acessórios de conduta. A *fonte* destes deveres *acessórios* – a boa fé objetiva (762.º/2), referente a uma obrigação em sentido técnico (mesmo que potencial, ineficaz ou entretanto extinta) –, bem como a natureza da situação jurídica (um *dever específico*, o qual delimita o número de sujeitos envolvidos) demonstram a sua adequação à realidade obrigacional. A distância que mantêm dos deveres de *prestar* – estes com conteúdo pré-determinado consoante a respetiva fonte – é manifesta, já que os deveres acessórios de conduta são apenas determináveis (em sede de objeto e sujeitos) a cada momento, moldando-se pelos contornos da situação de facto em análise: são, portanto, *circunstanciais*. Em qualquer caso, a caracterização feita não obriga a afastar os deveres acessórios do complexo obrigacional ou a considerar que neste constam por mera cortesia[1536]. Aliás, estranho seria enquadrar estes deveres no complexo obrigacional (397.º) e ao mesmo tempo negar-se a respetiva aptidão para caracterizar a responsabilidade emergente em caso do respetivo incumprimento. Vimos, no entanto, que existem um conjunto de deveres *específicos* que escapam ao plano obrigacional – os *deveres no tráfego* – uma vez que, entre outros aspetos, (*i*) se fundam no *dever geral de cuidado*, (*ii*) visam *apenas* interesses de *integridade*, e (*iii*) não conhecem uma tutela geral fora do plano indemnizatório, ao qual se reduzem. São, portanto, próprios do plano *delitual*; admite-se, todavia, um esbatimento subliminar da natureza absoluta da diferenciação considerada, desde logo pelo facto de compartilharem características também contrárias aos deveres de prestar,

[1534] Cfr, *supra*, § 8; 2.2.3.

[1535] Não negamos, acompanhando o entendimento de MENEZES CORDEIRO, a possibilidade de execução específica dos deveres acessórios de conduta (cf. *Tratado, VIII*, 532), sem contrariar a sua natureza circunstancial. O ponto manifesta conexões intrínsecas com o argumento anterior.

[1536] Adere-se, portanto, à rejeição de MENEZES CORDEIRO de que o incumprimento destes deveres possa ser analisado fora do prisma obrigacional (cf. *Tratado, VIII*, 532).

como vimos[1537]. Neste confronto entre os deveres acessórios e estoutros deveres (no tráfego), situa-se a verdadeira *fronteira* entre o plano obrigacional e o extraobrigacional[1538]. A salvaguarda do esforço categorial almejado não implica, portanto, que se *subestimem* as diferenças entre as várias figuras reportadas a cada modalidade *ou* – concretamente no que respeita ao confronto entre os deveres acessórios e os de tráfego – se *sobrestimem* as diferenças nas figuras reportadas a modalidades distintas, as quais, ainda assim, tendem a ser muito próximas.

V. Sem prejuízo do esforço dogmático meritório inerente ao apelo a uma via intermédia de responsabilidade, cumpre, em todo o caso, demonstrar a respetiva *necessidade*, sobretudo por referência às soluções existentes no sistema civil português.

No plano germânico, prévio à reforma do BGB de 2001/2002, o apelo de CANARIS a uma *terceira pista* (*Dritte Spur*) de responsabilidade tinha inteira razão de ser: entre a responsabilidade obrigacional (§ 276 BGB), dependente de um vínculo obrigacional específico, e as três *pequenas* cláusulas *gerais* de responsabilidade delitual[1539] (§§ 823/ I, referente à vida, corpo, saúde, liberdade, propriedade e de outro direitos *absolutos*[1540], 823/II, por violação da norma de proteção, e 826 BGB, por violação da cláusula dos bons costumes), detetava-se a ausência lacunar de tutela de um conjunto vasto de situações (reportadas às situações já enunciadas da *culpa in contrahendo, post pactum finitum*, em caso de ineficácia do negócio e no âmbito dos contratos com proteção a favor de terceiros). Note-se – e este aspeto é fundamental – que o dilema germânico foi, entretanto, colmatado aquando da reforma do BGB de 2001/2002[1541], nos termos do § 311 (2) BGB. Segundo este preceito, constitui-se uma *obrigação* de considerar os direitos e interesses da outra parte (§ 241, (2)): com (1) o início das negociações do contrato; (2) com o início de um contrato, mediante a qual se confia à outra parte a possibilidade de influenciar

[1537] V., *supra*, § 8; 2.2.3.

[1538] Cf. MENEZES CORDEIRO, *Tratado*, VIII, 588. V., *supra*, § 6; 2.1. e 2.2.

[1539] LARENZ, *Lehrbuch*, II, BT, 2, 515 e ss., prefere a referência a um sistema delitual de três *pequenas* cláusulas gerais (*Das System der drei „kleinen" Generalklauseln*). Sai em defesa deste sistema CANARIS, *Schutzgesetze–Verkehrspflichten–Schutzpflichten*, 27-110 (43).

[1540] Conquanto *absolutes subjektives Recht*, v. a anotação de WAGNER ao § 823 BGB em MüKoBGB (8ª ed., 2020), n.os 301-305.

[1541] Neste sentido, MENEZES CORDEIRO, *Tratado*, IX, 401. V., também a anot. de EMMERICH ao § 311 BGB, em MüKoBGB (8.ª ed. de 2019), n.os 35-41.

os seus direito e interesses; bem como, por fim, (3) com a celebração de *semelhantes contactos negociais (ähnliche geschäftliche Kontakte)*. A nova redação, pela amplitude da sua previsão, caracteriza, hoje, como *obrigacional*, a responsabilidade emergente. Não é, todavia, uma solução que enquadre *todas* as *pretensões fundadas no quase-contrato (quasivertragliche Anspruchsgrundlagen)*, dispersas pelo regime alemão, e ainda hoje presente[1542], mas traduz pelo menos a intenção de evitar confrontos ao nível das soluções baseada no modelo dual que também consagra, integrando-as neste plano[1543].

Em Portugal, a feliz redação do nosso artigo 483.º/1, em particular a primeira categoria de ilicitude delitual, e a concretização almejada pela boa fé ao vínculo obrigacional, nunca criou semelhante necessidade[1544]. Na verdade, a flexibilidade do nosso sistema delitual, inexistente além-Reno, nunca exigiu a integração de um conjunto de figuras no espectro obrigacional e tão pouco numa pretensa terceira (ou quarta) via de responsabilidade.

2. A natureza (pretensamente) unitária da responsabilidade civil; a tese monista

I. No polo oposto ao da invocação da inaptidão da *summa divisio* para esgotar dicotomicamente todas as situações juscivilística de responsabilidade (*i.e.*, dos entendimentos expansivos), apela-se à *rejeição*, ao nível dos grandes

[1542] No sentido do texto, quanto à qualificação da responsabilidade emergente, v. MENEZES CORDEIRO, *Da modernização do direito civil*, I Volume, Almedina: Coimbra (2004), 111-113. Quanto ao segundo aspeto, veja-se, em particular, a compensação por fidelidade (§ 122 BGB), pelo representante fora dos poderes de representação (§ 179 BGB), pela gestão autorizada e não autorizada (*Geschäftsführung ohne Auftrag*; *maxime*, §§ 677, 678). Sobre o problema, v. GERT BRÜGGEMEIER, *Vertrag–Quasi-Vertrag–Sonder-Delikt–Delikt*, *Die Aktiengesellschaft*, AG, (1982), 268-278 e HAUCK/BLAUT, *Die (quasi-)vertragliche Haftung von Plattformbetreibern*, NJW (2018), 1425

[1543] Reforma sujeita a pesada crítica por CARNEIRO DA FRADA, *Teoria da Confiança*, 761-764 (nota 847), apologista da sua não importação para o plano da responsabilidade civil português.

[1544] MENEZES CORDEIRO, *Da Boa fé*, 637-639. Para SANTOS JÚNIOR, a mesma necessidade foi sentida para efeitos do desenvolvimento dos deveres do tráfego (*Verkehrspflichten*), *Da Responsabilidade civil*, 214 (nota 728). Retomando a análise dos deveres acessórios de segurança, o A. analisa, ainda, a evolução da doutrina francesa avessa à hipertrofia contratual, indo ao encontro do entendimento de MENEZES CORDEIRO, expresso em *Da Boa Fé*, 637-639, quando o ilustre Professor defendeu a natureza delitual da responsabilidade emergente pela violação dos deveres de proteção. Sobre o papel da jurisprudência alemã na integração destes deveres, cf., em especial, RUI ATAÍDE, *Responsabilidade civil*, 193-209.

enunciados, de qualquer construção categorial do instituto da responsabilidade civil[1545], unificando-o. O presente entendimento, o qual unifica o instituto da responsabilidade e desconsidera o apelo às suas modalidades, designa-se de *monismo*.

Como defensores do sistema monista, desconsiderando o peso das diferenças entre as modalidades de responsabilidade civil consideradas, conta-se, entre nós, enquanto pioneiro desta linha de entendimento, Gomes da Silva[1546]. Cumpre ainda destacar, nesta linha, Paulo Cunha[1547], Pessoa Jorge[1548], Almeida Costa[1549], Calvão da silva[1550], Pedro de Albuquerque[1551], Ribeiro de Faria[1552], Santos Júnior[1553], Pedro Romano Martinez[1554], Menezes Leitão[1555] e Pedro Múrias[1556].

1545 Veja-se, como percursora, a investigação de J. Grandmoulin, *De l'unité de la responsabilité ou, nature délictuelle de la responsabilité pour violation des obligations contractuelles avec application à la combinaison de la responsabilité & de l'incapacité*, Rennes (1892). O entendimento reuniu outros defensores, tal como A.-F. Lefèbvre, *De La Responsabilité, Délictuelle, Contractuelle*, Droit Civil, Revue critique de législation et de Jurisprudence, Ano XXXV, Tomo XV, Cotillon: Paris (1886), 485-523. No lado oposto à tese da *unité de la responasbilité*, defendendo a pertinência da distinção feita até à data, encontramos outra obra francesa, pela mão de Charles Sainctelette, *De la responsabilité et de la garantie: accidents de transport et de travail*, Bruylant-Christophe & comp.: Bruxelas (1884).

1546 *O dever de prestar*, 192 e 210.

1547 *Direito das Obrigações*, II, 239 e 240.

1548 *Ensaio*, 40-42.

1549 Assim entendemos a posição do ilustre Professor em *Direito das Obrigações*, 541 e ss. Embora o Autor admita as diferenças de regime e até o concurso normativo de responsabilidades, afirma que «o nosso legislador adotou uma orientação que tende a consagrar certa coincidência de regimes. Parte-se, com efeito, da perspetiva de que a maior parte, pelo menos, das diferenças tradicionalmente admitidas não encontra qualquer justificação prática ou lógica.» (*idem*, 542).

1550 Supomos ser este o entendimento do A., pelo menos de *iuri condendo*, em *Responsabilidade civil do produtor*, 475-477, 479-480, e em *Cumprimento e sanção pecuniária compulsória*, 148-149.

1551 *A aplicação do prazo*, 830-832.

1552 Assim, o entendemos, em *Direito das Obrigações*, 407 e ss.

1553 *Da Responsabilidade*, 208 (nota 714), *Direito das Obrigações*, I, 279.

1554 *Direito das Obrigações – Apontamentos*, 73-75, e *Cumprimento defeituoso*, 212 e ss.

1555 *Direito das Obrigações*, II, 252 (nota 526), *Acidentes de trabalho*, 779-792, e *A responsabilidade do gestor*, 292.

1556 *A responsabilidade*, 171-186.

2.1. Argumentos a favor de um modelo unitário

II. Em termos sumários, como argumentos a favor da natureza unitária da responsabilidade civil, aponta-se o (*i*) *reduzido valor das diferenças* entre as modalidades consideradas (p. ex., a presunção de culpa que caracteriza a modalidade obrigacional, cf. 799.º/1), as quais também existem no âmbito da modalidade (pretensamente, dizem) *concorrente*; embora nesse caso não se considerem suficientes para comprometer a respetiva unidade *originária*. A responsabilidade é, por vezes, radicada na sua globalidade no princípio do *neminem laedere*, conformado de forma distinta em cada modalidade, segundo EDUARD PICKER[1557], famoso abolicionista da *summa divisio*. Assim, no caso previamente mencionado, os monistas afirmariam que também existe responsabilidade *delitual* com culpa presumida (491.º a 493.º). Prosseguindo, aponta-se ainda (*ii*) a *unidade de regulação* da obrigação de indemnizar (562.º e ss.), (*iii*) a existência de *confluências de regimes*, mediante uma técnica legislativa remissiva ou com sobreposição inusitada de conteúdo, esbatendo-se as diferenças apontadas (*v.g.*, entre nós, 485.º/2, 486.º, 491.º, 492.º/2 e 493.º, 799.º/2), (*iv*) o *peso geral* da responsabilidade extraobrigacional para integrar as lacunas da vertente obrigacional[1558], (*v*) a *distinção* entre o dever de prestar e o de indemnizar, agregando este último todas as modalidades de responsabilidade, (*vi*) a *tutela dos mesmos bens* (patrimoniais e não patrimoniais), combatendo as divergências formal em sede dos requisitos do título de imputação, e, por fim, (*vii*) uma postura de *igualdade* entre as partes[1559]. Veremos posteriormente a solidez destes argumentos. Em todo o caso, por estes motivos, sem prejuízo de outros, vários autores preferem abandonar as linhas formais de compartimentação da responsabilidade, concedendo, no limite, apenas à sistematização nuclear de responsabilidades em *áreas de especialidade*[1560] ou mesmo pelo *escopo profissional*[1561] – sendo, em todo o caso, um entendimento ajustado a outras áreas do Direito, e, no conjunto[1562], uma simplificação no que respeita ao apuramento da dogmática, como pretendido.

[1557] *Positive Forderungsverletzung und culpa in contrahendo*, 460-484.

[1558] PESSOA JORGE, *Ensaio*, 41.

[1559] Em particular, referindo as três últimas críticas, v. PEDRO MÚRIAS, *A responsabilidade*, 178-179.

[1560] GENEVIÈVE VINEY, *Les Obligations. La responsabilité: conditions*, Librairie générale de droit et de jurisprudence (1982), 290 e ss.

[1561] PEDRO ROMANO MARTINEZ, *Cumprimento defeituoso*, 214.

[1562] Para PEDRO ROMANO MARTINEZ é em particular relevante no ramo do Direito dos Seguros, *ibidem*, 162.

2.2. A defesa de um modelo dualista de responsabilidade civil

III. Contra aquele entendimento, dito monista, elegem-se as *diferenças* entre as modalidades consideradas como o fator preponderante de enquadramento do instituto da responsabilidade civil, numa lógica de dualismo; embora nada obste, claro está, à aptidão de outros entendimentos igualmente *pluralistas*, por acréscimo às duas modalidades consideradas.

Contra um entendimento monista de responsabilidade, claramente maioritário entre nós, apresentam-se, entre outros, CUNHA GONÇALVES[1563], JAIME GOUVEIA[1564], PEREIRA COELHO[1565], C. MOTA PINTO[1566], VAZ SERRA[1567], OLIVEIRA ASCENSÃO[1568], ANTUNES VARELA[1569], SINDE MONTEIRO[1570], PINTO MONTEIRO[1571], GALVÃO TELLES[1572], MENEZES CORDEIRO[1573], ADELAIDE MENEZES LEITÃO[1574], SINDE MONTEIRO[1575], MAFALDA MIRANDA BARBOSA[1576], RUI ATAÍDE[1577], DÁRIO MOURA

[1563] *Tratado*, XII, 723 e ss.

[1564] *Da responsabilidade contratual*, 169.

[1565] *O nexo de causalidade*, 100.

[1566] Cessão, 426 e ss. e *Teoria*, 137-138.

[1567] *Responsabilidade civil contratual*, 110 e ss.

[1568] Distinguindo entre «responsabilidade por acção (por factos lícitos e ilícitos) sem acção (ou objetiva)», tendo afirmado: «[...] ainda que admitíssemos que a responsabilidade reside no dano, não conseguiríamos unificar todos os casos de responsabilidade civil. Porque estas hipóteses [de responsabilidade objetiva, sem acção] não podem deixar de ser consideradas de responsabilidade sem ilícito», *Ilícito pessoal e responsabilidade civil*, Revista de Direito Comparado Luso-Brasileiro, Instituto de Direito Comparado Luso-Brasileiro, 3, Ano II (Jul, 1983), 148-167 (150).

[1569] *Das Obrigações*, I, 520-521 (e respetiva nota 2 da p. 520), II, 94.

[1570] *Responsabilidade por conselhos*, 20 e ss., 508 e ss.

[1571] *Cláusulas limitativas*, 83 e ss.

[1572] *Direito das Obrigações*, 74-75

[1573] *Da responsabilidade civil dos administradores*, 19, 400 e ss., e *Tratado*, VI, 536. O Autor reviu a posição unitária, sob pretextos evolutivos, que defendeu em *Direito das Obrigações*, II, 265 e 276 e em *Da Boa Fé*, 637-638.

[1574] *Normas de Protecção*, 6 (nota 22).

[1575] *Estudos sobre a responsabilidade civil*, I, 8-9.

[1576] *Lições*, 13-14 (nota 1 e 2) e 101 (nota 201), *Reflexões em Torno da Responsabilidade Civil*, 511, *Liberdade vs. Responsabilidade*, 39 e ss.

[1577] *Responsabilidade*, ao longo de toda a obra (*maxime* 947).

Vicente[1578], Rui Soares Pereira[1579], Santos Júnior[1580] e Carneiro da Frada[1581].

Os apoiantes do sistema dualista divergem entre si, sem surpresa, na importância concedida a cada diferença. Podem, neste ponto, ser configuradas duas linhas principais de defesa da *summa divisio*[1582]: uma primeira baseada no *regime* das modalidades consideradas, dita, por nós, de *dualismo estrutural* ou, por outro lado, um *dualismo axiológico*, secundando as divergências atomísticas de regime por apelo à importância da *finalidade* antagónica de cada modalidade. Numa posição mais radical, há Autores que conjugam ambos os aspetos[1583], mas é possível não o fazer. Para a primeira posição (do *dualismo estrutural*), são inultrapassáveis as diferenças de regime para considerar o instituto *uno*: se o próprio funcionamento do mecanismo de imputação de danos é, afinal, *diferente, independente* e *autónomo*, não há casamento possível entre as realidades. O *regime* (*praxis*) provoca a cisão deste instituto, o qual apenas condensado numa pureza meramente conceptual de *imputação de danos* (*thesis*) – ao abrigo da designação o "instituto da responsabilidade civil" – se pode considerar individual. Por sua vez, para a segunda conceção, a qual apela ao *substrato teleológico* das modalidades, a ordenação dos interesses predisposta em sede extraobrigacional, limitadora da liberdade geral de atuação, opõe-se à heterogeneidade casuística que preside ao escopo obrigacional, por apelo à liberdade de autovinculação; para este entendimento, a confluência de regimes, quando ocorra, não é decisiva, mas apenas acidental.

Regressando ao primeiro entendimento dualista, de tipo *estrutural*, ele radica-se nas diferenças dos requisitos do título de imputação e da estatuição normativa, considerando-as elementos inultrapassáveis que justificam a separação modalidades consideradas, mediante uma categorização autónoma. Neste campo, é a ilicitude que assume um papel preponderante, embora a existência de grandes cláusulas de responsabilidade dificulte esta tarefa de separação de realidades (incluindo, para vários AA. a invocação da *faute*,

[1578] *Da Responsabilidade Pré-contratual*, 109-111 e 149-155, salientando as diferenças existentes através de uma grelha comparativa (*idem*, 155) e em *Direito Comparado*, II, 479-512.

[1579] *Danos não patrimoniais*, 24 e 289.

[1580] *Da responsabilidade civil*, 2017.

[1581] *Teoria da Confiança*, 757 e ss.; *Contrato e Deveres de Protecção*, 14; *Vinho Novo em Odres Velhos*, 670; e *Direito Civil*, 18.

[1582] Em sentido próximo, v. Pedro Múrias, *A responsabilidade*, 176.

[1583] Cf., p. ex., Mafalda Miranda Barbosa, *Lições*, 13-19.

de tradição francesa[1584]). Apela-se, ainda, a outros aspetos pontuais, tal como a inaptidão do plano obrigacional para a tutela dos *danos puramente patrimoniais* – *i.e.*, dos danos que não decorrem da lesão de uma posição absolutamente protegida[1585] –, mas note-se que um qualquer elenco de diferenças a nível analítico entre as modalidades, nas quais se pode radicar a defesa deste tipo de dualismo, é verdadeiramente inabarcável. Por outro lado, o elenco das diferenças de regime é, todavia, supérfluo para os dualistas *axiológicos*, os quais se radicam na elevação do *dever de prestar* no plano obrigacional, como o fator determinante na separação das modalidades. Este dever contamina determinantemente a indemnização a que haja lugar na via obrigacional e encontra-se omisso no plano delitual.

> Cumpre-nos fazer uma breve nota quanto aos danos patrimoniais puros. Estes danos – também conhecidos por *danos patrimoniais primários* ou *danos puramente patrimoniais (rein Vermöegensschaden)* – são danos não precedidos da violação de uma posição jurídica absoluta[1586]. Definidos apenas por aquele primeiro requisito – ou seja, a ausência de violação de uma posição jurídica absoluta – são tuteláveis por excelência em sede obrigacional. A controvérsia alcança, portanto, apenas a sua transposição para o plano delitual. São exemplos deste tipo de danos os famosos *cable cases*. Resumindo os contornos do caso, ocorrera um corte acidental de cabos de fornecimento de energia durante a realização de obras profundas, o qual resultou no prejuízo de um largo número de pessoas, individuais e coletivas, dependentes daquela rede de fornecimento. O caso apelou, entre outros aspetos, ao enquadramento da posição destes *terceiros* prejudicados no quadro do regime indemnizatório. Ora, a principal dificuldade decorria do facto de não se reconhecer que tivesse sido lesada qualquer posição jurídica destes sujeitos, de tipo *absoluta* (*v.g.*, não eram proprietários dos materiais danificados), excluída que se encontrava, naturalmente, a qualidade de parte no contrato de empreitada (*i.e.*, a violação de um direito relativo, de crédito). Assim, a tutela destes terceiros lesados convocava (e convoca) – segundo vários Autores – uma responsabilidade sem precedência de ilicitude, numa lógica de *direito ao património*, com riscos sistémicos para o atual nosso modelo económico; motivo também pela qual semelhante enquadramento deve ser rejeitado. Pois bem,

[1584] Afastamo-nos, no entanto, deste entendimento, como explanado anteriormente. Cfr, *supra*, § 17; 1.1.

[1585] Pedro Múrias, *A responsabilidade*, 182.

[1586] Existem, por certo, outras definições, tal como a de Antunes Varela, *Das Obrigações*, I, 621.

não tem cabimento afirmar no sistema atual de responsabilidade civil português que estes danos não são tuteláveis no plano delitual – embora se reconheça uma tutela circunscrita[1587] – essencialmente por três motivos: em primeiro lugar, não se nega a inclusão da lesão dos direitos relativos (de crédito) em sede delitual, tal como sucede perante violação do crédito por terceiro (por apelo à eficácia externa das obrigações) ou do contrato com eficácia com proteção a favor de terceiro – em ambos os casos, os intervenientes não são *partes* no vínculo obrigacional (no primeiro caso, o terceiro lesante não é devedor; no segundo, o terceiro lesado não é credor; contra o disposto no art. 798.º). Esta possibilidade furta, assim, a necessidade de lesão de posições *absolutas* para a tutela de danos no plano delitual. Em segundo lugar, a categoria delitual concorrente à violação de direitos de outrem – a *violação de normas de proteção* – tem manifesta aptidão para a tutela destes danos em sede extraobrigacional. Como vimos, esta categoria não depende sempre da lesão de posições absolutas, encontrando o seu espaço de autonomia face à primeira[1588].

[1587] CARNEIRO DA FRADA/MARIA JOÃO VASCONCELOS, *Danos económicos puros*, 155-158; SINDE MONTEIRO, *Responsabilidade por conselhos*, 187 e ss. (*maxime* 191, 193); CARNEIRO DA FRADA, *Tutela da confiança*, 238 e ss.; MARIA JOÃO VASCONCELOS, *Algumas questões sobre a ressarcibilidade delitual de danos patrimoniais puros no ordenamento jurídico português*, Novas tendências da responsabilidade civil, Almedina: Coimbra (2007), 147-206; e PAULO MOTA PINTO, *Interesse*, 474-476 (nota 1595).

[1588] O mesmo sucede no plano germânico com base no § 823, II BGB; cf. C. VON BAR, *Gemeineuropäisches Deliktsrecht*, II, Beck: Munique (1999), § 1, n.os 23 e ss., 30 e ss. É, nesta medida, totalmente pertinente o alerta de ADELAIDE MENEZES LEITÃO, quando afirma «[e]m regra, os que defendem por princípio a não indemnizabilidade de danos puramente patrimoniais subscrevem a tese do carácter restritivo das normas de proteção e a sua subalternização a uma forma complementar de proteção, geralmente em concurso normativo com a violação de direitos absolutos, quando, na realidade, esta situação básica de responsabilidade deve ser erigida como uma forma alternativa para situações em que não se deparam direitos subjectivos.», em *Normas de protecção*, 237. No mesmo sentido, convocando a tutela dos danos patrimoniais puros pelas normas de proteção, v. ELSA VAZ DE SEQUEIRA, *Comentário Ao Código Civil*, 278; MAFALDA MIRANDA BARBOSA, *Lições*, 158; SANTOS JÚNIOR, *Direito das Obrigações*, I, 296; MENEZES LEITÃO, *Direito das Obrigações*, I, 367; e PEDRO DE ALBUQUERQUE e MARIA DE LURDES PEREIRA, *A responsabilidade civil das autoridades reguladoras e de supervisão por danos causados a agentes económicos e investidores no exercício das actividades de fiscalização ou investigação*, O direito, Ano 136, n.º 1, 89-130 (90 e ss.). É possível não escapar à própria aptidão da primeira categoria delitual (violação de direitos subjetivos) para a tutela destes danos, embora a solução seja dogmaticamente mais exigente. É, por isso, de louvar o estudo de MAFALDA MIRANDA BARBOSA, *Liberdade vs. Responsabilidade*, Almedina: Coimbra (2006), 17 e ss., bem como, na ótica da lesão do direito de uso nos casos dos *cable cases*, RUI ATAÍDE, *Responsabilidade civil*, 1057-1088. É, aliás, esta (pretensa) restrição do âmbito delitual um dos fundamentos dos apologistas de novas vias de responsabilidade (assim, p. ex., CARNEIRO DA FRADA, *Teoria da Confiança*, 240).

Por fim, a tutela destes danos pode basear-se em outras previsões específicas, de que são exemplo as normas previstas nos artigos 485.º, 495.º e no artigo 8.º do Decreto-Lei n.º 147/2008, de 29 de julho[1589], bem como perante uma atuação em *abuso do direito*[1590].

2.3. Posição preconizada; o concurso à margem deste entendimento

VIII. Cumpre tomar posição, atendendo em especial às críticas aduzidas ao entendimento dualista.

Em primeiro lugar, no que respeita (*i*) ao alegado fraco valor das diferenças, nada obsta a que se encontrem características unitárias da responsabilidade civil: a nível *conceptual*, é sempre necessária a existência de um *título*, que nos fornece um *critério* (p. ex., uma conduta ilícita e culposa), para se apurar sobre quem *recai* ou se *imputa*, e em que termos, um *prejuízo* alheio (ainda que ficcionado). Em suma, é necessário um *título de imputação* de danos. É disto que se trata quando se fala de *responsabilidade* civil. As variáveis reportadas ao título de imputação são, no entanto, imensuráveis e inundam a própria obrigação de indemnizar[1591]. Pois bem, afirmar que os regimes confluem numa idêntica pretensão, com base apenas na sistemática do nosso Código – cf. (*ii*) *supra* – esconde a regulação que não consta dos artigos 562.º e ss., a qual é, no entanto, parte integral da concretização da estatuição normativa: constata-se, ao invés, uma divergência em sede de *fonte*, *regime*, *fim* e *objeto* da obrigação de indemnização, insanável e justificativa do divórcio das realidades[1592].

[1589] Cf. os acs. STJ, de 08-Set-2016 (Maria Graça Trigo) e de 26-Nov-2020 (Maria Graça Trigo).

[1590] Sinde Monteiro, *Danos Puramente Patrimoniais – A propósito do caso ACP vs. Casa da Música/Porto 2001, S.A*, Revista da Faculdade de Direito e Ciência Política, n.º 9 (2018), 195-223 (201) e em *Responsabilidade delitual. Da ilicitude*, Comemorações dos 35 anos do Código Civil e dos 25 anos da reforma de 1977, III, Direito das Obrigações, Coimbra Editora: Coimbra (2007), 453-481(464). No mesmo sentido, sufraga-se além-Reno semelhante aptidão pelo disposto no § 826 BGB.

[1591] Daí a premência do problema. No espaço alemão, v. Dietz, *Das Problem der Konkurrenz von Schadensersatzansprüchen*, 192 e ss., e, ainda, Peter Arens, *Zur Anspruchskonkurrenz*, 392-425.

[1592] Cfr. o elenco das diferenças, *supra*, § 4. Talvez o argumento mais sedutor seja o apelo à *unidade da natureza*, conjugado com o *dualismo de regime*, mas não se atende, sem mais, às vantagens da presente postura salomónica; cf. Santos Júnior, *Da Responsabilidade Civil*, 204. A ideia encontrava-se enunciada em Cunha Gonçalves, o qual apelara ao simbolismo sugestivo da comparação francesa do instituto à cabeça bifronte de Jano (*Tratado*, XII, 724). A maior crítica a este entendimento decorre possivelmente do seu excessivo conceptualismo. Pereira Coelho – perante o apelo à unidade do regime decorrente quer da violação de um dever, quer da intervenção da lei na produção dos

O plano conceptual do monismo esbarra, assim, no plano objetivo, do direito constituído[1593]: importa pragmaticamente saber, para efeito do apuramento da respetiva responsabilidade, se estamos perante uma conduta passiva ou omissiva do agente, uma violação de um dever específico ou genérico, ou, ainda, se a culpa se presume, se a responsabilidade prescreve num prazo relativamente curto ou no ordinário, de vinte anos, se a responsabilidade dos vários agentes é solidária ou não, *etc.* Não há, ao nível das soluções, lugar para a *unidade* ou *uniformidade* do sistema. Ponto distinto é o de saber se as soluções, diferentes, podem ser agregadas em modalidades deste instituto da responsabilidade civil, *i.e.*, se o esforço dogmático categorial é legítimo e necessário ou meramente *aparente*. Para tal, importa, naturalmente, conhecer todas as soluções, incluindo aquelas que são comuns a ambas as realidades. Cumprido (na medida do possível) este passo, resulta clarividente que no plano metodológico é a *axiologia* das soluções que recentra *ex ante* a necessidade de separação da realidade e a concentração de soluções diversas: entendimento que se manifesta na sistemática do nosso Código, acolhendo uma arrumação milenar, desde Gaio[1594], na qual se pretende distinguir entre os atos praticados dentro e fora de relações especiais e, neste último caso, apenas dos interesses *especialmente* carecidos de tutela jurídica, sob pena de consagração de um sistema que proíbe a mera existência de prejuízos (inevitável) – recuperando a máxima *alterum non laedere*. A independência é, assim, axiológica e, em consequência, de regime. As exceções ao regime-regra de responsabilidade – os quais podem até conformar-se com o da modalidade concorrente – não corrompem, por este motivo, a sua natureza: o substrato teleológico pode obrigar a criar um regime especial face ao modelo padrão da modalidade em causa

efeitos jurídicos, em ambas as modalidades – afirma singelamente: «[m]as produzir considerações desta ordem e não avançar sequer um passo para a solução do problema. O que na verdade se impõe investigar é se a circunstância [...] será de molde a tornar *conveniente* ou *aconselhável* a dualidade de regimes entre as duas responsabilidades, e também se ela efetivamente se produz, na nossa lei, essa dualidade de regime. Se for, se produzir, é evidente que tal dualidade é de aplaudir e só de investigar os precisos termos dela – em nada ficando quebrada a unidade conceitual ou construtiva da responsabilidade, de que se fala como corolário da ideia, exatíssima, de que num e noutro caso se trata da violação dum direito e dum dever.»; em *O nexo de causalidade*, 100.

[1593] Reconhecendo as dificuldades do sentido prático-jurídico da distinção, à qual um plano de pura construção dogmática não é sensível, v. Santos Júnior, *Da Responsabilidade*, 208-209. No mesmo sentido, Ferreira Pinto, *O concurso*, 2013.

[1594] V., *supra*, § 16; 1. Vimos, no entanto, a evolução terminológica motivada pela expansão do *contractu* a qualquer obrigação em sentido técnico e pela inserção da responsabilidade objetiva, ou pelo risco, em sede *extraobrigacional*, juntamente com a delitual.

(p. ex., preside à presunção de culpa na modalidade obrigacional uma liberdade de meios do devedor, mas este critério não é determinante para justificar a excecional presunção de culpa na modalidade delitual, cfr. 491.º a 493.º; a *finalidade* é diversa, como vimos), mas, no contexto global dessa modalidade este pequeno desvio reduz-se a essa mesma qualidade, de contrariedade *pontual* com o regime-regra a que se reporta. Explicam-se também, assim, (*iii*) as ditas *confluências de regime*, como uma limitação decorrente da técnica legística nacional, avessa à prolixidade, sem prejuízo das dificuldades interpretativas que se gere *a posteriori* na integração de regimes diversos, os quais se determinam que são aplicáveis remissivamente *em bloco*, ainda que *com as necessárias adaptações* (*v.g.*, 499.º ou nos arts. 588.º, 679.º, 1156.º).

Pois bem, categorizar unitariamente a responsabilidade sob o jugo monismo é, claramente, erigir *um* determinado critério *englobante* como principal, em prejuízo dos demais. Ora, sobre esta *reductio ad unum* recai a mesma crítica que fundamentou o reparo: a incontornável insuficiência do critério que lhe subjaz por apelo às respetivas exceções ou à sua menor importância no plano da comparação com outros, entretanto preteridos. No fundo, *uma* categoria (para os monistas) ainda é uma *modalidade* sob o jugo de um determinado *critério* para quem tende a esbater qualquer linha divisória da realidade – servindo, assim, pelo menos para definir *o que é* responsabilidade civil.

> Nestes termos, por exemplo, afirmar que o regime da responsabilidade civil é unitário porquanto está sempre em causa a violação de um dever (seja ele genérico de respeito ou específico), olvida as responsabilidades que não dependem da ilicitude da atuação do agente, de que é exemplo prototípico a responsabilidade pelo sacrifício.

Em terceiro lugar, atendendo a esta limitação, o esforço monista tem-se concentrado na eleição de determinados aspetos que unitariamente caracterizam toda e qualquer responsabilidade civil. Curiosamente, entre nós – como o quarto argumento contra o dualismo *supra*mencionado – são (*iv*) destacados os aspetos que individualizam a modalidade *delitual, extracontratual* ou *aquiliana*, inauditamente erigida como o modelo central da responsabilidade civil[1595]. Já tivemos a oportunidade de criticar a eleição desta modalidade

[1595] Cf. SANTOS JÚNIOR, *Da responsabilidade*, 213. A prioridade também é concedida por vários A. monistas; v., por todos, MENEZES CORDEIRO, *Da responsabilidade civil dos administradores*, 484 e ss. No sentido do texto, v. CARNEIRO DA FRADA, *Teoria da Confiança*, 285.

como a de *regime geral*, à qual a de tipo obrigacional pretensamente se subordinaria, designadamente em virtude de uma relação de especialidade ou de uma eventual prioridade sistemática (a qual indicia uma divisão categorial que tanto se contesta, mas que, nesta vertente, seletivamente não se aproveita). Para este último caso, resta saber – fica o desabafo – se o entendimento (de prioridade da responsabilidade delitual) se manteria caso a responsabilidade obrigacional surgisse, entre nós, em primeiro lugar, no plano sistemático do nosso Código Civil, tal como sucede além-Reno (cf. §§ 276 e ss. vs. §§ 823, I, II e 826 BGB).

No contexto do nosso Código Civil, ou seja, ao abrigo do nosso direito objetivo é, ao invés, a responsabilidade obrigacional que merece, de longe, o maior destaque. A responsabilidade civil *extracontratual* é encarada como apenas uma das fontes das obrigações (de indemnização, atente-se), concorrendo com as demais. O regime do incumprimento de qualquer obrigação (incluindo a obrigação de indemnização derivada de fonte extraobrigacional ou, principalmente, a de *prestar*) segue-se a este regime, ocupando uma valiosa extensão do regime no capítulo VII (Cumprimento e não cumprimento das obrigações) do livro II (arts. 762.º a 836.º). É, portanto, de louvar a clarividência das lições de GALVÃO TELLES onde se respeita a prioridade dogmática desta modalidade de responsabilidade no plano de exposição; *contracorrente*, adiante-se.

Por outro lado, já tivemos oportunidade de nos pronunciar sobre *(v)* a relevância da distinção entre o *dever de prestar* e o *dever de indemnizar*, agregando este último todas as vertentes de responsabilidade civil, pese embora não contamine o valor modelador do primeiro[1596]. Por este motivo também é de rejeitá-lo como um argumento a favor do monismo.

Por fim, no que respeita à unidade manifestada pela *tutela dos mesmos bens* (*vi*) – *i.e.*, patrimoniais e não patrimoniais em ambas as modalidades –, olvidam-se as diferentes áreas de aptidão das modalidades por referência às situações jurídicas que integram: o espaço não é de *sobreposição* entre a tutela de todos os interesses por, a título explicativo, se apontar que um negócio também pode tutelar interesses não patrimoniais, os quais se encontram subjacentes, em regra, aos direitos absolutos na primeira categoria de ilicitude delitual (*v.g.*, um contrato de segurança para proteção pessoal).

[1596] Cfr., *supra*, § 4.

Cumpre, ao invés, distinguir, como vimos, o interesse subjacente à lesão ou perigo de lesão (vulgo, ilicitude) e o tipo bem jurídico lesado por referência ao (eventual) *dano*, a saber:

a) No primeiro caso, do *prisma da ilicitude*, admitir que se pode lesar interesses não patrimoniais no plano obrigacional *não implica* afirmar a existência de uma tutela obrigacional de *direitos absolutos*, mas antes – e apenas – eventualmente de interesses coincidentes[1597], inerentes ao direito de crédito, relativo. Aliás, como é sabido, o crédito não necessita de corresponder a um interesse patrimonial (398.º/2). Ora, o prisma obrigacional apela à tutela *do crédito*, decorrente da autonomia das partes ou com fonte na lei em termos imediatos, entre os sujeitos no vínculo obrigacional determináveis[1598], e *não tem* manifesta aptidão para a violação de posições jurídicas absolutas – sem prejuízo da existência de uma situação de concurso; possibilidade esta que rebate em si a necessidade de uma postura de igualdade e não discriminação entre as partes, terceiros ou sujeitos num vínculo obrigacional – cf. ponto *vii*. Em sentido oposto, o prisma extraobrigacional pode incluir a violação de créditos (*v.g.*, por terceiro, como vimos), distinguindo-se, neste ponto, do primeiro plano.

b) Por sua vez, do *prisma do dano*, naturalmente que ambas as formas de modalidade têm aptidão para ferir bens jurídicos patrimoniais e não patrimoniais: resta saber se o regime permite, em regra, a tutela de *todos* os *danos não patrimoniais* no plano obrigacional (cf. 496.º), pretensão que rejeitamos de forma *ilimitada*[1599], o que consubstancia uma nova diferença substancial, portanto.

Recentrada a discussão, manifestam-se diferenças perante as modalidades mencionadas por respeito às situações jurídicas que tutelam: a divergência tem outra sede, reportando-se ao interesse que servem também para o cálculo da

[1597] Recordamos as nossas conclusões, quando constatámos que existem *danos não patrimoniais* decorrentes da violação, tanto de *prestações* com *interesse patrimonial* (p. ex., lesões provocadas no transportado em caso de acidente), como de *prestações* com *interesse não patrimonial* (*v.g.*, prestação defeituosa de cuidados de saúde médico). O mesmo sucede com os *danos patrimoniais*, os quais podem resultar de delitos que ofendam de *interesses patrimoniais* (p. ex., desvalorização do veículo em resultado do acidente) como *não patrimoniais* (*v.g.*, a perda de clientela em virtude de ofensas ao bom nome); cfr. *supra*, § 11; 2.

[1598] Pedro Múrias, *A responsabilidade*, cit, 183.

[1599] Cfr., *supra*, § 6; 5.2.3., b).

indemnização devida. No plano negocial e pré-negocial[1600], cumpre apelar, como vimos, à tutela do interesse positivo e negativo, contrariamente ao prisma delitual ao qual se encontra associado um interesse na integridade (*Integritätinteresse*)[1601].

IX. Constata-se que o concurso de responsabilidades é, pelo menos no que respeita à sua *existência*, alheio à presente querela, tal como sucede perante as teorias expansivas. Pois bem: a responsabilidade civil concorre a nível analítico pelos aspetos normativos *distintos* do regime que sejam simultaneamente aplicáveis à situação de facto; situação típica do modelo dualista ou dos expansionistas (perante o concurso das modalidades que considerem) – possibilidade que também *não é* negada pelos monistas mais radicais[1602]. Por outras palavras, mesmo num sistema unitário, concorrem à aplicação os aspetos diferentes do regime. No entanto, o enquadramento da *natureza unitária do instituto*, ou, em alternativa, para os *dualistas* ou *expansionistas, das modalidades em concreto*, condiciona a solução erigida: para os primeiros, a solução encontra-se na determinação do critério aplicativo que conceda aplicação primária a determinado aspeto – p. ex., por via da *especialidade, excecionalidade, consumpção, subsidiariedade* ou *alternatividade* – para os segundos (dualistas ou expansionistas), é a qualificação dogmática da situação, para efeitos da determinação da pertença a uma modalidade de responsabilidade civil, o primeiro passo na determinação do regime aplicável – se as regras forem próprias de modalidades distintas, claro está. No entanto, para os últimos (dualistas e expansionistas), caso a situação jurídica seja reconduzível a *ambas* as modalidades – *i.e.* um concurso heterónomo de responsabilidade – partilha-se a dificuldade do entendimento unitário: resta saber qual o critério que esclareça a concurso normativo de soluções (*normas* ou *pretensões*, como veremos), não o tendo sido feito pelo próprio processo categorial que sedimenta as diferenças entre as modalidades que considere[1603]. Cumpre, portanto, indagar a solução normativa oferecida pelo nosso sistema dual numa situação de concurso de responsabilidade.

[1600] Neste sentido, LARENZ, *Lehrbuch*, I, § 27 II, 430-431.

[1601] PAULO MOTA PINTO, *Interesse*, 774 e ss. (*maxime* nota 2529). Sobre o conceito, v., também, FIKENTSCHER / HEINEMANN, *Schuldrecht*, § 46, I, 3, 257.

[1602] Expressamente PEDRO MÚRIAS, *A responsabilidade*, 179 (e respetiva nota 47). Quanto a PETER SCHLECHTRIEM, mencionado pelo primeiro Autor (noutra obra), não surpreende constatar que este manifesta uma recusa conceptual de enquadramento da matéria do concurso em termos dogmáticos, concentrando-se, ao invés, numa resolução pragmática e subjetiva de um conjunto de casos; cfr., a propósito, *Vertragsordnung*, *passim*.

[1603] Matéria retomada *infra*, § 17, 2, § 18, 2.

SECÇÃO III
A SOLUÇÃO NORMATIVA DO CONCURSO DE IMPUTAÇÕES

SUMÁRIO: § 15. Apuramento conceptual das realidades reconduzíveis à hipótese de concurso; a terminologia adotada; 1. O concurso de um prisma constitutivo; 2. Terminologia inerente ao resultado do concurso; § Em especial, o concurso de responsabilidade de vários responsáveis ou perante vários lesados por vários títulos; o concurso heterónomo plurisubjetivo ativo e passivo; § 16. Os antecedentes históricos das soluções atuais; breve excurso; 1. O contributo do Direito Romano; 1.1. As fontes das *obligationes* no apuramento da responsabilidade; 1.2. A competição de *actionem* no sistema romano; 2. O direito dito intermédio; da escola dos glosadores ao movimento codificador; 3. A experiência portuguesa: da pré-codificação ao Código Civil português de 1867; 3.1. Em particular, a concorrência de responsabilidades à luz do Código Civil de 1867; 4. Cont. Os antecedentes do Código Civil de 1966; 4.1. As novas correntes de pensamento na véspera do novo código; 4.2. Em especial, a proposta de Vaz Serra no anteprojecto do novo código. § 17. As soluções no Direito moderno; sequência; 1. A teoria do não-cúmulo; o concurso aparente de responsabilidades e as suas principais vertentes; 1.1. Especialidade; o entendimento clássico francês do *non-cumul*; 1.2. Consumpção; *lex consumens derogat lex consumate*; 2. A teoria do cúmulo; o concurso *efetivo* de responsabilidade civil; 2.1. O contributo do sistema jurídico alemão; a evolução do *Kumulationsprinzip* e o respetivo objeto em concurso, nomeadamente a *actio*, *Klage*, *Gesetz* e a *Anspruch*; 2.1.1. A importação do Direito Romano (*Klagenkonkurrenz*); 2.1.2. O concurso de leis (*Gesetzkonkurrenz*); 2.1.3. A fase de mitigação: o concurso de pretensões e de fundamentos da pretensão (*Anspruchskonkurrenz* e *Anspruchsgrundlagenkonkurrenz*); 2.1.4. Tentativas modernas de superação da figura; 2.2. Repercussões da tese do cúmulo no panorama internacional; breve excurso; 2.2.1. Espanha; 2.2.2. Itália; 2.2.3. Direito internacional; 2.2.4. A solução dos países que integram a *Common Law*; 2.3. A receçao no direito português; 2.3.1. Quanto ao objecto da teoria do cúmulo: do *concurso de pretensões* ao *concurso de fundamentos de uma mesma pretensão*; 2.3.2. Quanto aos efeitos: desde a *opção* em bloco pelo regime de uma das modalidades até à combinação *híbrida* dos respetivos regimes; 2.3.3. O acolhimento jurisprudencial da teoria do cúmulo. § 18. Posição adotada de enquadramento do concurso de responsabilidade civil: solução conciliatória; 1. Rejeição da teoria do não-cúmulo; 2. Breves considerações sobre a teoria do cúmulo; 2.1. A decomposição do crédito indemnizatório por várias pretensões em concurso; 2.1.1. A situação jurídica em causa; 2.1.2. A autonomia horizontal das pretensões e a dependência vertical do crédito indemnizatório; 2.2. Concretização material do concurso de pretensões; 2.2.1. Quanto ao *objeto*: a rejeição do concurso de fundamentos ou de normas de uma mesma pretensão; 2.2.2. Quanto aos *efeitos*: o afastamento da tese da combinação ou híbrida; 3. Posição própria; o dinamismo da solução; 3.1. O dano como o critério primariamente determinante no concurso de pretensões; 3.2. Breves notas sobre as consequências processuais da posição adotada.

---

§ 15. APURAMENTO CONCEPTUAL DAS REALIDADES RECONDUZÍVEIS À HIPÓTESE DE CONCURSO; A TERMINOLOGIA ADOTADA

I. Os fatores ontológicos e normativos permitem distinguir, em *abstrato*, as modalidades de responsabilidade civil e enquadrar em concreto os títulos de imputação eventualmente gerados numa determinada situação de responsabilidade. Ora, para analisar a *relação normativa* entre vários títulos de imputação de danos numa hipótese de concurso é necessário o recurso a ferramentas *conceptuais*. A complexidade do fenómeno de imputação de danos a tanto nos obriga. Pois bem, essa decomposição terminológica da vasta realidade em mãos deve atender, em particular, (*i*) ao *título de imputação em causa*, (*ii*) à *estatuição normativa* e, por fim, (*iii*) à *pretensão gerada*.

Este apuramento terminológico é pressuposto na exposição subsequente e, naturalmente, prévio ao aprofundamento da sua solução normativa final a apresentar para a figura do concurso de responsabilidade.

Neste momento, cumpre fazer uma breve ressalva: os conceitos apresentados não se esgotam, em si mesmos, num conceptualismo puro; são, ao invés, ferramentas úteis para a construção da solução que requerem. Aliás, a vasta heterogeneidade das realidades que se incluem no conceito lato de *concurso* é inimiga de uma terminologia (pretensamente) totalizante. No entanto, podemos conhecer a mais-valia deste aprofundamento terminológico, tal como foi realizado noutros ramos do Direito. No Direito Penal alguns conceitos relativos ao concurso de crimes – tal como o de concurso *real* e *aparente* – são figuras de grande préstimo, sedimentadas ao nível da ciência jurídica. Pois bem, o concurso de responsabilidade civil não alcançou, hoje, o mesmo grau de avanço. E isso reflete-se na terminologia reportada à situação de concurso, verdadeiramente babélica, por falta de harmonização. Tentaremos, de seguida, colmatar essa lacuna.

II. No âmbito do concurso de responsabilidade civil, podemos distinguir principalmente:

a) De um prisma *constitutivo*:
  1) Quanto ao *objeto*:
    1.1) concurso de *normas*; e
    1.2) concurso de *ações*.
  2) Quanto aos *requisitos do título de imputação*:
    2.1) concurso de *atos*;
    2.1) concurso de *ilícitos*;
    2.2) concurso de *culpas*;
    2.3) concurso de *causas*; e
    2.4) concurso de *danos*.
  3) Quanto à *estatuição normativa*:
    3.1) concurso de *obrigações de indemnização*; e
    3.2) concurso de *pretensões*.

b) Tendo em vista o *resultado* do concurso:
  4) Quanto à *relação jurídica existente*:
    4.1) concurso *aparente*;
    4.2) concurso *ideal/efetivo*;
    4.3) concurso *eletivo*; e
    4.4) concurso *cumulativo*.
  5) Quanto aos *títulos de imputação gerados*, importa distinguir o concurso *homogéneo* do *heterogéneo*.

Concretizemos, brevemente, cada um destes aspetos.

1. O concurso de um prisma *constitutivo*

1. [*quanto ao objeto*] O concurso de responsabilidades civis reporta-se, como vimos, a um *de normas* (1.1), no plano substantivo, por oposição a um *de ações* (*Klagenkonkurrenz*, 1.2), próprio do prisma processual[1604]. Por outro lado, a existência de um concurso de normas não resolve, *per si*, a qualificação da situação jurídica existente, *i.e.*, se existe um ou vários créditos indemnizatórios

1604 Cfr., *supra*, § 5; 2.1.

e eventualmente, por decomposição do conceito de direito subjetivo, quanto às realidades que o integram, uma ou várias *pretensões*[1605]. Esta matéria é remetida para a análise da estatuição normativa das normas em concurso.

Por outro lado, nada obsta a que a figura se protele além do prisma meramente substantivo, do qual origina, atingindo as faculdades processuais, instrumentais ao primeiro plano. Neste último caso, a saída do sistema, reconhecendo, em paralelo ao concurso de normas, um concurso de ações, é também resolvida mediante o reconhecimento de uma pretensão (indemnizatória), ou não, admitindo-se a concorrência de várias pretensões (*concurso de pretensões*)[1606]. Esta é a bitola relevante no enquadramento do objeto da ação.

2. [*requisitos do título de imputação*]. Em sede dos requisitos do título de imputação, distinguem-se várias figuras: note-se que o concurso de responsabilidade, em sentido estrito, depende de forma elementar da *competição de títulos de imputação de danos*, os quais devem, naturalmente, reunir todos os requisitos necessários à formação do crédito indemnizatório. É possível, no entanto, ocorrer apenas uma *concorrência de fundamentos* no plano de um único título de imputação de danos, ao abrigo da mesma pretensão, num sinal claro de reforço da respetiva fundamentação. Vejamos este ponto ao abrigo da pentapartição tradicional.

Em primeiro lugar, (2.1) a situação de responsabilidade típica relevante para efeitos de concurso de responsabilidade emerge de uma *mesma ação do agente* (*concurso ideal*) ou de *várias condutas de um mesmo sujeito* (*concurso real*[1607]), a título ativo (*concurso de atos*), ou meramente omissivo (de *omissões*). Sem prejuízo, deve-se, ainda, considerar os casos de difícil delimitação da *mesma* conduta[1608], bem como a variação quanto à *qualidade* do sujeito[1609]. Neste último caso, importa considerar que o concurso também se reporta à atuação das

[1605] Cfr., *supra*, § 5; 2.2.

[1606] Sobre o conceito, v., novamente, *supra*, § 5; 2.2.

[1607] Num sentido próprio, ALMEIDA COSTA enuncia o concurso real no plano exclusivo de um mesmo facto produzir dois danos, exemplificando com a hipótese de que «um deles envolve responsabilidade contratual em relação a uma pessoa e o outro responsabilidade extracontratual em relação a terceiro, estranho ao negócio», em *Direito das Obrigações*, 547, nota 1

[1608] Cfr., *supra*, § 7; 2.

[1609] Naquela segunda hipótese, cumpre apreciar os casos em que condição de lesado e lesante se pode aparentemente reunir num mesmo sujeito, tal como ocorre nos casos típicos de atuação em *excesso* de legítima defesa (337.º/2, *a contrario*).

pessoas coletivas[1610], com inerentes especificidades. No que respeita à *quantidade* de sujeitos, cumpre distinguir, quer pelo lado ativo (do direito à indemnização), quer pelo lado passivo (da responsabilidade, *em sentido estrito*), os sujeitos em relação: fala-se, por vezes, do *concurso* plural, por oposição ao *unitário*[1611]. Perante a *pluralidade de sujeitos* (lesantes e lesados), preferimos, em alternativa, a expressão *concurso plurisubjetivo*, por contraste com a sua forma atomística, a qual opõe somente um lesante a também apenas um lesado (*concurso unisubjetivo*)[1612].

> Como visto, o título de imputação delitual carece atomisticamente da *existência* de duas esferas patrimoniais, correspondente, em regra, a dois sujeitos, quer sejam pessoas singulares, quer coletivas. Esta unidade mínima não prejudica a complexidade supervenientemente introduzida a título *voluntário* (p. ex., pela sub-rogação do crédito pelo credor a vários indivíduos, terceiros, 589.º) ou *involuntário* (*v.g.*, pela penhora do crédito e respetiva adjudicação a favor de vários exequentes, 773.º, 795.º e 799.º CPC), *inter vivos* ou *mortis causa* (transmitindo-se, neste último caso, a múltiplos sucessíveis do credor pela sua morte, 2025.º/1). Em todos estes casos, constituem-se supervenientemente *vários credores* desta obrigação de indemnização, embora inexista uma *pluralidade de lesados* em sentido estrito. Esta possibilidade de transmissão retrata, por outro lado, a possível manutenção do título de imputação (e do crédito resultante), apesar da falta de sobrevivência dos sujeitos inicialmente visados (*lesante* ou *lesado*), reportando-se, ao invés, diretamente à respetiva esfera patrimonial dos mesmos e acompanhando os vários fenómenos transmissivos que nela se refletem[1613].

1610 Esta possibilidade gera, por si, novas dificuldades, nomeadamente a de determinação da *autonomia de esferas de imputação*. Por outras palavras, reveste particular complexidade a identificação dos critérios que permitem determinar a coexistência de uma pluralidade de lesados, particularmente quando se trate de uma pessoa coletiva.

1611 Poder-se-ia aventar outras categorias reportadas à *qualidade* dos sujeitos, distinguindo-se (*i*) o concurso que visa apenas pessoas singulares ou pessoas coletivas, e, ainda, (*ii*) aquele referente aos sujeitos *iniciais* ou *sucessivos*, por transmissão do crédito ou débito. A utilidade destoutra terminologia revela-se marginal para a presente investigação.

1612 Curiosamente, Savigny opta por designar este tipo de concurso por *objetivo*, por oposição ao *subjetivo*, este último perante a presença de vários sujeitos (*System*, 210, seguido por Daniela M. Frenda, *Il concorso*, 65). No segundo sentido (de o concurso subjetivo corresponder ao plurisubjetivo), cf. Menezes Cordeiro, *Direito das Obrigações*, II 415, *Tratado*, VIII, 738 e ss.).

1613 Veja-se, aliás, que a falta de sobrevivência, quer do lesante, quer do lesado, mesmo em eventos desconexos com este fenómeno, não são, no nosso ordenamento, uma causa jurídica de irresponsabilidade das partes. É diferente, como é sabido, a responsabilidade penal no que respeita à atuação do lesante/*agente do crime*, a qual se extingue pela sua morte (127.º/1, 128.º/1 CP).

No concurso *plurisubjetivo*, cumpre concretizar a *qualidade* dos agentes que nele intervêm, incluindo a título meramente acidental e em desconhecimento concreto do contributo causal: em sede passiva, distingue-se a *autoria principal* (coautores, codevedores) da *secundária* (auxiliares, instigadores, *etc.*)[1614] – estando ambos os fenómenos compreendidos na magna figura da *comparticipação* – sem prejuízo do contributo causal de terceiros, não responsáveis, bem como do próprio lesado[1615]. Em segundo lugar, surge um *concurso de ilícitos,* (2.2) quando aquela situação de responsabilidade preenche mais do que *uma* categoria tradicional de ilicitude (sumariamente radicadas na *lesão* ou de um *perigo de lesão do bem jurídico*), ou pela verificação múltipla de um mesmo tipo de ilicitude[1616]. Cumpre, ainda, considerar, neste âmbito, a relevância (potencialmente expansiva aos títulos de imputação concorrentes) das causas de exclusão da ilicitude. Em terceiro lugar, o *concurso de culpas* emerge (2.3) perante o lesado na responsabilidade de tipo subjetivo, provada ou presumida, simultânea ou sucessiva. É, como se verá, o critério determinante para a repartição de responsabilidade entre os co-responsáveis, ainda que estes hajam respondido inicialmente, perante o lesado, na ausência de culpa[1617]. Também são relevantes as causas (legais ou voluntárias) de exclusão da culpa nas modalidades de responsabilidade consideradas, incluindo o eventual efeito comunicante para os títulos de imputação de danos concorrentes[1618]. No âmbito do *concurso de causas* (2.4) é necessário distinguir aquele que seja relevante para a produção do dano (em sede da causalidade delimitadora, *i.e., concurso de causas ao prejuízo*) e, ainda, num momento prévio, para a verificação da ilicitude (na causalidade fundamentadora, ou seja, *concurso de causas à lesão ou perigo de lesão*), incluindo várias vertentes de tipo *complementar, cumulativo, coincidente* ou *alternativo*, bem como a relevância da *causa não operante (causalidade virtual)*[1619]. Por fim, o *concurso de danos* (2.5) radica-se na existência de um conjunto múltiplo de prejuízos, os quais excedem a unidade mínima fundamentadora de responsabilidade. No âmbito do concurso,

[1614] Cfr., *supra*, § 7. 2.

[1615] Cfr., *supra*, § 7; 1 e § 9; 1.

[1616] Cfr., *supra*, § 8; 2.

[1617] *Cfr., infra,* ainda neste ponto, o *concurso heterogéneo.*

[1618] Cfr., *supra*, § 9; 1.

[1619] Em sentido próximo, vimos que Menezes Cordeiro apela a um *concurso objetivo* por referência à «variedade de eventualidades que aos mesmos danos conduzam» (*Direito das Obrigações*, II 415, *Tratado*, VIII, 738 e ss.).

a principal dificuldade radica-se na determinação da *comunhão do dano*, evitando o ressarcimento múltiplo do mesmo prejuízo, sob pena de injusto locupletamento por parte do lesado[1620].

3. [*Quanto à estatuição normativa*] Para se determinar a situação jurídica em causa que *concorre* na tutela do lesado, deve-se, em primeiro lugar, considerar a unidade do crédito indemnizatório ou porventura a falta dela. Por um lado, nas situações gerais de concurso de responsabilidade, gera-se apenas *um direito de crédito indemnizatório*, embora, num novo grau de complexidade, a riqueza associada à figura possa gizar um *concurso de várias pretensões* (note-se, no âmbito deste mesmo crédito, p. ex., quando um médico provoca culposamente danos no seu paciente) ou de *fundamentos da mesma pretensão*, com base na *mesma modalidade* de responsabilidade (p. ex., um polícia agride um passageiro numa altercação, violando também normas do seu código deontológico)[1621].

Por outro lado, surgem situações em que o *concurso de pretensões* é necessariamente associado a *mais do que um* crédito indemnizatório: o caso típico é a presença de vários responsáveis perante o lesado, cujas responsabilidades não foram legal ou voluntariamente unificadas num plano de solidariedade (e, portanto, num modelo que pressupõe a unidade da obrigação de indemnização), p. ex., a responsabilidade do responsável pelo acidente e o da entidade empregadora perante o sinistrado/trabalhador, mas também se abrange, por outro lado, o concurso de responsabilidades perante vários lesados[1622], direta (*v.g.*, a responsabilidade do transportador que provoca culposamente um acidente, lesando o transportado e um transeunte) ou reflexamente (p. ex., em acréscimo ao exemplo anterior, em caso de morte do transportado, os danos não patrimoniais sofridos pelo cônjuge do falecido, 496.º/4). Aprofundaremos este aspeto posteriormente.

1620 Cfr., *supra*, § 12; 5.2.

1621 Cfr., *supra*, § 5; 1.

1622 Veja-se o exemplo de ANTUNES VARELA: o motorista que, no mesmo acidente de viação, provoca culposamente danos nos passageiros que transporta e nos transeuntes que atropela, responde, em simultâneo, por ilícito contratual perante os primeiros e por ilícito extracontratual perante os últimos (*Das Obrigações*, I, 522).

2. Terminologia inerente ao *resultado* do concurso

4. [*relação jurídica existente*]. A principal classificação nesta sede reporta-se à relação normativa gerada entre os títulos de imputação existentes. Vimos que a divisão central opõe os defensores da prevalência de uma determinada forma de responsabilidade (geralmente a via obrigacional), em prejuízo das demais. Nesta aceção, o concurso inexiste, portanto: este entendimento designa expressivamente o concurso por *aparente*; tradicionalmente, no âmbito concreto do concurso de responsabilidade civil, apela-se ainda à designação francesa da *teoria do não-cúmulo* (*non-cumul*). Por oposição, o entendimento diametralmente oposto é apologista da coexistência entre as várias formas de responsabilidade, as quais concorrem efetivamente na tutela do lesado (num modelo de *concurso efetivo*). Resta determinar, noutro prisma, como resolver a competição entre estes vários mecanismos de tutela, no âmbito da concorrência de créditos indemnizatórios ou, como vimos, por decomposição daquele direito, de pretensões ou de fundamentos à mesma pretensão. Cumpre saber, p. ex., se o lesado pode *optar* pela forma mais conveniente ou até *combinar* os aspetos de regime que lhe convierem, num modelo híbrido de responsabilidade. São aspetos que iremos aprofundar[1623]. Em todo o caso, estas figuras não se confundem com outras próximas, tal como o *concurso eletivo* ou *cumulativo*. No *concurso eletivo* (*elektive Konkurrenz*), os meios de tutela estão à livre disposição do lesado, embora a opção por um desses mecanismos prejudique os demais mediante um efeito de exclusão daqueles que foram preteridos[1624]. Por fim, no *concurso cumulativo* (*kumulative Konkurrenz*), nada impede (logica ou axiologicamente) a adição das várias pretensões reconhecidas ao lesado, as quais se podem produzir em simultâneo[1625].

5. [*títulos de imputação gerados*] Pressupondo uma situação de concurso efetivo, cumpre distinguir, ainda, se este compreende títulos de imputação de danos reportados disjuntamente a diferentes modalidades de responsabilidade (*concurso heterogéneo*) ou não (*concurso homogéneo*[1626]). Naturalmente

[1623] Cfr., *infra*, § 18; 3.

[1624] Cfr., *supra*, § 10; 2, *infra* § 16; 1.2.

[1625] Cfr., *infra*, § 17; 2.2.

[1626] Em linha, MENEZES CORDEIRO define o concurso homogéneo «quando o mesmo dano provoque imputações diversas, mas todas do mesmo tipo» (*Direito das Obrigações*, II, 413, *Tratado*, VIII, 737). Contudo, e por oposição, para o ilustre Professor, o concurso *heterogéneo* é *aparente*, afirmando, com base nas regras da responsabilidade pelo risco (500.º/3, 505.º, 507.º), que «as respetivas previsões

que esta classificação pode ser cruzada com aquela reportada à constituição dos títulos de imputação de danos, em particular no que respeita os pressupostos da responsabilidade. Como exemplo do primeiro caso (concurso heterogéneo), aponta-se a responsabilidade do *comitente* (pelo risco) e a do *comissário* (por culpa; 500.º/1) ou a do transportador por veículo de circulação terrestre, pelos danos causados na pessoa transportada (pelo risco e subjetiva obrigacional, 503.º/1, 504.º/1, 798.º e ss.); no plano delitual e obrigacional, a responsabilidade do autor do furto de uma coisa (a título delitual, 483.º/1), a qual se encontrava ao cuidado de um depositário (o qual responde a título obrigacional, 798.º e ss., perante o respetivo credor). Como casos típicos da vertente homogénea, aponta-se a responsabilidade do caçador pelos danos causados por mera culpa ao seu companheiro com a sua arma de fogo (483.º/1 e 493.º/2) ou, no plano da responsabilidade pelo risco, a dos vários comitentes pelos danos causados pelo respetivo trabalhador (507.º/1). Nestes exemplos, cruzámos indistintamente o concurso *homogéneo* e *heterogéneo* com o *unisubjetivo* e *plurisubjetivo*[1627]. Cumpre aprofundar este aspeto, atendendo à *forma* que esta responsabilidade possa assumir, principalmente entre o plano da autonomia, o da parciariedade ou o da solidariedade, bem como, considerando o plano autónomo das relações entre o lesado(s)/lesante(s) (*concurso externo*) e entre os vários co-responsáveis (*concurso interno*)[1628].

normativas compreendem, a título de estatuição, a saída para a situação do concurso», «o ordenamento prescreve uma determinada hierarquização para as diversas imputações, de tal forma que ou apenas uma delas funciona, ou ambas funcionam em momentos diferentes» (*Tratado* VIII, 738; em sentido próximo, *Direito das Obrigações*, II, 413-414). Cumpre, no entanto, determinar esses critérios que afastam a natureza efetiva do concurso; tarefa que não se encontra completada. Aliás, sabemos que o legislador não consagrou uma solução expressa para as hipóteses presentemente tratadas, de concurso de responsabilidade delitual com a obrigacional: não foi estabelecida a prevalência de uma, nem, claro está, a regulação do exercício de «regresso» entre os co-responsáveis.

[1627] Afastámos, por outro lado, o concurso plurisubjetivo cuja heterogeniedade se reporta a títulos de imputação com sujeitos diferentes, *i.e.*, quando, no âmbito do mesmo evento, vários agentes são responsáveis por títulos distintos perante lesados diferentes, respetivamente (*v.g.*, a responsabilidade do menor perante o terceiro, bem como a do estabelecimento escolar a quem aquela foi deixada ao cuidado perante os pais da criança).

[1628] Cf., com idêntica terminologia, ANTUNES VARELA, *Das Obrigações*, I, 699. A. que também apelida o caso de *concorrência de causas* do dano, quando referentes a várias pessoas, ob. cit., 921.

§ Em especial, o concurso de responsabilidade de vários responsáveis ou perante vários lesados por vários títulos; o concurso *heterónomo plurisubjetivo ativo* e *passivo*

I. Já tivemos a oportunidade de explorar a relevância do concurso de responsabilidades repartido entre vários responsáveis no âmbito *da mesma modalidade*. Vimos que, neste concurso *homogéneo*, o regime-regra delitual da *solidariedade* se opõe ao da *parciariedade* no campo obrigacional (513.º)[1629]. Por sua vez, no âmbito do concurso *heterogéneo* de responsabilidade civil, repartido entre vários corresponsáveis – de que é exemplo clássico a responsabilidade do autor do furto da coisa depositada e do próprio depositário – mantém-se o entendimento referido *supra*. Por outras palavras, as conclusões almejadas pelas teses apontadas, geralmente consideradas entre os polos do *cúmulo* e *não cúmulo* de responsabilidade, incluindo os entendimentos intermédios já descritos, são totalmente aplicáveis. Simplesmente, a repartição da responsabilidade por mais do que um sujeito imprime um conjunto de particularidades no modelo tratado que importa considerar, em particular no plano das relações entre os responsáveis (*inter se*); o que justifica, aliás, uma investigação autónoma. Sem prejuízo – já que, da nossa parte, reputamos conveniente e necessário traçar pelo menos as linhas essenciais da matéria – essa mesma especialidade (da pluralidade subjetiva) conduz a que o enquadramento deste tipo de *concurso de responsabilidades* seja, em casos não raros, afastada a relevância desta vertente (p. ex., como sucede em Espanha, entendendo-se que o concurso depende da unidade do *lesante* e do *lesado*[1630]) ou aplicada a solução relativa ao concurso *unisubjetivo* por *arrastamento*, sem particularidades de maior.

Cumpre acautelar que o aprofundamento deste concurso – o qual se caracteriza por densificar o modelo tradicional a dois graus, designadamente em termos de *quantidade* de sujeitos (superior à pluralidade mínima, de dois, *lesado* e *lesante*) e de os vários responsáveis responderem a títulos diferentes – pode, ainda, atingir um outro grau superior de sofisticação: trata-se do concurso de várias formas de responsabilidade entre vários sujeitos com a reunião num desses sujeitos de, novamente, várias formas de responsabilidade – p. ex., recuperando o exemplo anterior, se o depositário auxilia o terceiro é também, além de incumpridor da sua obrigação contratual,

[1629] Cfr., *supra*, § 7; 1.

[1630] Cfr., *infra*, § 17; 2.2.2.

coautor no delito (490.º), podendo o lesado responsabilizá-lo por via delitual e obrigacional (e, note-se, o terceiro apenas por via delitual). Pois bem, com o estrito propósito de maior clareza expositiva, vamos considerar o concurso *heterónomo plurisubjetivo* de responsabilidades de vários responsáveis na forma mais atomística em que este pode ser apreciado: quando dois lesantes são *disjuntamente* corresponsáveis perante o lesado, por modalidades diferentes de responsabilidade, ou seja, quando alguém responde por título delitual e o outro obrigacionalmente, apenas. Para tal, importa distinguir o plano da relação (*a*) com o lesado (*externa*) e (*b*) entre os corresponsáveis (*interna*), com prioridade manifesta para o primeiro. A propósito, esta prioridade expositiva dos planos enunciados (*a* e *b*) respeita a máxima proposta por TONY WEIR, na qual «*the debtor's claim is secondary to the victim's claim not only in time but also in significance*»[1631]. Vejamos.

(*a*) Relações externas; perante o(s) lesado(s)

II. A existência de vários lesantes, a títulos distintos de responsabilidade, não prejudica a escolha do lesado quanto a quem responsabilizar. Essa escolha é livre, naturalmente. Todavia, essa disponibilidade não contamina a *qualificação* da responsabilidade inerente.

Na verdade, a primeira dificuldade deste tipo de concurso é a de relacionar as *responsabilidades* existentes pelos vários co-responsáveis. Partindo, como nos parece, de um modelo de concurso efetivo de responsabilidade, por inexistir fundamento para a prevalência de uma forma de responsabilidade sobre as demais, importa esclarecer a relação normativa entre estas responsabilidades, com a particularidade de se reportarem a sujeitos diferentes. Para tal, cumpre apurar (*i*) a situação jurídica em causa e, posteriormente, determinar (*ii*) a relação jurídica entre as várias imputações.

i. [*situação jurídica em causa*] Determinemos, então, a situação ativa em causa, isto é, se estamos na presença de *várias obrigações* (de indemnizar), ou seja, de *vários créditos*, ainda que ligados por um nexo complementar ou se, ao invés, existe *uma única* obrigação de indemnização, conquanto com a complexidade acautelada pela existência de *pretensões* distintas dirigidas aos vários responsáveis ou perante os vários lesados.

Contrariamente ao concurso de responsabilidade entre o mesmo lesado e lesante, a *pluralidade subjetiva* abala a unidade do crédito indemnizatório e sugere manifestamente a presença de mais do que uma obrigação de

[1631] TONY WEIR, *Complex liabilities*, 74.

indemnizar, num modelo *cumulativo*, quando passivo (vários responsáveis perante o mesmo credor).

Afinal, não restam dúvidas quanto à existência de múltiplas obrigações de indemnização perante a conduta de um mesmo agente, a qual provoca danos em *lesados distintos*. Aqui, a própria construção das regras de responsabilidade, destinadas ao ressarcimento dos danos sofridos «pelo lesado» ou causados «ao credor» (por referência às normas-padrão, 483.º/1 e 798.º, respetivamente), importa à separação dos créditos emergentes da conduta que preencha os respetivos requisitos de imputação perante mais do que *um* lesado.

Concentremos, então, a nossa investigação nos casos de *pluralidade passiva*, *i.e.*, perante a presença de vários lesantes perante, por simplicidade, um único lesado.

Vimos que nada obsta a que várias pretensões se encontrem associadas a um mesmo direito de crédito. Por outro lado, sabemos que não existem limites à complexidade dos títulos de imputação de danos gerados pelo mesmo evento, particularmente ao nível da *quantidade* de sujeitos que integram o mesmo crédito indemnizatório. Assim, a prossecução do interesse juridicamente protegido, ainda que no seio do mesmo direito de crédito indemnizatório, é realizável mediante a coexistência de várias condutas exigíveis ao devedor/lesante (ou vários) pelo credor/lesado (ou também vários).

Este fenómeno ocorre, por sinal, no âmbito delitual, quando a nossa lei unifica a conduta praticada por *responsáveis distintos*, no âmbito da *mesma obrigação de indemnização*, em modelo de solidariedade[1632] – p. ex., na assunção cumulativa de dívida (595.º/2), na responsabilidade dos co-fiadores (649.º/1) e na responsabilidade do comitente por culpa (*in eligendo, in instruendo*, in *vigilando*) perante a do comissário[1633]. Cumpre incluir o caso – e este é o aspeto que merece maior destaque – em que os co-responsáveis respondem por *títulos distintos*, tal como sucede na responsabilidade solidária do comissário por culpa e a do comitente pelo risco (497.º *ex vi* 499.º, 500.º/1)[1634].

[1632] Cfr., *supra*, § 10; 2.3, a).

[1633] Januário Gomes, *Assunção Fidejussória*, 220-221. A propósito, Sofia Galvão apela a um *concurso subjectivo de imputações* (*Reflexões acerca da responsabilidade do comitente no direito civil português*, AAFDL, Lisboa, 1990, 130-131).

[1634] Assim, Maria Graça Trigo, *Responsabilidade Civil*, 364-373 (A. que admite a extensão do regime de solidariedade quanto o comissário não responda a título culposo, embora com adaptações no plano do regresso); Januário Gomes, *Assunção Fidejussória*, 202; Ribeiro de Faria, *Obrigações*, II, 9-10; Antunes Varela, *Direito das Obrigações*, I, 644-645; Maria da Graça Trigo

Resta, então, saber se, no âmbito do concurso de responsabilidade que conexione *vários sujeitos*, estamos perante o *mesmo* crédito indemnizatório. Adiante-se que, pensando na pluralidade passiva (de vários lesantes), para quem enquadre estas responsabilidades como *solidárias*, a resposta

e Rodrigo Moreira, em anot. ao art. 499.º, *Comentário ao Código Civil*, 384. Também é, por sinal, o que sucede quanto à responsabilidade da pessoa coletiva (165.º, 500.º/1), enquanto comitente, pelos atos praticados pelo seu «representante, agente ou mandatário autor do facto ilícito» (497.º/1, cf. Pires de Lima e Antunes Varela, *Código Civil Anotado*, I, 168; C. Mota Pinto, *Teoria*, 324-325; Carvalho Fernandes, *Teoria*, I, 595, 598). Contudo, Almeida Costa hesita nessa qualificação, quando afirma que o comitente assume «quando sujeito a mera responsabilidade objetiva, tão-só a posição de garante da indemnização que o comissário culposo deva satisfazer ao lesado», *Direito das Obrigações*, 620. Partilha semelhante preocupação, supomos, Menezes Cordeiro, quando o ilustre Professor apela à potencial autonomia das imputações em causa: «[b]asta ver que, a este [comissário], podem ser imputados danos diversos e, designadamente, danos que não se inscrevam no âmbito da comissão» (*Tratado*, VIII, 616).
Por seu turno, na via obrigacional, ainda que fora do campo da solidariedade, na ausência de um preceito como o art. 497.º/1, também o auxiliar ou representante do devedor pode responder delitual (483.º/1), autónoma e simultaneamente com o devedor, o qual responde a título de *risco obrigacional* (800.º/1). E esta última responsabilidade abrange tanto o incumprimento do dever principal, como o dos deveres acessórios (cf., neste sentido, Carneiro da Frada, *Contrato*, 203; Menezes Cordeiro, *Tratado*, IX, 403; Menezes Leitão, *Direito das Obrigações*, II, 261-262). Resta saber se a responsabilidade do devedor também depende de *culpa* destoutro (auxiliar ou representantes). Em sentido positivo, pronunciaram-se Vaz Serra, *Responsabilidade do devedor*, 280 (evitando uma dupla presunção de culpa); Antunes Varela, *Das Obrigações*, II, 104; Pessoa Jorge, *Ensaio*, 149; Brandão Proença, *Lições*, 329; Maria Graça Trigo, *Responsabilidade civil*, 254; Menezes Cordeiro, *Tratado*, IX; Menezes Leitão, *Direito das Obrigações*, II, 261 e em *A responsabilidade do Gestor*, 299-301). Da nossa parte, recusamos semelhante restrição, partindo do texto legal, o qual remete para quaisquer «atos dos seus representantes legais ou das pessoas que utilize para o cumprimento da obrigação», fora do espaço *culposo*. Aliás, o ato conexo com a situação de (in)cumprimento pode ir além da pura e simples falta de cumprimento, como vimos, e consubstanciar um *delito* (798.º, cfr., *supra*, § 8; 2.1, *maxime* III). Nada obsta, portanto, a que estes sujeitos respondam perante o terceiro a outro título, inclusive do campo da responsabilidade subjetiva (*v.g.*, pelos danos causados pelo animal do qual o auxiliar se socorra, 502.º). O limite a reter – fundamento, aliás, desta responsabilidade do devedor – é o do ato em causa, conquanto este ainda se reporte ao contexto de cumprimento, naturalmente. Admitindo a responsabilidade do devedor na ausência de culpa do auxiliar, v., também, Carneiro da Frada, *A responsabilidade objetiva por facto de outrem*, 303.
Em todo o caso, é importante ressalvar, tal como faz Teixeira de Sousa, que o devedor em si não responde a título delitual, embora possa responder a título extraobrigacional, enquanto comitente (*O Concurso*, 316-317), e muito menos em regime de solidariedade com este auxiliar, em linha com Pessoa Jorge, *Ensaio*, 150. Aliás, o auxiliar pode não ser responsável de todo; falha aqui aquele requisito a que Carneiro da Frada se refere como a dupla imputação, no caso particular do *comitente* (em resultado de uma imputação secundária) perante o seu *comissário* (sobre o qual sobrevem uma imputação prévia, primária); cf. *A responsabilidade objetiva*, 301, entendimento seguido por Mafalda Miranda Barbosa, *Lições de Teoria*, 512-513.

é necessariamente afirmativa: afinal, a solidariedade passiva caracteriza-se pela *unidade* da obrigação, ainda que com pluralidade de sujeitos vinculados. Outros Autores rompem esta *unidade* e invocam tratar-se de obrigações *autónomas*, totalmente *independentes*, com um nexo de complementaridade a explorar[1635]. Neste caso, a influência final recíproca entre as obrigações constituídas – impedindo que o lesado seja ressarcido além do dano sofrido – quebra a total autonomia entre essas obrigações. Cumpre decidir.

Recuperando o texto legal, sabemos que, pese embora o legislador considere a possibilidade de unificar a responsabilidade de vários sujeitos no âmbito da mesma obrigação, ainda que respondam a vários títulos (p. ex., respondendo *solidariamente* por culpa e por risco, tal como a responsabilidade do comitente e do comissário, 497.º, 499.º), ele também determina, em certos casos, a coexistência de vários *créditos indemnizatórios*. Este é um ponto a reter. Exemplo paradigmático deste último caso (implicando, portanto, a coexistência de vários direitos ao ressarcimento de danos) é a situação de responsabilidade inerente à perda de qualquer coisa ou direito, na qual o responsável pode exigir a cessão dos direitos do lesado contra terceiros (568.º). Metodologicamente, é necessário, para efeito desta cessão, que o lesado disponha, *à partida*, de vários direitos, necessariamente aquele que o vincula ao cessionário e ao terceiro, objeto da cessão[1636].

Neste campo cumpre, entre outros aspetos, delimitar a figura da *cessão dos direitos do lesado* (568.º) do funcionamento do regime de *solidariedade* (em particular ao nível do exercício do direito de regresso, 524.º)[1637]. Isto, porquanto a cessão de créditos do lesado indicia uma *recuperação* do crédito despendido pelo lesante a favor do lesado *através* do cedido contra

[1635] ANTUNES VARELA, *Das Obrigações*, I, 940. O A. apelava à existência de um «duplo direito de indemnização [...] não para obter duas indemnizações pelo dano sofrido, mas para mais eficazmente se defender contra o risco de ver frustrada uma delas».

[1636] PIRES DE LIMA e ANTUNES VARELA assumem tratar-se de uma «sub-rogação ao credor na titularidade dos direitos perdidos», em *Código Civil anotado*, I, 586. Por seu turno, MENEZES CORDEIRO E BARRETO MENEZES CORDEIRO enquadram a figura como uma *cessão* em sentido próprio, em *Código Civil comentado*, II, 583. V., ainda, VAZ SERRA, *Obrigação de indemnização*, 178-183.
Não se evita, no entanto, a dificuldade de determinar se a cessão de créditos se pode reportar, a título de objeto, a *pretensões indemnizatórias*, apenas (e não a direitos de crédito no seu todo), embora o texto legal, mediante a referência a «direitos contra terceiros», indicie que essa decomposição não tem lugar. Neste sentido, invocando a existência de «dois direitos de indemnização», v. BRANDÃO PROENÇA, *Lições*, 142.

[1637] Cf. a anot. ao art. 568.º por HENRIQUE SOUSA ANTUNES, em *Comentário ao Código Civil*, 574-575.

o terceiro; e esta vertente encontramo-la, *mutatis mutandis*, no plano interno da solidariedade, a qual pressupõe uma *repartição* de responsabilidades. Quanto a este aspeto, e embora esta cessão abranja tanto as *pretensões creditórias*, como as *reais*[1638], é nas primeiras que as dificuldades se acentuam. Isto, porquanto se suspeita que a *cessão de pretensões creditícias* pode ser facilmente confundida com o exercício deste direito de regresso. Devemos, então, adensar e encontrar o espaço próprio de aplicação de cada uma destas figuras.

Podemos, ainda assim, aprofundar a outra possibilidade, desde já por nós afastada, designadamente a de considerar a *unidade do direito subjetivo* em causa. Como, então, para este entendimento, caracterizar a *situação jurídica em causa*, atendendo à complexidade introduzida pela pluralidade de sujeitos? Tradicionalmente, distingue-se no âmbito da mesma obrigação, aquela que é de tipo *plural* (a par das de sujeito determinado e indeterminado) e, em novo grau, a obrigação (*a*) *conjunta* (ou *parciária*) por oposição (*b*) à *solidária* (512.º-533.º)[1639]. Vejamos os motivos pelos quais este modelo (da mesma obrigação, ainda que plural) não é apto a enquadrar a figura em análise.

[1638] Sobre a admissibilidade das pretensões reais (*dingliche Ansprüche*), v. Menezes Cordeiro, *Direito das Obrigações*, II, 408 (incluindo os direitos do próprio lesado, pese embora a menção expressa a «direitos contra terceiros»); Menezes Cordeiro e Barreto Menezes Cordeiro, *Código Civil comentado*, II, 583; Paulo Mota Pinto, *Interesse*, I, 760; Henrique Sousa Antunes, ob. cit., 574. O problema não se coloca no sistema alemão porquanto o § 255 BGB inclui expressamente esta possibilidade. Sem prejuízo, a admissibilidade das pretensões reais dificulta a sua articulação com a pretensão indemnizatória. P. Mota Pinto dá nota disto mesmo, citando o caso de «o responsável, depois de ter pago a indemnização, consegue obter a coisa». Este exemplo retrata claramente a dificuldade em se evitar a duplicação de ressarcimento dos danos do lesado – *i.e.*, o enriquecimento do lesado por somar à entrega da coisa (reconstituição natural) a indemnização já paga (em espécie), na parte referente à perda da mesma coisa. A razão está, de facto, com Larenz, também citado por aquele A., o qual argui que a propriedade (ou qualquer outro direito menor, acrescente-se) não se extingue pelo cumprimento da obrigação de indemnização (*Lehrbuch*, I, AT, § 32, I, 558). Então, para se evitar a duplicação da indemnização, cumpre ao lesado escolher, em alternativa à indemnização (na parte referente à perda da coisa), a própria devolução da coisa. O aspeto é omisso da nossa lei e pode ser, ainda, encarado pela *alternatividade* entre a forma de reconstituição natural *após* a indemnização ter sido paga em dinheiro, bem como, por outro lado, pela relevância de fatores supervenientes, nomeadamente de *vantagens futuras*, que obriguem à diminuição da indemnização inicialmente fixada. Num momento anterior à liquidação da indemnização, o valor da coisa pode ser tido em conta na medida da indemnização, resolvendo definitivamente a matéria.

[1639] V., em geral, Antunes Varela, *Das Obrigações*, I, 741-743, 748-801; Vaz Serra, *Pluralidade de Devedores e de Credores*, BMJ 69 e 70 (1957), 37-352, 5-240, respetivamente; Gomes da Silva, *Da solidariedade nas obrigações*, RDFDL, Ano 5 (1948), 289-354; Menezes Cordeiro, *Direito das Obrigações*,

a. [*parciariedade*] A *conjunção* (*Teilschuld*), ao caracterizar-se por fixar uma prestação *repartida* entre vários devedores ou credores, não tem aptidão para enquadrar este modelo de concurso: as *pretensões* no regime da parciariedade têm manifesta *complementaridade*. Mercê desta natureza, a mera *adição* do conteúdo das pretensões de todos os co-obrigados perfaz a totalidade da prestação, necessariamente. Todavia, esta característica não é própria, nem necessária do modelo de concurso heterónomo presentemente tratado: no nosso caso, a responsabilidade de um sujeito pode, por sinal, abarcar a *totalidade* da responsabilidade de outro, sem que se negue a coexistência de ambas. Mais: por referência aos danos a ressarcir, se estes forem *comuns* a ambos os títulos de imputação, as responsabilidades não se *complementam* como sucede no caso típico da conjunção; são, ao invés e nessa exata medida, *alternativas*, admitindo-se existirem zonas de sobreposição de tutela, prevenindo-se a duplicação de indemnização devida ao lesado. Assim, na figura do concurso, existe necessariamente uma quebra da *autonomia* que tende a caracterizar as *pretensões* (*parcelas* ou *vínculos*) da obrigação conjunta, a qual previne intrinsecamente que os factos extintivos relativos a cada co-obrigado (por sinal, o cumprimento) não produza qualquer efeito sobre as demais[1640].

I, 377-386, *Tratado*, VI, 768-788; Menezes Leitão, *Direito das Obrigações*, I, 170-179; Almeida Costa, *Direito das Obrigações*, 661-685; Brandão Proença, *Lições*, 133-143; Larenz, *Lehrbuch*, AT, I, §§ 36 e 37, 620-649; Walter Selb, *Schadensbegriff und Regressmethoden*, Carl Winter: Heidelberg (1963); Gerhard Dilcher, *Zu Begriff und Funktion der Gesamtschuld*, JZ, 22 (1967), 110-116; Horst Jürgens, *Teilschuld, Gesamtschuld, Kumulation*, Nomos: Baden-Baden, Studien zum Handels-, Arbeits– und Wirtschaftsrecht, 3, (1988). A par destas modalidades, existem outras de verificação infrequente, tal como as (1) *obrigações comuns* (*Gemeinschaftliche Schuld*) ou «em mão comum» (cf., Januário Gomes, *Assunção Fidejussória*, 178, Brandão Proença, *Lições*, 134, Menezes Cordeiro, *Direito das Obrigações*, I, 376-377, *Tratado*, 762-763, Antunes Varela, *Das Obrigações*, I, 752, nota 3, 755, nota 1), existentes na comunhão conjugal (1695.º) e no regime sucessório da herança indivisa (2097.º), bem como as (2) obrigações *correais* (cf., Vaz Serra, *Pluralidade*, 59, Menezes Cordeiro, *Obrigações*, I, 380, *Tratado*, VI, 756-759, Barbosa de Magalhães, *Das obrigações solidarias em direito civil portuguez*, Coimbra (1882), 5, Menezes Leitão, *Direito das Obrigações*, I, 178, nota 366) e, ainda, as obrigações (3) *disjuntas* (cf., Manuel de Andrade, *Teoria Geral das Obrigações*, 110, Januário Gomes, *Assunção Fidejussória*, 169-170, Menezes Cordeiro, *Direito das Obrigações*, I, 377, Menezes Leitão, *Direito das Obrigações*, I, 178-179 e nota 367).

[1640] Neste sentido, apelando ainda à livre transmissibilidade das parcelas, v. Antunes Varela, *Direito das Obrigações*, I, 750. Note-se que o ilustre Professor, embora enquadre esta modalidade no âmbito da mesma obrigação, utiliza, em sinonímia, os conceitos de «parcela», «vínculo», «direito», «obrigação» por referência à parte do débito ou do crédito comum em que participam os sujeitos na obrigação solidária, o que se opõe à clareza habitual da sua exposição (*idem*, 748-750).

b. [*solidariedade*] Por sua vez, o modelo de *solidariedade* (*Gesamtschuld*), commumente apontado pelos Autores, não pode ser avançado sem mais, fora do escopo comercial, onde é a regra (100.º CCom). No plano civil, o legislador fez depender o regime de solidariedade – por referência, tanto a uma pluralidade *passiva* (de *vários devedores*), como *ativa* (*vários credores*) – de uma *previsão expressa* (*solidariedade legal*) ou da *vontade das partes* (se *convencional*, 513.º), inexistente no caso[1641]. Manifestamente, a solidariedade (em particular, atendendo ao disposto no artigo 497.º), não pode romper com a natureza marcadamente excecional deste regime (513.º).

Nesta medida, pese embora se concorde com a natureza solidária da responsabilidade do comitente e do comissário (497.º/1 *ex vi* 499.º), apontar esta natureza em determinados casos é totalmente excessivo e depende da promoção deste modelo (497.º) a *princípio geral*, o que manifestamente não pode ocorrer, por conflito direto com a sua (insiste-se) natureza excecional (513.º). Exemplo deste processo, presentemente criticado, é a surpreendente falta de hesitação de vários Autores na qualificação da natureza *solidária* da responsabilidade perante o credor (*i*) do devedor (obrigacional, pelo risco[1642]) e dos seus representantes legais ou auxiliares, (800.º/1)[1643] ou, ainda (*ii*) do devedor (obrigacional, novamente)

[1641] Aponta a natureza excecional a este regime, ALMEIDA COSTA, *Direito das Obrigações*, 668. Contra, MENEZES CORDEIRO indica que, em caso de concurso de responsabilidades subjetivas, na tutela do mesmo dano, resulta na constituição de uma obrigação subjetivamente complexa, em regime de solidariedade e com eventuais regressos (497.º/1 e 2).

[1642] *Supra*, § 4.

[1643] É, aliás, curioso que PESSOA JORGE não hesite em aplicar este regime de solidariedade entre o devedor e o seu auxiliar e substituto (800.º), mas duvide quando se trata da responsabilidade do comitente (pelo risco) e a do comissário, cf. *Ensaio*, 150-151. No mesmo sentido, v. CLÁUDIA MADALENO, *A responsabilidade obrigacional*, 845, erigindo o art. 497.º/1 a «norma geral», embora (note-se) a ilustre Professora negue a existência de um direito de regresso entre estes agentes (*idem*, 901), o que afasta necessariamente a aplicação do disposto no art. 497.º/2. Em linha, v. a anot. de ANA PRATA ao art. 800.º, em *Código Civil anotado* (Coord. Ana Prata), 1001. Não somos desta opinião, como adiante se demonstrará.
No que respeita, em concreto, à responsabilidade do *representante legal*, cumpre notar que estes respondem em termos delituais perante o terceiro (tanto pela lesão do crédito, enquanto terceiros, como pela ofensa de outro direito subjetivo, 483.º/1), mas por regra apenas em termos obrigacionais perante o representado, em particular por referência ao negócio que seja fonte da obrigação incumprida e que confira aquele poder (de representação). A distinção que subjaz ao preceito entre auxiliares e os representantes atende às reservas apontadas à responsabilidade destes últimos. Note-se que os representantes *legais* (*v.g.*, os pais, o tutor, o administrador de insolvência) suprem a incapacidade dos representados, sendo este o seu propósito; a sua atuação apenas pode abranger

e do terceiro que o haja auxiliado no incumprimento (a título delitual), por aplicação (note-se), em ambos os casos, do disposto no artigo 497.º/1. Aprofundemos este último caso. Nesta última hipótese (perante a responsabilidade do terceiro na lesão do crédito), a favor da solidariedade, depõe EDUARDO SANTOS JÚNIOR. O ilustre Professor opta fundamentadamente pela lógica da solidariedade, se bem que o seu entendimento se funde também na defesa da natureza *central* da modalidade delitual, enquanto verdadeira matriz da responsabilidade civil[1644]. Em linha, MENEZES CORDEIRO afirma que o terceiro que viola o crédito é co-responsável com o devedor pelo incumprimento em modelo de solidariedade (497.º), pese embora estes sujeitos respondam por modalidades distintas[1645]. Por fim, mesmo no plano das obrigações autónomas, também para JORGE DUARTE PINHEIRO, numa situação típica de adultério, na qual o terceiro e o cônjuge respondem por diversos títulos, afirma que a sua responsabilidade é *solidária*[1646].

os atos lícitos (por referência à prática de delitos ou ao incumprimento de obrigações, 483.º/1, 798.º e ss.). Entendeu-se, contudo, que o risco do incumprimento deve ser suportado pelo património do representado (cf. MENEZES LEITÃO, *Direito das Obrigações*, II, 260). Isto não significa, contudo, que não ocorra um «acerto» de responsabilidade no plano interno, entre representante e representado. Sem prejuízo, o apuramento da responsabilidade do representante (legal ou voluntário) imprime um conjunto de particularidades que justificam uma investigação autónoma, entre as quais o eventual abandono da qualificação da responsabilidade do devedor como objetiva (cf. CUNHA DE SÁ, *Direito ao cumprimento*, 16, nota 10), a imputação de estados subjetivos inerentes ao requisito da culpa, em confronto com a boa ou má fé (259.º/2) e a densificação das situações de *abuso de representação* (cf. PEDRO DE ALBUQUERQUE, *A Representação voluntária*, 603 e ss.). Noutro plano, convergente com esta responsabilidade, a possibilidade de o representado ser responsável penalmente (11.º/2 CP), desconhecida além-Reno (cf. LARENZ, *Lehrbuch*, AT, I, § 20, VII, 295), aprofunda o isolamento dos nossos quadros dogmáticos.

1644 O A. reconhece expressamente este fundamento, em *Responsabilidade Civil*, 213 (nota 726).

1645 *Tratado*, VIII, 733. Vimos, contudo, que, no âmbito da responsabilidade *comitente-comissário* (500.º) onde é certamente determinante o campo remissivo (499.º), o A. nega essa solidariedade, atendendo à potencial autonomia das imputações em causa, em particular pela possibilidade de tutelarem danos diversos (*Tratado*, VIII, 616). Resta, portanto, saber se estas reservas também são aplicáveis à hipótese em causa, servindo também para negar o regime de solidariedade perante as modalidades delitual e obrigacional de responsabilidade...

1646 *O Núcleo*, 728 (notas 1756 e 1757). Supomos que o ilustre Professor não tenha, entretanto, revisto a sua posição e qualificado a responsabilidade do *cônjuge* adúltero como delitual. Embora o Autor remeta no seu manual para a responsabilidade civil ao «abrigo das regras gerais (cf. art. 483.º e ss.)» (*Direito da Família contemportâneo*, 465), invoca posteriormente a não aplicação do princípio da presunção de culpa (799.º, ob. cit., 467, nota 808). Ora, esta última ressalva apenas se compreende conquanto a responsabilidade em causa seja *obrigacional*, em linha com o entendimento expresso do Autor na primeira obra citada.

Sem prejuízo, o regime da solidariedade geralmente indicado para caracterizar a situação em causa tem o mérito de indiciar um passo metodológico importante nesta matéria: o regime da solidariedade admite a coexistência de pretensões iguais no âmbito da *mesma obrigação*, naturalmente[1647]. Esta obrigação é, no espectro subjetivo, de tipo *plural* e, se *passiva* (por vincular vários devedores, como é caso), caracteriza-se, *quanto aos efeitos*, a dois momentos, por (*a*) responsabilizar, por *toda a prestação*, *todos* os devedores, bem como por (*b*) determinar um efeito comunicante extintivo pelo cumprimento de qualquer um deles (512.º/1). Será este o substrato do concurso em presença? Ora, a principal dificuldade que este modelo de solidariedade atravessa é a da sua constituição, já que nada obstaculiza a verificação daqueles *efeitos*. Pois bem, *de raiz*, neste tipo de concurso, os potenciais responsáveis encontram-se obrigados por *prestações distintas*, ainda que acidentalmente idênticas.

Nas palavras de Savatier, relativas a uma hipótese de concurso heterónomo de responsabilidade, «[o] dano causado pelo acidente a uma pessoa constitui um todo. Mas as pretensões de reparação de vítima, as quais diferem, como já vimos, pela sua causa, também não são idênticas no seu objeto»[1648].

Cumpre, portanto, esclarecer se o modelo de solidariedade ainda se coaduna com uma solidariedade passiva que vincule os sujeitos obrigados em diferente *medida* ou, melhor, por *prestações distintas*.

A questão erigida radica num ponto clássico de controvérsia do Direito das Obrigações. A nossa lei determina que a «obrigação não deixa de ser solidária pelo facto de os devedores estarem obrigados em termos diversos ou com diversas garantias, ou de ser diferente o conteúdo das prestações de cada um deles» (512.º/2). Parece, assim, não existir nada a obstar ao modelo de solidariedade pelo facto de os co-responsáveis se encontrarem vinculados a prestações com *conteúdo distinto*. A identidade da prestação

[1647] Cf., *supra*, § 5; 1.

[1648] Tradução livre de «Le dommage cause par l'accident a une personne constitue un tout. Mais les creances de reparation de la victime, qui different, on vient de le voir, par leur cause, ne sont pas, non plus, identiques dans leur objet.», *La surabondance des débiteurs de réparation autour de la victime d'accident et l'enchevêtrement de leurs dettes*, Il Foro Italiano, Vol. 85, N.º 10 (1962), 129-136 (131).

(*eadem res debita*) ou do conteúdo concreto da pretensão não é, portanto, característica necessária da solidariedade[1649].

ANTUNES VARELA dá nota de um segundo ponto de discórdia relativamente às obrigações solidárias, radicadas na necessidade de partilha da *fonte* ou da *causa* da obrigação (*Identität des Schuldgrunds*), tal como sugerido inicialmente pela doutrina alemã. Contudo, este requisito (da *eadem causa*) também não é necessário à qualificação da solidariedade da obrigação. Aliás, LARENZ admite expressamente – e este aspeto é de destacar – que, perante o mesmo dano, podem responder vários devedores solidariamente com base em *fontes* distintas de responsabilidade, tal como a título contratual e delitual[1650].

Resta saber o que unifica geneticamente as prestações dos devedores solidários, para avaliar a adequação de aplicação deste regime à hipótese de concurso gizada. Tradicionalmente, exige-se a "comunhão de fim" (*Zweckgemeinschaft*), ou de propósito, das prestações (ainda que diferentes)[1651].

[1649] Assim, VAZ SERRA, *Pluralidade de Devedores e de Credores*, 101-103 («[e]sta identidade de conteúdo não é um requisito forçoso da solidariedade, a qual se concebe e pode produzir efeitos ainda que o conteúdo das diferentes obrigações não seja o mesmo»; *idem*, 101; JANUÁRIO GOMES, *Assunção Fidejussória*, 191, 194; BRANDÃO PROENÇA, *Lições*, 137. Contra, ANTUNES VARELA (*Das Obrigações*, I, 758) restringe o valor do disposto no art. 512.º/2 às cláusulas acessórias (termo, condição, estipulação e prazo, lugar de cumprimento e garantias) e, no que respeita em concreto ao conteúdo da prestação, à variação da responsabilidade pelo capital ou pelo capital e pelos juros (*idem*, 759), qualificando estas pretensões como alternativas, subjetivas e objetivamente (*idem*, nota 2). Em linha, MENEZES LEITÃO, *Direito das Obrigações* I, 171. Nem se pode, hoje, considerar outro o entendimento maioritário no sistema alemão, cf. SCHLECHTRIEM/SCHMIDT-KESSEL, *Schuldrecht*, AT, 6.ª ed, Mohr Siebeck: Tubinga (2005), 838.

[1650] cf. *Lehrbuch*, I, AT, § 37, I. Segundo o ilustre Professor essa fonte não necessita de corresponder ao mesmo fenómeno da vida (*gleichen Lebensvorgang*): será, porventura, o caso de contratos celebrados em momentos distintos, da responsabilidade assumida por cofiadores e, ainda, de uma assunção sucessiva de dívida, dando nota de ser a doutrina maioritária, *Lehrbuch*, I, AT, § 37, I, 635 (nota 15). Entendimento seguido, entre nós, por JANUÁRIO GOMES, *Assunção Fidejussória*, 217-221 e BRANDÃO PROENÇA, *Lições*, 137.

[1651] BRANDÃO PROENÇA, *Lições*, 137; ANTUNES VARELA, *Direito das Obrigações*, I, 764. JANUÁRIO GOMES, *Assunção Fidejussória*, 194-195, dá nota do afastamento da teoria da comunhão de fim de ENNECCERUS, para enquadrar a identidade do interesse do credor na prestação, embora sem expressivo acolhimento no plano nacional. O A. exemplifica a relação de solidariedade entre a reparação *in natura* e a indemnização em dinheiro, bem como entre a responsabilidade do arquiteto e do empreiteiro (*idem*, 199). Também neste A. consta a profunda e criteriosa explanação da evolução das demais teorias referentes aos requisitos constitutivos da solidariedade, nomeadamente a *teoria da comunhão na extinção* (*Tilgungsgemeinschaft*), na *comunhão no cumprimento* (*Erfüllungsgemeinschaft*); cf., *idem*, 204-232.

É, de facto, o que se verifica no caso, uma vez que os co-responsáveis estão adstritos a prestações que visam globalmente o ressarcimento dos danos do lesado, ainda que em *diferente medida*. Contudo, esta *comunhão teleológica* não é característica bastante para qualificar isoladamente determinadas obrigações como *solidárias*. Importa perceber, por um lado, se a solidariedade ainda sobrevive, quando os co-obrigados o são por natureza acidental, *i.e.*, não voluntária[1652]. Por outro, tal como aponta LARENZ, esta unificação na subserviência ao mesmo *interesse do credor na prestação*[1653] não é característica *suficiente*: é necessário, ainda, que as prestações estejam escalonadas em planos ou graus idênticos[1654]. Caso contrário, tal como sucede na hipótese em mãos, não se pode verificar um efeito extintivo *imediato* e *automático*, impeditivo, por sinal, da cessão legal dos direitos (568.º). Veremos adiante as consequências deste requisito adicional.

Assim, numa hipótese de concurso de várias modalidades de responsabilidade civil (*heterónomo*), reportada a vários sujeitos (*plurisubjetivo*), afasta-se o modelo de solidariedade, quando os sujeitos não *respondam no mesmo grau*. Isto ainda que as obrigações em causa tenham uma *origem comum* (*i.e.*, a situação de responsabilidade considerada), ou não, e *destino*, visando o ressarcimento de todos os danos sofridos pelo lesado.

[1652] Os apologistas da *Zweckgemeinschaft* distinguiam, a propósito, a natureza *acidental* da identidade do fim nos casos que designaram de *solidariedade falsa* (*unechte Gesamtschuld*); cf., com referências, JANUÁRIO GOMES, *Assunção Fidejussória*, 195-196, e, ainda, GERHARD GRASNICK, *Unechte Gesamtschuld*, Berlim (1965), 104 e ss.

[1653] *Lehrbuch*, I, AT, § 37, I, 633. O presente critério (*dasselbe Leistungsinteresse des Gläubigers*) é seguido por JANUÁRIO GOMES, *Assunção Fidejussória*, 191, 194. Pode, aliás, reportar-se ao interesse contratual positivo ou negativo por diferentes devedores, desde que ainda se reportem *ao mesmo dano*, como dá nota K. WERNER LANGE, *Schuldrecht*, AT, 6.ª ed., C.H.Beck: Berlim (2021), 40-41.

[1654] LARENZ invoca o exemplo em que o credor contrata com dois devedores, sem conhecimento um do outro, o fornecimento do mesmo material para a obra, prevenindo o incumprimento de qualquer um deles. Neste exemplo, embora o interesse do credor seja idêntico, não existe inequivocamente *uma* obrigação (mas duas!), muito menos uma obrigação *solidária* (*Lehrbuch*, I, AT, § 37, I, 633). Importa, portanto, sublinhar este aspeto: a comunhão de fim é característica necessária da solidariedade, mas não exclusiva, dependendo de outros fatores. Aliás, essa *comunhão de fim*, mesmo para os AA. que a negam genericamente neste modelo de concurso, é admitida para hipóteses particulares, tal como a responsabilidade dos sócios (997.º/1 e 2) e dos cônjuges pelas dívidas sociais (1695.º/2); é o caso de ANTUNES VARELA, A. que invoca, no caso em mãos, existir em regra uma *coincidência de fim* e não uma *comunhão de fim* (*Das Obrigações*, I, 765).

b. [*relação jurídica entre as várias imputações*] Como qualificar a relação entre as *várias obrigações* que vinculam os vários co-responsáveis? Neste campo, em que não se unificam as obrigações paralelas, mas em que, ainda assim, existe uma *comunhão de fim* apela a doutrina aos casos de *solidariedade imprópria*[1655]. Resumidamente, a responsabilidades dos vários obrigados coexiste paralela, embora unificada, da simples perspetiva do lesado, ao ressarcimento dos prejuízos que sofreu, sem que este possa duplicar o montante indemnizatório por referência aos créditos existentes[1656].

Para compreender melhor o enquadramento final da situação jurídica em causa, devemos debruçar-nos sobre o regime legal. Nesta medida, recuperamos o mecanismo da *cessão dos direitos do lesado* como forma paradigmática de regulação da relação de «regresso» entre os responsáveis (568.º), ainda que não seja aplicável o regime da solidariedade passiva (524.º). A matéria é extensivamente regulada no Direito Alemão, onde se procura delimitar o espaço da solidariedade perante esta *cessio legis*[1657].

Existem, neste ponto, dois entendimentos que importa conhecer, a saber: para uns, (*i*) a cessão em causa regula o «direito de regresso» fora do campo da *solidariedade perfeita* (524.º), *i.e.*, quando a responsabilidade se encontra hierarquizada em diferentes *graus* ou, nas palavras de ANTUNES VARELA, perante um «escalonamento de responsabilidade» (com manifesta adesão à teoria dos níveis – *Stufentheorie* – de LARENZ, à qual já fizemos referência[1658]); para outros (*ii*) a norma (568.º) é de tipo geral, face à previsão especial do direito de regresso na *solidariedade perfeita* (524.º). Aprofundemos este aspeto.

> *i.* [*campos de aplicação dicotómicos*] Para o primeiro entendimento, a repartição de campos de aplicação entre o regime da solidariedade com o da cessão dos créditos do lesado depende da *paridade*, *igualdade* ou *identidade* de *graus*, *nível* ou *posição* das responsabilidades (*Gleichrangigkeit*, *Gleichstufigkeit*), presente no primeiro modelo (de solidariedade) e ausente no segundo (da cessão em causa, 568.º). Se esta igualdade falha, falha também a solidariedade *perfeita*: nem existe, por sinal, uma *solidariedade*

1655 BRANDÃO PROENÇA, *Lições*, 137. É expressão com que também somos pontualmente confrontados ao nível das instâncias; v., p. ex., o entendimento expresso no ac. STJ, de 11-Dez-2012 (LOPES DO REGO).

1656 É o *efeito extintivo recíproco* que afasta o enquadramento destas obrigações como *cumulativas*, ainda que *de indemnização*; cf. JANUÁRIO GOMES, *Assunção Fidejussória*, 198 e respetiva nota 166.

1657 Cf., com referências, PAULO MOTA PINTO, *Interesse*, I, 780 (nota 2115).

1658 *Direito das Obrigações*, I, 939-940.

falsa (*unechte Gesamtschuld*) ou *aparente* (*scheinbare*): o modelo da responsabilidade solidária é, em si, integralmente afastado[1659]. E quanto ao regime da cessão em causa, a desigualdade relevante é aquela em que o cessionário é graduado num *patamar superior* ao do devedor – p. ex., o depositário pode exigir que o lesado lhe ceda o crédito perante o autor do furto, mas não o inverso – restringindo-se, nesta medida, ainda mais o campo de aplicação da figura. O exemplo clássico (*Dombrand-Fall*)[1660] é o da catedral na cidade de Fulda, na Alemanha. Neste célebre caso, o Estado encontrava-se vinculado (por via de uma concordata) a conservar o edifício. Perante os danos provocados culposamente por um operador de fogo de artifício, em junho de 1905, discutiu-se o regresso sobre este pelas reparações efetuadas pelo Estado Prussiano. A admissão desse regresso é incontornável, merecendo aquele entendimento inicial a nossa adesão. Neste sentido situam-se, entre nós, A. como ANTUNES VARELA[1661] e RIBEIRO DE FARIA[1662].

JANUÁRIO DA COSTA GOMES[1663] dirige um conjunto pertinente de críticas a este entendimento, o qual é, ainda assim e de longe, o mais bem-sucedido. Resumidamente[1664], a dificuldade centra-se em conhecer

[1659] *Lehrbuch*, I, AT, § 37, I, 635. V., também, exigindo que os responsáveis se encontrem em pé de igualdade (*gleichstufig*) ou em igualdade de importância (*gleichrangig*) – já que a terminologia varia entre os AA. – FIKENTSCHER/HEINEMANN, *Schuldrecht*, AT/BT, § 64 II, 453, BROX/WALKER, *Allgemeines Schuldrecht*, § 37, 460, K. WERNER LANGE, *Schuldrecht*, AT, 40-41 e SCHLECHTRIEM/SCHMIDT-KESSEL, *Schuldrecht*, AT, 838. DIRK LOOSCHELDERS, *Schuldrecht*, AT, § 54, 446-448, concentra este requisito na identidade do interesse. Aliás, nos casos de responsabilidade subsidiária, na qual o critério da identidade de grau falha, o A. indica que ainda se pode falar de uma *solidariedade aparente*, pelo menos da perspetiva do *credor/lesado*.

[1660] RG, 26-Abr-1903 (RGZ 82, 206). Dando nota deste caso, v., entre nós, JANUÁRIO GOMES, *Assunção Fidejussória*, 196, e P. MOTA PINTO, *Interesse*, I, 780 (nota 2115).

[1661] ANTUNES VARELA, *Direito das Obrigações*, I, 756-757, 939-940, sem prejuízo de invocar posteriormente – sem aparente motivo – a necessidade de *comunhão de fim*.

[1662] *Obrigações*, II, 167.

[1663] Cf. *Assunção Fidejussória*, 222-232.

[1664] Remetemos a densificação das críticas concretamente apontadas para a respetiva obra pela manifesta impropriedade de as replicar integralmente. Aliás, o ilustre Professor também considerou um outro conjunto de críticas adentro do quadro dogmático do sistema alemão (ob. cit., 225-230, 229-230), entre as quais destacamos, pela sua pertinência no nosso regime: (*i*) a necessidade de se conjugar a *cessio legis* (§ 255 BGB, entre nós, 568.º) e a solidariedade (os quais deixam de ser figuras dicotómicas), para se prevenir um enriquecimento do lesado: afirmam, por exemplo, que, se o lesado for proprietário, a realização da prestação indemnizatória pela perda da coisa cumulada com a manutenção da propriedade referente a esse bem gera uma situação de enriquecimento injustificado. Invoca-se, por outro lado, que (*ii*) a igualdade de planos das responsabilidades não justifica

onde se situa a *graduação* das responsabilidades (entre o plano externo e o interno) e em que *medida*. O ilustre Professor inclina-se, por fim, supomos, para a identificação dos casos de comunhão na extinção ou na liquidação (*Tilgungsgemeinschaft*), remetendo o critério decisivo para outras construções, tal como a do concurso de pretensões e a de nivelação de vantagens[1665].

Sem prejuízo, vejamos as críticas apontadas pelo Autor ao modelo da igualdade de graus (*Gleichstufigkeit*), ao qual aderimos. Ora, o A. aponta (*i*) a impropriedade de se determinar o *grau* entre as responsabilidades em causa, para se afastar o modelo de solidariedade, uma vez que é necessário «mergulhar» nas relações internas da solidariedade. Este constitui, prossegue o A., um processo difícil e vulnerável a grandes injustiças, quando não haja «transparência das relações internas entre os devedores», bem como (*ii*) a impossibilidade de diferenciação devida dos casos de solidariedade perante responsabilidades autónomas (pense-se no devedor provisório que cumpre), quando o codevedor exerce o direito de regresso pela *totalidade* do crédito. Com a devida vénia, não julgamos estas críticas decisivas.

Quanto ao primeiro aspeto (*i*), a desigualdade de graus é manifestamente uma característica que qualifica as responsabilidades entre os vários co-obrigados. Nesta medida, representa *aparentemente* o mesmo processo lógico do plano interno da solidariedade (de regresso). Mas não é manifestamente o caso. Veja-se que, no modelo de solidariedade, estamos perante a mesma indemnização, o mesmo crédito[1666]. Nestoutro modelo,

a eficácia extintiva, a qual seria necessário explicar sem recurso à construção da *Gleischstufigkeit*. Que dizer sobre estas considerações? Brevemente, quanto ao primeiro caso (*i*), parece que a preocupação de criação de um enriquecimento ilegítimo pode ser prevenida pela simples determinação em concreto dos prejuízos sofridos e pela *medida de indemnização* devida, claro. No exemplo citado, se a indemnização tiver em conta o valor da coisa remanescente (ainda no património do lesado), evita-se recorrer ao instituto da *cessio* (para a transmissão do direito de propriedade do próprio lesado, note-se). Quanto à segunda crítica (*ii*), basta considerar a identidade do interesse do credor, ou seja, no plano indemnizatório pelo *ressarcimento do mesmo dano*, onde reside o efeito extintivo comunicante entre as várias responsabilidades em causa. Evita-se, pela proibição do excesso de ressarcimento, a duplicação das indemnizações. A própria *Gleischstufigkeit* não se situa neste campo e constitui apenas um requisito *adicional* a este para a construção do modelo de solidariedade.

1665 *Assunção Fidejussória*, 232.

1666 Conceptualmente, o legislador considera expressamente a *solidariedade no crédito indemnizatório* nos moldes *supra* descritos, *i.e.*, ao abrigo, claro, do mesmo crédito: consta uma breve menção quanto ao efeito da impossibilidade da prestação, subsistindo «a solidariedade relativamente ao [mesmo] crédito da indemnização» (529.º/1).

de responsabilidades autónomas, não. Não é, portanto, determinante que seja necessário *graduar primeiro*, para se *determinar depois* se existe ou não solidariedade. Por outras palavras, no modelo de solidariedade, pergunta-se, no plano interno, *em que medida participam os devedores na dívida* (516.º); nestoutro plano a questão é bem diferente, anterior e resume-se a inquirir sobre qual a *relação entre as responsabilidades*, na parte que se reporta ao mesmo interesse, nomeadamente o do dano em concreto sofrido pelo lesado. É, aliás, possível não existir uma sobreposição completa entre os prejuízos causados pelas responsabilidades autónomas – *v.g.*, responde exclusivamente o ladrão pelo dano causado na demais propriedade do lesado, para aceder ao local onde a coisa se encontrava ao cuidado do depositário – caso em que o modelo de solidariedade falha na totalidade, por pressupor a *unidade do crédito*. A consideração sobre o concurso de pretensões mantém, no entanto, total pertinência.

Quanto ao segundo apontamento (*ii*), julgamos que a responsabilidade pelo codevedor pela totalidade do crédito é também uma característica *acidental*, não necessária no plano interno (516.º), o qual comporta outras realidades. Em idêntica medida se situa o plano de *sobreposição* das responsabilidades autónomas em causa. Contudo – e daqui advém a diferença –, no modelo de solidariedade, sabemos que o devedor solidário adquire um direito *ex novo*, situação que não se verifica no modelo proposto, seja pelo mecanismo da *cessio* (564.º) ou da sub-rogação legal. Nesta pequena diferença metodológica, advêm outras de maior porte, como é sabido.

ii. [*especialidade do regime da solidariedade perfeita*] No polo oposto, invoca-se que o regime da solidariedade *perfeita* é *especial* perante o regime pressuposto pela cessão dos créditos do lesado (568.º), pelo que este inclui, nesta medida, a co-responsabilidade de qualquer obrigado, independentemente do grau. Por outras palavras, aceita-se que a responsabilidade solidária sobreviva sem uma igualdade de planos entre os co-obrigados. Todavia – e este é o ponto mais relevante –, este modelo conduz a que a *solidariedade perfeita*, e o exercício do regresso nesses termos (524.º, entre nós, e § 421 BGB), recolha aplicação *preferencial* sobre aquele (pretenso) regime-regra (568.º, entre nós, e § 255 BGB)[1667], pelo que pouco campo

[1667] Consta-se, ainda, um outro modelo de *cessio legis*, constante no § 426, II BGB, primeira parte, sem paralelo entre nós, o qual dispõe que «[n]a medida em que o devedor solidário cumpra perante o credor e possa exigir a compensação perante os demais, o crédito do credor perante os demais devedores é lhe transferido». Sobre a figura, v. a anot. ao § 426 BGB de Heinemeyer, em MüKoBGB (8.ª ed. de 2019), n.os 42, 43.

de aplicação resta ao (novamente pretenso) *regime geral*. Pois bem, nesta perspetiva, este regime-regra (568.º), preterido pela especialidade do regime da solidariedade, fica circunscrito às *pretensões reais*, já que as creditícias (incluindo o crédito emergente da *destruição da coisa*) são reguladas por especialidade pelo regime da solidariedade perfeita (524.º) – incluindo, sublinha-se, os casos em que obrigados comparticipam em medida diferente na dívida (516.º) – ou quando a lei expressamente comine o mecanismo da cessão ou da sub-rogação legal. Neste sentido, depõem, entre nós, PAULO MOTA PINTO[1668] e HENRIQUE SOUSA ANTUNES[1669]. Noutro contexto, como vimos – mas com relevância para a presente discussão –, perante a responsabilidade conjunta do devedor pelo incumprimento (por via obrigacional) e do terceiro que o auxiliou nesse incumprimento (por via delitual), vários AA., não hesitam em indicar uma relação de *solidariedade* entre estes responsáveis, ainda que em planos distintos.

Em nossa opinião, na hipótese de concurso em mãos, estamos perante *obrigações fora do espectro da solidariedade*, ou seja, obrigações puramente independentes às quais não se pode aplicar, sem mais, aquele regime de solidariedade[1670]. Nem este regime, marcadamente excecional nos nossos quadros legais (513.º) admite aplicação analógica, como é sabido (11.º)[1671]. Vimos que estas obrigações partilham da finalidade de satisfação *do mesmo interesse do credor*, nomeadamente o de ressarcimento de todos os prejuízos que sofreu pela situação de responsabilidade. Ao nível das pretensões que integram, por cada direito indemnizatório, manifestam, sem prejuízo, uma profunda autonomia: veja-se, por exemplo, as variações possíveis quanto à *forma* (*v.g.*, a reconstituição natural ou em espécie), o *conteúdo* (quanto aos prejuízos que

[1668] Supomos, com base nas vantagens que invoca deste regime, particularmente por se evitar a determinação da igualdade de planos pressuposta pelo primeiro entendimento; *Interesse*, I, 654, nota 2115.

[1669] HENRIQUE SOUSA ANTUNES, em *Comentário ao Código Civil*, 574-575.

[1670] Sobre o conceito, v. ANTUNES VARELA, *Das obrigações*, I, 748 – A. que afirma existir «apenas uma pluralidade de obrigações independentes, destinadas à satisfação do mesmo interesse do credor» (*Das Obrigações*, I, 765), admitindo, contudo, a aplicação analógica das regras da solidariedade. SANTOS JÚNIOR, *Da Responsabilidade Civil*, 555 (nota 1860); MANUEL DE ANDRADE, *Teoria Geral das Obrigações*, 110.

[1671] Contra, invocando que pese embora a falta de solidariedade, «alguns preceitos das obrigações solidárias possam ser aplicados, por analogia, ao tratamento jurídico de tais situações», v. ANTUNES VARELA, *Das Obrigações*, I, 765.

tutelam assimetricamente) e demais *elementos acessórios* (p. ex., a inexistência de um efeito comunicante das cláusulas de exclusão ou limitação de responsabilidade[1672]); e é precisamente isso que sucede na generalidade dos casos. Mais do que várias pretensões reportadas a um mesmo crédito indemnizatório trata-se, por seu turno, de *obrigações distintas*, as quais integram, claro está, *pretensões distintas*, sem consagração tipológica na nossa lei[1673].

> Ilustremos algumas situações típicas deste concurso *heterónomo plurisubjetivo passivo*: é o caso da responsabilidade da seguradora do lesado e a do lesante pelos danos ocorridos em resultado do sinistro provocado por este último, da responsabilidade do autor do furto da coisa e do depositário a quem a mesma foi confiada, do devedor pela falta de cumprimento e do terceiro que o auxiliou a incumprir[1674].

Podemos, nesta medida, enquadrar a *autonomia dos créditos* (ou seja, invocar que existe mais do que uma obrigação de indemnização) e, em particular, o efeito extintivo que se comunica às demais «pretensões» pelo cumprimento da obrigação. Ora, tal como visto no caso de concurso de pretensões (no âmbito do mesmo crédito indemnizatório), estas *pretensões* (ainda que reportadas a créditos distintos) unificam-se *acidentalmente*, já que o cumprimento de uma pode implicar o desaparecimento de um dos requisitos essenciais das demais: o ponto de referência é, ainda, o *dano*, quando este seja *comum* a todas as responsabilidades em concurso.

[1672] Esta cláusula é *res inter alios acta* perante terceiros, como nos dá nota Pinto Monteiro, *Cláusulas limitativas*, 421. Vimos, aliás, a complexidade da matéria numa hipótese de concurso unisubjetivo, ou seja, a eficácia desta cláusula perante pretensões concorrentes relativas ao mesmo lesante (cfr., *supra*, § 12; 2.2). Sem prejuízo, a matéria reveste grande complexidade, ao nível do plano interno, perante o eventual «direito de regresso» do co-responsável que não beneficiou da atenuação ou exclusão da responsabilidade. Neste plano, o princípio da relatividade obsta a que a cláusula seja invocada para se negar a repartição de responsabilidade entre os co-responsáveis. Sobre as várias soluções ao nível do direito comparado, v. Tony Weir, *Complex liabilities*, 92.

[1673] Seguimos, nesta medida, plenamente Larenz, *Schuldrecht*, AT, § 37, I, 635. Noutros países avançou-se um modelo de responsabilidade próprio, distinto da solidariedade, de que é exemplo típico a criação (sem consagração legal) da obrigação *in solidum* francesa, bem como a já vista *unrechte Solidarität* suíça (cf., neste sentido, Tony Weir, *Complex liabilities*, 73).

[1674] Brandão Proença, *Lições*, 137, apela ainda às relações «credor-assuntor da dívida-devedor primitivo» e «lesado-entidade patronal-detentor do veículo».

Como já afirmava LARENZ, é perfeitamente *incompatível* com o regime da solidariedade que o cumprimento integral de um dos co-obrigados não extinga a obrigação. E é isto precisamente que ocorre na cessão dos direitos do lesado, cujo regime, aliás, pressupõe esse cumprimento *sem efeito extintivo*: em virtude do "cumprimento" do responsável, o crédito é necessariamente *mantido* pelo lesado para se transmitir (por cessão) ao responsável[1675]. Por este motivo, não é admissível reverter o plano de exposição para um «interno» entre os co-responsáveis. Existem, por sinal, outros fatores que concorrem à negação de um puro regime de solidariedade, nomeadamente (1) o facto de modelo de solidariedade pressupor necessariamente a unificação da responsabilidade no âmbito do *mesmo crédito indemnizatório*, o que claramente não ocorre perante corresponsáveis independentes, com obrigações autónomas[1676] e (2) a incapacidade do modelo de solidariedade enquadrar *relações extintivas parciais* derivadas do cumprimento da obrigação de indemnização por um dos co-obrigados, uma vez que este efeito comunicativo depende da *comunhão* do dano e existem, neste ponto, assimetrias de tutela do crédito indemnizatório (parcial ou totalmente) satisfeito perante os demais.

Situações conexas com esta (e com as quais não se confundem) são aquelas caracterizadas a dois momentos: (1) pela solidariedade perante o lesado (relações externas), mas (2) com variações no plano interno, aquando do exercício do direito de regresso (516.º). Nestes casos – de que são exemplo a responsabilidade do *comitente-comissário* (500.º/1), ou do devedor e do terceiro que assumiu (cumulativamente) a dívida (595.º) –, é possível negar o exercício do regresso, *a priori* (se for, regra geral e nos casos referidos, o *comissário culposo* a cumprir ou o *devedor*), e ainda falar-se, com total propriedade, de *solidariedade*. O conceito de solidariedade *perfeita* ou *imperfeita* que muitas vezes caracteriza a situação no entendimento de um setor relevante da doutrina não revela, neste campo, utilidade[1677]. Aliás, no plano interno, o legislador apelou expressamente aos casos em que «da relação jurídica ente eles existente não resulte que são diferentes as suas partes, ou que só um deles deve suportar o encargo da dívida ou obter o benefício do crédito» (516.º).

[1675] No mesmo sentido, v., retratando o modelo francês, PAUL CHARLIER, *Du cumul «des indemnités»*, 207.

[1676] Essa autonomia protege o responsável de responder pelos prejuízos causados exclusivamente pelos demais, ainda que no âmbito da mesma situação de responsabilidade.

[1677] Assim, JANUÁRIO GOMES, *Assunção Fidejussória*, 254-261.

Reconhece-se, contudo, a insuficiência do modelo gizado para delimitar conceptualmente o de solidariedade e, em decorrência, o concurso plurisubjetivo considerado. Talvez a razão resida com SCHLECHTRIEM/SCHMIDT-KESSEL, os quais negam o sucesso de semelhança empreitada jurídica, atendendo à heterogeneidade das figuras que se enquadram no modelo de solidariedade, particularmente aquelas forçadamente solidárias por expressa designação legal[1678].

III. Cumpre, portanto, enquadrar a *relação normativa* entre as obrigações que concorrem ao ressarcimento dos mesmos prejuízos e nas quais, na expressão de JANUÁRIO GOMES, o cumprimento perante o lesado é encarado apenas como uma «mera libertação face à pessoa concreto do credor comum que não como *libertação do vínculo* – que não como efeito extintivo recíproco»[1679], atendendo ao facto de se conformar, noutro plano, «interno», a responsabilidade entre estes sujeitos co-responsáveis (antigos lesantes, perante o lesado).

Compreendida a manutenção da *escolha* do lesado em exigir a qualquer um dos lesados a reparação integralmente dos prejuízos que sofra, dentro dos limites do respetivo vínculo, cumpre aprofundar o regime de graduação dessa responsabilidade. Aliás, hierarquizar o plano de responsabilidades destes co-obrigados prejudicaria potencialmente de forma séria o ressarcimento dos danos, particularmente em caso de insolvência ou falta de meios do devedor principal[1680].

Embora essa graduação assuma detenha maior peso nas ligações entre os co-responsáveis, é relevante no âmbito da relação *lesado/co-responsáveis*, atendendo, em especial, ao facto de o *co-responsável não prioritário* poder exigir a cessão do que o lesado detenha sobre os demais, sob pena de recusa legítima de não cumprir, como vimos (428.º). Aprofundemos, então, essa *graduação*.

(*b*) Relações internas; entre os co-responsáveis

IV. A opção do lesado em acionar um determinado responsável entre os demais não consolida em princípio e definitivamente a responsabilidade de todos os visados. No caso em apreço, pela presença de uma pluralidade

[1678] SCHLECHTRIEM/SCHMIDT-KESSEL, *Schuldrecht*, AT, 839.

[1679] JANUÁRIO GOMES, *Assunção Fidejussória*, 203, explorando aliás a expressão legal que se reporta, em virtude do cumprimento, à extinção *relativamente ao credor* das obrigações e todos os devedores (523.º, *idem*, 212); ainda que o ilustre Professor procure enquadrar estas obrigações no contexto de uma categoria autónoma, *a se*, de «solidariedade de base legal» (*idem*, 203).

[1680] JANUÁRIO GOMES, *Assunção Fidejussória*, 222.

de responsáveis, custa admitir que, p. ex., são *iguais* a responsabilidade entre o autor do furto e o depositário a quem a coisa fora confiada. As dificuldades resumem-se, inicialmente, em linha com E. Deutsch e H. Ahrens, em compatibilizar o princípio de prevenção do enriquecimento do lesado e o da distribuição de responsabilidade entre os lesantes[1681]. Emerge, por outro lado e principalmente, uma outra dificuldade: a terminológica. Debruçando-se sobre este assunto, vários AA. avançam vários conceitos com o simples propósito de graduar a responsabilidade entre vários lesantes e identificar a sua natureza global. Infelizmente, emergiu inauditamente neste campo uma nova confusão babélica: quanto aos sujeitos, distingue-se o responsável *definitivo, principal, final* ou *da frente* do responsável *provisório, secundário, inicial* ou *de trás*, respetivamente, e, por outro lado, quanto à função desempenhada, por vezes apela-se a um *adiantamento do pagamento* (*Vorschulssleistung*)[1682] ou, no geral, *de garantia*, por contraste com a responsabilidade definitiva, a atribuir a uma ou a vários responsáveis[1683]. As noções têm também acolhimento jurisprudencial[1684].

Vimos, no entanto, que o legislador não avançou qualquer construção tipológica para a relação entre estas normas de responsabilidade. A lacuna é, portanto, manifesta e cumpre integrá-la[1685]. Para o fazer, é necessário investigar a dois momentos:

[1681] Erwin Deutsch e Hans-Jürgen Ahrens, *Deliktrecht*, 6.ª ed., Vahlen: Munique (2014), § 12, 60.

[1682] *Lehrbuch*, I, AT, § 37, I, 634.

[1683] Apelando tratar-se de um caso de «solidariedade imperfeita», uma vez que, «nas relações entre os obrigados há só um devedor», v. Miguel Pestana de Vasconcelos (*Direito das Garantias*, 2.ª ed., Almedina: Coimbra, 2015, 182), embora com um papel de garantia (*idem*, 185, nota 543).

[1684] Cfr., por todos, o recente ac. STJ de 11-Jul-2019 (Henrique Araújo).

[1685] A propósito deste caminho metodológico, no que concerne à lacuna detetada, criticamente, Castanheira Neves, *Questão-de-facto-Questão-de-direito ou o problema metodológico da juridicidade*, Almedina: Coimbra (1967), 278-328 (*maxime* 292-293). Existem, contudo, outros casos de repartição da responsabilidade do plano interno. Nestes casos, é a lei que pré-determina a responsabilidade principal ou secundária dos agentes. Vejam-se as hipóteses apontadas por Antunes Varela (*Das Obrigações em Geral*, I, 940, e respetiva nota 2) (1) da responsabilidade do segurador pelo acidente de viação e a responsabilidade da seguradora pelo acidente de trabalho – nos termos do art. 7.º da Lei n.º 1942, (2) da responsabilidade do segurador, pelos objetos deteriorados ou perdidos, que fica sub-rogado no direito do sub-rogado contra o terceiro autor do sinistro (441.º CCom) e, por fim, (3) no confronto da responsabilidade civil da companhia de seguros, no sistema de seguro obrigatório de responsabilidade civil automóvel, perante um terceiro lesado, contra, por exemplo, os autores do furto (alínea b) do n.º 1 do art. 27.º do DL n.º 291/2007, de 21 de agosto, na sua redação atual). O ilustre Professor distingue, ainda, a *voluntariedade* ou automatismo da transmissão do direito ao ressarcimento total, já que esta pode ocorrer independentemente da vontade do lesado, para o responsável secundário, o qual pode exercer posteriormente este direito contra o principal, em estrita dependência da sua vontade (568.º; cf. *idem*, 941).

a) o *critério* que gradue a responsabilidade; e
b) a *forma* de repartição da responsabilidade previamente apurada.

a. [*critério de repartição de responsabilidade*] Em primeiro lugar, não existe um modo direto de graduar responsabilidades e agilizar um critério definitivo para o efeito pretendido. A repartição por cabeça do *quantum* indemnizatório por todos os responsáveis não seria uma solução justa na generalidade dos casos e contém o risco sério de criação de uma responsabilidade global, quando as responsabilidades autónomas detêm um conteúdo diferente. Por outro lado, sabemos que a utilidade deste *critério de graduação* serve exclusivamente para a repartição interna da responsabilidade entre os vários responsáveis, contaminando necessariamente o plano externo (p. ex., para efeito da legítima exigência da cessão dos direitos do lesado pelo responsável *não principal*, 568.º). Não existe assim – e isso é vantajoso – uma graduação *externa* (perante o lesado) diferente da *interna* (entre os responsáveis) de responsabilidade. A graduação é, por sinal, única e não influencia a autonomia dos créditos do lesado no plano externo, como vimos. Mas nem por este motivo se afasta a complexidade da matéria. Pois bem, para integrar a lacuna existente, devem-se considerar os aspetos do regime com o qual apresente maior familiaridade, respeitando as particularidades do fenómeno, por forma a encontrar o critério mais adequado. Aqui não restam dúvidas: é a *solidariedade* no plano interno, designadamente no exercício do direito de regresso, a construção que apresenta a maior proximidade com a situação em mãos.

Podemos destacar, entre os vários aspetos que demonstram a proximidade deste tipo de concurso com a solidariedade, o facto de ambos partilharem (*i*) um efeito extintivo comunicativo perante o lesado (*unum debent omnes*) mediante a satisfação do crédito indemnizatório e (*ii*) este efeito pode ocorrer limitado à *parte comum* da responsabilidade[1686]. Existe, por outro lado, inicialmente (*iii*) um dever de *prestação integral*, ainda que com conteúdo diferente, de cada um dos co-responsáveis. Note-se, ainda, que (*iv*) a insolvência de um dos devedores não prejudica o credor/lesado, (*v*) a prescrição não afeta a integralidade do crédito, uma vez que se reporta a *cada* prestação e (*vi*) para a satisfação da integralidade do crédito pode bastar demandar um devedor solidário ou alguns (algo que se opõe por natureza a uma obrigação *parciária*). Por fim, (*vii*) os vários

[1686] Cf. Antunes Varela, *Das Obrigações*, I, 759.

responsáveis (perante o lesado) não o são *constitutivamente* entre si, já que apenas podem beneficiar dos vários mecanismos legais (*cessio*, sub-rogação, *etc.*) para recuperação do seu crédito após a satisfação do crédito do lesado, e, claro, (*viii*) essa repartição de responsabilidade não pode exceder aquilo que o responsável não prioritário cumpriu perante o lesado, ou seja, contém-se nos limites (*intra vires*) daquele cumprimento.

Vimos, no entanto, que a natureza excecional desta via (adentro da *solidariedade*) obsta à sua aplicação analógica (11.º) no plano externo. Essa natureza obstaculiza a sua aplicação no plano interno? Cremos que não. A proximidade deste plano ocorre exclusivamente no *prisma interno*, a propósito do exercício do *direito de regresso* – e não do escopo externo, *i.e.*, nas relações *lesado-lesante(s)* – e este direito (de regresso) não é requisito, nem efeito essencial do modelo de solidariedade[1687]. Por isso, nada obsta a que o modelo de regresso seja aplicável, *mutatis mutandis*, a outras situações típicas que não de solidariedade.

Não podemos, contudo, deixar de atender a um conjunto de especificidades deste modelo: por exemplo, é de aceitar que a compensação do crédito de um co-responsável perante o lesado beneficie os demais (523.º), evitando-se a ressarcimento múltiplo do mesmo dano. Todavia, já não será de aplicar o efeito comunicante extintivo do modelo de solidariedade por efeito da remissão (864.º/1). Aqui a autonomia dos créditos no plano externo influencia, por arrastamento, estoutro, interno[1688].

Atendamos, em maior profundidade, aos critérios concretos que são possíveis de invocar para se graduar a responsabilidade dos vários sujeitos. Pois bem, esses critérios entre lesantes (e com o lesado) reconduzem-se prioritariamente à *culpa* e ao *nexo de causalidade*. Todos estes conceitos são operantes e é necessário concretizá-los casuisticamente.

De facto, no plano da responsabilidade interna, *i.e.*, nas relações estabelecidas entre os vários responsáveis, o Código atual estabelece pontualmente estas soluções para o apuramento da medida das responsabilidades,

[1687] V., também, Brandão Proença, *Natureza e prazo de prescrição do "direito de regresso" no diploma do seguro obrigatório de responsabilidade civil automóvel – Ac. do STJ de 18.10.2012, Proc. 56/10*, Cadernos de Direito Privado, n.º 41 (2013), 29-44 (42).

[1688] Cf., com referências no plano comparado, Tony Weir, *Complex liabilities*, 97-102.

cfr. 497.º/2 e 507.º, 507.º/2 e 506.º, 570.º[1689], ainda que posteriormente as unifique num modelo de solidariedade, contrariamente à hipótese em mãos.

Perante um concurso heterogéneo das responsabilidades civis delitual e obrigacional, este critério (da culpa) *indicia* a prioridade da modalidade delitual para suportar *a final* a responsabilidade, por sinal na sua totalidade, à semelhança do fiador ou do garante cujo bem foi penhorado ou dado em hipoteca. Neste caso, nada obsta a que este responsável exija, em novo grau aos demais obrigados (*i.e.*, após satisfazer o crédito do lesado) a *totalidade* daquilo que despendeu perante o lesado.

Pode, por outro lado, suceder que essa responsabilidade seja repartida de *forma relativa* entre os vários responsáveis, p. ex., o devedor inadimplente e o terceiro lesante com o qual o primeiro haja colaborado na falta de cumprimento da obrigação. Nesta hipótese, contrariamente à anterior, o lesante qualifica-se como um *co-responsável* e, nessa qualidade, apenas pode exigir aos demais aquilo que excede a sua quota-parte no crédito indemnizatório[1690], salvo convenção em contrário. É que, pelo critério assumido, particularmente o da culpa, não são necessariamente totais, nem iguais, as quotas ou partes que competem a cada um dos devedores ou credores para efeitos de *repartição interna* de responsabilidade[1691].

O critério da culpa, em sentido técnico[1692], assume um papel de destaque na nossa lei, com manifesta prioridade sobre o da causalidade (500.º/3, 506.º/1, 507.º/2)[1693]. Inibimo-nos, no entanto, de estender o princípio da culpa à regulação do confronto de várias responsabilidades fora do campo subjetivo, onde impera, ou em nele se esgotar toda a relevância em sede das modalidades delitual e obrigacional. Aliás, quando este requisito não é necessário à formação do título da imputação de danos

[1689] No artigo 2372.º CCse, permitia-se graduar a responsabilidade delitual conexa com a criminal, em sede do direito de regresso, na proporção «da responsabilidade criminal de cada um dos delinquentes» (§ 1.º).

[1690] Galvão Telles, *Direito das Obrigações*, 288 (nota 2)

[1691] Antunes Varela, *Das Obrigações*, I, 753.

[1692] Pires de Lima e Antunes Varela, *Código Civil anotado*, I, 502-503. Contra, Menezes Cordeiro defende que a culpa presente no art. 497.º/2 abrange «a ilicitude, a culpa e o nexo de causalidade», em anot. ao art. 497.º, *Código Civil comentado*, 447.

[1693] Cf. a anot. de Rui Soares Pereira ao art. 507.º, *Código Civil anotado*, I, 484-485, e Santos Júnior, *Direito das Obrigações*, 373-374. É também o entendimento comum nos demais ordenamentos (cf. Tony Weir, *Complex liabilities*, 109 e respetiva nota 202), onde impera a máxima: «[t]he one at fault must ultimatly pay».

(*v.g.*, na responsabilidade pelo risco), o *critério da culpa* apontado falha e o legislador vê-se forçado a recorrer a outros para regular a concorrência de responsabilidades. Vejamos este aspeto em duas hipóteses. Sumariamente, perante (*i*) a concorrência de responsabilidades sem culpa, o legislador opta, em regra, por um critério com base na estrita causalidade, na nossa aceção de risco, para o evento lesivo (*v.g.*, em caso de colisão de veículos, 506.º [1694]) ou ainda, eventualmente por acréscimo, a quem retirou proveito do ato (339.º/2, 507.º/2). A hipótese mais curiosa – e, por sinal, aquela mais familiar com o tipo de concurso em análise – reporta-se (*ii*) ao concurso de responsabilidade *autónomas* subjetivas e aquelas independentes de culpa. Ora, neste caso, o critério decisivo para a repartição de responsabilidade – para quem a admita, como vimos – não se pode alicerçar exclusivamente na culpa, aniquilando a responsabilidade pelo risco[1695]. Isto seria uma hiperconcentração do modelo da responsabilidade pelo risco à tutela externa, do lesado, porquanto suportaria a totalidade do prejuízo o responsável *culpado*. Não é isso o que sucede na hipótese em análise, pelo menos quando a lei não comine expressamente a utilização deste critério, tal como acontece na responsabilidade *solidária* (note-se) do *comitente-comissário* (497.º/1 *ex vi* 499.º e 500.º/3), extensível à responsabilidade do *detentor-condutor* (503.º/3) ou entre o *proprietário* e o *vigilante de um edifício* (492.º e 493.º)[1696]. Fora daquela previsão expressa, ainda no âmbito da solidariedade, o critério da culpa não impera. Aliás, já conhecemos idêntico fenómeno, quando negámos que a «culpa» do *lesado* aniquile a responsabilidade objetiva do lesante, por mais pequeno que tenha

[1694] Vários AA. defendem a aplicação deste critério nos casos em que o comitente e comissário respondem simultaneamente pelo risco. Assim, ALMEIDA COSTA, *Direito das Obrigações*, 617, seguida por MARIA GRAÇA TRIGO, *Responsabilidade civil*, 369. Contra, posicionou-se inicialmente MENEZES CORDEIRO, *Direito das Obrigações*, II, 373, apelando aos casos em que a fonte de perigo deriva da atuação em benefício do comitente sendo, portanto, «justo que não recaia, sobre ele [comissário] a imputação pelo risco. A regra aflora muito claramente do artigo 503.º/1». O A. reviu, entretanto, a sua posição, afirmando a possibilidade de regresso do comitente; em *Tratado*, VIII, 614.

[1695] Contra, SANTOS JÚNIOR, *Direito das Obrigações*, 375.

[1696] Quanto ao último exemplo, é também possível que aquelas qualidades sejam reunidas pela mesma pessoa. Neste caso, ANA TAVEIRA DA FONSECA indica existir um *concurso de proposições jurídicas* (*Responsabilidade civil pelos danos causados pela ruína de edifícios ou outras obras*, Novas tendências da responsabilidade civil, Almedina, Coimbra, 2007, 85-140, 134). É também o caso da concorrência de várias responsabilidades objetivas, perante o lesado (507.º, 2, 2.ª parte). Nesta hipótese – a qual não se confunde com aquela mencionada no texto –, a culpa é, de facto, determinante na repartição de responsabilidade do plano interno, por remissão expressa.

sido o contributo causal da vítima (570.º/2)[1697]. Nos demais casos, resta, portanto, recorrer *por acréscimo* à culpa a outros critérios enunciados, em alternativa à sua aplicação isolada, principalmente o da causalidade para repartir a responsabilidade entre os vários lesantes, afastando com isto a velha máxima de que «a culpa afasta o risco». WALTER SELB afirma, reconhecendo a indeterminação última desta graduação, que o culpado é um entre os vários responsáveis mais próximo do dano[1698]. A culpa só por si, nestes termos, não basta. Esta é, aliás, a solução que impera em Itália ao nível da solidariedade dos lesantes (art. 2055, § 2 CCit)[1699]. Por sinal, é também a solução devida na repartição das responsabilidades *autónomas* (*i*) do devedor e a do seu respetivo auxiliar (800.º/1) – ou seja, a repartição no plano interno da responsabilidade entre estes sujeitos tem em conta um conjunto de fatores que supera a culpa deste auxiliar ou representante[1700] – e (*ii*) a do devedor e do terceiro que lese o crédito. Claro está, perante a dúvida quanto à divisão de responsabilidades, estas presumem-se iguais (em linha com aquilo que a nossa lei prevê quanto à relação entre as culpas e ao contributo causal, 497.º/2, 506.º/2).

b. [*forma de repartição de responsabilidade*] Resta-nos concretizar como se materializa a repartição de responsabilidades entre os co-responsáveis. Para este efeito, é determinante aprofundar o que sucede no momento *após a satisfação do crédito indemnizatório* ao lesado. Pois bem, a autonomia dos vários créditos à disposição do lesado não se extingue automaticamente com aquele cumprimento. É preciso distinguir duas vertentes. A primeira, a qual ocorre talvez com maior frequência, nega um acoplamento de responsabilidades (tal como sucede no caso da responsabilidade das seguradoras), pelo que a autonomia das obrigações a que os vários responsáveis/lesantes estão vinculados é *plena*. Nesta medida, o cumprimento de um não aproveita aos demais, nomeadamente no espaço de assimetria que exista entre as respetivas obrigações. Por outras palavras, a respeito de *ressarcimento pleno* de todos os prejuízos sofridos pelo lesado, pode suceder que as responsabilidades

1697 Cfr., *supra*, § 9, 1.

1698 *Schadensbegriff und Regressmethoden*, Winter: Heidelberg (1963), 39.

1699 A solução contrasta com a típica portuguesa, a qual dita a prevalência do critério da culpa no prisma delitual (497.º/1). Sobre as várias soluções no plano comparado, v. TONY WEIR, *Complex liabilities*, 131-132.

1700 Contra, CLÁUDIA MADALENO, *A responsabilidade obrigacional*, 901. A favor, v. BRANDÃO PROENÇA, *Lições*, 330-331, seguindo a lição de VAZ SERRA, *Responsabilidade do devedor*, 285 e ss.

à disposição do lesado tutelem danos diferentes. Neste caso, a responsabilidade dos demais sobrevive após o cumprimento de um co-responsável relativamente aos danos que restem indemnizar – p. ex., o depositário não responde por outras coisas subtraídas pelo autor do furto, além da coisa que lhe foi confiada. Se o depositário indemnizar o lesado, este mantém-se credor do remanescente indemnizatório perante este autor do furto, apenas.

Resta-nos concretizar a segunda vertente. Ora, esta resume-se ao facto de o cumprimento de um dos vários responsáveis aproveitar aos demais quando convirja no mesmo interesse do credor, concretizado, claro está, na tutela *dos mesmos prejuízos*. Nesta hipótese, previne-se o *excesso de ressarcimento* por não se permitir ao lesado exigir uma indemnização pelos prejuízos já tutelados por um terceiro. Neste caso, o título de imputação de danos perde um dos requisitos essenciais (à sua constituição e *manutenção*): *o dano*, o qual se some após ter sido tutelado.

Em ambas as hipóteses anteriormente mencionadas, cumpre sindicar a forma de *transmissão legal do crédito* para a esfera jurídica do lesante que cumpriu (voluntariamente ou não[1701]) perante o lesado, no plano das suas relações «internas» com os demais co-obrigados. Estamos no âmbito das questões de «regresso», ou paralela (*Regreßfragen, recours, recoupment*)[1702], na qual o responsável graduado em último grau pode exigir a quantia que haja *adiantado*[1703] ao lesado, parcial ou totalmente, em benefício do responsável primário.

Quanto à forma de transmissão, o primeiro critério que importa conhecer é a *designação legal expressa*. Aqui incluem-se tipicamente os casos de (*i*) *cessão* e (*ii*) de *sub-rogação legal*[1704] e também (*iii*) o de *solidariedade*, por unificação das

1701 A distinção tem plena propriedade nos sistemas de *Common Law*, nos quais se exige a intervenção do tribunal para o exercício do «direito de regresso», prevenindo intuitos fraudulentos (cf. TONY WEIR, *Complex liabilities*, 114-117).

1702 Este instrumento – marcadamente distante do direito de regresso, próprio da via obrigacional – é por vezes designado como «direito de reembolso» ou «compensação do responsável provisório» (cf. BRANDÃO PROENÇA, *Lições*, 142). Com esta expressão, o ilustre Professor procura evitar que a figura seja associada a «evitar enriquecimentos alheios ou a repartir quotas de responsabilidade» (*Natureza e prazo de prescrição*, 39, 42). Expressivamente, JANUÁRIO DA COSTA GOMES apela à distinção entre uma noção ampla de regresso, compatível, por sinal, por a sub-rogação, e uma restrita, limitada ao disposto na solidariedade passiva (524.º), em *Assunção Fidejussória*, 902-903.

1703 Com esta qualificação expressa, v. o regime de concessão de indemnização às vítimas de crimes violentos e de violência doméstica (arts. 2.º e ss. da Lei n.º 104/2009, de 14 de setembro, na sua redação atual).

1704 JANUÁRIO GOMES, *Assunção Fidejussória*, 222. Assim se caracteriza, em regra, a atuação dos Fundos de Garantia, *v.g.*, a do Fundo de Garantia Automóvel (art. 47.º do Dec.-Lei n.º 291/2007, de 21 de agosto, na sua redação atual). É também o caso em que o Estado satisfaça a indemnização

responsabilidades previamente autónomas[1705]. Em todos estes casos, a preocupação de qualificação da relação entre as responsabilidades desvanece-se, tendo o legislador expressado a sua opção, por sinal, vinculativa. Em idêntica medida, cumpre respeitar a autonomia privada, em concreto a designação feita pelas partes (sendo, p. ex., possível o lesado sub-rogar voluntariamente este lesante, 589.º). Na omissão quanto à designação – legal ou voluntária – da forma de transmissão do crédito, a sua qualificação dificulta-se.

Neste caso, importa afastar um conjunto de figuras de aplicação próxima, nomeadamente (*i*) a *sub-rogação*, (*ii*) o *cumprimento por terceiro* e, ainda, a (*iii*) *assunção de dívida*.

> Em primeiro lugar, estamos fora do *campo da sub-rogação*[1706], atendendo ao facto de as características do crédito do responsável não-prioritário não corresponderem necessariamente às do crédito extinto, nem este devedor

devida pela prática de atos criminalmente tipificados, não cumprida pelo agente do crime (130.º/4 CP); negando, todavia, a natureza subsidiária da responsabilidade em causa, v. a anot. de Paulo Pinto de Albuquerque ao art. 130.º, em Cometário do Código Penal, 498. Nos demais casos, especialmente previstos, de que é exemplo o regime de concessão de indemnização às vítimas de crimes violentos e de violência doméstica, o Estado fica sub-rogado nos montantes que «adiantou» (art. 15.º da Lei n.º 104/2009, de 14 de setembro, na sua redação atual).

1705 Prototipicamente, v. a já conhecida previsão do artigo 497.º/1. Existem inúmeros casos de qualificação legal expressa de um regime de solidariedade, tal como a responsabilidade dos gestores (467.º), pelo risco (507.º/1), dos fiadores (649.º), pelo pagamento de benfeitorias (901.º), dos comodatários (1139.º), dos mandantes (1169.º), na acessão (1342.º/2) e nos encargos da herança (2128.º). Com um semelhante elenco, v. Almeida Costa, *Direito das Obrigações*, 669 (nota 1), o qual acrescenta o regime do direito da superfície, remetendo para o regime da *enfiteuse*, entretanto revogado (1506.º ex vi 1531.º/1, *ibidem* e 668, nota 3).
Destacamos, por outro lado, a dificuldade em vencer a qualificação expressa manifestamente desconforme com o regime instituído. É o caso típico do «direito de regresso» da seguradora perante o tomador de seguro, condutor culpado do acidente (art. 27.º do Dec.-Lei n.º 291/2007, de 21 de agosto, na sua redação atual). Neste caso, negando a solidariedade pela inexistência de uma paridade de grau (*Gleichstufigkeit*) entre os intervenientes, v. Brandão Proença, *Natureza e prazo de prescrição*, 39. Também as instâncias negavam afincadamente a existência de um direito de regresso (ao invés do devido, de sub-rogação), no caso em que a entidade patronal (ou respetiva seguradora) houvesse liquidado a indemnização devida ao sinistrado, em virtude de um acidente causado por outros trabalhadores ou terceiros (cf., o antigo art. 31.º/4 da Lei n.º 100/97, de 13 de setembro). Aliás, essa oposição motivou a que, na reforma do regime (realizada pela Lei n.º 98/2009, de 04 de setembro, na sua redação atual), fosse substituída a expressa antiga de «direito de regresso» pela «pode sub-rogar-se» (art. 17.º/4). Sobre este entendimento antigo, o qual negava a existência de um direito de regresso, v. o ac. STJ 09-Mar-2010 (Azevedo Ramos).

1706 Januário Gomes, *Assunção Fidejussória*, 875; Hugo Ramos Alves, *Dação*, 815; Brandão Proença, *Lições*, 142-143.

ser fundamentalmente um *terceiro que realizou a prestação devida*, ao abrigo do entendimento clássico[1707]. Pelo demais, não se verificam os requisitos inerentes às modalidades típicas desta forma de *sucessão no crédito* (589.º)[1708]. Em segundo lugar, a figura também se afasta do cumprimento do crédito por terceiro (767.º/1), uma vez que este nosso responsável cumpre por *dever próprio*. O mesmo fundamento afasta, por fim, a qualificação da figura da assunção (potencialmente cumulativa) de dívida (595.º)[1709].

O mecanismo de aplicação primordial é, portanto, a *cessão dos direitos do lesado* (568.º), como vimos. Mas esta figura também tem um âmbito de aplicação restrito, mormente por abranger somente os casos em que esteja em causa «a perda de qualquer coisa ou direito». Por outro lado, e principalmente, não se aplica nos casos em que o responsável que haja pago a indemnização seja aquele que, comparado com os demais, se qualifique de *definitivo, principal, final*. Neste último caso, deve-se aplicar restritivamente o preceito e negar-se a *cessio* em conformidade (p. ex., o autor do furto que indemnize o lesado não pode exigir a cessão dos direitos do lesado sobre o depositário a quem a coisa havia sido confiada).

No Direito Alemão apela-se, a propósito, a uma redução teleológica (*teleologischen Reduktion*) do § 255 BGB, de forma a não permitir a cessão do crédito àquele co-responsável que se encontre «mais próximo» do dano em termos gradativos[1710]. Em idêntica medida, a cessão dos direitos do lesado *pressupõe* que o direito do terceiro esteja graduado de uma *forma diferente*[1711], contrariamente ao que resulta do modelo de *solidariedade perfeita* e com base em critérios, frisa-se, que não resultam deste preceito.

[1707] A expressão é de Januário Gomes, *Assunção Fidejussória*, 886, 889 (e respetiva nota 632), com referências. O ilustre Professor defende, posteriormente, numa posição vanguardista, a possibilidade de o devedor solidário (portanto, um sujeito *não-terceiro*) ficar sub-rogado legalmente no crédito (592.º/1), num modelo que designa de concurso de pretensões e ao qual já tivemos oportunidade de fazer referência (cf. *supra* de rodapé 246).

[1708] Hugo Ramos Alves, *Dação*, 821.

[1709] Cf., ainda, com referências, Jan Schürnbrand, *Der Schuldbeitritt zwischen Gesamtschuld und Akzessorietät*, Untersuchungen über das Spar-, Giro- und Kreditwesen, 153, Duncker & Humblot: Berlim (2003), 161 e ss.

[1710] V., por todos, a anot. de Oetker ao § 255 BGB no *MüKoBGB* (8.ª ed., 2019), §§ 2 e 3.

[1711] O que se revela pernicioso da perspetiva do lesado, o qual pode desconhecer a graduação de responsabilidade entre os co-responsáveis (cf. Oetker, ob. cit., § 5) e, ainda assim, ver-se forçado a ceder o crédito sob pena da oposição da exceção de não cumprimento (428.º), cf. Almeida Costa, *Direito das Obrigações*, 779, nota 2), seguido por Henrique Sousa Antunes, ob. cit., 575.

Frisa-se que, nos casos em que opere, a *cessio* não constitui uma forma de locupletamento deste responsável: aquele cumprimento corresponderá ao limite máximo de crédito exigível pelo devedor secundário, sob pena de injusto enriquecimento por parte deste (anterior) lesante.

O que dizer quanto aos demais casos, os quais escapam, quer ao âmbito da qualificação (legal ou voluntária), quer ao da *cessio*, e revestem a mesma dignidade, pelo menos no plano axiológico, gradativo da responsabilidade? Nestes casos, a existência de uma forma de responsabilidade direta perante o responsável *principal* (ou de outro co-responsável na sua quota-parte) conforma uma possibilidade realista de estoutro co-responsável ser ressarcido dos prejuízos que haja «adiantado» ao lesado (p. ex., de âmbito obrigacional, com base no vínculo que ligue o devedor ao seu auxiliar)[1712]. Na ausência desta «ligação direta» entre os co-responsáveis, supomos que a responsabilidade *não* se sedimenta definitivamente na esfera deste lesante, consolidando a opção, por vezes aleatória, que o lesado haja exercido no plano externo. A autonomia entre as formas de responsabilidade deve ser vencida, como vimos, pela possibilidade de aplicação do modelo do «direito de regresso» neste plano interno, por analogia. Esta figura, emblematicamente qualificada por Brandão Proença como «direito de reembolso»[1713], ou de «pretensão pela contribuição» (*claim for contribution*), conforma uma ação de condenação nos termos gerais e pauta-se pelos critérios acima enunciados em sede de repartição de responsabilidade, não tendo por base exclusivamente o critério da culpa; atendendo, aliás, aos casos em que as responsabilidades autónomas de base não têm exclusivamente essa natureza subjetiva.

> Assim se evita, supomos, o recurso à via do *enriquecimento* do responsável que não haja liquidado a indemnização na medida da sua responsabilidade[1714]. De notar, todavia, que, se o lesado obtiver, por qualquer título, uma nova reparação ou indemnização do mesmo dano que haja sofrido, ao responsável que haja liquidado a indemnização além da quota-parte, é reconhecida uma pretensão diretamente contra o lesado, a título de *reembolso* daquilo que haja recebido, quando a lei preveja esta figura

[1712] Será, aliás, necessário aprofundar outras formas de tutelar este devedor *secundário, não-prioritário*, por exemplo, apelando a uma reconfiguração da eficácia externa das obrigações, na ótica da tutela do cumprimento, tal como subjaz no mecanismo ressarcitório inerente à mora do credor (816.º), *i.e.*, a tutela da pessoa do *devedor* e não da tradicional, tendo em vista o credor.

[1713] *Lições*, 142, 330.

[1714] Contra, invocando a aplicabilidade exclusiva deste instituto, v. Tony Weir, *Complex liabilities*, 74.

(*v.g.*, art. 16.º da Lei n.º 104/2009, de 14 de setembro, na sua redação atual) ou também (de forma plena) por via do instituto do *enriquecimento sem causa*. São figuras com contornos a aprofundar.

V. Em suma, a conformação técnica da situação jurídica inerente ao concurso heterogéneo de vários responsáveis civis resulta na existência de várias *obrigações perfeitamente independentes*, e apenas (note-se) *aparentemente solidárias*. Neste ponto, o concurso *plurisubjetivo heterónomo* diverge, tanto (*i*) do concurso de *unisubjetivo heterónomo* (p. ex., a responsabilidade do comodatário pelos danos que provoca na coisa emprestada), o qual gera um *concurso de pretensões* no âmbito do mesmo crédito indemnizatório, como (*ii*) do *plurisubjetivo homogéneo* (tal como, a título delitual, a responsabilidade dos vários ladrões pelo furto da mesma coisa), na qual as pretensões indemnizatórias, também no âmbito do mesmo crédito indemnizatório, se regem pelo modelo de *solidariedade*, por designação legal expressa (490.º).

Não se adiantou, fora dos contornos anteriores, qualquer critério *definitivo* e *absoluto* para determinar a *graduação do plano* entre os responsáveis, embora o requisito da culpa assuma uma feição determinante no plano das responsabilidades subjetivas. Suspeitamos, aliás, em linha com LARENZ, que um tal critério nunca se pode traduzir numa *simples fórmula* (*einfachen Formel*)[1715].

[1715] *Lehrbuch*, I, AT, § 37, I, 634. JANUÁRIO GOMES, *Assunção Fidejussória*, 224-225, dá conta das pesadas críticas a que esta teoria se sujeita no espaço alemão.

§ 16. OS ANTECEDENTES HISTÓRICOS DAS SOLUÇÕES ATUAIS; BREVE EXCURSO

I. Conceptualizar a existência de uma situação de concurso de responsabilidade – elementarmente problematizada como uma hipótese de *sobreposição* de tutela civil – pressupõe um avanço significativo da ciência do Direito, ao nível dos conceitos e dos enunciados: ocorre em resultado da limitação característica de um já em si considerável esforço dogmático categorial de compartimentação de figuras gerais de tutela de interesses. Esse esforço dogmático tem, nesta medida, de ocorrer. E foi isso mesmo que chegou a acontecer no passado. Exploremos, então, essa lição, *histórica*. Fazemos, no entanto, uma breve ressalva: o contributo histórico, limitado ao nosso objeto de estudo[1716], embora importante não é decisivo; o que resulta do mero confronto dos quadros atuais do direito objetivo, *diferente* e *distante* daqueloutros, tanto mais que, adentro da figura do concurso, não se avançaria qualquer solução definitiva e geral fora do plano casuístico. Vejamos.

1. O contributo do Direito Romano

I. Remonta, sem surpresa, ao Direito Romano a identificação de uma hipótese de concurso de responsabilidade civil[1717], conquanto numa perspetiva

[1716] O estudo da evolução histórica da responsabilidade civil encontra-se realizado no plano nacional e internacional em estudos gerais e de carácter especializado, para os quais se remete; interessa-nos, somente, adentro da economia da presente investigação, a perspetiva *jus historicista* de enquadramento da figura do concurso de responsabilidade civil.

[1717] As fontes não permitem identificar a existência de um concurso de responsabilidade, aproximado dos moldes atuais, num período prévio ao Direito Romano. Não estamos, contudo, no campo da ciência rigorosa. Sobre o problema em mãos, v. as obras especializadas sobre o tema, sem propósito de exaustividade, de Ernst Bekker, *Die Aktionen des Römischen Privatrechts*, I (169-200)

adjetiva, apenas. Para aquilo que presentemente nos interessa, o problema deve ser analisado após terem sido diferenciadas as modalidades de responsabilidade civil em causa[1718], naturalmente: pois bem, a primeira referência a ambas as modalidades de responsabilidade, numa aceção moderna[1719] e apenas enquanto *fontes* das obrigações, consta das *Institutiones* do jurisconsulto GAIO (século II a. C.), considerando tanto o contrato (*contractus*) – o qual remonta à *Lex Duodecim Tabularum* (século V a. C.) – como o delito (*delictum*, no singular[1720]) – derivada da *Lex Aquilia de damno* (século III a. C.), na aceção civil[1721].

Franz Vahlen Verlag; Berlim (1873) – o A. explicita que, ao tempo do direito pretoriano, ao lado da pretensão reconhecida por uma *actio*, emerge ainda (*i*) a pretensão fundada em várias ações, (*ii*) a pretensão sem ação reconhecida, (*iii*) uma ação que serve várias pretensões e, por fim – e talvez o título mais sugestivo –, a ação sem uma pretensão subjacente (*idem*, II, 1-19). V., ainda, THIBAUT, *Grundzuge einer Darstellung der Lehre der Concurrenz der Civil-Klagen*, Mohr und Zimmer: Heidelberg (1814), 146-204; SAVIGNY, *System des heutigen römischen Rechts*, V. 5, Veit und comp.:Berlim (1841); WILHELM MARTENS, *Über Concurrenz und Collision der römischen Civilklagen*, Bernhard Tauchnitz Verlag: Lípsia (1856); JOHANNES MERKEL, *Über den Konkurs der Aktionen nach roemischem Privatrecht*, Niemeyer: Munique (1877); ALIBRANDI, *Del Concorso delle azioni*, Opere giuridiche e storiche del Prof. Ilario Alibrandi, Vol. I, Tipografia Poliglotta: Roma (1896), 164-204; HUGO HEINEMANN, *Die Lehre von der Idealkonkurrenz*, Otto Liebmanns Berlag: Berlim (1893); RUDOLF HELSSIG, Zur *Lehre von der Konkurrenz der Klagen nach römischem Rechte*, Friedrich Frommanns Verlag: Estugarda (1887); EISELE, *Zur Lehre von der Klagenkonkurrenz*, AcP 79 (1892), 327-405; ERNST LEVY, *Die Konkurrenz der Aktionen und Personen Im Klassischen Romischen Recht*, Franz Vahlen: Berlim (1918); ENRICO LIEBMAN, *Azioni concorrenti*, Studi in memoria di U. Ratti, Giuffrè: Milão (1934); DETLEF LIEBS, *Die Klagenkonkurrenz um römischen Recht – Zur Geschicte der Scheidung von Schadenerstatz und Privatstrafe*, Vandenhoeck & Ruprecht: Gotinga (1972); e, recentemente, NILS JANSEN, Die *Struktur des Haftungrechts, Geschichte, Theorie und Dogmatik ausservertraglicher Ansprüche auf Schadensersatz*, Jus Privatum, Beiträge zum Privatrecht, 76, Mohr Siebeck: Tubinga (2002). As referências às demais obras, principalmente de carácter manualístico, constam *infra*.

1718 Cfr., *supra*, § 4, II.

1719 A terminologia referente às modalidades não é mais do que um comodismo moderno, desconhecido da preocupação casuística dos romanos; v. CARMEN GUILLAMÓN, *La concurrencia de responsabilidade civil contractual y extracontractal en el contrato de arrendamento*, Dykinson, S.L.: Madrid (2011), 9 (e respetiva nota 2).

1720 Sobre o peso etimológico do conceito, v. MENEZES CORDEIRO, *Tratado*, VIII, 302. Com referência ao texto, v. DÁRIO MOURA VICENTE, *Direito Comparado*, II, 477 (notas 1766 e 1767).

1721 Constam da Lei das XII Tábuas referências a vários *delicta*, nomeadamente à *iniuria* e ao que se designaria, posteriormente, na *lex Aquilia*, de *damnum iniuria datum*. Para GAIO, o *delictum* de *iniuria* encontrava-se previsto na Lei das XII Tábuas, designadamente na tábua VIII: *Poena autem iniuriarum ex lege XII tabularum propter membrum quidem ruptum talio erat; propter os uero fractum aut conlisum trecentorum assium poena erat, si libero os fractum erat; at si seruo, CL; propter ceteras uero iniurias XXV assium poena erat constituta. et uidebantur illis temporibus in magna paupertate satis idoneae istae pecuniae poenae esse.* Em tradução livre: [*s*]*egundo a Lei das XII Tábuas, a pena da iniuria era de talião no*

[Passemos agora para as obrigações,] a principal divisão das obrigações compreende duas espécies, pois toda a obrigação nasce dum contrato ou dum delito[1722] (GAIO, 3, 88).

1.1. As fontes das *obligationes* no apuramento da responsabilidade

No período pré-justinianeu[1723], a identificação do contrato (p. ex., a compra e venda, o mútuo) e do delito (tipificados no *furtum*, *rapina*, *iniuria* e o *damnum iniuria datum*[1724]), como fontes exclusivas das *obligationes*, não esgotam o universo do *ius civile*: àquelas relações (*obligationes teneri* [1725]) acresciam as *actiones* concedidas pelo pretor (*actiones teneria*)[1726]. Por outro lado – e este é um aspeto muitíssimo relevante –existiam à época relações tuteladas por *actiones* não enquadráveis no binómio contrato-delito[1727]. Assim, em dois momentos dis-

caso de perda dum membro e de trezentos asses para um osso fraturado ou lesado, isto sendo a vítima pessoa livre; sendo escravo, a pena era de cento e cinquenta asses. Para outras espécies de injúria, instituiu-se uma pena de vinte e cinco asses. Essas penas pecuniárias aparentam ser suficientes em tempos de uma economia pobre. (GAIO, 3, *maxime* 189-191, 223). Não sobreviveu uma cópia integral daquela Lei (cf. SEBASTIÃO CRUZ, *Direito Romano, Fontes*, 180), sendo a melhor tentativa de reconstrução atribuída a RUDOLF SCHÖLL (*Legis Duodecim Tabularum Reliquiae*, 1866): a integração é feita pelos resquícios remanescentes em conjugação com a remissão feita por aquele Autor. Os *delicta* previstos na Lei das XII Tábuas tinham natureza penal, motivo por qual a cisão entre a responsabilidade civil (delitual) e penal é atribuída àquela lei posterior; cf. SEBASTIÃO CRUZ, ob. cit., 184; MENEZES CORDEIRO, *Tratado, VIII*, 294; DANIELA M. FRENDA, *Il concorso*, 297. Sobre a evolução histórica da responsabilidade delitual, vejam-se as referências completas de ADELAIDE MENEZES LEITÃO, *Normas*, 25-29. A doutrina francesa apresenta as maiores reservas na identificação da *Lex Aquilia* como o momento marcante da distinção das modalidades: ao regular apenas os atos ilícitos positivos, conduziu à indistinção entre responsabilidade pelo cumprimento e pelo incumprimento (tipicamente omissiva); numa interpretação em tudo conforme ao conceito aglutinador de *faute* que consagram. No sentido do texto, v. SANTOS JÚNIOR, *Da responsabilidade civil*, 184.

1722 *Nunc transeamus ad obligationes, quarum summa diuisio in duas species diducitur: omnis enim obligatio uel ex contractu nascitur uel ex delicto*. Seguimos a tradução de A. SANTOS JUSTO, com um aditamento inicial, em parênteses retos, em *Direito Privado Romano*, II, 21.

1723 Seguimos a periodização de A. SANTOS JUSTO, ob. cit., na qual se distingue entre época *arcaica* (753 a 130 a. C.), *clássica* (130 a. C. a 230 d. C.), *pós-clássica* (230 a 530 d. C.) e a época *justinianeia* (530 a 565 d. C.).

1724 A. SANTOS JUSTO, *Direito Privado Romano*, II, 121-138; EDUARDO SANTOS JÚNIOR, *Da responsabilidade civil*, 182.

1725 A. SANTOS JUSTO, *Direito Privado Romano*, II, 12.

1726 A. SANTOS JUSTO, ob. cit., 17.

1727 A. SANTOS JUSTO, ob. cit., 21.

tintos encontramos referências a um alargamento progressivo das fontes: em primeiro lugar, pela consideração de outras *figuras de várias causas*:

> As obrigações nascem ou de um contrato ou de delito ou por certo direito próprio segundo as figuras de várias causas. (D. 44, 7, 1)[1728].

E, posteriormente, nas *Institutones* de Justiniano – época em que já era claro o abandono da distinção entre *obligatione teneri* e das *actione teneri*, em favor das primeiras (apenas *obligatione*)[1729] –, são aditados o *quase-contrato* e o *quase-delito*, pese embora seja manifesta a contradição de se considerar, na mesma obra, o contrato e o delito como fontes exclusivas da obrigação (I. 4,6,1)[1730].

> A divisão que se segue faz-se em quatro espécies: pois provém ou de contrato ou de quase-contrato ou de delito ou de quase-delito. (I. 3, 13, 2)[1731.]

1.2. A competição de *actionem* no sistema romano

II. Como é sabido, no campo do Direito das Obrigações[1732], o *ius civile* baseava-se na ação (*actio*), a qual determinava a existência do direito (*ius*), inversamente ao sistema moderno – no qual o direito *adjetivo* é instrumental ao *substantivo*: o enquadramento do concurso marcou-se, portanto, por um prisma de competição de *ações* (*actionem*). Note-se – e esta precisão etimológica é relevante – que o conceito de concurso, conhecido à data pelos romanos (*concursus causarum*), reportava-se apenas à concorrência de causas para a extinção da *obligatio*, distanciado, quer do conceito moderno de concurso e responsabilidade, quer

1728 *Obligationes aut ex contractu nascuntur aut ex maleficio aut proprio quodam iure ex variis causarum figuris.*

1729 A. Santos Justo, *Direito Privado Romano*, II, 20.

1730 Paul J. du Plessis, Clifford Ando, Kaius Tuori, *The Oxford Handbook of Roman Law and Society*, Oxford Handbooks: Oxford (2016), 572.

1731 *Sequens divisio in quattuor species deducitur: aut enim ex contractu sunt aut quasi ex contractu aut ex maleficio aut quasi ex maleficio.* Seguimos a tradução de A. Santos Justo, em *Direito Privado Romano*, II, 20. O quase-contrato reporta-se a um ato unilateral, abrangendo diversas realidades, tal como a promessa unilateral (*pollicitatio*), a gestão de negócios (*negotiorum gestio*), o enriquecimento sem causa, a tutela e o cumprimento do legado. Cfr., por todos, incluindo outras figuras, A. Santos Justo, *Direito Privado Romano*, II, 109-119. Por sua vez, o quase-delito (D. 44, 7, 5, 4-6, e I. 4,5) agrega realidades díspares, às quais não é atribuído, hoje, um critério unitário; A. Santos Justo, *Direito Privado Romano*, II, 138-142.

1732 Cf. A. Santos Justo, *Manual de Direito Romano*, 130.

da competição de *actiones*[1733]. A adaptação devida pelo Direito Moderno ao estudo do Direito clássico Romano obriga, portanto, a realinhar o escopo de análise do direito substantivo para o tipo processual, de concurso de ações.

Ora, a cumulação de *actiones populares* foi expressamente admitida no que respeita aos *delicta*[1734], mas nesta não se esgotava. O fenómeno destaca-se em sede das *actiones poenales* geradas pelos delitos (não confundíveis, no entanto, com os *crimina publica*), as quais visaram progressivamente (*i*) a aplicação de uma pena, a título exclusivamente punitivo (moderado, na ótica da equivalência pela Lei de Talião) e, posteriormente, (*ii*) a extinção desta responsabilidade pessoal mediante o pagamento de um montante expiatório, fixado primeiramente pelo lesado e em género (p. ex., gado) e futuramente pelo Estado em dinheiro (*pecunia*; substituindo o vocábulo *pecus*, de gado[1735]); esta faculdade ficou conhecida como a multa pecuniária (*poena*)[1736] e não se confunde com a reparação pontual do prejuízo patrimonial gerado com o delito ou quase delito, bem como pelo incumprimento do contrato ou quase-contrato (esta, sim, próxima do conceito moderno de *indemnizar*), às quais acrescia. A *responsabilidade* é, assim, em primeira linha pessoal, embora se torne *patrimonial*, mediante a substituição da apreensão pessoal do lesante/*debitor* quanto este *opte* (e posteriormente *deva*) o pagamento daquela multa em substituição (no campo delitual) ou realize a prestação em falta (no campo negocial)[1737]. A relação normativa entre as ações que visam, para o que aqui nos importa, a compensação do prejuízo patrimonial (*rem tantum* ou *reiperscutórias*[1738]) e as que se destinam apenas à aplicação de uma pena de

[1733] Sobre o conceito, v. A. Santos Justo, *Manual de Direito Romano*, 252; Max Kaser, *Direito Privado Romano*, 2.ª ed., Fundação Calouste Gulbenkian (1992), 300.

[1734] Cf., no que respeita à possibilidade de se recorrer, em alternativa, responsabilidade penal e civil, v. I., 4, 10. Neste sentido, A. Santos Justo, *Direito Privado Romano*, II, 123, 134. Já se detetava na Lei das XII Tábuas a possibilidade de cumulação de *actiones*, em particular no que respeita à cumulação da *action rationibus distrahendis* com outras, em caso de subtração de bens do pupilo pelo tutor (cf. A. Santos Justo, *Direito Privado Romano*, II, 125), ou à acumulação da *actio furti* (em caso de furto) e a *actio vi bonorum raptorum* (em caso de rapina) com a *reinvidicatio* e a *condictio furtiva* (*idem*, 118, 129, 131).

[1735] Acompanhamos, assim, a suspeita de Max Kaser, *Direito Privado Romano*, 192.

[1736] Max Kaser, *Direito Privado Romano*, 281. Numa perspetiva de contraste com a finalidade subjacente ao instituto, v. Nils Jansen, *Gesetzliche Schuldverhältnisse*, AcP, 216 (2016), 112-233 (121 e ss.).

[1737] Max Kaser, *Direito Privado Romano*, 195-196.

[1738] Estas ações reipersecutórias, embora se destinem a reivindicar uma coisa (*res*), não devem reconduzidas apenas às *actiones in rem*: incluem, por outro lado e tal como mencionado no texto, *actiones in personam*, designadamente a devolução de uma coisa ou – e este é o ponto chave – o ressarcimento do dano sofrido mediante o pagamento de uma quantia. Cf., Armando Torrent, *Manual de Derecho Privado Romano*, Libreria General: Zaragoza (1995), 155-156; Manuel García

multa (*poenam tantum* ou penais) radica, pelo espetro teleológico das *actiones*, uma outra hipótese de *concurso*, à data reconhecida por GAIO (4, 6-9).

As ações penais *puras* cumulavam-se com as ações ditas *reipersecutórias*, contrariamente às penais *mistas* (reipersecutórias e penais; *rem et poenam*[1739]), existindo, neste último caso, um fenómeno que MAX KASER denomina de *concorrência eletiva de ações (elektive Konkurrenz)*[1740]. São estas *actiones* que estão na origem da moderna obrigação de indemnização, mediante o abandono desta distinção no período justiniano. Para este efeito, foi necessário distinguir o montante indemnizatório (*i.e.*, de ressarcimento de danos) daqueloutro subjacente à pena, adentro da finalidade mista da *actio* (I., 4,6, 16-19)[1741]. As ações reipersecutórias, nascidas do mesmo evento, não se cumulavam entre si (*altera electa alteram consumi*) sob pena de ser oposta ao interessado a *exceptio rei iudicatae*[1742], tal como não eram, em princípio, cumuláveis duas *actiones* derivadas do mesmo contrato[1743]. Por isso, ULPIANO afirmava: *quando concorrem várias ações fundadas na mesma causa, deve-se exercer apenas uma*[1744].

GARRIDO, *Derecho Privado Romano*, I, 3.ª ed., Dykinson: Madrid (1985), 70-71; A. SANTOS JUSTO, *Direito Privado Romano*, I, 242-243.

1739 Sobre o alcance desta figura, v. PAUL JÖRS, WOLFGANG KUNKEL e LEOPOLD WENGER, *Römisches Recht (Enzyklopädie der Rechts– und Staatswissenschaft)*, 4.ª ed., Springer: Berlim (1987), 225-226.

1740 Em *Das römische Zivilprozessrecht*, C.H.Beck: Munique (1996), 304, e em *Direito Privado Romano*, 282 – cf. os exemplos do A., de D. 13,1,7,1 e ainda Ulp. D. 6, 1, 13, Gai. D 13.6.18.1. O fenómeno não é absoluto, admitindo-se uma segunda ação que compense melhor o lesado. V., ainda o A. em *Das Römische Privatrecht*, II, § 271, 311 (e respetiva nota 29) e ainda, citado por aquele A., a obra fundamental de ERNST LEVY, *Die Konkurrenz der Aktionen und Personen Im Klassischen Romischen Recht* (1918). No sentido do texto, v. também ANTÓNIO VIEIRA DA CUNHA, *Direito Romano*, 1.ª ed., Gestlegal: Coimbra (2017), 57.

1741 MAX KASER, *Direito Privado Romano*, 2.ª ed., 1992, 211. Seguido, de perto, por A. SANTOS JUSTO, em *Direito Privado Romano* I, 262.

1742 Neste sentido, v. JUAN IGLESIAS, *Derecho Romano, Instituciones de depreco privado*, 9.ª ed., Ariel: Barcelona (1986), 199. No mesmo sentido, A. SANTOS JUSTO, *Direito Privado Romano*, I, 262 e MAX KASER, *Direito Privado Romano*, 283. Segundo GAIO, *a boa fé não suporta que se exija de novo a mesma coisa – bona fides non patitur, ut bis idem exigatur* (D. 50.17.57).

1743 ALVARO D'ORS, *Elementos de Derecho Privado Romano*, 2.ª ed., Universidade de Navarra: Pamplona (1975), 198-199, e A. SANTOS JUSTO, *Direito Privado Romano*, I, 236, 262. O A. exemplifica com a impossibilidade de cumulação da *actio redhibitoria* e a *actio quanti minoris* (D. 44, 2. 25, 1).

1744 Tradução livre de *quotiens concurrunt plures actiones eiusdem rei nomine, una quis experiri debet* (D. 50.17.43.1). V. outros exemplos mencionados por RENATO BENEDUZI, *De concurrentibus actionibus e o concurso de demandas*, São Paulo (2011), 12 (e respetivas notas 25 e 26), com base na lição de LIEBMAN.

Em sentido oposto, as *actiones* penais eram perfeitamente cumuláveis entre si[1745].

Noutro prisma, o espetro eletivo da competição de *actiones* decorria, pelo menos no período clássico, do efeito *da litis contestatio*, mediante a qual se proibiam as ações que incidiam sobre o mesmo objeto em litígio (*de eadem re*), tal como sucedia na responsabilidade dos devedores solidários e na do devedor principal e do respetivo fiador (G., 4. 108)[1746]. Os romanos identificavam a coincidência de objeto perante a mesma *actio* e, surpreendentemente, perante *actiones* distintas. Neste último caso, a *concorrência de ações com objeto equivalente* era, por regra, negada. Mais: nos casos em que se admitia a divergência do objeto das *actiones* ainda se poderia atender (pela figura do pretor ou do *iudex*) diretamente à *finalidade* destas ações, impedindo de igual forma a respetiva concorrência (consumpção pretória e judicial)[1747]. Consagrava-se, o princípio da eficácia extintiva de uma ação perante as demais, concorrentes, inicialmente em consequência direta da *litis contestatio* e posteriormente via a *exceptio rei iudicatae*[1748].

III. No que respeita em concreto à competição de ações civis derivadas de responsabilidade delitual e obrigacional encontramos várias passagens no Digesto que lhe fazem referência, atribuídas a Gaio, Ulpiano e Modestino – p. ex., D. 2.27[1749], 9.2.27[1750], 19.1.13[1751]: a mais expressiva apela a uma

[1745] Heinrich Honsell, *Römisches Recht*, 7.ª ed., Springer: Berlim (2010), 163. Vejam-se os exemplos enunciados por A. Santos Justo, *Direito Privado Romano*, I, 262: quem açoita um escravo alheio sujeita-se à *actio legis Aquiliae* e à *actio iniuriarum* (D. 44, 7, 34) e quem furta um escravo e depois o mata responde pela *actio furti* e pela *actio legis Aquiliae* (D. 13, 1, 7,1). No mesmo sentido, Max Kaser, *Direito Privado Romano*, 283.

[1746] Max Kaser, *Direito Privado Romano*, 309, 445-447.

[1747] Max Kaser, ob. cit., 446.

[1748] Carmen Lázaro, *La concurrencia*, 84-85.

[1749] Na primeira passagem citada, pode ler-se que, se alguém contrata um escravo para conduzir um animal, o qual fica ao cuidado do primeiro, e por imperícia do escravo ocorre um acidente, do qual resultam danos para o escravo e para o animal, existe responsabilidade contratual pelo proprietário do escravo se este foi contratado pela sua competência (do seu escravo), sem prejuízo da responsabilidade ao abrigo da Lei Aquila pelo dano no escravo (por terceiro) ou no animal (D.2.27).

[1750] Se um escravo levar os pertences de um escravo pertencente a um outro dono e o matar, então, de acordo com Julianus e Celsus, existe uma competição de ações por furto (*furti*) e dano injusto (*damni iniuriae*); cfr. Digest IX, 2, *Lex Aquilia*, tradução e edição por C.H. Monro, Cambridge at the University Press: Cambridge (1921), 33-34.

[1751] Cf. Renato Beneduzi, *De concurrentibus actionibus*, 9. Entre as várias hipóteses constantes, destaca-se a venda do animal doente ou com "vícios". V. a relevância desta passagem em Romano Martinez, *Cumprimento Defeituoso*, 232.

competição *alternativa* de ações fundada no contrato e no delito, embora, segundo Girard, nada obstasse ao *cúmulo* de ações[1752].

> Proculos determina: se um médico opera num escravo com imperícia, competem ações fundadas no contrato ou pela Lei Aquilia (D. 9.2.7)[1753].

O entendimento enunciado não foi, no entanto, o único considerado: em hipóteses pontuais, defendeu-se uma manifesta incompatibilidade entre as pretensões em competição, rompendo com a sua pretensa autonomia; para estes casos, a resposta do sistema foi, ao invés, a de não cúmulo das *actiones*, comprometendo-se a unificação da solução normativa nesta matéria. Neste sentido, numa passagem atribuída a Modestino, afirmava-se:

> Vários delitos a respeito de um *facto* admitem várias ações, mas está provado que não se pode servir de todas se as várias ações nascem de uma mesma obrigação (M, L. 53, D. de Obligationibus et actionibus)[1754].

Veja-se, ainda, a emblemática passagem constante do Digesto, a qual apela à inadmissibilidade da ação fundada na *lex Aquilia* em caso de exclusão da responsabilidade contratual pelo *solvens*[1755]:

> Se se entregar um cálice para decoração com gravuras e ele [o artesão] o quebrar, fruto da sua inexperiência, será responsável por dano injusto. Se, porém, ele não se quebrou por falta de capacidade, mas porque tinha falhas defeituosas, ele pode ser irresponsável. De acordo, os artesãos costumam acordar que, quando materiais deste tipo são entregues, não realizarão o trabalho por seu risco, e esta provisão impede as ações com base no contrato ou pela *Lex Aquilia*. (D. 9.2.27.29)[1756].

1752 *Apud* Jaime de Gouveia, *Responsabilidade contratual*, 220.

1753 *Proculus ait, si medicus servum imperite secuerit, vel ex locato vel ex lege Aquilia competere actionem.*

1754 Tradução livre de «Plura delicta in una re plures admittunt actiones sed non posse omnibus uti probatum est: nam si ex una obligatione plures actiones nascuntur, una tantummodo, non omnibus utendum est». A palavra *re* reporta-se ao facto; cf. Savigny, *System des heutigen römischen Rechts*, 239.

1755 Cfr. Jaime Gouveia, *Responsabilidade contratual*, 218, reportando a influência francófona do exposto, tal como constante em Jassorand e Bonnet.

1756 Tradução também livre de «Si calicem diatretum faciendum dedisti, si quidem imperitia fregit, damni iniuria tenebitur: si vero non imperitia fregit, sed rimas habebat vitiosas, potest esse excussatus: et ideo plerumque artifices convenire solent, cum eiusmodi materiae dantur, non periculo

IV. A heterogeneidade das soluções decorre, além do mais, do facto de os romanos não conhecerem um dever geral de indemnizar, condicionado a uma finalidade primariamente ressarcitória[1757]: é no escopo de cada *actio*, marcada pela sua inicial tipicidade, que o problema do concurso se analisa. SAVIGNY elencou emblematicamente as alternativas à competição de ações: (1) um *concurso total* (*vollständing Concurrenz*) ou concurso eletivo, em que as ações concorrentes são extintas pela procedência da primeira, (2) um *concurso parcial* (*partielle Concurrenz*), conquanto existe apenas uma absorção parcial das pretensões concorrentes pelo sucesso da primeira, e, por fim (3) *não-concurso* (*keine Concurrez*) ou concurso cumulativo, caso em que todas as ações podem ser consideradas[1758]. Segundo o ilustre A. – ultrapassando dificuldade terminológica de importação destes conceitos para os tempos modernos –, estaria em causa a condicionante material ao plano processual, com efeito extintivo nas ações concorrentes[1759].

A casuística romana não permitiu, portanto, unificar a solução normativa aplicável ao concurso de *actiones*[1760], embora tenha desvendado as alternativas que chegariam aos nossos dias, sincreticamente consideradas nas posições de cúmulo ou não cúmulo das responsabilidades, atendendo à finalidade perseguida pela *actio*[1761]. O elemento teleológico, focado na igualdade de finalidade entre as *actiones*, venceu, portanto, o plano da mera identidade tipológica das *actiones* e, mesmo quando diferentes, do respetivo objeto.

A bitola teleológica foi, neste sentido, marcante: o pragmatismo dos romanos impediu a cumulação de *actiones* reipersecutórias, mas permitiu a de *penas* (civis). Para mais, no período justinianeu, após a instauração das primeiras *actiones* (reipersecutórias), era permitido ao lesado reclamar posteriormente – em nova ação (*mixtae*) – o montante atribuível à pena não satisfeita naquela

suo se facere, quae res ex locato tollit actionem et Aquiliae.». Seguimos de perto a tradução de SUSAN D. MARTIN, *The responsibility of skilled workers in Classical Roman Law*, The American Journal of Philology, vol. 122, n.º 1, The John Hopkins University Press. (2001), 107-129 (117). Contra, JAIME GOUVEIA apela à passagem do DIGESTO em sentido oposto, reveladora da independência da ordem de responsabilidades, mediante a qual o aprendiz, ferido pelo seu mestre que lhe inutilizou um olho, pode intentar a ação com base na Lei Aquilia, não obstante a existência de um contrato que permita que este seja alvo de castigos (D. 5,3; cfr. *Responsabilidade contratual*, 219).

1757 MAX KASER, *Direito Privado Romano*, 209.

1758 *System des heutigen römischen Rechts*, 216 e ss. V., com um elenco das situações reportadas a cada figura, CARMEN LÁZARO, *La concurrencia*, 13-79.

1759 *Idem*, 241.

1760 JOHANNES MERKEL, *Über den Konkurs*, 31.

1761 SAVIGNY, *System des heutigen römischen Rechts*, 219.

primeira ação[1762]. A figura da *litis contestatio* também contribui para este efeito, mas aqui não se esgotou: veja-se, também, a título exemplificativo e no prisma do concurso plurisubjetivo, que a *cumulatividade* que caracterizou inicialmente a *pena* derivada dos delitos civis – *i.e.*, quando todos os responsáveis pela prática do delito respondiam simultaneamente perante lesado –, seria posteriormente substituída pela solidariedade, atendendo à finalidade económica inerente à multa pecuniária[1763].

2. O direito dito intermédio; da escola dos glosadores ao movimento codificador

I. Com o declínio do Império Romano, o retrocesso civilizacional que caracterizava os povos bárbaros – pelo estado incipiente do seu Direito, marcadamente consuetudinário[1764] – implicou que esta matéria, e em muitas outras conexas, caíssem no esquecimento. A evolução posterior também não favoreceu o concurso de responsabilidade[1765]: as fontes escasseiam e não permitem formular um enquadramento condigno da figura no período prévio ao da codificação, além da mera casuística.

O Direito Canónico confundiu os planos imprescindíveis à identificação de uma situação de concurso: o *pecatum* consumiu a autonomia dogmática da responsabilidade civil em si[1766]. Na escola dos glosadores e dos comentadores, a figura também não se liberta do plano religioso, nem da matriz penal, pese embora o esforço conceptual e categorial da Magna

[1762] (D. 44, 7, 34, pr.). Cf. Juan Iglesias, *Derecho Romano*, 199 (nota 14). No mesmo sentido, A. Santos Justo, *Direito Privado Romano*, I, 246, 263. Sobre a distinção entre a finalidade inerente à pena e ao ressarcimento do dano, v., ainda, Salvatore di Marzo, *Instituzioni di Diritto Romano*, 5.ª ed., Dott. A. Giuffrè: Milão (1946), 404-406.

[1763] A. Santos Justo, *Direito Privado Romano*, I, 244.

[1764] Sobre este período germânico ou visigótico, v. Almeida Costa, *História do Direito Português*, 5.ª ed., Almedina: Coimbra (2012), 122-161. De fonte legal, destaca-se a *lei sálica*, a qual fixava os montantes compensatórios devidos em substituição da vingança; sobre este e outros aspetos, apelando a uma responsabilidade civil marcada pela vingança e composição pecuniária dos litígios, v. Santos Júnior, *Da responsabilidade civil*, 181, 185.

[1765] Com análise da influência muçulmana, de direito confessional, até à reconquista, v. Almeida Costa, *História do Direito Português*, 165-190.

[1766] Menezes Cordeiro, *Tratado*, VIII, 309.

glosa de Acúrsio (séc. XIII)[1767] e da opinião de Bártolo (séc. XIV) na recuperação das fontes[1768]. Existem nesta época, é certo, rasgos evolutivos na dogmática de responsabilidade civil de valor inestimável, tal como o desligar das fontes para efeitos do apuramento de responsabilidade, olhando-se, ao invés, para o tipo de dano a ressarcir (*extra rem*, se extracontratual, e *intra rem*, quando contratual; gl., *dupli, ad* C. 7, 47), e a distinção entre as formas de culpa (por dolo e meramente negligente)[1769], mas o debruçar sobre as fontes romanas coarta o espírito inovador nesta matéria.

Segue-se o humanismo renascentista, ao qual se deve o ímpeto de autonomização do conceito de responsabilidade civil, recuperando as fontes romanas (primeira sistemática), com distanciamento da obra dos Comentadores. A época do jusnaturalismo (segunda sistemática) caracteriza-se pela adaptação de um método funcional e lacónico de aplicação do Direito – neste plano, destaca-se o contributo de Grócio[1770], cujas obras de *Mare liberum* (1609) e *De iure belli ac pacis* (1623) influenciaram marcadamente os autores posteriores, entre os quais se destaca, além-Reno, Thomasius e Pufendorf. Este Autores *racionalizaram* o direito natural e iniciam o período designado por jusracionalismo. A construção jurídica totalizante não se adequa a enquadrar a figura do concurso, a qual seria, pelo método adotado, resolvida num prisma constitutivo.

II. Todo este período, dito intermédio, protelou-se até ao movimento codificador e caracterizou-se por uma vasta heterogeneidade e fragmentação de soluções[1771]. As variáveis são imensuráveis e as opiniões divergem quanto ao traço fundamental a aduzir à figura: o espaço entre o delito e o incumprimento obrigacional é encontrado casuisticamente, atendendo a cada ato ou negócio, impedindo, como vimos, que se estabeleça uma dogmática geral[1772].

[1767] V. Rasi, *L'actio legis Aquiliae e la responsabilità extracontrattuale nella glossa*, Atti del Convegno Internazionale di Stude Accusiani III, Giuffrè: Milão (1968), 723-775. V., por todos, Carmen Guillamón, *La concurrencia*, 103-107

[1768] Expressamente, Romano Martinez, *Cumprimento Defeituoso*, 232. Sobre o período, v. Almeida Costa, *História do Direito Português*, 229-269.

[1769] Atente-se às demais consequências desta orientação, em Santos Júnior, *Da responsabilidade civil*, 186.

[1770] Cerami, *La responsabilità extracontrattuale dalla Compilazione di Giustiniano ad Ugo Grozio*, La responsabilità civile da atto illecito nella prospettiva storico-comparatistica, a cura di L. Vacca, I Congresso Internazionale ARISTEC: Torino (1995), 103 ss.

[1771] Cf. Hugo Ramos Alves, *Dação em Cumprimento*, 77 e ss.

[1772] No geral, v. G. Negri, *Concorso delle azioni nel diritto romano, medievale e modeno*, Digesto delle discipline privatistiche – Sezione civile, III, Torino (1988). Quanto ao plano obrigacional, v. Menezes Cordeiro, *Tratado*, VI, 218.

O advento do movimento codificador no século XVIII marca o ponto de viragem na dogmática da responsabilidade civil: a tentativa de superação das fontes reguladoras, reportadas até então ao Direito Romano, permite-nos qualificar este período como a *época de ouro* na ciência do Direito. Sem prejuízo da existência de outras codificações, algumas ainda reportadas ao período jusracionalista (*v.g.*, o *Codex Maximilianeus Bavaricus Civilis* de 1756), são duas as fontes externas que marcam *sucessiva* e *respetivamente* o sistema jurídico português e o nosso movimento codificador no plano civil, num período histórico caracterizado pelo individualismo, a saber: o código de Napoleão (*Code Civil* ou *Code Napoléon* de 1804) e, fruto da Pandetística[1773], o Código Civil alemão (*Bürgerliches Gesetzbuch* – BGB – de 1900).

3. A experiência portuguesa: da pré-codificação ao Código Civil português de 1867

I. A experiência portuguesa no período da pré-codificação é, na sua carência dogmática, marcada pelas influências externas[1774]: o peso do Direito Romano – veja-se que este vigorava subsidiariamente em Portugal ao tempo das Ordenações[1775], desde que conforme ao Direito Canónico[1776], ou no período jusnaturalista, quando não contrário à *boa razão*[1777] – foi substituído pela marcante influência napoleónica que transparece na nossa primeira codificação civil (1867)[1778]. No período *prévio* ao contributo do Visconde de Seabra, a cisão das modalidades de responsabilidade civil, pressuposta para uma situação

[1773] Vejam-se, por todos, os contributos de Georg Friedrich Puchta e de Bernhard Windscheid. São conhecidas as críticas à metodologia da pandectística, denominada de *jurisprudência dos conceitos* (*Begriffsjurisprudenz*), em particular por R. von Jhering, as quais inspirariam a inflexão metodológica de Philipp Heck para a *jurisprudência dos interesses* (*Interessenjurisprudenz*).

[1774] As tentativas de enquadramento encontram-se feitas, entre nós; v., por todos, Menezes Cordeiro, *Tratado*, VIII, 353-357; enquadramento para o qual se remete.

[1775] Menezes Cordeiro, *Tratado*, VIII, 354. V., ainda, Ruy e Martim de Albuquerque, *História do Direito Português*, Vol. I, 12.ª ed., Sintra: Lisboa (2005), 428-430.

[1776] Almeida Costa, *História do Direito Português*, 343, 347 e 450.

[1777] *Idem*, 405.

[1778] Retrata-a os estudos de Côrrea Telles e, posteriormente, de Coelho da Rocha. O contributo destes A. no domínio da responsabilidade civil foi estudado, entre nós, por Menezes Cordeiro, em *Da Responsabilidade dos Administradores*, *passim*, e em *Tratado*, VIII, 353-357. O movimento codificador moderno – excluindo, portanto, o peso das Ordenações – já se havia iniciado em 1833 com o Código Comercial de Ferreira Borges, que precedeu o devido a Veiga Beirão (1888), ainda hoje em vigor.

de concurso, não é clara, detetando-se meros indícios ao nível do regime dissonante[1779]. Não se encontram, portanto, vestígios da figura nas obras de PASCOAL DE MELO, J. H. CORREIA DE TELLES e de COELHO DA ROCHA[1780].

A influência do Código Civil francês (1804) no Código Civil português (1867) é inegável e acompanha, de resto, o peso marcante daquela obra no movimento codificador de outros ordenamentos: ao nível das codificações note-se a influência do *Code Civil* no Código Civil de Itália (1865)[1781] e de Espanha (1889), entre outros[1782].

3.1. Em particular, a concorrência de responsabilidades à luz do Código Civil de 1867

II. Com o advento da codificação surgiu um grande ímpeto na evolução da ciência do Direito. Para efeitos do tema que nos ocupa, resulta clara a distinção entre a responsabilidade civil delitual e obrigacional, atendendo ao disposto nos artigos 2361.º e 705.º (*ex vi* 2393.º CCse) do novo Código Civil (1867), respetivamente.

Na parte IV do Código Civil de 1867 (*Da offensa dos direitos, e da sua reparação*), o primeiro livro é dedicado à *responsabilidade civil*. Em sede das disposições preliminares (título I), consta como preceito central a regulação da responsabilidade delitual: «[*t*]*odo aquelle, que viola ou offende os direitos de outrem, constitue-se na obrigação de indemnisar o lesado, por todos os prejuízos que lhe causa*» (2361.º CCse). Concretiza, ainda, o artigo 2304.º CCse

[1779] MENEZES CORDEIRO apela à distinção constante nas Ordenações Filipinas, pelo menos em duas passagens (Livro 4, tit. II, Pr. e til. LIII, § 2 – cf. *Tratado*, VIII, 353-354), mas estas previsões radicam apenas na responsabilidade de tipo obrigacional, como o ilustre Professor reconhece.

[1780] *Instituições de Direito Civil Português*, BMJ, 161 (1966), 89-200, e *Instituições de Direito Criminal Português, Livro único*, em BMJ, 156 (1966), 69-168 (69-74), *Digesto Portuguez ou Tratado dos Direitos e Obrigações Civis* – consultámos a edição da Livraria Clássica: Lisboa (1909), Tomo I, 60-68 – e *Instituições de direito civil portuguez* – apenas pudemos consultar a 8.ª ed., Tomo I, Livraria Clássica: Lisboa (1917), 73-83 – onde o A. seguiu a tradição romanística das fontes da obrigação de indemnizar; respetivamente.

[1781] Veja-se a correspondência entre os artigos 1225.º e 1226.º com os artigos 1147.º e 1148.º do *code Napoléon*; cf. FRANCESCA GIARDINA, *Responsabilità contrattuale e responsabilà extracontrattuale*, Editora Dott. A. Giuffrè Éditore: Milão (1993), 23-32.

[1782] V., com referências completas, ALMEIDA COSTA, *História do Direito Português*, 461 (nota 3).

que «[*a*] *responsabilidade civil consiste na obrigação, em que se constitue o auctor do facto ou da omissão, de restitutir o lesado ao estado anterior á lesão, e de satisfazer as perdas e damnos que lhe haja causado*». Por sua vez, a responsabilidade *obrigacional* – veja-se que o título III relativo à responsabilidade meramente civil inicia-se com o capítulo I, referente à *responsabilidade proveniente da não execução de obrigações* – é regulada pelo artigo 2398.º CCse, o qual dispõe «[*a*] *responsabilidade, proveniente da não execução dos contractos, regular-se-há pelas disposições dos artigos 702.º e seguintes; a responsabilidade, que derivar de quaesquer outras obrigações, reger-se-há pelos mesmos princípios, em tudo aquilo a que estes forem applicaveis.*». Ora, no livro II (Dos direitos que se adquirem por facto e vontade própria e de outrem conjuntamente) dispõe-se em sede dos contractos e obrigações em geral (título I) sobre os efeitos e cumprimento dos contractos (capítulo IX) e, em particular, sobre a responsabilidade do *contrahente* pela falta do cumprimento do contracto (705.º CCse).

Em sede do concurso de responsabilidade, o Visconde de Seabra dedicou um grande enfoque ao tema, embora noutro âmbito: regulou-se em detalhe a relação entre a responsabilidade civil e a criminal.

Para esse fim, criou-se um título autónomo, o segundo, no livro da responsabilidade civil (*Da responsabilidade civil connexa com a responsabilidade criminal*), constante dos artigos 2367.º a 2392.º CCse. Por outro lado, no âmbito das disposições preliminares (título I), previram-se as situações de concurso entre as duas ordens de responsabilidade, determinando-se que «[e]*stes factos ou omissões de factos podem produzir responsabilidade criminal, ou simplesmente responsabilidade civil, ou uma e outra responsabilidade simultaneamente*» (2363.º CCse) e, ainda, que «a *responsabilidade criminal é sempre acompanhada da responsabilidade civil; mas a civil nem sempre é acompanhada da criminal. Os casos em que esta última é acompanhada da responsabilidade civil estão especificados na lei.*» (2365.º CCse).

III. Pese embora a ausência de uma regulação expressa do concurso de responsabilidades civis, o problema não foi desconhecido, expressa ou implicitamente, pelos Autores que se dedicaram à época ao estudo do novo Código de 1867.

Vejamos, sucintamente, o entendimento de J. Dias Ferreira, Guilherme Moreira, José Tavares, Paulo Cunha, Pinto Coelho, Jaime de Gouveia e de Cunha Gonçalves.

a. J. Dias Ferreira analisa com profundidade o regime de concurso da responsabilidade civil e criminal, atendendo ao disposto nos artigos 2363.º e seguintes do Código de Seabra, em particular a contradição manifesta constante do artigo 2365.º: neste preceito, determina-se que a responsabilidade criminal implica *sempre* a responsabilidade civil, e, posteriormente, que a lei determina (desnecessariamente, portanto) os casos em que existe essa sobreposição. Deteta-se, na sua investigação – e este é o ponto que nos importa –, uma linha orientadora que previne, em todos os casos, o concurso entre responsabilidade contratual e delitual: transparece esta ideia em todos os exemplos mencionados pelo A., os quais se reduzem a um reconhecimento exclusivo de responsabilidade contratual, por um lado, às múltiplas combinações entre responsabilidade delitual e penal (*i.e.*, apenas delitual ou penal, ou, ainda, ambas), por outro[1783].

b. Guilherme Moreira distingue pelo escopo da lesão que preside à obrigação de indemnização as responsabilidades delitual e contratual: na primeira, segundo o A., estamos perante a lesão de um direito de carácter geral, absoluto, e, na segunda, a violação de uma obrigação relativa, respetivamente[1784]. O Autor não incorre – e isso é de louvar – na confusão terminológica de considerar a responsabilidade contratual restrita a esta fonte, abrangendo qualquer violação de uma obrigação em sentido técnico[1785]. A separação dos regimes das responsabilidades não permite descobrir uma situação de concurso, apreciada, desta forma, com expresso enfoque na respetiva *autonomia*, na relação entre a de tipo criminal e a civil: o plano é, portanto, o da independência entre as duas ordens de responsabilidade[1786].

c. José Tavares, resgatando aquele entendimento já expresso em J. Dias Ferreira, apela à existência de uma responsabilidade «mixta», embora exclusivamente de tipo civil *e* criminal. Para o A., a distinção inicial entre a responsabilidade do *devedor* (leia-se, obrigacional) e a «civil propriamente dita ou responsabilidade delitual» tem consequências ao

[1783] V. anot. ao art. 2366.º CCse, em *Código civil português commentado*, V, Imprensa da Universidade Coimbra: Coimbra (1876), 108-111.

[1784] *Instituições de Direito Civil Português*, I – Parte Geral, Imprensa da Universidade de Coimbra: Coimbra (1907), 590.

[1785] *Idem*, 591.

[1786] *Idem*, 585-587.

nível do regime, dissonante[1787]; os espaços são subliminarmente considerados de plena autonomia, negando a existência de uma situação de concurso. Embora meritório, o apuramento terminológico não permitiu, todavia, considerar também uma responsabilidade mista no âmago das modalidades civis.

d. Nas lições de PAULO CUNHA, a matéria do concurso entre as modalidades consideradas, em sentido próprio, é abordada de forma implícita. Quando o devedor é responsável civilmente, nomeadamente se não *cumpre*, em sentido estrito, ou impossibilite o cumprimento, o A. equaciona a hipótese da invocação pelo devedor da nulidade do ato constitutivo do vínculo obrigacional (*sublata causa cessat effectus*)[1788]. A matéria do concurso surge, então, perante a destruição da fonte da obrigação por razão de *dolo*, gerador, segundo o A., de responsabilidade delitual: a solução preconizada, de saída do plano obrigacional por efeito da nulidade do negócio que antecede a constituição do vínculo, impede a consideração do não cumprimento da obrigação (não constituída) e resolve a matéria do eventual concurso de um prisma constitutivo; mas a ideia de concurso fora detetada, malgrado evitada.

e. PINTO COELHO distingue entre a responsabilidade contratual e a responsabilidade extra-contratual, não-aquiliana ou delitual, conquanto nas primeiras se trata do incumprimento de uma «obrigação relativa e preexistente entre o lesante e o lesado»[1789]. Não se detetava, também nas lições do ilustre Professor, espaço para o concurso de responsabilidade.

f. JAIME DE GOUVEIA publica em 1932 uma das obras de referência do estudo da responsabilidade contratual, na qual dedica o capítulo III da segunda parte da sua obra ao «*problema da concorrência das responsabilidades contratual e delitual*». O Autor configura o espaço do concurso no âmbito das correntes dualistas (embora isto não seja exatamente necessário, como vimos[1790]) e apela ao confronto essencial entre duas teses, nomeadamente (*i*) a da *incompatibilidade* e (*ii*) a do *cúmulo* das responsabilidades civis[1791].

[1787] *Os princípios fundamentais de Direito Civil*, I, Coimbra Editora: Coimbra (1922), 516-517.

[1788] *Apontamentos*, Tomo II, Cap. II: O objecto (1938-1939), 361-362.

[1789] *Direito Civil – Obrigações*, Lisboa, 1939, 228. Segue, então, o entendimento já expresso em *A responsabilidade civil baseada no conceito de culpa*, Imprensa da Universidade de Coimbra: Coimbra (1906), 209.

[1790] Cfr., *supra*, § 14; 2.

[1791] *Da responsabilidade contratual*, Edição do autor: Coimbra (1932), 216. Este entendimento seria posteriormente replicado em *Da responsabilidade civil*, lições ao curso complementar de Direito civil (col. Ramos de Sousa e Silva Pinto), 1933/1934, *maxime* 159 e ss.

A influência napoleónica marca o seu pensamento, transparecendo na bibliografia citada e no confronto permanente de Autores franceses. O A. sindica, com grande mérito, os espaços de autonomia entre as responsabilidades, apontando a existência de uma responsabilidade somente delitual, quando a lesão ocorra (*a*) «em um domínio de interesses absolutamente alheios ao contrato que tinham celebrado»[1792] ou, à inexistência de responsabilidade, de todo (*b*) após a extinção do contrato[1793]. Acérrimo defensor do *não-cúmulo* das responsabilidades, o A. procura não inutilizar a distinção entre os regimes de responsabilidade, tal como subjaz à tese do *cúmulo*[1794], a qual rejeita genericamente: admite, aliás, que o conteúdo da obrigação derrogue a lei e estabeleça uma conduta *diferente*.

Sem prejuízo, Jaime Gouveia tempera reconhecidamente o seu entendimento (como vimos, de uma congénita incompatibilidade de ambas as modalidades de responsabilidade): as normas de «interesse e ordem pública», inderrogáveis pela vontade das partes, permitem fundar, quando ofendidas, a responsabilidade delitual simultaneamente com a contratual do devedor[1795]; resta, nestas hipóteses limitadas, apelar à teoria da *opção*. É determinante compreender o espaço (limitado, note-se) admitido pelo Autor de *sobreposição* das ordens de responsabilidades, curiosamente sistematizados em três conjuntos de casos: em primeiro lugar, (1) quando a inexecução obrigacional consubstancia a prática de um *crime*[1796]. Por este primeiro caso, não se escapou – e este é o aspeto mais importante – aos contornos da época que determinavam a subordinação do sistema delitual ao penal (2365.º CCse), conquanto se determinava que

[1792] *Idem*, 217.

[1793] *Ibidem*. O A. resgata o exemplo curioso do galgo *Mistou*, o qual, após ter sido vendido à artista Maud Loty, pressentindo a passagem do antigo dono, atravessou a estrada e foi atropelado.

[1794] *Idem*, 221, 230. Admite até que «[a]s posições simultâneas de terceiro e de contratante são antinómicas e contraditórias.» (*idem*, 222).

[1795] *Idem*, 226, 228.

[1796] Vejam-se alguns dos exemplos carreados pelo A.: «um parceiro pecuário dispôs, como se fora exclusivamente sua, duma cabeça de gado que lhe havia sido confiada para pensar; um mandatário distraiu, em proveito próprio, o dinheiro que o seu constituinte lhe entregara para a execução do mandato [...] um empreiteiro de lavor dispôs, sem consentimento nem conhecimento do dono da obra, de parte dos materiais que este lhe entregara, um recoveiro deu intencionalmente descaminho às mercadorias que lhe haviam confiado para transportar; um depositário alienou ou consumiu a cousa móvel que recebeu em depósito; um comodatário matou, num assomo de ira, o animal que lhe foi emprestado; um vendedor alienou, duas vezes e a pessoas diversas, o mesmo imóvel; um inquilino lançou fogo à casa que lhe havia sido arrendada.» (*ibidem*, 229).

a todo o crime correspondia a prática de um delito[1797]. Ao admitir aquela sobreposição (entre o crime e o delito), o A. foi forçado a admitir (ainda que a título excecional) a coexistência entre a responsabilidade delitual e a contratual, quando *o incumprimento obrigacional gerasse um crime*. O concurso efetivo ocorria, assim, por *arrastamento*. Ora, esse entendimento esbarra hoje no limite conceptual de não se entender que a prática de um crime implica *necessariamente* a existência de um delito (*v.g.*, o caso da mera tentativa de crime ou do crime de mera atividade sem resultado danoso)[1798]. A sobreposição necessária entre o plano delitual ao criminal perdeu-se, e bem. Recuperando a lição do A., este admitia, por outro lado, a *opção* entre a responsabilidade obrigacional e delitual (em bloco), para a satisfação de uma *única* indemnização, quando (2) o devedor proceda com *dolo* na inexecução do contrato, violando a norma imperativa da boa fé[1799] e (3) quando um funcionário incumpra o seu contrato de serviço e viole simultaneamente os regulamentos do serviço[1800]. No que respeita às últimas duas exceções indicadas pelo A., favoráveis à coexistência de ambas as formas de responsabilidade, cumpre dizer o seguinte: a segunda exceção (2) carece de demonstração dos interesses delituais subjacentes à ofensa dolosa à boa fé. Por outro lado, também não se revela fácil descortinar interesses *delituais* subjacentes à terceira exceção. Esta última (3) situa-se, no entanto, no plano de apuramento de responsabilidade com base no concurso do incumprimento de normas estatutárias e a falta de cumprimento obrigacional, conquanto aquelas primeiras regras *não concretizem* o vínculo negocial (gerando um concurso heterónomo, das vias delitual e obrigacional, portanto). A visão do Autor neste ponto (e noutros tantos) foi extraordinária.

g. Cunha Gonçalves também se conta entre os pioneiros no tratamento dado à matéria do concurso. No seu comentário ao artigo 2393.º do Código de 1867 explana, a respeito do nosso objeto de estudo, (*i*) a matéria

1797 Leia-se, a responsabilidade criminal que resulte – como bem aponta Cunha Gonçalves (*Tratado*, XII, 511) – dos factos e omissões que se tratam naqueles preceitos civis.

1798 V., *supra*, notas de rodapé 116 e 1182.

1799 *Idem*, 236.

1800 *Idem*, 237. O conceito de funcionário (tal como o de regulamento de serviço) é interpretado num sentido lato, abrangendo o estatuto da função pública a que sujeitam os *funcionários em sentido estrito* (*v.g.*, corretores de bolsa) ou não, se privados, abrangidos por uma regulação pública da sua atividade profissional (p. ex., advogados, procuradores, médicos e arquitetos); Ferreira Pinto, *O concurso*, 2002, sindica, na linha de Vaz Serra, as realidades na posição do A. *supra* mencionado, mas isso não se revela necessário.

da unidade ou dualidade da responsabilidade civil, (*ii*) a predominância de uma responsabilidade, (*iii*) a incompatibilidade ou cumulabilidade das duas responsabilidades e, por fim, (*iv*) a possibilidade legal de opção entre as duas responsabilidades em causa[1801]. A sua inspiração nas ideias francesas também é marcante, transparecendo na bibliografia citada, e uma decorrência direta daquela que subjaz ao Código Civil em vigor à época. Enferma, no entanto, de um vício metodológico claro, com implicações indesejadas: a falta de apuramento conceptual, leva o A. a entender que a responsabilidade *obrigacional*, quando não contratual (p. ex., quase-contratual e *legal*, em termos imediatos), segue o regime da responsabilidade *delitual*. A primazia absoluta da via delitual – ao implicar um quase esvaziamento da responsabilidade contratual – é manifesta: reconduz institutos como os contratos de *favor*, a responsabilidade pré-contratual e a pós-contratual, sem exceção, àquela primeira via, delitual[1802]. Feito este pequeno reparo, e no que respeita à matéria do concurso, nos casos em que este é admissível – veja-se que o A. invoca os exemplos da responsabilidade do médico, arquiteto, empreiteiro pela errónea prestação de serviço, bem como o do transportador, pelos prejuízos provocados nos seus passageiros – são indicadas duas teorias distintas, embora – e este ponto é de louvar – todas sejam *enquadradas num espectro*, o qual permite considerar entendimentos *mitigados* entre aqueles polos: (*a*) o da incompatibilidade absoluta e (*b*) o da cumulabilidade. Vejamos, em concreto, o entendimento do A., o qual recolhe, só por este motivo, o maior interesse de análise. Ora, para Cunha Gonçalves, a coexistência das duas responsabilidades permitirá a opção por uma delas, quando (*i*) a responsabilidade civil é conexa com a criminal – recuperando a ideia já decorrente da exposição de Jaime Gouveia – e (*ii*) em *casos pontuais* em que essa coincidência não suceda, adotando, na exposição deste ponto um método puramente exemplificativo[1803].

1801 *Tratado*, XII, 720-803 (720-734).

1802 *Idem*, 726-729.

1803 O A. apela aos casos dos acidentes de trabalho e de viação, do vendedor que não conserva a coisa vendida, e da venda de coisa alheia (conquanto, neste último caso, o comprador pode optar, segundo o A., pela responsabilidade contratual por inexecução do contrato e a de evicção – existente à data – de tipo extracontratual), nos casos de dolo, simulação, ação pauliana, ação anulatória por vício de consentimento e, por fim, em todos os casos de incumprimento de serviços profissionais remunerados (médicos, advogados, engenheiros, arquitetos, empreiteiros, no elenco do A.); *idem*, 733-734.

IV. As ideias francesas influenciaram de forma determinante a matriz portuguesa da época. A figura do concurso foi suscitada inicialmente no confronto entre responsabilidade penal e civil; a transposição para a competição adentro da responsabilidade civil foi, no entanto, rápida, embora à margem de um tratamento terminológico apurado. Esta foi a consequência provável de uma metodologia sincrética na regulação dos institutos. Com o advento do novo Código Civil de 1966, a matéria foi retomada com plena dignidade, tal como veremos de seguida.

4. Cont. Os antecedentes do Código Civil de 1966

4.1. As novas correntes de pensamento na véspera do novo Código

I. Distanciando-se, com grande mérito, daquela corrente de pensamento que reunia a adesão generalizada – e por isso, merecendo, um lugar de destaque neste plano expositivo – Gomes da Silva ocupa-se, na sua obra de 1944, do estudo do dever de indemnizar. Explorou, *contracorrente* e em particular, a conexão entre aquele dever e o de prestar. No que respeita ao problema em mãos, para o ilustre Professor, radica-se na compreensão do dever de indemnizar a resposta do sistema para a figura do concurso; sistema esse que contemplava, à data, a responsabilidade pela não execução dos contratos ou, em geral, pelo não cumprimento de outras obrigações[1804]. Combateu acerrimamente a velha ideia de ser distinta a obrigação de indemnização produzida pela responsabilidade obrigacional perante a emergente da modalidade delitual, conquanto, entendia, ambas se fundam na relação contratual pré-existente ou na lei, em termos imediatos, respetivamente. Mas, como sabemos, essa ideia é antiga, porque é boa, e não o contrário. Em todo o caso, para o A. a *identidade do dever de indemnizar* em ambas as modalidades tornava desnecessário o enquadramento da situação de concurso, negando as diferenças usualmente apontadas entre aquelas modalidades. A propósito, afirmou expressivamente:

> «Assim nasceu *uma das mais intricadas e vãs discussões* que têm ocupado o espírito dos juristas, que procuram por todos os modos caracterizar as duas responsabilidades e determinar-lhes os respetivos âmbitos, bem

[1804] *O dever de prestar e o dever de indemnizar*, 60.

como decidir se a vítima dum dano tinha direito de optar por aquela das responsabilidades cujo regime lhe fôsse mais favorável.»[1805].

II. Na segunda metade do século XX, sentiu-se a necessidade de reformar o código em vigor. O plano de exposição da matéria ganhou novos contornos, apoiado nos progressos entretanto almejados. Destaca-se neste plano, sem prejuízo dos demais, os contributos de MANUEL DE ANDRADE, GALVÃO TELLES, PIRES DE LIMA, PEREIRA COELHO e PESSOA JORGE.

a. Na terceira edição do seu manual de Direito das Obrigações, de 1966, MANUEL DE ANDRADE considerava a responsabilidade derivada do não cumprimento das obrigações em sentido técnico, preferindo o termo *obrigacional* (cfr. arts. 705.º, 2361.º, 2364.º e 2393.º)[1806]. Admitia, por outro lado, apenas o concurso entre a ilicitude civil e penal – afirmava, para este efeito: «[é] de notar que o mesmo facto pode reunir as duas qualificações – a de ilícito civil e a de ilícito penal (factos ilícitos concomitantemente civis e criminais)»[1807]. Deteta-se, por fim, na sua exposição, uma distinção entre as áreas de atuação do ilícito contratual e extracontratual[1808], sem espaço para sobreposição, prevenindo, nesta medida, a situação de concurso.

b. Na primeira edição do seu manual de Direito das Obrigações[1809], GALVÃO TELLES distingue entre as modalidades de responsabilidade civil pela fonte de onde provêm: o *delito* seria a fonte da obrigação de indemnizar a título delitual; por sua vez, a responsabilidade contratual e quase-contratual derivaria da violação de obrigações[1810]. Anunciava posteriormente – sendo este o ponto a destacar – que o confronto entre as duas modalidades que considerava (*obrigacional* e *extraobrigacional*) é objeto de controvérsias, particularmente as relações entre as duas e as respetivas fronteiras para efeitos de aplicação[1811]. Na segunda edição do

1805 Itálico nosso, em ob. cit., 190.

1806 *Teoria Geral das Obrigações*, 337. V. ainda, o A. em *Sobre a recente evolução do direito privado português*, BFD, XII (1946), 284-343 (305).

1807 *Teoria Geral da Relação Jurídica*, II, 5.

1808 *Idem*, 7-8 e I, 127-128.

1809 *Manual de Direito das Obrigações*, Tomo I, Coimbra Editora: Coimbra (1957). V., ainda, o A. em *Lições proferidas no ano lectivo de 1948-1949*, Associação Académica: Lisboa, 351-352.

1810 *Idem*, 46.

1811 *Idem*, 170. V., em sentido idêntico, a 2.ª ed. do manual, de 1965 (186).

seu manual[1812], já à luz do recente Código de 1966, seguiu um plano de exposição com uma distinção clara entre as duas modalidades. Expressivamente, afirmou: «A primeira [a responsabilidade obrigacional] supõe a falta de cumprimento de uma obrigação; a segunda [a responsabilidade extraobrigacional] determina-se por exclusão de partes.»[1813]. O repto passado, inaugurando a identificação de uma hipótese de concurso, foi repetido e, de igual forma, evitado[1814].

c. Pires de Lima, explorando a área de atuação do direito objetivo, distingue claramente três campos, nomeadamente (*i*) as relações da vida social entre particulares fundadas num contrato e os danos provocados (*ii*) nas coisas ou (*iii*) nas pessoas, as quais apelam, segundo o ilustre A., a «ressarcir a vítima ou a respetiva família dos prejuízos sofridos e a punir».[1815] Acrescenta, por fim, que as últimas duas situações não têm por base «qualquer contrato celebrado entre os particulares interessados»[1816], o qual denota um afastamento total das modalidades de responsabilidade em causa, impeditivo da consideração da hipótese de um concurso de responsabilidade.

d. Pereira coelho apela, nas suas lições, a uma distinção profunda entre a responsabilidade contratual e a extracontratual: para o ilustre Professor, a primeira resulta da infração culposa de uma obrigação em sentido técnico, ao passo que a segunda decorre da violação dos «deveres negativos ou universais ou deveres gerais de abstenção que correspondem aos direitos absolutos»[1817]. A exposição subsequente indicia o afastamento da possibilidade de sobreposição entre as vias de responsabilidade, atendendo a que «o único facto constitutivo de responsabilidade (contratual) é o não cumprimento»[1818].

e. Pessoa Jorge definia a prática de um *delito* com a violação de um dever, incluindo uma obrigação em sentido técnico ou um dever jurídico de outra natureza. Naquela bivalência de fontes da obrigação de indemnização, enquadrava a responsabilidade obrigacional e a extraobrigacional,

[1812] *Direito das Obrigações*, 2.ª ed., Livraria Petrony, 1979.
[1813] *Idem*, 161, seguimos no aditamento dos parêntesis retos a qualificação seguida pelo A..
[1814] *Idem*, 304. No mesmo sentido, confira-se a última edição (sétima), cuja reimp. é de 2014 (331).
[1815] Com Antunes Varela, em *Noções fundamentais de Direito civil*, I, 4.ª ed., Coimbra Editora: Coimbra (1957), 4.
[1816] *Ibidem*.
[1817] *Obrigações*, 390-393 (390). E, ainda, em *O nexo de* causalidade, 99-101.
[1818] *Idem*, 399.

delitual ou aquiliana, respetivamente[1819]. O apelo triplo às (*i*) *fontes*, dicotómicas, (*ii*) *fracas diferenças de regime* e (*iii*) e à *relação entre os sujeitos*, próxima no vínculo obrigacional, contrariamente ao plano delitual, prevenia a sua verificação simultânea e, portanto, o concurso de responsabilidade. Posteriormente, já à luz do Código Civil de 1966, veio admitir a possibilidade de cumulação destas duas ordens de responsabilidades, quando emergentes do mesmo facto – possibilidade essa que reconheceu ser, aliás, *recorrente*[1820].

4.2. Em especial, a proposta de Vaz Serra no anteprojeto do novo Código

III. Vaz Serra, num escrito publicado em 1959, dedica-se ao tratamento da «*responsabilidade contratual e* [da] *responsabilidade extracontratual*»[1821] no qual analisa, em especial, o *concurso* destas modalidades. Este estudo, e outros tantos, serviria de base ao anteprojeto do Código Civil, alterado em sede de ambas as revisões ministeriais a cargo do então Ministro da Justiça, Antunes Varela. Profundamente inspirado pela matriz francófona, nomeadamente em AA. como Rodière e Carbonnier e numa lógica de primazia subliminar da tutela contratual, enquadra o nosso problema em quatro vertentes, nomeadamente a de (1) *concurso* de responsabilidade, termo reservado para a exigência da responsabilidade delitual quando o lesante não seja contratualmente responsável; (2) de *opção* entre as responsabilidades, sendo o lesado responsável simultaneamente a vários títulos; (3) de *acumulação*, quando o lesado pode aplicar as regras de ambas as modalidades; e, por fim, (4) de *aplicação sucessiva* de regimes, no âmbito da exigência de uma indemnização complementar[1822]. Para este efeito, analisa comparativamente as soluções francesas, italianas e alemãs, atendendo ao estado da respetiva ciência, bem como os autores nacionais que se haviam pronunciado até à data sobre o problema, designadamente Jaime de Gouveia e Cunha Gonçalves, cujos contributos já são, por nós, conhecidos.

Em defesa da *cumulação* das responsabilidades, afastando a especialidade da ordem contratual, invoca (*i*) a possibilidade de as regras da responsabilidade *delitual* serem mais favoráveis ao lesado e (*ii*) o facto de a responsabilidade

[1819] *Direito das Obrigações*, AAFDL: Lisboa (1968), 66, 205, 365.

[1820] *Ensaio*, 41, 365.

[1821] BMJ 85 (Abril), 1959, 115-239.

[1822] Vaz Serra, *Responsabilidade*, 209 e ss.

obrigacional *agravar* apenas o regime concorrente e prévio[1823]. Permite ao lesado a *escolha* entre o regime que melhor lhe convir, com uma grande novidade, a qual levaria a qualificar o entendimento do ilustre Autor como de cumulação *híbrida*: afirma «[p]arece dever poder mesmo escolher *parte de umas e parte de outras* [regras de responsabilidade], para que deste modo aproveitar de todos os benefícios que elas podem dar-lhe»[1824]. Esta possibilidade, de escolha das partes do regime que melhor lhe convier, num verdadeiro *cherry picking* dos melhores aspetos de cada uma das modalidades rompe, é certo, com a aplicação dos regimes em bloco e suscitou, como vimos, grandes reservas por parte de inúmeros Autores. Vaz Serra, ciente desta fragilidade, vem restringir o seu entendimento híbrido: entende que (1) a limitação *legal* de responsabilidade abrange a modalidade de responsabilidade concorrente e que (2) as partes podem *convencionar* excluir a responsabilidade *delitual*[1825]. A independência entre as pretensões geradas apraz Vaz Serra, o qual não estranha as idiossincrasias do regime de transmissão, conquanto o terceiro cessionário de um dos créditos se constitui credor solidário com o *lesado* no montante indemnizatório[1826]. Não é, pois, necessário resolver este aspeto (da transmissão singular da pretensão) mediante a *conversão* do ato transmissivo à celebração de um pacto de *non petendo* pela indemnização concorrente, tal como sugerido por Larenz, ou de simples renúncia à pretensão concorrente. Rejeita, contudo, as consequências do concurso de pretensões ao nível da litispendência e do caso julgado, embora remeta o problema para a sede própria, *processual*. Mediante o pragmatismo que sempre o caracterizou, Vaz Serra invoca ainda que, mesmo que exista essa oposição «isso só significa que o autor deve, na sua ação, invocar todos os créditos dirigidos ao mesmo objeto, a fim de evitar que o tribunal tenha de apreciar duas vezes se o autor tem contra o réu um direito de indemnização»[1827]. Em suma, adere, na esteia de Dietz, ao modelo do *concurso de pretensões*, admitindo a existência de diferenças substanciais de regime entre cada uma das pretensões.

O ponto de mestria, indiciado pela sua exposição, é de considerar que uma teoria unitária, nos modelos consagrados (do concurso de normas, de ações,

[1823] Ob. cit., 230.

[1824] Itálico nosso; ob. cit., 231.

[1825] Ob. cit., 232.

[1826] Ob. cit., 233, 234, exceto, segundo o Autor, se a cessão «piorar, contra a boa fé, a situação do devedor.» (*ibidem*).

[1827] Ob. cit., 235.

de pretensões ou de fundamentos à pretensão), não é apta a resolver satisfatoriamente a matéria; afirmou, neste sentido:

> «Não cabe à lei consagrar formalmente uma teoria determinada, pois pode acontecer que a tese da dualidade de créditos ou pretensões seja preferível para certos e a tese da unidade o seja para outros.»[1828].

Não podemos senão concordar com esta solução, como veremos posteriormente.

O seu entendimento teria expressão no artigo 767.º [1829] do anteprojeto do Código Civil da sua autoria; neste constava:

> Artigo 767.º
> *(Concurso de responsabilidade contratual*
> *e de responsabilidade extracontratual)*
>
> 1. Se um facto representar, ao mesmo tempo, uma violação de contrato e um facto ilícito extracontratual, são aplicáveis as regras de ambas as responsabilidades, à escolha do prejudicado, que pode inclusivamente escolher parte de umas e parte de outras.
>
> 2. O disposto no parágrafo anterior não tem lugar quando a responsabilidade contratual for atenuada pela lei, na medida dessa atenuação, ou quando do contrato se concluir terem querido as partes excluir a responsabilidade extracontratual, salvo se esta convenção for nula.
>
> 3. A satisfação do credor por uma das vias exclui a satisfação pela outra, na medida em que coincidirem.
>
> 4. O credor pode ceder o crédito derivado da violação do contrato e conservar o outro, ou inversamente, salvo se isso agravar, contra a boa fé, a situação do devedor. Pode também remitir um e conservar o outro.
>
> 5. Se a lei estabelecer prazos de prescrição diferentes para dois créditos, aplica-se a cada um destes o prazo respectivo, excepto se a razão de ser da lei impuser a extensão a ambos de um dos prazos de prescrição nela estabelecidos.

[1828] Ob. cit., 237 (nota 260). A ideia encontra, ainda hoje, reputados adeptos, tal como CAVANILLHAS MÚGICA e ISABEL FERNANDEZ, *La concurrencia*, 145-147.

[1829] A numeração do preceito não consta do estudo que temos vindo a citar. Resulta, ao invés, da sistemática adotada pelo A. na exposição no ano seguinte, em o *Anteprojeto relativo ao Direito das Obrigações*, BMJ 101, (1960), 145. Em todo o caso, o conteúdo do preceito proposto é idêntico.

IV. A proposta expressa claramente o mencionado entendimento de Vaz Serra[1830]: o artigo encontra-se legisticamente construído de forma a enunciar a regra geral no primeiro número – *i.e.* o *concurso de pretensões autónomas*, mediante a opção híbrida das regras de ambas as modalidades – seguindo-se nos números subsequentes as respetivas limitações. Repete-se: a *independência* das pretensões é excecionada nos números seguintes, nomeadamente pela limitação legal ou convencional das responsabilidades (n.º 2), quando se impede a disposição do crédito que agravar, contra a boa fé, a situação do credor (n.º 4), e quando a lei imponha a extensão de um prazo prescricional comum a ambas as modalidades (n.º 5).

Destacamos, no entanto, a regra constante do número 3: esta regra admite que o *cumprimento* de uma das pretensões extinga a concorrente, como sugerem os defensores da teoria do concurso de pretensões, todavia – e este é o ponto fundamental – este efeito extintivo apenas tem lugar «*na medida em que* [as vias] *coincidirem*». Com esta ressalva, por vezes esquecida, Vaz Serra possibilitou a faculdade de cumulação de ambas as modalidades, afastando-se de um entendimento *unitário* do concurso: o seu entendimento foi, portanto, *intermédio*[1831]. O critério erigido da «medida da coincidência» não foi, todavia, concretizado na sua proposta, nem resulta expresso da sua exposição. Resta a dúvida: aprecia-se esta *coincidência*, *paridade*, *igualdade* em termos *quantitativos* (por referência ao *quantum* indemnizatório?) ou, como defendemos, por forma *qualitativa* (atendendo, p. ex., aos *danos* tutelados, independentemente da sua avaliação quantitativa)? Decorre *implicitamente* da exposição do Autor, baseando-se, por sua vez, no entendimento de Benucci, que este se aproxima daquela primeira vertente (quantitativa), mediante a qual se apela, para a distinção do objeto das pretensões que esta (a indemnização) «não seja de *calcular* do mesmo modo»[1832]. Não aderimos a este entendimento, como vimos[1833].

[1830] Esta orientação seria mantida em estudos posteriores, nomeadamente na anotação ao ac. do STJ de 26-Jul-1968, RLJ n.º 3400 (298-304), e n.º 3401 (309-319), Ano 102 (1969-1970), tendo por base o caso de um transportador que causa culposamente danos à pessoa transportada.

[1831] Cfr., como bem aponta, também *contracorrente*, Ferreira Pinto, *O concurso*, 2004, embora por motivos distintos. De facto, para este A., a quebra da unidade do entendimento de Vaz Serra decorre da combinação do disposto no n.º 1 (relativa ao concurso de pretensões) e no n.º 5 (sugerindo a unidade da pretensão); embora, como exposto *supra*, as exceções da concorrência de pretensões não devem recair necessariamente neste entendimento, embora num *alargamento dos efeitos* (apenas) de uma pretensão às demais concorrentes, para lá daquele efeito paradigmático e final, de tipo extintivo mediante o respetivo cumprimento.

[1832] Ob. cit., 236 (nota 260).

[1833] Cf., *supra*, § 12; 5.3.

V. A proposta de Vaz Serra, no anteprojecto do Código Civil de 1966, caiu nas revisões ministeriais[1834], subentende-se que por desnecessidade da regulação da figura no espectro puramente civil. Acompanhou-se, de resto, a omissão de regulação do instituto que advinha das grandes codificações europeias do século XIX[1835]. Existiu, assim e em todo o caso, uma *lacuna voluntária*[1836] quanto à regulação desta matéria.

Todavia, mesmo na ausência da regulação da figura, a densificação das modalidades delitual e obrigacional à luz do novo código de 1966, profundamente inspirado na codificação congénere alemã (BGB)[1837], não dissipou as dúvidas de regulamentação: o espaço ficou em aberto para os novos entendimentos sobre o concurso de responsabilidade, posteriormente analisados.

[1834] Cf. *Código Civil – Livro II, Direito das Obrigações* (1.ª revisão ministerial), Lisboa (1962). A segunda revisão ministerial é de 1965-1966.

[1835] Existem, no entanto, honrosas exceções de que era exemplo o Código Civil da República da Argentina (1869), entretanto revogado pelo Código Civil e Comercial da nação (2015). Aquele Código previa no seu artigo 1107.º, «[l]os hechos o las omisiones en el cumplimiento de las obligaciones convencionales, no están comprendidos en los artículos de este título, si no degeneran en delitos del derecho criminal.». Esta norma manifesta claramente uma preferência pelo regime obrigacional (o qual absorve os delitos sem relevância penal). Ainda assim, AA. como Carlos Pérez Bravo reconhecem com base no preceito a possibilidade de o lesado optar pelo regime que melhor lhe convenha (*La concurrencia*, 113). A norma não transitou para o novo Código Civil argentino. Também são exemplos raros algumas soluções gizadas no leste europeu, como vimos, designadamente na Polónia (art. 443.º do respetivo Código Civil) ou na Hungria (6:125 do Código Civil húngaro de 2013).

[1836] Pinto Monteiro, *Cláusula Penal e Limitação*, 714.

[1837] Veja-se, no imediato, a sistemática de ambos os Códigos, com a consagração do «sistema de Pandectas» (a expressão é de Sinde Monteiro, em *Manuel de Andrade e a influência do BGB sobre o Código Civil Português de 1966*, RLJ, n.º 3899, Ano 132, 37). O Código Civil alemão – *Bürgerliches Gesetzbuch*, BGB (1900) –, serviria de inspiração ao nosso último Código Civil (1966), bem como ao Código Civil suíço (1914/1916), italiano (1942) e brasileiro (1916).

§ 17. AS SOLUÇÕES NO DIREITO MODERNO; SEQUÊNCIA

I. No período moderno, as soluções gizadas pelos diversos ordenamentos perante uma situação de concurso, enquanto um *conflito positivo* das modalidades de responsabilidade, são genuinamente divergentes. Não existe, como veremos e sem surpresa, harmonia possível quanto à saída dos sistemas jurídicos, atendendo, em particular, às respetivas idiossincrasias.

São devidas duas brevíssimas notas à exposição subsequente.

Em primeiro lugar, o tratamento desta matéria coloca-se sistematicamente no plano externo de responsabilidade, pressupondo uma pluralidade mínima de sujeitos, *i.e.*, *um lesante* e *um lesado*. Um outro plano, de grau de complexidade superior a nível subjetivo (*i.e.*, perante um concurso plurisubjetivo), necessita subsequentemente de enquadrar as relações (internas), fora do prisma *lesante/lesado*, particularmente na presença de vários lesantes[1838]. Ora, este modelo não será tido em conta na ordenação subsequente dos entendimentos sobre o concurso, porquanto, salvo honrosas exceções, não foi considerado, pelo menos a título principal.

Em segundo lugar, e na sequência do ponto anterior, na ausência de um plano global de exposição, podem ser descritivamente enquadradas as soluções carreadas pelos outros ordenamentos jurídicos ou, em grande plano, por outras famílias jurídicas em duas grandes formas de enquadramento, nomeadamente a teoria do *não-cúmulo* e a do *cúmulo*. Em todo o caso, a influência dos respetivos regimes, na solução normativa do concurso que defendem, impede a autonomização, *per si*, da solução que carreiam com vantagem substancial: aliás, não existe, como veremos, uma unidade substancial em sede de objeto (se um concurso de normas, de ações ou de pretensões) que permita aglomerar as várias soluções além-fronteiras em determinado plano. No fundo, é o critério das ideias ao nível *global* aquele que se revela determinante na exposição subsequente.

[1838] Cfr., *supra*, § 7; 1. e § 15; *a*) e *b*).

II. Ao longo da exposição, pudemos constatar que o enquadramento de uma situação de concurso de responsabilidade civil pressupõe, de um ponto de vista *constitutivo*, a (*i*) *qualificação* do título de imputação de danos em causa, entre a modalidades delitual e obrigacional, e, em seguida, a (*ii*) *determinação da relação normativa* entre vários títulos de imputação de danos resultantes, particularmente se reportados disjuntamente às modalidades consideradas. É este último momento o qual será objeto de análise.

Ora, a solução geralmente apontada para aquela relação normativa é, como referido, biunivocamente considerada em dois entendimentos, díspares e monistas, nomeadamente entre (*a*) aquele que aceita a coexistência entre os vários títulos de imputação (tese do *cúmulo*) e (*b*) o seu oposto, concentrando-se a responsabilidade no(s) título(s) reportado(s) a uma determinada modalidade, por exclusão dos demais (tese do *não-cúmulo*). Por outras palavras, a solução em regra apontada ao concurso divide-se entre o polo que defende (*a*) o *cúmulo* das responsabilidades e aquele (*b*) que o rejeita (não cúmulo). É, em todo o caso, possível considerar outros entendimentos que tentam superar estes dois grandes grupos, embora não tenham almejado grande sucesso. Sem prejuízo, a própria tese do cúmulo e a do não cúmulo podem ser consideradas em novo grau, atendendo ao fundamento que lhes preside. Sistematicamente, resulta o seguinte quadro comparativo, naturalmente não exaustivo, quanto ao enquadramento normativo do concurso de responsabilidade civil, num prisma *qualificativo*[1839], a saber:

a) Tese do não-cúmulo,
  - *i*) por especialidade; e
  - *ii*) por consumpção.

b) Tese do cúmulo,
  - *i*) em sentido estrito;
  - *ii*) mediante alternatividade; e
  - *iii*) por combinação (modelo híbrido).

Vejamos, em maior detalhe, cada um destes entendimentos.

[1839] Ainda que de forma indireta porquanto a qualificação relevante precedente é a do título de imputação de danos.

1. A teoria do não-cúmulo; o concurso aparente de responsabilidades e as suas principais vertentes

I. As teses do não cúmulo propõem o afastamento da existência de um concurso real entre as responsabilidades: nesta medida o concurso será sempre *aparente* ou de *normas* à mesma pretensão[1840], porquanto prevalece, pelo *conflito*, uma determinada responsabilidade, por regra a obrigacional.

O sistema de não-cúmulo desdobra-se em vários entendimentos consoante a modalidade do conflito gerado, entre as quais podemos destacar (*i*) a *especialidade* e (*ii*) a *consumpção*.

Apontámos os entendimentos com maior adesão. Existem outros. Veja-se, por exemplo, o apelo a uma relação de *subsidiariedade* entre a responsabilidade delitual face à contratual de Menezes Leitão[1841]. O ilustre Professor declara o absurdo da discussão em torno da opção do lesado pelo regime ou por um sistema misto da responsabilidade. Pelo entendimento da dualidade, entende que se trata «apenas de um concurso de normas, uma vez que existe uma relação de subsidiariedade óbvia do art. 483/1 face ao art. 798», embora o ilustre Professor afirme posteriormente «parecer mais viável defender a teoria da unidade»[1842].

[1840] Almeida Costa, *Direito das Obrigações*, 550.

[1841] *Acidentes de Trabalho*, 791-792. A (pretensa) natureza subsidiária dos institutos parece traduzir uma tentativa de importação da relação entre a responsabilidade civil e o enriquecimento sem causa (474.º). Já tivemos a oportunidade de nos pronunciar sobre a concorrência destas pretensões (indemnizatória e de restituição), cf., *supra*, § 12, 5.3.; cf., ainda, Rolf Schmitt, *Die subsidiarität der Bereicherungsansprüche*, Schriften zum deutschen, europäischen und vergleichenden Zivil-, Handels- und Prozessrecht, 54, Gieseking: Bielefeld (1969). Entendendo a pretensão de restituição do enriquecimento e a de responsabilidade pelo *cumprimento* contratual como mutuamente excludentes (*schliessen sich sinngmäss aus*), v. Fikentscher / Heinemann, *Schuldrecht*, § 105 IV, 748. O A. vem, no entanto, admitir a competição com a pretensão delitual (*idem*).

[1842] O Autor aponta ainda uma crítica que não podemos acompanhar, de todo, já que implica circunscrever as diferenças de regime entre as modalidades de responsabilidade consideradas *apenas* ao ónus de prova da culpa e ao prazo prescricional. Afirma: «[a] teorização da opção em caso de concurso de responsabilidades é uma questão completamente destituída de interesse prático, uma vez que só permite ao lesado aplicar o regime que, precisamente, lhe é mais gravoso: o da responsabilidade delitual» (*idem*, 792, nota 40, 793). Remetemos a refutação desta ideia para uma análise casuística de todas as assimetrias de regime entre as modalidades obrigacional e a extraobrigacional de responsabilidade. Aliás, esse elenco, em conflito direto com a afirmação anterior, já foi feito, entre nós, *v.g.*, por Dário Moura Vicente, *Direito Comparado*, II, 524-525 (nota 1976), o qual se transcreve: «o regime da responsabilidade extracontratual pode revelar-se mais favorável ao lesado em matéria de pluralidade passiva de responsáveis, de prescrição, de

Vejamos cada um destes entendimentos em maior pormenor.

1.1. Especialidade; o entendimento clássico francês do *non-cumul*

I. No sistema francês, tal como sucede, aliás, na generalidade dos países europeus, o mesmo evento de responsabilidade pode ser reconduzido em simultâneo a um incumprimento obrigacional e à prática de um delito. Neste caso, para se determinar a tutela indemnizatória oferecida ao lesado, vinga a tese do não-cúmulo (*thèse de non-cumul*), também conhecida por teoria da incompatibilidade (*incompatibilité*), regra do não cúmulo (*règle du non-cumul*) ou princípio da não interferência (*principe de non-immixtion*). Esta teoria determina, pese não se funde numa previsão legal expressa, a prevalência das reivindicações obrigacionais sobre as delituais[1843].

Embora seja omissa uma solução legal clara, a matéria é classicamente tratada no ramo do Direito das Obrigações, beneficiando, aliás, da antiguidade da fonte legal da qual deriva, *i.e.*, o Código Civil francês (1804). Encontram-se, inclusive, várias referências à figura do concurso em obras monográficas clássicas e decisões jurisprudenciais mais antigas, embora com

capacidade delitual, de constituição em mora, de indemnização por mora e de atendibilidade de danos não patrimoniais, caso se entenda que esta não é extensível à responsabilidade contratual». Também com uma leitura contrária à do Autor *supra* mencionado, v. Nuno Pinto de Oliveira, *Ilicitude e culpa na responsabilidade médica*, 37.

[1843] Cumpre notar que existem outros entendimentos minoritários que defendem a prevalência da via delitual. Neste contexto, Joserrand, se bem o entendemos e contrariamente ao regime-regra que enuncia inicialmente, indica poder prevalecer exclusivamente a responsabilidade delitual no âmbito do regime dos transportes, porquanto o facto concretamente praticado pelo lesante pode consubstanciar uma renúncia à qualidade de parte contratual (*Les transports*, Livraria Arthur Rousseau: Paris (1910), § 628, 521-522). O entendimento, para além do seu expressivo significado punitivo, caiu rapidamente no esquecimento. Cumpre também notar que aquela sobreposição não nega que o contraente invoque *outras pretensões*, não delituais, tal como foi decidido pelo *Cour de Cassation*, em 24-Out-2018 (proc. n.º 17-25.672). Nesta decisão, considerou-se que o contraente poderia ser ressarcido pelos prejuízos que o incumprimento lhe causou com base num preceito do código comercial francês relativo à cessação repentina do vínculo (L. 442-6, i, § 5 do Código Comercial francês). A fundamentação é clara neste sentido, tendo sido afirmado que o princípio do não-cúmulo das responsabilidades contratual e delitual «impede apenas ao credor de uma obrigação contratual de invocar contra o devedor dessa obrigação as regras da responsabilidade delitual e não impedem a apresentação de uma pretensão distinta, fundada no artigo L. 442-6, I, 5.ª do código comercial, que visa a reparação de um prejuízo resultado não de um incumprimento contratual mas da rutura súbita de uma relação comercial estável.».

clara adesão à teoria do não-cúmulo. Pois bem, esta teoria permanece atualmente dominante de forma (pretensamente) «*incontestable et incontestée*»[1844].

[*a. doutrina clássica*] A favor da incompatibilidade, encontramos, entre outros, Autores clássicos como DEMONGUE[1845], JOSSERAND[1846], SALEILLES[1847], os irmãos MAZEAUD[1848], LALOU[1849], RODIÈRE[1850] e CARBONNIER[1851]. Também é manifesta a adesão a este entendimento nas obras francesas mais recentes, tal como as de BACACHE-GIBEILI, P. BRUN, TERRÉ, SIMLER, LEQUETTE e CHÉNEDÉ e G. VINEY[1852].

[*b. jurisprudência clássica*] Como é geralmente reconhecido, no início do século XX, a *Cour de Cassation* (*civile*) consagrou a teoria do *non-cumul*[1853]. Numa decisão emblemática, de 11 de janeiro de 1922, o Supremo Tribunal Francês entendeu, no contexto da qualificação da responsabilidade do transportador perante os transportados, que «[a]penas em matéria de delitos ou de quase-delitos em qualquer [grau de] culpa obriga o seu autor a reparar os danos provocados; os artigos 1382.º e seguintes do Código

[1844] BORGHETTI, *La responsabilitè du fait des choses, un régime qui a fati son temps*, RTD, 2010, 1.

[1845] O qual enquadrou o confronto entre a responsabilidade delitual (e quase-delitual) e a contratual; em *Traité des Obligations*, V, Arthur Rousseau: Paris (1925), 523-544.

[1846] V. este A., *Les transports*, § 628, 521-522.

[1847] *Étude sur la théorie générale de l'obligation*, 3.ª ed., Librairie Générale de Droit et de Jurisprudence: Paris (1914), 428-429.

[1848] Com ANDRÉ TUNC, *Traité théorique et pratique de la responsabilité civile, délictuelle et contractuelle*, I, 5.ª ed., Montchrestien: Paris (1957), (§§ 173-207) 224-261.

[1849] *Responsabilité civile: principes élémentaires et applications pratiques*, Dalloz: Paris (1928) § 264, 166e *Traité pratique de la responsabilité civile*, 6.ª ed., Dalloz: Paris (1962), 135 e ss.

[1850] *Etudes sur la dualité des régimes de responsabilité*, X, JurisClasseur périodique, Paris (1950), 868. BRUN cita, ainda, DEMOLOMBE, SALEILLES, AUBRY, RAU e BECQUÉ, numa investigação confirmada por E. BYRON HILLEY, *The Interrelationship of Tort and* Contract, 118. Cf., ainda, com referências, JÉRÔME HUET, *Responsabilité contractuelle et responsabilité délicutelle*, Panthéon-Assas: Paris (2020), 20 (nota 15).

[1851] *Droit civil*, II, Quadrige: Paris (2004), §§ 1207-1210, 2406-2415.

[1852] Cf., por ordem, BACACHE-GIBEILI, *Les obligations, la responsabilité civile extracontractuelle*, 3.ª ed., Economica: Paris (2016), § 110; PHILIPPE BRUN, *Responsabilité civile extracontractuelle*, 5.ª ed., LexisNexis: Paris (2018), § 105; TERRÉ, SIMLER, LEQUETTE e CHÉNEDÉ, *Droit civil, Les obligations*, 12.ª ed., Dalloz: Paris (2018), § 875; GENEVIÈVE VINEY, *Introduction à la responsabilité*, 4.ª ed., L.G.D.J.: Paris (2019), § 216, e, com PATRICE JOURDAIN e SUZANNE CARVAL, *Les Effets de la Responsabilité*, 4.ª ed., L.G.D.J.: Paris (2017), 481.

[1853] Existe, por sinal, quem invoque que este já era o entendimento desta instância desde 21-Jan-1880. O ponto é dúbio, como dão nota, com referências, RUBEN DE GRAAFF e BENJAMIN MORON-PUECH, *Le concours des responsabilités contractuelle et délictuelle*, Revue de la Recherche Juridique, XLII – 166, 2017-1, Presses Universitaires d'Aix-Marseille, 71-89 (78-79).

Civil não são aplicáveis quando a *faute* é cometida no cumprimento de uma obrigação resultante de um contrato»[1854]. O fundamento contratual consumia, decidiu-se, o delitual. Este enquadramento foi, aliás, mantido quando a via delitual se revelava claramente mais favorável ao lesado, porquanto, afirmou-se: «o credor de uma obrigação contratual não pode invocar contra o devedor dessa obrigação, mesmo que tenha nisso interesse, as regras da responsabilidade delitual» (11-Jan-1989)[1855]. Este enquadramento tem sido sucessivamente confirmado pelo mesmo tribunal: a título exemplificativo, veja-se a manutenção daquele entendimento no contexto da responsabilidade de um empreiteiro por defeitos na obra encomendada (9-Jun-1993)[1856], pelo ferimento de uma criança numa vedação de um parque infantil (28-Jan-2012[1857]) e pela resolução infundada de um contrato de utilização de *software* (26-Jun-2019[1858]).

II. Para se compreender os fundamentos que presidem a este afastamento da responsabilidade delitual, importa conhecer, em traços gerais, a regulação da responsabilidade civil no sistema francês. Ora, o código napoleónico distingue entre as modalidades delitual (*extracontractuelle*) e contratual (*contractuelle*) de responsabilidade civil, sem prejuízo de também prever obrigações quase-delituais e quase-contratuais: a modalidade obrigacional está regulada do artigo 1217.º do *Code* (na aceção interpretativa do artigo 10.º/1 da Lei 2018-287, de 20 de abril de 2018) ao artigo 1231.º-7; por sua vez, a modalidade delitual é regulada nos artigos 1240.º a 1252.º, na sequência da reforma de 2016[1859].

[1854] DP 1922, 1, 16. Tradução livre de «[*c*]*'est seulement en matière de délit ou de quasi-délit que toute faute quelconque oblige son auteur à réparer le dommage; les articles 1382 et suivants du Code Civil sont sans application lorsque la faute a été commise dans l'exécution d'une obligation résultant d'un contrat*». Dá nota da importância deste acórdão, citando a segunda parte daquele trecho decisório, entre nós, DÁRIO MOURA VICENTE, *Da responsabilidade pré-contratual*, 211.

[1855] Proc. n.º 6-17323. Tradução livre de «*le créancier d'une obligation contractuelle ne peut se prévaloir contre le débiteur de cette obligation, quand bien même il y aurait intérêt, des règles de la responsabilité délictuelle*».

[1856] Proc. n.º 91-21.650, Bulletin 1993, II, N.º 204. Dão nota de outras decisões, neste sentido, DÁRIO MOURA VICENTE, *Da responsabilidade pré-contratual*, 209 (nota 767) e E. BYRON HILLEY, *The Interrelationship of Tort and Contract in French Law*, 131 (nota 89).

[1857] Proc. n.º 10-28.492, Bulletin 2012, I, n.º 147.

[1858] Proc. n.º 17-26.738, não publicado.

[1859] A redação atual do preceito corresponde à sua redação antiga, no revogado artigo 1382.º CCfr. Determina-se: «[t]out fait quelconque de l'homme, qui cause à autrui un dommage, oblige celui par la faute duquel il est arrivé à le réparer».

Em concreto, a responsabilidade delitual (artigo 1240.º do *code*, antigo artigo 1382.º) requer a verificação cumulativa de três *condições* ou pressupostos: (*i*) o dano (*dommage*), (*ii*) o nexo de causalidade (*cause*) e, por fim, (*iii*) a *faute*[1860]. Por sua vez, no campo obrigacional, o devedor é responsável pelos prejuízos emergentes da (*i*) falta de cumprimento ou pelo cumprimento defeituoso, com (*ii*) culpa presumida – ou seja, salvo se provar que o incumprimento resulta de causa de força maior (art. 1231.º-1 CCfr,) ou é imputável ao credor – e (*iii*) unicamente pelos danos *previsíveis* (exceto em caso de negligência grosseira ou dolo, 1231.º-3 CCfr) e que sejam consequência *direta* e imediata do incumprimento (1231.º/4 CCfr).

Adianta-se um dos principais motivos que subjaz à prioridade concedida à via obrigacional, numa situação de concurso: a via delitual apresenta-se, em regra, *mais favorável* ao lesado no sistema francês[1861] e, portanto, um concurso efetivo de responsabilidade implicaria uma *aniquilação* da via obrigacional[1862]. No fundo, se fosse permitido, por hipótese, ao lesado optar pela responsabilidade que melhor lhe convir a responsabilidade obrigacional raramente seria apreciada.

1860 O facto humano (*fait quelconque de l'homme*) pode ser incluído no pressuposto da *faute*. Neste sentido, e com referências completas, v. Santos Júnior, *Da responsabilidade*, 238 e ss. Não procuramos concretizar o conceito de *faute*, porque suspeitamos ser tarefa inglória. Numa definição aproximada, esta traduz uma aglutinação dos conceitos de facto, de ilicitude (delitual ou obrigacional) e de culpa, num sentido genérico de *ofensa, infração, injúria*. Em linha, v. E. Byron Hilley, *The Interrelationship of Tort and Contract*, 118 (nota 112). Menezes Cordeiro aponta, curiosamente, que a indefinição do conceito foi a chave do seu sucesso (*Responsabilidade civil dos administradores*, 430), embora o ilustre Professor entenda que o conceito possa abranger o nexo de causalidade (*ibidem*). Elsa Sequeira Santos autonomiza o conceito do facto e do dano e entende que a *faute* integra a ilicitude, a culpa e o nexo de causalidade (*O conceito de faute*, Lisboa, 2000, 11). Já Mafalda Miranda Barbosa argui que o conceito integra dois elementos: um objetivo (a violação de um dever) e um subjetivo (a imputabilidade); *A reforma francesa*, 3 e respetiva nota 2.

1861 René Savatier, em *Traité de la responsabilité civil*, I, 11.ª ed., Librairie Générale de droit et de Jurisprudence (1951), 192 e ss.; Henri Mazeaud, Léon Mazeaud, Jean Mazeaud, François Chabas, em *Traité Théorique et Pratique de la Responsabilité Civile Délictuelle et Contractuelle*, Tome III, Vol. I, 6.ª ed., Monchrestien: Paris (1978), 506-507; Ruben de Graaff e Benjamin Moron-Puech, *Le concours*, 74. Acompanha esta conclusão, entre nós, Dário Moura Vicente, *Da responsabilidade pré-contratual*, 210; Mafalda Miranda Barbosa, *A reforma francesa*, 15.

1862 É, aliás, este o principal fundamento pelo qual se enquadra este entendimento além-Reno; cf., por todos, a anot. Wagner em *MüKoBGB* (8.ª ed. de 2020) em comentário prévio ao § 823 n.os 82 (nota 268).

Concretizemos, então, ainda que de forma sumária, as principais assimetrias que justificam aquela conclusão de que a via delitual é, em regra, mais favorável ao lesado[1863]. Neste campo, entre outros aspetos[1864], destacamos, em sede de culpa, que esta (*i*) se basta com uma forma leve na modalidade delitual (*in lege Aquilia levissima culpa venit*), contrariamente à tripartição inerente ao incumprimento obrigacional (*lourde, lègere et tres lègère*), a (*ii*) capacidade contratual é mais exigente no campo obrigacional, por referência à situação dos menores e demais incapazes (388.º, 1128.º, 1129.º CCfr), (*iii*) embora a *faute* seja presumida na responsabilidade obrigacional (1231.º-4 CCfr), contrariamente à via delitual (favorecendo a primeira modalidade), o próprio critério de apreciação da culpa (*appreciation des fautes*) é variável na vertente contratual – desde o antigo critério do bom pai de família (*bon père de famille*), substituído terminologicamente pelo mais recente critério de razoabilidade «*raisonnable*» (p. ex., na utilização do locado, 1728.º CCfr)[1865] – contrariamente ao campo delitual, onde, como vimos inicialmente (*supra, i*), o mais ligeiro grau de culpa funda a responsabilidade do agente. Quanto aos danos (*iv*), estes são, no campo contratual, limitados aos *previsíveis* (em regra) e àqueles causados *diretamente* pelo incumprimento (1231.º-3 e 1231.º-4 CCfr). Mais: detetam-se, ainda, importantes diferenças ao nível (*v*) da admissibilidade das cláusulas limitativas ou excludentes de responsabilidade, *limitada* no campo contratual, contrária à sua *proibição* no campo delitual[1866], (*vi*) da *comparticipação*, consagrando-se um modelo de *solidariedade* no campo delitual (assim o entende a generalidade da doutrina[1867]) por oposição à via obrigacional (1309.º CCfr), (*vii*) da relevância culpa do lesado, quase exclusiva

[1863] A principal assimetria, sem influência na utilidade do regime associado para o lesado, advém da *fonte* da obrigação, a qual caracteriza o dever em causa como genérico (na via delitual) ou específico (na responsabilidade obrigacional). Existem, por sinal, alterações que esbatem distinção entre as modalidades, tal como a tutela transversal dos *danos não patrimoniais* (*dommage moral*), abandonando-se uma conceção antiga que os afastava da via contratual (art. 1231-2.º CCfr, com redação idêntica ao antigo 1149.º CCfr), ou a possibilidade de execução específica da obrigação (*exécution en nature*, 1221.º CCfr), abandonando-se a velha restrição da tutela exclusivamente indemnizatória do incumprimento de uma obrigação de *facere* ou de *non facere* (*obligation de faire* ou *de ne pas faire*).

[1864] Cf. Madeleine Van Rossum, *Concurrency*, 555.

[1865] A alteração foi realizada pelo art. 26.º da Lei n.º 2014-873, de 04 de agosto, com o propósito de estabelecer uma «real igualdade entre mulheres e homens».

[1866] Desenvolvidamente, v. Mazeaud e Tunc, *Traité théorique et pratique de la responsabilité civile*, III, § 2567-2579, 725-743.

[1867] E. Byron Hilley, *The Interrelationship of Tort and Contract*, 129 (com referências na respetiva nota 75).

no campo obrigacional. Ao nível (*viii*) da responsabilidade por atos de terceiro, o elenco delitual é mais restrito (1242.º CCfr) do que a sua contraparte contratual (p. ex., a responsabilidade do locatário abrange os danos gerados pelas pessoas com quem viva ou pelos seus sublocatários, art. 1735.º CCfr) e (*ix*) é necessária a notificação formal do devedor (*mise en demure*, 1231.º CCfr) num prazo razoável para este se constituir em mora, contrariamente ao espetro delitual. Por fim, pese embora (*x*) o prazo de prescrição da responsabilidade civil tenha sido recentemente revisto e unificado (de trinta anos para as matérias contratuais e de dez para a via delitual) para cinco anos (2224.º CCfr[1868]), permanecem previsões específicas que reduzem este prazo em determinados contratos (p. ex., pela venda de bens de consumo, o período de dois anos, L-218-2 do Código Francês do Consumo) e, por outro lado, nota-se a existência de uma exemplar previsão que o estende em caso de ofensas corporais e atos de mais graves (para dez ou vinte anos, respetivamente, 2226.º CCfr).

III. A *thèse de non-cumul* não se esgota na defesa do espaço da via obrigacional. Contam-se outros motivos que justificam o afastamento da coexistência das responsabilidades consideradas.

Em primeiro lugar, a norma-padrão da responsabilidade delitual (1240.º CCfr), tal como se encontra redigida, detém um âmbito de aplicação excessivo, sendo passível de acomodar, em especial no seu conceito indeterminado de *faute*, todo e qualquer incumprimento contratual.

Em segundo lugar, a especialidade da responsabilidade obrigacional respeita a autonomia privada dos contraentes na regulação dos seus interesses, incluindo uma situação englobada pelo dever geral de respeito. Essa liberdade pessoal, exercida no contexto negocial, seria frustrada, entende-se, mediante o apelo das regras delituais, mais permissivas ao lesado. A vontade dos contraentes (expressa ou tácita) é, nesta linha, dirigida em exclusivo à aplicação do regime obrigacional.

Em terceiro lugar, a admissibilidade de um concurso efetivo feria, afirmam, a sistemática do Código Civil francês, o qual distingue estas duas formas de responsabilidade e relativamente às quais gizou regimes distintos. A aplicação simultânea destas duas formas de responsabilidade indicia, aliás,

[1868] Pela Lei n.º 2008-561, de 17 de junho, a qual «reforma a lei da prescrição civil com o propósito de a simplificar». Sobre o ponto, Helmut Koziol, *Basic Questions of Tort Law from a Comparative Perspective*, Jan Sramek: Viena (2015), 33.

que o lesante possa ser considerado simultaneamente como *contraente* e *terceiro* e ser eventualmente forçado a satisfazer duas indemnizações, o que se revela manifestamente inadmissível. É, ao invés, em virtude do vínculo obrigacional que as lesões são processadas numa hipótese de concurso, ou seja, por ocasião do *dever de prestar, rectius*, do seu incumprimento[1869]. A (proposta) apreciação simultânea de ambas as modalidades conduziria à formação de uma *ação universal*, com prioridade, prática e iníqua, para a via delitual, conformando expressamente, segundo CORNU, um verdadeiro «cavalo de Tróia ou incendiário do edifício legal, fermento de anarquia, fator de desordem, fonte de insegurança»[1870].

Invoca-se, em quarto lugar, o peso dos *valores*: entende-se que a responsabilidade obrigacional regula *interesses privados*, contrariamente à via delitual, onde se envolvem *interesses públicos*. A finalidade da primeira modalidade é, portanto, a de conformar (e afastar) a aplicação dos institutos gerais. Por outro lado, a conceder-se a possibilidade de o lesado escolher a via que lhe seja mais conveniente, gerar-se-ia uma incerteza quanto ao regime aplicável (em detrimento do lesante)[1871] e, mais grave, ao permitir-se uma combinação híbrida de aspetos de ambos os regimes, com este *remedy-shopping*, frustrar-se-ia a axiologia inerente a cada modalidade, concebidas para serem individualmente aplicadas[1872].

Não surpreende, portanto, o sucesso deste entendimento no plano internacional. Seguem o entendimento francês países como a Bélgica[1873],

[1869] A ideia consta, além-Reno, classicamente no entendimento de HECK de que não existe uma ilicitude delitual se esta decorre dos fins da intervenção contratualmente permitida.

[1870] GÉRARD CORNU, *Le probléme du cumul de la responsabilité contractuelle et de la responsabilité délictuelle, Etudes de Droit Contemporain*, Cujas: Paris (1962), 239-257 (247).

[1871] JAIME DE GOUVEIA, numa forma expressiva, entendia que atribuir ao *accipiens* a opção de escolha pelo regime de responsabilidade que aprouver consagra «uma solução tirânica que dá todas as vontades ao credor e retira todas as facilidades de defesa ao devedor», em *Responsabilidade contratual*, 226.

[1872] HELMUT KOZIOL, *Basic Questions*, 34.

[1873] RUBEN DE GRAFF e BENJAMIN MORON-PUECH, *Le concours des responsabilités contractuelle et délictuelle*, 76 e respetiva nota 21; CAVANILLHAS MÚGICA e ISABEL FERNANDEZ, *La concurrencia*, 66. Sem prejuízo, os novos projetos de reforma do Código Civil belga (Livro V, Direito das Obrigações) revelam um abandono claro desta conceção, consagrando o princípio inverso (teoria do cúmulo): propõe-se que ao lesado seja reconhecido a opção pelas regras da responsabilidade que melhor lhe convir, exceto quando a lei ou o contrato excluam esta possibilidade ou o dano decorra apenas do incumprimento contratual. A opção mantém-se em todos os casos de ofensas à integridade física (art. 5.143 do projeto). Dá nota do peso desta reforma, entre nós, NUNO PINTO DE OLIVEIRA, *Ilicitude e culpa na responsabilidade médica*, 38 (nota 116).

a antiga União Soviética[1874], a Hungria[1875], a Roménia[1876], a Bulgária, o Luxemburgo[1877] e a Etiópia[1878].

O pensamento francês não logrou, no entanto, a influenciar o entendimento holandês. Neste país, o concurso (*samenloop*) da responsabilidade contratual (6:74 e ss. do Código Civil holandês) e delitual (artigos 6:162 e ss. do mesmo Código) é resolvido tradicionalmente a favor da teoria da opção[1879]. Também se afastou da teoria do não-cúmulo o Québec francês, pese embora a similaridade do Código Civil por onde opera[1880], e o Estado do Luisiana dos Estados Unidos da América, apesar da marcada influência

[1874] No conceito de dano compensável contratualmente, incluía-se, por sinal, aquele sofrido na propriedade do credor; cf. o art. 219/2 do Código Civil da antiga União das Repúblicas Socialistas Soviéticas (URSS) de 1964. Seguimos a tradução de Whitmore Gray e Raymond Stults (*Civil Code of the Russian Soviet Federated Socialist Republic: An English Translation*, University of Michigan Law School: Ann Arbor, 1965).

[1875] O atual artigo 6:125 do Código Civil húngaro (2013) dispõe, em tradução livre: «[o] lesado pode exercer a sua pretensão indemnizatória contra o lesado de acordo com as regras de responsabilidade existentes para o incumprimento contratual, ainda que o dano também estabeleça a responsabilidade do devedor além do contrato»; cf., em particular, Attila Menyhárd, com referências, em *Basic Questions of Tort Law from a Comparative Perspective* (Helmut Koziol Org.), Jan Sramek: Viena (2015), 281-282.

[1876] Cfr. o atual art. 1350/3 do Código Civil romeno (2009), no qual se determina que, salvo previsão legal, a parte não pode remover a aplicação das regras da responsabilidade contratual, obtendo por outras regras mais favoráveis; em linha, Pinto Monteiro, *Cláusulas limitativas*, 430 (nota 985), com base no relatório de Czachòrski.

[1877] Sobre o ordenamento búlgaro e luxemburguês, v. as referências de Tony Weir, *Complex Liabilities*, nota 272; e Ferreira Pinto, *O concurso*, nota 129, respetivamente.

[1878] O respetivo Código Civil (1960) determina, no art. 2037.º, que o incumprimento de uma obrigação não consubstancia um ofensa extra-contratual (§ 1), sendo aplicáveis apenas as provisões obrigacionais (§ 2).

[1879] Madeleine Van Rossum, *Concurrency*, 554-557. Com referências, v. Ruben de Graaff, *Concurrent Claims in Contract and Tort: A Comparative Perspective*, European Review of Private Law 4, 2017, 701-726, (718 e respetiva nota 101); Ruben de Graaff e Benjamin Moron-Puech, *Le concours des responsabilités contractuelle et délictuelle*, 81. Nota-se, ainda, particularmente a admissibilidade do concurso, quando os danos decorrentes da situação de responsabilidade são totalmente autonomizáveis do incumprimento. Neste sentido, pronunciou-se o Supremo Tribunal Holandês (*Hoge Raad der Nederlanden*) no caso *Gemeente Groningen v. De Erven Zuidema*, de 03-Mai-2002 (JOL 2002, 277), no que respeita aos prejuízos provocados a um comprador de um terreno poluído, existindo uma cláusula de limitação de responsabilidade.

[1880] Cf. Cavanillhas Múgica, *La concurrencia*, 66, citando Durry. Cumpre, no entanto, notar que o Código Civil do Quebeque consagra uma disposição destinada a prevenir que o devedor evite as regras da responsabilidade contratual, optando por outras, mais favoráveis, quando haja sofrido danos corporais, morais ou materiais causados pelo incumprimento ao outro contraente (art. 1458.º do respetivo código).

francófona[1881]. Sem prejuízo, ainda neste continente, o pensamento francês foi, curiosamente, acolhido na América latina[1882] de que são exemplo países como a Argentina[1883], o Chile[1884] e a Colômbia[1885].

[1881] Com análise das decisões do Court of Appeal of Lousiana, v. PIER MONATERI, *Cumulu*, 241-242.

[1882] HERNÁN TALCIANI, *La concurrencia de responsabilidades ex contrato y ex delito en los derechos chileno, argentino y colombiano*, Revista de Responsabilidad Civil y Seguros, 12, Argentina (2010), Ano 12, n.º 7, 3-10.

[1883] O Código Civil da República da Argentina (1869), redigido por VÉLEZ SÁRSFIELD, entretanto revogado pelo Código Civil e comercial da nação (2015), previa uma norma expressa sobre o concurso de responsabilidades civis. No seu artigo 1107.º, dispunha «[l]os hechos o las omisiones en el cumplimiento de las obligaciones convencionales, no están comprendidos en los artículos de este título, si no degeneran en delitos del derecho criminal». Esta norma, cuja fonte de inspiração é desconhecida, manifesta claramente uma preferência pelo regime obrigacional: a responsabilidade obrigacional absorve a via delitual, salvo quando se esteja perante uma infração criminal. Neste último caso, a doutrina aponta genericamente a possibilidade de o lesado optar pelo regime que melhor lhe convir. Fala-se, a propósito, de uma *incompatibilidade atenuada* (cf. HERNÁN TALCIANI, *La concurrencia*, 5). Segue, como regra, a inspiração francesa.

[1884] No direito chileno, também não se trata de forma consensual a matéria do concurso de responsabilidade (*concurrencia de responsabilidades*, cf. CARLOS PÉREZ BRAVO, *La Concurrencia de responsabilidades, Ar Boni et Aqui* 4, (2008), 111-123 (111-112). Tradicionalmente, a inspiração francesa é marcante e transparece nas obras clássicas de DUCCI (*Responsabilidade civil*, Ed. Jurídica de Chile: Chile (1971), 24) e ALESSANDRI (*De la responsabilidad extracontractual en el Derecho Civil chileno*, Ed. Jurídica de Chile: Chile, 2006, 63), adeptos do sistema do não cúmulo. Sem prejuízo, quando o delito reviste natureza criminal, afasta-se a aptidão contratual para consumir a tutela delitual: consagra-se a teoria da opção limitada. Em linha, enquanto defensores de um sistema de cúmulo de responsabilidades limitado, por via da opção pelo lesado, destacam-se, hoje, AA. como CARLOS PÉREZ BRAVO (*La concurrencia*, 111 e ss.), PABLO RODRÍGUES (*Responsabilidad extracontractual*, Ed. Jurídica de Chile: Chile, 1999, 31), DOMÍNGUEZ HIDALGO (*El problema de la concorrencia de responsabilidades*, Lexis Nexis: Chile, 2006, 64). Nesta medida, o sistema também pode ser equacionado como um concurso de pretensões distintas (ainda que intitulado de concurso de ações, *concurso de acciones*, cf. CARLOS PÉREZ BRAVO, *La Concurrencia*, 114). A jurisprudência mais recente das instâncias superiores admite a opção pelo regime legal mais conveniente ao lesado (cf. ac. *Corte Suprema* de 02-Nov-2020, proc. 1552-2020, disponível em http://basejurisprudencial.poderjudicial.cl) e é neste sentido para o qual evolui a doutrina mais recente (cf., com referências, HERNÁN TALCIANI, *La concurrencia*, 7 (e nota 24).

[1885] O Código Civil colombiano (1873) também não contém qualquer disposição reguladora do concurso de responsabilidades, as quais são consideradas também num regime dual – cf. os arts. 1602.º-1617.º e 2341.º a 2360.º do respetivo código. Adota-se, à luz do direito argentino e chileno, um sistema de incompatibilidade atenuada, prevalecendo o regime contratual, salvo quando o delito consubstancie um crime, caso em que o lesado pode optar em bloco pelo regime aplicável (cf. HERNÁN TALCIANI, *La concurrencia*, 8).

IV. Cumpre notar a existência de opiniões divergentes, opostas à admissibilidade da teoria do não-cúmulo. Estoutros entendimentos têm permitido negar a unanimidade do suporte ao primeiro. Detetam-se duas linhas principais nesta frente, nomeadamente os apologistas da unidade da responsabilidade (*unité de la responsabilité*) e, como já demos nota, os defensores da coexistência de ambas as vias de tutela, num modelo de concurso efetivo de responsabilidades (*concours de responsabilités*), também conhecido por tese do (*thèse de cumul*)[1886]. Focar-nos-emos nesta segunda alternativa.

A teoria do cúmulo, embora – sublinha-se este aspeto novamente – em clara minoria perante a do não-cúmulo, suporta-se na solução que advém das fontes romanas para permitir a aplicação simultânea de ambas as modalidades de responsabilidade[1887]. Entendem que não existe nenhuma vontade real de exclusão da tutela delitual pelas partes contratantes, esta predisposta num plano *prévio* ao da proteção contratual. Aliás, essa possibilidade é negada, já que a autonomia privada não vence, de *per si*, a injuntividade do regime delitual, colocada num plano hierárquico superior. Neste contexto, afirmam que a responsabilidade obrigacional é apenas um *plus* relativamente à via obrigacional, cuja proteção não pode ser, em consequência, diminuída. Em segundo lugar, rejeitam que as partes contratantes não possam ser também consideradas *terceiros*. Apontam, para este efeito, a confusão terminológica inerente ao conceito de *terceiro*, erroneamente entendido no sentido de *desconhecido*: no contexto da responsabilidade delitual, reporta-se ao sujeito, ao qual é oferecida uma proteção legal não dependente de um vínculo pré-existente. Aplica-se, portanto, *a qualquer pessoa*, contraente ou não. Invoca-se, por fim, que este tipo de concurso é conhecido no direito processual (concurso de ações) e, portanto, não deve causar estranheza.

No que respeita, em concreto, aos efeitos do concurso efeito, adentro da teoria do cúmulo, domina a eleição da *opção* pelo lesado por uma

[1886] Já Jaime Gouveia o reconhecera, indicando numa compilação de aplaudir os AA. franceses, favoráveis e contra, as teses que designava por (*i*) incompatibilidade e (*ii*) tese do cúmulo, como vimos (*Da responsabilidade contratual*, 216). Sobre a opinião deste último A., v., *supra*, § 16, 4.1.

[1887] Cfr., *supra*, § 16; 1.

das modalidades concorrentes, tal como é defendido, entre outros[1888], por ANDRÉ BRUN[1889] e NOËL MARTINE[1890].

Em casos pontuais, os tribunais franceses permitiram ao lesado a escolha do regime mais favorável ao lesado de qualquer uma das modalidades de responsabilidade, consagrando, nesta medida, a teoria do cúmulo na vertente híbrida (*cumul des positions contractuelles et délictuelles*). Esta teoria não merece, no entanto, suporte doutrinal de relevo – entendida como um souvenir histórico ou um desejo (*un souvenir* ou *un vœu*[1891]) – e sujeita-se a pesadas críticas, tal como a de BRUN, o qual declara que promove a *anarquia judicial*[1892].

Na verdade, a teoria do cúmulo tem ganho um espaço fundamental de aplicação, não enquanto um entendimento *globalmente alternativo* à *thèse de non-cumul*, mas por encontrar zonas de exceção àquele entendimento, onde floresce. Cumpre identificar essas situações pontuais, sem ser, no entanto, inteiramente possível apontar com total precisão o critério uniforme que lhes preside. Ora, a teoria do cúmulo ganha o seu espaço, quando (*i*) o incumprimento contratual consubstancia a prática de um crime[1893], de que é exemplo a subtração do bem pelo depositário. Neste caso, a responsabilidade delitual pode ser apreciada na ação crime (de acordo com um sistema processual penal similar ao nosso, em sede o princípio de adesão, cf. 3.º e 4.º do CPPfr e 71.º, 72.º CPP, respetivamente) e a via obrigacional na jurisdição civil. Também (*ii*) se permite ao lesado recorrer à via delitual perante o incumprimento *doloso* ou com *negligência grosseira* do seu devedor, ainda que com algumas hesitações, censurando-se a intenção de prejudicar diretamente o outro contraente[1894]. De forma mais clara, a teoria do não-cúmulo é afastada (*iii*) perante a aplicação de tipos delituais específicos (por ex., a responsabilidades dos pais, do proprietário do animal ou do edifício pelos prejuízos

[1888] Na doutrina mais antiga, destacamos, ainda, embora com reservas, MARCEL PLANIOL *Traité pratique de droit civil français*, VI, 2.ª ed., Librarie Générale de Droit et de Jurisprudence: Paris (1952), § 493, 669-672; GEORGES RIPERT, *Droit maritime*, II, Rosseau: Paris (1952), 564-566.

[1889] Numa posição própria, *Rapports et domnaines des Responsabilités Contractuelle et Délictuelle*, Recueil Sirey: Paris (1931), maxime 139-140.

[1890] *L'option entre la responsabilité contractuelle et la responsabilité délictuelle*, Librarie Générale de Droit et de Jurisprudence: Paris (1957), 199-203.

[1891] A expressão é de GÉRARD CORNU, *Le probléme du cumul*, 239.

[1892] *Rapports*, § 351.

[1893] E. BYRON HILLEY, *The Interrelationship of Tort and Contract in French Law*, 135, 144.

[1894] E. BYRON HILLEY, ob. cit.,136.

causados, respetivamente, pelo menor, animal ou pela ruína do prédio, 1242.º, 4, 1243.º e 1244.º CCfr), nos quais se evita a aplicação de cláusulas (válidas) de exclusão de responsabilidade (as quais só produzem efeitos no campo obrigacional). A responsabilidade delitual prevista naquelas hipóteses sobrevive autonomamente e concorre com a via obrigacional. Noutro sentido, explorando as assimetrias de regime, tem-se permitido, cumpridos os demais pressupostos, em particular, a demonstração da *faute*, (*iv*) a tutela de danos imprevisíveis[1895], bem como (*v*) a superação de prazos prescricionais desrazoáveis, tal como ocorre tipicamente na responsabilidade contratual do transportador[1896].

A hipótese talvez mais significativa onde singra a teoria do cúmulo é (*vi*) a responsabilidade civil profissional (*faute professionelle*). Neste campo, o incumprimento das obrigações estatutárias, as quais decorrem diretamente da lei (*obligations professionelles*) – tal como sucede perante a responsabilidade do advogado, notário, solicitador, médico, arquiteto, empreiteiro, mecânico, armeiro e armazenista[1897] – justificam o recurso ao cúmulo de responsabilidades[1898], negando-se, por sinal, a validade das cláusulas de exclusão ou de atenuação da responsabilidade contratual. O caso mais recente corresponde ao da responsabilidade do produtor, revista em 2016, na qual, por expressa cominação legal, não se afastam os direitos do lesado no âmbito da responsabilidade contratual, delitual ou decorrentes de outro regime especial (1245.º-17 CCfr).

Também *exceciona* o âmbito de aplicação da teoria do *non-cumul* (*vii*) o incumprimento contratual que cause danos a terceiros. Neste caso, a responsabilidade do devedor perante estes terceiros apura-se, entende-se, necessariamente a título meramente delitual[1899].

> Numa decisão emblemática em 2002, a *Cour de Cassation* (Câmara Comercial) determinou, relativamente à responsabilidade do transportador perante os danos nos bens que lhe foram confiados, que «a regra do não cúmulo das responsabilidades contratual e delitual só é aplicável nas

[1895] E. Byron Hilley, ob. cit., 145.

[1896] Madeleine Van Rossum, *Concurrency*, 549.

[1897] Cumpre notar a confusão terminológica (por sinal reconhecida pela doutrina francesa) entre os casos em que a responsabilidade civil pelo cumprimento defeituoso do empreiteiro gera uma responsabilidade exclusivamente obrigacional, atendendo ao objeto do contrato, ao preço acordado e ao dano que se verificou (cf., com referências, E. Byron Hilley, *The Interrelationship*, 138).

[1898] Madeleine Van Rossum, *Concurrency*, 547.

[1899] E. Byron Hilley, *The Interrelationship*, 140.

relações entre as partes contratantes»[1900]. Quatro anos volvidos, a Câmara Civil da mesma instância reiterou este entendimento, tendo admitido que «um terceiro a um contrato pode invocar, com fundamento na responsabilidade delitual, um incumprimento contratual assim que esse incumprimento lhe haja causado um dano»[1901].

Detetam-se, por fim, outros campos expansivos, designadamente (*viii*) a atuação dos contraentes em abuso do direito (*abus d'un droit*), na qual a via delitual permanece disponível ao lesado[1902].

Nesta medida, nota-se um abandono progressivo da natureza totalizante da teoria do *non-cumul* sistema francês. Mais: o ímpeto reformista do Direito das Obrigações acompanha esta conclusão e nota-se um progressivo abandono do primado da responsabilidade obrigacional (*primauté de la responsabilité contractuelle*).

Na sequência das alterações de 2016, num período designado simbolicamente por MAFALDA MIRANDA BARBOSA como a «segunda fase de modernização do Direito das Obrigações em França»[1903], surge um novo projeto reforma das regras da responsabilidade civil: neste projeto, de março de 2017 (*L'avant-projet de réform de la responsabilité civile*), exceciona-se da teoria de *non-cumul* tanto os danos corporais (art. 1233.º/1 do projeto), como os danos provocados a terceiro (1234.º do projeto)[1904];

1900 9-Jul-2002, proc. n.º 99-19.156. Tradução livre de «[*l*]*a règle du non-cumul des responsabilités contractuelle et délictuelle ne reçoit application que dans les rapports entre contractants*».

1901 5-Out-2006, proc. n.º 05-13.255. Tradução livre de «*le tiers à un contrat peut invoquer, sur le fondement de la responsabilité délictuelle, un manquement contractuel dès lors que ce manquement lui a causé un dommage*». Posteriormente, delimitando aquela decisão, a mesma instância afirmou, no entanto, que a prova do incumprimento contratual é condição necessária, mas não suficiente, para fundamentar a existência de responsabilidade delitual do devedor perante o terceiro (18-Mai-2017, proc. n.º 16-11203; num caso em que se apurava a responsabilidade do empreiteiro pelos danos provocados pelos defeitos da obra nos imóveis explorados por terceiros).

1902 E. BYRON HILLEY, *The Interrelationship*, 141-142.

1903 *A reforma francesa*, 10 e ss.

1904 Fundamental, RUBEN DE GRAAFF e BENJAMIN MORON-PUECH, *Le concours des responsabilités contractuelle et délictuelle, passim*. Reproduz-se o artigo *supra*: «*Les préjudices résultant d'un dommage corporel sont réparés sur le fondement des règles de la responsabilité extracontractuelle, alors même qu'ils seraient causés à l'occasion de l'exécution du contrat. Toutefois, la victime peut invoquer les stipulations expresses du contrat qui lui sont plus favorables que l'application des règles de la responsabilité extracontractuelle.*». Dá nota do impacto deste projeto, entre nós, NUNO PINTO DE OLIVEIRA, *Ilicitude e culpa na responsabilidade médica*, 38, e MAFALDA MIRANDA BARBOSA, *A reforma francesa*, 15-16.

a regra do *non-cumul* continua, no entanto, enunciada no artigo precedente (1233.º do projeto) como regra real, ditando a clássica prioridade da via obrigacional perante a delitual, por especialidade.

1.2. Consumpção; *lex consumens derogat lex consumate*

I. Noutros casos, a teoria do não cúmulo radica-se no apelo a uma relação de *consumpção* entre as modalidades de responsabilidade consideradas.

> Enquanto modalidade de *conflito de normas*, a consumpção determina a prevalência normativa de determinada *norma*, porquanto esta contém o interesse tutelado pela(s) preterida(s)[1905]. A norma consumptiva adquire, portanto, prioridade aplicativa na relação normativa estabelecida (*lex consumens derogat lex consumate*), desde que – note-se – a proteção visada por determinada(s) regra(s) seja, em concreto[1906], consumida por outra, a qual prevalece.

A transposição desta ideia, prototipicamente penalista[1907], para o enquadramento da relação normativa gerada pelo concurso de responsabilidade civil, é bastante sugestiva e pode determinar o afastamento de qualquer uma das modalidades de responsabilidade. Sem prejuízo, a teoria da consumpção caracteriza-se pela marcada preferência pela via da responsabilidade obrigacional, não se conhecendo Autores que defendam a prevalência da via concorrente, delitual[1908].

[1905] V., sobre o conceito, próprio da teoria do direito, entre nós e entre outros, Oliveira Ascensão, O direito, 541; Teixeira de Sousa, em *Introdução*, 419. Cfr., ainda, com as devidas referências no plano do Direito Penal, *supra*, § 5;1.

[1906] Em particular, distinguindo entre o juízo abstrato subjacente à relação de especialidade, por contraposição ao juízo em concreto na consunção, v. Eduardo Correia, *Unidade e Pluralidade de Infracções*, 132.

[1907] O conflito de normas consumptivo é tradicionalmente tratado pela doutrina penalista enquanto um concurso *aparente* de crimes em virtude da proibição de dupla valoração (*ne bis in ibidem*), tendo por referência a ilicitude dos vários tipos criminais, numa relação emblematicamente estabelecida como «de mais e menos», entre as normas. *Vide*, por todos, Figueiredo Dias, *Direito Penal*, I, 1176 e ss.; Eduardo Correia, *Direito Criminal*, II, 204-208; e Inês Ferreira Leite, *Ne(idem)*, I, 812 e ss., II, 354 e ss. Cfr., *supra*; § 5; 1.

[1908] O mesmo não sucede ao nível jurisprudencial. Neste ponto, veja-se, a dois momentos, o entendimento do STJ no seu ac. de 10-Mai-1989 (Barros Sequeira; BMJ 38, 1989, 547-552), onde se considerou prevalecer a via delitual pelos prejuízos causados por resinagem desadequada

Como acérrimo adepto da teoria do não cúmulo, destaca-se, entre nós, ALMEIDA COSTA. Para este Autor, o concurso é apenas *aparente* porquanto prevalece o critério teleológico na resolução do conflito positivo de escolha de regimes: a modalidade obrigacional *consome* a vertente delitual em concurso[1909].

Para ALMEIDA COSTA, são exemplos prototípicos de uma situação de concurso de responsabilidade «o transportador que, por culpa sua, ocasiona um acidente, ferindo a pessoa transportada; o médio radiologista que provoca lesões ao paciente; o farmacêutico que, em vez do medicamento solicitado, entrega ao cliente um produto nocivo à saúde; o depositário que danifica a coisa depositada»[1910].

II. Como argumentos a favor da teoria da *consumpção* o ilustre Professor invoca, em primeiro lugar, *(i)* o *princípio da autonomia privada*. Como espaço de liberdade que impera no domínio privado, este princípio obriga à consideração exclusiva do ilícito contratual, sendo o de tipo extracontratual afastado por vontade das partes e apenas considerado na ausência de um contrato entre as partes[1911]. O entendimento do ilustre Professor funda-se, ainda, *(ii)* na aptidão da vertente obrigacional para tutelar todos os interesses pertencentes ao escopo delitual, sendo, nesta medida, *mais favorável ao lesado*[1912]. Para tal, o A apela à hiperextensão da cobertura negocial para

(com base na antiga *contravenção*, oriunda da violação de legislação vigente sobre o sistema de resinagem) perante a contratual. Também numa decisão curiosa, mais recente, o ac. TRE, de 14-Abr-2020 (ANA BARATA DE BRITO) seguiu esta linha de entendimento. Apurava-se a responsabilidade pela morte de uma idosa num lar. A vítima sofria de *Alzheimer* e fora imobilizada na sua cama pelas funcionárias da Ré durante a noite. Durante a sua habitual agitação noturna, a lesada acabou por morrer asfixiada com a medida de contenção empregue. O tribunal, quanto à responsabilidade do Lar, considerou que deveria prevalecer a via delitual (491.º), entendendo que «[s]e o dano resulta da infração de um dever geral de conduta deve prevalecer a responsabilidade extra-contratual; se ocorre apenas a violação de um crédito, prevalece a responsabilidade contratual.».

1909 ALMEIDA COSTA, *Direito das Obrigações*, 546 e ss., e em *O concurso de responsabilidade*, 563 (embora neste último estudo conste, por suspeito lapso, a referência à relação de especialidade, em contradição direta com o disposto nas lições, mais recentes). É manifesta a influência da lição de EDUARDO CORREIA no seu pensamento; cfr. *A teoria do concurso*, 336-359.

1910 ALMEIDA COSTA, *O concurso de responsabilidade*, 560.

1911 ALMEIDA COSTA, *Direito das Obrigações*, 546 e ss., *O concurso*, 562. O Autor admite, todavia, a possibilidade de afastamento por acordo da regra do não cúmulo, bem como a existência de casos de *consumpção impura*, em linha com a doutrina penalista (*idem*, 552-553).

1912 ALMEIDA COSTA, *O concurso da responsabilidade*, 556.

a tutela de todos os interesses do lesado: assim, cumpre aos *deveres acessórios* proteger os interesses subjacentes à via delitual de responsabilidade. Invoca, a seu favor, (*i*) a figura do *cumprimento defeituoso*, com semelhante aptidão para a cobertura das lesões na *integridade*, próprias do escopo delitual, (*ii*) a existência de um cálculo de indemnização idêntico e, por fim, a (*iii*) compensação de «danos não patrimoniais no âmbito da responsabilidade contratual»[1913].

Vieram a aderir a esta posição, entre outros, Álvaro Gomes Rodrigues[1914], Ângela Dias Cerdeira[1915], J.O. Cardona Ferreira[1916] – expressamente reconhecido por Almeida Costa[1917] – bem como João Cura Mariano[1918], Januário da Costa Gomes[1919], Pereira Coelho e Guilherme de Oliveira[1920],

[1913] *Idem*, 552.

[1914] *Reflexões em torno da responsabilidade civil dos médicos*, Direito e justiça, Lisboa, V. XIV, T. 3, (2000), 161-252 (*maxime* 197).

[1915] *Da responsabilidade civil dos cônjuges entre si*, Coimbra Editora: Coimbra (2000), 114.

[1916] *Acidentes de Viação em Auto-estradas*, *maxime* 95-97.

[1917] Almeida Costa, *Direito das Obrigações*, cit., 552-553 (nota 7).

[1918] *Responsabilidade contratual do empreiteiro pelos defeitos da obra*, 7.ª ed., Almedina: Lisboa, 2020, 81-84 (*maxime* 83); em *A providência cautelar de arbitramento de reparação provisória*, Almedina: Coimbra (2003), 56-57 (103), o A. apela à existência de um concurso ideal entre as responsabilidades. Este seu entendimento consta, coerentemente nos acs. nos quais o Juiz-Conselheiro é relator, designadamente o ac. TRC, de 21-Mar-2006, analisado *infra*.

[1919] A posição é restrita ao quadro específico dos Direitos dos Transportes, com ressalva expressa do A. a um outro entendimento numa perspetiva geral, *Sobre o sistema próprio de responsabilidade do transportador*, Temas de Direito dos Transportes IV, 449-510 (507-510).

[1920] Os ilustres Professores, no contexto antenupcial, defendem a impossibilidade de concorrerem pretensões indemnizatórias em caso de rompimento da promessa de casamento (*actio ex sponsu* e *actio ex delicto*), dada a limitação da responsabilidade constante da lei (1594.º). Todavia, admitem que o concurso de pretensões possa emergir perante a prática de *outros* atos com relevância delitual (p. ex., a difamação do outro esposado); Pereira Coelho, Guilherme de Oliveira, *Curso de Direito da Família*, Vol. I, 5.ª ed., Imprensa da Universidade de Coimbra: Coimbra (2016), 254-255. Estamos aptos a pronunciar-nos sobre este enquadramento.
Ora, neste caso (de rompimento da promessa de casamento), estamos perante a tutela do incumprimento de um dever (de contratar) de fonte negocial (tal como o contrato-promessa, pacto de preferência ou de opção; cf., com adesão à tese obrigacional presentemente sufragada, v., por todos e em linha com a posição de Gomes da Silva, Pedro de Albuquerque, *Autonomia da vontade e negócio jurídico em Direito da Família*, cadernos de ciência e técnica fiscal, 146, Centro de Estudos Fiscais: Lisboa, 1986, 48-50 e respetivas notas 108 e 109). A tutela do incumprimento deste dever tem particularidades, a começar pela quebra de *relatividade* de tutela do respetivo incumprimento: prevê-se

o direito à indemnização *dos pais* do esposado inocente, bem como dos terceiros que tenham agido em nome dos pais (v., em sentido *próximo* da tutela reflexa de terceiros em caso de morte da vítima, 496.º/4). Perante estes sujeitos (que não o esposado inocente), não se apura uma responsabilidade de tipo *obrigacional*, por incumprimento da obrigação de casar, a qual *apenas* pode ser voluntariamente assumida perante o outro esposado. Por outro lado, inexiste uma dependência funcional de outra responsabilidade: esta não depende de o esposado ser materialmente responsável perante o outro nubente (tal como sucede quanto à tutela de danos não patrimoniais em caso de morte, 496.º/4) – a qual pode inexistir – razão pela qual se nega a qualificação deste tipo de danos como *reflexos* ou *por ricochete*. A qualificação desta responsabilidade assume, portanto, contornos próprios entre o esposado (de tipo obrigacional; v., neste sentido, Pereira Coelho, Guilherme de Oliveira, *Curso*, 252; Pedro de Albuquerque, *Autonomia da vontade e negócio jurídico em Direito da Família*, 50) e, por outro lado, perante os pais do esposado inocente ou os terceiros mencionados (cujo tipo presentemente se apura). Esta distinção deve ser feita. Em todos estes casos (embora com maior enfoque perante o esposado inocente), invocar uma responsabilidade *pela confiança* é, de facto, altamente sugestiva (cf., apelando a uma relação legal assente na confiança, em linha com Canaris, v. Menezes Cordeiro, *Tratado*, VII, 328-330). Mas também o é uma de tipo pré-contratual (227.º) ou mesmo por factos *lícitos*, por desqualificação do incumprimento gerado, atendendo à exigência da atualidade e liberdade da vontade para casar (1617.º; cf. neste sentido, Pires de Lima e Antunes Varela, *Código Civil anotado*, IV, 64). Estas qualificações não se reputam necessárias; aliás, o apelo à confiança servirá como *fundamento* e não como *qualidade* da situação de responsabilidade. Qualifica-se de *extracontratual* a responsabilidade do terceiro lesante por violação do crédito (do qual não é *devedor*), tal como aquela que decorre do incumprimento do contrato com eficácia de proteção a favor de terceiro perante este terceiro (o qual não reveste a qualidade de *credor*): é o que sucede neste caso, por expressa cominação legal. Assim, a violação da promessa de casamento permite tutelar um terceiro que não o credor (os pais do esposado ou os terceiros mencionados) a título *extracontratual*. Falta-lhes a qualidade de *credores* nesta obrigação, cujo incumprimento se tutela. É, por sinal, diferente a responsabilidade em França, por incumprimento desta promessa: negando-se a *juridicidade* desta promessa (cominada com nulidade), a responsabilidade emergente é exclusivamente delitual e apenas perante o outro ex-nubente. Regressando ao nosso sistema, e ainda perante estes terceiros (pais do esposado inocente e afins), o título de imputação de danos (próprios) gerados limita-se, no entanto, às «despesas feitas» e às «obrigações contraídas na previsão do casamento», por aquelas pessoas que não o esposado inocente (1594.º/1), *i.e.*, aos danos patrimoniais emergentes, negando-se a tutela dos lucros cessantes, bem como dos danos não patrimoniais (cf. Rossana Martingo Cruz, em anot. ao art. 1594.º, *Comentário ao Código Civil*, IV, 56).

Por fim, resta saber se a *actio ex sponsu* pode ser reconduzida a outras modalidades de responsabilidade para além daquelas enunciadas: por outras palavras, cumpre saber se a responsabilidade *obrigacional* perante o esposado inocente poderá ser *também* delitual (perante o esposado inocente) ou obrigacional (perante os pais do esposado e afins). O interesse da matéria é o de permitir o estabelecimento de uma responsabilidade autónoma e paralela àquela que decorre da aplicação do artigo 1594.º, sem a limitação do montante indemnizatório presente neste artigo. Procura-se, assim, a tutela dos danos em falta (ou seja, dos lucros cessantes ou dos danos não patrimoniais). Manifestamente, inexiste fundamento para que o *rompimento da promessa de casamento em si* (e não outros factos autónomos) consubstancie um delito perante o outro esposado (caso em que resta a tutela obrigacional) ou, bem assim, um incumprimento de uma obrigação (não assumida) perante os pais do esposado do inocente ou os terceiros que o representem (a tutela concentra-se na vertente

Cláudia Madaleno[1921] e Sónia Moreira[1922].

III. O entendimento de Almeida Costa não é – e este aspeto é por vezes esquecido – *absoluto*. Preside à posição do ilustre Professor uma preocupação teleológica centrada no ressarcimento dos prejuízos, a qual transparece na eleição do *dano* como um fundamento na distinção entre a situação de concurso e outras figuras, não qualificadas enquanto tal. Em concreto, Almeida Costa não considera uma hipótese de *concurso* – sujeita, enquanto tal, ao regime da consumpção – quando o *mesmo* facto produza *dois* danos (ou mais, leia-se), submetidos *disjuntamente* a regimes de responsabilidade distintos. O ponto é nevrálgico. E pressupõe, entende-se, que não exista qualquer sobreposição entre os títulos de imputação para a tutela deste dano, ou seja, que os danos se reportem *exclusivamente* a *uma* modalidade de responsabilidade. Assim, quando um *mesmo* facto gera dois danos a título diferente, por sinal e simplificando, *reportados a pessoas diferentes*, o A. não nega a concorrência *real* de ambas as modalidades de responsabilidade. Carreia idêntica solução para quando aquela situação ocorra entre os mesmos sujeitos, *i.e.*, perante os *danos disjuntamente reportados a modalidades distintas entre os mesmos sujeitos*, tal como sucede perante os danos ocorridos num contexto *estranho* ao vínculo obrigacional que une as partes. Também neste último caso, o A. admite que «os factos estranhos ao vínculo contratual entre duas pessoas» não contaminam a *autonomia* do fundamento delitual de responsabilidade: existem,

delitual). Falta a necessária verificação dos pressupostos dos (pretensos) títulos de imputação de danos concorrentes, à margem do disposto no artigo 1594.º. E mesmo que este passo lógico fosse dado – tal como defendido inicialmente por Pereira Coelho numa situação de rompimento abusivo da promessa e, por sinal, é isso mesmo que sucede além-Reno, apelando à relevância delitual da fraude no casamento ou a ofensa dolosa dos bons costumes (§§ 823 (2), 826 BGB) em concurso com o rompimento da promessa de casamento (§ 1298 BGB); cf. Roth em anot. ao § 1298, n.º 19 no *MüKoBGB* (8.ª ed. 2019) e Hahn em anot. ao mesmo preceito, n.º 24, em *BeckOK* (57.ª ed., de 01-02-2021) – e preenchida uma situação de concurso heterónomo de responsabilidade, a autonomia das pretensões geradas pelas modalidades distintas de responsabilidade teria de cessar, pelo menos no que respeita ao efeito *limitativo* dos danos a tutelar. Como bem apontam Pereira Coelho e Guilherme Oliveira (*Curso*, 254), em jeito de conclusão, a qual somos forçados a acompanhar, «[n]em se percebia que o legislador circunscrevesse, nos termos referidos, o âmbito do dever de indemnizar resultante da promessa de casamento, se, afinal, e por força de outros princípios, esse dever de indemnizar pudesse estender-se à totalidade dos prejuízos causados».
Sobre a promessa de casamento, v., ainda, Jorge Duarte Pinheiro, *O Direito Da Família Contemporâneo*, 385 e ss..

[1921] *A responsabilidade obrigacional*, 883-886 (*maxime* 885 e respetiva nota 3725).

[1922] *Responsabilidade extracontratual pelo risco versus responsabilidade contratual*, 73-75 e respetiva nota 8.

apenas, «dois fundamentos autónomos geradores de danos»[1923], ou seja, um concurso *real* das duas responsabilidades[1924]. O ilustre Professor não atribui ao seu entendimento uma natureza *absoluta* por outros motivos: admite uma outra solução decorrente de (*i*) um preceito contrário da lei[1925], (*ii*) desvios, quando necessários[1926], e, fundamentalmente (*iii*), com base em Yves Chartier, uma convenção em sentido contrário[1927]. A ideia matriz da *consumpção* enquanto solução normativa para uma hipótese de concurso de responsabilidade, não é, nesta medida, *totalizante*.

IV. A nossa jurisprudência tem pendido geralmente para a teoria do não-cúmulo, no sentido da prevalência da via obrigacional. É este, aliás, o entendimento dominante no contexto da responsabilidade médica.

> Relativamente à responsabilidade civil médica, o Supremo Tribunal de Justiça adere, salvo honrosas exceções[1928], à teoria do não cúmulo, no sentido de que a responsabilidade obrigacional prevalece sobre a delitual por *consumpção*, em particular no contexto de lesões decorrentes de intervenções cirúrgicas mal executadas[1929]. Veja-se o triunfo deste modelo no

[1923] Almeida Costa, *O concurso de responsabilidade*, 560. O Autor não densifica o critério de distanciamento do dano ao vínculo contratual pré-existente, recorrendo somente ao exemplo dos «danos derivados de uma competição desportiva entre um fornecedor e um cliente»; no caso é, todavia, manifesto o rompimento da unidade do evento para efeitos da apreciação de uma situação de concurso.

[1924] Entendimento seguido por João Cura Mariano, *Responsabilidade contratual do empreiteiro*, 81-84 (*maxime* 83).

[1925] *Idem*, 552.

[1926] Casos que trata como de *consumpção impura*; *Idem*, 553.

[1927] *La reparation du prejudice dans la responsabilité civile*, Dalloz: Paris (1983) § 90 (120); *idem*, 553 (nota 7) e *O concurso de responsabilidade*, 565.

[1928] Aliás, destaca-se uma decisão isolada, deste douto Tribunal, perante a queda de um doente da janela do 2.º andar do Hospital Júlio de Matos, onde se preferiu a via delitual na qualificação da natureza da responsabilidade da administração hospitalar. Para este efeito, o douto Tribunal considerou determinante a existência de uma relação de serviço público entre o hospital e o utente (7-Mai-1974, Eduardo Arala Chaves, BMJ 237, 1974, 196-200; v., ainda, o ac. STA, de 09-Jun-2011, Adérito Santos); Menezes Cordeiro também dá nota desta decisão em *Responsabilidade dos administradores*, 492 (nota 72). Cfr., *infra*, § 17; 2.3.3.

[1929] Este entendimento é acompanhado pelos nossos Tribunais de Relação. Neste sentido, cf., entre outros, o ac. TRP, de 14-Mai-2020 (Carlos Portela), em consequência de complicações resultantes de uma intervenção oftalmológica; ac. TRP, de 10-Fev-2015 (Rodrigues Pires), pela perfuração do abdómen da paciente durante a realização de uma colonoscopia; ac. TRP, de 12-Nov-2019 (Rodrigues Pires), pelas lesões emergentes da má execução de uma cirurgia de lipoaspiração abdominal e torácica; ac. TRP, 27-Mar-2017 (Jorge Seabra), pelas complicações emergentes de um exame de colonoscopia.

contexto de um médico não especialista recomendar e realizar defeituosamente cirurgias plásticas (17-Dez-2009, Pires da Rosa), pela extração de um dente (22-Set-2011, Bettencourt de Faria), pela má execução de uma intervenção cirúrgica à coluna do paciente (15-Dez-2011, Gregório Silva Jesus), por uma intervenção estética não consentida (02-Jun-2015, Maria Clara Sottomayor), pelas complicações decorrentes da má realização de um exame de colonoscopia (01-Out-2015, Maria dos Prazeres Beleza), pela má execução de uma intervenção cirúrgica ortopédica na qual resultou a paralisia do pé (28-Jan-2016, Maria da Graça Trigo), semelhante ao caso anterior, pela má execução de uma intervenção cirúrgica para a colocação de um prótese na anca da lesada (26-Abr-2016, Sílvia Salazar), pela desenervação em sequência de uma intervenção cirúrgica (07-Mar-2017, Gabriel Catarino), e pela perfuração do cólon durante um exame de colonoscopia (22-Mar-2018, Maria Graça Trigo). Veremos, *infra*, algumas destas decisões em maior pormenor.

Sem prejuízo, este entendimento propagou-se para outras áreas, traduzindo o sentido geral para o qual a nossa jurisprudência atualmente se inclina. Veja-se, neste sentido, os seguintes acórdãos oriundos das nossas instâncias superiores,

i. Ac. TRL, de 19-Abr-2005 (Pimentel Marcos): após a realização de dois exames de rotina, nomeadamente uma mamografia bilateral e uma ecografia ginecológica, o clínico responsável da Ré não detetou lesões nodulares na Autora, indiciárias de cancro, presentes de forma clara e inequívoca. O estado evolutivo da doença, ao tempo da deteção tardia, dificultou o tratamento. Apreciou-se, em sequência, a responsabilidade da clínica onde foram realizados os primeiros exames de diagnóstico. Seguindo de perto o entendimento de Almeida Costa, o douto tribunal considerou que «[o] sistema que exclui o cúmulo consiste precisamente na aplicação do regime da responsabilidade contratual, em virtude de um princípio de consumpção. Ora, existindo um único dano, resultante de um único facto, nada justifica a duplicação de ações ou concorrência de pretensões. Tal como não se justifica que o lesado beneficie, na mesma ação, das normas que considere mais favoráveis de cada um dos regimes.

Note-se, por outro lado, um conjunto de decisões daquele douto tribunal que identificam o problema em mãos sem optar por determinada solução, cf. ac. STJ (23-Mar-2017, Tomé Gomes).

[...] À unidade de conduta e do dano corresponderá necessariamente a unidade de pedido e de indemnização.».

ii. Ac. TRL, de 09-Jun-2005 (Urbano Dias): em virtude de uma descarga de energia elétrica, danificou-se o computador pessoal do lesado, entre outros prejuízos. Na apreciação do incumprimento do contrato de fornecimento pela empresa fornecedora de energia, qualificou-se a responsabilidade simultaneamente como obrigacional e extraobrigacional. Afirmou o douto tribunal: «[n]este âmbito vigora, como sabemos, o princípio da autonomia privada, segundo o qual compete às partes fixar a disciplina que deve reger as suas relações, com ressalva dos preceitos imperativos. Nesta perspetiva, perante uma situação concreta, sendo aplicáveis paralelamente as duas espécies de responsabilidade civil, deverá, em primeira linha, ser considerado o ilícito contratual: no fundo, o regime da responsabilidade contratual consome o da extracontratual – é a tradução do princípio da consumpção».

iii. Ac. TRC, de 21-Mar-2006 (Cura Mariano): discutiu-se a responsabilidade da Ré, no contexto de um contrato de alojamento, alimentação e estacionamento da lesada. Por uma inundação devida a mau tempo, o automóvel da lesada foi arrastado pela força das águas e totalmente submerso. O tribunal considerou que «[n]a definição do regime aplicável deve atender-se à vontade das partes, expressa no clausulado contratual [...]. Não sendo conhecida qualquer previsão neste âmbito, deve aplicar-se o regime subsidiário legal [...]. Nestes casos, em que ocorre um concurso ideal dos dois regimes de responsabilidade, consideramos que o da responsabilidade contratual consome o da responsabilidade extracontratual, sendo ele o aplicável [...].»[1930].

iv. Ac. TRL de 17-Dez-2009 (Ondina Carmo Alves): estava em causa a falta da execução da obra no âmbito de um contrato de empreitada. O Réu, empreiteiro, invocou que a sua responsabilidade pelo incumprimento seria do tipo extracontratual e que, decorridos catorze anos à data da propositura da ação, se encontrava prescrita. O douto Tribunal discordou, invocando que «mesmo que se admita que um determinado facto viole, simultaneamente, uma relação de crédito e um direito absoluto, nomeadamente, o direito ao bom nome de outrem, *i. e.*, seja suscetível de preencher os requisitos de aplicação dos regimes da responsabilidade contratual e extracontratual,

[1930] O Juiz Conselheiro acompanha, como vimos, o seu entendimento pessoal, expresso em *Responsabilidade contratual do empreiteiro pelos defeitos da obra*, 81-84 (*maxime* 83) e em *A providência cautelar de arbitramento de reparação provisória*, 56 (103).

será de afastar o sistema de cúmulo das duas variantes da responsabilidade civil, de ação híbrida ou da teoria da opção, antes se preconizando a aplicação do princípio da consumpção, de acordo com o qual o regime da responsabilidade contratual "consome" o da extracontratual».

v. Ac. TRC, de 29-Nov-2011 (Carlos Querido): discutiu-se o tipo de responsabilidade relativo aos danos que ocorrem em decorrência dos defeitos da obra (danos por privação de uso e não patrimoniais), tendo sido aplicado somente o regime contratual. O Tribunal, em matéria do concurso, aderiu expressamente ao entendimento de Almeida Costa.

vi. Ac. TRL, de 27-Set-2012 (Teresa Albuquerque): apurou-se a responsabilidade emergente de um acidente ocorrido a bordo de um navio. Na altura do evento lesivo, o lesado encontrava-se dentro do seu automóvel, tal como indicado pelos colaboradores da Ré. A conjugação de uma chuva intensa, uma falha das cordas de segurança e a existência de um buraco no local, provocaram a queda do lesado da plataforma onde se encontrava. O lesado feriu-se gravemente. Entendeu o douto tribunal, apoiando-se nas lições de Almeida Costa, qualificar a pretensão indemnizatória como *exclusivamente contratual*, «quer se entenda que esta obrigação de proteção e segurança integra ainda o contrato de transporte como dever principal, ou o integra apenas como dever ou obrigação acessória».

vii. Ac. TRL, de 24-Set-2015 (Teresa Prazeres Pais): ocorrera o rebentamento de um cano de esgoto por atuação de um terceiro, o qual inundou o locado. Embora o douto tribunal não tenha entendido que o senhorio fosse responsável (obrigacionalmente), mas apenas aquele que deu causa aos danos (a título delitual), adere expressamente ao sistema do concurso aparente de normas, por consumpção, segundo o entendimento de Almeida Costa.

viii. Ac. TRL, de 24-Set-2019 (José Capacete): estava em causa o cumprimento defeituoso de um contrato de fornecimento de eletricidade. O tribunal aderiu à teoria que designa de «sistema de não cúmulo», discordando da qualificação inerente ao pedido da Autora, a qual fundara o seu pedido em ambas as responsabilidades: entendeu o douto tribunal que, em virtude de uma lógica de *consumpção*, a responsabilidade contratual prevalece. O concurso, citando o entendimento de Almeida Costa, é meramente *aparente* entre as duas modalidades em causa. Para o douto tribunal, foi fundamental considerar, entre outros aspetos, que o (*i*) o Código Civil não consagrou diferenças fundamentais entre os regimes, (*ii*) o negócio permite a ordenação privada dos interesses das partes, incluindo em sede dos deveres acessórios e lateral, bem como que a modalidade contratual (*iii*) confere maior proteção ao lesado e (*iv*) é o caminho seguido para o cumprimento defeituoso. Considerou ainda que (*v*) o cálculo da indemnização é substancialmente idêntico para ambas as modalidades de responsabilidade e, por fim, que (*vi*) cada modalidade dispõe de «campos de aplicação próprios» não contornável pela vontade das partes. Afastou o *concurso de pretensões*, porquanto se entendeu que este equivale a admitir-se um excesso de ressarcimento: «[a]fasta-se, naturalmente, a possibilidade de uma dupla indemnização, em correspondência a essas duas espécies de ilícito civil. Por outras palavras: havendo um só dano, resultante de um único facto, nada justifica a duplicação de ações ou concorrência de pretensões.», bem como a teoria ação híbrida, já que esta última posição fere o regime de cada responsabilidade, o qual enforma «conjuntos orgânicos», e também bule com as regras que presidem à determinação do foro competente.

ix. Ac. TRL, de 24-Out-2019 (Nuno Ribeiro): a Autora sofreu uma queda no autocarro da empresa de transportes coletivos, segurada da Ré, em virtude de uma travagem acentuada. Demonstrou-se que a marcha do autocarro se tinha iniciado sem que Autora estivesse sentada. A queda provocou um traumatismo do crânio da lesada, a qual teve de ser transportada no serviço de urgência para o hospital. No que respeita ao enquadramento da responsabilidade da transportadora, transferido para a Autora, o douto tribunal afirmou «[t]endemos assim a aderir à teoria da exclusão do cúmulo: se, de um vínculo negocial, resultam danos para uma das partes, o pedido de indemnização deve alicerçar-se nas regras da responsabilidade contratual.».

x. Ac. TRL, de 05-Mai-2020 (Isabel Salgado): estava em causa a responsabilidade civil da Ré, seguradora do estabelecimento escolar, pelo acidente de que um menor foi vítima. Este embateu contra um vidro sem proteção contra estilhaços numa porta que dava acesso ao recreio. Considerou-se que a Ré violou o dever acessório de conduta, de proteção dos menores, e qualificou-se a responsabilidade como contratual, contrariamente àquela carreada pelos Autores. Nesta medida, afirmou o douto Tribunal que o regime jurídico de modalidade de responsabilidade civil consubstancia uma questão de qualificação jurídica; enquanto matéria de direito, é conhecida pelo tribunal, independentemente da alegação das partes (art. 5.º/3 CPC).

xi. Ac. TRP, de 08-Fev-2021 (Eugénia Cunha): o empreiteiro, ao realizar, de forma imprópria, um furto artesiano, provocou danos na habitação e respetivos anexos de credores. O tribunal considerou que o cumprimento defeituoso seria apurado a título exclusivamente contratual, uma vez que esta modalidade de responsabilidade *consome* a via delitual. Afirmou-se: «vigorando o princípio da autonomia privada e da liberdade contratual, compete às partes fixar a disciplina que rege as suas relações, não podendo, [*atento*] o referido e o espírito do sistema, deixar de continuar a imperar este regime, aplicável na sua globalidade e como um todo, a reger a relação das partes contratantes, consumindo o específico regime da responsabilidade contratual o da extracontratual».

Ao nível do Supremo Tribunal de Justiça, veja-se, ainda:

xii. Ac. STJ, de 8-Fev-1994 (Fernando Fabião)[1931]: num caso de venda sucessiva do mesmo prédio a um terceiro adquirente, o qual regista a sua aquisição, a compradora inicial (entretanto, não proprietária) pode responsabilizar o vendedor a título exclusivamente obrigacional. O douto Tribunal admitiu por acréscimo que, em caso de coincidência das duas ordens de responsabilidade (por violação do direito de propriedade concomitantemente com o direito de crédito), a de tipo obrigacional consome a extracontratual.

xiii. Ac. STJ, de 9-Fev-1995 (Costa Soares)[1932]: no contrato de depósito bancário, o descoberto em conta obriga ao pagamento do débito, na medida do recebimento. A falta de cumprimento desta obrigação, entendeu o doutro Tribunal, é enquadrada exclusivamente pelo regime obrigacional, o qual «consome» o extracontratual.

xiv. Ac. STJ, de 08-Mai-2003 (Araújo Barros): apurou-se a responsabilidade pelo rebentamento de uma garrafa de gás[1933] fornecida pela Ré, o qual provocou danos causada na garagem onde a botija se encontrava e nos demais objetos da Autora. Segundo o tribunal: «[a]ntes nos parece, já que essencialmente a pretensão indemnizatória é apenas uma, incindível na sua fundamentação e configuração, que deve ela fundar-se numa única espécie de responsabilidade: é a opinião dos que defendem o sistema do não cúmulo de responsabilidades.», concluindo, «[d]este modo, atento o exposto (e optando pelo sistema do não cúmulo e, dentro deste, pelo princípio da consumpção), cremos que, quanto aos danos causados, quer na garagem em que se encontrava a botija de gás que explodiu, quer

1931 CJ/Supremo I (1994), disponível online, mediante acesso JusNet.

1932 CJ/Supremo I (1995).

1933 V., ainda, neste contexto, as decisões mais antigas, p. ex., o STJ de 22-Abr-1986 (Moreira da Silva BMJ 356, 1986, 349-351), onde também estava em causa a tutela dos danos derivados da explosão de uma botija de gás por falha no seu sistema de vedação; decisão também mencionada por Romano Martinez, *Direito das Obrigações*, 140 (nota 3).

nos objetos que aí estavam, a responsabilidade da ré, a existir, será, toda ela, de natureza contratual (em derradeira análise porque esta consome a eventual responsabilidade extracontratual paralela)».

xv. Ac. STJ, de 20-Nov-2012 (Fonseca Ramos): estava em causa o corte de energia elétrica nas instalações da Autora com base (erroneamente) em falta de pagamento da fatura. A Ré, seguradora da companhia elétrica, entendeu que a apólice, concretamente a expressão "responsabilidade civil legal do segurado" não cobria a obrigação de indemnizar a título exclusivamente extraobrigacional. O douto Tribunal discordou, confirmando a decisão recorrida, tendo considerado, para além da ampla previsão da cláusula, que a responsabilidade da companhia elétrica é exclusivamente obrigacional.

xvi. Ac. STJ, de 07-Mar-2017 (Gabriel Catarino): a intervenção cirúrgica, por efeito do diagnóstico de uma endometriose, provocou, com desrespeito das *legis artis*, sequelas graves de desenervação. Para efeito de qualificação da responsabilidade civil médica emergente, considerou-se que «em regra, a jurisprudência aplica o princípio da consumpção, de acordo com o qual o regime da responsabilidade contratual consome o da extracontratual, solução mais ajustada aos interesses do lesado e mais conforme ao princípio geral da autonomia privada».

xvii. Ac. STJ, de 22-Mar-2018 (Maria Graça Trigo): apurou-se a responsabilidade médica emergente das lesões causadas durante um exame de colonoscopia pela perfuração do cólon. Qualificando a situação como um caso de «cumprimento defeituoso do contrato de prestação de serviços médicos», aplicou exclusivamente a modalidade contratual na hipótese de configurada de concurso com a via delitual, por «tanto ser mais conforme ao princípio geral da autonomia privada, como por ser, em regra, mais favorável à tutela efectiva do lesado».

2. A teoria do cúmulo; o concurso *efetivo* de responsabilidade civil

I. Para um segundo entendimento, a relação normativa gerada entre as modalidades de responsabilidade civil consideradas, numa hipótese de concurso *heterogéneo* de responsabilidade, é de pura *compatibilidade*[1934],

[1934] Sabemos que a mera autonomia das duas modalidades não implica, por si, uma incompatibilidade entre elas; neste sentido, Daniela M. Frenda, *Il concorso di responsabilità contrattuale e aquiliana*, 298. A relação de compatibilidade não é naturalmente exclusiva deste âmbito. Fora do campo das normas de responsabilidade é o que sucede, a título exemplificativo, com a faculdade

permitindo-se a respetiva coexistência. O concurso em causa torna-se *efetivo*, como vimos[1935].

Tendo geralmente por referência o concurso de normas[1936], a *tese do cúmulo* respeita a autonomia das proposições jurídicas aplicáveis a uma mesma situação de responsabilidade. O *conflito normativo*, no sentido da prevalência de um título de imputação de danos sobre os demais (*v.g.*, por especialidade, consumpção, subsidiariedade) de um prisma constitutivo (*i.e.*, ao nível da previsão das normas) é, em consequência, afastado. O lesado tem, assim, potencialmente à sua disposição todas as vias de ressarcimentos dos seus prejuízos.

Este entendimento (do não cúmulo de normas em sentido estrito) foi desenvolvido com grande enfoque além-Reno, ainda que como mero suporte do entendimento atual baseado num objeto diferente de cumulação, de pretensões (*Anspruchs*) ao invés de normas. Vejamos, então, o contributo do sistema jurídico alemão em maior detalhe.

2.1. O contributo do sistema jurídico alemão; a evolução do *Kumulationsprinzip* e o respetivo objeto em concurso, nomeadamente a *actio*, *Klage*, *Gesetz* e a *Anspruch*

II. O sistema jurídico alemão destaca-se pela profundidade inigualável com a qual analisa a figura do concurso das responsabilidades: a recuperação inicial das fontes romanas permitiu, na sua génese, um tratamento exclusivamente ao nível processual, superado, entretanto, por um de natureza marcadamente substantiva (embora a evolução recente recupere de certa forma aquele contributo inicial, adjetivo). Aliás, este sistema jurídico é responsável

de resolução do contrato e o ressarcimento concomitante dos prejuízos sofridos (801.º/2). Vimos, *supra*, as limitações inerentes ao exercício daquela faculdade de resolução do contrato; cf. *supra*, § 12; 5.2. Entre *ordens* de responsabilidade, a compatibilidade deteta-se tipicamente na relação entre a responsabilidade civil e a de tipo penal (neste sentido, Cavanillhas Múgica e Isabel Fernandez, *La Concurrencia*, 60). Ainda sobre este conceito, mas numa perspetiva adjetiva, remete-se para os avanços da doutrina processualista, por referência à cumulação de pedidos, atendendo à necessidade de verificação deste requisito nesta sede (555.º/1 CPC); Antunes Varela, Miguel Bezerra e Sampaio e Nora, em *Manual de Processo Civil*, 4.ª ed., Coimbra Editora: Coimbra (1985), 503-506; José Lebre de Freitas, em *Código de Processo Civil Anotado*, Vol. II, Coimbra Editora: Coimbra (2001), 234-238; Teixeira de Sousa, em *As partes, O objecto e a Prova na Ação Declarativa*, Lex: Lisboa (1995), 30; Castro Mendes, *Direito Processual Civil*, II, FDL (1987), 387-419.

[1935] Cfr., *supra*, § 5; 2.2.

[1936] Cfr., também *supra*, § 5; 2.1.

por apadrinhar as obras emblemáticas que se debruçaram sobre a figura do concurso de responsabilidades, entre as quais se contam, pelo seu peso histórico e influência dogmática, as monografias de EDUARD PRYM (1906), FRIEDRICH LENT (1912), RUDOFL SCHMIDT (1915), ROLF DIETZ (1934) e, ainda, de APOSTOLOS GEORGIADES (1968)[1937]. Na produção jurídica alemã, transparece uma linha evolutiva incontornável de análise do instituto, a qual pode ser repartida em etapas, cuja explanação se justifica pelo carácter inovador das soluções carreadas e respetivos argumentos, com grande mérito no caminho metodológico percorrido. Estas fases podem ser sintetizadas da seguinte forma[1938], cronológica, a saber:

a) a importação do Direito Romano e o enquadramento do concurso de ações (*Klagenkonkurrenz*);
b) a evolução para o concurso de leis (*Gesetzkonkurrenz*);
c) a fase de mitigação: o concurso de pretensões e de fundamentos da pretensão (*Anspruchskonkurrenz* e *Anspruchsgrundlagenkonkurrenz*); e, por fim,
d) um período pós-moderno, no qual se contam várias tentativas de superação da fase anterior.

[1937] Destacamos, neste momento e como referido, apenas algumas das principais obras especializadas que se debruçaram sobre o tema além-Reno: E. PRYM, *Die Konkurrenz des Anspruchs aus dem Vertrage mit dem Anspruche aus unerlaubter Handlung, Nach dem Rechte des Bürgerlichen Gesetzbuchs für das Deutsche Reich*, De Gruyter (1906); F. LENT, *Die Gesetzeskonkurrenz im bürgerlichen Recht und Zivilprozess*, 1, Leipzig (1912); R. SCHMIDT, *Die Gesetzeskonkurrenz im bürgerlichen Recht* (1915); ROLF DIETZ, *Anspruchskonkurrenz bei Vertragsverletzung und Delikt*, Röhrscheid: Bonna (1934) – v. o Autor também em *Das Problem der Konkurrenz von Schadensersatzansprüchen bei Vertragsverletzung und Delikt*, Deutsche Landesreferate zum VI. Internationalen Kongreß für Rechtsvergleichung in Hamburg, Hamburgo (1962), 181-206 (203 e ss.); e APOSTOLOS GEORGIADES, *Die Anspruchskonkurrenz im Zivilrecht und Zivilprozessrecht*, C.H.Beck: Munique (1968). V., ainda, PETER SCHLECHTRIEM, *Vertragsordnung und außervertragliche Haftung, Eine rechtsvergleichende Untersuchung zur Konkurrenz von Ansprüchen aus Vertrag und Delikt im französischen, amerikanischen und deutschen Recht*, Alfred Metzner Verlag: Frankfurt (1972); HERMANN EICHLER, *Die Konkurrenz der vertraglichen und deliktischen Haftung im deutschen Rech*, AcP, 162 (1963), 401-420; PETER ARENS, *Zur Anspruchskonkurrenz bei mehreren Haftungsgründens*, AcP 170, 392-425; GÜNTHER JAHR, *Anspruchsgrundlagenkonkurrenz und Erfüllungskonnexität*, FS G. Lüke, (1997) 297-322.

[1938] Existem outros entendimentos, entre nós; v. o evolutivo de MIGUEL TEIXEIRA DE SOUSA, *O concurso*, 101 e ss. A literatura sobre o tema é vasta, tal como o número das decisões fundamentais tomadas pelas respetivas instâncias. Justifica-se uma investigação aprofundada sobre o tema focada no sistema alemão, num prisma histórico, a qual não pode aqui ter lugar.

2.1.1. A importação do Direito Romano (*Klagenkonkurrenz*)

III. Na Alemanha, o tratamento inicial da matéria do concurso de responsabilidade foi realizado na Pandetística. Debruçando-se sobre as fontes romanas, a figura é enquadrada, em termos de objeto, pelo prisma da competição de *actiones*, como visto[1939]. Ao conceito de *actio* correspondia, à data, o conceito de ação (*Klage*), pelo que esta perspetiva processualista apelava, perante um concurso de responsabilidade civil, à existência de um *concurso de ações* (*Klagenkonkurrenz*), pelo menos quando estas visassem o *mesmo efeito*[1940].

Destacam-se, neste campo as obras de THIBAUT[1941], KLEINSCHROD[1942], ERNST BEKKER[1943], SAVIGNY[1944], WILHELM MARTENS[1945], JOHANNES MERKEL[1946], HUGO HEINEMANN[1947], RUDOLF HELSSIG[1948] e EISELE[1949]. Mais tarde, surgem ainda os grandes contributos de ERNST LEVY[1950], em dois volumes, e de DETLEF LIEBS[1951].

1939 Cfr., *supra*, § 16; 1.

1940 Caso contrário, a cumulação é garantida; neste sentido, DANIELA M. FRENDA, *Il concorso*, cit., 64. Por sinal, trata-se, neste caso, do denominado concurso próprio (de ações), em contraposição clara ao *impróprio*, no qual é, ao nível dos efeitos (plurais), de uma única ação que se processa o concurso; cfr. CAVANILLHAS MÚGICA e ISABEL FERNANDEZ, *La concurrencia de responsabilidad*, 187.

1941 *Grundzuge einer Darstellung der Lehre der Concurrenz der Civil-Klagen*, Mohr und Zimmer: Heidelberg (1814).

1942 *Zur Lehre von der Conkurrenz der Klagen*, C.H.Beck: Munique (1849).

1943 *Die Aktionen des Römischen Privatrechts*, I, Franz Vahlen Verlag; Berlim (1873), 169-200.

1944 *System des heutigen römischen Rechts*, V. 5, Veit und comp.:Berlim (1841). Partilham do tratamento manualístico do tema, conjuntamente com estroutro Autor, WENGER, *Institutionen des römischen Zivilprozeßrechts*, Hochschulbuchhandlung Max Hueber, Munique (1915), e KASER, *Das römische Zivilprozessrecht*, *passim*.

1945 *Über Concurrenz und Collision der römischen Civilklagen*, Bernhard Tauchnitz Verlag: Lípsia (1856).

1946 *Über den Konkurs der Aktionen nach roemischem Privatrecht*, Niemeyer: Munique (1877).

1947 *Die Lehre von der Idealkonkurrenz*, Otto Liebmanns Verlag: Berlim (1893).

1948 *Zur Lehre von der Konkurrenz der Klagen nach römischem Rechte*, Friedrich Frommanns Verlag: Estugarda (1887).

1949 *Zur Lehre von der Klagenkonkurrenz*, AcP, 1892, B. 79 (1892). Na viragem do século XX, e com enfoque processualista, surgem ainda, entre outras, as obras de HUGO BEHREND, *Die Konkurrenz der Kontraktsklage mit der Deliktsklage*, J. Abel: Greifswald (1900); EDUARD PRYM, *Die Konkurrenz des Vertrages Anspruchs mit dem Deliktsanspruch*, Halle (1909); e BURCHARDT, *Vertragsnormen und Deliktsnormen in Anwendung auf denselben Tatbestand. ein Versuch zur weiteren Klärung des Problems*, R. Noske (1909).

1950 *Die Konkurrenz der Aktionen und Personen Im Klassischen Romischen Recht*, Franz Vahlen: Berlim (1918).

1951 *Die Klagenkonkurrenz um römischen Recht – Zur Geschicte der Scheidung von Schadenerstatz und Privatstrafe*,Vandenhoeck & Ruprecht: Gotinga (1972).

Como vimos, o concurso de ações podia ser triplicemente considerado, na esteira de Savigny, como (*i*) o *sucessivo* ou *subsequente*, conquanto uma segunda ação depende da verificação (ou não) de outra anterior, (*ii*) em sentido *cumulativo*, expressando a total independência das ações, e, por fim, (*iii*) em sentido *eletivo* (*elektive Konkurrenz*), quando a escolha da ação pretendida excluía as demais concorrentes. Ora, um dos principais motivos de discórdia traduziu-se nos fundamentos base para o concurso das ações: Savigny não viu como necessária a identidade *subjetiva*, das partes em juízo[1952], mas apenas a prossecução do mesmo efeito, tendo sido, por este motivo, alvo posteriormente de severas críticas.

2.1.2. O concurso de leis (*Gesetzkonkurrenz*)

IV. O modelo adjetivo inicialmente gizado não vingou, quando se consagrou um modelo focado na primazia no direito subjetivo (*i.e.*, do *ius* sobre a *actio*).

> Esta foi a solução preconizada por Windscheid[1953] e, posteriormente, seguida pela generalidade da doutrina, em particular por Friedrich Lent[1954], Konrad Hellwig[1955], Rudolf Schmidt[1956] e, mais tarde, Ulrich Klug[1957].

A entrada em vigor do BGB redefine e consolida os termos da discussão: o concurso de responsabilidades é, ao invés, um *de normas*, também designado, neste ordenamento, por *concurso de leis* (*Gesetzeskonkurrenz*). A terminologia baseia-se nas soluções do respetivo Direito Penal, onde hoje ainda impera. A solução preconizada, face à qualificação da relação jurídica estabelecida entre as modalidades de responsabilidade civil, permitia a admissibilidade do cúmulo das várias proposições jurídicas, mas pendia, de forma manifesta, a favor da responsabilidade contratual, por *especialidade*.

[1952] Georgiades, *Die Anspruchskonkurrenz*, 64.

[1953] *Lehrbuch des Pandektenrechts*, I, 3.ª ed., Düsseldorf (1870), 4 e ss., 330

[1954] *Die Gesetzeskonkurrenz im bürgerlichen. Recht und Zivilprozess*, 1, Leipzig (1912).

[1955] *Anspruch und Klagerecht, Beiträge zum bürgerlichen und zum Prozessrecht*, Jena (1900) e *System des Deutschen Zivilprozessrechts*, I: Ordentliches Verfahren, Leipzig (1912).

[1956] *Die Gesetzeskonkurrenz im bürgerlichen Recht* (1915).

[1957] *Zum Begriff der Gesetzeskonkurrenz*, ZStW, Vol. 68, (1956), 399-416.

Já vimos que o concurso de normas em sentido formal admite duas soluções, nomeadamente a aplicação de uma das normas, com exclusão das demais (concurso *aparente* de normas) ou não (quando *efetivo*)[1958]. No passo metodológico em que se apura qual destas soluções se aplica (em sede, portanto, do concurso *formal* de normas), todas as normas às quais se subsume a situação de facto são potencialmente aplicáveis. Por idiossincrasias várias, o sistema alemão descreve, à semelhante da terminologia sedimentada no Direito penal, este concurso pela ótica do *resultado*: o concurso aparente de normas (resolvido, portanto) é comummente designado de *concurso de leis* (*Gesetzeskonkurrenz*). Por sua vez, o concurso *efetivo* de normas (em que todas as normas permanecem potencialmente aplicáveis) é tratado por objeto à posição jurídica ativa dele resultante, a *pretensão* (*Anspruch*): fala-se de um *concurso* [efetivo] *de pretensões*, em sentido lato (*Anspruchskonkurrenz*). A explicação posterior deve ser vista com esta ressalva terminológica, porquanto todo o enquadramento depende da existência de um *concurso de normas*, *aparente* (*Gesetzeskonkurrenz*) ou *efetivo* (*Anspruchskonkurrenz*).

Noutro prisma, o critério determinante, com base nas normas legais (e dos respetivos *Tatbestände*), para se determinar a conformação processual da posição jurídica é o de procurar a identidade do efeito jurídico das normas em análise: quando este for idêntico ao *concurso de normas*, note-se, gera uma única pretensão, caso contrário existe uma pluralidade de pretensões. A história ditaria que o sistema alemão ficasse conhecido especialmente por esta vertente: a alteração do objeto do concurso de responsabilidade para um de pretensões marca a verdadeira inovação deste sistema, com réplicas marcantes nos demais ordenamentos. Este contributo foi (e é) inestimável. Vejamos.

[1958] Cfr., *supra*, § 15; 1 e 2.

2.1.3. A fase de mitigação: o concurso de pretensões e de fundamentos da pretensão (*Anspruchskonkurrenz* e *Anspruchsgrundlagenkonkurrenz*)

V. Estabilizado o direito objetivo com a entrada em vigor do BGB, também se consolidaram os termos da discussão, embora a regulação da figura neste novo Código Civil tenha sido expressamente evitada[1959], tal como sucedeu no caso português[1960].

O sistema alemão de regulação da responsabilidade civil assenta no respetivo Código Civil ainda vigente (BGB), como visto. Neste código, os campos de regulação da responsabilidade obrigacional repartem-se entre a regulação do regime da impossibilidade de execução (§§ 275, 283 e ss. BGB), da mora do devedor (§§ 286 e ss. BGB) e da mora do credor (§§ 293 e ss. BGB). Em particular, esta modalidade contende uma

[1959] Apontou-se a falta de estabilidade dogmática para a consagração de uma qualquer solução perante uma discussão científico-legal em aberto; cfr. *Motive zu dem Entwurfe eines Bürgerlichen Gesetzbuches für das Deutsche Reich*, Vol. I, Allgemeiner Teil, J. Guttentag: Berlim e Leipzig (1888), 278. V., também, Jakobs/Schubert, *Die Beratung des BGB, Recht der Schuldverhältnisse*, III (1983), 885, e Peter Schechtriem, *Vertragsordnung und außervertragliche Haftung*, 28 e ss. Deste A., no contexto dos trabalhos de reforma do BGB, foi proposto um novo § 823a, traduzido, entre nós, por Sinde Monteiro (anot. ao ac. STJ 12-Nov-1996, 96, nota 175, o qual reproduzimos): «[n]a medida em que coisa diferente não esteja legalmente determinada, as pretensões reguladas no presente capítulo não são prejudicadas pelas pretensões indemnizatórias com diferente fundamento». Por outro lado, no § 200, do anteprojeto elaborado pela comissão encarregue da reforma do Direito das Obrigações, constava a prioridade da prescrição contratual sobre os títulos concorrentes. Essa norma – indiciária da supremacia das soluções obrigacionais – desapareceu da versão final da reforma; v. Beate Gsell, *Werkvertragliche Haftung und Eigentumsverletzung*, JuristenZeitung, Ano 60, n.º 23 (2-Dez-2005), 1167-1173 (1173, nota 14).
Note-se, aliás – como bem apontou Georgiades, *Die Anspruchskonkurrenz*, 63 (nota 1) –, que a regulação da matéria não é novidade para o sistema jurídico alemão: o Código Civil do reino da Saxônia de 1865 (*Bürgerliche Gesetzbuch für das Königreich Sachsen*) regulara a matéria no § 149 ("Se várias acções decorrentes do mesmo fundamento de ação e como o mesmo propósito são atribuídas à mesma pessoa e uma destas haja atingido o seu propósito, as demais são afastadas. Se a matéria base da concorrência das acções tem um escopo desigual e a ação com um escopo menor haja sido carreada, outra ação pode ser carreada para recuperar essa diferença"), bem como no art. 320.º do esboço de Dresden de 1866. Houve, de resto, quem tentasse identificar no BGB resquícios da regulação do problema, tal como Franz von Liszt, *Die Deliktsobligationen im System des BGB*, Berlim (1898), 18, em particular atendendo ao disposto no § 682 BGB, o qual dispõe que a responsabilidade do gestor voluntário sem capacidade jurídica para contratar apenas pode ser delitual ou nos termos do enriquecimento injusto; para o A., um gestor voluntário capaz poderá, nesta medida, ser responsável contratual e delitualmente (tal como o incapaz, por acréscimo).

[1960] Cfr., *supra*, § 16; 4.2.

forma de responsabilidade agravada (objetiva) pelos atos dos auxiliares, contrariamente à via delitual (§§ 278, 831 BGB). Detetam-se, ainda, diferenças quanto ao ónus da prova (§ 282 BGB), aos prazos prescricionais (*v.g.*, §§ 195, 197, 479, 548, 606, 852 BGB), ao grau de culpa exigido (§§ 826, 690, 708, 300, 521, 599 BGB) e, por fim, à própria obrigação de ressarcimentos dos danos (§§ 249 e ss., 842 e ss. BGB). Várias figuras deste regime, entre as quais se destaca a *culpa in contrahendo*, o contrato com eficácia de proteção a favor de terceiro (*Vertrag mit Schutzwirkung fur Dritte*) e os deveres no tráfego (*Verkehrspflichten*), mantêm a atualidade do tema do concurso.

[*a. Concurso de pretensões*] Numa linha histórica, iniciada por Friedrich Lent e retomada por Rolf Dietz, altera-se o objeto considerado para efeitos do concurso: do de normas transita-se para um de *pretensões* (*Anspruchskonkurrenz*), e apenas no que respeita, em concreto, ao concurso da responsabilidade civil delitual e obrigacional. Este conceito, de pretensão já foi por nós analisado[1961]. Recordemos apenas alguns aspetos determinantes. Ora, o conceito de pretensão não equivale ao conceito processual de ação, numa relação predicativa. Assim, uma pluralidade de pretensões não equivale necessariamente a uma multiplicidade de ações, em correspondência. Pelo contrário, aquela pluralidade de pretensões basta-se, na generalidade dos casos, com uma única ação. Naturalmente que estas pretensões podem ser exercidas em ações distintas. Sem prejuízo, quando são exercidas numa mesma ocasião, conformam uma única ação[1962]. Preside à presente conceção, como vimos, um *concurso de normas* (simultaneamente verificadas e não resolvido a favor de uma delas[1963]), mas – e este aspeto é determinante – o conceito de pretensão *ultrapassa-o*. A relação de concurso de pretensões pressupõe a *equiparação* das pretensões: para a formação destroutro juízo, são requisitos cumulativos a *identidade* (1) *subjetiva* das partes (ou, pelo menos do lesado) e, por outro lado, (2) a *identidade*

[1961] Cfr., *supra*, § 5; 2.2.

[1962] A unificação das pretensões materiais ao abrigo de uma mesma ação leva a que vários AA. neguem a faculdade de o lesado escolher o fundamento final da sua pretensão, sendo esta questão (de qualificação jurídica) da competência do tribunal; cf. Eichler, *Die Konkurrenz*, cit., 420-421. O entendimento é sugestivo, como veremos.

[1963] Georgiades, *Die Anspruchskonkurrenz*, 70. Para Dietz, demarcam-se os campos do concurso de normas do de pretensões pelo facto de a primeira desembocar na preferência de uma norma jurídica (e, posteriormente, numa única pretensão); já o concurso de pretensões apenas opera perante um concurso não resolvido de normas; ob. cit., 17-18.

de desempenho (*Identität der Leistung*) das pretensões em causa[1964]. Outros negam a possibilidade de enquadramento de todas as hipóteses de concurso de pretensões ao abrigo de uma teoria unitária[1965]. Em todo o caso, o fundamento para a distinção entre os *objetos* revela elevada complexidade[1966], culminando na alteração de conteúdo, ou seja, da norma jurídica para o de múltiplas pretensões, ao abrigo do mesmo crédito indemnizatório ou não.

Ainda assim, resta determinar, tal como visto para o concurso de normas, a relação normativa estabelecida entre as várias pretensões. Pois bem, numa linha claramente maioritária, apresentam-se, ainda hoje, os defensores do *princípio do cúmulo* (*Kumulationsprinzip*)[1967], enquadrando pelo prisma de *competição* ou de *concurso de pretensões*[1968] (*Anspruchskonkurrenz*) a relação existente entre as modalidades delitual e contratual de responsabilidade civil.

> Neste sentido, é emblemática a decisão do Tribunal do *Reich* de 13 de outubro de 1916, o qual considerou existirem duas pretensões distintas emergentes da lesão pessoal do credor. Em concreto, invocou-se o facto de a relação contratual não afastar a tutela decorrente da violação do dever

[1964] O que se convola numa evolução relativa ao conceito anterior, quer do escopo da pretensão, quer do interesse; cfr., *supra*, § 6; 4.2.1. Pelo conceito do escopo da pretensão não se poderá aferir da existência de uma relação de concurso, atendendo a que a definição jurídica evitaria sempre zonas de coincidências, contrariamente a outra ordem de propósitos (tal como o económico); assim, no exemplo de GEORGIADES, a faculdade de resolução, redução do preço ou indemnização do comprador visam economicamente o mesmo propósito de evitar o prejuízo patrimonial, mas correspondem juridicamente a pretensões distintas (*Die Anspruchskonkurrenz*, 65 e respetiva nota de rodapé 11). Consoante o critério erigido para avaliar o escopo da pretensão, afirma-se ou nega-se a existência de um concurso de pretensões. O mesmo se diga quanto ao apelo a um interesse.

[1965] GEORGIADES, *Die Anspruchskonkurrenz*, 67.

[1966] Alega-se, p. ex., classicamente que "um facto cria apenas uma pretensão" („*ein Tatbestand erzeugt nur einen Anspruch*"), caso típico do concurso de normas, por oposição ao de pretensões fora do campo da unidade factual; cf. a análise de GEORGIADES, *Die Anspruchskonkurrenz*, 71 e ss., socorrendo-se da crítica de SCHMIDT (*Die Gesetzeskonknrrenz*, 6 e ss.).

[1967] Cfr. a anotação de FÖRSTER ao § 823, em BeckOK BGB (56. ª ed., 01-Nov-2020), n.os 62, 63. Por vezes, no âmbito do concurso de pretensões, refere-se existir um cúmulo de pretensões (*Anspruchshäufung*). Existem também defensores da tese do não-cumulo, tal como INGEBORG SCHWENZER, *Sachguterschutz im Spannungsfeld deliktischer Verkehrspflichten und vertraglicher Leistungspflichten*, JZ (1988), 525-530 (526), e HANS-GEORG LANDFERMANN, *Die Überarbeitung des deutschen Schuldrechts aus internationalrechtlicher Sicht*, RabelsZ, 45 (1981), 124-143 (138).

[1968] O conceito de pretensão (*Anspruch*) é, nas palavras de LARENZ, um conceito que preenche o espaço entre o plano subtantivo e o processual; *Lehrbuch*, II, BT, 2, cit., § 83, VI, 597.

geral de respeito (cf. § 823 BGB)[1969]. Afirmou-se: «[o] contrato reforça o dever geral legal, mas não o elimina. O dever geral de cuidado foi apenas individualizado e reforçado pelo contrato»[1970].

Preside a este entendimento uma (*a*) *paridade hierárquica* entre a responsabilidade obrigacional e aquela fundada na prática de um delito – usualmente, aliás, aponta-se a existência de uma *igualdade classificação* entre o direito delitual e o obrigacional (*gleiches Rangverhältnis*[1971]), ou, ao nível das pretensões que gerem, afirma-se que ambas as pretensões (co)existem lado a lado (*beide Ansprüche bestehen nebeneinander*)[1972] – e (*b*), em decorrência do ponto anterior, a impossibilidade de um dever especial entre as partes obstar à tutela existente para a violação do dever geral de respeito (a título delitual, portanto).

A consequência lógica da independência entre as pretensões geradas é a da aplicação das regras que as regulam de forma também *autónoma*[1973]. As várias modalidades de responsabilidade (delitual e obrigacional) geram, portanto, *pretensões distintas*. Esta independência manifesta-se na sujeição a um regime *substantivo* distinto – p. ex., do prazo prescricional[1974] – e, enquanto geradores de créditos distintos ou (como é razoável) aglutinadas *no mesmo crédito*, na sujeição ou não a um regime individual de transmissão (gratuita e onerosa) e extinção (incluindo outras formas além do cumprimento, tal como a remissão). Neste pequeno passo metodológico (*i.e.*, do reconhecimento da unidade do crédito ou não no âmbito deste concurso de pretensões), residem aspetos impactantes do regime[1975]. As consequências processuais

[1969] RGZ 88, 433 e ss. Seguiram-se outras decisões, tais como a do BGH de 20-Out-1953 (NJW 1954, 145).

[1970] Tradução livre de «Der Vertrag verstärkt die allgemeine Rechtspflicht, nicht aber beseitigt er sie. Die allgemeine Sorgfaltspflicht wurde durch den Vertrag nur indivualisiert und vestärkt.».

[1971] Cfr., novamente, a anotação de FÖRSTER ao § 823, em BeckOK BGB (56. ª ed., 01-Nov-2020), n.os 62, 63.

[1972] DIRK LOOSCHELDERS, *Schuldrecht, Allgemeiner Teil*, 8.

[1973] DIRK LOOSCHELDERS, *ibidem*.

[1974] Cf., p. ex., BGH de 28-Abr-1953 (BGHZ 9, 301). Na decisão do BHG de 12-Dez-1991 (BGHZ 116, 297), afirmou-se que a pretensão derivada do dano provocado no cavalo transportado, a qual prescreveu no prazo de um ano nos termos do Código Comercial alemão (§ 439 (1) HGB), não determina prescrição da pretensão delitual concorrente, cujo conteúdo é distinto.

[1975] Note-se que este passo é surpreendente ignorado pela generalidade dos AA. que se debruçam sobre o tema. É, aliás, comum a indicação de que o concurso de pretensões depende da existência de várias obrigações, por oposição ao concurso de fundamentos da mesma pretensão (*v.g.*, MADELEINE VAN ROSSUM, *Concurrency*, 551), num claro abandono da vantagem de decomposição do conceito de pretensão, integrante (e possivelmente múltiplo) do crédito (indemnizatório) a que se refere. Cfr., *supra*, § 5; 2.2.

são também relevantes: o lesante fica impedido de invocar a exceção da litispendência e do caso julgado entre as ações intentadas disjuntamente com base nas modalidades concorrentes. Segundo a doutrina dominante, ao lesado também incumbe a escolha da pretensão que pretende exercer.

O ponto nevrálgico desta teoria – e não resolvido por todos os Autores que aderem a este entendimento – é a de conhecer o destino das pretensões concorrentes, satisfeita que se encontre uma delas: a autonomia das pretensões concorrentes determinaria, é certo, a inexistência de uma influência recíproca, em qualquer grau, decorrente da satisfação de uma delas, tal como ocorre em decorrência de outras causas de extinção (p. ex., a prescrição da pretensão delitual não provoca a extinção da obrigacional concorrente). A dificuldade seria apenas vencida por R. Dietz, cuja solução, de resto, se acompanha.

Deve-se a R. Dietz uma das obras mais significativas escritas a propósito do tema. O Autor inicia a sua investigação, afastando-se, à semelhança de outros autores emblemáticos – designadamente em Von Tuhr[1976], Otto von Gierke[1977] e Leonhard-Binding[1978] – do modelo tradicional de enquadramento do concurso de responsabilidade civil, pressupondo efeitos jurídicos distintos emergentes de um concurso de normas (*Gesetzeskonkurrenz*). Inova por defender um conceito restrito de concurso de normas (com base na subsunção do evento aos factos abstratamente considerados na previsão de várias normas), facilitando a distinção com o de pretensões: o primeiro (de normas) é legalmente resolvido em favor de uma das normas jurídicas (por especialidade ou subsidiariedade), gerando-se apenas uma pretensão, contrariamente ao segundo, no qual essa relação não se encontra legalmente pré-estabelecida, e se geram pretensões concorrentes em grau de igualdade[1979] (à semelhança do nosso concurso efetivo de normas[1980]). No que respeita, em concreto, ao concurso de responsabilidade civil entende inexistir uma relação normativa entre as modalidades de responsabilidade

[1976] *Der Allgemeine Teil des Deutschen Bürgerlichen Rechts*, II, Duncker & Humblot: Munique e Lipzig (1918), 460 e ss.

[1977] *Deutscher Privatrecht*, III (Schuldrecht), reimp. da 1.ed. de 1917, Duncker & Humblot: Berlim (2010).

[1978] *Besonderes Schuldrecht des BGB*, II, Duncker & Humblot, reimp. da ed. de 1931, 631.

[1979] Dietz, ob. cit., 16 e ss.

[1980] Cfr., *supra*, § 5; 1.

– em particular, qualquer relação de especialidade a favor da modalidade contratual – pelo que o concurso deve ser visto, não pelo confronto das normas, mas, como visto, num outro patamar, pelo prisma das múltiplas pretensões geradas. Estas encontram-se também à livre disposição do lesado[1981]. A independência potencialmente total (em sede de transmissão e formas de extinção, incluindo a remissão) – e este é, frisa-se, o ponto determinante – é exclusivamente quebrada por um único motivo, o qual provoca um efeito extintivo na pretensão concorrente *indiretamente*: o *cumprimento* da pretensão[1982]. Cumpre precisar. A natureza indireta do efeito extintivo decorre do facto de a satisfação da pretensão apenas remover um dos pressupostos da existência do título concorrente, nomeadamente o *dano*[1983]; entendimento este o qual previne a duplicação do ressarcimento e ao mesmo tempo sedimenta a autonomia das pretensões com uma mestria inigualável.

VI. O concurso de pretensões (*Anspruchskonkurrenz*) permanece o entendimento moderno maioritário, tanto a nível doutrinário, como jurisprudencial[1984].

a. A nível doutrinário, o entendimento de R. Dietz foi seguido por Philipp Heck[1985], Enneccerus-Lehmann[1986], Enneccerus-Nipperdey[1987] e Rudolf Schmidt[1988]. Recentemente, este entendimento merece o

[1981] Dietz, ob. cit., 140.

[1982] Esta operação lógica não suscita reservas, v., no âmbito da responsabilidade civil médica, Laufs/Kern/Rehborn, *Handbuch des Arztrechts*, 5.ª ed, C.H.Beck: Munique (2019), n.os 22-27.

[1983] Dietz, ob. cit., 163-165.

[1984] Com referências, v. Christian Katzenmeier, *Vertragliche und deliktische Haftung in ihrem Zusammenspiel dargestellt am Problem der „weiterfressenden Mängel"*, SBR, 167, Duncker & Humblot: Berlim (1994), 148-149 (e respetiva nota 99). Este A. adota um modelo próximo da ponderação de interesses para resolver a matéria, em linha com Helm (*Haftung für Schäden an Frachtgütern*, Müller: Karlsruhe, 1966, 301 e ss.) e, se bem confiamos, Schlechtriems, *Vertragsordnung*. 46. De Christian Katzenmeier confiram-se, ainda, as conclusões almejadas no contexto da responsabilidade civil médica, em *Arzthaftung*, Jus Privatum, 62, Mohr Siebeck: Tubinga (2002), 79-84. Andreas Klein sujeita este método a pesadas críticas, fundamentalmente no critério arbitrário que preside a todas estas construções (*Konkurrenz und Auslegung*, SBR, 197, Duncker & Humblot: Berlim, 1997, 73-77).

[1985] *Grundriss des Schuldrechts*, Mohr Siebeck: Tubinga (1929), § 147, 447-448, o qual permitiu ao lesado optar pelos efeitos jurídicos que lhe forem mais favoráveis (*elektive Anspruchskonkurrenz*)

[1986] *Lehrbuch des Bürgerlichen Rechts*, II, NG Elwert: Hesse (1928), § 232, 183.

[1987] *Allgemeiner Teil des bürgerlichen Rechts*, I, 14.ª ed., Mohr (1952), 987.

[1988] *Bürgerliches Recht – Ein Lehrbuch seiner Grundzüge*, Vol. II, Das Schuldrecht, 8.ª ed., Duncker Humblot: Berlim (1953), 183.

apoio de PETER SCHLECHTRIEM[1989], PETER ARENS[1990], ERWIN DEUTSCH[1991], DIRK LOOSCHELDERS[1992], MARTIN FRANZEN[1993], GERT BRÜGGEMEIER[1994], MEDICUS/LORENZ[1995], CLAUDIA HAACK[1996], MARCO STACKE[1997], ANDREIAS KLEIN[1998], DIETER LEIPOLD[1999] e HELMUT KÖHLER[2000].

É também este o entendimento globalmente expresso ao nível dos grandes comentários[2001], designadamente (1) Staudinger/HAGER (2017), § 823, n.os 38-40; (2) MüKoBGB/WAGNER (8.ª ed. de 2020), em comentário prévio ao § 823, n.os 82-83; MüKoBGB /SPELLENBERG (7.ª ed., 2018), Roma I-VO, art. 12, n.º 122; MükoBGB/ROTH/KIENINGER (8.ª ed., 2019) § 398, n.os 88 e 89; MüKoBGB /GROTHE (8.ª ed., de 2018), § 195 BGB, n.os 46-48; MükoBGB/THÜSING (7.ª ed., 2015), § 21 AGG, n.º 80, (3); HKK/ GOTTFRIED SCHIEMANN §§ 823-830, 840, 842-853, n.º 86; (4) Erman/WILHELMI, BGB, II (16.ª ed., 2020), em comentário prévio ao § 823, n.º 25-26; (5) RGRK-BGB/STEFFEN (II, Parte V, 1989) n.º 35-55; (6) Palandt/GRAMM (79.ª ed., 2020), comentário prévio ao § 823, n.os 8-10; (7) Soergel/SPICKHOFF, Vol. 12, (13.ª ed., 2005), em comentário prévio ao § 823, n.º 73; (8) BeckOK BGB/HAU/POSECK, (57.ª ed., 01-Fev.-2021), § 823 BGB, n.os 62-63; (9) BeckOGK/KOBER (01-Jan-2021), § 634 BGB, n.os 160-163; (10) PWW Kommentar/SCHAUB, (16.ª ed., 2021), § 823, n.º 41, 44, § 824, n.º 2, § 827, n.º 3; (11) Hk-BGB/STAUNDINGER (10.ª ed., 2019),

[1989] *Vertragsordnung und außervertragliche Haftung*, 45 e ss.

[1990] *Zur Anspruchskonkurrenz bei mehreren Haftungsgründens*, 420 e ss.

[1991] Com HANS-JÜRGEN AHRENS, em *Deliktrecht*, 6.ª ed., Vahlen: Munique (2014), § 44, 260, revendo, segundo nos parece, o entendimento preconizado em *Zum Verhältnis von vertraglicher und deliktischer Haftung*, FS für Karl Michaelis, Vandenhoeck Ruprecht: Gotinga (1972), 26-35 (28), quando defendera a prevalência da responsabilidade contratual (*idem*, 35).

[1992] *Schuldrecht, Allgemeiner Teil*, 9.

[1993] *Haftung für Produktionsschäden*, JuristenZeitung, 16-Jul.-1999, 54, n.º 14, 702-711.

[1994] *Haftungsrecht – Struktur, Prinzipien, Schutzbereich*, Springer: Berlim (2006), § 2, 116, § 5, b, 337, § 9, B, 563.

[1995] *Schuldrecht* I, AT, § 33, I,II 176-178 (177).

[1996] *Schuldrecht*, BT 4, *Unerlaubte Handlungen und Allgemeines Schadensrecht*, Alpmann Schmidtt: Monastério, 20.ª ed. (2017), 13, 19, 106; em particular quanto à violação do direito de propriedade e à possibilidade de concurso de responsabilidade em caso de defeito do produto fornecido e em virtude da prestação realizada.

[1997] *Gesetzliche Schuldverhältnisse*, Springer: Berlim (2014), § 7, VIII, Rn. 26, 167.

[1998] *Konkurrenz und Auslegung, Der deliktsrechliche Gehlat vertragrechlicher Normen*, BR, 197, Dcuncker Humblot: Berlim (1997), 44, 96

[1999] *BGB I, Einführung und Allgemeiner Teil*, 10.ª ed., Mohr Siebeck: Tubinga (2019), § 9, 93.

[2000] *BGB, Allgemeiner Teil*, 44.ª ed., C.H. Beck: Munique (2020), § 18, 262.

[2001] Sem prejuízo de inevitáveis desvios pontuais; v., *infra*, o entendimento de superação.

em comentário prévio ao § 823 BGB, n.os 11-14; e (12) Jauernig/Mansel, (18.ª ed., 2021), § 606, n.º 2.

b. Na jurisprudência, destacamos as seguintes decisões apologistas do concurso de pretensões, mediante as quais, note-se, o devedor foi considerado responsável por ambos os títulos de responsabilidade (contratual e delitual): a responsabilidade por negligência médica no tratamento de uma criança (RG 19-Jun.-1914, RGZ 85, 183); pela pessoa transportada por comboio (RG 19-Jun-1918, RGZ 88, 317); pelos danos sofridos pelo passageiro de uma embarcação numa tempestade no mar (RG de 23-Fev-1927, RGZ 116, 213); pelos danos na coisa transportada (BGH 23-Mar-1966, BGHZ 46, 140), pela reparação defeituosa de uma caravana e os danos dela resultantes (BGH, em 4-Mar-1971, BGHZ 55, 392), pelo fornecimento de um herbicida ineficaz, prejudicando a colheita do produtor, (BGH, 17-Mar-1981, BGHZ 80, 186), pelo defeito das rolhas, provocando a deterioração do vinho que fora guardado com recurso às mesmas (BGH, 16-Set-1987, BGHZ 101, 337), pelas rações que provocaram a morte de todos os peixes (BGB, 25-Out-1988, BGHZ 105, 346), pela falta de qualidade do líquido de radiador, danificando os veículos do lesado (BGB, 24-Mai-1976, BGHZ 66, 315). Recentemente, *v.*, ainda, a manutenção daquele entendimento perante a destruição de plantações de árvores para além das instruções dadas pelo empregador (BGH, 19-Out-2004, VersR 2005, 282), o ressarcimento dos danos sofridos pelo comprador de um veículo usado em virtude do rebentamento de um pneu pelo respetivo vendedor, por violação do seu direito de propriedade (BGB, 11-Fev-2004, VersR 2004, 1332; neste caso, em linha com a decisão do RG, 05-Jul-1978, NJW 1978, 2241).

VII. O presente entendimento, do concurso de pretensões, atravessa, no entanto, duas grandes dificuldades, atrás indiciadas, em particular quando atenda a créditos distintos[2002].

Em primeiro lugar, importa concretizar as consequências normativas decorrentes da autonomia das pretensões, a nível substantivo (no que respeita ao regime de transmissão, extinção[2003]) – pode, p. ex., o lesado ceder

[2002] Cfr., vimos, *supra*, § 5, 2.2., é possível não o fazer, e este concurso operar no âmbito de uma mesma obrigação de indemnizar. O aspeto é sensível, como procurámos dar nota.

[2003] Por exemplo, Erwin Deutsch e Hans-Jürgen Ahrens, *Deliktrecht*, § 44, 260, defendem a aplicação do prazo contratual mais curto da responsabilidade contratual emergente dos danos provocados pelo inquilino (§ 548 BGB) ao título delitual.

o seu crédito indemnizatório delitual, mantendo a titularidade do obrigacional? – e a nível processual, tanto na determinação da forma adequada de composição da lide[2004], bem como relativamente ao dever de fundamentação da decisão, ou seja, sobre qual das modalidades (possivelmente ambas) deve presidir à decisão, fundamentando-a.

Em segundo lugar, e como exceção àquela regra, cumpre definir o grau, bem como o respetivo fundamento, de influência mútua entre as várias pretensões que se determinaram num momento prévio totalmente autónomas. Sabemos que, a final, essa autonomia será abandonada de forma a impedir o ressarcimento múltiplo do mesmo prejuízo mediante as várias pretensões (*i.e.*, não se *somam* as indemnizações geradas), subordinando-se ao elemento teleológico (do ressarcimento de danos *diferentes*) que as rege: resta saber, portanto, se existe essa influência recíproca noutro grau, particularmente num *momento anterior*. Neste caso, a autonomia das pretensões cede perante a prevalência do interesse que as unifica[2005]; embora com o custo de fragilizar a verdadeira autonomia das pretensões[2006].

> A unificação final, proibindo-se o múltiplo ressarcimento ao abrigo das várias pretensões concorrentes, obriga a um reconhecimento de uma autonomia *relativa* das pretensões em sede do respetivo exercício. Vários Autores admitem essa quebra de autonomia num momento anterior[2007], emblematicamente ao nível (1) da aplicação do prazo prescricional obrigacional mais curto à modalidade extraobrigacional[2008], tal como resulta da responsabilidade do locatário e do comodatário no curto prazo de seis meses (§§ 548 e 606 BGB), após a reforma do Direito das Obrigações,

[2004] Larenz/Wolf, *Allgemeiner Teil des Bürgerlichen Rechts*, C.H.Beck: Munique (2016), § 21, I, 257.

[2005] Peter Arens, *Zur Anspruchskonkurrenz*, 399. Pelo contrário, para a doutrina do concurso de fundamentos da mesma pretensão, o problema radica-se no espetro substantivo (ob. cit., 419).

[2006] Esta seria, aliás, uma das maiores críticas apontadas pelos defensores do concurso de fundamentos das pretensões; v., por todos, Georgiades, *Die Anspruchskonkurrenz*, 205.

[2007] Assim, Mertens em anot. ao § 823, em MüKoBGB (3.ª ed., 1998), n.º 30, e Peters/Jacoby, em anot. ao § 195, e em Staudinger, (2019), n.º 38. Rejeitando este enquadramento, apontando uma inconsistência dogmática dificilmente compatível com o modelo de autonomia das pretensões, v. Dietz, ob. cit., *passim* (*maxime* 265).

[2008] Os prazos encontram-se, hoje, padronizados, embora a dificuldade exposta pelas exceções que ainda restam seja notória (cf. §§ 438, 634a) BGB, cf. a anot. de Hager ao §§ 823, Staundiger, n.º 37. No sentido do texto, v. BGH em 14-Jun-1970 (BGHZ 543, 264) e de 28-Nov-1984 (NJW 1985, 798). Entre nós, defendendo o efeito comunicante do prazo de prescrição de tipo obrigacional, v. Vaz Serra, *Responsabilidade contratual*, 236.

unificadora dos prazos prescricionais, bem como (2) à comunicação dos efeitos limitativos de responsabilidade, tal como sucede perante a limitação legal da responsabilidade do comodatário por dolo ou negligência grosseira (§ 599 BGB), do depositário (§ 690 BGB), em idêntica medida (§ 277 BGB)[2009], ou do sócio, na sociedade civil (§ 708 BGB)[2010]. Por este motivo, aqueles Autores são acusados de facilitismo por ecletismo. Houve, aliás, quem afirmasse que, nestes dois últimos casos, não existe um concurso de pretensões, mas um de normas, com especialidade a favor da modalidade delitual[2011]. A crítica seria posteriormente vencida. No bom sentido, no que respeita aos efeitos das cláusulas limitativas de responsabilidade, invocou-se que o *interesse* subjacente a esta limitação de responsabilidade afasta o geral, inerente à proteção (delitual) reconhecida a qualquer sujeito. Assim, DIRK LOOSCHELDERS invoca que a comunicação dos efeitos da regulação da responsabilidade obrigacional ao plano delitual (mediante cláusulas limitativas e excludentes de responsabilidade) se impõe, conferindo-lhes, aliás, *sentido* e *propósito*; o que aliás, o A. reconhece como sendo um argumento favorável ao afastamento das teses do não cúmulo: entende que desta forma se pode ir ao encontro daqueloutro entendimento quanto à prevalência da autonomia privada, em particular na área da alocação de risco[2012]. Por sua vez, HECK aponta – embora aceite, por princípio, o plano da concorrência de pretensões – duas limitações à autonomia entre as pretensões, nomeadamente o já

2009 PETER ARENS, *Zur Anspruchskonkurrenz*, cit., 396. V., ainda, sobre o tema, JAHNKE, *Haftungs- und Verschuldensbeschränkungen bei der Abwicklung von Haftpflichtfällen*, VersR (1996), 294 e, com grande desenvolvimento, STAUDINGER/HAGER, 2017, § 823, n.os 41-47. Na jurisprudência além-Reno, v., p. ex., a decisão do BGH de 7-Fev-1979 (NJW 1979, 2148 e ss.), mediante o qual a limitação da responsabilidade do comodatário aos casos de dolo ou culpa grave (em paralelo com o disposto no art. 1134.º) se aplica ao título delitual concorrente. Adere também às presentes limitações PETER SCHLECHTRIEM, *Vertragsordnung und außervertragliche Haftung*, 27 e ss.

2010 São apontados outros casos por GEORGIADES, *Die Anspruchskonkurrenz*, 89 e 90, nomeadamente (1) em sede da extensão de danos tuteláveis, previstos em sede delitual (§§ 842 e 843 BGB); (2) pela aceitação da coisa sem reserva pelo comprador, prejudicando, tanto o direito à reclamação de danos – tal como era expressamente previsto na legislação à data em vigor (cf. § 464 BGB, na versão anterior à reforma de 2001/2002) – como, entendia-se, a pretensão delitual concorrente; e, por fim, (3) perante a negação da possibilidade de se compensar créditos emergente de responsabilidade delitual dolosa (§ 393 BGB), tendo-se entendido que, quando o incumprimento obrigacional também consubstancia um delito, a proibição aplica-se a todos os títulos de imputação de danos emergentes (v., por todos, LARENZ, I, AT, § 18, VI, 259-260).

2011 Cf. LISZT, cit., 14, sujeitando-se a pesadas críticas pela quebra da unidade de enquadramento dogmático.

2012 DIRK LOOSCHELDERS, *Schuldrecht, Allgemeiner Teil*, 9.

referido efeito comunicante da limitação de responsabilidade (legal ou contratual), bem como a limitação da responsabilidade delitual perante um desvio do plano da intervenção, justificado pelo título obrigacional. Neste último caso, invoca não consubstanciar um delito o caso em que agente atue *sem dolo* – exige-se, portanto, para este Autor, e como efeito comunicante do título obrigacional, uma responsabilidade delitual com culpa agravada[2013]. MEDICUS e LORENZ também aderem a este entendimento[2014]. Recorrendo ao exemplo da má prática médica e do inquilino que danifica o locado[2015], encontram um duplo fundamento (contratual e delitual) para o pagamento dos danos uma única vez, devendo também o lesante ser chamado a juízo numa única oportunidade. A concentração dos regimes diferenciados (delitual e obrigacional) no conceito unitário de pretensão esbarra, reconhecidamente, nas diferenças de regime, evitadas pela doutrina inicial do concurso de pretensões, com plena autonomia[2016]. Por este motivo, manifestam a sua adesão à tese tradicional, debruçando-se sobre a relação entre as (*várias*) pretensões concorrentes[2017]: invoca-se, como regra, a autonomia das pretensões, excecionada apenas pela influência do fundamento obrigacional no delitual (negando-se, expressamente, a possibilidade inversa), com base (*i*) nas limitações *legais* à responsabilidade obrigacional, (*ii*) nas limitações *convencionais* de responsabilidade – quando a interpretação da vontade das partes assim o obrigar – e (*iii*) no regime da *prescrição*, cujas diferenças ainda se encontram expressas após a reforma de 2001/2002, no que respeita ao arrendamento e ao comodato (§§ 548 e 606 BGB; num prazo curto de seis meses), devendo, afirmam, aplicar-se o prazo prescricional mais curto, sob pena de se inutilizar o propósito que serviu à redução daquele prazo. Este entendimento é, aliás, seguido pela maioria da jurisprudência[2018].

[2013] O A. recorre aos exemplos do médico que, por engano, realiza um corte dispensável no seu paciente. Este e outros exemplos podem ser confrontados na tradução de VAZ SERRA, *Responsabilidade*, cit., 220-221; *Grundriss des Schuldrechts*, Mohr Siebeck: Tubinga (1929), 447-448.

[2014] *Schuldrecht* I, AT, C.H.Beck: Munique (2015) § 33, I,II 176-178 (177).

[2015] O problema tem sido analisado no confronto com o regime dos seguros de propriedade (*Sachversicherung*), no contrato de locação; cf. ARMBRÜSTER, *Der Schutz von Haftpflichtinteressen in der Sachversicherung*, WR, 79, Duncker & Humblot: Berlim (1994), 161 e ss.; HUBER, *Rechtsfolgen der Überwälzung von Prämien einer Sachversicherung beim Mietvertrag*, VersR (1998), 265-279.

[2016] Ob. cit., 177.

[2017] Ob. cit., 177.

[2018] Expressamente, para ambos os casos, v. a decisão emblemática do *Reichsgericht*, com base na danificação de um motor pelo comodatário por excesso de carga, tendo sido apreciada simultaneamente

[*b. Concurso de fundamentos à pretensão*] VIII. Em suma, o espaço de autonomia entre as pretensões concorrentes, ainda que preponderante, não foi total para uma parcela significativa dos Autores que se debruçou sobre o tema. Apontavam-se, como visto, várias reservas que esbatiam aquele plano de independência total entre as várias pretensões, *mitigando-o*. A maior fragilidade permaneceu no enquadramento processual das múltiplas pretensões, por afastamento da unidade do objeto processual que incida sobre estas pretensões, e inutilizando-se as exceções da litispendência (*Rechtshängigkeite*) e do caso julgado (*entgegenstehende Rechtskraft*). Este foi o rastilho para a nova doutrina que rapidamente ganhou grande tração, embora sem lograr em afastar o anterior, o qual ainda permanece maioritário. Para estoutro entendimento, inexistem várias pretensões, mas apenas uma única multiplamente fundamentada: o concurso é de fundamentos de uma mesma pretensão (*Anspruchsgrundlagenkonkurrez*) ou de normas de uma mesma pretensão (*Anspruchsnormenkonkurrenz*).

A obra fundamental é a de GEORGIADES (*Die Anspruchskonkurrenz im Zivilrecht und Zivilprozessrecht*[2019]) na qual o A. se dedica em explorar as conexões entre normas em competição e a equilibrar normativamente (leia-se, na medida do possível) os interesses que servem. O seu entendimento tem por base aquele expresso em R. DIETZ. Afasta-se, no entanto, de um mero concurso de normas, procurando superá-lo num modelo dual que reconhece, tanto a existência de um concurso de pretensões, como um de fundamentos de uma mesma pretensão. Para GEORGIADES, o concurso de responsabilidades civil – e é este o ponto que nos ocupa – gera apenas uma única pretensão, ainda que pluralmente fundamentada; sendo, aliás, o exemplo protótipo deste conjunto de casos. Sem prejuízo,

a responsabilidade do locatário, em 08-Out-1907 (RGZ 66, 363); v., também a decisão do BGH, de 16-Nov-1967 (BGHZ 49, 77), apelando à suficiência da regulação pela coincidência dos interesses em causa; BGB, de 23-Mar-1966, na aplicação da limitação da responsabilidade existente à data do transportador (§ 430 HGB) à via delitual (BGHZ 46, 140); BGH, de 20-Dez-1966, no apuramento da responsabilidade um sócio pelo acidente provocado (§ 708 BGB), tendo sido constituída uma sociedade civil para uma viagem de lazer (BGHZ 46, 140); BGH de 31-Jan-1967, pelos danos provocados por um menor ao abrigo de um contrato de aluguer de um automóvel (BGHZ 47, 53); BGH de 24-Mai-1976, limitando-se a responsabilidade do vendedor pelos danos materiais decorrentes da violação positiva do contrato (BGHZ 66, 315); e, ainda, BGH de 07-Nov-1985, segundo o qual o prazo prescricional do reparação dos defeitos de obra no contrato de empreitada se aplica ao indemnizatório (delitual), referente aos mesmos danos (BGHZ 96, 221).

[2019] V., o A. também em comentário ao ac. do BGH de 11-Abr-1967, JZ (1967), 446 e ss.

> a novidade deste enquadramento não conduz ao reconhecimento de uma única ação processual (algo já alcançado pela doutrina do concurso de pretensões, como visto, ao abrigo de um conceito restrito de objeto processual; *Streitgegestand*), mas, ao invés, a unificação da pretensão ao nível substantivo, harmonizando o respetivo regime. A dificuldade radica-se no enquadramento do regime conflituante que deva prevalecer naquela unificação erigida (p. ex., do prazo prescricional, da presunção de culpa, da responsabilidade dos intervenientes secundários). Para este efeito, o Autor apresenta um conjunto de linhas orientadoras, tal como (*i*) a salvaguarda da posição dos credores, os quais não podem ficar numa posição menos favorável e (*ii*) o do interesse superior (ainda que numa norma menos favorável ao lesado). Não avança, contudo, um critério decisivo para a identificação ou ponderação dos interesses em jogo, o qual permita unificar o regime conflituante e simplificar a sua aplicação[2020].

O entendimento exposto emblematicamente enquadrado por A. Georgiades, foi seguido por outros Autores. No fundo, preside a este novo enquadramento a ideia de que é intolerável o reconhecimento de pretensões distintas, individualmente exercíveis, atendendo ao regime existente, pressupondo aquela autonomia (em sede de transmissão[2021] e extinção)[2022]: ao existir (tal como sucedia no concurso de pretensões, note-se) apenas uma pretensão *processual*, também deve existir (e este é o ponto de inovação) apenas uma pretensão *substantiva*, ainda que multiplamente fundamentada.

Por este motivo, o concurso opera exclusivamente a nível *substantivo*[2023], pelo prisma dos fundamentos – os quais se mantém totalmente autónomos, incluindo em confronto com outros institutos, tal como enriquecimento sem causa – e o ordenamento enquadra a respetiva solução: a concorrência de pretensões é sustada pela respetiva identidade[2024].

[2020] A crítica pertinente é de Peter Arens, *Zur Anspruchskonkurrenz bei mehreren Haftungsgründens*, 400.

[2021] Em particular, este entendimento supera as soluções alternativas no plano da concorrência de pretensões, nomeadamente a exigência de consentimento do lesante para a cessão daquele crédito; cf., com referências, Roth/Kieninger, em anot. ao § 398 BGB, em MüKoBGB (8.ª ed., de 2019), n.os 88-90.

[2022] Peter Arens, *Zur Anspruchskonkurrenz bei mehreren Haftungsgründens*, 394, 413, e Peter Schlechtriem, *Vertragsordnung und außervertragliche Haftung*, 54 e ss.

[2023] Ekkehard Hofmann, *Grundrechtskonkurrenz oder Schutzbereichsverstärkung?*, AcP, (Dez., 2008), 133, 523-555 (535).

[2024] É também por vezes identificada como de multiplicidade de fundamentos da pretensão (*Meherheit von Anspruchesgrundlagen*), embora seja preferível o conceito exposto *supra*.

Condensa exemplarmente esta ideia a célebre frase de GEORGIADES: «[e]m rigor, se a pretensão for idêntica, trata-se de uma pretensão com dois fundamentos e não de duas pretensões distintas[2025]». O presente entendimento tem sido enquadrado de forma assimétrica por vários Autores que ao mesmo aderem, em moldes que justificam a sua explanação. Nesta medida, cumpre destacar, entre outros[2026], LARENZ, seguido por NIKISCH[2027], WOLF e HERMANN EICHLER; bem como ESSER e FIKENTSCHER/HEINEMANN.

LARENZ não admite o afastamento das normas delituais por violações contratuais, tanto mais que entende que a via delitual pode ser mais benéfica ao lesado[2028]. Por outro lado, o Autor defende que o lesado deve dispor de todos os efeitos jurídicos favoráveis em resultantes da situação em causa, sem, todavia, se permitir a miscigenação dos regimes subjacentes (no caso, p. ex., da responsabilidade dos auxiliares com – à data – a compensação de danos morais; §§ 278 e 847 BGB). Em todo o caso, LARENZ nega a possibilidade metodológica de violação de múltiplos deveres com o *mesmo conteúdo*[2029], conquanto o dever contratual concretiza o dever de preservação de bens jurídicos alheios. Procura claramente evitar a duplicação da indemnização, invocando que apenas existe um crédito, para efeitos de *cumprimento, acionamento* judicial, *cedência*. As manifestações processuais, no prisma da substantivação da pretensão,

2025 «*Genau genommen handelt es sich, wenn der Anspruch auf dasselbe geht, um einen Auspruch mit zwei Begründungen, nicht um zwei getrennte Anspruch*».

2026 Cfr. PETER ARENS, *Zur Anspruchskonkurrenz*, 394 (nota 6) menciona ainda outros AA., nomeadamente RUDOLF BRUNS, *Zur Struktur des Prozesses*, Festschrift für Schmidt-Rimpler, Mühler: Karlsruhe (1957), 237-257 (253, 257); VOLKER EMMERICH, *Beschränke Vertragshaftung und konkurrierende Ansprüche aus unerlaubter Handlung im Frachtrecht*, BGHZ 46, 140, (1967), 349 (nota de rodapé 38); KUHN, *Haftung für Schäden an Frachtgütern*, Müller: Karlsruhe (1966), 301 e ss. V., ainda, GRÖBL, *Das Verhältnis des Eigentumsherausgabeanspruchs zu den besonderen schuldrechtlichen Rückgabeansprüchen*, Diss., Munique (1965), 90 e ss.; JAHR-KROPF, *Eine zweischneidige Glaubigersieherung*, JuS (1962), 442 e ss.; e WERNER WUSSOW, *Unfallhaftpflichtrecht*, 8.ª ed., Köln, Berlim (1963).

2027 *Zur Lehre vom Streitgegenstand im Zivilprozeß*, AcP 154 (1955), 271-299 (282).

2028 *Lehrbuch*, I, AT, § 27, II, 428. Um dos principais argumentos a favor desta sua tese caiu com a reforma do Direito das Obrigações, como vimos, nomeadamente a ausência de tutela dos danos morais no campo contratual; cf., o antigo § 847 BGB, preceito entretanto revogado. No mesmo sentido, v., ainda, o A. em *Lehrbuch*, II, BT, 2, § 83, VI, 596 e, quanto ao seu pensamento inicial, *Vertrag und Unrecht*, II, Die *Haftung für Schaden und Bereicherung*, Verlagsanstalt: Hamburgo (1940), 74-77.

2029 Embora admita que o mesmo comportamento pode violar múltiplos deveres, recorrendo ao exemplo do arrendatário que danifica um objeto pertencente ao senhorio; em *Lehrbuch*, II, BT, 2, cit., § 83, VI, 596.

implicam a aplicação das exceções da litispendência e do caso julgado à ação intentada posteriormente fundamentada na modalidade concorrente. Apela, portanto, a uma pretensão igual, pluralmente fundamentada (*Anspruchnormenskonkurrenz*). A sua posição suscita as dificuldades do regime dissonante a respeito da pretensão, dita unitária, tal como o regime da prescrição: aqui, apela-se à *especialidade* da regulação contratual, cujo prazo prescricional se aplica preferencialmente ao delitual[2030]. O que surpreende e seria, aliás, posteriormente criticado por vários Autores, apontando em concreto a invocação desnecessária de uma relação de especialidade em sede de estatuição, não o tendo sido feito aquando do confronto entre os fundamentos da pretensão.

O ponto nevrálgico do entendimento de LARENZ – e muitas vezes esquecido – é o de que o ilustre Professor aplica aquele entendimento apenas à *coincidência dos efeitos* em resultado da violação dos deveres ou à *coincidência de propósito*: no plano dos *danos*, se estes são ressarcidos por ambas as modalidades, existe apenas uma pretensão[2031]. Admite, pelas diferenças de regime, que tal possa não suceder, gerando pretensões distintas pelos danos disjuntamente tutelados. Por outro lado, afirma, como vimos, que a aceitação de várias *pretensões* (*Anspruchs*) depende de estas servirem diferentes propósitos[2032], ainda que radiquem num efeito idêntico (o Autor recorre ao exemplo da reivindicação de uma coisa pelo proprietário e pelo contratante; §§ 556 e 1985 BGB). Afirma, categoricamente, que as modalidades visam o mesmo propósito e beneficiam de uma estrutura idêntica, motivo pelo qual invoca a existência de um concurso de fundamentos da pretensão (*Anspruchnormenkonkurrenz*)[2033], na linha de A. GEORGIADES. Esta hipótese não é explorada, no entanto, nas explicações posteriores. Resta saber se existiriam, portanto, segundo a metodologia adotada, dois créditos conquanto as pretensões se dirijam a danos distintos; subentende-se que sim.

2030 Em *Metodologia*, 378, refere tratar-se, ao invés, de uma «redução teleológica do âmbito de aplicação das regras jurídico-delituais, a favor da decisão que o legislador tomou no Direito contratual».

2031 Afirma expressamente: «[o] facto de ser duas vezes fundado pode, sem dúvida, ser importante para os efeitos da acção contrária ao dever, na medida em que estes efeitos, como acontece no dinheiro da dor, vão em virtude de uma causa mais longe que em virtude da outra».

2032 *Lehrbuch*, II, BT, 2, § 83, VI, 597. No mesmo sentido, v. GEORGIADES, *Die Anspruchskonkurrenz*, 163, e LARENZ/WOLF, *Allgemeiner Teil des Bürgerlichen Rechts*, 9.ª ed., C.H.Beck: Munique (2004), § 21, I, 259.

2033 Ob. cit., p. 587 e nota 31, e em *Metodologia*, 377-379.

Larenz, com Wolf[2034], identificando a situação de concurso de normas que funda várias pretensões, indica como primeira modalidade da relação normativa gerada o concurso cumulativo (*Kumulative Konkurrenz*), mediante o qual as pretensões se destinam a funções diferentes e podem, nesta medida, ser realizadas em simultâneo, ou não, de acordo com a vontade do respetivo titular. Este concurso cumulativo traduz-se, do prisma adjetivo, numa cumulação de pedidos (*Anspruchshäftung*; § 260 ZPO)[2035]. Distingue, por outro lado, a concorrência eletiva (*Alternative Konkurrenz*), do concurso que provoca o afastamento de normas (*Normverdrängende Konkurrenz*), motivado, principalmente por especialidade da regulação e, ainda, o concurso de normas de pretensão (*Anspruchsnormenkonkurrenz*), quando as pretensões, derivadas da mesma situação de facto, são equivalentes e *perseguem o mesmo propósito de proteção (dasselbe Schutzziel verfolgen)*[2036]. Neste último caso, existe apenas uma única pretensão substantiva fundamentada de forma múltipla, pelo que o tribunal deve pronunciar-se sobre todos os fundamentos da pretensão com vista à improcedência, mas basta-se com uma para a respetiva procedência[2037]. É este o entendimento seguido para efeitos do concurso de responsabilidade civil delitual e obrigacional[2038], embora, como vimos, admitam a existência de um concurso de pretensões (*Anspruchskonkurrenz*) quando as pretensões cumprem propósitos especiais distintos[2039].

Hermann Eichler segue expressamente o entendimento de Larenz e nega a existência de múltiplas pretensões: invoca, no caso em mãos, existir a violação de apenas um dever e desconsidera o peso das diferenças em sede de requisitos e consequências legais associadas aos regimes díspares das modalidades obrigacional e delitual[2040]. No mesmo sentido, posicionam-se Brox/Walker[2041].

2034 *Allgemeiner Teil des Bürgerlichen Rechts*, 9.ª ed., C.H.Beck: Munique (2004), § 21, I, 256 e ss. O entendimento foi mantido em novas edições do manual, designadamente desde a 10.ª ed. (2012), de Wolf/Neuner (§ 21, 241-242) e na 12.ª ed. (2020) de apenas Neuner (§ 21, 260-261).

2035 Ob. cit., 257.

2036 Ob. cit., 257.

2037 Ob. cit., 264.

2038 Ob. cit., 259.

2039 Ob. cit., 259. Cfr., *supra*, § 12; 3.

2040 Indica, por fim, ser apologista da teoria da *subsunção judicial*, *Die Konkurrenz der vertraglichen und deliktischen Haftung im deutschen Recht*, AcP, 162 (1963), 417, 420.

2041 *Allgemeines Schuldrecht*, 45.ª ed., C.H.Beck: Munique (2021), § 3, 27-28 e em *Allgemeiner Teil des BGB*, 44.ª ed., Vahlen: Munique (2020), § 30, 296.

Por seu turno, Esser nega a relevância prática do tema, embora se incline para esta solução, do concurso de fundamentos da pretensão, baseando-se quase exclusivamente num prisma adjetivo[2042].

Fikentscher/Heinemann[2043] aderiram a este entendimento, admitindo também – e este ponto é de salientar – que, quando as pretensões são distintas, estas concorrem, por não existir qualquer limitação: é a negação expressa da aplicação do princípio do *non-cumul* francês. O ponto é nevrálgico. A concorrência de pretensões e de fundamentos à pretensão depende da identidade da pretensão. Para este fim, o *dano* é o elemento essencial. Para estes Autores o concurso de fundamentos (ou aparente de pretensões) não impede que se apliquem regimes diferenciados para cada uma das pretensões, designadamente ao nível do prazo de prescrição, com limites[2044].

VIII. O concurso de fundamentos de uma mesma pretensão esbarra na dificuldade de determinação do regime aplicável perante regras diferentes reportadas a cada modalidade concorrente. Manifestamente – e este ponto é de notar – o problema não se coloca no que respeita ao concurso de responsabilidade *homogéneo* (*i.e.*, no âmbito da mesma modalidade). Sem prejuízo, este entendimento tem o mérito de eliminar as reservas apontadas à autonomia no regime de transmissão e extinção de pretensões autónomas, *rectius*, desde que fundadas em créditos distintos: a unificação da pretensão gerada agrega e concentra em si todas as eventualidades reportadas ao mesmo crédito indemnizatório[2045].

Todavia, retomando aqueloutra dificuldade, cumpre determinar ao nível da pretensão que se determinou unificada o regime materialmente aplicável, tal como o prazo prescricional[2046], se a culpa se presume, o regime de responsabilidade pela atuação dos respetivos auxiliares, *etc.* Na maior parte

2042 E Eike Schmidt, *Schuldrecht*, AT, I, 8.ª ed., C.F. Müller: Heidelberg (1995), § 4, I, 70-71, § 7, II, 120-223. Sem prejuízo, outros AA. contrariam expressamente este entendimento; cf., por todos, Philipp Heck, *Grundiss des Schuldrechts*, § 147, 447: «Praktisch wichtig ist die Frage nach der Konkurrenz».

2043 *Schuldrecht*, § 106, V, 752-756

2044 *Schuldrecht*, § 106, V, 753.

2045 Vaz Serra, *Responsabilidade*, 236.

2046 Por exemplo, embora Hermann Eichler defenda a unidade da pretensão afasta o entendimento de aplicação do prazo prescricional obrigacional mais curto ao fundamento delitual, invocando que aquele prazo serve o propósito contratual e a sua execução, *Die Konkurrenz*, 420; embora este entendimento denuncie a autonomia das pretensões, rompendo com a unificação inicial.

dos casos, como visto, prevalece a ordenação especial do interesse subjacente à regulação contratual: a *especialidade* impõe-se como solução de recurso[2047], tal como sucede na limitação da responsabilidade obrigacional, por via convencional, ao título concorrente (delitual).

IX. O modelo gizado do concurso de pretensões (*Anspruchskonkurrenz*) impera, como vimos, ainda que perca campo para o prisma mais recente do concurso de fundamentos de uma mesma pretensão (*Anspruchsgrundlagenkonkurrenz*).

Sem prejuízo, cumpre também dar nota das evoluções mais recentes dos modelos encontrados para enquadrar a figura do concurso de responsabilidade.

2.1.4. Tentativas modernas de superação da figura

X. Cumpre, por fim, dar nota de duas linhas inovadoras de avaliação da figura: a primeira foca-se na recusa de soluções apriorísticas, apelando a uma *ponderação casuística de interesses*, como vimos[2048]; por sua vez, uma outra linha de entendimento rejeita o dualismo inerente às construções (de pretensões ou de fundamentos à mesma pretensão) e apela a um «fundamento uniforme da [mesma] pretensão», com base na combinação híbrida de elementos dos regimes das modalidades em causa. Focar-nos-emos nesta segunda alternativa.

> A construção do austríaco Helmut Koziol é sugestiva, neste plano[2049]. O Autor defende, adentro da figura do concurso de responsabilidades, a criação de um *fundamento uniforme para a uma única pretensão*, com base numa das modalidades de responsabilidade ou numa combinação dos seus princípios. Este seu entendimento, prossegue o Autor, apenas tem lugar perante a verificação autónoma de cada modalidade, *i.e.*, quando o evento de responsabilidade recai simultaneamente na área

[2047] Erwin Deutsch, *Zum Verhältnis von vertraglicher und deliktischer Haftung*, 28, Nikisch, *Zur Lehre vom Streitgegenstand im Zivilprozeß*, 285 e Larenz, *Lehrbuch*, II, BT, 2, § 83, VI, 597.

[2048] Christian Katzenmeier, *Vertragliche und deliktische Haftung*, 148-149 (e respetiva nota 99), Helm, *Haftung*, 301 e ss. e, supomos, Schlechtriems, *Vertragsordnung*, 46. Cfr., para críticas, *supra*, § 17; 2.1.3.

[2049] *Grundfragen des Schadenersatzrechts*, Jan Sramek: Viena (2010), 100-106, *Basic Questions of Tort Law from a Germanic Perspective*, Jan Sramek Verlag: Viena (2012) 102-104; cf., em linha, Ulrich Bälz, *Die vertragliche Erfüllung im System der privatrechtlichen Haftung*, FS für Picker, Mohr Siebeck (3-Nov-2010). Deste último A., v., ainda, *Zum Strukturwandel des Systems zivilrechlicher Haftung*, Mohr Siebeck: Tubinga (1990), 51-54.

nuclear (*core area*) de cada responsabilidade. Deteta-se uma preocupação clara do Autor em separar esta sua construção daqueloutra que preside à identificação de terceiras vias de responsabilidade. Neste último caso (dos entendimentos expansivos, fora do dualismo), de um ponto de vista constitutivo, existe apenas uma *nova via* de responsabilidade aplicável, ou seja, gera-se uma via *intermédia* de responsabilidade (*interim areas*); tipicamente chamada de *terceira via* entre nós, para quem a aceite, e exemplificada pelo Autor com o caso de violação positiva do contrato (*positive Forderungsverletzungen*). Aqui o concurso não opera, entende[2050]. Pois bem, prosseguindo na sua construção, KOZIOL aponta a solução para o concurso efetivo de ambas as responsabilidades (verificadas autonomamente, como vimos): esta é, curiosamente, idêntica àquela criada para a terceira via, tendo afirmado que «o problema é idêntico de um ponto de vista de avaliação da responsabilidade na área intermédia: nem as regras delituais nem as contratuais podem ser aplicadas isoladamente; ao invés, uma combinação apropriada das duas áreas de regras deve ser definida»[2051]. O critério para concretizar aquela combinação de efeitos pode ser, por sua vez, sumariado na (*i*) consideração da via delitual como um nível mínimo de proteção, bem como (*ii*) pela admissão da prevalência por especialidade da regulação contratual independentemente daquela primeira vertente[2052].

A principal dificuldade que este enquadramento atravessa é a de confundir o *objeto* do concurso (pretensões ou fundamentos) com os seus *efeitos* (num modelo de cumulação, alternatividade ou combinação). A opção por este modelo de combinação pressupõe um concurso efetivo de normas e aparentemente um de fundamentos, embora conflua *numa mesma pretensão*. Afinal, a combinação híbrida de regimes pretendida apenas pode considerar aqueles regimes que se determinam *previamente aplicáveis*. Por outro lado, no plano axiológico, os princípios que presidem à combinação de elementos, sumariados no interesse do lesado ou na prevalência de determinado regime por opção legal prévia (via *especialidade*), correspondem aos critérios do concurso de pretensões, não se inovando também aqui: isto é, aliás, expressamente reconhecido por KOZIOL, o qual afirma que a sua posição conduz «à mesma solução da teoria

[2050] *Grundfragen des Schadenersatzrechts*, 102.
[2051] *Basic Questions*, 103.
[2052] *Basic Questions*, 103-104.

do concurso de pretensões ou do concurso de fundamentos de uma mesma pretensão»[2053]. A sua posição não conforma, portanto, uma verdadeira alternativa aos modelos gizados (concurso de pretensões ou de fundamentos), enquadrando-se apenas como uma nova via de enquadramento da *teoria da combinação híbrida*, ou seja, um entendimento perfeitamente compatível com qualquer um dos modelos gizados, adentro da teoria do cúmulo[2054].

2.2. Repercussões da tese do cúmulo no panorama internacional; breve excurso

I. Domina atualmente, no plano internacional, a *tese do cúmulo*, enquanto verdadeira réplica do abalo dogmático introduzido pelo entendimento tedesco[2055].

No direito helvético, é também esta a doutrina dominante; v., neste sentido, recentemente, PETER GAUCH[2056], MARKUS MÜLLER-CHEN[2057], CLAIRE HUGUENIN[2058], esta seguida de perto por JEAN-MARC SCHALLER[2059]. Cumpre notar que a figura tem um âmbito de aplicação mais restrito, atendendo aos campos de aplicação reconhecidos às modalidades delitual (artigos 41 e ss. do Código das Obrigações) e obrigacional (artigos 97 e ss. do mesmo Código). Num sentido minoritário, contam-se também, inclusive ao nível das instâncias, os apologistas de uma relação de especialidade

2053 *Basic Questions*, 104.

2054 Cfr., *infra*, § 17; 2.3.2.

2055 Acompanha esta conclusão, DÁRIO MOURA VICENTE, *Direito Comparado*, II, 529.

2056 *Die Vereinheitlichung der Delikts und Vertragshaftung*, Zeitschrift für schweizerisches Recht 116 (1997), 315-341 (318, 319).

2057 *Probleme des dualistischen Haftungskonzepts*, Der Haftpflichtprozess, Schulthess: Zurique (2008), 14-26. Em linha, v., ainda, GAUSCH/SCLUEP/SCHMID/REY, *Schweizerisches Obligationrecht*, AT, II, 168.

2058 *Obligationenrecht, Allgemeiner und Besonderer Teil*, 3.ª ed., Printplus: Zurique, (2019), § 56, V.,2, 1376.

2059 *Die Anspruchsmethode*, Aktuelle Juristische Praxis (AJP)/Pratique Juridique Actuelle (PJA) (2011) 3-17 (15-16).

entre as modalidades de responsabilidade em causa[2060]. Recentemente, destaca-se o grande contributo de DANIEL ZEMP[2061].

Por outro lado, este entendimento foi seguido em países como a Grécia[2062], Polónia[2063], Noruega[2064], Turquia[2065], Tunísia[2066], Egito[2067], China[2068] e Japão[2069].

[2060] Neste sentido, v., entre outros, BGer de 24-Ju-1986 (BGE 112 II 138), no qual se considerou que a entidade empregadora que não toma as precauções necessárias para prevenir que um dos seus trabalhadores domésticos lese outro trabalhador com base numa arma de fogo municiada, exposta na parede da sua residência, é simultaneamente responsável a título contratual e delitual.

[2061] *Materiellrechtliche Anspruchskonkurrenz und zivilprozessuale Zuständigkeit*, Nomos: Basel (2018).

[2062] O dualismo inerente ao respetivo Código Civil (cfr. a regulação da responsabilidade civil contratual e delitual nos arts. 343.º e ss. e 914.º e ss., respetivamente) conduz a essa solução; TONY WEIR, *Complex Liabilities*, 76.

[2063] O Código Civil polaco de 1964 prevê expressamente uma (rara) norma sobre o concurso de responsabilidade civil delitual e contratual. No artigo 443.º determina-se, em tradução livre: «[o] facto de o ato ou omissão de onde o dano proveio constituir o incumprimento ou o cumprimento defeituoso de uma obrigação pré-existente não prejudica a pretensão de reparação de danos a título delitual, salvo se a obrigação pré-existente determinar o contrário». A matéria é alvo de tratamento aprofundado, como nos dá nota KATARZYNA LUDWICHOWSKA-REDO, com referências, em *Basic Questions of Tort Law from a Comparative Perspective* (HELMUT KOZIOL ORG.), Jan Sramek: Viena (2015), 192-193. Em particular, e por referência às áreas onde inexiste uma sobreposição de tutela, é possível cumular as pretensões que tutelem danos distintos, desde que os requisitos de ambas as formas de responsabilidade estejam preenchidos.

[2064] Secundarizando a necessidade de diferenciar os campos das modalidades; cf. BJARTE ASKELAND, *Basic Questions of Tort Law from a Comparative Perspective* (HELMUT KOZIOL ORG.), Jan Sramek: Viena (2015), 117 e respetiva nota 65.

[2065] TONY WEIR, *Complex Liabilities*, 76 (e respetiva nota 305).

[2066] SALMA ABID MNIF, *L'option entre la responsabilité contractuelle et la responsabilité délictuelle*, L'Harmattan: Paris (2014), 25-27, 485.

[2067] TONY WEIR, ob. cit., 77 (e respetiva nota 317).

[2068] O qual dispõe no artigo 122 da Lei dos Contratos (1999) «[s]e a violação do contrato por qualquer das partes implicar lesão dos direitos pessoais ou de propriedade e dos interesses da outra parte, o lesado tem o direito de escolher entre exigir que a parte inadimplente suporte a responsabilidade pela violação do contrato ao abrigo desta lei ou de acordo com outras leis» (seguimos a tradução de DÁRIO MOURA VICENTE, em *Direito Comparado*, II, 529).

[2069] Com semelhante elenco, incluindo este último (para cuja fundamentação remetemos), v. PINTO MONTEIRO, *Cláusulas limitativas*, 430 (nota 985), com base no relatório de CZACHÒRSKI. Recentemente, TONY WEIR, *Concurrent liabilies*, *passim*, cuja investigação, neste ponto, foi reforçada por FERREIRA PINTO, *O concurso*, 1982-1985. Entre nós, v., ainda. DÁRIO MOURA VICENTE, *Direito Comparado*, II, 526 e ss.

Merece, nesta sede, especial destaque a densificação a que a matéria do concurso de responsabilidade civil foi sujeita em países como (*a*) Espanha, (*b*) Itália, bem como, por outro lado, (*c*) no Direito Internacional e, ainda, (*d*) nos países de *Common Law*.

Observemos, então, essas repercussões de forma sucinta.

2.2.1. Espanha

II. O Direito espanhol regula autonomamente a responsabilidade civil obrigacional (1101 CCe[2070]) e a extraobrigacional (1902 CCe[2071]). O modelo existente é dualista na sua aparência, já que estas modalidades não esgotam dicotomicamente a tutela indemnizatória disponível: a par destas, regula-se autonomamente (em legislação penal) a responsabilidade extracontratual emergente de um «delito» que consubstancie uma infração criminal (1092 CCe)[2072]. Sem prejuízo, as diferenças de *regime* (tal como as axiológicas[2073]) entre as modalidades consideradas são manifestas e marcantes. Estas podem ser sumariamente consideradas[2074] nas assimetrias quanto (*i*) ao limite das cláusulas limitativas e excludentes da obrigação de indemnizar (1102.º CCe), (*ii*) ao montante do ressarcimento dos danos (1103.º e 1107.º CCe), (*iii*) ao regime de solidariedade perante uma pluralidade de lesados (1137.º CCe) e, por fim, quanto (*iv*) à diferença entre o prazo prescricional da responsabilidade contratual, de cinco anos (1964.º/2 CCe), perante a delitual, de um ano (1968.º/2 CCe).

[2070] «Quedan sujetos a la indemnización de los daños y perjuicios causados los que en el cumplimiento de sus obligaciones incurrieren en dolo, negligencia o morosidad, y los que de cualquier modo contravinieren al tenor de aquéllas.».

[2071] «El que por acción u omisión causa daño a otro, interviniendo culpa o negligencia, está obligado a reparar el daño causado.».

[2072] É, portanto, comum distinguirem-se dois tipos de responsabilidade civil *extracontratual*, nomeadamente a emergente de um *delito*, com relevância criminal, e uma segunda vertente, de responsabilidade *meramente civil*, emergente de um ato (apenas) ilícito (*hecho ilícito*); cf. Díez-Picazo, *Derecho de daños*, Civitas: Madrid (1999), 282 e ss.

[2073] Maria Casas Planes, *Reflexión acerca de la conexión estructural «daño – responsabilidad civil – obligación», y sus consecuencias en el régimen jurídico aplicable al criterio de imputación (en especial, la culpa civil)*, Livro em homenagem ao Professor Manuel Albaladejo García, I, Universidade de Murcia (2004), 877-898 (893).

[2074] Juan Cabria, *La responsabilidad civil contractual y extracontractual y su concurrencia*, Universidade Cantabria (2019-2020), 42-44.

Pois bem, a matéria do concurso de responsabilidades civis (geralmente designado por *concurrencia* ou *cúmulo de responsabilidades*) não escapou a um profundo tratamento doutrinário no ordenamento espanhol[2075], pese embora a ausência de uma norma que expressamente a regule[2076]. Essa análise é, todavia, e em regra, circunscrita à forma atomística que a figura do concurso pode assumir. Retrata exemplarmente este ponto o enquadramento de GARCÍA VALDECASAS, quando o Autor requer a verificação de três condições cumulativas para a identificação de uma situação de concurso, designadamente (*i*) a unidade do *ato* (*hecho*), que viole uma obrigação e consubstancie um delito, pelo (*ii*) mesmo lesante/devedor e perante (*iii*) um mesmo lesado/credor[2077].

Não existe, todavia, unanimidade no plano dogmático quanto à solução normativa apontada à concorrência de responsabilidade enunciada. Aliás, ultrapassando a dificuldade terminológica emergente da falta de uniformidade dos conceitos, podemos considerar fundamentalmente três entendimentos, a saber:

1) não-cúmulo de responsabilidades (*teoría de la incompatibilidad* ou *no acumulación*), com base no princípio da especialidade ou por via de consumpção (*absorción*), favorável à responsabilidade contratual, desde que o facto ilícito ainda se situe no perímetro contratual, incluindo nos deveres acessórios (*deberes contractuales accesorios*)[2078].

[2075] Destacamos, sem prejuízo dos demais, os estudos de DÍEZ-PICAZO, *El problema de la acumulación de la responsabilidad contractual y la responsabilidad delictiva en el Drecho español*, Revista do Instituto de Direito Comprado (1972), 58 e ss.; GUILLERMO GARCÍA VALDECASAS, *El problema de la acumulación de la responsabilidad contractual y delictual en el derecho Español*, Revista de Derecho Privado (Espanha), XLVI, (1962, Outubro), 831-849; JUAN SÁNCHEZ VÁZQUEZ, *La denominada acumulación de responsabilidades contractual y aquiliana*, Revista de Derecho Privado (Espanha), 56, n.º 10 (1972), 965-986; CAVANILLHAS MÚGICA e ISABEL TAPIA FERNÁNDEZ, *La concurrencia* – com uma súmula das principais posições doutrinárias (81-84) – JUAN BLANCO GÓMEZ, *La concurrencia de responsabilidad civil contractual y extracontractual en un mismo hecho dañoso*, Dykinson (1996); e, ainda, MARIANO YZQUIERDO TOLSADA, *La zona fronteriza entre la responsabilidad contractual y la aquiliana*, Revista Crítica de Derecho Inmobiliario, Ano 67, n.º 603 (1991), 443-490.

[2076] Existiram, todavia, algumas previsões que regulavam aspetos pontuais do concurso, como é o caso do antigo artigo 97.º/3 da *Ley General de la Seguridad Social* e o antigo artigo 7.º da *Ley de Uso y Circulación de Vehículos de Motor*; cf., com uma análise profunda do regime, entretanto revogado, v. CAVANILLHAS MÚGICA, *La concurrencia*, 84-86, 240-241.

[2077] GÁRCIA VALDECASAS, *El problema*, 833-835, seguido de perto por NATALIA LATA, *Las cláusulas*, 467.

[2078] Assim, BLANCO GÓMEZ, *La concurrencia* 70 e ss.; JUAN SÁNCHEZ VÁZQUEZ, *La denominada acumulación*, 973; CAVANILLHAS MÚGICA e ISABEL FERNANDEZ, *La concurrencia*, 61, 145-161; NATALIA LATA, *Las cláusulas*, 471. Com um elenco completo, v. CAVANILLHAS MÚGICA e ISABEL FERNANDEZ,

É este o entendimento jurisprudencial tradicional, e, ainda hoje, maioritário[2079];

2) cúmulo de responsabilidades (*teoría de la opción, de la acumulatición*, ou *concurso de acciones*), formando pretensões distintas, recaindo sobre o lesado a conformação da satisfação da sua pretensão indemnizatória, por via alternativa, cumulativa ou subsidiária. A base desta construção reside no princípio *pro damnato*[2080]; e, por fim,
3) tese do concurso de fundamentos da mesma pretensão (por vezes designado por *concurso de normas*), o qual nega a existência de pretensões distintas e não vincula o tribunal a qualquer qualificação jurídica (*iura novit curia*)[2081].

III. Destacamos aquele segundo entendimento, sem desmérito dos demais. Ora, com alguma timidez, uma jurisprudência minoritária tem sido favorável à tese do cúmulo, considerando existir uma pluralidade de pretensões, embora nem sempre seja claro o enquadramento da relação normativa entre essas pretensões ou sequer se o tribunal está vinculado à escolha do lesado, por aplicação do já referido princípio *iura novit curia*[2082].

La concurrencia, 19-58. Na jurisprudência, v., com outras referências, o ac. SAP Madrid (Jesus Eguidazu), de 22-Nov-2017, proc. n.º 16791/2017, rec. 772/2016, e de 04-Dez-2019 (Jesus Eguidazu), proc. n.º 17552/2019, rec. 550/2018.

2079 Cf., a título exemplificativo, as decisões TS (1) de 10-Jun-1991 (Pedro Gonzalez Poveda, proc. 3062/1991) – estava em causa a qualificação da responsabilidade da seguradora de uma empresa exploradora de um teleférico pela quebra de um cabo que provocou um acidente grave, lesando um utente de dezasseis anos – (2) de 22-Dez-2008 (Juan Antonio Rios, proc. 7354/2008, rec. 3992/2008), com referência ao limite da órbita contratual onde o dano se produz entre os contraentes, e, por fim (3) a de 10-Out-2016 (Angel Prieto, proc. 4541/2016, rec. 2605/2014) – no contexto da compra e venda de um terreno cujo solo se encontrava contaminado. Cf., ainda, com um apanhado geral da evolução jurisprudencial espanhola até ao ano de 1992, Cavanillhas Múgica e Isabel Fernandez, *La concurrencia*, 87-130.

2080 Natalia Lata, *Las cláusulas*, 468. São favoráveis a este entendimento Díez-Picazo, *El problema*, 65, e García Valdecasas, *El problema de la acumulación*, 835.

2081 Neste sentido, supomos, inclina-se Yzquierdo Tolsada, *La zona fronteriza*, 450 e ss. Num sentido próximo, avança-se o princípio da unidade de culpa civil (*unidad de culpa civil*), desenvolvido jurisprudencialmente, o qual dita a unidade da pretensão indemnizatória do lesado, cujo fundamento é irrelevante, cabendo ao tribunal determiná-lo (Juan Cabria, *La responsabilidad*, 51). Esta posição permite, no fundo, que o tribunal goze de uma ampla margem para fundamentar a sua decisão, por referência a um qualquer regime de responsabilidade (ou respetiva combinação). Com pesadas críticas a esta teoria, v. o já mencionado ac. SAP Madrid de 04-Dez-2019.

2082 Veja-se, a propósito, a já citada decisão SAP Madrid, de 22-Nov-2017 (Jesus Eguidazu), proc. n.º 16791/2017, Rec. 772/2016.

Veja-se, neste sentido, conferindo ao lesado a opção pela espécie de responsabilidade que lhe for mais conveniente o entendimento do *Tribunal Supremo*, num caso de responsabilidade civil médica, tendo aquela instância afirmado que cabe ao lesado escolher o regime que melhor lhe convir (em 7-Fev-1990, ANTONIO FERNANDEZ RODRIGUES)[2083]. Recentemente, no ac. de 07-Out-2010 (JOSÉ QUINTANA)[2084], no âmbito da responsabilidade emergente dos danos provocados por uma venda de geradores defeituosos, este ilustre Tribunal considerou não prevalecer qualquer modalidade de responsabilidade ao abrigo do princípio *pro actione*. Noutro sentido, e num caso em que se apurava a responsabilidade civil da entidade empregadora pelo acidente de trabalho sofrido pelo seu trabalhador, entendeu-se ser possível a *combinação* de regras de qualquer um dos regimes, mediante uma justaposição de responsabilidades que funde aquela hibridez (06-Out-1992, ANTONIO GULLON BALLESTEROS[2085]).

2.2.2. Itália

IV. O sistema italiano não escapou à regulação da matéria do concurso de responsabilidade (*concorso di responsabilità*), o que deriva, além do mais, da distinção sistematicamente consagrada no respetivo Código Civil entre as modalidades aquiliana e contratual de responsabilidade (*responsabilità aquiliana* e *contrattuale*).

O modelo dualista de regulação da responsabilidade resulta do Livro IV do Código Civil de 1942: o regime geral obrigacional consta dos artigos 1218.º a 1229.º (Título I, Capítulo III, *Dell'inadempimento delle obbligazioni*). Por sua vez, a responsabilidade delitual é regulada nos artigos 2043.º a 2059.º (Título IX, *Dei fatti illeciti*). Partilham, no entanto, a forma de cômputo dos prejuízos, por remissão direta existente no regime delitual (2056.º CCit).

A sobreposição entre as modalidades de responsabilidade consideradas decorre do requisito central de «dano injusto» (*danno ingiusto*; 2043.º CCit), conceito indeterminado, operante na via delitual, o qual tem servido

2083 Proc. n.º 993/1990 (*Sala de lo Civil*), disponível em https://www.poderjudicial.es/.

2084 Proc. n.º 4860/2010 (*Sala de lo Civil*), Rec. 1029/2004.

2085 Proc. n.º 7542/1992 (*Sala de lo Civil*).

à tutela dos interesses lesados não cobertos pela via obrigacional[2086]. Embora o conceito seja próximo da *faute* francesa – cuja possível hiperextensão é, como vimos, fundamento para se negar o concurso efetivo, sob pena de aniquilação da via obrigacional – a solução italiana curiosamente diverge da francesa, aproximando-se, ao invés, da alemã. Segundo Gaetano Anzani, neste caso, a «atipicidade francesa soma-se à acumulabilidade tedesca pela menor solidez da noção de "injustiça"»[2087]. Existem, aliás, campos férteis do concurso no espaço italiano: destaca-se, entre outros, a (*i*) responsabilidade do transportador, do médico, do vendedor pelos defeitos da coisa e da entidade empregadora (*ii*) a lesão da integridade física do credor, (*iii*) o incumprimento doloso e, ainda (*iv*) o incumprimento que constitua em simultâneo a prática de um crime[2088].

O concurso *efetivo* de responsabilidade explora as assimetrias entre as modalidades consideradas: é, aliás, este o fundamento da sua utilidade. Pois bem, no que respeita às principais diferenças entre as vias de responsabilidade, cumpre considerar[2089], sem prejuízo de entendimentos dissonantes, a (*i*) presunção de culpa como norma exclusivamente aplicável na via obrigacional (1218.º CCit); (*ii*) o prazo de prescrição de cinco anos, em regra, na via delitual (2947.º CCit), por oposição à via obrigacional, sujeita ao prazo ordinário de dez (2946.º CCit); (*iii*) a restituição *in natura* apenas prevista para a via delitual (2058.º CCit); (*iv*) a inadmissibilidade de cláusulas de exclusão de responsabilidade extracontratual, tal como previstas no plano contratual (1229.º CCit); (*v*) a tutela dos danos imprevisíveis na via delitual, os quais sejam consequência imediata e direta do facto lesivo, desacompanhada

[2086] Sobre este conceito, v., ainda, Paolo Forchielli, *Responsabilità Civile*, III, Cedam – Casa Editrice Dott. Antonio Milani (1970), 133; Alberto Trabucchi, *Instituzioni di Diritto Civile*, 33.ª ed., CEDAM: Pádova (1992), 191-193. Numa clara evolução de um entendimento inicial, o conceito permite incluir, além da lesão do direito absoluto, a lesão do direito de crédito. A delimitação feita hoje permite, contudo, aproximar o conceito ao direito tedesco e suíço e proporcionalmente afastá-lo da noção francesa de *faute*; cf., com uma leitura que acompanhamos, Dário Moura Vicente, *Direito Comparado*, II, 519-521.

[2087] Tradução livre de «*la atipicità francese si somma alla cumulabilità tedesca sia per la minore saldezza della nozione di "ingiustizia"*», *Concorso*, 289

[2088] Gaetano Anzani, *Il Concorso*, 278-296 (280 e ss.), com referências. São apontados por C. Rossello (*Concorso di responsabilità contrattuale ed extracontrattuale*, in Nuova giur. civ. comm., II, (1985), 317-331, 324 e ss.) outros casos típicos, tal como o do arrendamento, guia de alpinismo, vigilância hospitalar, aluguer de cavalos e de estadia hoteleira (v., ainda, com outros casos, Cavanillas Múgica e Tapia Fernandes, *La concurrencia*, 70 e ss.).

[2089] Cfr. o elenco de Francesca Giardina, *Responsabilità Contracttuale e Responsabilità Extracontrattuale*, 4-18, e de Daniela M. Frenda, *Il Concorso*, 40-57.

da via obrigacional, em caso de mera culpa (1225.º CCit); (*vi*), e, ainda, o entendimento tradicional de que os danos não patrimoniais só podem ser compensados se a situação de responsabilidade consubstanciar a prática de um crime (2059.º CCit), restrito, em regra, à via delitual[2090].

V. No que respeita, em concreto, à regulação do concurso de responsabilidade civil salva à vista uma grande divisão entre aqueles que rejeitam o cúmulo de responsabilidades e aqueles que o aceitam. Estes entendimentos estão, aliás, sincronizados com a respetiva evolução: num prisma inicial, a doutrina mais antiga influenciada pelo modelo francês era favorável à aplicação exclusiva do modelo contratual (por especialidade), contrariamente à atual, maioritária, a qual aceita o modelo de cúmulo de responsabilidades[2091].

Entre os adeptos da incompatibilidade, destacamos, entre outros[2092], CHIRONI[2093], C. F. GABBA[2094], CARADONNA[2095], RUSSO[2096], TOSCANO[2097] e, recentemente, DANIELA FRENDA[2098].

[2090] A doutrina maioritária e a jurisprudência mais recente têm admitido a tutela obrigacional dos danos não patrimoniais. V., por todos as decisões históricas da Suprema Corte 26972, 26973, 26974 e 26975 (todas de 2008), cujo entendimento seria reiterado pelo Tribunal constitucional italiano (*Corte Constituzionale*) na sua *sentenza*. de 13-Jan-2005 (n.º 58). Cf., ainda, GAETANO ANZANI, *Il danno non patrimoniale da fatto illecito*, publicado em Il Caso.it (consultado a 31-Jan-2021), 1-24 (4 e respetiva nota 12), DANIELA M. FRENDA, *Il Concorso*, 51.

[2091] Retrata, em grande pormenor, esta evolução, P. G. MONATERI, *Cumulu*, 125-157.

[2092] Cf., ainda, RAMELLA, *La responsabilità extracontratualle nei transporti ferroviari*, *apud* JAIME DE GOUVEIA, *Da responsabilidade contratual*, 216 (nota 8); GIORGI, *Teoria delle obbligazioni nel diritto moderno italiano esposta con la scorta della dottrina e della giurisprudenza*, 7.ª ed., Vol. V, Fratelli Cammelli: Florença (1884), 225-229; BENUCCI, *La responsabilidad civil* (trad. de Juan Lojo e José Raluy), José Bosch: Barcelona (1958), 19-25; PERETTI GRIVA (c. DOMENICO RICCARDO), *Ancora sul concorso della responsabilità contrattuale ed extracontrattuale*, Rivista universale di giurisprudenza e dottrina, Vol. 104, N.º 2 (1952), 289-292.

[2093] *La colpa nel diritto civile odierno: colpa extra-contrattuale*, II, Fratelli Bocca: Turim (1906), 291-293; *Nouvi Studi e Questioni di Diritto Civile*, Parte Geral, Fratelli Booca: Turim (1922), 298-319.

[2094] *Nuove questioni di diritto civile*, 2.ª ed., I, Fratelli Bocca: Turim (1912), 227-239.

[2095] *Concorso de colpa contratual ed extracontratual*, Revista del Diritto Commerciale e del Diritto Generale delle Obligazioni, I, Dottor Francesco Vallardi: Milão (1922), 261-292. (270 e ss.)

[2096] *Concorso dell'azione aquiliana con la contrattuale nel contratto di trasporto*, Rivista Trimestale di Diritto e Procedura Civile, IV, Giuffrè: Milão (1950), 962-996.

[2097] *Responsabilità civile. Problema del cumulo o del concorso delle responsabilità*, II, Rivista di Diritto Civile, CEDAM: Pádova (1956), 237 e ss

[2098] *Il concorso di responsabilità contrattuale e aquiliana*, 305-315.

Os Autores que rejeitam o concurso efetivo de responsabilidades carreiam um conjunto de argumentos que podem ser sumariados (*i*) na tutela do interesse do lesado radicada exclusivamente na norma contratual, a qual detém natureza *especial* perante a delitual, aparentemente concorrente. Este regime (delitual) aufere-se, afirmam, desnecessário. Por outro lado, (*ii*) não se considera legítimo qualificar as mesmas partes simultaneamente como *contraentes*, adstritas às prestações específicas emergentes de uma relação obrigacional, e *terceiras*, para efeito do cumprimento do dever geral de respeito. Em terceiro lugar, (*iii*) apontam que o regime contratual decorre da lei, condensado no princípio *pacta sunt servanda*, e dispõe da mesma força jurídica dos quadros normativos da responsabilidade extraobrigacional[2099]. A alegada força superior do regime extraobrigacional é artificial, porquanto afirmam, a dois momentos, que a sua tutela também não é imposta ao lesado, o qual pode optar por não o exercer em juízo ou extrajudicialmente[2100] e, por outro lado, a deter o alegado lugar de destaque, conseguiria destronar a figura do concurso (efetivo), devendo prevalecer inclusive sobre a via concorrente, o que não é o caso[2101]. Por fim, apontam que as normas delituais não têm natureza *injuntiva*, não sendo dispostas *em segundo plano* perante a tutela obrigacional: a possibilidade de afastamento ou limitação da responsabilidade delitual demonstra que este regime não é imperativo, podendo ser *modelado* por mera vontade das partes.

VI. Cumpre ressalvar que tanto a doutrina, como a jurisprudência italiana dominantes são favoráveis a um modelo de concurso efetivo de responsabilidades.

[2099] Gaetano Anzani, *Concorso*, 287.

[2100] Gaetano Anzani, *Concorso*, 287

[2101] Toscano, *Responsabilità civile*, 256.

A favor da cumulação, afirmam-se, entre outros[2102], De Cupis[2103], Heinitz[2104], G. Ponzanelli[2105], R. Sacco[2106], R. Scognamiglio[2107], G. Alpa[2108], Visintini[2109], C. Salvi[2110]. Recentemente, v., ainda, P. G. Monateri[2111], C. Rossello[2112], C. Castronovo[2113] e Francisca Giardina[2114].

2102 Cf., ainda, Pacchioni *Diritto Civile Italiano*, II, vol. IV *Del Delitti e Quasi Delitti*, Cedam: Pádova (1940), 163-164, com críticas pesadas ao entendimento de Josserand; v., também, P. Cendon. *Il dolo nella responsabilità extracontrattuale*, G. Giappichelli: Turim (1976), 157, e R. Sacco, *Concorso delle azioni contrattuale ed extracontrattuale*, in Risarcimento del danno contrattuale ed extracontrattuale a cura di G. Visintini, Milano (1984), 155-163.

2103 *Il problema del cumulo della responsabilità contrattuale ed extracontrattuale*, Annuario di diritto comparato e di studi legislativi, Vol. XXXVII, Istituto Italiano di Studi Legislativi (1963), 249 s, *Il danno*, 94-95, conferindo a possibilidade de o lesado optar pela modalidade que melhor lhe convir; cf., ainda, o ilustre Autor em *Comentario del Codice Civile, Libro Quarto*, Editoras Nicola Zanichelli e Soc. Ed. Del Foro Italiano: Bolonha e Roma (1964), na sua anotação ao art. 2043.º do Código Civil italiano, § 20, 306-308.

2104 *Responsabilita contrattuale e responsabilita aquiliana*, Il Foro Italiano, Vol. 61, Primeira Parte, (1936), I, 1531-1568 (1157); afirmando eloquentemente: «[o]ra è agevole la conclusione : il regolamento speciale dato dalla legge alla responsabilità contrattuale non esclude in linea di massima la responsabilità aquiliana».

2105 *Il concorso di responsabilità: le esperienze italiana e francese a confronto*, in Resp. civ. prev., (1984), 36, 41-42.

2106 *Colpa contrattuale e aquiliana. Concorso o incompatibilità*, Mon. Trib. (1926), 802.

2107 *Responsabilità contrattuale ed extracontrattuale*, in Novissimo Digesto Italiano, Torino, XV, Vnione Tipografico: Turim (1968), 670-679; A tradução espanhola consta online em *Responsabilidad contractual y extracontractual, IUS ET VERITAS*, n.º 22 (20021), 54-70 (consultado a 31-Jan.-2021).

2108 *Trattato di Diritto Civile*, IV, La Responsabilità Civile, Giuffrè Editore: Milão (1999), 102-107.

2109 *Responsabilità contrattuale ed extracontrattuale*, Rassegna di Diritto Civile, IV, (1983), 1089 ss.

2110 V., a propósito, Cesare Salvi, «[i]l problema che però si pone è, per così dire, ancóra preliminare: e riguarda cioè i connotati che un fatto deve presentare, preché possa considerarsi "danno", ed essere dunque sotoposto alla qualificazione di ingiustizia. L'ingiustizia esprime infatti un giudizio di valore nei confronti di un fatto, che deve già potersi qualificare, alla luce di canoni normativi, como danno, potenzialmente idóneo a dar luogo alla tutela aquiliana», em *Il Danno Extracontrattuale – Modelli e Funzioni*, Jovene Editore Napoli: Nápoles (1985), 11.

2111 *Cumulo, passim.*

2112 *Concorso*, 317.

2113 *Le due specie della responsabilità civile e il problema del concorso*, Europa e diritto privato (2004) (1), 69-72.

2114 *Responsabilità contrattuale ed extracontrattuale*, disponível online (consultado a 31-Jan-2021), 177-180.

Resumidamente, o entendimento favorável ao concurso efetivo de normas suporta-se, em primeiro lugar, (*i*) na natureza inderrogável das normas da responsabilidade aquiliana, bem como (*ii*) na subordinação de qualquer construção dogmática sobre a matéria à finalidade de ressarcimento pleno do lesado. Afinal, a responsabilidade civil visa a «*massima tutela possibile del dannegiatio*»[2115]. Por este prisma, a via aquiliana é encarada como uma rede de segurança (*rete di sicurezza*) dos contraentes: esta apenas é *reforçada, ampliada* ou *fortalecida* pela via contratual[2116], e nunca reduzida ou afastada, salvo a previsão de cláusulas expressas nesse sentido. O concurso efetivo é, afirmam, a construção que respeita o princípio *pro damnato*. Reitera-se, ainda, a desnecessidade de se tutelar o *interesse do lesante*: na pretensão indemnizatória, o interesse a atender é o do lesado, apenas. Um eventual interesse em *não ressarcir* (ou em evitar ou atenuar a diminuição patrimonial inerente à satisfação da pretensão indemnizatória) não merece ser considerado defronte do interesse do lesado em ser ressarcido de todos os prejuízos que haja sofrido[2117].

Em terceiro lugar, (*iii*) a autonomia privada não abona, afirma-se, a favor de outra solução: a possibilidade de se afastar a responsabilidade civil por um título concorrente escapa às partes mais previdentes[2118]. A autonomia das formas de responsabilidade não é, todavia, isenta de exceções, nomeadamente pela exigência de uma responsabilidade qualificada (p. ex., por culpa grave, 2236 CCit)[2119] ou pela existência de cláusulas legais (*v.g.*, o art. 422.º do Código de Navegação que exclui a responsabilidade do transportador marítimo num conjunto vasto de situações, incluindo por atos de pirataria) ou convencionais de responsabilidade. A exceção a considerar – sublinha-se – é a de que os danos a tutelar pela via aquiliana devem ser desconexos dos interesses inerentes ao quadro negocial.

A jurisprudência italiana desde a década de 40[2120] não hesita em reconhecer a faculdade de o lesado exercer ambas as pretensões em simultâneo ou apenas uma, de acordo com os contornos do caso. No pós-Segunda

[2115] «[m]áxima tutela possível do lesado»; cf., *Responsabilità*, 162

[2116] De Cupis, *Il danno*, 115, seguido por Scognamiglio, *Responsabilità*, 670.

[2117] Incorre neste erro, forçando uma paridade dos interesses das partes com base na eventual natureza sinalagmática do contrato onde se insere a obrigação incumprida, Daniela M. Frenda, *Il Concorso*, 266-269.

[2118] Scognamiglio, *Responsabilità*, 678.

[2119] P.G.Monateri, *Cumulu*, 172

[2120] Daniela M. Frenda, *Il Concorso*, 263. Sem aparente explicação para este *revirement* da jurisprudência, v., P.G.Monateri, *Cumulo*, 162.

Guerra Mundial, coincidindo com a entrada em vigor do novo Código Civil, consolidou-se a *teoria do cúmulo*, concretizada na atribuição ao lesado da faculdade de optar pela modalidade de responsabilidade que melhor lhe conviesse. Todavia – e este aspeto é fundamental – a restrição no que respeita a interesses a conexos ao negócio não deixou de ser considerada. Neste sentido, pronunciou-se, entre outras decisões[2121] a *Cassazione civile* em 1986[2122]: nesta decisão, considerou que os danos tuteláveis contratualmente pela compra de venda da coisa defeituosa circunscreviam-se aos interesses conexos com o negócio (*interessi connessi con il vincolo negoziale*), excluindo os demais (tal como os direitos absolutos). Em linha, invocando a restrição exposta, celebremente aplicada pela Suprema Corte em 2008, considera-se que, se o interesse lesado nasce e é disciplinado pelo contrato, a via contratual merece aplicação exclusiva[2123]. Este entendimento foi recentemente reiterado na tutela dos danos emergentes da venda de cães sem *pedigree*[2124] e de terrenos poluídos[2125].

VII. A complexidade terminológica associada ao concurso é conhecida pela doutrina italiana. Em particular, o primeiro foco de discussão radica no enquadramento desta figura enquanto um *concurso de ações* (*concorso di azioni*) – entendendo uma relação consequente entre duplos direitos/duplas ações – ou, ao invés, pela identidade do pedido, meramente um *concurso de normas* ou *de fundamentos da ação*[2126]. Esta dificuldade, de integração da figura num modelo substantivo ou processual, é transversal no plano continental, como vimos, mas é o último entendimento (o da unidade da ação) aquele que recolhe o apoio da maioria dos Autores, incluindo de célebres processualistas como Francesco Carnelutti[2127] e Enrico Liebman[2128].

[2121] Com um extenso reporte jurisprudencial, v. Sacco, *Concorso*, 155 e ss.; Francesca Giardina, *Responsabilità*, 162 e ss. (e respetiva nota 46); P.G.Monateri, *Cumulo*, 171-181.

[2122] Sec. II, n.º 4833 de 28-Jul-1986.

[2123] Sec. II, n.º 11410, 8-Mai-2008.

[2124] Sec. III, n.º 3021, 11-Fev-2014.

[2125] Sec. III, n.º 16654, de 06-Jul-2017, tendo sido ressalvado que ocorreria uma hipótese de concurso (efetivo), se tivessem ocorrido intoxicações do comprador ou do terceiro, em virtude da poluição ou, ainda, um dano à reputação comercial da empresa compradora.

[2126] O primeiro entendimento ainda recolhe fervorosos adeptos, tal como Gaetano Anzani, *Concorso di responsabilità contrattuale ed extracontrattuale*, Responsabilità civile e previdenza, n.º 1 (2018), 278-296 (280 e ss.).

[2127] *Teoria giuridica della circolazione*, Cedam: Pádova (1933), 253-255.

[2128] *Azioni concorrenti*, Studi in memoria di Umberto Ratti, Giuffrè: Milão (1934), 663-675.

Paralelamente, distingue-se entre o modelo de *concurso próprio* (*concorso proprio*), no qual o cúmulo deriva da mesma situação de responsabilidade, emergente uma conexão genética entre a ilicitude obrigacional e a delitual, daquele em que essa coincidência inexiste (*concorso improprio*). Nestas modalidades e num prisma substantivo, a bitola para aferir o tipo de concurso em presença é o interesse lesado (*interesse leso*): quando este é idêntico, o concurso é próprio[2129]. Integra, portanto, necessariamente o concurso impróprio (*i*) a pluralidade de lesados perante a atuação do mesmo lesante, mas também, ainda que abandonando aquele critério, (*ii*) a pluralidade de lesantes que lesem um mesmo lesado[2130].

> A jurisprudência não hesita em encontrar o espaço para o concurso (próprio) na pluralidade mínima de sujeitos, *i.e.*, nas relações entre um lesado perante um único lesante. Neste sentido, a *Corte suprema di cassazione* reconheceu, em 1982, que o concurso opera na presença de «um único comportamento reportado ao mesmo autor e, portanto, um evento danoso único na sua gênese subjetiva», aliada a um único lesado[2131]; no fundo, as figuras do lesante e do lesado (*danneggiante* e *danneggiato*) devem coincidir com as do devedor e do credor (*debitore* e *creditore*).

Sem prejuízo e por outro lado, deteta-se ainda uma grande preocupação em distinguir, entre a *cumulação material* de responsabilidade e um *concurso alternativo* das formas de responsabilidade. Concretiza-se o concurso alternativo (*concorso alternativo*) pela *proximidade dos efeitos* constantes de normas distintas simultaneamente verificadas. Assim, o lesado pode optar pela via que lhe convier, cuja autonomia em regra apenas é excecionada pelo cumprimento da pretensão concorrente. Por oposição, se os efeitos pretendidos são *distintos*, estamos perante um concurso cumulativo (*concorso cumulativo*), na qual a acumulação de pretensões é perfeitamente admissível[2132].

[2129] DANIELA M. FRENDA, *Il Concorso*, 23. Tenta-se, por vezes, importar o modelo para o concurso de ações – substituindo o efeito da norma pelo *petitum* – tal como sugere GAETANO ANZANI, *Concorso*, 281-282, mas tal não é necessário.

[2130] GAETANO ANZANI, *Concorso*, 282.

[2131] «un unico comportamento risalente al medesimo autore, e quindi un evento dannoso unico nella sua genesi soggettiva», secção laboral, n.º 4437, de 7-Ago-1982. Em linha, ROSSELLO, *Concorso*, 324.

[2132] Por vezes, designa-se a primeira realidade como *concorso* (apenas) e a segunda como *cumulo di responsabilità*. Neste sentido, v. DANIELA M. FRENDA, *Il Concorso*, 19. No fundo, o primeiro visa a opção do lesado pela configuração normativa mais favorável, contrariamente ao segundo, delimitado apenas pela possibilidade de soma das vantagens concedidas globalmente pelo regime.

2.2.3. Direito internacional

VIII. No plano internacional, a matéria do *concurso* encontra-se geralmente circunscrita à relação entre as várias vias legais predispostas ao *contraente*, ou seja, exclusivamente entre os mecanismos de tutela no campo obrigacional. Consagra-se tradicionalmente um modelo de *pura alternatividade* entre os mecanismos reconhecidos (p. ex., nos Princípios de Direito Europeu dos contratos[2133], artigos 8:101 e 8:102), na qual a pretensão indemnizatória concorre (e por regra cumula-se) com as demais. Sem prejuízo, nos modelos mais recentes evolui-se para uma lógica de alternatividade *mitigada* (p. ex., CISG, artigos 45, 46 (1), 62 e 62, e, em linha, DCFR, III. 3:101, 3: 302, 3:509 (3), 3:601 (3), IV.A. 4:201), hierarquizando-se as vias predispostas ao lesado e evitando abusos. O plano do concurso não se situa, nesta medida, entre as modalidades de responsabilidade, mas entre mecanismos predispostos ao contraente.

Sem prejuízo, encontramos *pontualmente* regras operantes quanto ao regime do concurso *heterónomo* de responsabilidades civis, as quais consubstanciam tentativas de padronização do regime aplicável, nomeadamente (1) em *instrumentos concretos*, tal como na *Convenção das Nações Unidas sobre Contratos para Venda Internacional de Mercadorias* (geralmente conhecida pelo acrónimo inglês CISG – *United Nation Convention on Contracts for the International Sale of Goods*), (2) no *direito da União Europeia*, em particular na Diretiva em matéria de responsabilidade decorrente de produtos defeituosos e, ainda, em (3) regras de *soft law*, nomeadamente no *Draft Common Frame of Reference* (DCFR).

> [1. *Instrumentos internacionais*] A Convenção das Nações Unidas sobre Contratos para Venda Internacional de Mercadorias, adotada em Viena, em 11 de abril de 1980 (cuja adesão, foi aprovada por Portugal pelo Decreto n.º 5/2020, de 7 de julho) consagra uma regra expressa em matéria de concurso de responsabilidades civis: a respeito do seu âmbito de aplicação, determina que [a Convenção] «não se aplica à responsabilidade do vendedor por morte ou lesões corporais causadas pelas mercadorias a qualquer pessoa» (artigo 5.º). Com esta regra, afasta-se, no preciso limite das ofensas pessoais, a aplicação da Convenção e, assim, a teoria do não-cúmulo,

Com base nesta definição, as categorias de concurso consideradas não têm âmbitos de aplicação diferentes, mas perfeitamente sobreponíveis, quando as modalidades de responsabilidade tutelem danos comuns (tutela alternativa) ou diferentes (tutela cumulativa).

2133 Conhecidos pelo acrónimo inglês PECL (*Principles of European Contract Law*). O lugar paralelo, de escopo delitual PETL (*Principles of European Tort Law*) não conhece uma idêntica norma, atendendo ao facto de concentrar a tutela do lesado no escopo indemnizatório (art. 10:101-10:104).

favorável à aplicação exclusiva da responsabilidade obrigacional e contida neste instrumento[2134]. Quanto aos demais prejuízos, particularmente aqueles sofridos *nos bens*, resta determinar se a aplicação do regime obrigacional previsto na CISG afasta o interno delitual de cada ordenamento. Ora, nesta sede, o espaço para o concurso entre a responsabilidade interna e a prevista na Convenção operar é manifesto, e a doutrina diverge na solução a apontar[2135].

[2. *Direito da União Europeia*] O Direito da União Europeia evita a matéria do concurso de responsabilidades, optando claramente por separar o âmbito de aplicação de cada uma das modalidades. É disto exemplo o enquadramento em áreas dicotómicas de responsabilidade *contratual* e *extracontratual* presente nos Regulamentos Roma I e II, respetivamente, bem como a inclusão neste último Regulamento de figuras de qualificação duvidosa, nomeadamente a responsabilidade fundada no enriquecimento sem causa, na gestão de negócio e na *culpa in contraendo* (arts. 2.º, 10.º a 12.º do Regulamento Roma II)[2136]. Em todo o caso, a matéria

[2134] Sobre o tema, entre nós, v. Dário Moura Vicente, *Direito Comparado*, II, 592-594, com referências, e *A Convenção de Viena sobre a compra e venda internacional de mercadorias: características gerais de âmbito de aplicação*, Estudos de Direito Comercial Internacional, I, Almedina: Coimbra (2004), 271-288; Lima Pinheiro, *Direito Comercial Internacional*, Almedina: Coimbra (2005), 259; Pedro Múrias, *A irrelevância da culpa na Convenção de Viena sobre a compra e venda internacional de mercadorias* (1996); Maria de Lurdes Pereira, *A obrigação de recepção das mercadorias na Convenção de Viena sobre a compra e venda internacional de mercadorias*, Vol. 2, Almedina: Coimbra (2002), 339-392; Mafalda Miranda Barbosa e Pedro Pimenta Mendes, *Convenção de Viena sobre a compra e venda internacional de mercadorias: algumas reflexões*, Revista de Direito Comercial (28-02-2021), 429-480.

[2135] Sobre este ponto, v. Peter Schlechtriem, *The Borderland of Tort and Contract – Opening a New Frontier*, Cornell International Law Journal, Vol. 21, N.º 3 (1988), 467-476 (467, 471 e nota 13).

[2136] Cf. Regulamento (CE) n.º 593/2008, do Parlamento Europeu e do Conselho, de 17 de junho de 2008, sobre a lei aplicável às obrigações contratuais (Roma I) e Regulamento (CE) n.º 864/2007, do Parlamento Europeu e do Conselho, de 11 de julho de 2007, relativo à lei aplicável às obrigações extracontratuais (Roma II). Neste último Regulamento, o legislador europeu foi obrigado a recorrer a um conceito autónomo de *obrigação extracontratual* (cf. considerando 11). O método não é desconhecido. Por vezes, esses conceitos não se encontram uniformizados por outros atos legislativos. Sem prejuízo, a sua interpretação deve ser utilizada com o respeito do propósito e enquadramento dogmático do instrumento em causa, bem como atendendo à possibilidade de aplicação uniforme por todos os Estados-membros. Este entendimento de compartimentar as situações de responsabilidade tem sido confirmado ao nível das instâncias: veja-se, a propósito, o entendimento do TJUE, o qual entendeu que, sem prejuízo de legítimas reservas, a responsabilidade pré-contratual é puramente extracontratual (17-Set-2002, proc. n.º C-344/00, CJ 2002 I-07357) e na interpretação *autónoma* dos conceitos de responsabilidade contratual e extracontratual para efeitos da Convenção de Bruxelas de 1968, relativa à competência jurisdicional e à Execução de decisões em matéria civil e comercial. Sobre esta última Convenção (11-Jul-2002, proc. C-96/00, *European Court Reports* 2002

do concurso assume plena relevância noutros dois planos: (1) na regulação dos mecanismos reconhecidos a um contraente em caso de incumprimento contratual, em moldes de alternatividade ou pelo estabelecimento de uma hierarquia entre as ferramentas[2137], como visto, ou, por outro lado (2) no aprofundamento da relação entre regimes gizados e o interno, de cada Estado-membro. Quanto a este último aspeto, o legislador europeu tem assumido um claro papel de *neutralidade* perante a solução normativa avançada por cada Estado-membro para a figura do concurso. A sua preocupação concentra-se, ao invés, em assegurar que os novos modelos de responsabilidade que avança se encontram sempre disponíveis aos visados: retrata exemplarmente este aspeto a Diretiva relativa à responsabilidade decorrente de produtos defeituosos[2138], na qual se opta claramente

I-06367). Com uma análise da importância do concurso no plano internacional, e a sua (pretensa) autonomia face à dogmática nacional, v. Andreas Spickhoff, *Privatrechtsdogmatik und Deliktsrecht Das Deliktsrecht in der Konkurrenz zum Vertragsrecht im Spiegel von Kollisionsrecht und Gerichtsständen*, Privatrechtsdogmatik im 21. Jahrhundert, FS Claus-Wilhelm Canaris, 80 Geburtstag, De Gruyter: Berlim (2018), 547-567.

Noutro campo, cumpre investigar as convenções internacionais vigentes no quadro legal do Direito dos transportes; a propósito, mencionado as Regras da Haia (cf. Protocolo de Visby), as Regras de Hamburgo, de Roterdão, A Convenção relativa ao contrato de transporte internacional de mercadorias por estrada, COFIF/CIM e a Convenção de Montreal, v. Januário Gomes, *Temas de Direito dos Transportes*, IV, Almedina: Coimbra (2019), 449-510 (507-510).

2137 Cfr., a propósito, o antigo art. 4.º do Decreto-Lei n.º 67/2003, de 8 de abril, o qual transpôs a Directiva n.º 1999/44/CE, do Parlamento Europeu e do Conselho, de 25 de Maio, sobre certos aspetos da venda de bens de consumo e das garantias a ela relativas [v., atualmente e no mesmo sentido, o artigo 14.º do Decreto-Lei n.º 84/2021, de 18 de outubro, o qual transpôs as Diretivas (UE) 2019/771 e (UE) 2019/770]; o art. 12.º/1 da Lei n.º 24/96, de 31 de julho, na sua redação atual; e os arts. 10.º e 11.º do Decreto-Lei n.º 24/2014, de 14 de fevereiro, o qual transpõe a Diretiva n.º 2011/83/UE do Parlamento Europeu e do Conselho, de 25 de outubro de 2011, relativa aos direitos dos consumidores. No contexto da regulação do direito ao ressarcimento de danos, v., também, o art. 6.º/1 da Directiva 2008/122/CE do Parlamento Europeu e do Conselho, de 14 de janeiro de 2009, sobre a proteção do consumidor relativamente a determinados aspetos dos contratos de utilização periódica de bens, de aquisição de produtos de férias de longa duração, de revenda e de troca, o art. 16.º da Directiva 2004/35/ce do Parlamento Europeu e do Conselho, de 21 de abril de 2004, relativa à responsabilidade ambiental em termos de prevenção e reparação de danos ambientais, o art. 13.º Directiva 2004/48/CE do Parlamento Europeu e do Conselho, de 29 de Abril de 2004, relativa ao respeito dos direitos de propriedade intelectual e, por fim, os arts. 3.º e 4.º da Diretiva 2014/104/UE, do Parlamento e do Conselho, de 26 de novembro de 2014, relativa a certas regras que regem as ações de indemnização no âmbito do direito nacional por infração às disposições do direito da concorrência dos Estados-Membros e da União Europeia.

2138 Directiva 85/374/CEE do Conselho, de 25 de Julho de 1985, relativa à aproximação das disposições legislativas, regulamentares e administrativas dos Estados-Membros em matéria de responsabilidade decorrente dos produtos defeituosos, transposta pelo Decreto-Lei n.º 383/89, de 6 de novembro, na sua redação atual.

por não prejudicar os direitos emergentes de sistemas concorrentes de responsabilidade (contratual, extracontratual ou especial): o modelo de *cúmulo* de responsabilidades, ao nível (frise-se) do regime interno e daquele gizado pela Diretiva, foi expressamente consagrado, entre nós, na transposição desta Diretiva (cf. art. 13.º do Decreto-Lei n.º 383/89, de 6 novembro, na sua redação atual)[2139]. Neste sentido, o Tribunal de Justiça da União Europeia (TJUE) já foi chamado a pronunciar-se sobre os direitos reconhecidos pela Directiva relativa ao respeito dos direitos de propriedade intelectual[2140]. Em concreto, suscitava-se a questão de saber se um utilizador licenciado de um programa de *software* que violara os termos de utilização deste produto podia ser responsabilizado a título *delitual*. As instâncias francesas consideraram, à luz do entendimento tradicional deste ordenamento, que não se podia aplicar esta modalidade de responsabilidade. Para tal, invocaram o princípio de *non-cumul* (com clara preferência para a responsabilidade contratual). Pese embora a Diretiva não distinga o tipo de lesão aos direitos de propriedade intelectual (2.º/1), o TJUE considerou que, com salvaguarda dos mecanismos previstos na Diretiva, os Estados-membros são livres de determinar no plano interno a relação entre pretensões e a configuração das ações. No caso, este entendimento coadunou-se com o princípio de *non-cumul*, pelo que a parte não pôde invocar o fundamento delitual numa pretensão concorrente[2141]. Recentemente, nota-se o ímpeto reformista inerente ao anteprojeto do «código europeu dos contratos», no qual se distingue os danos conexos com o incumprimento contratual (tutelados por esta via) e aqueles desconexos (pelos quais o devedor é responsável delitualmente): a via contratual apenas abrange os danos resultantes diretamente na pessoa do credor, seus trabalhadores ou propriedade (art. 99.º do anteprojeto do Livro I).

[3. *Soft Law*] O *Draft Common Frame of Reference*, publicado em dezembro de 2007, contém regras que regulam a relação entre a responsabilidade

[2139] Neste sentido, Calvão da Silva, *Responsabilidade civil do produtor*, 462-467, contra a teoria do congelamento do regime contratual e extracontratual existente no momento da notificação da Diretiva (cf. art. 13.º da Diretiva). O A. defende um modelo de concorrência *cumulativa*, potencialmente híbrido, das três pretensões (delitual e obrigacional, de tipo geral, e a responsabilidade objetiva consagrada no regime de transposição da Diretiva, de tipo especial; *idem*, 464).

[2140] Diretiva 2004/48/CE do Parlamento Europeu e do Conselho, de 29 de Abril de 2004, relativa ao respeito dos direitos de propriedade intelectual

[2141] Ac. TJUE, de 18-Dez-2019, proc. C-666/18, *IT Development SAS/Free Mobile SAS*, § 44.

não-contratual (*non-contractual liability*) e as demais regras, incluindo a responsabilidade contratual. Determina-se, a dois momentos, que a responsabilidade não-contratual (equiparável à delitual) não se aplica, quando possa contrariar o propósito de outras regras, incluindo a responsabilidade contratual (DCFR VI 1:103 [c]). Consagra, nesta medida, a tese do *não-cúmulo*, concedendo prioridade ao escopo obrigacional, por via *subsidiária*. Por outro lado, decorre de outra regra o princípio geral relevante em sede de concurso de modalidades de responsabilidade: sem prejuízo do disposto na alínea anterior, a responsabilidade não-contratual não afasta os remédios disponíveis por outros fundamentos legais (DCFR VI 1:103 [d]). A *concorrência livre de pretensões* indemnizatórias é, nesta medida, erigida como regra fundamental, possivelmente num modelo *alternativo*[2142]. O princípio *pro damnato* é a base e critério que compatibiliza as disposições mencionadas[2143]. Em linha, os Princípios UNIDROIT Relativos aos Contratos Comerciais Internacionais não excluem, à partida, uma situação de cúmulo de responsabilidades (art. 7.4.1.)[2144].

2.2.4. A solução dos países que integram a *Common Law*

IX. A favor do cúmulo, particularmente em sede da teoria da opção constam, ainda, vários países de *Common Law*[2145]. No entanto, neste espaço, não é possível identificar uma dogmática geral de tratamento da matéria de concurso de responsabilidade (*concurrency of liability*), fora de um plano casuístico[2146]: esta não existe, tal como a conhecemos nos países da Família romano-germânica. Destacamos, portanto, apenas algumas das decisões principais da conceção anglo-americana, com especial destaque para (*a*) Inglaterra e para os (*b*) Estados Unidos da América.

[2142] Christian von Bar, Eric Clive e Hans Schulte-Nölke, *Principles*, 1300. Sobre este instrumento, v. Dário Moura Vicente, *Direito Comparado*, II, 598-601, 679, concordando com a consagração de um sistema de *concurso de pretensões* no DCFR. A aparente simplicidade do texto, com vista à flexibilidade da solução, traduz-se na falta de clareza e na incerteza jurídica. Com esta (e outras) críticas, v. Gerhard Wagner, *The Law of Torts in the Draft Common Frame of Reference*, Social Science Research Network (7-Jul-2009), 40-41.

[2143] *Idem*, 1300-1301.

[2144] Com reservas, quanto ao respetivo valor legal, v. Dário Moura Vicente, *Direito Comparado*, II, 594-596 (e respetivas referências).

[2145] Cavanillhas Múgica e Isabel Fernandez, *La concurrencia*, 78-79, e Monateri, *Cumulo*, 202 e ss.

[2146] Com precisamente este alerta, v. Cavanillhas Múgica e Isabel Fernandez, *La concurrencia*, 78

É, assim, mediante uma análise casuística, que se deteta a emergência de uma hipótese de concurso de responsabilidade: pergunta-se, p. ex., se, perante a responsabilidade emergente de uma prestação a título oneroso, caso essa prestação fosse realizada gratuitamente, teria o lesado o direito a uma reparação delitual (*tort*)? Se a resposta for afirmativa, então, a ação extraobrigacional impõe-se, na falta de realização da prestação de tipo oneroso, já que *quem paga não pode ficar em pior condição do quem não o faz*[2147].

a. [*Inglaterra*] Em primeiro lugar, o sistema inglês pauta-se pela aversão a um modelo rígido de pressupostos de responsabilidade[2148]. A evolução de um modelo inicial, o qual associava as pretensões indemnizatórias a formas de atuação em juízo (*forms of action*), para um de tipo substantivo, gerou modalidades de responsabilidade equiparáveis às romanísticas tradicionais[2149]: a divisão pretensamente dicotómica entre a vertente negocial (*contract*) e delitual (*tort*)[2150] emerge. Este atraso justifica a inexistência de decisões jurisprudenciais significativas sobre a matéria do concurso de responsabilidades civis até ao final do século XIX[2151].

Nesta nova vertente substantiva, a matéria do concurso partiu de um modelo inicial suportado na solução francesa (da teoria do *non-cumul*)[2152], tendo sido posteriormente adotado o entendimento tradicional de outros

2147 Cavanillhas Múgica, *La concurrencia*, 78.

2148 Menezes Cordeiro, *Tratado*, VIII, 345.

2149 Neste campo, destaca-se o *Judicature Act* de 1875, reformando a estrutura das instâncias e as regras processuais. Na verdade, a abolição das *forms of action* (na qual o requerente devia indicar a forma da ação na qual baseava a sua pretensão) conduziu ao desenvolvimento substantivo dos seus fundamentos: o espaço da responsabilidade delitual (*tort*) e contratual (*breach of contract*) foi encontrado; cf. Ruben De Graaff, *Concurrent*, 721-722. Sem prejuízo, no sistema antigo das *forms of* action, também o juízo por vezes permitiu o recurso a formas alternativas, indiciando, à luz desses tempos, uma forma processual de concurso de pretensões; cf. Tony Weir, *Complex liabilities*, 69.

2150 Menezes Cordeiro, *Tratado*, VIII, 344. No mesmo sentido, Pierre Catala, John Antony (Tony) Weir, *Delict and Torts: A Study in Parallel – Part IV*, Tulane Law Review 39, 4 (1964-1965), 701-783 (741).

2151 Cfr. A decisão *Henderson* v. *Merrett Syndicates*, 18, mencionada, *infra*. Em linha, Ruben De Graaff, *Concurrent*, 721; Tony Weir, *Complex liabilities*, 70. Este último A. apresenta, inclusive, um conjunto de restrições ao plano do concurso de responsabilidades (*ibidem*).

2152 Cfr., p. ex., *Bean* v. *Wade* (1885) 2 T.L.R., 157, *Groom* v. *Crocker* (1939) 1 K.B. 194. O destaque pertence, contudo, ao litígio *Tai Hing Cotton Mill Ltd.* v. *Liu Chong Hing Bank* Ltd. [1986] A. C. 90. 107 B-D. Cf., neste sentido, Andrew Burrows, *Solving the problem of concurrent liability*, Current Legal Problems, Vol. 48, (01-Dez-1995), Oxford University Press: Oxford, 103-124 (104).

países, tal como a Alemanha, apologistas do *concurso efetivo* de ambas as formas de responsabilidade. Para tal, contribui certamente a expansão do âmbito das ofensas negligentes (*tort of negligence*) e a tutela da pura perda económica (*pure economic loss*)[2153], embora a doutrina da *consideration* e da *privity* tendem, ainda hoje, a dissipar o âmbito de sobreposição das modalidades consideradas[2154].

Retrata, em grande detalhe, a evolução histórica da figura do concurso o discurso de Lord GOFF OF CHIEVELEY, em 1994, no famoso caso *Henderson* v. *Merrett Syndicates*[2155]. Em suma, a *cumulação* de responsabilidades assenta, na generalidade dos casos, tanto (*i*) na existência de um delito autónomo do incumprimento, particularmente nas ofensas pessoais[2156], como no (*ii*) reconhecimento do incumprimento um *dever de cuidado* (*duty of care*). Este último dever (*ii*) surge na presença de uma relação especial (*justified reliance*) entre as partes[2157], com base, em particular, na assunção de responsabilidade por uma delas (*assumption of responsability*). A violação deste dever permite – e aqui se extrai a inovação – reconhecer um fundamento de responsabilidade delitual concomitante ao incumprimento

[2153] Dá conta desta evolução MADELEINE VAN ROSSUM, *Concorrency*, 541 e ss. Aqui reside o ponto de maior controvérsia quanto ao reconhecimento de uma situação de concurso. Com uma compilação de decisões jurisprudenciais favoráveis e desfavoráveis à *concurrent liability*, v. ANDREW BURROWS, *Solving the problem of concurrent liability*, 116 e respetiva nota 26.

[2154] A doutrina da *consideration* implica que uma promessa só é vinculativa se a contraparte prometer ou realizar algo em troca. Por sua vez, a doutrina da *privity* delimita o âmbito subjetivo de vinculação ao débito e ao crédito às partes contratantes. Cf., em linha, RUBEN DE GRAAFF, *Concurrent*, 722. Entre nós, desenvolvidamente, v. BARRETO MENEZES CORDEIRO, *Direito Inglês dos Contratos I; Formação, Conteúdo e Vícios*, AAFDL: Lisboa (2017), 61 e ss.

[2155] (1994) UKHL 5 (25-Jul-1994). Com análise deste caso e referências bibliográficas completas, v. ANDREW BURROWS, *Solving the problem of concurrent liability*, 114 e respetiva nota 20.

[2156] Essa autonomia justifica, como dá nota TONY WEIR, que o corte de eletricidade do locado pelo senhorio não seja fundamento de responsabilidade delitual; *Complex liabilities*, 71.

[2157] Em linha, KEN OLIPHANT, *Basic Questions of Tort Law from a Comparative Perspective* (HELMUT KOZIOL ORG.), Jan Sramek: Viena (2015), 383. A concretização dos fundamentos deste dever revela-se uma das questões mais complexas neste sistema. Neste ponto, destaca-se, aliás, a existência de uma fórmula matemática, atribuída a LEARNED HAND (B =PL), a qual tem, por referência a relação entre o investimento na prevenção (B) e o produto da probabilidade (P) e magnitude (L) do prejuízo resultante do acidente. Se o custo da prevenção for igual ao superior ao do acidente, então, o lesante não pode ser responsável; cf. G.E. VAN MAANEN e JAAP HAGE, *Introduction to Law*, Springer: Nova Iorque (2014), § 12 (Tort Law), 107-108.

contratual, exercível por referência a um princípio de *opção* (*principle of election*) do lesado[2158].

Neste sentido, entre as inúmeras decisões das instâncias inglesas, podemos destacar aquela que teve lugar em 1979 e opôs *Midland Bank Trust Co. Ltd.* v. *Hett, Stubbs & Kemp*[2159]. Nesta ação o juiz Oliver J. decidiu que um solicitador pode ser responsável contratual ou delitualmente perante o seu cliente, para efeito de aproveitamento do prazo de prescrição mais favorável ao lesado. Antecederam-se outras decisões[2160], mas foi esta – cuja fundamentação detém extensa e pormenorizada análise da matéria – que sedimentou o entendimento de outras posteriores. Aliás, são manifestas as réplicas deste entendimento (e daquela decisão) noutros

[2158] Tentou-se, aliás, embora sem grande sucesso, apelar a uma combinação híbrida de regimes, por não se considerar a opção do lesado limitada a um dos regimes, desnecessariamente excludentes; cf. Tony Weir, *Complex liabilities*, 70.

[2159] [1979] Ch. 384. Dário Moura Vicente destaca também outras decisões, anteriores a esta (*Direito Comparado*, II, 526). V., ainda, as referências bibliográficas deste A. (*idem*, 526-527, nota 1984).

[2160] Veja-se, por exemplo, o caso *Hedley Byrne & Co. Ltd.* v. *Heller & Partners Ltd.*, em 1964 (AC 465, HL). Neste caso, o lesado celebrava contratos em nome de terceiros, em operações de crédito, na qual assumia o risco de incumprimento. Para mitigar esta possibilidade, solicitou uma referência de «bom crédito» à firma Heller & Partens, a qual, para além de ser favorável à solvabilidade dos contraentes, excluía, no clausulado, a respetiva responsabilidade pela informação prestada. Confiando naquela informação, o lesado sofreu graves prejuízos económicos, quando um cliente se tornou insolvente. O tribunal considerou que a informação prestada negligentemente (por violação do dever de cuidado) gera um delito, o qual não se encontra excluído por aquela cláusula. Por sua vez, no caso *Esso Petroleum Co. Ltd.* v. *Mardon*, em 1976 (QB 801), o Autor dedicou-se a explorar uma estação de serviço, tal como aconselhado pelo Réu com base numa estimativa de lucros que este lhe prestara. Demonstrou-se que esta recomendação foi manifestamente infundada e prestada com negligência. A não obtenção dos proveitos expectáveis permitiu ao *Court of Appeal* responsabilizar o réu numa situação pré contratual com base em *tort* e no contrato, por não ter atuado com o cuidado devido. Dois anos volvidos, o mesmo tribunal, no caso *Batty* v. *Metropolitan Property Realisations Ltd.* (Q.B. 554), admitiu a extensão da concorrência de responsabilidades a um sujeito não profissional pelo arrendamento de uma casa sem condições de habitabilidade. Com análise destes casos, v. Jeremy Phillips, The *concurrence of remedies in contract and tort*, Irish Jurist, 12 (1977), 234-242, e Dário Moura Vicente, *Direito Comparado*, II, 526-527 (nota 1984).

países de *Common Law*, nomeadamente na Irlanda[2161], Canadá[2162], Nova Zelândia[2163], Austrália[2164] e África do Sul[2165].

A vantagem para o lesado em *optar* pela via de responsabilidade (delitual ou obrigacional) que melhor lhe convier tem por base as diferenças de regime das modalidades em causa. Cumpre apurá-las. Resumidamente – porquanto um elenco exaustivo justificaria uma investigação autónoma nesta matéria[2166] – podemos apontar, como diferenças principais de regime, (*i*) o interesse indemnizatório em causa, já que a vertente obrigacional visa a tutela do interesse de cumprimento (*expectation interest*), contrariamente ao plano delitual, destinado à manutenção do estado de coisas na ausência do delito (*reliance interest* ou *status quo*); (*ii*) em sede do nexo delimitador de responsabilidade, afirma-se que os prejuízos delituais devem ser razoavelmente previsíveis

[2161] Destacamos o caso *Finlay v. Murtagh* [1979] I.R. 249, no qual o Supremo Tribunal Irlandês admitiu a coexistência de responsabilidade delitual e obrigacional de um solicitador perante o seu cliente.

[2162] Confira-se a decisão do Supremo Tribunal do Canadá no caso *Central Trust Co.* v. *Rafuse* (1986) 31 D.L.R. 4th 48. Sobre a nova tendência, v. Michael Bridge, *The Overlap of Tort and Contract*, 907, McGill Law Journal, 27 (1982), 873-914 (907); Bran Morgan, *The Negligent Contract-Breaker*, Canadian Bar Review, 229 (1980), 299-318 (318); Christine French, *The Contract/Tort Dilemma*, Otago Law Review, Vol. 5, n.º 2 (1983), 236-315 (300-304). Dá nota de ser este o entendimento que triunfa na província da Ilha do Príncipe Eduardo, Tony Weir, *Complex liabilities*, nota 336.

[2163] V., entre outras, a obra monográfica de Christine French, *The Contract/Tort Dilemma*, 288 (maxime, 314-315), com pesadas críticas à decisão do *Court of Appel* em *McLaren Maycroft & Co* v. *Fletcher Development Co Ltd*, em 1973 ([1973] 2 NZLR 100 (CA). Nesta decisão, responsabilizaram-se os engenheiros pela falta de supervisão de escavações num contrato celebrado entre a entidade empregadora (uma empresa de construção) e um terceiro. Os defeitos foram detetados após o terreno ter sido vendido e edificado. Para evitar o decurso do prazo prescricional da responsabilidade contratual, a empresa fundamentou pedido de indemnização contra os engenheiros em causa na modalidade delitual, não prescrita. O tribunal rejeitou a fundamentação delitual da pretensão (embora estivessem cumpridos os requisitos para a sua formação), dada a existência de uma relação contratual à data dos factos. Em 1992, numa decisão polémica pelos seus contornos, entendeu-se que um engenheiro que projeta e supervisiona, por mera gentileza, a construção de uma via de acesso ingreme a uma casa é responsável por ambas as modalidades de responsabilidade pela inadequação da obra (*Rowlands v. Collow*, 1 NZLR 178).

[2164] Cf. a decisão do Pleno das secções do Supremo Tribunal de Victoria no caso *Macpherson & Kelley v. Kevin J. Prunty & Associates* [1983] 1 V.R. 573. V., também, Christine French, *The Contract/Tort Dilemma*, 305-307.

[2165] Com referência a uma importante decisão de 1924 do respetivo tribunal supremo, à data; cf. Tony Weir, *Complex liabilities*, nota 336.

[2166] Cf. Madeleine Van Rossum, Concurrency, 542-544, e Andrew Burrows, *Solving the problem of concurrent liability*, 107-108.

(*reasonably foresseable*), já os contratuais apenas razoavelmente contemplados (*reasonably contemplated*); e, ainda, (*iii*) existem diferentes prazos prescricionais associados. Em especial, no que respeita (*iv*) às áreas de responsabilidade, sedimenta-se uma perniciosa distinção no âmbito da *responsabilidade civil profissional*, de interesse geral (no âmbito dos designados *common callings*): a responsabilidade dos advogados, corretores de bolsa e arquitetos, é exclusivamente obrigacional, contrariamente à responsabilidade civil dos médicos, onde se permite o concurso daquele título com o delitual[2167].

Sem prejuízo, as especificidades do sistema inglês conduziram a várias tentativas de compatibilização do modelo de cumulação com as restrições existentes. O entendimento de ANDREW BURROWS é o mais expressivo nesta matéria[2168]. Com base nos contributos de TONY WEIR, aquele Autor defende um modelo de opção do lesado, com uma tríplice restrição: resumidamente, aquela escolha é limitada de acordo com o (*i*) *princípio da independência*, na qual a pretensão delitual não autónoma do contrato cede perante a pretensão obrigacional; o (*ii*) *princípio da exclusão*, caso em que a limitação convencional da responsabilidade delitual deve ser sempre respeitada; e, ainda, pelo (*iii*) *princípio anti-circulatório*, prevenido essencialmente o conflito entre o dever de prestar e o de restituir.

b. [*Estados Unidos da América*] Nos Estados Unidos, nas relações entre privados (*private parties*) e no contexto da mesma ação de responsabilidade é comum o apelo a fundamentos simultaneamente referentes à violação do

[2167] Neste sentido, TONY WEIR, *Complex liabilities*, 71 (e respetiva nota 342), e ERWIN DEUTSCH, *Zum Verhältnis von vertraglicher und deliktischer Haftung*, 28. Este último Autor, marcadamente influenciado pelo sistema de *Common Law*, clarifica o escopo das responsabilidades: o título obrigacional (contratual) destina-se às ofensas da propriedade e em direitos, contrariamente à modalidade delitual, a qual se preocupa, por sua vez, com homicídios e ofensas corporais. Quando estejamos perante uma ofensa simultaneamente contratual e delitual – a qual o A. radica apenas na ofensa à propriedade ou direitos conexos, ofensiva dos bons costumes (§ 826 BGB) –, deve ser dada precedência ao título obrigacional, o qual é apto a conferir uma proteção superior ao lesado, prevalecendo, por este motivo (*idem*, 35). Todavia, com HANS-JÜRGEN AHRENS, em *Deliktrecht*, § 44, 260, invoca, por princípio, a independência de todas as pretensões.
Sobre o conceito de «common calling» v., ainda, C.R. SYMMONS, *The Problem of the Applicability of Tort Liability to Negligent Mis-statements in Contractual Situations: A Critique on the Nunes Diamonds and Sealand Cases*, McGill Law Journal, Vol 21, (1975) 79-112, (79, 98).

[2168] ANDREW BURROWS, *Solving the problem of concurrent liability*, *passim* (*maxime* 110-112).

contrato (*breach of contract*) e à prática de um delito (*tort*)[2169]. Insiste-se: não se almejou, contudo, qualquer consenso relativamente às soluções a considerar, fora de uma análise casuística[2170]. Em todo o caso, o concurso (efetivo) considerado permite o aproveitamento das assimetrias daquelas vias de responsabilidade, em particular a tutela dos danos punitivos (*punitive damages*) e dos danos imprevisíveis, indisponíveis pela via obrigacional, segundo a doutrina da previsibilidade (*doctrine of foresseability*)[2171].

O método estado-unidense é tipicamente casuístico, em resultado do sistema de precedente que consagra. Centra-se, por outro lado, na distinção dos campos em que opera a responsabilidade obrigacional (*contract law*) e a delitual (*tort law*).

> Condensa exemplarmente esta realidade a descrição de Tony Weir da decisão norte-americana típica, a qual é «[the] *least conceptual in method and most functional in aim*»[2172].

Historicamente, a figura do concurso emerge de uma situação de transgressão (*tresspass*), tutelando interferências *diretas* na pessoa, terras e bens do lesado. Com este ímpeto, rapidamente surgiu a necessidade de tutelar interferências *indiretas*, particularmente aquelas criadas no contexto de confiança, nas quais o lesado cometeu ao lesante o destino da sua propriedade ou da sua pessoa. Estes casos são designados por *trespass on the case* (ou *case*) e *action on the case* e incluem todas as formas de interferência *indireta*.

[2169] Sobre o conceito, v. R. W. Lee, *Torts and Delicts*, Yale Law Journal, Vol. XXVII, n.º 6 (Abril, 1918), 721-730 (724). Existem também figuras de difícil qualificação, tal como sucede na aplicação do princípio legal da *promissory estoppel*, o qual proíbe o rompimento de promessas na qual a contraparte tenha legitimamente confiado; cf. Michael D. Green/W. Jonathan Cardi, *Basic Questions of Tort Law from a Comparative Perspective* (Helmut Koziol Org.), Jan Sramek: Viena (2015), 383. No que respeita às pretensões emergentes da *innocent misrepresentation* e a crítica da sua qualificação como contratual, v. Alfred Hill, *Breach of contract as a tort*, Columbia Law Review, Vol. 74, n.º 1 (Jan. 1974), 40-51.

[2170] A dificuldade é, aliás, histórica, como dá nota Tony Weir, *Complex liabilities*, 71 (nota 71), em linha com Prosser.

[2171] Brian R. Levey, *Tortious Government Conduct and the Government Contract: Tort, Breach of Contract, or Both*, Public Contract Law Journal 22, n.º 4 (1992-1993), 706-756 (708, 7010 e notas 22 e 23) e Robert Cooter, *Unity in Tort, Contract, and Property, The Model of Precaution*, California Law Review, Vol. 73, n.º 1 (Jan. 1985), 1-51 (43).

[2172] Tony Weir, *Complex liabilities*, 72.

No caso *Ricker v. Freeman* (1870)[2173], considerou-se que, se a força lesiva inerente à situação de responsabilidade cessou *antes* de o dano se produzir, o efeito é apenas *mediato* e o mecanismo apropriado é, portanto, o *trespass on the case*. O exemplo tipicamente apontado para distinguir os casos de *tresspass on the case* e o de *action on the case* é o da pessoa atingida por um tronco que é negligentemente atirado para a estrada onde se encontra (*trespass*), por oposição àquela em que se sofre danos apenas por ter tropeçado neste, já imobilizado (*action on the case*).

Aqui entende-se maioritariamente que o lesante pode ser responsabilizado pela via delitual (*tort*) ou pelo incumprimento contratual (*breach of contract*). Em casos residuais, permite-se que o fundamento delitual prevaleça, consumindo o obrigacional, invocando-se que aquele constitui o *núcleo fundamental* da fundamentação da pretensão (*gravamen of the claim*[2174]). Para tal, importa, a um segundo nível, distinguir, com um certo artificialismo, entre a falta de cumprimento (*nonfeasance*) e genericamente o «cumprimento defeituoso» (*misfeasance*)[2175]. No primeiro caso, prevalece a responsabilidade obrigacional, contrariamente ao segundo caso em que a competição de responsabilidade é admitida entre as modalidades obrigacional e delitual, com exceção das ofensas corporais, caso em que (por especialidade) apenas se aplica o título delitual[2176].

Veja-se, a título exemplificativo, o caso *Thomas A. Whittaler* vs. *Edward E. Collin*, de 01-Dez-1885[2177], no qual o Supremo Tribunal do Minesota decidiu que a essência da ação (*the gist of the action*) num caso de responsabilidade civil médica é o incumprimento do contrato, cuja via prevalece,

[2173] 50 N.H. 420, 428 (N.H. 1870).

[2174] Em linha, Dário Moura Vicente, *Direito Comparado*, II, 527, citando a decisão do Supremo Tribunal da Califórnia, no caso *Comunale* v. *Traders General Insurance Company* de 1958 (328 P. 2d 198). A expressão «gravamen» não é corrente, mas tem um significado jurídico próprio. Com pesadas críticas a este método, o qual resvala para a pura arbitrariedade ao não apontar o critério que dita a prevalência do fundamento delitual, cf. Tony Weir, *Complex liabilities*, 72.

[2175] Estes conceitos diferem, por sua vez, dos casos de *malfeasance*, no qual existe uma atuação dolosa ilícita. A bitola da vontade do lesante é determinante para a separação dos conceitos, os quais, frisa-se, não se integram diretamente nos nossos quadros conceptuais.

[2176] Erwin Deutsch, *Zum Verhältnis von vertraglicher und deliktischer Haftung*, 28; Cavanillhas Múgica e Isabel Fernandez, *La concurrencia*, 78; e Peter Schlechtriem, *The Borderland of Tort and Contract*, 470, Brian R. Levey, *Tortious Government*, 709.

[2177] 34 Minn. 299 (1885)

diferentemente dos casos em que a ação é puramente delitual, embora o contrato possa ter (apenas) contextualizado ou produzido a oportunidade para cometer o delito.

2.3. A receção no Direito Português

I. A teoria do cúmulo é aquela que recolhe o maior apoio doutrinário em Portugal, contrariando, por sinal, o entendimento generalizado ao nível das nossas instâncias, onde ainda predomina a teoria francesa do *non-cumul*, como visto[2178]. Pois bem, a importação do plano alemão do concurso de pretensões é manifesta, entre nós. Curiosamente, nota-se neste campo um abandono do entendimento tradicional além-Reno (*i.e.*, do concurso de pretensões em sentido estrito, *Anspruchskonkurrenz*): a generalidade dos Autores portugueses prefere a vertente mais recente daquele modelo, ou seja, um concurso de fundamentos de uma mesma pretensão (*Anspruchsgrundlagenkonkurrenz*).

2.3.1. Quanto ao objeto da teoria do cúmulo: do *concurso de pretensões* ao *concurso de fundamentos de uma mesma pretensão*

II. [*concurso de normas e/ou de pretensões*] O concurso efetivo das normas de responsabilidade pode ser considerado, quanto ao seu objeto, por referência às pretensões das quais o lesado é titular. Já nos debruçámos sobre o entendimento de VAZ SERRA[2179], acérrimo defensor da autonomia das pretensões indemnizatórias reconhecidas ao lesado. Não é, felizmente, uma posição isolada.

Seguiram os passos de VAZ SERRA, embora recentrando o modelo a um concurso de normas (apenas) e outros a um de pretensões, *inter alia*[2180],

[2178] Cfr., *supra*, § 17; 1.2.

[2179] Cfr., *supra*, § 16; 4.

[2180] V., ainda, o entendimento de FERNANDO OLIVEIRA E SÁ, *Contrato e liquidação de dano de terceiro*, 221, no contexto da liquidação do dano de terceiro, pelo próprio terceiro (a título delitual e contratual), como vimos. Por sua vez, TIAGO HENRIQUE SOUSA, *Da responsabilidade civil dos gerentes e administradores das sociedades comerciais, perante os credores sociais, por violação de normas de proteção, no direito português*, RFDUL/LLR, LXIV (2018.2), 137-168 (147-148), sustenta a existência de um «concurso de pretensões indemnizatórias concorrenciais entre si com duas previsões de ilicitude distintas», no qual «o lesado pode optar por ceder ou remitir, cada uma destas, mantendo-se a outra pretensão indemnizatória ativa». No plano processual, em consequência, o A. defende que as pretensões correspondem necessariamente a duas ações distintas, pese embora «a procedência de uma das ações oblitera, de efeito útil, a outra.» (*idem*, 148).

Pessoa Jorge, Antunes Varela, Eduardo Santos Júnior, Figueiredo Dias e Sinde Monteiro[2181], Maria Graça Trigo, Dário Moura Vicente, Rui Ataíde e Catarina Monteiro Pires. Vejamos, no essencial, a posição de cada um destes Autores.

a. Pessoa Jorge afirma, no contexto da distinção entre as responsabilidades obrigacional e delitual, que «nada impede, além disso, que se cumulem as duas responsabilidades, emergentes do mesmo facto»[2182], indiciando, por sinal, a possibilidade de o lesado instaurar uma *ação duplamente fundamentada*.

b. Antunes Varela, distinguindo com a sua habitual mestria o concurso de um único responsável dos demais, admite (para o primeiro caso) «que tão fundada é a pretensão do lesado que visa um outro efeito próprio

[2181] Referiremos estes AA., *infra*, no contexto da responsabilidade civil médica. Sem prejuízo, também admitindo expressamente a «coexistência de ambos os tipos de responsabilidade», v., ainda, no geral, Miguel Teixeira de Sousa, *O concurso*, 136, e Catarina Salgado, *A responsabilidade civil por conduta médica – Alguns subsídios*, Comemorações do Aniversários do Código Civil Português, Vol. I (Coord. António Menezes Cordeiro), Almedina: Coimbra (2019), 185-200 (191). É, aliás, maioritária a doutrina que nega a teoria do não-cúmulo no contexto da responsabilidade civil médica, contrariando a jurisprudência sedimentada neste plano. Neste sentido, conta-se ainda, num modelo próprio, embora aproximado, Cláudia Monge, *Responsabilidade civil na prestação de cuidados de saúde nos estabelecimentos de saúde públicos e privados*, Responsabilidade na prestação de cuidados de saúde (Coord., Carla Amado Gomes, Miguel Assis Raimundo, Cláudia Monge), ICJP, 18 de dezembro de 2013, publicação online (consultado a 31-Jan-2022), 26-59 (26 e ss.), *Contributo para o estudo do Direito da saúde: a prestação de cuidados de saúde*, FDUL: Lisboa (2002), 192, *Responsabilidade médica em hospitais públicos e hospitais privados*, Responsabilidade civil em saúde, Instituto Jurídica da FDUC, Simões & Linhares, Lda.: Coimbra (2021), 59-82 (78); Rui Torres Vouga, *A Responsabilidade Médica (decorrente de actos médicos praticados em hospitais públicos)*, CEJ (Junho 2018), disponível online (consultado a 31-Jan-2021), 69-70; Nuno Pinto de Oliveira, *Ilicitude e culpa na responsabilidade médica*, 32-33, 37-43 (veremos melhor a posição deste A., *infra*; Filipe Albuquerque Matos, *Responsabilidade civil médica: breves reflexões em torno dos respetivos pressupostos, Acórdão do Tribunal da Relação do Porto de 11-Set-2012*, Cadernos de Direito Privado, n.º 43 (julho-setembro 2013), 48-71 (63-65), *Traços distintivos e sinais de contacto entre os regimes da responsabilidade civil contratual e extracontratual. O caso particular da responsabilidade civil médica*, Lex Medicinae, Ano 12 – n.os 23-24 (2015), 25-54 (17-21); André Gonçalo Dias Pereira, *Direitos dos pacientes e responsabilidade médica*, 749-753; Luís Filipe Pires de Sousa, *O ónus de prova na responsabilidade civil médica, questões processuais atinentes à tramitação deste tipo de acções (competência, instrução do processo, prova pericial)*, 6 (publicação *online*, consultada a 31-Jan-2021). Para Moitinho de Almeida, a «ofensa de direitos absolutos constitui igualmente o seu autor em responsabilidade extracontratual», pese embora a existência de uma base contratual que vincule os sujeitos; *A Responsabilidade Civil*, 327 e ss. (v., ainda, este Autor em *A responsabilidade civil do projetista e o seu seguro*, Separata do BMJ 228, 1973, *maxime* 36-37).

[2182] Assim entendemos o entendimento do saudoso Professor, em *Direito das Obrigações*, 66, 205, 365, *Ensaio*, 41 (onde consta a frase citada), 149, 365.

da responsabilidade contratual ou da responsabilidade extracontratual, desde que o pedido seja realmente coberto pela disposição legal que ele invoca, há que reconhecer-lhe a plena libertação legal que ele invoca, há que reconhecer-lhe plena liberdade de agir, correndo o correspondente risco da opção que faça»[2183].

c. Eduardo Santos Júnior[2184] assume uma posição própria nesta matéria, a qual ainda se enquadra na teoria do cúmulo: acompanha inicialmente a teoria da opção, em linha com o entendimento de Antunes Varela, mas permite ao lesado fundamentar o seu pedido em ambas as formas de responsabilidade. Neste último caso, o A. defende que, em sede da fundamentação judicial do direito à indemnização e, perante a ausência de qualquer ordem de prioridade determinada pelo autor quanto aos fundamentos da demanda, «competirá ao tribunal decidir o regime que, no caso, deve prevalecer ou consumir o outro, se algum alcance prático ainda daí resultar, na opção um ou outro regime, na decisão da causa» (*idem*, 281-282). Esta possibilidade apenas é enquadrável pela admissão deste tipo de relação entre as modalidades de responsabilidade em causa, pese embora, e este aspeto é de notar, o A. não apresente qual o critério determinante para essa relação, não sendo legítimo concluir, sem mais, qual o regime que prevalecerá (se o delitual ou o obrigacional).

d. Figueiredo Dias e Sinde Monteiro, no contexto da responsabilidade civil médica, apontam coexistir a ilicitude delitual e a obrigacional. Exemplificam com o caso peculiar do «cirurgião que deixa um objecto estranho no corpo do paciente». Para os ilustres Professores, na ausência de uma norma que regule a matéria, a «solução natural» é o da «concorrência (*rectius*, cúmulo) de responsabilidades»[2185].

e. Maria Graça Trigo admite a existência de um *concurso* de (*i*) *pretensões* com (*ii*) *distintos fundamentos*, quando dois danos resultantes do mesmo facto ilícito se subsumem de forma disjunta a dois tipos

[2183] Em *Das Obrigações*, I, 522, 636-637 (onde consta a frase mencionada), 939-941. V., ainda, o A., em anot. ao ac. 25-Mai-1985 (RLJ Ano 123, n.º 3796 a 3799), 251-256 e 278-281 (254, nota 2), onde afirma «[n]ada obsta, com efeito, a que *o mesmo ato* dê origem simultaneamente a responsabilidade *contratual* e a responsabilidade *extracontratual*, consoante o prisma sob que é examinado, sem nenhuma consumpção jurídica de uma pela outra».

[2184] Assim, enquadramos o entendimento do saudoso Professor. O A. toma posição em *Direito das Obrigações*, 281-282; em *Responsabilidade*, 212-213 (nota 724) enquadra a questão, mas não opta por uma das soluções que apresenta.

[2185] *Responsabilidade médica em Portugal*, BMJ 332 (1984), 21-79 (39-40).

de responsabilidade distinta. A Autora recorre ao seguinte exemplo: «ao realizar a prestação de um contrato de prestação de serviço de montagem de uma instalação elétrica numa fábrica, os empregados do devedor atuam negligentemente, não realizando devidamente a prestação devida (a instalação elétrica fica mal feita) e, por causa disso, causando danos a outros bens do credor (propaga-se um incêndio ao edifício, maquinaria e material armazenado)»[2186]. Para a Autora, os «*autênticos casos de concurso de responsabilidade*» surgem apenas quando são aplicáveis ambas as modalidades «*em relação aos mesmos danos*»[2187]. Adentro da tese do cúmulo, a Autora opta pelo *regime da opção*, em bloco, do regime da responsabilidade, sem prejuízo da possibilidade de o lesado formular um pedido subsidiário[2188].

f. DÁRIO MOURA VICENTE rejeita a aplicação prevalente de uma modalidade de responsabilidade sobre a outra (por especialidade ou consumpção) fundamentalmente em virtude de uma avaliação sistemática, prevenindo a injustiça inerente a uma tutela assimétrica do credor perante um lesado somente a título delitual e, por fim, por conformar o contrato como um instrumento de reforço do dever geral de respeito. Adentro da tese do cúmulo (a qual também designa de concurso real), é apologista da combinação dos regimes das modalidades em causa[2189].

g. RUI ATAÍDE, corroborando o entendimento de VAZ SERRA, entende que o «concurso de títulos de imputação» permite ao lesado «escolher os meios de um ou de outro regime ou, inclusive, ambos, conforme o sistema que mais lhe convenha, esvaziando, assim, o dilema de a disciplina da responsabilidade delitual que alberga os bens de personalidade lhe ser, como se sabe, globalmente menos favorável»[2190].

h. CATARINA MONTEIRO PIRES rejeita, no geral, a existência de uma hierarquia entre as modalidades de responsabilidade no contexto do concurso de pretensões emergentes da venda de bens onerados, de bens

[2186] *Responsabilidade civil delitual por facto de terceiro*, 238, 257-259.

[2187] *Responsabilidade civil*, cit., 23-25, 258.

[2188] Na qualidade de Relatora de vários acs. do STJ, não tem sido isto o entendimento que propugna: v. a título exemplificativo, o entendimento da ilustre Professora enquanto relatora do ac. do douto tribunal de 22-Mar-2018: pelos danos resultantes de perfuração do colon do paciente num exame a que este fora submetido, decidiu-se que prevalecia a responsabilidade contratual sobre a via delitual; noutro ac. (30-Jan-2019, analisado *infra*), vingou o modelo do concurso de fundamentos de uma mesma pretensão.

[2189] Em *Da responsabilidade pré*-contratual, 232, 712 e em *Direito Comparado*, II, 524-525.

[2190] *Responsabilidade*, 1003-1004 e em *Poder paternal*, 406-408. Recentemente, v. o Autor em *Direito dos Contratos II, Contrato de depósito*, AAFDL: Lisboa (2021), 31 e respetiva nota 26.

defeituosos, da *culpa in contrahendo* e do erro sobre o objeto ou sobre a base do negócio. Ao abrigo da autonomia privada, reconhece liberdade de escolha do meio adequado em concurso, dentro de dois limites, designadamente o da boa fé (762.º/2) e o do abuso do direito (334.º)[2191].

III. [*concurso de fundamentos ou de normas de uma mesma pretensão*] Num sentido maioritário entre nós (e a ganhar cada vez mais adeptos), cumpre ainda considerar o entendimento, adentro da tese do cúmulo, que nega a coexistência de várias pretensões, também marcadamente influenciada pela evolução mais recente do modelo alemão: trata-se da figura do concurso de fundamentos de uma mesma pretensão (*Anspruchsgrundlagenkonkurrenz*) ou de normas (*Anspruchsnormenkonkurrenz*), por nós já conhecido[2192].

Favoráveis a este entendimento, consta a maioria da nossa doutrina adepta da tese do cúmulo, tal como, entre outros, BAIÃO DO NASCIMENTO, CARLOS MOTA PINTO, RUI DE ALARCÃO, PINTO MONTEIRO, FERREIRA PINTO, JOÃO ÁLVARO DIAS, PEDRO ROMANO MARTINEZ, MAFALDA MIRANDA BARBOSA e NUNO PINTO DE OLIVEIRA.

Vejamos a posição de cada um destes Autores, ainda que numa exposição novamente condensada a alguns aspetos essenciais.

a. Num estudo monográfico datado de 1971, BAIÃO DO NASCIMENTO defendeu existir um concurso de fundamentos a uma só pretensão de indemnização no que respeita à qualificação simultânea da responsabilidade do arrendatário pelas deteriorações ilícitas a título obrigacional e delitual (483.º e 798.º)[2193]. O Autor adere, manifestamente, à teoria do concurso de fundamentos da mesma pretensão, apelando, no entanto, à possibilidade de o lesado combinar os aspetos de ambos os regimes. Para esse efeito, invoca a existência de dois critérios orientadores, nomeadamente (*i*) o titular da presentação não poder ficar em situação pior do que aquela que resultaria da invocação de apenas um fundamento e (*ii*) que essa combinação deve respeitar a finalidade dos regimes concorrentes[2194].

[2191] *Aquisições de empresas*, 103-104.

[2192] Cfr., *supra*, § 17; 2.1.3.

[2193] *Do Concurso*, 41.

[2194] *Do Concurso*, 75-77, 80-81. Ao definir o concurso de pretensões na perspetiva de GEORGIADES, considera coexistirem de várias pretensões que visam o mesmo sim, mas – e este é o aspeto fundamental – estas não podem ser *somadas*, sendo exercidas meramente em alternativa. Assim, o A. identifica o concurso de pretensões (no âmbito do conflito de normas) como *meramente alternativo*.

b. CARLOS MOTA PINTO reconhece inicialmente que o dever genérico de *neminem laedere* é absorvido pela via obrigacional, conquanto estejam em causa comportamentos ligados com o fim contratual. Todavia, ressalva posteriormente este seu entendimento ao afirmar que «representando a violação do dever contratual de proteção, simultaneamente um facto ilícito extracontratual, o prejudicado poderá escolher, em princípio, a tutela contratual ou extracontratual, no caso de esta lhe ser favorável quanto a determinados pontos», concretizando posteriormente em nota, se bem entendemos, de que resulta, tal como precisou LARENZ, uma «pretensão unitária várias vezes fundada»[2195].

c. RUI DE ALARCÃO, enquadrando as regras que regem de forma diferenciada as modalidades em causa, admite a existência de um concurso de responsabilidade por um mesmo *facto humano* passível de gerar (note-se) um *dano* qualificável enquanto contratual e extracontratual[2196]. A construção encetada abre o flanco a várias críticas, mas a hipótese considerada é, ainda assim, de louvar. O Autor admite o cúmulo de ambas as responsabilidades, permitindo a invocação simultânea das normas referentes a cada modalidade. Qualifica a sua posição como de *concurso de normas* que fundamentam a pretensão (*Anspruchsnormenkonkurrenz*)[2197], admitindo a sua restrição, quando (*i*) conduza a resultados iníquos, (*ii*) perante a exigência de um grau de culpa qualificado (*v.g.*, 814.º/1, 957.º/1, 1134.º, 1151.º),

[2195] *Cessão*, 411-412 (nota 2 da p. 411). V., ainda, o entendimento deste A., juntamente com CALVÃO DA SILVA, em *Responsabilidade civil do produtor*, O direito, Lisboa, Ano 121, II, (Abr-Jun, 1989), 273-312 (288-289, 308), no qual afirma: «[...] a esta coexistência de ilícitos deve corresponder uma correspondência concorrencial das duas responsabilidades e, consequentemente, o consumidor deve optar entre as responsabilidades contratual e extracontratual, aparecendo na veste de parte contratante ou de simples terceiro lesado».

[2196] *Direito das Obrigações*, 177-181. O A. recorre aos exemplos (1) do transportador que provoca negligentemente um acidente e fere a pessoa transportada; (2) do farmacêutico que entrega ao cliente um produto venenoso; e (3) o do médico que deixa uma compressa no ventre do paciente (*ibidem*). Na primeira edição deste manual (1977-1978), o tema é omisso, já que se remete diretamente para as lições de ANTUNES VARELA. Dão ainda nota vários AA. (entre os quais PINTO MONTEIRO, *Cláusulas*, 429 e JOÃO ÁLVARO DIAS, *Procriação assistida e responsabilidade médica*, Boletim da Faculdade de Direito da Universidade de Coimbra, Stvdia Iuridica, 21, Coimbra, 1996, 229, nota 20) de que foi este o sentido da lição proferida por RUI ALARCÃO no *Cours de III Cycle de la Faculté Internationale de Droit Comparé* (Coimbra, 6-Ago-1980), dedicada ao tema, *Les grandes options de la responsabilite contractuelle (droit portugais)*, cuja lição não conseguimos, infelizmente, localizar, mas da qual entendemos deixar nota.

[2197] Nega expressamente a figura do *concurso de pretensões* (*Anspruchskonkurrenz*); ob. cit., 179 e respetiva nota 2.

extinguindo a pretensão concorrente[2198], e, por fim, (*iii*) perante a cláusula de exclusão ou limitação de responsabilidade (504.º/3 e 809.º), cujo efeito estende ao fundamento concorrente da ação[2199]. Afirma, sumariamente: «[e]xiste uma única ação, a que corresponde no plano material um único direito, que tem como objetivo unitário o respetivo ressarcimento do dano mas que pode, isso sim, ser fundamentada em diversas normas.»[2200]. De forma meritória, apela à consideração do incumprimento (ainda que temporário) em decorrência da prática de um ato ilícito (art. 805.º/2,b)[2201], o que indicia que não se retira ao contraente a defesa geral, decorrente do plano delitual, anterior à regulação obrigacional.

d. António Pinto Monteiro, em sede da violação do dever de proteção contratual, afirma que a hipótese tradicional de concurso «não retira ao dano a sua natureza simultaneamente delitual», aderindo expressamente ao modelo de concurso de normas que fundamentam a mesma pretensão (*Anspruchsnormenkonkurrenz*)[2202].

e. Para Ferreira Pinto, a tese do cúmulo é aquela que melhor se adequa ao enquadramento do concurso, embora na vertente da concorrência de fundamentos para uma só pretensão, em linha com Georgiades. Para o ilustre Professor, «[n]a verdade, custa-nos admitir que dos mesmos factos, praticados por uma única pessoa, resultem para outra várias pretensões tendentes ao mesmo objectivo (a reparação dos danos)»[2203].

f. Sinde Monteiro, em linha com o entendimento de Vaz Serra na admissibilidade do concurso de pretensões, invoca que o «o entendimento

2198 Ob. cit., 180.

2199 Ob. cit., 180-181.

2200 Ob. cit., 179.

2201 Ob. cit., 179.

2202 *Cláusulas*, 429. Afirma, «[n]ão se trata, é bom de ver, de o credor obter duas indemnizações, mas antes de obter uma única, gozando, porém, da liberdade de escolher, para esse efeito, o regime contratual ou o regime extracontratual"', "[n]em se trata, de igual modo, de várias pretensões, mas de uma única pretensão, só que várias vezes fundada (*einen einzigen nur mehrfach begründeten Anspruch*) e, por isso, de um concurso de normas que fundamentam a mesma pretensão (*Anspruchsnormenkonkurrenz*), não de um concurso de pretensões (*Anspruchskonkurrenz*)» (*ibidem*). V., ainda, o ilustre Professor, em *Cláusula Penal e Indemnização*, 713-714, e, recentemente, *Exclusões de responsabilidade na actividade médica*, Responsabilidade civil em saúde, Instituto Jurídica da FDUC, Simões & Linhares, Lda.: Coimbra (2021) 33-59 (50 e ss.).

2203 *O concurso*, 2014-2015. Nega, em particular, a relevância de argumentos lógicos, tal como o da especialidade (adentro da teoria do não-cúmulo). Reconhece, ainda, que esta apenas opera no espaço de incompatibilidade entre as consequências normativas das normas em confronto, *idem*, 2013 (e respetiva nota 246).

correto parece ser o de que estamos perante o *concurso de normas que fundamentam uma única pretensão*»[2204].

g. JOÃO ÁLVARO DIAS, em linha com o entendimento de PINTO MONTEIRO e RUI DE ALARCÃO, aponta existir «uma única ação, a que corresponde no plano material um único direito, fundamentada em diversas normas». Posteriormente, defende que o modelo do concurso de normas é aquele que melhor se adequa ao «princípio do favorecimento da vítima»[2205].

h. PEDRO ROMANO MARTINEZ entende existir um concurso de fundamentos da mesma pretensão mesmo perante a tutela assimétrica de danos *intra rem* e *extra rem*, tendo afirmado «há só uma pretensão com um duplo fundamento»[2206]. O ilustre Autor afasta-se criticamente do modelo da «prevalência da responsabilidade contratual» e baseia-se, em grande medida, nos argumentos de ordem processual: em suma, invoca que a *causa petenti* é única, designadamente o dano, e inexiste uma cumulação múltipla de pedidos correspondentes a várias pretensões.

i. MAFALDA MIRANDA BARBOSA defende, atendendo a uma noção conceptual restrita de ilicitude, na qual o delito envolve a violação de um direito absoluto e o incumprimento a do direito de crédito, inexistir uma relação de especialidade entre as modalidades em causa[2207]. Afasta, por outro lado, a existência de um concurso de normas, invocando a presença de «um concurso de títulos de fundamentação de uma mesma pretensão

[2204] *Rudimentos*, 353. V., ainda, este Autor em anot. ao ac. STJ 12-Nov-1996, RLJ, ano 132 (1999-2000) 90-96 (96) e em *Relatório sobre o programa, conteúdo e métodos de uma disciplina de responsabilidade civil*, Coimbra (1995), 8.

[2205] *Procriação assistida e responsabilidade médica*, 228-236. V., ainda, o Autor em *Culpa médica: algumas ideias-força, Revista Portuguesa do dano Corporal*, n.º 5, ano 1995, 15-46 (15 e ss.). Este princípio é conhecido noutros ordenamentos por *pro damnato* (cfr., *infra*, § 17; 2.2.1. e 2.2.2.). Da nossa parte reservamo-nos a reconhecer este princípio. Levado à letra, este princípio não fundamenta necessariamente o direito de opção pelo lesado entre os regimes em causa, mas apenas a exclusão do regime de responsabilidade que lhe seja menos vantajoso. Essa tarefa é, aliás, exemplarmente desempenhada pelo tribunal, num esforço algo condescendente (cfr., com este alerta, CAVANILHAS MÚGICA, *La concorrência*, 144-145).

[2206] PEDRO ROMANO MARTINEZ, *Cumprimento Defeituoso*, 223-235 (a expressão consta, *idem*, p. 234), entendimento replicado em *Direito das Obrigações-Apontamentos*, 81-85 (*idem*, 84) e *Direito das Obrigações*, 140 (nota 3).

[2207] *Lições*, 20. Em nota (p. 20, nota 20) admite que a relação de especialidade também pode ocorrer para quem inclua no artigo 483.º/1 a violação dos direitos relativos. No mesmo sentido, v. a Autora em *A reforma francesa*, 13-14.

indemnizatória (ou seja, é possível combinar regras das duas modalidades de responsabilidade civil)»[2208].

j. NUNO PINTO DE OLIVEIRA, em sede da responsabilidade civil médica, afirma: «o facto de a responsabilidade civil dos médicos estar simultaneamente próxima do tipo responsabilidade extracontratual e do tipo responsabilidade contratual faz com haja um concurso de normas de pretensão – faz com que haja uma *Anspruchsnormenkonkurrenz*»[2209], posteriormente, aproximando-se do entendimento de HELMUT KOZIOL[2210], nega que esta solução (adentro da tese do cúmulo) seja a única: «deverá determinar-se em cada caso, ou em cada conjunto de casos, se a *solução do cúmulo* faz ou não sentido»[2211].

Recentemente, este entendimento foi, aliás, seguido pelo Supremo Tribunal de Justiça (ac. de 30-Jan-2019, MARIA DA GRAÇA TRIGO).

Naquela decisão, apurou-se a responsabilidade de uma clínica contratada para realizar tratamentos de reabilitação física. No decurso de uma das sessões o lesado sofreu uma queda ao transitar de um local de tratamento para outro, dentro das instalações da clínica. O douto Tribunal considerou: «[d]este modo, não oferece dúvidas que, tal como entenderam as instâncias, nos encontramos perante uma situação que se enquadra tanto no âmbito da responsabilidade civil contratual (por ter ocorrido um cumprimento defeituoso do contrato de prestação de serviço celebrado entre a A. e a 1ª R.), como no âmbito da responsabilidade civil extracontratual (por ter ocorrido a violação de um direito absoluto, o direito à integridade física da A.). Confirma-se assim (o que, aliás, não foi posto em causa pelas partes), verificar-se uma situação de *concurso de fundamentos para a mesma pretensão indemnizatória* da A.». [itálico nosso]

[2208] *Lições*, 19-21.

[2209] *Ilicitude e culpa na responsabilidade médica*, 23. Cf., ainda, o Autor em E*studos*, 37 (nota 60).

[2210] Já exploramos o pensamento deste Autor, enquadrado como uma (pretensa) alternativa ao modelo de concurso de pretensões ou de fundamentos de uma mesma pretensão; cf., *supra*, § 17, 2.1.4.

[2211] Ob. cit., 40.

IV. Numa posição própria, situa-se MIGUEL TEIXEIRA DE SOUSA, como vimos[2212]. O ilustre Professor numa clara evolução do modelo do concurso de pretensões sugere a existência de um *concurso de títulos de aquisição da prestação indemnizatória*. Este entendimento tem por fundamento a teoria do concurso pretensões, *rectius*, o de fundamentos da pretensão (*Anspruchsgrundlagenkonkurrez*), mas nesta não se esgota[2213]. Em suma, parte-se de um conceito próprio de pretensão: em linha com RIMMELSPACHE, o ilustre Professor condensa o conceito de pretensão, adentro do direito subjetivo, em dois elementos, a saber: (*i*) a faculdade tradicional de exigir o cumprimento de uma prestação (*faculdade de exigibilidade*) e (*ii*) no elemento *essencial* de aquisição dessa prestação (*competência* ou *título de aquisição*)[2214]. O primeiro elemento é, na sua construção dispensável (*v.g.*, a obrigação prescrita), o segundo não[2215]. O concurso opera, por sinal, ao nível das *competências de aquisição* de uma mesma *prestação*, negando a prevalência da via obrigacional, por especialidade[2216].

Para efeitos processuais, este modelo leva a que o lesado possa fundar processualmente a sua pretensão ressarcitória em qualquer modalidade de responsabilidade, ou em ambas (*i.e.*, uma verdadeira *alternatividade* entre os fundamentos de procedência da pretensão). Este aspeto é fundamental na conceção do Autor: impera a *liberdade de escolha* que é reconhecida ao lesado na conformação da sua pretensão, já que este – atente-se – pode livremente e de forma alternativa conformação da pretensão do lesado, pela tríade de cenários de fundamentação: *apenas* (1) responsabilidade *delitual*, (2) *obrigacional* ou (3) *ambas*. Cabe, neste último caso (3), ao *lesante* defender-se de *todas* as causas de pedir que fundam o pedido do autor (ou seja, uma cumulação dos fundamentos de improcedência)[2217].

2212 A posição deste A. encontra-se densificada no início da nossa exposição, cfr., *supra*, § 5.

2213 *O Concurso*, 150-151, 159, 216, 330, 313 e ss.

2214 MIGUEL TEIXEIRA DE SOUSA, *Concurso*, 59-60, 77-78. Podemos encontrar um entendimento similar em BAIÃO DO NASCIMENTO, o qual, na sua obra de 1971, distinguia no âmbito do conceito de pretensão, (*i*) a *faculdade de exigir alguma coisa de alguém* e (*ii*) a *de conservar o recebido* (*Do Concurso*, 73).

2215 Ob. cit., 63-69.

2216 Ob. cit., 150-151.

2217 Ob. cit., 248-250.

Este entendimento reúne, hoje, vários seguidores, ainda que com adaptações pessoais, entre os quais se destaca MENEZES CORDEIRO, RUI SOARES PEREIRA[2218] e, se bem confiamos, PEDRO MÚRIAS[2219].

Aprofundemos a posição do primeiro autor mencionado.

MENEZES CORDEIRO inicialmente defendeu a aplicabilidade exclusiva das normas *delituais* perante a violação dos deveres de proteção entre contraentes. Num prisma inicial, a saída da hipótese de concurso para o ilustre Professor resultava na sua simples negação: qualificando-se previamente a responsabilidade em causa como exclusivamente delitual, a via aquiliana (483.º/1) suportava todos os prejuízos inerentes da violação de qualquer direito, pelo que a construção inerente aos deveres de segurança não seria útil no plano português[2220]. Curiosamente, o ilustre Professor carreou a mesma solução quanto aos danos que se processam entre os contraentes *fora* do perímetro contratual. Recuperando o famoso exemplo de POTHIER (da compra da vaca doente que contagia e provoca a morte da restante manada) também defendeu que «há – no que ultrapasse o mau cumprimento da prestação principal – uma comum responsabilidade delitual»[2221]. Pois bem, contrariamente à violação dos deveres acessórios, nesta hipótese de cumprimento defeituoso (ou, na sua terminologia, de cumprimento *inexato*) a admissibilidade do concurso (cumulativo) de responsabilidades (obrigacional e delitual) opera com vista à tutela de danos distintos, conquanto uns *fora* (delitualmente) e outros *dentro* (obrigacionalmente) do perímetro contratual[2222].

[2218] *A Responsabilidade por Danos*, 290.

[2219] Cf. este último Autor, em *Por uma distribuição fundamentada do ónus da prova*, 50 (nota 207), 70 (nota 278), e em *A responsabilidade por actos de auxiliares e o entendimento dualista da responsabilidade civil*, 179 (notas 46 e 47)

[2220] *Da Boa fé*, 639 (cf. o ilustre Professor, em retrospetiva, *Tratado*, VI, 536). Na sua dissertação de Doutoramento, o Autor afirma: «os deveres de protecção visam assegurar que, a coberto de relações obrigacionais ou fatores que, com elas, tenham semelhanças – cada vez mais diluídas, aliás, pela evolução subsequente – os intervenientes se inflijam danos, uns aos outros, nas suas pessoas ou patrimónios. Como é de reconhecimento generalizado, esse âmbito nada tem a ver com os interesses obrigacionais em si: está em causa a protecção geral assegurada pelo Direito, através dos esquemas que, hoje, representam a velha *Lex Aquilia de danno*».

[2221] *O cumprimento e o não cumprimento*, Estudos de Direito Civil, I, Almedina: Coimbra (1994), 134; note-se que o estudo foi publicado inicialmente na Revista da Ordem dos Advogados em 1981.

[2222] Noutro plano, como vimos (cf., *supra*, § 12; 5.3) admitia o concurso, fora do espaço de especialidade, entre a regulação geral da falta de cumprimento pela violação positiva do contrato e o regime dos defeitos na compra e venda (*O cumprimento e o não cumprimento*, 136-137).

Posteriormente veio a reconsiderar o modelo da responsabilidade civil como dualista, cindindo-o a níveis estruturais máximos (o que transparece na adoção do modelo francês da *faute* no campo obrigacional, contrariamente ao modelo germânico na via delitual)[2223]. Hoje, o ilustre Professor abandonou aquela primeira conceção: entende que os deveres acessórios de segurança são o *único* espaço de existência de um *concurso real* com a tutela aquiliana, uma vez que o incumprimento do dever principal absorve (por *consumpção*) em sede obrigacional, as ofensas delituais[2224]. Ora, esta posição não deixa, portanto, de combinar aspetos das teorias do cúmulo e do não cúmulo: em concreto, quanto ao dever de prestação principal, subscreve a teoria do não-cúmulo, seguida exemplarmente por Almeida Costa[2225], quanto aos deveres acessórios de segurança, adere ao entendimento de Miguel Teixeira de Sousa[2226] (adentro, portanto, da *teoria do cúmulo*). A particularidade do seu pensamento deriva, portanto, da circunscrição do espaço do concurso (efetivo), o qual designa

[2223] *Responsabilidade civil dos administradores*, 445 e ss.

[2224] *Tratado*, VIII, 398. Em linha, perante o prejuízo comum, afirmara «[o] concurso entre a responsabilidade contratual e a aquiliana, para ser real, só se põe quando a mesma conduta provoque o mesmo dano, com violação de normas obrigacionais e de deveres genéricos de conduta. Nessa altura, o tipo mais intenso consome o menos intenso, pelo que a solução é obrigacional.»; Parecer de Direito em *A privatização da sociedade Financeira Portuguesa*, Lex: Lisboa (1995), 153.

[2225] Cfr., *Tratado*, VIII, 398 (nota 1391).

[2226] Em *Responsabilidade civil dos administradores*, 491-492, *Tratado*, VIII, 399. O entendimento já foi alvo de críticas, particularmente pela aparente contradição em negar-se a *relação de especialidade* entre as modalidades (a favor do plano obrigacional) e admitir-se, a dois momentos, tanto a (*i*) eficácia externa das obrigações com a inclusão do direito de crédito na tutela delitual, conquanto ficaria reservado para o plano obrigacional o incumprimento do crédito pelo devedor, como (*ii*) a tutela do *dever de prestar* (principal) pelo prisma delitual, contrariamente aos deveres acessórios onde operaria o concurso (v. Mafalda Miranda Barbosa, *A reforma francesa*, 6, nota 8). Não cremos que as críticas sejam devidas: vimos, em primeiro lugar, que a regulação do crédito no prisma delitual não se encontra numa relação de *género e espécie* com o prisma obrigacional: as responsabilidades, no que respeita à tutela do direito de crédito, têm, ao invés, campos de aplicação distintos, apenas (cfr., *supra*, § 17; 1.1); em segundo lugar, no que respeita à tutela do dever de prestar, cumpre ressalvar que até os deveres acessórios são tutelados, no prisma do ilustre Professor, segundo confiamos, em primeira linha, pela via obrigacional apenas (*Tratado*, VI, 532, 535-536, «[o]s deveres acessórios inscrevem-se no conteúdo das obrigações e seguem o seu regime. Há que mantê-los separados da responsabilidade aquiliana, cujo regime é diferente e, em geral, menos favorável para os interesses do credor»). O concurso real, quanto aos deveres acessórios, pressupõe, portanto, uma *ilicitude própria* delitual (por violação do dever absoluto, primariamente, ou da norma de proteção, por sinal), *além* da violação do crédito (de tipo obrigacional) considerada de raiz, termos em que supomos improceder a crítica da especialidade (esta dependente, portanto, de nos referirmos ao mesmo direito de crédito).

de «imputações»[2227], negando que o incumprimento radique, *per si*, uma «violação ilícita de direito alheio» (483.º/1) e rejeitando soluções gerais, fora do plano casuístico[2228].

2.3.2. Quanto aos efeitos: desde a *opção* em bloco pelo regime de uma das modalidades até à combinação *híbrida* dos respetivos regimes

V. Entre os adeptos da teoria do cúmulo, e no que respeita aos seus *efeitos*, cumpre destacar um outro ponto de discórdia. Uma vez que o resultado normativo das várias pretensões não obedece a uma simples operação aritmética de adição, *i.e.*, de *soma de efeitos* – por tal conduzir a um *excesso de ressarcimento* do lesado com a satisfação múltipla dos prejuízos *comuns* – nega-se a relevância de um *cúmulo em sentido estrito* dos títulos de imputação de danos[2229]. Este aspeto é determinante.

Tentou-se, por sinal, reenquadrar este modelo por referência exclusiva aos aspetos processuais: admitir-se-ia uma *cumulação* das modalidades para efeitos de fundamentação do pedido (*a*) numa mesma ação ou (*b*) em várias[2230].

No primeiro caso (*cumulação de fundamentos numa mesma ação*), remete-se a necessidade de indicação da responsabilidade que fundamenta o pedido para a fundamentação da decisão, da competência do tribunal (607.º/3 CPC). Pois bem, neste caso cumprirá posteriormente ao tribunal, em alternativa, (*i*) apurar aquela (única) via que se demonstrou em existir em juízo (caso em o concurso inexiste constitutivamente) ou, estando ambas verificadas, (*ii*) *optar* por uma das várias verificadas ou, ainda, (*iii*) gizar uma combinação *ad hoc* dos regimes (num modelo *híbrido*).

[2227] *Direito das Obrigações*, II, 411-412, *Tratado*, VIII, 736, e em anot. ao art. 563.º, *Código Civil Comentado*, II, 572. Em sentido próximo, senão mesmo equivalente, conformando-o como um «concurso de títulos de imputação», v. Rui Ataíde, *Poder paternal*, 407.

[2228] *Idem*, 492, tendo afirmado «uma resposta apriorística, com base em invocadas regras de "solução" do concurso relevariam uma inversão conceptualista»; no mesmo sentido, *Tratado*, VIII, 399. Sem prejuízo, como vimos, entende que é necessário elaborar uma «teoria do concurso» no plano da responsabilidade civil (*Direito das Obrigações*, II, 412, *Tratado*, VIII, 736).

[2229] Remetemos para as conclusões para as quais pendemos em sede da proibição do excesso de ressarcimento; cfr., *supra*, § 12; 5.2.

[2230] Assim entendemos o entendimento de Pessoa Jorge, *Direito das Obrigações*, 66, 205, 365, *Ensaio*, 41, 149, 365. Dá nota desta possibilidade, sem a ela aderir, Nuno Pinto de Oliveira, *Ilicitude e culpa na responsabilidade médica*, 26.

Qualquer das possibilidades elencada nega que a decisão judicial se funde *globalmente* em *ambas as modalidades*, sem mais.

A segunda possibilidade (*enquadramento do mesmo pedido em várias ações*) apresenta uma complexidade superior, a qual decorre, desde logo, da situação jurídica que preside ao concurso: perante um concurso de pretensões emergentes de um mesmo crédito (como nos parece, no geral) ou um concurso de fundamentos de uma mesma pretensão, a unidade do crédito do qual dependem convoca a aplicação da exceção da litispendência ou a do caso julgado (580.º/1 e 581.º/4 CPC). Diferente solução se impõe perante o entendimento tradicional do concurso de pretensões, entendido como decorrente de créditos distintos[2231].

A solução geralmente apontada reside entre outras duas hipóteses, designadamente (*a*) um modelo de concurso *alternativo* dos regimes (em bloco) em causa (*teoria da opção*) ou (*b*) um que *também* possibilite a *combinação dos efeitos*[2232] (*teoria híbrida*) de ambos, ou seja, uma *cumulação* de efeitos (em *sentido amplo*). Por outras palavras, a tese do cúmulo radica num concurso alternativo entre as modalidades de responsabilidade civil delitual e obrigacional. Em consequência, enquadrando-se a figura enquanto um concurso de pretensões (solução para a qual pendemos), identifica-se rapidamente uma *faculdade* de escolha entre as pretensões à disposição do lesado (ou de fundamentos à mesma pretensão). Pois bem, neste caso resta saber se esta escolha recai (*i*) em *bloco*, pela totalidade de cada um dos regimes ou se, ao invés, é (*ii*) permitido uma escolha dos aspetos mais convenientes de cada regime, num verdadeiro *cherry picking* ou *remedy-shopping* dos elementos de cada uma das modalidades, gerando-se potencialmente um regime *híbrido* de responsabilidade.

Uma das principais vantagens da teoria da opção é (frise-se) a de conduzir ao mesmo efeito da teoria do não-cúmulo, embora por um caminho diferente[2233]: o exercício desta opção leva a que também prevaleça apenas *uma* das responsabilidades concorrentes. Contudo, vinga neste caso um entendimento liberal no qual se atribui ao lesado essa escolha, a qual não é, portanto, heteroimposta em momento prévio pelo sistema legal, tal como sucede ao abrigo da teoria do não-cúmulo.

[2231] Cfr., *supra*, § 17; 2.1.3, c, *infra*, § 18; 3.2.

[2232] Seguimos, por sinal, a qualificação de Baião do Nascimento, *Do concurso de normas*, 83.

[2233] Em linha, Ruben de Graaff e Benjamin Moron-Puech, *Le concours des responsabilités contractuelle et délictuelle*, 75.

Frisa-se um segundo aspeto. A matéria, assim enquadrada, não resolve razoavelmente a questão prévia de saber *quando* se exerce essa escolha e, por outro lado, *a quem* compete essa escolha, ou seja, quem é o titular da faculdade de optar ou de escolher os aspetos do regime entre as entidades possíveis, nomeadamente o *lesado*, o *tribunal* ou (por hipótese) o próprio *lesante*. Quanto ao primeiro aspeto, o momento determinante para o exercício dessa escolha é o do primeiro exercício do poder de exigibilidade, *i.e.*, quando o credor apela ao devedor para cumprir, extrajudicialmente ou judicialmente (com a propositura da ação ou em pedido reconvencional). Porém, nada obsta a que o lesado *altere* posteriormente a sua pretensão, desde que não ofenda a confiança do lesante, no sentido de este já se ter conformado com determinada via (em sede das garantias de defesa). Neste último caso, as regras processuais de alteração do objeto processual (pedido e causa de pedir) quando o lesado figure como Autor em juízo são necessariamente chamadas à colação. Deve-se evitar a todo o custo, como veremos, que através do apelo ao *ius variandi* (no contexto de escolha e modificação da pretensão inerente ao crédito) ou a figuras próximas, o lesado altere a pretensão exercida, potencialmente de forma a evitar os insucessos da sua inicial demanda, socorrendo-se, em nova oportunidade, de uma pretensão concorrente[2234].

Quanto ao segundo aspeto, a doutrina e a jurisprudência têm sido claras em avançar que essa escolha compete, em primeira linha, ao *lesado*[2235]. Todavia – e este aspeto é determinante – reservam que tal faculdade não pode bulir com a competência reconhecida ao julgado de qualificação dos factos carreados na demanda (*iura novit curia*). A matéria tem manifesta natureza *processual*

[2234] Sobre este ponto, v. CATARINA MONTEIRO PIRES, *Aquisições de empresas*, 104. A ilustre Professora considera, aliás, a possibilidade de ser fixado um prazo razoável para ser exercida esta opção, evitando a indefinição da situação do devedor (*ibidem*).

[2235] A natureza relativa daquela competência deriva dos casos em que o lesado se furta ao seu exercício, devendo fazê-lo: pense-se no caso das pretensões visarem a tutela do mesmo prejuízo e este invocou ambas em total paridade. Ora, neste caso, como bem aponta SANTOS JÚNIOR, é ao Tribunal que compete determinar o regime que deva prevalecer e fundamentar a sua decisão (*Direito das Obrigações*, 281-282).

Por oposição, conhecemos apenas um entendimento que nega de raiz ao lesado a escolha pelo melhor fundamento de responsabilidade: para HERMANN EICHLER, apologista da teoria da *subsunção judicial*, cabe apenas ao tribunal esse papel, embora reconhecidamente no âmbito de um concurso fundamentos de uma mesma pretensão, caso em que se permitirá até considerar ambos, se assim for entendido (*Die Konkurrenz der vertraglichen und deliktischen Haftung im deutschen Recht*, AcP, 162, 1963, 420).

Sobre a influência da regra do *non liquet* em matéria de qualificação jurídica, v. PETER ARENS, *Zur Anspruchskonkurrnez bei mehreren Haftungsgründens*, 418.

e corre o risco de ingerência indevida quer na competência do tribunal, quer na igualdade das partes em juízo[2236].

Para um primeiro entendimento, o tribunal detém a última palavra relativa ao enquadramento jurídico do pedido do Autor. Assim, com base na mesma realidade fáctica, o tribunal pode livremente considerar que o concurso radica *noutra* modalidade de responsabilidade civil, por referência àqueloutra invocada pelo lesado. Assim, é o tribunal *quem* opta, ou seja, este não está impedido de «qualificar de modo diverso a *causa petendi*», embora com respeito dos factos alegados pelas partes[2237].

Para outro, encabeçado por VAZ SERRA[2238], a liberdade de qualificação da causa de pedir pelo tribunal, contrariando, por sinal, a do Autor, não permite a *convolação* para outra causa de pedir. Cumpre conciliar a liberdade de opção da parte, *rectius*, do lesado, com a competência do tribunal. Para este efeito, basta perspetivar a competência do tribunal como uma de *aferição*: pergunta-se, a qualificação do Autor, para efeitos da responsabilidade inerente à sua pretensão indemnizatória, é correta? Em caso afirmativo existem consequências diretas associados à procedência do seu pedido, mas sem a possibilidade de o tribunal socorrer-se de *outra* qualificação. Retomaremos este aspeto adiante[2239].

VI. [*teoria da opção*] Numa primeira linha, incumbe ao lesado escolher a pretensão indemnizatória que melhor satisfaça a sua finalidade ressarcitória (ou o fundamento que subjaz à pretensão única, de acordo com o concurso de fundamentos à mesma pretensão). Essa escolha, verdadeiramente alternativa, implica carrear na *globalidade* o regime associado à respetiva modalidade (p. ex., para efeitos de determinação do ónus da prova da culpa, do regime prescricional, da solidariedade dos vários lesantes, *etc.*).

2236 Com estas reservas, cf. MIGUEL TEIXEIRA DE SOUSA, *O concurso*, 288 e ss. Para outros AA., esta competência transforma o concurso para um de tipo consumptivo ou excludente, por oposição ao alternativo (onde o lesado é titular da opção, p. ex., NUNO PINTO DE OLIVEIRA, *Ilicitude e culpa na responsabilidade médica*, 25), mas é solução que não pudemos acompanhar. Afinal, a determinação legal (prévia, *ex ante*) da prevalência de determinada responsabilidade não se confunde com a discricionariedade que seria reconhecida ao tribunal se lhe fosse reconhecida a competência de optar pela via da sua preferência, como veremos, *infra*, § 18, 3.2., c).

2237 JOÃO ÁLVARO DIAS, *Procriação assistida e responsabilidade médica*, 234.

2238 Em anot. ao ac. STJ de 15-Out-1971, Ano 105 (1972-1973), n.os 3466-3489, 217-224 e 230-234 (233).

2239 Cfr., *infra*, § 18; 3.2., c). Condenando uma visão paternalista que negue essa escolha, v. PEDRO MÚRIAS, *A responsabilidade*, cit., 179 (nota 46).

Por outras palavras, a qualificação (pela eleição de determinada pretensão indemnizatória da pretensão ou fundamento que lhe subjaz) realiza-se mediante uma *opção global* por cada modalidade de responsabilidade.

Neste sentido, depõe a maioria da nossa doutrina aderente à teoria do cúmulo, tal como, entre outros, ANTUNES VARELA, C. MOTA PINTO, PINTO MONTEIRO, PEDRO ROMANO MARTINEZ, MARIA DE GRAÇA TRIGO, ANA TAVEIRA DA FONSECA[2240].

O exercício desta opção não implica naturalmente uma renúncia recíproca à pretensão preterida, o que é relevante em caso de improcedência da pretensão eleita. Significa apenas que se opta preferencialmente por uma pretensão determinada, sendo inteiramente possível considerar outra concorrente a título *subsidiário*.

O sistema demarca-se, nesta medida, do modelo de *concurso eletivo* (*elektive Konkurrenz*[2241]), por nós já conhecido, no qual incumbe ao visado a escolha da pretensão aplicável, entre as várias, distintas, conquanto essa *escolha* o vincula por *excluir as demais*[2242]. Neste concurso existe, portanto,

[2240] Por ordem, ANTUNES VARELA, *Das Obrigações*, I, 636-637; C. MOTA PINTO, *Cessão*, 411; PINTO MONTEIRO, *Cláusulas*, 430-431 (e respetiva nota 988), embora admita a possibilidade de o lesado «quiçá, de *cumular*, na mesma ação, regras de uma e outra, à sua escolha»; PEDRO ROMANO MARTINEZ, embora o Autor indicie a preferência por um modelo híbrido, na superação dos conceitos que presidem à distinção entre as modalidades consideradas, «sempre que essa superação seja necessária em benefício da justiça» (*Cumprimento*, 235). Aliás, o ilustre Professor esclarece em nota que a posição de VAZ SERRA, apologista da tese da combinação, consubstancia uma posição não sustentável «na medida em que cada regime tem uma estrutura própria, dificilmente conciliável com tal agrupamento» (*Cumprimento*, 235, nota 811); MARIA DE GRAÇA TRIGO, *Responsabilidade civil delitual por facto de terceiro*, 238, 257-259; e, por fim, se bem confiamos, ANA TAVEIRA DA FONSECA, *Responsabilidade civil pelos danos causados pela ruína de edifícios ou outras obras*, 136 (nota 137).

[2241] Cf. a análise de FIKENTSCHERHEINEMANN, *Schuldrecht*, § 71, V, 1, 858, restrito ao âmbito da compra e venda (§ 439). Já conhecemos a dificuldade de compatibilizar o nosso regime de cumprimento defeituoso no contrato de compra e venda de bens onerados e coisas defeituosas (tendo por base o erro e o dolo) com a pretensão indemnizatória; cfr., *supra*, § 12; 5.2.

[2242] V. a anot. de KRÜGER ao § 262 BGB em MüKoBGB (8.ª ed. de. 2019), n.os 11, 12. Este modelo de renúncia à pretensão concorrente pode consubstanciar o custo da renúncia a posições favoráveis: assim, se o comprador (admitindo-se a supletividade do regime) prescinde da posição de consumidor (p. ex., para aplicação do regime da compra e venda de bens de consumo, ao abrigo do disposto no Decreto-Lei n.º 67/2003, de 08 de abril, na sua redação atual) a favor do regime (em exclusivo) da compra e venda do Código Civil não poderá, em virtude da frustração da sua pretensão, reconsiderar a aplicação daquele primeiro regime.

uma única pretensão cumulada com o direito de escolha[2243] e essa escolha opera uma concentração retroativa (*rückwirkende Konzentration*[2244]) do objeto da obrigação àquela realizada: assim, o efeito extintivo na pretensão concorrente é manifesto, por opção do seu titular.

VII. [*modelo híbrido*]. Noutra linha de entendimento, inteiramente compatível com qualquer uma das espécies de cúmulo de responsabilidades anteriormente apontadas – ou seja, o concurso de pretensões ou o de fundamentos à mesma pretensão[2245], bem como com a própria *opção* por qualquer um dos regimes globais de responsabilidade[2246] – reconhece-se *por acréscimo* a possibilidade ao lesado ou oficiosamente ao tribunal de *combinar* os vários aspetos de ambos os regimes de responsabilidade. Por outras palavras, a escolha do lesado não se restringe a uma conformação global pelo regime individualmente associado a cada modalidade, sendo-lhe *também* reconhecida a faculdade de compor hibridamente o regime de responsabilidade irá exercerá, por referência a ambas regras dos títulos de imputação em concurso (p. ex., a conjugação da regra mais benéfica da capacidade delitual do lesante com o prazo de prescrição ordinário da via concorrente, de vinte anos, 309.º).

[2243] Larenz/Wolf, *Allgemeiner Teil des Bürgerlichen Rechts*, § 21, I, 257.

[2244] Cf., a anot. de Westermann ao § 439 BGB, em MüKoBGB (8.ª ed., 2019) n. 6, 7. No mesmo sentido, v. Ulrich Büdenbender, *Der Nacherfüllungsanspruch des Käufers – Wahlschuld oder elektive Konkurrenz?*, AcP, 205 (2005), 386-429. São os casos, no Direito alemão da concorrência entre (*i*) exigir o cumprimento e o pagamento da pena contratual (340 §), (*ii*) resolver o contrato e reduzir o preço na compra e venda defeituosa (§ 437, 2 BGB; cf. a anot. de Krüger ao § 262 em MüKoBGB, 8.ª ed., 2019, n.os 11, 12) ou (*iii*) entre a responsabilidade pela interferência equivalente a expropriação (*enteignungsgleicher Eingriff*) com a responsabilidade por violação de dever de ofício (§ 839 BGB; cf. a anot. de Papier/Shirvani ao § 839 em MüKoBGB (8.ª ed. 2020), n.os 69-72, com referências jurisprudenciais sobre este tipo de concurso).
Perante a distinção entre as obrigações alternativas e o concurso electivo, v. Abbas Samhat, *Die Abgrenzung der Wahlschuld von der elektiven Konkurrenz nach dem BGB, Sudien zum Privatrecht*, 25, Mohr Siebeck, 2012, *passim*.

[2245] Vimos que construções apologistas de «um único fundamento ao qual corresponde uma única pretensão», pretensamente alternativo ao modelo do cúmulo e do não-cúmulo, são, afinal, esta terceira alternativa (de combinação híbrida) quanto aos efeitos da teoria do cúmulo, a par da alternatividade e da sua cumulação em sentido estrito, cf., *supra*, § 17, 2.1.4. Contra, vimos, no plano presentemente criticado situa-se recentemente Nuno Pinto de Oliveira; cf. o Autor em *Prescrição na responsabilidade médica*, Responsabilidade civil em saúde, Instituto Jurídica da FDUC, Simões & Linhares, Lda.: Coimbra (2021), 237-256 (244-246).

[2246] Assim, expressamente, Dário Moura Vicente, *Direito Comparado*, II, 525, Nuno Pinto de Oliveira, *Ilicitude e culpa na responsabilidade médica*, 39.

Este entendimento é também por vezes conhecido como *tese da combinação*[2247], *tese mista*[2248] ou *teoria da ação híbrida*[2249].

i. Este entendimento foi perfilhado inicialmente por Vaz Serra, como vimos[2250]. Seguiram-se outros Autores[2251], particularmente em sede da responsabilidade civil médica[2252].

Em primeiro lugar e em linha, Baião do Nascimento afirma «os vários fundamentos levam a determinar para a pretensão um regime misto que atenda a todos eles e que os combine, desde que não se oponham»[2253]. Esta construção de um *regime misto* deve prossegue o Autor, ser orientada pelo princípio de não prejudicar a posição do lesado e o e respeitar o fim dos regimes concorrentes[2254].

[2247] Maria Graça Trigo, *Responsabilidade civil*, 26.

[2248] Peter Schlechtriem, *The Borderland of Tort and Contract*, 469. Noutros países estas construções híbridas, num verdadeiro *mix* de soluções legais, são conhecidas por *contort* ou *Einheitsanspruch*. Nos Países-Baixos tentou-se timidamente apelar a uma pretensão mista (*gemengd vorderingsrecht*), sem sucesso, cf. Ruben De Graaff, *Concurrent*, 720 (e respetiva nota 113).

[2249] Rui Ataíde, *Responsabilidade*, 1004. O processo metodológico, desaguando na fusão de regimes e na criação de um título de imputação de danos singular, não é único. Aproxima-se dos contratos mistos, nomeadamente na identificação do regime geral regulador deste negócio. Neste caso aglomera-se num único título obrigacional elementos pertencentes a mais do que um negócio, fundindo-os. Segundo Antunes Varela ocorre uma «verdadeira fusão desses elementos num todo orgânico, unitário, complexo que é substancialmente diferente da soma aritmética deles» (*Das Obrigações Em Geral – Vol. I*, 294; sobre estes contratos mistos, em contraste com a sua mera *união*, v., *idem*, 279-82).

[2250] Cfr., *supra*, § 16; 4.2, e em *Responsabilidade*, 231, limitado, porém, à inexistência de requisitos especiais na responsabilidade contratual, bem como à vontade das partes. V., ainda, o A. em anot. ao ac. STJ de 26-Jul-1968, RLJ, Ano 102, 313 e ss.

[2251] É também o entendimento, supomos, de Rui Alarcão, embora o A. apenas precise considerar a existência (quanto ao objeto) de um concurso de fundamentos da mesma pretensão; a nossa suspeita decorre da oposição, por este A., da «solução do cúmulo» à «simples opção», preferindo a primeira (*Direito das Obrigações*, 177-181). Seguiu-se Calvão da Silva, como já demos nota, em *Responsabilidade civil do produtor*, 462-467, sendo apologista de um modelo de concorrência *cumulativa*, potencialmente híbrido, das três pretensões (delitual e obrigacional, de tipo geral, e a responsabilidade objetiva consagrada no regime de transposição da Diretiva, de tipo especial; *idem*, 464). É também precisamente isso que defende Nuno Pinto de Oliveira no contexto da responsabilidade médica, cf. *Ilicitude e culpa na responsabilidade médica*, 32-33, 37-43, André Gonçalo Dias Pereira, *Direitos dos pacientes e responsabilidade médica*, 653-657, inteiramente favorável a uma «cumulação de responsabilidades» num verdadeiro modelo híbrido (*idem*, 656), Filipe Albuquerque Matos, *Responsabilidade civil médica*, 63-65; *Traços* distintivos, 39, 41.

[2252] Cf., entre outros, Nuno Pinto de Oliveira, *Ilicitude e culpa na responsabilidade médica*, 32-33,

[2253] *Do concurso*, 85.

[2254] Ob. cit., 84.

Ferreira Pinto adere a este entendimento, marcadamente inspirado no pensamento de Baião do Nascimento. O ilustre Professor apela, em suma, à faculdade do lesado «se socorrer das normas de ambos os complexos de regulamentação, podendo inclusivamente combiná-las numa mesma ação»[2255], evitando os inconvenientes associados à teoria da concorrência de pretensões, a qual apenas permite, segundo o A. a escolha alternativa e em bloco entre os regimes[2256]. Para tal, invoca o facto de (*i*) de o lesado não prescindir das vantagens delituais pela mera existência de uma relação obrigacional com o lesante, (*ii*) e de que a regulação especial contratual *prova demais*, no sentido de ser favorável ao entendimento do cúmulo, impondo, quando possível, o regime convencionado pelas partes ou especialmente criado pelo legislador[2257]. Admite, no entanto, uma restrição ao seu entendimento, reportada aos *fins visados pelos regimes concorrentes*, designadamente aos efeitos *cláusulas* de limitação ou de exclusão de responsabilidade ou à atenuação *legal* de responsabilidade, contaminando o fundamento concorrente da pretensão[2258].

Dário Moura Vicente oferece, por sua vez, uma construção bastante sugestiva neste plano. Apela a seu favor, em primeiro lugar, o facto de a própria lei homogeneizar o regime pelo método remissivo (*v.g.*, em caso de culpa, 799.º/2)[2259] e, em segundo lugar, aponta a similitude deste modelo com o das construções referentes à terceira via de responsabilidade, cujo regime replica[2260]. Admite, no entanto, que a construção híbrida não deve colidir com (*i*) os interesse do *lesado* (em não ficar numa pior situação em virtude do concurso), (*ii*) do *lesante* (concentrado na proibição de «dupla indemnização do mesmo dano») e (*iii*) do *tráfego jurídico*, conquanto as soluções gizadas não sejam imprevisíveis e criem insegurança jurídica[2261].

2255 *O concurso*, cit., 2013.
2256 Ob. cit., 2015 e respetiva nota 249.
2257 Ob. cit., 2014.
2258 Ob. cit., 2016-2017.
2259 *Direito Comparado*, II, 525.
2260 Em *Da responsabilidade pré*-contratual, 232, 712. O A. afirma «[a]cresce que se se admite a construção de regimes mistos para as situações atípicas (...) também hão-de admitir-se tais regimes relativamente às situações que preencham mais do que uma previsão legal, como as que ocorrem em caso de concurso de normas.", *ibidem*, 231, e em *Direito Comparado*, II, 525.
2261 *Direito Comparado*, II, 525.

A favor deste entendimento, contam-se, ainda, Autores como MAFALDA MIRANDA BARBOSA[2262] e RUI ATAÍDE[2263].

ii. O modelo híbrido foi, aliás, atendido em diversas decisões das nossas instâncias superiores. Veja-se, a título exemplificativo, o entendimento do STJ em 25-Fev-2015 (ARMINDO MONTEIRO)[2264], numa hipótese de responsabilidade civil médica. No caso, o lesado falecera em consequência de um enfarte, após ter recebido alta hospital por um médico em serviço. O paciente tinha-se deslocado ao hospital nesse dia por suspeitas de ter sofrido um enfarte. Demonstrou-se que o seu quadro clínico fora erradamente qualificado como uma mera crise de ansiedade no quadro de uma hipertensão arterial sintomática. A responsabilidade associada, entendeu o douto Tribunal, admitia a combinação de elementos dos regimes contratual e extracontratual.

Recentemente e no mesmo sentido, no ac. STJ de 15-Dez-2020 (RICARDO COSTA), pela prestação defeituosa de extração de um pólipo intestinal, considerou-se que o médico-cirurgião, embora seja, em princípio, responsável exclusivamente a título contratual, respeitando-se o princípio da autonomia privada e os interesses do lesado, é responsável por ambos os regimes. Admitiu-se «convocar (em método híbrido de conjugação) as regras jurídicas da responsabilidade delitual sempre que tal se verifique mais adequado à vertente de não cumprimento estrito do contrato e à sua singular ilicitude não negocial (a começar, como bem se adequa, pela consideração do art. 486º do CCiv.)».

Em linha, podemos também destacar ao nível das Relações a decisão do TRP, no seu ac. de 11-Set-2012 (MARIA CECÍLIA AGANTE). No contexto de uma operação realizada em sequência de um erro de diagnóstico, e, curiosamente citando o entendimento de CAVANILLAS MÚGICA e ISABEL TAPIA FÉRNANDEZ[2265], o doutro Tribunal considerou que se pode «cumular a responsabilidade contratual e extracontratual conferindo-se ao lesado a possibilidade de invocar as normas mais favoráveis de um sistema ou de outro».

[2262] *Lições*, 20.

[2263] *Responsabilidade*, 1003-1004, em *Poder paternal*, 406-408. Recentemente, referindo-se à responsabilidade do depositário pela obrigação de guarda, reitera a sua adesão à «tese da ação híbrida», em linha com o entendimento de VAZ SERRA (*Direito dos Contratos II, Contrato de depósito*, 31 e respetiva nota 26).

[2264] Com esta leitura, v., também, NUNO PINTO DE OLIVEIRA, *Ilicitude e culpa na responsabilidade médica*, 34.

[2265] Cfr., *supra*, § 17; 2.2.1.

2.3.3. O acolhimento jurisprudencial da teoria do cúmulo

I. Vimos que a jurisprudência adere maioritariamente à tese do não cúmulo[2266]. Todavia, este não é um entendimento unânime. De facto, deteta-se uma tendência recente de revisão daquela posição, acompanhando, por sinal, a generalidade da doutrina: a tese do cúmulo vai notoriamente ganhando espaço nos nossos tribunais. No entanto, não existe ainda qualquer consenso quanto à solução a aplicar em concreto, leia-se, em sede da teoria do cúmulo (acompanhando aqui o plano doutrinal), nomeadamente quanto ao seu objeto (entre o concurso de normas ou de pretensões) ou quanto aos seus efeitos (geralmente, entre a *teoria da opção* ou da *teoria híbrida*)[2267]. Sem prejuízo de decisões pontuais em sentido diverso, algumas das quais já foram mencionadas anteriormente, é, ainda assim, maioritária a adesão à teoria do cúmulo concretizada na vertente da *opçao* alternativa pela modalidade que melhor convir ao lesado.

i. Veja-se, a título exemplificativo, ao nível das nossas Relações:

i. TRP, 20-Fev-1992 (SAMPAIO DA NÓVOA): pelo rebentamento de um cilindro considerou-se que emergiam duas responsabilidades diferentes consoante os danos em causa, nomeadamente uma por referência ao equipamento e outra tutelando os danos causados na habitação do comprador.

ii. TRC, 4-Abr-1995 (FRANCISCO LOURENÇO)[2268]: na apreciação do incumprimento de uma obrigação médica, considerou-se que «um dos casos em que é admissível o concurso de pretensões, por cumulação de responsabilidades, é a dos médicos e enfermeiros».

iii. TRC, 10-Jan-2006 (JORGE ARCANJO)[2269]: apurou-se a responsabilidade da concessionária pelo acidente de viação ocorrido na autoestrada em virtude do aparecimento súbito de um cão na via. O tribunal considerou conferir-se «ao lesado a possibilidade de optar por um ou outro regime e até de cumular regras de uma e outra modalidade da responsabilidade, segundo a chamada "teoria da opção"», embora tenha posteriormente designado este entendimento como um de «concurso aparente de responsabilidades».

[2266] Cfr., *supra*, § 17; 1.2.

[2267] Com esta leitura, v. DÁRIO MOURA VICENTE, *Direito Comparado*, II, 523.

[2268] CJ, II, 1995.

[2269] Proc. n.º 2554/05.

iv. TRL, 20-Abr-2006 (Fátima Galante)[2270]: no âmbito da consulta médica, o erro médico resultante pode constituir o médico em responsabilidade delitual, por acréscimo à obrigacional, tal como sucede, entendeu o douto Tribunal, nos casos de «ofensas corporais, prática ilegal de aborto, violação de sigilo profissional, bem como as situações em que os danos causados pelo médico no decurso do tratamento não têm nenhuma conexão funcional com o mesmo».

v. TRL, 11-Set-2007 (Rosa Ribeiro Coelho)[2271]: apreciou-se a responsabilidade hospitalar pelos resultados errados de uma biópsia que indicavam a presença de sinais de cancro e conduziram desnecessariamente à remoção cirúrgica da próstata do lesado. O douto tribunal admitiu a «concorrência, no caso dos autos, dos dois tipos de responsabilidade civil».

vi. TRC, 16-Dez-2009 (Jorge Arcanjo)[2272]: avaliou-se os danos emergentes de um acidente de viação durante uma aula de condução de um motociclo. A lesada durante uma aula prática derrapou em areia existente na via pública e acidentou-se gravemente. O tribunal considerou a pretensão indemnizatória desta aluna essencialmente unitária, ainda que fundada numa cumulação inicial de causas de pedir, legalmente admissível (em linha com o ac. STJ de 22-Out-87). Adotou-se a teoria da opção de Vaz Serra, permitindo a escolha das regras que lhe forem mais favoráveis, embora sem se esclarecer o modelo em causa, *i.e.*, se *híbrido* ou de escolha *em bloco* pelo regime aplicável.

vii. TRP, 24-Fev-2011 (Filipe Caroço): foi mantido o entendimento anterior. Discutia-se a responsabilidade do médico-dentista pela falta de cuidado na extração de um dente do lesado, a qual provocara um quisto e a fratura do maxilar inferior do paciente. O douto Tribunal considerou que «assistirá, pois, ao lesado uma dupla tutela (tutela contratual e tutela delitual), pois que o facto ilícito pode representar, a um tempo, violação de contrato e ilícito extracontratual», pese embora tenha esgotado a sua decisão na via obrigacional, dada a falta de prova da ilicitude da responsabilidade aquiliana[2273].

[2270] Proc. n.º 1208/6; CJ, 190, II (2006).

[2271] Proc. n.º 1360/2007-7. Foi também, supomos, o entendimento do TRL, de 06-Fev-2018 (Carlos Oliveira), perante o ato médico, não consentido, de extração de um outro dente do paciente (proc. n.º 1889/15.4T8CSC.L1-7).

[2272] Proc. n.º 5/05.5TBOHP.C1.

[2273] Embora a decisão tenha sido confirmada pelo STJ, o doutro tribunal entendeu, como vimos, defender a tese da consumpção da via delitual pela contratual (ac. STJ, de 22-Set-2011, Bettencourt de Faria). Sumaria, com a sua habitual mestria, esta decisão, Dário Moura Vicente em *Direito Comparado*, II, 523.

viii. TRE, 20-Out-2011 (Mário Serrano)[2274]: apurou-se a responsabilidade de uma entidade detentora de um lar de terceira idade pela atuação de uma funcionária, a qual, mediante queimadoras por água quente, provocou a morte de uma pessoa idosa a seu cuidado. O tribunal determinou que o concurso de pretensões, no qual o lesado pode optar pela via que lhe convir, pode excecionar o concurso aparente de normas. Afirmou-se: «se o dano resulta da infração de um dever geral de conduta deve prevalecer a responsabilidade extra-contratual; se ocorre apenas a violação de um crédito, prevalece a responsabilidade contratual». Todavia, prossegue, afirmando: «não deve, porém, excluir-se a teoria da opção, que permite ao lesado escolher o fundamento da pretensão, desde que se mostre que é essa a solução mais justa».

ix. TRL, 18-Mai-2017 (Luís Mendonça): o douto Tribunal considerou que o cirurgião que realiza uma sutura incorreta do paciente é responsável por qualquer um dos regimes de responsabilidade (contratual e extracontratual) à escolha do lesado.

ii. Do Supremo Tribunal de Justiça provém um conjunto de decisões mais antigas, apologistas do cúmulo ou da «coexistência» de responsabilidades em matéria de responsabilidade civil médica, tal como quando os cirurgiões se esquecem de uma gaze no interior do corpo da paciente (ac. STJ de 26-Nov-1980, Furtado dos Santos[2275]), e também no enquadramento da responsabilidade dos senhorios pela privação do uso do locado (ac. STJ de 6-Nov-1986, Lima Cluny[2276]), do empreiteiro pelos danos causados pela ruína de um muro (ac. STJ de 22-Out-1987, Lima Cluny[2277]), pela destruição do estabelecimento (ac. STJ de 23-Mai-1995, Ramiro Vidigal[2278]), do infantário pela vigilância de um menor pelo incêndio nas respetivas

2274 Proc. n.º 114/09.1TBADV.E1; CJ, n.º 223, IV (2011).

2275 BMJ 301 (1980) 404-411.

2276 BMJ 361 (1986), 506-514. Esta decisão encontra-se sumariada por Dário Moura Vicente (*Da responsabilidade civil*, 225-226).

2277 BMJ 370 (1987), 529-535. Esta decisão também se encontra sumariada por Dário Moura Vicente (*Da responsabilidade civil*, 226 e em *Direito Comparado*, II, 522).

2278 Nesta decisão, o doutro tribunal entendeu, em particular, que «não ocorrerá duplicação de indemnizações se os factos ilícitos e suas consequências forem diferentes, de modo a verificar-se um concurso de pretensões e não um concurso de normas relativamente à mesma pretensão», CJ/Supremo, III (1995), 2, 103-106. Também sumariado por Dário Moura Vicente (*Da responsabilidade civil*, 226-227)

instalações (ac. STJ de 25-Nov-1998, HERCULANO LIMA[2279])[2280]. Vejamos, em maior pormenor, algumas das decisões mais recentes.

x. STJ, 19-Jun-2001 (PINTO MONTEIRO): apreciou-se a responsabilidade do médico e da clínica pela falta de informação dos lesados quanto às malformações do feto, os quais não permitiram aos pais optar pela interrupção voluntária da gravidez. O tribunal aderiu expressamente à teoria do cúmulo, embora sem precisar se num modelo alternatividade ou, ao invés, num modelo que admita a combinação de regimes.

xi. STJ, 05-Jul-2001 (FERREIRA DE ALMEIDA)[2281]: a responsabilidade civil médica apurada em resultado de uma intervenção cirúrgica mal-executada, ao violar o direito de personalidade, confere ao lesado «uma dupla via de tutela» (em determinados casos, simultaneamente delitual e obrigacional), em linha com o entendimento de RUI DE ALARCÃO e de PINTO MONTEIRO.

xii. STJ, 22-Set-2005 (LUCAS COELHO): discutia-se a responsabilidade da clínica pelos danos causados por um doente a outro, o qual se encontrava internado em recuperação pós-operatória. No enquadramento da responsabilidade da sociedade ré invoca-se o título delitual, por violação dos deveres de vigilância (491.º CC), bem como o incumprimento do contrato de internamento (798.º). Para o douto Tribunal, em linha com a doutrina italiana, «numa fattispecie assim configurada considera-se doutrinariamente assistir ao lesado a possibilidade de "optar por uma ou outra via, com consequências diversas previstas em normas distintas (como, por exemplo, em matéria de prescrição)", isto é, noutra formulação, a faculdade "de invocar indistintamente a modalidade de responsabilidade que mais convenha ao efeito que ele pretende alcançar"».

xiii. STJ, 04-Mar-2008 (FONSECA RAMOS)[2282]: confirmando a decisão do TRL, de 11-Set-2007, previamente analisado, admitiu o concurso de responsabilidade, com a faculdade de o lesado optar pela via que

[2279] BMJ 481 (1998), 470-483; DÁRIO MOURA VICENTE (*Da responsabilidade civil*, 228-229, *Direito Comparado*, II, 522-523)

[2280] Cfr., ainda, como dá nota MENEZES CORDEIRO (*Tratado*, VIII, 399-400, nota 1393), STJ 8--Mai-1974 (ARALA CHAVES), BMJ 237 (1974), 196-199, STJ 10-Mai-1989 (BARROS DE SEQUEIRA), BMJ 387 (1989), 547-552.

[2281] CJ, II (2001).

[2282] CJ, n.º 206, I (2008).

lhe convir, perante a remoção cirúrgica desnecessária da sua próstata, em resultado de uma biópsia mal analisada.

xiii. STJ, 07-Fev-2017 (HÉLDER ROQUE)[2283]: apurou-se a responsabilidade do hospital pelo acidente sofrido por uma enfermeira quando foi atingida pela queda de uma máquina (eletrobisturi) instalada no teto na sala de operações. No que respeita à cumulação das responsabilidades, o douto Tribunal entendeu que esta se enquadra num problema de qualificação jurídica e, portanto, de conhecimento oficioso (5.º/3 CPC). Em concreto, quanto à qualificação da responsabilidade emergente, a fundamentação constante daquele acórdão é, suspeitamos, algo confusa, senão mesmo contraditória[2284]. Defende-se inicialmente um modelo de concurso aparente, prevalecendo a via contratual por consumpção da delitual, tendo-se afirmado a propósito «alarga-se, assim, a esfera da responsabilidade contratual em relação à responsabilidade aquiliana, porquanto "o genérico dever de «neminem laedere» é absorvido, sempre que estão em causa comportamentos ligados ao fim contratual, nos quadros da responsabilidade «ex contractu»"» e «assim, as hipóteses de concurso da responsabilidade contratual e da responsabilidade extracontratual em análise reconduzem-se à figura do concurso aparente, legal ou de normas» já que «de acordo com o princípio da consumpção [...] existindo um contrato, o credor só pode obter reparação, em sede contratual». Contudo, contrariando o afirmado anteriormente, o douto tribunal também defendeu um modelo de «alternatividade de pedidos que dependem da mesma factualidade, estando em causa um pedido de indemnização com um duplo fundamento, em que o lesado pode escolher o título mais favorável a empregar, o regime contratual ou o regime extracontratual».

[2283] Proc. n.º 4444/03.8TBVIS.C1.S1.

[2284] Para tal, contribui manifestamente o combinar das lições de AA. que detêm posições antagónicas sobre a matéria, tal como ALMEIDA COSTA (defensor do modelo da consumpção com prevalência via obrigacional) e MIGUEL TEIXEIRA DE SOUSA (favorável a um modelo próximo do concurso de fundamentos da mesma pretensão); cfr., *supra*, § 17; 1.2 e 2.3.1.

§ 18. POSIÇÃO ADOTADA DE ENQUADRAMENTO DO CONCURSO DE RESPONSABILIDADE CIVIL: SOLUÇÃO CONCILIATÓRIA

I. Neste momento da nossa investigação cumpre concluir[2285]. Para este efeito, importa explanar a soluçao normativa para o concurso de responsabilidade civil, decompondo-a metodologicamente.

Em boa verdade, o confronto positivo de normas reportadas a modalidades de responsabilidade civil distintas (delitual e obrigacional) não foi resolvido, entre nós, previamente, ao abrigo de um qualquer critério gizado pelo legislador. Por outro lado, a paridade das normas em causa ao abrigo dos critérios que previnem o conflito *positivo* de soluções normativas (*hierárquico*, *espacial*, *temporal* ou de *competência*, como vimos) impede a prevalência de qualquer uma delas[2286].

Resta, portanto, determinar se estamos perante (*a*) um *concurso efetivo* de responsabilidades ou, ao invés, (*b*) um de tipo meramente *aparente*, porquanto a potencial aplicação das várias normas de responsabilidade é solucionada a favor de uma delas. Neste último caso, os critérios tradicionais da especialidade ou da consumpção são altamente sugestivos e conformam a área nuclear da *teoria do não-cúmulo*. Mas este entendimento falha, entre nós, dada a inexistência de um critério que determine a prevalência de uma ordem de responsabilidade sobre outra de um ponto de vista *constitutivo*, isto é, ao nível da *previsão* das normas. A solução deve logicamente ser encontrada noutro local, necessariamente ao nível da *estatuição* normativa, pressupondo um concurso

2285 Atendemos, nesta medida, à lição de Santos Júnior «[d]epois, se ninguém parece poder profetizar os caminhos que tomará o problema da reparação dos danos e se é bem verdade que a dúvida metodológica ou o questionar, incómodo que seja, de realidades consideradas por assentes é algo que muitas vezes redunda em pequenos ou grandes avanços, a verdade também é que, as incertezas pelas incertezas – e o apontar de incertezas pode ser mesmo uma moda em Direito – não oferecem linhas de orientação, que o Direito reclama, como tudo na vida» (*Da responsabilidade*, 221).

2286 Cf., *supra*, § 5; I.

efetivo de normas. Pois bem, neste novo patamar (adentro, portanto, da teoria do cúmulo) as soluções devem ser consideradas entre a possibilidade de (*i*) *cumulação*, (*ii*) *alternatividade* ou (*iii*) *conflito*, atendendo aos efeitos a produzir. O *dano* apresenta-se o critério determinante para identificar qual a solução aplicável. Mais: perante a pluralidade de prejuízos ressarcíveis nada impede a combinação daquelas soluções, o qual traduz a já indiciada natureza *relativa* da relação entre as normas em concurso.

1. Rejeição da teoria do não-cúmulo

I. O conflito positivo das modalidades de responsabilidades é, para um setor importante da nossa doutrina e jurisprudência, resolvido, de um ponto de vista constitutivo, a favor de apenas uma, geralmente por uma relação de *especialidade* ou de *consumpção*[2287]: o concurso torna-se, nesta medida, meramente *aparente*[2288], já que prevalece no fim de todo este processo uma determinada modalidade (geralmente a obrigacional). Este entendimento, conhecido como a teoria do não-cúmulo, tem, como vimos, as suas raízes em França (apelidado de *non-cumul*) e noutros ordenamentos que por este foram diretamente influenciados. Resta saber se o nosso sistema também partilha do entendimento francês. Em todo o caso, a teoria do não-cúmulo – a qual se encontra (note-se) em declínio no seu país de origem[2289] – serve um propósito evidente em França: procura preservar a todo o custo a aplicação da responsabilidade contratual, dada a excessiva amplitude da modalidade delitual. Essa necessidade não é sentida em Portugal, inclusive pelos adeptos da tutela do direito de crédito no âmbito delitual.

Entre nós, quanto aos apoiantes da teoria do não-cúmulo, é maioritária a invocação da existência de uma relação da *consumpção* a favor da modalidade obrigacional, por contraste com o modelo francês (partidário da *especialidade*).

> Os argumentos que suportam esta ideia são múltiplos e variados, como vimos[2290]. Podemos, no entanto, resumir as principais conclusões alcançadas: em suma, invoca-se que o (*i*) o negócio jurídico não limita, mas reforça a proteção aquiliana das partes, ou seja, introduz uma regulação

[2287] *Supra*, § 17; 1.2.

[2288] Cfr., quanto ao conceito empregue, *supra*, § 15; 2.

[2289] *Supra*, § 17; 1.1., IV.

[2290] *Supra*, § 17; 1.

adicional relativamente à norma contida no espectro delitual. Por outro lado, argui-se que a modalidade obrigacional prevalece por (*ii*) ser esta a vontade das partes e (*iii*) consubstanciar o regime globalmente mais favorável ao lesado.

II. Da nossa parte, julgamos que a teoria do não-cúmulo não se adequa ao nosso sistema, mais próximo do modelo alemão ou italiano. A finalidade deste modelo (a de favorecimento do lesado) é certamente melhor atingida pelo entendimento concorrente, favorável ao concurso efetivo das normas de responsabilidade (teoria do cúmulo).

[*i. a tutela do lesado*] Qualquer construção do modelo de responsabilidade giza-se por um conjunto valores. O principal, consubstanciando um importante princípio (ainda que não absoluto), decorre do instituto da responsabilidade civil em si: o ressarcimento dos danos sofrido pelo lesado deve ser *pleno, total* ou *absoluto*. Todos os danos são ressarcíveis, portanto. Ora, este princípio contamina outras linhas gerais de orientação adentro do concurso, nomeadamente a máxima de que qualquer construção não pode *prejudicar* a posição do lesado (embora esta abarque outros aspetos do regime além do simples *quantum* indemnizatório). Outros elementos, tal como a tutela do interesse do *lesante*, na prevenção do injusto enriquecimento do lesado, bem como o do tráfego jurídico (nas vertentes da previsibilidade e segurança jurídica) são operantes[2291]. É de notar, por fim, que a *incerteza* quanto ao regime aplicável, gerada pela teoria do cúmulo, não é determinante: como é sabido, a própria disponibilidade do crédito indemnizatório já representa, *per si*, um elemento de grande volatilidade, quanto ao exercício da pretensão indemnizatória pelo lesado, o qual pode, note-se, optar por não responsabilizar o lesante de todo.

Pois bem, uma das principais fragilidades da teoria do não-cúmulo assenta no facto de a celebração do contrato não implicar uma *menor* proteção para as partes, principalmente quando estejamos perante a ofensa de direitos absolutos. O vínculo obrigacional é, nesta medida, um *plus* relativamente à proteção delitual, embora se permita, com restrições, uma modelação daquela proteção para um patamar inferior. Por outro lado, a obrigação não tem aptidão para tutelar todas as vicissitudes entre as partes abrangidas pelo regime delitual. O vínculo obrigacional não contende com tamanha tarefa, nem por uma hiperextensão (indevida) dos seus deveres acessórios de conduta, particularmente

[2291] Supra, § 17; 2.3.2.

o de *proteção* ou de *segurança*[2292]. O delito pode ocorrer no contexto obrigacional ou por sua ocasião e manter plena autonomia, naturalmente. Particularmente nos casos de comportamentos reconduzidos às *situações aquilianas em especial* [2293], em abuso do direito, com dolo ou mediante a prática de lesões físicas é difícil negar o espaço operante da via extraobrigacional. Afinal, a sistemática do nosso Código distingue claramente as modalidades, com manifesta paridade hierárquica, e prevê, também por este motivo, o respetivo espaço de autonomia.

Note-se, por fim, relativamente à qualidade das partes, que o sujeito do vínculo negocial pode ser, em simultâneo, considerado *terceiro* para efeitos delituais, já que esta classificação não colide com a autonomia das pretensões e a via delitual não depende de uma *qualidade específica*, tal como a obrigacional (*i.e.*, de *credor/devedor*). Aliás, o conceito de *terceiro* no domínio delitual é utilizado erroneamente pelos apologistas da teoria do não-cúmulo: este significa, pura e simplesmente, *qualquer pessoa* e não *outra pessoa* além da do credor ou devedor. Mais: sabemos que a responsabilidade de um terceiro não afasta a do lesante (p. ex., a responsabilidade delitual do autor do furto, não isenta o depositário da responsabilidade obrigacional), portanto quando as pretensões se reportem ao mesmo sujeito não se compreende como é possível, mediante o simples apelo à qualidade dos sujeitos, excluir a sua simples coexistência.

[*ii. o peso da autonomia privada*] Ocupemo-nos de um segundo elemento: a autonomia privada, em sentido lato, famosamente carreada pelos adeptos da teoria do não-cúmulo para justificar o afastamento da pretensão delitual. Ora, a vontade das partes, relevante para constituição do vínculo obrigacional (405.º, *i.e.*, a liberdade negocial) não implica, numa relação de simples predicação, que esta seja apta para excluir a responsabilidade delitual em bloco, ou seja, que esta possa impedir a formação da pretensão delitual concorrente. A *liberdade negocial* não tem, e este é um aspeto por vezes esquecido, uma correspondência necessária à *liberdade de estipulação*. Estranho seria, aliás, que essa vontade, a qual não é suficiente para excluir a própria responsabilidade obrigacional (809.º), afastasse globalmente a vertente concorrente (delitual), por sinal, prévia. Como é sabido, o escopo delitual dispõe do seu próprio espaço de injuntividade, o qual também deve ser respeitado pelas partes[2294]. Esta é talvez a principal crítica ao apelo à autonomia privada: a sua indevida

[2292] Cfr., *supra*, § 8; 2.2.3.

[2293] Cfr., *supra*, § 6; 2.2.

[2294] Pese embora a ausência de uma previsão com o teor do art. 809.º, já conhecemos os respetivos limites; cfr., *supra*, § 4, III, (16) e § 12; 2.2., IV.

hiperextensão, extrapolando (além do seu fundamento) o seu *limite*. Insiste-se: a autonomia privada é, por certo, o sustentáculo da obrigação criada (liberdade de celebração) e o fundamento para os sujeitos do vínculo obrigacional modelarem o regime ao qual se pretendem submeter (liberdade de estipulação), mas esta não se revela suficiente para se possibilitar uma regulação *exaustiva* de todas as vicissitudes envolvidas na execução contratual: o espaço de *injuntividade* criado pelo legislador é incontornável, seja este anterior ou diretamente relacionado com a obrigação em causa.

Mais: é forçado (senão mesmo uma *ficção*, quanto ao sentido) reconduzir a vontade das partes a esse propósito na generalidade dos casos, invocando-se que as partes *pretenderam* afastar responsabilidade concorrente, atendendo, além do mais, à *imprevisibilidade do dano*, ponto nevrálgico da matéria e foco da preocupação dos contraentes. Afinal, o credor mais previdente (no contexto de prevenção da sua potencial qualidade de futuro lesado) dificilmente prescindirá da sua tutela delitual. Por outro lado, cumpre frisar que a liberdade contratual pertence a *ambas* as partes (e não apenas ao lesado). Suspeitando-se não ser do interesse do lesante o reconhecimento de uma tutela à contraparte que represente para si uma pura desvantagem, apelar à autonomia privada para se afastar do título delitual concorrente (por menos vantajoso para o lesado) apresenta uma incontornável iniquidade de raiz, ao não atender também ao interesse do lesante na matéria.

Por tudo isto, o apelo a simples consenso anteriormente alcançado pelas partes contratantes para excluir a pretensão delitual, a favor da obrigacional, não se releva suficiente, nem fundado.

[*iii. o modelo mais favorável ao lesado*] Um terceiro argumento radica meritoriamente na axiologia da solução: a construção da teoria do não-cúmulo visa a proteção dos interesses do lesado e (arguem) no modelo português é a via obrigacional aquela que se lhe apresenta mais vantajosa. A solução não convence. Em primeiro lugar, baseia-se numa máxima que rejeitamos (*pro damnato*) e, por outro lado, admitindo (por hipótese) a existência dessa máxima, a construção não é manifestamente a forma mais adequada de a alcançar. Na verdade, as diferenças fundamentais de regime entre as modalidades consideradas não permitem aferir de antemão, com o rigor científico exigível na matéria, qual será, numa situação concreta, a via mais vantajosa para o lesado.

A título exemplificativo, embora a presunção de culpa seja um aspeto de regime manifestamente benéfico para o lesado (342.º/1, 344.º/1, 799.º/1), não basta para afirmar que a modalidade obrigacional, à qual se reporta, é, por isto, globalmente mais vantajosa: considere-se, também por hipótese, que a pretensão delitual em concurso pode beneficiar do mesmo regime, de presunção de culpa do lesante (491.º, 492.º/1, 493.º, 503.º/3) ou, por sinal, a prova da culpa delitual revelar-se de facílima demostração em juízo (existindo confissão do lesante, inclusive). As assimetrias do regime e os contornos concretos do caso (incluindo a facilidade de prova) são variáveis responsáveis pela impossibilidade de se determinar previamente qual a modalidade que se apresenta mais favorável ao lesado. E essas diferenças são múltiplas e significativas, como vimos[2295]. Noutro exemplo, pode o lesado considerar que lhe é mais vantajoso o regime delitual pela capacidade de culpa (488.º/2), a existência de solidariedade entre os co-responsáveis (490.º, 493.º), pelo modelo de responsabilidade por ato de terceiro (500.º), de constituição em mora (805.º/3), de contagem do prazo prescricional (498.º/1), pelo tribunal territorialmente competente para apreciar a ação (71.º CPC), pela possibilidade de apreciação conjunta deste pedido no processo penal que corra em simultâneo (71.º CPP), ou, ainda, pela norma de conflitos concretamente aplicável (45.º).

Apenas é possível determinar casuisticamente a pretensão mais favorável ao lesado. É, portanto, perfeitamente possível que a responsabilidade delitual se ajuste melhor aos interesses do lesado, caso em que a teoria do não-cúmulo considerada (no sentido de prevalecer a via obrigacional) se revela desadequada. Remeter essa escolha para o interessado, com base na disponibilidade do crédito do qual as pretensões emergem, é a solução mais ajustada ao (alegado) propósito de favorecimento da sua posição (*pro damnato*; para quem a este adira). Aliás, somente quando a via obrigacional seja, de facto, aquela mais favorável ao lesado, podemos afirmar que a teoria do não-cúmulo (a favor desta modalidade) respeita o seu propósito. Nos demais casos (ou seja, quando a pretensão extraobrigacional se ajuste melhor ao seu interesse), não raros, essa sua finalidade frustra-se de forma manifestamente indesculpável, dada a presença de soluções mais ajustadas. Pois bem, para o cumprimento daquele propósito, a teoria do cúmulo nega que a seleção da modalidade de responsabilidade a prevalecer seja feita *de forma constitutiva*, pelo legislador; ao invés, remete a *escolha* ao lesado da

[2295] Já tivemos a oportunidade de elencar as principais diferenças entre as modalidades; cfr., *supra*, § 4; III.

pretensão que melhor lhe convier (por *opção*), incluindo, cumpre frisar novamente, a possibilidade de este optar exclusivamente pela via obrigacional.

[*iv. o pretenso englobamento de realidades*] Em quarto lugar, a teoria do não-cúmulo, segundo o entendimento maioritário da especialidade e o da consumpção, supõe um englobamento de realidades: com base, em particular, no pressuposto da ilicitude invoca-se, a um nível exclusivamente atomístico, que o direito de crédito é regulado especialmente pelo prisma obrigacional ou, em alternativa, que essa violação consome a relevância paralela de uma ilicitude extraobrigacional. Todavia, recordando que inexiste uma verdadeira relação de especialidade entre as modalidades consideradas, em particular no que respeita à violação do direito de crédito, pela pura e simples existência de campos de aplicação distintos no enquadramento das ofensas a este direito relativo[2296], o argumento da especialidade perde a razão de ser. Assim, tanto a ofensa do crédito por terceiro, como o incumprimento do contrato com eficácia de proteção a favor de terceiro, são tuteláveis a nível delitual, dada a ausência da qualidade de devedor ou de credor do lesante e do lesado, respetivamente. Mais: quando a ilicitude delitual se baseie na lesão de um direito absoluto (p. ex., o direito de propriedade) ou no perigo de lesão (por violação de uma norma de proteção), essa especialidade não tem também lugar; realidade em todo o caso alheia à relevância dos demais pressupostos de responsabilidade, cujo peso não é inferior ao da ilicitude. Por outro lado, a própria consumpção de responsabilidades, num modelo próximo do penalista, não tem razão de ser: sabemos que o legislador não é alheio a uma possível qualificação concorrente da mesma situação de responsabilidade, em particular quando o facto constitua crime, e, portanto, cumpre demonstrar a necessidade de semelhante construção. Aliás, vimos que, sendo o fim a proteção dos interesses do lesado, é o modelo oposto (o da teoria do cúmulo) aquele claramente mais ajustado.

Em particular, no que respeita à teoria do não-cúmulo, importa considerar em maior detalhe a (pretensa) relação de consumpção entre as modalidades, a favor da via obrigacional, particularmente influente na sua doutrina e nos nossos tribunais[2297]. Nesta sede, é incontornável o pensamento de ALMEIDA COSTA[2298].

[2296] Cfr., *supra*, § 8; 2.1.

[2297] Cfr., *supra*, § 17; 1, 1.2.

[2298] Cfr., *supra*, § 17; 1, 1.2., *maxime* II e ss.

Com a devida vénia, a construção do ilustre Professor é compatível com a teoria do cúmulo: a par de um enquadramento inicial, favorável à formação independente de ambos os títulos de imputação de danos, é expressamente reconhecido que tal pode não suceder, quando a situação de responsabilidade não seja previamente reconduzida a *ambas* as vias de responsabilidade. Por outro lado (a par deste problema de qualificação) – e este é o aspeto a destacar –, o A. defende o afastamento da situação de concurso (efetivo), ou seja, que prevalece a teoria do não-cúmulo, quando as vias consideradas se destinem ao ressarcimento do *mesmo* dano. Com base nesta última ilação, podemos retirar duas conclusões: em primeiro lugar, a teoria do não-cúmulo gizada não é *absoluta*, uma vez que cede perante a existência de *danos distintos*, reportadas disjuntamente a cada modalidade de responsabilidade, entre os mesmos sujeitos ou não (caso em que vence a teoria do cúmulo). A título exemplificativo, se o médico furta a carteira do paciente e não realiza as análises acordadas, emerge um concurso de responsabilidades disjunto, visando o ressarcimento de prejuízos *diferentes*: o médico responde disjuntamente a título obrigacional pela não realização das análises e a título delitual pelo furto da carteira, respetivamente, não existindo comunicação possível dos danos sofridos. Em segundo lugar, subentende-se que a tutela do mesmo dano pela modalidade obrigacional é apta para englobar a proteção conferida pela via delitual, ganhando, por este motivo (alegada) prioridade aplicativa, via consumpção (*lex consumens derogat lex consumate*)[2299]. Essa prioridade decorre, segundo o ilustre Professor, por respeito do princípio da autonomia privada e por ser a via mais favorável ao lesado. Não é manifestamente o caso, como vimos anteriormente, atendendo principalmente à inaptidão da liberdade de estipulação afastar, sem mais, o regime delitual e também atendendo às assimetrias de regime, as quais podem implicar que o regime delitual seja mais favorável ao lesado.

O próprio funcionamento desta relação de consumpção assume particularidade não exploradas e alcança efeitos indesejados[2300]. Cumpre curiosamente conhecer os limites desta prevalência normativa da modalidade obrigacional, pelo menos no caso dos ilícitos continuados

[2299] Cfr. *supra*, § 17; 1, 1.2., *maxime* II e ss.

[2300] Supomos ser possível encaminhar esta ilação ao absurdo, tal como o facto de a rigidez conceptual permitir uma planificação indesejável dos contornos da responsabilidade: aos lesantes, interessados na prática do delito, compensa, p. ex., a celebração de um contrato de forma a evitar a solidariedade da sua responsabilidade pelos danos causados (*rectius*, a causar) ao lesado.

(p. ex., o furto sucessivo de bens e não interrompido pelo futuro comprador de produtos do mesmo género ao lesado): pergunta-se, a título exemplificativo, se (*i*) a constituição de um vínculo obrigacional previne a prescrição do delito, renovando-se aquele prazo para o ordinário; se, (*ii*) em caso de pluralidade de sujeitos, a responsabilidade solidária dos lesantes deixa de o ser, convertendo-se em parciária (513.º); ou se (*iii*) a limitação convencional de responsabilidade implicaria sempre um efeito comunicante para o título delitual concorrente, temporalmente anterior. Num sentido inverso, cumpre saber, por fim, se (*iv*) a invalidade da obrigação (*v.g.*, por nulidade do contrato) permite uma *reversão* para a responsabilidade delitual inicialmente afastada, a qual se encontrava, para este efeito, necessariamente *latente*.

2. Breves considerações sobre a teoria do cúmulo

I. Ganha crescente adesão nos nossos tribunais a teoria do cúmulo, no modelo do concurso de pretensões em sentido lato, como vimos[2301]. Em todo o caso, a vanguarda nesta mudança de paradigma é ocupada pela nossa doutrina[2302]. Também nos revemos nesta teoria do cúmulo, a qual, suspeitamos, corresponderá à evolução natural do enquadramento juscientífico desta matéria. O progressivo abandono da teoria do não-cúmulo, clarificados que se encontrem – e este aspeto é nevrálgico – os respetivos passos metodológicos, parece inevitável.

2.1. A decomposição do crédito indemnizatório por várias pretensões em concurso

I. No âmbito do concurso efetivo das normas de responsabilidade, resta determinar, a dois momentos, (*a*) a *situação jurídica* em causa e, principalmente, (*b*) a *relação jurídica* concretamente gerada. Vejamos.

[2301] *Supra*, § 17; 2.3.3.

[2302] *Supra*, § 17; 2.3.2.

2.1.1. A situação jurídica em causa

II. [*a. situação jurídica em causa*] No plano sistemático, ambas as modalidades de responsabilidade são fonte da obrigação de indemnização, a qual, como é sabido, se encontra regulada unitariamente (562.º e ss.). Numa hipótese de concurso, o crédito indemnizatório, tal como indiciado pelo elemento sistemático, é somente *um*. Sem prejuízo, a riqueza associada ao regime relativo a cada modalidade implica a decomposição do (mesmo) direito de crédito (à indemnização). Para este efeito, o conceito de *pretensão* deve ser acolhido.

> Numa definição própria, recordamos que a pretensão não é mais do que o poder de crédito geralmente existente no direito subjetivo, o qual integra dois elementos estruturais, nomeadamente a *competência de exigibilidade* e a de *aquisição*, reportados disjuntamente ao seu *objeto* (sujeitos e conteúdo) e à *causa* da pretensão (*i.e.*, o seu fundamento)[2303].

Em suma, o direito de crédito indemnizatório, tendo por objeto a conduta radicada na adstrição do lesante à realização da prestação indemnizatória, pode ser nuclearmente considerada nesse *poder de crédito* (ou *pretensão*), juntamente com os demais (*i.e.*, numa linha tradicional, os de gozo, garantia ou potestativos[2304]). Aliás, perante o concurso (efetivo) de responsabilidade, são *várias* as pretensões existentes, atendendo ao conteúdo distinto dos poderes de crédito reconhecidos ao lesado (de fonte *legal* ou *convencional*, p. ex., prazo prescricional, cláusulas de limitação de responsabilidade, respetivamente): o *concurso de pretensões* impõe-se. Por outras palavras, o concurso de pretensões, atendendo à sua estrutura dual (causa de aquisição e exigibilidade) é plural em virtude das diferenças que existem ao nível do objeto deste seu segundo elemento (a exigibilidade). O conteúdo da pretensão referente à modalidade obrigacional é manifestamente distinto do referente à via delitual, embora possa ser globalmente considerado no âmbito do *mesmo crédito*, destinado à tutela de todos os prejuízos sofridos pelo lesado. Esta unidade do crédito indemnizatório, conjugada com uma pluralidade de pretensões, é um elemento nevrálgico no enquadramento do concurso de responsabilidade. Pois bem, como o sistema alemão nos ensina, no plano das modalidades delitual e obrigacional de responsabilidade civil, o concurso efetivo daquelas normas deve ser enquadrado como um *concurso de pretensões em termos latos*

[2303] Cfr., *supra*, § 5, 2.2., *maxime* IV.

[2304] Cfr., *supra*, § 5, 2.2., *maxime* II.

(*Anspruchskonkurrenz*); entendimento este, frisa-se, perfeitamente compatível com a *unidade* (e não identidade) do *direito de crédito indemnizatório* previsto em ambas as modalidades de responsabilidade e com a pluralidade de fundamentos legais.

2.1.2. A autonomia horizontal das pretensões e a dependência vertical do crédito indemnizatório

III. [*b. relação jurídica existente*] A *autonomia* das (várias) pretensões existentes numa hipótese de concurso é excecionada apenas em situações pontuais. À partida, essa autonomia implica, pura e simplesmente, a natural *coexistência* das pretensões indemnizatórias (relativas a ambas as modalidades de responsabilidade consideradas) até ao momento da sua extinção. Mais: ao pertencerem ao mesmo direito subjetivo, as pretensões em causa *acompanham* o crédito ao qual se reportam. A dependência perante o direito de crédito que integram é, portanto, *congénita* e *funcional*. Assim, as pretensões delitual e obrigacional não beneficiam autonomamente dos fenómenos de *transmissão* (*inter vivos* ou *mortis causa*), *extinção* ou de *garantia* das obrigações, ou seja, não permitem ao lesado preservar a titularidade ou livre disposição das pretensões não transmitidas, extintas ou conservadas a favor de terceiro. Todos estes fenómenos reportam-se globalmente ao crédito indemnizatório e, por inerência, a *todas* as suas pretensões. Por este motivo, é desnecessário apelar à existência de *pactos de non petendo*[2305], ou outras formas de unir o destino das várias pretensões, se estes fenómenos se reportam ao crédito indemnizatório em si e, naturalmente, a todas as pretensões que o integram.

Feito este breve enquadramento, cumpre saber qual o espaço que resta afinal para a *autonomia* das pretensões, tal como indicado inicialmente. Pois bem, essa autonomia é, como vimos, apenas *horizontal*, *i.e.*, por comparação às demais pretensões e não *vertical* (por referência ao direito de crédito do qual dependem). Por outro lado, esta independência é restrita à vertente de *exercício*. Concretizando, ainda que sem propósito de exaustividade, as pretensões não são individualmente *cedíveis*, *sub-rogáveis*, *transmissíveis* (577.º e ss., 589.º e ss., 595.º e ss.), extintas singularmente por *dação em cumprimento*, *consignação em depósito*, *compensação*, *novação*, *remissão* ou *confusão* (837.º e ss., 847.º e ss., 857.º e ss., 863.º e ss. e 868.º e ss.), nem *penhoráveis* (773.º CPC). Ao invés, todos estes fenómenos reportam-se ao (mesmo) crédito na sua globalidade, incluindo todas as pretensões que este encerra, por *arrastamento*

[2305] Cfr., *supra*, § 16; 4.2.

(insiste-se, novamente). Existem, claro está, exceções a este entendimento, as quais consolidam a regra enunciada, tal como os fenómenos que se reportam *diretamente* à pretensão (e não ao direito de crédito), do qual é exemplo paradigmático a *prescrição*, caso em que (somente) o *poder de crédito* (ou *pretensão*, como vimos) é aniquilado pelo decurso do tempo: como vimos, o crédito prescrito existe, mas não é exigível (304.º/1, 402.º)[2306].

2.2. Concretização material do concurso de pretensões

2.2.1. Quanto ao *objeto*: a rejeição do concurso de fundamentos ou de normas de uma mesma pretensão

IV. Recuperando o expresso anteriormente, cumpre apenas concretizar o *objeto* deste concurso normativo de pretensões. Neste campo destaca-se, como vimos, dois entendimentos principais, adentro da teoria do cúmulo, nomeadamente o (*i*) concurso de *pretensões em si* e o (*ii*) de *fundamentos* de uma mesma pretensão[2307]. É o primeiro (concurso de pretensões) aquele que vinga manifestamente no nosso sistema jurídico, acompanhando, por sinal, o modelo alemão e o italiano (*Anspruchskonkurrenz* e o *cumulo di responsabilità*)[2308].

Em concreto, o concurso de fundamentos ou de normas de uma mesma pretensão (*Anspruchsgrundlagenkonkurrenz* e *Anspruchsnormenkonkurrenz*, respetivamente) visa unificar a pretensão *substantiva* àquela única que também reconhecem existir em sede processual. Este propósito, de que nos dá expressiva nota Georgiades[2309], embora meritório, revela uma manifesta fragilidade metodológica: o concurso considerado tem lugar no plano substantivo, respeitando a evolução milenar; pois bem, a solução a atender é necessariamente aquela que se encontre para o concurso *de normas*, o qual (note-se) conforma o prisma processual, e não o inverso,

[2306] Cfr., *supra*, § 5, 2.2.

[2307] Cfr., *supra*, § 17, 2.3.2. Existem tentativas modernas de superação deste modelo, sobre as quais já tivemos a oportunidade de dar nota (*supra*, § 17, 2.1.4.).

[2308] Cfr., *supra*, § 17, 2.1. e 2.2.2. Não é, no entanto, possível extrair conclusões globais de um método comparativo, o qual, porventura, já foi tentado por vários AA.. As assimetrias dos regimes impedem ilações desse tipo. Nas palavras de Tony Weir, «*It would be simply silly to try to adopt a cosmic position on the merits of permitting or denying concurrent claims in tort and contract. Whether it is good to permit them or not depends on the effects within a legal system of doing so; and the effects differ in every legal system*» (*Complex liabilities*, 72).

[2309] Cfr., *supra*, § 17, 2.1.3.

por arrastamento (2.º/2 CPC). Pretendeu-se, em todo o caso, negar a possibilidade de o lesado instaurar várias ações numa hipótese de concurso, fundamentando-se disjuntamente em cada pretensão. Ora, como veremos, um concurso de pretensões, nas aceções geralmente apontadas, também permitem o seu exercício numa mesma ação (modelando os pedidos em juízo), mas não tendencialmente em várias. Reside na justificação desta última ilação a maior crítica que podemos apontar ao entendimento considerado. A *unificação* da pretensão considerada, ainda que decomposta em novo grau da complexidade (*i.e.*, em vários fundamentos ou normas a si reportadas) visa claramente, do lado substantivo, evitar os fenómenos que se podem reportar a cada uma das pretensões (no modelo de concurso de pretensões). Esses fenómenos são, como vimos, principalmente aqueles em que se permite *transmitir* ou *extinguir* uma das pretensões e conservar a outra (p. ex., numa hipótese de concurso *heterónomo*[2310], o lesado ceder a pretensão delitual a um credor e conservar a pretensão obrigacional contra o lesante). É, no entanto, um enquadramento corretivo de um problema inexistente: se o concurso de pretensões se reportar a *um mesmo* crédito indemnizatório, impedem-se, constitutivamente, aqueles fenómenos reportados ao direito de crédito (do qual as pretensões dependem, frise-se) e conserva-se a plena autonomia das pretensões, sem necessidade de complexificar a matéria, criando um novo conceito, num novo grau de decomposição da situação jurídica em causa, *i.e.*, (1.º) direito de crédito – (2.ª) pretensão – (3.ª) *fundamentos/normas*.

Por outro lado, este entendimento esbarra na dificuldade conceptual de determinação do regime concretamente aplicável à pretensão que afirma unitária, p. ex., o do prazo prescricional aplicável em concreto. Claro está, a remissão de todo este regime para as *normas* em concreto ou para os seus *fundamentos* (no novo patamar de crescente complexidade que apresenta) é sugestivo e permite (ainda que forçadamente) conservar a autonomia das modalidades reportada posteriormente à *mesma* pretensão, mas este processo esvazia conceptualmente a *pretensão* de sentido e propósito. A criação de um conceito que a decompõe é, por sinal, desnecessário, reconhecendo-se que as *várias pretensões* podem (note-se) decorrer de *um mesmo crédito indemnizatório*. Nem é, aliás, desta forma que alguns famosos adeptos desta teoria enquadram o espaço para os fundamentos da mesma pretensão (ou das normas). Quem divirja daquele enquadramento inicial

[2310] Remetemos, novamente, para a terminologia que pudemos apurar; *supra*, § 15, 2.

(o qual reconduz às normas ou fundamentos da mesma pretensão o novo espaço para enquadrar o incontornável regime diferente) vê a sua posição dificultada e não almeja apresentar uma solução convincente. Aliás, chega a ser pior a emenda do que o soneto, já que o conflito normativo é por estes resolvido a favor de uma das modalidades, mormente por *especialidade* (neste sentido, *v.g.*, LARENZ[2311]). A teoria do *não-cúmulo* acaba, assim, por resolver a do *cúmulo*, impondo-se, o que é inadmissível: deixa-se, no fim, entrar pela janela aquilo que não se quis deixar entrar pela porta.

Sem prejuízo, considerámos existir espaço para o *concurso de fundamentos à mesma pretensão*[2312]: a mesma pretensão admite ser fundamentada por múltiplas causas, quando (note-se) concorram no âmbito da *mesma modalidade* de responsabilidade vários fundamentos para a *mesma consequência normativa* – *v.g.*, recuperando o nosso exemplo anterior, ao nível da ilicitude delitual, se o agente furta um carro e circula acima do limite legal de velocidade, originando um acidente com a sua conduta viola o direito de propriedade do titular do veículo, bem como a norma de proteção decorrente do código da estada que proíbe a circulação em excesso de velocidade, 483.º/1. A pretensão delitual (única) resultante é fundamentada nestes termos multiplamente.

Por fim, na esmagadora maioria das tentativas de enquadramento desta (pretensa) unidade da pretensão, cumpre notar a sua natureza *relativa*: a generalidade dos Autores reconhece que, perante efeitos distintos, nomeadamente danos distintos ou finalidades distintas, a unidade da pretensão não é defensável e o *concurso de várias pretensões* impõe-se. Esta importante ressalva sedimenta o concurso de pretensões como o único enquadramento global do concurso de responsabilidade civil delitual e obrigacional.

A paridade hierárquica entre as modalidades de responsabilidade revela, por outro lado, a independência entre as pretensões geradas, sujeitas, por sinal, a um regime autónomo. Sem prejuízo, sabemos que essa autonomia é pelo menos excecionada no momento da *satisfação* de uma das pretensões: tal como nos deu nota R. DIETZ[2313], o *cumprimento* retira um dos pressupostos essenciais às pretensões concorrentes, nomeadamente o dano, motivo

[2311] *Supra*, § 17; 2.1.3.

[2312] *Supra*, § 5; 2.2.

[2313] *Supra*, § 17; 2.1.3.

pela qual as demais se extinguem. Cumpre saber se este momento pode ser *antecipado* e determinar-se a prevalência de uma das pretensões por outro motivo com semelhante efeito extintivo. A resposta é claramente positiva em hipóteses determinadas, designadamente quanto (*i*) aos efeitos (comunicantes) das causas de exclusão da ilicitude ou da culpa, (*ii*) ao dano excedente da cláusula penal e (*iii*) por efeito da regulação *convencional* ou *legal* da obrigação de indemnização (p. ex., limitação convencional da responsabilidade do devedor a título doloso, tal como a lei dispõe relativamente à responsabilidade do doador, 956.º), pelo menos (neste último caso), quando essa seja a vontade das partes, as pretensões se reportem ao mesmo dano ou (relativamente a prejuízos distintos) haja uma sobreposição do interesse subjacente à lesão ou ao perigo de lesão considerado[2314].

2.2.2. Quanto aos *efeitos*: o afastamento da tese da combinação ou híbrida

V. Por fim, quanto aos *efeitos*, cumpre considerar as principais soluções encontradas para o concurso de responsabilidade, pressupondo, claro está, o efetivo de normas (em concreto, o de pretensões), tal como visto anteriormente. Essas soluções pressupõem inicialmente uma rejeição da simples adição aritmética dos efeitos das pretensões em concurso, *i.e.*, uma *cumulação em sentido estrito*, sob pena de injusto locupletamento do lesado, caso este viesse a ser ressarcido várias vezes pelo *mesmo* prejuízo[2315]. A saída do sistema concentra-se, como vimos, (*i*) na *opção* por uma determinada pretensão (num modelo *alternativo*; *tese da opção*) ou, por acréscimo, (*ii*) no reconhecimento da faculdade de combinação dos regimes associados a cada pretensão (tese da *combinação, mista* ou *híbrida*). Consideremos, em primeiro lugar, esta última possibilidade.

Aproveitando a similitude entre as modalidades de responsabilidade, é altamente sugestiva a possibilidade de *cumulação* (em sentido amplo) dos aspetos do regime que melhor convier ao lesado, particularmente se for este a quem incumbe exercer essa escolha. Cumpre notar que este entendimento engloba o anterior (ou seja, a opção *em bloco* pelo regime da cada modalidade), mas a sua particularidade é a de possibilitar *por acréscimo* uma articulação *ad hoc* dos regimes em causa. Como vimos, o entendimento foi historicamente defendido, entre nós, por VAZ SERRA[2316], autor de uma proposta de um artigo

2314 Cfr., *supra*, § 12; 2. Rejeitamos a quebra de autonomia no que respeita às diferenças relativas ao prazo prescricional, contrariando os adeptos além-Reno destoutra mitigação; cfr., *supra*, § 12, 2.4. e § 17, 2.1.3.

2315 Cfr., *supra*, § 17; 2.3.2.

2316 Cfr., *supra*, § 16; 4.2. Sobre os demais apoiantes deste entendimento, v., também *supra*, § 17; 2.3.2.

sobre a matéria no anteprojeto do Código Civil e reúne, hoje, o apoio de outros conceituados Autores. Sem prejuízo, não se conhece quem não tempere essa possibilidade de combinação: em geral, admite-se que a construção não pode prejudicar a posição do lesado, nem finalidade dos regimes a homogeneizar. Numa outra linha, é marcante o alerta de DÁRIO MOURA VICENTE, no que respeita ao risco da imprevisibilidade e incerteza jurídica do entendimento[2317]. São cuidados a observar.

Da nossa parte, reservamo-nos a admitir esta possibilidade da combinação de regimes. Verificámos existir uma divergência axiológica insanável entre as modalidades, à qual esta construção seria cega. Note-se ser essa divergência axiológica insanável das modalidades[2318] aquilo que justifica de raiz as assimetrias de regime que se tentam esbater[2319]. Não cumpre, portanto, vencê-las com base neste entendimento, *rectius*, essa é tarefa do legislador e não do intérprete. Mais: cumpre frisar que este entendimento conduz necessariamente à criação de regras que *não existem* (p. ex., a presunção de culpa do lesante pela prática do delito, em termos gerais, 483.º/1, 799.º/1). Ora, se (concorda-se) o lesado não pode, em virtude do concurso, ficar em *pior situação* do que aquela que resultaria da sua ausência, o respeito desta máxima não implica que o lesado fique numa posição *melhor*. Por outro lado e de resto, uma combinação *ad hoc* de aspetos de regime que satisfaça o seu interesse, perigosamente distanciadas da finalidade de regimes incompatíveis, num verdadeiro *cherry picking* ou *remedy-shopping* dos elementos do regime de cada modalidade, é também de rejeitar: o interesse do lesante e do tráfego jurídico também devem ser atendidos.

O primeiro entendimento mencionado (tese da opção) é, portanto, o único de aceitar, mediante o qual (note-se) a escolha pela globalidade do regime associado a cada modalidade pertence *ao lesado*. E essa escolha recai sobre o visado por motivos óbvios: a livre disponibilidade do crédito indemnizatório, no qual as pretensões em causa se integram, impõe esta solução. A escolha não lhe pertence, note-se, ao abrigo de um critério genérico que o favoreça, enquanto vítima (*pro damnato*), o qual reputamos não existir. Afinal, se o lesado é livre de não responsabilizar o lesante a qualquer título,

2317 Cfr., *supra*, § 17; 2.3.2., VII.

2318 Cfr., *supra*, § 12; 3.

2319 São particularmente relevantes as críticas apontadas ao entendimento monista, *i.e.*, aquele que rejeita qualquer categorização da responsabilidade civil por referência às modalidades consideradas (e outras); cfr., *supra*, § 14; 2.3.

essa liberdade também existe no momento de o fazer, optando globalmente pelo título que melhor lhe convier.

Por outro lado, quanto ao *momento* em que deva ser exercida, nada obsta, numa fase prévia, a que o lesado altere a via pela qual opta, desde que não ofenda a confiança do devedor. Aliás, no contexto judicial, as regras processuais determinantes quanto à alteração do objeto do processo (em particular, à causa de pedir onde a matéria assenta, como veremos) são chamadas a intervir.

Essa escolha detém, como vimos, várias particularidades e não é necessariamente incompatível com outro efeito, nomeadamente o de *cumulação* com o efeito ressarcitório inerente a pretensões concorrentes, desde que estas (frise-se) se destinem à tutela de *outros danos*. Vejamos.

3. Posição própria; o dinamismo da solução

3.1. O dano como o critério primariamente determinante no concurso de pretensões

I. Adentro da teoria do cúmulo, é o concurso de pretensões, decorrentes do mesmo crédito indemnizatório, a solução presente no sistema português. Todavia, tal como nos alertou VAZ SERRA[2320], a rigidez do modelo corrompe a melhor solução, a qual deve ser procurada num modelo compatível com os valores em causa[2321]. O dinamismo da situação de responsabilidade não permite que o concurso de esgote numa única relação normativa.

Embora, quanto aos efeitos, seja a teoria da opção pelo lesado o enquadramento devido do concurso de pretensões, cumpre ressalvar a possibilidade de uma *cumulação em sentido estrito* da pretensão concorrente. O critério determinante – e o ponto não deve surpreender – é o *dano* a tutelar e a sua determinação, esta última não dependente de critérios *quantitativos*[2322]. Este revela-se a bitola para se aferir a possibilidade de o lesado cumular ou

2320 Cfr., *supra*, § 16; 4.2.

2321 Afinal, segundo HANS KELSEN, «*[j]ust as a conflict of norms is not a logical contradiction, so the derogation which resolves the conflict is not a logical principle — as is assumed in traditional jurisprudence — but rather— just like instances of derogation which are not necessary — the function of a positive moral norm and especially of a positive legal norm*»; *General Theory of Norms*, 125.

2322 Sobre a identidade do dano e os respetivos critérios aferidores; cfr., *supra*, § 12, 5.3.

não as pretensões indemnizatórias existentes, tal como ocorre noutros ordenamentos jurídicos[2323].

A solução, aparentemente salomónica, explora as assimetrias na tutela dos prejuízos pelos títulos de imputação reconduzidos a cada modalidade de responsabilidade: o *princípio ressarcitório pleno* permite a indemnização de todos os prejuízos sofridos pelo lesado, pelo que os danos disjuntamente tutelados podem ser cumulados pelo lesado ao nível de uma simples cumulação de pretensões, nessa exata medida. O ponto nevrálgico (insiste-se) é o de esta cumulação não poder abarcar a tutela do *mesmo* dano, *i.e.*, o prejuízo simultaneamente considerado por várias pretensões em concurso, sob pena de injusto locupletamento do lesado[2324].

> Prevenindo, aliás, a falta de escolha pelo lesado de uma das modalidades verificadas, ou seja, perante o simples não exercício da opção quanto a uma de entre as várias pretensões (alternativas), essa escolha, tal como nos ensina SANTOS JÚNIOR, deve ser relegada ao Tribunal, enquanto elemento necessário à boa decisão da causa[2325].

Simplesmente, o concurso não se esgota, pela heterogeneidade dos juízos ontológicos e normativos, nas relações referidas de *alternatividade* ou de *cúmulo*. Importa considerar uma terceira alternativa, nas hipóteses, ainda que raras, em que a autonomia das pretensões não é vencida no momento do cumprimento (eliminando-se o pressuposto do dano, necessário às demais pretensões), mas num anterior. Neste caso emerge um verdadeiro *conflito* normativo entre as pretensões, o qual dita a prevalência de uma em detrimento das demais. É o que vimos suceder (*i*) quanto aos efeitos comunicantes das causas de exclusão da ilicitude e da culpa, (*ii*) quanto ao dano que excede a cláusula penal e (*iii*) perante a regulação convencional ou legal da obrigação de indemnização, pelo menos quando essa seja a vontade das partes, as pretensões respeitem ao mesmo dano ou haja uma sobreposição do interesse subjacente à lesão ou ao perigo de lesão considerado. Vários Autores tentam, inclusive, alargar o campo deste conflito, por apelo à prevalência da pretensão

[2323] Já conhecemos, entre outros, o exemplo polaco, o qual beneficia de uma norma expressa relativa ao concurso de responsabilidade civil. Esta sua norma tem sido aplicada no sentido de possibilitar ao lesado optar pela via que melhor lhe convier, sem se excluir a possibilidade da cumulação de ambas as vias de responsabilidade, na medida da sua assimetria (*i.e.*, por prejuízos distintos); cfr., § 17; 2.2.

[2324] Cfr., *supra*, § 11; 3 e § 12; 5.2.

[2325] Já conhecemos esta posição do ilustre Professor; cfr., *supra*, § 17; 2.3.2., V.

com o *prazo prescricional menor*, mas esse fundamento, determinante por exemplo além-Reno, não convence no modelo português, o qual se caracteriza, como vimos, por prazos prescricionais geneticamente distintos nas modalidades consideradas.

II. Em suma, o concurso de responsabilidade civil gera um *concurso de pretensões* primariamente destinado à satisfação de todos os prejuízos sofridos pelo lesado. Nesta medida, este pode optar globalmente pela modalidade que melhor lhe convier, relativamente à tutela do mesmo prejuízo, evitando-se, por este modelo alternativo, o seu injusto locupletamento. Por acréscimo, quando as pretensões geradas no âmbito do mesmo crédito indemnizatório se destinam à tutela de prejuízos distintos, nada obsta a que o lesado cumule, nessa medida, a tutela indemnizatória concedida pelas pretensões em concurso. Em terceiro lugar, e por fim, é de considerar a hipótese de as pretensões em concurso se incompatibilizarem num *momento prévio* ao da escolha do lesado: este conflito normativo emerge, sempre que o princípio ressarcitório pleno seja afastado e prevaleça uma pretensão em detrimento das demais, tal como ocorre, no caso português, como vimos, perante os efeitos comunicantes das causas de exclusão da ilicitude e da culpa, quanto ao dano que excede a cláusula penal e em virtude da limitação ou exclusão (convencional ou legal) da responsabilidade obrigacional, a qual abrange potencialmente a de tipo delitual, concorrente.

Assim, recuperando e completando um esquema anteriormente apresentado[2326]:

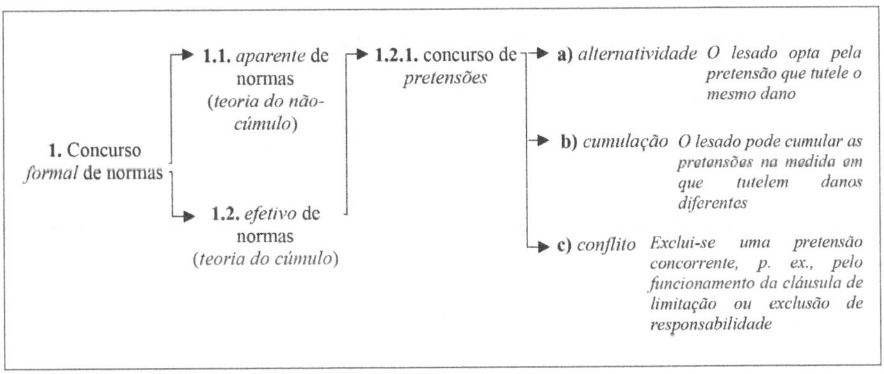

[2326] Cfr., *supra*, § 5; 2.1. e 2.2.

3.2. Breves notas sobre as consequências processuais da posição adotada

I. Embora o concurso seja enquadrado num prisma substantivo (ou seja, um concurso de normas e não um de ações), as implicações processuais da solução presentemente avançada devem ser consideradas. Frisa-se, no entanto, que o seu aprofundamento condigno justificaria uma investigação paralela, a qual não pode aqui ter lugar. Em todo o caso, não se prescinde de fazer as brevíssimas referências ao enquadramento processual da posição *supra* exposta e presentemente defendida: o traçar, pelo menos, das linhas gerais de enquadramento da matéria, na perspetiva do lesado, bem como na do lesante, releva-se, mais do que conveniente, verdadeiramente necessário no escopo da presente investigação. Aliás, a natureza do conceito de pretensão, verdadeira síntese dos escopos substantivo e adjetivo, apela a esse mesmo enquadramento.

Podemos, em concreto, apreciar (*a*) a posição do lesado, (*b*) alguns meios de defesa reconhecidos ao lesante, bem como, por fim, (*c*) a qualificação jurídica do pedido.

3.2.1 A posição do lesado

II. Quanto aos reflexos da posição adotada em sede processual, cumpre investigar, em primeiro lugar, se existe uma correspondência direta entre o concurso de normas e o de ações. Em particular, importa compreender a composição da ação declarativa de condenação no cumprimento da obrigação de indemnização, a ser proposta pelo lesado (10.º/2 e 3, *b*) CPC). É relevante, nesta sede, apreciar a eventual correspondência entre os elementos objetivos da instância (pedido e causa de pedir, 260.º CPC) e a pretensão inicialmente considerada, de natureza substantiva[2327]. Antecipando a nossa conclusão, não existe uma conexão direta entre a *pretensão substantiva* e a de

[2327] Terminologicamente, são vários os AA. que os utilizam em sinonímia, tal como em anot. ao art. 552.º CPC de José Lebre de Freitas/Isabel Alexandre, *Código de processo civil anotado*, II, 490.

tipo *processual* (ou *ação*)[2328]: a ação é tendencialmente unitária, sendo de rejeitar a sua pluralidade[2329].

> Condensa exemplarmente este ponto, a lição de ALBERTO DOS REIS: «[a] pretensão dirige-se ao réu; o pedido dirige-se ao tribunal. Aquela é um elemento da relação jurídica *substancial*; este um elemento da relação jurídica *processual*»[2330]. Também a propósito, em 1980, MIGUEL TEIXEIRA DE SOUSA esclarecia «[a]ssim, enquanto a pretensão material é o efeito de uma existente situação subjetiva, a pretensão processual é o efeito de uma afirmada situação subjectiva.»[2331].

2328 O enquadramento conceptual da pretensão no contexto processual é uma matéria clássica deste ramo do Direito. Distanciando-se do pensamento de CARNELUTTI, o qual enquadra a pretensão na vertente de vontade de subordinar o interesse alheio ao próprio («subordinazione di un interesse altrui al proprio»; *Sistema del diritto processuale*, I, 347-348). ALBERTO DOS REIS é claro em rejeitar a correspondência entre pretensão como o pedido (*petitum*) e a *razão* como a causa de pedir (em anot. ao art. 480.º do CPC, Vol. II, 3.ª ed., Coimbra Editora, Coimbra, 1981, 336-339). Para este A., os campos substantivos (da pretensão) e o processual (da ação) não se confundem, antes complementam-se (*idem*, 339). Fundamental, também, CASTRO MENDES, *Direito Processual Civil*, I, 66, distinguindo a pretensão material da processual, II, 357. Já conhecemos o entendimento de TEIXEIRA DE SOUSA, *O concurso*, *maxime*, 19-101. Com um enquadramento inicial, v. o mesmo A. em *Sobre a teoria do processo declarativo*, 148-150. Neste estudo, afirmou, relativamente à pretensão processual e material: «[s]endo distintas no conteúdo, são igualmente diversas na sua posição relativo em juízo e no seu conceito» (*ibidem*, 150). LEBRE DE FREITAS aposta numa vertente duplamente material e processual da pretensão; em *A confissão no direito probatório: um estudo de direito positivo*, 2.ª ed., Coimbra Editora: Coimbra (2013), 35 (nota 28) e *Introdução*, 52, 56. No mesmo sentido, v. ABRANTES GERALDES, *Temas da Reforma do Processo Civil*, Vol. I, 2.ª ed., Almedina: Coimbra (1998), 119. Num sentido misto, apelando à coexistência de elementos materiais ou substantivos no objetivo processual, v. PAULA COSTA E SILVA, *A Transmissão da Coisa ou Direito em Litígio*, Coimbra Editora: Coimbra (1992), 178 e 187.

2329 É esmagador este entendimento na nossa doutrina; cfr., por todos, FIGUEIREDO DIAS e SINDE MONTEIRO, *Responsabilidade médica em Portugal*, 40.

2330 Em anot. ao art. 480.º do CPC, Vol. II, 3.ª ed., Coimbra Editora, Coimbra, 1981, 338. A construção base é, supomos, a de WACH, na qual a pretensão processual (à tutela jurídica) se dirige contra o Estado, com repto em GOLDSCHMIDT e HELLWIG (com referências completas, cfr. TEIXEIRA DE SOUSA, *O concurso*, 86, nota 43).

2331 *Sobre a teoria do processo declarativo*, 152. A construção não isenta de dificuldade, das quais nos deu nota LEBRE DE FREITAS, *A confissão*, 47-48 (nota 28), nomeadamente a rejeição de uma construção pós-carneluttiana (*i.e.*, o conflito de interesses e o da pretensão/resistência), a qual abandonou o elemento da resistência, dificulta-se perante (*i*) a ação de simples apreciação negativa e (*ii*) a simples apreciação da existência de um facto, a qual ofende o conteúdo da pretensão. No mesmo sentido, v. PAULA COSTA E SILVA, *A Transmissão da Coisa ou Direito em Litígio*, 176.

O conceito de *pretensão processual* pode ser utilizado para condensar o *pedido* do Autor, o qual se distingue, como é sabido, do conceito de *causa de pedir* (ao qual interessa o de pretensão material)[2332]. Vejamos.

No pedido processual, elemento necessário à regular composição da lide (552.º/1, e) CPC), o lesado afirma a existência do seu direito de crédito indemnizatório (*causa de pedir*) e requer a tutela deste seu interesse numa *forma concreta*, nomeadamente (na hipótese em mãos) da condenação do Autor a indemnizar os prejuízos que haja sofrido[2333]. Para este efeito, sobre o lesado, na qualidade de Autor, recai o ónus de demonstrar o substrato fático que integram as normas invocadas. Por outras palavras, recai sobre esta parte o *ónus da substanciação*, devendo indicar o facto *essencial* (5.º/1 CPC) que integra a previsão das normas de responsabilidade que invoca. Em suma, este facto, despido de qualificações jurídicas, integra a *causa de pedir* (*causa petendi*) daquele seu pedido (552.º/1, d) CPC)[2334]. Além da descrição fática da *situação de responsabilidade*, o Autor também deve invocar as razões de direito que fundamentam o seu pedido, nomeadamente as normas aplicáveis, as quais, como é sabido, não vinculam o tribunal (*iura novit curia*; 5.º/3 CPC).

Feito este breve enquadramento, o concurso de pretensões opera de forma determinante (senão exclusiva) ao nível da *causa de pedir*, sendo relevante, a dois tempos, designadamente pelo elemento fático (*i.e.*, o facto essencial) e o normativo, de qualificação jurídica, por referência às normas concretamente invocadas pelo Autor. Esta causa de pedir, atendendo em particular ao «complexo fáctico constitutivo»[2335] é geralmente distinta nas modalidades

[2332] Neste sentido, Lebre de Freitas, *Introdução ao Processo Civil*, 2.ª ed., Coimbra Editora: Coimbra (2009), 47-48. Já Castro Mendes, *Direito Processual Civil*, I, 68, II, 358-360 reconhece, no próprio pedido, uma pretensão material e uma pretensão processual. Em sentido próximo do enunciado, v. a construção de Anselmo de Castro, *Direito processual civil declaratório*, I, Almedina: Coimbra (1981-1982), 203-205.

[2333] Temos por base a construção de Teixeira de Sousa, *Introdução*, 32, *Partes, o objeto e a prova*, 120.

[2334] Teixeira de Sousa, *Introdução*, 32. Cfr. a anot. ao art. 552.º CPC de José Lebre de Freitas/ Isabel Alexandre, *Código de processo civil anotado*, II, 490-491. Esta causa de pedir tem *natureza complexa* no direito à indemnização, reportando-se aos pressupostos da responsabilidade em causa; cfr. Vaz Serra, em anot. ao ac. STJ 28-Out-1969, RLJ, Ano 103, n.º 3437, 509-510 (509), «[a] causa de pedir é o ato ou facto jurídico de que o autor pretender resultar o direito por ele invocado [...]», e ao ac. STJ 27-Out-1970, RLJ, Ano 104, 227-234 (231-232), «[a] causa de pedir é constituída pelo conjunto dos factos de que, segundo a lei, surge o direito de indemnização e a obrigação correlativa». Cfr., ainda, Abrantes Geraldes, *Temas da Reforma do Processo Civil*, Vol. I, 205.

[2335] A expressão é de Lebre de Freitas, *Caso Julgado e causa de pedir. O enriquecimento sem causa perante o artigo 1229 do Código Civil*, ROA, 2006, Vol. III (Dez. 2006), 1477-1532 (1489). Também Teixeira de Sousa, enquadrando o concurso de normas como um de «normas de pretensão», admitia que este se reflete num concurso de causas de pedir, contrariamente ao concurso de pretensões, o qual admite que gere um concurso de pedidos (*Sobre a teoria do processo declarativo*, 164).

consideradas e nas pretensões que enforma (p. ex., pelos danos causados pelo depositário na coisa que lhe fora confiada, a *celebração de um contrato de depósito* é um facto constitutivo que interessa exclusivamente à responsabilidade obrigacional). Não se gera, portanto, apenas uma qualificação jurídica distinta[2336]: as causas de pedir são, em si, diferentes[2337].

> Por isto, LEBRE DE FREITAS afirma: «[s]ão, por isso, muito escassos os casos de concurso real de normas suscetível de dar lugar ao recorte processual duma só causa de pedir»[2338].

III. Resta saber se o concurso de pretensões, visando o mesmo efeito jurídico, permite ao lesado formular pedidos distintos. Ora, quando (*i*) as pretensões *convergem para o mesmo efeito jurídico* – e será este, por sinal, a generalidade dos casos – (*v.g.*, o Autor requer apenas a tutela dos prejuízos materiais ocasionados na coisa transportada, cobertas por ambos os títulos de imputação), a pluralidade de pedidos é negada. Neste caso, embora o lesado deva optar inicialmente pelo regime aplicável no momento da propositura da ação, pode também *apresentar uma fundamentação subsidiária ao nível das causas de pedir*[2339]; esta é, aliás, a forma mais cautelar de configurar a lide, já que assim

2336 Contra, v. enquadramento de DE CUPIS (*Il danno*, I, 94; «il carattere contrattuale o extracontrattuale del danno non è più che una qualificazione della *causa* petendi, che non ne altera l'identità»), seguido de perto por FERREIRA PINTO, *O concurso*, 2016, o qual menciona, perfeitamente em linha, «a natureza contratual ou extracontratual dos danos nada mais é que uma qualificação da *causa petendi*, que não altera a sua identidade» (no mesmo sentido, RUI DE ALARCÃO, Direito das Obrigações, 181). São vários os AA. que reconhecem a existência de um único pedido processual, secundando a relevância das qualificações jurídicas, tal como MIGUEL TEIXEIRA DE SOUSA (*O concurso*, 234 e 235), seguido por PEDRO ROMANO MARTINEZ (*Cumprimento defeituoso*, 235). V., ainda, o entendimento expresso no ac. TRL, de 27-Set-2012 (TERESA ALBUQUERQUE). Cumpre notar que o entendimento clássico de DE CUPIS, negando o concurso de ações, depende de considerar um único objeto (de ressarcimento), bem como – note-se – uma única causa de pedir (o dano); *Il danno*, I, 94. Sendo o dano distinto, para este A., o concurso de ações impõe-se, supomos.

2337 Em linha, numa decisão mais antiga, cfr. o mencionado ac. STJ de 6-Nov-1986 (LIMA CLUNY), BMJ 361 (1986), 506-508.

2338 LEBRE DE FREITAS, *Caso Julgado e causa de pedir*, 12.

2339 Na anot. ao art. 581.º CPC, JOSÉ LEBRE DE FREITAS/ISABEL ALEXANDRE admitem a dedução de *pedidos* (note-se) subsidiários, quando «o concurso é aparente», ou seja, quando se excluem as normas aplicáveis (*Código de processo civil anotado*, II, 598-599). Importar esta solução para uma realidade paralela, nomeadamente para relação de alternatividade, em sede do concurso efetivo, na qual, como sabemos, apenas pode prevalecer, no final, uma das pretensões em concurso, esbarra na dificuldade de não se reconhecerem pedidos distintos, mas apenas uma fundamentação complexa (para um pedido único, naturalmente).

se salvaguardam eventuais dificuldades probatórias ou de qualificação jurídica dos factos e das normas reconduzidas à modalidade de responsabilidade da sua preferência inicial. Sem prejuízo, como é sabido, o Autor pode alterar durante o processo esta sua causa de pedir, com limites (por acordo ou na falta deste, 264.º e 265.º CPC)[2340].

> Este enquadramento foi tentado expressivamente além-Reno[2341]. Nega-se a existência de pedidos alternativos, dada a falta de correspondência do direito de crédito a uma prestação verdadeiramente alternativa (543.º/1)[2342]: numa situação de concurso, a prestação (indemnizatória) é única, embora conforme uma pluralidade de pretensões[2343]. Por oposição, e fundamentalmente, no direito de natureza alternativa, a prestação não se encontra determinada inicialmente.

Noutro caso (*ii*), a diversidade de pedidos é também *aparente*, atendendo à função individualizadora da causa de pedir: sob a égide do mesmo efeito jurídico, não surgem pedidos materialmente distintos[2344]. Por outras palavras, os pedidos associados a cada pretensão podem *divergir na tutela concretamente requerida* (p. ex., os prejuízos causados pelo atraso no início da prestação defeituosa de serviços médicos, tal como os custos acrescidos de estacionamento

[2340] Cfr. De Cupis, *Il Danno*, I, 15. No mesmo sentido, v. Rui Alarcão, *Direito das Obrigações*, 180. É particularmente interessante explorar as limitações a esta alteração na fase de recurso (cfr. Gaetano Anzani, *Concorso*, 279), bem como no âmbito da confissão, desistência do pedido e na transação judicial.

[2341] Cfr., criticamente, Teixeira de Sousa, *O concurso*, 240 e ss. O Autor admite que o lesado possa configurar um concurso de pretensões alternativo, balizando a decisão condenatória do tribunal numa delas (*O concurso*, 244).

[2342] Neste sentido, v. a anot. ao art. 553.º CPC de José Lebre de Freitas/Isabel Alexandre, *Código de processo civil anotado*, II, 498-499.

[2343] Cfr., *supra*, § 5; 2.

[2344] Teixeira de Sousa sugere a presença de uma realidade distante da simples cumulação de pedidos: quanto a «duas pretensões que se referem à mesma prestação», invoca existir uma relação de *concurso entre objetos processuais* (*Sobre a teoria do processo declarativo*, 164). Nesta relação, o ilustre Professor reconhece que o concurso extravasa o âmbito das causas de pedir: «[d]ado que o efeito jurídico a que se reportam os objetos concorrentes é o mesmo, poder-se-ia entender que o concurso objectivo é apenas um concurso de causas de pedir em relação a um único pedido. Mas assim não sucede, pois que cada uma das causas de pedir individualiza um pedido que, apesar de referido ao mesmo efeito jurídico, pode apresentar características distintas.», embora negue, posteriormente, que tal enforme uma cumulação de pedidos (*As partes, o objeto e a prova*, 139-141). Afirma, posteriormente, existir uma «lacuna de previsão» deste regime (*O concurso*, 297). Contra, Mariana França Gouveia, *A causa de pedir na acção declarativa*, Almedina: Coimbra (2004), 212-213.

na via pública, são apenas ressarcíveis a título obrigacional, contrariamente aos danos físicos ocasionados pelo cumprimento defeituoso). Todavia, o regime acoplado a cada pretensão (*i.e.*, os requisitos do título de imputação, bem como, p. ex., o prazo prescricional distinto) é exclusivamente relevante em sede da *causa de pedir* desta ação.

Pois bem, quando as causas de pedir tutelem prejuízos distintos, a influência no conteúdo da pretensão processual é altamente sedutora, mas, ainda assim, evitável. O critério que permite aferir a unidade do pedido, nomeadamente a presença de uma finalidade comum – *i.e.*, quando se «pretende obter o mesmo efeito jurídico», 581.º/3 CPC (ou seja, quando se destinem globalmente ao ressarcimento dos danos) não é vencido. Afinal, o *crédito* e a *prestação* são os mesmos, apenas as pretensões que o integram, com reflexo nas causas de pedir, são distintas. Neste caso (quando as pretensões tutelem danos distintos, divergindo, nesta medida, no *quantum* indemnizatório requerido), o concurso efetivo oriundo das normas materiais condensa-se ainda num único pedido (na ausência infeliz de um regime que enquadre o concurso de objetos processuais): a dedução de *pedidos cumulativos* (555.º CPC), tal como se admite, p. ex., pedidos distintos (numa mesma ação ou em nova) para a restituição do capital mutuado e para a condenação nos respetivos juros contratuais[2345] deve ser rejeitada[2346].

Por fim, cumpre considerar uma terceira alternativa, menos complexa. Se (*iii*) o concurso de pretensões é resolvido *previamente*, de *forma constitutiva* a favor de determinada pretensão, o pedido processual do lesado concentra-se unitariamente nessa mesma pretensão (p. ex., existindo um efeito comunicante da cláusula de limitação de responsabilidade, negando a pretensão delitual concorrente): o *pedido* é neste caso *único*, em decorrência direta da *singularidade* da *causa de pedir*.

Por tudo isto, a *ação* emergente numa hipótese de concurso não é necessariamente singular: pese embora a identidade dos sujeitos e do pedido, a *causa de pedir* pode ser distinta.

[2345] Cfr. a anot. ao art. 581.º CPC de José Lebre de Freitas/Isabel Alexandre, *Código de processo civil anotado*, II, 598. Os AA. deixam o alerta quando os pedidos se encontrem numa relação de dependência, tal como sucede no exemplo mencionado quanto ao pedido de pagamento de juros relativamente ao de restituição do capital mutuado: sendo o Réu absolvido, de mérito, do pedido, naturalmente que poderá invocar o caso julgado perante um novo pedido, dependente deste primeiro, do qual fora absolvido, a título de prejudicialidade (*idem*, 598).

[2346] Expressamente, Teixeira de Sousa, *O concurso*, 296-297.

Assim, recuperando e completando um esquema anteriormente apresentado[2347],

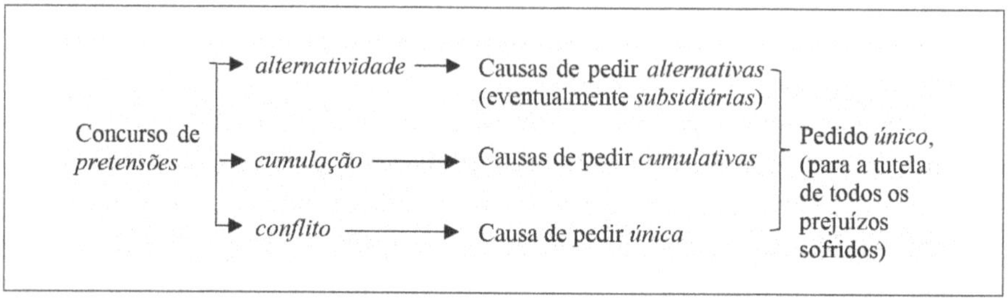

3.2.2 Alguns meios de defesa do lesante

IV. Sendo improcedente a pretensão indemnizatória fundada numa determinada modalidade de responsabilidade, é discutível se o lesado pode intentar uma nova ação fundada numa pretensão concorrente (por sinal, com base na modalidade obrigacional, tendo sido infrutífera a pretensão delitual), exigindo uma nova decisão ao tribunal[2348], com o risco indesejável de este (ou outro tribunal) reproduzir ou contradizer uma decisão pendente ou anterior (580.º/2 CPC)[2349] [2350].

Na verdade, é inevitável que nestes casos o lesante possa invocar as exceções dilatórias da litispendência e a do caso julgado (577.º, *i*) e 580.º CPC[2351]), atendendo à identidade *relativa* (na aceção processual, 581.º CPC) dos *sujeitos* (581.º/2 CPC), do *pedido* (581.º/3 CPC) ou, particularmente, da *causa de pedir* (581.º/4 CPC), consoante, claro está, uma nova ação esteja pendente ou uma delas haja transitado em julgado (628.º CPC)[2352]. O mesmo se aplica em sede

[2347] Cfr., *supra*, § 5; 2.1. e 2.2.

[2348] Neste sentido, Vaz Serra, *Responsabilidade contratual*, 224.

[2349] A matéria adquire um grau superior de complexidade perante ações instauradas simultaneamente em território português e estrangeiro; tal como nos dá nota em anot. ao art. 580.º CPC de José Lebre de Freitas/Isabel Alexandre, *Código de processo civil anotado*, II, 590.

[2350] Expressa esta preocupação, além-Reno, entre outros, Hermann Eichler, *Die Konkurrenz der vertraglichen und deliktischen Haftung im deutschen Recht*, 418.

[2351] A natureza apontada é discutível, atendendo aos efeitos materiais que a exceção produz na relação entre as partes; cfr. José de Lebre de Freitas, *A confissão*, 106 e ss. V., ainda, a anot. ao art. 577.º CPC de José Lebre de Freitas/Isabel Alexandre, *Código de processo civil anotado*, II, 582-583.

[2352] Os elementos determinantes são os objetivos, nomeadamente o pedido e a causa de pedir. Quanto ao pedido, a identidade de efeito jurídico é, como visto, *relativa* (Castro Mendes apela a que as causas digam respeito à mesma «questão jurídica», *Direito Processual Civil*, II, 360). Anselmo de Castro apelava, por contraste, ao mesmo «efeito prático» (*Direito processual civil*

cautelar (362.º/4 CPC), no que respeita à repetição da providência[2353], ou, ainda, quanto à possibilidade de apreciação simultânea do pedido de indemnização civil, com fundamento delitual, em processo penal, com a pretensão obrigacional em sede processual civil.

Se a identidade dos *sujeitos* é facilmente verificável, a identidade do *pedido* ocorre, quando «numa e noutra causa se pretende obter o mesmo efeito jurídico», como vimos. Pois bem, esse *mesmo efeito jurídico* deve ser conduzido, no âmbito do mesmo crédito indemnizatório, à tutela de todos prejuízos sofridos pelo lesado, abarcando, desta forma, todas as pretensões resultantes. Os próprios pedidos, quando materialmente distintos (tutelando prejuízos distintos), são unificados por este critério teleológico[2354].

Por outro lado, a identidade da causa de pedir ocorre, para este efeito, quando a «pretensão deduzida nas duas ações procede do mesmo facto jurídico». Reside aqui, como vimos, a principal dificuldade de enquadramento do concurso de normas: saber se este conforma ou não *causas de pedir distintas*[2355]. Em sede das exceções consideradas, acompanhamos, de perto, a lição de Lebre de Freitas e Isabel Alexandre, quando os ilustres Professores fazem depender da admissibilidade de uma nova ação com fundamento numa pretensão concorrente de dois requisitos: em primeiro lugar, a *improcedência* da ação inicial (sob pena do inadmissível excessivo ressarcimento do mesmo prejuízo, numa nova ação e a outro título, pelo lesado) e, por fim, de que «o núcleo essencial dos factos integradores da previsão das várias normas concorrentes» não tiver sido

declaratório, I, 203). Mais complexa é a determinação concreta da identidade da causa de pedir perante o concurso de normas materiais nos quais os factos se integram.

2353 Os limites, em concreto, desta repetição são controvertidos, tal como nos dá nota em anot. ao art. 362.º/4 José Lebre de Freitas/Isabel Alexandre, *Código de processo civil anotado*, II, 12-15.

2354 Como vimos, *supra*, rejeitamos essa unificação para efeitos da composição do pedido do Autor, na falta de um regime especial para o concurso de objetos processuais. A solução parasita o regime da cumulação, por forma a não prejudicar a posição do lesado. Sob o peso teleológico desta unificação, v. Juan Cabria, *La responsabilidad*, 59 (apenas no que respeita à exceção de caso julgado), seguindo o entendimento de Cavanillas Múgica e Isabel Fernandez, *La concorrencia*, 291.

2355 Expressamente, em anot. ao art. 581.º CPC de José Lebre de Freitas/Isabel Alexandre, *Código de processo civil anotado*, II, 598-599.

alegado no primeiro processo, desconsiderando a relevância da qualificação jurídica desses mesmos factos para este efeito[2356].

V. O mesmo se diga quanto à impossibilidade de o *lesante* (note-se), Réu no primeiro processo, intentar uma ação destinada a apreciar a mesma questão jurídica, já que a alteração da posição jurídica da parte não vence a individualização da ação (564.º, c) CPC)[2357].

Sem prejuízo dos demais meios de defesa reconhecidos ao lesante, é especialmente importante considerar o efeito comunicante do cumprimento de uma pretensão, o qual elimina o pressuposto do dano dos títulos de imputação concorrentes[2358], bem como a matéria referente à competência do Tribunal. Quanto a este último aspeto, pergunta-se: pode o lesante invocar a incompetência relativa do tribunal, explorando as regras distintas de competência *territorial* para a apreciação da ação destinada a efetivar a sua responsabilidade a título obrigacional e delitual (71.º/1 e 2 CPC)? Perante pedidos cumulativos ou subsidiários a resposta é claramente negativa: de acordo com as normas processuais vigentes, o lesado pode geralmente escolher qualquer um dos tribunais competentes para a propositura da ação (82.º/2 CPC) ou deve propor no tribunal competente para a apreciação do pedido principal (82.º/3 CPC), respetivamente. Resta saber o que sucede perante um pedido único inicial, caso o Autor não opte por graduar os fundamentos

[2356] *Ibidem*. O exemplo utilizado é esclarecedor: perante a condenação do réu que haja provocado um acidente de viação, a título extracontratual, discutia-se se o lesado pode invocar posteriormente a responsabilidade do lesante a título contratual, invocando a existência de um contrato de transporte. Neste caso, os AA. entendem que «o caso julgado só seria invocável na segunda ação se, na primeira, tivessem sido alegados [...] os factos constitutivos, respetivamente, do contrato de transporte [...] independentemente de nela terem sido discutidas, respetivamente, a responsabilidade contratual [...] (só assim não seria se o tribunal fosse absolutamente incompetente para conhecer dessas questões)». V., nesta matéria, Mariana Gouveia, *A causa de pedir na acção declarativa*, 494-495, defendendo uma identidade parcial das causas de pedir numa hipótese de concurso, divergindo apenas pelo prisma jurídico de qualificação (várias normas). Por este motivo, a A. aplica irrestritamente as exceções de caso julgado e de litispendência, quando os factos constitutivos sejam idênticos, mesmo que enquadrados em distinta norma (*idem*, 508-509). Seguiu este entendimento – apreciando a admissibilidade de um pedido de restituição do enriquecimento sem causa após uma ação de indemnização com base no cumprimento defeituoso de um contrato de empreitada – o STJ, no seu ac. de 18-Mai-2006 (Urbano Dias), reiterado recentemente (cf. o ac. de 17-Abr-2018, Fonseca Ramos), e também seguido pelo ac. TRC, de 18-Jul-2007 (Jorge Arcanjo).

[2357] V., neste sentido, a anot. ao art. 577.º CPC de José Lebre de Freitas/Isabel Alexandre, *Código de processo civil anotado*, II, 582.

[2358] *Supra*, § 11; 3 e § 12; 5.2. e 5.3.

de responsabilidade em concurso. Na falta de um regime especial que enquadre a presente hipótese de concurso, o critério mais ajustado é aquele que deriva do modelo mais aproximado a esta realidade: o lesado pode optar por qualquer um dos tribunais competentes[2359].

3.2.3 A qualificação jurídica da pretensão

VI. Por fim, resta-nos apreciar uma questão perniciosa que normalmente vem acoplada ao enquadramento do concurso de pretensões em sede processual: como se concilia a competência do Tribunal na qualificação jurídica dos factos carreados pelo Autor (*iura novit curia*) com a *opção* do lesado pela modalidade de responsabilidade civil que melhor lhe convier?

Qualquer construção não pode, sob pena de vício grave, negar a competência do Tribunal no que respeita à «indagação, interpretação e aplicação das regras de direito» (5.º/3 CPC)[2360]. Em igual medida, não é admissível que a opção do lesado pela pretensão em causa seja aniquilada por esta competência. O espaço de coexistência pode (e deve) ser encontrado, embora infelizmente não tenha sido esse o entendimento das nossas instâncias[2361].

[2359] Ao abrigo da legislação anterior, invoca-se a possibilidade de o lesado propor a ação no tribunal correspondente ao «lugar onde o facto ocorreu»; cfr., Teixeira de Sousa, *O concurso*, apelando a um critério de *extensão de competência*, 92, 311-312, entendimento seguido, em parte, por Romano Martinez, *Cumprimento defeituoso*, 235, *Direito das Obrigações*, 475. Cumpre notar que Teixeira de Sousa, negava, no âmbito do concurso de pretensões, que qualquer tribunal competente para cada uma das pretensões pudesse apreciar as demais. Neste caso, invocava a «exclusividade da competência referida à responsabilidade delitual», pelo que seria este tribunal o competente para conhecer a responsabilidade alternativamente contratual ou delitual (*O concurso*, 311). Não é, no entanto, determinante a exclusividade desta competência relativa (71.º, 95.º/1, 104.º/1, a) CPC): se o lesado optar por um dos tribunais competentes, tanto está em causa o afastamento de uma norma de competência, como a aplicação (devida) de outra. Já Vaz Serra, *Responsabilidade contratual*, 209, reconhecia o interesse nesta escolha, não encontrando motivos para a condicionar.

[2360] Cf. Vaz Serra, *Responsabilidade*, 236 (nota 260). Este A. reconhecia as limitações a esta competência do tribunal anot. ao ac. STJ 12-out-1971, RLJ, ano 105 (1972-1973), n.os 3466-3489, 217-224 e 230-234 (233): «[p]arece-nos que o tribunal não tem liberdade absoluta na qualificação jurídica da causa de pedir, a qual lhe não é reconhecida pela lei: o que ela (Cód. Proc. Civil, art. 664.º) lhe impõe é a qualificação jurídica da causa de pedir independentemente da feita pelo autor, sem que, por isso, seja lícito ao tribunal convolar oficiosamente para outra causa de pedir)».

Também a posição do réu não pode ser prejudicada, em particular no que respeita às suas garantias de defesa. Estas, aliás, não se vinculam, à partida, à qualificação carreada pelo Autor, dada a competência nesta matéria pelo Tribunal (desenvolvidamente, Teixeira de Sousa, *O concurso*, 293 e ss.).

[2361] Cfr., por todos, o ac. STJ, de 07-Fev-2017 (Hélder Roque). No mesmo sentido, contra aquele aparentemente expresso *supra*, v. Teixeira de Sousa, *O concurso*, 290-293, embora o Autor admita que, em certos casos, a individualização fáctica das pretensões seja vinculativa (*idem*, 292) ou que

Em primeiro lugar, importa recentrar a matéria da qualificação jurídica: podemos destacar duas situações distintas, nomeadamente a alteração da qualificação jurídica pelo tribunal *para lá* do pedido (*ultra petita*)[2362] – manifestamente inadmissível na medida em que viola o princípio do dispositivo[2363] – bem como, por outro lado, a simples modificação da qualificação jurídica, não se limitando às alegações das partes em matéria de direito (razão do brocardo *da mihi facta, dabo tibi jus*). Estamos no campo desta segunda vertente. Pois bem, a opção do lesado pode ser livremente exercida, desde que o tribunal não discorde da qualificação jurídica *base* que presida a essa mesma escolha. Nunca – e este ponto é de destacar – a qualificação legal do autor é vinculativa ao Tribunal. Simplesmente, com base nessa qualificação, o lesado pode optar pela via a prevalecer.

> Assim, podemos distinguir o substrato jurídico (matéria de Direito) essencial ao exercício da opção (*v.g.*, o lesado considera que o depositante é responsável a título delitual e obrigacional, num modelo de concurso de pretensões) e o exercício da opção em si, pela via que lhe convier (p. ex., pela via delitual). Neste exemplo, o tribunal pode discordar da qualificação jurídica *base* da situação de responsabilidade, por entender, a título exemplificativo, que não foi demostrada a culpa para efeitos delituais, faltando um dos requisitos essenciais deste título de imputação. Neste caso, a opção do lesado (pela via delitual) encontra-se juridicamente infundada. Se o Autor não realizou um pedido subsidiário, responsabilizando o lesante também a título obrigacional, alegando e provando os factos a esse respeito, o Réu deve ser absolvido de mérito da instância.

o tribunal deve «respeitar a preferência do autor sempre que essa escolha reflete um interesse atendível» (*idem*, 293). Esta última consideração vence – e isso é meritório – uma antiga conceção, a qual negava qualquer efeito à qualificação jurídica carreada pelas partes (cfr., neste sentido, presentemente criticado, Anselmo de Castro, *Direito Processual Civil Declaratório*, I, 203). Nota-se, ainda, que em momento prévio o A. admite que «[a] irrelevância da qualificação legal atribuída pela parte a uma certa factualidade para a individualização do objeto processual não constitui justificação para a não vinculação do órgão jurisdicional quando a qualificação é uma de entre as várias qualificações concorrentes na subsunção de um certo fundamento fático. Isto por um motivo simples: enquanto naquela hipótese o tribunal corrige a qualificação indevidamente atribuída, nesta eventualidade o tribunal utiliza uma das várias qualificações apropriadas à subsunção da factualidade alegada.» (*idem*, 236).

[2362] O problema fora suscitado por De Cupis, *Il danno*, p. 48, tal como nos indica Vaz Serra em *Responsabilidade*, 216. V., ainda, quanto à relevância intraprocessual do seu objeto, Teixeira de Sousa, *Introdução*, 34.

[2363] Teixeira de Sousa apela ao princípio da disponibilidade privada sobre o objeto processual (*Introdução*, 60-61).

Podemos, portanto, distinguir a qualificação jurídica inicial até à conformação de um concurso de pretensões, da competência do tribunal, o qual pode (recorde-se) considerar inexistir um concurso (efetivo) de responsabilidades, por (*i*) faltar a verificação de uma das modalidades (no concurso heterónomo) ou (*ii*) por discordar (globalmente) dessa qualificação – noutro exemplo, o tribunal pode negar a opção do lesado pela via obrigacional com base na qualificação (errada) da responsabilidade deste tipo da conduta, p. ex., a do médico que lhe furtou a carteira durante uma consulta. Em suma, o momento de exercício desta competência do tribunal é *prévio* ao do exercício da opção pelo lesado. Se o tribunal admitir que ambas as modalidades de responsabilidade estão verificadas – requisito imprescindível a uma hipótese de concurso –, deve, por fim, respeitar a opção do lesado pela modalidade fundamentadora. Assim, num exemplo final, no nosso sistema de concurso efetivo de pretensões, se o transportado qualificar a responsabilidade do transportador como delitual, não pode o tribunal *considerar* aplicável apenas a via obrigacional, por qualificação diversa da causa de pedir[2364], admitindo – e este é o ponto nevrálgico – que também se encontra verificada a via delitual invocada pelo Autor. Isso consubstanciaria a consagração de um modelo de concurso aparente de responsabilidade (a favor da pretensão obrigacional) ou um

[2364] Como é sabido, a causa jurídica detém uma função individualizadora do pedido e conforma o objeto do processo (cfr., em anot. ao art. 552.º CPC de José Lebre de Freitas/Isabel Alexandre, *Código de processo civil anotado*, II, 491). O tribunal, neste caso, corre o risco sério de basear a sua decisão numa causa de pedir não invocada pelo Autor, a qual comina a sua decisão de nulidade (608.º/2, 609.º/1 e 615.º/1, d) CPC). É curioso que as instâncias têm tido um entendimento flexível no que respeita à qualificação das ações de responsabilidade por acidentes de viação, modificando aquela carreada pelo Autor (cf. Abrantes Geraldes, *Temas da Reforma do Processo Civil*, 54).
Em sentido próximo, no Direito espanhol, também é clássico o confronto entre o princípio do dispositivo e o de *iura novit curia*. A questão reside essencialmente nos termos atrás enunciados: a compatibilidade da teoria da opção – mediante a qual o lesado *opta* por uma determinada pretensão, fundamentando o respetivo pedido nesse regime – e a competência do tribunal no conhecimento das matérias de Direito. Afirma-se que «el órgano jurisdiccional puede aplicar normas distintas a las alegadas por las partes, en atención al principio *iura novit curia*, pero esto no significa que se le permita al juez modificar la *causa petendi* » (Juan Cabria, *La responsabilidad*, 55). É que uma alteração da pretensão em causa oficiosamente, ocorrendo num momento em que estão precludidos os meios de defesa, coloca, além do mais, em causa o princípio do contraditório – neste sentido, v. Cavanillhas Múgica e Isabel Fernandez, *La concurrencia*, 230-231. Com severas críticas a uma hiperbolização daquele princípio, em prejuízo do interesse do lesado, Maria Casas Planes, *Reflexión*, 891-892.

de concurso efetivo cuja escolha quanto à pretensão em causa recaísse sobre o tribunal. Ambos os enquadramentos são inadmissíveis, como vimos[2365].

Em suma, em matéria de qualificação jurídica do pedido do Autor, o ponto nevrálgico radica na aceitação de que a opção pelo lesado por uma qualquer pretensão não ofende a competência do tribunal em matéria de direito: compete ao tribunal detetar a presença de ambas as formas de responsabilidade, num prisma constitutivo, nomeadamente a verificação dos respetivos pressupostos. Esta competência não ofende, nem pode, a livre opção do lesado pela pretensão exercida em juízo ou pelo enquadramento em concreto da lide, ainda que pela forma se revele globalmente menos favorável ao seu interesse. É, aliás, precisamente isto que sucede quando o lesado opta, por justo receito da não procedência do seu pedido, por fundar o seu pedido no enriquecimento sem causa, em detrimento das regras que regulam a responsabilidade civil, não carreando os factos que permitam ao tribunal apreciar estoutra pretensão[2366].

[2365] *Supra*, § 17; 1. e 2.3.2., respetivamente.

[2366] Antunes Varela, *Das Obrigações*, I, 503 (e respetiva nota 2). O A. nota, contudo, que, no contexto da subsidiariedade, a opção inversa pelo lesado (invocando apenas a responsabilidade civil) permite ao tribunal ordenar a restituição do enriquecimento (na falta deste ou na medida da respetiva insuficiência; *ibidem*).

CONCLUSÕES

§ 19. A TESE

Pelo exposto, cumpre ensaiar as principais conclusões alcançadas por esta investigação, a qual não se dá por encerrada, nomeadamente:

§ 1. O concurso de responsabilidade civil delitual e obrigacional, entre um lesante e um lesado, aproxima-se do modelo alemão: de tipo substantivo (de normas) consubstancia, quanto ao objeto, um concurso *de pretensões* e visa, em obediência ao princípio ressarcitório pleno, a tutela de todos os danos sofridos pelo lesado.

§ 2. Os títulos de imputação de danos gerados, reportados disjuntamente às modalidades de responsabilidade em causa, formam *pretensões autónomas*, porquanto estas são distintas em sede de *fonte*, *regime*, *fim* e *objeto*, embora derivem do *mesmo* crédito indemnizatório.

§ 3. O dano determina o efeito extintivo final das pretensões em concurso: satisfeita uma das pretensões, este pressuposto elimina-se e consigo extinguem-se as pretensões que deste dependem (caso não tutelem *outros* danos). Esquematicamente, o lesado pode *cumular* duas formas de tutela:

3.1 quanto ao dano imputável por *ambas* as modalidades de responsabilidade (dano *comum*), pode *optar* pelo título de imputação da modalidade que preferir, vinculando-se ao respetivo regime, em bloco (teoria da opção); e, eventualmente por acréscimo,

3.2 quanto ao dano imputável *exclusivamente* por uma modalidade de responsabilidade (dano *exclusivo*), a sua tutela concentra-se nessa modalidade, delitual ou obrigacional.

§ 4. A autonomia das pretensões pode ser antecipada relativamente ao momento do cumprimento, quando outro interesse prevaleça sobre o ressarcitório: essa concentração da forma de tutela a uma determinada pretensão ocorre principalmente pelo efeito extintivo comunicante das causas de exclusão de ilicitude e culpa, no que respeita ao dano excedente da cláusula penal e em virtude da limitação ou exclusão (legal ou convencional) da responsabilidade civil.

ÍNDICE BIBLIOGRÁFICO

Indicam-se, de seguida, as principais obras consultadas, compreendendo os elementos disponíveis e publicados até dezembro de 2021. As referências são ordenadas por autor e, por sua vez, pelo título de cada obra, bem como a respetiva edição, editora, local de publicação e ano, salvo quando qualquer um destes elementos seja omisso. Após a primeira citação completa, cada obra é referida abreviadamente ao longo do texto.

A

A.-F. Lefèbvre, *De La Responsabilité, Délictuelle, Contractuelle*, Droit Civil, Revue critique de législation et de Jurisprudence, Ano XXXV, Tomo XV, Cotillon: Paris (1886), 485-523

A.S. Hart Kamp, *Unjust Enrichment alongside Contracts and Torts*, Unjust Enrichment and the Law of Contract, Kluwer Law International: Países Baixos (2001), 25-32

Aberkane, Hassen, *Du dommage causé par une personne indéterminée dans un group déterminé de personnes*, RTDC, tomo 56, (1958)

Abid Mnif, Salma, *L'option entre la responsabilité contractuelle et la responsabilité délictuelle*, L'Harmattan: Paris (2014)

Abrantes Geraldes, António Santos, *Indemnização do dano da privação do uso*, Almedina: Coimbra (2001)

– *Indemnização dos danos reflexos*, Almedina: Coimbra (2005)

– *Ressarcibilidade dos danos não patrimoniais de terceiros em caso de lesão corporal*, em Estudos em homenagem ao Prof. Doutor Inocêncio Galvão Telles, IV – Novos Estudos de Direito privado, Almedina: Coimbra (2003), 263-269

– *Temas da Reforma do Processo Civil*, Vol. I, 2.ª ed., Almedina: Coimbra (1998)

Alarcão, Rui de, *A confirmação dos negócios anuláveis*, I, Atlântida Editora: Coimbra (1971)

– *Direito das Obrigações*, (J. Sousa Ribeiro, J. Sinde Monteiro, Almeno de Sá, J. C. Proença), Universidade de Coimbra: Coimbra (1983)

ALBERTO DOS REIS, JOSÉ, Código do Processo Civil Anotado, Vol. II, 3.ª ed., Coimbra Editora, Coimbra (1981)

ALBERTO GONZALEZ, JOSÉ, *Responsabilidade civil*, Lisboa, Quid Juris (2007)

ALBUQUERQUE MATOS, FILIPE, *A compensação dos danos não patrimoniais no Código Civil de 1966* (Coord. Mafalda Miranda Barbosa e Francisco Muniz), *Responsabilidade Civil – Cinquenta anos em Portugal, quinze anos no Brasil*, Instituto Jurídico da Faculdade de Direito da Universidade de Coimbra (2017)

ALBUQUERQUE, PEDRO DE, *A aplicação do prazo prescricional do n.º 1 do artigo 498 do código civil à responsabilidade civil contratual*, ROA, Ano 49, n.º 3 (Dez. 1989), 793-837

– *Autonomia da vontade e negócio jurídico em direito da família*, CEF: Lisboa (1986)

– *O direito ao cumprimento de prestação de facto, o dever de a cumprir e o princípio «nemo ad factum cogi potes». Providência Cautelar, sanção Pecuniária Compulsória e caução*, Estudos em honra de Ruy de Albuquerque, Faculdade de Direito da Universidade de Direito, Lisboa (2006), 499-540

ALBUQUERQUE, PEDRO DE/ LURDES PEREIRA, MARIA DE, *A responsabilidade civil das autoridades reguladoras e de supervisão por danos causados a agentes económicos e investidores no exercício das actividades de fiscalização ou investigação* , O direito, Ano 136, n.º 1, 89-130

ALBUQUERQUE, RUY e MARTIM DE, *História do Direito Português*, Vol. I, 12.ª ed., Sintra: Lisboa (2005)

ALESSANDRI, ARTURO, *De la responsabilidad extracontractual en el Derecho Civil chileno*, Ed. Jurídica de Chile: Chile (2006)

ALIBRANDI, ILARIO, *Del Concorso delle azioni*, Opere giuridiche e storiche del Prof. Ilario Alibrandi, Vol. I, Tipografia Poliglotta: Roma (1896)

ALMEIDA COSTA, MÁRIO JÚLIO DE, *A eficácia externa das obrigações. Entendimento clássico da doutrina*, Estudos em Homenagem ao Prof. Doutor Manuel Henrique Mesquita, Vol. I, Universidade de Coimbra: Coimbra (2009), 521-530

– *Direito das Obrigações*, 12.ª ed., (7.ª reimp.), Almedina: Coimbra (2019)

– *História do Direito Português*, 5.ª ed., Almedina: Coimbra (2012)

– *Noções fundamentais de Direito civil*, 7.ª ed., Almedina: Coimbra (2018)

– *O concurso da Responsabilidade contratual e da extracontratual*, AB VNO AD OMNES – 75 anos da Coimbra Editora, 555-565

– *Responsabilidade civil pela rutura das negociações preparatórias de um contrato*, RLJ, Ano 116, 1984, 116-206

ALPA, GUIDO, *Trattato di Diritto Civile*, IV, La Responsabilità Civile, Giuffrè Editore: Milão (1999)

ÁLVARO DIAS, JOÃO, *Culpa médica: algumas ideias-força, Revista Portuguesa do dano Corporal*, n.º 5, ano 1995, 15-46

– *Dano Corporal. Quadro Epistemológico e Aspectos Ressarcitórios*, Almedina: Coimbra (2001)

– *Procriação assistida e responsabilidade médica*, Boletim da Faculdade de Direito da Universidade de Coimbra, Stvdia Iuridica, 21, Coimbra (1996)

Andrade Mesquita, José, *Direitos Pessoais de Gozo*, Almedina: Coimbra (1999)

Andrade, Manuel de, *Sobre a recente evolução do direito privado português*, BFD, XII (1946), 284-343

– *Teoria Geral da Relação Jurídica*, Vol. I (*Sujeitos e Objeto*), e II (*Facto Jurídico, em especial, Negócio Jurídico*), Almedina: Coimbra (1983)

– *Teoria Geral das Obrigações*, 3.ª ed. (com a colaboração de Rui de Alarcão), Almedina: Coimbra (1966)

Andrade Pissarra, Nuno, *Das acções reais*, Vol. I e II, AAFDL: Lisboa (2021)

Andrade, Robin de, *Direito Penal*, II, Faculdade de Direito: Lisboa (1972)

Anselmo de Castro, Artur, *Direito processual civil declaratório*, I, Almedina: Coimbra (1981-1982)

António Veloso, José, *Concurso e conflito de normas*, Direito e justiça: revista da Faculdade de Direito da Universidade Católica Portuguesa, 17 (2003), 205-272

Antunes Varela, João de Matos, anotação ao ac. STJ 21-Jun-1968, RLJ Ano 102 (1969-1970), n.º 3398, 245-262

– anotação ao ac. STJ 25-Mai-1985, RLJ Ano 123 (1991), n.º 3796 a 3799, 251-256 e 278-281

– anotação ao ac. STJ 30-Jan-1985, RLJ, Ano 123, n.os 3790-3791 (1990) 20-31, 42-49

– anotação ao ac. STJ de 17-Jun-1982, RLJ, Ano 119 (1986), n.os 3742-3753, 120-128

– anotação ao ac. STJ, de 26-Mar-1980, RLJ, Ano 114, 40 e ss.

– *Das Obrigações em Geral*, Vol. I (10.ª ed., 2006) e II (7.ª ed., 1997), Almedina: Coimbra

Antunes Varela, Miguel Bezerra e Sampaio e Nora, *Manual de Processo Civil*, 2.ª ed., Coimbra Editora: Coimbra (1985)

Antunes, Tiago, *Da natureza jurídica da responsabilidade ambiental*, Atas do colóquio – A responsabilidade civil por dano ambiental, ICJP (2010), 121-152

Anzani , Gaetano, *Il danno non patrimoniale da fatto illecito*, publicado em Il Caso.it (consultado a 31-Jan-2021)

Anzani, Gaetano, *Concorso di responsabilità contrattuale ed extracontrattuale*, Responsabilità civile e previdenza, n.º1 (2018), Giuffrè Editore (2018), 278-296

Araújo Dias, Cristina, *Lições de Direito das Sucessões*, 3.ª ed., Almedina: Coimbra (2014)

Arens, Peter, *Zur Anspruchskonkurrenz bei mehreren Haftungsgründens*, AcP 170, 392-425

Armbrüster, Christian, *Der Schutz von Haftpflichtinteressen in der Sachversicherung*, WR, 79, Duncker & Humblot: Berlim (1994)

Assis Raimundo, Miguel, *Concurso de imputações por actos de diferentes funções do Estado, Novos temas da responsabilidade civil extracontratual das entidades públicas*, ICJP, AAFDL: Lisboa (2013), 23-48

Ataíde, Rui Paulo Coutinho de Mascarenhas, *Acidentes em autoestradas: natureza e regime jurídico da responsabilidade dos concessionários*, in Estudos de Direito Privado, AAFDL: Lisboa (2020), 471-516

– *Causalidade e Imputação Objetiva na teoria da responsabilidade civil. A sobreposição das concepções normativas*, Separata de Estudos em Homenagem ao Prof. Doutor Sérvulo Correia, BFDUL, Coimbra Editora: Coimbra (2010), 181-237

– *Cláusulas abusivas no contrato de seguro*, Revista de Direito Civil (Instituto de Direito Privado, Faculdade de Direito de Lisboa), Ano V (2020), 1, 115-125

– *Direito dos Contratos II, Contrato de depósito*, AAFDL: Lisboa (2021)

– *O cuidado entre a ilicitude e a culpa*, em Estudos de Direito Privado, AAFDL: Lisboa (2020), 215-226

– *Os deveres no tráfego*, RDR, Ano 1 (2019), disponível *online*, 985-1003

– *Poder paternal, direitos de personalidade e responsabilidade civil. A vigência dos direitos fundamentais na ordem jurídica privada*, em Estudos de Direito Privado, AAFDL: Lisboa (2020)

– *Regime e natureza jurídica da administração conjugal "de facto"*, Estudos em homenagem ao Prof. Doutor Martim de Albuquerque, Vol. II, Coimbra Editora: Coimbra (2011), 673-740

– *Responsabilidade Civil por Violação dos Deveres no Tráfego*, Almedina: Coimbra (2015)

Ataíde, Rui Paulo Coutinho de Mascarenhas/ Sítima Craveiro, Inês, *Critérios de averiguação da culpa negligente*, em Estudos de Direito Privado, AAFDL: Lisboa (2020), 107-121

Ataíde, Rui Paulo Coutinho de Mascarenhas/Barroso Rodrigues, António, *Denúncia e oposição à renovação do contrato de arrendamento urbano*, RDR, Ano 4, n.º 2 (2019), 297-311

Aureliano, Nuno, *O Risco nos contratos de alienação*, Almedina: Coimbra (2009)

Azevedo Ramalho, Tiago, *O princípio da relatividade contratual e o contrato a favor de terceiro*, Coimbra Editora: Coimbra (2013)

B

Bacache-Gibeili, Mireille, *Les obligations, la responsabilité civile extracontractuelle*, 3.ª ed., Economica: Paris (2016)

Bachmann, Thomas, *Die elektive konkurrenz. Eine systematische Untersuchung der Gläubigerrecht bei Leistungsstörungen im BGB*, CISG, in den PECL und in DCFR, Ducker & Humblot: Berlim (2010)

Baião do Nascimento, António, *Do concurso de normas*, Cadernos de ciência e de técnica fiscal, n.os 136 e 137 (Abril e Maio de 1970), Lisboa (1970)

Bälz, Ulrich, *Die vertragliche Erfüllung im System der privatrechtlichen Haftung*, FS für Picker, Mohr Siebeck (3-Nov-2010)

– *Zum Strukturwandel des Systems zivilrechlicher Haftung*, Mohr Siebeck: Tubinga (1990)

Baptista Machado, João, *Introdução ao Direito e ao discurso legitimador*, Almedina: Coimbra (1993)

– *Pressupostos da resolução por incumprimento*, Separata do BFB, Estudos em Homenagem ao Prof. Doutor José Joaquim Teixeira Ribeiro, Coimbra (1979)

– *Risco contratual e mora do credor*, Obra Dispersa, I, Scientia Ivridica: Braga (1991)

Barreto Menezes Cordeiro, António, *Direito Inglês dos Contratos I; Formação, Conteúdo e Vícios*, AAFDL: Lisboa (2017)

Barroso Rodrigues, António, *A sanção pecuniária compulsória no âmbito do anteprojeto do Código de Atividade Bancária*, Revista de Direito Financeiro e dos Mercados de Capitais, Vol. 3 (2021), No. 10, 13-43

– *Sobre a responsabilidade civil profissional do advogado e das sociedades de advogados*, Revista da Ordem dos Advogados, Ano 82, Vol. I/II, Jan./Jun. 2022, 63-137

Bastos, Iolanda, *Notas breves sobre a "culpa do credor"*, Livro Cinquentenário do Código Civil, Vol. I, Almedia: Coimbra (2020), 677-695

Bauman, Jürgen, *Strafrecht*, 5.ª ed., Ernst und Werner Gieseking: Bielefeld (1968)

Baumann/Weber/Mitsch, *Strafrecht, Allgemeiner Teil*, 11.ª ed., Ernst und Werner Gieseking: Bielefeld (2003)

Beatriz Sousa, Maria, *A Sucessão a Favor do Concepturo*, Dissertação de Mestrado, Universidade Católica Portuguesa, Faculdade de Direito (2017)

Behrend, Hugo, *Die Konkurrenz der Kontraktsklage mit der Deliktsklage*, J. Abel: Greifswald (1900)

Bekker, Ernst, *Die Aktionen des Römischen Privatrechts*, I, Franz Vahlen Verlag; Berlim (1873)

Beleza, Tereza, *Direito Penal*, Vol. II, AAFDL: Lisboa (1980)

Benatti, Francesco, *A responsabilidade pré-contratual* (trad. Adriano Vera Jardim e Miguel Caeiro), Almedina: Coimbra (1979)

Benedetti, Aldo Pierluigi, *Il concorso di colpa del danneggiato: tra causalità e autoresponsabilità*, inédito (2010)

Beneduzi, Renato, *De concurrentibus actionibus e o concurso de demandas*, São Paulo (2011)

Benucci, Eduardo Bonasi, *La responsabilidad civil* (trad. de Juan Lojo e José Raluy), José Bosch: Barcelona (1958)

Berger, Christian, *Mitverursachung und Mitverschulden*, VersR (1987)

Bettencourt Faria, Carlos, *O conceito e a natureza jurídica do contrato de seguro*, coletânea de jurisprudência, Ano III, 1978, tomo III

Blanco Gómez, Juan, *La concurrencia de responsabilidad civil contractual y extracontractual en un mismo hecho dañoso*, Dykinson (1996)

Borghetti, Jean-Sébastien, *La responsabilitè du fait des choses, un régime qui a fati son temps*, RTD, 2010

BORK, REINHARD, *Allgemeiner Teil des Bürgerlichen Gesetzbuchs*, 4.ª ed., Mohr Siebeck: Hamburgo (2015)

BRANDÃO PROENÇA, CATARINA, *Da apreciação da culpa do gestor de negócios*, Revista Ciências Empresariais e Jurídicas, Nº 19 (2011), 27-61

BRANDÃO PROENÇA, JOSÉ CARLOS, *A hipótese da declaração (lato sensu) antecipada de incumprimento por parte do devedor*, Estudos em homenagem ao Professor Doutor Jorge Ribeiro de Faria, N.º especial, Coimbra Editora: Coimbra, 2003, 359-402

– *Do incumprimento do contrato-promessa bilateral – A dualidade execução específica-resolução*, Separata BFDC, JOSÉ, Coimbra (1987)

– *A Responsabilidade Civil Extracontratual nos 50 anos de vigência do código civil: um olhar à luz do direito contemporâneo*, RDR, ano 1, (2019)

– *Culpa do lesado*, Comemorações dos 35 anos do Código Civil e dos 25 anos da reforma de 1977, Vol. III, Direito das Obrigações, Coimbra, Coimbra Editora (2004), 139-151

– *Estudos de Direito das Obrigações*, Universidade Católica: Porto (2018)

– *Lições de cumprimento e não cumprimento das obrigações*, 3.ª ed., Católica Editora: Porto (2019)

– *A conduta do lesado como Pressuposto e Critério de Imputação do Dano Extracontratual*, Reimp. da ed. de 1997, Almedina: Coimbra (2007)

– *À volta da natureza subsidiária da obrigação de restituir fundada em enriquecimento sem causa*, Cadernos de Direito Privado, n.º 50 (Abr-Jun, 2015), 3-21

– *Natureza e prazo de prescrição do "direito de regresso" no diploma do seguro obrigatório de responsabilidade civil automóvel – Ac. do STJ de 18.10.2012, Proc. 56/10*, Cadernos de Direito Privado, n.º 41 (2013), 29-44

– *Responsabilidade pelo risco do detentor do veículo e conduta do lesado: a lógica do tudo ou nada* (Ac. do STJ de 6.11.2003 – Proc. 565/03), Cadernos de Direito Privado, nº 7 (Janeiro--Março 2004), 19-31

BRIAN R. LEVEY, *Tortious Government Conduct and the Government Contract: Tort, Breach of Contract, or Both*, Public Contract Law Journal 22, n. 4 (1992-1993), 706-756

BRIDGE, MICHAEL, *The Overlap of Tort and Contract*, 907, McGill Law Journal, 27 (1982), 873-914

BRITO BASTOS, MIGUEL, *A recusa lícita da prestação pelo garante na garantia autónoma "on first demand"*, Estudos em Homenagem ao Prof. Doutor Sérvulo Correia, Vol. III, Coimbra Editora: Coimbra (2010), 525-555

– *Deveres acessórios de informação. Em especial, os deveres de informação do credor perante o fiador*, Revista de Direito das Sociedades, Ano V, Almedina: Coimbra (2013), 181-281

– *O mútuo bancário – ensaio sobre a estrutura sinalagmática do contrato de mútuo*, Coimbra Editora: Coimbra, (2015)

BRITO CORREIA, LUÍS, *Direito Comercial*, Vol. II, Sociedades Comerciais, AAFDL: Lisboa (1989)

BROX e WALKER, *Allgemeiner Teil des BGB*, 44.ª ed., (2020), 45.ª ed. (2021), C.H.Beck: Munique

BROX, HANS, *Allgemeines Schuldrecht*, 18.ª edição, Verlag C.H.Beck, Munique (1990)

BROX, HANS/WALKER,WOLF-DIETRICH, *Allgemeines Schuldrecht*, 45.ª ed., Verlag C.H.Beck, Munique (2021)

BRÜGGEMEIER, GERT, *Haftungsrecht – Struktur, Prinzipien, Schutzbereich*, Springer: Berlim (2006)

– *Prinzipien des Haftungsrecths, Eine systematische Darstellung auf rechtsvergleichender Grundlage*, Nomos: Bade-Bade (1999)

– *Vertrag–Quasi-Vertrag–Sonder-Delikt–Delikt, Die Aktiengesellschaft*, AG, (1982), 268-278

BRUN, ANDRÉ, *Rapports et domnaines des Responsabilités Contractuelle et Délictuelle*, Recueil Sirey: Paris (1931)

BRUN, PHILIPPE, *Responsabilité civile extracontractuelle*, 5.ª ed., LexisNexis: Paris (2018)

BRUNS, RUDOLF, *Zur Struktur des Prozesses*, Festschrift für Schmidt-Rimpler, Mühler: Karlsruhe (1957), 237-257

BÜDENBENDER, ULRICH, *Der Nacherfüllungsanspruch des Käufers – Wahlschuld oder elektive Konkurrenz?*, AcP, 205 (2005), 386-429

BURCHARDT, JOHANNES, *Vertragsnormen und Deliktsnormen in Anwendung auf denselben Tatbestand: ein Versuch zur weiteren Klärung des Problems*, R. Noske (1909)

Bürgerliches Gesetzbuch mit Einführungsgesetz und Nebengesetzen: BGB (Soergel), 13.ª ed., Kohlhammer: Estugarda (2005)

Bürgerliches Gesetzbuch: BGB HandKommentar, 10.ª ed., Nomos: Baden-Baden (2021);

BURROWS, ANDREW, *Solving the problem of concurrent liability*, Current Legal Problems, Vol. 48 (II), Oxford University Press: Oxford (1995)

BURROWS, ANDREW, *Solving the problem of concurrent liability*, Current Legal Problems, Vol. 48, (01-Dez-1995), Oxford University Press: Oxford, 103-124

C

CABRAL MONCADA, LUÍS. S., *Lições de Direito Civil, Parte Geral*, 4.ª ed., Almedina: Coimbra (1995)

CABRIA, JUAN, *La responsabilidad civil contractual y extracontractual y su concurrencia*, Universidade Cantabria (2019-2020)

CAETANO, MARCELLO, *As pessoas coletivas no novo código civil*, O direito, Ano 99 (1967), 85-110

CALMEIRO, ANA, *A pluralidade de Seguros*, Almedina: Coimbra (2021)

CALVÃO DA SILVA, JOÃO, *A responsabilidade civil do produtor*, Almedina: Coimbra (1990)

– *Concorrência entre risco do veículo e facto do lesado: o virar da página*, RLJ, Ano 137 (2007), 35-64

– *Cumprimento e sanção pecuniária compulsória*, Dissertação para exame do curso de pós-graduação em ciências jurídico-civis na Faculdade de Direito da Universidade de Coimbra, Coimbra (1987)

– *Negociações preparatórias de contrato-promessa e responsabilidade pré-contratual*, in Estudos de Direito Civil e Processo Civil (Pareceres), Almedina: Coimbra (1996)

– *Processo Executivo e sanção pecuniária compulsória*, O direito, Ano 127, 1995, I-II, (Janeiro--Junho), 243-253

– *Sanção pecuniária compulsória (art.º 829.º-A do Código Civil)*, BMJ, 359, Outubro (1986), 39-126

Canaris, Claus-Wilhelm, *A liberdade e a justiça contratual na «Sociedade de Direito Privado»*, Contratos: Atualidade e Evolução, Faculdade de Direito da Universidade católica Portuguesa, Porto (1997), 49-66

– *Ansprüche wegen „positiver Vertragsverletzung" und „Schutzwirkung für Dritte" bei nichtigen Verträgen: Zugleich ein Beitrag zur Vereinheitlichung der Regeln über die Schutzpflichtverletzungen*, JZ (1965), 475-482.

– *Bankgeheimnis und Schutzwirkungen für Dritte im Konzern*, ZIP (2004), 1781-1790

– *Die Vertrauenshaftung im deutschen Privatrecht*, Munique (1971)

– *Direitos Fundamentais e Direito Privado*, 2.ª ed., trad. de Ingo Wolfgang Sarlet e Paulo Mota Pinto, Almedina: Coimbra (2009)

– *Gläubigerverzug und Unmöglichkeit*, Liber Amicorum Jürgen Pröls (2009), 21-46

– *Leistungsstörungen beim Unternehmenskauf*, ZGR, Vol. 11, n.º 3 (1982), 395-434

– *Pensamento Sistemático e conceito de sistema na ciência do Direito*, 3.ª ed. (trad. de Menezes Cordeiro), Fundação Calouste Gulbenkian: Lisboa (2002)

– *Schutzgesetze-Verkehrspflichten-Schutzpflichten*, FS für 80 Karl Larenz, C.H.Beck: Munique (1983), 27-110

– *Täterschaft und Teilnahme bei culpa in contrahendo*, FS für Giger (1989), 91-122

Capelo de Sousa, Rabindranath, *Lições de Direito das Sucessões*, I, 4.ª ed., Coimbra Editora: Coimbra (2000)

– *O direito geral de personalidade*, Coimbra Editora: Coimbra (1995)

– *Teoria Geral do Direito civil*, I, Coimbra Editora: Coimbra (2003)

Caradonna, Pietro, *Concorso de colpa contratual ed extracontratual*, Revista del Diritto Commerciale e del Diritto Generale delle Obligazioni, I, Dottor Francesco Vallardi: Milão (1922), 261-292

Carbonnier, Jean, *Droit civil*, II, Quadrige: Paris (2004)

Cardona Ferreira, Jaime Octávio, *Acidentes de Viação em Auto-estradas. Casos de responsabilidade civil contratual?*, Coimbra Editora: Coimbra (2004)

Cardona Ferreira, Rui, *A perda de chance: análise comparativa e perspetivas de ordenação sistemática*, O direito, Ano 144, n.º 1 (2012), 29-58

Carneiro da Frada, Manuel António, *A responsabilidade objetiva por facto de outrem face à distinção entre responsabilidade obrigacional e aquiliana*, Direito e Justiça, Vol. 12, n.º 1 (1998), 297-311

– *A responsabilidade pela confiança nos 35 anos do Código Civil*, Comemorações dos 35 anos do Código Civil e dos 25 anos da reforma de 1977, III, Direito das Obrigações, Coimbra Editora: Coimbra (2007), 285-307
– *Contrato e deveres de protecção*, Separata BFD, Vol. 39, (1994), 161-435
– *Direito Civil – Responsabilidade civil – O método do caso*, Almedina: Coimbra (2010)
– *Nos 40 anos do Código Civil português: tutela da personalidade e dano existencial*, Revista do Ministério Público do RS, Porto Alegre, n.º 82 (Jan. 2017– Abr. 2017), 175-196
– *O problema e os limites da responsabilidade dos auditores*, Separata de Direito e Justiça, Vol. 16, tomo I (2002), 159-169
– *Sobre a responsabilidade das concessionárias por acidentes ocorridos em auto-estradas*, ROA, Ano 2005, Vol. II (Set. 2005), 407-433
– *Teoria da Confiança e responsabilidade civil*, Almedina: Coimbra (2001)
– *Vinho novo em odres velhos: a responsabilidade civil das operadoras de Internet e a doutrina comum da imputação de danos*, ROA, Ano 59, n.º 2 (2009), 665-692
– *Os deveres (ditos) "acessórios" e o arrendamento*, disponível em OA.pt
Carneiro da Frada, Maria João Vasconcelos, *Danos económicos puros*, Estudos em Homenagem ao Professor Doutor Marcello Caetano, II, Coimbra Editora: Coimbra (2006), 151-176
Carnelutti, Francesco, *Teoria giuridica della circolazione*, Cedam: Pádova (1933)
Carvalho, Orlando de, *Teoria Geral do Direito Civil*, 4.ª ed., Gestlegal: Coimbra (2021)
Carvalho Fernandes, Luís, *Lições de Direito das Sucessões*, 4.ª ed., Quid Juris: Lisboa (2012)
– *Lições de Direitos Reais*, 6.ª ed., Quid Juris: Lisboa (2010)
– *Teoria Geral do Direito Civil*, II, 3.ª ed., Universidade Católica Editora: Lisboa (2001)
Castanheira Neves, António, *Questão-de-facto-Questão-de-direito ou o problema metodológico da juridicidade*, Almedina: Coimbra (1967)
Castanheira Pereira, Diogo, *Interesse processual na acção declarativa*, Coimbra Editora: Coimbra (2011)
Castro Mendes, João de, *Desconhecimento da Obrigação e indemnização pelo não cumprimento*, Revista de Direito e Estuados Sociais (Separata), Ano XIX, Janeiro-dezembro, n.os 1-2-3-4 (1974)
– *Direito Civil – Teoria Geral*, II, AAFDL: Lisboa (1995)
– *Direito Processual Civil*, II, FDL (1987)
– *Do conceito jurídico de prejuízo*, Jornal do Foro: Lisboa (1953)
Castronovo, Carlos, *Le due specie della responsabilità civile e il problema del concorso*, Europa e diritto privato (2004)
– *Responsabilità contrattuale ed extracontrattuale*, disponível online (consultado a 31-Jan-2021)
Cavaleiro de Ferreira, Manuel, *Direito Penal Português*, I, 2.ª ed., Verbo: Viseu (1982)

CAVANILLHAS MÚGICA, SANTIAGO e TAPIA FERNANDEZ, ISABEL, *La concurrencia de responsabilidad* contractual y extracontractual, Centro de Estudios Ramon Areces, S.A.: Madrid (1992)

CENDON, PAOLO, *Il dolo nella responsabilità extracontrattuale*, G. Giappichelli: Turim (1976)

CERAMI, PIETRO, *La responsabilità extracontrattuale dalla Compilazione di Giustiniano ad Ugo Grozio*, La responsabilità civile da atto illecito nella prospettiva storico-comparatistica, a cura di L. Vacca, I Congresso Internazionale ATISTEC: Torino (1995)

CHARLIER, PAUL, *Du cumul «des indemnités»*, En Hommage a Léon Graulich, Faculté de Droit de Liège (1957), 203-228

CHARTIER, YVES, *La reparation du prejudice dans la responsabilité civile*, Dalloz: Paris (1983)

CHIRONI, GIAMPIETRO, *La colpa nel diritto civile odierno: colpa extra-contrattuale*, II, Fratelli Bocca: Turim (1906)

– *Nouvi Studi e Questioni di Diritto Civile*, Parte Geral, Fratelli Booca: Turim (1922)

CLARA SOTTOMAYOR, MARIA, *A responsabilidade civil dos pais pelos factos ilícitos praticados pelos filhos menores*, Separata do Boletim da Faculdade de Direito (LXXI), Universidade de Coimbra: Coimbra (1995)

Código Civil – Livro II, Direito das Obrigações (1.ª revisão ministerial), Lisboa (1962)

COELHO DA ROCHA, MANUEL ANTÓNIO, *Instituições de direito civil portuguez* – apenas pudemos consultar a 8.ª ed., Tomo I, Livraria Clássica: Lisboa (1917)

Código Civil. Livro IV – Direito da Família (Coord. Clara Sottomayor), 2.ª ed., Almedina: Coimbra (2022)

Comentário ao Código Civil – Direito das Obrigações (Coord. José Brandão Proença), Universidade Católica Editora: Lisboa (2018)

Comentário ao Código Civil – Parte Geral (Coord. Luís Carvalho Fernandes/José Brandão Proença), Universidade Católica Editora: Lisboa (2014)

Comentário ao Código Civil – Direito das Coisas (Coord. Henrique Sousa Antunes), Universidade Católica Editora: Lisboa (2021)

CONTE, GIUSEPPE, *Considerazioni critiche sull'applicazione del paradigma risarcitorio dall'art 2059 c.c. anche al danno non patrimoniale contrattuale*, Il Contratti, ano XVIII (2010)

COOTER, ROBERT, *Unity in Tort, Contract, and Property, The Model of Precaution*, California Law Review, Vol. 73, n.º 1 (Jan. 1985), 1-51

CORNU, GÉRARD, *Le probléme du cumul de la responsabilité contractuelle et de la responsabilité délictuelle, Etudes de Droit Contemporain*, Cujas: Paris (1962), 239-257

CORREIA DE TELLES, JOSÉ HOMEM, *Digesto Portuguez ou Tratado dos Direitos e Obrigações Civis* – consultámos a edição da Livraria Clássica: Lisboa (1909), Tomo I

CORREIA HENRIQUES, PEDRO, *O papel da desculpabilidade no sistema de responsabilidade civil*, FDUL (2008)

CORREIA, EDUARDO, *A Teoria do Concurso em Direito Criminal*, Almedina: Coimbra (1996)

– *Direito Criminal*, II, Almedina: Coimbra (1971)

Cortes Rosa, Manuel, *A delimitação do prejuízo indemnizável em direito comparado inglês e francês*, E.N.P.: Lisboa (1962)

Costa Andrade, João da, *Da unidade e pluralidade de crimes – doutrina geral e crimes tributários*, Coimbra Editora: Coimbra (2010)

Costa e Silva, Paula, *Contrato a favor de terceiro, conformação subjectiva da instância e legitimidade processual*, Estudos em homenagem ao Prof. Doutor Inocêncio Galvão Telles, 90 anos, Almedina: Coimbra (2007), 963-994

– *A litigância de má fé*, Coimbra Editora: Coimbra (2008)

Costa e Silva, Paula/Trigo dos Reis, Nuno, *Estabilidade e caso julgado no direito da obrigação de indemnizar*, Estudos em homenagem a Miguel Galvão Telles, Vol. II, Almedina, Coimbra (2012), 287-325

Costa Gonçalves, Diogo, *Novo Coronavírus e crise Contratual*, anotação ao Código Civil (Coord. Catarina Monteiro Pires) AAFDL Editora: Lisboa (2020)

Costa Lopes, Joana, *A responsabilidade civil do locatário por violação de deveres no tráfego no ordenamento jurídico português*, O direito, Ano 152, n.º 4 (2020), 707-758

Costa, Salvador da, *Os incidentes da instância*, 9.ª ed., Almedina: Coimbra (2017)

Coutinho de Abreu, Jorge, *Do Abuso de Direito*, Almedina: Coimbra (1999)

Cruz, Sebastião Costa, *Direito Romano*, I, *Introdução. Fontes*, 4.ª ed., Coimbra (1984)

Cunha de Sá, Fernando Augusto, *Abuso Do Direito*, Almedina: Coimbra (2005)

– *Direito ao cumprimento e direito a cumprir*, Revista de Direito e Estudos Sociais, Coimbra (1973)

– *Modo de extinção das Obrigações*, Estudos em homenagem ao Prof. Doutor Inocêncio Galvão Telles, I volume, Direito privado e vária, Coimbra (2002), 171-263

Cunha Gonçalves, Luiz da, *Responsabilidade civil pelos acidentes de trabalho e doenças profissionais*, Coimbra editora: Coimbra (1939)

– *Tratado de direito civil: em comentário ao Código Civil Português*, XII, Coimbra Editora: Coimbra (1937)

Cunha, Paulo, *Apontamentos*, Tomo II, Cap. II: O objecto (1938-1939)

– *Direito das Obrigações*, II, FDL: Lisboa (1939)

Cura Mariano, João, *A providência cautelar de arbitramento de reparação provisória*, Almedina: Coimbra (2003)

– *Responsabilidade contratual do empreiteiro pelos defeitos da obra*, 7.ª ed., Almedina: Lisboa (2020)

Curado Neves, João, *Comportamento lícito alternativo e concurso de riscos*, AAFDL: Lisboa (1989, ed. póstuma 2019)

D

D. Martin, Susan, *The responsibility of skilled workers in Classical Roman Law*, The American Journal of Philology, vol. 122, n.º 1, The John Hopkins University Press (2001)

D'Ors, Álvaro, *Elementos de Derecho Privado Romano*, 2.ª ed., Universidade de Navarra: Pamplona (1975)

Das Bürgerliche Gesetzbuch: mit besonderer Berücksichtigung der Rechtsprechung des Reichsgerichts und des Bundesgerichtshofes Kommentar (RGRK-BGB), Vol. II, Parte V, 12.ª ed., de Gruyter: Berlim, Nova Iorque (1989)

de Castro, Aníbal, *A caducidade na doutrina, na lei e na jurisprudência*, Lisboa (1962)

De Cupis, Adriano, *Comentario del Codice Civile, Libro Quarto*, Editoras Nicola Zanichelli e Soc. Ed. Del Foro Italiano: Bolonha e Roma (1964),

– *Il danno, Teoria generale della responsabilità civile*, I e II, Milão (1979)

– *Il problema del cumulo della responsabilità contrattuale ed extracontrattuale*, Annuario di diritto comparato e di studi legislativi, Vol. XXXVII, Istituto Italiano di Studi Legislativi (1963)

de Graaff, Ruben/Moron-Puech, Benjamin, *Le concours des responsabilités contractuelle et délictuelle*, Revue de la Recherche Juridique, XLII – 166, 2017-1, Presses Universitaires d'Aix-Marseille, 71-89

Demongue, Réne, *Traité des Obligations*, V, Arthur Rousseau: Paris (1925)

Detlef Liebs, Klaus, *Die Klagenkonkurrenz um römischen Recht – Zur Geschicte der Scheidung von Schadenerstatz und Privatstrafe*, Vandenhoeck & Ruprecht: Gotinga (1972)

Deutsch, Erwin, *Zum Verhältnis von vertraglicher und deliktischer Haftung*, FS für Karl Michaelis, Vandenhoeck Ruprecht: Gotinga (1972)

Deutsch, Erwin/Ahrens, Hans-Jürgen, *Deliktrecht*, 6.ª ed., Vahlen: Munique (2014)

di Marzo, Salvatore, *Instituzioni di Diritto Romano*, 5.ª ed., Dott. A. Giuffrè: Milão (1946)

Dias Cerdeira, Ângela, *Da responsabilidade civil dos cônjuges*, Coimbra Editora: Coimbra (2000)

Dias da Silva, Manuel, *Estudo sobre a responsabilidade civil connexa com a criminal*, Volume I e II, Imprensa da Universidade: Coimbra (1886 e 1887)

Dias Ferreira, José Dias, *Código civil português commentado*, V, Imprensa da Universidade Coimbra: Coimbra (1876)

Dias Marques, José, *Introdução ao estudo do Direito*, 2.ª ed., Pedro Ferreira: Lisboa (1994)

Dietz, Rolf, *Anspruchskonkurrenz bei Vertragsverletzung und Delikt*, Röhrscheid: Bonna (1934)

– *Das Problem der Konkurrenz von Schadensersatzansprüchen bei Vertragsverletzung und Delikt*, Deutsche Landesreferate zum VI. Internationalen Kongreß für Rechtsvergleichung in Hamburg, Hamburgo (1962)

Díez-Picazo, Luis, *Derecho de daños*, Civitas: Madrid (1999)

– *El problema de la acumulación de la responsabilidad contractual y la responsabilidad delictiva en el Drecho español*, Revista do Instituto de Direito Comprado (1972)

Dilcher, Gerhard, *Zu Begriff und Funktion der Gesamtschuld*, JZ, 22 (1967), 110-116

Diogo Costa Gonçalves/Diogo Tapada dos Santos, *Juros moratórios, indemnização e anatocismo potestativo*, RFDUL, Ano LXI, n.º 2, 2020, 205-230

Domínguez Hidalgo, Carmen, *El problema de la concorrencia de responsabilidades*, Lexis Nexis: Chile (2006), 64).

dos Santos, Eduardo, *Direito das Sucessões*, AAFDL: Lisboa (2002)

Duarte D'Almeida, Luís, *O "Concurso de Normas" em Direito Penal*, Almedina: Coimbra (2004)

Duarte Pinheiro, Jorge, *O Núcleo intangível da comunhão conjugal. Os deveres conjugais sexuais*, Almedina: Coimbra (2004)

– *O Direito Da Família Contemporâneo*, 7.ª ed., Gestlegal: Coimbra (2020)

Duarte, David, *A norma de legalidade procedimental administrativa*, Faculdade de Direito da Universidade de Lisboa (2004)

– *Drawing up the boundaries of normative conflicts that lead to balances*, em *Legal Reasoning: The Methods of Balancing*, ARSP, n.º 124 (2010), 51-62

E

Eichler, Hermann, *Die Konkurrenz der vertraglichen und deliktischen Haftung im deutschen Recht*, AcP, 162 (1963)

Eisele, Fridolin, *Zur Lehre von der Klagenkonkurrenz*, AcP 79 (1892), 327-405

Emmerich, Volker, *Beschränke Vertragshaftung und konkurrierende Ansprüche aus unerlaubter Handlung im Frachtrecht*, BGHZ 46, 140 (1967)

Engisch, Karl, *Introdução ao Pensamento Jurídico*, 11.ª ed., trad. J. Baptista Machado, Fundação Calouste Gulbenkian: Lisboa (2014)

– *Untersuchungen über Vorsatz und Fahrlässigkeit im Strafrecht*, Aalen (1964)

Engrácia Antunes, José A., *O contrato de seguro na LCS de 2008*, ROA, n.º 69 (2009), 811-854

Enneccerus, Ludwig e Lehmann, Heinrich, *Lehrbuch des Bürgerlichen Rechts*, II, Recht des Schuldverhälnisse (Schuldrecht), Mohr Siebeck: Tubinga (1954)

Enneccerus, Ludwig e Lehmann, Heinrich, *Lehrbuch des Bürgerlichen Rechts*, II, NG Elwert: Hesse (1928)

Enneccerus, Ludwig e Nipperdey, Hans Carl, *Allgemeiner Teil des Bürgerlicher Rechts*, I, 14.ª ed. (1952), 15.ª ed. (1959), Mohr Siebeck: Tubinga

Enrico Liebman, *Azioni concorrenti*, Studi in memoria di Umberto Ratti, Giuffrè: Milão (1934)

Erman BGB, Vol. II, 16.ª ed., Otto Schmidt: Colónia (2020)

Esser, Josef/Schmidt, Eike, *Schuldrecht*, AT, I, 6.ª ed. (1984), 8.ª ed. (1995), C.F. Müller: Heidelberg

European Group on Tort Law, *Principles of European Tort Law*, Springer: Viena (2005)

F

Faria Costa, José, *Formas de crime*, Jornadas de Direito Criminal, CEJ, Livraria Petrony: Lisboa (Abril, 1983)

Fernanda Palma, Maria, *Direito Penal – Parte Geral*, AAFDL: Lisboa (2013)

FERREIRA DE ALMEIDA, CARLOS, *Texto e Enunciado na Teoria do Negócio Jurídico*, Vol. I e II, Almedina: Coimbra (1992)

FERREIRA GOMES, JOSÉ, *A nulidade do negócio jurídico por contrariedade à lei*, Livro do Cinquentenário do Código Civil, Vol. II, 167-192

FERREIRA GOMES, JOSÉ/COSTA GONÇALVES, DIOGO, *A imputação do conhecimento às sociedades comerciais*, Almedina: Coimbra (2017)

FERREIRA LEITE, INÊS, *Cláusula penal e sanção pecuniária compulsória: sanções coativas ou verdadeiras "penas privadas"*, Código Civil – Livro do Cinquentenário, Vol. I (em homenagem ao Prof. Doutor Fernando Pessoa Jorge), Almedina: Coimbra (2020), 635-677.

– *Ne (idem) bis in idem*, Vols. I e II, AAFDL Editora: Lisboa (2016)

FERREIRA PINTO, FERNANDO A., *O concurso entre a responsabilidade contratual e a responsabilidade extracontratual*, in RDC, edição *liber amicorum*, publicada em 20-Nov-2020

FERRER CORREIA, ANTÓNIO, *Da responsabilidade do terceiro que coopera com o devedor na violação de um pacto de preferência*, RLJ, Ano 98 (n.os 3308 e 3309), 355 e ss., 360 e ss.

FIGUEIREDO DIAS, JORGE DE, *Direito Penal*, 3.ª ed., Gestlegal: Lisboa (2019)

FIGUEIREDO DIAS, JORGE DE/SINDE MONTEIRO, JORGE FERREIRA, *Responsabilidade médica em Portugal*, BMJ 332 (Janeiro, 1984), 21-79

FIKENTSCHER, WOLFGANG/HEINEMANN, ANDREAS, *Schuldrecht*, 11.ª ed, De Gruyter: Berlim (2017)

FILIPE PIRES DE SOUSA, LUÍS, *O ónus de prova na responsabilidade civil médica, questões processuais atinentes à tramitação deste tipo de acções (competência, instrução do processo, prova pericial)*, publicação *online*, consultada a 31-Jan-2021

FORCHIELLI, PAOLO, *Responsabilità Civile*, III, Cedam – Casa Editrice Dott. Antonio Milani (1970)

FRAENKEL, MICHAEL, *Tatbestand und Zurechnung bei § 823 Abs. 1 BGB*, BR, 51, Duncker Humblot: Berlim (1979)

FRANÇA PITÃO, JOSÉ ANTÓNIO, *União de Facto no Direito Português*, Quid Juris: Lisboa (2017)

FRANZEN, MARTIN, *Haftung für Produktionsschäden*, JuristenZeitung, 16-Jul.-1999, 54, n.º 14, 702-711.

FREIRE, PASCOAL DE MELO, *Instituições de Direito Civil Português*, BMJ, 161 (1966), 89-200

– *Instituições de Direito Criminal Português, Livro único*, em BMJ, 156 (1966), 69-168

FREITAS DA ROCHA, JOAQUIM, *Constituição, ordenamento e conflitos normativos*, Coimbra Editora: Coimbra (2008)

FRENCH, CHRISTINE, *The Contract/Tort Dilemma*, Otago Law Review, Vol. 5, n.º 2 (1983), 236-315

FROST, MARINA, *"Vorvertragliche" und "vertragliche" Schutzpflichten*, BR, 63, Duncker&Humblot: Berlim (1981)

FURTADO, PINTO, *Comentário ao Código das Sociedades Comerciais*, Artigos 1.º a 19.º, Almedina: Coimbra (2009)

G

GABBA, CARLO FRANCESCO, *Nuove questioni di diritto civile*, 2.ª ed., I, Fratelli Bocca: Turim (1912)

GALVÃO TELLES, INOCÊNCIO, *Culpa na formação do contrato, O direito*, Ano 125, 1993, III-IV (julho-dezembro), 333-356

– *Direito das Obrigações*, 2.ª ed., Livraria Petrony (1979), 7.ª ed., Coimbra Editora (1997)

– *Direito das Sucessões, Noções Fundamentais*, 4.ª ed., Coimbra (1976)

– *Lições proferidas no ano lectivo de 1948-1949*, Associação Académica: Lisboa

– *Manual de Direito das Obrigações*, Tomo I, Coimbra Editora: Coimbra (1957)

– *Manual dos Contratos em Geral*, 4.ª ed., Coimbra Editora: Coimbra (2002)

– *Parecer de Direito* em *A privatização da sociedade Financeira Portuguesa*, Lex: Lisboa (1995)

GALVÃO TELLES, MIGUEL, *Direitos Absolutos e Relativos*, Estudos em homenagem ao Prof. Doutor Joaquim Moreira da Silva Cinha, Vol. I, Almedina: Coimbra (2005), 469-500

GALVÃO, SOFIA SEQUEIRA DE GALVÃO, *Reflexões acerca da responsabilidade do comitente no direito civil português*, AAFDL, Lisboa (1990)

GARCÍA GARRIDO, MANUEL, *Derecho Privado Romano*, I, 3.ª ed., Dykinson: Madrid (1985)

GARCÍA VALDECASAS, GUILLERMO, *El problema de la acumulación de la responsabilidad contractual y delictual en el derecho Español*, Revista de Derecho Privado (Espanha), XLVI, (1962, Outubro), 831-849

GAUCH, PETER, *Die Vereinheitlichung der Delikts und Vertragshaftung*, Zeitschrift für schweizerisches Recht 116 (1997), 315-341

GAUSCH, PETER/SCLUEP, WALTER/SCHMID, JÖRG/EMMENEGGER, SUSAN, *Schweizerisches Obligationrecht*, AT, II, 11.ª ed., Schulthess: Zurique (2020)

GEBAUER, MARTIN, *Hpothetische Kauslatität und Haftungsgrund* (2007)

GEORGIADES, APOSTOLOS, comentário ao ac. BGH de 11-Abr-1967, JZ (1967)

– *Die Anspruchskonkurrenz im Zivilrecht und Zivilprozessrecht*, C.H.Beck: Munique (1968)

GERALDES, SARA, *A culpa do lesado*, O direito, Ano 141, II (2009), Almedina: Coimbra, 339-375

GIARDINA, FRANCESCA, *Responsabilità contrattuale e responsabilà extracontrattuale*, Editora Dott. A. Giuffrè Éditore. Milão (1993)

GIERKE, OTTO VON, *Deutscher Privatrecht*, III (Schuldrecht), reimp. da 1.ed. de 1917, Duncker & Humblot: Berlim (2010)

GIORGI, GIORGIO, *Teoria delle obbligazioni nel diritto moderno italiano esposta con la scorta della dottrina e della giurisprudenza*, 7ª ed., Vol. V, Fratelli Cammelli: Florença (1884)

GLASER, JULIUS, *Abhandlungen aus dem österreischischen Strafrechte* (1858)

GOMES DA SILVA, MANUEL, *Da solidariedade nas obrigações*, RDFDL, Ano 5 (1948), 289-354

– *O dever de prestar e o dever de indemnizar*, (1994, reimp. 2020), Imprensa FDUL: Lisboa (2021)

GOMES RODRIGUES, ÁLVARO, *Reflexões em torno da responsabilidade civil dos médicos*, Direito e justiça, Lisboa, V. XIV, T. 3, (2000), 161–252

GOUVEIA, JAIME DE, *Da responsabilidade civil*, lições ao curso complementar de Direito civil, col. Ramos de Sousa e Silva Pinto (1933/1934)

– *Da responsabilidade contratual*, Edição do autor: Coimbra (1932)

GOUVEIA, MARIANA, *A causa de pedir na ação declarativa*, Almedina: Coimbra (2019)

GRAAFF, RUBEN DE, *Concurrent Claims in Contract and Tort: A Comparative Perspective*, European Review of Private Law 4 (2017), 701-726

GRAÇA TRIGO, MARIA DE, *Incumprimento da obrigação de indemnizar, artigo 805.º/3 do Código Civil, com base na análise da jurisprudência*, Separata de Estudos Dedicados ao Prof. Doutor Mário Júlio de Almeida Costa, Universidade Católica Editora: Lisboa (2002), 961-1034

– *Reflexões acerca da concorrência entre risco e culpa do lesado na responsabilidade civil por acidente de viação*, Estudos dedicados ao Prof. Doutor Bernardo Lobo Xavier, Vol. II, Universidade Católica Editora (2015), 467-497

– *Das presunções de culpa no regime da responsabilidade civil por acidentes de viação*, CDP, n.º 32 (Out-Dez 2010), 22-44

– *Responsabilidade Civil – Temas especiais*, Universidade Católica Editora: Lisboa (2015)

– *Responsabilidade Civil por Facto de Terceiro*, Coimbra Editora: Coimbra (2009)

GRANDMOULIN, J., *De l'unité de la responsabilité ou, nature délictuelle de la responsabilité pour violation des obligations contractuelles avec application à la combinaison de la responsabilité & de l'incapacité*, Rennes (1892)

GRASNICK, GERHARD, *Unechte Gesamtschuld*, Berlim (1965)

GRAY, WHITMORE/ STULTS, RAYMOND, *Civil Code of the Russian Soviet Federated Socialist Republic: An English Translation*, University of Michigan Law School: Ann Arbor (1965)

GRECO, LUÍS, *Um Panorama da Teoria da Imputação Objectiva*, AAFDL: Lisboa (2003)

GRIVA, PERETTI (c. DOMENICO RICCARDO), *Ancora sul concorso della responsabilità contrattuale ed extracontrattuale*, Rivista universale di giurisprudenza e dottrina, Vol. 104, N.º 2 (1952)

GRÖBL, GERNOT, *Das Verhältnis des Eigentumsherausgabeanspruchs zu den besonderen schuldrechtlichen Rückgabeansprüchen*, Diss., Munique (1965)

GSELL, BEATE, *Werkvertragliche Haftung und Eigentumsverletzung*, JZ, Ano 60, n.º 23 (2-Dez.-2005), 1167-1173

GUILLAMÓN, CARMEN, *La concurrencia de responsabilidade civil contractual y extracontractal en el contrato de arrendamento*, Dykinson, S.L.: Madrid (2011)

H

HAACK, CLAUDIA, *Schuldrecht*, BT 4, *Unerlaubte Handlungen und Allgemeines Schadensrecht*, 20.ª ed., Alpmann Schmidtt: Munique, (2017)

HARKE, JAN DIRKE, *Allgemeines Schuldrecht*, Springer: Hedelberg (2010)

HASSOLD, GERHARD, *Zur Leistung im Dreipersonenverhältnis: Anweisung und Vertrag zugunsten Dritter als Modell*, C.H.Beck: Munique (1981)

HAUCK, RONNY/BLAUT, HEIKO, *Die (quasi-)vertragliche Haftung von Plattformbetreibern*, NJW (2018), 1425-1430

HAUPT, GÜNTHER, *Über faktische Vertragsverhältnisse* (1941), em *Festschrift für Siber*, vol. II, Leipzig (1942)

HECK, PHILIPP, *Grundriss des Schuldrechts*, Mohr Siebeck: Tubinga (1929)

HEINEMANN, HUGO, *Die Lehre von der Idealkonkurrenz*, Otto Liebmanns Berlag: Berlim (1893)

HEINITZ, CÒSI, *Responsabilita contrattuale e responsabilita aquiliana*, Il Foro Italiano, Vol. 61, Primeira Parte (1936)

HELLWIG, KONRAD, *Anspruch und Klagerecht, Beiträge zum bürgerlichen und zum Prozessrecht*, Jena (1900)

– *Die Verträge auf Leistung an Dritte*, Aalen: Darmstadt (1899, reimp. 1980)

– *System des Deutschen Zivilprozessrechts*, I: Ordentliches Verfahren, Leipzig (1912)

HELM, JOHANN, *Haftung für Schäden an Frachtgütern*, Müller: Karlsruhe (1966)

HELSSIG, RUDOLF *Zur Lehre von der Konkurrenz der Klagen nach römischem Rechte*, Friedrich Frommanns Verlag: Estugarda (1887)

HENRIQUE SOUSA, TIAGO, *Da responsabilidade civil dos gerentes e administradores das sociedades comerciais, perante os credores sociais, por violação de normas de proteção, no direito português*, RFDUL/LLR, LXIV (2018. 2), 137-168

HILL, ALFRED, *Breach of contract as a tort*, Columbia Law Review, Vol. 74, n.º 1 (Jan. 1974), 40-51

HILLEY, BYRON, *The Interrelationship of Tort and Contract in French Law*, Journal of Public Law, 4, n.º 1 (1956), 116-147

Historisch-kritischer Kommentar (HKK) *zum BGB*, Vol. III, Schuldrecht. Besonderer Teil. 1, Mohr Siebeck: Tubinga (2013)

HOFMANN, EKKEHARD, *Grundrechtskonkurrenz oder Schutzbereichsverstärkung?*, AcP, 133, (Dez., 2008), 523-555

HONSELL, HEINRICH, *Römisches Recht*, 7.ª ed., Springer: Berlim (2010)

HÖRSTER, HEINRICH, *A Parte Geral do Código Civil Português – Teoria Geral do Direito Civil*, Almedina: Coimbra (2003)

HRUSCHKA, JOACHIM, *Imputation*, Brigham Young University Law Review, n.º 669 (1986), 669-710

HUBER, CHRISTIAN, *Rechtsfolgen der Überwälzung von Prämien einer Sachversicherung beim Mietvertrag*, VersR (1998), 265-279

HUGUENIN, CLAIRE, *Obligationenrecht, Allgemeiner und Besonderer Teil*, 3.ª ed., Printplus: Zurique, (2019)

I

Iglesias, Juan, *Derecho Romano, Instituciones de derecho privado*, 9.ª ed., Ariel: Barcelona (1986)

Inês Martinez, Maria, *Contrato de seguro e conduta dos sujeitos ligados ao risco* (Dissertação de Doutoramento), Almedina: Coimbra (2018)

– *Regime Jurídico do Contrato de Seguro em Portugal*, Actualidad Jurídica Iberoamericana, IDIBE, n.º 5 ter, dic. (2016)

Isaca, Frederico, *Responsabilidade civil e criminal das pessoas colectivas*, AAFDL, Lisboa (1988)

J

J. du Plessis, Paul / Ando, Clifford / Tuori, Kaius, *The Oxford Handbook of Roman Law and Society*, Oxford Handbooks: Oxford (2016)

Jahr, Günther *Anspruchsgrundlagenkonkurrenz und Erfüllungskonnexität*, FS G. Lüke, (1997) 297-322

Jahr/Kropf, *Eine zweischneidige Glaubigersieherung*, JuS (1962)

Jakobs, Günther, *Strafrecht, Allgemeiner Teil*, 2.ª ed., De Gruyter: Berlim (1993)

Jakobs, Horst Heinrich/Schubert, Werner, *Die Beratung des BGB, Recht der Schuldverhältnisse*, III (1983)

Jansen, Nils, *Die Struktur des Haftungrechts, Geschichte, Theorie und Dogmatik ausservertraglicher Ansprüche auf Schadensersatz*, Jus Privatum, Beiträge zum Privatrecht, 76, Mohr Siebeck: Tubinga (2002)

– *Gesetzliche Schuldverhältnisse*, AcP, 216 (2016), 112-233

Januário da Costa Gomes, Manuel, *Contrato de Mandato*, AAFDL: Lisboa (1990)

– *Em tema de revogação do mandato civil*, Almedina: Coimbra (1989)

– *Sobre o sistema próprio de responsabilidade do transportador*, Temas de Direito dos Transportes IV, Almedina: Coimbra (2019), 449-510

– *Assunção Fidejussória de Dívida – Sobre o sentido e o âmbito da vinculação do devedor*, Almedina: Coimbra (2000)

Jauernig, *Bürgerliches Gesetzbuch Kommentar*, 18.ª ed., C.H.Beck: Munique (2021)

Jhering, Rudolf von, *Culpa in contrahendo oder Schadensersatz bei nichtigen oder nicht zur perfection gelangten vertägenm* em JhJb, Vol. IV (1861) ou *Culpa in contrahendo, ou indemnização em contratos nulos ou não chegados à perfeição*, trad. Paulo Mota Pinto, Almedina: Coimbra (2008)

– *Das Schuldmoment im römischen Privatrecht*, FS Birnabaum (1867)

João Vasconcelos, Maria, *Algumas questões sobre a ressarcibilidade delitual de danos patrimoniais puros no ordenamento jurídico português*, Novas tendências da responsabilidade civil, Almedina: Coimbra (2007), 147-206

Jörs, Paul/Kunkel, Wolfgang/Wenger, Leopold, *Römisches Recht (Enzyklopädie der Rechts- und Staatswissenschaft)*, 4.ª ed., Springer: Berlim (1987)

JOSÉ BRONZE, FERNANDO, *Lições de Introdução ao Direito*, Coimbra Editora: Coimbra (2002)

JOSÉ TAVARES, *Os princípios fundamentais de Direito Civil*, I, Coimbra Editora: Coimbra (1922)

JOSSERAND, LOUIS, *Les transports*, Livraria Arthur Rousseau: Paris (1910)

JÜRGENS, HORST, *Teilschuld, Gesamtschuld, Kumulation*, Nomos: Baden-Baden, Studien zum Handels-, Arbeits- und Wirtschaftsrecht, 3, (1988)

K

KANT, IMMANUEL, *Metaphysische Anfangsgründe der Rechtslehre*, Königsberg (1797)

KASER, MAX, *Das römische Zivilprozessrecht*, C.H.Beck: Munique (1996)

– *Direito Privado Romano*, 2.ª ed., Fundação Calouste Gulbenkian (1992)

KATZENMEIER, CHRISTIAN, *Arzthaftung*, Jus Privatum, 62, Mohr Siebeck: Tubinga (2002)

– *Vertragliche und deliktische Haftung in ihrem Zusammenspiel dargestellt am Problem der „ weiterfressenden Mängel“*, SBR, 167, Duncker & Humblot: Berlim (1994)

KELSEN, HANS, *Teoria Pura do Direito* (trad. De João Baptista Machado), 6.ª ed., Martins Fontes: São Paulo (1999)

KLEIN, ANDREAS, *Konkurrenz und Auslegung, Der deliktsrechliche Gehlat vertragrechlicher Normen*, SBR, 197, Duncker & Humblot: Berlim (1997)

KLEINSCHROD, EMIL, *Zur Lehre von der Conkurrenz der Klagen*, C.H.Beck: Munique (1849)

KLUG, ULRICH, *Zum Begriff der Gesetzeskonkurrenz*, Zeitschrift für die Gesamte Strafrechtswissenschaft, 68 (1956), 399-416

KÖHLER, HELMUT, *BGB, Allgemeiner Teil*, 44.ª ed., C.H. Beck: Munique (2020)

KÖHLER, MICHAEL, *Die „Beteiligung an fremden Vertragsbruch“ – eine unerlaubte Handlung?*, FS Canaris, Vol. I (2007)

KOZIOL, HELMUT *et al.*, *Basic Questions of Tort Law from a Comparative Perspective* (HELMUT KOZIOL ORG.), Jan Sramek: Viena (2015)

– *Basic Questions of Tort Law from a Comparative Perspective*, Jan Sramek: Viena (2015)

– *Basic Questions of Tort Law from a Germanic Perspective*, Jan Sramek: Viena (2012)

– *Grundfragen des Schadenersatzrechts*, Jan Sramek: Viena (2010)

– *Objektivierung des Fahrlässigkeitsmaßstabes im Schadenersatzrecht*, AcP, 196 (1996)

– *Rechtsfolgen der Verletzung einer Schadensminderungspflicht – Rückkehr der archaischen Kulpakompensation?*, Zeitschrift für Europäisches Privatrecht 6 (1998)

KRAMER, ERNST A., *Schutzgesetze und adäquate Kausalität*, JZ, 31, 11/12 (11-Jun-1976), 338-346

KRASSER, RUDOLF, *Der Schutz vertraglicher rechte gegen eingriffe dritter*, Carl Heymanns Verlag KG (1971)

KRESS, HUGO, *Lehrbuch des Allgemeinen Schuldrechts* (1929)

KUHN, ROBERT, *Haftung für Schäden an Frachtgütern*, Müller: Karlsruhe (1966)

L

LACÃO, PAULO, *A prescrição da obrigação de indemnizar: Notas sobre o artigo 498.º, n.º 1, do Código Civil* (Dissertação de Mestrado), FDUNL (2017)

LACERDA BARATA, CARLOS, *Contratos de transporte terrestre: formação e conclusão*, ROA, n.º 73 (Abr-Set 2013), 636-637

LALOU, HENRI, *Responsabilité civile: principes élémentaires et applications pratiques*, Dalloz: Paris (1928)

– *Traité pratique de la responsabilité civile*, 6.ª ed., Dalloz: Paris (1962)

LANDFERMANN, HANS-GEORG, *Die Überarbeitung des deutschen Schuldrechts aus internationalrechtlicher Sicht*, RabelsZ, 45 (1981)

LANGE, HERMANN, *Schadensersatz*, 2.ª ed., Tubinga, (1990).

– *Zum problem der uberholenden Kausalitat*, AcP 152 (1952)

LARENZ, KARL, *Culpa in contrahendo, Verkerhrssicherungsplicht und „sozialer Kontakt"*, MDR (1954), 515-518

– *Entwicklungstendenzen der heutigen Zivilrechtsdogmatik*, JZ, Ano 17, n.º 4 (16-Fev-1962), pp. 105-110

– *Lehrbuch des Schuldrechts*, Vol. I, *Allgemeiner Teil*, 14.ª ed., C.H.Beck: Munique (1987), Vol. II, Parte I, *Besonderer Teil*, 13.ª ed., C.H.Beck: Munique (1986), com CANARIS, CLAUS-WILHELM, Vol. II, Parte II, *Besonderer Teil*, 13.ª ed., C.H.Beck: Munique (1994)

– *Metodologia da ciência do Direito*, 6.ª ed., 1991 (trad. de José Lamego), Fundação Calouste Gulbenkian: Lisboa (2012)

– *Vertrag und Unrecht*, II, Die Haftung für Schaden und Bereicherung, Verlagsanstalt: Hamburgo (1940)

LARENZ, KARL/ CANARIS, CLAUS-WILHELM, *Methodenlehre der Rechtswissenschaft*, 3.ª ed., Springer: Berlim (1995)

LARENZ, KARL/WOLF, MANFRED, *Allgemeiner Teil des Bürgerlichen Rechts*, (9.ª ed., 2004, 10.ª ed., 2012), C.H.Beck: Munique

LATA, NATALIA, *Las cláusulas restrictivas de la responsabilidad civil*, Universidade da Corunha: Corunha (1997)

LAUFS/KERN/REHBORN, *Handbuch des Arztrechts*, 5.ª ed, C.H.Beck: Munique (2019)

LÁZARO, CARMEN, *La concurrencia de responsabilidad civil contractual y extracontractual en el contrato de arrendamiento: del derecho romano al derecho civil histórico* valenciano, Dykinson: Espanha (2011)

LEBRE DE FREITAS, JOSÉ, *A confissão no direito probatório: um estudo de direito positivo*, 2.ª ed., Coimbra Editora: Coimbra (2013)

– *Caso Julgado e causa de pedir.* O enriquecimento sem causa perante o artigo 1229 do Código Civil, ROA, Ano 2006, Vol. III (Dez., 2006), 1477-1532

– *Código de Processo Civil Anotado*, Vol. II, Coimbra Editora: Coimbra (2001)

– *Introdução ao Processo Civil*, 2.ª ed., Coimbra Editora: Coimbra (2009)

LEE, R. W., *Torts and Delicts*, Yale Law Journal, Vol. XXVII, n.º 6 (Abril, 1918), 721-730

LEIPOLD, DIETER, *BGB I, Einführung und Allgemeiner Teil*, 10.ª ed., Mohr Siebeck: Tubinga (2019)

LEITE DE CAMPOS, DIOGO, *A indemnização do dano morte*, Nós. Estudos sobre o Direito das Pessoas, Almedina: Coimbra (2004), 311-358

– *A subsidiariedade da obrigação de restituir o enriquecimento*, Almedina, Coimbra (2003)

– *A Vida, a Morte e a Sua Indemnização*, Nós. Estudos sobre o Direito das Pessoas, Almedina: Coimbra (2004), 359-378

– *Contrato a favor de terceiro*, 2.ª ed., Almedina: Coimbra (1991)

– *Os Danos causados pela morte e a sua indemnização*, Comemorações dos 35 anos do Código Civil e dos 25 anos da Reforma de 1977, Vol. III (Direito das Obrigações), Coimbra Editora: Coimbra (2004), 133-137

LENT, FRIEDRICH, *Die Gesetzeskonkurrenz im bürgerlichen Recht und Zivilprozeß*, A. Deichertsche: Leipzig (1912)

LEONE, FRANCESCO, *Compensatio lucri cum damno*, in Il Filangieri, Rivista giuridicca, dottrinal e pratica, anno XLI (1916), Societá Editrice Libraria (2016)

LEONHARD-BINDING, *Besonderes Schuldrecht des BGB*, II, Duncker & Humblot (2013, reimp. da edição de 1931)

LEVY, ERNST, *Die Konkurrenz der Aktionen und Personen Im Klassischen Romischen Recht*, Franz Vahlen: Berlim (1918)

LÍBANO MONTEIRO, CRISTINA, *Do concurso de crimes ao «concurso de ilícitos» em direito penal*, Almedina: Coimbra (2015)

LIMA PINHEIRO, LUÍS, *Direito Comercial Internacional*, Almedina: Coimbra (2005)

LIMA REGO, MARGARIDA, (Coord.) *Temas de Direito dos Seguros*, Vol. I e II, Almedina: Coimbra (2013)

– *Contrato de seguro e terceiros – Estudo de Direito civil*, Coimbra Editora: Coimbra (2010)

LOBO MOUTINHO, JOSÉ, *Da unidade à pluralidade dos crimes do direito penal português*, Universidade Católica Editora: Lisboa (2005)

LOOSCHELDERS, DIRK, *Die Mitverantwortlichkeit des Geschädigten im Privatrecht*, Jus Privatum, 38, Mohr Siebeck: Tubinga (1999)

– *Schuldrecht*, Besonderer Teil, 16.ª ed., Vahlen: Munique (2021)

LUCAS RIBEIRO, RICARDO, *Obrigações de Meios e Obrigações de Resultado*, Coimbra Editora: Coimbra (2010)

LURDES PEREIRA, MARIA DE, *A obrigação de recepção das mercadorias na Convenção de Viena sobre a compra e venda internacional de mercadorias*, Vol. 2, Almedina: Coimbra (2002), 339-392

– *Conceito de prestação e destino da contraprestação*, Almedina: Coimbra (2001)

– *Direito da Responsabilidade civil, A obrigação de indemnizar*, AAFDL: Lisboa (2021)
– *O que é a eficácia externa das obrigações e o que não é*, em *Código Civil Comentado*, II, Almedina: Coimbra (2021), 347-390

Lurdes Pereira, Maria de/ Múrias, Pedro, *Obrigações de meios, obrigações de resultado e custos da prestação*, in Centenário do Nascimento do Professor Doutor Paulo Cunha: estudos em homenagem (Coord. António Menezes Cordeiro), 2012, 999-1018
– *Os direitos de retenção e o sentido da excepção de não cumprimento*, Revista de Direito e de Estudos Sociais, A. 49, n.º 1-4 (Jan-Dez 2008), 187-239
– *Obrigação primária e de indemnizar*, Estudos em homenagem ao Professor Doutor Carlos Ferreira de Almeida, Vol. II, Almedina: Coimbra (2011), 605-636

Lynce de Faria, Rita, *A mora do credor*, Lex Editora: Lisboa (2000)

M

M. Frenda, Daniela, *Il concorso di risponsabilità contrattuale e aquiliana*, 2.ª ed., Studi nelle Scienze Giuridiche e Sociali, Vol. 153, CEDAM: Milão (2013)

Maanen, G.E. van / Hage, Jaap, *Introduction to Law*, Springer: Nova Iorque (2014)

Madaleno, Cláudia, *A responsabilidade obrigacional objetiva por fato de* outrem (2015), disponível em *repositório.ul.pt* (consultado a 31-Jan-2021)

Maggiolo, Marcelo, *Effetti contratualli a pressione del terzo*, RDC, Ano XLVII, n.º 1 (2001)

Magnus, Ulrich, *Schaden und Ersatz. Eine rechtsvergleichende Untersuchung zur Ersatzfähigkeit von Einbußen*, Tubinga (1987)

Maia Gonçalves, Manuel, *Código Penal Português*, 18.ª ed., Almedina: Coimbra (2007)

Manuel Veloso, Maria, *Danos não patrimoniais*, Comemorações dos 35 anos do Código Civil e dos 25 anos da reforma de 1977, Faculdade de Direito da Universidade de Coimbra, 495-559

Marcelino, Américo, *Acidentes de viação e responsabilidade civil*, 10.ª ed., Petrony: Lisboa (2009)

Marques da Silva, Germano, *Curso de Processo Penal*, III, Católica Editora: Lisboa (2000)
– *Direito Penal Português*, III, 3.ª ed., Verbo: Lisboa (2009)
– *Responsabilidade pela conduta negligente com pluralidade de eventos-unidade ou pluralidade de crimes*, em Problemas fundamentais de Direito Penal – Homenagem a Claus Roxin, Universidade Lusíada Editora: Lisboa (2002)
– *Responsabilidade penal das sociedades e dos seus administradores e representantes*, Verbo: Lisboa (2009)

Marques Martins, João, *Presunções judiciais na responsabilidade civil extracontratual*, Principia: Cascais (2017)

Martens, Wilhelm, *Über Concurrenz und Collision der römischen Civilklagen*, Bernhard Tauchnitz Verlag: Lípsia (1856)

Martine, Noël, *L'option entre la responsabilité contractuelle et la responsabilité délictuelle*, Librarie Générale de Droit et de Jurisprudence: Paris (1957)

MATTAMOUROS, JORGE, *A liquidação do dano de terceiro no Direito civil Português*, RFDUP, Ano 3, 2006, 303-332

MAYER, KARL, *Anspruch und Rechtskraft im Deutschen Zivilprozessrecht*, Kohlhammer: Estugarda (1930)

MAZEAUD, HENRI, LÉON e JEAN/ CHABAS, FRANÇOIS, *Traité Théorique et Pratique de la Responsabilité Civile Délictuelle et Contractuelle*, Tome III, Vol. I, 6.ª ed., Monchrestien: Paris (1978)

MAZEAUD, HENRI, LÉON e JEAN/ TUNC, ANDRÉ, *Traité théorique et pratique de la responsabilité civile, délictuelle et contractuelle*, I, 5.ª ed., Montchrestien: Paris (1957)

MEDICUS, DIETER/LORENZ, STEPHAN, *Schuldrecht* I, AT, C.H.Beck: Munique, 21.ª ed. (2015), 22.ª ed. (2021)

MEIRA LOURENÇO, PAULA, *A função punitiva da responsabilidade civil*, Coimbra Editora: Coimbra (2006)

– *Os danos punitivos*, Separata RFDUL, Vol. XLIII, n.º 2 (2002), 1021-1111

MELO BANDEIRA, GONÇALO, *"Responsabilidade" penal económica e fiscal dos entes colectivos*, Almedina: Coimbra (2004)

MENEZES CORDEIRO, ANTÓNIO, *A mora do credor*, Livro Cinquentenário do Código Civil, Vol. I, Almedina: Coimbra (2020), 121-162

– *Acidente de viação em auto-estrada; natureza da eventual responsabilidade da concessionária*, ROA, Ano 65, Vol. I (Jun, 2005), 135-151

– *A privatização da sociedade Financeira Portuguesa*, Parecer de Direito, Lex: Lisboa (1995)

– (Coord.) *Código Civil Comentado*, II – Das Obrigações em Geral, Almedina: Coimbra (2021)

– *Cumprimento Imperfeito do Contrato de Compra e Venda: a compreensão entre direitos líquidos e ilíquidos: parecer*, Separata da Coletânea de Jurisprudência (1987), 38-48

– *Da Boa Fé no Direito Civil*, Almedina: Coimbra (1984), 7.ª reimp. (2017)

– *Da caducidade no Direito português*, Estudos em memória do Professor Doutor José Dias Marques, Almedina: Coimbra (2007), 7-29

– *Da Colisão de direitos*, O direito, n.º 137, I (2005), 37-55

– *Da modernização do direito civil*, I Volume, Almedina: Coimbra (2004)

– *Da pós-eficácia das obrigações*, Separata dos Estudos em honra do Prof. Doutor Cavaleiro de Ferreira, Lisboa (1984)

– *Da responsabilidade civil dos administradores das sociedades comerciais*, Lex: Lisboa (1997)

– *Direito das Obrigações*, Vol. I e II, AAFDL: Lisboa (1980)

– *Direito dos Seguros*, Almedina: Coimbra (2013)

– *Direitos Reais*, II, Cadernos de Ciência e Técnica Fiscal: Lisboa (1979)

– *Do abuso do direito: estado das questões e perspetivas*, em ROA, 2005, ano 65, vol. II (Set. 2005), 327-385

– *Dolo na conclusão do negócio – Culpa in contrahendo (Anot. ao Ac.STJ de 13/01/1993)*, O direito, Ano 125, 1993, I-II (janeiro-junho), 145-174

– *Eficácia externa dos créditos e abuso do direito*, O direito, ano 141 (n.º 1, 2009), 29-108.
– *Embargos de terceiro, reintegração de trabalhador e sanções pecuniárias compulsórias* – anotação ao acórdão do STJ de 4 de novembro de 1998, ROA, ano 58, Vol. III, Dez. 1998, 1209-1232
– *Igualdade rodoviária e acidentes de viação nas auto-estradas. Estudo de Direito Civil português*, Almedina: Coimbra (2004), 48-49
– *Litigância de Má Fé, Abuso do Direito de Acção e Culpa*, 3.ª ed., Almedina: Coimbra (2014)
– *O cumprimento e o não cumprimento*, Estudos de Direito Civil, I, Almedina: Coimbra (1994)
– *Tratado de Direito Civil Português*, I (4.ª ed., 2014, reimp. 2019), II (5.ª ed., 2021), VI, (3.ª ed., 2019), VII (1.ª ed., 2010, reimp. 2018), VIII (1.ª ed., 2010, reimp. 2014), IX (3.ª ed., 2019), XI (1.ª ed., 2015), Almedina: Coimbra
– *Violação positiva do contrato – anotação ao acórdão do Supremo Tribunal de Justiça de 31 de janeiro de 1980*, Separata ROA (1982), 123-152

Menezes Cordeiro, António/A. Barreto Menezes Cordeiro, *Código das Sociedades Comerciais Anotado*, 3.ª ed., Almedina: Coimbra (2020)

Menezes Leitão, Luís, *A responsabilidade do gestor perante o dono do negócio no Direito civil português*, Almedina: Coimbra (2005)
– *Acidentes de Trabalho e responsabilidade civil*, ROA, Ano 48 III (1998), 773-843
– *Negociações e responsabilidade pré-contratual nos contratos comerciais internacionais*, ROA, Ano 60 (2000), 49-71
– *O Enriquecimento sem causa no Direito Civil*, Almedina: Coimbra (2005)
– *Direito das Obrigações*, I – *Introdução. Da Constituição das Obrigações*, 9.ª ed. (2010), II – *Transmissão e Extinção das Obrigações. Não cumprimento e Garantias do Crédito*, 12.ª ed. (2019), e III – *Contratos em Especial*, 11.ª ed. (2016)

Merkel, Johannes, *Über den Konkurs der Aktionen nach roemischem Privatrecht*, Niemeyer: Munique (1877)

Miranda Barbosa, Mafalda, *A reforma francesa da responsabilidade civil – breves considerações em sede extracontratual*, Revista da Faculdade de Direito e Ciência Política da Universidade Lusófona do Porto, Vol. I, n.º 11 (2018), 2-29
– *Arrendamento, Responsabilidade civil e terceiros*, Estudos de Direito do Consumidor, número 12, Centro de Direito do Consumo da Faculdade de Direito da Universidade de Coimbra (2017), 133-184

Miranda Barbosa, Mafalda, *Danos, Uma leitura personalista da responsabilidade civil*, Principia: Cascais (2018)
– *Do Nexo de Causalidade ao Nexo de Imputação: contributo para a compreensão da natureza binária e personalística do requisito causal ao nível da responsabilidade extracontratual*, Vol. I e II, Princípia: Cascais (2012)
– *Liberdade vs. Responsabilidade*, Almedina: Coimbra (2006)
– *Lições de Responsabilidade*, Princípia: Lisboa (2017)

– *Lições de Teoria Geral do Direito Civil*, Gestlegal: Coimbra (2021)
– *O papel da imputabilidade no quadro da responsabilidade delitual. Breves apontamentos*, BFD, Vol. 82, n.º 1 (2006), 485-534
– *O problema da integração das lacunas contratuais à luz de considerações de caráter metodológico*, Comemorações dos 35 anos do Código Civil e dos 25 anos da reforma de 1977, Vol. II, Coimbra Editora: Coimbra (2006), 367-392
– *Os contratos de adesão no cerne do direito do consumidor*, Estudos de Direito do Consumidor, n.º 3, Centro de Direito do Consumo da FDUC: Coimbra (2003), 389-424
– *Responsabilidade civil extracontratual: novas perspetivas em matéria de nexo de causalidade*, Princípia: Cascais (2014)
Miranda Barbosa, Mafalda/Pimenta Mendes, Pedro, *Convenção de Viena sobre a compra e venda internacional de mercadorias: algumas reflexões*, Revista de Direito Comercial (28-02-2021), 429-480
Moitinho de Almeida, José Carlos, *Contrato de seguro/Estudos*, Coimbra Editora: Coimbra (2009)
– *O contrato de seguro no Direito português e comparado*, Livraria Sá da Costa: Lisboa (1971)
– *A responsabilidade civil do projetista e o seu seguro*, Separata do BMJ 228 (1973)
Monateri, Pier Giuseppe, *Cumulo di responsabilità contrattuale ed extracontrattuale. Analisi comparata di un problema*, CEDAM: Padova (1989)
– *Danno e Resarcimento* (com Davide Gianti e Luca Cinelli), Copertina Flessibile: Torim (2013)
Monge, Cláudia, *Responsabilidade civil na prestação de cuidados de saúde nos estabelecimentos de saúde públicos e privados*, Responsabilidade na prestação de cuidados de saúde (Coord., Carla Amado Gomes, Miguel Assis Raimundo, Cláudia Monge), ICJP, 18 de dezembro de 2013, publicação online (consultado a 31-Jan-2022), 26-59
– *Contributo para o estudo do Direito da saúde: a prestação de cuidados de saúde*, FDUL: Lisboa (2002)
– *Responsabilidade médica em hospitais públicos e hospitais privados*, Responsabilidade civil em saúde, Instituto Jurídica da FDUC, Simões & Linhares, Lda.: Coimbra (2021), 59-82
Moniz Lopes, Pedro, *Derrotabilidade normativa e normas administrativas*, Universidade de Lisboa, Faculdade de Direito (2016)
Monro, Charles Henry, *Digest IX.2 Lex Aquilia*, Cambridge at the University Press: Cambridge (1921)
Monteiro Pires, Catarina, *Alienação em Garantia*, Almedina: Coimbra (2010)
– *Aquisições de empresas e de participações acionistas*, Almedina: Coimbra (2014)
– *Contratos. I. Perturbações na execução*, Almedina: Coimbra (2020)
– *Direito das Obrigações em tempos de calamidade. Reflexões durante um ano de pandemia*, Almedida: Coimbra (2021)
– *Impossibilidade da Prestação*, Almedina: Coimbra (2020)

MONTI, SILVIA, La c.d. *"compensatio lucri cum damno" torna alle sezioni unite"*, La Nuova Giurisprudenza civile commentata, Ano XXXIII (11/2017), 1486-1498

MORAIS ANTUNES, ANA FILIPA, *Algumas questões sobre prescrição e caducidade*, Separata de estudos em homenagem ao Prof. Doutor Sérvulo Correia, Coimbra Editora: Coimbra (2010), 35-72

– *Prescrição e caducidade*, 2.ª ed., Coimbra Editora: Coimbra (2014)

MORAIS CARVALHO, JORGE, *Os Limites à Liberdade Contratual*, Almedina: Coimbra (2017)

MOREIRA, GUILHERME, *Instituições de Direito Civil Português*, I – Parte Geral, Imprensa da Universidade de Coimbra: Coimbra (1907)

MOREIRA, SÓNIA, *Da responsabilidade pré-contratual por violação dos deveres de informação*, Almedina: Coimbra (2003)

– *Responsabilidade extracontratual pelo risco versus responsabilidade contratual; responsabilidade contratual pelo risco* – anotação ao acórdão do STJ de 3/10/2013, Cadernos de Direito Privado, n.º 45, (Jan/Mar, 2014), 60-78

MORGAN, BRAN, *The Negligent Contract-Breaker*, Canadian Bar Review, 229 (1980), 299-318

MOTA PINTO, CARLOS, *A responsabilidade pré-negocial pela não conclusão dos contratos*, Separata BFD, Vol. XIV, Coimbra Editora (1965)

– *Cessão da Posição Contratual*, reimp., Almedina: Coimbra (1982)

– *Notas sobre alguns temas da doutrina geral do negócio jurídico segundo o novo Código Civil*, CEF: Lisboa (1967)

– *Teoria Geral do Direito Civil*, 4.ª ed., Coimbra Editora: Coimbra (2005)

MOTA PINTO, PAULO, *Autonomia Privada e Discriminação. Algumas notas*, Estudos em homenagem ao Conselheiro José Manuel Cardoso da Costa, II, Coimbra Editora: Coimbra (2005), 313-363

– *Interesse Contratual Negativo e Interesse Contratual Positivo*, Vol. I e II, Coimbra Editora: Coimbra (2009)

– *Ónus da prova da culpa do devedor que beneficia da cláusula de exclusão*, Estudos em Homenagem ao Conselheiro Presidente Joaquim de Sousa Ribeiro, II, Almedina: Coimbra (2019), 959-989

– *Os direitos de personalidade no código civil português e no código civil brasileiro*, Direitos de Personalidade e Direitos Fundamentais – Estudos, Gestlegal: Coimbra (2018), 321-367

– *Sobre condição e causa na responsabilidade civil*, Direito Civil – Estudos, Gestlegal: Coimbra (2018), 717-762

MOTA PINTO, PAULO/PINTO MONTEIRO, ANTÓNIO, *Compra e Venda de empresa – A venda de participações sociais como venda de empresa «share deal»*, RLJ, Ano 137, n.º 3947 (Nov/Dez, 2007), 76-102

Motive zu dem Entwurfe eines Bürgerlichen Gesetzbuches für das Deutsche Reich, Vol. I, Allgemeiner Teil, J. Guttentag: Berlim e Leipzig (1888)

MOURA VICENTE, DÁRIO, *A Convenção de Viena sobre a compra e venda internacional de mercadorias: características gerais de âmbito de aplicação*, Estudos de Direito Comercial Internacional, I, Almedina: Coimbra (2004)

– *Culpa na formação dos contratos*, Separata de comemorações dos 35 anos do Código Civil e dos 25 anos da reforma de 1977, Coimbra Editora: Coimbra (2007)

– *Da responsabilidade pré-contratual em Direito Internacional Privado*, Almedina: Coimbra (2001)

– *Direito Comparado*, II, *Direito das Obrigações*, Almedina: Coimbra (2019)

– *Entre a autonomia e a responsabilidade: da imputação de danos às tabaqueiras*, ROA, 73 (2013), 213-265

MÜLLER-CHEN, MARKUS, *Probleme des dualistischen Haftungskonzepts*, Der Haftpflichtprozess, Schulthess: Zurique (2008)

Münchener Kommentar zum Bürgerlichen Gesetzbuch (MüKoBGB), Vol. 1, Schuldrecht Allgemeiner Teil, 7.ª ed. (2015) e 8.ª ed. (2018), C.H.Beck: Munique; Vol. II, Schuldrecht, Besonderer Teil IV, 8.ª ed., C.H.Beck: Munique (2020); Vol. 3, Schuldrecht – Allgemeiner Teil II, 8.ª ed., C.H.Beck: Munique (2019); Vol. 11, Internationales Privatrecht I, 7.ª ed., C.H.Beck: Munique (2018)

MÚRIAS, PEDRO, *A irrelevância da culpa na Convenção de Viena sobre a compra e venda internacional de mercadorias* (1996)

– *A responsabilidade por actos de auxiliares e o entendimento dualista da responsabilidade civil*, RFDUL, Vol. 37, n.º 1 (1996), 171-217

– *Por uma distribuição fundamentada do ónus da prova*, Lisboa (1998)

– *Um conceito de atribuição para o direito do não cumprimento*, O direito, Ano 140, n.º 4 (2008), 797-856.

N

NEGRI, G., *Concorso delle azioni nel diritto romano, medievale e modeno*, Digesto delle discipline privatistiche – Sezione civile, III, Torino (1988)

NEUNER, JÖRG, *Allgemeiner Teil des Bürgerlichen Rechts*, 12.ª ed., C.H.Beck: Munique (2020)

NIETO ALONSO, ANTONIA, *Danos morales derivados del incumprimento o defectuoso cumplimiento de una obrigacion contratual (a propósito de alguna jurisprudencia reciente)*, ADC, tomo LIX (2006)

NIKISCH, ARTHUR, *Zur Lehre vom Streitgegenstand im Zivilprozeß*, AcP 154 (1955), 271-299

NIPPERDEY, HANS CARL, *Rechtswidrigkeit und Schuld im Zivilrecht*, Karlsruher Forum (1959)

– *Rechtswidrigkeit, Sozialadäquanz, Fahrlässigkeit, Schuld im Zivilrecht*, NJW 10 (1957), 1777-1782

– *Allgemeiner Teil des Bürgenlichen Rechts*, 15.ª ed., Mohr Siebeck: Tubinga (1959)

NOGUEIRA DE BRITO, MIGUEL, *Introdução ao Estudo do Direito*, 2.ª ed., AAFDL Editora: Lisboa (2018)

O

Oliveira Ascensão, José de, *A teoria finalista e o ilícito civil*, Separata da RFDUL 27 (1986)

– *Direito Civil, Sucessões*, Coimbra Editora: Coimbra (1981)

– *Direitos Reais*, Almedina: Coimbra (1978)

– *Ilícito pessoal e responsabilidade civil*, Revista de Direito Comparado Luso-Brasileiro, Instituto de Direito Comparado Luso-Brasileiro, 3, Ano II (Jul, 1983), 148-167

– *O Direito – Introdução e teoria geral*, 11.ª ed., Almedina: Coimbra (2001)

Oliveira Ascensão, José de/Carneiro da Frada, Manuel António, *Contrato celebrado por agente de pessoas coletiva. Representação, responsabilidade e enriquecimento sem causa*, Revista de Direito e Economia, Ano XVI a XIX (1990-1993), 43-77

Oliveira e Sá, Fernando, *Contrato e liquidação de dano de terceiro*, Novas tendências da responsabilidade civil, Almedina: Coimbra (2007), 207-251

P

Pacchioni, Giovanni, *Diritto Civile Italiano*, II, vol. IV *Del Delitti e Quasi Delitti*, Cedam: Pádova (1940)

Pais de Vasconcelos, Pedro/ Leitão Pais de Vasconcelos, Pedro, *Teoria Geral do Direito Civil*, 9.ª ed., Almedina: Coimbra (2019)

Palandt Bürgerliches Gesetzbuch (Palandt), 79.ª ed., C.H.Beck: Munique (2020)

Pamplona Corte-Real, Carlos, *Curso de Direito Das Sucessões*, Quid Juris: Lisboa (2012)

Pereira, Manuel das Neves, *Introdução ao Direito e às Obrigações*, 6.ª ed., Almedina: Coimbra (2019)

Pereira Coelho, Francisco, *O nexo de causalidade na responsabilidade civil*, Separata do BFD, Suplemento XI (1951), 62-242

– *O problema da causalidade virtual na responsabilidade civil*, Coimbra Editora: Coimbra (1955)

– *O problema do regime dos contratos mistos: distinção entre as normas ou os problemas que tocam directamente a própria prestação e as normas ou os problemas que tocam o contrato na sua unidade*, BFD, Ano 2012, 88, 2, 679-708

– *Obrigações – aditamentos à Teoria Geral das Obrigações de Manuel de Andrade*, 3.ª ed., Livraria Almedina: Coimbra (1964)

Pereira Coelho, Francisco/Guilherme de Oliveira, *Curso de Direito da Família*, Vol. I, 5.ª ed., Imprensa da Universidade de Coimbra: Coimbra (2016)

Pereira Neves, Vítor, *A protecção do proprietário desapossado de dinheiro, Transmissão da propriedade e contrato*, Almedina, Coimbra (2001), 141-250

Pereira Rito, Sidónio, *Elementos da responsabilidade civil delitual*, Separada do Jornal do Fôro, Ano 10, Tipografia Freitas Brito, Lda.: Lisboa (1946)

Perestrelo de Oliveira, Ana, *Causalidade e imputação na responsabilidade civil ambiental*, Almedina, Coimbra (2007)

– *Desvinculação Programada do Contrato*, Almedina: Coimbra (2021)

PÉREZ BRAVO, CARLOS, *La Concurrencia de responsabilidades, Ar Boni et Aqui* 4, (2008), 111-123

PESSOA JORGE, FERNANDO, *A limitação convencional da responsabilidade civil*, BMJ 281 (1978)

– *Direito das Obrigações*, AAFDL: Lisboa (1968)

– *Direito das Obrigações, Apontamentos*, Edição da AAFDL: Lisboa (1963)

– *Ensaio sobre os pressupostos da responsabilidade civil*, Centro de Estudos Fiscais da Direcção-Geral das Contribuições e Impostos, Ministério das Finanças: Lisboa (1968)

PHILLIPS, JEREMY, *The concurrence of remedies in contract and tort*, Irish Jurist, 12 (1977), 234-242

PICKER, EDUARD, *Vertragliche und deliktische Schadenshaftung — Überlegungen zu einer Neustrukturierung der Haftungssysteme*, JZ, Ano 42, n.º 22 (20-Nov-1987), 1041-1058

– *Positive Vertragverletzung und culpa in contrahendo*, Zur Haftung zwischen Vertrag und Delikt, AcP 183 (1983), 369-520

PINGER/BEHME, *Der Vertrag mit Schutzwirkung für Dritte als Rechtsgrundlage der Gutachterhaftung gegenüber Dritten*, JuS (2008), 675-678

PINTO COELHO, JOSÉ GABRIEL, *Direito Civil – Obrigações*, Lisboa (1939)

– *Responsabilidade civil baseada num conceito de culpa*, Imprensa da Universidade de Coimbra: Coimbra (1906)

PINTO DE ALBUQUERQUE, PAULO, *Comentário do Código Penal*, 3.ª ed., Universidade Católica Portuguesa Editora: Lisboa (2015)

PINTO DE OLIVEIRA, NUNO, *Cláusulas acessórias ao contrato: cláusulas de exclusão e de limitação do dever de indemnizar. Cláusulas Penais*, Coimbra: Almedina (2005)

– *Estudos sobre o não cumprimento das obrigações*, 2.ª ed., Almedina: Coimbra (2009)

– *Responsabilidade objetiva*, Cadernos de Direito Privado, Número especial 02 (Dez, 2012), 107-121

– *Ilicitude e culpa na responsabilidade médica*, Materiais para o Direito da Saúde n.º 1, Instituto Jurídico da FDUC/Centro de Direito Biomédico, Coimbra (2019)

– *Prescrição na responsabilidade médica*, Responsabilidade civil em saúde, Instituto Jurídica da FDUC, Simões & Linhares, Lda.: Coimbra (2021), 237-256

PINTO MONTEIRO, ANTÓNIO, *A pena e o dano*, Estudos em homenagem a Miguel Galvão Telles, Vol. II, Almedina: Coimbra (2012), 659-679

– *Cláusula penal e comportamento abusivo do credor*, Estudos em homenagem ao Prof. Doutor António Castanheira Neves, Vol. II, Direito Privado, Coimbra Editora: Coimbra (2008), 501-521

– *Cláusulas limitativas e de exclusão de responsabilidade civil*, Almedina: Coimbra (2020)

– *Dano e Acordo das Partes, Responsabilidade Civil – Cinquenta anos em Portugal, quinze anos no Brasil*, (Coord Mafalda Miranda Barbosa e Francisco Muniz), Instituto Jurídico da Faculdade de Direito da Universidade de Coimbra (2017), 9-30

– *Exclusões de responsabilidade na actividade médica*, Responsabilidade civil em saúde, Instituto Jurídica da FDUC, Simões & Linhares, Lda.: Coimbra (2021), 33-59

– *Inflação e Direito Civil*, Separata do número especial do Boletim da Faculdade de Direito de Coimbra, Estudos em Homenagem ao Prof. Doutor António de Arrude Ferrer Correia, Coimbra (1984)
– *Sobre a reparação dos danos morais, Revista portuguesa do dano corporal*, Coimbra, Ano 1 (Set. 1992), 17-25
– *Sobre o controlo da cláusula penal*, in comemorações dos 35 anos do Código Civil e dos 25 anos da reforma de 1977, vol. III, Coimbra (2007), 189-208
– *Cláusula Penal e indemnização*, Almedina: Coimbra (1990)
– *Os deveres acessórios 50 anos depois*, Revista de Direito Civil, Ano II, n.º 2, Almedina: Coimbra (2017), 239-256

Pinto Monteiro, António/Calvão da Silva, João, *Responsabilidade civil do produtor*, O direito, Lisboa, Ano 121, II, (Abr-Jun, 1989), 273-312

Pinto, Rui, *Manual da Execução e Despejo*, Coimbra Editora: Coimbra (2013)

Pires de Lima, Fernando Andrade/Antunes Varela, João de Matos, *Noções fundamentais de Direito civil*, I, 4.ª ed., Coimbra Editora: Coimbra (1957)
– *Código Civil Anotado*, Vols. I, II (4.ª ed.), III, IV (2.ª ed.) IV, IV, Coimbra Editora: Coimbra (reimp. de 2011)

Pires Veríssimo, Fernando, *Do problema de saber se são aplicáveis, em matéria de violação dos deveres recíprocos dos cônjuges os princípios gerais sobre responsabilidade civil*, ROA 8 (1948), 234-256

Pitta e Cunha, Pedro, *Omissão e Dever de Agir em Direito Civil*, Almedina: Coimbra (1999)

Pizarro de Almeida, Carlota, *Modelos de Inimputabilidade*, Almedina: Coimbra (2000)

Planiol, Marcel, *Traité pratique de droit civil français*, VI, 2.ª ed., Librarie Générale de Droit et de Jurisprudence: Paris (1952)

Poças, Luís, *Estudos de Direito dos Seguros*, Almeida & Leitão, Lda. (2008)
– *Problemas e soluções de direito dos seguros*, Almedina: Coimbra (2019)

Ponzanelli, G., *Il concorso di responsabilità: le esperienze italiana e francese a confronto*, in Resp. civ. prev., (1984)

Pothier, Robert-Joseph, *Les Traités du Droit Français*, Œuvres de Pothier, Béchet Ainé: Paris (1824)

Prata, Ana, *A tutela constitucional da autonomia privada*, Almedina: Coimbra (2017)
– *Cláusulas de exclusão e limitação da responsabilidade contratual*, Almedina: Coimbra (1985)
– (*et al.*) *Código Civil anotado*, I, (Coord.) Almedina: Coimbra (2017)
– *Notas sobre a responsabilidade pré-contratual*, Revista A banca, 16 (Out/Dez, 1990)

Prütting, Wegen, Weinreich, *BGB Kommentar*, 16.ª ed., Luchterhand Verlag: Munique (2021)

Prym, Eduard, *Die Konkurrenz des Anspruchs aus dem Vertrage mit dem Anspruche aus unerlaubter Handlung, Nach dem Rechte des Bürgerlichen Gesetzbuchs für das Deutsche Reich*, De Gruyter (1906)

– *Die Konkurrenz des Vertrages Anspruchs mit dem Deliktsanspruch*, Halle (1909)

Pufendorf, Samuel, *Le Droit de la Nature et des Gens*, Tomo III (1740)

R

Rabel, Ernst, *Das Recht des Warenkaufs*, I (1936)

Radin, M., *Secare Partis: The Early Roman Law of Execution against a Debtor*, The American Journal of Philology, Vol. 43, No. 1 (1922), 32-48

Ramalho, Tiago Azevedo, *O princípio da relatividade contratual e o contrato a favo de terceiro*, Coimbra Editora: Coimbra (2013)

Ramos Alves, Hugo, *Dação em cumprimento*, Almedina: Coimbra (2020)

Rangel, Rui, *A reparação judicial dos danos na responsabilidade civil*, 2.ª ed., Almedina: Coimbra (2004)

Rasi, P., *L'actio legis Aquiliae e la responsabilità extracontrattuale nella glossa*, Atti del Convegno Internazionale di Stude Accusiani III, Giuffrè: Milão (1968)

Rebelo de Sousa, Marcelo, *Responsabilidade pré-contratual – vertentes privatística e publicística*, O direito, Ano 125 (1993) III-IV (julho-dezembro), 383-416

Ribeiro de Faria, Jorge, *A natureza do direito de indemnização cumulável com o direito de resolução dos arts. 801.º e 802.º do Código Civil*, Estudos de Direito das Obrigações e Discursos Académicos, UPorto: Porto (2009), 25-62

– *Algumas notas sobre o finalismo no Direito Civil*, BFD 69 (1993), 71-160, e em BFD 70 (1994), 133-219

– *Direito das Obrigações*, I (2.ª ed., 2020, atualizada e ampliada por Miguel Pestana de Vasconcelos e Rute Teixeira Pedro), II (1990, reimp.), Almedina: Coimbra

Ribeiro Mendes, Armindo, A *gestão de negócios no direito civil português*, Lisboa, (1971)

Ripert, Georges, *Droit maritime*, II, Rosseau: Paris (1952)

Rita Amaral Cabral, *A eficácia externa da obrigação e o n.º 2 do art. 406.º do código civil*, Livraria Cruz Braga: Braga (1984), 47-48

– *A tutela delitual do direito de crédito*, em Estudos em homenagem ao Professor Doutor, Manuel Gomes da Silva, Coimbra (2001), 1025-1053

Roca Trias, Encarna, *Resarcir o enriquecer. La concurrencia de indemnizaciones por un mismo daño*, Anuario de derecho civil, 57, n.º 3 (2004), 901-928

Rocha, Francisco Rodrigues, *Do princípio indemnizatório no seguro de danos*, Almedina: Coimbra (2015)

– *Da retenção sobre coisa de terceiro e sobre coisa própria*, Separata RFDUL, II, n.ºs 1 e 2 (2000)

Rodière, René, *Etudes sur la dualité des régimes de responsabilité*, X, JurisClasseur périodique, Paris (1950)

Rodrígues, Pablo, *Responsabilidad extracontractual*, Ed. Jurídica de Chile: Chile (1999)

Romano Martinez, Pedro *et al.*, *Lei do Contrato dos Seguros – Anotada*, 4.ª ed., Almedina: Coimbra (2020)

– *Cumprimento Defeituoso*, Almedina: Coimbra (2001)

– *Da cessação do contrato*, 3.ª ed., Almedina: Coimbra (2015)

– *Direito das Obrigações-Apontamentos*, 5.ª ed., AAFDL Editora: Lisboa (2017)

– *Direito dos Seguros – Apontamentos*, Principia Editora: Cascais (2006)

– *Ensaio sobre os seguros de responsabilidade civil*, Católica Law Review – Direito Privado, Vol. II, n.º 2, (maio 2018), 41-72

– *O contrato de seguro – âmbito do dever de indemnizar*, I Congresso Nacional de Direito dos Seguros, Almedina: Coimbra (2000), 153-168

Rossello, Carlos, *Concorso di responsabilità contrattuale ed extracontrattuale*, in Nuova giur. civ. comm., II, (1985), 317-331

Roth, Herbert, *Anspruch auf Rechtfortsetzung und Mitverschulden*, AcP, 180, 263-299

Roxin, Claus, *Problemas fundamentais de Direito Penal*, Vega: Lisboa (1986)

– *Strafrecht*, AT, II, C.H.Beck: Munique (2003)

Roxin, Claus/Greco, Luis, *Strafrecht*, Allgemeiner Teil, I, 5.ª ed, C.H.Beck: Munique (2020)

Russo, *Concorso dell'azione aquiliana con la contrattuale nel contratto di trasporto*, Rivista Trimestale di Diritto e Procedura Civile, IV, Giuffrè: Milão (1950)

S

Sacco, Rodolfo, *Colpa contrattuale e aquiliana. Concorso o incompatibilità*, Mon. Trib. (1926)

– *Concorso delle azioni contrattuale ed extracontrattuale*, in Risarcimento del danno contrattuale ed extracontrattuale a cura di G. Visintini, Milano (1984)

Sainctelette, Charles, *De la responsabilité et de la garantie: accidents de transport et de travail*, Bruylant-Christophe & comp.: Bruxelas (1884)

Saleilles, *Étude sur la théorie générale de l'obligation*, 3.ª ed., Librairie Générale de Droit et de Jurisprudence: Paris (1914)

Salgado, Catarina, *A responsabilidade civil por conduta médica – Alguns subsídios*, Comemorações do Aniversários do Código Civil Português, Vol. I (Coord. António Menezes Cordeiro), Almedina: Coimbra (2019), 185-200

Salvi, Cesare, *Il Danno Extracontrattuale – Modelli e Funzioni*, Jovene Editore Napoli: Nápoles (1985)

Sánchez Vázquez, Juan, *La denominada acumulación de responsabilidades contractual y aquiliana*, Revista de Derecho Privado (Espanha), 56, n.º 10 (1972), 965-986

Santoro, Guido, *La Responsabilità Contrattuale*, CEDAM: Milão (1992)

Santos Júnior, Eduardo, "*Mitigation of damages*", redução de danos pela parte lesada e "culpa do lesado", Estudos em Homenagem ao Prof. Doutor Inocêncio Galvão Telles, 90 anos, Almedina: Coimbra (2007), 349-368

– *Da Responsabilidade civil de terceiro por lesão do direito de crédito*, Almedina: Coimbra (2013)

– *Da sub-rogação como forma de transmissão de créditos: algumas questões e respostas*, RDC (2015), 61-87

– *Direito das Obrigações*, 3.ª ed., AAFDL Editora: Lisboa (2014)

SANTOS JUSTO, ANTÓNIO, *Direito Privado Romano*, II, 7.ª ed., Coimbra Editora: Coimbra (2019)

– *Direitos Reais*, 5.ª ed., Coimbra Editora: Coimbra (2017)

SANZ, VICENTE, *La Frustacion del fin del contrato*, Tecnos (1968)

SAVATIER, RENÉ, *La surabondance des débiteurs de réparation autour de la victime d'accident et l'enchevêtrement de leurs dettes*, Il Foro Italiano, Vol. 85, n. 10 (1962), 129-136

– *Traité de la responsabilité civil*, I, 11.ª ed., Librairie Générale de droit et de Jurisprudence (1951)

SAVIGNY, FRIEDRICH CARL VON, *System des heutigen römischen Rechts*, V. 5, Veit und comp.: Berlim (1841)

SCHALLER, MARC, *Die Anspruchsmethode*, Aktuelle Juristische Praxis (AJP)/Pratique Juridique Actuelle (PJA) (2011)

SCHLECHTRIEM, PETER, *The Borderland of Tort and Contract – Opening a New Frontier*, Cornell International Law Journal, Vol. 21, No. 3 (1988), 467-476

– *Vertragsordnung und außervertragliche Haftung – eine rechtsvergleichende Untersuchung zur Konkurrenz von Ansprüchen aus Vertrag und Delikt im französischen, amerikanischen und deutschen Recht*, Metzner: Frankfurt (1972)

SCHLECHTRIEM, PETER/SCHMIDT-KESSEL, MARTIN, *Schuldrecht*, AT, 6.ª ed, Mohr Siebeck: Tubinga (2005)

SCHMIDT, RUDOLF, *Die Gesetzeskonkurrenz im bürgerlichen Recht* (1915)

– *Bürgerliches Recht – Ein Lehrbuch seiner Grundzüge*, Vol. II, Das Schuldrecht, 8.ª ed., Duncker Humblot: Berlim (1953)

– *Die Gesetzeskonkurrenz im bürgerlichen Recht* (1915)

SCHMITT, ROLF, *Die subsidiarität der Bereicherungsansprüche*, Schriften zum deutschen, europäischen und vergleichenden Zivil-, Handels- und Prozessrecht, 54, Gieseking: Bielefeld (1969)

SCHÖLL, RUDOLF, *Legis Duodecim Tabularum Reliquiae* (1866)

SCHOPF, ADRIAN, *Die Beteiligung an fremdem Vertragsbruch im BGB*, Herbert Utz Verlag: Munique (2013)

SCHWENZER, INGEBORG, *Sachguterschutz im Spannungsfeld deliktischer Verkehrspflichten und vertraglicher Leistungspflichten*, JZ (1988), 525-530

SCOGNAMIGLIO, RENATO, *Responsabilità contrattuale ed extracontrattuale*, in Novissimo Digesto Italiano, Torino, XV, Vnione Tipografico: Turim (1968)

SELB, WALTER, *Schadensbegriff und Regressmethoden*, Carl Winter: Heidelberg (1963)

Sequeira Santos, Elsa, *O conceito de faute*, Lisboa (2000)

Sérvulo Correia, José Manuel, *Legalidade e autonomia contratual nos contratos administrativos*, Almedina: Coimbra (1987)

Silva Sampaio, Jorge, *An Almost Pure Theory of Legal Interpretation within Legal Science*, Legal Interpretation and Scientific Knowledge (David Duarte, Pedro Moniz Lopes, Jorge Silva Sampaio, org.), Springer (2019), 81-139

Simas Santos, Manuel/ Leal-Henriques, Manuel, *Noções Elementares de Direito Penal*, VISLIS Editores: Viseu (1999)

Sinde Monteiro, Jorge Ferreira, *anotação ao acórdão do Supremo Tribunal de Justiça de 12 de Novembro de 1996*, RLJ, Ano 132 (1999-2000) 90-96

– *Culpa in contrahendo*, CJA, n.º 42 (Novembro/Dezembro), 2003, 5-14

– *Danos Puramente Patrimoniais – A propósito do caso ACP vs. Casa da Música/Porto 2001, S.A*, Revista da Faculdade de Direito e Ciência Política, n.º 9 (2018), 195-223

– *Relatório sobre o programa, conteúdo e métodos de uma disciplina de responsabilidade civil*, Coimbra (1995)

– *Responsabilidade delitual. Da ilicitude*, Comemorações dos 35 anos do Código Civil e dos 25 anos da reforma de 1977, III, Direito das Obrigações, Coimbra Editora: Coimbra (2007), 453-481

– *Responsabilidade por conselhos, recomendações ou informações*, Almedina: Coimbra (1989)

– *Rudimentos da responsabilidade civil*, Revista da FDUP, Ano 2 (2005), 349-390

– *Estudos sobre a responsabilidade civil*, I, Almedina: Coimbra (1983)

Soares da Fonseca, Tiago, *Da tutela judicial civil dos direitos de personalidade*, ROA 66, I (Jan, 2006), 231-293

Soares do Nascimento, Paulo, *A responsabilidade pré-contratual pela rutura de negociações e a recusa injustificada de formalização do contrato*, Estudos em homenagem ao Prof. Doutor Inocêncio Galvão Telles, Vol. IV, Almedina: Coimbra (2002), 179-262

Soares Pereira, Rui, *A responsabilidade por danos não patrimoniais – do Incumprimento das Obrigações no Direito Civil Português*, Coimbra Editora: Coimbra (2009)

– *O Nexo de Causalidade na Responsabilidade Delitual – Fundamento e limites do juízo de condicionalidade*, Almedina: Coimbra (2019)

– *Problemas atuais da responsabilidade civil obrigacional/contratual*, Católica Talks, I, Universidade Católica Editora: Lisboa (2020), 185-225

Sousa Antunes, Henrique, *Responsabilidade civil dos obrigados à vigilância de pessoa naturalmente incapaz*, Católica Editora: Lisboa (2000)

Sousa Ribeiro, Joaquim, *O problema do contrato – As cláusulas gerais e o princípio da liberdade contratual*, Almedina: Coimbra (1999)

– *O ónus da prova da culpa na responsabilidade civil por acidentes de viação*, Coimbra, Separatas dos Estudos em homenagem ao Prof. Doutor José Joaquim Teixeira Ribeiro (1980)

Spickhoff, Andreas, *Privatrechtsdogmatik und Deliktsrecht Das Deliktsrecht in der Konkurrenz zum Vertragsrecht im Spiegel von Kollisionsrecht und Gerichtsständen*, Privatrechtsdogmatik im 21. Jahrhundert, FS Claus-Wilhelm Canaris, 80 Geburtstag, De Gruyter: Berlim (2018) 547-567

Stacke, Marco, *Gesetzliche Schuldverhältnisse*, Springer: Berlim (2014)

Staub, Hermann, *Die positiven Vertragsverletzungen*, 26, DJT (1902)

Staudinger, Johann, *Kommentar zum Bürgerlichen Gesetzbuch mit Einführungsgesetz und Nebengesetzen*, II, Recht der Schuldverhältnisse: §§ 823 A-D, De Gruyter: Berlim (2017)

Stoll, Hans, *Vertrauensschutz bei einseitigen Leistungsversprechen*, FS Flume, 741-773

Stoll, Heinrich, *Abschied von der Lehre von der positiven Vertragsverletzung. Berachtuungen zum dreissigjähringen Bestand der Lehre*, AcP 136 (1932), 257-320

Stone, Ferdinand F., *Touchstones of Tort Liability*, Stanford Law Review, Vol. 2, n.º 2 (Fev., 1950), 259-284

Symmons, C.R., *The Problem of the Applicability of Tort Liability to Negligent Mis-statements in Contractual Situations: A Critique on the Nunes Diamonds and Sealand Cases*, McGill Law Journal, Vol 21, (1975) 79-112

T

Talciani, Hernán, *La concurrencia de responsabilidades ex contrato y ex delito en los derechos chileno, argentino y colombiano*, Revista de Responsabilidad Civil y Seguros, 12, Argentina (2010), Ano 12, n.º 7, 3-10

Taveira da Fonseca, Ana Maria, *Da recusa de cumprimento da obrigação para tutela do direito de crédito*, Almedina: Coimbra (2019)

– *Responsabilidade civil pelos danos causados pela ruína de edifícios ou outras obras*, Novas tendências da responsabilidade civil, Almedina, Coimbra (2007), 85-140

Teixeira de Sousa, Miguel, *A legitimidade popular na tutela dos interesses difusos*, Lex: Lisboa (2003)

– *As partes, O objecto e a Prova na Ação Declarativa*, Lex: Lisboa (1995)

– *Introdução ao Direito*, Almedina: Coimbra (2012)

– *O concurso de títulos de aquisição da prestação: estudo sobre a dogmática da pretensão e do concurso de pretensões*, Almedina: Coimbra (1988)

Teixeira Pedro, Rute, *Da ressarcibilidade dos danos não patrimoniais no direito português: a emergência de uma nova expressão compensatória da pessoa?: reflexão por ocasião do quinquagésimo aniversário do Código Civil*, Estudos comemorativos dos 20 anos da FDUP, Coimbra (2017), 681-712

Terré, François/Simler, Philppe/Lequette, Yves/Chénedé, François, *Droit civil, Les obligations*, 12.ª ed., Dalloz: Paris (2018)

Thibaut, Anton Friedrich Justus, *Grundzuge einer Darstellung der Lehre der Concurrenz der Civil-Klagen*, Mohr und Zimmer: Heidelberg (1814)

THÖNISSEN STEFAN, *Der Schuldgrundsatz im Zivilrecht*, AcP 219 (2019/6), 855-891

TORRENT RUIZ, ARMANDO, *Manual de Derecho Privado Romano*, Libreria General: Zaragoza (1995)

TORRES VOUGA, RUI, *A Responsabilidade Médica (decorrente de actos médicos praticados em hospitais públicos)*, CEJ (Junho 2018), disponível online (consultado a 31-Jan-2021)

TOSCANO, *Responsabilità civile. Problema del cumulo o del concorso delle responsabilità*, II, Rivista di Diritto Civile, CEDAM: Pádova (1956)

TRABUCCHI, ALBERTO, *Instituzioni di Diritto Civile*, 33.ª ed., CEDAM: Pádova (1992)

TRAEGER, LUDWIG, *Der Kausalbelgriff im Straf und Zivilrecht*, Marburg: N. G. Elwert (1904)

TRIGO DOS REIS, NUNO, *Responsabilidade civil por contágio pelo novo coronavírus*, RFDUL/LLR, LXI 1, (2020), 533-569

TRINDADE, CLÁUDIA, *A prova de estados subjetivos no processo civil – Presunções e regras de experiência*, Almedina: Coimbra (2016)

V

VAN ROSSUM, MADELEINE, *Concurrency of contractual and delictual liability in a European perspective*, European Review of Private Law 4 (1995), 539-560

VASCONCELOS, PEDRO LEITÃO PAIS DE, *A procuração irrevogável*, Almedina: Coimbra (2002)

VASCONCELOS RAPOSO, JOÃO PAULO, *Pluralidade de Seguros: conceito, extensão e valência*, Revista Julgar *online*, Abril de 2016

VAZ DE SEQUEIRA, ELSA, *Colisão de direitos*, em Cadernos de direito privado, Vol. 1, n.º 5 (Out-Dez. 2015), 20-34

VAZ SERRA, ADRIANO, *Abuso do Direito (em matéria de responsabilidade civil)* BMJ 85 (1959)

- anotação ao ac. do STJ de 17-Mar-1971, RLJ, Ano 105 (1972-1973), 53-69, 83-85, 101-102
- anotação ao ac. do STJ de 26-Jul-1968, RLJ n.º 3400 (298-304), e n.º 3401 (309-319), Ano 102 (1969-1970)
- anotação ao ac. STJ 22-Dez-1964, RLJ, Ano 98 (1966), 265
- anotação ao ac. STJ 24-Abr-1962, RLJ, Ano 95 (1963), n.º 3226 361
- anotação ao ac. STJ de 17-Jul-1966, RLJ, Ano 98, n.ºs 3290-3291, 70-80, 84-85
- em anot. ao ac. STJ 28-Out-1969, RLJ, Ano 103, n.º 3437, 509-510
- em anot. ao ac. STJ 27-Out-1970, RLJ, Ano 104, 227-234
- anotação ao ac. STJ de 23-Jan-1976, RLJ, Ano 110, 1977-1978, n.º 3588 e 3589, 43-48, 51-53
- anotação ao ac. STJ de 4-Jul-1974, RLJ Ano 108 (1976), n.º 3551, 221 e ss.
- anotação ao ac. STJ, de 14-Out-1976, RLJ, Ano 110 (1977-78), 330-336, 338-340
- *Anteprojeto relativo ao Direito das Obrigações*, BMJ 101 (1960)
- *Causas justificativas do facto danoso*, BMJ 85 (1959), 13-114
- *Cláusulas modificadoras da responsabilidade. Obrigação de garantia contra responsabilidade por danos a terceiros*, BMJ 79 (1958)
- *Contratos a favor de terceiro. Contratos de prestação por terceiro*, Separata BMJ 51 (1955)

– *Culpa do devedor ou do agente*, Separata do BMJ 68 (1957)
– *Fontes das Obrigações – O contrato e o negócio jurídico unilateral como fontes de obrigações*, BMJ 77 (1958), 127-219
– *Fundamento da responsabilidade civil (Em especial responsabilidade por acidentes de viação terrestre e por intervenções lícitas)*, BMJ 90 (1959), 5-322
– *Fundamento da responsabilidade civil: em especial, responsabilidade por acidentes de viação terrestre e por intervenções lícitas*, Separata do BMJ 90 (1989)
– *Gestão de negócios*, BMJ 66 (1957)
– *Mora do devedor*, BMJ 58 (1955)
– *O dever de indemnizar e o interesse de terceiro. Conculpabilidade do prejudicado*, Separata BMJ 96 (1959)
– *Obrigação de indemnização (Colocação. Fontes. Conceito e espécies de dano. Nexo causal. Extensão do dever de indemnizar. Espécies de indemnização). Direito de abstenção e de remoção*, BMJ 84 (1959)
– *Pena convencional*, separata do BMJ 67 (1957)
– *Pluralidade de Devedores e de Credores*, BMJ 69 e 70 (1957), 37-352, 5-240
– *Prescrição do direito de indemnização*, BMJ 87 (1959)
– *Prescrição extintiva e caducidade*, BMJ, 105 (Abril de 1961), 5-248; 106 (Maio de 1961), 45-278; 107 (Junho de 1961), 159-302
– *Reparação do Dano Não Patrimonial*, BMJ 83 (1958), 66-111
– *Requisitos da responsabilidade civil*, BMJ 92 (Janeiro 1980)
– *Responsabilidade contratual e responsabilidade extracontratual*, BMJ, 85 (abril, 1959), 115-239
– *Responsabilidade de terceiros no cumprimento de obrigações*, BMJ 85 (1959), 345-360
– *Responsabilidade do devedor pelos factos dos auxiliares, dos representantes legais ou dos substitutos*, Separata do BMJ 72 (1958)
– *Responsabilidade patrimonial*, Lisboa, separata do BMJ 75 (1958), 20-37

Vicente Maia, Gil, *Boa fé e responsabilidade civil decorrente da violação de deveres acessórios de conduta: o critério do «perímetro contratual» na delimitação do regime de responsabilidade aplicável*, Revista Julgar *online* (Janeiro 2020; consultado a 31-Jan-2022)

Victória Rocha, Maria, *A imputação objectiva na responsabilidade contratual/Algumas considerações*, RDE 15 (1989), 31-103

Vieira da Cunha, António, *Direito Romano*, 1.ª ed., Gestlegal: Coimbra (2017)

Vieira Gomes, Júlio Manuel, *A gestão de negócios: um instituto jurídico numa encruzilhada*, separata do BFDUC, vol. XXXIX, Coimbra (1993)
– *Conceito de enriquecimento, o enriquecimento forçado e os vários paradigmas do enriquecimento sem causa*, Universidade Católica Portuguesa Porto: Porto (1998), 78-105
– *Da sub-rogação legal do segurador à luz da nova lei do contrato de seguro (Decreto-Lei n.º 72/2008, de 16 de Abril)*, em Estudos em Memória do Prof. Doutor J. L. Saldanha Sanches, vol. II, Coimbra Editora, Coimbra, 2011, 447-484

– *O Dano da privação do uso*, Revista de Direito e Economia, ano XII (1986), 169-239

– *Responsabilidade subjetiva e responsabilidade objetiva*, Revista de Direito e Economia, ano XIII (1987), 97-123

– *Sobre o dano da perda de chance*, Direito e Justiça, Vol. 19, tomo II (2005), 9-47

– *Uma função punitiva para a responsabilidade civil e uma função reparatória para a responsabilidade penal?*, RDE, Ano XV (1989), 105-144

Vieira Gomes, Júlio Manuel/Frada de Sousa, António, *Uma análise de jurisprudência comparada sobre acordos de honra e prestações de cortesia*, Estudos em Homenagem à Professora Doutora Isabel Magalhães Collaço, Coimbra: Almedina (2002), Volume II, 145-189

Vinagre, Nuno, *Da reforma dogmática do concurso de crimes*, Coimbra Editora: Coimbra (2006)

Viney, Geneviève, *Les Obligations. La responsabilité: conditions*, Librairie générale de droit et de jurisprudence (1982)

– *Introduction à la responsabilité*, 4.ª ed., L.G.D.J.: Paris (2019)

Viney, Geneviève/ Jourdain, Patrice/ Carval,Suzanne, *Les Effets de la Responsabilité*, 4.ª ed., L.G.D.J.: Paris (2017)

Visintini, Giovanna, *Responsabilità contrattuale ed extracontrattuale*, Rassegna di Diritto Civile, IV, (1983)

Vitorino, Joana Macedo, *A gestão imprópria e a gestão de negócio alheio julgado próprio nos direitos alemão, suíço, francês e português*, Estudo de Direito Comparado, RFDUL, vol. LV (2014), 245-293

Von Bar, Christian/ Clive, Eric/Schulte-Nölke, Hans, *Principles, definitions and model rules of European private law: draft common frame of reference* (DCFR), *rascunho*, disponível em https://www.ccbe.eu/ (consultado a 31-Jan-2021)

Von Bar, Christian, *Gemeineuropäisches Deliktsrecht*, II, C.H.Beck: Munique (1999)

– *Verkehrspflichten/Richterliche Gefahrsteuerungsgebote im deutschen Deliktsrecht*, Köln (1980)

Von Birkmeyer, Karl, *Ursachenbegriff und Kausalzusammenhang im Strafrecht* (1885)

Von Buri, Maximilian, *Die Kausalität und ihre strafrechtliche Beziehung* (1885)

von Caemmerer, Ernst, *Das Problem der überholenden Kausalität* (1962)

– *Gesammelter Schriften* I, *Rechtsvergleichung und Schuldrecht* (1968)

Von Kries, Johannes, *Die Prinzipien der Wahrscheinlichkeitsrechnung* (1886)

– *Über die Begriff der objectiven Möglichkeit un einige Anwendunge desselben* (1888)

von Liszt, Franz, *Die Deliktsobligationen im System des BGB*, Berlim (1898)

Von Tuhr, Andreas, *Der Allgemeine Teil des Deutschen Bürgerlichen Rechts*, II, Duncker & Humblot: Munique e Lipzig (1918)

– *Tratado de las Obligaciones* (trad. de W. Roces), I, Reus: Madrid (1934)

W

WAGNER, GERHARD, *The Law of Torts in the Draft Common Frame of Reference*, Social Science Research Network (7-Jul-2009)

WEIR, JOHN ANTONY (TONY), *Complex liabilities, International Encyclopedia of Comparative Law: Torts*, Vol. 12, Mohr (1976), 1-141

WELZEL, HANS, *Derecho Penal. Parte Geral*, Buenos Aires (1956)

WENDELSTEIN, CHRISTOPH, *Pflicht und Anspruch*, Jus Privatum, 247, Mohr Siebeck: Tubinga (2021)

WENDLAND, MATTHIAS, *Vertragfreiheit und Vertragsgerechtigkeit*, Jus Privatum 232, Mohr Siebeck: Tubinga, (2019)

WENGER, LEOPOLD, *Institutionen des römischen Zivilprozeßrechts*, Hochschulbuchhandlung Max Hueber, Munique (1915)

WERNER LANGE, KNUT, *Schuldrecht*, AT, 6.ª ed., Beck: Berlim (2021)

WESTERHOFF, RUDOLF, *Die Elemente des Beweglichen Systems*, SzR, 144, Duncker&Humblot (1991)

WINDSCHEID, BERNHARD, *Lehrbuch des Pandektenrechts*, I, 3.ª ed., Düsseldorf (1870), 9.ª ed., editado por THEODOR KIPP, Vol. I, Aalen: Frankfurt (1984)

WINKELMANN, THOMAS, *Der Anspruch*, Mohr Siebeck, Studien zum Privatrecht 96 (2021)

WOLF, MANFRED/NEUNER, JÖRG, *Allgemeiner Teil des Bürgerlichen Rechts*, 10.ª ed., (2012), 11.ª ed. (2016), C.H.Beck: Munique (2016)

WUSSOW, WERNER, *Das Unfallhaftpflichtrecht: Gesamtdarstellung*, 8.ª ed., Heyman: Colónia, Munique (1963)

Y

YZQUIERDO TOLSADA, MARIANO, *La zona fronteriza entre la responsabilidad contractual y la aquiliana*, Revista Crítica de Derecho Inmobiliario, Ano 67, n. 603.º (1991), 443-490

Z

ZEMP, DANIEL, *Materiellrechtliche Anspruchskonkurrenz und zivilprozessuale Zuständigkeit*, Nomos: Basel (2018)

ZIMMERMANN, REINHARD, *The Law of Obligations: Roman Foundations of the Civil Tradition*, Oxford University Press: Oxford (1996)

ZITELMANN, ERNST, *Irrtum und Rechtsgeschäft. Eine psychologisch-juristische Untersuchung*, Duncker & Humblot: Leipzig (1879)

ZORRILLA, DAVID MARTINEZ, *Conflictos Normativos*, Enciclopedia de Filosofía y Teoría del Derecho, Vol. II, Universidade Nacional Autónoma de México: México (2015)

– *The structure of conflicts of fundamental legal rights*, Law and Philosophy, Vol. 30, n.º 6 (Novembro 2011), 729-749

ÍNDICE DE JURISPRUDÊNCIA

A jurisprudência é indicada na página onde consta no texto mediante parêntesis retos. Salvo indicação em contrário, as decisões das instâncias superiores dos tribunais portugueses podem ser consultadas em *www.dgsi.pt.*

I – JURISPRUDÊNCIA NACIONAL

§ 1. Supremo Tribunal de Justiça

25-Nov-1998 (Herculano Lima) BMJ 481 (1998), 470-483 [700]
17-Jun-1999 (Assento), proc. 993/98 [69, n. 116]
18-Fev-2000 (Miranda Gusmão), proc. 99B1092 [483, n. 1410]
19-Jun-2001 (Pinto Monteiro), proc. 01A1008 [700]
05-Jul-2001 (Ferreira de Almeida), CJ, II, (2001) [700]
18-Abr-2002 (Araújo Barros), proc. 02B950 [411, n. 1192]
08-Mai-2003 (Araújo Barros), proc. 03B1021 [625]
14-Out-2004 (Oliveira Barros), proc. 04B2885 [291, n. 817]
22-Set-2005 (Lucas Coelho), proc. 03B2668 [700]
04-Abr-2006 (Nuno Cameira), proc. 06A222 [488, n. 1435]
18-Mai-2006 (Urbano Dias), proc. 06A1157 [730, n. 2356]
31-Jan-2007 (Sebastião Póvoas), proc. 06A4620 [406, n. 1181]
13-Dez-2007 (Sousa Peixoto), proc. n.º 07S3655 [188, n. 481]
04-Mar-2008 (Alves Velho), proc. n.º 08A164 [307, n. 882]
04-Mar-2008 (Fonseca Ramos) CJ, n.º 206, I (2008) [700-701]
09-Set-2008 (Garcia Calejo), proc. 08P1856 [317, n. 908]
17-Dez-2009 (Pires da Rosa), proc. 544/09.9YFLSB [621]
09-Mar-2010 (Azevedo Ramos), proc. 2270/04.6TBVNG.P1.S1 [566, n. 1705]
29-Abr-2010 (Sebastião Póvoas), proc. 2622/07.0TBPNF.P1.S1 [245, n. 695]
29-Abr-2010 (Maria dos Prazeres Beleza), proc. 102/2001.L1.S1 [459, n. 1362]
16-Dez-2010 (Silva Salazar), proc. 44/07.1TBGDL.E1.S1 [488, n. 1435]
22-Fev-2011(Hélder Roque), proc. 667/06.8TBOHP.C2.S1 [460, n. 1366]
13-Abr-2011 (Alves Velho), proc. 642/04.5 TBSEI.C2.S1 [140, n. 312]
14-Abr-2011 (Maria dos Prazeres Beleza), proc. 3075/05.2TBPBL.C1.S1 [459, n. 1362]
22-Set-2011 (Bettencourt de Faria), proc. 674/2001.P L.S1 [621]
15-Dez-2011 (Gregório Silva Jesus), proc. 209/06.3TVPRT.P1.S1 [621]
27-Set-2012 (Bettencourt de Faria), proc. 3729/04.0TVLSB.L1.S1 [488, n. 1435]
23-Out-2012 (Moreira de Alves), proc. 198/06.4TBFAL.E1.S1 [410, n. 1192]
25-Out-2012 (Bettencourt de Faria), proc. 2625/09.0TVLSB.L1. S1 [488, n. 1435]
20-Nov-2012 (Fonseca Ramos), proc. 114/09.1.TBMTR.P1.S1 [626]
11-Dez-2012 (Lopes do Rego), proc. 40/08.1TBMMV.C1.S1 [459, n. 1362]
22-Mai-2013 (Tavares de Paiva), proc. 2024/05.2TBAGD.C1.C1 [406, n. 1181]
25-Jun-2013 (Fernandes do Vale), proc. 2449/10.1TBAMT-A.P.S1 [411, n. 1192]
09-Jan-2014 (Sebastião Póvoas), proc. 6430/07.0TBBRG.S1 [231, n. 641]
26-Nov-2014 (Tavares de Paiva), proc. 282/04.9TBAVR.C2.S1 [493, n. 1460]
05-Jun-2014 (Sérgio Poças), proc. 108/08.4TBMCN.P1.S1-A [231, n. 640]
25-Fev-2015 (Armindo Monteiro), proc. 804/03.2TAALM.L.S1 [696]
19-Mai-2015 (Júlio Gomes), proc. 154/10.8TBCDR.S1 [358, n. 1019]

§ 2. Tribunal da Relação

2.1. Relação de Lisboa

02-Jun-2016 (Maria José Mouro), proc. 6990/06.2TCLRS.L1.-2 [410, n. 1192]
18-Mai-2017 (Luís Mendonça), proc. 5489/09.0TVLSB.L1-8 [699]
20-Dez-2017 (Cristina Coelho), proc. 1156/12.5TVLSB.L1-7 [324, n. 931]
06-Fev-2018 (Carlos Oliveira), proc. 1889/15.4T8CSC.L1-7 [698, n. 2271]
24-Set-2019 (José Capacete), proc. 9773/16.8T8LSB.L1-7 [623]
08-Out-2019 (Diogo Ravara), proc. 17012/17.8T8LSB.L1-7 [342, n. 977]
24-Out-2019 (Nuno Ribeiro), proc. 2069/13.9TCLRS.L1-6 [624]
18-Fev-2020 (Luís Filipe Pires Sousa), proc. 258/09.0TNLSB.L1-7 [183, n. 461]
05-Mai-2020 (Isabel Salgado), proc. 8162/16.9T8ALM.L1-7 [294, n. 826]

2.2. Relação do Porto

20-Fev-1992 (Sampaio da Nóvoa), proc. 9140452 [697]
07-Jun-2004 (Santos Carvalho), proc. 0452504 [502, n. 1494]
24-Fev-2011 (Filipe Caroço), proc. 674/2001.P1 [698]
11-Set-2012 (Maria Cecília Agante), proc. 2488/03.9TVPRT.P2 [696]
19-Fev-2013 (Vieira e Cunha), proc. 1400/12.9TBVRL.P1 [493, n. 1459]
10-Fev-2015 (Rodrigues Pires), proc. 2104/05.4TBPVZ.P1 [620, n. 1929]
16-Mar-2015 (Rita Romeira), proc. 1836/10.0TBPFR.P1 [317, n. 908]
26-Mai-2015 (Anabela Dias da Silva), proc. 185/12.3T2AND.P1 [317, n. 908]
01-Jul-2015 (José Carreto), proc. 6413/13.0TDPRT-A.P2 [71, n. 117]
13-Jan-2016 (Maria Luísa Arantes), proc. 1076/07.5TASTS.P2 [71, n. 117]
26-Set-2016 (Ana Paula Amorim), proc. 595/14.1TBAMT.P1 [464, n. 1381]
18-Abr-2017 (Jorge Seabra), proc. n.º 461/13.8TBPVZ.P1 [459, n. 1362]
27-Mar-2017 (Jorge Seabra), proc. 7053/12.7TBVNG.P1 [620, n. 1928]
08-Fev-2018 (Filipe Caroço), proc. 1091/15.5T8PVZ.P1 [328, n. 943]
21-Fev-2018 (Vieira e Cunha), proc. 1245/05.2TBMCN.P1 [361, n. 1026]
09-Mai-2019 (Inês Moura), proc. 2674/14.6T8VNG.P1 [262, n. 735]
12-Nov-2019 (Rodrigues Pires), proc. 289/12.2TVPRT.P1 [620, n. 1929]
14-Mai-2020 (Joaquim Correia Gomes), proc. 2171/17.8T8PRD.P1 [464, n. 1381]
14-Mai-2020 (Carlos Portela), proc. 21966/15.0T8PRT.P2 [620, n. 1929]
08-Fev-2021 (Eugénia Cunha), proc. 274/17.8T8AVR.P1 [624-625]

2.3. Relação de Coimbra

4-Abr-1995 (Francisco Lourenço), CJ, II (1995) [697]
10-Jan-2006 (Jorge Arcanjo), proc. 2554/05 [697]
21-Mar-2006 (Cura Mariano), proc. 299/06 [622]
18-Jul-2007 (Jorge Arcanjo), proc. 446/06.0TBMMV.C1 [730, n. 2356]
16-Dez-2009 (Jorge Arcanjo), proc. 5/05.5TBOHP.C1 [698]

29-Nov-2011 (Carlos Querido), proc. 834/09.0TBTMR.C1 [623]
20-Mar-2018 (Arlindo Oliveira), proc. 2330/16.0T8LRA.C1 [159, n. 384]

2.4. Relação de Guimarães

21-Jan-2021 (José Amaral), proc. 2445/20.0T8BRG.G1 [411, n. 1192]

2.5. Relação de Évora

07-Out-2004 (Gaito das Neves), proc. 1368/04-3 [484, n. 1415]
17-Jan-2006 (Ribeiro Cardoso), proc. 2618/05-1 [71, n. 117]
15-Nov-2007 (Fernando Bento), proc. 1383/07-2 [328, n. 944]
23-Abr-2009 (Bernardo Domingos), proc. 2863/07-2 [456, n. 135]
20-Out-2011 (Mário Serrano) CJ, n.º 223, IV (2011) [699]
20-Dez-2012 (Maria Isabel Silva), proc. 1353/11.0TBABT-A.E1 [238, n. 666]
08-Mar-2018 (Mata Ribeiro), proc. 590/17.9T8EVR.E1 [410, n. 1192]
12-Jun-2019 (Manuel Bargado), proc. 2129/15.1T8STR.E1 [407, n. 1181]
27-Jun-2019 (Albertina Pedroso), proc. 170/15.3T8PTG.E1 [264, n. 741]
14-Abr-2020 (Ana Barata de Brito), proc. 1107/16.8T9PTG.E1 [616, n. 1908]
03-Dez-2020 (Albertina Pedroso), proc. 436/19.3T8SSB.E1 [434, n. 1277]

§ 3. Tribunal Constitucional

24-Set-2003 (Maria dos Prazeres Beleza), n.º 427/2003 [230, n. 637]

§ 4. Supremo Tribunal Administrativo

09-Jun-2011 (Adérito Santos), proc. 0762/09 [620, n. 1928]

§ 5. Tribunal Central Administrativo

Norte, 04-Dez-2015 (Frederico Branco), proc. 00371/13.9BEPRT [317, n. 908]

II – JURISPRUDÊNCIA ESTRANGEIRA

a) Alemanha

§ 6. *Reichsgericht*

26-Abr-1903, RGZ 82, 206 [552, n. 1660]
08-Out-1907, RGZ 66, 363 [643, n. 2018]
07-Dez-1911, RGZ 78, 239-241 [489, n. 1445]
19-Jun-1914, RGZ 85, 183 [639]
13-Out-1916, RGZ 88, 433 [288, n. 809; 634-635]
19-Jun-1918, RGZ 88, 317 [639]
23-Fev-1927, RGZ 116, 213 [639]
05-Jul-1978, NJW 1978, 2241 [639]

§ 7. *Bundesgerichtshof*

28-Abr-1953, BGHZ 9, 301 [635, n. 1974]
20-Out-1953, NJW 1954, 145 [635, n. 1969]
14-Jul-1956, BGHZ 21, 319 [483; 498]
06-Mai-1957, BGHZ 24, 188, 190 [288, n. 809]
26-Set-1961, NJW 1962, 31 [489, n. 1445]
23-Mar-1966, BGHZ 46, 140 [639]
20-Dez-1966, BGHZ 46, 140 [643, n. 2018]
31-Jan-1967, BGHZ 47, 53 [643, n. 2018]
16-Nov-1967, BGHZ 49, 77 [643, n. 2018]
14-Jun-1970, BGHZ 543, 264 [640, n. 2008]
4-Mar-1971, BGHZ 55, 392 [639]
14-Mar-1973, NJW 1974, 843 [297, n. 841]
28-Jan-1976, NJW 1976, 712 [489, n. 1445]
24-Mai-1976, BGHZ 66, 315 [639]
2-Dez-1976, NJW 1977, 376 [489, n. 1445]
7-Jul-1980, NJW 1980, 2703 [489, n. 1445]
17-Mar-1981, BGHZ 80, 186 [639]
28-Nov-1984, NJW 1985, 798 [640, n. 2008]
07-Nov-1985, BGHZ 96, 221 [643, n. 2018]

b) França

§ 8. *Cour de Cassation*

c) Itália

§ 9. *Corte Constituzionale*

§ 10. *Corte Suprema di Cassazione*

d) Espanha

§ 11. *Tribunal Supremo*

7-Fev-1990 (Antonio Fernandez Rodrigues), sentença n.º 64 [656]
10-Jun-1991 (Pedro Gonzalez Poveda), proc. 3062/1991 [655, n. 2079]
06-Out-1992 (Antonio Gullon Ballesteros), proc. 7542/1992 [656]
22-Dez-2008 (Juan Antonio Rios), proc. 7354/2008 [655, n. 2079]
07-Out-2010 (José Quintana), proc. 4860/2010 [656]
10-Out-2016 (Angel Prieto), proc. 4541/2016 [655, n. 2071]

§ 12. *Tribunais de apelação*

SAP Madrid: 22-Nov-2017 (Jesus Eguidazu), proc. 16791/2017 [665, n. 2078 e 2082]
SAP Madrid: 04-Dez-2019 (Jesus Eguidazu), proc. 17552/2019 [655, n. 2081]

e) Common Law

§ 13. Inglaterra

Bean v. *Wade* (1885); 2 T.L.R., 157 [669, n. 2152]
Groom v. *Crocker* (1939); 1 K.B., 194 [669, n. 2152]
Tai Hing Cotton Mill Ltd. v. *Liu Chong Hing Bank* Ltd (1986); A. C. 90. 107 B-D [669, n. 2152]
Midland Bank Trust Co. Ltd. v. *Hett, Stubbs & Kemp* (1979); Ch. 384 [671]
Hedley Byrne & Co. Ltd. v. *Heller & Partners Ltd.* (1964); AC 465, HL [671, n. 2160]
Esso Petroleum Co. Ltd. v. *Mardon* (1976); QB 801 [671, n. 2160]
Batty v. *Metropolitan Property Realisations Ltd.* (1977); Q.B. 554 [671, n. 2160]
Henderson v. *Merrett Syndicates* (1994); UKHL 5 (25-Jul-1994) [669, n. 2151; 670-671]

§ 15. Estados Unidos da América

Ricker v. Freeman (1870); 50 N.H. 420, 428 (N.H. 1870) [675]
A. Whittaler vs. *Edward E. Collin* (1885); 34 Minn. 299 (1885) [675-676]

§ 16. Tribunal de Justiça da União Europeia

11-Jul-2002, proc. C-96/00 [665-666, n. 2134]
17-Set-2002, proc. n.º C-344/00 [665, n. 2134]
18-Dez-2019, proc. C-666/18 [667, n. 2141]

f) Outras decisões

Suíça: BGer, 24-Ju-1986 (BGE 112 II 138) [652, n. 2060]

Países Baixos: (Supremo Tribunal Holandês; *Hoge Raad der Nederlanden*), *Gemeente Groningen* v. *De Erven Zuidema*, 03-Mai-2002 (JOL 2002, 277) [609, n. 1879]

Irlanda: (Supreme Court) *Finlay v. Murtagh* (1979); I.R. 249 [672, n. 2161]

Canadá: (Supreme Court of Canda) *Central Trust Co.* v. *Rafuse* (1986); 31 D.L.R. 4th 48 [672, n. 2162]

Chile: (Corte Suprema) 02-Nov-2020, proc. 1552-2020 [610, n. 1884]

Austrália: (Supreme Court of Victoria) *Macpherson & Kelley* v. *Kevin J. Prunty & Associates* (1983); 1 V.R. 573 [672, n. 2164]

Nova Zelândia: (Court of Appel of New Zealand) *McLaren Maycroft & Co* v. *Fletcher Development Co Ltd* (1973) [672, n. 2162]; [1973] 2 NZLR 100 (CA); e *Rowlands* v. *Collow* (1992); 1 NZLR 178 [672, n. 2162]

ÍNDICE IDEOGRÁFICO

Indica-se, de seguida, a terminologia principal, com propósito não exaustivo. Refere-se o número de página ou a nota de rodapé; neste último caso a referência é precedida da abreviatura de nota de rodapé, «n.». Quando o vocábulo conste apenas em nota de rodapé, a respetiva referência consta entre parêntesis, precedida da indicação da página.